中国刑事审判指导案例

7

刑事诉讼法

增订本

《刑事审判参考》
总第96—124集汇总集成

《中国刑事审判指导案例》编写组 编

法律出版社 LAW PRESS · CHINA
北京

图书在版编目(CIP)数据

中国刑事审判指导案例. 7, 刑事诉讼法 /《中国刑事审判指导案例》编写组编. -- 增订本. -- 北京 : 法律出版社, 2021
ISBN 978-7-5197-5451-8

Ⅰ. ①中… Ⅱ. ①中… Ⅲ. ①刑事诉讼-审判-案例-汇编-中国②刑事诉讼法-审判-案例-汇编-中国 Ⅳ. ①D925.218.5

中国版本图书馆CIP数据核字(2021)第047613号

中国刑事审判指导案例7
刑事诉讼法(增订本)
ZHONGGUO XINGSHI SHENPAN ZHIDAO ANLI 7
XINGSHI SUSONGFA(ZENGDING BEN)

《中国刑事审判指导案例》编写组 编

策划编辑 许 睿
责任编辑 许 睿 连晓敏
装帧设计 汪奇峰

出版发行 法律出版社
编辑统筹 司法实务出版分社
责任校对 朱轶佳
责任印制 胡晓雅
经　　销 新华书店

开本 787毫米×1092毫米 1/16
印张 48.25 **字数** 1245千
版本 2021年9月第1版
印次 2021年9月第1次印刷
印刷 固安华明印业有限公司

地址:北京市丰台区莲花池西里7号(100073)
网址:www.lawpress.com.cn
投稿邮箱:info@lawpress.com.cn
举报盗版邮箱:jbwq@lawpress.com.cn
销售电话:010-83938349
客服电话:010-83938350
咨询电话:010-63939796

书号:ISBN 978-7-5197-5451-8
定价:188.00元
凡购买本社图书,如有印装错误,我社负责退换。电话:010-83938349

编辑说明

《中国刑事审判指导案例》是最高人民法院刑事审判庭主办的业务指导和研究性系列丛书——《刑事审判参考》的合订分解集成本。《刑事审判参考》自 1999 年 4 月首次出版以来，秉承立足实践、突出实用、重在指导、体现权威的编辑宗旨，在编辑委员会成员、作者和广大读者的共同努力下，密切联系刑事司法实践，为专业人士提供了有针对性和权威性的业务指导和参考，受到刑事司法工作人员和刑事法律教学、研究人员的广泛欢迎。

为了满足广大读者的实际工作需要，我们在已出版各集《刑事审判参考》的基础上，精心汇编出版《中国刑事审判指导案例》。本书自 2009 年 10 月出版以来，受到读者的广泛好评与认可。

《中国刑事审判指导案例》(增订本)收录《刑事审判参考》第 96 集至第 124 集的相关内容，整体沿用《中国刑事审判指导案例》(增订第 3 版)的体例结构，共七册，分别为：

中国刑事审判指导案例 1(刑法总则)

中国刑事审判指导案例 2(危害国家安全罪 · 危害公共安全罪 · 侵犯公民人身权利、民主权利罪)

中国刑事审判指导案例 3(破坏社会主义市场经济秩序罪)

中国刑事审判指导案例 4(侵犯财产罪)

中国刑事审判指导案例 5(妨害社会管理秩序罪)

中国刑事审判指导案例 6(危害国防利益罪 · 贪污贿赂罪 · 渎职罪 · 军人违反职责罪)

中国刑事审判指导案例 7(刑事诉讼法)

根据各卷册实际情况，主要设有以下栏目：

【指导案例】分类汇总了已出版的《刑事审判参考》在法律适用、刑罚裁量、事实认定、证据采信等方面具有研究价值的典型案例，详细阐明裁判理由，为刑事司法工作人员处理类似案件提供具体的指导和参考。

【刑事立法、司法规范】分类汇总了刑事法律、立法解释、司法解释和其他规范性刑事司法文件，并配发起草同志撰写的理解与适用文章，为司法实践中准确适用提供指南。

【刑事政策】分类汇总了审判中需要参考的刑事司法政策，包括最高人民法院领导在审判工作会议上的讲话、刑事审判工作会议讨论的问题等。

【审判释疑】分类汇总了最高人民法院刑事审判庭解答在刑事审判工作中具有普遍指导价值的法律适用问题，包括最高人民法院审判长会议纪要、《刑事审判参考》编辑部对读者在刑事司法工作中遇到疑难问题的解答。

【经验交流】分类汇总了地方司法机关制定的刑事司法规范性文件及其背景说明；地方各级人民法院在刑事审判工作中对于某些问题的处理政策和意见等。

【专题论坛】分类汇总了由司法实务部门的权威专家就刑事法律适用过程中的一些常见疑难问题进行的探讨。

【实务探讨】分类汇总了有关学者和司法人员针对刑事司法工作中必须解决的疑难、复杂问题所撰写的研究文章，为刑事司法工作人员解决相关问题提供工作思路。

【疑案争鸣】分类汇总了实践中发生的疑难案例，对其中争议问题进行分析，摆出各方观点，推动相关问题的深入研究。

另外，个别卷册中因涵盖专辑内容，有【理论前沿】等栏目设置。

为了最大限度地挖掘和梳理《刑事审判参考》指导案例在裁判理由阐述中反映的裁判观点，同时也为了便于读者使用本书，本套书对所有指导案例逐一编加了具有归类意义的关键词。

本套书作为《刑事审判参考》的合订分解集成本，为了保持指导案例和实务文章的"原汁原味"，本次修订再版未针对有关法律、司法解释的修改对原文进行删改，只对原文错漏之处进行了补正。读者在参考适用时，需要根据现行有效的规范进行理解。此外，随着理论研究的发展和司法政策的调整，指导案例中对相同或相似问题所提出的裁判观点也可能发生变化，对此，可以依照"从新"的原则参考适用。

本套书此次出版得到了方方面面的大力支持，在此一并表示感谢。当然，由于内容体量庞大，内容的选编工作难免存在错漏之处，恳请广大读者批评指正。

编　者

2021 年 7 月

目　录

指导案例

一、总则

六、特别程序

七、刑事诉讼法律监督

八、刑事赔偿

（一）综合

（二）国家赔偿

（三）司法救助

刑事政策

经验交流

专题论坛

实务探讨

疑案争鸣

指导案例

一、总　则

(一)辩护与代理

[第956号]刘洪高、刘开贵贩卖、运输毒品案

——如何理解同一辩护人不得为两名以上犯罪事实存在关联的被告人辩护的限制性规定

【关键词】 委托辩护人　同时代理　同案被告人　犯罪事实存在关联的被告人

一、基本案情

被告人刘洪高,男,1975年8月6日出生,农民。2011年10月25日因涉嫌犯运输毒品罪被逮捕。

被告人刘开贵,男,1984年10月24日出生,农民。2011年6月21日因涉嫌犯运输毒品罪被逮捕。

同案被告人刘开龙,男,被告人刘开贵的弟弟。2011年6月21日因涉嫌犯运输毒品罪被逮捕。

某省某市人民检察院以刘洪高等被告人犯贩卖、运输毒品罪,向某市中级人民法院提起公诉。

某市中级人民法院经公开审理查明:2011年4月,被告人刘开贵与被告人刘洪高、刘开应(同案被告人,已判刑)商议从某省A市购买毒品甲基苯丙胺运到该省B市贩卖。刘洪高出资人民币(以下币种同)25万元并负责在A市向他人联系购买毒品,刘开贵出资14万元并邀约刘开龙、付朝信、罗朝勇、王恩庆(同案被告人,均已判刑)共同筹集毒资。同年5月13日,刘洪高与毒贩谈妥购买毒品事宜后,刘开应电话通知刘开贵前往A市接运毒品。次日,在刘开贵的安排、组织下,刘开贵与刘开龙、付朝信、罗朝勇、王恩庆携带五人筹集的毒资44万元驾驶两辆车来到A市,并在刘洪高的带领下在某农场向毒贩购买了20块毒品。5月15日凌晨1时许,刘开贵与刘开龙、王恩庆驾驶原车途经某服务区时,刚好碰上民警设卡查缉,遂电话通知坐在装有毒品的后车的罗朝勇、付朝信,并让刘开龙、王恩庆下车徒步前去接应。付朝信即下车携带毒品在高速公路上徒步行走。2时许,民警巡逻时发现付朝信扛着编织袋在公路上行走,便上前盘查,付朝信立即将毒品丢弃逃跑。民警当场从付朝信丢弃的编织袋内查获毒品甲基苯丙胺20包,净重11 133.4克。

某市中级人民法院认为,被告人刘洪高、刘开贵等人的行为构成贩卖、运输毒品罪,且贩卖、运输毒品数量大,情节严重。依照《中华人民共和国刑法》第三百四十七条第二款第(一)项,第二十五条,第二十六条第一款、第二款,第四十八条第一款,第五十七条第一款,第六十四条之规定,某市中级人民法院以被告人刘洪高、刘开贵犯贩卖、运输毒品罪,均判处死刑,剥夺政治权利终身,并处没收个人全部财产。

宣判后，被告人刘洪高、刘开贵不服，向某省高级人民法院提起上诉。

二审审理期间，上诉人刘开贵委托原审被告人刘开龙一审期间的辩护人周某作为自己的辩护人。

某省高级人民法院经审理认为，一审认定的事实清楚，证据确实、充分，定罪准确，量刑适当，审判程序合法，遂于2012年11月23日裁定驳回上诉，维持原判，并将上诉人刘洪高、刘开贵的死刑裁定依法报请最高人民法院核准。

最高人民法院经复核认为，二审期间上诉人刘开贵的辩护人周某在一审期间担任过原审被告人刘开龙的辩护人，此情况不符合1998年《最高人民法院关于执行〈中华人民共和国刑事诉讼法〉若干问题的解释》（以下简称《1998年解释》）第三十五条之规定，属于违反法定诉讼程序。依照《中华人民共和国刑事诉讼法》第二百三十五条、第二百三十九条和《最高人民法院关于适用〈中华人民共和国刑事诉讼法〉的解释》（以下简称《解释》）第三百五十条第（六）项、第三百五十三条第一款之规定，裁定不核准某省高级人民法院的刑事裁定，以程序违法为由发回某省高级人民法院重新审判。

二、主要问题

如何理解同一辩护人不得为两名以上犯罪事实存在关联的被告人辩护的限制性规定？

三、裁判理由

（一）在共同犯罪案件中，一名辩护人不得为两名以上的同案被告人辩护

《1998年解释》第三十五条规定："一名被告人委托辩护人不得超过两人。在共同犯罪的案件中，一名辩护人不得为两名以上的同案被告人辩护。"这是基于避免利益冲突，维护犯罪嫌疑人或被告人的辩护权，确保司法公正的目的而作出的规定。辩护权是法律赋予刑事案件被告人的一项重要诉讼权利，是被告人维护自己合法权益而采用的主要手段。辩护人的责任，是根据事实和法律，提出证明犯罪嫌疑人、被告人无罪、罪轻或者减轻、免除其刑事责任的材料和意见，维护犯罪嫌疑人、被告人的诉讼权利和其他合法权益。

在共同犯罪案件中，各被告人之间往往存在程度不同的利害关系，如果一名辩护人为两名以上同案被告人辩护，就可能损害其中一名被告人的合法权益。因此，我们认为，"一名辩护人不得为两名以上的同案被告人辩护"，不能仅仅理解为不得"在同一案件的同一诉讼程序中同时为两名以上同案被告人辩护"，即使是在同一案件的不同审级中，这一限制性规定也同样应当适用。在同一案件的不同审级中，一名辩护人如果在一审为一名被告人辩护，在二审又为其他同案被告人辩护，也极有可能形成利益冲突，不利于维护同案被告人的合法权益，也不利于准确判断各被告人的罪责。

本案中，被告人刘开贵二审期间委托原审同案被告人刘开龙一审期间的辩护人周某作为自己的辩护人，违反了《1998年解释》第三十五条的相关规定。二审法院没有认真审查，导致二审违反了法定诉讼程序，不利于保障被告人的合法权益，可能影响公正审判，只能通过不核准被告人死刑，发回重审的方式予以纠正。因此，法院在审理案件的过程中，应当严格审核辩护人资格，以避免出现"一名辩护人为两名以上的同案被告人辩护"的情形。

（二）一名辩护人不得为两名以上的同案被告人，或者未同案处理但犯罪事实存在关联的被告人辩护

《1998年解释》第三十五条的规定，虽然对于保障被告人的诉讼权利具有重要意义，但它的适用范围毕竟局限在"共同犯罪"和"同案被告人"之中。因此，司法实践中仍有许多问题难以解决。如毒品买卖的"上下家"，彼此之间的关联极为密切，但并不构成共同犯罪；有些案件虽然系共同犯罪案件，但分案处理。那么，同一辩护人可否在不同审级中分别担任毒品犯罪"上下家"的

辩护人？此类问题在实践中也很常见。

鉴于上述问题的存在,2012 年《中华人民共和国刑事诉讼法》修正后,《解释》第三十八条第二款规定:“一名辩护人不得为两名以上的同案被告人,或者未同案处理但犯罪事实存在关联的被告人辩护。”这一规定是对《1998 年解释》第三十五条极具重要的补充。它将限制的范围扩大到了“犯罪事实存在关联的被告人”。也就是说,只要犯罪事实存在关联,无论被告人之间是否构成共同犯罪,无论案件处于哪一审级,无论案件是否并案处理,同一辩护人均不得为两名以上此类情形下的被告人辩护。

这一规定中关于保护被告人诉讼权利的思路更加明晰。首先,规定了凡是同案被告人,均不得由同一辩护人辩护。如此,《1998 年解释》中不甚明确的关于共同犯罪、审级等问题均得到了解决。其次,规定“未同案处理但犯罪事实存在关联的被告人”也不得由同一辩护人辩护,有利于避免审判过程中因利益冲突产生的损害被告人诉讼权利的问题。如,毒品犯罪的上下家,行贿和受贿双方,虽然不构成共同犯罪,但双方缺一不可,他们之间的关联,甚至比一般共犯更加密切。如果对他们分案处理,即属于“未同案处理但犯罪事实存在关联的被告人”,应当适用本条的规定。实际上,我们认为,“犯罪事实存在关联的被告人”的范围,应当尽量作宽泛的理解,如恐怖组织、黑社会性质组织的参加者,其行为与集团组织指挥者实施的具体犯罪可能并无关联,但由于其系该集团的参加者,仍应当认定为“犯罪事实存在关联的被告人”。部分下游型犯罪,如洗钱,帮助毁灭、伪造证据,窝藏、包庇,掩饰、隐瞒犯罪所得、犯罪收益等犯罪,虽然与上游犯罪不构成共犯,且完全属于两种不同性质的犯罪,但犯罪事实之间仍然存在一定关联,故也应当适用上述规定。

《解释》的规定更有利于保障被告人的辩护权。犯罪事实存在关联的被告人之间,由于所处的地位和作用不同,他们之间的利害关系既有相互一致的方面,又有相互冲突的一面。如果一名辩护人同时为几名被告人进行辩护,就可能使辩护人处于自相矛盾的境地,难以维护各被告人的合法权益。因此,法院应当高度重视对被告人辩护人资格的审核,确保各个被告人的诉讼权利不因彼此之间存在利益冲突而遭到损害。

（撰稿:最高人民法院刑三庭　周小霖
审编:最高人民法院刑三庭　罗国良）

(二)证　据

[第 972 号]王志余、秦群英容留卖淫案

——行政执法过程中收集的言词证据,是否可以直接作为刑事证据使用以及重新收集的言词证据是否在程序上具有特殊要求

【关键词】 言词证据　证据审查判断　证据能力　行政执法中收集的证据　举证、质证

一、基本案情

被告人王志余,男,1952 年 9 月 26 日出生,个体经营户。2012 年 6 月 8 日因涉嫌犯介绍、容留卖淫罪被逮捕。

被告人秦群英(系被告人王志余之妻),女,1968年10月29日出生。2012年6月8日因涉嫌犯容留卖淫罪被逮捕。

江苏省海安县人民检察院以被告人王志余犯介绍、容留卖淫罪,被告人秦群英犯容留卖淫罪,向海安县人民法院提起公诉。其中,起诉时指控王志余介绍、容留2名卖淫女在其经营的浴室内向19名嫖客卖淫22次,秦群英参与其中15次容留卖淫。

被告人王志余辩称,其知道卖淫女在浴室内卖淫,但指控的次数偏多。其辩护人提出,本案涉及的治安行政处罚中对当事人的询问笔录,不应直接作为刑事诉讼中的证人证言使用;公安机关已对王志余进行了行政处罚,不应再追究其刑事责任;王志余容留卖淫,未达到"情节严重"的程度。

海安县人民法院经审理查明:被告人王志余、秦群英夫妇共同经营海安县曲塘镇白塘浴室。王志余、秦群英明知周某宜、周某菊系卖淫人员,仍于2012年1月至3月间容留二人在该浴室内向张某、于某、孙某等9名嫖娼人员卖淫9次。卖淫时,由卖淫女直接向嫖娼人员收取嫖资,然后按约定比例与二被告人分成,王志余共从中获利160元。其中,王志余参与全部作案,秦群英参与作案2起。同年3月6日,公安机关查明周某宜、周某菊有卖淫行为。经进一步调查,发现王志余、秦群英涉嫌介绍、容留卖淫,遂于同年5月将该案作为刑事案件立案侦查。公安机关共查获19名嫖娼人员,对相关人员按照治安处罚法规定的程序制作了询问笔录,后对其中9名嫖娼人员和2名卖淫女按照刑事诉讼法规定的程序重新收集证言。

海安县人民法院认为,被告人王志余单独或者伙同被告人秦群英在经营的浴室内容留卖淫女从事卖淫活动,二人的行为均构成容留卖淫罪。公安机关在查处卖淫嫖娼活动中形成的言词证据可以作为行政处罚的依据,但不得直接作为刑事诉讼证据使用。本案审理过程中,公诉机关提供了侦查机关对张某、于某、孙某等9人的询问笔录,上述笔录与证人周某菊、周某宜的证言和二被告人的供述能够相互印证,充分证实王志余容留卖淫女在其经营的浴室内卖淫9次,秦群英容留上述卖淫女卖淫2次。对公诉机关指控的其他容留卖淫事实不予认定。据此,依照《中华人民共和国刑法》第三百五十九条第一款,第二十五条第一款,第二十六条第一款、第四款,第二十七条,第六十四条之规定,海安县人民法院判决如下:

1. 被告人王志余犯容留卖淫罪,判处有期徒刑三年三个月,并处罚金人民币一万元。

2. 被告人秦群英犯容留卖淫罪,判处有期徒刑八个月,并处罚金人民币三千元。

一审宣判后,海安县人民检察院提出抗诉认为,公安机关查办治安案件时所作询问的内容、程序与刑事诉讼中的询问一致,指控的被告人王志余、秦群英容留周某宜、周某菊卖淫的事实,已由行政处罚决定书确认,相关卖淫嫖娼人员均无异议。起诉书据此指控王志余、秦群英分别介绍、容留卖淫22人次和15人次并无不当。一审判决对指控的大部分事实不予认定,属于认定事实错误,并导致量刑明显不当。南通市人民检察院对上述抗诉意见予以支持。

二审庭审中,检察员当庭提供了公安机关于二审期间补充制作的孙某等3名嫖娼人员的询问笔录,并说明其余7名嫖娼人员的证言无法及时收集。

南通市中级人民法院经审理认为,被告人王志余单独或者伙同被告人秦群英在经营的浴室内容留卖淫女从事卖淫活动,二被告人的行为均构成容留卖淫罪。根据《中华人民共和国刑事诉讼法》第五十二条第二款以及《最高人民法院关于适用〈中华人民共和国刑事诉讼法〉的解释》第六十三条、第六十五条第一款的规定,在刑事诉讼中除物证、书证、视听资料、电子数据等客观性较强的证据材料外,行政机关在行政执法和查办案件过程中收集的言词类证据材料应当由侦查机关重新收集、调取,不可直接作为证据使用,对重新收集、调取的言词证据材料,经法庭查证属实，且收集程序合法的，可以作为定案的根据。故抗诉机关的抗诉意见不能成立，不予采纳。一审法院认定的事实清楚，证据确实、充分，审判程序合法，量刑适当。据此，南通市中级人民法院裁定驳回抗诉，维持原判。

二、主要问题

1. 行政执法过程中收集的言词证据材料是否可以直接作为刑事诉讼中的证据使用?

2. 重新收集的言词证据作为刑事定案证据使用是否在提取、查实程序上具有特殊要求?

三、裁判理由

（一）行政执法中收集的言词证据，只有经过侦查机关依法重新取证的才具有刑事证据资格

对行政执法中收集的证据在刑事诉讼中是否采信、如何采信，1996 年修订的刑事诉讼法并未作出规定。从现行刑事诉讼理念出发，刑事诉讼中据以定案的证据必须系具有侦查权的主体依照刑事诉讼法的规定收集、调取、制作，并经庭审质证才可以作为证据使用。而行政执法机关并非法定的刑事侦查主体，故严格按照上述理念，无论是行政执法部门收集、调取、制作的物证、书证、视听资料、检验报告、鉴定意见、勘验笔录、现场笔录等客观性证据，还是证人证言、当事人陈述等主观性证据，均应在进入刑事诉讼程序后由侦查机关重新收集。然而，从实际情况出发，特别是从主观性证据和客观性证据的形成过程分析，主观性证据系在取证时临时生成，其内容受取证程序的影响较大；而客观性证据在取证前业已存在，其内容受取证程序的影响较小。为提高诉讼效率，节约司法资源，允许在行政执法程序中收集的客观性证据经一定程序转化为刑事证据是可行的、必要的。最高人民法院、最高人民检察院、公安部于 2011 年联合下发的《关于办理侵犯知识产权刑事案件适用法律若干问题的意见》首次对行政执法部门收集、调取的证据在刑事诉讼中的效力问题作出规定，根据证据的性质区分为两种情形："行政执法部门依法收集、调取、制作的物证、书证、视听资料、检验报告、鉴定结论、勘验笔录、现场笔录，经公安机关、人民检察院审查，人民法院庭审质证确认，可以作为刑事证据使用。行政执法部门制作的证人证言、当事人陈述等调查笔录，公安机关认为有必要作为刑事证据使用的，应当依法重新收集、制作。"刑事诉讼法第五十二条第二款规定："行政机关在行政执法和查办案件过程中收集的物证、书证、视听资料、电子数据等证据材料，在刑事诉讼中可以作为证据使用。"显然，被害人陈述、证人证言等言词证据未被规定在内，行政执法机关收集的言词证据不具有刑事诉讼证据资格。

言词证据具有较强的主观性，容易发生变化，对行政机关依据行政法律法规取证的程序要求明显不如刑事诉讼严格。根据刑事诉讼法有关规定，证人有意作伪证或者隐匿罪证，严重的可以伪证罪追究刑事责任；采用暴力、威胁等非法方法收集的证人证言、被害人陈述，应当予以排除；法庭审理过程中，当事人有权申请证人出庭作证；证人受到打击报复的，可以请求司法机关予以保护，甚至可以打击报复证人罪追究相关行为人的刑事责任。上述规定赋予证人的刑事诉讼权利、义务，在行政执法程序中并不能完全体现出来。即使同一个证人在不同的程序中证明同一件事，因其作证时具有不同的权利义务，叙述事实时可能会有所取舍。在刑事诉讼中对证人证言进行重新收集，让证人在更为严格的刑事诉讼权利、义务背景下叙述事实，能够保证其证言具有较强的可信性，也更有利于查明案件事实，保障当事人的权利。《人民检察院刑事诉讼规则（试行）》第六十四条第三款规定："人民检察院办理直接受理立案侦查的案件，对于有关机关在行政执法和查办案件过程中收集的涉案人员供述或者相关人员的证言、陈述，应当重新收集；确有证据证实涉案人员或者相关人员因路途遥远、死亡、失踪或丧失作证能力，无法重新收集，但供述、证言或者陈述的来源、收集程序合法，并有其他证据相印证，经人民检察院审查符合法定要求的，可以作为证据使用。"该款规定亦体现了这一精神，即刑事诉讼中的言词证据原则上应当重新收

集，特殊情况下也可以进行适当形式转换，但必须有其他证据相互印证。公安机关查办卖淫嫖娼等行政违法案件时，发现有犯罪线索的，在刑事立案后，对行政执法中收集的言词证据，认为确有必要作为刑事证据使用的，应当由侦查人员依据刑事诉讼法的规定在告知权利与义务、相关法律后果后，向证人、当事人重新取证。不能因其职权的双重性，混淆行政处罚与刑事诉讼程序，任意转换不同程序进行执法。未经重新收集、制作的言词证据，不能作为刑事诉讼证据使用。故本案检察机关所提应当以行政执法过程中获取的证据认定被告人王志余、秦群英容留卖淫22次、涉及嫖娼人员19人的抗诉意见不能成立。

（二）重新收集的言词证据，不能依照治安处罚法的规定程序提取，且需经庭审质证、查证属实方可作为刑事定案证据使用

《最高人民法院关于适用〈中华人民共和国刑事诉讼法〉的解释》第六十三条规定："证据未经当庭出示、辨认、质证等法庭调查程序查证属实，不得作为定案的根据，但法律和本解释另有规定的除外。"本案一审中，检察机关仅向法院提供了重新收集的9名嫖娼人员及2名卖淫女的证言用以质证，对其余10名嫖娼人员的取证情况未予说明。二审中，检察员又向法庭提供了重新收集的3名嫖娼人员的证言用以质证，对未能向其余7名嫖娼人员取证的原因作了说明。在案证据材料显示，公安机关在刑事立案后，对该10名嫖娼人员仍然是依照治安处罚法的相关程序收集、制作笔录，取证程序不符合刑事诉讼法的规定。同时，这些言词证据材料提及的嫖资数额等内容与卖淫女证实卖淫一次收取100元嫖资等内容并不能完全印证，部分笔录记载的询问人与签名人不一致，同一办案人员既参与行政执法调查又参与刑事侦查，有先入为主之嫌。一审法院充分考虑上述证据材料的程序瑕疵以及与其他证据间的矛盾，经庭审质证后，排除其证据资格并无不当。二审中，检察员提交的3名嫖娼人员的证言材料仅证实其3人在白塘浴室有过嫖娼行为，不能证明王志余、秦群英明知并容留其3人嫖娼。且王志余、秦群英对该3人的证言亦不予认可，因此不能依据检察机关重新提供的3名嫖娼人员的证言，增加认定王志余、秦群英容留卖淫犯罪的次数。

（撰稿：江苏省南通市中级人民法院　杜开林
审编：最高人民法院刑五庭　马　岩）

[第1010号] 袁某抢劫、破坏电力设备案

——如何把握刑事诉讼证明标准的主客观相统一性

【关键词】 证明标准　排除合理怀疑

一、基本案情

被告人袁某，男，1985年12月25日出生，农民。2001年7月31日因犯故意杀人罪（未遂）被判处有期徒刑四年，2007年6月19日因涉嫌犯抢劫罪被逮捕。

某市人民检察院以被告人袁某犯抢劫罪、破坏电力设备罪，向某市中级人民法院提起公诉。

被告人袁某对公诉机关指控其抢劫致死被害人陈某某、黄某某，以及3次盗剪电线的事实无异议，但辩称抢劫致死黄某某的事实是其主动交代，其还揭发了同案犯刘某的犯罪事实。其辩护人基于以下理由提请法庭对袁某从宽处罚：袁某因破坏电力设备被逮捕，归案后主动交代了公安

机关尚未掌握的抢劫罪行,应当认定具有自首情节;袁某主动向公安机关提供了同案犯刘某的身份、住址等情况,对抓获刘某起到一定作用,具有立功表现。

某市中级人民法院经公开审理查明:

1. 2006年6月29日20时许,被告人袁某伙同被告人刘某(被判处无期徒刑)、另一同案犯(另案处理),在广东省某市一路口持刀对摩托车司机被害人黄某某实施抢劫。袁某、刘某各持水果刀朝黄某某的胸背部等处乱刺,致黄某某死亡。袁某从黄某某身上劫得现金人民币(以下币种同)70余元,刘某欲抢走黄某某价值1 450元的摩托车,但未能启动。

2. 2006年9月20日晨,袁某见其房东被害人陈某某身上有钱,遂生盗窃之念。当日23时许,袁某用小刀撬开广东省某县某村陈某某住处的房门,进屋翻找财物。陈某某被吵醒,袁某遂持房内的砖头砸陈某某头部,又用床上的枕头捂压陈的口鼻,用身体压住陈的胸部,致陈死亡。其间,陈某某反抗,用手抓伤袁某的颈部。袁某将陈某某的尸体搬到屋内的水缸中藏匿,搜走陈的800余元现金后逃离现场。

3. 2007年5月,袁某伙同马某、蔡某某(均另案处理)先后3次盗剪广东省某电力公司正常供电的电线共计470米,造成部分工业用户和住宅用户停电。

某市中级人民法院认为,被告人袁某伙同他人采用暴力手段劫取财物,致1人死亡;又在入户盗窃被发现时当场使用暴力劫取财物,致1人死亡;还伙同他人破坏电力设备,危害公共安全,其行为分别构成抢劫罪、破坏电力设备罪,依法应当数罪并罚。袁某曾因故意犯罪被判处有期徒刑以上刑罚,在刑罚执行完毕后五年内又犯应当判处有期徒刑以上刑罚之罪,系累犯,依法应当从重处罚。关于袁某及其辩护人所提袁某具有自首情节和立功表现的辩解和辩护意见,经查不实,均不予采纳。据此,依照《中华人民共和国刑法》第二百六十三条第一项、第五项,第一百一十八条,第二十五条第一款,第六十五条第一款,第五十七条第一款,第五十九条,第六十九条之规定,某市中级人民法院判决如下:

被告人袁某犯抢劫罪,判处死刑,剥夺政治权利终身,并处没收个人全部财产;犯破坏电力设备罪,判处有期徒刑三年;决定执行死刑,剥夺政治权利终身,并处没收个人全部财产。

一审宣判后,被告人袁某未提起上诉。某市中级人民法院将判处袁某死刑的判决报送广东省高级人民法院复核。

广东省高级人民法院经复核认为,原判认定被告人袁某抢劫致死黄某某事实中的关键证据刀具上的血迹DNA鉴定结论,以及袁某抢劫致死陈某某事实中相关的DNA鉴定结论均未列为证据使用,可能影响事实认定和案件的公正审判,遂裁定撤销原判,发回重新审判。

某市中级人民法院另行组成合议庭,经重新公开审理后作出相同判决。

宣判后,被告人袁某向广东省高级人民法院提起上诉。袁某上诉提出:其因破坏电力设备被逮捕,归案后主动交代了公安机关尚未掌握的抢劫黄某某和陈某某的罪行,应当认定具有自首情节;其主动提供了同案人刘某和"陈某"的工作单位、住址、日常活动范围等情况,对公安机关抓获刘某起到了非常重要的作用,应当认定具有重大立功表现;所有的证人证言都与案件没有直接关系,其不是被举报的,而是主动供述犯罪事实,认罪态度好。其辩护人提出,本案认定袁某抢劫陈某某的犯罪事实不清、证据不足,建议二审法院酌情判决。

广东省高级人民法院经公开审理认为,被告人袁某伙同他人采用暴力手段劫取财物,致1人死亡,其行为构成抢劫罪;伙同他人破坏电力设备,危害公共安全,其行为又构成破坏电力设备罪,依法应当数罪并罚。袁某在抢劫致死黄某某一案中,犯罪手段残忍,危害后果严重,起主要作用,系主犯,罪行极其严重。袁某有犯罪前科,但袁某犯该罪时不满十八周岁,依法不应认定为累犯。原审判决认定袁某抢劫杀害黄某某的犯罪事实,以及袁某破坏电力设备的犯罪事实清楚,证据确实、充分,定罪准确,量刑适当,审判程序合法。但原审判决认定袁某抢劫致死陈某某的事实不清,证据不足,不予认定。对袁某及其辩护人提出袁某抢劫陈某某事实不清的意见,予以采纳,其他意见经查不能成立,不予采纳。据此,依照《中华人民共和国刑法》第二百六十三条第五项,第一百一十八条,第二十五条第一款,第二十六条第一款、第四款,第六十五条第一款,第四十八条,第五十七条第一款,第五十九条,第六十九条,第十二条和《中华人民共和国刑事诉讼法》(1996年)第一百八十九条第一项、第一百九十九条以及《最高人民法院关于〈中华人民共和国刑法修正案(八)〉时间效力问题的解释》第三条之规定,广东省高级人民法院裁定驳回上诉,维持原判,并依法报请最高人民法院核准。

最高人民法院经复核认为,被告人袁某的行为分别构成抢劫罪、破坏电力设备罪。袁某伙同他人持刀抢劫,致1人死亡,犯罪情节恶劣,手段残忍,社会危害大,罪行极其严重,依法应当惩处。在共同犯罪中,袁某提起犯意,持刀捅刺被害人要害部位多刀,起主要作用,系主犯,应当按照其所参与的全部犯罪处罚。袁某曾因犯罪被判刑,在刑罚执行完毕后五年内又犯罪,虽因犯前罪时不满十八周岁,不构成累犯,但仍体现出其主观恶性深,人身危险性大。对袁某所犯数罪,依法应当并罚。第二审裁定认定的事实清楚,证据确实、充分,定罪准确,量刑适当,审判程序合法。据此,依照《中华人民共和国刑事诉讼法》第二百三十五条、第二百三十九条和《最高人民法院关于适用〈中华人民共和国刑事诉讼法〉的解释》第三百五十条第一项之规定,裁定核准广东省高级人民法院维持第一审对被告人袁某以抢劫罪判处死刑,剥夺政治权利终身,并处没收个人全部财产;以破坏电力设备罪判处有期徒刑三年;决定执行死刑,剥夺政治权利终身,并处没收个人全部财产的刑事裁定。

二、主要问题

如何把握"事实清楚,证据确实、充分"这一法定证明标准的主客观相统一性?

三、裁判理由

本案中,公诉机关指控和一审法院认定被告人袁某有2起抢劫致人死亡的犯罪事实:第一起是2006年6月袁某伙同刘某等人抢劫致死被害人黄某某的事实;第二起是2006年9月袁某抢劫致死被害人陈某某的事实。广东省高级人民法院经审理查明了第一起抢劫事实,以事实不清、证据不足为由未认定第二起抢劫事实。最高人民法院经复核,确认了第一起抢劫事实,并据此对袁某核准死刑。袁某抢劫致死陈某某的事实证据认定,涉及对刑事诉讼法规定的证明标准的认识和把握问题。

证明标准是指法律规定的运用证据证明待证事实所要达到的程度和要求。刑事诉讼证明标准的核心是运用证据证明案件事实需要达到何种程度才可以确认犯罪并据以定罪量刑。在我国刑事诉讼中,认定被告人有罪的证明标准是"事实清楚,证据确实、充分"。修正后的刑事诉讼法第五十三条在规定"证据确实、充分"条件的同时,借鉴了英美证据体系中"排除合理怀疑"的表述。这一规定是对我国刑事诉讼证明标准的科学完善,旨在进一步确立主客观相统一的证明标准。"事实清楚,证据确实、充分"的标准主要体现了刑事诉讼证明标准的客观性,侧重于对证据本身质和量的要求。但是,对于诉讼证明是否达到这一客观标准,需要由法官根据控方的举证活动,结合自身的专业知识和经验、常识,形成主观认知和内心确信。法官需要以"事实清楚,证据确实、充分"为客观标准,通过主观上达到"排除合理怀疑"的内心确信程度,从而作出有罪裁判。因此,刑事诉讼证明标准实际上包含着主客观这两个相辅相成、不可分割的方面。在两者的关系上,客观标准是衡量主观标准的依据,并对主观标准起着根本性制约作用,有利于避免主观标准的不确定性;主观标准是客观标准实现的途径,有利于防止客观标准的机械性。审判工作中,应当坚持主客观相统一的原则,既不能机械地执行客观标准,也不能过分强调主观标准,尤其在当前配套制度尚不完备的情况下,为防范冤假错案件的发生,主观标准更应受到客观标准的制约。本案对袁某抢劫致死陈某某犯罪事实的认定,就体现了主客观相统一的刑事诉讼证明标准的运用,特别是如何看待内心确信问题。

关于被告人袁某抢劫致死被害人陈某某的事实,主要有以下证据证实:(1)侦破经过自然。2006年9月20日晚,陈某某失踪后,公安人员对周围租户进行走访,当时即对袁某进行初步调查并采集了袁某颈部有伤痕的照片。但因未发现陈某某的尸体,故未进一步开展工作。2007年9月1日,陈某某尸体在其屋内水缸中被发现后,公安人员经深入调查,发现案发时袁某及其女友曾在陈某某出租屋租住,没有固定职业和经济来源,案发前陈某某向袁某及其女友展示随身财物,案发后袁某脖子上有伤痕,遂认定袁某有重大作案嫌疑。经查,化名"袁强"的袁某已因破坏电力设备被逮捕。通过对伙同袁某破坏电力设备的蔡某某及同监人员张某某、曹某进行调查,掌握了袁某抢劫杀害陈某某的重要证据。经审讯,袁某亦供认了其抢劫杀害陈某某并藏尸于屋内水缸中的犯罪事实。(2)相关人员证实袁某涉案。袁某破坏电力设备犯罪的同案人蔡某某证实,袁某曾向其透露自己在某村抢劫杀害房东并藏尸水缸。同监人员张某某、曹某证实,袁某自称在某村入室盗窃时在水缸中发现房东尸体。上述证言均直接来源于袁某,且取证时间在袁某供述之前,是证实袁某涉案的直接言词证据。(3)袁某有作案动机和条件。在陈某某失踪时袁某租住在陈某某房间旁的出租屋内,有作案条件。袁某无固定工作和经济来源。附近租户甘某某证实,案发前看到陈某某向袁某及其女友展示身上的现金。陈某某的胞弟也证实,陈某某随身携带现金,且喜爱向他人炫耀,印证了袁某供称看到陈某某身上带有大量现金,遂起意盗抢的作案动机。(4)袁某案发后形迹异常。证人王某某、吴某某证实,在陈某某失踪后看到袁某颈部有抓痕。案发一年后袁某归案,法医亦检出其脖颈处有伤痕。二审期间经补查,调取了2006年9月24日晚公安人员走访陈某某失踪案时给袁某拍摄的照片,显示袁某右颈部有一条明显血痕。印证了袁某供述的陈某某反抗时将其抓伤的情节。(5)袁某不仅在侦查阶段多次供认犯罪,且在中级法院两次一审、高级法院复核审、二审庭审期间均供认不讳,直至二审庭审后才翻供称未抢劫杀害陈某某,但在最高院复核提讯时又作有罪供述。且其有罪供述较为详细、具体,其中一些作案细节与其他证据吻合,如袁某所供其用砖头砸陈某某头部,床铺草席及床板上留有血迹的情节,与发现尸体前第一次勘查现场的情况一致;袁某所供其用枕头捂压陈某某口鼻、用身体压陈胸口的作案手段,与尸体鉴定意见证实死者有窒息征象、肋骨骨折的情况吻合;袁某所供藏尸地点、尸体形态及尸体覆盖物等情况,与现场勘验、检查笔录一致。而且,个别证据的提取具有先供后证的特点,如袁某供述其将装书的竹筐扔到阁楼上,公安机关虽在第一次勘查现场时已发现阁楼上的竹筐,但根据袁某的供述再次勘查时,才发现了竹筐上遗留的书纸残片;袁某供述其用小刀拨开门闩进入现场,搬家时将小刀遗留在出租屋中,公安机关根据袁某的供述再次勘查,发现门闩上有撬痕,并从出租屋租户叶某某处提取了袁某遗留在房内的小刀,后袁某辨认确认该刀就是其用来拨开门闩的小刀。(6)死者系陈某某的可能性很大。陈某某系独居老人,失踪前并未离开居住地,发现尸体现场系陈某某的住处,尸体头发灰白、大部分脱落,陈某某亲属辨认确认尸体上的衣物就是陈某某平时所穿的衣物,结合陈某某的失踪时间、死者死因及损伤情况与袁某所供作案时间、手段吻合等情节,死者系陈某某的可能性很大。

上述证据表明,被告人袁某在被害人陈某某失踪时租住在现场旁,有便利的作案条件;无经济来源且目睹被害人炫耀财物,有抢劫作案动机;脖颈处有抓伤,有作案嫌疑;且到案后较为稳定地供认犯罪,其有罪供述在一些细节上与在案的其他证据吻合,个别证据具有先供后证的特点。因此,根据经验法则,并结合一定的逻辑分析,从内心确信的角度看,本起犯罪系袁某所为的可能性很大。但是,从“事实清楚,证据确实、充分”这一法定证明标准的客观性看,证实该起犯罪系袁某所为的证据存在较为明显的缺陷,尚不能达到法定的证明标准。具体分析如下:

第一,现有证据不能有力证明案件主要事实。(1)公安机关勘查发现的现场门闩上的痕迹、阁楼竹筐上的书籍残片及提取的小刀等,虽系先供后证,但与犯罪事实的关联性不强,均不能直接证实本案系被告人袁某作为。(2)尸体并非根据袁某的供述发现,尸检在袁某供述前进行,尸体藏匿地点、藏匿方式、现场血迹、屋内物品及陈某某向袁某展示财物等情节,有的在第一、二次勘查现场时已记录在卷,有的在调查走访时已经掌握,时间均在袁某供认犯罪之前,属于先证后供,证明力不强。(3)袁某破坏电力设备的同案人蔡某某、同监人员张某某、曹某均系在押人员,其证言证明力受到一定影响,并在后期遭到袁某的否认。从已经暴露的一些冤错案件的情况看,对于“狱侦耳目”的证言应当慎重使用。且张某某、曹某证实,袁某在房东房内盗窃时发现水缸内有死人,此内容反而能够印证袁某否认犯罪后的辩解。(4)袁某颈部的伤痕,也不能排除其他原因造成的可能性,不足以证明袁某实施了抢劫犯罪。

第二,未能提取到部分重要物证和证人证言。(1)由于第一次勘查现场不细致,袁某归案后因时隔太久丧失取证条件,袁某供述的用于砸房东头部的砖块、用于擦拭血迹的旧衣服等,均未能提取。(2)袁某供述,作案时被借住其出租屋的朋友“邹某”看见,作案后曾告诉其女友“陈某”。但“邹某”、“陈某”的身份情况不明,公安机关未能找到二人,无法进一步印证袁某的供述。

第三,作案手段、死因无法得出确切结论。(1)关于致死被害人的手段,袁某在侦查阶段供述用枕头捂压陈某某的口鼻,并用身体压住陈的胸口,但在审查起诉及庭审阶段又否认使用过枕头,称用手掐扼陈某某颈部致其死亡,由此被害人肋骨骨折的情况得不到合理解释。(2)关于被害人的死因,由于尸体部分白骨化,尸检只能给出“符合窒息死亡特征”的鉴定意见,但死者系何种原因导致的窒息死亡,尸检报告无法给出确切意见。(3)关于被害人是否及如何受伤流血的问题,尸检鉴定根据“现场木板床南侧端的木板上及草席上有血迹”的情况,给出“不能排除其头面部白骨化部分及口、鼻腔损伤致流血的可能”的意见,无法得出被害人究竟是什么部位流血、因何流血的确切结论。因此,受尸体部分白骨化、鉴定条件不充分的客观条件制约,尸检鉴定意见不具有唯一性、排他性。

第四,无法准确认定被害人尸骨何时被藏于水缸之内。公安人员在2006年9月25日首次勘查现场时没有发现被害人尸体,在2007年9月1日接陈某某的胞弟称在陈某某房内水缸中发现尸骨的报案后,再次勘查现场才发现尸体。陈某某的胞弟证实,在公安机关首次勘查现场约半个月后,其将现场的门锁打掉,此后现场没有再锁门。因此,从案发半个多月后至发现尸骨的近一年的时间里,现场处于可以随意出入的状态,无法准确认定被害人的尸骨究竟何时被藏于水缸之内。

第五,死者身份无法得到准确确认。被害人尸体被发现时已高度腐败,需要进行DNA检验鉴定才能准确认定尸体身份。然而,经两次DNA鉴定,尸体肋软骨未检见有效基因分型。现场床铺草席上的血迹虽在第一次鉴定时检出基因分型,但无法认定是陈某某的血,再次检验时,草席上的血迹甚至没有再检出基因分型。经咨询法医,尸体肋软骨已经腐败,无法再进行检验;草席上的血迹没有保留,且原鉴定意见中草席上血迹的基因分型不能在重新鉴定时直接使用;如要重新鉴定,需提取到被害人的牙齿或长骨,但因陈某某没有父母、子女,缺乏直接的亲缘关系认定对象,根据目前的鉴定技术,鉴定后仍不能确认死者为陈某某。

由上述分析可见，对于抢劫致死被害人陈某某的事实，虽然根据现有证据，结合办案经验和逻辑分析，系被告人袁某所为的可能性很大，但本案现场没有提取到证实袁某作案的有力客观证据，根据袁某供述提取到的个别证据价值不大，部分影响定罪量刑的关键事实缺乏确凿证据证明，证实被害人的死因、身份、死亡时间的证据尚不能排除合理怀疑，对于袁某抢劫致死陈某某的事实无法得出确定、唯一的结论。需要说明的是，与其他被告人拒不供认犯罪事实或者翻供导致事实认定困难的案件不同，袁某对于本起事实的供述较为稳定且有罪供述的细节化特征较为明显，认定本起事实的证据缺陷是除口供外其他证据的缺失和不足。二审法院和最高人民法院在本起事实的证据审查认定上，“重证据、不轻信口供”，坚持疑罪从无原则，对于虽有被告人供述，但在案证据达不到“事实清楚，证据确实、充分”这一法定证明标准的事实，不予认定。

（撰稿：广东省高级人民法院　胡晓明
最高人民法院刑五庭　李静然
审编：最高人民法院刑五庭　马　岩）

［第1024号］李万华故意杀人、盗窃案

——对无法排除其他人作案可能的案件能否核准死刑

【关键词】　死刑案件的证明标准　排除合理怀疑

一、基本案情

被告人李万华，男，1988年11月22日出生，农民工。2009年10月1日因涉嫌犯故意杀人罪、盗窃罪被逮捕。

四川省凉山彝族自治州人民检察院以被告人李万华犯故意杀人罪、盗窃罪，向凉山彝族自治州中级人民法院提起公诉。

被告人李万华对起诉书指控的故意杀人、盗窃犯罪事实无异议。李万华的辩护人提出本案属于激情犯罪，李万华主观上没有致人死亡的故意，应当认定为故意伤害致人死亡，不构成故意杀人罪。

凉山彝族自治州中级人民法院经公开审理查明：

2009年3月27日下午2时许，被告人李万华在四川省西昌市“锦绣华都”小区2单元11楼3号房做墙面装修时，同楼层1号房主袁天秀（被害人，女，殁年37岁）请李万华帮其查看卫生间水管安装情况，后因袁天秀拒绝再让李万华为其家墙面刷漆，双方发生口角并抓扯。李万华将袁天秀按倒在卫生间到客厅的通道上，双手掐住袁天秀颈部并从地上捡起电话线紧勒其颈部，致袁天秀机械性窒息死亡。李万华窃取袁天秀人民币（以下币种同）5 000元及粉红色三星翻盖手机后逃离现场。

凉山彝族自治州中级人民法院认定上述事实的证据有现场提取的电线等物证，小区监控录像照片等书证，证人李某某、姚某某、罗某某、施某某、李某某等的证言，现场勘验、检查笔录，尸体鉴定意见，被告人供述等。

凉山彝族自治州中级人民法院认为，被告人李万华的行为构成故意杀人罪、盗窃罪。依照《中华人民共和国刑法》第二百三十二条、第二百六十四条、第五十七条第一款、第六十四条、第六

十九条之规定，对李万华以故意杀人罪判处死刑，剥夺政治权利终身；以盗窃罪判处有期徒刑二年，并处罚金人民币二千元；决定执行死刑，剥夺政治权利终身，并处罚金人民币二千元。

宣判后，被告人李万华不服，向四川省高级人民法院提起上诉。具体理由是：其没有杀人的主观故意，不是故意杀人；其认罪态度好，量刑过重。其辩护人提出的主要辩护理由和意见与一审相同。

四川省人民检察院认为，一审判决认定的事实清楚，证据确实、充分，定罪和适用法律正确，量刑适当，审判程序合法，建议驳回上诉，维持原判。

四川省高级人民法院经审理认为，上诉人李万华因纠纷将被害人袁天秀掐压致死，后窃取5 000元及一部手机的行为已构成故意杀人罪、盗窃罪。罪行严重，依法应予处罚。李万华作为成年人，明知掐压颈部会致人死亡，依然长时间掐压被害人颈部，最终致其死亡，其主观上非法剥夺他人生命的故意明显，一审判决认定李万华犯故意杀人罪并无不当。李万华上诉提出没有杀人故意，不是故意杀人的理由不能成立，辩护人以此为由提出的意见不予采纳。二审出庭履行职务的检察员认为原判认定的事实清楚，证据确实、充分，定罪和适用法律正确，量刑适当，审判程序合法的意见予以采纳。据此，依照《中华人民共和国刑法》第二百三十二条、第二百六十四条、第五十七条第一款、第六十四条、第六十九条，《中华人民共和国刑事诉讼法》（1996 年）第一百八十九条第一项之规定，四川省高级人民法院裁定驳回上诉，维持原判，并依法报请最高人民法院核准。

最高人民法院经复核认为，第一审判决、第二审裁定认定被告人李万华犯故意杀人罪、盗窃罪的部分事实不清，证据尚不够确实、充分，依照《中华人民共和国刑事诉讼法》（1996 年）第一百九十九条和《最高人民法院关于复核死刑案件若干问题的规定》第三条之规定，裁定如下：

1. 不核准四川省高级人民法院（2011）川刑终字第 227 号维持第一审对被告人李万华以故意杀人罪判处死刑，剥夺政治权利终身；以盗窃罪判处有期徒刑二年，并处罚金人民币二千元；决定执行死刑，剥夺政治权利终身，并处罚金人民币二千元的刑事裁定。

2. 撤销四川省高级人民法院（2011）川刑终字第 227 号维持第一审对被告人李万华以故意杀人罪判处死刑，剥夺政治权利终身；以盗窃罪判处有期徒刑二年，并处罚金人民币二千元；决定执行死刑，剥夺政治权利终身，并处罚金人民币二千元的刑事裁定。

3. 发回四川省高级人民法院重新审判。

二、主要问题

对无法排除其他人作案可能的案件能否核准死刑？

三、裁判理由

在死刑复核过程中发现新的证据，无法排除第三人作案可能，且全案主要依靠言词证据定案，没有有力的客观性证据的，应当认定证据无法达到死刑案件的标准，不予核准死刑。

《刑事诉讼法》第五十三条第二款规定："证据确实、充分，应当符合以下条件：（一）定罪量刑的事实都有证据证明；（二）据以定案的证据均经法定程序查证属实；（三）综合全案证据，对所认定事实已排除合理怀疑。"这里的"合理怀疑"是指以证据、逻辑、经验法则为根据的怀疑，即案件存在被告人无罪的可能性。没有根据的怀疑，以及对与犯罪无关事实的怀疑，不影响对案件犯罪事实的认定。

本案主要是依靠言词证据定案，故关键是现有证据要能形成一个完整的证据链条，排除其他人的作案嫌疑，绝不允许存在"合理怀疑"。

（一）证明被告人李万华实施抢劫犯罪的证据尚未达到确实、充分的程度

1. 本案证实李万华抢劫杀人的证据如下：（1）本案破案比较自然。公安机关出具的抓获经过

证实,公安机关在将案发现场同一层楼搞装修的有作案时间的务工人员作为重点排查对象时,李万华逃避公安机关的调查,由此锁定李万华有重大作案嫌疑,抓获李万华后其供认犯罪。(2)李万华之兄李某某证实案发后见过李万华脸部、手上有伤痕,与李万华所供作案时受伤相印证;李万华还将在“锦绣华都”小区掐死一妇女,并窃走被害人5 000元及一部手机的事实告诉过兄长李某某,并告诉过其母亲施某某“当时人死没死我不知道就跑了”。李某某系李万华之兄、施某某系李万华之母,作为近亲属提供不利于李万华的证言,能排除故意陷害李万华的可能性,因此证言可信度很高。(3)DNA鉴定意见证实,从现场电话线上检出被害人DNA,与李万华所供用电话线勒颈的情节相印证。(4)李万华供认主要犯罪事实,其供述的很多细节还得到其他证据印证。

2. 直接证实李万华实施犯罪的证据,除李万华的供述外,只有其兄李某某、其母施某某的证言。而其兄、其母的证言源自李万华,属于传来证据,故直接证明李万华犯罪的证据仍然只有李万华的供述。

(二)现有证据无法排除合理怀疑

1. 存在第三人作案的可能性。案发时在同楼层另一房间进行装修的周某某只有一人在场施工,同样有作案时间。周某某案发后也曾被公安机关讯问并作出了有罪供述,后周某某翻供,由于其后侦查无实质性进展,公安机关对周某某刑事拘留后又取保候审,直至李万华归案后才解除对周某某的取保候审。因周某某在被拘留期间也曾作过有罪供述,并始终称侦查机关没有刑讯逼供,故周某某的犯罪嫌疑并未完全排除。

2. 供证矛盾较多。李万华在侦查阶段第一、二次询问时并未供认犯罪,其后的供述也前后矛盾,部分供述与证人证言有矛盾。(1)对自己是否曾用电话线勒被害人颈部,李万华供述前后不一。侦查阶段第一次讯问时其没有供述该情节,在第四次讯问时才开始供述该节事实,但一审时其又否认,二审则又承认有该情节,复核提讯时其对该节再次予以否认。其供述反反复复,且公安机关组织其对作案工具电话线进行了辨认,最终未能辨认出来。(2)对被害人手机去向,李万华供述前后不一,且手机未能提取到案。其先供称案发当天下午将被害人手机扔进河里,后供称将手机放在一个纸箱内,直至被他人发现后才扔弃。(3)对盗窃现金数目供述前后不一。李万华先供称从被害人处盗得3 800元现金,后改供盗得5 000元现金。(4)李万华在供述中曾提及,案发后其编造谎言“我在长安用砖头将一个男子的头部打出血”并告诉李某某、杨某、罗某等人,但李某某等人均未证实该情节。

3. 部分关键证据证明力不强。李万华所供窃取的金钱数额与被害人取款凭证及明细账单一致,但该取款凭证、明细账单系在李万华供述之前提取,证明力不强;李万华所供将盗窃所得款项中的1 500元用于支付姚某某工资一节得到姚某某证言印证,系先供后证,但该钱款也有可能系李万华本身所有,不能肯定系盗窃所得;李万华所供手机去向,与证人李某某、罗某证实的案发后看见过被害人手机相印证,李某某、罗某对该手机图片进行了辨认,但并未提取到被盗手机;同时,李某某、罗某二人证实的看见李万华持有手机的时间、地点不一致,李某某称是与李万华、罗某一起乘车时看见,而罗某否认该节,称是在装修工地李万华的纸箱内看见。

4. 全案缺乏李万华出现在现场的客观性证据。现场既未提取到李万华的衣物、相关指印、脚印等与李万华有关的物证,又未在被害人的双手甲床内检出异物,也无证人证实李万华进入过现场。

为切实防范冤假错案发生,对死刑案件要严格把握证据标准。对不能排除第三人作案可能、现有证据之间存在矛盾,证据达不到“排除合理怀疑”程度的,应当依法不予核准死刑。本案综合全案证据,无法排除合理怀疑,最高人民法院依法发回重审是适当的。

(撰稿:最高人民法院刑四庭　张　剑
审编:最高人民法院刑四庭　陆建红)

[第1035号]李梦杰、刘辉贩卖毒品案

——立功等从轻处罚事实的认定是适用严格证明标准还是优势证明标准

【关键词】 立功　严格证明和自由证明　证据占优势　证明责任

一、基本案情

上诉人(原审被告人)李梦杰,男,1980年7月6日出生,无业。2013年3月30日因涉嫌犯贩卖毒品罪被逮捕。

原审被告人刘辉,男,1991年4月9日出生,无业。2013年3月30日因涉嫌犯贩卖毒品罪被逮捕。

江苏省无锡市南长区人民检察院以被告人李梦杰、刘辉犯贩卖毒品罪,向南长区人民法院提起公诉。

无锡市南长区人民法院经公开审理查明:被告人李梦杰于2013年2月20日晚,经与杜枫事先电话联系交易毒品后,指使被告人刘辉至无锡市第三人民医院附近的建设银行门口,向杜枫贩卖毒品甲基苯丙胺9余克。被告人李梦杰得款人民币4 500元。

无锡市南长区人民法院认为,被告人李梦杰、刘辉结伙贩卖毒品甲基苯丙胺,情节严重,二被告人的行为均构成贩卖毒品罪。在共同犯罪中,李梦杰起主要作用,是主犯,应当按照其所参与的全部犯罪处罚;刘辉起次要作用,是从犯,应当从轻、减轻或者免除处罚。李梦杰曾因故意犯罪被判处有期徒刑,在刑罚执行完毕后,五年内再犯应当判处有期徒刑以上刑罚之罪,是累犯,应当从重处罚。李梦杰、刘辉到案后均如实供述自己的罪行,可以从轻处罚。综合李梦杰、刘辉的犯罪情节和量刑情节,南长区人民法院决定对李梦杰从重处罚,对刘辉减轻处罚。据此,依照《中华人民共和国刑法》第三百四十七条第四款,第二十五条第一款,第二十六条第一款、第四款,第二十七条,第六十五条第一款,第六十七条第三款及《最高人民法院关于审理毒品案件定罪量刑标准有关问题的解释》第三条之规定,以贩卖毒品罪,分别判处被告人李梦杰有期徒刑六年六个月,并处罚金人民币六千元;判处被告人刘辉有期徒刑二年六个月,并处罚金人民币三千元。

一审宣判后,被告人李梦杰提出上诉。上诉理由是:李梦杰在2013年2月25日被公安机关抓获后,当晚便在公安民警的控制下电话联系了原审被告人刘辉,得知刘辉在无锡市马山镇的红灯笼网吧上网,即将该线索告知民警。民警查询到该网吧地址后即前往红灯笼网吧将刘辉抓获。李梦杰的行为应当构成立功。

无锡市中级人民法院经公开审理查明:2013年2月20日晚,上诉人李梦杰经与杜枫事先电话联系交易毒品后,指使原审被告人刘辉至无锡市第三人民医院附近的建设银行门口,向杜枫贩卖毒品甲基苯丙胺9余克。同月25日,无锡市公安局南长分局金匮派出所民警在五星家园182号602室抓获了李梦杰。当晚,在民警的控制下,李梦杰与刘辉通话,得知刘辉在无锡马山的红

灯笼网吧上网，即将该线索告知民警。民警查询到该网吧地址后即前往红灯笼网吧将刘辉抓获。

无锡市中级人民法院认为，虽然上诉人李梦杰在一审时未提出有协助抓获同案犯的意见，但根据二审查明的事实，应当认定李梦杰归案后协助公安机关抓获了原审被告人刘辉，具有立功情节。理由是：(1)上诉人李梦杰二审庭审时供称其归案当晚在与刘辉的通话中，刘辉告知其在马山的红灯笼网吧上班，其将该线索告知了民警。该供述亦得到了刘辉二审当庭供述的印证。(2)在二审审理过程中，公安机关出具《情况说明》证明公安机关系通过李梦杰手机中存储的刘辉QQ号码采用技侦手段抓获了刘辉，但公安机关既未提供QQ号码，又未提供相关审批手续。故该《情况说明》证明的内容，法院不予采信。(3)李梦杰与刘辉二审庭审时的供述能够相互印证，而公安机关出具的《案件的侦破、揭发经过》和《情况说明》与李梦杰、刘辉的供述相互矛盾，且无其他证据印证。根据现行司法解释的规定，应当认定李梦杰确有立功表现，对李梦杰在原判量刑的基础上可以从轻处罚。综上，原审判决的审判程序合法，对李梦杰的定罪正确，对原审被告人刘辉的定罪正确、量刑适当，但鉴于上诉人李梦杰确有立功表现，依照《中华人民共和国刑事诉讼法》第二百二十五条第一款第三项，《中华人民共和国刑法》第三百四十七条第四款，第二十五条第一款，第二十六条第一款、第四款，第二十七条，第六十五条第一款；《最高人民法院关于审理毒品案件定罪量刑标准有关问题的解释》第三条以及《最高人民法院关于处理自首和立功具体应用法律若干问题的解释》第五条之规定，无锡市中级人民法院判决如下：

1. 维持无锡市南长区人民法院(2013)南刑初字第104号刑事判决对原审被告人李梦杰的定罪部分以及对原审被告人刘辉的定罪量刑部分，撤销对原审被告人李梦杰的量刑部分。

2. 上诉人(原审被告人)李梦杰犯贩卖毒品罪，判处有期徒刑六年，并处罚金人民币五千元。

二、主要问题

立功等从轻处罚事实的认定是适用严格证明标准还是优势证明标准？

三、裁判理由

根据《最高人民法院关于处理自首和立功具体应用法律若干问题的解释》和《最高人民法院关于处理自首和立功若干问题的意见》的相关规定及精神，犯罪分子提供犯罪后掌握的同案犯的藏匿地址，司法机关据此抓捕同案犯的，应当认定为协助司法机关抓捕同案犯，构成立功。本案争议的焦点在于：上诉人李梦杰是否提供了原审被告人刘辉的藏匿地址，以及司法机关是否是根据李梦杰提供的线索抓捕了刘辉。一种意见认为，李梦杰并未提供刘辉的具体藏匿地址，司法机关抓捕刘辉主要是通过相关的技术侦查手段。其理由是，司法机关出具的《案件的侦破、揭发经过》和《情况说明》充分证明了刘辉的归案情况，且上述书证的证明力大于当事人供述的证明力，李梦杰提出的构成立功的上诉理由不应予以采信。另一种意见认为，李梦杰构成立功。其理由是，李梦杰的上诉事实和证据得到刘辉当庭供述的印证，而公安机关的材料前后不一，且尚有明显疑点无法排除，认定构成立功证据的证明力大于否定其的证明力。根据优势证据的证明标准，应当认定李梦杰构成立功。

我们同意后一种观点。具体分析如下：

(一)立功等从轻处罚事实的认定可以采用自由证明，而非一律适用最严格证明

犯罪事实包括定罪事实与量刑事实，后者又包括不利于被告人的从重量刑事实和有利于被告人的从宽量刑事实。立功属于有利于被告人的量刑事实。传统的刑事证据理念及相关规则主要是针对定罪问题而确立，以对法院定罪活动加以限制和约束为目标。基于此，诉讼活动中要求严格坚持无罪推定原则，赋予公诉方证明被告人有罪的责任，并为这种证明确立了最高的证明标准，即严格证明。但是，当讨论具体个案中的量刑事实时，默认前提是该被告人的行为已经构成

犯罪，不宜再将严格证明应用于所有量刑事实，特别是从轻处罚事实。

就量刑事实而言，囿于控辩双方向法庭提供的量刑信息的不全面、不客观，甚至各方基于本方的诉讼利益，可能向法庭提供虚假或者不可靠的量刑证据，法庭据此作出的量刑裁判往往会过分偏重或者偏轻，导致量刑裁决的不公正。为了最大限度降低潜在的量刑失衡风险，真正实现罪责刑相适应，在相应司法理念指导下，法庭对量刑事实的证明应当区别对待。具体而言，对于由控诉机关提供的从重量刑事实的证明，从限制国家司法权的理念出发，仍应坚持适用最严格的证明标准；而被告方提供的从轻、减轻等有利于被告人量刑事实的证明，本着有利于被告人的原则，对此类量刑事实应当允许进行自由证明；质言之，在证据种类、提出和调查方式上不应进行苛刻要求，对于用于证明有利于被告人量刑事实的证据的证明能力不应作严格的限制。如证据种类方面，不局限于法定证据种类，对于有关机关出具的"情况说明"、民意的反映材料等也可纳入考量范畴；提出和调查方式方面，不拘泥于证据来源的方式，如通过查阅卷宗或者电话询问的方式取得的材料也可作为对被告人量刑的依据。立功作为有利于被告人的重要量刑情节之一，其认定当然亦应采用自由证明的方式。《最高人民法院关于适用〈中华人民共和国刑事诉讼法〉的解释》（以下简称《解释》）第六十四条第二款规定："认定被告人有罪和对被告人从重处罚，应当适用证据确实、充分的证明标准。"然而，《解释》对被告人从轻、减轻等有利于被告人的量刑事实并未规定最严格的证明标准，从体系解释的逻辑脉络分析，可反向推论对此类事实可以不适用最严格证明标准。

（二）立功等从轻处罚事实的认定可以适用优势证明标准

自由证明与严格证明的区别除了上文提及的证据种类、提出和调查方式外，另一显著区别在于两者的证明标准不同，即严格证明适用"排除合理怀疑"的通常标准，而自由证明则适用优势证明标准。换言之，相对于严格证明适用的"排除合理怀疑"等证明标准而言，自由证明中判断证据指向的事实是否存在的标准是"盖然性"。之所以如此，是因为严格证明适用于定罪和从重量刑场合，这些场合中承担证明责任的主要是控诉机关，从无罪推定理念和控诉机关掌握大量司法权力的现实出发，如若不适用上述标准，可能导致国家权力的滥用，直接损害被告人的合法权益。而自由证明适用于有利于被告人的量刑场合，如果对有利于被告人的量刑情节一律要求严格证明，就会导致取证能力较弱的被告人及其辩护人所获证据被采信的可能性大大降低，不利于对被告人合法权益的保障。因此，无论是严格证明中的通常标准还是自由证明中的优势标准，蕴含的价值取向均是对被告人权益的保障，两者有异曲同工之妙。

司法实践中，诸如立功等有利于被告人的量刑情节，通常由被告方提出。相应地，被告方通常会承担主要的证明责任。具体而言，被告方的这种证明责任需要达到优势证据的程度，并在达到这一程度之后，将证明责任再次转移给公诉方。公诉方此时要承担证明该项量刑情节不成立的责任，并需达到优势证据的程度。在被告方与公诉方的证明势均力敌的情况下，法庭通过对控辩双方量刑证据的权衡，最终裁断哪一方的证明达到了相对优势的程度。换言之，在存在两种相反的事实认定的可能下，只要其中一种事实存在的可能性具有证据上的相对优势，也就是相对另一种事实存在的可能性而言，该种事实成立的可能性更大一些，那么，法庭就该确信该种事实的成立，并将其作为裁判的依据。

本案中，上诉人李梦杰为证明其有协助公安机关抓捕同案犯的行为，向法庭提供了抓捕前其与同案犯的通话记录，据此证实其通过电话确定了同案犯的具体藏匿地址，并将该地址及时告知了公安机关。此时的证明责任已经转移至公诉方。公诉方为了证明李梦杰不构成立功，向法庭提交了由公安机关出具的《案件的侦破、揭发经过》和《情况说明》。该三份材料虽然均否认李梦杰有提供同案犯具体藏匿地址的行为，始终坚持同案犯的落网是公安机关运用技术侦查手段所致，但具体细节描述前后不一，特别是关于通过同案犯 QQ 锁定其藏匿地址的证明无法得到相关证据的证实。相反，同案犯刘辉的供述证实，其在与李梦杰通话过程中曾将自己所处详细位置告知李梦杰，后被公安机关抓获。法庭综合衡量后，认为李梦杰的上诉理由能够得到同案犯供述的印证，相对于公安机关出具的《案件的侦破、揭发经过》和《情况说明》，可信度更大。故二审法院根据优势证据裁判标准，认定李梦杰有协助抓获同案犯的行为，依法认定其构成立功是适当的。

（撰稿：江苏省无锡市中级人民法院　韩　锋　王星光
审编：最高人民法院刑四庭　陆建红）

[第 1038 号]文某非法持有毒品案

——如何审查判断是否存在刑讯逼供等非法方法收集证据的情形以及审查起诉阶段未审查排除侦查阶段刑讯逼供取得的有罪供述，继续获取的不稳定有罪供述是否应当排除

【关键词】　非法证据排除　不能排除以非法方法收集　重复供述

一、基本案情

被告人文某，男，1963 年 6 月 28 日生。2013 年 2 月 21 日因吸食毒品被送戒毒所行政拘留 15 日（未执行完毕），同年 3 月 8 日因涉嫌犯运输毒品罪被逮捕。

某区人民检察院以被告人文某犯运输毒品罪，向某区人民法院提起公诉。

被告人文某辩称，其在侦查阶段的有罪供述系侦查机关刑讯逼供的结果，其行为不构成运输毒品罪。

辩护人基于以下理由提出被告人文某的行为不构成运输毒品罪：(1)本案言词证据存在矛盾；(2)本案存在特情引诱；(3)侦查人员实施了刑讯逼供取证行为，公诉机关提供的相关证据应当作为非法证据予以排除。

某区人民法院经公开审理查明：

1. 关于审判前供述取得合法性的审查

被告人文某在公安机关共作有四份有罪供述，分别是 2013 年 2 月 20 日、2 月 21 日在某派出所两份，2 月 26 日、4 月 10 日在某看守所两份。

文某及其辩护人提出相关供述系侦查人员刑讯逼供所致，并提供如下材料、线索：(1)提交的照片显示文某进看守所时脸有浮肿、眼睛青紫；(2)看守所出具的健康检查笔录，载明文某入所时“双眼青紫，左头部痛，自述系在派出所被吊飞机和被按在地上所致”；(3)文某曾于 2013 年 2 月 22 日、26 日两次到当地某医院就诊，其中 2 月 22 日的病历载明患者“头部外伤后头痛 3 天，约 3 天前头部撞伤”。

经庭审先行调查，公诉人当庭宣读和出示了下列证据：

(1)某医院的两份病历。该两份病历证明，2013 年 2 月 22 日、2 月 26 日文某确有至某医院就诊的事实，其中 2 月 22 日的病历载明文某头部外伤后头痛 3 天，约 3 天前头部撞伤。

(2)戒毒所提供的健康检查表、派出所提供的谈话笔录、文某亲笔说明。某戒毒所出具的健

康检查表载明,文某于2013年2月21日入所时"双眼有青紫,有情况说明";文某自书情况说明一份,载明"本人文某眼睛伤系正常的碰撞,自己撞到的,脚有痛风";某派出所出具的谈话笔录证明,文某在戒毒所期间未受到打骂、体罚等。

(3)公安机关出具的情况说明。该情况说明载明:2013年2月19日晚,民警抓获文某,因天色已晚在现场未发现文某眼部有伤。后将文某带至某派出所审查,发现眼部有伤。文某当时自称是同月18日自己撞到眼部所致。2月21日文某因吸毒被送至戒毒所执行行政拘留。入所检查时,戒毒所民警发现文某眼部有伤,遂询问其伤情原因。文某依然称是自己撞到眼部所致,并亲笔写下情况说明。

(4)公安机关出具的另一份情况说明。该情况说明载明:侦查人员就本案审讯过程制作过全程同步录音录像,但因主办人员于2013年4月调离且其电脑已报废,故该录音录像资料灭失。

(5)公诉机关分别于2013年3月4日、3月6日和5月7日对文某所做的三份讯问笔录。其中3月6日的笔录内容证明文某向公诉机关反映被刑讯逼供的情形,其余两份内容为有罪供述。

在对上述证据当庭质证过程中,被告人文某及其辩护人提出,文某的亲笔说明系因被逼迫所写,且根据上述证据不能排除文某被刑讯逼供的可能。而公诉机关认为,根据文某本人所写情况说明,结合其他证据,可以证明文某的外伤与刑讯逼供无关;按照法律规定,文某所犯罪行尚未达到必须要进行全程录音录像的条件,且目前该录像已灭失;文某在审查起诉阶段的有罪供述能够证明其运输毒品犯罪事实。

2. 非法持有毒品事实

2013年2月19日晚,文某在某小区某号楼门前被公安机关抓获,其随身携带的2小包毒品及身边雪地上的2大包毒品被查获。经鉴定,4包毒品均含有甲基苯丙胺成分,经称重,4包毒品分别为0.29克、0.14克、25.06克、25.05克,合计50.54克。

某区人民法院认为:(1)关于审判前供述取得合法性的审查。首先,关于文某在侦查机关所作的有罪供述的合法性审查。文某自2013年2月19日被抓获至同月26日进入看守所期间,多份证据证明其有眼睛青紫,面部肿胀的外伤。文某在入所体检及公诉机关提审时均进行了反映,而公诉机关为论证侦查机关证据收集的合法性仅提供了文某自书的情况说明、侦查机关出具的情况说明,未能提供同步录音录像等更有力的客观证据。根据现有的证据及线索,不能排除文某的伤情系侦查人员刑讯逼供所致的可能,故对文某在侦查机关所作的供述笔录应当依法予以排除。其次,关于文某在公诉机关三份有罪供述笔录的合法性审查。文某在侦查、审查起诉阶段的有罪供述具有连贯性,既然侦查阶段的有罪供述应当依法予以排除,那么公诉机关在审查起诉阶段的取证亦应依法予以排除。更何况文某在审查起诉阶段亦未形成多次稳定的供述,且文某当庭供述的犯罪事实与审查起诉阶段的供述存有反复,其关于其在审查起诉阶段所作有罪供述笔录系在害怕打击报复且未细看的情况下完成的辩解,具有一定合理性,故其在审判前的所有供述都应依法予以排除。(2)关于文某非法持有毒品的事实部分。文某非法持有甲基苯丙胺50克以上,其行为构成非法持有毒品罪。首先,公诉机关指控文某犯运输毒品罪,在排除了文某庭前供述后,剩余证据尚无法形成证据锁链证明文某运输毒品的犯罪事实,故指控文某犯运输毒品罪的证据不足,不予采纳。其次,文某作为吸毒人员被公安机关抓获时现场查获毒品甲基苯丙胺50克以上,有文某当庭的供述及公安机关的扣押物品、文件清单,称量记录,物证检验报告,毒品照片等证据相互印证。现有证据尚无法证明涉案的50.54克冰毒是用于贩卖或者是自己吸食,故对文某的行为应当以非法持有毒品罪论处。(3)关于本案可能存在特情引诱辩护意见的审查。根据公安机关提供的情况说明,证人陈某并非特情人员,且本案是否存在特情,与定罪量刑并无直接关系。该辩护意见与事实和法律不符，故不予采纳。据此，依照《中华人民共和国刑法》第三百四十八条、《中华人民共和国刑事诉讼法》第五十四条之规定，某区人民法院以被告人文某犯非法持有毒品罪，判处有期徒刑七年，并处罚金人民币一万元。

一审宣判后，被告人文某未提起上诉，检察院亦未抗诉，该判决已发生法律效力。

二、主要问题

1. 如何审查判断是否存在刑讯逼供等非法方法收集证据的情形？

2. 审查起诉阶段未审查排除侦查阶段刑讯逼供取得的有罪供述，继续获取的不稳定有罪供述是否应当排除？

三、裁判理由

在立法、司法政策理念大转型的环境下，司法实践中，辩方提出非法证据排除申请的案件日益增加。但由于涉及深层次体制及非法证据排除规则自身设计等因素，证据经法院审查或者调查后被作为非法证据排除的案件相对较少，经非法证据排除后影响定罪量刑的案件更是少之又少。本案系人民法院依法办理的一起非法证据排除案件，庭审过程中切实严格贯彻体现了“六刑会”关于“以庭审为中心”“以审判为中心”的政策精神，对进一步改进和完善非法证据排除制度，推进防范冤假错案机制制度建设具有重要意义。下文围绕以下两个主要问题展开分析论述：

（一）不能排除以非法方法收集的证据应当坚决依法排除

1. 辩方能够提供涉嫌非法取证的线索或者材料的，可以依法申请启动非法证据排除程序。刑事诉讼法第五十六条第二款规定：“当事人及其辩护人、诉讼代理人有权申请人民法院对以非法方法收集的证据依法予以排除。申请排除以非法方法收集的证据的，应当提供相关线索或者材料。”《最高人民法院关于适用〈中华人民共和国刑事诉讼法〉的解释》（以下简称《刑事诉讼法解释》）第九十六条进一步明确了当事人申请所需提供的线索、材料包括：涉嫌非法取证的人员、时间、地点、方式、内容等。其中所谓“材料”是指被告人出示的血衣、伤痕、伤痕照片、医疗证明、伤残证明、同监人证言等能够证明存在刑讯逼供等非法取证事实的证据材料；所谓“线索”是指可以显示刑讯逼供等非法取证事实确实存在的比较具体的事实，如关于刑讯逼供的时间、地点、方式、人员等信息。本案辩方即提供了伤痕照片、医疗证明及入所健康检查笔录等线索材料，用以证明其在公安机关侦查阶段受到打、踢、反剪双手等方式逼取供述。根据刑事诉讼法第五十六条的规定，法庭审理过程中，根据辩方提供的线索材料，审判人员认为可能存在以非法方法收集证据情形的，应当对证据收集的合法性进行法庭调查。本案中，法院在辩方提供上述线索后，即产生了对证据收集合法性的怀疑，并开庭专门就该事项进行了法庭调查。

2. 法院经审查对证据收集合法性有疑问的应当进行调查，不能排除存在以刑讯逼供等非法方法收集证据情形的，应当将该证据依法予以排除。根据刑事诉讼法第五十七条、第五十八条的规定，证据收集合法性的证明责任在于公诉机关，如果证据不能达到确实、充分的程度标准，不能排除非法取证合理怀疑的，对相关证据应当依法予以排除。

本案被告人文某于2012年2月19日被抓获，20日因涉嫌运输毒品犯罪被立案，21日因吸毒被送戒毒所行政拘留，26日被送看守所执行刑事拘留。在此期间，对证据收集合法性问题的反向证据有：（1）伤痕照片。案卷材料中，拍摄的当时作为犯罪嫌疑人的文某三面免冠照片，能看到其脸部、眼角等处有明显淤青痕迹。（2）医院急诊病历。2月22日上午10时30分，文某被送医院就诊，病历载明：“头部外伤后头痛3天，伤者约3天前头部撞伤”。而3天前即抓捕当天2月19日。医院的体征查体为“双眼睑肿胀青紫”，诊治项目为“螺旋CT平扫（头颅）”，后配药氯霉素滴眼液。2月26日下午3时许，文某因高血压被送医院进行常规心电图检查。（3）健康检查表。

2月21日某戒毒所出具的健康检查表载明文某“双眼青紫”,2月26日某看守所出具的健康检查表载明文某“双眼青紫,左头部痛,自述在派出所被吊飞机和被按在地上所致”。(4)文某的辩解。在审查起诉阶段,其于3月6日向公诉机关反映,其被抓获当晚及次日,被公安人员打耳光、吊飞机、按在地上打,并描述了两位侦查人员的体貌特征。在庭审中,文某再次反映了挨耳光、蜡烛油滴脚背脚跟等受刑讯逼供的情形,并反映自书说明是在侦查人员恐吓环境下所写,在审查起诉阶段其仍害怕公安人员报复,以及2月26日其系因看守所不收押才去医院就诊的。

2010年最高人民法院、最高人民检察院、公安部、国家安全部、司法部联合制定的《关于办理刑事案件排除非法证据若干问题的规定》(以下简称《非法证据排除规定》)第十一条规定:“对被告人审判前供述的合法性,公诉人不提供证据加以证明,或者已提供的证据不够确实、充分的,该供述不能作为定案的根据。”对照该规定,公诉机关证明取证合法性的证明标准,必须达到“确实、充分”,而本案公诉机关提供的证明取证合法性的正向证据,无法达到“确实、充分”的标准:(1)文某进入某戒毒所时的自书情况说明。该说明载明“本人文某眼睛伤系正常的碰撞,自己撞到的,脚有痛风”。该情况说明系在某戒毒所体检发现文某双眼青紫后所作。从形式看,系在同一张纸上先由侦查人员书写“文某眼睛红肿,其本人称是于2013年2月18日自己不小心撞到的,眼睛无大碍”,再由文某另起一行书写;从内容看,文字明显不通顺,不排除外部因素干扰;从理由看,将自己撞伤尤其是双眼撞伤不尽合理;从主体看,与取证合法性关系较为疏远的戒毒所尚且因被拘留人员有外伤痕迹而要求有书面说明,而与本案关系更为密切的侦查机关却从未有该方面的要求。(2)侦查机关关于伤势原因的情况说明。该情况说明载明2月19日晚将文某抓获带至某派出所时才发现其有伤,文自称是18日自己撞到眼部所致。将其送至戒毒所执行行政拘留,其在回答伤势原因时也称是自己所撞。然而,关于文某自称眼部受伤系自身所致的内容,并未在任何一次讯问笔录中得到体现。(3)侦查机关关于录音录像资料的情况说明。该情况说明仅载明侦查人员就本案审讯过程制作过全程同步录音录像,但因主办人员于2013年4月调离且其电脑已报废,故该录音录像资料已灭失。由于案发地公安机关有对所有刑事案件全程同步录音录像的惯例,只是区分是否属于大要案而决定是否另行刻录光盘。该情况说明以主办人员调离、电脑报废作为录音录像资料灭失的理由难以令人信服。(4)戒毒所出所谈话笔录。该笔录只能证明文某于2月21日至26日在某戒毒所期间未受到戒毒所民警的打骂、体罚,并不能排除侦查期间受侦查人员的刑讯逼供。

综上分析,本案在被告人文某能够提供确切伤情的证据,且提出其有罪供述系侦查人员刑讯逼供所致的情况下,公诉机关未能提供确实、充分的证据证明侦查机关取证的合法性,不能排除侦查机关系以刑讯逼供的方法获取被告人有罪供述的合理怀疑,故该有罪供述应当依法予以排除。

值得注意的是,根据《刑事诉讼法解释》第一百零一条的规定,公诉机关提交的取证过程合法的说明材料不能单独作为证明取证过程合法的根据。因此,实践中,为了证明取证的合法性,公诉机关、侦查机关除了提交取证过程合法的材料之外,一般还会提供被告人自己所作有罪供述过程的说明材料,如被告人自己书写的有关伤势形成的解释性说明。在此情况下,能否认定取证过程的合法性,我们认为,需要根据庭审具体情况,依法审查被告人自书的解释性说明在内容上是否符合常理,形成的时间、环境以及内容是否一贯、稳定。本案中,文某较早时间段自书的伤势情况说明(第一份材料),与其在脱离办案单位即将进入监管场所时所作的说明并不一致。然而,根据后一份自书伤势情况说明,文某在监管场所这一办案民警、监管民警多人在场的复杂环境体检时,其自述伤势系遭刑讯逼供所致。显然,文某就伤势形成原因前后矛盾的解释,不能作为侦查机关、公诉机关取证过程合法性的辅证材料。同时,因为文某不具有取证合法性的证明义务,故不能基于其对伤势形成原因解释不清就作出对其不利于的判断。

(二)审查起诉阶段未审查排除侦查阶段刑讯逼供取得的有罪供述,继续获取的不稳定有罪供述亦应依法予以排除

对于被告人在侦查、审查批捕、审查起诉各阶段所作的多次有罪供述,如果前一阶段的有罪供述被作为非法证据排除后,后一阶段的有罪供述是否一并排除,理论界和实务界主要存在分阶段排除和一体化排除两种意见。分阶段排除意见认为,检察机关与公安机关系不同主体,且法律赋予了检察机关调查取证权,因此,即使在侦查阶段被告人的有罪供述系侦查人员逼供所致,只要在审查起诉阶段不存在刑讯逼供等非法取证行为,则审查起诉阶段取得的被告人供述的效力不应受到公安机关刑讯逼供的影响,不应当一并排除。一体化排除意见认为,根据现实国情,不能寄希望于犯罪嫌疑人、被告人准确区分侦查人员和公诉人员,其在遭受刑讯逼供后,可能会对所有司法人员产生惧怕心理,从而违背意愿作出有罪供述。因此,如果公安机关刑讯逼供在先,则检察机关所取得的被告人的有罪供述亦应一并排除。

我们认为,是分阶段排除还是一体化排除,不能"一刀切",而应结合案情视具体分析而定。判断后一阶段的有罪供述是否具有可采性,应当以刑讯逼供等非法方法对被告人所造成的心理影响是否得到一定程度的消除为标准。如果辩方提出被告人在后一阶段的有罪供述系因侦查机关在前一阶段实施刑讯逼供而导致其害怕后一阶段被继续刑讯逼供的,公诉机关应当提供前一阶段的刑讯逼供对被告人造成的心理影响在后一阶段各次讯问中已经消除的证据。对公诉机关不能提供证据证明前一阶段的刑讯逼供对被告人造成的心理影响在后一阶段各次讯问中已经消除的,后一阶段的有罪供述亦应当依法排除。具体理由分析如下:

1. 从法律评价分析,对同一主观心理支配下的行为内容应当作相同评价。这种情形类似于基于同一主观故意支配下实施相同行为,在刑法上作同一评价。被告人基于同一肉体或者精神折磨等原因作出的重复性有罪供述,亦应作相同的性质评价。侦查阶段有罪供述被判定为非法证据,性质相同的重复有罪供述也应判定为非法证据。

2. 从行为人的心理分析,不消除恐惧心理影响继续取证实质上是侵犯基本人权的延续。尤其是行为人在向检察机关反映其被刑讯逼供的痛苦遭遇后,非但未获得检察机关的积极回应,反而继续让其作有罪供述,一定程度上让行为人感觉公诉机关与侦查机关是同一条战线的,其心理包袱不是减轻了而是加重了。

3. 从相关规定分析,后一阶段的有罪供述应当作为非法证据予以排除。公检法分工负责、相互制约是刑事诉讼法的基本原则。根据刑事诉讼法第五十四条第二款、第五十五条关于检察机关审查起诉或者接到控告举报时应当调查核实的规定,无论是基于诉讼职能,还是基于法律监督职能,检察机关都有义务进行非法证据的核查。根据《刑事诉讼法解释》第一百零三条第一项的规定,一审法院对辩方提出的排除非法证据请求没有审查,且以该证据作为定案根据的,二审法院应当对证据收集的合法性进行审查并作出排除或者不排除的处理。由此规定可知,如果不能排除证据收集的非法性,对相关证据的证明资格、证明力亦应当予以否定。另从国家赔偿法第二十一条关于刑事赔偿义务机关的规定分析,对于侦查、审查批捕、审查起诉、庭审等各阶段,总是由最后作出错误司法行为的司法机关承担赔偿责任。因此,后一阶段(最终生效)司法机关有义务、有责任承担证据审查义务。在被告人提出前一阶段存在刑讯逼供的情况下,后一阶段的司法主体不但有义务审查相关证据,而且在继续实施讯问之前有义务审查被告人是否消除恐惧心理。

被告人是否消除侦查人员刑讯逼供所造成的恐惧心理,是非常复杂的判断过程。司法实践

中,司法主体往往借助以下程序性的行为进行分析认定:

(1)排除非法证据申请权利的告知。如根据《刑事诉讼法解释》第九十七条的规定,人民法院向被告人及其辩护人送达起诉书副本时,应当告知其有权申请排除非法证据。(2)排除非法证据程序启动的告知。在辩方提供线索材料后,承办人对取证合法性产生疑问进而启动调查程序时,可以通过书面、口头方式告知犯罪嫌疑人(被告人)。尤其是对于履行诉讼监督职能的检察机关而言,给予控告举报人回复是必要的程序环节。(3)排除非法证据结果的告知。根据《刑事诉讼法解释》第一百条、第一百零二条第二款的规定,法庭经审查对证据收集合法性没有疑问的,应当当庭说明情况和理由;法院对证据收集合法性进行调查后,应当将调查结论告知控辩双方。结果告知的程序要求也应当适用于审查起诉阶段。

刑事诉讼法规定,采用刑讯逼供等非法方法收集的犯罪嫌疑人、被告人供述,应当予以排除。在侦查、审查起诉、审判时发现有应当排除的证据的,应当依法予以排除,不得作为起诉意见、起诉决定和判决依据。本案中,被告人文某在审查起诉阶段即向公诉机关反映被刑讯逼供的情形,公诉机关对此未予依法审查,而是继续对被告人进行了三次讯问。且之后三次供述不稳定,在审查起诉阶段形成的两份有罪供述笔录与庭审供述存在矛盾。人民法院综合审查判断相关取证过程证据,认为不能排除文某在侦查、审查起诉阶段的认罪供述系以非法方法收集,故依法予以排除。

值得强调的是,人民法院在依法排除非法证据后,应当综合其他证据就被告人的行为定性以及处罚进行审查判断。本案中,被告人文某系吸毒人员,在依法排除文某的有罪供述后,现有证据尚无法证明涉案的50.54克甲基苯丙胺是出于贩卖的唯一目的,故某区人民法院结合其庭审有效供述和其他扣押清单等间接证据,以非法持有毒品罪定罪处罚是正确的。

(撰稿:最高人民法院刑二庭　刘晓虎
审编:最高人民法院刑二庭)

[第1039号]李志周运输毒品案

——如何把握证据收集合法性的证明标准,以及排除非法证据后案件的处理方式

【关键词】 非法证据排除　证明标准　排除非法证据后案件的处理

一、基本案情

被告人李志周,男,汉族,1983年12月15日出生,无业。2012年8月17日因涉嫌犯运输毒品罪被逮捕。

江西省萍乡市人民检察院以被告人李志周犯运输毒品罪,向萍乡市中级人民法院提起公诉。

被告人李志周辩称,其没有参与指控的犯罪事实,对同案被告人易洪涛运输毒品的事实不知情,不构成犯罪。

萍乡市中级人民法院经审理查明:2012年7月9日晚,易洪涛(同案被告人,已判刑)向"老三"(在逃)联系购买毒品,并将其之前所欠的人民币6 000元购毒款通过被告人李志周汇给"老三"。同日23时许,易洪涛、李志周驾驶车牌号为赣JW6969的黑色别克轿车从江西省萍乡市前往湖南省郴州市。7月10日,二人在郴州市"老三"处购得毒品后驾车返回萍乡市。当日20日

许,二人驾车行至萍乡市达金大酒店时被公安人员抓获。公安人员当场从二人驾驶的车辆中查获白色塑料封口袋包装的白色结晶颗粒2包,净重196.86克,经鉴定检出甲基苯丙胺成分;红色片剂988片,净重88.9克,绿色片剂10片,净重0.9克,经鉴定检出甲基苯丙胺和咖啡因成分。

该案审理过程中,被告人李志周提出,其在派出所接受讯问期间遭到刑讯逼供,并提供相关线索、材料,申请排除其所作供述。萍乡市中级人民法院经审查认为,公安人员可能存在以刑讯逼供方法收集被告人供述的情形,依法启动证据收集合法性调查程序。公诉机关出示相关办案说明等材料证明取证合法性。萍乡市中级人民法院经审理认为,现有证据不能排除被告人供述是公安人员采用刑讯逼供方法收集的,对有关供述应当予以排除。但关于指控被告人李志周的运输毒品事实,仍有同案被告人的供述、相关证人证言以及当场从李志周身上查获的毒品等证据予以证实,起诉书指控的犯罪事实清楚,其他证据确实、充分。

萍乡市中级人民法院认为,被告人李志周违反国家毒品管理规定,非法运输毒品甲基苯丙胺196.86克、甲基苯丙胺片剂89.8克,其行为已构成运输毒品罪。李志周在运输毒品共同犯罪中起次要作用,系从犯,应当减轻处罚。据此,依照《中华人民共和国刑法》第三百四十七条第二款第一项、第二十五条第一款、第二十七条之规定,萍乡市中级人民法院判决如下:

被告人李志周犯运输毒品罪,判处有期徒刑十年,并处罚金人民币五万元。

宣判后,被告人李志周提出不服,向江西省高级人民法院提起上诉,辩称其受到公安人员刑讯逼供;公安人员并非从其身上搜查到毒品,而是从车内搜查到毒品,其自始至终都不知情,更没有参与毒品犯罪。

江西省高级人民法院经公开审理认为,虽然被告人李志周的供述被认定为非法证据,依法应当予以排除,但在案其他证据足以认定其运输毒品的犯罪事实。原判认定事实清楚,证据确实、充分,定罪准确,量刑适当,审判程序合法。依照《中华人民共和国刑事诉讼法》第二百二十五条第一款第一项之规定,裁定驳回上诉,维持原判。

二、主要问题

如何把握证据收集合法性的证明标准,以及排除非法证据后案件的处理方式?

三、裁判理由

本案一审过程中,被告人李志周辩称其在侦查阶段遭到刑讯逼供,申请排除其所作的有罪供述。李志周提出,其在派出所接受讯问时,有一名年龄较大、约40岁模样的侦查人员脱下黑色皮鞋,用鞋跟殴打李志周头部,致李志周头部出血,一名年龄只有十多岁的人帮李志周用卫生纸按住头部止血,但止不住,李志周被迫作出有罪供述。李志周的辩护人提出,《看守所入所人员身体检查表》显示,李志周入所时曾接受体检,体检表载明:"头顶见血迹,衣服大片血迹,头部肿痛",证实李志周入所前头部有明显伤痕。但该体检表的"体表检查"一栏记载"有伤。自述在楼梯上碰伤";"备注"一栏又记载"自述昨天下午抓捕时头部撞在铁栏杆上"。该两处记载对李志周在何处受伤的描述自相矛盾,不能证明李志周是在抓捕时被撞伤。综合上述线索、材料,不能排除李志周是在进入看守所前遭受刑讯逼供导致头部受伤,其在侦查阶段的有罪供述应当被认定为非法证据,依法应予排除。

对于被告人李志周及其辩护人提出的排除非法证据申请,以及提供的相关线索、材料,一审法院经审查认为,本案可能存在以刑讯逼供方法收集被告人供述的情形,依法启动了证据收集合法性的调查程序。对一审法院的上述行为,可以从以下两个方面进行解决。

(一)如何把握证据收集合法性的证明标准

刑事诉讼法第五十七条第一款规定:"在对证据收集的合法性进行法庭调查的过程中,人民检察院应当对证据收集的合法性加以证明。”第五十八条规定:“对于经过法庭审理,确认或者不能排除存在本法第五十四条规定的以非法方法收集证据情形的,对有关证据应当予以排除。”

根据上述规定,人民检察院对证据收集合法性事实的证明,应当达到证据确实、充分的证明标准,即排除存在刑事诉讼法第五十四条规定的以非法方法收集证据的情形。主要理由如下:一方面,证据是认定案件事实的基础,对证据收集合法性的审查是判断该证据能否作为定案依据的关键。如果据以定案的证据在合法性方面存疑,那么以之为基础指控的犯罪事实显然也达不到“证据确实、充分”的证明标准。对证据收集合法性事实的证明标准与刑事案件定罪的证明标准在本质上是一致的。另一方面,强调公诉机关对证据收集合法性的证明应当达到证据确实、充分的证明标准,有助于规范侦查取证行为,落实不得强迫自证其罪原则的要求,减少刑讯逼供及其他非法取证情形的发生,切实保障人权,防范冤假错案。

人民检察院可以通过多种方式证明取证的合法性,例如,可以出示讯问笔录、体检笔录,播放讯问过程同步录音录像,或者提请法庭通知侦查人员或者其他人员出庭作证。本案中,为证明证据收集的合法性,公诉人当庭出示了以下证据:江西省莲花县看守所出具的《说明》,萍乡市公安局安源分局出具的情况说明、关于李志周等人被抓获的情况和审讯情况的补充说明,安源分局后埠派出所出具的情况说明、办案说明,安源分局缉毒大队出具的易洪涛贩毒案抓获情况及审讯情况说明、办案说明、说明,又对参与审讯的陈翔、陶平华、许渤等13名侦查人员逐一进行了询问,提取了证人证言,13名侦查人员也均出具了情况说明,声明在审讯中无刑讯逼供行为。

需要强调的是,上述证据材料数量虽多,但本质上都是办案单位和办案人员的说明材料,根据《最高人民法院关于适用〈中华人民共和国刑事诉讼法〉的解释》第一百零一条第二款的规定,此类说明材料不能单独作为证明取证过程合法的根据。对于能够证明证据收集合法性的关键证据,如讯问过程的同步录音录像、被告人李志周出入派出所的监控视频等,公诉机关未能提供。

一审法院经审查认为,对于被告人李志周供述收集的合法性,公诉机关未能提供确实、充分的证据予以证实,本案不能排除存在刑事诉讼法第五十四条规定的以非法方法收集供述的情形,对李志周的供述,依法应当排除。主要理由如下:(1)根据《看守所入所人员身体检查表》的记载,李志周头部受伤的事实可以得到确认,控辩双方对此均无异议。现有证据证实,李志周头部伤情是在抓获当时至进入看守所前的时间段内形成的。李志周入所前后表现异常,在入所前均在讯问笔录上签字捺印,入所后在涉及其可能承担刑事责任的讯问笔录上均未签字捺印。(2)针对李志周提供的在派出所接受讯问时遭到刑讯逼供导致头部受伤的具体线索,办案单位所作的李志周头部伤情系抓捕时反抗所致的解释缺乏证据支持:一是一同在现场被抓捕的易洪涛、廖婷证明三人均无逃跑、反抗的行为;二是办案民警均称抓捕当时没有看见李志周受伤。(3)公诉机关提供的证明取证合法的证据材料,均是办案单位和办案人员出具的说明材料,不能单独作为证明取证过程合法的根据。(4)对于能够证明取证合法的关键证据,公诉机关未能提供。例如,李志周出入后埠派出所的监控视频未能提供;讯问李志周的同步录音录像未能提供;第一次讯问笔录中没有记载李志周受伤的情况;抓获情况及审讯情况说明中也没有李志周受伤的反映。据此,公诉机关提供的证明取证合法的证据未能达到确实、充分的证明标准,一审法院依法排除李志周的有罪供述,是依法有据的。

(二)排除非法证据后案件的处理方式

非法证据排除规则解决的是特定证据能否作为诉讼证据使用的证据资格问题。非法证据排除应与案件的实体处理区分开来，针对证据收集合法性的争议，之所以建立独立的调查和裁判程序，并要求法庭先行调查并当庭作出裁决，就是要与案件的实体处理剥离。排除了非法证据，并不意味着案件一定要宣告无罪，还应综合审查其他在案证据，依法认定案件事实。

排除非法证据后，基于其他在案证据的情况，案件的处理大致可分为三种情形：案件事实清楚，证据确实、充分，依法能够认定被告人有罪的，应当作出有罪判决；证据不足，不能认定被告人有罪的（排除的是据以定罪的关键证据），应当作出证据不足、指控的犯罪事实不能成立的无罪判决；案件部分事实清楚，证据确实、充分的，应当依法认定该部分事实并作出相应处理（实践中排除非法证据的案件多属此种情形）。

本案中，虽然被告人李志周的有罪供述被法院认定为非法证据，并依法予以排除，但其他在案证据仍能够证明李志周实施了公诉机关指控的运输毒品犯罪行为。例如，搜查笔录及扣押物品清单、照片证实，办案民警系从坐在汽车后座的李志周手中持有的黑色布袋中搜出涉案毒品；证人廖婷的证言、同案被告人易洪涛的供述均证实李志周对此次去湖南联系毒品事宜是明知的，且实施了运输毒品的行为；等等。上述证据足以认定被告人李志周有运输毒品的主观目的，并在易洪涛安排下参与实施了具体的运输毒品行为。

综上分析，人民法院认定被告人李志周的行为构成运输毒品罪是正确的。

（撰稿：最高人民法院刑三庭　管延青
江西省萍乡市中级人民法院　余向阳　李　斌
审编：最高人民法院刑三庭　罗国良）

[第1040号]尹某受贿案

——如何审查被告人在侦查阶段不同期间所作供述的合法性

【关键词】 非法证据排除　重复供述　证人证言　证据审查判断

一、基本案情

被告人尹某，男，1954年11月14日出生，原某市烟草公司办公室主任科员、副主任。2013年8月14日因涉嫌受贿罪被逮捕。

某区人民检察院以被告人尹某犯受贿罪，向某区人民法院提起公诉。

某区人民法院经公开审理查明：2002年12月，被告人尹某被任命为某市烟草公司（国有企业）办公室副主任，2009年12月被免去办公室副主任职务，改任主任科员。2008年6月至2010年8月间，尹某在担任该公司办公室副主任、主任科员期间，利用其负责该公司卷烟物流配送中心项目基建、装修等具体事项协调工作等职务上的便利，先后5次非法收受某室内成套装饰有限公司顾某某、某实业有限责任公司冯某某贿赂的人民币（以下币种同）共计23.5万元。

某区人民法院认为，被告人尹某身为国有企业中从事公务的人员，利用职务之便，非法收受他人财物共计23.5万元，为他人谋取利益，其行为构成受贿罪，依法应当判处十年以上有期徒刑或者无期徒刑。依照《中华人民共和国刑法》第一百六十三条第三款，第三百八十五条第一款，第三百八十六条，第三百八十三条第一款第一项、第二款，第九十三条第二款，第六十四条之规定，某区人民法院判决如下：

1. 被告人尹某犯受贿罪，判处有期徒刑十一年，并处没收财产人民币五万元。

2. 追缴被告人尹某受贿所得人民币二十三万五千元。

一审宣判后，被告人尹某基于以下理由提起上诉：(1)本案侦查机关的全部侦办过程严重违反法律程序；(2)侦查机关采用刑讯逼供，通过威胁、恐吓、利诱取得上诉人及关键证人的言词证据，系非法证据，一审法院未予排除；(3)一审定案证据不能排除合理怀疑，判决认定的事实不清、证据不足，应当依法宣告本案无罪。

某中级人民法院经公开审理查明：原审判决认定上诉人尹某身为国有企业中从事公务的人员，利用职务上的便利，非法收受他人财物，共计23.5万元，为他人谋取利益的事实，有原审法院经过当庭质证后所认定的证据予以证实。

某中级人民法院认为，原审判决认定上诉人尹某犯受贿罪的定罪和量刑事实清楚，证据确实、充分，适用法律正确，量刑适当，诉讼程序合法，应予维持。关于上诉人尹某及其辩护人提出的上诉理由和辩护意见，经查：(1)侦查机关在立案后对上诉人尹某的刑事拘留、逮捕决定均严格按照刑事诉讼法的规定作出，并由公安机关执行，且讯问过程中均告知了相关诉讼权利和义务，并进行了同步录音录像，并无违法取证行为。(2)2013年7月28日某区人民检察院对上诉人尹某立案后即向其告知了有核对笔录、对侦查人员的违法行为提出控告等诉讼权利。尹某就受贿事实作过数次稳定供述，而且其曾详细供述在2008年至2009年间收受顾某某、冯某某等人贿赂后从最初的惶恐不安到逐渐心安理得，直至无所顾忌；在接受侦查机关调查后害怕、不敢面对现实、抱有幻想等心理历程。该供述自然客观、真实可信。一审庭审中，公诉人当庭播放了该区人民检察院立案后在看守所对尹某所作第一份讯问笔录的同步录音、录像，视频资料显示尹某神态自然，回答流畅，侦查人员没有非法取证的行为；2010年8月20日该区人民检察院人民监督员找尹某谈话时，其亦明确表示办案人员对其公正文明，讯问行为没有违反法律和有关纪律。(3)2008年至2010年期间，上诉人尹某在所在单位新办公大楼和物流配送中心基建和装修工作中，全权代表公司行使有关职权，负责基建、装修方面的具体事项的协调工作，虽无最终决策审批权，但其在工程追加投资方案的初步研究及上报、工程决算等方面为冯某某提供帮助，使其避免因工程量清单中缺项而造成数十万元的经济损失；在施工单位推荐过程中，其介绍顾某某顺利承接到卷烟物流配送中心部分新增项目装修工程，尹某因此收受二人贿赂共计23.5万元。尹某的供述虽有反复，但其在立案后的数次有罪供述与证人顾某某、冯某某的多次稳定证言在行受贿的时间、地点、数额、原因、现金包装以及承接工程情况等细节上能相互印证。据此，依照《中华人民共和国刑事诉讼法》第二百二十五条第一款第一项之规定，某中级人民法院裁定驳回上诉，维持原判。

二、主要问题

如何综合判断被告人在侦查阶段不同期间所作供述的合法性？

三、裁判理由

在职务犯罪中，侦查机关介入侦查之后往往需要通过初查程序，才能决定是否立案并进行更加深入的调查取证。由于职务犯罪的特殊性，在司法实践中对当事人言词证据依赖程度较高，尤其当被告人供述、证人证言不稳定的情况下，如何对侦查机关在不同侦查阶段取得的言词证据进行甄别，需要综合多方面因素进行审查判断。

本案中，根据检察院移送的案卷材料，被告人尹某因涉嫌犯受贿罪于2013年7月25日至9月22日共接受侦查机关调查12次。其中7月25日至28日3时，在侦查机关的指定办案地点接受2次调查，并制作2份询问笔录，尹某亲笔书写了《思想认识》3份，以上证据材料为侦查机关初查阶段所取得。28日上午立案后，尹某于当晚20时在该地点接受讯问1次，如实供述了自己的全部犯罪事实。7月29日至9月22日，在某市看守所接受9次讯问，其间时供时翻。其中，作有罪供述6次，翻供3次。该部分证据为正式立案侦查后所取得。本案争议的焦点之一，即侦查机关在不同阶段所取得的证据效力，如何进行采信与排除。我们认为，需要结合全案材料进行甄别。具体分述如下：

（一）侦查机关在初查阶段收集的被告人言词证据要根据取证手段是否合法决定是否排除

1. 侦查机关在初查阶段合法收集的言词材料可以作为证据使用。根据刑事诉讼法第一百一十条的规定，人民法院、人民检察院或者公安机关对于报案、控告、举报和自首的材料，应当按照管辖范围，迅速进行审查，认为有犯罪事实需要追究刑事责任的时候，应当立案。本条中关于“审查”的规定，即是检察机关初查的法律依据之一。此外，最高人民检察院制定的《人民检察院刑事诉讼规则（试行）》对初查作了详细规定，即举报线索的初查由侦查部门进行。由此规定可知，侦查机关启动侦查以发现犯罪嫌疑为前提，并不以立案为必要前提。立案的实质是为强制侦查提供法律依据，而非启动侦查的前提。能够证明案件真实情况的合法材料，都可以被用作为证据或者证据辅助材料。初查阶段取得的被调查人言词证据材料，符合取证主体和办案程序的相关规定，具有合法性，调查当中无刑讯逼供等非法情形的，可以作为诉讼证据使用。

2. 侦查机关在初查阶段非法取得的证据应当予以排除。本案中，侦查机关在初查阶段使用的非法取证方式大致包括以下几类：

（1）侦查机关对犯罪嫌疑人采取疲劳审讯的方式。本案中，据被告人尹某称：其于7月25日晚进入侦查机关指定的办案地点接受调查，至28日上午立案之时，历时约72小时，没有离开过办案地点，并一直接受办案人员“车轮战”式的调查，每天睡眠时间不足4小时。另外，25日至27日，侦查机关没有制作一份调查笔录，也未移送25日至27日的同步录音、录像资料。据办案人员称，此段期间，其一直在对尹某进行思想教育。基于对上述情况的判断，办案法官内心产生较强确信，在该期间侦查机关采用了“疲劳战术”对尹某进行取证。

（2）侦查机关在初查时采用威胁、辱骂被调查人的方式。本案中，由于侦查机关没有移送25日至27日对尹某进行调查时的同步录音、录像，经过多方协调，办案法官在侦查机关指定地点观看了该期间的同步录音、录像，资料显示尹某在进入办案地点之后产生较强的抗拒情绪，经过多天的思想教育其仍未交代犯罪事实。其中，在27日17时至19时，办案人员对尹某有言语辱骂，并威胁其再不交代问题将把其家人带至办案地点一并调查等违规情况，以此给尹某造成较大的心理压力，迫使其尽快承认犯罪事实。

（3）侦查机关在初查过程中还存在其他不规范情形。对此，侦查机关未作出合理解释或者进行补正，具体表现在以下几个方面：首先，传唤及询问过程违反法定程序。刑事诉讼法第一百一十七条第二款规定：“……案情特别重大、复杂，需要采取拘留、逮捕措施的，传唤、拘传持续的时间不得超过24小时；不得以连续传唤、拘传的形式变相拘禁犯罪嫌疑人，并保证其必要的饮食和休息时间”。本案中，尹某从25日至28日一直在该办案地点接受调查，且侦查机关仅出具了25日、28日共2份《调查通知书》。可见，办案机关明显违反了刑事诉讼法第一百一十七条的规定。其次，询问笔录制作不完整。侦查机关仅向法院移送了尹某28日晚接受询问的笔录，而此前的询问，侦查机关认为，因尹某对自己的犯罪行为认识态度不端正，对尹某所进行的思想教育工作，与案件事实无直接关系，故未制作相关的询问笔录。最后，询问笔录制作未严格遵循实录原则。视听资料显示，办案人员在询问中较少出现敲击电脑键盘的动作，更多的是移动鼠标，甚至某些错别字在一份笔录之中多次出现，有复制、粘贴笔录之嫌。

因此，人民法院结合上述情况，无法确认侦查机关在初查阶段的取证行为具有合法性，故将此阶段取得的被告人尹某的言词材料作为非法证据予以排除。

(二)重复供述不因之前供述取证非法而当然排除

审理法院虽然将被告人尹某在侦查机关指定办案地点所作的有罪供述予以排除,但并不意味着此后所取得的言词证据必然违法。对于重复供述,有必要结合多方面因素进行综合审查判断:

1. 尹某处于意志相对自由空间,权利告知起到了"清洁阀"作用。相比侦查机关的办案地点而言,看守所是由不同国家机关或者部门管理的监管场所。行为人在看守所羁押期间,受到侦查机关的影响减弱,能接触到委托律师、同样被羁押的人以及其他人员,并与上述人员有思想、信息交流,对自身涉案情况有充分思考的时间,其意志相对更加自由。因而,司法实践中,翻供也多始于该阶段。本案中,尹某解释自己第一次翻供原因亦说明在该阶段其意志处于自由状态:其与同监室人员交流后,产生"受贿是两个人的事情,不承认谁拿自己也没有办法"的侥幸心理;在会见律师后,律师表示尹的妻子已经在找相关证人重新作证,并会对其作无罪辩护,使尹某的精神上受到莫大的"鼓舞",更加坚定了翻供的决心。此阶段,侦查机关采取了证据"清洁"措施。一是进行权利告知。案件于7月28日立案后,当日即告知了有核对笔录、对侦查人员的违法行为提出控告等诉讼权利。二是人民监督员介入。8月20日检察院人民监督员在看守所会见尹某,针对侦查机关取证行为是否合法进行了询问,尹某表示侦查机关在讯问过程中无诱供、逼供行为,并在笔录上签字捺印。人民监督员是检察机关邀请的普通公民,其职责是监督职务犯罪中办案人员有无刑讯逼供、违法违纪情况,地位具有相对独立性和超然性。

2. 同步录音、录像资料完备,能完整反映讯问过程。尹某于7月28日晚被刑事拘留,次日9时被送往看守所羁押,在看守所中共接受9次讯问,包括人民监督员会见询问,均有完整的同步录音、录像资料,反映其精神状态以及表情均比较自然,思维清晰,语言表达流畅。办案人员在讯问过程中举止文明,没有诱供、逼供等行为。笔录制作上也遵循实录原则,对其供述进行同步电脑录入,少有点击鼠标的情况出现;在每次讯问结束后,均由尹某先核对笔录,亲自修改并签字捺印。

3. 犯罪细节供述详细,具有明显的个性特征。尹某对于收受顾某某、冯某某二人贿赂的时间、地点、数额、包装等细节均有自然的回忆过程和清晰的供述。尤其当在交代收受贿赂的过程时,尹某在没有受到任何提示或者发问的前提下,不由自主地对自己当时的心理状态进行了比较细致的描述,其承认第一次收受顾某某的一笔10万元的贿赂是终生难忘的,之后自己的心态从害怕、犹豫到心安理得,直至发展到无所顾忌、近乎疯狂。被调查后害怕面对亲人、领导、同事,精神压力大所以一开始比较抗拒。如果没有亲身经历,普通人是很难将该种心情进行如此细致的描述的。办案法官可以将该细节作为尹某实施受贿犯罪成立的重要证据,以增强内心确信。

此外,本案中还存在证人反复翻证问题。案件中的一名关键证人顾某某于7月26日、29日在检察机关指定的办案地点接受询问时,两次交代了其向尹某行贿3次,共计11.5万元的事实。8月8日,顾某某主动至检察机关翻证。8月13日、9月12日再次接受侦查机关询问时又承认其向尹某行贿的事实,并书写了《思想认识》1份。9月29日,尹某的辩护人贺某某约顾某某在某茶楼进行询问,贺某某在对方不知情的情况下将双方的谈话进行了录音,录音资料反映顾某某否认其向尹某行贿的事实,但其拒绝在贺某某制作的证言笔录上签字捺印,事后贺某某将该录音和笔录一并向人民法院提供。12月20日,侦查机关就此事找顾某某进行询问,顾再次承认了其最初向尹某行贿的证言。

针对顾某某的证言在短时间内数次反复的情况,如何对上述不同时间、地点所作的证言进行甄别与采信,审理法院主要从以下几个方面寻求突破:(1)从取证形式合法性进行判断。侦查机关对顾某某的取证过程,均提供了完整的同步录音、录像,询问完毕后均由证人本人核对笔录后签名捺印;反观辩护人在取证中未经证人同意偷偷录音,询问笔录没有证人的签名捺印,违反正常的取证形式,不具有合法性,不能采信。(2)从翻证的原因进行合理性判断。顾某某在8月13日、9月12日接受侦查机关询问时承认,其翻证出于三方面的考虑:一是害怕自己受到刑罚处罚;二是妻子怕此事影响小孩子而提出跟自己离婚;三是尹某的家属多次来电希望其能翻证,自己也心生愧疚。由此可知,顾某某系在精神受到多重压力的情况下而违心地进行了翻证。同时,2014年1月4日,即一审开庭后次日,顾某某在参加由合议庭主持的公诉人、辩护人、证人出席的质证会议上明确表示:即使因行贿被追究刑事责任也不再改变所作的证言。(3)从证言的内容进行细节分析。虽然证人顾某某的证言存在一定反复,且未出庭作证,但是总体较为稳定,尤其是证言中对于向尹某行贿的时间、地点、金额、请托事项、现金包装等细节均有自然、详尽的描述,与尹某的供述能够相互印证。因此,一审法院认为,证人顾某某在侦查机关所作的证言具有较高的可信度,应当予以采信。

综上,面对侦查机关在不同阶段所取得的被告人言词证据,审理法院综合取证的时间、地点、供证笔录、视听资料等重要证据进行审查判断后,将被告人尹某在检察院办案地点的有罪供述作为非法证据予以排除,而对于其在看守所中的有罪供述予以采信,本文较好地体现了证据审查和认定的有关要求,值得借鉴和参考。

（撰稿:江苏省无锡市中级人民法院　范　莉　范　凯
江苏省无锡市人民检察院　梁　果
审编:最高人民法院刑二庭　刘为波）

[第1044号]黄光故意杀人、诈骗案

——打电话报警但未承认自己实施犯罪行为的是否认定为自首以及如何审查判断经鉴定属于被害人真实签名的保证书等书证的真实性

【关键词】 自首　余罪自首　司法机关尚未掌握的罪行　书证　证据审查判断

一、基本案情

被告人黄光,男,原系广东省阳春市八甲镇政府农办副主任。2012年1月17日因涉嫌犯故意杀人罪、诈骗罪被逮捕。

广东省阳江市人民检察院以被告人黄光犯故意杀人罪、诈骗罪,向阳江市中级人民法院提起公诉。

被告人黄光对起诉书指控其以投毒方式杀害被害人龙利源的事实无异议,但辩称指控其诈骗龙利源钱财,不是事实。其辩护人提出:(1)黄光在阳春市公安局因涉嫌犯诈骗罪被刑事拘留后,如实供述了司法机关尚未掌握的其故意杀人犯罪事实,具有自首情节;(2)起诉书指控黄光诈骗罪的证据不足。保证书证明黄光与龙利源之间债务已经结清。

阳江市中级人民法院经公开审理查明:

(一)诈骗事实

被告人黄光担任广东省阳春市八甲镇人民政府农办副主任期间具体负责林业工作,经人介

绍与广东省高州市源兴林业有限公司总经理龙利源(被害人,殁年38岁)结识。2009年9月至2011年12月间,黄光谎称能帮助承包电站周边林木、向电站供应沙石和办理建筑企业资质证书,先后以需支付承包款、办事费、押金等名义骗取龙利源钱款共计人民币(以下币种同)135.5万元。

(二)故意杀人事实

龙利源发觉被骗,多次向被告人黄光索要钱款,黄光遂产生杀害龙利源的念头。2011年12月23日11时许,龙利源与生意伙伴黄文一起到阳春市八甲镇八甲火锅城预订了猫肉火锅,后打电话约黄光到八甲镇合路村委会查看山林。当日13时许,三人看完山林回到镇上,一起到八甲火锅城201包房就餐。等餐期间,黄光借故离开,到其轿车上取出事先准备的一包片状大茶药(钩吻,俗称"断肠草",有剧毒),然后进入火锅城厨房假意试吃猫肉,又借故将店老板吴万夫妇支开。见厨房只剩自己,黄光取出部分大茶药放上漏勺,先将漏勺放进烹煮猫肉的火锅浸泡数分钟,再捞出大茶药倒掉冲走。猫肉火锅端上桌,龙利源、黄文和黄光开始食用。龙利源、黄文喝过汤说有苦味,黄光即谎称系猫胆破裂或者所配药材过多所致,还食用少量猫肉和火锅汤以遮掩真相。稍后,龙利源、黄文、黄光均出现中毒症状,被送到镇卫生院进行治疗和抢救。在医院期间,黄光打电话报警,但隐瞒了其投放大茶药的事实。龙利源因为食用过多大茶药而中毒太深经抢救无效当日下午死亡,黄文、黄光经抢救脱险。经鉴定,龙利源因钩吻中毒死亡。

阳江市中级人民法院认为,被告人黄光以投毒手段故意杀害一人,还以虚构事实的手段骗取他人财物135.5万元,数额特别巨大,其行为分别构成故意杀人罪和诈骗罪,依法应当并罚。该案后果严重,社会影响恶劣。据此,阳江市中级人民法院依照《中华人民共和国刑法》第二百三十二条、第二百六十六条、第五十七条、第六十四条、第六十九条之规定,阳江市中级人民法院判决如下:

被告人黄光犯故意杀人罪,判处死刑,剥夺政治权利终身;犯诈骗罪,判处有期徒刑十二年,并处罚金十万元;决定执行死刑,剥夺政治权利终身,并处罚金十万元。

一审宣判后,被告人黄光不服,向广东省高级人民法院提起上诉。黄光及其辩护人均基于以下理由请求二审对黄光所犯故意杀人罪从轻处罚和撤销诈骗罪认定:(1)被害人龙利源以暴力威胁方法向其催收已结清的70万元,从而引发了本案,龙有重大过错;(2)其有自首情节和防止危害后果扩大的犯罪中止行为;(3)其与龙利源之间书写的保证书是真实有效的,可以证实其与被害人之间的债务已经结清,其没有诈骗被害人的财物,不构成诈骗罪。

广东省高级人民经开庭审理查明的事实、证据与一审无异。

广东省高级人民法院认为,上诉人黄光以投毒方法故意杀人,致一人死亡,还以虚构事实的手段骗取他人财物135.5万元,数额特别巨大,其行为分别构成故意杀人罪和诈骗罪,依法应当并罚。黄光诈骗被害人巨款后,因为赌六合彩输钱、斥巨资购房等原因而不能归还诈骗被害人的巨款,便产生了在食物中投毒杀害被害人的想法,其作案动机卑劣;在被害人等发现食用的猫汤异常时,还说谎骗被害人等放心食用,在医院抢救被害人时,也拒不说明或者提示被害人所中毒的类型,足见其决意要杀害被害人;同时,黄光还罔顾其他无关人员的生命安全,其主观恶性极深。黄光的投毒行为造成被害人死亡,后果极其严重;本案社会影响恶劣。综上,黄光所犯罪行极其严重,依法应当判处死刑。原审判决认定的事实清楚,证据确实、充分,定罪准确,量刑适当,审判程序合法。据此,广东省高级人民法院依照《中华人民共和国刑事诉讼法》第二百二十五条第一款第一项、第二百三十五条之规定,裁定驳回上诉,维持原判,并依法报请最高人民法院核准。

最高人民法院经复核认为,被告人黄光虚构事实,骗取他人数额特别巨大的财物,其行为构成诈骗罪;诈骗后为杀人灭口,采用投毒方法故意非法剥夺他人生命,致一人死亡,其行为构成故意杀人罪,依法应当并罚。故意杀人犯罪性质恶劣,情节、后果严重,依法应当惩处。第一审判决、第二审裁定认定的事实清楚,证据确实、充分,定罪准确,量刑适当,审判程序合法。据此,依照《中华人民共和国刑事诉讼法》第二百三十五条、第二百三十九条和《最高人民法院关于适用〈中华人民共和国刑事诉讼法〉的解释》第三百五十条第一项之规定,最高人民法院裁定如下:

核准广东省高级人民法院(2013)粤高法刑四终字第61号维持第一审对被告人黄光以故意杀人罪判处死刑,剥夺政治权利终身;以诈骗罪判处有期徒刑十二年,并处罚金人民币十万元;决定执行死刑,剥夺政治权利终身,并处罚金人民币十万元的刑事裁定。

二、主要问题

1. 打电话报警但未承认自己实施犯罪行为的是否认定为自首?

2. 如何审查判断经鉴定属于被害人真实签名的保证书等书证的真实性?

三、裁判理由

(一)打电话报警但未承认自己实施犯罪行为的不构成自首

根据刑法第六十七条的规定,自首,是指犯罪以后自动投案,如实供述自己罪行的行为。自首的成立,必须同时符合自动投案和如实供述两个要件。综观本案全案,被告人黄光打电话报警但未承认自己实施的犯罪事实,不构成自首。

1. 黄光缺少自动投案的要件。自动投案,一般是指犯罪事实或者犯罪嫌疑人未被司法机关发觉,或者虽然被发觉,但犯罪嫌疑人尚未受到办案机关的调查、谈话、讯问,或者未被宣布采取调查措施或者强制措施、未被群众扭送时,主动将自己置于办案机关的合法控制下,接受审查与裁判的行为。就本案而言,被害人龙利源、黄文及黄光本人食用有毒猫汤后均呈中毒状,送往医院抢救。在医院,黄光打电话报警称三人食物中毒,要求出警。但报警时并未称其投毒,且自始至终没有告知或者提示医生三人系因服用大茶药而中毒,致被害人龙利源因抢救无效而死亡。如果黄光告知或者提示医生三人系因服用大茶药而中毒,或许龙利源不致死亡。而且,公安机关出警后,仍不能明确谁是投毒行为实施人,黄光的报警,并不必然将自己置于犯罪嫌疑人的地位。案件事实也表明,2011年12月23日发生的中毒事件,龙利源当天就死亡,黄光当天报警,但公安机关直到经过大量调查工作,取得一定证据后,才于同月30日对黄光刑事拘留。从23日至30日的7天中,公安机关曾4次对黄光调查询问,但黄光均未如实交代其投毒杀人的事实。公安机关的4次调查,均属于排查性质,并未将黄光列为犯罪嫌疑人。因此,黄光的报警与公安机关将黄光作为犯罪嫌疑人采取强制措施之间没有关联性,黄光缺乏自动投案的要件。

2. 黄光的到案不属于视为自动投案的情形。自动投案,是犯罪人基于自己的意志积极主动地投案。但实践中存在许多非典型地反映行为人积极主动投案,却符合自首的立法宗旨的行为,对于此类行为,可以视为自动投案。最高人民法院1998年出台的《关于处理自首和立功具体应用法律若干问题的解释》规定了七种视为自动投案的情形。经过长期的司法实践,最高人民法院于2010年12月22日下发的《关于处理自首和立功若干具体问题的意见》,对视为自动投案的情形作了进一步补充和完善。从上述解释性文件可知,视为自动投案的情形,必须体现行为人投案的主动性和自愿性。

本案中,被告人黄光不具有主动性和自愿性的要件。公安机关对黄光刑事拘留时的案由是诈骗,并非故意杀人。黄光在刑事拘留后的第二天如实供述了投毒杀人的事实。表面看,似乎符合刑法第六十七条第二款的规定构成自首。但根据本案的实际情况,公安机关虽然以诈骗罪立案并拘留黄光,但实际上已经掌握了相当证据证明黄光实施了投毒杀人的行为。理由如下:

(1)公安机关一直是围绕投毒案件开展前期调查的,这从刑拘之前对黄光的几次询问笔录中清晰可见。(2)在黄光供述投毒杀人罪行之前,侦查机关从火锅店业主及一同食用猫汤的黄文处获悉,龙利源在抢救期间情绪激动并用手指着黄光;黄光当天行为反常,并在厨房进出频繁,特别是在火锅城厨房消毒柜顶上提取了剩余的大茶药片。同时,证人提交了龙利源与黄光有经济往来的相关票据,据此确定黄光有投毒的重大作案嫌疑。也就是说,侦查机关在黄光交代之前就已经掌握了黄光投毒的事实,并掌握了相当的证据。(3)公安机关之所以未以故意杀人罪立案而以诈骗罪立案并拘留黄光,一方面由于黄光犯诈骗罪的证据已经收集得比较充分,而诈骗罪正是黄光故意杀人罪的前因;另一方面公安机关已将相关物证送检,但检验报告未出正式结果。为了防止黄光毁灭证据、逃跑,故先以诈骗罪立案侦查。综上,黄光在被以诈骗罪立案并刑事拘留后交代的投毒杀人犯罪,不属于交代公安机关尚未掌握的犯罪事实。

(二)经鉴定属于被害人真实签名的保证书等书证亦必须依照证据规则进行审查质证才能作为定案的依据

本案中,认定被告人黄光虚构事实,从被害人龙利源处骗取巨额款项的证据充分。首先,龙利源转款给黄光的证据充分。银行提供的转账单、查询存款通知书(回执)、银行凭条,高州市源兴林业发展有限公司提供的日记账、支付证明单、收据等书证证实龙利源以转账及支付现金的方式给付了黄光300多万元。一、二审就低仅认定135.5万元。黄光对其收到135.5万元也予以承认。其次,黄光虚构事实的证据充分。委托书、伪造的工程合作协议书、伪造的建筑企业资质证书、省住建厅和高州市住建局提供的证明、阳春市八甲镇政府提供的证明、黄光发给龙利源的短信等证据,证明黄光所称的工程项目不存在,建筑企业资质证书、工程合作协议书系伪造。龙利源所在公司的员工及龙利源的亲友等均证实,龙利源基于相信黄光虚构的上述事实将巨款交给黄光。最后,黄光巨额支出及参与六合彩赌博的证据充分,证明其从龙利源处取得款项后,不仅没有将其用于所谓的"项目",也没有归还给龙利源的意思。

审理过程中,黄光辩称其和龙利源之间的债务已经结清。为证实此一事实,其前妻徐永洁在一审期间提交一份打印的保证书。内容如下:"本人与黄光同志之间的数目已于2011年11月20日结算清楚,除以前已还款外,本人尚欠黄光(人民币)叁拾贰万元整,定于2011年12月6日前还清,如未能按时还清,则每超期一天按所欠款项千分之五交滞纳金。特此保证。保证人:二〇一一年十一月二十日。"保证人处签有"龙利源",还有手写字体"数目属实,保证书各存一份。黄光"和"数目已全部还清。本保证书作废。黄光"。

因保证书中"龙利源"的字迹经鉴定是龙利源所写。因此,该份保证书成为认定黄光的行为是否构成诈骗罪的关键。这一争议的焦点在于,该保证书上的签名经过痕迹鉴定系龙利源亲笔签名,且对鉴定程序、鉴定依据、鉴定方法及鉴定人的资质审查后,均没发现问题。一般情况下,真实签名的字据,其证明力极强,高于证人证言的证明力。但我们认为,即使签名为真的字据,也并非一定能成为认定案件事实的依据,必须从形式要件和实质要件进行审查,并结合案情和其他证据来判断其真伪和证明力。

1. 关于该保证书的形式要件。经过审查,该收据系黄光前妻徐永洁提供,但徐永洁不能说明该证据形成的来龙去脉。因此,对收据的真实性应当进行审查。该保证书的纸张形式也有可疑之处。依照黄光供述,"龙利源就自己去打了一张保证书,是打在一张A4纸上的,分上下两节,一式两份,我与他各取一份"。但从保证书原件看,与正常情况下将一张纸一分为二明显有异。A4纸的标准高度(长度)和宽度分别为297mm×210mm。如果一分为二,则每张高度(长度)和宽度分别为148mm(左右)×210mm。但该保证书为173mm×210mm。由此推论,如果龙利源手上有另一份保证书,则规格为124mm×210mm。这种两分法与一般人在正常情况下的做法有明显不同。并且,该份保证书的下行处几乎没有空白处。既然是一式两份,那么在黄光所称的另一份保证书上的内容与徐永洁提供的保证书的内容应该是相同的。徐永洁提供的保证书,其内容占了A4纸五分之三面积,且下行处无空白,在另一份仅占A4纸五分之二面积的纸张上,依此保证书的样子打印和书写同样的内容便很困难。即使勉强可以,肯定形式上与在案保证书具有巨大差别。因此,可以认为,该保证书在纸张形式上存疑。当然,仅凭此存疑,不能认定保证书系伪造。还得根据内容结合案情分析保证书的真实性。

2. 关于保证书的实质要件。对保证书的实质内容的审查,应当从在案证据,并结合日常生活常识去分析。

第一,与黄光开支及收入不符。黄光替龙利源办事,并收取了龙的巨款,龙利源再向黄光借32万元不符合常理。黄光作为一名公务员,2009年购买小车,2010年分别为前妻徐永洁出资30余万元、为同居女友出资13余万元购买了住房,还往徐永洁账户上存款10万元以帮助其在信用社完成储蓄任务,特别是和同居女友一起参加六合彩赌博,输了180余万元。黄光的上述巨额支出的收入来源不明。此外,另一份保证书无从查找,龙利源所在公司及家人均不知此份保证书,也不知保证书所说的款项结清一事。保证书签署后至案发前,黄光仍然在向龙利源所在公司汇钱还款。如果按照黄光所辩解的账已结清,此保证书日期为2011年11月20日,那么黄光就没有必要再向龙利源所在公司还款。但是,龙利源所在公司的员工李锋证实,其出差到东莞办事经费不够,向龙利源要钱时,龙利源称有钱在黄光处,让黄光汇3万元给李锋。而银行明细证实,2011年12月12日黄光账户转账3万元到李锋账户。

第二,缺乏黄光归还龙利源巨款或者黄光将巨款用于其所称的工程等方面的证据,而黄光收取龙利源巨额资金的证据却非常充分。黄光巨额开支的证据特别是其参与六合彩赌博输巨款的证据非常充分。也就是说,保证书所称的款项已结清,没有依据。(1)黄光称70万元已经结清,但如何结清却没有具体的供述和辩解,而对此70万元尚在其处则有数次供述。(2)黄光供述的支付官河村委会保背村38万元,与官河村委会相关人员的证言及证人黄文关于龙利源与保背村的款项均系龙利源自己所付,未经黄光之手的证言不符。(3)黄光关于支付龙利源承包联合村山林中介费20万元的辩解,与联合村相关证人关于此项承包没有中介费一事的证言相矛盾。(4)龙利源给黄光9万元用于办理资质证,黄光仅花了1 500元从网上买了一个假的资质证,余款黄光仅称已结清,但无法说明如何结清,也没有相关证据。(5)龙利源所在公司财务没有结清款项的记载,众多证人也证明从未听龙利源说过与黄光结清经济往来一事。(6)黄光关于龙利源向其借钱的理由与本案证据相冲突。首先,黄光称龙利源与妻子有矛盾,龙的妻子想当老板,故龙利源向其借钱的说法不成立。龙利源妻子从不管企业财务,对龙利源与黄光之间的巨额财务往来也仅知道龙利源因让黄光办理资质证给黄光款项一事,其他款项来往均不知,且本人称2011年11月20日前后没有与龙利源闹意见。其次,黄光所称的其借给龙利源32万元中部分来源于徐永洁10万元、徐永娟6万元的借款,与徐永洁、徐永娟证实的情况不符,二人均证明未借钱给黄光。

综上分析,一审判决、二审裁定和最高人民法院复核裁定未将本案被告人黄光提供的保证书作为认定黄光与龙利源之间款项已经结清的依据,是正确的。

(撰稿:最高人民法院刑四庭　陆建红
审编:最高人民法院刑四庭　周　峰)

[第1058号]任海玲故意杀人案

——如何把握“疑罪”的认定标准

【关键词】 疑罪从无 证明标准 证明责任 排除合理怀疑 证据确实、充分

一、基本案情

被告人任海玲,女,1979年6月16日出生,农民。2008年6月16日因涉嫌犯故意杀人罪被逮捕。

陕西省西安市人民检察院以被告人任海玲犯故意杀人罪,向西安市中级人民法院提起公诉。

西安市人民检察院指控:2005年,被告人任海玲与华某某相识并租房同居。2007年,华某某与被害人弥某某相识并有暧昧关系。华某某向任海玲提出分手,任海玲因此嫉恨弥某某。2008年5月14时22时许,任海玲谎称系华某某之妹,来到陕西省西安市雁塔区铁炉庙二村76号102室弥某某租房内。任海玲在与弥某某闲聊过程中,将事先准备的添加镇静药物的咖啡奶茶让弥某某喝下。随后,任海玲趁弥某某昏睡之际,持刀捅刺弥某某之子计某某颈部,致计某某椎动脉破裂大量失血而死亡,又持刀割伤弥某某左腕部,致弥某某轻微伤。任海玲作案后随即逃离现场。

针对上述指控,西安市人民检察院提供了以下证据:

1. 证人文利贤(房东)证实,2008年5月15日早,听见弥某某呼救,来到弥某某房间后,见弥某某左手腕部有一处伤口;现场茶几上放着一把水果刀,文利贤把水果刀拨到地上,随即报警。

2. 现场勘查笔录、照片及示意图证实,现场室内靠南墙放有一双人床,在床外沿处躺有一小男孩尸体,小孩上身穿背心,下身穿灰色长裤,赤脚。在小孩尸体上可见一处刀口,床单上有血迹。在进房门左侧有一白色小木柜,上面放有一把水果刀,刀上有血迹。现场勘查提取木柜上水果刀一把、弥某某睡衣一件和床单、茶几等处的血迹。经DNA鉴定证实,床单上的血迹、茶几上的血迹、水果刀上的血迹及弥某某睡衣衣襟正中的血迹为弥某某所留。

3. 法医鉴定意见证实,死者计某某颈部正中见一6cm×5cm范围的皮下淤血,在其上部可见一1×0.2cm横行创口,创缘较齐,可见血液溢出,其左侧见一皮瓣形成。打开颈部,可见颈前肌肉软组织大量淤血,颈椎2、3椎体间可见一1.2cm×0.3cm创口,左侧椎间动脉断裂。结论:计某某系在被他人扼压颈部致机械性窒息的状态下,又被刺伤颈部致椎动脉破裂大量失血而死亡。鉴定意见还证实,计某某颈部创口皮瓣可由现场提取的水果刀两次抽动形成。

被害人弥某某左腕部见3条略平行的皮肤裂痕,分别为6.5cm、3cm、2cm,均已拆线,愈合良好,左腕部及各指活动、感觉无异常。结论:弥某某损伤为轻微伤。

4. 公安部物证检验报告证实,弥某某睡衣及现场床单上的血迹中检出地西泮及阿普唑仑成分(该两种药具有抗焦虑、镇静催眠作用)。

5. 被害人弥某某陈述,其和华某某是情人关系,任海玲也是华某某的情人。2008年5月14日22时许,任海玲来到弥某某住处,提了一个白色的塑料袋,里面装着豆腐干、火腿肠、两杯咖啡奶茶饮品等食品。弥某某向任海玲谈起她和华某某之间的感情。弥某某还把华某某以前送给她的一把水果刀拿出来让任海玲看。弥某某喝了任海玲带来的奶茶后觉得头晕,就躺下睡了。5月15日上午,弥某某不知道几点醒来后,发现左胳膊在流血,身边的孩子头上有血,鼻子往外冒血泡

样东西。弥某某在一审庭审中另陈述,自己苏醒过来时,发现刀子在自己手中。

6. 证人罗海棋(房东)证实,案发前日晚,他看见弥某某和一个女的在说话。23 时许,他关大门时,看见弥某某家的灯还亮着。

7. 证人王军民证实,2008 年 5 月 14 日,王军民开车带任海玲和弥某某到蓝田玩。当天任海玲心情很不好。

8. 证人华某某证实,华某某和任海玲、弥某某均系情人关系。任海玲见弥某某时自称是他妹妹。2008 年 5 月 13 日,华某某向任海玲提出分手,任海玲不同意。华某某曾送给弥某某一把银色金属刀,是买三圈霸道电池带的赠品。

9. 证人计某宏(弥某某之夫)证实,2008 年 5 月 15 日 9 时许,计某宏接到房东电话称家里出事。计某宏发现弥某某黑色 CECT 直板手机和家里及院子大门的钥匙都不见了。房东一般是 22 时许关大门,大门是反锁的,没有院大门钥匙无法出去。

10. 现场指认笔录及照片证实,被告人任海玲辨认丢弃案发时所穿衣物地点位于铁炉庙二村村口“黄河湾饺子馆”门前;去弥某某家时购买食物的商店系铁炉庙二村“春辉小家电”“祥意商店”;作案现场系铁炉庙二村 76 号 1 楼进门西侧弥某某租住房;丢弃手机地点系铁炉庙二村 90 号公共厕所。

11. 辨认笔录及照片证实,被告人任海玲从 7 把刀具辨认出 4 号(即从现场提取的刀具)为其作案工具。

12. 通话清单证实,被告人任海玲手机号 13072907587 与弥某某的手机号 1582971243 于 2008 年 5 月 14 日(案发当日)18:54、21:06、22:02、22:18、22:27 多次通话。

13. 被告人任海玲在公安机关曾作过 9 次供述。第一次供称:她和华某某同居三四年,华某某承诺离婚后和她结婚,但她发现弥某某和华某某有染,华某某还提出要与她分手。2008 年 4 月,她在火车站办了一张手机卡,卡号为 13072907587(未用身份证)专门用于和弥某某联系。她曾以华某某妻子和妹妹的身份劝弥某某离开华某某未果,遂产生杀死弥某某的念头。5 月 14 日白天,她让朋友王军民开车载她和弥某某一起去蓝田玩。当日晚 10 时许,她通过电话联系后去了弥某某的家,去之前在村路边小超市买了奶茶饮料、鸡爪子、豆腐干。在弥某某家,她换了弥某某的睡裙,她俩就坐在床上聊,主要聊弥某某和华某某的感情问题。在聊的过程中,弥某某从床头柜里拿出一把折叠刀说是华某某送给自己的。她们在聊天时,抽了很多哈德门烟(后称是猴王香烟),又一起喝了奶茶,喝完后就睡了,弥某某将吃过的空袋子收拾到垃圾袋里扔到外面。任海玲睡觉时越想越生气,就拿起床头柜上的刀子在弥某某左胳膊上划了两刀,弥某某也没什么反应,流了很多血。她想可能是因为二人抽了很多烟,而且她枕着弥某某的左胳膊,把弥某某的胳膊枕麻了,弥某某才没有反应。这时,弥某某的孩子起来小便,她抱着孩子小便后孩子又叫妈妈,她当时想将错就错,就用手掐住孩子的脖子,孩子喊了两声,因她手上没劲,孩子又在哭闹,她就用刀在孩子脖子上戳了两刀,直到孩子不动了。她怕弥某某死不了,又用刀在弥某某的左手腕上割了一刀。刀子用完后,她就放在床头柜上了。天亮后,她听到外边有人开门,因为衣服上沾了很多血,就换上干净的衣服,拿了弥某某的手机,用塑料袋装了沾血的睡衣,出了弥某某家门,走到村里街上,把装衣服的塑料袋扔到垃圾筐,把手机扔进一个公共厕所冲掉。

被告人任海玲前五次供述与第一次供述基本相同。第二次供述还提到,她与弥某某发生争吵,弥某某先拿出刀,她拿了一根木棍打在弥某某后脑将其打晕,然后用刀子割弥某某手腕。此后,任海玲翻供称,她和弥某某发生争执后,弥某某用刀捅她,她抱起计某某抵挡,弥某某用刀刺中计某某。

被告人任海玲在一审庭审中辩称,案发当晚弥某某得知她是华某某情妇后,持刀要杀她,她将计某某抱起来抵挡,弥某某持刀戳中计某某,致计某某死亡。其辩护人提出,起诉书指控任海玲在弥某某所喝的咖啡奶茶中投放具有镇静作用的药物并持刀杀死计某某的证据不足,公诉机关的指控不能成立。

西安市中级人民法院经审理认为,公诉机关指控被告人任海玲因感情纠葛而报复杀害计某某的事实不清,证据之间存在的疑点和矛盾无法排除,现有证据不能证明起诉书指控的犯罪事实,也不能完全排除他人作案的可能。被告人任海玲的辩护人所提本案证据不足、公诉机关指控不能成立的辩护意见,予以采纳。具体如下:第一,公诉机关当庭出示的被害人弥某某陈述、证人华某某、计某宏、王军民等的证言、手机通话记录等证据,仅能证明任海玲与华某某、弥某某三人存在感情纠葛,任海玲得知华某某因弥某某要与其分手而产生怨恨心理,具有作案动机;任海玲与弥某某在案发当日多次电话联系,并去过作案现场,具有作案时间。第二,被害人弥某某的睡衣及床单上的血迹中检出地西泮及阿普唑仑成分,但含有地西泮及阿普唑仑成分的镇静药物来源及残留物去向,缺乏相应的证据证实。任海玲归案后虽作过有罪供述,但从侦查到审判阶段从未供述过使用镇静药物的情况。第三,任海玲供述中提到的咖啡奶茶杯、烟头、手机、钥匙、血衣等物证,均未提取到案,无法印证其供述的真实性。第四,现场提取的刀具未作指纹鉴定,且刀具上未检出死者计某某的血迹,不能确定该刀具是作案工具,也不能确定任海玲曾持有该刀具。第五,侦查机关对现场周围住户没有系统排查,不能确定被害人弥某某所住院子的大门在案发当晚是否关闭、是否反锁,无法排除案发当晚有其他人进入案发现场。第六,在案证据之间还存在以下矛盾:(1)证人文利贤证实,其进入现场后,看见弥某某房中茶几上放着一把水果刀,其把水果刀拨到地上,但现场勘查笔录显示,在进房门左侧白色木柜上放着一把水果刀,刀上有血迹。(2)被害人弥某某称计某某睡前穿白色T恤、裤头,但现场勘查笔录和照片显示,计某某穿的是长裤。(3)任海玲归案后的多次供述存在矛盾。据此,依照《中华人民共和国刑事诉讼法》第一百九十五条第三项和《最高人民法院关于适用〈中华人民共和国刑事诉讼法〉的解释》第二百四十一条第一款第四项之规定,西安市中级人民法院判决宣告被告人任海玲无罪。

一审宣判后,西安市人民检察院提出抗诉。理由如下:第一,本案有被害人弥某某陈述,证人华某某、王军民等的证言证实被告人任海玲有作案动机和作案时间。第二,弥某某称饮用任海玲带来的饮料后昏睡,对自己手腕被割以及儿子计某某被杀等一概不知,与鉴定意见证实的从床单上弥某某的血迹中检出地西泮及阿普唑仑成分相印证,足以认定任海玲在其带到现场的饮料中投放有镇静类药物。第三,任海玲供称用手卡住计某某的脖子,用刀在计某某颈部连续捅刺两下,与鉴定意见证实的计某某系在被他人扼压颈部致机械性窒息的状态下又被刺伤颈部致椎动脉破裂大量失血,以及计某某颈部创口皮瓣可由现场提取的水果刀两次抽动形成等情况相印证。第四,本案案发时现场只有任海玲及弥某某、计某某三人,不存在他人作案的可能。综上,应认定任海玲的行为构成故意杀人罪。

陕西省人民检察院认为,西安市人民检察院的抗诉理由成立,被告人任海玲持刀杀害计某某的基本事实清楚,基本证据确实,原审判决错误。

陕西省高级人民法院经审理认为,公诉机关提供的证据能够证实被害人计某某遇害,被告人任海玲有作案动机,去过犯罪现场,具有作案时间。但公诉机关证明任海玲杀害计某某的证据不充分,主要依据的是任海玲的供述,而任海玲的供述前后不一,诸多内容不合情理,且未得到其他证据印证。由于案件证据之间存在的矛盾无法排除,依据现有证据不能得出任海玲杀害计某某的唯一结论。据此,陕西省高级人民法院依法裁定驳回抗诉,维持原判。

二、主要问题

坚持疑罪从无原则,如何把握“疑罪”的认定标准?

三、裁判理由

疑罪从无,是司法机关认定刑事案件待证事实应当遵循的重要证据法则。坚持疑罪从无原则,要准确把握疑罪的认定标准。特别是当公诉机关对案件是否属于疑罪存在分歧意见时,法院要结合证明责任和证明标准充分说明认定疑罪的理由。

(一)对疑罪的认定应当紧扣法律规定的证明责任和证明标准,有针对性地说明理由

一般认为,“疑罪”是指定罪的事实不清、证据不足;案件中一般的细枝末节问题和不影响定罪事实的疑点,不可轻率适用疑罪从无原则。① 这是认定疑罪的基本原则。具体到个案,对疑罪的认定,要注意结合证明责任和证明标准充分说明理由。

1. 疑罪是公诉机关未能实现法定证明责任的结果

根据刑事诉讼法的规定,公诉案件中被告人有罪的举证责任由人民检察院承担。据此,人民检察院应当提供确实、充分的证据证明被告人有罪,否则,一旦因举证不力而导致疑罪,就应当承担败诉的后果。此外,疑罪的产生还有另外一个重要原因,即被告人针对指控提出合理的辩解。一旦被告人提出的辩解理由形成对犯罪事实的合理怀疑,也将导致疑罪。这种疑罪在本质上仍然是公诉机关未能实现法定证明责任所致。

从证明责任的角度,对疑罪的认定应当注意以下问题:第一,疑罪不同于有证据证明无罪的案件,如有证据证明被告人是无辜者,就该被告人而言,案件显然不是疑罪,应当宣告被告人无罪。这种无罪宣告不是基于疑罪从无原则所宣告的无罪,而是事实上的无罪。第二,疑罪不以被告人翻供或者提出辩解为前提,即使被告人笼统认罪,如其认罪供述的真实性缺乏保障,在案证据不能达到法定证明标准,也不能认定被告人有罪。因此,疑罪是公诉机关未能履行证明责任的结果,法院对疑罪的认定,应当结合公诉机关的证明责任说明理由。

2. 疑罪是指定罪事实未能达到法定证明标准

疑罪是指定罪的事实不清、证据不足,不能将疑罪等同于事实证据有瑕疵的案件。根据“两高三部”发布的《关于办理死刑案件审查判断证据若干问题的规定》对“证据确实、充分”证明标准的界定,所谓定罪的事实不清、证据不足,从诉讼证明的角度主要是指证据与证据之间、证据与案件事实之间存在矛盾,根据证据认定案件事实的过程不符合逻辑和经验规则,由证据得出的结论不是唯一结论。

实践中,疑罪有不同的表现形式,比较常见的就是以非法收集或者真实性缺乏保障的被告人口供作为定案根据的疑罪案件。有的案件,人民检察院提供的证据材料很多,但这些证据材料大多仅能证明犯罪事实存在,不能证明被告人与犯罪事实之间的关联,实际上主要是以被告人口供作为指控犯罪的根据。由于一旦被告人口供属于非法证据,依法应当予以排除,或者被告人口供缺乏其他证据的有效印证,真实性缺乏保障,则不能作为定案的根据,并最终会导致证据不足,不能认定被告人有罪。法院对疑罪的认定,应当立足个案特点,结合法定证明标准说明理由。

(二)对疑罪的认定应当注重审查证据,特别是被告人口供的真实性,以及现有证据能否证明被告人与犯罪事实之间的关联性

本案中,公诉机关对指控的犯罪事实提供了大量证据,但除被告人任海玲曾作出的认罪供述外,其他证据只能证明犯罪事实发生,任海玲有犯罪嫌疑,不能证明犯罪行为系任海玲所为。本

---

① 沈德咏:《论疑罪从无》,载《中国法学》2013年第5期。

案的关键定罪证据就是任海玲的认罪供述，但因侦查取证不够全面、细致，导致任海玲的认罪供述缺乏其他证据的有效印证，真实性缺乏保障，不能作为定案的根据。此外，在案证据之间存在一些重要的矛盾和疑点，无法作出合理解释。除去任海玲的认罪供述，公诉机关指控的犯罪事实显然达不到证据确实、充分的证明标准，对此类疑罪案件，依法不能认定任海玲有罪。具体分析如下：

第一，弥某某的陈述、证人华某某、王军民等的证言和手机通话清单等证据，能够证明被告人任海玲有作案动机和作案时空条件，但这些证据只能表明任海玲有犯罪嫌疑甚至重大犯罪嫌疑，不能直接建立任海玲与犯罪行为之间的关联。

第二，现场提取的血迹、刀具等证据，未检出被告人任海玲的指纹、DNA，不能建立任海玲与犯罪行为之间的关联。换言之，现场证据只能证明犯罪事实发生，无法证明犯罪行为系任海玲所为，实际上也无法证明任海玲在案发时身处犯罪现场。

第三，除被告人任海玲在侦查阶段的认罪供述外，只有弥某某陈述反映，任海玲案发前曾出现在犯罪现场。弥某某证实，2008 年 5 月 14 日 22 时许，任海玲来到其住处，提了一个白色的塑料袋，里面装着豆腐干、火腿肠、两杯咖啡奶茶饮品等食品；其向任海玲谈起她和华某某之间的感情，还把华某某以前送给她的一把水果刀拿出来让任海玲看；其喝了任海玲带来的咖啡奶茶后觉得头晕，就躺下睡了；5 月 15 日上午，不知道几点醒来后，其发现左胳膊在流血，身边的孩子头上有血，鼻子往外冒血泡样的东西。弥某某的陈述表明，其并未目睹犯罪过程，尽管其陈述反映任海玲有重大作案嫌疑，即任海玲具有作案时空条件，但该陈述只能证明案发前任海玲曾在犯罪现场停留，不能证明任海玲就是作案人。

需要指出的是，公诉机关指控的事实中提到，被告人任海玲将事先准备的添加了镇静药物的咖啡奶茶让弥某某喝下，导致弥某某昏睡。相关鉴定意见显示，弥某某睡衣及现场床单上的血迹中检出地西泮及阿普唑仑成分，似乎印证了弥某某所称其饮用任海玲带来的饮料后昏睡的说法和公诉机关指控的上述事实。但任海玲从未供述其向饮料中投放安眠镇定类药物并给弥某某服用的细节。更重要的是，案发次日，侦查机关将弥某某静脉血以及尿液送检，鉴定意见显示，上述检材中均未检出安眠镇定类药物。该证据与公诉机关指控的上述事实存在直接矛盾，如果弥某某案发前饮用添加安眠镇定类药物的饮料，案发次日在其静脉血和尿液中应当能够检出该类药物的成分。在弥某某静脉血和尿液中未检出安眠镇定类药物的鉴定意见，直接否定了公诉机关指控的上述事实，并且反映出弥某某所称其饮用任海玲带来的饮料后昏睡的说法存在重大疑点。同时，现场床单上有多处血迹，侦查机关只提取一处血迹送检，无法确定其他血迹是否含有安眠镇定类药物。此外，现场勘查笔录没有提到现场有咖啡奶茶饮料瓶，相关证据也未提取在案，无法确定现场是否有弥某某所称的饮料瓶，也无法进一步确定饮料瓶中是否有安眠镇定类药物。最后，任海玲曾供称其是在一家超市买的小零食，并带领公安人员指认了超市，但侦查人员未让超市工作人员辨认任海玲，未调取超市的销售记录、小票等证据，故现有证据无法确定任海玲购买饮料并向饮料中投放安眠镇定类药物。根据在案证据，关于弥某某所称其饮用任海玲带来的饮料后昏睡的说法，并未得到确证，进一步讲，弥某某为何对犯罪行为毫无知觉，缺乏合理解释。

第四，本案的关键证据是被告人任海玲曾在侦查阶段作出的认罪供述。但任海玲供述的关键细节均未得到其他证据印证，真实性无法确认，不能仅凭该供述认定任海玲有罪。关于任海玲供述与其他证据的关系及供述的证明价值，具体分析如下：

一是被告人任海玲供述的诸多细节均未得到相关物证的佐证。任海玲曾供称，作案后拿走被害人的手机以及沾血的睡衣，将睡衣扔到垃圾堆，将手机扔到村内的一个公共厕所内，并指认了抛弃上述物品的地点，但侦查人员没有提取到沾血的睡衣，也没有找到被抛弃的手机，仅在任海玲指认抛弃手机的地点进行拍照记录。任海玲还曾供称（弥某某也曾陈述），弥某某在家中吃了任海玲买的小食品，喝了任海玲买的饮料，包装袋扔在门外的垃圾堆，饮料杯放在桌子上，二人抽了很多香烟，但现场勘查笔录没有记载上述物证，现已丧失补查条件。

二是被告人任海玲曾供述，其到弥某某家时就准备报复杀人，但却未携带任何作案工具，不符合常理。

三是被告人任海玲供述的作案手段不具有特殊性，且属先证后供，可信度不高。任海玲曾供称，用手卡住计某某的脖子，用刀在计某某的颈部连续捅了两下，该供述得到尸检报告的印证，但该作案方式比较常见，不具有特殊性，且侦查人员在讯问任海玲之前，已对尸体进行检验，了解被害人的身体损伤及死因。

四是被告人任海玲翻供，辩称其和弥某某发生争执后，弥某某用刀捅她，她抱起计某某抵挡，弥某某用刀刺中计某某，尽管这一辩解比较牵强，但不能仅凭此证明或反推其具有杀人的犯罪事实。

第五，本案证据之间的重要矛盾和疑点缺乏合理解释。具体分析如下：

一是弥某某曾陈述，计某某睡前穿黑色印花图案的白色无袖衫、下身穿和上衣一套的短裤，但现场勘查笔录和照片均显示，计某某穿的是咖啡色中长裤。弥某某称案发后其没有给计某某换裤子，任海玲从未供述其杀死计某某后又给计换上长裤。计某某的衣服为何有变化，现有证据无法作出合理解释。

二是弥某某手部的刀伤究竟如何形成，现有证据并不能确定。弥某某在一审庭审中另陈述，自己苏醒过来时，发现刀子在自己手中，该情况无法作出合理解释。

三是关于作案工具水果刀在现场所处位置的证据之间存在矛盾。被告人任海玲曾供称作案后将刀子放在桌子上。弥某某则称其醒来后发现刀子在自己手中。证人文利贤证明，她进入现场后，见弥某某房中的茶几上放着一把水果刀，她把水果刀拨到地上。但现场勘查笔录显示，在进房门的左侧白色木柜上放着一把水果刀，刀上有血迹。上述四份证据证明的作案工具放置位置均不相同，无法作出合理解释。

四是弥某某丈夫计某宏称其家院子的大门钥匙和家里的钥匙不见了，侦查人员并未就此情况向弥某某、计某宏、房东等相关人员进行核实，无法确定是否有其他人持有弥某某家的钥匙。本案案发于2008年5月15日，正是汶川地震后第三天，西安震感明显，各个院落住户为躲震便利，不关闭大门。当时案发现场铁炉庙二村76号住有十余租住户，案发后侦查人员没有对住户进行调查，无法排除他人作案或进入现场的可能性。

综上，本案虽有一些证据表明被告人任海玲有作案动机和作案嫌疑，但因侦查取证较为粗疏，未能收集固定相关物证等客观证据。尽管公诉机关当庭出示大量证据，但除任海玲曾作出的有罪供述外，其他证据只能证明犯罪事实发生，不能建立任海玲与杀人行为之间的关联。同时，任海玲供述的细节缺乏其他证据印证，真实性缺乏保障，任海玲翻供的理由虽显牵强，但不能反推其翻供具有真实性，任海玲的供述不能作为定案的根据。最后，在案证据之间存在的重要矛盾和疑点缺乏合理解释，上述问题最终导致指控任海玲实施杀人行为的犯罪事实未能达到证据确实、充分的证明标准，一、二审法院坚持证据裁判和疑罪从无原则，作出证据不足、指控的犯罪不能成立的无罪判决是依法有据的。

（撰稿：陕西省高级人民法院　尤　青　王　勇
审编：最高人民法院刑三庭　罗国良）

[第1064号]户猛抢劫案

——如何正确理解和适用按被告人自报身份审判的条件

【关键词】 死刑案件的证明标准 证据确实、充分 自报身份

一、基本案情

被告人户猛(自报名户磊),男,1986年2月13日(自报1988年5月27日出生)出生,农民。2009年12月31日因涉嫌犯抢劫罪被逮捕。

某市人民检察院以被告人户猛犯抢劫罪,向某市中级人民法院提起公诉。

被告人户猛及其辩护人提出:户猛在本案中所起作用小于同案被告人,认罪态度较好,愿意积极赔偿被害人经济损失,请求从轻处罚。

某市中级人民法院经审理查明:

1. 2008年2月7日,被告人户猛、臧倩清、段鹏翔预谋抢劫,并购买了匕首、手套等作案工具。当晚,在某县城东关红绿灯附近,户猛指使段鹏翔以去某镇为由租乘被害人曹春志驾驶的个体营运三轮车(价值2 900元)。三被告人乘车行至某公路岗王乡半坡村时,户猛借故让曹春志停车并强行将其拉下车,推至路东沟内,持砖击打曹春志头部。而后,三人用事先准备好的布条将曹春志捆绑,使用砖砸、匕首捅刺等方式将曹杀害。三人驾乘曹春志的三轮车离开现场,后将车抛弃。

2. 2007年3月11日22时许,被告人户猛伙同王建成、姬广建、王飞(三人已判刑)、李超、李俊、"小孩"(三人均在逃)经预谋后,手持钢管在某县梁庄乡三角区草坪处,采用威胁手段劫取张创业现金40余元。当天23时许,七人在上述地点又采取威胁手段抢劫马超峰现金10余元及直板手机1部。

3. 2007年3月12日晚,被告人户猛伙同王建成、姬广建、王飞、李超、李冰、"小孩"经预谋后,手持钢管等工具,在某县进修学校附近,采用暴力手段劫取刘赛赛、任伟伟、齐广民、郭艳博、郭云松、赵乾肖现金600余元及手机2部。郭艳博受伤,经鉴定为轻微伤。

4. 2007年3月20日晚,被告人户猛伙同王建成、李冰来到某县某镇兴隆街杨瑞的租房处,由户猛望风,王建成用水果刀将杨瑞扎伤,劫取现金100余元及三星牌手机(价值1 440元)1部,李冰持水果刀劫取张梦非现金800余元及诺基亚牌手机1部。

某市中级人民法院认为,被告人户猛以非法占有为目的,结伙采取暴力手段劫取他人财物,致人死亡,其行为已构成抢劫罪。公诉机关指控的罪名成立。被告人户猛犯罪性质恶劣,手段残忍,社会危害大,依法应予惩处。被告人户猛系共同犯罪中的主犯,在第一起抢劫中起组织指挥作用,地位作用最为突出,且有其他抢劫犯罪,应以抢劫罪判处死刑,剥夺政治权利终身,并处没收个人全部财产。依照《中华人民共和国刑法》第二百六十三条第四、五项,第二十五条第一款,第二十六条第一款,第四十八条第一款,第五十七条第一款,第三十六条第一款之规定,认定被告人户猛犯抢劫罪,判处死刑,剥夺政治权利终身,并处没收个人全部财产。

一审宣判后,被告人户猛上诉,户猛及其辩护人提出:户猛在本案所起作用小于同案被告人臧倩清,认罪态度较好,请求依法从轻处罚。

某高级人民法院裁定驳回上诉,维持原判,并报请最高人民法院核准。

最高人民法院经复核发现,本案被告人在被指控的四起抢劫案作案时使用了不同称谓,同案

被告人对其称呼亦不相同,但在卷宗中对此问题无详细查证的材料。复核期间,针对被告人身份进行重点核查,并实地讯问,开展相关补查工作,发现证实被告人身份的证据间相互矛盾,认定被告人的身份存疑。

最高人民法院认为,第一审判决、第二审裁定认定被告人系户猛的事实不清、证据尚不够确实。依照《中华人民共和国刑事诉讼法》(1996 年)第一百九十九条和《最高人民法院关于复核死刑案件若干问题的规定》(已废止)第三条的规定,裁定不核准某高级人民法院维持第一审对被告人户猛以抢劫罪判处死刑,剥夺政治权利终身,并处没收个人全部财产的刑事附带民事裁定;撤销某高级人民法院维持第一审对被告人户猛以抢劫罪判处死刑,剥夺政治权利终身,并处没收个人全部财产的刑事附带民事裁定;发回某高级人民法院重新审判。

二、主要问题

如何正确理解和适用按被告人自报身份审判的条件?

三、裁判理由

(一)查明被告人身份是办理所有刑事案件的基本要求

事实清楚,证据确实、充分,是刑事案件中对被告人定罪处罚的基本前提。根据《最高人民法院关于适用〈中华人民共和国刑事诉讼法〉的解释》第六十四条的规定,被告人、被害人的身份以及案件的各种量刑情节,都属于应当运用证据证明的案件事实。《最高人民法院、最高人民检察院、公安部、国家安全部、司法部关于办理死刑案件审查判断证据若干问题的规定》第五条第三款第三项、第四项的规定,办理死刑案件,对于影响被告人定罪的身份情况及被告人有刑事责任能力的证明,必须达到证据确实、充分。因此,被告人的身份是刑事案件的主要事实之一,查清与否,直接关系到犯罪主体刑事责任能力等相关定罪或量刑情节的评定,影响到被告人所承担刑事责任的有无和大小。被告人身份未能查明,会直接动摇定案的基础。特别是在死刑案件中,不但对被告人实施犯罪行为的相关事实和证据要严格把关,彻底查清,而且对被告人的身份事实也必须彻底查清,准确认定,切实防止"张冠李戴"。如果认定被告人、被害人身份出现错误,不但侵犯了相关人员的名誉权,而且损害了司法公信力,同样属于错案,甚至可能产生冤案。

(二)按被告人自报身份审判是在特殊情况下的例外做法

在刑事诉讼中,查实被告人的真实身份是刑事诉讼的基本要求,而按自报认定犯罪主体的身份只是法律规定的例外。之所以存在例外,既有被告人方面的原因,也有司法机关方面的原因。就被告人来说,其不讲自己真实的身份的主要原因有:(1)被告人故意规避累犯、再犯或前科等法定或酌定从重处罚情节,以此避免因前科犯罪而导致量刑的从重处罚。(2)被告人虚报刑事责任年龄,谎称自己是未成年人以争取从轻或减轻处罚。特别是部分刚满 18 周岁的被告人,虚报年龄、住址,目的是在查无实据的情况下,使司法机关以未成年犯罪主体的身份对其作出从轻或减轻的处罚。(3)被告人为避免因犯罪被判处刑罚而产生各种不良影响而虚报身份、住址。就司法机关来说,未能查实被告人真实身份的主要原因有:(1)某些司法人员的惰性导致自报问题的产生。在流动人口较多,外来人员犯罪多的部分地方,要证明一个被告人的真实身份,往往需要到其原籍所在地的户籍管理机关调取材料,由于经费开支大,法律规定的办案期限紧,一些司法机关未对这项细致又费时的调查工作予以重视,往往在发出原籍材料调查函后,过一段时间没有收到相应的回复,也不再做进一步的核实工作,就以自报的内容确定被告人的身份。而一些原籍所在地的户籍管理机关,对于外地有关机关的调查函不认真细致办理或拖延办理,导致被告人的真实身份无法及时核实。(2)被告人原籍所在地的户籍管理机关发生变动,或者是被告人原籍所在地的行政区划发生变更,调查的信函难以到达,从而无法调取到被告人的户籍登记材料。特别是外出务工时间较长的被告人容易出现这种情况。

理论上，查明一切案件事实是司法机关应尽的职责。但是，法律规定查实被告人身份为原则的同时，也将符合一定条件的案件按被告人自报身份认定犯罪主体作为例外。这样做，一是有利于节约司法资源。如果侦查机关对于被告人所触犯刑事法律的事实或行为已收集到充分的证据，现有证据能够完全证实是特定的行为人所实施，在此基础上，被告人拒不讲出自己的真实姓名、年龄或户籍所在地（即住址）的，就没有必要再动用司法力量、花费时间去查实，可以按自报内容对被告人移送审查起诉。二是便于司法机关在法律规定的审理期限内，及时惩罚犯罪，防止诉讼的过分迟延。三是被告人在依法进行调查的国家权力机关面前，有义务对个人的基本情况作出清楚、准确地说明，无故隐瞒或虚报的，对因自己不实的言行所带来的不利法律后果，应当由其本人承担。

（三）正确理解和适用按自报身份审判的条件

刑事诉讼法第一百五十八条第二款规定："犯罪嫌疑人不讲真实姓名、住址，身份不明的，应当对其身份进行调查，侦查羁押期限自查清之日起计算，但是不得停止对其犯罪行为的侦查取证。对于犯罪事实清楚，证据确实、充分，确实无法查明其身份的，也可以按其自报的姓名起诉、审判。"《公安机关办理刑事案件程序规定》第一百四十八条对以自报内容认定被告人姓名、身份、住址也作出了相同的规定。据此，在刑事审判中，按被告人自报身份审判，必须符合以下两个条件：

1. 犯罪事实清楚，证据确实、充分。按自报认定被告人身份的前提条件是认定被告人犯罪的事实清楚，证据确实、充分，也就意味着对被告人犯罪的事实或行为已有充分的证据证实，且该事实或行为在现有证据下，能够完全证实是被告人实施。如果犯罪事实本身的证据并不充分，则不适用按被告人自报身份审判的规定。

2. 确实无法查明身份。按自报认定被告人身份的必要条件是被告人身份确实无法查明，即司法机关使用所有手段得到的证据都确实无法查实被告人的真实身份。确实无法查明身份，包括了两个方面的内容：(1)侦查机关经过大量工作，穷尽了可以利用的手段，包括专门机关的技术工作和群众调查工作。(2)无法查实，即依据侦查机关搜集到的证据确实无法证实被告人身份情况，同时没有相反证据证明被告人自报身份的真伪。

就本案而言，认定被告人抢劫的事实均已有确实、充分的证据予以证实，无继续侦查的必要。但是，被告人身份事项的查明手段尚未穷尽，得不出无法查实的结论。一是证明被告人身份的在案证据相互矛盾，尚未排除合理怀疑。查明被告人身份是一项复杂、细致的工作，需要根据被告人持有的身份证与原户籍所在地登记资料比对核实，有时还需要到被告人原籍所在地的户籍管理机关调取相关材料，甚至还要向被告人自报身份所在地的基层组织、亲友、熟人进行调查以最终确认。任何环节的错漏、敷衍都可能造成被告人主体身份的失真。本案中，公安机关并未展开全面调查，未调取"户猛""户磊"的详细原始户籍材料比对以及询问"户猛""户磊"住所地的基层组织、亲属、村民、同学等。二是本案在死刑复核阶段，发现了被告人身份事实的许多疑点。最高人民法院通过严格审查，对被告人身份信息的所有相关证据进行比较、核实，同时利用复核提讯的机会，有针对性地设计讯问方式和提纲，运用技巧进行提讯后，被告人承认自己是"户磊"，且该供述得到其亲属证言印证。经进一步审查发现：被告人真实姓名系"户磊"、冒用其兄"户猛"之名办理的身份证；被告人参与四起抢劫，同案犯并不知道其真实姓名，在供述中对其称呼均不一致；被告人在侦查阶段、起诉阶段及一二审阶段均称自己叫户猛，侦查机关仅泛泛记录，未作深入调查、核实。因此，一二审认定被告人的自报身份存在疑点，需要进一步查清。

综上，本案由于侦查阶段工作不够细致，相关工作未补充完善，并未穷尽侦查手段，致被告人身份存疑，因此，不属于经审查判断仍无法查实被告人身份的情形，不能按被告人自报身份审判。尤其本案是死刑案件，对身份事实的审查更应该严格把关。

（撰稿：最高人民法院刑四庭　崔　慧
审编：最高人民法院刑四庭　陆建红）

［第1140号］郑祖文贪污、受贿、滥用职权案
——如何处理以威胁方法收集的被告人供述及司法实践中对“重复供述”如何采信

【关键词】　非法证据排除　重复供述　威胁、引诱、欺骗方法　证据审查判断

一、基本案情

被告人郑祖文，男，1943年8月14日出生，原系汕头海关副关长、党组成员兼调查局局长。

广东省广州市人民检察院以被告人郑祖文犯贪污罪、受贿罪和滥用职权罪，向广州市中级人民法院提起公诉。其中，对受贿罪部分的犯罪事实指控如下（其他指控内容略）：

1998年8月，被告人郑祖文（时任汕头海关副关长兼调查局局长）接到李某辉（时任汕头海关调查局综合处处长）的报告称，汕头海关在处理“青油8”走私棕榈油、大豆油一案过程中，发现涉案油料被盗。郑祖文指示李某辉调查后发现涉案走私油系被原货主汕头保税区伟建贸易公司（以下简称伟建公司）的法定代表人李建平盗走，郑祖文随即指示李某辉安排李建平参加原定涉案走私油的公开拍卖以及确保他竞投成功后缴款，并指使汕头经济特区拍卖行总经理翁德川配合空拍，企图以此掩盖其海关相关人员监管涉案走私油失职等。1998年9月5日，拍卖行对涉案走私油依原定程序公开拍卖，李建平以汕头经济特区鸿成发展公司的名义竞投成功，成交价为每吨人民币（以下币种同）8 060元，总价24 106 557.28元。

1998年9月5日拍卖成交当晚，李建平约郑祖文在汕头市衡山路旁的绿化带见面，向其贿送40万元，对郑祖文在处理该批食用油过程中提供的帮助表示感谢，并请求降低拍卖成交价。郑祖文收受该款后，用于个人支配使用。

被告人郑祖文及其辩护人均否认起诉书指控的受贿犯罪事实，提出在侦查阶段，侦查人员以抓捕其家属相威胁，进行疲劳审讯，并以取保候审相诱惑，其在侦查阶段对收受贿款部分的供述系侦查人员非法取得，应当依法排除。同时，辩护人还认为，证人证言与被告人供述有矛盾，不能相互印证，公诉机关指控被告人犯受贿罪的事实不清，证据不充分，被告人不构成受贿罪。

广州市中级人民法院经公开审理查明后认为，李建平交待的行贿细节与被告人郑祖文的供述存在不吻合之处，且郑祖文当庭否认受贿，提出侦查办案人员以取保候审相利诱和以抓捕其子女相威胁获取其有罪供述，公诉机关未能提出有罪供述系合法取得的相关证据，故相关有罪供述依法应当排除。综合全案，在无其他证据佐证的情况下，公诉机关指控郑祖文犯受贿罪的证据不足，故有关郑祖文犯受贿罪的指控不能成立。

一审宣判后，广州市人民检察院提出抗诉，广东省人民检察院支持抗诉，认为本案在侦查过程中虽然存在侦查机关威胁被告人郑祖文要抓捕其女儿、女婿和以取保候审相利诱等情形，但这种情况是否属于刑事诉讼法规定的威胁、欺骗情形，目前尚无明确的认定标准。侦查机关没有严

重侵犯郑祖文的基本权利，郑祖文仍有选择余地，不能因为侦查部门的审讯策略而排除其认罪供述。郑祖文在侦查阶段对收受贿款的认罪供述和行贿人李建平的指认吻合一致，郑祖文受贿40万元的事实清楚，证据确实、充分，应予认定(其他抗诉内容略)。

广东省高级人民法院经审理认为，检察机关指控原审被告人郑祖文受贿的依据是郑祖文的部分供述及李建平的证言。郑祖文在本案侦查阶段虽然曾经供认收受李建平40万元，但郑祖文后来否认其在侦查阶段所作的全部受贿供述，辩称之前之所以承认受贿是受侦查人员以取保候审相利诱和以抓捕其子女相威胁。郑祖文的辩解有讯问笔录、某市人民检察院反贪局出具的《情况说明》、某市人民检察院对郑某某、陈某某的询问笔录相印证，具有较强的合理性。侦查机关没有充分的证据排除郑祖文承认受贿的供述存在被威胁、引诱的合理怀疑，根据刑事诉讼法的规定不能采信为定案依据。因此，在仅有行贿人李建平的供述，无其他证据佐证的情况下，一审判决认定检察机关指控郑祖文犯受贿罪证据不足的理由充分。检察机关的相关抗诉意见不能成立，不予采纳。据此，广东省高级人民法院依法裁定驳回抗诉，维持原判。

二、主要问题

1. 如何处理以威胁方法收集的被告人供述?

2. 司法实践中对“重复供述”如何采信?

三、裁判理由

本案审理过程中，对于受贿罪的指控，被告人及其辩护人提出被告人承认收受贿款的有罪供述是在侦查人员威胁、引诱的情形下作出的，均应依法予以排除。侦查机关则认为侦查人员对被告人的讯问虽然存在一定的威胁、欺骗，但没有严重侵犯被告人的基本权利，不能因为侦查部门的审讯策略而排除其对受贿的有罪供述；且被告人在侦查阶段尚有多次对受贿的有罪供述是合法取得的，供述内容与证人证言能相互印证，应予采信。对此，人民法院应当如何处理采用威胁手段收集的被告人的供述以及如何确定供述的采纳范围，实践中做法不一，故有必要讨论。

(一)如何处理采用威胁手段取得的犯罪嫌疑人、被告人供述

刑事诉讼法第五十条规定:“……严禁刑讯逼供和以威胁、引诱、欺骗等其他非法方法收集证据，不得强迫任何人证实自己有罪……”第五十四条进一步规定:“采用刑讯逼供等非法方法收集的犯罪嫌疑人、被告人供述和采用暴力、威胁等非法方法收集的证人证言、被害人陈述，应当予以排除……”从上述规定看，刑事诉讼法对采用刑讯逼供等非法手段获取的犯罪嫌疑人、被告人的供述明确规定了应当予以排除的原则，而对采用威胁、引诱、欺骗等非法取证方法仅作出禁止性的规定，没有明确以此类手段取得的犯罪嫌疑人、被告人的供述是否应当予以排除。对此，实务界与理论界均存在认识分歧，大致形成以下几种观点:第一种观点认为，讯问中夹带一定的威胁、欺骗，只是侦查部门的审讯策略，没有严重侵犯被告人的基本权利。第二种观点认为，通过采用威胁手段获取的证据是一种严重侵犯人权的行为，从规范司法的长远角度，应当予以排除，并且刑事诉讼法对此也有明确的禁止性规定。第三种观点认为，对于这种证据，应当综合多种可能损害公正审判的因素决定是否排除。

我们同意第二种观点，理由是:第一，从刑事诉讼法第五十条、五十四条规定的字面意思分析，通过刑讯逼供和采用暴力、威胁等非法方法收集的供述都是非法证据排除的对象。第二，仅仅排除通过刑讯逼供获取的供述不利于侦查手段向合法、规范与专业化方向的转变，与刑事诉讼法修改中全面贯彻落实“尊重和保障人权”的原则相违背。第三，威胁手段不应当视为审讯策略。因为，威胁手段在超越一定的度的情况下，即威胁达到严重程度时，一般会引起恐惧，属于典型的

造成精神痛苦的非法方法，容易使犯罪嫌疑人、被告人被迫作出违背意愿的供述，严重损害口供的客观真实性，形成虚假证据材料的可能性高。

如何判断威胁达到严重程度，应当综合个案案情加以判断。一般而言，仅有言语上的威胁，抑制或者剥夺犯罪嫌疑人、被告人意志自由的程度是有限的，犯罪嫌疑人、被告人经过利益权衡后觉得供述比抵抗对自己更有利而交待犯罪事实，则其供述虚假可能性比刑讯逼供取得的要小。但是，如果威胁的方法超出一定的度，如严重损害本人及其近亲属合法权益，或者以法律禁止的方法、以社会道德难以容忍的方式进行威胁，则应当认定威胁达到严重程度，属于《最高人民法院关于适用〈中华人民共和国刑事诉讼法〉的解释》第九十五条关于"其他使被告人在精神上遭受痛苦的方法"。按照该条的规定，应当认定为刑事诉讼法第五十四条规定的"刑讯逼供等非法方法"，以此方法所收集的犯罪嫌疑人被告人的供述，应当予以排除。

就本案而言，指控被告人郑祖文受贿40万元的证据主要是行贿人李建平的指认和郑祖文在侦查阶段的认罪供述。郑祖文在侦查阶段的16次审讯中，后期7次供述承认收受李建平贿赂款。其中，2011年8月19日第7次讯问中首次承认收受李建平贿赂款20万元，在之后有6次供述，供认收受李建平贿赂款40万元。但一审审判时，郑祖文提出其没有收受贿赂款，辩称之前之所以承认，是因为侦查人员采用疲劳审讯手段、以抓捕其家属相威胁以及以取保候审进行利诱，故其在侦查阶段对受贿的有罪供述是侦查人员非法取得的，依法应当予以排除。① 法庭经审理查明，郑祖文辩称侦查人员威胁他不承认受贿就查处其女婿的公司，抓捕其女儿、女婿，威胁内容、时间、地点和实施人员均具体、明确，并得到相关书证、证人证言的证实，具体体现在：郑祖文的女儿郑某某、女婿陈某某于2011年8月19日15时被传唤到侦办机关并被留置至8月20日晚上7时；郑祖文首次承认受贿的讯问笔录没有记载讯问的起止时间，看守所的记录反映当天的讯问持续达8个多小时，但讯问录音录像却只有半小时的认罪供述。因此，郑祖文的辩解具有合理性。

结合本案的实际情况，郑祖文被讯问时已退休近10年、年近70岁，因个人的原因导致女儿、女婿（公职人员）被检察机关"抓起来"，这对其心理必然起到强烈的胁迫作用，迫使他为保住一家老小的平安，选择做出牺牲，违背意愿作出有罪供述。这种以针对被告人本人及其亲属的重大不利相威胁，产生的精神强制效力达到了严重程度，极大可能导致被告人精神痛苦并违背意志进行供述。此外，郑祖文辩解其之所以供认受贿的事实，除受到"女儿、女婿被检察机关抓起来"威胁的影响外，还因为侦查人员承诺其供认受贿的事实后即对其取保候审，即侦查人员同时以取保候审对郑祖文进行引诱。郑祖文所作辩解有讯问笔录等材料相印证。这种引诱与威胁相配合的方法在一定程度上加强了胁迫的作用，使被告人精神上遭受极大痛苦。据此，可以认定郑祖文为免子女受牵连及获得取保候审而违背意志作出虚假供述的可能性很大，其辩解具有合理性，对其本次供述依法应当予以排除。

（二）对被告人在侦查阶段的"重复供述"如何采信

在判定被告人在侦查阶段首次的认罪供述系因非法方法取得，依法应当予以排除的前提下，对侦查机关后续取得的被告人的有罪供述，即被告人在侦查阶段作出的其他多次重复的认罪供述应如何处理？如果采纳，应当如何明确采纳标准？刑事诉讼法、相关司法解释以及《关于办理刑事案件排除非法证据若干问题的规定》对此均没有明确规定。

所谓"重复供述"，又称"重复自白"。"重复自白"理论在欧美和日本等国已经形成比较完整的理论体系及实务应用规则。如英国、日本等国采取限制其证据能力并予以排除的规则，美国则

---

① 起诉时公诉机关没有向法院移送被告人在审查起诉阶段的供述。

采取排除加例外原则等。在我国,目前大致形成三种有代表性的观点:第一种观点认为重复供述应当全部排除,认为后续供述很可能是犯罪嫌疑人的恐惧心理导致的,是"毒树之果"。我国现行司法体制和刑事诉讼机制,产生了一种"绑定"效应,先前的非法讯问行为一经实施,其与后续的自白之间的因果关系就很难被切断,因而不存在不予排除的例外。第二种观点认为重复供述不应排除,重复供述并非派生证据,不适用"毒树之果"规则;且相关法律并未对重复供述作出禁止性规定,将其排除无法律依据。第三种观点认为应当区别对待,综合考虑违法取证手段的严重性、取证主体的改变情况、特定的讯问要求等因素综合考虑是否排除。

我们同意第三种观点,理由是:第一,在一般情况下,重复供述与前次非法讯问行为之间具有因果关系,属于非法证据排除规则的范畴。第二,因个案具体情况不同,非法取证手段的影响、效果持续性也可能存在差异,重复供述与前次非法讯问获取的供述之间的联系也不是固定不变的,对重复供述不予考量一概排除,难免有"一刀切"的嫌疑,不符合司法实践的需要。第三,对重复供述一概不予排除,极有可能导致侦查机关采取先对犯罪嫌疑人实施非法手段取证,再经合法讯问取得犯罪嫌疑人有罪供述的策略,以此规避非法证据排除规则的适用,使非法证据排除规则被架空,同时也丧失了其吓阻和遏制非法侦查行为、保障犯罪嫌疑人合法权利的功能。据此,我们认为在具体案件中,应当结合先前非法取证的性质和严重程度、诉讼程序的推进、取证主体的变更等情况综合衡量重复供述是否自愿、可靠,有没有充分的证据排除被告人的供述存在被威胁的合理怀疑,从而决定是否排除重复供述。

就本案而言,侦查单位与审查起诉单位分别是两个市的人民检察院(指定异地审判管辖案件)。被告人郑祖文对收受贿款的有罪供述均是在某市人民检察院侦查阶段作出,而在案件移交广州市人民检察院审查起诉阶段没有作过有罪供述,一审庭审时更当庭否认受贿的事实。由于郑祖文于2011年8月19日的第一次有罪供述是在被威胁下作出的供认,在侦查阶段取证主体没有改变的情况下,不能排除受到这种胁迫后产生的心理恐惧始终存在。郑祖文在"不认则抓人(女儿女婿),认了就放人"的强烈心理恐惧下,存在处于同一侦查主体讯问期间不敢改变原来供认的可能,即在取证主体没有变更,郑祖文所受的精神胁迫制约仍然存在的条件下,前后供述的关联度高。因此,不能简单以侦查阶段后续几次审讯表面上没有威胁行为就否定其供述受到前面胁迫手段的影响而予以采信,而应当根据刑事诉讼法第五十八条的规定予以排除。

综上分析,根据刑事诉讼法第五十四条、第五十八条的规定,现有证据不能排除被告人郑祖文自认受贿的供述存在以非法方法收集证据的情形,不应作为定案依据。据此,在仅有行贿人的交待,无其他证据佐证的情况下,认定郑祖文犯受贿罪的证据不足,不应予以支持。本案一审虽然在2012年修改的刑事诉讼法及相关司法解释实施之前下判,但对把握非法言词证据的认定标准与刑事诉讼法及相关司法解释对非法言词证据的规定是相符的。

（撰稿:广东省高级人民法院 黄建屏 林恒春
审编:最高人民法院刑二庭）

[第1141号]吴毅、朱蓓娅贪污案

——侦查机关通过疲劳审讯获得的被告人供述是否属于非法证据以及非法证据排除后是否对量刑事实形成影响

【关键词】 非法证据排除 疲劳审讯方法 量刑

一、基本案情

被告人吴毅,男,1961年5月28日出生,原系扬州市人力资源和社会保障局新城西区办事处副主任、主任。因本案于2013年1月11日被逮捕。

被告人朱蓓娅,女,1980年9月29日出生,原系扬州市人力资源和社会保障局开发区办事处合同制聘用人员。因本案于2013年1月11日被逮捕。

江苏省扬州市江都区人民检察院以被告人吴毅、朱蓓娅犯贪污罪向江都区人民法院提起公诉。

被告人吴毅提出的辩解是:(1)其没有骗取退保金,不构成贪污罪,其行为是工作失职,属于渎职犯罪。(2)其多开具发票是为了单位利益,而不是为了个人,故亦不构成贪污罪。

被告人吴毅的辩护人提出的辩护意见是:(1)起诉书指控被告人吴毅贪污33万余元事实不清、证据不足。吴毅在2012年12月27日的1份询问和3份讯问的有罪供述,系侦查机关采用变相肉刑的方式获取口供,应当作为非法证据予以排除;吴毅在2013年1月7日江苏省人民检察院逮捕前提审的一份有罪供述,因侦查机关未按规定进行同步录音、录像,亦应作为非法证据予以排除。(2)吴毅贪污1.1万元事实不清、证据不足。(3)起诉书指控的第一节贪污犯罪中,吴毅即使构成贪污罪,指控其贪污数额33万余元的证据不足。2008年骗取退保金10万余元只有朱蓓娅的供述,故该笔贪污款应予扣除;有证据证实2009年5月以后,社保业务章不在吴毅处,因而2009年5月以后的骗取退保数额不再计入吴毅的贪污数额。

被告人朱蓓娅未提出辩解。朱蓓娅的辩护人提出的辩护意见是:(1)朱蓓娅在共同犯罪中是从犯,可以减轻处罚;(2)朱蓓娅认罪态度较好、积极退赃,请求法院对其从轻处罚。

扬州市江都区人民法院经公开审理查明:

(一)吴毅、朱蓓娅共同贪污部分

按照相关规定,外省在扬州务工人员在返乡时可以一次性提取的养老保险金,称为“退保金”。办理退保金的正常流程是:由申请人向扬州市人力资源和社会保障局开发区办事处(以下简称开发区办事处)提供身份证、户口本、回乡务工证明、社会保险手册以及个人申请等资料,通过经办人员初步审核后计算退保金额,填写《江苏省职工养老社会保险金结算(支付)凭证》(以下简称结算凭证),将结算凭证以及所附上述材料交给分管领导签字审核,再加盖社会保险专用章,申请人即可到扬州市社保中心领取退保金。

2009年1月至11月间,退保金申请材料审查报送经办人朱蓓娅利用其在开发区办事处经办退保金的职务便利,伙同分管退保金申请材料审核的开发区办事处副主任吴毅,多次采取虚构事实、冒用退保人员名义等方式作案15次,共骗取退保资金39笔,共计人民币(以下币种同)228 718.2元。具体作案手法是:朱蓓娅制作虚假的结算凭证,交给吴毅签字,而后盖章。朱蓓娅再将签字、盖章后的结算凭证交由其亲戚、朋友冒充退保人员到扬州市社保中心领取退保金,朱

蓓娅取得退保金后再和吴毅进行分赃。2009 年年底,开发区办事处退保金遭骗取事件暴露,朱蓓娅交待了自己贪污的事实,其父母代为退出全部赃款。嗣后,朱蓓娅被开发区办事处解聘。

(二)吴毅单独贪污部分

2011 年 12 月至 2012 年 12 月间,吴毅在担任扬州市人力资源和社会保障局新城西区办事处(含筹备小组)负责人期间,利用直接管理后勤工作的职务便利,在单位公务招待过程中,私下要求扬州天地酒业有限公司、扬州风正经贸有限公司多次开具消费发票,侵吞公款合计 11 000 元。

庭审中,朱蓓娅对公诉机关指控其与吴毅共同贪污的主要犯罪事实不持异议,但辩解骗保行为系受吴毅指使所为;吴毅在到案初期的 1 份询问笔录、3 份讯问笔录以及悔过书中承认知道朱蓓娅骗取退保金,自己从中分得 4.8 万元的事实。2013 年 1 月 7 日,吴毅在接受江苏省人民检察院审查批捕人员讯问时,承认朱蓓娅在 2009 年期间给过其 4.8 万元,给钱是因为其袒护朱蓓娅,对她拿来的空白凭证没有审核就签字。此后包括在庭审中,吴毅翻供,否认其参与朱蓓娅骗取退保金并分赃的事实,认为自己仅仅是工作上失职、没有尽到审查义务,提出其有罪供述是其在受到疲劳审讯、精神恍惚时做出的,属于非法证据应予排除。

扬州市江都区人民法院认为,被告人吴毅在到案初期的四份有罪供述,因侦查机关在取证时违反相关规定,因而不具有证明效力。但是,吴毅在江苏省人民检察院逮捕前提审所作的有罪供述,并未违反相关规定,具有证明效力。被告人吴毅、朱蓓娅身为国家事业单位中从事公务的人员,利用职务上的便利,冒充退保人员,虚构结算凭证,侵吞国家社保资金 22 万余元,其行为均构成贪污罪,且系共同犯罪。朱蓓娅在案发后如实供述犯罪事实,系坦白认罪,且在案发后退出全部赃款,故依法可以从轻处罚。吴毅当庭拒不认罪,故对这一情节在量刑时予以考虑。据此,扬州市江都区人民法院依照《中华人民共和国刑法》第三百八十二条第一款、第三百八十三条第一款第一项、第二十五条第一款、第六十七条第三款、第五十五条第一款、第五十六条第一款之规定,判决如下:

1. 被告人吴毅犯贪污罪,判处有期徒刑十二年,剥夺政治权利二年,没收财产人民币五万元;

2. 被告人朱蓓娅犯贪污罪,判处有期徒刑十年,剥夺政治权利二年。

一审宣判后,被告人吴毅、朱蓓娅不服,均向扬州市中级人民法院提起上诉。吴毅的上诉理由是:2013 年 1 月 7 日江苏省人民检察院的提审笔录也属于非法证据应当予以排除;即使不排除江苏省人民检察院的提审笔录,一审判决认定吴毅伙同朱蓓娅共同贪污事实不清、证据不足,不能排除朱蓓娅单独作案或者与吴毅以外的他人共同作案的合理怀疑。朱蓓娅的上诉理由是:其在共同犯罪中系从犯。

扬州市中级人民法院认为,上诉人吴毅、朱蓓娅身为国家事业单位中从事公务的人员,利用职务上的便利,冒充退保人员,虚构结算凭证,侵吞国家社保资金 22 万余元,其行为均构成贪污罪,且系共同犯罪。朱蓓娅实施了填写虚假结算凭证、指使他人冒领赃款、分配赃款等共同贪污中的大部分行为,在共同犯罪中起主要作用,系主犯;吴毅在共同犯罪中的作用小于朱蓓娅,系从犯,依法应当减轻处罚。朱蓓娅案发前已向本单位如实交待了自己的主要犯罪事实,案发后也如实供述犯罪事实,系自首,依法可以减轻处罚,且其已退出全部赃款,可以从轻处罚。吴毅拒不认罪,对这一情节在量刑时予以考虑。原判决认定事实清楚,证据充分,但量刑不当,应予纠正。据此,改判:

1. 上诉人吴毅犯贪污罪,判处有期徒刑五年六个月,并处没收财产人民币三万元;

2. 上诉人朱蓓娅犯贪污罪,判处有期徒刑五年,并处没收财产人民币二万元。

二、主要问题

1. 侦查机关通过疲劳审讯获得的被告人供述是否属于非法证据?

2. 非法证据排除后是否对量刑事实形成影响?

三、裁判理由

本案系共同犯罪,被告人朱蓓娅对自己伙同被告人吴毅共同贪污的基本事实一直供述稳定,吴毅到案初期也如实交待其伙同朱蓓娅共同贪污的基本事实,但其后翻供。对吴毅到案初期的有罪供述,法院经审查后认为属于非法言词证据,应予排除,没有作为最终定案依据使用。主要理由如下:

(一)通过疲劳审讯获得的有罪供述属于非法证据,应当予以排除

吴毅在一审开庭时当庭提出,其到案初期所作的4次有罪供述系受到侦查机关疲劳审讯、精神恍惚情况下作出的,属于非法证据;其后,江苏省人民检察院审查批捕人员提审时,由于前期侦查人员在场,其心理上受到干扰,所作的重复有罪供述仍然属于非法证据,也应当予以排除。吴毅及其辩护人提供了其到案时间、到案初期数次讯问的时间,以证明侦查机关对其实施了长时间的疲劳审讯。

一审法院经过初步审查后认为有必要启动证据合法性调查程序,法院决定中止法庭调查,启动非法证据排除调查程序,对侦查人员的取证行为是否合法进行调查。为此,法院当庭播放了讯问过程的同步录音录像,通知侦查人员出庭作证,对取证过程进行说明。讯问笔录和同步录音录像反映,侦查机关采用上下级机关"倒手""轮流审讯"的方式连续讯问吴毅长达30多小时,而且其间没有给予吴毅必要休息,属于疲劳审讯。

对于使用刑讯逼供、暴力、威胁等方法非法收集的言词证据,世界各国通常都是规定绝对排除。我国刑事诉讼法也坚持了这一原则,对非法言词证据绝对予以排除。修改后的刑事诉讼法第五十四条明确规定,采用刑讯逼供等非法方法收集的犯罪嫌疑人、被告人供述和采用暴力、威胁等非法方法收集的证人证言、被害人陈述,属于非法言词证据,均应予以排除。但对于疲劳审讯是否属于"刑讯逼供等方法",由此获得的犯罪嫌疑人、被告人供述是否属于非法言词证据,是否应当绝对排除,尚未有相关规范性文件作出明确规定。我们认为,除了传统的吊打、捆绑等暴力手段以外,其他一系列变相的逼供措施,如足以形成肉体或精神强烈痛苦的罚站、罚跪、冻饿、日晒、雨淋、火烤、强光、噪音、"车轮战"、不准睡眠等非暴力方法也应属于刑讯逼供方法,而且这些变相逼供手段已成为非法取证的主要手段。为此,《最高人民法院关于适用〈中华人民共和国刑事诉讼法〉的解释》第九十五条第一款进一步明确了非法言词证据的范围:"使用肉刑或者变相肉刑,或者采用其他使被告人在肉体上或者精神上遭受剧烈疼痛或者痛苦的方法,迫使被告人违背意愿供述的,应当认定为刑事诉讼法第五十四条规定的'刑讯逼供等非法方法'。"

根据该规定,我们认为,疲劳审讯应当属于非法取证的范围。本案中,被告人吴毅在长达30多小时的连续讯问过程中没有得到必要休息,这种疲劳审讯属于一种变相肉刑,它对公民基本权利的侵犯程度与刑讯逼供基本相当。吴毅在这种情况下所作有罪供述不能排除是在精神和肉体遭受痛苦的情况下,违背自己意愿作出的。这种供述不可靠,属于使用非法方法取得的证据,应当予以排除,不得作为定案依据使用。据此,一审法院对吴毅到案初期的4份有罪供述认定为非法证据,予以排除,没有作为定案依据使用。需要指出的是,其后吴毅在江苏省人民检察院审查批捕人员提审时所作的认罪供述,因为讯问主体不同,最初的侦查人员并不在场,整个提审活动没有诱供逼供、疲劳审讯等情形,最初影响其自愿供述的因素已经不复存在,故该份证据具有可采性。

(二)非法证据排除后对案件量刑事实可能会造成影响

根据法律规定,非法证据排除原则解决的是证据的法庭准入资格问题,也就是说,只有合法取得的证据才能具有证据资格,作为证据提交法庭,法庭进而对其进行证明力大小强弱的审查。一旦法院作出排除非法证据的决定,被排除的非法证据就不能作为定案的根据。但非法证据排除后是否对案件量刑事实造成影响,一、二审法院对此存在不同的看法。

一审法院认为,被告人吴毅到案初期的4份有罪供述不仅包括其伙同朱蓓娅共同贪污的事实,而且包括犯意的提起、二人在共同犯罪的分工、赃款的分配等方面的事实。结合朱蓓娅的供述,可以认定吴毅和朱蓓娅在共同犯罪中的地位作用相当,不分主次。其后吴毅在审查批捕阶段仅承认自己明知朱蓓娅实施贪污,自己分得部分赃款,但对涉及共同犯罪中二人如何分工合作、赃款如何分配等方面并无具体交待。一审法院虽然在形式上排除了吴毅到案初期的4份有罪供述,但内心确信吴毅之前的有罪供述是真实的,加上吴毅另有单独贪污事实,又拒不认罪,因此认定二被告人均系主犯,对二被告人均判处十年以上有期徒刑。二审法院经审理后认为,已经排除的非法证据既然不得作为证据使用,当然也不应当对定罪量刑产生影响,否则非法证据排除就形同虚设,没有实际意义。在吴毅被认定具有证据资格的供述中,关于本案犯意的提起、二被告人在共同犯罪中如何分工、赃款如何分配等事实均没有具体供述。而朱蓓娅关于受吴毅指使实施犯罪的供述因其与吴毅有利害关系不能完全采信,因而根据现有证据无法认定二被告人在共同犯罪中的地位和作用相当。相反,大量书证和证人证言均证实,朱蓓娅实施了填写虚假结算凭证、指使他人冒领赃款、控制和分配赃款等共同贪污犯罪中的大部分行为,而吴毅仅实施了在虚假结算凭证上签字的行为。因此,二审法院认定吴毅在共同犯罪中的作用小于朱蓓娅,所起作用是次要的,认定其为从犯。因朱蓓娅在事发后已经向所在单位承认的自己贪污事实,退出了全部赃款,二审法院认为可以认定其为自首。据此,二审法院对两人均减轻处罚,改判吴毅有期徒刑五年六个月,朱蓓娅有期徒刑五年。判决书送达后,二人均服判息诉。

我们认为,侦查机关通过疲劳审讯取得的供述属于非法证据,应当予以排除。非法证据的排除,不仅会对定罪事实造成影响,而且也会对量刑事实造成影响。具体到本案,如果被排除的被告人吴毅的有罪供述既包含定罪事实又包含量刑事实,而具有证据资格的有罪供述仅包含定罪事实而缺乏量刑事实,那么在没有相关证据补证量刑事实的情况下,仅能依据供述认定吴毅的定罪事实。二审法院综合其他证据,认定被告人朱蓓娅、吴毅在共同犯罪中的作用和地位是正确的。

(撰稿:江苏省扬州市中级人民法院　周庆琳　汤咏梅
审编:最高人民法院刑二庭　刘晓虎)

[第1164号]郑建昌故意杀人案

——对于被告方提出的排除非法证据申请,法庭应当如何审查并依法作出处理

【关键词】 非法证据排除　举证责任

一、基本案情

被告人郑建昌,男,1978年11月2日出生。2013年6月21日因涉嫌犯故意杀人罪被逮捕。

福建省福州市人民检察院以被告人郑建昌犯故意杀人罪，向福州市中级人民法院提起公诉。

被告人郑建昌否认起诉书指控的犯罪事实。其辩护人作无罪辩护，并提出，即使郑建昌构成故意杀人罪，但本案系家庭矛盾引发，属激情犯罪，建议从轻处罚。

福建省福州市中级人民法院经审理查明：被告人郑建昌与妻子严淑娟感情不和，经常争吵。2013 年 5 月 23 日 7 时许，郑建昌在福建省福州市晋安区福飞北路 362 号小康佳园 5 号楼 501 室家中与严淑娟争吵后，持铁锤猛砸严淑娟头部，后用手猛掐严淑娟颈部直至严淑娟死亡。事后，郑建昌为掩盖罪行，肢解严淑娟的尸体，用高压锅等容器烹煮尸块，驾车将尸块、作案工具等丢弃于鼓岭一带的山路和闽江内。

福建省福州市中级人民法院认为，被告人郑建昌故意非法剥夺他人生命，致一人死亡，其行为已构成故意杀人罪。据此，依照《中华人民共和国刑法》第二百三十二条、第五十七条第一款之规定，以故意杀人罪判处被告人郑建昌死刑，剥夺政治权利终身。

一审宣判后，被告人郑建昌不服，提出上诉。

被告人郑建昌的上诉理由是：其与被害人严淑娟感情好，没有杀人动机；有罪供述系刑讯逼供所得，在案证据不足以证实其杀害严淑娟；即便认定构成犯罪，因本案是临时起意，又是家庭矛盾引发，请求予以改判。其辩护人提出，原判认定郑建昌杀妻的证据不足，请求改判，宣告郑建昌无罪。

福建省高级人民法院经审理认为，原判认定上诉人郑建昌故意杀人的事实清楚，证据确实、充分，定罪准确，量刑适当，审判程序合法。据此，依照《中华人民共和国刑法》第二百三十二条、第五十七条第一款、《中华人民共和国刑事诉讼法》第二百二十五条第一款第一项之规定，驳回上诉人郑建昌对刑事部分的上诉，维持原判对上诉人郑建昌的刑事判决。

最高人民法院复核认为，被告人郑建昌因家庭纠纷而采取锤击头部等方式将妻子杀害，其行为已构成故意杀人罪，犯罪手段残忍，情节恶劣，后果特别严重，应依法惩处。第一审判决、第二审判决认定的事实清楚，证据确实、充分，定罪准确，量刑适当，审判程序合法。依照《中华人民共和国刑事诉讼法》第二百三十五条、第二百三十九条和《最高人民法院关于适用〈中华人民共和国刑事诉讼法〉的解释》第三百五十条第一项的规定，裁定核准被告人郑建昌死刑，剥夺政治权利终身的刑事判决。

二、主要问题

1. 被告方提供的相关线索或材料达到何种标准，法院才能启动证据收集合法性的调查程序？

2. 被告方申请排除非法证据，应当提供相关线索或材料，如何理解被告方的提供证据责任？

三、裁判理由

（一）对于被告方提出非法证据排除申请的情形，法院并非一律启动证据收集合法性调查程序

在司法实践中，一些案件的被告方基于诉讼策略等方面的考虑，经常会以有罪供述系刑讯逼供所得为由，向法庭提出排除非法证据申请。对此，法院应当进行审查，只有经审查后对证据收集的合法性存在疑问，才有必要启动专门调查程序。根据 2012 年刑事诉讼法及相关司法解释的规定，被告方申请排除非法证据，应当提供涉嫌非法取证的人员、时间、地点、方式、内容等材料或者线索。之所以规定被告方承担提供材料或线索的责任，主要是基于以下考虑：

首先，基于司法成本考虑。控诉方的证据体系涉及诸多证据，并非每个案件都会发生非法取证问题。考虑到控诉方在审查起诉时已经对证据收集的合法性进行了审查，如果要求控诉方逐一证明每个证据的合法性，既浪费诉讼资源，也没有现实必要。这既是检察机关客观公正义务的

要求,也是提高诉讼效率的内在要求。相比之下,从提供有关非法取证的证据的便利程度看,被告人亲历取证过程,如侦查人员确有违法取证行为,被告人可以有针对性地提供相关的线索或者材料;同时,基于辩护的考虑,被告人及其辩护人会注意收集关于非法取证的线索或者材料,因此,要求被告方提供相关线索或者材料较为便利。

其次,基于平衡控辩双方诉讼权利考虑。司法实践中,被告方有时基于辩护策略的需要,可能会随意提出排除非法证据申请。如果被告方动辄以侦查人员采用刑讯逼供等非法方法取得供述为由申请排除有关证据,而不承担任何提供线索或材料的责任,将导致控诉方疲于应付,增加不必要的诉讼证明成本,同时也将导致法庭的精力主要用于证据收集合法性的审查,不利于集中审理定罪量刑等核心争议问题。鉴于此,要求被告方在申请排除非法证据时承担初步的提供证据责任,有助于督促被告方依法行使诉讼权利,防止其随意提出申请,避免浪费司法资源,兼顾司法的公正和效率。

最后,基于明确争点、解决争议考虑。被告方申请排除非法证据时,要求其承担提供相关线索或者材料的责任,有助于确保检察机关的举证和法庭的审理更加具有针对性,提高诉讼效率。

综上,对于被告方提出的排除非法证据申请,法庭并非一律启动证据收集合法性调查程序,而是首先要对被告方的申请及其提供的相关线索或者材料进行审查,经审查认为,被告方提供的相关线索或者材料有据可查,召开庭前会议听取控辩双方意见后,对证据收集的合法性有疑问的,应当进行调查;对证据收集的合法性没有疑问,且没有新的线索或者材料表明可能存在非法取证的,可以决定不再进行调查。

在司法实践中,法庭对被告方提出的排除非法证据申请及其提供的相关线索或者材料,可从以下方面进行审查:一是看是否存在刑讯逼供等非法取证行为的可能性。例如,被告人是否杜撰非法取证人员姓名,是否虚构根本不可能发生刑讯逼供的时间、地点、方式和相关情节等。二是看被告人的申请理由和相关线索、材料是否有据可查。例如,被告人对非法取证行为的描述是否具体和详细,尤其是要注意被告人所描述的非法取证细节,并注意审查其所提供的线索或者材料是否能够得到其他证据的印证等。法庭经审查认为,被告方提出的非法取证情形或者提供的线索、材料明显不成立,就可以决定不再进行调查。

(二)被告方承担提供相关线索或者材料的责任,只需使法庭对证据收集合法性产生疑问即可,不同于检察机关承担取证合法性的举证责任

2012年刑事诉讼法规定,在对证据收集的合法性进行法庭调查的过程中,人民检察院应当对证据收集的合法性加以证明。在非法证据排除程序中,由检察机关承担取证合法性的举证责任,符合刑事诉讼领域证明责任分配的基本原理。

需要指出的是,根据法律要求,被告方提出排除非法证据申请时,需要承担提供相关线索或者材料的责任,该责任不同于检察机关证明被告人有罪的证明责任,而仅仅是争点形成责任,或者称为初步的提供证据责任。具体言之,证明责任是指检察机关提供相应的证据来证明被告人有罪的法定负担,一旦举证不能,或举证达不到法定的证明标准,则要承担指控的犯罪不能成立的法律后果。相比之下,争点形成责任或者初步的提供证据责任,则是指被告方申请排除非法证据后,提供相关线索或者材料促使法庭对有关指控证据的合法性产生怀疑,进而使证据收集合法性争议成为诉讼的争点。进一步来讲,被告方不承担证明侦查人员刑讯逼供的证明责任,其所提交的线索或者材料只需要使法庭对有关证据的合法性产生怀疑即可,不要求达到"事实清楚,证据确实、充分"的证明标准。

被告方申请排除非法证据,并提供相关线索或者材料,促使法庭对有关指控证据收集的合法

性产生疑问，并依法启动专门调查程序的，检察机关需要承担证据收集合法性的证明责任。基于证据裁判原则的要求，指控的犯罪事实必须有证据证实，犯罪事实与指控犯罪的证据之间具有直接对应关系，而证明证据收集合法性的事实又与指控犯罪的证据直接相关，据此，证据收集合法性事实可以被视为指控的犯罪事实所附带的事实。鉴于法律要求对犯罪事实的证明需要达到“证据确实、充分”的证明标准，检察机关对证据收集合法性的证明也应当达到这一证明标准。鉴于此，法庭启动证据收集合法性调查程序后，检察机关未能提供证据证明取证合法性，或者提供的证据未能达到法定证明标准，不能排除以非法方法收集证据情形的，对有关证据应当依法予以排除。

此外需要明确的是，被告方提出排除非法证据申请后，其所提供的线索或者材料应当有具体的指向性。所谓“相关线索”，主要是指被告方提供的涉嫌刑讯逼供等非法取证情形的人员、时间、地点、方式等细节信息，例如，被告人明确提出讯问人员于特定时间在看守所以外的特定场所对其实施刑讯逼供，或者提供能够证明非法取证的在场人员、同监羁押人员信息等。所谓“相关材料”，主要指被告方提供的反映被告人因刑讯逼供致伤的病历、看守所体检证明、被告人体表损伤及衣物损坏情况；反映被告人遭受刑讯逼供的看守所看管人员及被告人同监羁押人员的书面证言；反映讯问程序违反法律规定的讯问笔录和录音录像等。如果被告方仅是泛泛辩称自己受到刑讯逼供，而不能提供涉嫌对其刑讯逼供的人员、时间、地点、方式等线索或者材料，就意味着其未能履行争点形成责任或者初步的提供证据责任，法庭应当依法驳回其申请。

本案中，被告人郑建昌辩称其有罪供述系刑讯逼供所得，但其对刑讯逼供的时间、地点、参与人员及刑讯逼供的方式、手段等相关问题无法作出清楚说明，不能提供相关的线索或者材料。同时，法庭经审查发现，被告人郑建昌到案后作出多次有罪供述，相关讯问笔录均经其本人签名确认，在案的审讯光盘亦证实讯问过程中没有发现诱供、逼供情形。综上，郑建昌提出的其有罪供述系刑讯逼供所得的辩解理由不能成立，法庭不予采纳，并结合在案证据依法作出判决。

（撰稿：北京市高级人民法院　温小洁
审编：最高人民法院刑三庭　罗国良）

[第1165号]黄金东受贿、陈玉军行贿案

——非法限制被告人人身自由期间取得的供述能否作为诉讼证据使用

【关键词】　非法证据排除　非法限制人身自由取得的供述

一、基本案情

被告人黄金东，曾用名黄金栋，男，1955年12月11日出生，原系宁夏跃进渠管理处处长兼宁西供水公司副总经理。2012年1月19日因涉嫌犯受贿罪被逮捕。

被告人陈玉军，男，1964年2月10日出生。2012年4月9日因涉嫌犯行贿罪被取保候审。

宁夏回族自治区银川市西夏区人民检察院以被告人黄金东犯受贿罪、被告人陈玉军犯行贿罪，向银川市西夏区人民法院提起公诉。

被告人黄金东辩称，起诉书指控其收受干股231 798元及索贿100 000元与事实不符。黄金东的辩护人指出，黄金东在侦查期间的有罪供述存在取证程序不合法等问题，属非法证据，应当

予以排除，不能作为诉讼证据使用；黄金东的行为不构成犯罪。

被告人陈玉军辩称，其与黄金东、魏光辉等人属于正当合伙经营，没有谋取不正当利益，其不构成行贿罪。陈玉军的辩护人指出，指控陈玉军构成行贿罪的事实不清，定性不准。

开庭审理前，被告人黄金东及其辩护人提出，办案单位未经合法传唤手续，于2012年1月9日至13日将黄金东传唤至银川市人民检察院接受调查，采用变相体罚的方式逼取口供，黄金东患有高血压、心脏病，近90个小时没有休息，办案人员在黄金东多次出现胸闷且不让其吃药的情形下，连续制作了7份讯问笔录，上述证据应当作为非法证据予以排除。对此，公诉机关提交了看守所体检记录、医院检查病历资料、讯问录音录像、讯问笔录、破案经过等证据，证实黄金东隐瞒人大代表身份，从而导致银川市人民检察院向人大报批迟延；黄金东在接受调查期间，侦查人员没有对其刑讯逼供，不存在对其非法取证的情况，不应将其在银川市人民检察院所作的供述作为非法证据予以排除。银川市西夏区人民法院认为，银川市人民检察院于2012年1月9日至1月13日期间传唤黄金东违反了刑事诉讼法相关规定，其间收集的被告人供述应依法排除，黄金东及其辩护人提出的将黄金东在银川市人民检察院的供述作为非法证据予以排除的辩解理由和辩护意见，予以采纳。

银川市西夏区人民法院经公开审理查明：

（一）2002年年底，宁夏跃进渠管理处将职工集资购买的卡特320型挖掘机对外拍卖，宁夏水利厅盐环定扬水管理处停薪留职职工被告人陈玉军以其妻兄强生贤的名义购得该挖掘机，强生贤于2002年11月29日与跃进渠管理处签订了挖掘机转让协议，双方约定转让价格为57万元，首付款为30万元，剩余款项分四个月三次交清。强生贤根据协议将购买挖掘机的首付款30万元交给跃进渠管理处财务人员，剩余款项27万元由陈玉军分三次交给跃进渠管理处财务人员。后陈玉军与时任宁夏跃进渠管理处副处长的被告人黄金东及魏光辉商议，由三人共同出资57万元购买该挖掘机，魏光辉支付陈玉军购买挖掘机款10万元。2004年至2009年，陈玉军经营的该挖掘机在黄金东任职的宁夏跃进水利水电工程有限公司承揽了银新干沟开挖工程、景观水道三标工程、渠口太阳梁防洪工程、跃进渠清淤工程，获取利润79 230元。黄金东在未支付购机款，也未参与经营的情况下，获取分红款23 769元。2011年7月，在宁夏水利厅纪委调查此事期间，黄金东找到陈玉军和强生贤，让强生贤向宁夏水利厅纪委调查组作假证说黄金东在2003年4月给过强生贤10万元购机款，企图掩盖其未出资的事实。2011年9月7日，黄金东将分红赃款上缴宁夏水利厅。

（二）被告人陈玉军自2003年起在被告人黄金东任领导的宁夏跃进渠管理处及下属单位承包工程，2010年2月，陈玉军请黄金东帮忙承包工程及催要拖欠的工程款，并向黄金东表示如有事可找其帮忙，黄金东随即提出儿子买房缺10万元。陈玉军于同年3月13日向黄金东的工商银行卡存入10万元。同年3月14日，黄金东让其朋友杨庆芳将此款转入杨庆芳个人账户，后用于个人购房。同年3月21日，陈玉军与宁夏跃进水利水电工程有限公司签订中卫市兴仁综合供水工程施工合同，合同标的为2 598 838元。同年4月6日，宁夏跃进水利水电工程有限公司支付陈玉军工程款659 103元。

银川市西夏区人民法院认为，被告人黄金东在先后担任宁夏跃进渠管理处副处长、处长期间，对下属公司宁夏跃进水利水电工程有限公司具有主管职权，其明知被告人陈玉军经营的挖掘机在本单位下属公司承揽工程，在既未出资，亦未参与经营的情况下，以与陈玉军、魏光辉合伙经营挖掘机为名，承揽其职权范围内工程，收受陈玉军给予的人民币23 769元；黄金东明知陈玉军有请托事项，向陈玉军索要现金10万元，其行为已构成受贿罪。起诉书还指控，被告人陈玉军经营的该挖掘机在内蒙古自治区、宁夏回族自治区石嘴山市、盐池县、青铜峡市、贺兰县等地承揽工程,黄金东参与分红20余万元,因公诉机关提供的证据不足以证实黄金东所分的上述利润系利用职务之便为陈玉军谋取的利益所得,故对该部分受贿金额不予认定。陈玉军在黄金东任职单位的下属公司承揽工程,其在明知黄金东既不出资,亦不参与经营的情况下,以利润分红的方式,送给黄金东钱款23 769元,系为谋取不正当利益而给予国家工作人员财物,其行为已构成行贿罪。黄金东具有索贿情节,依法应从重处罚。黄金东将涉案赃款80 727元上缴宁夏水利厅,应视为其具有退赃情节,可酌情从轻处罚。据此,依照《中华人民共和国刑法》第三百八十五条第一款,第三百八十六条,第三百八十三条第一款第一项、第二款,第三百八十九条第一款,第三百九十条第一款,第七十二条第一款,第七十三条第二款、第三款,第六十四条,以及《中华人民共和国刑事诉讼法》第五十四条第一款之规定,以受贿罪判处黄金东有期徒刑十年;以行贿罪判处陈玉军有期徒刑一年,缓刑二年。

宣判后,被告人黄金东、陈玉军未提出上诉,检察机关亦未抗诉,该判决已发生法律效力。

二、主要问题

非法限制被告人人身自由期间取得的供述能否作为定案的根据?

三、裁判理由

本案审理过程中,关于被告人供述的合法性,主要存在以下两个具有关联性的问题:一是办案单位传唤被告人黄金东到案后持续羁押90个小时的做法是否符合法律规定;二是非法限制被告人人身自由期间取得的供述能否作为诉讼证据使用。

(一)办案单位传唤被告人到案后持续羁押超过法定期限的行为不符合法律规定,属于非法限制人身自由

本案办理过程中,被告人黄金东于2012年1月9日被传唤至银川市人民检察院,因其未如实告知人大代表身份,2012年1月12日,银川市人民检察院才委托中宁县人民检察院按照规定向中宁县人民代表大会常务委员会报请许可刑事拘留、逮捕并获批准。尽管黄金东最初未如实告知人大代表身份,但这只是影响办案单位向人大常委会报告的问题,与传唤的法定期限无关。根据刑事诉讼法规定,传唤持续的时间不得超过12小时;案情特别重大、复杂,需要采取拘留、逮捕措施的,传唤持续的时间不得超过24小时。法律还要求不得以连续传唤的方式变相拘禁犯罪嫌疑人。在2013年1月13日银川市人民检察院对黄金东宣布刑事拘留前,已经将其传唤到案并限制人身自由达90个小时,该做法明显违反法律对传唤期限的规定,超出法定传唤期间对黄金东的羁押属于非法限制人身自由。

(二)采用非法限制被告人人身自由的方法取得供述,属于刑事诉讼法第五十条规定的"其他非法方法",由此取得的供述应当予以排除,不得作为诉讼证据使用

刑事诉讼法第五十条规定,严禁刑讯逼供和以威胁、引诱、欺骗以及其他非法方法收集证据,不得强迫任何人证实自己有罪。在司法实践中,有的办案单位未经依法批准就对犯罪嫌疑人、被告人采取强制措施,或者在采取强制措施超过法定期限后仍然非法羁押犯罪嫌疑人、被告人,通过非法限制人身自由的方法取得供述,明显违反法定程序,且严重侵犯犯罪嫌疑人、被告人的人权,应当被视为刑事诉讼法第五十条规定的与刑讯逼供和威胁、引诱、欺骗并列的"其他非法方法"。①

---

① 对此,2017年最高人民法院、最高人民检察院、公安部、国家安全部、司法部联合出台的《关于办理刑事案件严格排除非法证据若干问题的规定》第四条明确规定:"采用非法拘禁等非法限制人身自由的方法收集的犯罪嫌疑人、被告人供述,应当予以排除。"

本案中,被告人黄金东及其辩护人提出,黄金东于2012年1月9日至13日被传唤至银川市人民检察院接受调查期间,采用变相体罚的方式逼取口供,黄金东患有高血压、心脏病,近90个小时没有休息,办案人员在黄金东多次出现胸闷且不让其吃药的情形下,连续制作了7份讯问笔录,有关供述应当作为非法证据予以排除。从该辩解理由反映的情况来看,本案既存在超出法定传唤期限非法限制被告人人身自由的情形,也包括长时间疲劳讯问以及在被告人患病情况下不让其吃药等情形,其中,超出法定传唤期限非法限制被告人人身自由居于主导地位,是长时间疲劳讯问等情形的前提。针对被告人及其辩护人提出的排除非法证据申请,公诉机关虽然提交了讯问录音录像、体检记录、破案经过等证据证实没有对黄金东刑讯逼供,但由于办案单位传唤黄金东的时间违反了刑事诉讼法相关规定,存在非法限制被告人人身自由的情形,故有关供述应当予以排除,不得作为诉讼证据使用。

(撰稿:最高人民法院刑三庭　刘静坤
重庆市高级人民法院　王　彪
审编:最高人民法院刑三庭　罗国良)

[第1166号]王平受贿案

——对仅存部分讯问录音录像的案件,如何结合讯问录音录像审查判断讯问笔录的证据能力,以及如何把握疲劳讯问的认定标准

【关键词】 非法证据排除　证据审查判断　证据缺失　同步录音录像　疲劳审讯

一、基本案情

被告人王平,女,1956年9月15日出生,原系贵州省黔东南苗族侗族自治州文化体育局副局长。2011年5月3日因涉嫌犯受贿罪被逮捕。

贵州省黔东南苗族侗族自治州人民检察院以被告人王平犯受贿罪,向黔东南苗族侗族自治州中级人民法院提起公诉。

黔东南苗族侗族自治州中级人民法院经审理查明:2008年6月至2010年5月间,被告人王平利用职务之便,同意或指使他人采取规避手段,违规审批发放网络文化经营许可证和娱乐经营许可证,收受他人贿赂人民币(以下币种同)31.9万元。2010年12月4日,贵州省凯里市发生化学品仓库爆炸波及网吧致人死亡事件,贵州省黔东南苗族侗族自治州人民检察院针对全州文化市场及网吧存在的问题开展专项调查后,王平于2011年1月、3月分别退还相关人员共计24.7万元,并向检察机关退缴赃款14.7万元。

黔东南苗族侗族自治州中级人民法院认为,被告人王平在担任贵州省黔东南苗族侗族自治州文化体育局副局长期间,利用管理、监督、审批网络文化经营许可证和娱乐经营许可证的职务之便,以及利用本人职权或者地位形成的便利条件,通过其他国家工作人员职务上的行为,违规审批或指使他人违规审批网络文化经营许可证和娱乐经营许可证,收受他人贿赂共计31.9万元,为他人谋取利益,其行为已构成受贿罪。鉴于被告人王平在案发前退缴部分赃款,可酌情从轻处罚。据此,依照《中华人民共和国刑法》第三百八十五条、第三百八十八条、第三百八十六条、

第三百八十三条第一款第一项、第六十四条之规定，以受贿罪判处被告人王平有期徒刑十年。

宣判后，被告人王平不服，向贵州省高级人民法院提出上诉。

被告人王平的上诉理由是：侦查机关办案程序严重违法，没有初查报告、立案报告、审结报告等相关法律文书；2011 年 4 月 22 日第 11 次讯问属疲劳审讯且有明显的逼供行为；在其患重病准备赴外省就医的情况下，侦查机关没有合法手续连续讯问 53 个小时，属于非法取证，所获得的相关证据材料系非法证据。一审法院没有对侦查机关办案程序、取证方法等问题进行审查，被告人及其辩护人就证据收集合法性提出异议后，公诉机关未加以证明，相关证据依法不能作为定案的根据。

二审庭审中，上诉人王平对证据收集合法性问题另提出以下辩解理由：第一，侦查机关未依法对讯问过程进行全程录音录像，仅对两次讯问进行录音录像，未进行全程录音录像的讯问笔录应依法予以排除，有录音录像的两次讯问也有记录不实的情形，相关笔录亦应当排除。第二，2011 年 4 月 22 日 9 时 55 分至 16 时 30 分侦查机关进行的第 11 次讯问为连续长时间的疲劳讯问，系明显的逼供行为。第三，侦查人员对证人进行刑讯逼供，关键证人均处于被采取强制措施期间，本案证人所作证言的合法性、真实性存在严重瑕疵。

上诉人王平的辩护人提出，一审开庭前的讯问笔录，依法应予以排除，不能采信。

检察机关认为，一审判决认定上诉人王平犯受贿罪的事实清楚，证据确实、充分，定罪准确，量刑适当。建议驳回上诉，维持原判。

贵州省高级人民法院经审理认为，上诉人王平在担任贵州省黔东南苗族侗族自治州文化体育局副局长期间，利用职务之便，以及利用本人职权或者地位形成的便利条件，通过其他国家工作人员职务上的行为，违规审批或指使他人违规审批网络文化经营许可证和娱乐经营许可证，收受他人贿赂款共计 30.4 万元，为他人谋取利益，其行为已构成受贿罪。关于上诉人王平提出的“侦查机关没有初查报告、立案报告、审结报告等相关法律文书，属程序严重违法”的上诉理由，经查，本案卷内有侦查机关初查报告、立案报告、立案决定书、侦查终结报告等相关法律文书，侦查机关程序合法，该上诉理由不能成立，不予采纳。关于上诉人王平提出的“未进行全程录音录像的讯问笔录系非法证据，应依法予以排除；两次进行录音录像但记录不实的笔录也属违法，应当排除”的上诉理由及其辩护人提出的“一审开庭前的讯问笔录，应依法予以排除”的辩护意见，经查，侦查机关在立案之前对上诉人王平所作的调查笔录不符合法律关于证据种类的规定，不属于诉讼证据，该上诉理由和辩护意见合理，予以采纳；侦查机关在立案后对王平的讯问笔录，其中没有同步录音录像的 2011 年 4 月 21 日 1 份、4 月 22 日 1 份、4 月 28 日 1 份、4 月 29 日 9 时 30 分至 11 时 55 分 1 份、5 月 4 日 1 份，不符合《最高人民检察院讯问职务犯罪嫌疑人实行全程同步录音录像的规定（试行）》①第二条“每次讯问犯罪嫌疑人时，应当对讯问全过程实施不间断的录音录像”的规定，不得作为定案的根据，该上诉理由和辩护意见合理，予以采纳；对有同步录音录像的 2011 年 4 月 20 日 15 时 08 分至 17 时 13 分、4 月 29 日 14 时 50 分至 16 时 49 分的讯问笔录，同步录音录像证明侦查机关不存在取证不合法的情形，对讯问笔录个别内容与同步录音录像不一致的部分，由于不影响该讯问笔录的真实性，对讯问笔录与同步录音录像内容相一致部分与其他证据相互印证的，可以作为定案的证据，不一致的部分不予采用。关于上诉人王平提出的“关键证人均处于被采取强制措施期间，本案证人所作证言的合法性、真实性存在严重证据瑕疵”的辩解理由，经查，由于本案中向王平行贿的相关人员的行为均涉嫌犯罪，司法机关对相关人员采取强

---

① 《最高人民检察院讯问职务犯罪嫌疑人实行全程同步录音录像的规定》已于 2014 年 3 月 17 日正式通过。

制措施系依法作出,上述证人所作的证言没有证据证明存在不合法、不真实的问题,故该辩解理由不能成立,不予采纳。上诉人王平及其辩护人提出的其他辩解理由和辩护意见亦不成立(具体分析略)。鉴于上诉人王平及其亲属积极退清全部赃款,可依法酌情从轻处罚。原判定罪准确,量刑适当,审判程序合法。据此,依照《中华人民共和国刑法》第三百八十五条第一款、第三百八十八条、第三百八十六条、第三百八十三条第一款第一项、第六十四条和《中华人民共和国刑事诉讼法》第二百二十五条第一项、第二项的规定,贵州省高级人民法院判决维持原判对上诉人王平的定罪量刑。

二、主要问题

1. 对仅存部分讯问录音录像的案件,如何结合讯问录音录像审查判断讯问笔录的证据能力?

2. 如何把握疲劳讯问的认定标准?

三、裁判理由

(一)对仅存部分讯问录音录像的案件,如何结合讯问录音录像审查判断讯问笔录的证据能力

在职务犯罪案件中,被告人供述通常是关键的定案证据,为确保被告人供述的合法性和真实性,《最高人民检察院讯问职务犯罪嫌疑人实行全程同步录音录像的规定》(2014年修订)第二条规定:"讯问犯罪嫌疑人时,应当对每一次讯问的全过程实施不间断的录音、录像。讯问录音、录像是人民检察院在直接受理侦查职务犯罪案件工作中规范讯问行为、保证讯问活动合法性的重要手段。讯问录音、录像应当保持完整,不得选择性录制,不得剪接、删改。"有的案件,办案单位仅提交部分讯问录音录像,此种情况下,如何结合讯问录音录像审查判断讯问笔录的证据能力,值得深入研究。

实践中,审查讯问笔录的证据能力,首先应当关注讯问笔录自身。讯问笔录应当符合法律规定的形式要求,体现讯问程序的合法性。对讯问笔录自身的审查,应当注意以下内容:讯问是否在刑事立案之后进行;讯问笔录是否明确载明讯问时间、地点;讯问是否违反规定较长时间持续进行(是否存在疲劳讯问);讯问过程中是否保证犯罪嫌疑人饮食和必要的休息时间;讯问场所是否符合法律规定;讯问人员是否符合法律规定;讯问时是否告知如实陈述自己罪行可以从轻或者减轻处罚的法律规定;讯问笔录是否交犯罪嫌疑人核对或者向其宣读;讯问笔录是否由犯罪嫌疑人签名捺指印;讯问过程是否进行录音录像,等等。如果讯问笔录的形式不符合法律规定的要求,反映出可能存在非法讯问情形,或者讯问笔录的真实性存疑,就需要结合讯问录音录像审查讯问笔录的合法性和真实性。

本案中,侦查机关所作的讯问笔录存在以下三类问题:

第一,侦查机关在立案之前对上诉人王平所作的调查笔录,不符合法律规定的证据种类,不能作为诉讼证据使用。

第二,侦查机关在立案后对上诉人王平的讯问笔录,其中没有同步录音录像的2011年4月21日1份、4月22日1份、4月28日1份、4月29日9时30分至11时55分1份、5月4日1份,不符合《最高人民检察院讯问职务犯罪嫌疑人实行全程同步录音录像的规定》第二条的规定,在王平对此提出质疑的情况下,无法确保讯问笔录的合法性,亦无法确保讯问笔录内容的真实性,故不得作为定案的根据。需要指出的是,王平并未辩称遭到刑讯逼供,如其辩称遭到刑讯逼供,并提供相关线索或者材料,办案单位不能提供证据证明取证合法性,又不能提供讯问录音录像的,由于相关供述不能排除以非法方法收集的情形,应当作为非法证据予以排除。此外,基于重复性供述排除规则,除了要依法排除未对讯问录音录像的供述外,后续的重复性供述可能要予以

排除。①

第三,对本案中有同步录音录像的2011年4月20日15时08分至17时13分、4月29日14时50分至16时49分的讯问笔录,虽然讯问笔录与讯问录音录像内容存在部分不一致,但讯问录音录像内容证明侦查机关不存在取证不合法的情形,对讯问笔录个别内容与同步录音录像不一致的部分,由于不影响该讯问笔录的真实性,两者并不存在重大实质性差异,故对有关讯问笔录可以采纳。有关讯问笔录与讯问录音录像内容相一致部分,能与其他证据相互印证,可以作为定案的根据。但如果讯问笔录与讯问录音录像的内容有重大实质性差异的,该讯问笔录相关内容则不得作为证据使用。

(二)如何把握疲劳讯问的认定标准

上诉人王平辩称,2011年4月22日9时55分至16时30分侦查机关进行的讯问为连续长时间的疲劳讯问,系明显的逼供行为。尽管二审法院以该次讯问没有同步录音录像为由,已对该次讯问笔录予以排除,但如何界定疲劳讯问,值得进一步研究。

关于讯问时间,刑事诉讼法未作专门规定,但刑事诉讼法第一百一十七条第二款规定,传唤、拘传持续的时间不得超过12小时,特殊情况不得超过24小时。一般认为,长时间、连续不断的疲劳讯问是一种变相肉刑的恶劣取证手段,实践中对疲劳讯问构成非法取证方法这一点已经基本达成共识。2013年最高人民法院印发的《关于建立健全防范刑事冤假错案工作机制的意见》第八条将疲劳讯问明确规定为非法取证方法。但是难点在于如何认定疲劳讯问,即讯问持续多长时间才能认定为疲劳讯问?实务部门普遍反映,有必要明确疲劳讯问的时间界限。

根据法律规定,讯问犯罪嫌疑人,应当保证犯罪嫌疑人的饮食和必要的休息时间。尽管法律没有对讯问持续的时间作出明确规定,但如果长时间连续讯问超出合理的限度,没有为犯罪嫌疑人、被告人提供必要的休息时间,使犯罪嫌疑人、被告人遭受难以忍受的痛苦而违背意愿作出供述,就应当认定为疲劳讯问,并依法排除有关供述。

(撰稿:最高人民法院刑三庭　刘静坤
浙江省高级人民法院　冯喜恒
审编:最高人民法院刑三庭　罗国良)

---

① 对此,2017年最高人民法院、最高人民检察院、公安部、国家安全部、司法部联合出台的《关于办理刑事案件严格排除非法证据若干问题的规定》第五条规定:"采用刑讯逼供方法使犯罪嫌疑人、被告人作出供述,之后犯罪嫌疑人、被告人受该刑讯逼供行为影响而作出的与该供述相同的重复性供述,应当一并排除,但下列情形除外:(一)侦查期间,根据控告、举报或者自己发现等,侦查机关确认或者不能排除以非法方法收集证据而更换侦查人员,其他侦查人员再次讯问时告知诉讼权利和认罪的法律后果,犯罪嫌疑人自愿供述的;(二)审查逮捕、审查起诉和审判期间,检察人员、审判人员讯问时告知诉讼权利和认罪的法律后果,犯罪嫌疑人、被告人自愿供述的。"

[第1167号]黄志坚等贩卖、运输毒品案

——二审法院经审查认为原判据以定案的证据系非法证据，依法排除有关证据后应当如何处理

【关键词】 非法证据排除 二审程序 排除非法证据后案件的处理 同步录音录像

一、基本案情

被告人黄志坚，男，1982年4月25日出生。2004年11月11日因犯故意伤害罪被判处有期徒刑四年零六个月，2008年2月28日刑满释放。2011年9月23日因涉嫌犯贩卖毒品罪被逮捕。

被告人卢寒文，男，1976年11月21日出生。2002年5月28日因犯故意伤害罪被判处拘役五个月。2005年6月20日因犯抢劫罪、敲诈勒索罪被判处有期徒刑四年，并处罚金人民币六千元，2008年5月1日刑满释放。2011年9月23日因涉嫌犯贩卖毒品罪被逮捕。

被告人陈乐，男，1995年10月2日出生。2011年9月23日因涉嫌犯贩卖毒品罪被逮捕。

江西省南昌市人民检察院指控被告人黄志坚犯贩卖、运输毒品罪，被告人卢寒文、陈乐犯贩卖毒品罪，向南昌市中级人民法院提起公诉。

被告人黄志坚及其辩护人提出，黄志坚在侦查机关所作的有罪供述系刑讯逼供所得，起诉书指控贩卖、运输毒品的证据不足。

被告人卢寒文及其辩护人提出，卢寒文在侦查阶段所作的有罪供述系刑讯逼供所得，起诉书指控的毒品不能认定系卢寒文伙同他人贩卖，在卢寒文租住处查获的毒品应认定为非法持有，且卢寒文有坦白情节。

被告人陈乐及其辩护人提出，陈乐在侦查机关所作的被告人黄志坚、卢寒文参与贩卖毒品的有罪供述系刑讯逼供所得，起诉书指控陈乐与卢寒文贩卖100粒麻古的事实证据不足。

江西省南昌市中级人民法院经审理查明：

2011年五六月份，被告人黄志坚、卢寒文开始合伙贩毒，同年7月中旬租用江西省南昌市上沙窝97号1栋1单元102室储藏间作为贩毒窝点，后黄志坚指使被告人陈乐到南昌市参与贩毒，多次从江西省抚州地区购买毒品运输至南昌市，由卢寒文和陈乐在南昌市贩卖，其中卢寒文负责联系毒品买家，陈乐负责送货。

2011年8月17日左右，被告人卢寒文、陈乐在南昌市省委加油站附近以29元一粒的价格将100粒麻古卖给付军号(另案处理)。

2011年8月19日上午，被告人黄志坚独自驾车至江西省新干县，从“新干人”(另案处理)处购买42 000粒麻古，后驾车返回其在江西省崇仁县的住处。当日13时许，黄志坚携带上述毒品驾车前往南昌市。当日15时许，黄志坚在被告人陈乐租住的南昌市海棠明月小区附近与陈乐联系，指使陈乐将上述毒品取走。陈乐取走毒品后，前往南昌市上沙窝97号1栋1单元102室储藏间存放毒品。同时，黄志坚驾车前往被告人卢寒文租住的南昌市东湖区银色星座小区2栋205房间和卢寒文会面。随后，公安机关在南昌市上沙窝路97号附近将已存放好毒品准备离开的陈乐抓获，并从储藏间内查获大量可疑白色结晶状物以及大量可疑圆形片剂状物；在卢寒文租住处将黄志坚和卢寒文抓获，当场查获卢寒文另行购买的可疑圆形片剂状物若干和少量可疑白色结

晶状物。经鉴定,从上沙窝 97 号 1 栋 1 单元 102 室储藏间内查获的可疑白色结晶状物总计 3029.5973克,查获的可疑圆形片剂状物总计 6658.6127 克,均含甲基苯丙胺成分。从卢寒文租住的南昌市东湖区银色星座小区 2 栋 205 房间查获的可疑圆形片剂状物总计 103.3507 克,查获的可疑白色结晶状物总计 2.6044 克,均含甲基苯丙胺成分。

南昌市中级人民法院认为,被告人黄志坚单独或伙同他人贩卖、运输甲基苯丙胺类毒品 9688.2100 克、麻古 100 粒,其行为已构成贩卖、运输毒品罪。被告人卢寒文伙同他人贩卖甲基苯丙胺类毒品 9794.1651 克、麻古 100 粒;被告人陈乐伙同他人贩卖甲基苯丙胺类毒品 9688.2100 克、麻古 100 粒,其行为均已构成贩卖毒品罪。黄志坚、卢寒文系累犯,且利用未成年人贩毒,应从重处罚。黄志坚、卢寒文均系主犯。卢寒文在共同犯罪中的作用与黄志坚相比略小,有部分坦白情节,对其判处死刑,可不立即执行。陈乐系从犯,犯罪时未满十六周岁,应减轻处罚。依照《中华人民共和国刑法》第三百四十七条第一款、第二款第一项、第六款、第七款,第十七条第二款、第三款,第二十五条第一款,第二十六条,第二十七条,第四十八条第一款,第五十七条第一款,第六十五条第一款,第六十七条第三款之规定,南昌市中级人民法院对被告人黄志坚以贩卖、运输毒品罪判处死刑,剥夺政治权利终身,并处没收个人全部财产;对被告人卢寒文以贩卖毒品罪判处死刑,缓期二年执行,剥夺政治权利终身,并处没收个人全部财产;对被告人陈乐以贩卖毒品罪判处有期徒刑十年,并处罚金人民币五万元。

一审宣判后,被告人黄志坚、卢寒文、陈乐均不服,提出上诉。

被告人黄志坚上诉提出:第一,原判认定其参与贩卖、运输毒品的事实不清,证据不足。第二,一审审判程序违法。一是其多次申请对其被刑讯逼供的事实进行调查,并排除其因刑讯逼供所作的有罪供述,但一审法院未依法启动证据收集合法性调查程序;二是其进入看守所时曾向体检医生刘某某反映其伤是刑讯逼供所致,但一审法院未依法通知刘某某出庭作证。综上,请求二审法院查明事实,撤销一审判决,改判其无罪。被告人黄志坚的辩护人提出:第一,黄志坚的有罪供述系侦查机关刑讯逼供所得,属非法证据,不得作为定案根据。第二,手机通话记录、手机短信、银行卡存取款记录与本案无关,不能据此认定黄志坚与卢寒文、陈乐共同贩卖毒品。第三,原判对证人张某某证明黄志坚有罪证言的认定违反法律规定。第四,储藏间查获的 9000 余克毒品与黄志坚无关。综上,请求二审法院改判上诉人黄志坚无罪。

被告人卢寒文上诉提出:第一,原判认定其伙同他人贩卖麻古的证据不足。第二,原判认定在储藏间查获的冰毒及麻古系其伙同他人贩卖的证据不足。第三,在其住处查获的麻古应认定非法持有毒品,该毒品是其自购自吸,与被告人黄志坚、陈乐无关。第四,陈乐受黄志坚直接指使和安排,其主要是帮助黄志坚贩卖毒品,其和陈乐同由黄志坚控制与指挥,不能认定其具有利用未成年人贩毒的情节。第五,其认罪供述系刑讯逼供所得,请求二审法院启动证据收集合法性调查程序。综上,请求撤销原判,以非法持有毒品罪对其定罪量刑。被告人卢寒文的辩护人另提出:第一,没有证据证实卢寒文与黄志坚共同贩卖毒品。第二,卢寒文在一审庭审时反映其被侦查人员逼供,侦查人员取来黄志坚的材料,让卢寒文照着黄志坚的材料供述。第三,办案机关违反法律规定,对卢寒文羁押超过 48 小时。对侦查人员违反法定程序取得的供述,依法应予排除。第四,卢寒文持有的毒品没有流入社会造成危害。综上,卢寒文构成非法持有毒品罪,且应减轻处罚。

被告人陈乐上诉提出:其在侦查机关所作的认罪供述是被逼作出的虚假供述。侦查人员对其讯问期间曾将其带到讯问被告人黄志坚的讯问室,黄志坚请求其指控给了黄志坚 42 000 粒麻古。被告人陈乐的辩护人提出:第一,陈乐是受黄志坚指使藏匿毒品,其不参与分配贩毒所得,系从犯。第二,三名被告人是在藏匿毒品途中被抓获,贩卖毒品的行为尚未完成,系犯罪未遂。第三,陈乐系未成年人,没有前科。综上,请求二审法院再予减轻处罚。

江西省高级人民法院经审理认为,原判认定事实的证据不足。依照《中华人民共和国刑事诉讼法》第二百二十五条第一款第三项之规定,裁定撤销原判,发回重审。

二、主要问题

二审法院经审查认为原判据以定案的证据系非法证据,依法排除有关证据后应当如何处理?

三、裁判理由

(一)被告方不服原判对排除非法证据申请的处理结果,在上诉中再次申请排除非法证据的,二审法院应当对证据收集的合法性进行审查

根据2012年刑事诉讼法及相关司法解释的规定,对证据收集合法性的审查应当贯穿刑事诉讼的始终。控辩双方不服第一审人民法院作出的有关证据收集合法性的调查结论,提出抗诉、上诉的,第二审人民法院应当进行审查,并依法作出处理。①

本案中,三名被告人及其辩护人在一审程序中均提出认罪供述系刑讯逼供所得,申请排除非法证据,并提供了身体存在损伤、办案人员非法取证的相关线索。一审法院对证据收集的合法性进行了审查,公诉机关提交了讯问录音录像、入所健康检查登记表和办案机关情况说明等证据材料。一审法院认为,讯问录音录像并非讯问时制作,不能证明取证过程的合法性,但办案单位情况说明和入所健康检查登记表证明对被告人卢寒文、陈乐的讯问合法;被告人黄志坚入所时虽然身体有伤,但办案单位情况说明及刘某某的证言等证明对黄志坚的讯问合法,最终采信了三名被告人的有罪供述,进而结合其他证据认定三名被告人有罪。

三名被告人对一审判决不服,在上诉中再次提出排除非法证据申请,并提供了相关的线索。二审法院对证据收集的合法性进行了审查,发现取证程序存在以下问题:

一是关于讯问录音录像的制作问题。办案单位先后出具了多份说明材料,但办案单位有关讯问录音录像的制作说明与讯问笔录的记载内容以及光盘制作时间不一致,不具有真实可靠性。被告人黄志坚在二审庭审中辩称,讯问录音录像系作假,讯问过程没有同步录音录像。经查,黄志坚的讯问录音录像时长10分43秒,黄志坚的12次讯问笔录中只有第二次是认罪供述,但第二次讯问笔录记载的讯问时长为1小时22分,与讯问录音录像的时长不一致,且录音录像内容与第二次讯问笔录差异极大。被告人卢寒文在二审庭审中辩称,办案单位对其讯问过程没有做过录像,录像是其被送交看守所收押前按侦查人员的要求做的,录像时没有做笔录。经查,卢寒文的讯问录音录像时长为21分8秒,而其当日讯问笔录记载的讯问时长为2小时4分,与讯问录音录像的时长不一致,且该次讯问笔录记载的内容与讯问录音录像完全不符。被告人陈乐在二审庭审中辩称,对其讯问过程的同步录音录像系作假,录像时侦查人员让其按照做好的笔录照着念。经查,陈乐的讯问录音录像时长21分43秒,而讯问笔录记载的讯问时长1小时,与讯问录音录像的时长不一致,且讯问录音录像的内容与各次讯问笔录差异极大;讯问录音录像中可明显看到陈乐手中持有一叠材料,回答问题非常书面化,陈述作案过程或内容较多时有低头动作,头部、眼睛反复从左至右来回移动,陈述完即抬头看着讯问人员,大段内容一气呵成,顺畅、完整,回答简单问题时始终抬头看着讯问人员,回答时常不顺畅、不连续。综上,办案单位提交的三名被告

① 对此,2017年最高人民法院、最高人民检察院、公安部、国家安全部、司法部联合出台的《关于办理刑事案件严格排除非法证据若干问题的规定》第三十八条规定:"人民检察院、被告人及其法定代理人提出抗诉、上诉,对第一审人民法院有关证据收集合法性的审查、调查结论提出异议的,第二审人民法院应当审查。"

人讯问过程录音录像并非对实际讯问过程的录音录像,不排除系事后补录,不能作为证明讯问程序合法的证据。

二是关于被告人黄志坚身体损伤的成因问题。在押人员入所健康检查登记表及伤情照片显示,黄志坚入所时头脸、手、脚有擦伤,左、右上臂外侧有多条长条形伤痕,头额、下唇、右前肩胛区有多处伤痕。黄志坚入监时的亲笔字条写明:“有些是打的,头部、手、脚,有些是摔的,左脚膝盖、右脚膝盖”,押送民警熊某、朱某某在该字条上签字并附警号。二审庭审中,黄志坚辩称损伤是在刑侦队审讯室讯问过程中被讯问人员殴打造成的,摔伤是其在被告人卢寒文租住处被抓时摔倒造成的。对此,办案单位出具情况说明称黄志坚的身体损伤系其脱逃被抓捕时扭打造成的。经查,看守所医生刘某某的证言证明黄志坚的伤是擦伤,“是很轻微的体表伤”,但刘某某并未出庭作证;而黄志坚同监室的胡某、李某的证言则证明,“看到黄志坚手、脚都肿了”;看守所协防员汪某、李某的证言证明黄志坚在讯问中脱逃,在被抓捕过程中受伤,但办案单位并未提供该时段的监控录像,因此,证明黄志坚的身体损伤系脱逃被抓捕时扭打所形成的相关证据关联性、真实性均存疑。

综上,对于三名被告人提出的排除非法证据申请,检察机关并未提供有效的证据证明取证合法性,二审法院经审查认为,现有证据材料不能排除刑讯逼供的可能性。根据法律规定,对于不能排除采用刑讯逼供等非法方法收集情形的,有关证据应当依法予以排除。

此外,被告人陈乐系未成年人,办案单位对其讯问时未通知法定代理人或其他成年亲属到场,讯问程序违反法律规定,尽管这并不属于法律规定的采用刑讯逼供等非法方法收集证据的情形,但上述违反法定程序取得的供述因客观真实性无法保障,亦不能作为定案的根据。

(二)二审法院经审查认为原判据以定案的证据系非法证据应当予以排除的,需要区分情形对案件作出处理

被告人在上诉中提出排除非法证据申请,二审法院经审查认为原判据以定案的证据系非法证据,依法应当予以排除的,应当区分情形对案件作出相应的处理:①

一种情形是被告方在一审程序中提出排除非法证据申请,但一审法院未予审查,径行驳回被告方的申请。如果被告方申请排除的证据系关键定案证据,而一审法院对该申请未予审查,并以有关证据作为定案根据,可能影响公正审判的,二审法院可以将其作为违反法律规定的诉讼程序的情形,裁定撤销原判,发回重审。

另一种情形是被告方在一审程序中提出排除非法证据申请,一审法院经过审查后对证据收集合法性进行调查,最终认定取证合法,进而驳回被告方的申请。如果二审法院经审查认为,一审法院有关证据收集合法性的处理结果并不准确,有关证据应当作为非法证据予以排除的,则需要进一步区分案件情况作出处理:排除有关证据后其他证据仍然能够证明被告人有罪的,二审法院可以依法排除有关证据,并在认定被告人有罪的基础上维持原判;排除有关证据后,案件事实不清,证据不足的,二审法院可以裁定撤销原判,发回重审。

---

① 对此,2017年最高人民法院、最高人民检察院、公安部、国家安全部、司法部联合出台的《关于办理刑事案件严格排除非法证据若干问题的规定》第四十条规定:“第一审人民法院对被告人及其辩护人排除非法证据的申请未予审查,并以有关证据作为定案根据,可能影响公正审判的,第二审人民法院可以裁定撤销原判,发回原审人民法院重新审判。第一审人民法院对依法应当排除的非法证据未予排除的,第二审人民法院可以依法排除非法证据。排除非法证据后,原判决认定事实和适用法律正确、量刑适当的,应当裁定驳回上诉或者抗诉,维持原判;原判决认定事实没有错误,但适用法律有错误,或者量刑不当的,应当改判;原判决事实不清楚或者证据不足的,可以裁定撤销原判,发回原审人民法院重新审判。”

本案中，被告方在一审期间申请排除非法证据，一审法院经过审查后对证据收集合法性进行调查，认定取证合法，驳回了被告方的申请。被告方在上诉中再次提出排除非法证据申请，二审法院经审查认为，对有关证据应当予以排除，而排除有关证据后，其他证据不足以认定案件事实，且办案单位获取本案线索、锁定三名被告人的证据材料以及办案场所的监控录像等关键证据有待进一步查证，故裁定撤销原判，发回重审。

需要指出的是，为了强化裁判说理，二审法院对于证据收集合法性的审查处理结果，以及案件的最终处理结果，都应当充分说明理由。

（撰稿：最高人民法院刑三庭　刘静坤
北京市高级人民法院　温小洁
审编：最高人民法院刑三庭　罗国良）

[第1168号]杨增龙故意杀人案

——被告方申请排除非法证据的情形，如何把握证据收集合法性的证明责任，以及二审法院如何贯彻疑罪从无原则

【关键词】　非法证据排除　证明责任　排除非法证据后案件的处理　疑罪从无

一、基本案情

被告人杨增龙，又名杨龙，男，1976年1月11日出生。2005年12月28日因犯收购赃物罪被判处罚金人民币三千元。2009年2月18日因涉嫌犯故意杀人罪被逮捕。

河北省保定市中级人民法院审理保定市人民检察院指控被告人杨增龙犯故意杀人罪一案，于2010年8月30日以故意杀人罪判处被告人杨增龙无期徒刑，剥夺政治权利终身。宣判后，附带民事诉讼原告人提出上诉。河北省高级人民法院于2010年12月15日裁定撤销原判，发回重审。保定市中级人民法院依法重新审理后，于2011年9月14日以故意杀人罪判处被告人杨增龙无期徒刑，剥夺政治权利终身。宣判后，附带民事诉讼原告人提出上诉。河北省高级人民法院于2012年3月29日再次裁定撤销原判，发回重审。保定市中级人民法院于2013年1月30日对该案依法重新审理。

保定市人民检察院指控被告人杨增龙的行为构成故意杀人罪。

被告人杨增龙当庭否认杀害被害人，辩称其有罪供述系侦查人员对其刑讯逼供所得。杨增龙的辩护人提出，本案事实不清、证据不足，被告人供述与现场勘查笔录、尸检报告等证据相互矛盾，请求宣告杨增龙无罪。

保定市中级人民法院经审理认定的事实与前两次审理认定的事实基本相同，具体如下：被告人杨增龙与被害人郭某某有不正当男女关系。2009年1月13日19时许，杨增龙因欲与前妻复婚，约郭某某到河北省定州市韩家庄村西砖窑西侧谈分手之事，二人因此发生争执，杨增龙将郭某某打晕，后用刀将郭某某头颅割下，埋到附近小麦田里。

保定市中级人民法院认为，被告人杨增龙故意非法剥夺郭某某生命，其行为已构成故意杀人罪。关于杨增龙提出的有罪供述系侦查人员对其刑讯逼供所得的辩解理由，经查，杨增龙在侦查阶段所作的有罪供述和其主动向公安机关提交的悔过书相同；杨增龙当庭承认作出有罪供述时

对其讯问的两名侦查人员郝某某、陆某未对其刑讯逼供，并有庭审录像为证；杨增龙所称刑讯逼供的侦查人员均出庭作证，并称没有对其实施刑讯逼供；看守所体检记录记载杨增龙入所时体表无外伤；除杨增龙供述外，无其他证据证实侦查人员对其有刑讯逼供行为；综上，对该辩解理由不予采纳。杨增龙故意杀害郭某某的事实，有其在侦查阶段的供述及尸检报告、现场勘查笔录、证人证言等证据证实，证据之间能相互印证，本案基本事实清楚，基本证据确实、充分。据此，依照《中华人民共和国刑法》第二百三十二条、第五十七条第一款之规定，保定市中级人民法院以故意杀人罪判处被告人杨增龙无期徒刑，剥夺政治权利终身。

一审宣判后，被告人杨增龙不服，提出上诉。其上诉理由及其辩护人的辩护意见如下：原判认定事实不清，证据不足，现有证据不能形成完整证据链条；公安机关存在刑讯逼供，有罪供述不能作为定案的证据，应当宣告杨增龙无罪。

河北省人民检察院认为，上诉人杨增龙有作案动机；有罪供述部分细节与现场勘查笔录、尸检报告、手机通话记录及基站信息显示一致，无罪辩解与基站信息及手机通话记录不符。但讯问录像没有同步，指认现场过程不完整，没有提取到指向杨增龙实施犯罪的相关物证。综上，除供述以外的间接证据达不到法律规定的证据确实、充分的证明标准，建议二审法院依法判决。

河北省高级人民法院经审理认为，原判据以定案的证据主要是上诉人杨增龙的有罪供述，杨增龙写的悔过书虽明确承认实施了犯罪，但悔过书从证据分类来看也属于被告人供述的一种方式。杨增龙在侦查期间曾作过有罪供述，但对检察机关推翻有罪供述，称有罪供述系侦查人员刑讯逼供取得，现公安机关讯问录像和指认现场录像均存在瑕疵，讯问录像不是同步录制，指认现场录像中显示指认过程也不完整，未能体现杨增龙指示侦查人员寻找杀人现场和掩埋被害人头颅的地点，指认过程的客观性存疑。杨增龙的有罪供述没有其他客观物证印证，间接证据也未能形成完整的证明体系，二审期间检察机关亦没有补充证明杨增龙犯罪的新证据。原判认定杨增龙于2009年1月13日杀害被害人郭某某的事实不清，证据不足，不能认定杨增龙有罪。据此，依照《中华人民共和国刑事诉讼法》第二百二十五条第一款第三项、第二百三十三条之规定，河北省高级人民法院判决撤销原判，宣告上诉人杨增龙无罪。

二、主要问题

1. 被告方申请排除非法证据的情形，如何把握证据收集合法性的证明责任？

2. 二审法院如何贯彻疑罪从无原则？

三、裁判理由

（一）被告方申请排除非法证据的情形，应当由人民检察院承担证据收集合法性的证明责任，不能让被告人变相承担证明责任

本案一审期间，被告人杨增龙提出其有罪供述系侦查人员刑讯逼供所得，并提供了讯问人员的姓名、相关情况等线索。一审法院对证据收集的合法性启动了专门调查程序，但在某种程度上让被告方承担了证明侦查人员刑讯逼供的证明责任，这种做法并不符合法律规定由人民检察院证明取证合法性的要求，也不符合非法证据排除规则的基本原理。例如，首先，一审法院指出，杨增龙在侦查阶段所作的有罪供述和其主动向公安机关提交的悔过书相同；杨增龙当庭承认作出有罪供述时对其讯问的两名侦查人员郝某某、陆某未对其刑讯逼供，并有录像为证，这实际上是通过杨增龙的有罪供述本身来证明取证合法性，但这些有罪供述恰恰是杨增龙申请排除的证据，并不能作为证明取证合法性的根据。其次，一审法院指出，杨增龙所称对其刑讯逼供的侦查人员均出庭作证，并称没有对其实施刑讯逼供。实践中，侦查人员出庭鲜有承认非法取证的情形，但侦查人员出庭作证并不能仅是简单地否定没有刑讯逼供，而是应当阐述取证细节，并对被告人提

供的线索或者材料作出合理的解释。如果被告人与侦查人员对取证合法性问题各执一词,在缺乏其他证据特别是讯问录音录像等客观证据佐证的情况下,简单地采信侦查人员的供述并不妥当。再次,一审法院指出,看守所体检记录记载杨增龙入所时体表无外伤,但实际上,2009 年 1 月 16 日 1 时的讯问录像显示,杨增龙额头上有明显的伤痕,这与看守所体检记录记载的情况存在矛盾,对于该问题,应当由侦查人员作出合理的解释。最后,一审法院指出,除杨增龙供述外,无其他证据证实侦查人员对其有刑讯逼供行为,这明显是要求被告人承担侦查人员刑讯逼供的证明责任。

被告人杨增龙提出上诉后,再次提出有罪供述系侦查人员刑讯逼供取得,申请排除非法证据。二审法院经审查后,启动了证据收集合法性调查程序,要求检察机关提供证明取证合法性的证据材料。检察机关向法庭出示了讯问笔录、羁押记录、体检记录等材料,有针对性地播放了相关讯问过程的录音录像,提请法院通知侦查人员出庭说明证据收集的合法性。二审法院对证据收集的合法性进行调查过程中,上诉方和检察机关对供述取得的合法性问题进行了质证、辩论,经过法庭调查,发现取证工作存在以下问题:

一是有关被告人供述的录音录像不完整。从被告人杨增龙第一次供述的讯问笔录记载来看,讯问时间为 2009 年 1 月 15 日 22 时 30 分至 2009 年 1 月 16 日 1 时 0 分,而相关录像的讯问时长仅为 47 分 18 秒,录音录像不完整。

二是相关指认录像不完整。经审查,被告人杨增龙对现场的指认录像未能完整还原指认经过,特别是缺失了杨增龙对杀人现场和掩埋被害人头颅地点的指认细节,指认过程的客观性存疑,使得指认的证明价值大打折扣。

三是被告人杨增龙的健康检查笔录与相关讯问录像存在矛盾。据看守所健康检查笔录记载,2009 年 1 月 16 日及同年 1 月 20 日对杨增龙健康检查,体表无外伤。而在 2009 年 1 月 16 日 1 时 0 分的讯问录像中,则显示杨增龙额头上有明显的伤痕,二者存在明显矛盾。

四是取证工作存在其他违反法定程序的行为。例如,在提讯证上没有写明提讯的时间、事由,侦查人员也未签字。

基于上述问题,检察机关对供述合法性的证明未能达到证据确实、充分的证明标准,不能排除存在以非法方法收集证据的情形,上诉人杨增龙的有罪供述应当予以排除,不得作为定案的根据。

需要指出的是,二审法院并未就证据收集合法性问题作出明确的结论,而是在裁判文书中指出,上诉人杨增龙在公安机关侦查期间曾作过有罪供述,但对检察机关推翻有罪供述,称有罪供述系侦查人员刑讯逼供取得,现讯问录像和指认现场录像均存在瑕疵,讯问录像不是同步录制,指认现场录像中显示指认过程也不完整,未能体现杨增龙指示侦查人员寻找杀人现场和掩埋被害人头颅的地点,指认过程的客观性存疑。同时,杨增龙的有罪供述没有得到客观物证印证,一是其供述作案用的凶器刀子和拿走被害人的手机没有提取在案;二是根据杨增龙供述提取的其作案时所穿衣服上没有检出血迹;三是上诉人杨增龙所作有罪供述中提到的砖坯和烟蒂,现场勘查中均没有提取在案;四是在现场没有提取到和杨增龙特征相吻合的足迹、指纹等痕迹物证。

二审法院的上述意见实际上表明取证的合法性存在疑问,但并没有明确写明排除非法证据,最终是从供述及指认过程客观性存疑的角度决定不将有关证据作为定案的根据。需要指出的是,此前法院基于各种考虑一般未对证据收集合法性问题作出明确的结论,而是将证据合法性与客观性捆绑到一起加以分析,进而通常以证据不具有客观性为由不将其作为定案的根据。在非法证据排除规则确立前,这种做法具有一定的合理性。对于 2012 年刑事诉讼法施行后的案件,如果有关证据被认定为非法证据,就应当予以排除,即使其可能是客观真实的,也不能作为定案的根据。换言之,法院认定有关证据属于应当排除的非法证据后,不应再继续讨论其客观真实性问题。

(二)二审法院依法排除非法证据后,其他证据达不到法定证明标准的,应当坚持疑罪从无原则,依法宣告上诉人无罪

为了避免二审法院反复发回重审导致案件久拖不决,造成超期羁押,2012年刑事诉讼法规定,二审法院以事实不清、证据不足为由发回重审的案件,原审法院作出判决后,被告人提出上诉或者人民检察院提出抗诉的,二审法院应当依法作出判决或者裁定,不得再发回原审法院重新审判。根据该规定,二审法院对于事实不清、证据不足的案件,要严格贯彻疑罪从无原则,不得二次发回重审,对于曾发回重审的案件,二审法院依法排除非法证据后,其他证据不足以认定上诉人有罪的,或者是检察机关补充证据材料后仍不足以认定上诉人有罪的,应当依法宣告上诉人无罪。

需要强调的是,被告人供述通常是公诉机关指控和一审法院定案的关键证据,一旦二审法院将被告人供述认定为非法证据并依法排除,其他证据就达不到事实清楚,证据确实、充分的证明标准,针对此类案件,二审法院此前往往会选择将案件发回重审。为了依法保障当事人合法权益,避免超期羁押,对于二审法院经审查后认为事实不清、证据不足的案件,如果不具备补查补正条件,发回重审亦无助于查清案件事实的,就应当严格落实疑罪从无原则,依法宣告上诉人无罪。

本案中,原判据以定案的证据主要是被告人杨增龙的有罪供述,但该有罪供述不能排除非法取证的可能性,依法应当予以排除(二审法院表述为,被告人杨增龙的有罪供述没有其他客观证据加以印证),间接证据未能形成完整的证明体系,二审期间检察机关亦没有补充证明杨增龙犯罪的新证据,在案证据达不到法定的定罪标准。二审期间,检察机关也认为,讯问录像没有同步,指认现场过程不完整,没有提取到指向杨增龙的相关物证,除口供以外的以上间接证据达不到法律规定的证据确实、充分的证明标准,建议二审法院依法判决。

综上,二审法院依法排除上诉人杨增龙的有罪供述后,其他证据达不到法定的证明标准,不能认定杨增龙有罪。二审法院贯彻疑罪从无原则,依法宣告上诉人杨增龙无罪,是妥当的。

(撰稿:最高人民法院刑三庭　刘静坤
北京市高级人民法院　温小洁
审编:最高人民法院刑三庭　罗国良)

[第1213号]王某某故意伤害案

——如何运用间接证据认定被告人否认犯罪的案件

【关键词】　直接证据和间接证据　客观证据　证据锁链　“零口供”

一、基本案情

被告人王某某,男,1971年10月18日出生,无业。因涉嫌犯故意伤害罪于2015年8月22日被逮捕。

北京市人民检察院第二分院以被告人王某某犯故意伤害罪,向北京市第二中级人民法院提

起公诉。

被告人王某某辩称,被害人持刀扎其时,其在抢刀的过程中无意伤到被害人,其愿意依法赔偿。

王某某的辩护人提出:公诉机关指控的事实不清,证据不足,被害人具有重大过错,王某某系过失犯罪,到案后能主动交代罪行,认罪态度好,积极赔偿被害方,请求法院予以从轻、减轻处罚。

北京市第二中级人民法院经审理查明:1997年5月29日19时许,在北京市西城区北礼士路西四条西侧路南福展旅社(已拆迁)附近,被告人王某某因琐事与被害人许某(男,殁年25岁)发生口角后互殴。其间,王某某持尖刀刺击许某的腹部等处,刺破许某腹主动脉致急性失血性休克死亡。王某某作案后即潜逃,后于2015年7月15日被公安机关查获归案。

北京市第二中级人民法院认为,被告人王某某遇事不能正确处理,故意伤害他人身体,致人死亡,其行为已构成故意伤害罪,依法应予惩处。关于王某某所提系在许某持刀扎其时,在抢刀的过程中无意伤到许某的辩解,以及辩护人所提公诉机关指控的事实不清,证据不足的辩护意见,经查,王某某持刀刺扎许某腹部等处的事实,有证人沃某某、唐某某、王某某、付某证言及辨认笔录,证人张某证言,现场勘查笔录,书证,视听资料等证据证实,且与鉴定意见相互印证,足以认定,故上述辩解及辩护意见均不能成立。辩护人所提被告人系过失犯罪、认罪态度好、被害人有重大过错等辩护意见与本案查明的事实不符,不予采纳;所提被告人积极赔偿损失的意见,酌予采纳并在量刑时考虑。依照《中华人民共和国刑法》第二百三十四条第一款,1979年《中华人民共和国刑法》第一百三十四条第二款、第四十条、第四十二条、第五十一条第一款、第五十二条、第五十七条,《最高人民法院关于适用〈中华人民共和国刑事诉讼法〉的解释》第一百五十五条第一款、第二款之规定,依法以故意伤害罪,判处被告人王某某有期徒刑十四年,剥夺政治权利三年。

一审宣判后,王某某以原判事实不清,刀是被害人的,量刑过重等理由提出上诉。其辩护人提出:本案原始伤情证据材料即医院抢救病历及原侦查材料丢失,被害人的伤情存在疑点,不排除案外案的可能,建议二审法院依法改判。

北京市高级人民法院认为,原审人民法院根据王某某犯罪的事实、犯罪的性质、情节及对于社会的危害程度所作的判决,定罪及适用法律正确,量刑适当,审判程序合法,应予维持。据此,依照《中华人民共和国刑事诉讼法》第二百二十五条第一款第一项之规定,裁定驳回王某某的上诉,维持原审刑事部分判决。

二、主要问题

在被告人拒不供认犯罪事实,且缺乏其他直接证据的情况下,如何运用间接证据认定犯罪事实?

三、裁判理由

王某某故意伤害案发生于近20年前且原始侦查材料较为有限,系一起典型的疑难复杂案件,具有以下特点:一是被告人作无罪辩解。王某某从到案至开庭审理,拒不供认实施伤害行为,始终辩称被害人许某首先持刀对其扎刺,后于抢刀过程中自行受伤倒地。如果采信王某某的辩解,将得出该案系过失犯罪或正当防卫的结论。二是无目击证人证言等直接证据。福展旅社经营者付某证言,能够证明被告人王某某与被害人许某打架,但付某距离案发现场较远,无法准确描述两人发生纠纷的具体过程,且未发现有人手持凶器,难以建立王某某与犯罪事实之间的直接联系。除此之外,在案没有其他目击证人证言、监控录像、血迹等直接证据。三是缺乏调取新证据的空间。由于案发时间过于久远,尽管有人指出旅馆服务员看到了案发过程,但由于案发地点已经拆迁、相关人员难以查找,既无法通过补充侦查继续查找目击证人,也不可能对案发现场再次勘验进行血迹形态分析，或是提取作案凶器等物证。

关于被告人王某某是否构成故意伤害罪，审理过程中存在两种意见：一种意见认为，本案缺乏证明王某某实施伤害行为的直接证据，且补充完善证据的空间不大，不能排除王某某辩解的合理性，属于事实不清、证据不足。另一种意见认为，综合分析本案间接证据，能够形成完整的证明体系，达到证据确实、充分的标准，认定王某某构成故意伤害罪。

我们赞同后一种意见。根据《最高人民法院关于适用〈中华人民共和国刑事诉讼法〉的解释》第一百零五条的规定，没有直接证据，但间接证据同时符合下列条件的，可以认定被告人有罪：(1)证据已经查证属实；(2)证据之间相互印证，不存在无法排除的矛盾和无法解释的疑问；(3)全案证据已经形成完整的证明体系；(4)根据证据认定案件事实足以排除合理怀疑，结论具有唯一性；(5)运用证据进行的推理符合逻辑和经验。在司法实践中，缺乏直接证据的被告人否认犯罪的案件对办案人员的要求，就是不能再主要依靠口供来侦破案件和定罪量刑，而是要重视尸体鉴定意见、证人证言等证据的精细化运用，通过间接证据建立完整的证明体系。

(一)注重审查客观性证据

客观性证据是指以人以外之物为证据内容载体的证据，这些证据内容的载体通常是客观之物，虽然也会受到自然环境等因素的影响，但是在有限的诉讼时限内，在没有人为因素介入的情况下，其外部特征、性状及内容等基本稳定，所包含的证据内容受人的主观意志的影响较小，因而客观性较强。① 为适应以审判为中心的诉讼制度改革，对被告人不认罪案件的证据收集和审查应当优先围绕客观性证据展开，以证明力、稳定性较强的客观性证据为中心构建刑事证明体系。对于命案而言，尸检照片能够直接、客观反映尸体的情况与特征，属于客观性证据；尸体检验报告虽然是依靠鉴定人的认知判断而作出，但鉴定人是根据法医学知识对尸体进行鉴定形成的意见，其判断的来源是尸体的性状与特征，具有较强的证明力。因此，应当重视审查尸体检验照片等客观性证据，充分挖掘上述证据所蕴含的案件事实信息，确认被告人与犯罪行为之间的排他性关联。

在本案中，由于缺乏目击证人证言和其他直接证据，从而形成了“一对一”作案的局面：被告人王某某承认用力夺刀，但否认持刀扎刺被害人；据以定案的尸体检验报告系十余年前制作且内容粗略，没有对被害人伤情进行详细描述，使如实还原犯罪现场变得异常困难。因此，需要通过学习法医学知识、邀请侦查人员和鉴定人员共同研讨、向技术部门的专家进行咨询等方式，从伤口形态、深度等方面深入分析，以对被害人死因及损伤机制进行有力证明。

综合在案尸检照片和尸体检验报告，能够认定被害人身体所受两处锐器伤，其中右乳头上5厘米处划伤一处，长1.5厘米；剑突偏右向下至脐右侧缝合创口一处，长21.5厘米，其间于剑突下伴有挫伤一处，长2.5厘米。经尸表及尸体解剖检验，被害人腹部损伤已扩创并缝合，后腹膜可见血肿，腹主动脉破口一处，长1.5厘米。因被害人左心室内膜下可见出血斑，腹腔积血约500毫升，各脏器呈贫血貌，脾脏被膜皱缩，系急性失血征象，故确定为急性失血性休克死亡。根据上述伤情，案件办理中从以下三个方面进行证据审查：一是伤口深度。通过分析被害人伤口的长度、部位和皮肤破损状况，可以看出被害人腹主动脉所受1.5厘米划伤系横行伤口，基本处于一个平面，且对皮肤造成的破损深度为左侧较右侧深，参照被告人王某某亲笔所画的致伤工具——尖刀图形，能够认定该处划伤可以由近刀尖部形成，证明两人相向站立时刀尖朝向被害人一方。二是伤口位置。被害人所受致命伤位于腹主动脉，腹主动脉作为人体的大动脉，直接延续于发自左心室的主动脉、胸主动脉，沿脊柱左侧下行，主要负责腹腔脏器和腹壁的血液供应。通过对致命伤

① 樊崇义、赵培显：《论客观性证据审查模式》，载《中国刑事法杂志》2014年第1期。

的具体位置进行细化,可以看出破裂的腹主动脉位于人体近脊柱前侧,即在腹腔很深的解剖位置,证明尖刀应系被他人用力刺入被害人腹部。三是伤口形状。根据法医学常识,双方相互夺刀时,如果一方在力量上具有明显的优势,则力量弱的一方更容易受伤或受伤较重,形成的刀伤相对比较稳定;如果双方力量相当,由于双方对刀的作用力大小和作用力方向不同,加之双方夺刀时的体位的变化,此过程中形成的刀伤多不稳定,且伤口方向多不一,创道方向也可以发生较大变化。王某某与许某案发时均系20多岁的成年男子,二人身高、体重相仿,在双方相向站立且同时发力夺刀的情况下,伤口、创道必然呈现明显的不规则形态。然而,从尸体检验照片可以看出,被害人所受致命伤的形状规则、创道稳定,并不符合双方夺刀过程中形成的刀伤特征。

通过对尸体检验报告、照片等客观证据的分析,可以推断出王某某是在刀尖朝向被害人的情况下,以极大力量持刀向被害人胸腹部扎刺,由此也就否定了王某某所提其在抢刀过程中无意伤到被害人的辩解,故法院最终判决认定"王某某持刀刺击被害人的腹部等处"。

(二)注重证据审查的亲历性

司法亲历性,是指司法人员应当亲身经历案件审理的全过程,直接接触和审查各种证据,特别是直接听取诉讼双方的主张、理由、依据和质辩,直接听取其他诉讼参与人的言词陈述,并对案件作出裁判。① 根据刑事诉讼法第一百七十一条的规定,人民检察院审查案件,对于需要补充侦查的,可以退回公安机关补充侦查,也可以自行侦查。在案件办理过程中,应当破除"卷宗中心主义"的传统观念,充分运用自行侦查和退回补充侦查这两种手段,收集与犯罪事实有关的一切证据,特别是对于足以影响定罪量刑的关键证言应当亲自核实,直接感知证人的神态、语调、动作等信息,以鉴别其证言的真伪,并从中获取卷宗笔录无法体现的重要信息。

本案办理的难点之一在于随案移送的证据之间存在矛盾,导致认定被告人王某某伤害行为与被害人致命伤之间的因果关系存疑。一方面,尸检照片和尸体检验报告显示,被害人上身共有两处锐器伤,其中右乳头上一处划伤较浅,胸腹部的一处刺创较深,贯入腹主动脉致被害人急性失血性休克死亡。另一方面,案发后先后赶到现场的两名证人均证明,许某身上伤口仅有一处。如"许某窝跪在地上,上身穿长袖白色衬衫,衬衫胸口正中处有个被扎开的刀口"。"护士掀开许某的上衣,我看到许某的胸口位置有一处长约1厘米刀口,身体的其他地方没受伤。"由于被害人身负两处刀伤但证人看到的伤口只有一处,且关于"胸口位置"的表述模糊,不能排除王某某刺击仅造成轻微划伤的合理怀疑,难以得出被害人致命伤系王某某造成的唯一结论。

为了排除客观性证据和言词证据之间的矛盾,需要在核实案卷笔录的基础上,积极向本案的两名关键证人询问被害人受伤的具体部位,以及被害人送医救治的经过,从而对案件事实作出准确的认定。本案中,两名关键证人案发后即来到现场,且两人与被告人王某某、被害人许某均系朋友关系,属于较为中立的第三方,所作证言具有较强的证明力。在审查起诉期间,检察机关对两位证人进行了取证。其中,一名参与救治的证人在距案发十余年后仍能够清晰记忆案发细节,立刻以肯定的语气描述其看到的伤口位置:"在急诊室的时候,护士把许某的上衣掀开,我看到被害人的乳头下方位置有一处刀伤,长约1厘米。"由于被害人所受两处伤口分别位于胸部以上和胸部以下,上述证言与尸体检验报告显示的致命伤位置相符合,从而建立了扎刺行为与致命伤之间的因果关系。

此外,有两位证人均证实案发后立即将被害人送往附近的医院救治,被害人因救治无效于次日早晨死亡。在询问中,两人均回忆起救治的细节,如"护士让我们赶紧到医院二楼的血库去催

① 朱孝清:《与司法亲历性有关的两个问题》,载《人民检察》2015年第19期。

血，赶紧把血送到手术室，后血库的护士说，手术医生通知不用取血了”，“大夫说手术时许某的腹腔内都是血，已经抢救不过来了”等。这些证人证言，有助于证明被告人的扎刺行为与被害人死亡结果之间的因果关系，排除被害人伤情存在的疑点。故法院最终采信了新调取的证人证言，认定王某某刺破被害人腹部主动脉致急性失血性休克死亡。

（三）注重对证据的综合分析

据以定案的间接证据之间应当相互印证，形成一个完整的证明体系或称证据锁链，这要求案件事实中的每一事实环节都需要相应的间接证据予以证明。在庭审中，公诉人的举证责任应包括示证、论证、质证三方面内容，仅仅示证、质证而不论证，举证往往达不到预期的效果。[①] 对于被告人否认犯罪的案件，公诉人不能仅仅对证据进行简单列举，而且要向法庭说明证据确实、充分的理由，通过综合归纳间接证据、对认定事实进行演绎推理等手段进行分析论证，强化指控犯罪的效果。在本案中，被告人王某某当庭认可其与被害人发生口角并互殴，但继续辩称被害人首先持尖刀对其进行扎刺，系抢刀过程中受伤，自己没有伤害他人的主观故意；辩护人则提出公诉机关指控事实不清、证据不足，被害人具有重大过错，王某某应构成过失犯罪等辩护意见。

由于被告人拒不承认实施犯罪行为，公诉人需要在向法庭出示全案证据的基础上，对多个间接证据进行分析推理，使证据共同指向待证事实，形成一个完整的证明体系。主要方法包括：一是认真梳理案件起因。王某某与被害人许某在吃饭时即因琐事发生冲突，后在旅社门前互殴，由于案发地点同一、过程短暂，两人互殴与其后的持刀扎刺行为是连续、流畅的，应当整体评价而不是割裂评价。二是准确还原案发过程。综合全案证据，能够证明王某某在刀尖朝向被害人许某的情况下，以极大力量持刀向其腹部稳定发力，贯入被害人腹腔很深的位置。王某某到案后所做的“夺刀误伤”辩解，与被害人的伤口深度、位置和形态均不符，明显违背了生活常识和经验法则。三是注重分析案后表现。案发后，两名证人赶到现场，立即将被害人许某送至医院抢救，后被害人因救治无效死亡，并未介入第三方的加害行为。王某某在案发后即行潜逃，并通过更改姓名、户籍等方式逃避侦查近二十年，到案当天还意图歪曲、隐瞒事实。例如，抓捕录像显示，王某某在警车上声称“许某首先拿刀扎我，我用力将尖刀夺过来，被害人许某直接扑到刀上，后倒了下去”，该辩解与讯问笔录中的辩解并不相同，能够证明其对犯罪行为的社会危害性具有明确认知，意图逃避法律追究。四是综合其他在案证据判定。被告人持刀刺击被害人的具体过程虽然缺乏直接人证，但该犯罪事实有相关的证人证言可以佐证。例如，案发地旅馆经营者证明“两人互相揪打起来，其中一人倒地”；两位证人证明案发后被告人跟其说过当时“拿刀往许某身上捅了一刀”“在旅馆外用刀把许某捅了”。对在案证据进行综合分析论证，能够建立起证明被告人故意伤害他人致死的证据链条，排除了该案属于过失犯罪或正当防卫的合理怀疑，故法院最终认定被告人王某某故意伤害他人身体致人死亡，构成故意伤害罪。

综上，被告人否认犯罪的案件，虽然证据审查工作充满挑战，但如果通过强化对间接证据的分析、论证，使其相互印证并形成证据锁链，足以排除合理怀疑得出唯一结论的，应当依法对被告人定罪量刑。

（撰稿：北京市人民检察院第二分院　杜　邈

审编：最高人民法院刑二庭　刘为波）

---

① 蔡宗斌、郑光：《如何搞好庭审举证》，载《检察实践》1999年第4期。

[第1221号]阿卜杜苏布尔·图尔迪巴柯等故意杀人、抢劫、故意伤害、故意毁坏财物案

——办理严重暴力恐怖犯罪案件如何把握证据标准

【关键词】 未成年人犯罪 刑事责任年龄证据 证明力 证据审查判断

一、基本案情

被告人阿卜杜苏布尔·图尔迪巴柯,男,1993年3月8日出生,农民。2011年10月27日因本案被逮捕。

被告人喀尤木·艾则孜,男,1994年3月14日出生,农民。2011年10月27日因本案被逮捕。

新疆维吾尔自治区人民检察院和田分院以被告人阿卜杜苏布尔·图尔迪巴柯犯故意杀人罪、抢劫罪、故意伤害罪、故意毁坏财物罪、聚众扰乱社会秩序罪,被告人喀尤木·艾则孜犯故意杀人罪、抢劫罪、故意毁坏财物罪,向新疆维吾尔自治区和田地区中级人民法院提起公诉。

被告人阿卜杜苏布尔·图尔迪巴柯对指控的犯罪事实无异议,辩解称其不懂法律,请求从宽处理。其辩护人提出,阿卜杜苏布尔·图尔迪巴柯虽然在共同犯罪中起组织、指挥作用,但在故意杀人犯罪中没有实施具体杀人行为,虽然应对杀人后果负责,但对具体行为不应负责,被告人到案后能如实供述犯罪事实,请求从宽处理。

被告人喀尤木·艾则孜辩解称其没有参与抢劫摩托车犯罪,主观上没有杀人故意。其辩护人提出,喀尤木·艾则孜系受他人指使实施犯罪,到案后如实供述犯罪事实,请求量刑时予以考虑。

和田地区中级人民法院经公开审理查明:

被告人阿卜杜苏布尔·图尔迪巴柯自2011年1月中旬起,先后在新疆维吾尔自治区墨玉县奎雅乡、芒来乡等地设立非法教经点,对玉苏普·艾散(同案被告人,已判刑)、热买提·买买提(另案处理)等20余人进行非法宗教培训。2011年9月初至9月24日,阿卜杜苏布尔·图尔迪巴柯为报复向政府反映其违反国家计划生育政策、宗教管理规定情况的基层干部和群众,纠集被告人喀尤木·艾则孜、玉苏普·艾散等10余人,在墨玉县奎雅乡达汗水库为非法目的进行体能训练。

2011年9月24日晚,被告人阿卜杜苏布尔·图尔迪巴柯纠集玉苏普·艾散等6人,并发放铁棒、帽子、手套等作案工具,由布合迪且·买图送(另案处理)将被害人托合提麦麦提·麦尔海麦提(时年41岁)骗至芒来乡托万芒来村村委会办公室后面,几人持铁棒等殴打托合提麦麦提·麦尔海麦提致轻伤。

2011年9月29日,被告人阿卜杜苏布尔·图尔迪巴柯在墨玉县奎雅乡达汗水库,纠集被告人喀尤木·艾则孜、玉苏普·艾散等8人,提议殴打被害人托合提巴柯·图尔荪(时年51岁),阿卜杜苏布尔·图尔迪巴柯指使喀尤木·艾则孜准备10根木棒,后将木棒发给其他人。次日零时许,阿不都克尤木·阿不来提、阿不都克尤木·依迪力斯巴克(均另案处理)加入其中。阿卜杜苏布尔·图尔迪巴柯带领众人来到芒来乡巴什芒来村5组托合提巴柯·图尔荪住处,并指使喀尤木·艾则孜和玉苏普·艾散打碎托合提巴柯·图尔荪房子窗户玻璃。后阿卜杜苏布尔·图尔迪

巴柯又带众人来到芒来乡托万芒来村1组被害人图尔迪麦麦提·如则麦麦提(时年39岁)住处破门而入,图尔迪麦麦提·如则麦麦提因害怕将灯熄灭,阿卜杜苏布尔·图尔迪巴柯指使众人打碎其住处玻璃,喀尤木·艾则孜和热买提·买买提将停放在院里的一辆价值人民币6 500元的豪爵牌摩托车劫走,后与艾尔西丁·阿里木江(另案处理)一起将摩托车隐藏在达汗水库边玉米地里。

2011年10月1日10时许,被告人阿卜杜苏布尔·图尔迪巴柯将被告人喀尤木·艾则孜、玉苏普·艾散等9人召集到达汗水库,提议殴打向政府反映其违反计划生育政策、非法讲经情况的被害人阿卜杜麦麦提·如则麦麦提(殁年40岁),阿卜杜苏布尔·图尔迪巴柯指使喀尤木·艾则孜准备一把刀,喀尤木·艾则孜遂以150元价格购买藏刀一把;次日1时许,阿卜杜苏布尔·图尔迪巴柯将自己藏匿的两根铁棒交给肉孜买买提·图送巴克(另案处理),并给众人发放了木棒,后带领众人来到芒来乡托万芒来村4组被害人住处。在阿卜杜苏布尔·图尔迪巴柯的指使下,肉孜买买提·图送巴克、艾尔西丁·阿里木江等负责在房门前望风,喀尤木·艾则孜先踢开房门,后持藏刀朝正在睡觉的阿卜杜麦麦提·如则麦麦提的头部、颈部及面部乱砍,玉苏普·艾散持木棒朝阿卜杜麦麦提·如则麦麦提头部乱打,玉素甫卡热(另案处理)打碎房屋玻璃,卡斯木·托乎提、依比布拉·依达也提(2人均另案处理)劫取价值人民币300元的鹅5只。当日,阿卜杜麦麦提·如则麦麦提因头部被锐器砍击造成颅脑严重损伤经抢救无效死亡。

和田地区中级人民法院认为,被告人阿卜杜苏布尔·图尔迪巴柯的行为构成故意杀人罪、抢劫罪、故意伤害罪、故意毁坏财物罪,且在共同犯罪中起组织、策划作用,应对全部犯罪行为承担责任;被告人喀尤木·艾则孜的行为构成故意杀人罪、抢劫罪、故意毁坏财物罪。依照《中华人民共和国刑法》第二百三十二条,第二百三十四条第一款,第二百六十三条,第二百七十五条,第二十五条第一款,第二十六条第一款、第四款,第五十七条第一款,第六十九条之规定,对被告人阿卜杜苏布尔·图尔迪巴柯以故意杀人罪判处死刑,剥夺政治权利终身,以抢劫罪判处有期徒刑八年,并处罚金人民币五千元,以故意伤害罪判处有期徒刑三年,以故意毁坏财物罪判处有期徒刑三年,决定执行死刑,剥夺政治权利终身,并处罚金人民币五千元;对被告人喀尤木·艾则孜以故意杀人罪判处死刑,剥夺政治权利终身,以抢劫罪判处有期徒刑七年,并处罚金人民币四千元,以故意毁坏财物罪判处有期徒刑二年,决定执行死刑,剥夺政治权利终身,并处罚金人民币四千元。

宣判后,被告人阿卜杜苏布尔·图尔迪巴柯、喀尤木·艾则孜提起上诉。阿卜杜苏布尔·图尔迪巴柯上诉提出,其没有安排他人杀人,没有具体实施杀人行为,量刑过重。其辩护人提出,阿卜杜苏布尔·图尔迪巴柯在故意杀人犯罪中没有实施具体杀人行为,没有直接造成被害人死亡,量刑过重。喀尤木·艾则孜上诉提出,一审判决认定其年龄有误;其是在阿卜杜苏布尔·图尔迪巴柯的组织、策划下,不能拒绝才参加了犯罪行为,望从轻处罚。其辩护人提出,喀尤木·艾则孜在他人组织、指挥下参加故意杀人犯罪,一审判决量刑过重。

新疆维吾尔自治区高级人民法院经审理认为,上诉人阿卜杜苏布尔·图尔迪巴柯的行为构成故意杀人罪、抢劫罪、故意伤害罪、故意毁坏财物罪,且在共同犯罪中起组织、策划作用,应对全部犯罪行为承担责任;上诉人喀尤木·艾则孜的行为构成故意杀人罪、抢劫罪、故意毁坏财物罪。关于阿卜杜苏布尔·图尔迪巴柯所提上诉理由及辩护人的辩护意见,根据阿卜杜苏布尔·图尔迪巴柯、喀尤木·艾则孜等的供述及有关证人证言,可以确认阿卜杜苏布尔·图尔迪巴柯在全案中起组织、策划作用,应对全部犯罪后果负责,上诉人的上诉理由及辩护人的辩护意见均不予采纳。关于喀尤木·艾则孜所提"认定其年龄有误"的上诉理由,经查,墨玉县奎雅乡计生办出具的家庭成员基本情况登记表记载喀尤木·艾则孜出生于1992年3月14日,与乡派出所出具的户籍证明内容一致，虽然乡成人教育办公室出具的家庭文化档案证明喀尤木·艾则孜出生于1994年7月，但此档案系户籍登记后喀尤木·艾则孜家人自报登记而形成，无其他书面证据印证，而户籍证明形成在前，形成过程客观，证明力高，应予采信，故该上诉意见不予采纳。关于喀尤木·艾则孜所提"在阿卜杜苏布尔·图尔迪巴柯的组织、策划下，不敢拒绝才参加了犯罪行为，望从轻处罚"的上诉理由及辩护人所提"喀尤木·艾则孜在他人的组织、指挥下参加杀人犯罪，量刑过重"的辩护意见，经查，喀尤木·艾则孜在犯罪中行为积极主动，参与预谋，准备藏刀并持刀砍击被害人阿卜杜麦麦提·如则麦麦提要害部位，行为无节制，直接导致被害人死亡，罪行极其严重，依法应予严惩，对该上诉意见及辩护意见不予采纳。原判认定事实清楚，证据确实、充分，定罪和适用法律正确，量刑适当，审判程序合法。依照《中华人民共和国刑事诉讼法》第二百二十五条第一款第一项、第二百三十五条之规定，裁定驳回上诉，维持原判，并依法报请最高人民法院对上诉人阿卜杜苏布尔·图尔迪巴柯、喀尤木·艾则孜核准死刑。

最高人民法院经复核认为，被告人阿卜杜苏布尔·图尔迪巴柯长期从事非法宗教活动，为报复向政府反映其违反国家计划生育政策、宗教管理规定情况的基层干部和群众，组织他人进行体能训练，并事先准备犯罪工具，指使他人殴打被害人托合提麦麦提·麦尔海麦提致轻伤；指使并与他人携带工具多次故意毁坏被害人财物，情节严重；指使并与他人抢劫财物价值人民币6 800元；指使并与他人共同对被害人阿卜杜麦麦提·如则麦麦提实施殴打致其死亡，其行为已构成故意杀人罪、故意伤害罪、抢劫罪和故意毁坏财物罪。被告人喀尤木·艾则孜在阿卜杜苏布尔·图尔迪巴柯的指使下，多次故意毁坏他人财物，情节严重；参与抢劫他人财物价值人民币6 800元；购买并持藏刀砍击被害人阿卜杜麦麦提·如则麦麦提头部致其死亡，其行为已构成故意杀人罪、抢劫罪和故意毁坏财物罪。二被告人犯数罪，均应依法予以并罚。阿卜杜苏布尔·图尔迪巴柯在共同犯罪中起组织、策划作用，并参与实施具体犯罪，系主犯，应当对其组织、参与的全部犯罪承担责任。喀尤木·艾则孜使用藏刀砍击被害人头部致其死亡，在故意杀人共同犯罪中系主犯，应依法惩处。本案认定喀尤木·艾则孜出生于1992年3月14日，犯罪时已满十八周岁的证据不足，应综合全部证据就低认定其出生于1994年3月14日，犯罪时不满十八周岁，对其不适用死刑。第一审判决、第二审裁定认定的事实清楚，证据确实、充分，定罪准确，审判程序合法。对被告人阿卜杜苏布尔·图尔迪巴柯量刑适当。依照《中华人民共和国刑法》第二百三十二条，第二百六十三条，第二百七十五条，第二十五条第一款，第二十六条第一款、第四款，第十七条第一款、第三款，第四十九条第一款，第五十七条第一款，第六十九条；《中华人民共和国刑事诉讼法》第二百三十五条、第二百三十九条和《最高人民法院关于适用〈中华人民共和国刑事诉讼法〉的解释》第三百五十二条的规定，判决如下：

1. 核准新疆维吾尔自治区高级人民法院(2012)新刑一终字第150号刑事裁定中维持第一审对被告人阿卜杜苏布尔·图尔迪巴柯以故意杀人罪判处死刑，剥夺政治权利终身；以抢劫罪判处有期徒刑八年，并处罚金人民币五千元；以故意伤害罪判处有期徒刑三年；以故意毁坏财物罪判处有期徒刑三年；决定执行死刑，剥夺政治权利终身，并处罚金人民币五千元的部分。

2. 撤销新疆维吾尔自治区高级人民法院(2012)新刑一终字第150号刑事裁定和新疆维吾尔自治区和田地区中级人民法院(2012)和中刑一初字第67号刑事判决中对被告人喀尤木·艾则孜以故意杀人罪判处死刑，剥夺政治权利终身，以抢劫罪判处有期徒刑七年，并处罚金人民币四千元；以故意毁坏财物罪判处有期徒刑二年；决定执行死刑，剥夺政治权利终身，并处罚金人民币四千元的部分。

3. 被告人喀尤木·艾则孜犯故意杀人罪，判处无期徒刑，剥夺政治权利终身；犯抢劫罪，判处有期徒刑七年，并处罚金人民币四千元；犯故意毁坏财物罪，判处有期徒刑二年；决定执行无期徒刑，剥夺政治权利终身，并处罚金人民币四千元。

二、主要问题

办理严重暴力恐怖、宗教极端犯罪案件，在坚持严打方针的同时如何贯彻证据裁判原则，准确把握证据标准？

三、裁判理由

（一）坚决严厉打击严重暴力恐怖、宗教极端犯罪

恐怖主义是国际社会的公害、全人类的公敌，宗教极端主义是恐怖主义的重要思想基础。我国坚决反对一切形式的恐怖主义、宗教极端主义。近年来，不少国家或地区接连遭受暴力恐怖袭击，暴力恐怖事件带来的刺激效应在不断加剧。同时，"东突"等境外恐怖势力也在加紧向我国境内渗透，煽动所谓"圣战"，恐怖活动境外指挥、网上勾联、境内行动的趋势更加明显。在国内外多种因素的影响和作用下，我国的一些地区已进入暴力恐怖活动的活跃期，恐怖主义犯罪多发、频发，破坏程度和影响范围空前扩大，已经成为严重危害当地经济社会稳定和人民群众生命财产安全的最严重犯罪。

为维护社会和谐稳定，保护人民群众的生命财产安全，必须坚持对暴力恐怖、宗教极端犯罪从严惩治。最高人民法院2015年9月印发的《关于充分发挥审判职能作用切实维护公共安全的若干意见》明确提出，"对暴力恐怖犯罪活动，要坚持严打方针不动摇，对首要分子、骨干成员、罪行重大者，该判处重刑乃至死刑的应当依法判处"。

（二）坚持证据裁判原则，严格执行法定证明标准

对某些犯罪坚持依法从严惩治，并不意味着办案证据标准的降低。两者不是一个层面的问题，前者属于刑事政策范畴，后者属于证据制度范畴，不能将两者混淆。那种认为从严惩治犯罪，就可以随意降低办案证据标准的认识和做法，是错误的。对暴力恐怖、宗教极端犯罪，既要通过依法裁判、从严惩处，树立法治威严，坚决打击暴恐分子的嚣张气焰，有效维护人民权益和社会安宁，也要牢固坚持证据裁判原则，严格执行法定证明标准，依法准确认定案件事实，确保案件的办案质量。

根据刑法第四十九条的规定，犯罪的时候不满十八周岁的人，不适用死刑。犯罪时的年龄是判定对被告人能否适用死刑的关键之一，必须要有"确实、充分"的证据证明。根据刑事诉讼法第五十三条的规定，证据确实、充分，应当满足所认定事实"已排除合理怀疑"的要求。本案中，关于被告人喀尤木·艾则孜的年龄，墨玉县奎雅乡派出所出具的户籍证明、户籍登记卡和乡计生办出具的家庭成员基本情况登记表，均记载其出生于1992年3月14日，被告人犯罪时已满十八周岁；而乡成人教育办公室出具的家庭文化档案则显示喀尤木·艾则孜出生于1994年7月，其犯罪时未满十八周岁，两者不一致。经对有关证据进行审查，户籍证明、户籍登记卡及家庭成员基本情况登记表，虽然证明喀尤木·艾则孜出生于1992年3月14日，但户籍信息是依据被告人家人自报登记，家庭成员基本情况登记表的信息来源于户籍信息，且户籍登记本身存在兄弟姐妹中二人出生时间为同一年（非孪生）的情况，真实性存疑。家庭文化档案（2006～2007年、2012～2013年）记载喀尤木·艾则孜出生于1994年7月，依据也是被告人家人的自报。故户籍证明及家庭文化档案表均不具备证明力上的排他性。

鉴于证明被告人喀尤木·艾则孜年龄的证据互有矛盾之处，本案复核期间补充了相关材料：证人吾布力哈斯木·艾合买提的证言，证明其子艾热艾力与喀尤木·艾则孜同为1995年出生；证人艾则孜·巴克尔（喀尤木·艾则孜之父）的证言，证明喀尤木·艾则孜犯罪时为十七岁。该

两名证人均证明存在因担心不满结婚年龄不能办理结婚证，户籍登记年龄比实际年龄大的情况。喀尤木·艾则孜供述称其与同村的吐尔地买买提·肉孜同龄，但吐尔地买买提·肉孜之父肉孜·霍吉称："吐尔地买买提·肉孜好像是十四五岁，不清楚喀尤木·艾则孜与其子哪个大。"上述证人证言虽不能证实被告人的确切年龄，但证明被告人的出生时间更倾向于1994年。

《最高人民法院关于适用〈中华人民共和国刑事诉讼法〉的解释》第一百一十二条规定："审查被告人实施被指控的犯罪时或者审判时是否达到相应法定责任年龄，应当根据户籍证明、出生证明文件、学籍卡、人口普查登记、无利害关系人的证言等证据综合判断。证明被告人已满十四周岁、十六周岁、十八周岁或者不满七十五周岁的证据不足的，应当认定被告人不满十四周岁、不满十六周岁、不满十八周岁或者已满七十五周岁。"根据该规定，综合被告人喀尤木·艾则孜年龄方面的证据，有关书证证明喀尤木·艾则孜的出生时间不尽一致(1992年3月14日、1994年7月)，本人供述称出生于1994年3月14日，一名证人证明其子和被告人同龄，出生于1995年，喀尤木·艾则孜之父称喀尤木·艾则孜犯罪时十七岁等，案件中出现证明喀尤木·艾则孜年龄的多个证据，但认定其犯罪时已满十八周岁的证据，达不到"排除合理怀疑"的程度，这意味着证明被告人年龄的证据存疑，应本着有利于被告人的原则，参照被告人供述及家庭文化档案记载的年龄，就低认定喀尤木·艾则孜出生于1994年。故最高人民法院复核裁定认为，被告人喀尤木·艾则孜在故意杀人共同犯罪中系主犯，论罪应当严惩。但认定喀尤木·艾则孜犯罪时已满十八周岁的证据不足，应认定其犯罪时不满十八周岁，对其不适用死刑，遂以故意杀人罪、抢劫罪、故意毁坏财物罪并罚改判其无期徒刑，剥夺政治权利终身，并处罚金人民币四千元。

（撰写：最高人民法院刑二庭　王启全
审编：最高人民法院刑二庭　张　杰）

[第1249号]李继轩等贩卖、运输毒品案

——被告人在一审庭审中认罪并对其庭前有罪供述不持异议，二审期间提出受到非法取证的，如何审查与处理

【关键词】 非法证据排除　二审程序　重复供述　当庭供述　证据审查判断

一、基本案情

被告人李继轩，男，1972年5月5日出生，无业。2017年1月4日因涉嫌犯贩卖毒品罪被逮捕。

被告人彭贵虎，男，1982年3月1日出生，无业。2017年1月4日因涉嫌犯运输毒品罪被逮捕。

被告人杨应忠，男，1968年1月6日出生，无业。2017年1月4日因涉嫌犯运输毒品罪被逮捕。

安徽省阜阳市人民检察院以被告人李继轩犯贩卖毒品罪，被告人彭贵虎、杨应忠犯运输毒品罪，向阜阳市中级人民法院提起公诉。

阜阳市中级人民法院经审理查明：被告人李继轩、彭贵虎与吕某(另案处理)系狱友。2016年11月某日，吕某与李继轩电话约定由其向李继轩提供海洛因700克用于贩卖，每克价格330

元。同年11月26日，吕某联系彭贵虎，让其帮助运输毒品至安徽省临泉县交给李继轩，彭贵虎表示同意，吕某向彭的银行卡转账1 000元。次日，吕某购买了机票并安排被告人杨应忠乘坐飞机，将装有毒品的行李箱从昆明带到合肥新桥机场，交给彭贵虎。当日12时许，彭贵虎乘车将毒品送至临泉县城，与李继轩见面后，二人在前往李继轩家时，被民警当场抓获，民警从彭贵虎携带的行李箱中查获海洛因703.4克。

阜阳市中级人民法院认为，被告人李继轩违反国家毒品管理规定，为贩卖而购买海洛因703.4克，构成贩卖毒品罪。被告人彭贵虎、杨应忠违反国家毒品管理规定，运输海洛因703.4克，构成运输毒品罪。李继轩系累犯、毒品再犯；彭贵虎系累犯；彭贵虎、杨应忠属运输毒品罪的从犯；杨应忠有自首情节；李继轩、彭贵虎有坦白情节。根据李继轩、彭贵虎、杨应忠的犯罪事实、性质、情节和社会危害程度，依照《中华人民共和国刑法》第三百四十七条第一款、第二款第一项，第二十五条第一款，第二十七条，第四十八条第一款，第五十七条第一款，第五十九条，第六十四条，第六十五条，第六十七条第一款、第三款，第三百五十六条的规定，以贩卖毒品罪判处被告人李继轩死刑，缓期二年执行，剥夺政治权利终身，并处没收个人全部财产。以运输毒品罪判处被告人彭贵虎无期徒刑，剥夺政治权利终身，并处没收个人财产二十万元；判处被告人杨应忠有期徒刑十年，并处罚金十万元。扣押在案的毒品海洛因703.4克，作案工具蓝色手提箱1个，予以没收。

被告人李继轩不服一审判决，上诉提出被抓获后遭到侦查人员刑讯逼供，其为吕某代卖毒品，系共同犯罪中的从犯及原判量刑过重等理由，请求从轻改判。

安徽省高级人民法院二审审理查明的事实及采信的证据与一审相同。并查明：一审庭审过程中，审判人员明确告知了李继轩有申请排除非法证据的权利，李继轩及其辩护人没有申请排除非法证据；对公诉人一审当庭所举其侦查期间的五次供述，均确认没有客观性及合法性异议；二审期间虽然提出受到刑讯逼供，但对原判采信的其本人供述的真实性予以确认，也没有申请非法证据排除。

安徽省高级人民法院认为，根据《中华人民共和国刑事诉讼法》第五十六条的规定，排除非法证据不仅是当事人的诉讼权利，也是司法机关依法必须履行的职责。虽然李继轩及其辩护人一、二审期间均没有申请排除非法证据，仍应当依职权审查原判所采信供述的合法性，这一职责的履行不以诉讼参与人申请为前提。二审期间，证据合法性审查的对象应当是原审作为定案根据的证据。原判采信的李继轩供述如系侦查期间获取，则应当对相关侦查取证行为进行合法性审查；否则其提出的侦查阶段受到刑讯逼供问题与原判采信证据的合法性无关，不属于本案二审证据审查的范围，不需要适用非法证据排除规则。本案中，无论李继轩侦查阶段是否受到刑讯逼供，但在一审庭审时其应当享有的诉讼权利被明确告知并得到充分保障，其本人对自己行为的法律后果也能够正确认识。相应地，其所作的供述已属于任意性供述，对侦查阶段供述真实性的确认亦属于自愿确认。由此所形成的有罪供述，虽然属于侦查阶段供述的重复性供述，但显然已不受先前获取有罪供述的侦查行为影响，不再是侦查阶段有罪供述，而是由其转化而来的独立的当庭有罪供述。因此，原判采信的被告人李继轩有罪供述不再是侦查阶段获取的供述，不需要适用非法证据排除规则。李继轩二审期间提出的受到侦查人员殴打逼供的情况与本案二审证据审查无关，应当视为对侦查人员违法行为的控告，由有管辖权的机关处理。李继轩无论是否为他人代买毒品，但其准备加价出售从中牟利，已经属于独立的贩卖毒品行为。李继轩所提其属从犯、社会危害性小等上诉理由不能成立。原判认定事实清楚，适用法律正确，审判程序合法。依照《中华人民共和国刑事诉讼法》第二百二十五条第一款第一项的规定，裁定驳回上诉，维持原判。

二、主要问题

被告人在一审庭审中认罪,并对公诉机关出示的其庭前有罪供述不持异议,二审时提出其在侦查阶段遭受了刑讯逼供,对此法庭如何审查与处理?

三、裁判理由

本案中,被告人李继轩二审提出侦查人员刑讯逼供问题,涉及证据合法性审查范围、庭前有罪供述转化为当庭重复性供述的条件及其标准、刑讯逼供行为的审查与处理等。人民法院应当依法正确行使审判职权,在区分问题性质的基础上,作出正确处理。

(一)证据合法性审查的范围与方式

证据的合法性审查是人民法院审理案件采信证据从而查明事实的重要活动。对于经审查确认为非法证据的,应当依法予以排除,不得在法庭上宣读出示,作为定案的根据。本案中,被告人李继轩及其辩护人一、二审期间均没有申请排除非法证据,但在二审中明确提出被告人在侦查期间受到刑讯逼供,因此,是否需要对其相关供述进行合法性审查,适用非法证据排除程序,是首先需要解决的问题。对此,需要明确两个方面:一是证据合法性审查的范围,即必须是用于定案的证据才需要进行合法性审查。在一审中表现为控辩双方向法庭所举,用于证明案件事实的证据,不包括虽然作为侦查或者审查起诉活动依据,但未向法院移送、出示作为指控犯罪依据的相关证据。二审期间,证据合法性审查的对象应当是一审作为定案根据的证据和拟作为二审定案根据的证据。因此,与人民法院审判职权行使无关的证据,尽管可能发生在刑事诉讼过程中,并作为其他司法机关实施刑事诉讼活动的依据,但只要不用于案件审判,就不需要法院进行合法性审查。二是证据的合法性审查并非仅为依申请进行的司法行为,而是人民法院的职权或者职责行为,即无论被告人是否申请排除非法证据,人民法院均应依职权对证据的合法性进行审查,对判决采信证据的合法性承担责任。有观点认为,排除非法证据属于被告人、辩护人等诉讼参与人的诉讼权利,相关诉讼参与人没有申请,应视为对权利的放弃,人民法院因此不需要进行证据的合法性审查。我们不认同此观点。刑事诉讼法第五十六条除了规定"当事人及其辩护人、诉讼代理人有权申请人民法院对以非法方法收集的证据依法予以排除"外,还规定了"法庭审理过程中,审判人员认为可能存在本法第五十四条规定的以非法方法收集证据情形的,应当对证据收集的合法性进行法庭调查"。根据此规定,排除非法证据不仅是当事人的诉讼权利,也是司法机关依法应当履行的职责,这一职责的履行没有一审、二审的区分,也不以诉讼参与人申请为必要前提。

《最高人民法院关于适用〈中华人民共和国刑事诉讼法〉的解释》第一百零三条规定:"具有下列情形之一的,第二审人民法院应当对证据收集的合法性进行审查,并根据刑事诉讼法和本解释的有关规定作出处理:(一)第一审人民法院对当事人及其辩护人、诉讼代理人排除非法证据的申请没有审查,且以该证据作为定案证据的;(二)人民检察院或者被告人、自诉人及其法定代理人不服第一人民法院作出的有关证据收集合法性的调查结论,提出抗诉、上诉的;(三)当事人及其辩护人、诉讼代理人在第一审结束后才发现相关线索或者材料,申请人民法院排除非法证据的。"该规定对二审法院应当进行证据合法性审查的情况进行了列举,应当认为此项规定为提示性规定,而非限制性规定,即在符合所列条件的情况下,二审法院应当进行证据的合法性审查;对于不符合相关条件的,因证据合法性问题已在一审解决等,为诉讼效率考虑,一般情况下二审不需要主动审查,但并非二审不能或不应当再进行证据的合法性审查。前述观点把被告人及其辩护人申请作为法院进行证据合法性审查的必备条件,显然是不够全面和准确的。本案中,虽然李继轩及其辩护人在一、二审期间均没有申请排除非法证据,但其提出的刑讯逼供问题如与证据的合法性审查有关,即原判采信的李继轩供述如系侦查期间获取,则二审仍应当依职权对相关侦查取证行为进行合法性审查。

（二）被告人庭前供述转化为当庭供述的条件及合法性审查的标准

犯罪嫌疑人、被告人供述与辩解是我国刑事诉讼中法定的证据种类，根据所在阶段不同区分为庭前侦查、审查起诉阶段的犯罪嫌疑人供述与审判阶段的被告人供述。前两者为庭前供述，后者一般指被告人在法庭上所作的当庭供述。人民法院仅需就拟作为定案根据的供述的合法性即获取该供述的司法行为的合法性进行审查。对于庭前供述与当庭供述不一致的，法院采信何种供述往往会在裁判文书中明确表述。但对于两者一致的，采信的是庭前供述还是当庭供述，需要考察分析庭前供述是否转化为当庭供述。

被告人当庭供述包括两种情况：一是被告人当庭对案件事实进行完整供述，尽管供述的内容与庭前供述具有实质的一致性，但该供述的来源与庭前供述没有联系，属于独立完整的当庭供述；二是被告人当庭对庭前供述予以确认而转化成当庭供述，在实践中主要表现为公诉人宣读完起诉书后，被告人表示认罪，对起诉书指控的事实无异议，法庭为诉讼效率考虑，采用简易程序或者简化审程序，在法庭陈述阶段不再对被告人详细讯问或者发问，在法庭质证阶段对其庭前供述的主要内容进行宣读，被告人对供述内容的真实性予以确认。此种情形下，被告人当庭不再就指控的犯罪事实进行详细供述，而以其在侦查阶段的供述内容代替。因此，被告人当庭供述的内容不完整，需要结合庭前供述笔录的内容才能形成完整的供述。与庭前供述相比，此种情形下转化的被告人当庭供述具有两方面的特点，即供述的独立性与内容的承继性。供述的独立性指供述来源于法庭审判行为而非庭前的侦查或者审查起诉行为，即供述由被告人接受法庭讯问发问而进行的法庭陈述及发表的质证意见形成。内容的承继性主要指当庭陈述的内容与庭前供述具有实质的一致性，属于庭前供述的重复性供述，但并非通过庭审对全部犯罪事实全面重复陈述，而是通过庭审中的承继性行为，即对庭前供述内容的真实性予以确认形成。因此，庭前供述转化为当庭供述需要具备两个方面条件，即当庭陈述行为与对庭前供述内容的确认。只要具备上述两个条件，庭前供述即可转化为当庭供述。无论控辩双方有无以庭前供述作为定案证据的意图，人民法院均应当根据直接言词原则，以当庭供述作为定案根据。本案中，被告人李继轩当庭认罪，对公诉人所举其侦查期间的五次供述，均没有提出客观性及合法性异议，确认了供述内容的真实性，则其庭前供述已经转化为当庭供述。尽管原审判决书中没有明确写明采信的李继轩的供述是当庭供述，但根据直接言词原则，应当认定采信了当庭供述。

对于庭前供述转化的当庭供述，因其供述内容具有承继性，因此其合法性审查标准应当是当庭供述的自愿性，重点考虑是否切断了庭前侦查行为的影响。根据“两高三部”2017年发布的《关于办理刑事案件严格排除非法证据若干问题的规定》第五条第二项的规定，审查逮捕、审查起诉和审判期间，检察人员、审判人员讯问时告知诉讼权利和认罪的法律后果，犯罪嫌疑人、被告人自愿供述的，不受之前刑讯逼供的影响。该条规定并非提出判断供述合法性的新标准，而是对于当庭供述的自愿性的判断进行提示，即庭前受到刑讯逼供，如果当庭告知诉讼权利及认罪的法律后果后，仍然作出重复性供述的，其当庭供述独立于庭前供述，属于自愿供述。在此种情况下，其当庭供述不受之前刑讯逼供的影响，两者之间的联系被阻断。因此，只要被告人自愿确认侦查期间的供述，即使属于庭前供述的重复性供述，所转化形成的当庭供述也不存在合法性问题。本案中，被告人李继轩在一审庭审过程中被告知了申请排除非法证据的权利和其他诉讼权利，也获得了律师帮助，其认罪及确认侦查阶段有罪供述真实性出于自愿，不受先前的侦查行为的影响，由此形成的当庭供述应具有合法性。

（三）与证据合法性审查无关的刑讯逼供问题处理

证据合法性审查与刑讯逼供问题相关但并非同一。人民法院是国家的审判机关而非法律监督机关，在刑事诉讼中仅能对涉及证据合法性审查的刑讯逼供等非法取证行为进行调查、确认并对相关证据的效力予以否定。就本案而言，对被告人李继轩供述的合法性进行审查是人民法院行使审判职权的重要内容，由此不可避免地需要对获取其供述的司法行为的合法性进行评价。由于原判采信的是被告人李继轩侦查阶段供述转化形成的当庭供述，合法性审查的内容应当是当庭供述的合法性，而不是侦查阶段供述的合法性，即人民法院既无必要也无职权对侦查阶段获取供述的合法性进行独立审查。因此，李继轩上诉提出的侦查阶段受到刑讯逼供问题，独立于被告人供述的合法性审查，不属于人民法院二审证据合法性审查范围，与人民法院证据合法性审查无关。人民法院无权也不宜对侦查人员的刑讯逼供行为进行调查及评价。

刑事诉讼法第十四条明确规定，诉讼参与人对于审判人员、检察人员和侦查人员侵犯公民诉讼权利和人身侮辱的行为，有权提出控告。李继轩二审提出的侦查人员对其刑讯逼供的问题应视为对相关侦查人员的控告。但国家工作人员违法犯罪行为的调查处理不属于人民法院的职权范围，对此类问题，应当由人民法院根据刑事诉讼法第一百一十条的规定，移送主管机关处理，并且通知报案人、控告人、举报人。故二审法院将刑讯逼供问题线索依法移交给了相关机关处理。

（撰稿：安徽省高级人民法院　陈吉双
审编：最高人民法院刑二庭　韩维中）

[第1255号]金建伟故意杀人、抢夺、非法侵入住宅案

——从案发现场检出了第三人的DNA，如何排除其他人参与作案的可能

【关键词】 鉴定意见　DNA证据　证据审查判断

一、基本案情

被告人金建伟，男，1970年1月4日出生，农民。1989年3月1日因犯盗窃罪被判处有期徒刑三年六个月，1991年9月20日刑满释放；2006年1月5日因犯盗窃罪被判处有期徒刑四年六个月，并处罚金人民币一万元，2008年8月26日刑满释放，2011年2月1日因本案被逮捕。

浙江省湖州市人民检察院以被告人金建伟犯故意杀人罪、抢夺罪、盗窃罪，向湖州市中级人民法院提起公诉。

被告人金建伟对公诉机关指控的犯罪事实没有异议，但辩称没有杀害被害人的故意。其辩护人提出，金建伟系间接故意杀人，其归案后认罪态度好，可以从轻处罚；金建伟盗窃所得不足2 000元，其行为不构成盗窃罪。

湖州市中级人民法院经审理查明：2011年1月25日17时许，被告人金建伟在浙江省安吉县递铺镇万亩村坝头自然村×号租房内与被害人姚某某（女，殁年58岁）发生性关系后因琐事与姚某某发生争执。为制止姚某某反抗呼救，金建伟用手掐姚某某颈部，致姚某某机械性窒息死亡。之后，金建伟用绳子、床单布条捆绑姚某某手脚，用布条缠绕姚某某嘴部，后离开现场。

……（关于抢夺事实和非法侵入住宅事实略）

湖州市中级人民法院认为,被告人金建伟故意非法剥夺他人生命,致一人死亡,其行为已构成故意杀人罪;金建伟以非法占有为目的,乘人不备,公然夺取他人财物,数额较大,其行为已构成抢夺罪;金建伟以非法占有为目的,非法强行侵入他人住宅实施盗窃,其行为已构成非法侵入住宅罪,应依法数罪并罚。金建伟掐被害人颈部,又用绳子捆绑被害人手脚,用布条缠绕被害人嘴部,后离开现场,该行为表明其主观上希望并追求被害人死亡结果的发生。金建伟所犯故意杀人罪情节恶劣,后果严重,且系累犯,应依法严惩。依照《中华人民共和国刑法》第二百三十二条、第二百六十七条第一款、第二百四十五条第一款、第六十五条第一款、第五十七条第一款、第六十九条之规定,判决被告人金建伟犯故意杀人罪,判处死刑,剥夺政治权利终身;犯抢夺罪,判处有期徒刑二年,并处罚金人民币五千元;犯非法侵入住宅罪,判处有期徒刑六个月,决定执行死刑,剥夺政治权利终身,并处罚金人民币五千元。

宣判后,被告人金建伟上诉提出,其主观上没有致被害人死亡的故意,其长期心理抑郁,请求对其做司法精神病鉴定。其辩护人提出,金建伟事先不具备杀人动机,主观上属间接故意,犯罪手段并非特别残忍,案发后坦白认罪,其家属积极筹措钱款愿意赔偿被害人家属经济损失,请求从轻处罚。

浙江省高级人民法院经依法审理认为,被告人金建伟的行为构成故意杀人罪、非法侵入住宅罪和抢夺罪,依法应对其数罪并罚。金建伟曾有两次盗窃犯罪被判处刑罚,又系累犯,依法应从重处罚。本案中又犯数罪,故意杀人犯罪后果极其严重,主观恶性、社会危害性和人身危险性极大,依法应予严惩。其家属虽有筹措钱款代为赔偿的意愿,但不能取得被害人家属谅解。原判定罪和适用法律正确,量刑适当。审判程序合法。依照《中华人民共和国刑事诉讼法》(1996 年)第一百八十九条第(一)项之规定,裁定驳回上诉,维持原判,并依法报送最高人民法院核准。

最高人民法院经复核认为,被告人金建伟故意非法剥夺他人生命,其行为已构成故意杀人罪;其以非法占有为目的,乘人不备公然夺取他人数额较大的财物和非法强行侵入住宅实施盗窃的行为还构成抢夺罪和非法侵入住宅罪,应依法数罪并罚。金建伟在嫖娼后为琐事杀人,犯罪情节恶劣,所犯罪行极其严重,又系累犯,应依法从重处罚。第一审判决、第二审裁定认定的事实清楚,证据确实、充分,定罪准确,量刑适当。审判程序合法。依照《中华人民共和国刑事诉讼法》(1996 年)第一百九十九条和《最高人民法院关于复核死刑案件若干问题的规定》第二条第一款的规定,裁定核准浙江省高级人民法院(2012)浙刑一终字第 59 号维持第一审对被告人金建伟以故意杀人罪判处死刑,剥夺政治权利终身;以抢夺罪判处有期徒刑二年,并处罚金人民币五千元;以非法侵入住宅罪判处有期徒刑六个月,决定执行死刑,剥夺政治权利终身,并处罚金人民币五千元的刑事裁定。

二、主要问题

本案中,从被告人金建伟实施故意杀人犯罪的案发现场检出了除金建伟、姚某某外第三人的 DNA,如何判断是否有其他人参与作案?

三、裁判理由

在我国,鉴定结论一直属于法定的证据种类,通常被冠以“科学证据”的美誉,在司法实践中备受重视,往往被赋予较大的证明价值。但近年来的刑事审判工作也反映出,司法鉴定的程序、依据、过程和结论等方面还存在一些不容忽视的问题,影响了鉴定结论的真实可靠性。有鉴于此,2005 年 10 月 1 日起实施的《关于司法鉴定管理问题的决定》首次将刑事诉讼法所确立的“鉴定结论”修改为“鉴定意见”,2010 年 7 月 1 日起实施的《关于办理死刑案件审查判断证据若干问题的规定》沿用了这样的表述。2012 年刑事诉讼法修改,对这一概念从立法角度正式予以了确认。

这一修改，要求我们不能盲目依赖鉴定意见，必须对其证据能力进行严格的审查，当然也不能因噎废食，忽视了其在司法实践中不可替代的证明价值。在具体案件中，由于鉴定意见往往只涉及案件事实的一部分内容，我们应当综合全案事实和证据对其证据能力和证明力作出判断，确定鉴定意见与其他证据之间是否有矛盾，能否作为定案的根据。

我们认为，本案中虽然从被告人金建伟实施故意杀人犯罪的案发现场检出了除金建伟、姚某某以外第三人的DNA，但综合全案证据来看，认定被告人金建伟实施故意杀人犯罪，事实清楚，证据确实、充分。分析如下：

1. 本案破案经过清楚

2011年1月25日，安吉县公安局接到安吉县递铺镇万亩村村民郑某报警称，在其家中的出租房内发现一具女性尸体。经现场初步勘查，确定死者系姚某某。根据郑某母亲蒋某和周围邻居石某、潘某等人提供的证言，可基本确认系该出租房房客作案。因蒋某不能提供租客身份资料，公安机关现场勘查后从一张光碟上提取到相关可疑指纹，并通过指纹库比对确定被告人金建伟有重大作案嫌疑，蒋某和其女儿郑某1月26日亦辨认出金建伟即为该出租房房客。2011年1月27日通过技术手段在金建伟女友施某的租房处将金建伟抓获。经讯问，金建伟对犯罪事实供认不讳。

2. 有客观性证据指向被告人作案

送检的被害人姚某某五个指甲擦拭物检出了被告人金建伟的DNA物质，姚某某四个指甲擦拭物、现场一只水杯、一只避孕套上检出了金建伟和姚某某的混合DNA，与金建伟所供案发前与姚某某发生性关系、作案期间被姚某某抓伤的情节及对金建伟的人身检查笔录吻合。

3. 被告人金建伟对犯罪事实始终供认不讳，与在案证据相互印证

（1）根据被告人邻居石某、潘某和房东蒋某等人的证言，2011年1月25日下午5点多，石某听到隔壁租房里有女子喊救命和砸东西的声音，之后就没人讲话了，十多分钟后，其告诉了回到家中的母亲潘某，潘某马上告诉了在附近小店的蒋某（路上没有发现其他人），蒋某即回家拿身份证登记簿并让另一租客王某在门口盯着，蒋某返回后敲金建伟房门，金建伟未开门，回答身份证在厂里，过十分钟左右，金建伟开门与蒋某说了几句话后锁门独自骑车离开，潘某透过门缝发现地上有人，告诉蒋某，蒋某打电话给儿子郑某，郑某回家踢门入内发现姚某某躺在地上后报案，此时是下午6点多。这一经过与金建伟所供作案时间、作案期间被害人呼救并踹墙、房东过来敲门要登记身份证、作案后其独自锁门离开及离开时被害人的状态等情节均能吻合。（2）金建伟所供作案期间抽烟、吃橘子、使用三只避孕套及发生性关系后曾用餐巾纸擦拭等情节，均有现场勘查笔录和相关DNA鉴定结论的印证；所供捆绑被害人的方式与现场勘查所证情况吻合；据现场勘查提取了姚某某的戒指和钱包等物品，可排除金建伟劫财的作案动机，其所供因姚某某不愿意留下来聊天，二人遂发生争执的案发起因具有可信性。

但同时，从案发现场也检出了男子B（据侦查人员对蒋某的调查访问，金建伟于2011年1月4日承租案发租房，原来承租人为一对云南籍务工人员。警方分析认为，原来承租人在现场遗留精液、唾液、脱落细胞组织等生物物质的可能性是存在的，并在2011年4月18日找到云南籍承租人徐某，经抽取徐某血样送检比对，确认了徐某与男子B为同一人）和男子C（目前身份无法查明）的DNA，具体如下：（1）所送检的现场烟蒂2号、现场烟蒂3号、现场烟蒂4号、现场水杯3号、现场橘子核2枚均检出混合DNA分型图谱，可以由金建伟和徐某混合而成。（2）所送检的现场地上避孕套1号内侧斑迹、现场地上3号避孕套内侧斑迹均检出人精斑，检出混合DNA分型图

谱,可以由金建伟和徐某混合而成。(3)所送检现场地上避孕套3号外侧斑迹检出混合DNA分型图谱,可以由姚某某和徐某混合而成。(4)所送检死者右乳头擦拭物检出混合DNA分型图谱,可以由金建伟和其他男子(排除徐某)混合而成。因此,能否排除其他人参与作案成了本案的焦点问题。

案件审理中,合议庭结合在案证据和浙江省公安厅相关专家出具的DNA检验结果进行深入分析,确认了本案应系被告人金建伟一人所为。主要理由是:

1. 现场出现徐某的DNA可得到合理解释,同时徐某也没有作案时间和作案动机

(1)现场出现徐某的DNA可以得到合理解释。公安技术人员到达现场时距案件发生有1个多小时的时间,但现场地上有多处明显的水迹,从地上提取的5枚烟蒂、3只避孕套、2粒橘子核中,有3枚烟蒂、2只避孕套、2粒橘子核存在明显被水浸泡、染有污渍的现象。根据DNA检验结果,现场提取的3枚烟蒂、2粒橘子核、2只避孕套和1只水杯上均检出金建伟和徐某两人的混合DNA,应当说这个现象是不符合常理的,结合送检的所有检材中徐某的DNA都是伴随金建伟或姚某某共同存在的,因此该问题应是现场检材遭徐某的DNA生物物质污染所致,污染的媒介是地上的水,而检出金建伟和徐某混合DNA的水杯虽是从床边柜子上提取,因徐某使用过该柜子,不排除柜子上留有其DNA生物物质的可能性。

复核期间咨询相关专家,其认可了公安机关出具的DNA检验结果分析说明,认为徐某刚搬离出租房一个月,现场留有其DNA物质是很有可能的,并且现场的水迹可以形成DNA物质的扩散,当然也不排除公安机关提取证据不规范造成检材污染的可能,本案关键是确认徐某不具有作案时间。

(2)徐某没有作案时间和作案动机。根据房东蒋某的证言,徐某从2010年4月左右租住该出租房,2010年12月底退租离开。徐某陈述,其与妻子2010年4月在递铺镇万亩村坝头自然村租房,2010年12月离开安吉回云南过年,2011年2月又到安吉打工。同时,警方经对徐某所在村村委会主任姚某、徐某父亲徐某某、妻子孙某调查取证,姚某证实徐某大概在腊月初四(2011年1月7日)回家过年,好像正月二十三(2011年2月25日)外出打工;徐某某证实徐某是去年腊月初回家,具体哪天记不清,直至今年正月十四(2011年2月16日)那天出去打工;孙某证实和徐某2010年12月退租之后回云南老家,直至2011年2月才从老家回安吉。虽然证人所证时间在细节上存在差异,但均可排除徐某2011年1月25日在现场出租房参与作案的可能,同时徐某也没有从云南再回到浙江杀害一个年近60岁卖淫女的作案动机。

2. 男子C未到过现场,男子C的生物物质是姚某某案前接待的嫖客遗留的可能性极大

据DNA检验结果分析说明记载,姚某某案发当日全部13条通话记录,除5条与丈夫女儿通话外,其余8条中,2条是与金建伟通话,5条是与以前4名嫖客通话(后警方根据通话记录显示的号码找到嫖客,提取到相关嫖客证言并均抽血化验,4人当天都未与姚某某发生性关系),1条是当天上午8:35安吉车站附近的公用电话,无法查清打电话人的情况。基于被害人姚某某系卖淫女,卖淫后大多没有清洗的习惯等情况,姚某某阴道内、乳房等部位留有其他嫖客部分精液、唾液等生物物质可能性很大。因男子C的DNA伴随金建伟的DNA仅出现在姚某某右乳头,而没有在现场送检的其他检材中出现,由此可基本确定男子C未到过现场,男子C的生物物质是姚某某随身带来的。

3. 根据在案证据,可排除其他人参与作案的可能

(1)金建伟生活圈子狭窄,多是一个人活动。根据金建伟供述,其出于欺骗女友施某在外面已经找到工作的目的,瞒着施某另外租房,白天谎称上班而基本上在万亩村租房里看看电视、睡

睡觉，晚上再回施某租房，其没有什么朋友，施某也不知道其在外面租房，万亩村租房除姚某某外没有其他人来过。据施某反映金建伟平时没有什么朋友，蒋某、潘某也反映，金建伟租住该出租房以来，基本上没看见有人来找过他，都是一个人来、一个人走，不怎么与别人接触，这与金建伟的租房目的也是吻合的。

(2)案发时段没有他人出入金建伟的出租房。根据金建伟多名邻居的证言，在案发时段的一个多小时中，所有证人均证实没有看到有他人出入金建伟的租房。同时，有充分证据证明本案是在双方卖淫嫖娼过程中发生的，结合金建伟案发当天的通话记录都是与姚某某的，姚某某案发当日12点多钟离开其朋友陈某之后的通话对象也均已查清，可排除其他人参与作案的可能性。

(3)从尸体解剖情况来看，被害人姚某某系被掐颈致机械性窒息死亡，一人能够完成作案。金建伟作案时年仅41岁，正当壮年，且为男性，而姚某某为58岁的女性，从年龄、力量对比等方面来看，金建伟一人完全能完成作案。此外，被害人姚某某的十个手指指甲的DNA检验，除左手小指未检出外，其余均为金建伟和姚某某的DNA，没有其他人的DNA，姚某某指甲内金建伟的DNA生物物质应该是搏斗时遗留，如果现场有其他人参与打斗掐颈，姚某某反抗又是如此激烈，不可能在其指甲中不发现其他人的DNA。

(4)被告人金建伟归案后一直供认仅一人作案，所供内容与在案证据相互印证，没有出现矛盾之处。金建伟归案后在第一次供述中即详细供述了作案过程，供述内容非常自然，所供内容包括细节情况都能与在案证据吻合，而且至复核阶段一直供称不认识之前租房的人，也没有其他人参与作案。

值得关注的是，2012年刑事诉讼法第一百九十二条增加一款规定："公诉人、当事人和辩护人、诉讼代理人可以申请法庭通知有专门知识的人出庭，就鉴定人作出的鉴定意见提出意见。"《关于推进以审判为中心的刑事诉讼制度改革的意见》进一步强调，落实鉴定人出庭作证制度，提高出庭作证率。在以后的司法实践中，我们要积极适用这一规定，进一步正确、科学地对鉴定意见的证据能力和证明力作出审查判断，使之发挥越来越重要的证明作用。

(撰稿：最高人民法院刑三庭　朱晶晶
审编：最高人民法院刑三庭　周　川)

[第1261号]高佑铭抢劫案

——根据被告人的供述、指认提取到了隐蔽性很强的物证，且与其他证据相互印证并排除串供、逼供、诱供等可能性的，可以认定有罪

【关键词】 死刑案件的证明标准　犯罪嫌疑人、被告人的供述和辩解　补强证据　证据审查判断　证据锁链

一、基本案情

被告人高佑铭，曾用名高大勇，男，1971年4月8日出生。2014年12月11日因涉嫌犯抢劫罪被逮捕。

吉林省长春市人民检察院以被告人高佑铭犯抢劫罪，向长春市中级人民法院提起公诉。

被告人高佑铭供认犯罪，无辩解。其辩护人提出，高佑铭无前科劣迹，如实供述罪行，认罪态度较好，建议对高佑铭酌情从轻处罚。

长春市中级人民法院经公开审理查明：2014 年 11 月 24 日晚，被告人高佑铭与被害人李淑珍（女，殁年 68 岁）等人在长春汽车经济技术开发区 51 街区 9 栋麻将馆打麻将，其间，高佑铭起意抢劫李淑珍。当日 23 时许打麻将结束后，高佑铭提出送李淑珍回家，李淑珍同意。二人行至附近的 50 街区 × 栋 × 单元李淑珍家单元门前时，高佑铭用铺路方砖击打李淑珍头部，将李打倒在地，致李淑珍颅脑损伤死亡。高佑铭抢走李淑珍随身携带的现金 200 元及金项链一条（价值2 574 元）。次日，高佑铭将金项链出卖，获款 2 093 元。同月 28 日，公安人员将高佑铭抓获。

长春市中级人民法院认为，被告人高佑铭以非法占有为目的，采用暴力手段劫取他人财物，其行为已构成抢劫罪。高佑铭在抢劫过程中致李淑珍死亡，后果严重，应依法惩处。关于辩护人提出的高佑铭没有前科劣迹、如实供述罪行、认罪态度较好、建议对其从轻处罚的辩护意见，经查，高佑铭虽无前科劣迹，且能够如实供述犯罪事实，但鉴于其抢劫被害人财物并致被害人死亡，犯罪后果严重，性质恶劣，不足以从轻处罚。故对上述辩护意见不予采纳。依照《中华人民共和国刑法》第二百六十三条第（五）项、第五十七条第一款、第五十九条之规定，以抢劫罪判处被告人高佑铭死刑，剥夺政治权利终身，并处没收个人全部财产。

一审宣判后，被告人高佑铭以其没有杀害被害人的故意，是在抢劫过程中失手致人死亡、没有前科劣迹、认罪态度好、一审量刑重为由向吉林省高级人民法院提出上诉。其辩护人提出，高佑铭系初犯、偶犯，认罪态度好，愿意赔偿被害人家属经济损失，有悔罪表现，请求对其从轻处罚。

吉林省高级人民法院经公开审理认为，原审判决认定被告人高佑铭抢劫的事实清楚，证据确实、充分，定罪准确，量刑适当。审判程序合法。经查，高佑铭多次供述其将被害人打趴在地上后，怕被害人举报是其抢劫，所以用方砖砸被害人后脑，就是想让被害人死。故高佑铭所提“我没有杀害被害人的故意，是在抢劫过程中失手致人死亡”的上诉理由不能成立；虽然高佑铭系初犯，认罪态度较好，并表示愿意赔偿被害人家属的经济损失，但其犯罪情节特别恶劣，后果极其严重，其又没有赔偿能力，故对其不足以从轻处罚。依照《中华人民共和国刑事诉讼法》第二百二十五条第一款第（一）项和《中华人民共和国刑法》第二百六十三条第（五）项、第五十七条第一款、第五十九条之规定，裁定驳回上诉，维持原判，并依法报请最高人民法院核准。

最高人民法院经复核认为，被告人高佑铭以非法占有为目的，采用暴力手段劫取他人财物，其行为已构成抢劫罪。高佑铭抢劫年近七旬老人的财物，并在抢劫过程中持砖头打击被害人头部致其死亡，其犯罪情节特别恶劣，手段残忍，所犯罪行极其严重，应依法惩处。第一审判决、第二审裁定认定的事实清楚，证据确实、充分，定罪准确，量刑适当。审判程序合法。依照《中华人民共和国刑事诉讼法》第二百三十五条、第二百三十九条和《最高人民法院关于适用〈中华人民共和国刑事诉讼法〉的解释》第三百五十条第（一）项的规定，裁定核准吉林省高级人民法院（2015）吉刑一终字第 88 号维持第一审以抢劫罪判处被告人高佑铭死刑，剥夺政治权利终身，并处没收个人全部财产的刑事裁定。

二、主要问题

根据被告人的供述、指认提取到了隐蔽性很强的物证，且与其他证明犯罪事实发生的证据互相印证，并排除串供、逼供、诱供等可能的，能否认定有罪？在此情况下能否对被告人适用死刑？

三、裁判理由

本案中，被告人高佑铭始终供认抢劫致人死亡的犯罪事实，此外再无直接证据证明犯罪行为系被告人实施；根据被告人指认提取的部分物证可以将被告人与被害人相关联，但据此认定系被告人作案,则还需要排除其他合理怀疑。因此,如何综合审查判断在案间接证据,从而认定被告人供述的真实可靠性,进而确认犯罪事实,在此情况下能否对被告人适用死刑,系本案以及类似案件的难点。

《最高人民法院、最高人民检察院、公安部、国家安全部、司法部关于办理死刑案件审查判断证据若干问题的规定》第三十四条规定:“根据被告人的供述、指认提取到了隐蔽性很强的物证、书证,且与其他证明犯罪事实发生的证据互相印证,并排除串供、逼供、诱供等可能性的,可以认定有罪。”对前述问题,虽然司法解释文件作出了规定,但在具体适用环节仍需要综合、审慎判断,特别是要注意做好口供的补强工作。本案提供了主要通过审查被告人供述定罪的认定方法,诠释了口供补强规则。

(一)根据被告人的供述、指认提取到了隐蔽性很强的物证

1. 根据被告人高佑铭指认找到其出售被害人李淑珍项链的首饰加工店,赃物去向清楚。(1)高佑铭于2014年11月28日23时55分被抓获归案,到案后即供认,同月24日晚其抢劫被害人一条金项链,次日将项链卖给一首饰加工店的事实。高佑铭供述,抢劫的金项链是扁的、一环套一环的样式,项链上本来有一个金坠,但抢劫时把项链的挂钩拽直了,项链当时就断开了,抢劫后发现金坠没有了,出售项链时称重为9.9克,卖了2 093元,收购项链的人登记了其名字和身份证号码。(2)指认笔录证明,2014年11月29日,高佑铭带领公安人员指认,位于长春市黄河路与亚泰大街路口的一首饰加工店为其销赃地点。店主朱美爱证明,2014年11月25日,其以每克235元的价格收购了一男子的金项链,重9.9克,付给该男子2 093元,收购的项链系黄金的水波纹项链,项链挂钩缺一半,当时登记了该男子的身份信息。公安机关后从朱美爱处调取了《金银饰品加工改制登记簿》,证明2014年11月25日,朱美爱以2 093元的价格收购高佑铭9.9克足金项链,高佑铭身份证号码为220121197104080×××。所登记的出售人信息与高佑铭身份信息一致。

由于高佑铭归案后带领公安人员指认了其销赃的地点,店主朱美爱所证明的收购项链的时间、项链的特征、重量、收购价格等均与高佑铭供述一致,且登记簿上登记的出售人身份信息与高佑铭吻合,因此能够认定高佑铭2014年11月25日在该首饰加工店出售一条金项链的事实。

2. 根据在案证据,亦能够认定被告人高佑铭出售的金项链即为被害人李淑珍生前随身所佩戴的项链。高佑铭始终供述抢劫金项链的犯罪事实,且供述项链本来有个吊坠,抢劫后发现吊坠没有了,与现场血泊中提取一黄金吊坠的情况印证;被害人丈夫的证言及公安机关协查通报证明,被害人的项链为扁平的一环套一环的样式,重约10克,与高佑铭证明抢劫的金项链为扁的、一环套一环的样式,以及店主证明收购的金项链为黄金水波纹项链、重9.9克的情况印证;高佑铭供述,其抢劫项链时,连接吊坠的挂钩被拽断,朱美爱亦证明收购的项链挂钩缺一半,与现场勘验、检查笔录记载的提取的吊坠断裂的情况印证;高佑铭出售项链的时间系李淑珍被害的次日。结合上述细节特征,能够证明高佑铭出售的项链系被害人李淑珍的项链。

(二)在案其他证据能够证明犯罪事实的发生,且能与被告人供述及前述提取的物证相互印证

1. 证人证言、从现场提取的烟蒂证明,当晚被告人高佑铭与被害人李淑珍同在麻将馆打麻将,二人于当日23时许一起离开,一同走向案发现场的方向,而李淑珍在当日23时30分左右即被发现遇害,时间紧凑、空间相连,可以证明高佑铭有作案的时空条件,这也是确定高佑铭具有作案嫌疑、并据此破案的重要线索。(1)麻将馆老板李玲,当晚参与打麻将人员计和、孙桂英以及孙桂英丈夫高喜发均证明,当晚李淑珍、高佑铭、计和、孙桂英在麻将馆打麻将,当晚只有这一桌人

玩麻将，且是最后一桌，23 时许结束，散场时除上述打麻将的四人外，麻将馆内只有老板李玲和孙桂英丈夫高喜发。高喜发还证明，散场后，李淑珍和高佑铭一起往安庆路方向即李淑珍家方向走了。高喜发、李玲、计和经混杂辨认，均确认高佑铭就是当晚与被害人共同在麻将馆打麻将的姓高的男子。(2)公安机关从当晚李淑珍使用的麻将桌下方地面提取长白山烟蒂一枚。经 DNA 鉴定，该烟蒂系高佑铭所留。印证高佑铭当晚在麻将馆打麻将的情况。(3)证人索海深证明，2014 年 11 月 24 日 23 时 30 分许，其发现妻子李淑珍在住所附近的×街区×栋×单元门前，被人用砖头击打头部后死亡，李淑珍所戴的金项链和身上现金被抢走。

2. 现场勘验、检查笔录记载，被害人李淑珍在其家单元门前被害，挎包拉链呈开启状，现场血泊中有一黄金吊坠，血泊西侧地面有一带血方砖。经 DNA 鉴定，从方砖上检出李淑珍血迹，证明该方砖系作案工具。与被告人高佑铭供述的持方砖在被害人家单元门前打击被害人头部后抢走被害人挎包内现金及所戴金项链，后发现吊坠不见的情况印证。

3. 尸体鉴定意见证明，李淑珍系钝器打击头部致颅脑损伤死亡，系他杀。所证明的被害人的死因和伤情、致伤工具分析，与被告人高佑铭供述的持砖头打击被害人头部的情况印证。

（三）被告人高佑铭始终稳定供述抢劫致被害人死亡的犯罪事实，所供能够与在案证据相印证，并且能够排除串供、逼供、诱供等可能

被告人高佑铭自归案后第一次讯问到第一、二审庭审直至死刑复核提讯中，始终稳定供认抢劫的犯罪事实，侦查期间供述均有同步录音录像印证讯问程序的合法性。高佑铭被抓获后即供认“我用砖头打了老太太后脑两下，先把项链拽走了，然后翻包，拿走 200 多元钱”，供述非常及时，且是在很自然的状态下交代，并在现场方位图上指认当晚与被害人的行进路线、捡方砖地点、打击被害人地点等，能够排除刑讯逼供的可能，且高佑铭供述稳定，至复核提讯仍供认犯罪。高佑铭归案后即带领公安人员指认其捡方砖地点和作案地点，在其指认的 50 街区×栋北侧路口捡方砖地点可见有多块方砖；其指认的抢劫地点与李淑珍被害地点一致。指认过程有全程录音录像。

（四）虽然被害人李淑珍是在其家楼下被害，系开放性场所，但根据在案证据，可以确认系高佑铭作案，并能排除其他合理怀疑

1. 从被害人李淑珍离开麻将馆到被害，最多只有 30 分钟的时间，时间十分紧凑，而高佑铭系当晚麻将散场后与李淑珍共同离开麻将馆，并一同走向现场方向的人。

2. 被告人高佑铭供述，其作案前实际上住在德惠路的旅馆，其为了预谋作案，和麻将馆的人说自己住在宽平大桥。证人高喜发证明，当晚高佑铭和李淑珍共同往安庆路方向走了。而安庆路方向系李淑珍家方向，与德惠路、宽平大桥均为相反方向。如果高佑铭非作案人，则不能解释其当晚为何走相反方向，以及为何出现在被害人所在的 50 街区×栋。

3. 根据在案证据，能够认定高佑铭在作案后次日出售了李淑珍的项链。如果考虑到最极端的情况，本案是否存在高佑铭不是作案人，其当晚仅是看见李淑珍被害后拿走李淑珍的项链的情况？按照常理，如果是看见陌生人被害倒是存在趁火打劫的可能性，而发现熟人被害却盗取财物，此种可能性极小，且明显不合常理。

4. 被告人高佑铭作案后有诸多反常表现。例如：房屋租赁合同证明，高佑铭在 2014 年 11 月 25 日更换住处，租住长春市朝阳区西安胡同 15 号 803 栋 310 室内的一单间，该租房时间恰为李淑珍被害次日；高佑铭供述，其以前使用的手机号是 13844045×××，该号码 11 月 24 日后就不用了，并把手机卡扔掉了，其被抓获时使用的手机号是 15543668×××，是作案后又购买的新手机卡；高佑铭作案后将其作案当天所穿的外衣和鞋子均扔掉，等等。

综上,在本案中,确定被告人作案嫌疑的依据确实、充分;根据被告人的供述、指认提取到了被其出售的被害人李淑珍遇害时佩戴的项链等隐蔽性很强的物证;被告人供述取证程序合法,所供内容尤其是细节得到在案间接证据的印证,足以作为定案的根据;全案证据能够形成完整的证据链条,证明方向一致并能排除其他合理怀疑,足以认定被告人高佑铭抢劫致被害人死亡的犯罪事实。最高人民法院根据被告人高佑铭抢劫致人死亡的犯罪事实、性质、情节和对于社会的危害程度,依法核准高佑铭死刑是正确的。

(撰稿:最高人民法院刑三庭　王锋永　王婷婷
审编:最高人民法院刑三庭　周　川)

[第1272号]康文良故意杀人案

——如何审查判断DNA鉴定意见的关联性及被告人的翻供

【关键词】 鉴定意见　DNA证据　证据审查判断　翻供

一、基本案情

被告人康文良,男,1969年10月9日出生,农民。2010年10月12日因涉嫌犯故意杀人罪被逮捕。

安徽省亳州市人民检察院以被告人康文良犯故意杀人罪,向亳州市中级人民法院提起公诉。

被告人康文良及其指定辩护人提出:康文良受到刑讯逼供才在侦查阶段作出有罪供述,认定康文良故意杀人的证据不足,请求宣告康文良无罪。

亳州市中级人民法院经审理查明:2010年9月4日凌晨,被告人康文良到本村村民徐某某(被害人,女,殁年41岁)家附近,发现徐某某家堂屋西间南侧窗户未关严,遂产生与徐某某发生性关系之念,便翻窗入室。徐某某被惊醒后从卧室出来,发现康文良后与之厮打,康文良用马扎(用绳子编制的木板凳)猛击徐某某头面部数下,又将徐某某推倒在地扼住颈部致徐死亡。经法医鉴定,徐某某系被他人用木质钝器打击头面部致重度颅脑损伤合并机械性窒息死亡。

亳州市中级人民法院认为,被告人康文良采用暴力手段剥夺徐某某的生命,其行为构成故意杀人罪。公诉机关指控罪名成立。对康文良提出其在侦查阶段的供述系刑讯逼供,徐某某不是其杀害的辩解及其辩护人的无罪辩护意见,经查,侦查机关同步录音录像及检察机关相关证明证实在侦查阶段公安机关未采取非法手段对康文良进行讯问,康文良的有罪供述与证人证言、马扎上检出康文良与徐某某混合DNA的鉴定意见、法医鉴定意见等证据相互印证,足以认定康文良故意杀害徐某某的犯罪事实,相关辩解及辩护意见与事实不符,不予采纳。据此,依照《中华人民共和国刑法》第二百三十二条、第五十七条第一款之规定,以故意杀人罪判处康文良死刑,剥夺政治权利终身。

一审宣判后,被告人康文良以受到刑讯逼供才在侦查阶段作出有罪供述,认定其作案证据不足为由,向安徽省高级人民法院提出上诉,请求宣告其无罪。

安徽省人民检察院出庭检察员认为,本案有充分证据证明被害人徐某某系他杀,对物证马扎上的DNA的鉴定意见能够认定康文良接触过徐某某家的马扎,康文良在侦查机关和检察机关的有罪供述部分细节与在案证人证言印证,有一定证据证明康文良杀害徐某某的犯罪事实,但还有待进一步证明，建议二审法院在进一步查清事实的基础上依法作出公正裁决。安徽省高级人民法院经审理认为，本案事实不清，证据不足，裁定撤销原判，发回亳州市中级人民法院重新审判。

亳州市中级人民法院经重新审理，再次以故意杀人罪判处被告人康文良死刑，剥夺政治权利终身。

被告人康文良以认定其作案证据不足为由，向安徽省高级人民法院提出上诉，请求宣告其无罪。

安徽省高级人民法院经审理认为，原判认定事实清楚，证据确实、充分，定性准确，量刑适当，审判程序合法。裁定驳回上诉，维持原判，并依法报请最高人民法院核准。

最高人民法院复核认为，第一审判决、第二审裁定认定被告人康文良犯故意杀人罪的事实不清，证据不足，裁定不核准康文良死刑，发回安徽省高级人民法院重新审判。

安徽省高级人民法院经审理，将本案发回亳州市中级人民法院重新审判。

亳州市中级人民法院经重新审理，第三次以故意杀人罪判处被告人康文良死刑，剥夺政治权利终身。

被告人康文良以认定其作案证据不足为由，向安徽省高级人民法院提出上诉，请求宣告其无罪。

安徽省高级人民法院经审理认为，认定被告人康文良犯故意杀人罪的事实不清，证据不足，裁定撤销原判，宣告康文良无罪。

二、主要问题

1. 如何审查判断 DNA 鉴定意见的关联性？

2. 如何审查判断被告人的有罪供述和翻供？

三、裁判理由

本案是最高人民法院收回死刑复核权后，以事实不清、证据不足为由不予核准、发回重审，下级法院经重审宣告无罪的案件。对本案及案件审理过程进行全面深入的剖析和总结，既有值得借鉴的经验，也有需要反思的教训，给人诸多启示。

（一）审查认证 DNA 鉴定意见，不仅要审查其客观性、合法性，更要审查其与案件事实的关联性以及关联程度

在颠覆“口供为王”的刑事司法理念变革中，对 DNA 鉴定意见、物证、书证等客观性特征更为突出的证据的证明作用的认识得到显著提升。在很多刑事审判人员看来，那是客观的“不变”证据，但没有认识到 DNA 鉴定意见相对于言词证据而言，虽客观性、合法性可以得到较高程度的保障，但关联性及关联程度需要审判人员认真深入地审查认证，尤其不能将 DNA 鉴定意见与案件事实存在的一般关联性当作排他性，从而作为定案的依据。

本案现场破坏严重，现场情况广为周围村民知晓。案发之初，徐某某的亲属以为徐是高血压病发作后摔倒死亡，故没有及时报警和保护现场，包括邻居康文良在内的众多村民进入现场或到场围观、议论，现场包括徐某某遇害位置、死亡时的身体状态、头面部流血、尸体旁边有损坏的马扎、马扎上沾有大量血迹、发现尸体的人是爬西窗进入徐家、徐家其他门窗被反锁等情况均为村民所知晓。村民从现场情况已经推断出徐某某是被现场的马扎击打头面部致死。在案发及侦查之初，没有发现指向康文良作案的证据，在现场马扎上检出康文良 DNA 的鉴定意见出来后，才锁定康文良为重要嫌疑人予以羁押。

本案除了康文良在侦查阶段的有罪供述外，认定其作案的证据主要是从现场的马扎上检出了其和徐某某的混合 DNA。而且，公安机关在获悉该鉴定意见后，讯问康文良是否接触过徐家

的马扎,康文良作出了否定回答,明确表示他不仅案发前后没有接触过徐家的马扎,而且根本没见过徐家的马扎。按照一般逻辑,上述证据可以推断出在凶器马扎上检出的康文良的DNA便是其作案时所遗留,可以作为定案的重要证据。

一审法院对该DNA鉴定意见高度重视,在第一次一审和第二次一审期间先后就康文良没有受伤流血,如何能检出其DNA,以及马扎上的混合图谱中是否仅检出康文良和徐某某的基因分型,是否可以排除包含其他人的DNA的问题电话咨询了公安部物证鉴定中心法医,得到的答复是:不是只有血迹才能检出DNA,非血迹,如汗液、细胞等也能检出DNA,专业上叫接触DNA;从马扎上检出的混合图谱中能看出康文良和徐某某的基因分型,看不出其他人的DNA分型,但看不出不等于不包含,只是概率较低。一审法院根据鉴定和咨询意见以及康文良关于"不仅案发前后没有接触过徐家马扎,而且根本不知道徐家有马扎"等供述,认定在凶器马扎上检出的其DNA便是其作案时遗留,并以此作为关键的定案依据判处康文良死刑。

最高人民法院复核阶段对本案中的DNA鉴定意见,特别是其关联性进行了重点审查,并综合案件其他证据,认为不能依据该鉴定意见得出上述具有排他性的唯一结论,主要理由是:

1. 康文良家与徐某某家是对过邻居,徐家的马扎曾出借给其他邻居使用,马扎本身是能随意搬动之物,按照农村人经常搬动马扎或小凳随地而坐的生活习惯,难以全面彻底排除作为邻居的康文良接触徐家马扎的可能性。

2. 康文良在审判阶段辩解称,案发前一两个月,其路过徐某某家门口,徐要把借他家的铁锹还给他,叫他在门口坐一会儿,他不知道当时坐的是不是涉案马扎。现有证据无法排除康文良当时曾接触该马扎的可能性。

3. 康文良的上述辩解与其在侦查阶段关于不知道徐某某家有马扎,更没接触过徐家马扎的供述相矛盾,但不能据此就认定其没有见过、接触过徐家马扎:一是接触马扎是生活中的小事,未留下深刻记忆也属正常;二是徐某某被发现遇害时,康文良也到场围观,知道马扎是作案凶器,因此其在侦查阶段声称自己从未见过、接触过徐家马扎,不排除基于避祸心理,对马扎避而远之,以免引火烧身。

4. 一审法院的两次咨询未针对康文良"在案发前一两个月曾接触过马扎"的辩解进行。在复核阶段,承办法官就涉案混合DNA能否检出先后附着的时间,以及接触DNA能在物体表面保存多久的问题进一步咨询了公安部出具该鉴定意见的鉴定人员,得到的答复是:保存时间取决于保存条件等因素,有的汗斑、唾液可以保存几个月甚至几年,他们曾从一枚烟头上检出嫌疑人几年前留下的唾液;康文良和徐某某先后接触马扎,也可能从马扎上检出该两人的混合DNA,且检验不出附着的先后顺序。因此,DNA鉴定意见仅仅表明康文良曾经接触过马扎,而不能从科学层面否定康文良有关案发前一两个月曾接触过马扎的辩解。故该鉴定意见与案件事实的关联性很弱。

5. 证据材料显示,可以确定案发后至少有三人接触过涉案马扎,而DNA鉴定却未检出该三人的DNA,说明在马扎上未检出DNA并不代表未接触马扎。也就是说,如果另有真凶,虽然使用了马扎作案,也可能检不出其DNA,这从另一方面说明该DNA鉴定意见对证明案件事实不具有排他性。

综上,在马扎上检出康文良和徐某某的混合DNA,只能表明康文良曾经接触过该马扎,不能得出康文良使用该马扎杀害徐某某的唯一结论。

(二)对于被告人曾做过有罪供述,后又翻供的,要高度重视审查翻供理由和有罪供述的证明力

在刑事司法实践中,有时仍然存在过于相信和重视公安机关、检察机关收集的有罪证据和提

出的有罪指控,包括不尽规范的情况说明,而忽视被告方的辩解、辩护意见;在被告人作出有罪供述后,对其后来的翻供不加认真审查,简单地视为狡辩;只注重有罪供述与其他证据的印证情况,而忽视其中不能印证以及供述不自然、不合理的部分,为错误认定案件事实埋下隐患等问题。

本案中,被告人康文良在审判阶段开始翻供,否认作案,并对原先所作有罪供述进行解释,辩护人始终为其做无罪辩护。三次一审和第二次二审均认为康文良的翻供不成立,依据是公安机关出具了没有刑讯逼供的证明,讯问时制作了同步录音录像,入所身体检查记录显示康文良健康无损伤,在审查起诉阶段仍承认有罪等。

最高人民法院经审查发现,本案只有一次供述有同步录音录像;康文良供述其在作出有罪供述前已被羁押于刑事侦查部门多日,受到变相刑讯逼供,公安机关对此未予正面回应;康文良称其将公诉人当成侦查人员,所以在审查起诉阶段也不敢改变原有供述。而且,康文良的有罪供述不稳定,证明力不强,具体表现如下:

1. 供述不能得到其他证据印证或者前后供述不一致。例如,康文良供称喝酒后去徐家作案,但其儿子和妻姐均证明康文良自妻子卧病在床到病死期间(本案发生于该时间段内)没有喝过酒;康文良供称被徐某某发现后,被徐用马扎砸了后背,但经人身检查,康文良身体没有伤痕;康文良供称作案后手上沾血爬西窗逃离徐家,回家后关门再去洗手,而在徐家西窗上没有提取到康文良的指纹、血迹,在康家大门上也没有提取到血迹;康文良第一次供认时称潜入徐家是为了偷窃棉被,后供称是想与徐某某发生性关系;康文良起初供称用马扎砸了几下徐某某就倒地,而后则供称徐某某躲避被砸,他随后追打。

2. 供述逐步与在案证据相印证。康文良在接受三次询问和第一次讯问时未承认作案,其最初几次供称用马扎砸徐某某三下,后来才供称连续砸击,不知砸了多少下,与尸检鉴定意见显示徐某某尸体头面部有十六处创伤、全身共有数十处伤痕的情况基本印证;第一次供认时没有提到掐徐某某脖子,后来才做此供述,与尸检鉴定意见关于徐某某重度颅脑损伤合并扼颈窒息死亡的意见相印证;第一次供认时没有提到徐家有一闪一闪的亮光,第二次供认时提到徐家西窗玻璃没关严,窗户缝有闪烁的亮光,第三次供认时又提到徐家屋内有一闪一闪的灯光,不知从哪个地方发出的,这与证人康桂亭、杨玉真在康文良供述之前即证明案发后他们在徐家东屋拔下了徐某某正在充电的万能充电器存在印证之处。

3. 案件的部分重要情节得不到康文良供述或与康有关联的证据印证。从现场勘验和尸检情况来看,徐某某进行了较为激烈的搏斗,行为人身上应当沾染血迹,而在现场没有提取到康文良指纹、鞋印等关联性痕迹物证,在康文良的家中和衣服上没有提取到可疑血迹,案发当晚与康文良居住的儿子、妻姐均证明未听见康文良离家出去,也未看见康文良在次日洗过衣服等情况。

综上,康文良的供述与其他证据之间有相当一部分得不到印证,对关键性情节的供述呈现出与已在案证据逐渐印证的特点,有的供述不自然、不合理,自始就能得到印证的供述则是康文良到现场围观时就已经看见或者听到的内容,上述供证关系和供证的印证情况严重影响了康文良有罪供述的证明力。

本案中,除关联性弱的 DNA 鉴定意见和证明力弱的有罪供述,没有其他证据证明康文良作案。最高人民法院经复核,以案件事实不清、证据不足为由,发回安徽省高级人民法院重新审判。安徽省高级人民法院经重新审判,最终宣告康文良无罪。

(撰稿:最高人民法院刑一庭　肖　凤
审编:最高人民法院刑一庭　管应时)

[第1334号]余坤锋交通肇事案

——"自首认罪"案件如何理解和把握"证据确实、充分"的证明标准

【关键词】 自首 证据确实、充分 交通事故责任认定 证据审查判断 排除合理怀疑

一、基本案情

被告人余坤锋，男，1992年6月14日出生。2014年8月29日被逮捕。

广东省高州市人民检察院以被告人余坤锋犯交通肇事罪，向高州市人民法院提起公诉，并提出被告人余坤锋具有自首情节。

被告人余坤锋对公诉机关的指控无异议。

高州市人民法院经审理查明：2014年8月17日零时，一辆车牌号为粤KEM626的小轿车从广东省茂名市往高州市方向行驶，在途经高州市石仔岭大转盘路段时，与从石鼓往高州方向由被害人朱鹏飞驾驶的二轮摩托车发生碰撞，造成两车损坏、朱鹏飞当场死亡的重大交通事故。事故发生后，粤KEM626小轿车司机弃车逃离现场。当天14时许，本案被告人余坤锋到交警部门投案自首，主动认罪。余坤锋供述称，2014年8月16日23时许，其到高州乐天大酒店一楼大厅找朋友余来桂玩，在一楼大厅喝咖啡时，余来桂刚好去卫生间，他从桌上拿走余来桂的车钥匙，到停车场开走余来桂的小车，开车返回乐天大酒店时，在石仔岭大转盘处撞上摩托车，他弃车逃离现场。当天上午，家人劝其自首，他在家人及朋友的陪同下到交警部门投案自首。交警部门认定，余坤锋应负事故的全部责任。

粤KEM626小轿车的所有人为茂名市车天下汽车租赁有限公司。2014年8月11日21时，公司将该车租给客户陈乐使用。

高州市人民法院认为，公诉机关指控被告人余坤锋犯交通肇事罪的证据中，除余坤锋的供述和指认笔录外，没有其他证据证实是余坤锋驾驶肇事车辆发生交通事故，余坤锋的供述与其他证据不能形成证据链和相互印证，本案证据证明的结论不具有唯一性，不能排除合理怀疑，公诉机关指控被告人余坤锋犯交通肇事罪事实不清，证据不足，指控的犯罪不能成立。据此，判决如下：

被告人余坤锋无罪。

宣判后，高州市人民检察院以原判认定余坤锋无罪错误为由，向茂名市中级人民法院提出抗诉，茂名市人民检察院审查后支持抗诉。

高州市人民检察院抗诉提出：原判认定被告人余坤锋无罪错误。主要理由是：被告人余坤锋投案自首，到案后如实供述了自己的犯罪行为；余坤锋对案发现场、作案车辆及车辆的内饰、碰撞部位等均作了准确指认，也从保管箱中准确找到肇事车辆的钥匙；交警部门的事故认定书认定余坤锋应负事故的全部责任。

茂名市人民检察院检察员出庭意见：原判错误，应予纠正。主要理由是：本案证据已形成完整证据链条，足以证实被告人余坤锋就是本案的肇事者。案发前，余坤锋所述取车环节得到证人陈乐与余来桂的证言印证；案发时，所述肇事环节与案发现场情况一致；案发后，所述回家商量投案自首环节得到其家人及邻居的证言印证。

被告人余坤锋提出:对公诉机关的抗诉书没有异议,承认自己犯交通肇事罪。其指定辩护人提出:原公诉机关指控余坤锋犯交通肇事罪的证据没有形成证据链,不能相互印证,本案证据证明的结论不具有唯一性,不能排除合理怀疑。主要理由是:首先,在咖啡厅取走车钥匙的事实只有余坤锋的供述,并没有其他证据予以佐证。虽然余坤锋始终承认是其在2014年8月17日零时无证驾驶粤KEM626小轿车发生交通事故,致一人死亡,但其关于如何取车、在何处取车、因何缘故经过案发地点从而发生事故等情节的供述前后矛盾,疑点重重。一是余坤锋关于如何拿走肇事车辆钥匙的情节供述存在前后三次不一致的情况;二是余坤锋关于为何开走肇事车辆的动机供述存在前后矛盾的情况,其开走肇事车辆的动机仍不明确;三是证人余来柱、陈乐的证词与余坤锋的供述存在矛盾;四是余坤锋亲友的询问笔录属于传来证据,不能证明本案的客观事实。其次,余坤锋的指认笔录没有见证人的签名,且卷宗中没有对此的解释或说明,因此该指认笔录不能作为定案的根据。

广东省茂名市中级人民法院经审理认为,本案证实所谓"犯罪各环节"的证据,要么存在矛盾,要么不足。抗诉机关和支持抗诉机关至二审终结前,没有提供充分并足以排除存在矛盾的证据证实被告人余坤锋有犯罪行为。根据《刑事诉讼法》第五十三条第一款"对一切案件的判处都要重证据,重调查研究,不轻信口供"的规定,虽然余坤锋始终"认罪",但本案没有任何能够将余坤锋与肇事现场或肇事现场车辆联系起来的客观性证据,也没有提取到其作为亲历者所知晓的隐蔽性证据;特别是在如何取得肇事车辆这一重要环节上,余坤锋的供述不但前后不一,亦与其他证人证言相互矛盾;而且,综观全案证据,余坤锋的供述亦存在诸多无法解释的不合常理之处。因此,对原审被告人余坤锋的有罪供述无法查证属实,其有罪供述的真实性存疑,全案证据尚未达到确实、充分的法定证明标准。据此,裁定如下:

驳回抗诉,维持原判。

二、主要问题

在"自首认罪"案件中,如何理解和把握"证据确实、充分"的证明标准?

三、裁判理由

(一)对被告人"自首认罪"案件依然应当坚持"事实清楚,证据确实、充分"的证明标准

在审判实务中,被告人"自首认罪"的案件,一般情况下,案件事实是清楚的,证据也是充分的。但是,审判实践表明,即使被告人"自首认罪"的案件,也存在出现冤假错案的风险。所以,在被告人"自首认罪"的案件中,如何坚持证据裁判原则,恪守法定证明标准,贯彻疑罪从无,无论在理论上还是在实践中都是一个值得研究的问题。

我们认为,被告人"自首认罪",只是表明被告人对案件事实的主观态度,并不代表案件事实一定是清楚的,证据一定是充分的。对被告人"自首认罪"案件依然应当坚持"事实清楚,证据确实、充分"的证据裁判原则,其理由如下:

1. 重证据,不轻信口供是我国证据制度的重要特点

《刑事诉讼法》第五十三条第一款规定:"对一切案件的判处都要重证据,重调查研究,不轻信口供。只有被告人供述,没有其他证据的,不能认定被告人有罪和处以刑罚;没有被告人供述,证据确实、充分的,可以认定被告人有罪和处以刑罚。"该条第二款规定:"证据确实、充分,应当符合以下条件:(一)定罪量刑的事实都有证据证明;(二)据以定案的证据均经法定程序查证属实;(三)综合全案证据,对所认定事实已排除合理怀疑。"上述法律规定,体现了我国证据制度不轻信口供的特点。

2. 对被告人认罪的案件，依然严格贯彻证据裁判原则

这可以从我国关于刑事案件速裁程序的有关规定上得到印证。刑事案件速裁制度的基本前提是被告人自愿认罪，包括被告人自首后认罪。对这类案件的证据标准，根据《全国人大常委会关于授权最高人民法院、最高人民检察院在部分地区开展刑事案件速裁程序试点工作的决定》（2014年6月27日）和《最高人民法院、最高人民检察院、公安部、司法部关于在部分地区开展刑事案件速裁程序试点工作的办法》（法〔2014〕220号，以下简称《试点办法》）的规定，适用刑事案件适用速裁程序，案件事实清楚、证据充分是必要条件，而不是只要被告人认罪就可适用刑事速裁程序。并且，《试点办法》第二条还特别规定，犯罪嫌疑人、被告人认罪但经审查认为可能不构成犯罪的，或者辩护人作无罪辩护的，不适用速裁程序。

3. 被告人认罪不代表案件事实清楚，证据充分

被告人与诉讼结果有切身的利害关系，基于各种目的，其口供可能反映案件的事实真相，也可能歪曲事实，制造假象。更为甚者，替人顶包或者屈打成招等情况下作出的认罪案件也偶有发现。实践证明，轻信、倚重被告人口供，是造成冤假错案的重要原因之一。因此，对于被告人的口供，决不能盲目地、轻易地认定；在运用被告人口供时，应当注重调查研究，将主要精力放在收集口供以外的其他证据上，用其他证据审查、核实被告人的口供。

（二）对被告人“自首认罪”案件的证据审查，依然应当恪守法定证明标准，对证据进行全局审查判断和综合运用

《刑事诉讼法》第五十三条第二款规定了“证据确实、充分”应当同时具备的三个条件。据此，证据在量上要求对定罪量刑的事实都有证据证明；在质上要求经过法定程序查证属实，据以定案的证据之间、证据与犯罪事实之间不存在矛盾或者矛盾得以合理排除，而根据证据认定犯罪事实的过程符合逻辑和经验法则，由证据得出的结论具有唯一性，才能达到确实、充分的证明标准。《刑事诉讼法》及相关司法解释对如何审查认定证据及如何对证据进行综合审查与运用作了详细规定。这些规定，既是对审查、运用证据的法定要求，也是审查、运用证据的基本方法。

本案中，虽然被告人“自首认罪”，也不能放松对证据的审查判断，而是要恪守法定证明标准，运用多种方法，对全案证据进行多层次、多角度、全方位的立体化审查判断，在审查判断的基础上进行综合分析，然后得出证据是否确实、充分的结论。

1. 在微观上，对单个证据的证据能力和证明力进行全面审查判断

对单个证据的审查判断是对全案证据审查判断的基础，是确保案件质量的首要环节。这个阶段主要是对单个证据的证据能力和证明力进行审查判断，通过审查将没有证据能力及证明力的证据予以排除。《最高人民法院关于适用〈中华人民共和国刑事诉讼法〉的解释》（以下简称《刑诉法解释》）对如何审查各类证据作了非常详尽的规定。实务中应当遵循这些规定审查证据。

就本案而言，一审、二审法院通过阅卷分析、实地调查、庭审中对出庭民警办案过程的询问、征求办案机关的上级机关审查意见等方法，发现本案有两份关键证据，即指认笔录、道路交通事故认定书存在问题，因没有证据能力或缺乏证明力，而不能作为定案根据。

第一，关于指认笔录。从《刑事诉讼法》第四十八条规定看，法定证据中并没有指认笔录这一证据分类。司法实践中的指认笔录，其实质属于辨认笔录。对于如何审查辨认笔录，《刑诉法解释》第九十条要求，对辨认笔录应当着重审查辨认的过程、方法，以及辨认笔录的制作是否符合有关规定，并列明了辨认笔录不得作为定案根据的六种情形：（1）辨认不是在侦查人员主持下进行的；（2）辨认前使辨认人见到辨认对象的；（3）辨认活动没有个别进行的；（4）辨认对象没有混杂在具有类似特征的其他对象中，或者供辨认的对象数量不符合规定的；（5）辨认中给辨认人明显

暗示或者明显有指认嫌疑的;(6)违反有关规定,不能确认辨认笔录真实性的其他情形。就本案而言,除被告人供述外,指认笔录是本案能将余坤锋与肇事现场、肇事现场车辆联系起来的唯一证据。然而,本案中公安、检察机关组织的指认却存在下列问题:(1)指认前指认人已经了解或见到指认对象。一是现场指认笔录。在侦查阶段,被告人并没有对现场进行辨认,而是在法院第一审的第一次开庭之后,侦查机关才作出指认现场笔录,也就是说,在本案中,一审开庭在前,现场指认在后。如此,在现场指认前,通过庭审举证、质证,被告人余坤锋已经全面了解事故现场情况。二是车辆指认笔录。车辆指认笔录除了存在"开庭在前,指认在后"的问题外,还存在见"实物在前,讯问在后"的情况。一般情况下,指认笔录都是侦查机关先讯问被告人,让被告人叙述被指认对象的基本情况,然后进行指认。但本案中,侦查机关先组织被告人余坤锋对肇事车辆进行指认,余坤锋在指认车辆过程中,通过没有玻璃的前窗完全可能看清楚肇事车辆撞击部位以及车内饰品的情况。但侦查机关却在此之后才对余坤锋进行有关肇事车内饰特征的讯问。因此,该讯问没有实质性的意义,对车辆内饰特征的指认笔录也没有实质性的意义。(2)对肇事车钥匙的指认存在瑕疵,车钥匙没有物证提取笔录,来源不清。(3)指认对象没有混杂在具有类似特征的其他对象中。在组织辨认时,侦查机关没有将指认对象肇事车钥匙混杂在具有类似特征的其他对象中。指认时,辨认对象中其他车钥匙都贴有一个明显的标签,唯独"肇事车钥匙"没有贴标签。(4)现场指认笔录所述部分内容不真实。现场指认笔录记载:"经民警带被告人余坤锋到案发地点进行指认,被告人余坤锋能准确指认两车碰撞的原始地点,与民警制作的现场图吻合。"经查,民警制作的原始现场图中并无两车碰撞原始地点的记载。(5)花坛撞击点的指认结果与现场勘查照片明显不符,不具同一性。余坤锋指认的花坛撞击点附近有一处排水口,而现场勘查照片中显示的花坛撞击点附近并没有排水口。经现场调查比对,两者距离达10多米远。(6)公安、检察机关组织的指认均无见证人。(7)检察机关组织的指认无指认笔录。由此,本案指认笔录存在的上述问题,违反了《刑诉法解释》第九十条的有关规定,故不能作为定案根据。

第二,关于道路交通事故认定书。该认定书认定余坤锋系肇事者,应负事故的全部责任。这是本案证明余坤锋是交通肇事者的直接证据。但是,根据办案民警陈伟兴、李络的出庭证言及茂名市公安局交通警察支队的复函,原审法院认为交警部门之所以认定余坤锋为肇事者,并非依据客观性证据和技术性证据,而主要是依据余坤锋的有罪供述及现场勘验笔录。本案仅仅根据余坤锋的有罪供述及无法确定是否与其具有关联性的现场勘验笔录,就认定余坤锋为交通肇事者,依据不充分。作出该认定书后,虽然公安、检察机关补查了大量证据,但补查后的证据却存在指认笔录制作不科学、不合法;余坤锋的供述内容前后说法不一、又与余来桂、陈乐的证言相互矛盾;现场指认的花坛撞击点与现场勘查照片无法吻合等诸多问题,而且这些证据矛盾亦无法得到排除或合理解释。因此,即使经补查,综合全案证据,道路交通事故认定书的认定依据依然没有得到补强,因而该认定书关于余坤锋为肇事者的结论,依据不充分,不能作为定案根据。

2. 在案件事实层面,对被告人所述"各犯罪环节"的证据进行全面审查判断

根据被告人余坤锋的供述,可以将整个案件的发展过程分为案发前"取车"环节、案发时"肇事"环节、案发后"自首"环节。为准确认定案件事实,法院采取纵横对比分析的方法,分别对每个环节的证据进行逐一审查判断。

第一,关于能否认定被告人余坤锋所述"取车"一节。

关于被告人余坤锋所述"取车"一节,在案证据不但相互矛盾,而且不合常理。余坤锋关于去乐天大酒店的缘由、当时几人在场、谁将车钥匙放在桌面、谁去了卫生间、开车的动机等细节供述前后矛盾,说法不一,且与余来桂的证言不能吻合。此外,由于陈乐、余来桂与交通肇事的车辆存

在关联，案发后两人又同时去向不明，直至二审阶段才现身，故陈乐、余来桂证言的可信度较低。因此，现有证据不足以证明余坤锋所述在乐天大酒店擅自开走他人车辆的事实。

第二，关于能否认定被告人余坤锋所述“肇事”一节。

根据法医学尸体检验鉴定报告、现场勘查笔录和现场图、证人梁兴有的证言等证据，虽然可以证实发生重大交通事故的事实，但无法建立上述证据与被告人余坤锋之间的实质性联系，根据上述证据不能得出余坤锋就是肇事者的结论。此外，现场目击证人梁兴有证言与余坤锋供述相互矛盾。梁兴有证实，小车停下后从驾驶室冲下来一名男青年，片刻都没有停留，径直往乐天大酒店方向逃离事故现场，但余坤锋却供称车停止下来后，他还下车看了看车底有没有东西，然后往金山方向逃回家。另外，余坤锋指认的花坛撞击点与现场勘查照片中显示的花坛撞击点亦明显不符，相互矛盾。因此，关于余坤锋所述“肇事”一节，由于没有其他证据可以印证，在案证据又相互矛盾，也无法认定。

第三，关于能否认定被告人余坤锋所述“自首”一节。

关于被告人余坤锋所述“自首”环节，有证人杨秀华、余坤良、陈彩云、余焕杰、余碧霞、李络、陈伟兴等证言证明，与破案经过吻合，可以认定。但上述证据除能证明余坤锋对上述证人讲过自己“开车肇事”的事实外，并不能够证明余坤锋所讲的话就具有真实性，就是客观事实。

所谓千里之堤溃于蚁穴，定案的证据体系也是如此。虽然本案余坤锋所述“各犯罪环节”在形式上都有证据证实，但在案证据有数量无质量，又相互矛盾，其所述“各犯罪环节”中每个环节的证据都不确凿、不充分、不牢靠，检察机关所构筑的指控犯罪证据体系根基脆弱，存在错案的重大隐患与风险。

3. 在宏观上，综合全案证据，从主客观两个方面、正反两个维度对整个指控证据体系进行全面审查判断

在宏观上对全案证据进行综合审查判断，是法院最终形成定案结论的关键环节。对全案证据进行综合审查判断，要从主、客观两个方面、正、反两个维度展开。在客观上，运用印证方法审查判断全案证据与待证事实的内在联系，看能否形成闭合的完整证据链条，从正面对案件证明体系进行积极的构建；在主观上，运用排除合理怀疑方法审查判断在案证据的矛盾和疑点，看能否形成内心确信，从反面进行验证、证伪。

在客观上，本案证据存在先天缺陷、在案证据之间缺乏内在关联，无法形成有效印证。由于没有调取到案发当日乐天大酒店、被告人余坤锋所述行车轨迹的监控视频；没有调取到余坤锋、陈乐、余来桂、余坤良、杨秀华等人的通话记录；没有提取肇事车辆上的有关物品、痕迹、生物检材等物证；没有根据余坤锋的供述，提取到任何隐蔽性证据，致使本案缺乏将余坤锋与肇事现场或肇事现场车辆联系起来的客观性证据。除余坤锋的供述外，本案唯一能将余坤锋与肇事现场、肇事车辆联系起来的证据就是指认笔录。由于该笔录不能作为定案根据，故本案没有能够将余坤锋与肇事现场或肇事现场车辆联系起来的任何客观证据。

在主观上，本案不能排除合理怀疑，得出唯一结论，无法有效形成心证。本案证据之间，证据与案件事实之间存在众多矛盾，如在“取车”环节被告人余坤锋的供述反复不定，自相矛盾，其供述与余来桂的证言也不能印证；在“肇事”环节余坤锋的供述与现场目击证人的证言相互矛盾，其指认的花坛撞击点与现场勘查照片不符等。此外，本案还有诸多不合常理之处，如余坤锋始终说不清开车的动机、汽车档位的功能、当晚一起喝咖啡的朋友“阿庆”的具体身份信息；案发后，余坤锋半夜三更舍近求远地跑到别人家借手机，再回到自家打电话；案发后，本案肇事车辆关联人陈乐、余来桂又同时失踪；余坤锋始终否认案发后与当晚肇事车辆的实际控制人余来桂有过联系

等。这些证据矛盾和疑点既无法排除,也不能作出合理解释。而证据矛盾和疑点正是审判实践中检验所认定事实是否已排除合理怀疑的切入口。排除合理怀疑的过程,就是心证形成的过程。因此,综合全案证据,本案证据中矛盾、疑点与逻辑、经验法则相违背,不能排除合理怀疑,得出唯一的事实结论。

检察机关依法承担证明被告人有罪的举证责任,应当提供确凿、充分的证据来证明被告人有罪。本案中,对被告人余坤锋是否犯罪既不能证实,也不能证伪,属于“定放两难”的“疑罪”案件。而“疑罪”的存在,意味着检察机关提供的证据不足以认定犯罪行为系被告人实施。“疑罪”是检察机关未能实现证明责任的结果,其本身并不以被告人是否“认罪”为前提。所以,即使被告人“认罪”,但如果其有罪供述的真实性缺乏保障,在案证据未能达到确实、充分标准,也不能认定被告人有罪。一审、二审法院依照证据规则依法判定余坤锋无罪是正确的,充分贯彻了疑罪从无的审判原则。

(撰稿:广东省茂名市中级人民法院　王　森
审编:最高人民法院刑四庭　陆建红)

[第1366号]李二胜故意杀人案

——死刑案件被告人翻供且缺乏客观证据的审查判断

【关键词】　证据审查判断　翻供　非法证据排除　直接证据和间接证据　死刑案件的证明标准

一、基本案情

被告人李二胜,男,汉族,1991年7月6日出生。2016年9月14日被逮捕。

安徽省滁州市人民检察院指控被告人李二胜犯故意杀人罪,向滁州市中级人民法院提起公诉。

被告人李二胜辩称没有将龚传福推下楼,有罪供述是在侦查人员的诱供、逼供下作出,不知道龚传福如何死亡,请求宣告无罪。李二胜的辩护人提出:(1)李二胜的有罪供述是公安机关采取非法限制人身自由的方法取得,且是在侦查人员的逼供、诱供下作出,不能作为认定李二胜有罪的证据;(2)法医物证鉴定不能证实李二胜与龚传福有过身体接触;(3)专家证人的观点属其推断,不应采信;(4)不能排除龚传福系醉酒后坠落或自杀的可能。公诉机关指控李二胜犯故意杀人罪的事实不清,证据不足,请求宣告李二胜无罪。

滁州市中级人民法院经公开审理查明:被告人李二胜和被害人龚传福均系安徽省定远县润鑫制衣有限公司(以下简称润鑫制衣公司)工人。2016年9月3日21时许,李二胜与龚传福酒后来到润鑫制衣公司四楼车间内休息。23时许,龚传福醉酒呕吐,后龚传福拿李二胜手机玩游戏,因游戏声音嘈杂引起李二胜的不满,双方发生口角。当龚传福走到车间四楼走廊窗户附近,双方又发生争执。李二胜趁龚传福不备,抱住龚传福左腿,将龚传福掀出窗外,致龚传福当场死亡。润鑫制衣公司院内一修理厂员工发现龚传福坠楼后报警。次日凌晨,警察在润鑫制衣公司四楼车间将正在睡觉的李二胜抓获。经定远县公安局司法鉴定中心鉴定,龚传福由于机械性暴力致颅脑损伤引起呼吸循环衰竭,合并腹腔脏器破裂致失血性休克死亡。

滁州市中级人民法院经审理认为,被告人李二胜的行为构成故意杀人罪,鉴于因偶发矛盾临时起意,对李二胜判处死刑,可不立即执行。依照《中华人民共和国刑法》第二百三十二条、第四十八条第一款、第五十七条第一款之规定,认定被告人李二胜犯故意杀人罪,判处死刑,缓期二年执行,剥夺政治权利终身。

一审宣判后,李二胜提起上诉。上诉理由同前辩解。

安徽省高级人民法院经审理认为,上诉人李二胜因琐事与他人发生争执,即故意非法剥夺他人生命,致被害人死亡,其行为已构成故意杀人罪。原判根据李二胜犯罪的事实、犯罪的性质、情节和对社会的危害程度,考虑系因偶发矛盾临时起意,对其判处死刑,可不立即执行。原审判决认定事实清楚,证据确实、充分,定罪准确,量刑适当。审判程序合法。依照《中华人民共和国刑事诉讼法》第二百二十五条第一款第(一)项的规定,裁定驳回上诉,维持原判。根据《中华人民共和国刑事诉讼法》第二百三十七条的规定,同时核准李二胜的死缓刑事判决。

二、主要问题

对于被告人翻供且缺乏客观性证据的案件,应当如何审查证据?

三、裁判理由

本案是一个证据"先天不足"的典型。公安人员在案发现场未提取到任何直接证明被告人李二胜到过现场的痕迹、物证;作案过程无目击证人;本案也无作案工具;李二胜又先供后翻,在一审开庭时、二审时均称没有推龚传福,是一个难啃的"骨头案"。对此类案件的证据应如何审查分析?在何种程度上才能达到死刑案件证据确实、充分的证明标准?这些都成为本案审理的难点。对本案的证据审查,审理中形成以下两种意见:

第一种意见认为,被告人李二胜关于将龚传福从四楼推下的有罪供述,无其他证人证言、监控录像、现场勘验检查笔录等主、客观性证据相印证,不能排除龚传福酒后坠楼和他人作案的可能性,应贯彻落实证据裁判、疑罪从无等原则制度,宣告李二胜无罪。

第二种意见认为,通过审查在案间接证据,据以定案的间接证据已经形成完整的证明体系,且与被告人李二胜的有罪供述诸多细节能够相互印证,可排除一切合理怀疑,足以认定李二胜实施了故意杀害龚传福的行为。

我们同意第二种意见。理由如下:

本案的争议焦点是案件证据是否达到确实、充分的证明标准。证据是准确认定事实、正确适用法律、恰当裁量刑罚的基础,是保证案件质量的"生命线"。死刑案件人命关天,在证据问题上容不得丝毫疏漏,必须达到确实、充分的证明程度,在任何时候、任何情况下都不能打折扣。如果一个案件的侦破经过客观、自然,有目击证人、有直接证实被告人作案的客观性证据,被告人又始终供认不讳的,定案比较容易。但是,不是所有的案件都有那么多直接的客观性证据。对这种缺乏客观性证据的案件,审查、分析时不能简单地罗列证据,而是要抓住关键证据深入分析,抓住主要矛盾点,从整体上把握证据。就本案而言,主要应从以下两个方面着手审查证据:

(一)审查判断被告人的有罪供述是否真实、可信,翻供理由是否合理,是否适用非法证据排除

翻供是刑事审判过程中并不罕见的情形。犯罪嫌疑人、被告人翻供,既有据实翻供,也有不实翻供,而且从司法实务的角度以及实践经验判断,不实翻供、真假混杂的翻供并不是少数。在司法实务中,经侦查审讯,犯罪嫌疑人、被告人往往在意志最薄弱的时刻心理防线被突破,从而全盘交代;而在后来的阶段,随着侦查审讯的压力逐渐减弱,犯罪嫌疑人、被告人趋利避害、最后一搏的心理逐渐加强,在此消彼长的过程中,往往容易出现全盘翻供或部分翻供。尤其在审判阶

段，被告人的亲属、被害人或其亲属到庭，被告人当庭翻供的现象更为突出。因此，在司法实务中，如何有效地预防、应对、审查非真实的翻供，成为侦查、起诉、审判阶段不得不面对的重要课题。

在司法审判中，法官处于居中裁判的位置。在面对被告人翻供时，应当客观中立地进行倾听、审查。首先，应当对被告人翻供的言谈、举止、表情、心态、陈述的口气等进行观察，从直觉上对被告人翻供是否有理作出经验判断。其次，为了查清翻供理由是否成立，法官还应充分发挥法庭讯问、举证、质证功能，运用交叉询问规则来查明案件事实。正如美国著名证据法学家威格莫尔所说，"交叉询问无疑是人类迄今为止所发明的发现事实真相的最伟大的法律引擎"。因而，法官可以充分引导控辩双方就翻供是否有理进行举证、质证和辩论，认真听取控辩双方的不同意见，在争辩中发现被告人的前后供述的矛盾之处，并在全面掌握案件的基本事实上，对每一份供述进行认真的审查，最终找出最贴近事实真相的供述。在必要的情况下，法官还可以依职权对被告人就有关的问题进行发问，以此来打消心中的疑虑，增强内心确信。具体到本案：

1. 本案可以排除非法取供的情形

《刑事诉讼法》第五十五条、第五十六条及第五十八条规定，对一切案件的判处都要重证据，重调查研究，不轻信口供；采用刑讯逼供等非法方法收集的犯罪嫌疑人、被告人供述和采用暴力、威胁等非法方法收集的证人证言、被害人陈述，应当予以排除；当事人及其辩护人、诉讼代理人有权申请人民法院对以非法方法收集的证据依法予以排除。《最高人民法院关于适用〈中华人民共和国刑事诉讼法〉的解释》（以下简称《适用解释》）第八十条第（四）项亦规定，对被告人供述和辩解应当着重审查被告人的供述有无以刑讯逼供等非法方法收集的情形。

本案审理期间，辩护人提交排除非法证据的申请及相关材料，认为公安机关在讯问被告人李二胜时程序违法且有逼供、诱供的情形，申请排除李二胜在公安机关的有罪供述、亲笔供词、辨认现场笔录等证据。开庭审理期间，李二胜提出其有罪供述是被警察逼供作出，申请排除其有罪供述。

据此，法庭依法启动非法证据排除程序。公诉人先后出示了被告人李二胜在派出所和看守所的二份有罪供述、李二胜自书的有罪供词、播放了公安机关讯问李二胜的同步录音录像、参与抓捕的警察朱绍红和讯问的警察刘兵出庭作证等证据，用以证明李二胜有罪供述来源的合法性。合议庭组织被告人及其辩护人对上述证据逐一进行了质证，并就相关问题讯问了被告人。经合议庭当庭评议认为，法庭当庭有针对性地播放了公安机关讯问李二胜的同步录音录像，录音录像证实公安机关依法对李二胜进行讯问，没有采用殴打、违法使用戒具、威胁等非法方法。在回答警察讯问时，李二胜神情自然，回答切题，在派出所和看守所内多次供述与龚传福发生争执后将龚推下楼的详细经过。且侦查人员出庭作证时，法庭讯问李二胜出庭侦查人员有无对其进行非法取证时，李二胜表示没有非法取证情形。相关事实并有李二胜的自书供词和在讯问笔录上的签字、捺印等证据证实。

通过对被告人李二胜翻供的形式审查和实质审查，能够认定其翻供系逃避责任的虚假翻供，而非合理辩解性质的真实翻供。李二胜的有罪供述、亲笔供词、辨认现场笔录等证据来源清楚、收集程序合法，可以作为定案证据。李二胜及其辩护人提出有罪供述、亲笔供词、辨认笔录是在侦查人员逼供、诱供下作出的翻供理由和辩护意见与查明的事实不符，合议庭当庭决定对李二胜的有罪供述不予排除。

2. 被告人李二胜作过多次有罪供述，且翻供理由不充分

《适用解释》第八十条第（六）项规定，对被告人供述和辩解应当着重审查被告人的辩解内容是否符合案情和常理，有无矛盾。被告人李二胜被带至派出所后作了三份供述，第一份是无罪辩

解,第二份、第三份是有罪供述,供述了因龚传福玩手机游戏产生噪声,双方产生口角,其将龚传福推下楼的整个过程。李二胜被羁押至定远县看守所的第四份是有罪供述,第五份未供述,第六份供述翻供原因,称是因为不知道自己要被判多少年,心里害怕,不想在看守所里面关着,希望能够少判几年。在第七份讯问中李二胜又供述了将龚传福推下楼的起因及过程。

(二)审查其他间接证据是否能与被告人的有罪供述相互印证,形成完整的证据锁链,并排除合理怀疑

1. 结合其他言词证据进行审查判断,主要是将被告人的供述与证人证言等言词证据进行对比、分析,查看是否存在矛盾以及对这些矛盾能否作出合理解释。本案的言词证据主要有李二胜亲属、制衣公司工友、商店经营者等的证言。在被告人李二胜的有罪供述和无罪辩解中,李二胜对其和龚传福二人当晚一起喝酒、一起到制衣公司四楼车间睡觉、遇到制衣公司女工、只有其和龚传福两人在制衣公司四楼车间等事实一直予以认可,而上述相关事实亦有商店经营者关于李二胜和龚传福在商店购买啤酒、零食的证言,有李二胜哥哥嫂子关于李二胜和龚传福喝酒后一起到制衣公司睡觉的证言,有多名工友关于在制衣公司三楼看见李二胜和龚传福并证实二人喝酒的证言等印证。故李二胜关于作案前其和龚传福酒后到制衣公司睡觉的供述可以认定。

2. 将被告人的有罪供述与物证、书证等实物证据对比审查。《适用解释》第一百零六条规定,根据被告人的供述、指认提取到了隐蔽性很强的物证、书证,且被告人的供述与其他证明犯罪事实发生的证据相互印证,并排除串供、逼供、诱供等可能性的,可以认定被告人有罪。因而,审查时要将被告人的多份供述与客观提取的物证、书证等实物证据进行比对,将被告人的每一份供述与现场勘查提取的物证、书证等证据按照时间顺序排列,详细辨明被告人供述与这些客观性证据的先后顺序,分析是"先供后证"还是"先证后供",以及是否存在人为制造的"先供后证"等情况。一般而言,在排除非法取证的前提下,如果根据被告人的供述提取到隐蔽性很强的实物证据,则被告人的供述具有较强的可信性、真实性。

本案中的物证有被告人李二胜的手机,相关证据有手机检查笔录和照片、讯问李二胜的同步录音录像。李二胜有罪供述中提到其和龚传福发生争执的原因,是因为龚传福玩其手机中的"热血奥特曼"游戏,因游戏声音太大把其吵醒,后双方发生口角。对李二胜供述发生争执的原因,讯问视频反映,在李二胜供述争执的具体原因后,侦查人员将李二胜手机上唯一的游戏"热血奥特曼"打开,进入游戏界面后确实发现游戏音量较大。该过程还有手机检查笔录和照片加以证实。提取手机的过程客观、合法。该份证据属于"先供后证",具有一定隐蔽性的证据,具有不易被伪造、证明力强的特点。该组证据与李二胜有罪供述中关于双方引发争执的原因一节能够相互印证。

3. 将被告人的有罪供述同尸体检验意见、尸体照片等证据进行比对审查。被告人有罪供述中供认了采取何种方式杀害被害人,在审查证据时着重应对尸体照片、尸体检验意见中有关被害人伤情部位及形成原因等细节进行审查判断,看能否与被告人的有罪供述相互印证,特别是细节之处能否对应。

本案在审理过程中,为查明案件事实、调查核实证据,合议庭依职权通知安徽省公安厅物证鉴定管理处法医病理损伤检验科的秦明法医,作为有专门知识的专家辅助人出庭,就相关专业问题发表意见。秦明法医当庭陈述:该案经定远县公安局和滁州市公安局向省公安厅申请,对龚传福的尸体进行重新检验。结果和第一次检验结果一致。经检验,死者死亡原因符合颅脑损伤致死,附加性损伤第一处是左腿膝关节内侧数条浅表条索状划痕,清楚的有 3 条,较为浅淡的有 2 条,致伤工具是由末端较为尖锐的条索状钝性物体形成,常见的物体包括手指指甲;第二处是右

侧肩前部片状方向性擦挫伤，肩关节自上而下的作用力，此处附加伤起始端整齐，有方向性并可以看出皮纹的断裂，致伤工具是由凸起的钝器轮边刮擦右肩部形成，经过对现场的勘察，窗台上窗轨或墙边可以形成此处创伤。相关伤情亦有尸体照片相印证。根据检验和勘察，死者损伤的形成与他人抱着死者左腿从窗户扔下坠落符合法医学解释。另对于物证检验中没有检验出李二胜手指、指甲有龚传福 DNA 的问题，秦明法医提出 DNA 检测是概率性事件，接触时间短或者洗手后可能检不出基因型。尸检结论、照片、专家证人的证言等证据证实龚传福左腿膝关节内侧有划痕、右侧肩前部有方向性擦挫伤，同李二胜有罪供述中关于抱着龚传福左腿将龚从窗台推下一节能够相互印证。

这里需要注意的是，被告人李二胜的此节供述是在 2016 年 9 月 4 日 9 时至 13 时，龚传福尸体解剖的时间是在 9 月 6 日，警察讯问李二胜作案手段时并不知道龚传福左腿处有伤。此节可以侧面印证李二胜供述取得的客观性、合法性。

4. 将被告人的有罪供述与现场勘验检查笔录等证据进行比对审查。现场勘验检查笔录及照片是能够客观反映案发现场的重要证据，将被告人的有罪供述中对案发现场，特别是细节之处的描述，与现场勘验检查笔录、照片中反映的情况进行细致的比对，看二者能否对应。在办理刑事案件过程中，法官还应视案件情况到案发现场进行查看，身临其境往往能够看到卷宗内现场勘验检查笔录和照片所不能反映的情况。

具体到本案：(1)公安机关经现场勘验，发现过道往南的墙上有一扇四开玻璃推拉窗户，窗户外侧窗台上有呕吐物痕迹，进入室内，西墙上有两扇窗户，在靠南的窗户外侧窗台上有呕吐物。经对两处呕吐物进行检验、鉴定，证实是龚传福所留。上述证据与被告人李二胜关于龚传福在两处窗户台上呕吐的有罪供述能够相互印证。(2)李二胜指认现场的笔录、照片、现场指认视频反映，李二胜对当天晚上二人睡觉的房间、龚传福呕吐的地点、与龚传福发生争执的地点及将龚传福推下四楼的窗户地点均予以指认、辨认，特别是辨认出四楼南面第二扇打开的窗户就是其将龚传福掀下楼的地点。(3)李二胜指认现场时，公安机关进行全程同步录音录像，录音录像显示，在四楼南面的窗前，侦查人员讯问李二胜是如何将龚传福掀下楼，要求李二胜现场模拟案发时情形，并让一名侦查员模拟龚传福站立的位置和姿势。李二胜现场进行了模拟，即龚传福背对着其站在第二扇打开的窗户前，李二胜上前抱住龚传福的左腿，用力向前向上推、掀龚传福，将龚传福掀到楼下。同时，现场同步录音录像也反映了全过程没有侦查人员诱供、指供、威胁等情形。(4)法官查看了案发现场，特别是龚传福坠楼的位置。在案现场勘验检查笔录、照片证实窗台距离地面 94 厘米，窗户内侧窗台宽 9 厘米，外侧窗台宽 41 厘米。经现场勘查，地面距离外侧窗台共 144 厘米，龚传福身高 162 厘米，且从其呕吐物遗留在窗台外侧的位置看，能够排除龚传福是在呕吐过程中不慎坠楼。

上述现场勘验笔录、照片以及被告人指认现场的笔录、同步录音录像等与被告人有罪供述中有关杀害龚传福的细节相互印证，对现场的查看进一步增强了法官的内心确信，反映了被告人翻供的不合理性。

5. 综合全案证据，依照法律程序，排除一切合理怀疑。《适用解释》第八十三条第一款、第二款规定："审查被告人供述和辩解，应当结合控辩双方提供的所有证据以及被告人的全部供述和辩解进行。被告人庭审中翻供，但不能合理说明翻供原因或者其辩解与全案证据矛盾，而其庭前供述与其他证据相互印证的，可以采信其庭前供述。"虽然本案的证据"先天不足"，但是通过重点审查关键证据的客观性、关联性和合法性，可以充分认识并发挥现有证据的证明力；通过查看案发现场、同侦破该案的公安人员座谈、走访部分证人、请专家证人出庭作证等，可以加强对现有证据的内心确认,排除一切合理怀疑。同时,本案的审理切实贯彻最高人民法院“三项规程”的要求,案件审理过程中召开了庭前会议,庭审中启动非法证据排除、侦查人员出庭作证、专家辅助人出庭作证等程序,确保证据出示、查明在法庭、案件事实认定在法庭、诉辩意见发表在法庭,充分体现了庭审实质化的要求。

综上,法院将关键证据与其他相关证据串起来进行综合审查判断,认为被告人翻供内容不属实,其有罪供述真实、可信,且与其他证据相印证,能形成完整的证据锁链,从而得出本案事实清楚,证据确实、充分的结论,最终依法作出有罪判决。

（撰稿:安徽省滁州市中级人民法院　樊朝勇
审编:最高人民法院刑二庭　王晓东）

[第1367号]朱晓东故意杀人案

——对有证据指向是预谋杀人但被告人否认的,如何审查判断证据

【关键词】 故意杀人罪　证据审查判断　预谋杀人　量刑　死刑的适用

一、基本案情

被告人朱晓东,男,1987年11月28日出生。2017年4月28日被逮捕。

上海市人民检察院第二分院指控被告人朱晓东犯故意杀人罪,向上海市第二中级人民法院提起公诉。

被告人朱晓东对公诉机关指控的犯罪事实无异议,但辩称其没有预谋杀人,且具有自首情节。其辩护人提出:(1)本案系婚姻家庭矛盾引发的突发性犯罪,朱晓东是在情绪失控后激情作案而非预谋作案;(2)朱晓东犯罪手段一般,对被害人死亡结果持放任态度,属间接故意杀人,主观恶性较小;(3)朱晓东系自首并系父母陪首,且认罪、悔罪;(4)被告方愿意对被害方进行赔偿。建议对朱晓东从轻处罚。

上海市第二中级人民法院经审理查明:2015年12月31日,被告人朱晓东与被害人杨某某登记结婚。2016年10月17日上午,朱晓东在家中因故用手扼住杨某某的颈部致杨机械性窒息死亡。嗣后,朱晓东将杨某某的尸体用被套包裹并藏于家中阳台的冰柜内。2017年2月1日,朱晓东将其杀害杨某某一事告知父母,并在父母陪同下向公安机关投案,供述了杀害杨某某的犯罪事实。

上海市第二中级人民法院认为,本案虽因婚姻家庭矛盾引发,且被告人朱晓东有自首情节,但朱晓东故意杀人犯罪性质恶劣,作案后长时间藏匿被害人尸体,其间用被害人的钱款、身份证多处旅游,与异性开房约会等,肆意挥霍享乐,无悔罪表现,社会危害极大,罪行极其严重,故依法不予从轻处罚。对公诉机关所提不予从轻或减轻处罚的建议、诉讼代理人请求对朱晓东严惩的意见,予以采纳。依照《中华人民共和国刑法》第二百三十二条、第五十七条第一款之规定,判决如下:被告人朱晓东犯故意杀人罪,判处死刑,剥夺政治权利终身。

一审宣判后,被告人朱晓东以量刑过重为由提出上诉。其辩护人提出朱晓东有以下可从轻处罚的法定、酌定量刑情节:(1)朱晓东属激情杀人而非预谋杀人;(2)朱晓东有自首情节;(3)朱

晓东认罪、悔罪,且系初犯、偶犯;(4)本案社会舆论偏向被害方,但社会影响大不等于社会危害大;(5)朱晓东作案后行为属道德评价层面,不能成为不予从轻处罚的理由。

上海市高级人民法院经二审审理,所查明的事实、证据与一审相同,但在争议焦点评判和裁判理由部分增加认定被告人朱晓东系预谋杀人,认为一审认定朱晓东犯故意杀人罪的事实清楚,证据确实、充分,定性准确,量刑适当。审判程序合法。据此,依法裁定驳回上诉,维持原判,并依法报请最高人民法院核准。

最高人民法院经复核认定:2015 年 12 月 31 日,被告人朱晓东与杨某某(被害人,女,殁年 28 岁)登记结婚。案发前,二人因故产生矛盾。朱晓东先后购买了《死亡解剖台》等书籍和冰柜,并从工作单位离职。其间,杨某某亦以陪同朱晓东赴我国香港特区培训为由提出辞职,并于 2016 年 10 月 14 日正式离职。同月 17 日上午,朱晓东在家与杨某某发生争执,用手扼掐杨某某的颈部,致杨某某机械性窒息死亡。后朱晓东将杨某某的尸体用被套包裹,藏于家中阳台冰柜内。当日上午,朱晓东将杨某某支付宝账户中的 4.5 万元转至自己账户,并在之后数月内大肆挥霍其与杨某某的钱财用于旅游、消费。2017 年 2 月 1 日,朱晓东将其杀害杨某某一事告知父母,并在父母陪同下投案。

最高人民法院认为,被告人朱晓东故意非法剥夺他人生命,其行为已构成故意杀人罪。朱晓东与妻子杨某某产生矛盾后,经预谋杀害杨某某,并藏尸冰柜三个多月,作案后大肆挥霍其与妻子的钱财,犯罪情节恶劣,罪行极其严重,应依法惩处。朱晓东虽有自首情节,但综合其犯罪的事实、性质、具体情节和社会危害程度,不足以从轻处罚。第一审判决、第二审裁定认定朱晓东故意杀人的事实清楚,证据确实、充分,定罪准确,量刑适当。审判程序合法。依照《中华人民共和国刑事诉讼法》第二百四十六条、第二百五十条和《最高人民法院关于适用〈中华人民共和国刑事诉讼法〉的解释》第三百五十条第(一)项的规定,裁定核准上海市高级人民法院维持第一审以故意杀人罪判处被告人朱晓东死刑,剥夺政治权利终身的刑事裁定。

二、主要问题

(一)对有多项证据指向是预谋杀人的案件,被告人予以否认的,如何通过审查判断证据认定被告人是预谋杀人?

(二)对婚姻家庭矛盾引发,被告人兼具多个从宽、从严处罚情节的故意杀人案件,如何把握死刑适用标准?

三、裁判理由

本案即为近年来引发较高社会关注度的"上海杀妻冰柜藏尸案"。本案发生在夫妻之间,因夫妻矛盾引发,犯罪事实本身并不复杂,但因被告人朱晓东杀妻后藏尸冰柜 105 天,且在该期间恣意玩乐,引起被害人亲属和社会公众的极大愤慨。本案在事实认定上最为突出的问题,就是在案有多项证据显示朱晓东是预谋杀人,但朱晓东始终予以否认,其辩护人也辩称是激情杀人。司法实践中,预谋杀人虽不是法定从重处罚情节,但因其直接体现被告人的主观恶性和人身危险性,故属于对适用死刑有较大影响的情节。预谋杀人所体现的主观恶性和人身危险性要明显大于临时起意杀人特别是激情杀人,对预谋杀人犯罪适用死刑的根据也更加充分。以下就如何认定朱晓东系预谋杀人的证据问题以及对朱晓东核准死刑的理由进行分析。

(一)通过综合审查案发前后被告人朱晓东的一系列行为表现,可以认定其系预谋杀人

被告人朱晓东是否属预谋杀人,是本案审理过程中被告方和被害方的争论焦点,相关司法人员之间也有一定意见分歧。朱晓东及其辩护人始终坚称朱晓东系激情作案,没有预谋;被害人亲属及诉讼代理人则坚称朱晓东系预谋作案。公诉机关、一审法院认为不排除朱晓东预谋杀人的

可能，但认定其预谋的证据尚不充分，故未予认定；二审法院明确认定朱晓东系预谋杀人，并在裁判文书中用相当篇幅阐述了朱晓东系预谋杀人的理由。最高人民法院经复核审查，认为本案共有五个方面的证据指向朱晓东系预谋杀人。具体分析如下：

1. 被告人朱晓东具有预谋杀人的动机。朱晓东数次婚内出轨被妻子杨某某发现进而导致二人发生矛盾，是本案最重要的案发起因。朱晓东本人供称，其在与杨某某婚前恋爱期间曾与一公司女同事发生过性关系，婚后又与另一同事发生不正当两性关系，并向对方谎称自己已离婚。朱晓东的朋友证实，朱晓东曾在聚会场合将妻子送回家后带其他女性返回聚会现场，还曾在网上订票带其他女性去外地或看电影，并被其妻子发现。朱晓东亲笔书写的保证书亦反映出朱晓东曾向杨某某承诺不再与其他女人联系。可见，由于朱晓东婚前婚后私生活混乱，其与杨某某婚后矛盾突出。而朱晓东供称，其提出离婚时杨某某称如离婚就自杀，致二人离婚不成。据此分析，由于朱晓东无法通过离婚来摆脱束缚，可能产生通过杀妻以求摆脱婚姻、回归自由放荡生活的作案动机。

被告人朱晓东供述的案发起因和作案动机是，妻子杨某某因对案发前两天二人去杭州旅游期间预订酒店、车票等问题不满而多次抱怨并与其争吵，案发当日早晨杨再次为此事与其争吵，其为阻止杨某某继续说下去，用双手掐扼杨某某颈部致杨死亡。在案其他证据可证实朱晓东夫妇案发前两天往返杭州，但无法证实二人是否发生争吵。朱晓东的辩护人提出，因杨某某声称如离婚就自杀，朱晓东反而没有杀人的必要，朱晓东如果想让杨某某死亡，通过离婚即可达到目的，但这一逻辑难以成立。杨某某在发现朱晓东婚内出轨后并未决定放弃婚姻，否则没必要要求朱晓东写保证书等，更不会因即将陪朱晓东赴香港培训而愉快辞职。因此，杨某某声称的如离婚就自杀只是一种威胁性说辞，不能推断出朱晓东可以顺利通过离婚的方式摆脱杨某某或让杨某某自杀身亡。

2. 案发前购书情节。被告人朱晓东于2016年8月28日（案发前一个多月）凌晨2时许购买包括《死亡哲学》《死亡解剖台》在内的5本书籍，其中《死亡解剖台》的相关内容与朱晓东的杀人手段，特别是藏尸方式（书中第一篇案例）高度相似。其购书行为有如下反常之处：第一，朱晓东购书的时间是在其供称与杨某某离婚未果（因杨某某称如离婚就自杀）2天后的凌晨，使离婚未果与买书之间建立一定关联，且朱晓东自称平时从不看书，其下单买书更显异常。朱晓东辩称该批订单的书籍均系杨某某想买，让其帮忙下订单，但从杨某某卧室内其他书籍来看，反映不出杨某某爱看《死亡解剖台》这类书，杨某某的好友亦证实该书不属于杨某某爱看的类型。第二，朱晓东下单时将收货人信息填写为其父姓名、电话、地址，让其父代为收货，此举也让人生疑，可能是不希望杨某某知道其购买该书。第三，朱晓东上述订单中购买的书籍，唯有《死亡解剖台》一书去向不明，其他4本均在现场找到，朱晓东无法解释该书去向。同时，与《死亡解剖台》有相通之处的《死亡哲学》一书未开封，并被放在家中相对隐蔽、一般不放书的厨房橱柜里，而其他书籍均放在卧室衣柜或杨某某一侧床头柜上，且已拆封，说明本次购书中有部分书籍系杨某某想买、想看，而朱晓东可能刻意隐瞒了其一并购买《死亡解剖台》《死亡哲学》这两本书的事实。结合朱晓东下单购书时间是凌晨2时许，杨某某可能根本不知道这两本书的存在。

3. 夫妻二人双双辞职情节。杨某某于案发前一个月以丈夫朱晓东升职要去香港培训，其需陪同赴港为由向任职的学校提出辞职，朱晓东陪同其去与校长谈辞职的事，后于被害前3天正式离职。但朱晓东同事的证言及朱晓东的供述证实，朱晓东不但没有升职去香港培训，反而在妻子递交辞职信6天后亦从公司辞职，后一直处于待业状态。显然，系朱晓东向杨某某虚构了其因升职要赴香港培训一事，而杨某某信以为真，并辞职准备陪同朱晓东一起赴港。

对此,被告人朱晓东辩称,杨某某因厌烦教师工作想辞职,其便与杨某某编造了其要赴港培训的辞职理由。该辩解与如下证据不符:一是杨某某的同事证实,杨某某平时工作勤恳,学生和家长对其反映都很好,未曾表现出朱晓东所称杨某某觉得小孩很烦、不想工作的迹象。二是杨某某的辞职信情真意切,反映出对与丈夫共同赴港生活的期待和不舍两地分离的依恋,结合杨某某同学所证,杨某某是一个信仰爱情、比较单纯的女孩,看不出其为辞职而编造丈夫赴港谎言的迹象。三是杨某某的同事、同学证实,杨某某提出辞职很坚决,且提到辞职一事时很开心,并发微信朋友圈公布离职一事,这反映杨某某对自己要陪丈夫去香港心怀向往,笃信无疑,如仅是为辞职编造的理由,应该不会有如此坚定且开心的反映。四是杨某某的辞职信、同事证言证实,杨某某说出了准确的赴港日期,并在其同事提出要与其吃"散伙饭"时,其称因其办的是旅游签证,两周后肯定会回沪,届时再与同事聚会,如为编造理由,无须编造和计划得如此详细,也不会在同事临时提出吃"散伙饭"的建议时不假思索地说出上述理由。五是出入境管理局的记录证实,朱晓东夫妇于案发前 8 天一起去申办了港澳通行证,案发次日朱晓东将办好的证件取回,办证时间与杨某某所称与朱晓东一起赴港的时间完全吻合。六是朱晓东母亲证实,朱晓东曾说要带杨某某去香港培训的时间亦与杨某某所称赴港时间吻合,且朱晓东母亲知道朱晓东夫妇为此申办港澳通行证一事。再反观朱晓东的表现,其在妻子辞职一事中起主导作用,且在妻子提出辞职 6 天后亦向公司提出辞职,并对妻子隐瞒其辞职一事,这极为反常。不排除朱晓东骗杨某某辞职共同赴港是让其淡出亲友视线,以致杨某某被害失联后无人关注。并且,朱晓东夫妇经济条件一般,朱晓东平日开销比较大,其在明知妻子提出辞职的情况下自己也提出辞职,完全不顾二人的经济来源,且在作案前带妻子去杭州旅游,不排除其已决意犯罪、不再顾虑日后的生活开支等问题。而杨某某在正式离职 3 天后即遇害,在时间上也高度巧合。

4. 案发前购买冰柜情节。被告人朱晓东在案发前 20 多天(其辞职 2 天后)购买一台冰柜,即后来藏尸所用冰柜。朱晓东对此辩称,其饲养冷血动物常需冷冻存放喂宠物的食物,家中原有冰箱用来放宠物的食物,购买冰柜用来存放其夫妇二人的食物。该情节有如下反常之处:第一,朱晓东购买冰柜是在其购买《死亡解剖台》一书 3 周后、杨某某提出辞职 8 天后、其本人辞职 2 天后,时间的"巧合性"异常。第二,朱晓东夫妇的住处为一居室(无厅),面积不大,且只有其二人居住生活,即便朱晓东需为宠物冷冻部分食物,也没必要在已有冰箱的情况下购买同款冰柜中容积最大的。事实证明,购买该冰柜后并未储存过多食物。因此,从购买时间和实际需求来看,朱晓东购买冰柜可能系作案后用于藏尸。

5. 被告人朱晓东作案后的行为表现也不支持其系激情杀人。朱晓东掐死妻子杨某某后,不是立即自行施救或拨打 120 或亲友电话求救,反而很快修改杨某某的支付宝账户密码将杨某某的 4.5 万元转至自己账户,随后预订韩国首尔的酒店和往返机票,并在下午联系朋友邀约当晚聚会,后清洗现场床单,出门扔弃床垫,当晚与朋友喝酒玩乐至次日凌晨。这一系列行为,与社会生活中冲动下失手杀人后的通常反应存在巨大差异,看不到朱晓东的惊愕、恐慌,也看不到懊悔、愧疚和积极补救。

综上,案发前被告人朱晓东先购买写有杀人手段、冰冻尸体内容的《死亡解剖台》一书,之后虚构其因升职将去香港培训的理由让被害人杨某某申请辞职,其本人亦离职并购买冰柜,夫妻二人一起申办港澳通行证,在杨某某正式离职(10 月 14 日)3 天后将杨杀死。这一系列行为看似"孤立""巧合",但在时间轴上先后发生、紧密衔接,与外围证据也能印证,而朱晓东对上述事件不能作出合理解释,故恰恰成为认定朱晓东系预谋杀妻的证据链条和事实基础。本案一审判决未认定朱晓东系预谋杀人,二审裁定用相当篇幅论证了朱晓东系预谋杀人的理由,并在裁判理由部分明确表述朱晓东属预谋作案,但未将预谋情节写入认定的事实,而是沿用了一审认定的事实。最高人民法院复核审查中,考虑预谋作案是本案事实认定方面的重要问题,故在裁定书中将朱晓东案发前与妻子产生矛盾、购买《死亡解剖台》等书籍及冰柜、与被害人先后辞职、作案后挥霍钱财等证明其系预谋作案的情节,在事实部分予以明确表述,丰富了犯罪事实中具体情节的认定,正面回应了辩护意见和社会关切。

(二)根据被告人朱晓东故意杀人的事实和相关情节,可以依法对其适用死刑

实践中,对于因婚姻家庭等民间矛盾激化引发的故意杀人案件,在适用死刑时十分慎重。最高人民法院2010年印发的《关于贯彻宽严相济刑事政策的若干意见》第二十二条规定,对于因恋爱、婚姻、家庭、邻里纠纷等民间矛盾激化引发的犯罪,应酌情从宽处罚。这是从犯罪性质角度所确立的一项基本的政策原则。其中,对被告人既有从宽处罚情节又有从严处罚情节的,要综合考虑各方面情节后最终决定是否适用死刑。

被告人朱晓东有一些从宽处罚情节,例如,本案系婚姻家庭矛盾引发,朱晓东自首且系父母"陪首",被告方也有赔偿意愿。但是,综合考虑全案事实和从宽、从严情节,最高人民法院最终核准了朱晓东死刑。主要理由如下:第一,从上文的分析可以看出,朱晓东系精心预谋作案,并非冲动之下临时起意犯罪,体现了比激情犯罪更大的主观恶性。第二,从案发起因看,朱晓东素行不良,对婚姻不忠诚是引发夫妻矛盾的直接原因,被害人杨某某对引发案件没有过错。第三,朱晓东在杀妻后将尸体藏于冰柜三个多月,并在此期间实施了一系列恶劣行径。例如,使用妻子和自己的账户大肆消费、透支、借贷,到处旅游,同其他女性开房;多次使用被害人的微信制造被害人还存活的假象等。这一系列行为反映出其毫无悔罪表现,给被害人亲属造成巨大伤害,也引起社会公众极大愤慨。第四,朱晓东虽有自首情节,但其在作案三个多月后因负债累累、无法继续隐瞒真相的情况下,才在父母陪同下投案,且在投案前一天扔弃被害人的身份证、手机和本人手机以毁灭罪证。这种投案看似"自动",其实是走投无路所致,与作案后因悔罪而立即主动投案的情形有区别,加之被害人尸体藏于家中冰柜内,一旦有人报案很容易锁定犯罪嫌疑人,故朱晓东自首的价值不大。第五,被害方未提起附带民事诉讼,反应强烈,拒不谅解,坚决要求判处朱晓东死刑。

值得一提的是,罪犯朱晓东已于2020年6月4日被依法执行死刑。执行死刑当日,最高人民法院、《人民法院报》、中央政法委长安剑等多家微信公众号和网络媒体进行了报道,当晚该条新闻长时间在百度热搜榜中排行前十,公众舆论基本"一边倒"地对裁判结果表示支持、肯定。

(撰稿:最高人民法院刑五庭　方文军　刘岩岩
审编:最高人民法院刑五庭　马　岩)

(三)刑事附带民事诉讼

[第1123号]马某某故意杀人案

——限制民事行为能力人、无民事行为能力人参加刑事附带民事诉讼的若干问题

【关键词】 刑事附带民事诉讼　刑事责任能力　刑事附带民事诉讼原告和被告　赔偿责任

一、基本案情

被告人暨附带民事诉讼被告人马某某,男,1942年5月30日出生。2013年9月13日被逮捕。

附带民事诉讼原告人翟某某,女,系被害人之妻。

附带民事诉讼原告人张某发,男,系被害人之子。

附带民事诉讼原告人张某琴,女,系被害人之长女。

附带民事诉讼原告人张某辉,女,系被害人之次女。

某检察院以被告人马某某犯故意杀人罪,向某法院提起公诉。在诉讼过程中,附带民事诉讼原告人翟某某等人向某法院提起附带民事诉讼,并在审理过程中,向法院申请追加马某某的监护人为附带民事诉讼的共同被告,法院未作答复。

附带民事诉讼原告人及其诉讼代理人提出:追究马某某的刑事责任;依法判令马某某赔偿死亡赔偿金、丧葬费、被抚养人生活费、精神赔偿金共计人民币94.728万元。

被告人马某某对指控的犯罪事实不持异议。其辩护人提出:马某某案发时为限制刑事责任能力,有自首情节且案发时已年满71周岁,案发后其亲属已赔偿被害方3万元。

某法院经审理查明:被告人马某某与被害人张某某系邻居,二人因建房等问题素有矛盾。案发前,马某某怀疑张某某砸其家的土房,遂在张某某家房东侧挖了一条沟。2013年8月29日16时许,马某某在其家房屋西侧过道内与张某某因为此事发生口角,马某某用铁锨连续击打张某某头部,致张某某颅脑损伤死亡。经鉴定,马某某案发时为偏执性精神病,评定为限制刑事责任能力。案发后,马某某到公安机关投案。因马某某的行为给附带民事诉讼原告人造成物质损失丧葬费等共计人民币21 266元,案发后被告人马某某的亲属已赔偿被害方人民币30 000元。

某法院认为,被告人马某某因建房等问题与被害人发生纠纷并争吵,后持铁锨连续击打被害人头部,致被害人死亡,其行为已构成故意杀人罪,且犯罪后果特别严重,公诉机关指控的罪名成立。马某某患有偏执型精神病,案发时为限制刑事责任能力;案发后主动到公安机关投案,至庭审时能如实供述主要犯罪事实,构成自首,可对其从轻处罚。附带民事诉讼原告人及其诉讼代理人提出,依法判令马某某赔偿附带民事诉讼原告人因被害人死亡导致的死亡赔偿金41万元、丧葬费3万元、被扶养人生活费107 280元、精神赔偿金40万元。经查,因马某某对其犯罪行为给被害方造成的物质损失应予赔偿。附带民事诉讼原告人所提死亡赔偿金、精神赔偿金不属于刑事附带民事诉讼的赔偿范围,不予支持;所提翟某某的扶养费,因被害人案发时已年满60周岁,且没有证据证明其还有劳动能力和收入足以扶养他人,其妻子的扶养责任应由其子女承担,故所提该项费用不予支持。所提丧葬费,应按照本地上一年度职工月平均工资标准以六个月总额计

算,计人民币21 266元,予以支持。案发后,马某亲属通过村委会赔偿被害人亲属丧葬费共计人民币30 000元,予以确认。据此,依照《中华人民共和国刑法》第二百三十二条、第五十六条第一款、第十八条第三款、第六十七条第一款、第三十六条第一款及《中华人民共和国民法通则》第一百一十九条的规定,判决如下:

1. 被告人马某某犯故意杀人罪,判处有期徒刑十五年,剥夺政治权利五年;

2. 被告人马某某赔偿附带民事诉讼原告人因被害人死亡产生的丧葬费人民币21 266元(已付清)。

一审宣判后,附带民事诉讼原告人翟某某等人不服,以原审法院诉讼程序违法,适用法律错误,判赔项目、数额不正确为由,提出上诉。

某高级人民法院经审理认为,原审法院在刑事附带民事诉讼中违反了法律规定的诉讼程序。依照《中华人民共和国刑事诉讼法》第二百二十七条第三项、第二百三十三条之规定,裁定将本案附带民事部分发回一审法院重新审判。

二、主要问题

1. 限制民事行为能力人、无民事行为能力人能否独立参加刑事附带民事诉讼?

2. 限制民事行为能力人、无民事行为能力人在刑事附带民事诉讼中能否承担民事责任?

三、裁判理由

(一)限制民事行为能力人、无民事行为能力人不能独立地以附带民事被告身份参加附带民事诉讼,应由其监护人作为法定代理人代为诉讼

关于限制民事行为能力人、无民事行为能力人参加刑事附带民事诉讼的问题,刑事诉讼法没有明确的规定。按照《最高人民法院关于适用〈中华人民共和国刑事诉讼法〉的解释》第一百六十三条的规定,应当适用民法通则、民事诉讼法的有关规定。

按照民法学的理论,公民的民事行为能力与其诉讼行为能力有着密切的联系,但在分类上,二者又不完全一致。公民的民事行为能力采用三分法:完全民事行为能力(年满18周岁或者年满16周岁不满18周岁,但是以自己的劳动收入为主要生活来源的)、限制民事行为能力(10周岁至18或16周岁,以及不能完全辨认自己行为的精神病人)和无民事行为能力(不满10周岁,以及不能辨认自己行为的精神病人)。而公民的诉讼行为能力则采用两分法:有诉讼行为能力和无诉讼行为能力。在民事诉讼中,只有具有完全民事行为能力的公民才具有诉讼行为能力,无民事行为能力和限制民事行为能力的公民都没有诉讼行为能力。

无民事行为能力人,属于不负刑事责任的人,依法不能成为刑事诉讼中的被告人,但其仍然能够介入到刑事诉讼中成为附带民事诉讼被告人,这主要是指符合《最高人民法院关于适用〈中华人民共和国刑事诉讼法〉的解释》第一百四十三条第一款第一项情形,即未被追究刑事责任的其他共同侵害人,包括该共同侵害人系不负刑事责任的未成年人、无刑事责任能力的精神病人。需要说明的是,这两类人如果单独实施"犯罪"行为,因其不能成为刑事被告人,因而不能对其提起附带民事诉讼诉讼人,对其侵权行为造成的损失只能单独提起民事诉讼。限制民事行为能力人在以下两种情况下可以成为刑事被告人并同时可以成为附带民事诉讼被告人:一是已满十四周岁不满十六周岁的人犯刑法第十七条列举的故意杀人、故意伤害致人重伤或者死亡、强奸、抢劫、贩卖毒品、放火、爆炸、投毒罪的;二是已满十六周岁不满十八周岁的人犯罪以及刑法第十八条第三款规定的"尚未完全丧失辨认或者控制自己行为能力的精神病人犯罪的"。

限制民事行为能力人、无民事行为能力人介入到刑事诉讼中成为附带民事诉讼被告人时,如何参与诉讼?《中华人民共和国民事诉讼法》第五十七条规定:"无诉讼行为能力人由他的监护人

作为法定代理人代为诉讼。法定代理人之间互相推诿代理责任的,由人民法院指定其中一人代为诉讼。"《最高人民法院关于适用〈中华人民共和国民事诉讼法〉的解释》第八十三条规定,在诉讼中,无民事行为能力人、限制民事行为能力人的监护人是他的法定代理人。事先没有确定监护人的,可以由有监护资格的人协商确定;协商不成的,由人民法院在他们之间指定诉讼中的法定代理人。因此,在附带民事诉讼中,应由限制民事行为能力人、无民事行为能力人的监护人为其法定代理人代为诉讼,否则,其所为的诉讼行为或者针对其所为的诉讼行为都是无效诉讼行为。

本案中,附带民事诉讼被告人马某是否是限制民事行为能力人呢?按照《中华人民共和国民法通则》的相关规定,不能完全辨认自己行为的精神病人是限制民事行为能力人。被告人是不是不能完全辨认自己行为的精神病人需要进行司法鉴定。对精神病人的司法鉴定,根据鉴定目的,鉴定机构可进行有无刑事责任能力的鉴定和有无民事行为能力的鉴定。要判断精神病人的民事行为能力,当然是进行有无民事行为能力的司法鉴定较为合适。但是,在刑事附带民事诉讼案件的审判实践中,对被告人所作的精神疾病鉴定往往是基于审理刑事部分的需要,鉴定通常只针对被告人是否具有刑事责任能力的问题,而不涉及对民事行为能力的鉴定。因此,多数情况下,刑事附带民事诉讼案件中公安机关只是委托鉴定机构进行刑事责任能力鉴定,而不做民事行为能力鉴定,本案亦是如此。在此情况下,如何认定患有精神疾病的被告人的民事行为能力?我们认为,本案中虽然只对被告人进行了是否具有刑事责任能力的鉴定,认定被告人为限制刑事责任能力,但是在鉴定的过程中对被告人患有精神疾病这一事实,已经在医学上进行了肯定的判断,在确定被告人是精神病人的基础上,结合本案其他关于被告人平时表现的证据,可以认定其为限制民事行为能力人,作出这样的判断是符合逻辑和法律规定的。

综上,本案被告人暨附带民事诉讼被告人马某某系限制民事行为能力人,没有民事诉讼行为能力,应由其监护人作为法定代理人代为参加附带民事诉讼,以更好地维护当事人的合法权益。

(二)限制民事行为能力人、无民事行为能力人在刑事附带民事诉讼中属于无民事责任能力人,应由其监护人承担民事责任

当刑事附带民事诉讼中的被告人为限制民事行为能力人、无民事行为能力人时,谁来承担民事赔偿责任?《中华人民共和国民法通则》第一百三十三条的规定:"无民事行为能力人、限制民事行为能力人造成他人损害的,由监护人承担民事责任。监护人尽了监护责任的,可以适当减轻他的民事责任。有财产的无民事行为能力人、限制民事行为能力人造成他人损害的,从本人财产中支付赔偿费用。不足部分,由监护人适当赔偿,但单位担任监护人的除外。"《中华人民共和国侵权责任法》第三十二条也明确规定:"无民事行为能力人、限制民事行为能力人造成他人损害的,由监护人承担侵权责任。监护人尽到监护责任的,可以减轻其侵权责任。有财产的无民事行为能力人、限制民事行为能力人造成他人损害的,从本人财产中支付赔偿费用。不足部分,由监护人赔偿。" 在刑事案件中,侵权行为就是犯罪行为,侵权责任与刑事责任以外的附带民事赔偿责任竞合。因此,根据我国民法的相关规定,如果限制民事行为能力人、无民事行为能力人参与刑事附带民事诉讼,其监护人依法应当对其犯罪行为造成的损害承担民事赔偿责任,其监护人才是附带民事诉讼中依法负有赔偿责任的人,理应被列为附带民事诉讼的被告人。否则,针对刑事被告人所为的附带民事诉讼行为是无效诉讼行为。本案被告人马某某为限制民事行为能力人,其监护人应对马某某的犯罪行为给他人造成的损害承担民事赔偿责任。当然,根据前述民法的相关规定,马某某本人如果有财产的,赔偿费用应首先从其本人财产中支付,不足部分,由其监护人承担。

综上,一审法院在附带民事诉讼中没有为马某某确定法定代理人,对附带民事诉讼原告人申请追加被告人的监护人为共同被告人的请求不予支持不当,未将限制民事行为能力被告人的监

护人列为共同被告,违反了法定诉讼程序。为严格遵守诉讼程序,保障双方当事人的合法权益,二审法院裁定原审法院在刑事附带民事诉讼中程序违法,将附带民事部分发回一审法院重新审判是适当的。

(撰稿:河北省高级人民法院　魏保国
审编:最高人民法院刑四庭　陆建红)

[第1171号]庞易浑等故意伤害案

——附带民事诉讼原告人因部分被告人赔偿而对其撤诉后,其余被告人尚应承担赔偿责任的,应如何处理

【关键词】 刑事附带民事诉讼　赔偿数额　调解　赔偿责任　共同犯罪

一、基本案情

被告人庞易浑,男,1993年1月29日出生。2010年10月26日因犯盗窃罪被判处有期徒刑一年,并处罚金人民币一千元,2011年1月29日刑满释放。2012年11月24日因涉嫌犯故意伤害罪被逮捕。

被告人庞盛文,男,1988年12月3日出生。2006年2月7日因犯抢劫罪被判处有期徒刑九个月,并处罚金人民币一千元,2006年4月19日刑满释放;2007年5月25日又因犯抢劫罪被判处有期徒刑四年,并处罚金人民币四千元,2010年6月2日刑满释放。2012年11月24日因涉嫌犯故意伤害罪被逮捕。

被告人李奉君,男,1994年1月29日出生。2012年6月20日因犯抢劫罪被判处有期徒刑三年,并处罚金人民币五千元,2012年9月24日因病暂予监外执行。2012年11月24日因涉嫌犯故意伤害罪被逮捕。

同案人暨附带民事诉讼被告人许某某(系未成年人,分案审理)。

附带民事诉讼原告人陈秀英,女,1932年1月21日出生,系被害人郑中看之母。

附带民事诉讼原告人暨被害人杨宜杰,男,1987年8月7日出生。

广东省湛江市人民检察院以被告人庞易浑、庞盛文、李奉君犯故意伤害罪,向湛江市中级人民法院提起公诉。因许某某系未成年人,由湛江市赤坎区人民检察院以许某某犯故意伤害罪,分案向赤坎区人民法院提起公诉。

湛江市中级人民法院经审理查明:2012年11月6日16时许,被害人郑中看与杨宜杰到湛江市赤坎区军民堤水闸买鱼时与被告人庞盛文发生争执打斗,后被旁人劝开。随后庞盛文离开水闸并打电话给其胞弟庞易浑告知其被打伤之事,让庞易浑帮忙报复对方。庞易浑随即驾驶一辆摩托车搭载被告人李奉君和许某某与庞盛文会合,一起商量报复之事。在商量过程中,庞盛文发现郑中看正好驾驶电动车搭载杨宜杰经过,庞易浑即提议殴打报复郑、杨两人,其他三人均表示同意。随后,由李奉君驾车搭载庞盛文、庞易浑、许某某追赶郑中看和杨宜杰,后将郑、杨二人拦停。接着庞易浑持向许某某要来的一把弹簧刀先后刺了杨宜杰肩背部一刀,腰腹部两刀;追赶并刺中郑中看胸腹部两刀。庞盛文则殴打郑中看一拳,并持李奉君给的另一把弹簧刀追赶杨宜杰,但没追上。许某某徒手追上杨宜杰并踢其腰部一脚。然后三人搭乘李奉君驾驶的摩托车逃离现

场。经鉴定,郑中看系被他人用单刃锐器刺伤左胸部致心脏破裂死亡;杨宜杰的损伤程度为重伤,伤残等级为九级。

案件审理过程中,经法院主持调解,附带民事诉讼原告人陈秀英与被告人李奉君及其亲属达成调解协议,被告人李奉君的亲属自愿代李奉君赔偿陈秀英经济损失人民币35 000元,已当场履行完毕。陈秀英向法院提出申请撤回对李奉君的附带民事诉讼的起诉,并表示愿意对李奉君予以谅解。此外,李奉君亲属还自愿代李奉君赔偿杨宜杰经济损失人民币5000元。

同案人许某某及其亲属与杨宜杰达成谅解协议,同案人许某某的亲属一次性赔偿杨宜杰经济损失人民币45 000元,已当场履行完毕。杨宜杰向法院提出申请撤回对许某某及其父母的附带民事诉讼的起诉,并表示愿意对许某某予以谅解。

湛江市中级人民法院认为,被告人庞易泙、庞盛文、李奉君结伙故意伤害他人身体,致一人死亡,一人重伤,其行为均已构成故意伤害罪。在共同故意伤害犯罪中,被告人庞易泙纠集被告人李奉君及同案人许某某,提起犯意,并直接实施持刀捅刺两名被害人的行为,起最主要作用,是主犯;被告人庞盛文纠集被告人庞易泙,并积极实施追打两名被害人的行为,亦起主要作用,亦是主犯之一,对该两名被告人应根据其各自所参与的全部犯罪处罚。被告人李奉君在共同故意伤害犯罪中起次要作用,是从犯,且其亲属积极代为赔偿被害方经济损失,并取得被害人郑中看亲属的谅解,依法可减轻处罚。被告人庞易泙有前科,具有酌定从重情节;被告人庞盛文、庞易泙是累犯,依法应从重处罚;被告人李奉君是在犯抢劫罪因病暂予监外执行期间重新犯罪,应对其实行数罪并罚。被告人庞易泙、庞盛文、李奉君及同案人许某某因共同故意伤害行为造成附带民事诉讼原告人陈秀英、杨宜杰经济损失,应依法承担相应赔偿责任。根据各被告人犯罪的事实,犯罪的性质、情节及对社会的危害程度,并结合部分被告人、同案人赔偿,部分原告人撤回对部分被告人附带民事诉讼的情况,依法作出如下判决:

1. 被告人庞易泙犯故意伤害罪,判处死刑,缓期二年执行,剥夺政治权利终身。

2. 被告人庞盛文犯故意伤害罪,判处有期徒刑十五年,剥夺政治权利五年。

3. 被告人李奉君犯故意伤害罪,判处有期徒刑五年;犯抢劫罪余刑二年三个月零二十四天,并处罚金人民币5000元;数罪并罚,决定执行有期徒刑六年,并处罚金人民币5000元。

4. 被告人庞易泙、庞盛文与同案人许某某共同赔偿附带民事诉讼原告人陈秀英经济损失人民币655 131.05元的90%,即589 617.95元,其中被告人庞易泙承担赔偿总额655 131.05元的50%,即327 565.53元,被告人庞盛文承担赔偿总额655 131.05元的30%,即196 539.32元,被告人庞易泙、庞盛文与同案人许某某对589 617.95元(扣除被告人李奉君应承担的10%,即65 513.11元)互负连带赔偿责任。

5. 被告人庞易泙、庞盛文、李奉君与同案人许某某共同赔偿附带民事诉讼原告人杨宜杰经济损失人民币107 810.03元,其中被告人庞易泙承担赔偿总额107 810.03元的50%,即53 905.02元,被告人庞盛文承担赔偿总额107 810.03元的30%,即32 343.01元,被告人李奉君承担赔偿总额107 810.03元的10%,即10 781元,同案人许某某亦承担赔偿总额107 810.03元的10%,即10 781元,四人互负连带赔偿责任;因同案人许某某已赔偿45 000元,被告人李奉君已赔偿5000元,且原告人杨宜杰放弃对许某某附带民事部分的追诉,故被告人庞易泙、庞盛文、李奉君尚应赔偿57 810.03元给原告人杨宜杰;各人赔偿超出自己应承担份额的,可向其他被告人追偿。

6. 驳回附带民事诉讼原告人陈秀英、杨宜杰其他诉讼请求。

一审宣判后,在法定期限内没有上诉、抗诉,湛江市中级人民法院就判决判处被告人庞易泙死刑,缓刑二年执行的部分依法报请广东省高级人民法院核准。广东省高级人民法院经复核查明的事实与原审一致,并裁定核准湛江市中级人民法院以故意伤害罪判处被告人庞易湃死刑,缓期二年执行,剥夺政治权利终身的刑事判决。

二、主要问题

在共同犯罪案件的附带民事诉讼审理中,部分被告人赔偿并与附带民事诉讼原告人达成调解协议,当该部分被告人赔偿数额与其应承担份额不符时,该如何认定其他被告人应承担的具体赔偿数额?

三、裁判理由

本案在附带民事诉讼案件审理过程中,被告人李奉君、许某某分别与附带民事诉讼原告人陈秀英、杨宜杰达成调解协议,且当场履行完毕,陈秀英申请法院对与之达成调解协议的李奉君撤回要求赔偿经济损失的起诉,杨宜杰申请法院对与之达成调解协议的许某某撤回要求赔偿经济损失的起诉。尽管同为达成调解协议,原告人申请撤诉,但本案中,根据过错责任大小等所决定的应当赔偿的份额,李奉君实际支付给陈秀英的赔偿款达不到其应当承担的赔偿份额,而许某某支付给杨宜杰的赔偿款则已超出其应当承担的赔偿份额。李奉君亲属自愿代李奉君赔偿杨宜杰部分经济损失,但未能达成调解协议。在这种情况下,对同案其他被告人应承担赔偿额的计算方法是否一样,如何裁判,在审理中存在以下两种不同意见:

第一种意见认为,根据意思自治原则,只要和附带民事诉讼原告人达成调解协议,附带民事诉讼原告人放弃对其诉讼请求,则不论被告人赔偿是否超出其应承担的份额,均应视为被告人自愿所赔,计算其他被告人应承担赔偿额,一律按赔偿总额扣减该被告人赔偿所占份额。

第二种意见,即原审法院认为,由于各被告人与附带民事诉讼原告人达成调解协议的实际赔偿数额各不相同,从而对同案其他被告人赔偿额所适用的计算方法亦相应不同,不能一概而论。即就陈秀英而言,其所实际获得的赔偿数额,因其放弃对李奉君的诉讼请求,应小于应当获得的赔偿数额。就杨宜杰而言,其虽然放弃了对许某某的诉讼请求,但因许某某已经承担了超过其应当承担的份额,故杨宜杰所实际获得赔偿的总数额,仍然等于其应当获得的赔偿总数额。

我们同意第二种意见。

本案所涉及的法律问题是《中华人民共和国侵权责任法》(以下简称《侵权责任法》)中的连带责任问题。这里的连带责任,是指受害人(被侵权人)有权向共同侵权人或共同危险行为人等责任主体中的部分或全部请求赔偿损失,而责任主体中的任何一员均有对外向被侵权人承担赔偿全部损失的责任和义务;若部分责任人向被侵权人承担了全部赔偿责任,则其他责任人对被侵权人应负的赔偿责任相应予以免除。《侵权责任法》第八条、第十四条第一款和《最高人民法院关于审理人身损害赔偿案件适用法律若干问题的解释》(以下简称《侵权解释》)第五条规定,二人以上共同侵权致人损害的,应当承担连带责任;而各连带责任人赔偿的数额则是根据各自责任大小按份划分确定的;如赔偿权利人在诉讼中放弃对部分共同侵权人的诉讼请求的,其他共同侵权人对被放弃诉讼请求的侵权人应当承担的赔偿份额不承担连带责任。

就本案而言,被告人庞易湃、庞盛文、李奉君伙同同案人许某某共同故意伤害他人,致郑中看死亡、杨宜杰重伤达九级伤残。郑中看之母陈秀英、杨宜杰均提起附带民事诉讼,要求三被告人及同案人许某某承担共同侵权赔偿责任。经审理查明,三被告人及同案人许某某应共同赔偿陈秀英经济损失 655 131.05 元,赔偿杨宜杰经济损失 107 810.03 元,并互负连带赔偿责任。同时,根据各被告人及同案人在共同犯罪中的地位、作用,庞易湃、庞盛文、李奉君、许某某均应分别承担死、伤者赔偿总额的 50%、30%、10%、10% 的赔偿责任。在部分被告人、同案人赔偿,部分原告人撤回对部分被告人附带民事诉讼起诉的情况下,各被告人对陈秀英、杨宜杰的赔偿数额及连带责任的承担，应区分以下三种情形：

（一）被告人李奉君与附带民事诉讼原告人陈秀英达成调解协议，在李奉君的实际赔偿额不足其应承担的赔偿份额的情形下，其他被告人赔偿数额和连带责任的范围确定

根据法律规定，李奉君应按份赔偿给陈秀英65 513.11元，并应对赔偿总额655 131.05元负连带赔偿责任。但在案件审理过程中，李奉君及其亲属与附带民事诉讼原告人陈秀英达成调解协议，赔偿陈秀英经济损失35 000元，陈秀英向法院申请撤回对李奉君附带民事诉讼的起诉。李奉君及其亲属赔偿之数额虽然不足李奉君按份应承担的数额，但鉴于陈秀英已对其表示谅解，并向法院申请撤诉，根据意思自治的原则及《侵权解释》第五条的规定，该情形可视为陈秀英在诉讼中放弃对李奉君的诉讼请求，则庞易浑、庞盛文、许某某可对李奉君应当承担的10%的赔偿份额不再承担连带责任，只需共同赔偿陈秀英经济损失655 131.05元的90%，即589 617.95元，并互负连带赔偿责任即可。

同样，由于陈秀英放弃对李奉君的诉讼请求，在执行程序中，如果其他被告人无能力赔偿自己应承担的赔偿份额，则侵权人李奉君也不再对其他被告人应承担的赔偿份额承担赔偿责任。

（二）被告人许某某与附带民事诉讼原告人杨宜杰达成调解协议，在许某某的实际赔偿额超出其应承担的赔偿份额的情形下，其他被告人赔偿数额和连带责任的范围确定

我们认为，如果某个被告人与原告人达成调解协议，且该被告人实际赔偿数额已超出其应承担的赔偿总额中的份额的，根据该被告人对超出其应承担份额的部分的不同意思表示，对其他被告人的赔偿数额确定亦应有两种不同处理结果：

1. 该被告人没有明确放弃对超出其本人应承担份额的追偿权的，对其赔偿超出其应承担份额的部分，可视为代其他被告人赔偿，其支付赔偿款后有权就超出本人应担份额的部分向其他被告人追偿；其他被告人则应就扣除该被告人已赔偿部分后的赔偿余额承担赔偿责任，并互负连带责任。

《侵权责任法》第十四条第二款明确规定："支付超出自己赔偿数额的连带责任人，有权向其他连带责任人追偿。"这里虽然未明确是否包括部分连带责任人在调解中支付超出其本人应赔偿份额的情形，但我们认为，该规定同样适用于本文所述情形。理由如下：首先，民事侵权赔偿的主要目的是恢复原状，弥补被害人的损失，即权利人实际损失多少，侵权人就赔偿多少，理论上称之为"填平原则"，附带民事赔偿亦遵循该原则，民事赔偿权利人不能因为损害赔偿而获利。其次，由于被告人赔偿被害人物质损失的情况直接影响到被告人悔罪表现的认定，法院在量刑时需结合赔偿情况予以考虑，故部分被告人的亲属往往争取在一审判决前与被害方达成调解协议，希望法院在对被告人量刑时能够予以从轻处罚。而此时由于判决未下，民事赔偿总额以及各被告人应承担的赔偿份额均未明确，部分被告人及其亲属对被告人应承担的赔偿权利义务也不一定了解，但为了能够与被害方达成调解协议，可能实际赔偿的数额超出被告人自己应承担的份额。这种情况不能一概视为被告人自由处分了自己的权益，仍应保障该部分被告人对赔偿超出其本人应承担份额的部分享有对其他被告人的追偿权，至于该部分被告人是否行使该追偿权，则属于其自由处分的权利。最后，保障该部分被告人的追偿权，亦是为了防止其他被告人逃避其应承担的民事赔偿责任。

本案中，同案人暨附带民事诉讼被告人许某某应按份赔偿给杨宜杰10 781元，并应对赔偿总额107 810.03元负连带赔偿责任。在案件审理过程中，许某某亲属自愿代许某某赔偿给杨宜杰经济损失人民币45 000元，杨宜杰放弃对许某某的附带民事部分的追诉，双方达成调解协议。此时，许某某所赔偿的数额已超出其本人应承担的赔偿份额，对其他被告人的民事赔偿额的处理就应适用上述方法。即许某某虽然赔偿超出其本人承担的份额，但因其并没有明确放弃追偿权，可

视为许某某代庞易浑、庞盛文、李奉君所赔,许某某可就超出其本人承担份额部分的赔偿款向庞易浑、庞盛文、李奉君追偿,庞易浑、庞盛文、李奉君应就给杨宜杰造成的损失总额减去许某某已赔偿额的剩余部分承担共同赔偿责任,并互负连带赔偿责任。

2. 被告人如明确放弃对超出其本人应承担份额赔偿款的追偿权,则对其他被告人赔偿数额的计算与本文(一)相同,即其他被告人对该被告人应当承担的赔偿份额不再承担连带责任,只需共同赔偿给附带民事诉讼原告人赔偿总额扣除该被告人已赔偿额的剩余部分,并互负连带赔偿责任即可。

(三)被告人李奉君对附带民事诉讼原告人杨宜杰赔偿其本人应承担份额的一部分后,没有取得杨宜杰谅解而放弃对其追诉的,李奉君及其他被告人赔偿数额和连带责任范围的确定

本案中,李奉君亲属自愿代李奉君赔偿杨宜杰经济损失人民币5000元,但未能与杨宜杰达成调解协议,在这种情况下,其应与其他被告人继续共同赔偿剩余部分,并对该剩余部分互负连带赔偿责任。即先以赔偿总额107 810.03元减去许某某赔偿的45 000元,再减去李奉君所赔5000元,得57 810.03元,即为被告人李奉君与庞易浑、庞盛文应共同赔偿给杨宜杰的经济损失,且三被告人对该57 810.03元互负连带赔偿责任。综上,一审裁判适当。

(撰稿:广东省湛江市中级人民法院　李非白　武丹莉
审编:最高人民法院刑四庭　陆建红)

[第1289号]张正伟污染环境案

——环境污染犯罪案件刑事附带民事公益诉讼有关问题

【关键词】 污染环境罪　刑事附带民事公益诉讼　环境损害赔偿数额

一、基本案情

被告人张正伟,男,1975年6月12日出生,农民。因涉嫌犯污染环境罪于2018年8月9日被逮捕。

公诉机关暨附带民事公益诉讼起诉人浙江省德清县人民检察院。

德清县人民检察院以被告人张正伟犯污染环境罪,于2018年9月29日向德清县人民法院提起公诉。德清县人民法院于当日立案受理,依法适用简易程序审理。在审理过程中,德清县人民检察院向德清县人民法院提起刑事附带民事公益诉讼,认为张正伟违反国家法律规定,排放重金属超标的污水,其行为破坏了生态环境,损害了社会公共利益,应当承担环境侵权的民事责任。德清县人民法院依法转为适用普通程序,由三名审判员与四名人民陪审员组成七人合议庭公开开庭进行了审理。德清县人民检察院检察长出庭支持公诉及刑事附带民事公益诉讼起诉。

德清县人民法院经审理查明:

2018年5月4日至5月8日间,被告人张正伟在浙江省德清县阜溪街道曲园北路1232号厂房内,私自设立加工作坊,加工中岛架、展柜等不锈钢产品,使用化学试剂进行清洗,后将未经处理的重金属废水经沉淀后直接排放至雨水管网,污水排放量约为600公斤。2018年5月11日,经德清县环境保护监测站检测,排污口废水重金属铜含量为24.1 mg/L,超过《污水综合排放标准》(GB 8978—1996)规定的一级标准限值(0.5 mg/L)48.2倍。

2018年6月25日，德清县环境保护局将被告人张正伟涉嫌污染环境罪一案移送德清县公安局，德清县公安局于次日立案侦查。2018年7月6日，张正伟投案自首，并如实供述了犯罪行为。

另查明，由杭州市环境保护科学研究院、煤科集团杭州环保研究院有限公司、浙江清雨环保工程有限公司三名环境影响评价工程师组成的专家组，出具了环境污染损害评估意见，认为本案环境损害费用适用虚拟成本法进行估算，所涉及的地表水体环境功能区类型为Ⅲ类，环境损害赔偿额在44 546元至59 394.66元。德清县人民检察院支付了评估费用人民币7 000元。

2018年11月13日，被告人张正伟向德清县人民检察院预交了环境损害赔偿金及评估费用共计51 546元。

德清县人民法院经审理认为，被告人张正伟违反国家规定，在未办理任何环保手续且未采取任何环保防治措施的情况下，排放含重金属铜的污水，超过国家排放标准十倍以上，严重污染环境，侵犯了国家对危险废物的安全管理制度，其行为已构成污染环境罪。张正伟自动投案，如实供述自己的犯罪事实，系自首，依法可以从轻处罚。根据张正伟的自首情节，综合其认罪、悔罪表现，以及主动预交赔偿金的情形，对其可以适用缓刑。张正伟的辩护人提出的适用缓刑意见，予以采纳。

被告人张正伟非法排放污水，破坏了生态环境，损害了社会公共利益，依法应承担相应的民事责任。德清县人民检察院发现张正伟的污染环境违法行为后，履行了公告程序，在公告期满适格主体未提起民事诉讼的情况下，提起附带民事公益诉讼，符合法律规定。因涉案污水已经雨水管网排放至阜溪等开放水域，以当前情势无法回收处理，污水致使阜溪水体污染，造成了生态环境风险及损失，张正伟应依法承担赔偿责任。德清县人民检察院主张的损失数额，有专家评估意见为证，且经张正伟质证无异议，予以采信。故对德清县人民检察院要求张正伟赔偿因排污造成的生态环境损害44 546元的诉讼请求，予以支持。德清县人民检察院为确定损害支出的专家评估费用7 000元，应由张正伟承担。为保护环境安全，打击污染环境犯罪，维护社会生态环境公共权益，依照《中华人民共和国刑法》第三百三十八条，第六十七条第一款，第七十二条，第七十三条第二款、第三款，第五十二条，第五十三条，第三十六条第一款；《中华人民共和国环境保护法》第六十四条；《中华人民共和国侵权责任法》第十五条第一款第六项、第六十五条；《最高人民法院、最高人民检察院关于办理环境污染刑事案件适用法律若干问题的解释》第一条第一款第四项；《最高人民法院关于审理环境民事公益诉讼案件适用法律若干问题的解释》第十八条、第二十二条；《中华人民共和国刑事诉讼法》第一百零一条第二款；《中华人民共和国民事诉讼法》第五十五条第二款之规定，作出如下判决：

1. 被告人张正伟犯污染环境罪，判处有期徒刑七个月，缓刑一年四个月，并处罚金人民币一万元；

2. 被告人张正伟于判决生效之日起十日内赔偿生态环境损失人民币44 546元；

3. 被告人张正伟于判决生效之日起十日内向德清县人民检察院支付评估费用人民币7 000元；

4. 禁止被告人张正伟在缓刑考验期间从事与排放、倾倒、处置危险废物有关的职业及活动。

一审宣判后，在法定期限内，被告人张正伟未提出上诉，公诉机关亦未提起抗诉，判决已发生法律效力。

二、主要问题

1. 刑事附带民事公益诉讼案件，法院审判组织应如何确定？

2. 污染环境犯罪刑事附带民事诉讼案件中，环境损害赔偿数额应如何认定？

三、裁判理由

(一)关于本案审判组织的确定

《最高人民法院关于审理环境民事公益诉讼案件适用法律若干问题的解释》(法释〔2015〕1号)第六条规定,第一审环境民事公益诉讼案件原则上应由中级以上人民法院管辖。中级人民法院认为确有必要的,可以在报请高级人民法院批准后,裁定将案件交由基层人民法院审理。但随着公益诉讼制度的不断推进与完善,刑事附带民事公益诉讼作为一种便捷的特殊公益诉讼形式,逐渐成为检察机关参与公益诉讼的主要途径。对于此类案件的管辖,《最高人民法院、最高人民检察院关于检察公益诉讼案件适用法律若干问题的解释》(法释〔2018〕6号,以下简称《解释》)第二十条规定,人民检察院对破坏生态环境和资源保护、食品药品安全领域侵害众多消费者合法权益等损害社会公共利益的犯罪行为提起刑事公诉时,可以向人民法院一并提起附带民事公益诉讼,由人民法院同一审判组织审理。根据该解释,对于检察机关提起的第一审刑事附带民事公益诉讼,基层人民法院无须层报高级人民法院批准即可直接受理。司法实践中,基层人民法院直接受理的第一审刑事附带民事公益诉讼案件成为目前公益诉讼的重要组成部分。

本案中,德清县人民法院在审理被告人张正伟污染环境刑事案件过程中,受理德清县人民检察院提起的附带民事公益诉讼,符合前述关于刑事附带民事公益诉讼的管辖规定及实践操作,但在受理后如何确定审判组织审理本案的问题上,主要有两种意见:

第一种意见认为,本案应该由原审判员继续独任审理。刑事诉讼法第一百零四条规定,附带民事诉讼应当同刑事案件由同一审判组织一并审判。《解释》也明确对于检察机关提起的刑事附带民事公益诉讼案件,由人民法院同一审判组织审理。本案在刑事案件审理过程中,已经根据案情确定了由一名审判员独任审判,故应由该审判员继续一并审理刑事附带民事公益诉讼。

第二种意见认为,本案应该转为普通程序并组成七人合议庭审理。根据刑事诉讼法第一百八十三条规定,基层人民法院审判第一审案件,应当由审判员三人或者由审判员和人民陪审员共三人或者七人组成合议庭进行,但是基层人民法院适用简易程序、速裁程序的案件可以由审判员一人独任审判。该法第二百一十五条规定,有重大社会影响的案件,不适用简易程序审理。本案应该转为普通程序审理,并适用人民陪审员法的规定,由人民陪审员和法官组成七人合议庭进行审理。

我们赞同第二种意见,具体理由如下:

第一,本案出现了不适用简易程序的法定情形,应转为普通程序组成合议庭审理。为提高司法效率,刑事诉讼法规定了简易程序、速裁程序等特别程序,并规定了适用简易程序审理的条件,同时列明了不适用简易程序的案件情形,但对"有重大社会影响的""其他不宜适用简易程序审理的"等规定该如何把握,基本由人民法院根据案件实际情况自行理解并适用。本案中,德清县人民法院在受理刑事案件后,根据实际案情,决定适用简易程序由审判员一人独任审判,并无不当。但因本案涉及社会公共环境权益,检察院决定提起刑事附带民事公益诉讼,法院的裁判结果将对辖区产生重大社会影响,出现了刑事诉讼法规定的不适用简易程序的法定情形,故应转为适用普通程序组成合议庭审理。

第二,人民陪审员法第十六条第二项规定,人民法院审判根据民事诉讼法、行政诉讼法提起的公益诉讼案件,由人民陪审员和法官组成七人合议庭进行。本案符合这种情形。

第三,组成七人合议庭审理本案,更能体现司法的公正价值取向。刑事诉讼法确定刑事附带民事诉讼制度,主要是考虑诉讼的效率问题。人民法院在审理刑事案件时,由同一审判组织审理附带民事诉讼,既方便了刑事被害人维护合法权益,又节约了司法资源。而人民陪审员法相关规定的主要目的在于保障公民参加审判活动,促进司法公正,提升司法公信。人民陪审员法第十六条规定人民法院审理公益诉讼等重大第一审案件应由人民陪审员和法官组成七人合议庭审理,对司法公正提出了形式要求。办理刑事附带民事公益诉讼案件,确定由原审判组织一人独任审判还是由三人或者七人组成合议庭审理,实际上体现了效率与公正两种司法价值的选择。本案组成七人合议庭审理,首先从形式上保障了案件的公正审理,是正确的、恰当的。

(二)关于本案环境损害赔偿数额的确定

德清县人民检察院委托杭州市环境保护科学研究院、煤科集团杭州环保研究院有限公司、浙江清雨环保工程有限公司三名环境影响评价工程师组成专家组,就本案环境污染损害出具了评估意见,适用虚拟成本法估算环境损害费用,认为所涉及的地表水体环境功能区类型为Ⅲ类,计算出环境损害赔偿额在 44 546 元至 59 394.66 元之间。据此,德清县人民检察院主张被告人张正伟赔偿环境污染损害 44 546 元,并申请其中一名专家组成员出庭提出意见。煤科集团杭州环保研究院有限公司的环境影响评价工程师张迎喜出庭发表意见,认为涉案污水直接排入雨水管网,最终流入阜溪,对生态环境造成损害。评估意见采用虚拟成本法进行估算,将企业单位污染物治理平均成本(含固定资产折旧)乘以根据受污染影响区域的环境功能敏感程度而确定的一定倍数,作为环境损害数额的上下限值,本案估算的环境损害赔偿额为 44 546 元至 59 394.66 元。

有意见认为,有专门知识的人提出的意见不属于任何一种法定证据形式,根据《最高人民法院关于适用〈中华人民共和国民事诉讼法〉的解释》第一百二十二条的规定,应视为当事人陈述,不能作为证据对待,更不能作为定案的根据。本案仅凭三名环境影响评价工程师出具的评估意见,即便其中一名工程师到庭提出意见并接受询问,也不能据此作出要求被告人张正伟赔偿环境污染损害 44 546 元的判决。我们认为,司法实践中对专家意见在裁判中的作用素有争论,但不能据此否认专家意见在法院裁判中的辅助作用,特别是其在证据认定、裁量刑罚等方面,具有重要的参考价值。本案的附带民事公益诉讼,实为因被告人张正伟的犯罪行为侵犯公共环境权益而提起的侵权之诉。《最高人民法院关于审理环境侵权责任纠纷案件适用法律若干问题的解释》第九条规定:"当事人申请通知一至两名具有专门知识的人出庭,就鉴定意见或者污染物认定、损害结果、因果关系等专业问题提出意见的,人民法院可以准许。当事人未申请,人民法院认为有必要的,可以进行释明。具有专门知识的人在法庭上提出的意见,经当事人质证,可以作为认定案件事实的根据。"该规定为法院采信专家意见提供了明确的依据。本案中,被告人张正伟将加工不锈钢产生的污水通过雨水管网排入阜溪开放性水域,客观上对阜溪水体环境造成损害及生态风险,本案三名环境影响评价工程师接受委托,通过实地走访及调查论证,并根据环境影响评价的相关规定,采用虚拟成本法,结合损害地的环境状况,给出了需赔偿的数额区间,并当庭提出意见且作了详细说明。根据上述意见,德清县人民检察院选择损害赔偿区间的最低值作为诉讼主张,经被告人张正伟及其委托代理人质证无异议,并当庭表示愿意赔偿。上述专家意见,经本案合议庭审查后认为科学、公正,可以作为损害赔偿数额确定的根据,为本案合议庭运用自由裁量权作出裁判提供了重要参照。

需要注意的是,在环境侵权案件审理过程中,对有专门知识的人提出的意见进行认证,要严格参照法定证据形式的认证程序,必须经当事人充分质证,以及法庭的认真论证,确保只有科学的、客观的、严谨的专家意见才能作为认定案件事实的根据。

综上所述,德清县人民法院在受理了德清县人民检察院提起的附带民事公益诉讼后,由独任审判转为组成七人合议庭审理,是合法的、适当的。在本案审理过程中,合议庭根据有专门知识的人提出的损害评估意见,确定本案环境损害赔偿数额,进而作出支持德清县人民检察院的民事赔偿诉讼请求,是正确的。

(撰稿:浙江省高级人民法院　郑晓红
浙江省德清县人民法院　何晓红　王昆明
审编:最高人民法院刑二庭　韩维中)

二、审　判

(一)第一审程序

[第1322号]应鑫迪诈骗案

——疫情防控时期利用疫情实施诈骗犯罪的,应从严惩处

【关键词】 诈骗罪　量刑　利用疫情实施诈骗　速裁程序

一、基本案情

被告人应鑫迪,男,汉族,1998年12月26日出生于浙江省宁波市。2020年2月5日被监视居住。

浙江省宁波市鄞州区人民检察院指控被告人应鑫迪犯诈骗罪,向宁波市鄞州区人民法院提起公诉。

宁波市鄞州区人民法院经审理查明:2020年2月3日早上,被告人应鑫迪通过微信等社交软件结识被害人吴鹏飞,虚构自己系"鄞州二院女护士"的身份,并有获取医用口罩的特殊渠道。吴鹏飞因疫情严重,想要购买医用口罩自用及分发给周边朋友,于是向应鑫迪提出购买1万个医用口罩。应鑫迪使用另一微信号编造"鄞州二院仓库管理员"的身份与吴鹏飞交易,共骗得吴鹏飞6 295元。同年2月5日,应鑫迪被抓获,案发后退还了全部赃款。

宁波市鄞州区人民法院认为,被告人应鑫迪以非法占有为目的,采用虚构事实、隐瞒真相的方式骗取他人钱财,数额较大,其行为构成诈骗罪。应鑫迪在预防、控制突发传染病疫情期间,假借销售用于预防突发传染病疫情用品的名义,诈骗他人财物,依法从重处罚。应鑫迪认罪认罚,到案后能如实供述自己的罪行,且退还了全部赃款,依法可以从轻处罚。依照《中华人民共和国刑法》第二百六十六条、第六十七条第三款,《最高人民法院、最高人民检察院关于办理妨害预防、控制突发传染病疫情等灾害的刑事案件具体应用法律若干问题的解释》第七条的规定,判决如下:

被告人应鑫迪犯诈骗罪,判处有期徒刑六个月,并处罚金人民币一千元。

一审宣判后,被告人应鑫迪未提出上诉,公诉机关未提出抗诉。判决已发生法律效力。

二、主要问题

疫情防控时期发生的利用疫情实施诈骗等犯罪的,应当如何处理?

三、裁判理由

本案发生在全国上下一心抗击新型冠状病毒肺炎(以下简称新冠肺炎)疫情的特殊时期,系浙江省首例宣判的利用疫情虚假出售口罩诈骗案。本案的审理呈现以下特点:

(一)疫情防控时期发生的涉疫情犯罪案件依法可以适用速裁程序,快审快结

2020年2月5日,习近平总书记主持召开了中央全面依法治国委员会第三次会议并发表重要讲话,会议审议通过了《中央全面依法治国委员会关于依法防控新型冠状病毒感染肺炎疫情、切实保障人民群众生命健康安全的意见》。浙江省高级人民法院根据党中央、最高人民法院和省委部署要求,充分发挥刑事审判职能,依法严惩妨害预防、控制疫情的各类犯罪行为。2020年2月7日,浙江省高级人民法院、浙江省人民检察院、浙江省公安厅联合下发了《关于涉新型冠状病

毒感染肺炎疫情刑事案件办理工作的若干规定》,要求全省各级司法机关加强协同配合,形成打击合力,对于涉疫情刑事案件要优先办理,严格依法快侦快诉快审。

根据《刑事诉讼法》第二百二十二条的规定,基层人民法院管辖的可能判处三年有期徒刑以下刑罚的案件,案件事实清楚,证据确实充分,被告人认罪认罚并同意适用速裁程序的,可以适用速裁程序,由审判员一人独任审判。同时,《刑事诉讼法》第二百二十四条规定,适用速裁程序审理案件,不受送达期限限制,一般不进行法庭调查、法庭辩论,并且应当当庭宣判。

本案公诉机关建议适用速裁程序审理,法院受理后当天立案,经审查认为符合《刑事诉讼法》规定适用速裁程序的条件,依法适用速裁程序进行审理。本案从案发到判决仅用时四天。2020 年 2 月 3 日,宁波市公安局鄞州分局接到被害人吴鹏飞的报案,于同月 5 日抓获被告人应鑫迪。同月 6 日,该案移送宁波市鄞州区人民检察院审查起诉,应鑫迪自愿认罪认罚。同月 7 日,宁波市鄞州区人民检察院向宁波市鄞州区人民法院提起公诉,法院当天立案、当天开庭、当庭宣判。

本案发生在新冠肺炎疫情防控的关键时期,全国各类口罩紧缺,被告人利用民众求购口罩心切的心理,骗取钱财,不但侵犯了他人的财产权利,更影响了疫情防控工作和社会安全稳定。为充分发挥刑事审判打击妨害抗击疫情犯罪的职能,切实保障人民群众生命安全和身体健康,保障社会大局稳定有序,保障疫情防控工作顺利开展,法院坚决依法从快惩处。从案发到判决仅四天,法院依法审理并在半天结案,为打赢这场疫情防控阻击战提供了有力的司法服务和坚强的司法保障。

(二)疫情防控时期,利用疫情实施的犯罪应依法从重处罚

本案中,被告人应鑫迪诈骗金额 6 295 元,刚达到浙江省高级人民法院根据最高人民法院司法解释授权规定的该省关于诈骗罪 6 000 元的起刑标准,被告人还有退赃和认罪认罚等法定、酌定从轻处罚情节,按照该省以往同类案件的司法实践,一般可判处拘役,并宣告缓刑。但本案发生在抗击新冠肺炎疫情的特殊时期,被告人又是假借销售用于预防突发传染病疫情用品的名义诈骗他人财物,相比正常时期的诈骗犯罪行为,社会危害性更大。对此,《最高人民法院、最高人民检察院关于办理妨害预防、控制突发传染病疫情等灾害的刑事案件具体应用法律若干问题的解释》第七条规定:“在预防、控制突发传染病疫情等灾害期间,假借研制、生产或者销售用于预防、控制突发传染病疫情等灾害用品的名义,诈骗公私财物数额较大的,依照刑法有关诈骗罪的规定定罪,依法从重处罚。”浙江省公检法三家下发的《关于涉新型冠状病毒感染肺炎疫情刑事案件办理工作的若干规定》亦要求全省各级法院正确运用法律规定加大惩处力度,体现依法从严惩处精神。

本案中,被告人应鑫迪在预防、控制突发传染病疫情期间,假借销售口罩的名义诈骗他人财物,不仅侵犯了公私财物的所有权,同时容易引发社会紧张情绪,不利于疫情防控工作的开展,体现了被告人较深的主观恶性和更严重的社会危害性。对应鑫迪从重处罚,不仅符合相关司法解释的规定,也符合浙江省公检法三家下发规定的精神。此外,应鑫迪认罪认罚,到案后能如实供述自己的罪行,且退还了全部赃款,依法可以从轻处罚。

综上,法院根据本案事实、情节依法以诈骗罪判处被告人应鑫迪有期徒刑六个月,并处罚金人民币一千元,既体现了依法从重的政策精神,也体现了罪刑相适应的原则。

(撰稿:浙江省高级人民法院　郑晓红
浙江省宁波市鄞州区人民法院　马　晓
审编:最高人民法院刑二庭　韩维中)

[第1323号]张正诈骗案

——疫情防控期间适用速裁程序实行远程视频“无接触”式开庭应当注意的问题

【关键词】 速裁程序 远程视频“无接触”式开庭

一、基本案情

被告人张正，男，汉族，1994年9月2日出生。2013年11月20日因犯盗窃罪被判处有期徒刑三年六个月，并处罚金人民币三万元，2016年6月7日刑满释放。2020年2月1日因本案被刑事拘留。

江苏省南通市港闸区人民检察院指控被告人张正犯诈骗罪，向南通市港闸区人民法院提起公诉。

被告人张正对指控事实、罪名及量刑建议均没有异议，且在审查起诉阶段签署认罪认罚具结书。其辩护人提出：张正归案后如实供述自己的罪行，认罪认罚，并有悔罪表现，建议对张正从轻处罚。

南通市港闸区人民法院经审理查明：2020年1月28日至30日，在新型冠状病毒肺炎疫情防控期间，被告人张正在防疫所需口罩紧缺的情况下，利用被害人急购口罩的心理，在微信、QQ群内散发有大量口罩出售的虚假信息，收取被害人购买口罩定金后删除对方，多次骗取陆某某等被害人财物共计人民币9 520元。张正到案后，如实供述自己的罪行，愿意接受处罚；其家属代为退出全部赃款。

南通市港闸区人民法院认为，被告人张正以非法占有为目的，利用网络手段虚构事实骗取他人财物，数额较大，其行为已构成诈骗罪。张正在有期徒刑刑罚执行完毕后五年内再犯应当判处有期徒刑以上刑罚之罪，系累犯，依法应当从重处罚；张正在控制突发传染病疫情期间，假借销售用于预防、控制突发传染病疫情用品的名义诈骗他人财物，依法应当从重处罚；张正到案后如实供述自己的罪行，依法可以从轻处罚；张正承认指控的事实，愿意接受处罚，依法可以从宽处理；张正家属代为退出全部赃款，依法可以从轻处罚。依照《中华人民共和国刑法》第二百六十六条、第六十七条第三款、《最高人民法院、最高人民检察院关于办理妨害预防、控制突发传染病疫情等灾害的刑事案件具体应用法律若干问题的解释》第七条以及《中华人民共和国刑事诉讼法》第十五条的规定，对被告人张正以诈骗罪判处有期徒刑一年六个月，并处罚金人民币一万元。

一审宣判后，被告人张正未上诉，检察机关亦未抗诉。判决已发生法律效力。

二、主要问题

新型冠状病毒肺炎（以下简称新冠肺炎）疫情防控期间，人民法院如何适用速裁程序并依托网络通信技术实行远程视频“无接触”式开庭？

三、裁判理由

本案发生正值新冠肺炎疫情暴发期，口罩成为重要且紧缺的普遍性防疫需求物资，被告人张正却利用社会公众防疫所需和急购心理实施诈骗犯罪，不仅严重侵害人民群众财产利益，更严重扰乱疫情防控的社会秩序，犯罪行为影响恶劣，给科学有序开展疫情防控工作带来极大的破坏。人民法院在疫情防控期间受理此类案件，一方面面临的是刑事审判职责的履行，需要依法推进案件诉讼程序，及时惩处犯罪行为；另一方面所面临的是疫情传播风险，需要采取科学有效的防疫措施，避免疫情扩散。如何将两者有效结合起来是审判工作开展的关键。为贯彻落实 2020 年 2 月 5 日中央全面依法治国委员会第三次会议审议通过的《中央全面依法治国委员会关于依法防控新型冠状病毒感染肺炎疫情、切实保障人民群众生命健康安全的意见》，指导各地司法机关依法安全高效做好涉疫情防控刑事案件办理工作，最高人民法院、最高人民检察院、公安部、司法部于 2 月 6 日印发了《关于依法惩治妨害新型冠状病毒感染肺炎疫情防控违法犯罪的意见》（以下简称《意见》）。《意见》指出，在疫情防控期间，办理妨害新冠肺炎疫情防控案件要注重办案安全，除依法必须当面接触的情形外，可以尽量采取书面审查方式，必要时，可以采取视频等方式讯问犯罪嫌疑人、询问被害人、证人、听取辩护律师意见。人民法院在疫情防控期间审理相关案件的，在坚持依法公开审理的同时，要最大限度地减少人员聚集，切实维护诉讼参与人、旁听群众、法院干警的安全和健康。

南通市港闸区人民法院根据《意见》规定，立足刑事审判职能，坚持严格依法审理的基本原则，在诉讼程序适用、诉讼权利保障、庭审方式选择、量刑情节把握等方面进行思考和探索，积极利用网络通信技术，在刑事速裁程序中探索实行远程视频"无接触"式庭审，依法从重从快审结利用疫情实施诈骗犯罪的案件。该院于 2020 年 2 月 7 日适用速裁程序，通过远程视频方式依法对案件进行公开开庭审理。本案系全国法院首例采用远程视频"无接触"方式审理的涉疫情刑事案件，实现了法律效果和社会效果的统一。我们认为，在疫情防控的特殊期间，采取此种方式审理案件对于依法安全快速办理妨害新冠肺炎疫情防控案件具有重要意义。

（一）依法适用认罪认罚速裁程序从快审结，凸显及时惩处和预防犯罪的审判效果

依法从快审理可以保证刑罚的预期效果。在疫情防控期间，对严重扰乱疫情防控社会秩序犯罪行为及时惩处，能够较快恢复被破坏的社会秩序，第一时间向社会公众表明什么是法律所不允许的犯罪行为，什么是疫情防控中所应值得警惕的犯罪活动。

本案中，南通市港闸区人民法院准确把握依法快审快判的精神，受理案件当日即依照法定程序向被告人张正送达起诉书副本，告知其各项诉讼权利。经审查发现本案犯罪事实清楚，证据确实、充分，张正所犯罪行可能被判处三年有期徒刑以下刑罚，且认罪认罚，同时符合适用简易程序和速裁程序的条件。考虑到适用速裁程序不仅在开庭时间选择上具有一定灵活性，在审理方式上也可不进行法庭调查、法庭辩论，且有当庭宣判要求，比适用简易程序更能体现依法快审快判的法律精神和办案要求，据此，依照《刑事诉讼法》第二百二十二条的规定，经张正同意后决定适用速裁程序对本案进行审理。检察机关于 2020 年 2 月 5 日提起公诉，法院从 2020 年 2 月 5 日立案受理至 2 月 7 日开庭审理并当庭宣判，仅用三天时间审结一起利用疫情实施犯罪的案件，在疫情暴发和防控关键时期，既彰显司法机关打击犯罪保障疫情防控的职责和决心，也及时给疫情防控期的社会公众上了一堂法治教育课，实现良好的审判效果。

（二）充分保障被告人诉讼权利，实现公平正义的审判效果

在依法从快审理涉疫情刑事案件情况下，要想实现刑事诉讼惩罚犯罪和保障人权的双重目的，就必须更加注重让各方当事人，特别是被告人方，平等参与诉讼，必须充分保障被告人诉讼权利的行使，不能因为疫情防控的特殊要求而降低标准、简化形式。越是疫情防控的关键时期，越应当注重在案件审理中体现公平正义的审判效果。

本案中，法院在审理过程中，一方面，充分保障被告人张正各项诉讼权利、特别是辩护权的行使，在送达起诉书副本时即全面告知张正各项诉讼权利，向其了解是否聘请辩护律师的情况，在获知张正及其亲属未聘请辩护律师时，法院按照江苏省刑事辩护全覆盖规定和要求，于当日通过

法律援助机构为其指定辩护律师，并给律师提供电子阅卷的充分时间和便利，及时安排律师以远程视频方式会见被告人、参与庭审；另一方面，因疫情防控需要，本案实行远程视频“无接触”的开庭方式，但庭审仍严格按照法定程序进行，并未简化、降低程序标准。庭审过程中，保证法官、公诉人、被告人、辩护人各方虽非处于同一法庭空间，仍属同时参与同一庭审，被告人及其辩护人身份和所享有的诉讼权利与普通刑事庭审并无区别，其权利行使也未因“无接触”开庭方式而有所不同。上述保障措施不仅在形式上使得被告人实现获得律师辩护的权利，更是在实体上通过保障律师依法履行辩护职责使被害人获得律师辩护的实效，被告人诉讼权利并未因疫情防控和从快审理要求得到任何削弱，以程序公正保障了实体公正。

（三）依托网络通信技术远程视频“无接触”开庭，实现服务保障疫情防控大局的审判效果

疫情防控期间，刑事审判工作具有服务、保障疫情防控大局的双重职责要求，既要按照疫情防控工作要求做好自身疫情传播风险防范措施，依法科学有序推进刑事审判工作，又要发挥刑事审判职能作用，依法惩处利用疫情实施的犯罪行为，保障疫情防控大局稳定。因此，如何妥善处理两者的关系是实现涉疫情刑事案件审判效果的关键。

本案中，考虑若按照日常形式开庭审理，则因人员押解、法庭人员聚集等情况带来较高疫情传播风险；若等待疫情结束再行开庭审理，则无法及时惩处、预防犯罪以实现刑事审判服务保障疫情防控大局的职能。法院充分运用智慧法院建设和网络通信技术发展成果，深入研究刑事诉讼基本原则，积极探索远程视频“无接触”式开庭全新模式：一是法庭设置上，按照疫情防控减少聚集、降低风险的需要，依托网络实时通信技术，在人民法院设立刑事审判法庭主场，检察院、看守所、法律援助中心设立分场，四点连线同步传输影像、声音，并将涉案证据电子化，通过网络推送至各诉讼参与人所在地方屏幕上进行举证质证，各诉讼参与人之间实现了“无接触”，并佩戴口罩等必要防护装备，科学稳妥地做好防护措施。二是庭审程序上，根据案件实际选择适用速裁程序，按照其“一般不进行法庭调查、法庭辩论”和“应当当庭宣判”的规定，灵活采取了涉案证据电子化举证质证方式，并对被告人予以当庭宣判，有效避免普通程序实物举证质证、择期宣判等所带来法庭物理空间上的限制，给远程视频“无接触”开庭提供了程序上的法律依据。在庭审过程中，各方诉讼参与人除在核对身份、宣读诉讼参与人名单时均摘下口罩外，均全程佩戴口罩。三是权利保障上，坚持直接言词原则，庭审中各诉讼参与人特别是被告人依然可以通过网络实时传输技术，在各自分场与法官直接对话，被告人能够通过庭审亲自当面向法官以言词的方式陈述，其当面陈述方式的机会性和口头陈述内容的实质性，与同在现场并没有本质的区别，远程视频“无接触”开庭并未违背直接言词原则精神。四是庭审实质性上，强调法官的亲历性，法官在庭审中通过远程视频仍然能当面听取各诉讼参与人的口头陈述，并以此开展法庭调查、辩论，进而依据查明的事实和证据作出裁判；同时，法官能够通过远程视频对本案被告人认罪认罚的事实基础及认罪认罚的自愿性、真实性进行严格审查，并没有实质障碍。五是司法公开上，受案法院坚持公开透明原则，利用互联网和各媒体通信平台直接将远程视频庭审信号同步向社会公开直播，在更广的层面上实现司法公开。特别是在疫情防控期间，更多的人通过互联网旁听该案庭审，最大限度发挥了涉疫情刑事案件审判的法治教育功能，更广范围地获取了社会公众对刑事审判的监督和对刑事司法的认同，有效实现了刑事审判服务保障疫情防控大局的社会效果。

（四）依法从严惩处利用疫情实施的犯罪行为，彰显震慑犯罪、教育警示的审判效果

人民法院对于在疫情防控期间有关涉疫情犯罪行为从严惩处，能够有力惩治震慑犯罪，维护人民群众生命健康安全和社会安定有序，是疫情防控最终取得胜利的重要保障。但越是特殊时期，对待涉疫情犯罪越要恪守罪刑法定、证据裁判、罪责刑相适应等刑事司法原则，既不人为拔

高，也不随意降格，应依法予以从严惩处。

本案中，被告人张正在抗击新冠肺炎疫情的特殊时期，利用他人对于防疫物资需求和急购心理，虚构有大量口罩出售事实，骗取他人财物，数额较大，其行为构成诈骗罪的定性是确定的，而对其依法从严惩处、适当量刑是审判效果体现的关键。首先，被告人张正利用通信工具、互联网技术在各微信、QQ 群内散发有大量口罩出售的虚假信息，被害人经联系加为好友后求购口罩，张正收取其定金后删除对方，完成诈骗犯罪。尽管被害人"自愿"交付财物具有点对点的精准性，但却是因张正通过通信工具、互联网技术针对不特定人发布虚假信息而诈骗，依据《最高人民法院、最高人民检察院、公安部关于办理电信网络诈骗等刑事案件适用法律若干问题的意见》的规定，认定其系电信网络诈骗犯罪，应适用诈骗数额三千元以上不满三万元的数额标准，在三年以下有期徒刑、拘役或者管制刑档量刑，相较于普通诈骗犯罪，同等犯罪数额情况下其基准刑期应当更高。其次，在量刑情节上，张正具有累犯、坦白、退出全部赃款等法定、酌定量刑情节。同时，张正犯罪行为属于在控制突发传染病疫情期间，假借销售用于预防、控制突发传染病疫情用品的名义诈骗他人财物的行为，依照《最高人民法院、最高人民检察院关于办理妨害预防、控制突发传染病疫情等灾害的刑事案件具体应用法律若干问题的解释》第七条的规定，依法应从重处罚，故应在量刑中予以考量。据此，法院在基准刑期基础上，结合各量刑情节，着重体现涉疫情犯罪的从重情节，以张正犯诈骗罪判处其有期徒刑一年六个月，并处罚金人民币一万元，实现了罪责刑相适应，有力地彰显了震慑犯罪、教育警示的法律效果和社会效果，维护了司法权威和公信力。

综上，法院在新冠肺炎疫情防控期间，利用网络通信技术实时传输影像、声音，探索在刑事速裁程序中采用法官、公诉人、被告人、辩护人四方远程视频"无接触"式庭审活动模式，依法从严从快审结涉疫情犯罪案件，对涉疫情刑事案件的审理进行了有益探索，实现了法律效果和社会效果的统一，具有借鉴价值。

（撰稿：江苏省高级人民法院　毕晓红　徐　磊
最高人民法院刑二庭　郭　慧
审编：最高人民法院刑二庭　韩维中）

（二）第二审程序

［第1006号］扎西杰参等故意杀人、非法持有枪支、包庇案
——上诉人在二审期间脱逃，仅有原审被告人在案的，应当如何处理

【关键词】　二审程序　中止审理　上诉人脱逃

一、基本案情

被告人扎西杰参，男，1980 年 9 月 1 日出生。2003 年 4 月 18 日因犯故意伤害罪被判处有期徒刑二年，2005 年 11 月 18 日刑满释放；2008 年 12 月 13 日因涉嫌犯故意杀人罪被逮捕。

被告人呷马意西，男，1984 年 5 月 19 日出生。2008 年 12 月 3 日因涉嫌犯故意杀人罪被逮捕。

被告人同珠，男，1973 年 5 月 14 日出生。2009 年 1 月 20 日因涉嫌犯故意杀人罪被逮捕。

被告人扎西赤美，男，1980 年 12 月 11 日出生。2008 年 12 月 23 日因涉嫌犯包庇罪被逮捕。

西藏自治区人民检察院那曲分院以被告人扎西杰参犯故意杀人和非法持有枪支罪、被告人呷马意西及被告人同珠犯故意杀人罪、被告人扎西赤美犯包庇罪,向那曲地区中级人民法院提起公诉。

被告人扎西杰参、呷马意西、同珠及辩护人均提出,其主观上没有杀人故意,不构成故意杀人罪;被告人扎西赤美辩称,其事先不知道扎西赤美让其藏匿的长刀是杀人所用凶器,不构成包庇罪。

那曲地区中级人民法院经公开审理查明:被告人扎西杰参因与被害人拥有存在矛盾而预谋杀害拥有,并纠集被告人呷马意西和同珠参与。2008 年 11 月 16 日 19 时许,扎西杰参在西藏自治区那曲县罗马镇附近找到正在朝圣途中的拥有后,安排同珠在附近路段驾车等候,扎西杰参持手枪和长刀、呷马意西持长刀追上拥有,扎西杰参持长刀劈砍拥有双上肢数刀,呷马意西持长刀劈砍拥有头部一刀,并将拥有的右手割下,致拥有颅脑开放性骨折、脑组织损伤伴肢体横断分离骨折失血性休克死亡。扎西杰参、呷马意西乘坐同珠驾驶的汽车逃离现场后,告知被告人扎西赤美称三人持刀将人砍伤,并将凶器长刀交给扎西赤美保管。

那曲地区中级人民法院认为,被告人扎西杰参、呷马意西、同珠结伙故意非法剥夺他人生命,其行为均构成故意杀人罪;扎西杰参违反法律规定持有枪支,其行为另构成非法持有枪支罪;扎西赤美在明知涉案刀具是犯罪人所用凶器的情况下,帮助扎西杰参藏匿刀具掩盖罪行,企图使犯罪人逃避法律制裁,其行为构成包庇罪。公诉机关指控的罪名成立。其中,扎西杰参、呷马意西直接实施杀人行为,在共同犯罪中均起主要作用,均系主犯;同珠在犯罪过程中起辅助作用,系从犯。本案是有预谋的暴力犯罪,社会影响较大,扎西杰参还系累犯,依法应当严惩。据此,依照《中华人民共和国刑法》第二百三十二条、第一百二十八条第一款、第三百一十条第一款、第五十七条第一款、第二十五条、第二十六条、第二十七条、第六十五条第一款、第六十四条之规定,那曲地区中级人民法院判决如下:

1. 被告人扎西杰参犯故意杀人罪,判处死刑,剥夺政治权利终身;犯非法持有枪支罪,判处有期徒刑三年;决定执行死刑,剥夺政治权利终身。

2. 被告人呷马意西犯故意杀人罪,判处死刑,剥夺政治权利终身。

3. 被告人同珠犯故意杀人罪,判处有期徒刑六年。

4. 被告人扎西赤美犯包庇罪,判处有期徒刑二年。

一审宣判后,被告人扎西杰参、呷马意西分别以不具有杀人故意、一审量刑过重为由提出上诉。

西藏自治区高级人民法院审理过程中,上诉人扎西杰参、呷马意西借机脱逃,至今未能归案。

西藏自治区高级人民法院经审理认为,鉴于二审期间上诉人扎西杰参、呷马意西脱逃,长时间未归案,致使案件无法继续审理。依照《中华人民共和国刑事诉讼》(1996 年)第一百八十九条第一项和《最高人民法院关于执行〈中华人民共和国刑事诉讼〉若干问题的解释》(以下简称《1998 年解释》)第一百八十一条之规定,裁定如下:

1. 对上诉人扎西杰参、呷马意西中止审理。

2. 维持原判对原审被告人同珠、扎西赤美的定罪量刑。

二、主要问题

上诉人在二审期间脱逃,仅有原审被告人在案的,应当如何处理?

三、裁判理由

本案由于上诉人在二审期间脱逃,二审法院长时间未能作出裁判,羁押机关排查发现原审被告人同珠、扎西赤美久押不决,督促二审法院尽快作出处理,及时将同珠、扎西赤美送监执行。二审法院对本案应当如何处理，主要形成两种意见：一种意见认为，由于上诉人扎西杰参、呷马意西提出上诉后又脱逃，造成二审阶段上诉人不在案，在案的原审被告人同珠、扎西赤美均服判，未对一审判决提出上诉。在此情况下，可视为一审判决中针对同珠、扎西赤美的部分已经生效，直接依据一审判决将同珠、扎西赤美送监执行即可，二审法院仅需裁定对上诉人扎西杰参、呷马意西中止审理；另一种意见认为，由于一审判决宣判后有被告人提出上诉，导致一审判决未能生效，故不能将一审判决作为执行依据，二审法院需裁定对在逃的扎西杰参、呷马意西中止审理，同时还必须继续审理涉及原审被告人同珠、扎西赤美的部分，对二人的事实认定、定罪量刑和审理程序依法作出裁判。

我们同意后一种意见，具体理由如下：

（一）上诉人在二审期间脱逃，仅有原审被告人在案的，一审判决不能作为交付执行依据，二审法院仍需对在案原审被告人作出处理

人民法院发生法律效力的判决和裁定，是执行机关对罪犯实施惩罚和改造的执法依据，判决和裁定只有在发生效力后才能送交执行机关。本案二审裁定作出时，刑事诉讼法尚未进行修改，根据当时有效的1996年刑事诉讼法第二百零八条（2012年修订的刑事诉讼法第二百四十八条）第二款第一项的规定，已过法定期限没有上诉、抗诉的判决和裁定属于发生法律效力的判决和裁定。根据该规定，一审判决送达之后，如果有被告人在法定期限内提出上诉，或者公诉机关在法定期限内提出抗诉，则一审判决即属于不发生法律效力的判决。本案即属于判决不发生法律效力的情形，被告人扎西杰参、呷马意西已在法定期限内提出上诉，一审判决不能作为交付执行的依据。

上述前一种意见认为，由于本案中不服一审判决的两名上诉人已悉数脱逃，表明二人不愿意通过二审法院对一审判决的内容是否正确进行审理，在案的两名原审被告人均服判不上诉。在此情况下，二审法院已无必要对一审判决的内容进行审查处理，直接裁定对脱逃上诉人中止审理即可。我们认为，首先，根据1996年刑事诉讼法第一百八十六条（2012年修订的刑事诉讼法第二百二十二条）的规定，第二审法院应当就第一审判决认定的事实和适用法律进行全面审查，不受上诉或者抗诉范围的限制；共同犯罪的案件只有部分被告人上诉的，应当对全案进行审查，一并处理。根据该规定，我国的二审程序采取全面审查原则，在共同犯罪案件中有部分被告人提出上诉、部分被告人服判不上诉的情况下，二审法院不仅要审理提出上诉的被告人所涉事实证据、法律适用和审理程序问题，同时要一并审理未提出上诉的被告人所涉事实证据、法律适用和审理程序问题，由二审法院就原判对未提出上诉的被告人所作判决结果进行审查并作出处理。二审法院不能以部分被告人未提出上诉为由，对其所涉原判中的判决内容不作处理。其次，1996年刑事诉讼法及《1998年解释》虽未对上诉人脱逃情况下应当如何处理进行明确规定，但《1998年解释》第二百四十八条关于二审期间上诉人死亡情况下应当如何处理的规定为上诉人脱逃情形的审理提供了最权威的参考。该条规定："共同犯罪案件，如果提出上诉的被告人死亡，其他被告人没有提出上诉，第二审法院仍应当对全案进行审查。死亡的被告人不构成犯罪的，应当宣告无罪；审查后认为构成犯罪的，应当宣布终止审理。对其他同案被告人仍应当作出判决或者裁定。"上诉人脱逃的情形与此情形类似，不同点在于，死亡上诉人已经永远无法参加刑事诉讼活动，而脱逃上诉人还有被抓获归案的可能性，并可能在归案后对在案原审被告人的犯罪事实认定和定罪量刑产生影响。在此情况下，二审法院需要综合考虑案件情况，决定对在案原审被告人是径行作出实体处理，还是待在逃上诉人归案后一并处理。

根据以上分析，本案中的上诉人虽然已悉数脱逃，但二审法院仍必须对在案原审被告人作出

处理，否则将造成一审判决未生效、二审法院又无有效处理结果的尴尬局面。

（二）二审期间上诉人脱逃、原审被告人在案的，应当区分不同情况，采取不同处理方式

中止审理，是指人民法院在审理刑事案件的过程中，由于出现了某种导致案件在较长时间无法继续进行审判的原因，而由人民法院决定暂时停止审判活动，待中止审判的原因消失后再恢复审判活动的一项法律制度。1996 年刑事诉讼法对中止审理制度无明文规定，但《1998 年解释》对此作出了明确规定。《1998 年解释》第一百八十一条规定："在审判过程中，自诉人或者被告人患精神病或者其他严重疾病，以及案件起诉到人民法院后被告人脱逃，致使案件在较长时间内无法继续审理的，人民法院应当裁定中止审理。由于其他不能抗拒的原因，使案件无法继续审理的，可以裁定中止审理；中止审理的原因消失后，应当恢复审理。中止审理的期间不计入审理期限。"此条文明确规定了中止审理的条件，确定被告人在审理过程中脱逃属于中止审理的充分条件之一。然而，对于不同类型的刑事案件，《1998 年解释》关于中止审理具体方式的选择仍然规定得比较原则。对于实践中存在的各种情况，特别是类似本案共同犯罪的二审案件，上诉人脱逃、原审被告人在案的情况应当如何处理，有必要作进一步研究。我们认为，类似情况下应当根据已有法律规定，坚持公平优先、兼顾效率的原则，区分不同情况，分别作出处理。

首先，如果上诉人在二审开庭结束之后脱逃，或者虽然在二审开庭结束之前脱逃，但经二审法院审查，上诉人在逃不足以影响到对在案原审被告人所犯罪行的认定，为保证案件得到及时处理，应当裁定对在逃上诉人中止审理，对在案原审被告人继续进行审理，作出是否维持原判的判决或者裁定，并及时交付执行。日后在逃上诉人如果被抓获归案，可以裁定对其恢复审理。这种情况下，对在案原审被告人先行作出实体处理可以有效防止案件久拖不决，且不会影响案件处理结果的公平、公正。

其次，如果上诉人在二审开庭结束之前即脱逃，且经二审法院审查，在逃上诉人所涉事实证据与在案原审被告人所涉事实证据密切相关，上诉人不在案将影响对在案原审被告人所犯罪行的正确认定，处理这种情况应当特别慎重。原则上，为确保案件处理的公平、公正，二审法院应当裁定对全案中止审理，待在逃上诉人归案后一并处理，同时，为防止对在案原审被告人长期羁押，可将强制措施变更为取保候审或者监视居住。但如果在逃上诉人踪迹全无、未来一段时间内根本无归案希望，为防止案件久拖不决和对在案原审被告人人身自由的长期限制，也可以根据已有证据，对在案原审被告人先行作出生效判决或者裁定，及时送交执行；在逃上诉人归案后，如果有新的证据证实原判决或者裁定认定有误，可以通过审判监督程序予以纠正。当然，上诉人在逃期间，如果根据已有证据可能判处在案原审被告人死刑的，原则上量刑应当留有余地，以免造成不可挽回的后果。这种情况下，可以按照同案犯没有到案的量刑原则和刑事政策进行处理。

本案中，西藏自治区高级人民法院经审查认为，在逃上诉人扎西杰参、呷马意西在案件侦查期间对作案经过有过多次稳定供述，所供与其他证据可以相互印证，一审开庭中亦未翻供，二人虽然在二审期间脱逃，无法继续参加刑事诉讼活动，但不会对在案的原审被告人同珠、扎西赤美的事实认定和定罪量刑造成影响，故对原判中涉及同珠、扎西赤美的部分继续进行审理，依法作出维持原判对二人定罪量刑部分的裁定，并及时将二人送监执行，这种处理方式是正确的。

（三）2012 年修订的刑事诉讼法生效后类似情况的处理方式

针对 1996 年刑事诉讼法无中止审理制度的明文规定所造成的司法实践问题，2012 年修订的刑事诉讼法第二百条专门规定了中止审理的问题，2012 年《最高人民法院关于适用〈中华人民共和国刑事诉讼法〉的解释》第二百五十七条又对共同犯罪案件中的中止审理问题作了进一步明确。根据该条的规定，共同犯罪中部分被告人具有法定中止审理情形的情况下，应当根据案件情

况,决定对全案中止审理;或者仅对部分被告人中止审理,对其余被告人继续审理。我们认为,该条规定的处理方式在所谓“根据案件情况”,主要是指部分被告人因身患严重疾病或者脱逃等原因不能参加刑事诉讼活动的情况下,人民法院是否可以正确认定其余在案被告人所犯罪行的问题。如果在部分被告人不参加刑事诉讼活动的情况下,仍然可以正确认定其余在案被告人所犯罪行,则可以仅对部分被告人中止审理、对其余被告人继续审理;反之,原则上应当对全案中止审理。故2012年修订的刑事诉讼法生效后,对于共同犯罪中部分被告人或者上诉人具备法定中止审理情形的案件,可以直接引用相关规定,根据上述原则,分情况作出处理。

（撰稿:最高人民法院刑四庭　李加玺
西藏自治区高级人民法院　格桑旺姆
审编:最高人民法院刑四庭　陆建红）

[第1025号]钟兆桂、伍斯云等故意伤害案

——原判因错误认定被告人具有自首或者立功情节而减轻处罚的,重审纠正后能否据此加重被告人的刑罚

【关键词】 自首　立功　二审程序　上诉不加刑　新的犯罪事实

一、基本案情

被告人李亚明,男,1969年12月25日出生,无业。2011年11月30日因涉嫌犯故意伤害罪被逮捕。

被告人钟兆桂,男,1976年4月18日出生,无业。2011年12月11日因涉嫌犯故意伤害罪被逮捕。

被告人伍斯云,男,1969年4月21日出生,无业。2011年12月9日因涉嫌犯故意伤害罪被逮捕。

广东省茂名市人民检察院以被告人李亚明、钟兆桂、伍斯云犯故意伤害罪,向茂名市中级人民法院提起公诉。

被告人李亚明、钟兆桂均辩称,没有参与打架。被告人伍斯云对起诉书指控的事实和罪名未提出异议。

茂名市中级人民法院经公开审理查明:2000年1月24日下午,被告人李亚明、钟兆桂、伍斯云与杨亚喜(已另案判刑)、伍真等人到茂名市电白县马踏镇新城阁酒店北京房吃饭。杨亚喜获知赵鹏翔(被害人,男,殁年38岁)、全明强、叶兴、梁友在该酒店上海房聚赌后,到上海房参与赌博。在赌博期间杨亚喜因与赵鹏翔产生矛盾,回北京房叫了李亚明、钟兆佳、伍斯云等人到酒店大厅内,对正要离开的赵鹏翔实施殴打。旁观人员将杨亚喜等人拉开,赵鹏翔离开酒店大厅。杨亚喜、李亚明、钟兆桂、伍斯云又追到酒店外路边,继续殴打赵鹏翔,将其打倒在地。赵鹏翔因抢救无效于同月26日死亡。经鉴定,赵鹏翔系因头部等多处被钝器(如棍棒类)打击引起颅骨骨折,硬膜外血肿、脑挫裂伤并形成脑疝导致死亡。

茂名市中级人民法院认为,被告人李亚明、钟兆桂、伍斯云伙同他人故意非法伤害被害人身体,致被害人死亡,其行为均构成故意伤害罪,依法应当惩处。在共同犯罪中,李亚明、钟兆桂、伍

斯云在共同作案人杨亚喜的纠集下，对被害人采用拳打脚踢的手段实施殴打，为积极实施者，均系主犯；杨亚喜用啤酒瓶击打被害人的头部，是致被害人死亡的主要行为人，李亚明、钟兆桂、伍斯云在共同犯罪中起到的作用次于杨亚喜。伍斯云犯罪后自动投案，具有自首情节；其积极劝说钟兆桂的家属动员钟投案自首，具有立功表现，依法可以对其从轻或者减轻处罚。伍斯云通过家属积极赔偿被害人家属经济损失人民币5万元，认罪、悔罪态度好，酌情可以从轻处罚。钟兆桂犯罪后自动投案，具有自首情节，依法可以对其从轻或者减轻处罚。据此，依照《中华人民共和国刑法》第二百三十四条第二款、第二十五条、第二十六条之规定，茂名市中级人民法院判决如下：

1. 被告人李亚明犯故意伤害罪，判处有期徒刑十三年，剥夺政治权利四年。

2. 被告人钟兆桂犯故意伤害罪，判处有期徒刑八年。

3. 被告人伍斯云犯故意伤害罪，判处有期徒刑四年。

宣判后，被告人李亚明、钟兆桂不服，以原判量刑过重为由向广东省高级人民法院提出上诉。

广东省高级人民法院经审理后认为，原审判决认定被告人伍斯云具有自首、立功情节，被告人钟兆桂具有自首情节的事实不清，依照《中华人民共和国刑事诉讼法》第二百二十五条第一款第三项之规定，于2013年6月3日裁定发回茂名市中级人民法院重新审判。

茂名市中级人民法院经重新审理后认为，被告人李亚明、钟兆桂、伍斯云的行为均构成故意伤害罪。钟兆桂、伍斯云虽然自动投案，但未如实供述其所犯罪行，依法不能认定具有自首情节。伍斯云劝说钟兆桂的家属动员钟投案自首，与法律规定的协助公安机关抓捕同案犯而构成立功的要求不符，依法不能认定有立功表现。钟兆桂、伍斯云伙同他人故意非法伤害被害人身体致其死亡，且均系主犯，应当按照各自所参与的全部犯罪处罚。钟兆桂、伍斯云均无法定减轻处罚情节。根据《中华人民共和国刑法》第二百三十四条的规定，本应判处十年有期徒刑以上刑罚。但根据《中华人民共和国刑事诉讼法》第二百二十六条的规定，第二审人民法院发回原审人民法院重新审判的案件，除有新的犯罪事实，人民检察院补充起诉的以外，原审人民法院不得加重被告人的刑罚。故本案重审时不得加重钟兆桂、伍斯云的刑罚。据此，依照《中华人民共和国刑法》第二百三十四条第二款，第二十五条第一款，第二十六条第一款、第四款，第五十五条第一款，第五十六条第一款以及《中华人民共和国刑事诉讼法》第二百二十六条之规定，茂名市中级人民法院判决如下：

1. 被告人李亚明犯故意伤害罪，判处有期徒刑十三年，剥夺政治权利四年。

2. 被告人钟兆桂犯故意伤害罪，判处有期徒刑八年。

3. 被告人伍斯云犯故意伤害罪，判处有期徒刑四年。

宣判后，被告人李亚明、钟兆桂、伍斯云均未提起上诉，检察机关亦未抗诉，该判决已发生法律效力。

二、主要问题

原判因错误认定被告人具有自首或者立功情节而减轻处罚的，重审纠正后能否据此加重被告人的刑罚？

三、裁判理由

2012年修订的刑事诉讼法第二百二十六条第一款规定："第二审人民法院审理被告人或者他的法定代理人、辩护人、近亲属上诉的案件，不得加重被告人的刑罚。第二审人民法院发回原审人民法院重新审判的案件，除有新的犯罪事实，人民检察院补充起诉的以外，原审人民法院也不得加重被告人的刑罚。"与修订前的刑事诉讼法相比，修订后的刑事诉讼法明确规定了"发回重审不加刑”的内容，其目的是更好贯彻“上诉不加刑”的原则，避免二审法院以发回重审的形式变相加重对被告人的刑罚。

同时，修订后的刑事诉讼法对“发回重审不加刑”原则规定了例外情形，即“有新的犯罪事实，人民检察院补充起诉”。对这一例外情形如何理解，实践中存在一定争议。有观点认为，“新的犯罪事实”指的是案件事实，包括定罪事实和量刑事实，对于发回重审的案件，如出现新的量刑事实，应当根据重审查明的事实对被告人定罪量刑，不受发回重审不加刑的限制。我们认为，上述观点不可取，应当从立法本意出发正确理解上述例外规定。

第一，新的犯罪事实是指原起诉书中没有指控的犯罪事实。根据通常及字义的理解，结合法条上下文，新的犯罪事实应当是指原起诉书中没有指控的犯罪事实，既包括定罪事实，也包括量刑情节的事实。

第二，必须是人民检察院补充起诉的新的事实。如果人民检察院没有补充起诉，即使有新的犯罪事实，也不得加重被告人的刑罚。根据刑事公诉案件不诉不理的诉讼原则，人民法院不能审理人民检察院没有起诉指控的犯罪事实。只有同时具备上述两个条件，原审法院根据重审时查明的新的犯罪事实，才能对被告人加重刑罚；如果新的犯罪事实不成立，亦不能加重被告人的刑罚。对于原判决中认定数额有误、自首、立功、主从犯、既未遂等量刑情节不当的情况，均不属于发现了“新的犯罪事实”，一律不得加重刑罚。

第三，如果允许纠正后改判，会导致处理不平衡与不公平的情况发生。根据刑事诉讼法第二百二十五条第一款第三项的规定，原判决事实不清楚或者证据不足的，第二审法院可以在查清事实后改判，也可以裁定撤销原判，发回原审人民法院重新审判。也就是说，对于“原判决事实不清楚”的案件，第二审法院有两种结案方式：一是查清事实后改判。在这种情况下，根据上诉不加刑原则，无论是原判决认定的犯罪事实不清，还是认定的量刑情节事实有误，二审法院查清事实后，均不得加重被告人的刑罚。二是发回原审人民法院重新审判。二审法院基于原判决认定被告人的量刑情节事实有误而将案件发回重审，原审法院重新审理时就可能加重被告人的刑罚。如果二审法院选择不同的结案方式，就会产生两种明显不同的结果，这样的裁判结果实质上有悖于上诉不加刑原则，不利于当事人上诉权的行使，有损法律的权威和公正。从这一角度考虑，重新审理时不能仅因变更认定被告人的量刑情节而加重被告人的刑罚。

本案中，被告人伍斯云、钟兆桂作案后均自动投案，但都始终未如实供述伙同杨亚喜等人在酒店路边殴打被害人赵鹏翔致死的事实，而该事实系本案的主要犯罪事实，伍斯云、钟兆桂投案后未如实供述主要犯罪事实，依法不能认定其具有自首情节。此外，伍斯云到案后虽然积极动员钟兆桂的家属劝说钟兆桂投案，对本案的侦破起到了一定的积极作用，但伍斯云的行为不符合立功的成立要件，依法不能认定其构成立功。茂名市中级人民法院在重新审理时，严格依照修订后刑事诉讼法的规定，未加重被告人钟兆桂、伍斯云的刑罚，切实保障了被告人的合法权益，维护了程序公正，处理适当。不过，从实体公正方面考虑，因被告人不具有自首、立功等法定减轻处罚情节，重审后可能出现的量刑偏轻的情况，对此是否需要启动审判监督程序予以纠正，可由相关法院自行决定。

（撰稿：中国社科院法学所　钟　莉
最高人民法院刑五庭　范冬明
审编：最高人民法院刑五庭　韩维中）

[第1131号]曾某平等贩卖、运输毒品案

——在上诉案件中,对于公诉机关指控但一审没有认定的犯罪事实,二审能否审理并予以认定

【关键词】 二审程序 上诉不加刑 不告不理

一、基本案情

被告人曾某平,男,1983年8月27日生。2010年9月22日因涉嫌犯贩卖、运输毒品罪被逮捕。

(其他同案被告人略)

某市人民检察院以被告人曾某平等人犯贩卖、运输毒品罪,向某市中级人民法院提起公诉。

某市中级人民法院经审理查明:

被告人曾某平、吴某某系夫妻关系。2010年,曾某平、吴某某多次向杨某某、申某某出售毒品甲基苯丙胺片剂(俗称"麻古")。付某某负责为曾某平、吴某某运输毒品。曾某某为他人窝藏毒品。具体如下:

1. 2010年8月9日,被告人曾某平、吴某某向他人出售甲基苯丙胺片剂,交由付某某运输。付某某将毒品从某市运至某县牛滩镇交给买家后,将收取的2万元毒资存入吴某某银行账户。8月14日,付某某携带甲基苯丙胺片剂乘坐大巴车前往某市,在高速公路某服务区被公安机关抓获。公安机关当场从其挎包内查获甲基苯丙胺片剂3 000颗,净重274.61克。

2. 2010年8月15日20时许,杨某某以贩卖为目的从被告人曾某平处购买毒品甲基苯丙胺片剂,二人在曾某平驾驶的车辆上完成交易后,被公安机关抓获。公安机关当场在该车烟灰缸位置查获毒资人民币(以下币种同)2万元,从杨某某身上查获甲基苯丙胺片剂1 009颗,净重90.81克。

3. 2010年间,申某某多次在被告人曾某平、吴某某处购买甲基苯丙胺片剂贩卖。同年8月初,申某某向曾某平、吴某某购买甲基苯丙胺片剂后,贩卖给熊某250颗。8月17日,申某某在某市某区东门口一美发店被公安机关抓获,公安机关在其随身携带的提包内查获甲基苯丙胺(冰毒)7包,净重10.65克,甲基苯丙胺片剂4袋,净重2.63克。

4. 2010年8月15日21时40分许,公安机关对被告人曾某平、吴某某位于某市某区美领居二期三号楼37号的租住房进行搜查,吴某某在公安人员进入房间搜查前,将家中所藏毒品"麻古"从阳台处扔出。经搜查,公安机关在该租住房中查获现金58万元和电子秤、银行卡等物,在该房阳台下负一楼雨棚上发现一个浅蓝色"劲浪体育"包装袋,内有甲基苯丙胺片剂2 300颗,净重203.5克。

5. 2010年8月24日,公安机关从曾某某位于某省某县马岭镇盘田村三社43号的住所内,查获甲基苯丙胺片剂363.59克。

6. 2010年9月17日,公安机关从被告人曾某平、吴某某在某市某区堰塘湾23号楼4楼20号的租住房内查获甲基苯丙胺片剂16 000颗,净重1 461.3克。

某市中级人民法院认为,被告人曾某平违反毒品管理规定,明知是毒品而贩卖,并指使他人运输,其行为已构成贩卖、运输毒品罪。公诉机关指控付某某运输274.61克甲基苯丙胺片剂系

受曾某平夫妇安排的证据不足；指控曾某某处查获的363.59克甲基苯丙胺片剂系曾某平委托曾某某保管的证据不足，不予认定。曾某平贩卖毒品（含甲基苯丙胺、甲基苯丙胺片剂）1 768.89克及甲基苯丙胺片剂250颗，运输甲基苯丙胺片剂约800颗。在贩卖、运输共同犯罪中，曾某平系主犯。曾某平多次贩卖、运输毒品，且数量大，依法应当严惩。据此，依照《中华人民共和国刑法》第三百四十七条、第二十五条第一款、第二十六条第一款、第四十八条、第五十七条第一款、第五十九条、第六十四条之规定，以贩卖、运输毒品罪判处被告人曾某平死刑，剥夺政治权利终身，并处没收个人全部财产。

一审宣判后，被告人曾某平提出上诉。上诉理由如下：(1)原判认定其与杨某某有毒品交易的事实不成立；(2)原判认定两处租住房内查获的毒品是其用于贩卖的毒品的事实错误；(3)原判量刑过重，请求从轻处罚。其辩护人提出，本案存在犯意引诱的可能。

某省高级人民法院经审理确认，原判认定从申某某处查获的10.65克甲基苯丙胺系被告人曾某平、吴某某贩卖给申某某的证据不足；原公诉机关指控付某某运输274.61克甲基苯丙胺片剂系受曾某平夫妇安排的事实成立，原判未予认定，应予纠正；原公诉机关指控曾某某处查获的363.59克甲基苯丙胺片剂系曾某平委托曾某某保管的事实成立，原判未予认定，应予纠正。曾某平及其辩护人所提辩解理由和辩护意见不能成立（具体理由略），不予采纳。原判认定被告人曾某平犯贩卖、运输毒品罪的主要犯罪事实清楚，定罪准确，量刑适当，审判程序合法。据此，依照《中华人民共和国刑法》第三百四十七条第一款、第二款第一项、第七款，第二十五条第一款，第二十六条第一款、第四款，第四十八条，第五十七条第一款，第五十九条，第六十四条和《中华人民共和国刑事诉讼法》第五十三条、第二百二十五条第一款第一项之规定，判决维持原审对被告人曾某平的定罪量刑，并依法报请最高人民法院核准。

最高人民法院经审理认为，被告人曾某平违反国家毒品管理规定，明知是毒品而伙同他人予以贩卖，还雇用他人运输毒品，其行为已构成贩卖、运输毒品罪。曾某平在共同犯罪中起组织、指挥作用，系罪责最为严重的主犯。曾某平多次贩卖毒品，贩卖毒品数量大，社会危害极大，所犯罪行极其严重，应依法惩处。第二审判决认定曾某平安排付某某运输甲基苯丙胺片剂274.61克、委托曾某某保管甲基苯丙胺片剂363.59克的事实错误，应予纠正。第一审判决、第二审判决认定曾某平伙同他人贩卖、运输1 852.74克甲基苯丙胺片剂的事实清楚，证据确实、充分，定罪准确，量刑适当。审判程序合法。依照《中华人民共和国刑事诉讼法》第二百三十五条、第二百三十九条和《最高人民法院关于适用〈中华人民共和国刑事诉讼法〉的解释》第三百五十条第二项的规定，以贩卖、运输毒品罪判决核准被告人曾某平死刑。

二、主要问题

在上诉案件中，对于公诉机关指控但一审没有认定的犯罪事实，二审能否审理并予以认定？

三、裁判理由

司法实践中，对于一些涉及多起犯罪事实的案件，一审法院经审理后认为，公诉机关指控的部分犯罪事实清楚，证据确实、充分，但也有部分犯罪事实不清楚或者证据不足，进而依法认定达到法定证明标准的部分犯罪事实，对未达到法定证明标准的部分犯罪事实不予认定。此种情况下，如果被告人提起上诉，公诉机关未提起抗诉，二审法院是否需要审查一审法院未予认定的部分犯罪事实，进而能否追加认定该部分犯罪事实，值得研究。

该问题涉及二审程序的审理原则和审查范围。许多国家的二审都实行法律审，并且实行有限审理，即主要限定为对上诉理由的审理。根据我国刑事诉讼法第二百二十二条第一款的规定，第二审人民法院应当就第一审判决认定的事实和适用法律进行全面审查，不受上诉或者抗诉范围的限制。可见,我国刑事二审程序实行全面审理原则,且不是单纯的法律审,而是一并审理事实问题和法律问题。尽管如此,并不意味着二审程序的审查范围毫无边界,法律其实已经对此作出了适当的限制,即二审应当对"一审判决认定的事实和适用法律"进行审查。进一步来讲,对于一审判决没有认定的部分犯罪事实(抗诉案件除外),二审法院无须(或者不应当)进行审查,更不能追加认定该部分犯罪事实。

将二审程序的审理范围限定于"一审判决认定的事实和适用法律",符合二审程序的功能定位和相应的诉讼原则。

从二审程序的功能定位来看,因被告人上诉而启动的二审程序,主要功能是为被告人提供法律救济。实践中,被告人对一审判决认定的事实或者适用法律不服,可以依法提出上诉,请求二审法院对相关问题进行审理,以期获得有利于己方的裁判。对于因被告人上诉而启动的二审案件,如果二审法院审查一审未予认定的部分犯罪事实,进而追加认定该部分犯罪事实,不仅未能为被告人提供法律救济,反而作出不利于被告人的认定,这显然与二审程序的法律救济功能相悖。

同时,为确保被告人的上诉权,刑事诉讼法确立了上诉不加刑的基本原则。第二百二十六条第一款明确规定,第二审人民法院审理被告人或者他的法定代理人、辩护人、近亲属上诉的案件,不得加重被告人的刑罚。据此,对于被告人一方上诉的案件,二审法院追加认定一审未予认定的部分不利于被告人的犯罪事实,即使最终并未加重被告人的刑罚,这种做法也有违上诉不加刑原则的基本精神。

此外,对于一审法院未予认定的部分犯罪事实,检察机关并未提出抗诉,就表明检察机关对此并无异议。此种情况下,对于原本不属于二审审查范围的事项,二审法院基于不告不理原则的基本精神,不应当主动审查并追加认定。

本案中,公诉机关指控被告人曾某平实施多起贩卖、运输毒品事实,一审法院认定其中两起犯罪事实证据不足。具体如下:其一,公诉机关指控,2010 年 8 月 14 日早上,付某某受曾某平、吴某某指使,在某市驿通车站乘坐大巴车将 274.61 克甲基苯丙胺片剂运往某市。一审法院认为,认定曾某平、吴某某指使付某某运输该宗毒品的证据不足,不能确定该宗毒品为曾某平夫妇所有,据此笼统认定付某某是为他人运输毒品。其二,公诉机关指控 2010 年 8 月 24 日,从曾某某住处查获的甲基苯丙胺片剂 363.59 克,是曾某平交由曾某某保管的。一审法院认为,认定曾某平委托曾某某保管该宗毒品的证据不足,不能确定该宗毒品是曾某平委托保管,据此笼统认定在曾某某住处查获该宗毒品的犯罪事实。二审法院认为,一审应当认定该两起犯罪事实系曾某平实施,进而对曾某平追加认定该两起犯罪事实,这种做法不符合法律规定的要求。最高人民法院在死刑复核过程中,依法对该两起犯罪事实不予认定,并对事实作出改判,是妥当的。

有意见认为,对类似案件,二审法院经审查认为,现有证据足以认定一审未予认定相关的犯罪事实,可以启动审判监督程序。我们倾向于认为,尽管我国法律并未明确规定一事不再理原则,但对于一审未予认定的犯罪事实,在被告人提出上诉且检察机关未提出抗诉的情况下,也不宜启动审判监督程序。

(撰稿:最高人民法院刑三庭　夏建勇
审编:最高人民法院刑三庭　姜永义)

[第1232号]高朝能贩卖、运输毒品案

——审理死刑案件应当经审判委员会讨论决定

【关键词】 二审程序 死刑复核程序 发回重审 审判委员会

一、基本案情

被告人高朝能,男,汉族,1971年9月18日出生。1998年3月20日因犯贩卖毒品罪被判处死刑,缓期二年执行,经减刑后于2012年7月19日释放。2013年8月16日因本案被逮捕。

某人民检察院以被告人高朝能犯贩卖、运输毒品罪,向某中级人民法院提起公诉。

被告人高朝能辩称其没有贩卖毒品;其辩护人提出,指控高朝能有贩卖毒品行为的证据不充分。

某中级人民法院经审理查明:被告人高朝能结伙同案被告人赵建忠(已判刑),于2013年7月8日、12日到某市购买甲基苯丙胺(冰毒)后,存放于高朝能租住处用于贩卖。具体事实如下:

1. 2013年7月8日凌晨,被告人高朝能雇用同案被告人赵建忠开车前往某某市向“老板”(身份不详,在逃)以人民币10万元的价格购买毒品甲基苯丙胺约3公斤。交易完成后,高朝能与赵建忠回到高朝能的出租屋,将毒品藏匿于出租屋的衣柜内用于贩卖牟利。

2. 2013年7月12日凌晨,被告人高朝能纠集同案被告人赵建忠,乘坐赵建忠驾驶的本田牌小轿车,前往某市,以人民币75万元的价格向“老板”购买毒品约25公斤,准备用于贩卖。

同日上午11时许,高朝能、赵建忠携带购得的毒品回到高朝能租住处时,被公安人员抓获,当场缴获毒品25包(经检验,检出甲基苯丙胺成分,净重25 028.96克)。随后,公安人员在上述出租屋衣柜内缴获毒品11包(经检验,检出甲基苯丙胺成分,净重3 575.14克)及毒资人民币8 437元、手机、电子秤、电子天平、银行卡等物。

某中级人民法院认为,被告人高朝能无视国家法律,贩卖、运输毒品甲基苯丙胺28 604.1克,其行为已构成贩卖、运输毒品罪,数量巨大,应依法惩处。高朝能在运输毒品共同犯罪中起主要作用,是主犯,又系累犯,且是毒品再犯,应依法从重处罚。依照《中华人民共和国刑法》第三百四十七条第二款第一项,第三百五十六条,第二十五条第一款,第二十六条第一款、第四款,第二十七条,第六十五条第一款,第五十七条第一款,第六十四条之规定,以贩卖、运输毒品罪,判处被告人高朝能死刑,剥夺政治权利终身,并处没收个人全部财产;随案移送的毒品、毒资等予以没收。

一审宣判后,被告人高朝能提出上诉。

高朝能及其辩护人提出:高朝能因贪图便宜而大量购买毒品,目的是用于吸食而非贩卖,原判认定其构成贩卖、运输毒品罪的证据不足,应按非法持有毒品罪来定罪量刑;毒品未流入社会,原判决对其量刑过重,请求从轻判决。

某高级人民法院经审理查明的事实、证据与一审无异。

某高级人民法院认为,上诉人高朝能无视国家法律,结伙他人贩卖、运输毒品甲基苯丙胺28 604.1克,其行为已构成贩卖、运输毒品罪。高朝能贩卖、运输毒品数量巨大,且在运输毒品共同犯罪中起主要作用,是主犯,依法应当按照其所参与的全部犯罪处罚;高朝能在被判处有期徒刑以上刑罚执行完毕以后,五年以内再犯应当判处有期徒刑以上刑罚之罪,是累犯和毒品再犯,应依法从重处罚。原判认定事实清楚,证据确实、充分,定罪准确,量刑适当,审判程序合法。依

照《中华人民共和国刑法》第三百四十七条第二款第一项，第三百五十六条，第二十五条第一款，第二十六条第一款、第四款，第二十七条，第六十五条第一款，第五十七条第一款、第六十四条及《中华人民共和国刑事诉讼法》第二百二十五条第一款第一项、第二百三十五条之规定，裁定驳回上诉，维持原判，并依法报请最高人民法院核准。

最高人民法院经复核认为，某中级人民法院审理被告人高朝能贩卖、运输毒品一案，违反法定诉讼程序，可能影响公正审判。依照《中华人民共和国刑事诉讼法》第二百三十五条、第二百三十九条和《最高人民法院关于适用〈中华人民共和国刑事诉讼法〉的解释》第三百五十条第六项、第三百五十三条第一款的规定，裁定如下：

1. 不核准某高级人民法院维持第一审对被告人高朝能以贩卖、运输毒品罪判处死刑，剥夺政治权利终身，并处没收个人全部财产的刑事裁定。

2. 撤销某高级人民法院和某中级人民法院对被告人高朝能以贩卖、运输毒品罪判处死刑，剥夺政治权利终身，并处没收个人全部财产的裁定、判决。

3. 发回某中级人民法院重新审判。

二、主要问题

审判死刑案件是否均应当经过审判委员会讨论决定？

三、裁判理由

本案一审期间，某中级人民法院组成了由副院长担任审判长，两名审判委员会委员为成员的合议庭。庭审后，合议庭经评议达成一致意见，遂当庭作出宣判，判处被告人高朝能死刑，剥夺政治权利终身，并处没收个人全部财产。对此举是否违反法定程序，有两种意见：

第一种意见认为，一审法院未经审判委员会讨论决定而由合议庭评议后当庭宣判的做法符合法定程序。理由是：刑事诉讼法关于公诉案件一审程序的规定，体现在第三编“审判”的第一章“审判组织”和第二章“第一审程序”的第一节“公诉案件”的相关规定中。上述章节所体现的主要精神，一是公开开庭和直接言词原则，以体现庭审的透明度并充分保护被告人的辩护权。二是民主集中制原则。对审判组织和合议庭的议事规则，主要体现在必须组成合议庭审理案件，合议庭成员权利平等，评议案件实行少数服从多数原则。但并未规定死刑案件一定要经过审判委员会讨论决定。况且，本案合议庭成员全部由审判委员会委员组成，体现了某中级人民法院实际上已经非常重视该案的程序问题。

第二种意见认为，一审法院未经审判委员会讨论决定而由合议庭评议后当庭宣判的做法违反法定诉讼程序，可能影响公正审判。主要理由是：刑事诉讼法第一百八十条规定，对于疑难、复杂、重大的案件，合议庭认为难以作出决定的，由合议庭提请院长决定提交审判委员会讨论决定。《最高人民法院关于适用〈中华人民共和国刑事诉讼法〉的解释》（以下简称《刑事诉讼法解释》）第一百七十八条第二款规定，拟判处死刑的案件、人民检察院抗诉的案件，合议庭应当提请院长决定提交审判委员会讨论决定。

我们同意第二种意见，认为一审法院未将本案提请院长决定提交审判委员会讨论决定，而由合议庭评议后当庭宣判的做法违反法定诉讼程序，可能影响公正审判，上级法院应当裁定撤销原判，发回重新审判。理由如下：

（一）审理死刑案件应当坚持程序公正原则

程序公正是司法公正的重要方面。程序公正与实体公正密切关联、相辅相成、缺一不可。程序公正既具有保障实体公正的功能价值，同时也具有其独立的价值。即使实体裁判于法有据、并无不当，程序不公、不当，也难以得到当事人和社会公众的信赖、认同和尊重，难以保障案件审理的法律效果与社会效果。一些案件之所以引发舆论议论、质疑、炒作，往往并不是因为案件在实体处理上存在什么问题，而是因为法定程序没有得到切实遵循。因此，必须从根本上扭转长期以来没有得到切实改变的“重实体轻程序”的错误观念和做法，进一步强化程序公正意识，真正落实实体与程序并重的要求，更加重视程序公正的独立价值。刑事诉讼法是专门规范刑事诉讼程序的法律，刑事诉讼法的各项内容，可以说都是围绕更好地实现程序公正、体现其独立价值这一基本点而展开的。

审理死刑案件，应当更加重视程序公正。就审理法院来说，坚持程序公正，最主要的是坚持刑事诉讼法规定的各项原则和具体规定。除一般刑事案件所应共同遵循的如公开原则外，审理死刑案件还有特殊的规定，如必须有辩护人，当事人没有委托律师或者辩护人的，司法机关应当通知法律援助机构指派律师为其提供辩护；一、二审法院审理死刑案件应当由合议庭提请院长决定提交审判委员会讨论决定；死刑必须由最高人民法院核准，等等。这些有关死刑案件的特别程序规定，其目的一是确保不出冤错案件，使每一个死刑案件都经得起历史检验；二是更加充分地贯彻落实“尊重和保障人权”这一宪法原则；三是使被告人的合法权益，包括实体权益和诉讼权利得到更加充分、彻底的保护。

同时，审理死刑案件，必须坚持“保留死刑，严格控制和慎重适用死刑”的政策。贯彻落实这一政策，落脚点不仅体现在严把案件事实关、证据关、法律适用关上，同时也体现在严把诉讼程序关上。如果诉讼程序关没把好，导致程序不公正，极可能会使案件事实关、证据关、法律适用关大打折扣。而审判委员会讨论死刑案件，作为审判死刑案件的必经程序，有助于更加严格地把握事实关、证据关、法律适用关，更加坚决地贯彻“保留死刑，严格控制和慎重适用死刑”的政策，而且，审判委员会作为法定的最高审判组织，成员均为审判经验丰富的资深法官，负有统一司法标准，保证类案法律适用的统一性和准确性的职能作用。

（二）司法解释是审判机关适用法律时必须适用的依据

刑事诉讼法第一百八十条规定：“对于疑难、复杂、重大的案件，合议庭认为难以作出决定的，由合议庭提请院长决定提交审判委员会讨论决定。”何谓“重大”，虽然刑事诉讼法未作明确规定，但死刑案件关乎被告人的生死，生命如天，尊重生命、敬畏生命绝不仅是对社会公众的要求，更是对掌握生杀予夺权力的司法机关的要求，必须以最严格的程序来保障。所以，《刑事诉讼法解释》第一百七十八条第二款规定：“拟判处死刑的案件、人民检察院抗诉的案件，合议庭应当提请院长决定提交审判委员会讨论决定。”

从法理上来说，司法解释属于有权解释，具有普遍司法效力。《全国人民代表大会常务委员会关于加强法律解释工作的决议》第二条规定，凡属于法院审判工作中具体应用法律、法令的问题，由最高人民法院进行解释。《最高人民法院关于司法解释工作的规定》（法发〔2007〕12 号）第五条规定：“最高人民法院发布的司法解释，具有法律效力。”第二十七条规定：“司法解释施行后，人民法院作为裁判依据的，应当在司法文书中援引。”因此，凡是最高人民法院司法解释有规定的，各级人民法院在审理案件时都必须严格遵守，不得将司法解释仅仅作为“参考”性质的规定，而应当将司法解释作为具有严格约束力的法律渊源。换言之，最高人民法院基于坚决贯彻落实“保留死刑，严格控制和慎重适用死刑”政策的立足点和出发点，在司法解释中作出了应当“提交审判委员会讨论决定”的规定，这实际上就是明确：凡是死刑案件，都是疑难、复杂、重大案件，都属于合议庭难以作出决定的案件。此类案件都“应当”提交审判委员会讨论决定，而不是“可以”提交审判委员会讨论决定。

就本案而言，一审法院合议庭一致意见认为，被告人高朝能犯贩卖、运输毒品罪，依法应当判处死刑立即执行。此时,合议庭应当依照《刑事诉讼法解释》第一百七十八条第二款的规定,提请院长决定提交审判委员会讨论决定,而不能在合议庭意见一致的情况下直接当庭宣判。

(三)一审未经审判委员会讨论的死刑判决、裁定,属于"可能影响公正审判"的情形,二审法院应当裁定撤销原判,发回重审

刑事诉讼法第二百二十七条规定了第二审人民法院发现第一审人民法院的审理有五种违反法律规定的诉讼程序的情形之一的,应当裁定撤销原判,发回原审人民法院重新审判。其中第五种情形是"其他违反法律规定的诉讼程序,可能影响公正审判的"。第二百三十九条规定:"最高人民法院复核死刑案件,应当作出核准或者不核准死刑的裁定。对于不核准死刑的,最高人民法院可以发回重新审判或者予以改判。"《刑事诉讼法解释》第三百五十条第六项规定:"原审违反法定诉讼程序,可能影响公正审判的,应当裁定不予核准,并撤销原判,发回重新审判。"

如前所述,本案一审法院未经审判委员会讨论,由合议庭当庭作出宣判,属于"违反法定诉讼程序"的情形。但这一违反法定诉讼程序的情形,是否属于"可能影响公正审判"的情形,在实践中有争议。我们认为,程序公正是公正审判的核心要义。根据上述司法解释的规定,本案显然属于"可能影响公正审判"的情形。

综观刑事诉讼法第二百二十七条规定的五项因程序违法而应当发回重审的情形,可以分为两类:一类是一旦违反就必须发回重审的情形,如第一项"违反本法有关公开审判的规定的"、第二项"违反回避制度的"、第四项"审判组织的组成不合法的"。另一类是根据对公正审判的影响程度来衡量该程序违法行为是否发回重审的情形,如第三项"剥夺或者限制了当事人的法定诉讼权利,可能影响公正审判的"、第五项"其他违反法律规定的诉讼程序,可能影响公正审判的"。对于第三项规定的"剥夺或者限制了当事人的法定诉讼权利"的情形中,什么情况属于"可能影响公正审判的"情形?毫无疑问,剥夺被告人的辩护权、限制被告人的辩护权情节严重、没有在法定期限内向被告人送达起诉书副本等,肯定属于"可能影响公正审判"的情况。至于限制被告人的辩护权情节轻微、一些法律手续不完善等情形,如果没有影响公正审判的,则属于程序"瑕疵",不必因此而发回重审。而第五项规定的"其他违反法律规定的诉讼程序"的情形,显然是个"兜底条款",适用于立法未能涵盖的可能出现的所有情形,自然无法一一列举。

那么,死刑案件未经审判委员会讨论而由合议庭直接宣判,是否属于"违反法律规定的诉讼程序,可能影响公正审判"呢?我们可以从刑事诉讼法第二百二十七条列举的前四项规定所蕴含的法律用意进行判断。前四项规定的情形中,第一、二、四项都是违反了刑事诉讼法明文规定的诉讼原则和制度的情形,因此,没有他项选择,只能发回重审。第四项的含义如前所述。据此,如果一种情形违反了刑事诉讼法明确规定的原则和制度,那么,不论其是否实际影响了公正审判,都应当发回重审。但如果不属于违反刑事诉讼法明确规定的原则和制度,就要考察其是否可能影响公正审判了。

就本案而言,一审法院未经审判委员会讨论而由合议庭直接当庭宣判,虽然违反的不是刑事诉讼法明确规定的原则和制度,但是违反了《刑事诉讼法解释》关于"拟判处死刑的案件,合议庭应当提请院长决定提交审判委员会讨论决定"的刚性规定。这一违法情形,没有程度之区分,只有违反和未违反之区分。也就是说,经审判委员会讨论决定的案件,就不违反《刑事诉讼法解释》的规定,未经审判委员会讨论决定的,就违反了《刑事诉讼法解释》的规定。而《刑事诉讼法解释》之所以作出这样的刚性规定,正是因为基于坚持"保留死刑,严格控制和慎重适用死刑"政策的目的,基于严把案件事实关、证据关、法律适用关和诉讼程序关的目的,基于确保死刑判决取得更好社会效果的目的。这些目的,正是公正审判的应有之义。因此,未经审判委员会讨论的死刑

案件之裁判，必然"可能影响公正审判"。而且，合议庭与审判委员会都是法定的审判组织，各自职能法定，合议庭不能替代审判委员会作决定，即便合议庭成员都是审判委员会委员仍然不能。死刑案件审判中必须明确一个原则，即合议庭对拟判处死刑的案件，都应当提请院长决定提交审判委员会讨论决定，未提交审判委员会讨论决定作出死刑判决，就属于"违反法律规定的诉讼程序"，并必然构成"可能影响公正审判"，上级法院发现后依法应当撤销原判，发回重新审判。

综上，最高人民法院经复核，作出不予核准并撤销原判，发回重新审判的裁定是正确的。同时，根据《刑事诉讼法解释》第三百五十三条第一款关于"最高人民法院裁定不予核准死刑的，根据案件情况，可以发回第二审人民法院或者第一审人民法院重新审判"的规定，本案出现程序违法问题的是一审法院，故最高人民法院将本案直接发回某中级人民法院重新审判。

（撰稿：最高人民法院刑四庭　陆建红
审编：最高人民法院刑四庭　周　峰）

[第1245号]卢荣新故意杀人、强奸案
——在刑事二审程序中如何审查和认定证据

【关键词】 二审程序　非法证据排除

一、基本案情

被告人卢荣新，男，1972年8月25日出生，农民。因本案于2012年9月30日被逮捕。

云南省西双版纳傣族自治州人民检察院以被告人卢荣新犯故意杀人罪、强奸罪，于2013年4月26日向云南省西双版纳傣族自治州中级人民法院（以下简称西双版纳中院）提起公诉。

被告人卢荣新对指控的事实和罪名予以否认，辩称其没有强奸杀害被害人，案发当天其没有去过案发现场，应宣告其无罪。

西双版纳中院于2014年6月9日作出（2013）西刑初字第213号刑事附带民事判决，以故意杀人罪判处被告人卢荣新死刑，缓期二年执行，剥夺政治权利终身；以强奸罪判处有期徒刑十年；决定执行死刑，缓期二年执行，剥夺政治权利终身。宣判后，卢荣新提出上诉。云南省高级人民法院于2015年4月2日作出（2014）云高刑终字第1061号刑事附带民事裁定，以部分事实不清、证据不足为由裁定发回重审。

西双版纳中院经重新审理查明：2012年9月10日18时30分许，被告人卢荣新在勐腊县瑶区乡沙仁村委会补角村看见被害人邓某某（女，殁年28岁）在田里劳作，遂通过小路来到李福生家稻田南侧等候邓某某，待邓某某准备回家时，卢荣新尾随邓某某，并强行将邓某某拖至草丛中强奸。在邓某某反抗过程中，卢荣新为掩盖罪行采取用手扼颈、捂口等暴力手段致邓某某死亡，并使用被害人劳作的锄头挖坑将尸体掩埋，后把锄头丢弃在附近小河中逃离现场。同月19日18时许，卢荣新在家中被公安机关抓获。经鉴定，被害人邓某某系机械性窒息死亡。

西双版纳中院认为，被告人卢荣新的供述能够和证人证言、现场勘查笔录、鉴定意见等证据相印证，足以认定其犯罪事实。卢荣新违背妇女意志，采用暴力手段强奸妇女，并在被害人反抗过程中非法剥夺被害人生命，其行为构成故意杀人罪、强奸罪。公诉机关指控卢荣新犯故意杀人罪、强奸罪的事实清楚，予以支持。卢荣新在实施强奸过程中由于意志以外的因素未能得逞，系

犯罪未遂。根据卢荣新犯罪的事实、性质、情节和社会危害程度，依照《中华人民共和国刑法》第二百三十二条、第二百三十六条、第二十三条、第六十九条、第四十八条第一款、第五十七条第一款的规定，判决如下：

被告人卢荣新犯故意杀人罪，判处死刑，缓期二年执行，剥夺政治权利终身；犯强奸罪，判处有期徒刑三年；决定执行死刑，缓期二年执行，剥夺政治权利终身。

宣判后，被告人卢荣新提出上诉，认为原判认定其犯故意杀人罪和强奸罪的事实不清、证据不足，并请求对非法证据予以排除，宣告其无罪。其辩护人提出相同辩护意见。

云南省高级人民法院在二审审理中发现，原判据以定案的主要证据的收集程序不符合法律规定，可能严重影响司法公正，遂依法向云南省人民检察院提出补正。检察机关、公安机关分别委托司法鉴定机构对相关检材重新进行了鉴定。云南省公安司法鉴定中心经鉴定，从被害人邓某某的阴道、外阴擦拭物上检出了邓某某及其丈夫和第三人的生物物质；公安部物证鉴定中心经鉴定，从邓某某阴道擦拭物上检出邓某某及其丈夫和第三人的生物物质，从邓某某内裤上检出其丈夫和第三人的生物物质，上述鉴定均未检出上诉人卢荣新的生物物质。经上述鉴定机构对现场提取的锄头重新鉴定，均未检出阳性 DNA 扩增产物。

云南省人民检察院出庭检察员认为，上诉人卢荣新没有作案时间，原审指控卢荣新犯故意杀人罪、强奸罪的有罪供述、现场指认记录、从锄头柄上检测出卢荣新 DNA 的鉴定意见三份证据应依法排除，当庭出示的新证据证实犯罪的是卢荣新之外的其他人。建议二审法院依法撤销一审判决，对卢荣新宣告无罪。

云南省高级人民法院经二审审理查明：2012 年 9 月 10 日下午，云南省勐腊县瑶区乡沙仁村委会补角村村民邓某某（女，殁年 28 岁）在自家地里劳作至 19 时未归，亲属查找后在地里发现被掩埋的邓某某尸体。公安机关现场勘查时在附近小河中发现一把锄头。

云南省高级人民法院认为，原判据以定案的从锄头柄部检出上诉人卢荣新 DNA 的鉴定意见、卢荣新的有罪供述、现场指认录像、指认笔录均不能作为定案的根据；其他在案证据均不能证实卢荣新与被害人邓某某被强奸、杀害的事实之间存在关联性；二审期间出现了新的证据，不能排除他人作案的可能。原审认定上诉人卢荣新强奸、杀害被害人邓某某的事实不清、证据不足，不能认定卢荣新有罪，应依法改判。依照《中华人民共和国刑事诉讼法》第二百二十五条第一款第三项之规定，判决如下：

1. 撤销西双版纳中院（2015）西刑初字第 160 号刑事附带民事判决；

2. 上诉人卢荣新无罪。

二、主要问题

在刑事二审程序中如何审查和认定证据？

三、裁判理由

本案是近年来较为少见的二审法院经严格审查，依法排除原审部分定案证据，并通过补充核实证据发现"真凶"的案件，二审法院依法宣告被告人无罪，并使"真凶"受到法律惩处。案件的审判效果得到业界和社会的认可，被媒体评为"2017 年度人民法院十大刑事案件"。本案在二审程序中要处理的主要问题是如何认定和排除不合法证据，对此作如下分析。

（一）二审法院在依法排除不合法证据后认为本案达不到定案标准，依法改判被告人无罪

本案在二审改判前，经历两次一审、一次二审，相关证据已多次经庭审举证、质证，被告方也提出过非法证据排除的请求，但均未被采纳。云南省高级人民法院在第二次二审中经审查发现，原判依据的锄头柄上提取物的 DNA 鉴定意见、卢荣新的有罪供述、现场指认资料、作案时间、卢

荣新身上伤痕等证据均存在重大问题,不足以证实卢荣新实施了故意杀人、强奸行为。鉴于本案证据存在重大问题,特别是关键证据可能系非法证据,二审法院经初步研究,梳理出25项证据问题要求检察机关核查补正。检察机关、公安机关为补强证据,委托公安部、云南省公安厅司法鉴定机构对关键检材进行重新鉴定,结果证实不能排除系他人作案。如何有效审查和准确认定原审据以定案的证据,便成为二审法院面临的重大难题。

本案中,原判据以定案的关键证据有三项:锄头柄上提取物的DNA鉴定意见、有罪供述、现场指认录像和指认笔录。对这三项证据,被告人卢荣新均不认可,称其未接触过锄头,不可能有其DNA;有罪供述不是其所作,其只是签过字;现场指认系在诱导下进行。云南省高级人民法院在初查中也发现这三项证据存在重大问题,不能作为定案的根据。实践中,刑事案件排除不合法证据的路径主要有两条:一是以程序违法而予以排除,二是以证据实体(内容)矛盾而予以排除。就本案三项关键证据而言,对锄头柄上提取物的DNA鉴定意见证实发现卢荣新的DNA,从内容上无法认定该鉴定意见存在错误;有罪供述的笔录上有卢荣新的签字,且与其他在案证据相印证,很难证实有罪供述不是卢荣新所作;指认现场有录像、笔录等证据证实,指认的真实性也无法直接予以否定。因此,本案要排除不合法证据,只能从取证程序方面着手。但本案的特殊之处在于,案发时间为2012年9月,而修正后的刑事诉讼法及《公安机关办理刑事案件程序规定》均自2013年1月1日起施行,要从程序违法角度排除相关证据需要依据当时有效的法律和规范性文件进行。

1. 关于DNA鉴定意见

本案中,对定案起到重要作用的DNA鉴定意见主要有三项:一是被害人体内提取物,鉴定出被害人及其丈夫的DNA;二是从埋藏尸体的泥土中提取到一根阴毛(无毛囊,不能作同一性认定),鉴定意见是该毛发不属于被害人也不属于卢荣新;三是案发现场锄头柄上的提取物,鉴定出卢荣新的DNA。其中,锄头系侦查机关在案发现场附近的小河中提取,经鉴定,锄头可形成被害人头部的两处伤痕;该锄头宽度与埋尸现场挖土痕迹宽度一致;经被害人家属辨认,该锄头系被害人当天带上山劳动的工具。从这三个方面基本证实该锄头就是作案工具,在该锄头柄上检出卢荣新的DNA,也就直接证实卢荣新是重大犯罪嫌疑人,这是本案的核心证据。

二审法院在审查时发现,上诉人卢荣新否认接触过该锄头,从该锄头提取照片并结合案发时当地天气,可推断锄头在水中浸泡过最少十几个小时,能检出DNA物质的可能性很小。与此同时,卢荣新供述曾对被害人实施了两次强奸,在被害人体内提取物能检出被害人丈夫DNA的情况下,却未检出卢荣新的DNA,显与常理不符。经公安部物证鉴定中心检测,埋尸泥土中提取的毛发不属于卢荣新,但侦查机关出具说明称,清洗泥土是用河水,毛发可能是在河中洗澡的人留下,这一解释更显牵强。经向DNA鉴定专家咨询,答复称DNA鉴定具有科学性和一定的偶然性,由于检材提取的位置等多方面因素的影响,在被害人体内未检出卢荣新的DNA是可能的;虽然锄头柄浸泡在水中再检出DNA物质的可能性很小,但只要出检出DNA,就可证实卢荣新接触过锄头;线粒体DNA鉴定不能作同一性认定,但可从卢荣新母系方面作出排除性结论。

尽管有相关专家的解释,但二审合议庭仍对原DNA鉴定意见存在疑问,遂对DNA鉴定的检材提取过程进行审查,发现锄头柄检材的提取存在重大问题。一是,其他DNA检材均系2012年9月11日送检,而锄头柄上的检材系9月18日送检,此前卢荣新血样已送检;二是,鉴定委托书上显示9月11日对卢荣新血样送检,但公安机关在9月12日上午才找到卢荣新,公安机关出具情况说明称是记录错误;三是,在案材料中公安机关对锄头擦拭物的提取存在三种以上的不同说法;四是,公安机关对上述锄头柄物证提取的情况说明前后矛盾,且无经办人签字。

根据最高人民法院、最高人民检察院、公安部、国家安全部和司法部2010年制定的《关于办理死刑案件审查判断证据若干问题的规定》(以下简称《死刑案件证据规定》)和《关于办理刑事案件排除非法证据若干问题的规定》(以下简称《排除非法证据规定》),对鉴定意见应当着重审查检材的来源、取得、保管、送检是否符合法律及有关规定,与相关提取笔录、扣押物品清单等记载的内容是否相符,检材是否充足、可靠;鉴定意见具有送检材料、样本来源不明或者确实被污染且不具备鉴定条件情形的,不能作为定案的根据;公诉人提交加盖公章的说明材料,未经有关讯问人员签名或者盖章的,不能作为证明取证合法性的证据。根据上述规定,由于原审依据的DNA鉴定证据取证、送检情况不明且存在瑕疵,不能作为定案证据,故应将锄头柄上提取物的DNA鉴定意见予以排除。

二审法院以程序事项违法将DNA鉴定意见排除后,继续对原锄头柄上物质的DNA鉴定内容进行查证,向检察机关发函调取原锄头柄DNA鉴定图谱。因锄头系被害人使用的劳动工具,且长时间在水中浸泡,这种情况下图谱应是混合型DNA图谱或有污染的图谱。检察机关调取图谱后,DNA鉴定专家发现锄头柄DNA图谱与卢荣新血样图谱高度一致且十分清晰,认为不符合本案情况,鉴定可能出错,后对本案检材启动了重新鉴定程序。① 公安部物证鉴定中心、云南省公安司法鉴定中心均未在锄头柄上检出卢荣新的DNA,却均在被害人体内检出另一人(非死者丈夫)的DNA,从而也增强了审判人员排除非法证据的内心确信。

2. 关于有罪供述与指认录像、指认笔录

被告人卢荣新在公安机关共有八次讯问笔录,只在第七次作了有罪供述,随后就翻供,称供述不是其所作。二审法院对其唯一一次有罪供述的内容进行审查时发现,本案证据体系均围绕卢荣新的有罪供述展开,虽然存在较多不合常理的疑点,但卢荣新的有罪供述内容与现场勘查情况、尸体检验报告高度一致,基本上能解答所有的主要疑问。例如,尸检报告指出被害人头顶、耳朵后各有一处伤口,卢荣新则称其用锄头打了被害人头顶一下、耳朵附近一下;被害人的死因系被人扼颈、机械性窒息死亡,卢荣新则供述其曾用手掐住被害人脖子把她掐晕;被害人阴道没有检出卢荣新的DNA,卢荣新则供述其因害怕警察查出来,就射精在旁边的沙地上;埋尸现场被害人只有头部露在外面,卢荣新则供述系因当时其很急,就没有把被害人的头埋起来。上述供述表面上与现场情况相符,但综合其他证据加以分析,其明显不合常理,体现在:一是,在锄头上没有检出被害人的DNA,且从尸检照片来看,两处伤口呈"Y"形开放状,创口较浅且没有骨折,不应是现场发现的那把锄头所形成的,且卢荣新在慌乱的情况下,是否能对打击位置记得那么清楚,不无疑问。二是,卢荣新称其将被害人掐昏后进行了强奸,其间被害人醒过来大叫,其就用锄头打了被害人两下,把被害人打晕继续强奸后就用锄头把被害人埋了,没有再掐,但被害人死因是窒息,即在强奸前被害人就已死亡,被害人中途怎能醒来?三是,作为一个醉酒状态下的中年农民,是否有丰富的DNA知识和逃避打击的意识,从而采取体外射精?既然卢荣新有很强的反侦查经验,为何其案发当天穿着有血迹的长袖T恤直到9月12日被公安机关传唤,都不更换或是丢弃?四是,从现场照片看,犯罪嫌疑人只要再挖几下就可把被害人全部埋起来,其供述的掩埋尸体情况不符合正常人的思维和做法。② 五是,卢荣新供述在强奸过程中将被害人拖到另一个地方,但

① 值得肯定的是,本案相关鉴定检材被侦查机关保留下来,为重新鉴定打下了良好基础。

② 抓获真凶洪树华后,据洪树华供述,其把死者掩埋后把锄头丢进河水里,在准备离开现场时想起其勒死者颈部的裤带还在她脖子上,就把她脖子上的土扒开,把裤带拉出来,把裤带也丢到河里面,后又折回死者身边,随手掐了一点龙爪菜盖在她头上。该供述的情况相对较为可信。

尸检报告却反映出被害人全身只有少量皮下出血。六是,现场指认录像、指认笔录作为有罪供述的辅助证据,与有罪供述中的作案细节有很大出入。在指认录像中可明显看出卢荣新在整个指认过程中表情很茫然,指认也比较被动,数次出现指认不下去,经现场人员提醒才继续指认的情况,且指认录像与指认笔录也存在较大差异。

二审法院经审查发现,即使按照公诉机关出具的证据,被告人卢荣新于9月19日17时被抓获,9月20日送看守所(无具体时间)后,于9月20日19时50分、9月21日0时40分、9月22日9时40分三次被提出看守所,均无县级以上公安机关负责人审批;其作出有罪供述的时间(9月21日22时47分至22日1时08分)、地点(看守所第二审讯室)与公安机关提供的讯问录像存在明显差距;公安机关提供的第七次供述录像没有声音,公安机关出具说明称是因拾音器损坏(第一次二审期间,公安机关出具情况说明称,因当时进行设备改造,没有及时安装录音设备),但合议庭发现该录像是用卢荣新背后的监控摄像机拍摄的,正对卢荣新的还有一部录像机,但公安机关没有提供该摄像机拍摄的资料;从讯问记录、出入所记录看,卢荣新在作出有罪供述前,留在公安机关50多个小时,也没有得到充分休息。

二审中,考虑到法庭无法根据在案证据证实有罪供述不是卢荣新所作,只能从取得供述的程序违法上着手。因案发时间在新刑事诉讼法生效前,二审法院的主要依据,一是《中华人民共和国看守所条例实施办法(试行)》第二十三条的规定,即"提讯人犯,除人民法院开庭审理或者审判外,一般应当在看守所讯问室。提讯人员不得少于二人。因侦查工作需要,提人犯出所辨认罪犯、罪证或者起赃的,必须持有县级以上公安机关、国家安全机关或者人民检察院领导的批示,凭加盖看守所公章的《提讯证》或《提票》,由二名以上办案人员提解"。二是《排除非法证据规定》第七条第三款的规定,即"公诉人提交加盖公章的说明材料,未经有关讯问人员签名或者盖章的,不能作为证明取证合法性的证据"。三是《排除非法证据规定》第十二条的规定,即"对于被告人及其辩护人提出的被告人审判前供述是非法取得的意见,第一审人民法院没有审查,并以被告人审判前供述作为定案根据的,第二审人民法院应当对被告人审判前供述取得的合法性进行审查。检察人员不提供证据加以证明,或者已提供的证据不够确实、充分的,被告人该供述不能作为定案的根据"。根据上述规定,二审法院认定卢荣新的有罪供述不能作为定案的依据。

3. 对作案时间和被告人身上伤痕的查证情况

原判据以定案的证据除上述三项关键证据外,还有两项重要依据:一是卢荣新有作案时间,二是卢荣新对其身上的28处伤痕不能作出合理解释。经审查发现,卢荣新供述的当天活动时间、证人看见卢荣新的时间,以及被害人在案发当天的活动时间、死亡时间都是估计所得。根据上述证据推断,卢荣新在18时30分至19时,19时至19时30分都存在时间空档。二审合议庭认为卢荣新在半小时内不可能完成整个作案过程。此外,经过审查,二审合议庭认为卢荣新关于身上伤痕系醉酒后摔跤、碰柱子、摔下床等原因造成的解释具有合理性(被害人指甲内未检出卢荣新的DNA)。不过,鉴于排除锄头柄上提取物的DNA鉴定意见、有罪供述和指认录像、指认笔录后,已切断了卢荣新与被害人被强奸杀害之间的关联性,全案证据链条已经不完整,故关于卢荣新是否有作案时间、身上伤痕究竟如何形成的问题已经不十分重要。

4. 排除非法证据程序启动问题

本案在2016年二审时,最高人民法院制定的"三项规程"尚未出台,关于如何在二审程序中启动排除非法证据程序没有明确的法律规定,合议庭对此进行了探索。一是,收到辩护人、检察机关的排非申请后,召开了庭前会议,听取双方的排非要求和争议重点,接收了双方在二审期间提交的新证据。二是,在二审庭审中审判长先介绍了庭前会议情况,启动了排非调查,在充分听取了检、辩双方的意见后，宣布休庭；随后合议庭对排非要求进行合议，决定将原锄头柄上提取物的DNA鉴定意见、被告人的有罪供述、指认录像及指认笔录予以排除。三是，继续开庭后审判长宣布排非决定，明确经排除的证据不再进入庭审后续环节；对检方提交的对锄头柄的新DNA鉴定意见、对被害人体内提取物的新DNA鉴定意见，辩护人提交的毛发DNA鉴定意见（未经前续审判程序举证、质证）作为新证据进行举证、质证；在检察人员和辩护方达成一致意见的基础上，简化了法庭辩论环节。四是，再次休庭后，合议庭进行合议，形成决议并报院审判委员会讨论通过，开庭后对本案进行公开当庭宣判，认定卢荣新无罪、不承担民事赔偿责任并当庭释放。从后来最高人民法院发布的“三项规程”看，本案的排非程序完全符合“三项规程”的相关规定。

综上，本案在二审期间通过初审发现问题，在补查补正中查获“真凶”，探索、实践了非法证据排除程序在二审程序中的适用，发挥了非法证据排除程序在防范冤假错案方面的重要作用，确保了审判程序公正和案件办理质量，取得了良好的法律效果和社会效果。

（二）关于“真凶”的判决情况

本案二审期间通过重做DNA鉴定，发现被害人体内有同村村民洪树华留下的物质，侦查机关于2016年8月3日晚将洪树华传唤到案，洪树华一开始供称与卢荣新共同实施犯罪，但其所供内容与在案证据存在明显矛盾。洪树华在后续讯问中如实供述了其一个人作案的过程，还主动提出要与上诉人卢荣新见面，向卢荣新道歉。

经指定管辖，洪树华强奸杀人一案由云南省普洱市中级人民法院审理。该院经审理查明：2012年9月10日17时许，被告人洪树华在被害人邓某某（女，殁年28岁）家苞谷地西侧的草丛旁，遇到回家途中的被害人，洪树华即产生与被害人发生性关系的冲动，便上前抱住被害人，在遭到被害人反抗后，洪树华将被害人胁迫到一荒废的鱼塘内强行与被害人发生性关系。因害怕事情败露，洪树华先用石头击打被害人头部，接着用自己的裤带勒住被害人的颈部致其死亡，又用被害人的锄头将其尸体掩埋，并采摘旁边的蕨菜（又名龙爪菜）盖在被害人的头面部，随后将锄头丢弃在会都河中逃离现场。

普洱市中级人民法院认为，关于被告人洪树华所提被害人邓某某自愿与其发生性关系，公诉机关指控其犯强奸罪不能成立的辩解及其辩护人所提本案事实不清、证据不足的辩护意见，经审查，本案在邓某某体内、体表擦拭物上检出洪树华的生物物质，且邓某某所穿内裤上亦检出精斑反应，混合STR峰谱不排除包含洪树华的DNA分型，足以认定洪树华与邓某某在案发前有过性行为。据洪树华供述，其因冲动在田间草丛旁搂抱邓某某，后二人发生性行为，结合案发时间及案发地点，洪树华在偏僻地点的搂抱行为足以对邓某某造成胁迫。另据洪树华供述，其为防止邓某某报警而杀人并埋尸，洪树华的杀人灭口行为，足以证实其明知违背邓某某意愿而强行与邓某某发生性行为，应认定洪树华具有强奸故意。洪树华供认采取用石头击打、勒颈的方式杀害邓某某，其供述与尸体检验报告、现场勘验照片等证据相吻合，且洪树华亦辨认出邓某某随身携带的物品，足以证实洪树华实施的杀人行为。综上，洪树华的辩解及辩护人的辩护意见均不成立，不予采纳。被告人洪树华犯故意杀人罪、强奸罪的事实清楚，证据确实、充分，足以认定。

普洱市中级人民法院认为，被告人洪树华使用胁迫手段强行与被害人邓某某发生性关系，其行为构成强奸罪；其故意非法剥夺邓某某生命的行为还构成故意杀人罪。鉴于洪树华犯罪时未满十八周岁（1994年12月9日出生），对洪树华应当从轻或减轻处罚。公诉机关指控洪树华犯强奸罪、故意杀人罪的事实清楚、证据确实、充分，罪名成立，予以支持。据此判决：被告人洪树华犯故意杀人罪,判处无期徒刑,剥夺政治权利终身;犯强奸罪判处有期徒刑七年;决定执行无期徒刑,剥夺政治权利终身。

(撰稿:云南省高级人民法院 李红斌 汤 宁
审编:最高人民法院刑五庭 方文军)

[第1263号]费明强、何刚抢劫案

——二审将原判数罪改为一罪并加重该罪的量刑,但未改变原判数罪决定执行的刑罚,是否违背上诉不加刑原则

【关键词】 上诉不加刑 数罪并罚

一、基本案情

被告人费明强,男,1988年11月23日出生,无业。2006年4月4日因犯盗窃罪被判处有期徒刑一年,并处罚金人民币三千元,同年12月23日刑满释放。2008年5月16日因涉嫌犯故意杀人罪、抢劫罪被逮捕。

被告人何刚,男,1987年4月11日出生,无业。2008年5月16日因涉嫌犯故意杀人罪、抢劫罪被逮捕。

某省某市人民检察院以被告人费明强、何刚犯抢劫罪、故意杀人罪,向某市中级人民法院提起公诉。

某市中级人民法院经审理查明:2008年4月初,被告人费明强、何刚共谋将费明强认识的妇女李园香骗至费明强租房内实施抢劫,并事先准备了尖刀、胶带等作案工具。同月11日下午,费明强以让李园香帮忙办理安利营销卡为由,将李骗至其位于某省某市经济开发区的租房内,伙同何刚采用胶带捆手脚、毛巾和热水瓶塞堵嘴的暴力手段控制住李园香,从李随身携带的包内劫取人民币400元、手机及银行卡等物。接着,二被告人采用刀刺、言语威胁等手段逼李园香讲出其中一张银行卡密码,由何刚从某市商业银行取款机上取款人民币5 000元。当日20时许,在逼问李园香其他银行卡密码过程中,二被告人持尖刀捅刺李园香颈部,致李园香当场死亡。

某市中级人民法院经审理认为,被告人费明强、何刚以非法占有为目的,采用暴力手段当场强行劫取他人财物,并故意非法剥夺他人生命,致被害人死亡,其行为均已分别构成抢劫罪、故意杀人罪。费明强在刑罚执行完毕后五年以内再犯应当判处有期徒刑以上刑罚之罪,系累犯,依法应从重处罚。案发后公安机关已经发现费明强具有犯罪嫌疑,其并非主动投案,到案后也未能如实供述自己的罪行,不构成自首。费明强的供述虽对于抓获何刚起到一定作用,但不属协助公安机关抓获同案犯的情形,不构成立功。费明强犯罪手段残忍,罪行极其严重,应予惩处。鉴于何刚认罪态度较好,作用相对于费明强较小,论罪应判处死刑,但尚不属必须立即执行。据此,依照《中华人民共和国刑法》第二百六十三条、第二百三十二条、第六十五条、第五十七条第一款、第五十九条第一款、第四十八条第一款、第六十九条、第二十五条第一款、第三十六条之规定,判决如下:

1. 被告人费明强犯抢劫罪,判处无期徒刑,剥夺政治权利终身,并处没收个人全部财产;犯故意杀人罪,判处死刑,剥夺政治权利终身;决定执行死刑,剥夺政治权利终身,并处没收个人全部财产。

2. 被告人何刚犯抢劫罪，判处无期徒刑，剥夺政治权利终身，并处没收个人全部财产；犯故意杀人罪，判处死刑，缓期二年执行，剥夺政治权利终身；决定执行死刑，缓期二年执行，剥夺政治权利终身，并处没收个人全部财产。

宣判后，被告人费明强提出上诉，请求对其从轻改判。

某省高级人民法院经审理后认为，原判认定被告人费明强、何刚以非法占有为目的，采用暴力手段强行劫取他人财物并致人死亡的事实清楚，证据确实、充分，但将费明强、何刚整体的抢劫、杀人行为分别认定为抢劫罪、故意杀人罪不当，应予纠正。据此，依照《中华人民共和国刑法》第二百六十三条、第六十五条、第五十七条第一款、第五十九条第一款、第四十八条第一款，《中华人民共和国刑事诉讼法》第一百八十九条第（二）项之规定，改判被告人费明强犯抢劫罪，判处死刑，剥夺政治权利终身，并处没收个人全部财产；被告人何刚犯抢劫罪，判处死刑，缓期二年执行，剥夺政治权利终身，并处没收个人全部财产。将费明强的死刑判决依法报请最高人民法院核准。

最高人民法院经复核认为，被告人费明强以非法占有为目的，结伙采用暴力手段劫取他人财物，其行为已构成抢劫罪，且具有抢劫致人死亡的严重情节。犯罪性质恶劣，手段特别残忍，情节、后果严重，社会危害性极大，应当依法惩处。在共同犯罪中，费明强的作用大于同案被告人何刚，又系累犯，主观恶性深，依法应当从重处罚。第一、二审判决认定的事实清楚，证据确实、充分，审判程序合法。第二审判决定罪准确，量刑适当，审判程序合法。据此，依照《中华人民共和国刑事诉讼法》第一百九十九条、《最高人民法院关于复核死刑案件若干问题的规定》第二条第一款之规定，裁定核准某省高级人民法院对被告人费明强以抢劫罪判处死刑，剥夺政治权利终身，并处没收个人全部财产的刑事判决。

二、主要问题

二审将原判数罪改为一罪并加重该罪的刑罚，但未改变原判认定的数罪决定执行的刑罚，是否违背“上诉不加刑”原则？

三、裁判理由

我国刑法第二百六十三条规定，以暴力、胁迫或者其他方法抢劫公私财物，致人重伤、死亡的，处十年以上有期徒刑、无期徒刑或者死刑，并处罚金或者没收财产。“抢劫致人死亡”发生在行为人实施暴力手段行为的过程当中，这就要求被害人的伤亡结果必须是行为人为了实现其劫财目的，在抢劫过程中使用的手段行为所直接造成。如果行为人在实施抢劫过程中，并非出于劫财目的而是出于报复、灭口等动机杀死被害人的，则同时构成抢劫罪和故意杀人罪，应以抢劫罪和故意杀人罪并罚。对此，最高人民法院 2001 年 5 月 23 日发布的《关于抢劫过程中故意杀人案件如何定罪问题的批复》（以下简称《批复》）指出：“行为人为劫取财物而预谋故意杀人，或者在劫取财物过程中，为制服被害人反抗而故意杀人的，以抢劫罪定罪处罚。行为人实施抢劫后，为灭口而故意杀人的，以抢劫罪和故意杀人罪定罪，实行数罪并罚。”本案中，两被告人是在逼问被害人信用卡密码的过程中杀害被害人，系在抢劫过程中杀人，一审分别判处抢劫罪与故意杀人罪，不符合《批复》规定。对被告人以抢劫（致人死亡）罪认定即可，无须另外认定故意杀人罪。

根据 2018 年刑事诉讼法第二百三十六条第一款第（二）项［对应 1996 年刑事诉讼法第一百八十九条第（二）项］规定，第二审人民法院对于上诉、抗诉案件，经过审理后，如果“原判决认定事实没有错误，但适用法律有错误，或者量刑不当的，应当改判”。在审判实践中，应按一罪处理而作数罪并罚，或应按数罪并罚而作一罪处罚的，均属于适用法律有错误的情形，二审法院有权改判。为此，二审改变了原判的定性，将致人死亡情节不再单独认定为故意杀人罪，而是纳入抢劫罪当中的做法是适当的。二审法院在改变原判定性之后，依法以抢劫罪判处被告人费明强死刑,单从抢劫罪来看似乎加重了原判的量刑,那么这种改判是否违背刑事诉讼法中“上诉不加刑”的原则呢? 对此,在二审审理过程中,存在两种意见:

一种意见认为,根据2013年1月1日施行的《最高人民法院关于适用〈中华人民共和国刑事诉讼法〉的解释》(以下简称2013年《刑诉法解释》)第三百二十五条第一款第(三)项,对应1998年《最高人民法院关于执行〈中华人民共和国刑事诉讼法〉若干问题的解释》第二百五十七条规定,“原判对被告人实行数罪并罚的……也不得加重数罪中某罪的刑罚。”尽管一审故意杀人罪判处的是死刑,但抢劫罪所判刑罚是无期徒刑,二审改判后抢劫罪的刑罚变为死刑,违背了2013年《刑诉法解释》中“不得加重数罪中某罪的刑罚”的规定,即违背了“上诉不加刑”原则。

另一种意见认为,将杀人行为作为加重情节纳入抢劫罪中评价,直接以抢劫罪一罪对被告人判处死刑,剥夺政治权利终身,无论是从定罪还是量刑上均体现了有利于被告人原则,与“上诉不加刑”原则并不违背。

我们同意第二种意见,具体理由如下:

不加重上诉被告人的刑罚是刑事审判中应当坚持的一项重要司法原则。刑事诉讼法第二百三十七条规定的“上诉不加刑”原则,其目的有二:首先,有利于保障被告人的上诉权,保障被告人的合法权益。因为如果被告人提出上诉后,二审法院不仅没有减轻处罚或者宣告无罪,反而加重被告人的刑罚,不仅违背了被告人上诉的初衷,也会增加被告人上诉的顾虑,甚至在一审判决确有错误的情况下,由于担心二审可能加重刑罚而不敢上诉。因此,实行“上诉不加刑”原则,有助于消除被告人的顾虑,使其能够放心提起上诉,保证上诉制度的切实执行。其次,也有利于第二审法院全面审查第一审判决是否存在错误,保证国家法律的统一、正确实施。对于何为“不加刑”,2013年《刑诉法解释》第三百二十五条第一款进行了明确:“审理被告人或者其法定代理人、辩护人、近亲属提出上诉的案件,不得加重被告人的刑罚,并应当执行下列规定:(一)同案审理的案件,只有部分被告人上诉的,既不得加重上诉人的刑罚,也不得加重其他同案被告人的刑罚;(二)原判事实清楚,证据确实、充分,只是认定的罪名不当的,可以改变罪名,但不得加重刑罚;(三)原判对被告人实行数罪并罚的,不得加重决定执行的刑罚,也不得加重数罪中某罪的刑罚……(七)原判事实清楚,证据确实、充分,但判处的刑罚畸轻、应当适用附加刑而没有适用的,不得直接加重刑罚、适用附加刑,也不得以事实不清、证据不足为由发回第一审人民法院重新审判。必须依法改判的,应当在第二审判决、裁定生效后,依照审判监督程序重新审判。”

此外,在二审上诉案件中,为了防止以变相加刑为目的的发回重审破坏“上诉不加刑”原则,刑事诉讼法第二百三十七条第一款进一步规定:“第二审人民法院审理被告人或者他的法定代理人、辩护人、近亲属上诉的案件,不得加重被告人的刑罚。第二审人民法院发回原审人民法院重新审判的案件,除有新的犯罪事实,人民检察院补充起诉的以外,原审人民法院也不得加重被告人的刑罚。”同样,2013年《刑诉法解释》第三百二十七条亦明确规定:“被告人或者其法定代理人、辩护人、近亲属提出上诉的案件,第二审人民法院发回重新审判后,除有新的犯罪事实,人民检察院补充起诉的以外,原审人民法院不得加重被告人的刑罚。”言下之意就是,对于二审法院发回重审的案件,在犯罪事实没有增加的情况下,不能加重对被告人的量刑;但如果出现了新的犯罪事实,而且人民检察院补充起诉的,原审法院可以加重对被告人的刑罚。由此可见,上述规定在适用过程中实际上隐含了一个基本前提,即案件发回重审之后不能加重对被告人的量刑,是以事实没有变化为前提的。究其原因,在于刑罚的适用是建立在犯罪事实基础之上的,这就要求我们在比较一审、二审裁判对被告人的量刑轻重时,应当将这种比较建立在相同的事实基础之上,而不能脱离案件事实进行简单的比较。在数罪案件中,当其中某一罪名被纳入另一罪名当中作为加重情节时,后一罪名的犯罪事实就已经发生了重大改变。在这种情况下,一、二审判决在针对该罪名进行量刑比较时,应当将这种比较建立在相同的事实基础之上,即将二审一个罪名的量刑与一审两个罪名并罚后的量刑进行比较。

本案中,对于被告人费明强所实施的抢劫杀人行为,一审法院分别以抢劫罪和故意杀人罪认定并进行并罚,表明在原判认定的抢劫犯罪中并没有包括致人死亡这一部分犯罪事实,而是将这一部分事实单独评价为故意杀人罪。二审法院经审理后,纠正了原判的定性错误,在没有改变原判认定的整体事实的前提下,把原先分别以抢劫罪、故意杀人罪判处的两部分犯罪事实结合在一起,将原判的数罪并罚改为按一罪处理,统一以抢劫罪(致人死亡)判处。此时,尽管单从抢劫罪的量刑来看,似乎加重了对被告人的刑罚,但这种比较是建立在不同事实基础之上的,故不能简单地说二审加重了对被告人的处罚。从相同事实基础的前提出发,我们应当将二审裁判中包含了致人死亡情节的抢劫罪的量刑,与一审裁判中未包含致人死亡情节的抢劫罪与故意杀人罪并罚后的量刑进行比较,即只要二审抢劫罪的量刑没有超出一审抢劫罪与故意杀人罪并罚后决定执行的刑罚,就没有加重被告人的刑罚,不能认为违背了“上诉不加刑”的原则。不仅如此,这种做法也并不违背2013年《刑诉法解释》第三百二十五条第一款第(三)项即“原判对被告人实行数罪并罚的,不得加重决定执行的刑罚,也不得加重数罪中某罪的刑罚”的规定,因为该规定是针对二审仍然认定为数罪的情形,而本案二审是将数罪合并认定为一罪,故并不适用该规定。

(撰稿:浙江省高级人民法院　聂昭伟
审编:最高人民法院刑一庭　管应时)

(三)死刑复核程序

[第1023号]李某故意杀人、故意伤害案

——一审判处被告人死缓的刑事附带民事诉讼案件,仅有附带民事诉讼原告人提出上诉的情形,对刑事部分应当适用何种程序审理

【关键词】 刑事附带民事诉讼　二审程序　死刑复核程序　上诉不加刑　发回重审

一、基本案情

被告人李某,男,1983年11月1日出生,无业。2010年1月6日因涉嫌犯故意伤害罪被逮捕。

H省A市人民检察院以被告人李某犯故意伤害罪,向A市中级人民法院提起公诉。

A市中级人民法院经公开审理查明:

1. 2009年12月6日,被告人李某在A市某店内喝啤酒时,因琐事与被害人吕某、刘某发生口角并引发肢体碰撞。双方结账出门后,李某掏出随身携带的折叠刀捅刺吕某、刘某,致吕某经抢救无效失血性休克死亡,致刘某重伤。

2. 2009年8月30日,被告人李某在A市一麻将室与被害人李某甲因打麻将发生口角,李某持匕首将李某甲的左手砍致轻伤(较重程度)。

A市中级人民法院认为,被告人李某因琐事持刀故意伤害他人,致一人死亡、一人重伤、一人轻伤,其行为已构成故意伤害罪,应依法惩处。但鉴于李某积极赔偿被害人经济损失,认罪态度较好,可酌情从轻处罚。据此,依照《中华人民共和国刑法》第二百三十四条第二款、第五十七条第一款、第六十四条之规定,判决如下:被告人李某犯故意伤害罪,判处死刑,缓期二年执行,剥夺政治权利终身。

宣判后,被告人李某未提出上诉,检察机关亦未抗诉。附带民事诉讼原告人向H省高级人民法院提出上诉。

H省高级人民法院适用二审程序对案件进行审理。经审理认为,被告人李某因与被害人吕某、刘某发生肢体碰撞被劝开后心存不满,产生报复之念,在二被害人无任何防备的情况下,持刀连续捅刺二被害人要害部位。虽然李某在主观上没有明确的杀人动机和目的,未事先预谋,但其明知持刀捅人会致人死亡,仍然实施上述行为,其捅刺被害人所使用的凶器、捅刺的刀数、部位、深度及造成的后果,体现出对其被害人的死亡结果持放任态度,应当按照其行为客观上造成的实际损害结果确定行为性质,即构成间接故意杀人罪。故以部分事实不清、证据不足为由,撤销原判,发回A市中级人民法院重新审判。

A市人民检察院变更起诉,指控被告人李某犯故意杀人罪、故意伤害罪。

A市中级人民法院经重新审理查明的事实与原审基本相同。

A市中级人民法院认为,被告人李某因琐事持刀致一人死亡、一人重伤、一人轻伤,其行为已分别构成故意杀人罪和故意伤害罪,应予数罪并罚。据此,依照《中华人民共和国刑法》第十二条、第二百三十二条、第二百三十四条第二款、第五十七条第一款、第六十九条、第六十四条之规定,对被告人李某以故意杀人罪判处死刑,剥夺政治权利终身;以故意伤害罪判处有期徒刑二年,决定执行死刑,剥夺政治权利终身。

宣判后,被告人李某不服,向H省高级人民法院提出上诉。李某及其辩护人主要提出:李某的行为构成故意伤害罪,不构成故意杀人罪;李某作案后认罪、悔罪态度好,其家人筹集10万元赔偿款,建议改判李某死缓。

检察机关认为,本案事实清楚,证据确实、充分,定罪准确,量刑适当,建议驳回上诉,维持原判。

某省高级人民法院经公开审理认为,被告人李某的行为分别构成故意杀人罪和故意伤害罪。李某随身携带管制刀具,在公共场所对不特定对象动辄持刀行凶,主观恶性深,社会危害极大,且犯罪手段残忍,后果特别严重,应依法惩处。原判认定事实清楚,证据确实、充分,定罪准确,量刑适当,审判程序合法。依照《中华人民共和国刑事诉讼法》(1996年)第一百八十九条第一项、第一百九十九条之规定,裁定驳回上诉,维持原判,并将判处被告人李某死刑的裁定部分报请最高人民法院核准。

最高人民法院经复核审理认为,A市中级人民法院以故意伤害罪判处被告人李某死刑,缓期二年执行,剥夺政治权利终身后,被告人在法定期限内未提出上诉,检察机关亦未抗诉。在仅有附带民事诉讼原告人提出上诉的情况下,H省高级人民法院对本案刑事部分未适用复核程序审理,而适用第二审程序审理,违反法定诉讼程序,可能影响公正审判。依照《中华人民共和国刑事诉讼法》(1996年)第一百九十九条和《最高人民法院关于复核死刑案件若干问题的规定》第五条的规定,裁定如下:

1. 不核准H省高级人民法院维持第一审对被告人李某以故意杀人罪判处死刑,剥夺政治权利终身;以故意伤害罪判处有期徒刑二年,决定执行死刑,剥夺政治权利终身的刑事裁定。

2. 撤销H省高级人民法院维持第一审对被告人李某以故意杀人罪判处死刑，剥夺政治权利终身；以故意伤害罪判处有期徒刑二年，决定执行死刑，剥夺政治权利终身的刑事裁定。

3. 发回H省高级人民法院重新审判。

二、主要问题

一审判处被告人死缓的刑事附带民事诉讼案件，仅有附带民事诉讼原告人提出上诉的情形，对刑事部分应当适用何种程序审理？

三、裁判理由

本案中，针对仅有附带民事诉讼原告人提出上诉的情形，高级人民法院对刑事部分适用第二审程序而非复核程序审理，这种做法是否违反法定诉讼程序，可能影响公正审判，存在不同意见。一种意见认为，高级人民法院未适用复核程序而适用第二审程序进行审理，违反法定诉讼程序，但第二审程序比复核程序更有利于保护被告人权利，并不影响公正审判。另一种意见认为，高级人民法院在被告人未上诉、检察机关亦未抗诉的情况下，仅因附带民事诉讼原告人上诉而适用第二审程序对刑事部分进行审理，违反了法定诉讼程序，并且基于对案件事实证据的认识分歧将案件发回重审，一审法院最终改判被告人死刑立即执行，这种通过发回重审变相加重被告人刑罚的做法，不仅直接违反2012年修改后刑事诉讼法的规定，也违背1996年刑事诉讼法不得通过发回重审变相加重被告人刑罚的立法精神，影响了公正审判。

我们同意后一种意见。具体理由如下：

（一）一审判处被告人死缓的刑事附带民事诉讼案件，仅有附带民事诉讼原告人提出上诉的情形，对刑事部分应当适用复核程序审理

最高人民法院2010年3月17日发布的《关于对判处死刑的被告人未提出上诉、共同犯罪的部分被告人或者附带民事诉讼原告人提出上诉的案件应适用何种程序审理的批复》规定："……中级人民法院一审判处死刑的案件，被判处死刑的被告人未提出上诉，仅附带民事诉讼原告人提出上诉的，高级人民法院应当适用第二审程序对附带民事诉讼依法审理，并由同一审判组织对未提出上诉的被告人的死刑判决进行复核，作出是否同意判处死刑的裁判。"该批复针对的是死刑案件，但处理原则应当适用于死缓案件。

根据上述批复，中级人民法院一审判处被告人死缓的案件，被告人未提出上诉，检察机关亦未提出抗诉，仅有附带民事诉讼原告人提出上诉，高级人民法院应当适用第二审程序对附带民事诉讼依法审理，并由同一审判组织对未提出上诉的被告人死缓判决的刑事部分进行复核。本案中，H省高级人民法院对全案适用第二审程序进行审理，明显违反了上述批复的规定程序。

（二）高级人民法院复核审不得违反上诉不加刑原则

2012年修改后刑事诉讼法第二百二十六条规定："第二审人民法院发回原审人民法院重新审判的案件，除有新的犯罪事实，人民检察院补充起诉的以外，原审人民法院不得加重被告人的刑罚。"《最高人民法院关于适用〈中华人民共和国刑事诉讼法〉的解释》（以下简称《解释》）第三百四十九条第二款规定："高级人民法院复核死刑缓期执行案件，不得加重被告人的刑罚。"上述规定了明确了上诉不加刑原则的基本要求。本案一审、二审期间，修改后的刑事诉讼法已经通过，但尚未施行，不过，对于修改后刑事诉讼法中有利于被告人的规定，应当在法律通过后就严格遵照执行。

H省高级人民法院基于对案件事实证据的认识分歧，以事实不清为由将本案发回A市中级人民法院重新审判，直接导致本案在事实证据没有变化的情况下，A市检察机关不当地改变部分指控罪名、变更起诉，A市中级人民法院重新审理后，采纳了指控意见，改变了部分认定的罪名，

最终认定的罪名由一罪变成两罪，并在此基础上加重了对被告人判处的刑罚，将死缓改为死刑立即执行。H省高级人民法院的做法不仅直接违反修改后的刑事诉讼法的规定，也违背了1996年刑事诉讼法不得通过发回重审变相加重被告人刑罚的立法精神。

（三）高级人民法院经复核不同意判处被告人死刑的，应当提审或者发回重新审判

对中级人民法院一审判处被告人死刑且未提出上诉、抗诉的案件，高级人民法院经复核后不同意判处死刑的，根据1996年刑事诉讼法第二百条的规定（2012年修改后刑事诉讼法第二百三十六条作了相同规定）："中级人民法院判处死刑的第一审案件，被告人不上诉的，应当由高级人民法院复核后，报请最高人民法院核准。高级人民法院不同意判处死刑的，可以提审或者发回重新审判。"鉴于审判实践中对提审的性质和审级存在认识上的分歧，《解释》第三百四十四条规定："高级人民法院同意判处死刑的，应当在作出裁定后十日内报请最高人民法院核准；不同意的，应当依照第二审程序提审或者发回重新审判。"然而，对于具体哪些情形依照第二审程序提审，哪些情形发回重新审判，《解释》未作明确规定。

对该问题的解决，可以从《解释》第三百四十九条的规定中寻找思路。该条具体规定如下："高级人民法院复核死刑缓期执行案件，应当按照下列情形分别处理：（一）原判认定事实和适用法律正确、量刑适当、诉讼程序合法的，应当裁定核准；（二）原判认定的某一具体事实或者引用的法律条款等存在瑕疵，但判处被告人死刑缓期执行并无不当的，可以在纠正后作出核准的判决、裁定；（三）原判认定事实正确，但适用法律有错误，或者量刑过重的，应当改判；（四）原判事实不清、证据不足的，可以裁定不予核准，并撤销原判，发回重新审判，或者依法改判；（五）复核期间出现新的影响定罪量刑的事实、证据的，可以裁定不予核准，并撤销原判，发回重新审判，或者依照本解释第二百二十条规定审理后依法改判；（六）原审违反法定诉讼程序，可能影响公正审判的，应当裁定不予核准，并撤销原判，发回重新审判。"从上述规定看，高级人民法院复核死刑缓期执行案件时，对程序违法的案件只能裁定发回重新审判；对事实不清、证据不足的案件，既可以发回重新审判，也可以依法改判；对事实清楚，但适用法律错误或者量刑过重的案件，只能依法改判。

基于上诉不加刑原则的精神，复核阶段改判的，也不得判处更重的刑罚。对于适用法律错误或者量刑过重的案件，相对于提审而言，直接改判无疑更有助于提高审判效率、节约司法资源。对于程序违法的案件，显然没有必要经过提审再裁定发回重新审判。对于事实不清、证据不足的案件，即使经过提审，最终处理结果也只有两种，或者裁定发回重新审判，或者依法作出证据不足、指控的犯罪不能成立的无罪判决。其中，对发回重新审判的案件，根本无须经过提审，完全可以经复核直接发回重新审判；如果不发回重审，经提审后也可以改判无罪，但审判实践中很少有此种情形。

通过以上分析，不难发现，刑事诉讼法所规定的"高级人民法院不同意判处死刑的，可以提审或者发回重新审判"中的"可以提审"实际上属于沉默条款。所谓的提审程序既无助于保障被告人权利，也无助于提高审判效率、节约司法资源。鉴于此，建议立法机关在修改刑事诉讼法时将"可以提审或者发回重新审判"修改为"可以改判或者发回重新审判"。如果立法机关考虑限制高级人民法院复核改判的做法，也可将"可以提审或者发回重新审判"修改为"可以发回重新审判"。

综上，本案中，一审判处被告人李某死缓，仅有附带民事诉讼原告人提出上诉，H省高级人民法院对刑事部分适用第二审程序审理，违反了法定诉讼程序，并且基于对案件事实证据的认识分歧，以部分事实不清、证据不足为由发回重新审判，导致一审法院在检察机关变更指控的情况下改判被告人李某死刑立即执行。这种通过发回重审变相加重被告人刑罚的做法，影响了公正审

判。最高人民法院以程序违法为由裁定不核准被告人李某死刑，发回H省高级人民法院重新审判，是妥当的。

（撰稿：最高人民法院刑三庭　田　楠
审编：最高人民法院刑三庭　罗国良）

[第1262号]王春红、徐满等抢劫案

——死刑复核程序中发现二审法院剥夺被告人上诉权的，如何处理

【关键词】 死刑复核程序　死缓案件　上诉　发回重审

一、基本案情

被告人王春红，男，1954年5月2日出生，无业。1991年9月因犯拐卖人口罪被判处有期徒刑四年；2001年12月12日因犯绑架罪被判处有期徒刑十年，剥夺政治权利二年，并处罚金人民币一千五百元，2009年2月26日刑满释放。因涉嫌犯抢劫罪于2013年5月4日被逮捕。

被告人徐满，男，1962年2月5日出生，无业。因涉嫌犯抢劫罪于2013年7月3日被逮捕。

（同案被告人杜买红的身份情况，略）

某省某市人民检察院以被告人王春红、徐满犯抢劫罪，同案被告人杜买红犯掩饰隐瞒犯罪所得罪，向某市中级人民法院提起公诉。

被告人王春红、徐满对指控的事实及罪名未作辩解。王春红的辩护人提出，王春红在抢劫作案中所起作用较小，认罪态度好，请求对其从轻处罚。徐满的辩护人提出，徐满所起作用小于王春红，认罪态度好。

某省某市中级人民法院经公开审理查明：

1. 2012年12月，被告人王春红、徐满因经济拮据，商议抢劫租住于某省某市龙门镇北庄村的被害人侯某某。同月的一天晚上，二人以嫖娼为由进入侯某某住处，将侯某某捆绑、堵嘴后劫持到王春红租住房并向侯某某索要钱财。侯某某被劫持三天后，称有8 000元存折存放于其住处。二人获得存折及密码后将侯某某勒死，并将其尸体抛至一地窖内。后二人持侯某某身份证到银行从侯某某的存折中支取8 000元并平分。

2. 2013年1月，被告人王春红、徐满又商议抢劫与王春红相识的被害人袁菊玲。同月19日晚，王春红、徐满与袁菊玲在王春红住处吃饭时，王春红向袁的杯内偷放安眠药。袁菊玲昏睡后，二人将其捆绑。徐满持刀威逼袁菊玲并索要10万元，遭拒后二人对袁进行殴打，逼问出袁的存折存放位置及密码。王春红找到袁的存折后用该存折向其本人的账户转账8万元。

3. 2013年春节后，被告人王春红、徐满共谋抢劫托徐满帮忙寻找房源的被害人樊向涛。同年3月4日11时许，徐满以购房为由将樊向涛骗至住处，王春红假扮卖房人试探樊向涛，二人确认樊向涛有钱后将其捆绑。樊向涛拒绝交钱后徐满以樊醉酒为由将樊的妻子刘买盈骗至住处捆绑起来。王春红、徐满通过逼问樊向涛获得樊的存单、身份证、户口本和存单密码后，用电线勒死樊向涛、刘买盈，将尸体埋在徐满租住院内事先挖好的坑中。王春红、徐满持抢得的存单、身份证多次支取存款共计9万余元，赃款二人均分。徐满还向连襟杜买红（被法院以掩饰隐瞒犯罪所得

罪判处有期徒刑二年)谎称其有偷来的存单,要杜买红帮忙取款并许诺给杜好处费。后杜买红持徐满通过他人制作的假身份证从樊向涛的存单中支取1万元,杜买红分得1 000元。

某市中级人民法院认为,被告人王春红、徐满使用暴力劫持他人后劫取财产并杀死被害人,其行为均构成抢劫罪。王春红、徐满共同预谋,多次抢劫他人财物,数额巨大,且致三人死亡,情节恶劣,后果极其严重。二人在抢劫犯罪中行为积极主动,均系主犯,王春红又系累犯,应依法从严惩处。据此,依照《中华人民共和国刑法》第二百六十三条第(四)项、第(五)项,第六十五条第一款,第二十五条第一款,第二十六条第一款、第四款,第五十七条第一款之规定,以抢劫罪判处王春红、徐满死刑,剥夺政治权利终身,并处没收个人全部财产。

一审宣判时,被告人王春红、徐满口头提出上诉;同案被告人杜买红在法定期限内提交上诉状,上诉期满后又提出撤诉。某省高级人民法院依法裁定准予杜买红撤回上诉,并按复核程序审理了本案。

某省高级人民法院复核认为,原判定罪及适用法律正确,量刑适当,审判程序合法,裁定同意某市中级人民法院对被告人王春红、徐满均以抢劫罪判处死刑,剥夺政治权利终身,并处没收个人全部财产的刑事判决,并依法报请最高人民法院核准。

最高人民法院经复核认为,某省高级人民法院在审理本案过程中,未依法按照二审程序进行审理,剥夺了被告人的上诉权,侵犯了被告人的辩护权,严重违反法定诉讼程序,可能影响公正审判。依照《中华人民共和国刑事诉讼法》第二百三十五条、第二百三十九条和《最高人民法院关于适用〈中华人民共和国刑事诉讼法〉的解释》第三百五十条第(六)项、第三百五十三条第一款的规定,于2016年12月30日裁定不核准并撤销某省高级人民法院同意原审对被告人王春红、徐满以抢劫罪判处死刑,剥夺政治权利终身,并处没收个人全部财产的刑事裁定,发回某省高级人民法院重新审判。

二、主要问题

在死刑复核程序中发现二审法院剥夺被告人上诉权的,应如何处理?

三、裁判理由

最高人民法院在复核本案时发现,一审法院宣判时被告人王春红、徐满均表示提出上诉,宣判笔录明确记录了两人的上诉要求,但某省高级人民法院却以复核程序审理了本案,并报请最高人民法院核准。对高级人民法院以复核程序审理被告人口头提出上诉案件的,在最高人民法院死刑复核阶段应如何处理,形成两种意见。第一种意见认为,高级人民法院未依法适用二审程序公开开庭审理,剥夺了被告人的上诉权,侵犯了被告人的辩护权,严重违反法定诉讼程序,可能影响公正审判,依法应发回重审。第二种意见认为,某省高级人民法院虽未按照二审程序公开开庭审理,但提讯了王春红、徐满,充分听取了二人的意见,并为二人指定了辩护人,保障了辩护权的充分行使,并不影响案件的公正审判,不必发回重审,依法可核准死刑。我们同意第一种意见,具体理由如下:

(一)被告人在法定期限内口头提出上诉的,应视为有效上诉

刑事诉讼法第二百二十七条第一款规定:“被告人、自诉人和他们的法定代理人,不服地方各级人民法院第一审的判决、裁定,有权用书状或者口头向上一级人民法院上诉……”同时,该条第三款规定:“对被告人的上诉权,不得以任何借口加以剥夺。”据此,被告人以书面或口头形式提出的上诉,均属于有效上诉表示,应当受到刑事诉讼法的严格保护。被告人的上诉权是刑事诉讼中的基本诉讼权利,不得以任何形式和借口予以剥夺。《最高人民法院关于适用〈中华人民共和国刑事诉讼法〉的解释》第三百条第一款规定:“人民法院受理的上诉案件,一般应当有上诉状正本

及副本。”此处规定“一般”应当有上诉状正本及副本，是出于更全面地了解和掌握被告人的上诉理由而作出的原则性规定，并不是否定被告人口头上诉的法律效力。

本案中，一审宣判时被告人王春红、徐满均明确表示上诉并被记录在案，同案被告人杜买红表示不上诉（后提交了上诉状）。但此后一审法院根据仅收到杜买红上诉状的情况认为只有杜买红提出上诉，制作案件移交材料后将案件上报至二审法院，二审法院亦因未收到王春红、徐满提交的上诉状而认为两人未提出上诉，并在裁定准许杜买红撤诉后直接以复核程序审理了本案。这种做法的错误在于，法院对被告人在法定期限内提出的口头上诉未予重视，单纯以是否提交上诉状作为认定被告人是否上诉的依据（王春红、徐满均称口头提出上诉后又通过看守所提交了上诉状，但法院未收到），忽视了口头上诉的法律效力。综上，王春红、徐满在一审宣判时已提出有效上诉，其后不论二人有无提交书面上诉状，均不影响两人提出上诉的法律效力。作为一审的上一级法院，在审理工作中应当重视审查被告人有无上诉情况。

（二）死刑上诉案件未开庭审理的，属于严重违反法定诉讼程序，可能影响公正审判，应依法发回重审

刑事诉讼法第二百三十四条第一款规定：“第二审人民法院对于下列案件，应当组成合议庭，开庭审理……（二）被告人被判处死刑的上诉案件……”《最高人民法院关于适用〈中华人民共和国刑事诉讼法〉的解释》第三百一十七条第一款进一步明确了“被告人被判处死刑立即执行的上诉案件”应当开庭审理。有意见认为，本案中某省高级人民法院提讯了一审被判处死刑的被告人王春红、徐满，听取了二人意见，并为二人指定了辩护人，听取了辩护人意见，虽未开庭审理，但充分保障了被告人的诉讼权利。中级人民法院、高级人民法院认定王春红、徐满犯抢劫罪的事实清楚，证据确实、充分，对二人均应判处死刑。因此，虽然某省高级人民法院未适用二审程序公开开庭审理违反法定诉讼程序，但实质上并不影响公正审判，依法可予核准。

我们认为，在一审法院判处被告人王春红、徐满死刑，两人均明确提出上诉的情况下，某省高级人民法院适用复核程序审理本案，不但剥夺了被告人申请回避的权利、当庭举证质证及辩护的权利，而且导致同级检察机关不能参与案件的二审程序，指控犯罪、监督审判的职能缺失，属于严重违反法定诉讼程序。开庭审理是刑事诉讼法规定的基本原则，是审判公正的制度保障，是法律的刚性规定，其目的是最大限度地保障被告人辩护权的充分行使，保障人权，彰显程序正义，确保实体公正。如果仅以实体公正为宗旨，完全抛开程序正义的要求，既不符合注重程序正义、充分保障人权的现代刑事司法理念，也可能为案件的实体处理埋下隐患。因此，对于依法应当开庭审理的案件未开庭审理的，原则上应认定此种做法“可能影响公正审判”，这也是刑事诉讼法规定二审开庭审理制度的应有之意，特别是对死刑案件，更要坚持最高标准、最严要求。

综上，最高人民法院认为某省高级人民法院适用复核程序审理了本应开庭审理的死刑案件，严重违反法定诉讼程序，可能影响公正审判，据此裁定不核准二被告人死刑，并撤销原判，发回某省高级人民法院重新审判。

值得注意的是，本案是一起性质十分恶劣的抢劫杀人案件，在政策上应当依法予以严惩，故本案发回重审纠正程序违法后，高级人民法院仍可以再次报请最高人民法院核准死刑。

（撰稿：最高人民法院刑五庭　范冬明
审编：最高人民法院刑五庭　徐　静）

[第1340号]张某文抢劫、抢夺案

——死刑复核程序中发现一审、二审对被告人身份、是否构成累犯等事实认定错误的,应如何处理

【关键词】 死刑复核程序 累犯 证明标准 发回重审

一、基本案情

被告人张某文,男,1981年3月28日出生。2007年1月23日因犯抢夺罪被判处有期徒刑七年,并处罚金人民币一万元,2012年7月13日刑满释放。2012年8月28日因本案被逮捕。

某省人民检察院某分院以被告人张某文犯抢劫罪、抢夺罪,向某省某中级人民法院提起公诉。

被告人张某文及其辩护人提出:(1)张某文并未邀约李长群进行抢夺;(2)抢被害人刘某秀背包的行为构成抢夺罪,张某文起次要作用,系从犯。请求对张某文从轻处罚。

某中级人民法院经公开审理查明:

(一)抢劫事实

2012年7月21日6时50分许,被告人张某文驾驶摩托车搭载李长群(同案被告人,已判刑),在某省某市钟惺大道东侧新东方建材市场附近伺机抢夺,发现被害人刘某秀背着包骑电动车在道路上行驶。张某文驾驶摩托车迅速从刘某秀的左后方驶过,李长群伸手夺取刘某秀的包,抢得手机1部(价值234元)、现金420元。刘某秀当即被拉倒在地,头部严重受伤,经抢救无效于同月27日死亡。

(二)抢夺事实

2012年7月13日,被告人张某文刑满释放。同月17日9时许,张某文驾驶摩托车在某省某市湾坝加油站附近伺机抢夺,发现被害人黄某霞背着包骑电动车在道路上行驶,遂加速从黄某霞的身边驶过,夺走黄左肩上的包,内有手机1部(价值165元)、现金1 500元。同月22日21时许,张某文驾驶摩托车搭载同案被告人李长群尾随被害人郑某平,当行至某市陆羽大桥北附近时,李长群趁郑某平不备,下车夺走郑某平左肩上的包,内有手机1部、现金770元。

某中级人民法院认为,被告人张某文伙同他人以非法占有为目的,驾驶机动车夺取他人财物,致人死亡;抢夺他人财物,数额较大,其行为已分别构成抢劫罪、抢夺罪。公诉机关指控张某文犯抢劫罪、抢夺罪的事实清楚,证据确实、充分,指控罪名成立。张某文此前因故意犯罪被判处有期徒刑以上刑罚,在刑满释放后五年内再犯应当判处有期徒刑以上刑罚之罪,系累犯,应当依法从重处罚。对张某文所犯数罪,应依法并罚。根据张某文犯罪的性质、情节及认罪态度,依照《中华人民共和国刑法》第二百六十三条第(五)项,第二百六十七条第一款,第五十条第二款,第五十七条第一款,第二十五条第一款,第二十六条第一款、第四款,第六十五条第一款,第六十七条第三款,第六十九条,《最高人民法院关于审理抢劫、抢夺刑事案件适用法律若干问题的解释》第十一条第(三)项之规定,判决:被告人张某文犯抢劫罪,判处死刑,缓期二年执行,剥夺政治权利终身,并处没收个人全部财产;犯抢夺罪,判处有期徒刑一年,并处罚金人民币五千元,决定执行死刑,缓期二年执行,剥夺政治权利终身,并处没收个人全部财产,对张某文限制减刑。

宣判后,被告人张某文上诉及其辩护人提出,张某文作案目的是抢夺财物,造成被害人死亡系过失所致;在共同犯罪中李长群起主导作用,张某文属从犯,一审判决量刑过重。

某省人民检察院某分院抗诉提出，被告人张某文犯抢劫罪的事实清楚，证据确实、充分，情节特别恶劣，后果极其严重，应当判处死刑；张某文系累犯，人身危险性和主观恶性极大，依法不应从轻处罚；张某文案发后未能赔偿被害人亲属的经济损失，亦未取得被害人亲属的谅解，依法不能从轻处罚。某省人民检察院支持抗诉提出，一审对张某文判处死刑缓期二年执行的量刑畸轻，建议依法改判张某文死刑。

某省高级人民法院经二审审理认为，原审判决对被告人张某文量刑畸轻，检察机关抗诉意见成立。依照《中华人民共和国刑法》第二百六十三条第（五）项，第二百六十七条第一款，第五十七条第一款，第二十五条第一款，第六十五条第一款，第六十七条第三款，第六十九条和《中华人民共和国刑事诉讼法》第二百二十五条第一款第（一）项、第（二）项之规定，驳回被告人张某文的上诉，对张某文以抢劫罪判处死刑，剥夺政治权利终身，并处没收个人全部财产；以抢夺罪判处有期徒刑一年，并处罚金人民币五千元，决定执行死刑，剥夺政治权利终身，并处没收个人全部财产，并依法报请最高人民法院核准。

最高人民法院经复核发现，被告人张某文所供家庭情况与户籍证明不符，所供成长经历前后矛盾，有冒用他人身份的可能，其构成累犯的情节亦存疑，遂以部分事实不清、证据不足为由，依照《中华人民共和国刑事诉讼法》第二百三十五条、第二百三十九条和《最高人民法院关于适用〈中华人民共和国刑事诉讼法〉的解释》第三百五十条第（三）项、第三百五十三条第一款的规定，裁定不核准被告人张某文死刑，撤销一、二审对张某文的刑事判决部分，发回一审法院重新审判。

二、主要问题

在死刑复核程序中发现一审、二审对被告人的姓名等身份信息及是否构成累犯等事实可能认定有误的，应如何处理？

三、裁判理由

最高人民法院在复核本案过程中，发现一审、二审认定的案件事实中有部分事实不能确认，主要包括：(1)被告人张某文的身份事实不清，在案证据及在复核阶段补充的材料证实，被告人真实姓名可能为王伟军，王伟军假冒了战友张某文的姓名等身份信息。一审、二审认定被告人的姓名等身份信息可能有误。(2)被告人的前科事实无法确认。被告人与前科刑事判决书中的张某文是否为同一人，有待查证，其前科事实无法确认，是否构成累犯存疑。

对该案在死刑复核阶段应如何处理，有三种意见：第一种意见认为，根据法律规定，办理死刑案件认定被告人姓名、是否构成累犯等事实必须达到证据确实、充分的程度。被告人“张某文”假冒他人姓名，身份不清，且可能假冒他人姓名被判过刑，认定其构成累犯的事实亦存疑，应当不核准“张某文”死刑，撤销一审、二审判决，发回一审法院重新审判。第二种意见认为，根据《最高人民法院关于适用〈中华人民共和国刑事诉讼法〉的解释》（以下简称《适用刑诉法解释》）第三百五十条第（二）项关于“原判认定的某一具体事实或者引用的法律条款等存在瑕疵，但判处被告人死刑并无不当的，可以在纠正后作出核准的判决、裁定”的规定，在死刑复核阶段发现被告人的姓名、前科等事实认定错误的，只要判处被告人本人死刑没有错误，可以将被告人的姓名更正后核准死刑。第三种意见认为，根据《刑事诉讼法》第一百五十八条第二款关于“犯罪嫌疑人不讲真实姓名、住址，身份不明的，应当对其身份进行调查，侦查羁押期限自查清其身份之日起计算，但是不得停止对其犯罪行为的侦查取证。对于犯罪事实清楚，证据确实、充分，确实无法查明其身份的，也可以按其自报的姓名起诉、审判”的规定，被告人实施抢劫、抢夺犯罪的事实清楚，证据确实、充分，为节约司法资源，依法可按其自报的姓名进行审判。

我们同意第一种意见，即在死刑复核程序中发现一审、二审认定的被告人姓名、是否构成累

犯等事实不清的,应发回一审法院重新审判。具体理由如下:

(一)死刑案件中证实被告人姓名等事实的证据必须确实、充分

被告人的姓名等信息是犯罪主体的基本信息,是重要的、基础性的案件事实,涉及被告人的年龄、户籍、前科等情况,直接影响对被告人的定罪量刑,相关证据必须达到确实、充分的程度。《刑事诉讼法》中规定,开庭审理时必须查明被告人的姓名等身份信息。最高人民法院经复核发现,本案一审、二审认定被告人张某文的姓名、身份存在以下疑问:(1)被告人供述的详细住址、婚姻状况与张某文户籍证明载明的不一致;(2)被告人归案后的照片与张某文户籍证明上的照片有差异;(3)被告人数次供述的成长经历有矛盾;(4)公安机关未组织张某文的亲友、邻居等人对归案后被告人的照片进行辨认;(5)公安机关未对被告人进行亲缘关系鉴定。经补查,被告人供认其真名叫王伟军,曾被战友张某文骗去搞传销,离开时拿了张某文的身份证打工,因前次犯罪受审时也冒用了张某文的身份。公安机关还提交了王伟军的户籍登记信息、王伟军的邻居邓某某(原村支书)、现任村主任向某某混杂辨认照片笔录、张某文的证言等材料,根据上述材料可初步认定被告人即王伟军。根据2010年发布的《最高人民法院、最高人民检察院、公安部、国家安全部、司法部关于办理死刑案件审查判断证据若干问题的规定》(以下简称《办理死刑案件证据规定》)第五条第三款第(三)项的规定,办理死刑案件,对于"影响被告人定罪的身份情况"的证明必须达到证据确实、充分。本案中一审、二审认定被告人张某文的姓名、住址等身份情况的事实不清,证据不足,导致指控和判决张某文犯罪错误。

(二)证实被告人构成累犯的证据必须确实、充分

《适用刑诉法解释》第一百一十一条规定:"证明被告人构成累犯、毒品再犯的证据材料,应当包括前罪的裁判文书、释放证明等材料;材料不全的,应当要求有关机关提供。"本案中,某省某县人民法院认定,2006年9月1日至14日,被告人张某文与同案被告人李长群在某省某市、某县驾驶摩托车抢夺作案11起,并于2007年1月23日作出刑事判决,对张某文以抢夺罪判处有期徒刑七年,并处罚金人民币一万元。2012年7月13日张某文刑满释放,同月17日至22日又实施本案。据此,一审、二审法院均认定张某文系累犯,应依法从重处罚。本案虽然有张某文的前罪裁判文书、释放证明等材料,但根据上述分析,本案被告人经初步认定并非"张某文",而是王伟军。虽然被告人承认其在2006年被判刑时假冒张某文的身份,但在其真实身份查明后,其与前述刑事判决书中的张某文是否为同一人,尚需通过比对卷宗中所捺指纹等方式进一步查证。因此,本案被告人是否构成累犯存在疑问,直接影响对其适用死刑。根据《办理死刑案件证据规定》第五条第三款第(七)项的规定,办理死刑案件,对于"对被告人从重处罚的事实"的证明必须达到证据确实、充分。被告人是否构成累犯的事实不清,证据不足,不符合死刑案件的证据标准。

(三)被告人的姓名、是否构成累犯等事实不清的,应发回重审

本案被告人张某文的姓名、是否构成累犯等重要案件事实不清,证据不足,在最高人民法院复核阶段无法纠正,依法应发回重审。首先,在公诉机关未变更或同意变更起诉被告人张某文的姓名等身份信息,被告人真实身份的证明材料未经庭审出示、质证的情况下,最高人民法院在复核阶段直接纠正被告人身份,程序上于法无据。其次,二审法院改判被告人死刑的一个重要因素是其构成累犯,具有法定从重处罚情节,根据上述分析该累犯情节需经重新调查核实再予认定。有意见认为,被告人的姓名等身份事实错误属于原判认定的某一具体事实的瑕疵,如案件定罪量刑并无不当的,可以在纠正后作出核准的判决、裁定。我们认为,这种意见混淆了案件事实的瑕疵与错误之间的界限。所谓瑕疵,主要是指裁判文书中认定的案件事实中出现错别字、时间误差、地名不准确等文字上的误差,或者多起事实中个别次要事实认定错误,而不是重要的事实认

定错误。被告人身份认定的错误,不是表述个别身份信息时的笔误,而是张冠李戴,全部个人信息均认定错误,属于犯罪主体事实认定错误,也直接影响其是否构成累犯的认定,故不属于可以通过复核阶段直接纠正就能弥补的瑕疵。

此外,以节约司法资源为由主张可按被告人自报的姓名进行审判的意见虽有一定法律依据,但在本案中也不是稳妥的处理方式。司法机关应当依法对被告人姓名、住址等身份事实进行调查核实,只有穷尽一切手段后仍确实无法查明其身份的,才能按被告人自报的姓名起诉、审判。本案被告人的身份经过最高人民法院复核阶段的补充调查,已初步认定其真实身份,原判认定其身份错误的可能性极大,相关法定从重量刑情节能否成立存疑,有条件也应当通过发回重审来查明相关事实。

综上所述,一审、二审判决认定被告人张某文的姓名、户籍、前科等事实不清,证据不足。考虑前述问题由公诉机关指控错误造成,二审法院无法纠正,故宜将本案发回一审法院重审。根据《适用刑诉法解释》第三百五十条第(三)项和第三百五十三条第一款的规定,最高人民法院依法不核准被告人张某文死刑,并撤销一审、二审判决,将本案发回一审法院重新审判。

(撰稿:最高人民法院刑五庭　范冬明
审编:最高人民法院刑五庭　马　岩)

(四)审判监督程序

[第1338号]王秀敏故意杀人案

——共同犯罪人先后归案后被分案起诉,法院能否并案审理

【关键词】　共同犯罪　分案起诉　并案审理　审判监督程序

一、基本案情

原审被告人王秀敏(先归案),女,汉族,1978年9月15日出生。2004年9月1日被逮捕。

同案被告人王团结(后归案),基本情况略。

河南省周口市人民检察院以周检刑诉(2005)36号起诉书指控被告人王秀敏犯故意杀人罪,向周口市中级人民法院提起公诉。周口市中级人民法院以故意杀人罪判处王秀敏死刑,缓期二年执行,剥夺政治权利终身。宣判后,王秀敏提出上诉,河南省高级人民法院裁定,撤销原判,发回重审。周口市中级人民法院作出与前次相同的判决。在法定期限内没有上诉、抗诉。河南省高级人民法院经复核,裁定撤销原判,发回重审。周口市中级人民法院再次以故意杀人罪判处王秀敏死刑,缓期二年执行,剥夺政治权利终身。宣判后,王秀敏又提出上诉,河南省高级人民法院裁定,驳回上诉,维持原判。附带民事诉讼原告人王某不服,提出申诉。河南省高级人民法院复查期间,同案人王团结归案,周口市人民检察院以周检刑诉(2012)56号起诉书指控被告人王团结犯故意杀人罪,向周口市中级人民法院提起公诉。河南省高级人民法院对王秀敏故意杀人申诉一案作出由该院再审的决定,并裁定,撤销第一审判决、第二审裁定,发回周口市中级人民法院重新审判。周口市中级人民法院对王秀敏故意杀人再审案与被告人王团结故意杀人案(以下简称"两王案")并案审理。

被告人王秀敏辩称,是王团结杀死王某某并分尸,自己没有参与杀害王某某,且有自动投案

情节。其辩护人辩称,本案事实不清,证据不足;本案定性不妥,应定王秀敏包庇罪为宜;王秀敏有主动投案情节。

周口市中级人民法院经审理查明,自2001年以来,身为河南省沈丘县周营乡政府计生办工作人员的被告人王秀敏与同乡地税所的董某有不正常的男女关系,王秀敏找到同乡黄孟营村计生专干的被告人王团结,要求帮忙杀害董某的妻子被害人王某某。2004年8月18日上午,王秀敏先将王某某骗至沈丘县周营乡政府办公室三楼其住室内,后让王团结来周营乡政府。王团结到周营乡政府王秀敏住室后,王秀敏先掐着王某某的脖子又用被子捂王某某的嘴,王团结也帮忙掐王某某的脖子,二被告人共同将王某某掐死。王秀敏交给王团结5 000元佣金后王团结逃离现场。之后,王秀敏买刀将王某某尸体肢解成六部分。其中王某某尸体腰部以上至头部及腰部以下至两膝盖被王秀敏藏匿于沈丘县周营乡政府高某住室内,左右小腿及左右两脚被王秀敏藏匿至沈丘县周营乡政府后院的草丛中。经鉴定,死者系被人机械性窒息死亡,并被肢解。

周口市中级人民法院认为,被告人王秀敏、王团结共同故意非法剥夺他人生命,其行为均已构成故意杀人罪。公诉机关指控罪名成立。本案系共同犯罪,王秀敏、王团结均系主犯。王秀敏为了达到与被害人王某某丈夫结婚的目的,与王团结事先预谋并与王团结共同实施杀害王某某的行为,后王秀敏肢解被害人王某某尸体,藏匿、抛弃尸块,系犯意的提起者、杀害王某某、肢解王某某尸体、抛弃藏匿尸块的实施者,其犯罪动机卑鄙,手段残忍,性质恶劣,社会影响极其恶劣,罪行极其严重,应予严惩。依照《中华人民共和国刑法》第二百三十二条、第五十七条一款、第三十六条、第二十五条第一款的规定,以故意杀人罪判处被告人王秀敏死刑,剥夺政治权利终身。

(被告人王团结的判决情况略)

宣判后,王秀敏提出上诉。

河南省高级人民法院经审理,依法驳回王秀敏的上诉,并依法报请最高人民法院核准。

二、主要问题

(一)周口市人民检察院没有重新制作起诉书,开庭时分别宣读了针对被告人王秀敏、王团结指控内容不同的起诉书,周口市中级人民法院决定对"两王案"并案审理,这一程序是否适当?

(二)按审判监督程序改判被告人王秀敏死刑是否违反再审不加刑原则?

三、裁判理由

(一)本案并案审理程序适当

第一审人民法院将属于再审程序的王秀敏案和属于普通程序的王团结案按照第一审程序并案审理,检察机关是否应当并案起诉的问题,看似两诉合并为一诉的问题,实质上是涉及共同犯罪的被告人王秀敏、王团结先后被抓获,对先归案的王秀敏的判决业已生效,因而对后归案的王团结是一审,对王秀敏案是再审。对于该问题,《刑事诉讼法》没有规定,《最高人民法院、最高人民检察院、公安部、国家安全部、司法部、全国人大法制工作委员会关于实施刑事诉讼法若干问题的规定》(以下简称《六部委规定》)第三条第(二)项规定,共同犯罪的案件,人民法院、人民检察院、公安机关可以在其职责范围内并案处理。司法实践中,对于同属一个程序的案件,并案处理没有异议,但对分属于不同程序的案件,如本案,一个是再审第一审案件,一个是普通程序第一审案件,能否合并审理意见不甚一致,即便合并审理,案号是使用普通程序的案号,还是使用再审程序的案号也有分歧。

我们认为,不管是普通程序第一审案件,还是再审程序第一审案件,归根到底,都是第一审案件,存在并案审理的程序基础,且并案审理更有利于查明案件事实,可能存在的案号问题只是技术性问题,实践中,有的合并为一个案号,或初字号(普通程序),或再字号(再审程序);有的列两个案号,既有初字号,又有再字号。

就本案而言,周口市人民检察院对“两王案”没有并案起诉,周口市中级人民法院决定并案审理时,该院在开庭中分别宣读了针对王秀敏、王团结指控内容不同的起诉书,程序适当。理由如下:

1. 周口市人民检察院对“两王案”已不具备并案起诉的条件。关于检察机关并案处理的方法,《人民检察院刑事诉讼规则(试行)》第四百五十八条规定,在人民法院宣告判决前,人民检察院发现遗漏的同案犯罪嫌疑人或者罪行可以一并起诉和审理的,可以追加、补充起诉。我们认为,此处一并处理的方法就是在先到案的王秀敏案起诉书的基础上,追加、补充起诉王团结及王秀敏的罪行。然而本案存在的问题是,河南省高级人民法院对王秀敏案提起再审,并于 2013 年 8 月 30 日作出刑事附带民事裁定,撤销原生效裁判,发回周口市中级人民法院重新审判前,周口市人民检察院已于 2012 年 5 月 21 日将王团结案起诉到周口市中级人民法院。只有将王团结案的起诉书撤回,才可以实现“两王案”并案起诉。《人民检察院刑事诉讼规则(试行)》第四百五十九条第一款规定了撤回起诉的七种情形:不存在犯罪事实的;犯罪事实并非被告人所为的;情节显著轻微、危害不大,不认为是犯罪的;证据不足或证据发生变化,不符合起诉条件的;被告人因未达刑事责任年龄,不负刑事责任的;法律、司法解释发生变化导致不应当追究被告人刑事责任的,以及其他不应当追究被告人刑事责任的。而王团结案不符合上述条件,故起诉书不能撤回,“两王案”也就无法实现并案起诉。因而,本案复杂的不是撤回起诉的程序问题,而是撤回起诉没有法律或司法解释上的根据。但该案已经恢复到一审程序,开庭时同时宣读两份起诉书由法院依法认定犯罪事实不违反法律规定。

2. 人民法院可以直接将两案并案审理。在检察机关不能将“两王案”并案起诉的情况下,人民法院直接将两案并案审理,一起开庭,一起作出判决,并不违反法律规定。

综上,在周口市人民检察院不能并案起诉的情况下,周口市中级人民法院决定对“两王案”并案审理,周口市人民检察院在出庭支持公诉同时宣读“两王案”指控内容不同的起诉书,并无不当。

(二)本案判决结果不违背再审不加刑原则

原审被告人王秀敏因犯故意杀人罪,被判处死刑缓期二年执行,剥夺政治权利终身。判决发生法律效力后,因被害人家属申诉,案件进入复查程序,复查期间,因王团结归案,王秀敏案被河南省高级人民法院提审,后又撤销原判,发回重审,在与王团结案并案审理后,王秀敏依法被改判死刑立即执行,剥夺政治权利终身。王秀敏的刑罚由死刑缓期二年执行改判为死刑立即执行是经再审作出的,这就产生了再审判决是否违反了非抗诉再审不得加重原审被告人刑罚原则的问题。因此,有必要对再审不加刑原则及其相关规定作进一步研究。

我国《刑事诉讼法》对再审不加刑并没有明确的规定,只是最高人民法院结合各级人民法院的司法实践,根据我国《刑事诉讼法》规定的上诉不加刑的原则引申出的一条原则规定,通过司法解释回归适用于司法实践中,成为再审程序中应当遵循的一项基本原则。《最高人民法院关于适用〈中华人民共和国刑事诉讼法〉的解释》(以下简称《解释》)第三百八十六条规定,除人民检察院抗诉的以外,再审一般不得加重原审被告人的刑罚。

对此,一种观点认为,此处“一般”应与前句“除检察机关抗诉的以外”相联系,意即除检察机关抗诉的以外,再审一律不得加重原审被告人刑罚;另一种观点认为,“一般”属于哲学名词,是指一切事物,或者许多个别事物所属的一类事物;亦指事物的共性。反义词是突出、特殊、特别。望文生义,既然“一般”不得加重刑罚,那么,在“特殊”情况下则可以加重刑罚。

我们认同第二种观点,这也是解释制定者的本意,如果将再审不加刑的例外情况仅限于人民检察院的抗诉,恐不能适应目前审判实践的需要,在个案的审判中不能实现罪刑相一致的原则,不能实现公平正义。当然,法官也不能对“特殊”进行扩大化理解,应谨慎适用再审不加刑原则之“一般”规定,牢固树立公正司法、尊重和保障人权的理念,吸纳和树立程序安定、禁止双重危险等理念,强化再审不加刑的理念,保证再审不加刑原则在司法实践中的贯彻落实,确保公正司法,切实维护原审被告人的合法权利,不断提高司法的公信力,努力让人民群众在每一个司法案件中感受到公平正义。

本案中,再审是被害人近亲属申诉引发,基于前述理由,本不应加重原审被告人的刑罚。然而,由于本案出现了新的犯罪事实,故再审对王秀敏判处死刑,没有违反再审不加刑原则。理由如下:

1. 再审不加刑适用于再审事实与原判事实相同的情况。再审程序的目的是保障原审被告人的诉讼权利,使原审被告人就此前刑事诉讼产生的错误得到一个特别救济的权利。如果再审确认的事实和生效裁判确认的事实相同,从再审程序设置的目的出发,再审判决不得加重原审被告人的刑罚,这是再审不加刑的应有之义。

2. 当再审出现新的犯罪事实时,可以加重原审被告人刑罚。再审时王秀敏案罪行发生变化,一是犯罪人数由王秀敏一人变为王秀敏与王团结二人。原生效裁判认定王秀敏一人故意杀人致被害人王某某死亡。经再审确认,王秀敏与王团结合伙将王某某杀害。二是王秀敏在犯罪中的地位和作用大于王团结,是罪行最为严重的主犯。对于王秀敏案,在原审中,出于趋利避害的本能,王秀敏将杀害王某某的责任都推给王团结,致原生效裁判对本案是由王秀敏一人作案,还是与王团结共同作案不清,二人的地位和作用不清,故留有余地对王秀敏判处死刑,缓期二年执行。王团结到案后,经再审确认,犯意由王秀敏提起,王团结由王秀敏纠集,王某某也是由王秀敏骗至案发现场沈丘县周营乡政府办公室三楼其住室内,伙同王团结对王某某实施掐脖、绳勒致王某某死亡的是王秀敏。在王团结逃离现场后,买刀并持刀将王某某尸体肢解的还是王秀敏。王秀敏犯罪动机卑劣,手段极其残忍,罪行极其严重,在共同犯罪中属于罪行最为严重的主犯。据此,原生效裁判所裁量的刑罚已经不符合罪责刑相适应的原则,唯有加刑才能体现公平正义,实现案件处理的法律效果和社会效果的有机统一。

这与上诉不加刑原则规定的精神是一致的。我国《刑事诉讼法》第二百二十六条规定,第二审人民法院审理被告人或者他的法定代理人、辩护人、近亲属上诉的案件,不得加重被告人的刑罚。第二审人民法院发回原审人民法院重新审判的案件,除有新的犯罪事实,人民检察院补充起诉的以外,原审人民法院也不得加重被告人的刑罚。本案再审程序因王团结到案而启动,检察机关虽没有按照并案处理的方式,以王秀敏起诉书为基础追加、补充起诉王团结及其犯罪事实,但其在人民法院决定将“两王案”并案审理时,同时宣读了两案的起诉书,尤其是王团结的起诉书将二人的罪行指控得清晰明确。我们认为,该起诉书尽管不是典型意义补充起诉,但可以视为补充起诉的一种有效方式。

综上,由于王团结到案,检察机关对王团结、王秀敏二人故意杀人罪行进行了有效的指控,并得到再审确认,故再审判决将王秀敏的刑罚由死刑缓期执行改判为死刑立即执行,符合法律和司法解释规定,并未违反再审不加刑的原则。

(撰稿:最高人民法院审判监督庭　齐　素
审编:最高人民法院刑二庭　韩维中)

三、特别程序

（一）当事人和解的公诉案件诉讼程序

[第1176号]黄静诈骗案

——司法实务中如何把握刑事和解制度的适用

【关键词】 刑事和解 刑事和解的适用范围 刑事和解的法律效果 刑事和解的适用原则 和解协议的履行 法定刑以下判处刑罚

一、基本案情

被告人黄静，女，1977年10月11日出生。2003年9月17日因犯绑架罪被判处有期徒刑三年，经减刑于2005年12月25日刑满释放。2013年7月19日因涉嫌犯诈骗罪被逮捕。

某区人民检察院以被告人黄静犯诈骗罪，向某区人民法院提起公诉。

被告人黄静对公诉机关的指控无异议，表示认罪。

某区人民法院经公开审理查明：2011年5月，被告人黄静谎称能够帮助被害人练伟良办理户口迁移事宜，以手续费为由骗取练伟良人民币20 000元，后提供了一张假的户口迁移商调函（某区劳动管理服务中心核查后确认该商调函并非该中心开具，属虚假）给练伟良。2012年12月，黄静对练伟良谎称可以低价买到海关罚没车，骗取练伟良人民币55 000元，后向练伟良提供了一张假的机动车销售统一发票（某某区国税局核查后确认没有该发票的入库信息）。由于户口迁移和购买海关罚没车辆事宜均未办成，练伟良于2013年1月8日报警。2013年6月13日，黄静被抓获归案。

2014年1月2日，黄静的父亲与被害人练伟良达成协议，约定由前者代为退赔4万元，其中25 000元当日交付，余款在2016年6月前分三期付清。被害人对被告人予以谅解，并请求法院对被告人免予刑事处罚。

某区人民法院认为，被告人黄静以非法占有为目的，诈骗他人财物，数额巨大，其行为已构成诈骗罪。鉴于黄静认罪态度较好，依法可以从轻处罚。黄静积极赔偿，并获得被害人谅解，可以减轻处罚。依照《中华人民共和国刑法》第二百六十六条、第六十七条第三款、第五十二条、第五十三条，《最高人民法院关于适用〈中华人民共和国刑事诉讼法〉的解释》第五百零五条之规定，判决被告人黄静犯诈骗罪，判处有期徒刑一年十个月，并处罚金人民币二千元。

一审宣判后，黄静没有上诉，但某区人民检察院提出抗诉。抗诉意见认为：（1）原审判决量刑不当。黄静有犯罪前科，诈骗数额巨大，庭审后部分赔偿被害人并获得谅解，可以酌情从轻处罚，应当在三年以上有期徒刑量刑。在被告人没有法定减轻处罚情节的情况下，一审法院对黄静减轻处罚明显不当。（2）原审判决适用法律错误。《最高人民法院关于适用〈中华人民共和国刑事诉讼法〉的解释》只是对刑事诉讼相关程序进行解释，一审法院根据该解释第五百零五条直接减轻处罚错误。减轻处罚也没有报最高人民法院核准。建议二审法院予以纠正。某市人民检察院支持抗诉。

某市中级人民法院经审理认为，原审被告人黄静以非法占有为目的，虚构事实，隐瞒真相，诈骗他人财物,数额较大,其行为已构成诈骗罪。黄静归案后认罪态度较好,有一定悔罪表现,依法可以从轻处罚。黄静通过近亲属与被害人达成退赔协议,并获得被害人谅解,可以从轻处罚。黄静曾因犯绑架罪被判处刑罚,在量刑时予以考虑。本案双方达成退赔协议,但并未即时履行,因此不符合"当事人和解的公诉案件诉讼程序"的规定,原审判决适用《最高人民法院关于适用〈中华人民共和国刑事诉讼法〉的解释》第五百零五条属法律适用错误。原审判决认为"被告人积极赔偿,并获得被害人谅解,可以减轻处罚",于法无据,予以纠正。但《最高人民法院、最高人民检察院关于办理诈骗刑事案件具体应用法律若干问题的解释》规定,诈骗公私财物价值3万元至10万元以上的,应当认定为刑法第二百六十六条规定的"数额巨大"。从有利于被告人出发,本案诈骗数额宜认定为数额较大,依法应当判处三年以下有期徒刑、拘役或者管制,并处或者单处罚金。原审判决定罪准确,证据确实充分,综合全案犯罪的事实、性质、情节和社会危害程度,原审判决量刑尚属适当,可予以维持。经审判委员会讨论决定,依照《中华人民共和国刑事诉讼法》第二百二十五条第一款第一项之规定,裁定如下:驳回抗诉,维持原判。

二、主要问题

司法实务中如何把握刑事和解制度的适用?

三、裁判理由

本案在审理过程中,对于被告人黄静的行为构成诈骗罪没有不同意见,但对于黄静父亲与被害人练伟良达成赔偿协议的情况下如何量刑,存在三种不同意见:

第一种意见,即一审法院的判决认为,黄静的亲属代为赔偿被害人,并获得被害人谅解,根据《最高人民法院关于适用〈中华人民共和国刑事诉讼法〉的解释》(以下简称《解释》)第五百零五条的规定,本案属于达成和解协议的案件,可以减轻处罚。

第二种意见,即两级检察机关认为,《解释》只是对刑事诉讼相关程序进行解释,不能根据《解释》第五百零五条直接对被告人减轻处罚。如要在法定刑以下减轻处罚,须报最高人民法院核准。

第三种意见,即二审法院判决认为,黄静父亲虽然与被害人达成赔偿协议,并获得被害人谅解,但赔偿协议并未即时履行,不符合"当事人和解的公诉案件诉讼程序"的规定,不能适用《解释》的规定减轻处罚。

我们同意第三种意见。2012年3月修订后的刑事诉讼法增设了"当事人和解的公诉案件诉讼程序",规定了当事人和解的案件范围和量刑处理原则,标志着刑事和解制度在我国刑事立法中的正式确立。所谓刑事和解,是指"在刑事诉讼程序运行过程中,被害人和加害人(即被告人或犯罪嫌疑人)以认罪、赔偿、道歉等方式达成谅解以后,国家专门机关不再追究加害人刑事责任或者对其从轻处罚的一种案件处理方式,即被害人和加害人达成一种协议和谅解,促使国家机关不再追究刑事责任或者处罚的制度"。① 由于刑事诉讼法对刑事和解制度仅有三条原则规定,并未规定刑事和解制度在司法实践中的具体适用程序和条件,为充分发挥刑事和解程序功能,有效化解社会矛盾,同时规范法律适用,防止出现"花钱买刑"等损害司法公正的问题,《解释》对和解程序的具体适用进一步作出了较为全面的规定。在司法实践中要正确适用刑事和解制度,须明确以下三方面问题:

---

① 曾粤兴、李霞:《刑事和解与刑法基本原则的关系——兼及刑事和解的价值取向》,载《法学杂志》2009年第9期。

（一）刑事和解制度适用的范围

根据刑事诉讼法第二百七十七条的规定，刑事和解程序适用的案件范围是：(1)因民间纠纷引起，涉嫌刑法分则第四章、第五章规定的犯罪案件，可能判处三年有期徒刑以下刑罚的；(2)除渎职犯罪以外的可能判处七年有期徒刑以下刑罚的过失犯罪案件。但是犯罪嫌疑人、被告人在五年以内曾经故意犯罪的，不适用该程序。刑法分则第四章、第五章规定的犯罪案件是指侵犯公民人身权利、民主权利罪类和侵犯财产罪类的犯罪案件，常见的如故意伤害罪、侮辱罪、诽谤罪等，以及盗窃罪、抢夺罪、侵占罪等。

刑事诉讼法第二百七十七条第一款第一项适用范围还附加了“因民间纠纷引起”这一前提。何为民间纠纷，商务印书馆出版的《现代汉语词典》对“民间”的注释为：人民中间的，非官方的。据此，民间纠纷就是人民中间的纠纷。由于司法解释没有对“民间纠纷”明确界定，如本案是诈骗犯罪，是否属于该程序的适用范围也存在争议。在这方面，有些规范性文件的规定可供参考，如1990年4月19日司法部发布的《民间纠纷处理办法》第三条规定：“基层人民政府处理民间纠纷的范围，为《人民调解委员会组织条例》规定的民间纠纷，即公民之间有关人身、财产权益和其他日常生活中发生的纠纷。”1990年5月25日广东省人民政府颁布的《广东省人民调解委员会组织细则》第九条规定：“人民调解委员会的任务是：(一)调解婚姻、继承、赡养、抚养、扶养、家庭、房屋宅基地、债务、生产经营、邻里、赔偿及其他民间纠纷……”据此，我们认为，“民间纠纷”应当包括婚姻、继承、赡养、抚养、扶养、家庭、房屋宅基地、债务、生产经营、邻里、赔偿等事务上的纠纷。具体案件是否适用刑事和解，需要实务中采取开放的态度灵活掌握，或许这也是司法解释没有明确列举或概括界定“民间纠纷”的本意。

（二）适用刑事和解需要遵循的原则

一是自愿原则。刑事和解意味着在刑事审判活动中引入当事人自治自主的诉讼民主因素，有利于化解社会矛盾，稳定社会秩序。刑事诉讼法未明确人民法院能否主持双方当事人协商以达成和解协议。鉴于当前国情，刑事案件的加害方和被害方往往缺乏有效沟通的渠道，且有些还处于敌意的对立状态，缺乏互信，如没有审判人员释法明理，从中调和，双方当事人很难自行和解。因此，《解释》第四百九十六条规定，对符合刑事诉讼法第二百七十七条规定的公诉案件，事实清楚、证据充分的，人民法院应当告知当事人可以自行和解；当事人提出申请的，人民法院可以主持双方当事人协商以达成和解。根据前述规定，因当事人申请人民法院才启动刑事和解程序，人民法院只是应当事人申请主持协商，从和解程序的启动到和解协议的拟订以及和解协议的执行均应以当事人意愿为主导，贯彻了当事人一定程度的意思自治的自愿原则。

二是即时全面履行原则。司法实践中，对于刑事和解协议中的赔偿损失内容，协议能否延期履行、分期履行等问题，存在认识分歧。我们认为，刑事和解是重要的量刑情节，如允许延期履行、分期履行和解协议约定的赔偿损失内容，将会使人民法院对被告人的从宽处罚建立在尚不确定的事实基础上，一旦被告人获得从宽处罚后，拒不履行或者不全部履行赔偿义务，受上诉不加刑原则所限，二审法院不能加重其刑罚。同时，由于是当事人之间达成的和解协议，也无法强制执行，这无疑会损害裁判权威，也会使被害方的合法权益难以得到切实保障。鉴于此，《解释》第五百零二条明确规定，和解协议约定的赔偿内容应当在协议签署后即时履行。《解释》不允许即时结清当场履行完毕之外的其他履行方式，主要顾虑的是如果达成的只是留尾巴的和解协议，往往很可能在宣告从轻处罚的判决之后衍生出其他类似强制执行、被害人方反悔乃至闹访的问题，从而损害刑事和解制度的价值。

三是禁止反悔原则。刑事和解协议签署后能否反悔，在司法实践和理论界认识分歧均较大。

《解释》第五百零二条第二款及第五百零三条明确规定:其一,和解协议已经全部履行,当事人反悔的,人民法院不予支持,但有证据证明和解违反自愿、合法原则的除外。《解释》的上述规定体现了法律、司法解释鼓励、倡导诚信原则,只要和解协议已经全部履行,原则上就不得反悔。其二,双方当事人在侦查、审查起诉期间已经达成和解协议并全部履行,被害人或者其法定代理人、近亲属又提起附带民事诉讼的,人民法院不予受理,但有证据证明和解违反自愿、合法原则的除外。

(三)适用刑事和解的法律效果

本案在审理中,两级检察机关均认为,《解释》是针对刑事诉讼法作出,而刑事诉讼法属于程序法,因此《解释》只能针对刑事诉讼相关程序进行解释,不能根据《解释》第五百零五条直接对被告人减轻处罚。如要在法定刑以下减轻处罚,须报最高人民法院核准。我们认为,我国在刑事诉讼法当中确立刑事和解制度,可以说是在程序法中嵌入了实体规范,体现了该次刑事诉讼法修订的立法创新。因此,刑事诉讼法虽然是程序法,但其对刑事和解制度的规定,特别是第二百七十七条对刑事和解案件范围的规定,第二百七十九条对刑事和解案件公检法处理原则的规定,均具有实体上的意义。刑事诉讼法第二百七十九条明确规定,对于达成和解协议的案件,人民法院可以依法对被告人从宽处罚。从宽处罚的意思,可体现为从轻、减轻、免除处罚。《解释》第五百零五条正是对该条规定的具体化,第五百零五条关于刑事和解案件的从轻处罚、减轻处罚、免除刑事处罚的规定,均属于第二百七十九条"从宽处罚"的范畴,因此,对于符合第二百七十九条规定的刑事和解案件,人民法院可以直接判决减轻处罚乃至免刑,无须再按照法定刑以下量刑程序报最高人民法院核准,两级检察机关的意见并不符合法律规定。

本案中虽然被告人与被害人之间形式上达成了和解协议,但如前所述,和解协议约定的赔偿损失内容,被告人应当在协议签署后即时履行,才能认定为"达成和解协议",进而适用刑事和解的处罚原则。该即时履行原则要求全部即时履行,而不是分期、延期履行,由于本案被告人一方并没有全部即时履行赔偿义务,这种情况下,根据《解释》第五百零四条的规定,被害人或者其法定代理人、近亲属提起附带民事诉讼后,双方愿意和解,但被告人不能即时履行全部赔偿义务的,人民法院应当制作附带民事调解书。故本案中的赔偿协议只能作为附带民事赔偿情节予以考虑,而不能视为达成刑事和解。因此,原审判决适用相关司法解释以和解为由对被告人黄静减轻处罚是不当的。

值得注意的是,本案在二审期间,最高人民法院、最高人民检察院对诈骗犯罪的量刑数额标准作出了调整。按照本案一审期间诈骗罪的量刑数额标准,5 万元至 50 万元区间属于诈骗数额巨大,依法应当判处三年以上十年以下有期徒刑,并处罚金。但 2011 年 4 月 8 日起施行的《最高人民法院、最高人民检察院关于办理诈骗刑事案件具体应用法律若干问题的解释》(以下简称《诈骗解释》)规定:诈骗公私财物价值 3000 元至 1 万元以上、3 万元至 10 万元以上、50 万元以上的,应当分别认定为刑法第二百六十六条规定的"数额较大""数额巨大""数额特别巨大",并规定各省、自治区、直辖市高级人民法院、人民检察院可以结合本地区经济社会发展状况,在该数额幅度内,共同研究确定本地区执行的具体数额标准,报最高人民法院、最高人民检察院备案。

在本案二审阶段,某省高级人民法院、省人民检察院尚未在《诈骗解释》规定的量刑数额幅度内正式确定在本地区适用的具体数额标准。二审法院本着有利于被告人的原则,同时参考以往经验,以司法解释所确定的量刑数额幅度的上限为标准,确定 10 万元以上为诈骗犯罪数额巨大的起点最为可能(后来下发的文件的确如此),因此,本案诈骗金额 75 000 元认定为"数额较大"更为合适。据此,二审法院认定对被告人黄静以诈骗罪在三年以下量刑仍旧是合适的。

综上，二审法院认定本案不符合"当事人和解的公诉案件诉讼程序"的规定，对被告人不应减轻处罚，而应从轻处罚，被告人黄静诈骗数额属"数额较大"，据此维持一审法院对被告人黄静以诈骗罪判处有期徒刑一年十个月，并处罚金人民币二千元的判决，是适当的。

（撰稿：广东省深圳市中级人民法院　姜君伟　吴君炜
审编：最高人民法院刑四庭　陆建红）

（二）犯罪嫌疑人、被告人逃匿、死亡案件违法所得没收程序

[第977号] 没收姚升违法所得案

——犯罪嫌疑人、被告人死亡情形下，没收违法所得案件的审判程序、相关法律文书的制作方式及文书中的称谓

【关键词】 犯罪嫌疑人、被告人死亡　违法所得没收程序　公示催告　开庭审理　法律文书的制作

一、基本案情

被告人姚升，男，1955年出生，大专文化，原系鞍山市精神康复医院院长。2012年6月13日，因涉嫌犯受贿罪被逮捕。9月12日，辽宁省鞍山市人民检察院侦查部门将案件移送该院公诉二处审查起诉，同年10月6日姚升死亡。

辽宁省鞍山市人民检察院以没收犯罪嫌疑人姚升违法所得申请向鞍山市中级人民法院提起公诉。鞍山市中级人民法院受理后，依法组成合议庭，不开庭进行了审理，并于2013年3月8日发出公告。

经公开审理查明：2008年至2012年，被告人姚升在担任鞍山市精神康复医院院长期间，伙同副院长刘萍（另案处理）利用职务之便，非法收受他人财物，为他人谋取利益，共计收受人民币（以下币种同）99.5万元，姚升个人收受42.5万元；其间，还伙同刘萍利用职务之便，贪污公款15万元，姚升个人实得10万元。

鞍山市中级人民法院认为，被告人姚升身为国家工作人员，利用职务之便实施受贿、贪污犯罪，获取违法所得共计52.5万元，事实清楚。上述事实有姚升及其同案犯刘萍的供述，证人田艳、郝和亮的证言，购买副食品发票、干部任用审批表、案件来源等书证予以证明。公安机关的检验报告、居民死亡医学证明书等证明被告人姚升于2012年10月6日死亡。检察机关所提没收姚升违法所得52.5万元的申请，应予支持。据此，依照《中华人民共和国刑法》第六十四条，《中华人民共和国刑事诉讼法》第二百八十一条、第二百八十二条，以及《最高人民法院关于适用〈中华人民共和国刑事诉讼法〉的解释》第五百一十六条、第五百一十七条之规定，鞍山市中级人民法院裁定没收被告人姚升违法所得人民币52.5万元，上缴国库。

一审宣判后，在法定期限内，姚升的近亲属未提出上诉，鞍山市人民检察院亦未抗诉，该裁定已经发生法律效力。

二、主要问题

1. 如何理解与适用没收违法所得案件审判程序？
2. 如何确定相关法律文书的制作方式及文书中的称谓？

三、裁判理由

本案中,被告人姚升受贿、贪污的事实有充分证据证明,其违法所得已经被检察机关扣押,且姚升已经死亡,符合刑法、刑事诉讼法以及《最高人民法院关于适用〈中华人民共和国刑事诉讼法〉的解释》(以下简称《解释》)的相关规定。没收违法所得的申请是人民检察院对于贪污贿赂犯罪、恐怖活动犯罪等重大犯罪案件,犯罪嫌疑人、被告人逃匿、在通缉一年后不能到案,或者犯罪嫌疑人、被告人死亡,依照刑法规定应当追缴其违法所得及其他涉案财产的,而向人民法院提出的。虽然本案人民检察院没收姚升的违法所得没有问题,但对具体如何准确理解与适用没收违法所得程序,如何确定相关法律文书的制作方式以及相关文书中的称谓,则有探讨的必要。

(一)没收违法所得案件的审判程序

1. 立案审查程序

依照刑事诉讼法第二百八十条以及《解释》关于七日内应当审查完毕的规定,鞍山市中级人民法院收到鞍山市人民检察院关于没收姚升违法所得的申请后,即进行了下列审查:鞍山市人民检察院所提申请是否属于违法所得没收程序受案范围和鞍山市中级人民法院管辖;申请书是否写明了犯罪事实,是否附上了相关证据材料及死亡证明;是否列明了违法所得财产的种类、数量、所在地及查封、扣押、冻结违法所得的清单和相关法律手续;是否写明了被告人近亲属的姓名、住址、联系方式及对申请没收财产的意见。

经审查,鞍山市中级人民法院认为,鞍山市人民检察院的申请符合上述审查的形式条件,即受理了鞍山市人民检察院关于没收姚升违法所得的申请。

2. 送达和公告程序

《解释》第五百一十二条规定:“人民法院决定受理没收违法所得的申请后,应当在十五日内发出公告,公告期为六个月”,“人民法院已经掌握犯罪嫌疑人、被告人的近亲属和其他利害关系人的联系方式的,应当采取电话、传真、邮件等方式直接告知其公告内容,并记录在案”。

鞍山市中级人民法院受理案件后,向姚升的妻子景虹送达了没收违法所得申请书,并依照刑事诉讼法和《解释》的相关规定,在《人民法院报》发出了期间为六个月的公告,将本案案由,姚升死亡的基本情况,申请没收财产的种类、数量、所在地和近亲属及其他利害关系人申请参加诉讼的期限、方式等情况,告知姚升的近亲属和其他利害关系人。同时,将公告内容直接告知景虹。

3. 是否开庭审理的程序

《解释》第五百一十四条规定:“公告期满后,人民法院应当组成合议庭对申请没收违法所得的案件进行审理。利害关系人申请参加诉讼的,人民法院应当开庭审理。没有利害关系人申请参加诉讼的,可以不开庭审理。”

本案中,鞍山市中级人民法院发出的公告于2013年9月7日期满,公告期内没有其他近亲属及利害关系人提出异议,并申请参加诉讼;景虹对没收违法所得申请书亦没有提出异议,且明确表示不申请参加诉讼。鞍山市中级人民法院在公告期满后决定依法组成合议庭不开庭审理本案,对鞍山市人民检察院指控事实和证据予以认定,并于2013年9月9日作出了没收违法所得的刑事裁定。

4. 刑事裁定书是否必须送达未参加诉讼的被告人近亲属的程序

《解释》第五百一十七条规定:“对没收违法所得或者驳回申请的裁定,犯罪嫌疑人、被告人的近亲属和其他利害关系人或者人民检察院可以在五日内提出上诉、抗诉。”本案中,姚升的妻子景虹明确表示不参加诉讼,则其不是本案的诉讼参与人。鞍山市中级人民法院作出裁定后,对本案刑事裁定书是否应当向景虹送达,合议庭存在不同看法。合议庭多数意见认为,本案刑事裁定书依法可以向景虹送达,但鉴于其不是诉讼参与人,不应享有上诉权。事实上,景虹收到刑事裁定书后亦未提出上诉。

(二)没收违法所得案件法律文书的制作方式及文书中的称谓

1. 公告、刑事裁定书样式

没收违法所得案件是新类型案件,目前尚无标准法律文书样式,我们认为,在制作公告及刑事裁定书时,应当结合审判实践,力求涵盖刑事诉讼法及《解释》规定的相关内容。经研究,参照人民法院诉讼文书规范样式,我们分别制作了公告、刑事裁定书等相关法律文书。(具体公告、刑事裁定书附后)

2. 刑事裁定书中对姚升的称谓问题

检察机关在没收违法所得申请书中对姚升采用的称谓是"犯罪嫌疑人",人民法院在刑事裁定书中应当采用何种称谓,存在两种意见:一种意见认为,没收违法所得的财物必须是有证据证明是犯罪所得,既是犯罪所得,那么对财物所有人就应当称为"罪犯";另一种意见认为,"罪犯"是对经过法庭审判后已经发生法律效力的被告人的称谓,"犯罪嫌疑人"是在检察机关向人民法院提起公诉前对受刑事追诉者的称谓,在检察机关正式向人民法院提起公诉以后,则称为"被告人"。本案中,嫌疑人已经死亡,不能参加法庭审判,对其称为"罪犯"或者"犯罪嫌疑人"都有违相关法律的规定,最后确定在法律文书中对姚升采用"被告人"的称谓。

(撰稿:辽宁省鞍山市中级人民法院　杨　涛　郭文伟
审编:最高人民法院刑二庭　王晓东)

[第1235号]任润厚受贿、贪污、巨额财产来源不明违法所得没收申请案

——关于违法所得没收程序具体操作规范和裁判要点解析

【关键词】　违法所得没收程序　高度盖然性　巨额财产来源不明罪　公示催告

一、基本案情

犯罪嫌疑人任润厚,男,1957年10月19日出生,山西省人民政府原副省长,曾任山西潞安矿业(集团)有限责任公司董事长、总经理,山西潞安环保能源开发股份有限公司董事长,2014年9月20日因严重违纪被免职,同年9月30日因病死亡。

利害关系人任某甲,女,1959年9月19日出生,系犯罪嫌疑人任润厚妻子。

利害关系人任某乙,女,1984年6月30日出生,系犯罪嫌疑人任润厚女儿。

利害关系人袁某,男,1982年12月30日出生,系犯罪嫌疑人任润厚女婿。

江苏省扬州市人民检察院于2016年12月2日以犯罪嫌疑人任润厚涉嫌实施受贿、贪污、巨额财产来源不明犯罪,向扬州市中级人民法院提出没收违法所得申请。

遵照最高人民法院的指定管辖决定,扬州市中级人民法院依照《最高人民法院、最高人民检察院关于适用犯罪嫌疑人、被告人逃匿、死亡案件违法所得没收程序若干问题的规定》(以下简称

《追赃规定》)第九条、第十四条之规定,组成合议庭,分别在立案审查阶段和开庭审理阶段,就本案犯罪事实、申请没收的财产与犯罪事实关联性事实进行审理。经审查,有证据证明任润厚实施了受贿、贪污、巨额财产来源不明犯罪,符合立案受理条件,遂于2016年12月9日立案受理,并于同月17日发布公告。公告期间内,利害关系人任某甲、任某乙、袁某申请参加诉讼。扬州市中级人民法院于2017年6月21日公开开庭审理了本案,利害关系人任某乙、袁某到庭参加诉讼,任某甲因身体原因未到庭。

经立案审查查明和公开开庭审理查明的事实分别如下:

(一)立案审查查明的事实

1.实施受贿犯罪事实

2001年至2013年,犯罪嫌疑人任润厚利用担任山西潞安矿业(集团)有限责任公司(以下简称潞安集团)董事长、总经理,山西潞安环保能源开发股份有限公司(以下简称潞安环能公司)董事长,山西省人民政府副省长等职务上的便利,为洪某职务晋升及其亲属到潞安集团工作提供帮助,2011年至2013年,先后三次收受洪某现金人民币(以下如无注明币种同)共计15万元;为肖某职务晋升、调整提供帮助,2007年至2009年,先后三次收受肖某现金共计15万元;2007年,指使下属郭某向潞安环能公司常村煤矿矿长王某索要15万元用于贿选;2010年,指使郭某分别向潞安环能公司常村煤矿矿长王某、潞安环能公司王庄煤矿矿长肖某索要30万元、25万元用于贿选;2011年,要求潞安集团报销其个人及亲属旅游、疗养费用123.505 549万元。以上共计223.505 549万元。

2.实施贪污犯罪事实

2006年至2007年,犯罪嫌疑人任润厚利用担任潞安集团董事长、潞安环能公司董事长职务上的便利,通过其时任秘书毛某指使潞安集团驻北京办事处主任申某、驻太原办事处主任张某为其贿选购买礼品,安排餐饮、住宿,并将相关费用共计44.167 38万元在潞安环能公司报销。

3.实施巨额财产来源不明犯罪事实

检察机关冻结犯罪嫌疑人任润厚及其亲属任某甲、任某乙、袁某名下的银行存款本金人民币1 859.059 088万元、港币18.063 768万元、美元54.947 599万元、欧元8.140 057万元;扣押现金人民币312.38万元、港币24.992万元、美元49.496万元、欧元13.267 5万元、加元1万元、英镑100镑;扣押珠宝、玉石45件,黄金制品53件,字画22幅,手表11块,纪念币、手机、相机、电脑16件,银行卡、存单存折194张,资料类物品8件。截至案发,任润厚及其亲属名下财产和支出共计折合3 000余万元,另有珠宝、玉石、黄金制品、字画、手表等物品。任润厚在纪检监察部门调查期间未对上述财产和支出来源作出说明。扣除任润厚夫妇合法收入、任润厚部分受贿所得(贪污、部分受贿所得直接消费)以及任润厚亲属能够说明来源的财产,尚有本外币存款、现金折合2 000余万元及物品100余件,任润厚亲属在侦查、审查起诉阶段均不能说明来源。

(二)公开开庭审理查明的事实

1.扣押、冻结财产中,有30万元属于犯罪嫌疑人任润厚实施受贿犯罪所得

2007年至2009年,任润厚先后三次在其家中收受肖某现金共计15万元;2011年至2013年任润厚先后三次在其家中及医院病房收受洪某现金共计15万元。上述钱款已转变、转化为现扣押、冻结在案的任润厚及其亲属名下财产。

2.扣押、冻结财产中,不包含犯罪嫌疑人任润厚实施受贿犯罪所得193.505 549万元、实施贪污犯罪所得44.167 38万元

2007年、2010年,任润厚先后实施受贿犯罪所得共计70万元,均被直接用于任润厚贿选支

出;2011 年,任润厚实施受贿犯罪所得 123.505 549 万元,被直接用于任润厚及其亲属外出旅游、疗养支出;2006 年至 2007 年,任润厚实施贪污犯罪所得 44.167 38 万元,被直接用于购买礼品后用于贿选。以上共计 237.672 929 万元,与扣押、冻结在案财产未发生混同。

3. 扣押、冻结财产中,有人民币 1 265.562 708 万元、部分外币以及物品 135 件属于犯罪嫌疑人任润厚实施巨额财产来源不明犯罪所得

任润厚在接受纪检监察部门调查期间,未对其本人及其亲属名下财产来源作出说明。审理期间,作为利害关系人参与诉讼的任润厚亲属均对任润厚实施巨额财产来源不明犯罪所得相应部分财产,即扣押、冻结在案的任润厚及其亲属名下的人民币 1 265.562 708 万元、港币 42.975 768 万元、美元 104.294 699 万元、欧元 21.320 057 万元、加元 1 万元以及物品 135 件,不能说明来源。

扬州市中级人民法院认为,本案有证据证明犯罪嫌疑人任润厚实施了受贿、贪污、巨额财产来源不明犯罪;检察机关申请没收的财产中,有 30 万元属于任润厚实施受贿犯罪所得,有 1 265.562 708万元及部分外币、物品属于任润厚实施巨额财产来源不明犯罪所得,依法应当没收;上述违法所得存入银行部分产生的孳息,依法应当一并没收。任润厚实施受贿犯罪所得 193.505 549万元、实施贪污犯罪所得 44.167 38 万元,均被直接用于贿选和旅游、疗养支出,未与扣押、冻结在案的财产发生混同,检察机关申请没收的财产中不包含该部分违法所得,故对相应没收申请不予支持。扬州市中级人民法院依照《中华人民共和国刑法》第三百八十二条第一款、第三百八十五条第一款、第三百九十五条第一款,《中华人民共和国刑事诉讼法》第二百八十条第一款、第二百八十二条第一款以及《追赃规定》第一条第一款第一项、第二项,第六条,第十六条,第十七条之规定,裁定没收任润厚实施受贿犯罪所得人民币 30 万元、实施巨额财产来源不明犯罪所得人民币 1 265.562 708 万元、港币 42.975 768 万元、美元 104.294 699 万元、欧元 21.320 057 万元、加元 1 万元及孳息,以及珠宝、玉石、黄金制品、字画、手表等物品 135 件,上缴国库;驳回检察机关所提没收任润厚实施受贿、贪污犯罪所得 237.672 929 万元的申请。

一审宣判判决后,利害关系人均未提出上诉,检察机关亦未提出抗诉,本案违法所得没收裁定已生效。

二、主要问题

1. 如何认定犯罪嫌疑人实施犯罪的事实?

2. 如何认定申请没收的财产属于违法所得?

3. 如何在犯罪嫌疑人死亡案件中认定巨额财产来源不明?

4. 如何公示催告犯罪嫌疑人近亲属及其他利害关系人行使权利?

5. 能否等价没收直接用于消费支出而未与扣押、冻结在案财产发生混同的违法所得?

三、裁判理由

(一)如何认定犯罪嫌疑人实施犯罪的事实

对犯罪嫌疑人实施犯罪事实的认定是适用违法所得没收程序的前提。在具体案件中,对犯罪嫌疑人实施犯罪事实的认定问题,可以分解为两个层面:一是制度设计层面,即在哪一阶段由什么主体进行认定;二是实体认定层面,即如何明确认定实施犯罪的证明标准。

1. 程序设计:应当组成合议庭在立案受理阶段审查认定

(1)立案受理阶段对实施犯罪事实进行审查认定的原因

《追赃规定》第九条将人民法院立案受理没收违法所得申请案件的条件明确为“属于没收违法所得申请受案范围和本院管辖,且材料齐全、有证据证明有犯罪事实”。由上述规定可知,与普通刑事案件立案受理阶段仅进行形式审查不同,没收违法所得申请案件在立案受理阶段除了形

式审查还涉及实体内容审查,即还要对犯罪嫌疑人是否实施犯罪的事实、证据进行实体审查。虽然没收违法所得申请案件最终无须定罪,但违法所得没收程序在适用上具有罪名限制,加上不同的犯罪基本构成事实也不同,故在审查认定实施犯罪的事实部分,应当认定具体实施了何种犯罪。

将犯罪事实部分的审查认定提前至立案受理阶段,是《追赃规定》对既有诉讼制度的最大突破。这种制度设计,最直接的动因在于解决因犯罪嫌疑人不在案导致开庭审理存在的各种难题,同时将实施犯罪事实的审查关口前移,客观上提高了没收违法所得申请案件的立案受理门槛,有利于尽早发现查封、扣押、冻结是否存在错误,能够在一定程度上避免对当事人合法财产侵害的不当扩大。

在没收违法所得申请案件中,如果在开庭审理阶段对实施犯罪的事实进行审查认定,一般会面临以下难题:①

一是开庭前的难题。开庭前,是否将检察机关移送法院的刑事部分证据提供给利害关系人及诉讼代理人?如不提供便构成证据突袭,不利于利害关系人诉讼权利的保障,如提供则可能会妨碍正在进行或者即将进行的刑事侦查。违法所得没收程序专门适用于犯罪嫌疑人、被告人逃匿、死亡的案件,因犯罪嫌疑人、被告人未到案,刑事部分可能正在侦查或者将来需要进一步侦查。如将刑事部分的证据提供给利害关系人及其诉讼代理人,则容易让逃匿在外的犯罪嫌疑人、被告人掌握侦查情况。即使是犯罪嫌疑人、被告人死亡,也可能存在同案犯逃匿的情况,一旦将刑事部分的证据提供给利害关系人及其诉讼代理人,对正在进行或者将来进行的侦查极为不利。当然,在有的犯罪嫌疑人、被告人死亡案件中,既不存在犯罪嫌疑人、被告人反侦查的情况,也不存在同案犯的情况,在开庭审理阶段审查犯罪事实部分似不存在上述障碍。然而,没收违法所得申请案件作为一类案件,应当适用统一程式,如果因为个案特殊情况改变诉讼程式,则将会造成违法所得没收程序适用的司法混乱。

二是开庭审理过程中的难题。不利于侦查仅是开庭前的难题,在立案受理阶段进行事实审查还有为避免开庭审理难题的考虑:一方面,证明犯罪事实的证据是否全部出示,以及是否允许参与诉讼的利害关系人、诉讼代理人就证明犯罪事实的证据进行质证存在难题,如出庭的检察人员在庭审过程中不宣读、出示证明犯罪事实的证据,或者虽然宣读、出示,但不允许诉讼参与人提出意见,则对犯罪事实的审理完全流于形式,对查明相关案情起不到实际作用。另一方面,在部分案件中,犯罪嫌疑人、被告人所在国可能将允许犯罪嫌疑人、被告人的诉讼代理人参与诉讼作为协助执行我国法院裁定的条件,在此种情况下,如果诉讼代理人就犯罪事实部分提出异议,则其身份与辩护人几乎无异,这样的做法不仅违背了特别程序的本意,而且审判的社会效果也不好。

(2)由审判业务庭组成合议庭进行审查认定的原因

对于普通刑事案件的立案受理,一般由立案庭进行形式审查,然而没收违法所得申请案件涉及事实内容的实体审查,且在犯罪嫌疑人、被告人逃匿案件中,审查认定的是重大犯罪事实(只有重大犯罪才适用违法所得没收程序),故由合议庭审查更为妥当。虽然在犯罪嫌疑人、被告人死亡的案件中,违法所得没收程序的适用没有重大犯罪的条件限制,但此类案件,不像逃匿案件那样,一旦裁定错误,犯罪嫌疑人、被告人可以通过归案审理得到救济,因此应当审慎把握犯罪事实

① 裴显鼎、王晓东、刘晓虎:《〈关于犯罪嫌疑人、被告人逃匿、死亡案件适用违法所得没收程序若干问题的规定〉的理解与适用》,载《人民司法·应用》2017年第16期。

的认定，由合议庭进行审查更为妥当。在此前提下，由于实施犯罪事实的认定与申请没收的财产是否属于违法所得及其他涉案财产的认定一脉相承，特别是在巨额财产来源不明犯罪事实中，两者内容有很多交叉重合，故由负责审判的合议庭在立案受理阶段对犯罪嫌疑人、被告人实施犯罪的事实进行审查，既有利于合议庭综合把握案件事实，又能节约司法资源。

本案中，扬州市中级人民法院在立案审查期间组成合议庭，对本案犯罪嫌疑人任润厚实施犯罪的事实和证据进行了全面审查，在此基础上，认定了犯罪嫌疑人任润厚实施受贿、贪污、巨额财产来源不明犯罪的事实，切实把好立案审查关，为接下来的开庭审理工作打下了坚实基础。

2. 证明标准：适用“有证据证明有犯罪事实”的证明标准

（1）适用“有证据证明有犯罪事实”证明标准的考虑

由于没收违法所得申请案件中犯罪嫌疑人、被告人未到案，缺少犯罪嫌疑人、被告人供述等直接证据，一般对实施犯罪事实的证明难以符合普通刑事案件证明标准的要求。加上此类案件认定犯罪嫌疑人、被告人实施犯罪事实系为确认申请没收的财产是否属于违法所得，而不涉及定罪处罚，故没有必要适用普通刑事案件证据的证明标准。据此，《追赃规定》第十条参考域外一些国家的法律制度，从司法实际出发，对“有证据证明有犯罪事实”的证明标准作出明确。根据该条的规定，同时具备以下情形，应当认定为“有证据证明有犯罪事实”：一是有证据证明发生了犯罪事实；二是有证据证明该犯罪事实是犯罪嫌疑人、被告人实施的；三是证明犯罪嫌疑人、被告人实施犯罪行为的证据真实、合法。上述证明标准借鉴了《人民检察院刑事诉讼规则（试行）》第一百三十九条第二款有关逮捕条件的规定，第一、二项是关于证据关联性的规定，第三项是关于证据客观性、合法性的规定。

（2）严格依照降低的证据证明标准对实施犯罪行为准确定性

相比排除合理怀疑标准，“有证据证明有犯罪事实”的证明标准在证明力度和要求上均有所降低，但降低证明标准，并不意味着对实施犯罪事实的认定以及对行为的定性可以模糊、含混。“有证据证明有犯罪事实”是没收违法所得申请案件进入审判的前置条件，也是认定违法所得及其他涉案财产的前提基础，对犯罪事实认定不清、定性不准，可能直接导致申请没收的财产处理不当，直接关涉到违法所得没收程序能否依法适用。因此，在立案受理阶段，人民法院应当严格按照“有证据证明有犯罪事实”的证明标准对有关实施犯罪的事实进行审查并准确定性，把好证据关、事实关、定性关，防止“带病”起诉。

本案中，扬州市中级人民法院经立案审查查明，没收违法所得申请书所载关于犯罪嫌疑人任润厚指使郭某通过肖某套取公款 25 万元，实施贪污犯罪的事实和定性有误。实际经过是，任润厚指使郭某向肖某索要 25 万元用于贿选，但对肖某是否套取公款并不知情，也未实际参与。合议庭适用“有证据证明有犯罪事实”证明标准，严格根据证明内容，对任润厚实施的该起犯罪事实和定性进行了更正，将定性由贪污改为受贿。对事实和行为定性的更正有时直接影响到涉案财产的处理：本案如认定任润厚实施了受贿犯罪，其违法所得应当没收，上缴国库；如认定任润厚实施了贪污犯罪，其违法所得应当返还被害单位。本案后因查明任润厚实施上述受贿犯罪所得的 25 万元被其直接用于贿选支出，未与扣押、冻结在案的财产发生混同，由于此类案件不能对在案合法财产进行等价没收，故扬州市中级人民法院裁定驳回了检察机关的相关没收申请。

（二）如何认定申请没收的财产属于违法所得

如何准确区分违法所得及其他涉案财产与犯罪嫌疑人、被告人、利害关系人的合法财产，是没收违法所得申请案件审理的关键。为确保审慎查明申请没收的财产的产权属性，《追赃规定》

分别在程序设计和认定标准上作了明确规定。

1. 程序设计:开庭审理阶段审查

由于有关刑事部分的事实和证据已在立案阶段审查,没收违法所得申请案件审理过程中应仅就申请没收的财产是否属于违法所得及其他涉案财产进行审理。

根据《追赃规定》第十四条,没收违法所得申请案件按照有无利害关系人、诉讼代理人参加诉讼,可分为开庭审理和不开庭审理两种方式:一是对于有利害关系人申请参加或委托诉讼代理人参加诉讼的,应当开庭审理;二是对于无利害关系人参加诉讼的,不开庭审理。对于利害关系人及其诉讼代理人无正当理由拒不到庭,且无其他利害关系人和其他诉讼代理人参加诉讼的,相当于无利害关系人参加诉讼,可以不开庭审理。

对于开庭审理的案件,出庭的检察人员应仅就申请没收的财产属于违法所得及其他涉案财产的事实出示、宣读证据。由于出庭的检察人员不对刑事部分证据进行出示、宣读,利害关系人及其诉讼代理人自然无法对有关犯罪事实及证据提出异议,其仅可以就申请没收的财产属于违法所得及其他涉案财产等相关事实及证据提出意见。

考虑到没收违法所得申请案件中犯罪嫌疑人、被告人完全有可能将来被缉拿归案或者主动到案而适用普通刑事诉讼程序,此类案件的法庭调查应尽可能不妨碍正在进行或者即将进行的刑事侦查。对于确有必要出示,但可能妨碍刑事侦查的证据,法庭调查应当不公开进行。

本案中,犯罪嫌疑人任润厚的近亲属作为利害关系人申请参加诉讼,扬州市中级人民法院公开开庭审理了本案。庭审过程中,出庭的检察人员、利害关系人围绕申请没收的财产是否属于违法所得及其他涉案财产进行了举证、质证和法庭辩论,利害关系人还发表了最后意见。对于任润厚实施受贿、贪污、巨额财产来源不明犯罪事实以及相关证据,未在庭审中进行调查和辩论。

2. 证明标准:申请没收财产高度可能属于违法所得及其他涉案财产

(1)违法所得及其他涉案财产的范围

要审查认定申请没收的财产是否属于违法所得及其他涉案财产,首先应把握违法所得及其他涉案财产的范围。违法所得及其他涉案财产可进一步区分为“违法所得”和“其他涉案财产”两部分。

①违法所得的范围

根据《追赃规定》第六条,通过实施犯罪直接或者间接产生、获得的任何财产,应当认定为“违法所得”;违法所得已经全部或部分转变、转化为其他财产的,转变、转化后的财产应当视为“违法所得”;来自违法所得转变、转化后的财产收益,或者来自已经与违法所得相混合财产中违法所得相应部分的收益,应当视为“违法所得”。

本案中,犯罪嫌疑人任润厚实施犯罪所得钱款与其家庭合法财产混合,大部分被存入银行账户以及用于购买理财产品,因此产生收益中来自违法所得相应的部分,应当视为“违法所得”,扬州市中级人民法院据此裁定予以没收。

②其他涉案财产的范围

《中华人民共和国刑事诉讼法》《最高人民法院关于适用〈中华人民共和国刑事诉讼法〉的解释》《追赃规定》均未对“其他涉案财产”的范围作出明确界定,对“其他涉案财产”的范围,可参照刑法的相关规定确定。刑法第六十四条规定,犯罪分子违法所得的一切财物,应当予以追缴或者责令退赔;对被害人的合法财产,应当及时返还;违禁品和供犯罪所用的本人财物,应当予以没收。参照该规定,与犯罪具有关联的财产被分为“违法所得”和“违禁品和供犯罪所用的本人财物”并列的两类,其中“违禁品和供犯罪所用的本人财物”与违法所得没收程序中“其他涉案财产”相互对应。本案未涉及对其他涉案财产的认定及没收。

(2)具有高度可能的盖然性证据证明标准

刑事诉讼法第二百八十二条规定,对经查证属于违法所得及其他涉案财产,除依法返还被害人的以外,应当裁定予以没收。该规定仅概括性地对违法所得没收程序的处理结果作出规定,而对于“查证属于违法所得及其他涉案财产”应采用何种证明标准则未予明确。

有观点认为,违法所得没收程序中,应当坚持适用与普通刑事案件同一的证明标准,检察机关提出证明申请没收的财产是违法所得及其他涉案财产的证据应当确实充分,达到排除合理怀疑的程度,才能有效防止该程序被滥用,更好地保障犯罪嫌疑人、被告人的财产权利。[①]《追赃规定》第十七条第一款明确了高度盖然性证明标准,主要基于以下考虑[②]:一是符合立法原意和司法实践需求。由于没收违法所得申请案件中犯罪嫌疑人、被告人逃匿、死亡,在证据收集方面一般比普通案件难度更大,如果坚持遵循“事实清楚,证据确实、充分”的证明标准,则大部分没收违法所得申请案件都只能裁定驳回申请,这种结果必然会导致检察机关申请没收的积极性大大降低,最终意味着将刑事诉讼法增设的违法所得没收程序束之高阁,严重背离了立法初衷。二是符合违法所得没收程序的本质特征。违法所得没收程序本质上是对财产权属的确认之诉,这一本质特征决定了其证明标准与普通刑事诉讼程序相比可以有所降低。同时,高度盖然性证据证明标准既适用于检察机关没收违法所得的申请,也适用于利害关系人对申请没收的财产主张权利。这种证明标准上的平衡,可以有效避免因为单向适用高度盖然性证据证明标准损害犯罪嫌疑人、被告人、利害关系人合法财产权利。三是借鉴吸收部分国外相关理论研究成果和实践经验。不定罪没收制度最早发源于英国,后在美国、加拿大、澳大利亚、新西兰等英美法系国家得到推广完善。上述国家对于申请没收的财产与犯罪事实的关联性均采用优势证据证明标准。国外多年的理论研究和实践证明,优势证据证明标准对于不定罪没收制度既具有必要性又具有可行性,为我国违法所得没收程序中适用优势证据证明标准提供了借鉴和参考。高度盖然性证据证明标准,在优势证据证明标准基础上,进一步要求证据优势必须达到高度盖然的程度,更加体现了我国司法机关在违法所得及其他涉案财产认定上的审慎和严谨态度。

值得强调的是,“具有高度可能”是《追赃规定》为认定申请没收的财产属于违法所得及其他涉案财产设定的最低证明标准。在具体案件中,检察机关就申请没收的财产与违法所得及其他涉案财产的关联性收集的证据可能已达到排除合理怀疑的标准,远远高于盖然性证据证明标准。本案中,扬州市中级人民法院对申请没收的财产属于违法所得及其他涉案财产的认定基本达到了排除合理怀疑的标准,确保了事实认定准确。

(三)如何在犯罪嫌疑人死亡案件中认定实施巨额财产来源不明犯罪

有观点认为,认定巨额财产来源不明罪一个必不可少的环节是犯罪嫌疑人、被告人对财产来源作出说明,而在犯罪嫌疑人、被告人逃匿、死亡案件中,特别是在犯罪嫌疑人、被告人死亡案件中,犯罪嫌疑人、被告人没有说明财产来源的机会,因此,此类案件无法达到巨额财产来源不明罪的认定标准,巨额财产来源不明罪不宜适用违法所得没收程序。

我们认为,《追赃规定》第一条明确将巨额财产来源不明罪列入违法所得没收程序适用罪名,

---

① 陈卫东:《构建中国特色刑事特别程序》,载《中国法学》2011年第6期。

② 裴显鼎、王晓东、刘晓虎:《〈关于犯罪嫌疑人、被告人逃匿、死亡案件适用违法所得没收程序若干问题的规定〉的理解与适用》,载《人民司法·应用》2017年第16期。

符合刑事诉讼法增设违法所得没收程序的立法本意，且不会因此导致违法所得范围任意扩大，对犯罪嫌疑人、被告人以及利害关系人的合法财产权利造成侵害。法院只要在立案阶段查明有证据证明犯罪嫌疑人、被告人实施了巨额财产来源不明犯罪，审理阶段如没有利害关系人对申请没收的相应财产主张权利，或者虽然主张权利但未提供相关证据，或提供的证据没有达到优势证据证明标准，即可以认定相应财产属于巨额财产来源不明违法所得及其他涉案财产，裁定予以没收。主要理由如下：

1. 犯罪嫌疑人、被告人未到案作出说明一般不会影响巨额财产来源不明基本事实的认定。如果在案物证、书证、证人证言等证据足以证明“国家工作人员的财产、支出明显超过合法收入，差额巨大”，那么犯罪嫌疑人、被告人没有到案说明来源一般不会影响巨额财产来源不明犯罪的认定。因为此种情形下，犯罪嫌疑人、被告人即使到案对财产、支出明显超过合法收入作出说明，也基本上是进一步交代财产具体来源于贪污还是受贿，而非说明财产来源于合法收入，否则证明明显超过合法收入的相关证据就不充分。

2. 违法所得没收程序的本质特征决定了巨额财产来源不明犯罪事实证明标准有所降低。巨额财产来源不明违法所得的认定本质上系对明显超过合法收入的财产权属的确认，不涉及对犯罪嫌疑人、被告人的定罪处罚，对巨额财产来源不明犯罪事实的证明标准，可以比照普通刑事案件有所降低。特别是在犯罪嫌疑人、被告人逃匿案件中，犯罪嫌疑人、被告人到案后还可以按照普通刑事诉讼程序重新进行审理。因此，降低证明标准未必最终对犯罪嫌疑人、被告人的合法财产权利造成不当侵害，即使造成不当侵害，也可以有相应的救济机制矫正。

3. 利害关系人对申请没收的财产主张权利可以起到补充说明财产来源的作用。虽然巨额财产来源不明犯罪事实系在立案受理阶段认定的，但这一阶段认定的犯罪事实不要求巨额财产来源不明的数额十分准确，可以综合物证、书证、证人证言，包括犯罪嫌疑人、被告人的近亲属的证言认定。鉴于巨额财产来源不明数额直接涉及违法所得及其他涉案财产的认定，可以在开庭审理过程中通过对证据示证、质证进一步查证。犯罪嫌疑人、被告人的近亲属以及其他利害关系人可以申请参加诉讼，对申请没收的财产（包括巨额财产来源不明）主张权利。查明数额有误的，可以对具体数额进行调整。《追赃规定》第十七条第二款进一步明确，对于申请没收巨额财产来源不明犯罪案件的违法所得，没有利害关系人主张权利，或者虽然主张权利但提供的证据没有达到相应证明标准的，申请没收的财产视为属于违法所得及其他涉案财产。

本案中，法院经立案审查查明，有证据证明犯罪嫌疑人任润厚财产、支出明显超过合法收入，差额巨大，犯罪嫌疑人任润厚在接受纪检监察部门调查期间，未对其本人及亲属名下财产和支出的来源情况作出说明，利害关系人仅对部分物品及冻结的个别账户资金说明来源，据此认定了任润厚实施了巨额财产来源不明犯罪事实。在开庭审理过程中，利害关系人任某乙对在案冻结的其名下账户存款1.1万美元主张权利，提出该款系其父母给其出国留学费用结余部分，因相关留学费用已计入任润厚家庭重大支出，故该留学费用不应再作为任润厚财产重复冻结。法院根据庭审查明的证据，经对该账户存款时间、金额等情况与任某乙留学期间出入境情况的契合程度等方面综合分析，采用高度盖然性证明标准，认为该账户内冻结资金高度可能是任润厚给任某乙留学费用结余，并据此在统计任润厚家庭支出中核减了对应金额，调整了巨额财产来源不明数额。此外，利害关系人未对申请没收的任润厚实施巨额财产来源不明犯罪所得其他财产主张权利，或者虽然主张权利但提供的相关证据没有达到相应证明标准，法院据此对任润厚实施巨额财产来源不明犯罪所得进行了认定，并裁定予以没收。

关于对任某乙所提留学费用结余部分应当如何核减问题，曾有观点认为，任某乙接受任润厚给予的留学费用后即取得该款所有权，该款结余部分亦应属任某乙的个人财产，且该笔留学费用统计在任润厚家庭重大支出中，在认定任润厚实施巨额财产来源不明犯罪所得财产时已作考虑，故对该笔留学费用结余资金应当解除冻结。我们认为，本案现有证据证明该账户资金流向明确，能够认定相关账户资金系任润厚给予任某乙留学费用的结余，故该笔钱款属于任润厚现有财产，不应解除冻结，相应金额应在统计任润厚家庭支出中予以扣减。扬州市中级人民法院据此对利害关系人任某乙所提主张的评判意见及处理方式是正确的。

（四）如何公示催告犯罪嫌疑人近亲属及其他利害关系人行使权利

《追赃规定》通过明确公告发布时间、方式及内容，最大限度地使利害关系人能够知晓没收违法所得申请事项。发布公告是没收违法所得申请案件审理的必经程序。公告除了对犯罪嫌疑人、被告人具有告知的功能外，还有发现利害关系人，以及公示催告利害关系人申请参加诉讼的功能。

为最大限度地确保公告内容为当事人知晓，在传统公告方式的基础上，《追赃规定》对公告发布及张贴明确了具体要求：没收违法所得申请案件立案后，应当在15日内在全国公开发行的报纸、信息网络等媒体和最高人民法院的官方网站刊登、发布公告；必要时，公告可以在犯罪地、犯罪嫌疑人、被告人居住地或者被申请没收财产所在地张贴。同时，为进一步确认受送达人知悉公告内容，确保其诉讼权利得到充分保护，《追赃规定》明确，对于已经掌握境内利害关系人联系方式的，应当直接送达；直接送达有困难的，可以委托送达、邮寄送达；经受送达人同意，可以采取传真、电子邮件等能够确认其收悉的方式告知其公告内容，并记录在案。

本案中，扬州市中级人民法院于2016年12月6日决定对本案立案受理，同年12月17日，在《人民法院报》及最高人民法院官方网站发布了公告，并将公告内容分别直接送达给利害关系人任某甲、任某乙以及袁某。由于本案在发布公告时《追赃规定》还没有颁布实施，公告内容如严格按照《追赃规定》标准要求，仍有可进一步完善之处。但从发布公告时间、方式以及送达情况来看，起到了公示催告利害关系人的作用，能够体现对利害关系人合法权利的充分保护。

（五）能否等价没收直接用于消费支出而未与扣押、冻结在案财产发生混同的违法所得

根据刑事诉讼法第二百八十二条，人民法院经审理，对经查证属于违法所得及其他涉案财产，除依法返还被害人的以外，应当裁定予以没收；对不属于应当追缴的财产的，应当裁定驳回申请，解除查封、扣押、冻结措施。该规定与刑法第六十四条的规定不同，对不属于应当追缴的财产仅规定了“应当裁定驳回申请，解除查封、扣押、冻结措施”，而未规定“责令退赔”的处理办法。本案中，法院经公开开庭审理查明，检察机关申请没收的犯罪嫌疑人任润厚受贿、贪污违法所得中，有230余万元系任润厚为特定用途索要、套取，相关款项均被直接用于支付贿选及旅游、疗养费用。对于该230余万元是否应裁定没收，有观点认为，由于钱款属于种类物，任润厚收受钱款即直接转化为其个人财产，其贿选等支出费用亦应系其总资产中支出，现在案扣押、冻结款物价值远超过任润厚合法收入与犯罪所得总和，故其上述受贿、贪污犯罪所得230余万元，具有高度可能包含于在案扣押、冻结钱款中，依法应予没收。

我们认为，对该230余万元不能裁定没收。本案现有证据足以证明任润厚上述实施受贿、贪污犯罪所得230余万元被直接用于贿选以及旅游、疗养费用支出，未与任润厚家庭财产混同，亦未包含在检察机关查扣、冻结财产之中，任润厚收受、套取的相关钱款用途特定、流向明确，该钱款并未与任润厚其他财产发生混同，依照相关法律及司法解释规定，不能对任润厚合法财产等价没收。扬州市中级人民法院据此驳回检察机关相应没收申请的处理是正确的。

本案系《追赃规定》颁布实施后宣判的第一起因犯罪嫌疑人死亡而适用违法所得没收程序的

省级干部职务犯罪案件,体现了党和国家依法惩治腐败和对赃款、赃物一追到底的坚定决心和鲜明态度,对腐败犯罪分子"牺牲一人,幸福全家"的潜在心理造成有力震慑。同时,本案立案审查、发布公告、开庭审理以及各类裁判文书制作都是全新的司法实践活动,对违法所得没收制度的发展以及同类案件审判具有重要参考和借鉴价值。

(撰稿:最高人民法院刑二庭　刘晓虎
长春市中级人民法院　张　宇
审编:最高人民法院刑二庭　王晓东)

(三)强制医疗程序

[第 976 号]马艳雷强制医疗案
——如何把握精神病人强制医疗的具体条件

【关键词】 强制医疗　刑事责任能力　辨认能力　精神病人　有继续危害社会可能

一、基本案情

申请机关河南省宝丰县人民检察院。

被申请人马艳雷,男,1991 年 6 月 7 日出生于河南省宝丰县,汉族,农民,住宝丰县赵庄乡大黄村 195 号。现在宝丰县精神病医院被采取临时保护性约束措施。

法定代理人袁茹,被申请人马艳雷之母。

河南省宝丰县人民检察院认为马艳雷持刀砍击他人,严重危害公民人身安全,经鉴定,其为无刑事责任能力的精神病人,并有继续危害社会的可能,于 2013 年 3 月 5 日向宝丰县人民法院申请对马艳雷强制医疗。

河南省宝丰县人民法院经审理查明:

被申请人马艳雷和被害人马新红、赵秋菊夫妇(均受轻伤)均系河南省宝丰县赵庄乡大黄庄村民。马艳雷有幻觉,妄想,自认被他人嘲笑、讥讽,并多次无故殴打同村村民,还自认马新红曾嘲笑并欺负自己。2013 年 1 月 26 日 10 时许,马艳雷在村内见到马新红、赵秋菊,认为马新红正在嘲笑、辱骂自己,回家拿菜刀砍击马新红头部,追赶中又连砍马新红头部三刀,并砍击上前劝阻的赵秋菊头部一刀。同日 11 时许,马艳雷跟随父亲到宝丰县公安局赵庄乡派出所投案。洛阳市精神卫生中心刑事诉讼精神医学鉴定委员会于 2013 年 2 月 4 日作出鉴定意见:马艳雷涉嫌故意杀人时的精神状态应诊断为精神分裂症;马艳雷涉嫌故意杀人时的刑事责任能力应评定为无刑事责任能力。

宝丰县人民法院认为,被申请人马艳雷实施杀人行为,严重危害公民人身安全,经法定程序鉴定其有精神分裂症,作案时无刑事责任能力,依法不负刑事责任。但马艳雷有继续危害社会的可能性,符合强制医疗条件,应当对其实施强制医疗。申请机关对马艳雷实施杀人行为的认定,事实清楚,证据确实、充分,司法精神病鉴定程序合法。马艳雷的法定代理人及律师对马艳雷持刀砍击他人的事实和精神病鉴定意见无异议,同意对马艳雷强制医疗。据此,依照《中华人民共和国刑法》第十八条第一款,《中华人民共和国刑事诉讼法》第二百八十四条、第二百八十五条第一款之规定，宝丰县人民法院决定对被申请人马艳雷强制医疗。

二、主要问题

如何把握精神病人强制医疗的具体条件？

三、裁判理由

近年来，精神病人行凶的恶性事件不断见诸报端，严重威胁人民群众的生命财产安全。及时救治和有效监管精神病人既是一个医学问题，也是一个十分重要的法律问题。刑法第十八条第一款规定："精神病人在不能辨认或者不能控制自己行为的时候造成危害结果，经法定程序鉴定确认的，不负刑事责任，但是应当责令他的家属或者监护人严加看管和医疗；在必要的时候，由政府强制医疗。"此规定包含两个层面的意思：其一，犯罪主体是我国犯罪构成要件之一，刑事责任能力又是犯罪主体要件的核心，直接影响犯罪的成立与否。无刑事责任能力的精神病人不符合犯罪主体要件，其行为不构成犯罪。其二，无刑事责任能力的精神病人所实施的一些行为具有严重的社会危害性，对公共安全、公民人身安全威胁极大。刑法虽然认为这类人的行为不构成犯罪，但不代表无所作为，需要对其进行救治，防止其继续危害社会和个人。

在刑事诉讼法2012年修改之前，我国主要通过行政程序处理无刑事责任能力的精神病人犯罪的问题。人民警察法第十四条规定："公安机关的人民警察对严重危害公共安全或者他人人身安全的精神病人，可以采取保护性约束措施。需要送往指定的单位、场所加以监护的，应当报请县级以上人民政府公安机关批准，并及时通知其监护人。"强制医疗需长时间的剥夺精神病人的人身自由，其后果与对精神病人施加刑罚基本相当。行政程序不能有效保障精神病人的合法权益，应当通过诉讼程序，公平、公正、公开处理强制医疗案件，维护社会秩序，妥善医治精神病人并维护其合法权益。2012年修改后的刑事诉讼法规定了强制医疗程序，对此问题进行了回应。

刑事诉讼法第二百八十四条规定："实施暴力行为，危害公共安全或者严重危害公民人身安全，经法定程序鉴定依法不负刑事责任的精神病人，有继续危害社会可能的，可以予以强制医疗。"此条规定了实施强制医疗的三个条件：一是"犯罪"行为的暴力性和后果的严重性；二是对无刑事责任能力的精神病人鉴定的必经性；三是有继续危害社会可能的人身危险性。这三个条件之间是递进式的位阶关系，只有满足前一条件，才能继续判断是否满足后一条件，三个条件均齐备，方可实施强制医疗。由于该条规定得较为笼统，司法实践中具体把握这三个条件，存在过宽或者过严的不同认识，影响强制医疗程序发挥作用。结合本案，对如何把握强制医疗的条件分析如下：

（一）被申请人马艳雷持刀砍击马新红、赵秋菊的行为符合刑法第二百八十四条所规定行为暴力性和后果严重性的要求

对涉案精神病人实施的暴力行为的种类，刑事诉讼法规定得比较概括，即实施暴力，危害公共安全或者严重危害公民人身安全的行为，其特征可归纳为行为的暴力性和后果的严重性。我们认为，为维护社会秩序和公民人身、财产安全，并保障精神病人及代理人与其他相关方通过诉讼充分表达意见，应当适当放宽行为暴力性和后果严重性的判断标准，以充分将此类案件纳入诉讼中予以审查。除刑法第十七条规定的故意杀人、故意伤害致人重伤或者死亡、强奸、抢劫、贩卖毒品放火、爆炸、投毒罪这些罪名涉及的行为，刑法分则第二章危害公共安全犯罪、第四章侵犯公民人身权利、民主权利犯罪和第五章侵犯财产罪中的抢劫等罪名涉及的行为，只要属于暴力危害公共安全和公民人身安全的都可认定为暴力行为。本案中，马艳雷在公共场所持刀砍击马新红、赵秋菊头部，因马新红躲避及村民阻拦，二被害人才得以保全性命。马艳雷持刀行凶的行为严重危害公民人身安全，符合行为暴力性和后果严重性的要求。

（二）被申请人马艳雷经依法鉴定，患有精神病，作案时无刑事责任能力

认定被申请人因患有精神病而无刑事责任能力是适用强制医疗的关键步骤。根据刑法第十八条的规定，行为人不仅必须患有刑法所规定的精神病，而且其所患精神病必须引起法定的心理状态或者心理结果，才能被判断为无刑事责任能力或限制刑事责任能力。前者为医学标准，即是否有精神病，后者为心理学标准（法学标准），即不能辨认或者不能控制自己的行为。医学要件是基础，心理学要件是核心。刑事责任能力是指行为人构成犯罪和承担刑事责任所必需的，行为人具备的刑法意义上辨认和控制自己行为的能力。我国刑法规定了三种无刑事责任能力或者限制刑事责任能力的事由，即未成年、精神病和生理缺陷，只有在这三种情况下讨论辨认能力和控制能力才有意义。因此，应当分两步审查判断被申请人是否满足此条件：一是被申请人是否有精神病；二是被申请人是否因精神病而失去辨认能力或者控制能力。

1. 被申请人马艳雷作案时患有精神分裂症。《全国人大常委会关于司法鉴定管理问题的决定》（以下简称《决定》）第一条规定："司法鉴定是指在诉讼活动中鉴定人运用科学技术或者专门知识对诉讼涉及的专门性问题进行鉴别和判断并提供鉴定意见的活动。"具体到精神疾病的司法鉴定，是指应用现代精神医学理论和技术，遵从法定程序，对当事人的精神状态和法定能力进行评定，从而提供专家意见的活动。在刑事案件中，法官在审理过程中需要认定鉴定程序是否合法并结合其他证据，综合评判鉴定意见是否可作为证据予以采信。本案鉴定程序合法：（1）鉴定主体适格。《决定》第六条规定，"申请从事司法鉴定业务的个人、法人或者其他组织，由省级人民政府司法行政部门审核，对符合条件的予以登记，编入鉴定人和鉴定机构名册并公告"。而司法部《司法鉴定程序通则》第十九条规定："司法鉴定机构对同一鉴定事项，应当指定或者选择二名司法鉴定人共同进行鉴定"。根据上述规定，对精神病鉴定等法医类鉴定应当委托省级人民政府司法行政部门编制的名册中的鉴定机构及二名或者二名以上无利害关系的鉴定人共同进行鉴定并制作鉴定意见。洛阳市精神卫生中心属于河南省政府指定的精神病医学鉴定机构，具有专业的司法精神病鉴定资质，出具鉴定意见的三名鉴定人亦具有司法鉴定人资格，与本案无利害关系。（2）鉴定标准科学，依据充分。《最高人民法院关于适用〈中华人民共和国刑事诉讼法〉的解释》（以下简称《解释》）第八十四条规定，对鉴定意见应当着重审查鉴定机构和鉴定人是否具有法定资质，鉴定人是否存在应当回避的情形，鉴定意见的形式要件是否完备，鉴定程序是否符合法律有关规定，鉴定的过程和方法是否符合相关专业的规范要求，鉴定意见是否明确等。在审查判断鉴定意见时，可重点审查鉴定主体是否适格，及鉴定依据的标准是否科学，提取的材料是否充分等来综合判断。2001 年公布的《中国精神障碍分类与诊断标准》（以下简称 CCMD－3）将精神障碍分为十类，其中一类为精神分裂症。本案司法精神病鉴定依照 CCMD－3 的有关诊断标准，通过考察被害人陈述，马艳雷亲属的证言，邻居和其他村民的证言，以及面对面和马艳雷进行交流，认为其言语性幻觉及被害妄想明显存在，对妄想给予特殊的解释，自知力缺失，性格内向、孤僻，人际交往差，敏感多疑，妄想泛化，持续幻听，据此诊断马艳雷有精神分裂症。鉴定书采取的鉴定材料充分，论证逻辑清晰，鉴定意见符合规定。

2. 马艳雷作案时无辨认能力。辨认能力是指行为人辨认自己行为的能力，具体可以从行为动机的合理性与行为的必要性等方面来判断；控制能力是指行为人具备选择自己实施或者不实施为刑法所禁止的行为的能力。辨认能力的存在是控制能力具备的前提条件，即没有辨认能力，就不可能有控制能力。我国采用的择一制的方式，即精神病人在行为时因精神病而导致其辨认能力和控制能力中的一项能力丧失，便可被判定为无刑事责任能力，但在具体考察刑事责任能力时，鉴定意见需对被鉴定人的辨认能力和控制能力分别进行判断，具体分析辨认能力还是控制能

力丧失。本案中，马艳雷作案动机明显受疾病的影响，所供的杀人原因均与查证的结果不相符，无法正确辨认事件的前因及其行为在刑法上的意义、性质和后果，受幻觉、妄想的支配，缺乏现实目的，属于病理动机。马艳雷在上述病理性机制的直接影响下实施了杀人行为，辨认能力丧失，无刑事责任能力。

强制医疗程序是修改后的刑事诉讼法增加的特别程序，诉讼过程要有申请人和被申请人及其代理人的充分参与。通过听取各方对鉴定意见的态度，会见涉案精神病人，走访涉案精神病人家属及周边邻居，向主治医生了解，向其他专业人员咨询等方式，综合判断鉴定意见是否客观、真实。如对鉴定意见有争议，可以委托有资质的第三方进行重新鉴定，以保证鉴定意见的真实性。宝丰县人民法院在开庭审理过程中经过举证、质证，充分听取了马艳雷的法定代理人及律师的意见，保障了马艳雷的合法权利。

（三）被申请人马艳雷有继续危害社会的可能性

强制医疗不是对涉案精神病人进行惩戒和制裁，而是对其采取保护性措施，并给予必要的治疗，使其尽快解除痛苦，恢复健康，同时避免继续危害社会。实践中需要依照一定的标准来判断被申请人是否有继续危害社会的可能性。我们认为，判断涉案的精神病人有无继续危害社会可能，可以从精神病人的人身危险和其家属的管控能力两个角度进行审查。精神病人的人身危险包括病理和经验两个层面。病理层面是指涉案精神病人的病情尚未得到有效控制，正在继续发病甚至病情正在恶化，导致其实施暴力行为的病理基础仍然存在甚至出现增强的趋势。经验层面是指涉案精神病人频繁实施暴力行为或者案发后实施了新的暴力行为，根据经验常识判断其具有继续实施暴力行为的可能性。必要时，审判人员可以通过补充询问鉴定人、其他有专门知识的人或其法定代理人进行审查，开庭时，应当让鉴定人出庭作证。条件许可的情况下，还可以亲自观察、询问涉案精神病人。家属的管控能力包括审查涉案精神病人有无家属，家属有无对其进行看管和医疗的意愿及条件。本案中，鉴定意见提出马艳雷还处于疾病发作期，精神症状明显存在，幻觉、妄想突出，建议进行专科监护治疗，严防意外发生。上述情况证实马艳雷实施暴力行为的病理基础仍然存在，结合其此前多次无故伤害同村村民，还有继续实施暴力行为的可能性，加之其父母均系农民，缺乏适当的管制条件，同意对马艳雷实施强制医疗，故本案符合该条规定。

综上，本案被告人马艳雷在公共场所不顾他人劝阻，持菜刀追砍马新红、赵秋菊头部的行为具有暴力性，后果亦具有严重性。经依法鉴定，马艳雷患有精神分裂症，作案时无刑事责任能力，且有继续危害社会的可能。宝丰县人民法院根据宝丰县人民检察院的申请，依照刑法第十八条第一款，刑事诉讼法第二百八十四条、第二百八十五条第一款之规定，作出对马艳雷强制医疗的决定是适当的。

（撰稿：河南省平顶山市中级人民法院　桓　旭
最高人民法院刑一庭　李　晖
审编：最高人民法院刑一庭　董保军）

刑事立法、司法规范

一、综　合

中华人民共和国刑事诉讼法

（1979年7月1日第五届全国人民代表大会第二次会议通过　根据1996年3月17日第八届全国人民代表大会第四次会议《关于修改〈中华人民共和国刑事诉讼法〉的决定》第一次修正　根据2012年3月14日第十一届全国人民代表大会第五次会议《关于修改〈中华人民共和国刑事诉讼法〉的决定》第二次修正　根据2018年10月26日第十三届全国人民代表大会常务委员会第六次会议《关于修改〈中华人民共和国刑事诉讼法〉的决定》第三次修正）

目　录

第一编　总　　则

第一章　任务和基本原则

第一条　为了保证刑法的正确实施，惩罚犯罪，保护人民，保障国家安全和社会公共安全，维护社会主义社会秩序，根据宪法，制定本法。

第二条　中华人民共和国刑事诉讼法的任务，是保证准确、及时地查明犯罪事实，正确应用法律，惩罚犯罪分子，保障无罪的人不受刑事追究，教育公民自觉遵守法律，积极同犯罪行为作斗争，维护社会主义法制，尊重和保障人权，保护公民的人身权利、财产权利、民主权利和其他权利，保障社会主义建设事业的顺利进行。

第三条　对刑事案件的侦查、拘留、执行逮捕、预审，由公安机关负责。检察、批准逮捕、检察机关直接受理的案件的侦查、提起公诉，由人民检察院负责。审判由人民法院负责。除法律特别规定的以外，其他任何机关、团体和个人都无权行使这些权力。

人民法院、人民检察院和公安机关进行刑事诉讼，必须严格遵守本法和其他法律的有关规定。

第四条　国家安全机关依照法律规定，办理危害国家安全的刑事案件，行使与公安机关相同的职权。

第五条　人民法院依照法律规定独立行使审判权，人民检察院依照法律规定独立行使检察权，不受行政机关、社会团体和个人的干涉。

第六条　人民法院、人民检察院和公安机关进行刑事诉讼，必须依靠群众，必须以事实为根据，以法律为准绳。对于一切公民，在适用法律上一律平等，在法律面前，不允许有任何特权。

第七条　人民法院、人民检察院和公安机关进行刑事诉讼，应当分工负责，互相配合，互相制约，以保证准确有效地执行法律。

第八条　人民检察院依法对刑事诉讼实行法律监督。

第九条　各民族公民都有用本民族语言文字进行诉讼的权利。人民法院、人民检察院和公安机关对于不通晓当地通用的语言文字的诉讼参与人，应当为他们翻译。

在少数民族聚居或者多民族杂居的地区，应当用当地通用的语言进行审讯，用当地通用的文字发布判决书、布告和其他文件。

第十条　人民法院审判案件，实行两审终审制。

第十一条　人民法院审判案件，除本法另有规定的以外，一律公开进行。被告人有权获得辩护，人民法院有义务保证被告人获得辩护。

第十二条　未经人民法院依法判决，对任何人都不得确定有罪。

第十三条　人民法院审判案件，依照本法实行人民陪审员陪审的制度。

第十四条　人民法院、人民检察院和公安机关应当保障犯罪嫌疑人、被告人和其他诉讼参与人依法享有的辩护权和其他诉讼权利。

诉讼参与人对于审判人员、检察人员和侦查人员侵犯公民诉讼权利和人身侮辱的行为，有权提出控告。

第十五条　犯罪嫌疑人、被告人自愿如实供述自己的罪行，承认指控的犯罪事实，愿意接受处罚的，可以依法从宽处理。

第十六条　有下列情形之一的，不追究刑事责任，已经追究的，应当撤销案件，或者不起诉，或者终止审理，或者宣告无罪：

（一）情节显著轻微、危害不大，不认为是犯罪的；

（二）犯罪已过追诉时效期限的；

（三）经特赦令免除刑罚的；

（四）依照刑法告诉才处理的犯罪，没有告诉或者撤回告诉的；

（五）犯罪嫌疑人、被告人死亡的；

（六）其他法律规定免予追究刑事责任的。

第十七条　对于外国人犯罪应当追究刑事责任的，适用本法的规定。

对于享有外交特权和豁免权的外国人犯罪应当追究刑事责任的，通过外交途径解决。

第十八条　根据中华人民共和国缔结或者

参加的国际条约，或者按照互惠原则，我国司法机关和外国司法机关可以相互请求刑事司法协助。

第二章　管　　辖

第十九条　刑事案件的侦查由公安机关进行，法律另有规定的除外。

人民检察院在对诉讼活动实行法律监督中发现的司法工作人员利用职权实施的非法拘禁、刑讯逼供、非法搜查等侵犯公民权利、损害司法公正的犯罪，可以由人民检察院立案侦查。对于公安机关管辖的国家机关工作人员利用职权实施的重大犯罪案件，需要由人民检察院直接受理的时候，经省级以上人民检察院决定，可以由人民检察院立案侦查。

自诉案件，由人民法院直接受理。

第二十条　基层人民法院管辖第一审普通刑事案件，但是依照本法由上级人民法院管辖的除外。

第二十一条　中级人民法院管辖下列第一审刑事案件：

（一）危害国家安全、恐怖活动案件；

（二）可能判处无期徒刑、死刑的案件。

第二十二条　高级人民法院管辖的第一审刑事案件，是全省（自治区、直辖市）性的重大刑事案件。

第二十三条　最高人民法院管辖的第一审刑事案件，是全国性的重大刑事案件。

第二十四条　上级人民法院在必要的时候，可以审判下级人民法院管辖的第一审刑事案件；下级人民法院认为案情重大、复杂需要由上级人民法院审判的第一审刑事案件，可以请求移送上一级人民法院审判。

第二十五条　刑事案件由犯罪地的人民法院管辖。如果由被告人居住地的人民法院审判更为适宜的，可以由被告人居住地的人民法院管辖。

第二十六条　几个同级人民法院都有权管辖的案件，由最初受理的人民法院审判。在必要的时候，可以移送主要犯罪地的人民法院审判。

第二十七条　上级人民法院可以指定下级人民法院审判管辖不明的案件，也可以指定下级人民法院将案件移送其他人民法院审判。

第二十八条　专门人民法院案件的管辖另行规定。

第三章　回　　避

第二十九条　审判人员、检察人员、侦查人员有下列情形之一的，应当自行回避，当事人及其法定代理人也有权要求他们回避：

（一）是本案的当事人或者是当事人的近亲属的；

（二）本人或者他的近亲属和本案有利害关系的；

（三）担任过本案的证人、鉴定人、辩护人、诉讼代理人的；

（四）与本案当事人有其他关系，可能影响公正处理案件的。

第三十条　审判人员、检察人员、侦查人员不得接受当事人及其委托的人的请客送礼，不得违反规定会见当事人及其委托的人。

审判人员、检察人员、侦查人员违反前款规定的，应当依法追究法律责任。当事人及其法定代理人有权要求他们回避。

第三十一条　审判人员、检察人员、侦查人员的回避，应当分别由院长、检察长、公安机关负责人决定；院长的回避，由本院审判委员会决定；检察长和公安机关负责人的回避，由同级人民检察院检察委员会决定。

对侦查人员的回避作出决定前，侦查人员不能停止对案件的侦查。

对驳回申请回避的决定，当事人及其法定代理人可以申请复议一次。

第三十二条　本章关于回避的规定适用于书记员、翻译人员和鉴定人。

辩护人、诉讼代理人可以依照本章的规定要求回避、申请复议。

第四章　辩护与代理

第三十三条　犯罪嫌疑人、被告人除自己行使辩护权以外，还可以委托一至二人作为辩护人。下列的人可以被委托为辩护人：

（一）律师；

（二）人民团体或者犯罪嫌疑人、被告人所在单位推荐的人；

（三）犯罪嫌疑人、被告人的监护人、亲友。

正在被执行刑罚或者依法被剥夺、限制人身自由的人，不得担任辩护人。

被开除公职和被吊销律师、公证员执业证书的人，不得担任辩护人，但系犯罪嫌疑人、被告人的监护人、近亲属的除外。

第三十四条 犯罪嫌疑人自被侦查机关第一次讯问或者采取强制措施之日起，有权委托辩护人；在侦查期间，只能委托律师作为辩护人。被告人有权随时委托辩护人。

侦查机关在第一次讯问犯罪嫌疑人或者对犯罪嫌疑人采取强制措施的时候，应当告知犯罪嫌疑人有权委托辩护人。人民检察院自收到移送审查起诉的案件材料之日起三日以内，应当告知犯罪嫌疑人有权委托辩护人。人民法院自受理案件之日起三日以内，应当告知被告人有权委托辩护人。犯罪嫌疑人、被告人在押期间要求委托辩护人的，人民法院、人民检察院和公安机关应当及时转达其要求。

犯罪嫌疑人、被告人在押的，也可以由其监护人、近亲属代为委托辩护人。

辩护人接受犯罪嫌疑人、被告人委托后，应当及时告知办理案件的机关。

第三十五条 犯罪嫌疑人、被告人因经济困难或者其他原因没有委托辩护人的，本人及其近亲属可以向法律援助机构提出申请。对符合法律援助条件的，法律援助机构应当指派律师为其提供辩护。

犯罪嫌疑人、被告人是盲、聋、哑人，或者是尚未完全丧失辨认或者控制自己行为能力的精神病人，没有委托辩护人的，人民法院、人民检察院和公安机关应当通知法律援助机构指派律师为其提供辩护。

犯罪嫌疑人、被告人可能被判处无期徒刑、死刑，没有委托辩护人的，人民法院、人民检察院和公安机关应当通知法律援助机构指派律师为其提供辩护。

第三十六条 法律援助机构可以在人民法院、看守所等场所派驻值班律师。犯罪嫌疑人、被告人没有委托辩护人，法律援助机构没有指派律师为其提供辩护的，由值班律师为犯罪嫌疑人、被告人提供法律咨询、程序选择建议、申请变更强制措施、对案件处理提出意见等法律帮助。

人民法院、人民检察院、看守所应当告知犯罪嫌疑人、被告人有权约见值班律师，并为犯罪嫌疑人、被告人约见值班律师提供便利。

第三十七条 辩护人的责任是根据事实和法律，提出犯罪嫌疑人、被告人无罪、罪轻或者减轻、免除其刑事责任的材料和意见，维护犯罪嫌疑人、被告人的诉讼权利和其他合法权益。

第三十八条 辩护律师在侦查期间可以为犯罪嫌疑人提供法律帮助；代理申诉、控告；申请变更强制措施；向侦查机关了解犯罪嫌疑人涉嫌的罪名和案件有关情况，提出意见。

第三十九条 辩护律师可以同在押的犯罪嫌疑人、被告人会见和通信。其他辩护人经人民法院、人民检察院许可，也可以同在押的犯罪嫌疑人、被告人会见和通信。

辩护律师持律师执业证书、律师事务所证明和委托书或者法律援助公函要求会见在押的犯罪嫌疑人、被告人的，看守所应当及时安排会见，至迟不得超过四十八小时。

危害国家安全犯罪、恐怖活动犯罪案件，在侦查期间辩护律师会见在押的犯罪嫌疑人，应当经侦查机关许可。上述案件，侦查机关应当事先通知看守所。

辩护律师会见在押的犯罪嫌疑人、被告人，可以了解案件有关情况，提供法律咨询等；自案件移送审查起诉之日起，可以向犯罪嫌疑人、被告人核实有关证据。辩护律师会见犯罪嫌疑人、被告人时不被监听。

辩护律师同被监视居住的犯罪嫌疑人、被告人会见、通信，适用第一款、第三款、第四款的规定。

第四十条 辩护律师自人民检察院对案件审查起诉之日起，可以查阅、摘抄、复制本案的案卷材料。其他辩护人经人民法院、人民检察院许可，也可以查阅、摘抄、复制上述材料。

第四十一条 辩护人认为在侦查、审查起诉期间公安机关、人民检察院收集的证明犯罪嫌疑人、被告人无罪或者罪轻的证据材料未提交的，有权申请人民检察院、人民法院调取。

第四十二条 辩护人收集的有关犯罪嫌疑人不在犯罪现场、未达到刑事责任年龄、属于依法不负刑事责任的精神病人的证据，应当及时告知公安机关、人民检察院。

第四十三条 辩护律师经证人或者其他有关单位和个人同意，可以向他们收集与本案有关的材料，也可以申请人民检察院、人民法院收集、调取证据，或者申请人民法院通知证人出庭作证。

辩护律师经人民检察院或者人民法院许可，并且经被害人或者其近亲属、被害人提供的证人同意，可以向他们收集与本案有关的材料。

第四十四条 辩护人或者其他任何人，不得帮助犯罪嫌疑人、被告人隐匿、毁灭、伪造证据或者串供，不得威胁、引诱证人作伪证以及进行其他干扰司法机关诉讼活动的行为。

违反前款规定的，应当依法追究法律责任，辩护人涉嫌犯罪的，应当由办理辩护人所承办案件的侦查机关以外的侦查机关办理。辩护人是律师的，应当及时通知其所在的律师事务所或者所属的律师协会。

第四十五条 在审判过程中，被告人可以拒绝辩护人继续为他辩护，也可以另行委托辩护人辩护。

第四十六条 公诉案件的被害人及其法定代理人或者近亲属，附带民事诉讼的当事人及其法定代理人，自案件移送审查起诉之日起，有权委托诉讼代理人。自诉案件的自诉人及其法定代理人，附带民事诉讼的当事人及其法定代理人，有权随时委托诉讼代理人。

人民检察院自收到移送审查起诉的案件材料之日起三日以内，应当告知被害人及其法定代理人或者其近亲属、附带民事诉讼的当事人及其法定代理人有权委托诉讼代理人。人民法院自受理自诉案件之日起三日以内，应当告知自诉人及其法定代理人、附带民事诉讼的当事人及其法定代理人有权委托诉讼代理人。

第四十七条 委托诉讼代理人，参照本法第三十三条的规定执行。

第四十八条 辩护律师对在执业活动中知悉的委托人的有关情况和信息，有权予以保密。但是，辩护律师在执业活动中知悉委托人或者其他人，准备或者正在实施危害国家安全、公共安全以及严重危害他人人身安全的犯罪的，应当及时告知司法机关。

第四十九条 辩护人、诉讼代理人认为公安机关、人民检察院、人民法院及其工作人员阻碍其依法行使诉讼权利的，有权向同级或者上一级人民检察院申诉或者控告。人民检察院对申诉或者控告应当及时进行审查，情况属实的，通知有关机关予以纠正。

第五章 证 据

第五十条 可以用于证明案件事实的材料，都是证据。

证据包括：

（一）物证；

（二）书证；

（三）证人证言；

（四）被害人陈述；

（五）犯罪嫌疑人、被告人供述和辩解；

（六）鉴定意见；

（七）勘验、检查、辨认、侦查实验等笔录；

（八）视听资料、电子数据。

证据必须经过查证属实，才能作为定案的根据。

第五十一条 公诉案件中被告人有罪的举证责任由人民检察院承担，自诉案件中被告人有罪的举证责任由自诉人承担。

第五十二条 审判人员、检察人员、侦查人员必须依照法定程序，收集能够证实犯罪嫌疑人、被告人有罪或者无罪、犯罪情节轻重的各种证据。严禁刑讯逼供和以威胁、引诱、欺骗以及其他非法方法收集证据，不得强迫任何人证实自己有罪。必须保证一切与案件有关或者了解案情的公民，有客观地充分地提供证据的条件，除特殊情况外，可以吸收他们协助调查。

第五十三条 公安机关提请批准逮捕书、人民检察院起诉书、人民法院判决书，必须忠实于事实真象。故意隐瞒事实真象的，应当追究责任。

第五十四条 人民法院、人民检察院和公安机关有权向有关单位和个人收集、调取证据。有关单位和个人应当如实提供证据。

行政机关在行政执法和查办案件过程中收集的物证、书证、视听资料、电子数据等证据材料，在刑事诉讼中可以作为证据使用。

对涉及国家秘密、商业秘密、个人隐私的证据，应当保密。

凡是伪造证据、隐匿证据或者毁灭证据的，无论属于何方，必须受法律追究。

第五十五条 对一切案件的判处都要重证据，重调查研究，不轻信口供。只有被告人供述，没有其他证据的，不能认定被告人有罪和处以刑罚；没有被告人供述，证据确实、充分的，可以认定被告人有罪和处以刑罚。

证据确实、充分，应当符合以下条件：

（一）定罪量刑的事实都有证据证明；

（二）据以定案的证据均经法定程序查证属实；

（三）综合全案证据，对所认定事实已排除合理怀疑。

第五十六条 采用刑讯逼供等非法方法收集的犯罪嫌疑人、被告人供述和采用暴力、威胁等非法方法收集的证人证言、被害人陈述，应当予以排除。收集物证、书证不符合法定程序，可能严重影响司法公正的，应当予以补正或者作出合理解释；不能补正或者作出合理解释的，对该证据应当予以排除。

在侦查、审查起诉、审判时发现有应当排除的证据的，应当依法予以排除，不得作为起诉意见、起诉决定和判决的依据。

第五十七条 人民检察院接到报案、控告、举报或者发现侦查人员以非法方法收集证据的，应当进行调查核实。对于确有以非法方法收集证据情形的，应当提出纠正意见；构成犯罪的，依法追究刑事责任。

第五十八条 法庭审理过程中，审判人员认为可能存在本法第五十六条规定的以非法方法收集证据情形的，应当对证据收集的合法性进行法庭调查。

当事人及其辩护人、诉讼代理人有权申请人民法院对以非法方法收集的证据依法予以排除。申请排除以非法方法收集的证据的，应当提供相关线索或者材料。

第五十九条 在对证据收集的合法性进行法庭调查的过程中，人民检察院应当对证据收集的合法性加以证明。

现有证据材料不能证明证据收集的合法性的，人民检察院可以提请人民法院通知有关侦查人员或者其他人员出庭说明情况；人民法院可以通知有关侦查人员或者其他人员出庭说明情况。有关侦查人员或者其他人员也可以要求出庭说明情况。经人民法院通知，有关人员应当出庭。

第六十条 对于经过法庭审理，确认或者不能排除存在本法第五十六条规定的以非法方法收集证据情形的，对有关证据应当予以排除。

第六十一条 证人证言必须在法庭上经过公诉人、被害人和被告人、辩护人双方质证并且查实以后，才能作为定案的根据。法庭查明证人有意作伪证或者隐匿罪证的时候，应当依法处理。

第六十二条 凡是知道案件情况的人，都有作证的义务。

生理上、精神上有缺陷或者年幼，不能辨别是非、不能正确表达的人，不能作证人。

第六十三条 人民法院、人民检察院和公安机关应当保障证人及其近亲属的安全。

对证人及其近亲属进行威胁、侮辱、殴打或者打击报复，构成犯罪的，依法追究刑事责任；尚不够刑事处罚的，依法给予治安管理处罚。

第六十四条 对于危害国家安全犯罪、恐怖活动犯罪、黑社会性质的组织犯罪、毒品犯罪等案件，证人、鉴定人、被害人因在诉讼中作证，本人或者其近亲属的人身安全面临危险的，人民法院、人民检察院和公安机关应当采取以下一项或者多项保护措施：

（一）不公开真实姓名、住址和工作单位等个人信息；

（二）采取不暴露外貌、真实声音等出庭作证措施；

（三）禁止特定的人员接触证人、鉴定人、被害人及其近亲属；

（四）对人身和住宅采取专门性保护措施；

（五）其他必要的保护措施。

证人、鉴定人、被害人认为因在诉讼中作证，本人或者其近亲属的人身安全面临危险的，可以向人民法院、人民检察院、公安机关请求予以保护。

人民法院、人民检察院、公安机关依法采取保护措施，有关单位和个人应当配合。

第六十五条 证人因履行作证义务而支出的交通、住宿、就餐等费用，应当给予补助。证人作证的补助列入司法机关业务经费，由同级政府财政予以保障。

有工作单位的证人作证，所在单位不得克扣或者变相克扣其工资、奖金及其他福利待遇。

第六章 强制措施

第六十六条 人民法院、人民检察院和公安机关根据案件情况，对犯罪嫌疑人、被告人可以拘传、取保候审或者监视居住。

第六十七条 人民法院、人民检察院和公安机关对有下列情形之一的犯罪嫌疑人、被告人，可以取保候审：

（一）可能判处管制、拘役或者独立适用附加刑的；

（二）可能判处有期徒刑以上刑罚，采取取保候审不致发生社会危险性的；

（三）患有严重疾病、生活不能自理，怀孕或者正在哺乳自己婴儿的妇女，采取取保候审不致发生社会危险性的；

（四）羁押期限届满，案件尚未办结，需要采取取保候审的。

取保候审由公安机关执行。

第六十八条 人民法院、人民检察院和公安机关决定对犯罪嫌疑人、被告人取保候审，应当责令犯罪嫌疑人、被告人提出保证人或者交纳保证金。

第六十九条 保证人必须符合下列条件：

（一）与本案无牵连；

（二）有能力履行保证义务；

（三）享有政治权利，人身自由未受到限制；

（四）有固定的住处和收入。

第七十条 保证人应当履行以下义务：

（一）监督被保证人遵守本法第七十一条的规定；

（二）发现被保证人可能发生或者已经发生违反本法第七十一条规定的行为的，应当及时向执行机关报告。

被保证人有违反本法第七十一条规定的行为，保证人未履行保证义务的，对保证人处以罚款，构成犯罪的，依法追究刑事责任。

第七十一条 被取保候审的犯罪嫌疑人、被告人应当遵守以下规定：

（一）未经执行机关批准不得离开所居住的市、县；

（二）住址、工作单位和联系方式发生变动的，在二十四小时以内向执行机关报告；

（三）在传讯的时候及时到案；

（四）不得以任何形式干扰证人作证；

（五）不得毁灭、伪造证据或者串供。

人民法院、人民检察院和公安机关可以根据案件情况，责令被取保候审的犯罪嫌疑人、被告人遵守以下一项或者多项规定：

（一）不得进入特定的场所；

（二）不得与特定的人员会见或者通信；

（三）不得从事特定的活动；

（四）将护照等出入境证件、驾驶证件交执行机关保存。

被取保候审的犯罪嫌疑人、被告人违反前

两款规定，已交纳保证金的，没收部分或者全部保证金，并且区别情形，责令犯罪嫌疑人、被告人具结悔过，重新交纳保证金、提出保证人，或者监视居住、予以逮捕。

对违反取保候审规定，需要予以逮捕的，可以对犯罪嫌疑人、被告人先行拘留。

第七十二条 取保候审的决定机关应当综合考虑保证诉讼活动正常进行的需要，被取保候审人的社会危险性，案件的性质、情节，可能判处刑罚的轻重，被取保候审人的经济状况等情况，确定保证金的数额。

提供保证金的人应当将保证金存入执行机关指定银行的专门账户。

第七十三条 犯罪嫌疑人、被告人在取保候审期间未违反本法第七十一条规定的，取保候审结束的时候，凭解除取保候审的通知或者有关法律文书到银行领取退还的保证金。

第七十四条 人民法院、人民检察院和公安机关对符合逮捕条件，有下列情形之一的犯罪嫌疑人、被告人，可以监视居住：

（一）患有严重疾病、生活不能自理的；

（二）怀孕或者正在哺乳自己婴儿的妇女；

（三）系生活不能自理的人的唯一扶养人；

（四）因为案件的特殊情况或者办理案件的需要，采取监视居住措施更为适宜的；

（五）羁押期限届满，案件尚未办结，需要采取监视居住措施的。

对符合取保候审条件，但犯罪嫌疑人、被告人不能提出保证人，也不交纳保证金的，可以监视居住。

监视居住由公安机关执行。

第七十五条 监视居住应当在犯罪嫌疑人、被告人的住处执行；无固定住处的，可以在指定的居所执行。对于涉嫌危害国家安全犯罪、恐怖活动犯罪，在住处执行可能有碍侦查的，经上一级公安机关批准，也可以在指定的居所执行。但是，不得在羁押场所、专门的办案场所执行。

指定居所监视居住的，除无法通知的以外，应当在执行监视居住后二十四小时以内，通知被监视居住人的家属。

被监视居住的犯罪嫌疑人、被告人委托辩护人，适用本法第三十四条的规定。

人民检察院对指定居所监视居住的决定和执行是否合法实行监督。

第七十六条 指定居所监视居住的期限应当折抵刑期。被判处管制的，监视居住一日折抵刑期一日；被判处拘役、有期徒刑的，监视居住二日折抵刑期一日。

第七十七条 被监视居住的犯罪嫌疑人、被告人应当遵守以下规定：

（一）未经执行机关批准不得离开执行监视居住的处所；

（二）未经执行机关批准不得会见他人或者通信；

（三）在传讯的时候及时到案；

（四）不得以任何形式干扰证人作证；

（五）不得毁灭、伪造证据或者串供；

（六）将护照等出入境证件、身份证件、驾驶证件交执行机关保存。

被监视居住的犯罪嫌疑人、被告人违反前款规定，情节严重的，可以予以逮捕；需要予以逮捕的，可以对犯罪嫌疑人、被告人先行拘留。

第七十八条 执行机关对被监视居住的犯罪嫌疑人、被告人，可以采取电子监控、不定期检查等监视方法对其遵守监视居住规定的情况进行监督；在侦查期间，可以对被监视居住的犯罪嫌疑人的通信进行监控。

第七十九条 人民法院、人民检察院和公安机关对犯罪嫌疑人、被告人取保候审最长不得超过十二个月，监视居住最长不得超过六个月。

在取保候审、监视居住期间，不得中断对案件的侦查、起诉和审理。对于发现不应当追究刑事责任或者取保候审、监视居住期限届满的，应当及时解除取保候审、监视居住。解除取保候审、监视居住，应当及时通知被取保候审、监视居住人和有关单位。

第八十条 逮捕犯罪嫌疑人、被告人，必须经过人民检察院批准或者人民法院决定，由公安机关执行。

第八十一条 对有证据证明有犯罪事实,可能判处徒刑以上刑罚的犯罪嫌疑人、被告人,采取取保候审尚不足以防止发生下列社会危险性的,应当予以逮捕:

(一)可能实施新的犯罪的;

(二)有危害国家安全、公共安全或者社会秩序的现实危险的;

(三)可能毁灭、伪造证据,干扰证人作证或者串供的;

(四)可能对被害人、举报人、控告人实施打击报复的;

(五)企图自杀或者逃跑的。

批准或者决定逮捕,应当将犯罪嫌疑人、被告人涉嫌犯罪的性质、情节,认罪认罚等情况,作为是否可能发生社会危险性的考虑因素。

对有证据证明有犯罪事实,可能判处十年有期徒刑以上刑罚的,或者有证据证明有犯罪事实,可能判处徒刑以上刑罚,曾经故意犯罪或者身份不明的,应当予以逮捕。

被取保候审、监视居住的犯罪嫌疑人、被告人违反取保候审、监视居住规定,情节严重的,可以予以逮捕。

第八十二条 公安机关对于现行犯或者重大嫌疑分子,如果有下列情形之一的,可以先行拘留:

(一)正在预备犯罪、实行犯罪或者在犯罪后即时被发觉的;

(二)被害人或者在场亲眼看见的人指认他犯罪的;

(三)在身边或者住处发现有犯罪证据的;

(四)犯罪后企图自杀、逃跑或者在逃的;

(五)有毁灭、伪造证据或者串供可能的;

(六)不讲真实姓名、住址,身份不明的;

(七)有流窜作案、多次作案、结伙作案重大嫌疑的。

第八十三条 公安机关在异地执行拘留、逮捕的时候,应当通知被拘留、逮捕人所在地的公安机关,被拘留、逮捕人所在地的公安机关应当予以配合。

第八十四条 对于有下列情形的人,任何公民都可以立即扭送公安机关、人民检察院或者人民法院处理:

(一)正在实行犯罪或者在犯罪后即时被发觉的;

(二)通缉在案的;

(三)越狱逃跑的;

(四)正在被追捕的。

第八十五条 公安机关拘留人的时候,必须出示拘留证。

拘留后,应当立即将被拘留人送看守所羁押,至迟不得超过二十四小时。除无法通知或者涉嫌危害国家安全犯罪、恐怖活动犯罪通知可能有碍侦查的情形以外,应当在拘留后二十四小时以内,通知被拘留人的家属。有碍侦查的情形消失以后,应当立即通知被拘留人的家属。

第八十六条 公安机关对被拘留的人,应当在拘留后的二十四小时以内进行讯问。在发现不应当拘留的时候,必须立即释放,发给释放证明。

第八十七条 公安机关要求逮捕犯罪嫌疑人的时候,应当写出提请批准逮捕书,连同案卷材料、证据,一并移送同级人民检察院审查批准。必要的时候,人民检察院可以派人参加公安机关对于重大案件的讨论。

第八十八条 人民检察院审查批准逮捕,可以讯问犯罪嫌疑人;有下列情形之一的,应当讯问犯罪嫌疑人:

(一)对是否符合逮捕条件有疑问的;

(二)犯罪嫌疑人要求向检察人员当面陈述的;

(三)侦查活动可能有重大违法行为的。

人民检察院审查批准逮捕,可以询问证人等诉讼参与人,听取辩护律师的意见;辩护律师提出要求的,应当听取辩护律师的意见。

第八十九条 人民检察院审查批准逮捕犯罪嫌疑人由检察长决定。重大案件应当提交检察委员会讨论决定。

第九十条 人民检察院对于公安机关提请

批准逮捕的案件进行审查后，应当根据情况分别作出批准逮捕或者不批准逮捕的决定。对于批准逮捕的决定，公安机关应当立即执行，并且将执行情况及时通知人民检察院。对于不批准逮捕的，人民检察院应当说明理由，需要补充侦查的，应当同时通知公安机关。

第九十一条 公安机关对被拘留的人，认为需要逮捕的，应当在拘留后的三日以内，提请人民检察院审查批准。在特殊情况下，提请审查批准的时间可以延长一日至四日。

对于流窜作案、多次作案、结伙作案的重大嫌疑分子，提请审查批准的时间可以延长至三十日。

人民检察院应当自接到公安机关提请批准逮捕书后的七日以内，作出批准逮捕或者不批准逮捕的决定。人民检察院不批准逮捕的，公安机关应当在接到通知后立即释放，并且将执行情况及时通知人民检察院。对于需要继续侦查，并且符合取保候审、监视居住条件的，依法取保候审或者监视居住。

第九十二条 公安机关对人民检察院不批准逮捕的决定，认为有错误的时候，可以要求复议，但是必须将被拘留的人立即释放。如果意见不被接受，可以向上一级人民检察院提请复核。上级人民检察院应当立即复核，作出是否变更的决定，通知下级人民检察院和公安机关执行。

第九十三条 公安机关逮捕人的时候，必须出示逮捕证。

逮捕后，应当立即将被逮捕人送看守所羁押。除无法通知的以外，应当在逮捕后二十四小时以内，通知被逮捕人的家属。

第九十四条 人民法院、人民检察院对于各自决定逮捕的人，公安机关对于经人民检察院批准逮捕的人，都必须在逮捕后的二十四小时以内进行讯问。在发现不应当逮捕的时候，必须立即释放，发给释放证明。

第九十五条 犯罪嫌疑人、被告人被逮捕后，人民检察院仍应当对羁押的必要性进行审查。对不需要继续羁押的，应当建议予以释放或者变更强制措施。有关机关应当在十日以内将处理情况通知人民检察院。

第九十六条 人民法院、人民检察院和公安机关如果发现对犯罪嫌疑人、被告人采取强制措施不当的，应当及时撤销或者变更。公安机关释放被逮捕的人或者变更逮捕措施的，应当通知原批准的人民检察院。

第九十七条 犯罪嫌疑人、被告人及其法定代理人、近亲属或者辩护人有权申请变更强制措施。人民法院、人民检察院和公安机关收到申请后，应当在三日以内作出决定；不同意变更强制措施的，应当告知申请人，并说明不同意的理由。

第九十八条 犯罪嫌疑人、被告人被羁押的案件，不能在本法规定的侦查羁押、审查起诉、一审、二审期限内办结的，对犯罪嫌疑人、被告人应当予以释放；需要继续查证、审理的，对犯罪嫌疑人、被告人可以取保候审或者监视居住。

第九十九条 人民法院、人民检察院或者公安机关对被采取强制措施法定期限届满的犯罪嫌疑人、被告人，应当予以释放、解除取保候审、监视居住或者依法变更强制措施。犯罪嫌疑人、被告人及其法定代理人、近亲属或者辩护人对于人民法院、人民检察院或者公安机关采取强制措施法定期限届满的，有权要求解除强制措施。

第一百条 人民检察院在审查批准逮捕工作中，如果发现公安机关的侦查活动有违法情况，应当通知公安机关予以纠正，公安机关应当将纠正情况通知人民检察院。

第七章 附带民事诉讼

第一百零一条 被害人由于被告人的犯罪行为而遭受物质损失的，在刑事诉讼过程中，有权提起附带民事诉讼。被害人死亡或者丧失行为能力的，被害人的法定代理人、近亲属有权提起附带民事诉讼。

如果是国家财产、集体财产遭受损失的，人民检察院在提起公诉的时候，可以提起附带民事诉讼。

第一百零二条 人民法院在必要的时候，可以采取保全措施，查封、扣押或者冻结被告人的财产。附带民事诉讼原告人或者人民检察院可以申请人民法院采取保全措施。人民法院采取保全措施，适用民事诉讼法的有关规定。

第一百零三条 人民法院审理附带民事诉讼案件，可以进行调解，或者根据物质损失情况作出判决、裁定。

第一百零四条 附带民事诉讼应当同刑事案件一并审判，只有为了防止刑事案件审判的过分迟延，才可以在刑事案件审判后，由同一审判组织继续审理附带民事诉讼。

第八章 期间、送达

第一百零五条 期间以时、日、月计算。

期间开始的时和日不算在期间以内。

法定期间不包括路途上的时间。上诉状或者其他文件在期满前已经交邮的，不算过期。

期间的最后一日为节假日的，以节假日后的第一日为期满日期，但犯罪嫌疑人、被告人或者罪犯在押期间，应当至期满之日为止，不得因节假日而延长。

第一百零六条 当事人由于不能抗拒的原因或者有其他正当理由而耽误期限的，在障碍消除后五日以内，可以申请继续进行应当在期满以前完成的诉讼活动。

前款申请是否准许，由人民法院裁定。

第一百零七条 送达传票、通知书和其他诉讼文件应当交给收件人本人；如果本人不在，可以交给他的成年家属或者所在单位的负责人员代收。

收件人本人或者代收人拒绝接收或者拒绝签名、盖章的时候，送达人可以邀请他的邻居或者其他见证人到场，说明情况，把文件留在他的住处，在送达证上记明拒绝的事由、送达的日期，由送达人签名，即认为已经送达。

第九章 其他规定

第一百零八条 本法下列用语的含意是：

（一）"侦查"是指公安机关、人民检察院对于刑事案件，依照法律进行的收集证据、查明案情的工作和有关的强制性措施；

（二）"当事人"是指被害人、自诉人、犯罪嫌疑人、被告人、附带民事诉讼的原告人和被告人；

（三）"法定代理人"是指被代理人的父母、养父母、监护人和负有保护责任的机关、团体的代表；

（四）"诉讼参与人"是指当事人、法定代理人、诉讼代理人、辩护人、证人、鉴定人和翻译人员；

（五）"诉讼代理人"是指公诉案件的被害人及其法定代理人或者近亲属、自诉案件的自诉人及其法定代理人委托代为参加诉讼的人和附带民事诉讼的当事人及其法定代理人委托代为参加诉讼的人；

（六）"近亲属"是指夫、妻、父、母、子、女、同胞兄弟姊妹。

第二编 立案、侦查和提起公诉

第一章 立 案

第一百零九条 公安机关或者人民检察院发现犯罪事实或者犯罪嫌疑人，应当按照管辖范围，立案侦查。

第一百一十条 任何单位和个人发现有犯罪事实或者犯罪嫌疑人，有权利也有义务向公安机关、人民检察院或者人民法院报案或者举报。

被害人对侵犯其人身、财产权利的犯罪事实或者犯罪嫌疑人，有权向公安机关、人民检察院或者人民法院报案或者控告。

公安机关、人民检察院或者人民法院对于报案、控告、举报，都应当接受。对于不属于自己管辖的，应当移送主管机关处理，并且通知报案人、控告人、举报人；对于不属于自己管辖而又必须采取紧急措施的，应当先采取紧急措施，然后移送主管机关。

犯罪人向公安机关、人民检察院或者人民法院自首的，适用第三款规定。

第一百一十一条 报案、控告、举报可以用书面或者口头提出。接受口头报案、控告、举报的工作人员，应当写成笔录，经宣读无误后，由报案人、控告人、举报人签名或者盖章。

接受控告、举报的工作人员，应当向控告人、举报人说明诬告应负的法律责任。但是，只要不是捏造事实，伪造证据，即使控告、举报的事实有出入，甚至是错告的，也要和诬告严格加以区别。

公安机关、人民检察院或者人民法院应当保障报案人、控告人、举报人及其近亲属的安全。报案人、控告人、举报人如果不愿公开自己的姓名和报案、控告、举报的行为，应当为他保守秘密。

第一百一十二条 人民法院、人民检察院或者公安机关对于报案、控告、举报和自首的材料，应当按照管辖范围，迅速进行审查，认为有犯罪事实需要追究刑事责任的时候，应当立案；认为没有犯罪事实，或者犯罪事实显著轻微，不需要追究刑事责任的时候，不予立案，并且将不立案的原因通知控告人。控告人如果不服，可以申请复议。

第一百一十三条 人民检察院认为公安机关对应当立案侦查的案件而不立案侦查的，或者被害人认为公安机关对应当立案侦查的案件而不立案侦查，向人民检察院提出的，人民检察院应当要求公安机关说明不立案的理由。人民检察院认为公安机关不立案理由不能成立的，应当通知公安机关立案，公安机关接到通知后应当立案。

第一百一十四条 对于自诉案件，被害人有权向人民法院直接起诉。被害人死亡或者丧失行为能力的，被害人的法定代理人、近亲属有权向人民法院起诉。人民法院应当依法受理。

第二章 侦　　查

第一节 一般规定

第一百一十五条 公安机关对已经立案的刑事案件，应当进行侦查，收集、调取犯罪嫌疑人有罪或者无罪、罪轻或者罪重的证据材料。对现行犯或者重大嫌疑分子可以依法先行拘留，对符合逮捕条件的犯罪嫌疑人，应当依法逮捕。

第一百一十六条 公安机关经过侦查，对有证据证明有犯罪事实的案件，应当进行预审，对收集、调取的证据材料予以核实。

第一百一十七条 当事人和辩护人、诉讼代理人、利害关系人对于司法机关及其工作人员有下列行为之一的，有权向该机关申诉或者控告：

（一）采取强制措施法定期限届满，不予以释放、解除或者变更的；

（二）应当退还取保候审保证金不退还的；

（三）对与案件无关的财物采取查封、扣押、冻结措施的；

（四）应当解除查封、扣押、冻结不解除的；

（五）贪污、挪用、私分、调换、违反规定使用查封、扣押、冻结的财物的。

受理申诉或者控告的机关应当及时处理。对处理不服的，可以向同级人民检察院申诉；人民检察院直接受理的案件，可以向上一级人民检察院申诉。人民检察院对申诉应当及时进行审查，情况属实的，通知有关机关予以纠正。

第二节 讯问犯罪嫌疑人

第一百一十八条 讯问犯罪嫌疑人必须由人民检察院或者公安机关的侦查人员负责进行。讯问的时候，侦查人员不得少于二人。

犯罪嫌疑人被送交看守所羁押以后，侦查人员对其进行讯问，应当在看守所内进行。

第一百一十九条 对不需要逮捕、拘留的犯罪嫌疑人，可以传唤到犯罪嫌疑人所在市、县内的指定地点或者到他的住处进行讯问，但是应当出示人民检察院或者公安机关的证明文件。对在现场发现的犯罪嫌疑人，经出示工作证件，可以口头传唤，但应当在讯问笔录中注明。

传唤、拘传持续的时间不得超过十二小时；案情特别重大、复杂，需要采取拘留、逮捕措施的，传唤、拘传持续的时间不得超过二十四小时。

不得以连续传唤、拘传的形式变相拘禁犯罪嫌疑人。传唤、拘传犯罪嫌疑人，应当保证犯罪嫌疑人的饮食和必要的休息时间。

第一百二十条 侦查人员在讯问犯罪嫌疑人的时候，应当首先讯问犯罪嫌疑人是否有犯罪行为，让他陈述有罪的情节或者无罪的辩解，然后向他提出问题。犯罪嫌疑人对侦查人员的提问，应当如实回答。但是对与本案无关的问题，有拒绝回答的权利。

侦查人员在讯问犯罪嫌疑人的时候，应当告知犯罪嫌疑人享有的诉讼权利，如实供述自己罪行可以从宽处理和认罪认罚的法律规定。

第一百二十一条 讯问聋、哑的犯罪嫌疑人，应当有通晓聋、哑手势的人参加，并且将这种情况记明笔录。

第一百二十二条 讯问笔录应当交犯罪嫌疑人核对，对于没有阅读能力的，应当向他宣读。如果记载有遗漏或者差错，犯罪嫌疑人可以提出补充或者改正。犯罪嫌疑人承认笔录没有错误后，应当签名或者盖章。侦查人员也应当在笔录上签名。犯罪嫌疑人请求自行书写供述的，应当准许。必要的时候，侦查人员也可以要犯罪嫌疑人亲笔书写供词。

第一百二十三条 侦查人员在讯问犯罪嫌疑人的时候，可以对讯问过程进行录音或者录像；对于可能判处无期徒刑、死刑的案件或者其他重大犯罪案件，应当对讯问过程进行录音或者录像。

录音或者录像应当全程进行，保持完整性。

第三节 询问证人

第一百二十四条 侦查人员询问证人，可以在现场进行，也可以到证人所在单位、住处或者证人提出的地点进行，在必要的时候，可以通知证人到人民检察院或者公安机关提供证言。在现场询问证人，应当出示工作证件，到证人所在单位、住处或者证人提出的地点询问证人，应当出示人民检察院或者公安机关的证明文件。

询问证人应当个别进行。

第一百二十五条 询问证人，应当告知他应当如实地提供证据、证言和有意作伪证或者隐匿罪证要负的法律责任。

第一百二十六条 本法第一百二十二条的规定，也适用于询问证人。

第一百二十七条 询问被害人，适用本节各条规定。

第四节 勘验、检查

第一百二十八条 侦查人员对于与犯罪有关的场所、物品、人身、尸体应当进行勘验或者检查。在必要的时候，可以指派或者聘请具有专门知识的人，在侦查人员的主持下进行勘验、检查。

第一百二十九条 任何单位和个人，都有义务保护犯罪现场，并且立即通知公安机关派员勘验。

第一百三十条 侦查人员执行勘验、检查，必须持有人民检察院或者公安机关的证明文件。

第一百三十一条 对于死因不明的尸体，公安机关有权决定解剖，并且通知死者家属到场。

第一百三十二条 为了确定被害人、犯罪嫌疑人的某些特征、伤害情况或者生理状态，可以对人身进行检查，可以提取指纹信息，采集血液、尿液等生物样本。

犯罪嫌疑人如果拒绝检查，侦查人员认为必要的时候，可以强制检查。

检查妇女的身体，应当由女工作人员或者医师进行。

第一百三十三条 勘验、检查的情况应当写成笔录，由参加勘验、检查的人和见证人签名或者盖章。

第一百三十四条 人民检察院审查案件的时候，对公安机关的勘验、检查，认为需要复验、复查时，可以要求公安机关复验、复查，并且可以派检察人员参加。

第一百三十五条 为了查明案情，在必要的时候，经公安机关负责人批准，可以进行侦查实验。

侦查实验的情况应当写成笔录，由参加实验的人签名或者盖章。

侦查实验，禁止一切足以造成危险、侮辱人格或者有伤风化的行为。

第五节　搜　　查

第一百三十六条　为了收集犯罪证据、查获犯罪人，侦查人员可以对犯罪嫌疑人以及可能隐藏罪犯或者犯罪证据的人的身体、物品、住处和其他有关的地方进行搜查。

第一百三十七条　任何单位和个人，有义务按照人民检察院和公安机关的要求，交出可以证明犯罪嫌疑人有罪或者无罪的物证、书证、视听资料等证据。

第一百三十八条　进行搜查，必须向被搜查人出示搜查证。

在执行逮捕、拘留的时候，遇有紧急情况，不另用搜查证也可以进行搜查。

第一百三十九条　在搜查的时候，应当有被搜查人或者他的家属，邻居或者其他见证人在场。

搜查妇女的身体，应当由女工作人员进行。

第一百四十条　搜查的情况应当写成笔录，由侦查人员和被搜查人或者他的家属，邻居或者其他见证人签名或者盖章。如果被搜查人或者他的家属在逃或者拒绝签名、盖章，应当在笔录上注明。

第六节　查封、扣押物证、书证

第一百四十一条　在侦查活动中发现的可用以证明犯罪嫌疑人有罪或者无罪的各种财物、文件，应当查封、扣押；与案件无关的财物、文件，不得查封、扣押。

对查封、扣押的财物、文件，要妥善保管或者封存，不得使用、调换或者损毁。

第一百四十二条　对查封、扣押的财物、文件，应当会同在场见证人和被查封、扣押财物、文件持有人查点清楚，当场开列清单一式二份，由侦查人员、见证人和持有人签名或者盖章，一份交给持有人，另一份附卷备查。

第一百四十三条　侦查人员认为需要扣押犯罪嫌疑人的邮件、电报的时候，经公安机关或者人民检察院批准，即可通知邮电机关将有关的邮件、电报检交扣押。

不需要继续扣押的时候，应即通知邮电机关。

第一百四十四条　人民检察院、公安机关根据侦查犯罪的需要，可以依照规定查询、冻结犯罪嫌疑人的存款、汇款、债券、股票、基金份额等财产。有关单位和个人应当配合。

犯罪嫌疑人的存款、汇款、债券、股票、基金份额等财产已被冻结的，不得重复冻结。

第一百四十五条　对查封、扣押的财物、文件、邮件、电报或者冻结的存款、汇款、债券、股票、基金份额等财产，经查明确实与案件无关的，应当在三日以内解除查封、扣押、冻结，予以退还。

第七节　鉴　　定

第一百四十六条　为了查明案情，需要解决案件中某些专门性问题的时候，应当指派、聘请有专门知识的人进行鉴定。

第一百四十七条　鉴定人进行鉴定后，应当写出鉴定意见，并且签名。

鉴定人故意作虚假鉴定的，应当承担法律责任。

第一百四十八条　侦查机关应当将用作证据的鉴定意见告知犯罪嫌疑人、被害人。如果犯罪嫌疑人、被害人提出申请，可以补充鉴定或者重新鉴定。

第一百四十九条　对犯罪嫌疑人作精神病鉴定的期间不计入办案期限。

第八节　技术侦查措施

第一百五十条　公安机关在立案后，对于危害国家安全犯罪、恐怖活动犯罪、黑社会性质的组织犯罪、重大毒品犯罪或者其他严重危害社会的犯罪案件，根据侦查犯罪的需要，经过严格的批准手续，可以采取技术侦查措施。

人民检察院在立案后，对于利用职权实施的严重侵犯公民人身权利的重大犯罪案件，根据侦查犯罪的需要，经过严格的批准手续，可以采取技术侦查措施，按照规定交有关机关执行。

追捕被通缉或者批准、决定逮捕的在逃的犯罪嫌疑人、被告人，经过批准，可以采取追捕所必需的技术侦查措施。

第一百五十一条 批准决定应当根据侦查犯罪的需要，确定采取技术侦查措施的种类和适用对象。批准决定自签发之日起三个月以内有效。对于不需要继续采取技术侦查措施的，应当及时解除；对于复杂、疑难案件，期限届满仍有必要继续采取技术侦查措施的，经过批准，有效期可以延长，每次不得超过三个月。

第一百五十二条 采取技术侦查措施，必须严格按照批准的措施种类、适用对象和期限执行。

侦查人员对采取技术侦查措施过程中知悉的国家秘密、商业秘密和个人隐私，应当保密；对采取技术侦查措施获取的与案件无关的材料，必须及时销毁。

采取技术侦查措施获取的材料，只能用于对犯罪的侦查、起诉和审判，不得用于其他用途。

公安机关依法采取技术侦查措施，有关单位和个人应当配合，并对有关情况予以保密。

第一百五十三条 为了查明案情，在必要的时候，经公安机关负责人决定，可以由有关人员隐匿其身份实施侦查。但是，不得诱使他人犯罪，不得采用可能危害公共安全或者发生重大人身危险的方法。

对涉及给付毒品等违禁品或者财物的犯罪活动，公安机关根据侦查犯罪的需要，可以依照规定实施控制下交付。

第一百五十四条 依照本节规定采取侦查措施收集的材料在刑事诉讼中可以作为证据使用。如果使用该证据可能危及有关人员的人身安全，或者可能产生其他严重后果的，应当采取不暴露有关人员身份、技术方法等保护措施，必要的时候，可以由审判人员在庭外对证据进行核实。

第九节　通　　缉

第一百五十五条 应当逮捕的犯罪嫌疑人如果在逃，公安机关可以发布通缉令，采取有效措施，追捕归案。

各级公安机关在自己管辖的地区以内，可以直接发布通缉令；超出自己管辖的地区，应当报请有权决定的上级机关发布。

第十节　侦查终结

第一百五十六条 对犯罪嫌疑人逮捕后的侦查羁押期限不得超过二个月。案情复杂、期限届满不能终结的案件，可以经上一级人民检察院批准延长一个月。

第一百五十七条 因为特殊原因，在较长时间内不宜交付审判的特别重大复杂的案件，由最高人民检察院报请全国人民代表大会常务委员会批准延期审理。

第一百五十八条 下列案件在本法第一百五十六条规定的期限届满不能侦查终结的，经省、自治区、直辖市人民检察院批准或者决定，可以延长二个月：

（一）交通十分不便的边远地区的重大复杂案件；

（二）重大的犯罪集团案件；

（三）流窜作案的重大复杂案件；

（四）犯罪涉及面广，取证困难的重大复杂案件。

第一百五十九条 对犯罪嫌疑人可能判处十年有期徒刑以上刑罚，依照本法第一百五十八条规定延长期限届满，仍不能侦查终结的，经省、自治区、直辖市人民检察院批准或者决定，可以再延长二个月。

第一百六十条 在侦查期间，发现犯罪嫌疑人另有重要罪行的，自发现之日起依照本法第一百五十六条的规定重新计算侦查羁押期限。

犯罪嫌疑人不讲真实姓名、住址，身份不明

的，应当对其身份进行调查，侦查羁押期限自查清其身份之日起计算，但是不得停止对其犯罪行为的侦查取证。对于犯罪事实清楚，证据确实、充分，确实无法查明其身份的，也可以按其自报的姓名起诉、审判。

第一百六十一条 在案件侦查终结前，辩护律师提出要求的，侦查机关应当听取辩护律师的意见，并记录在案。辩护律师提出书面意见的，应当附卷。

第一百六十二条 公安机关侦查终结的案件，应当做到犯罪事实清楚，证据确实、充分，并且写出起诉意见书，连同案卷材料、证据一并移送同级人民检察院审查决定；同时将案件移送情况告知犯罪嫌疑人及其辩护律师。

犯罪嫌疑人自愿认罪的，应当记录在案，随案移送，并在起诉意见书中写明有关情况。

第一百六十三条 在侦查过程中，发现不应对犯罪嫌疑人追究刑事责任的，应当撤销案件；犯罪嫌疑人已被逮捕的，应当立即释放，发给释放证明，并且通知原批准逮捕的人民检察院。

第十一节 人民检察院对直接受理的案件的侦查

第一百六十四条 人民检察院对直接受理的案件的侦查适用本章规定。

第一百六十五条 人民检察院直接受理的案件中符合本法第八十一条、第八十二条第四项、第五项规定情形，需要逮捕、拘留犯罪嫌疑人的，由人民检察院作出决定，由公安机关执行。

第一百六十六条 人民检察院对直接受理的案件中被拘留的人，应当在拘留后的二十四小时以内进行讯问。在发现不应当拘留的时候，必须立即释放，发给释放证明。

第一百六十七条 人民检察院对直接受理的案件中被拘留的人，认为需要逮捕的，应当在十四日以内作出决定。在特殊情况下，决定逮捕的时间可以延长一日至三日。对不需要逮捕的，应当立即释放；对需要继续侦查，并且符合取保候审、监视居住条件的，依法取保候审或者监视居住。

第一百六十八条 人民检察院侦查终结的案件，应当作出提起公诉、不起诉或者撤销案件的决定。

第三章 提起公诉

第一百六十九条 凡需要提起公诉的案件，一律由人民检察院审查决定。

第一百七十条 人民检察院对于监察机关移送起诉的案件，依照本法和监察法的有关规定进行审查。人民检察院经审查，认为需要补充核实的，应当退回监察机关补充调查，必要时可以自行补充侦查。

对于监察机关移送起诉的已采取留置措施的案件，人民检察院应当对犯罪嫌疑人先行拘留，留置措施自动解除。人民检察院应当在拘留后的十日以内作出是否逮捕、取保候审或者监视居住的决定。在特殊情况下，决定的时间可以延长一日至四日。人民检察院决定采取强制措施的期间不计入审查起诉期限。

第一百七十一条 人民检察院审查案件的时候，必须查明：

（一）犯罪事实、情节是否清楚，证据是否确实、充分，犯罪性质和罪名的认定是否正确；

（二）有无遗漏罪行和其他应当追究刑事责任的人；

（三）是否属于不应追究刑事责任的；

（四）有无附带民事诉讼；

（五）侦查活动是否合法。

第一百七十二条 人民检察院对于监察机关、公安机关移送起诉的案件，应当在一个月以内作出决定，重大、复杂的案件，可以延长十五日；犯罪嫌疑人认罪认罚，符合速裁程序适用条件的，应当在十日以内作出决定，对可能判处的有期徒刑超过一年的，可以延长至十五日。

人民检察院审查起诉的案件，改变管辖的，从改变后的人民检察院收到案件之日起计算审查起诉期限。

第一百七十三条 人民检察院审查案件，

应当讯问犯罪嫌疑人，听取辩护人或者值班律师、被害人及其诉讼代理人的意见，并记录在案。辩护人或者值班律师、被害人及其诉讼代理人提出书面意见的，应当附卷。

犯罪嫌疑人认罪认罚的，人民检察院应当告知其享有的诉讼权利和认罪认罚的法律规定，听取犯罪嫌疑人、辩护人或者值班律师、被害人及其诉讼代理人对下列事项的意见，并记录在案：

（一）涉嫌的犯罪事实、罪名及适用的法律规定；

（二）从轻、减轻或者免除处罚等从宽处罚的建议；

（三）认罪认罚后案件审理适用的程序；

（四）其他需要听取意见的事项。

人民检察院依照前两款规定听取值班律师意见的，应当提前为值班律师了解案件有关情况提供必要的便利。

第一百七十四条 犯罪嫌疑人自愿认罪，同意量刑建议和程序适用的，应当在辩护人或者值班律师在场的情况下签署认罪认罚具结书。

犯罪嫌疑人认罪认罚，有下列情形之一的，不需要签署认罪认罚具结书：

（一）犯罪嫌疑人是盲、聋、哑人，或者是尚未完全丧失辨认或者控制自己行为能力的精神病人的；

（二）未成年犯罪嫌疑人的法定代理人、辩护人对未成年人认罪认罚有异议的；

（三）其他不需要签署认罪认罚具结书的情形。

第一百七十五条 人民检察院审查案件，可以要求公安机关提供法庭审判所必需的证据材料；认为可能存在本法第五十六条规定的以非法方法收集证据情形的，可以要求其对证据收集的合法性作出说明。

人民检察院审查案件，对于需要补充侦查的，可以退回公安机关补充侦查，也可以自行侦查。

对于补充侦查的案件，应当在一个月以内补充侦查完毕。补充侦查以二次为限。补充侦查完毕移送人民检察院后，人民检察院重新计算审查起诉期限。

对于二次补充侦查的案件，人民检察院仍然认为证据不足，不符合起诉条件的，应当作出不起诉的决定。

第一百七十六条 人民检察院认为犯罪嫌疑人的犯罪事实已经查清，证据确实、充分，依法应当追究刑事责任的，应当作出起诉决定，按照审判管辖的规定，向人民法院提起公诉，并将案卷材料、证据移送人民法院。

犯罪嫌疑人认罪认罚的，人民检察院应当就主刑、附加刑、是否适用缓刑等提出量刑建议，并随案移送认罪认罚具结书等材料。

第一百七十七条 犯罪嫌疑人没有犯罪事实，或者有本法第十六条规定的情形之一的，人民检察院应当作出不起诉决定。

对于犯罪情节轻微，依照刑法规定不需要判处刑罚或者免除刑罚的，人民检察院可以作出不起诉决定。

人民检察院决定不起诉的案件，应当同时对侦查中查封、扣押、冻结的财物解除查封、扣押、冻结。对被不起诉人需要给予行政处罚、处分或者需要没收其违法所得的，人民检察院应当提出检察意见，移送有关主管机关处理。有关主管机关应当将处理结果及时通知人民检察院。

第一百七十八条 不起诉的决定，应当公开宣布，并且将不起诉决定书送达被不起诉人和他的所在单位。如果被不起诉人在押，应当立即释放。

第一百七十九条 对于公安机关移送起诉的案件，人民检察院决定不起诉的，应当将不起诉决定书送达公安机关。公安机关认为不起诉的决定有错误的时候，可以要求复议，如果意见不被接受，可以向上一级人民检察院提请复核。

第一百八十条 对于有被害人的案件，决定不起诉的，人民检察院应当将不起诉决定书送达被害人。被害人如果不服，可以自收到决定书后七日以内向上一级人民检察院申诉，请求提起公诉。人民检察院应当将复查决定告知被害人。对人民检察院维持不起诉决定的，被害人可以向人民法院起诉。被害人也可以不经申诉，直接向人民法院起诉。人民法院受理案件后，人民检察院应当将有关案件材料移送人民法院。

第一百八十一条 对于人民检察院依照本法第一百七十七条第二款规定作出的不起诉决定，被不起诉人如果不服，可以自收到决定书后七日以内向人民检察院申诉。人民检察院应当作出复查决定，通知被不起诉的人，同时抄送公安机关。

第一百八十二条 犯罪嫌疑人自愿如实供述涉嫌犯罪的事实，有重大立功或者案件涉及国家重大利益的，经最高人民检察院核准，公安机关可以撤销案件，人民检察院可以作出不起诉决定，也可以对涉嫌数罪中的一项或者多项不起诉。

根据前款规定不起诉或者撤销案件的，人民检察院、公安机关应当及时对查封、扣押、冻结的财物及其孳息作出处理。

第三编 审 判

第一章 审判组织

第一百八十三条 基层人民法院、中级人民法院审判第一审案件，应当由审判员三人或者由审判员和人民陪审员共三人或者七人组成合议庭进行，但是基层人民法院适用简易程序、速裁程序的案件可以由审判员一人独任审判。

高级人民法院审判第一审案件，应当由审判员三人至七人或者由审判员和人民陪审员共三人或者七人组成合议庭进行。

最高人民法院审判第一审案件，应当由审判员三人至七人组成合议庭进行。

人民法院审判上诉和抗诉案件，由审判员三人或者五人组成合议庭进行。

合议庭的成员人数应当是单数。

第一百八十四条 合议庭进行评议的时候，如果意见分歧，应当按多数人的意见作出决定，但是少数人的意见应当写入笔录。评议笔录由合议庭的组成人员签名。

第一百八十五条 合议庭开庭审理并且评议后，应当作出判决。对于疑难、复杂、重大的案件，合议庭认为难以作出决定的，由合议庭提请院长决定提交审判委员会讨论决定。审判委员会的决定，合议庭应当执行。

第二章 第一审程序

第一节 公 诉 案 件

第一百八十六条 人民法院对提起公诉的案件进行审查后，对于起诉书中有明确的指控犯罪事实的，应当决定开庭审判。

第一百八十七条 人民法院决定开庭审判后，应当确定合议庭的组成人员，将人民检察院的起诉书副本至迟在开庭十日以前送达被告人及其辩护人。

在开庭以前，审判人员可以召集公诉人、当事人和辩护人、诉讼代理人，对回避、出庭证人名单、非法证据排除等与审判相关的问题，了解情况，听取意见。

人民法院确定开庭日期后，应当将开庭的时间、地点通知人民检察院，传唤当事人，通知辩护人、诉讼代理人、证人、鉴定人和翻译人员，传票和通知书至迟在开庭三日以前送达。公开审判的案件，应当在开庭三日以前先期公布案由、被告人姓名、开庭时间和地点。

上述活动情形应当写入笔录，由审判人员和书记员签名。

第一百八十八条 人民法院审判第一审案件应当公开进行。但是有关国家秘密或者个人隐私的案件，不公开审理；涉及商业秘密的案件，当事人申请不公开审理的，可以不公开审理。

不公开审理的案件，应当当庭宣布不公开审理的理由。

第一百八十九条 人民法院审判公诉案件，人民检察院应当派员出席法庭支持公诉。

第一百九十条 开庭的时候，审判长查明当事人是否到庭，宣布案由；宣布合议庭的组成人员、书记员、公诉人、辩护人、诉讼代理人、鉴定人和翻译人员的名单;告知当事人有权对合议庭组成人员、书记员、公诉人、鉴定人和翻译人员申请回避;告知被告人享有辩护权利。

被告人认罪认罚的,审判长应当告知被告人享有的诉讼权利和认罪认罚的法律规定,审查认罪认罚的自愿性和认罪认罚具结书内容的真实性、合法性。

第一百九十一条 公诉人在法庭上宣读起诉书后,被告人、被害人可以就起诉书指控的犯罪进行陈述,公诉人可以讯问被告人。

被害人、附带民事诉讼的原告人和辩护人、诉讼代理人,经审判长许可,可以向被告人发问。

审判人员可以讯问被告人。

第一百九十二条 公诉人、当事人或者辩护人、诉讼代理人对证人证言有异议,且该证人证言对案件定罪量刑有重大影响,人民法院认为证人有必要出庭作证的,证人应当出庭作证。

人民警察就其执行职务时目击的犯罪情况作为证人出庭作证,适用前款规定。

公诉人、当事人或者辩护人、诉讼代理人对鉴定意见有异议,人民法院认为鉴定人有必要出庭的,鉴定人应当出庭作证。经人民法院通知,鉴定人拒不出庭作证的,鉴定意见不得作为定案的根据。

第一百九十三条 经人民法院通知,证人没有正当理由不出庭作证的,人民法院可以强制其到庭,但是被告人的配偶、父母、子女除外。

证人没有正当理由拒绝出庭或者出庭后拒绝作证的,予以训诫,情节严重的,经院长批准,处以十日以下的拘留。被处罚人对拘留决定不服的,可以向上一级人民法院申请复议。复议期间不停止执行。

第一百九十四条 证人作证,审判人员应当告知他要如实地提供证言和有意作伪证或者隐匿罪证要负的法律责任。公诉人、当事人和辩护人、诉讼代理人经审判长许可,可以对证人、鉴定人发问。审判长认为发问的内容与案件无关的时候,应当制止。

审判人员可以询问证人、鉴定人。

第一百九十五条 公诉人、辩护人应当向法庭出示物证,让当事人辨认,对未到庭的证人的证言笔录、鉴定人的鉴定意见、勘验笔录和其他作为证据的文书,应当当庭宣读。审判人员应当听取公诉人、当事人和辩护人、诉讼代理人的意见。

第一百九十六条 法庭审理过程中,合议庭对证据有疑问的,可以宣布休庭,对证据进行调查核实。

人民法院调查核实证据,可以进行勘验、检查、查封、扣押、鉴定和查询、冻结。

第一百九十七条 法庭审理过程中,当事人和辩护人、诉讼代理人有权申请通知新的证人到庭,调取新的物证,申请重新鉴定或者勘验。

公诉人、当事人和辩护人、诉讼代理人可以申请法庭通知有专门知识的人出庭,就鉴定人作出的鉴定意见提出意见。

法庭对于上述申请,应当作出是否同意的决定。

第二款规定的有专门知识的人出庭,适用鉴定人的有关规定。

第一百九十八条 法庭审理过程中,对与定罪、量刑有关的事实、证据都应当进行调查、辩论。

经审判长许可,公诉人、当事人和辩护人、诉讼代理人可以对证据和案件情况发表意见并且可以互相辩论。

审判长在宣布辩论终结后,被告人有最后陈述的权利。

第一百九十九条 在法庭审判过程中,如果诉讼参与人或者旁听人员违反法庭秩序,审判长应当警告制止。对不听制止的,可以强行带出法庭;情节严重的,处以一千元以下的罚款或者十五日以下的拘留。罚款、拘留必须经院长批准。被处罚人对罚款、拘留的决定不服的,可以向上一级人民法院申请复议。复议期间不停止执行。

对聚众哄闹、冲击法庭或者侮辱、诽谤、威胁、殴打司法工作人员或者诉讼参与人,严重扰乱法庭秩序，构成犯罪的，依法追究刑事责任。

第二百条 在被告人最后陈述后，审判长宣布休庭，合议庭进行评议，根据已经查明的事实、证据和有关的法律规定，分别作出以下判决：

（一）案件事实清楚，证据确实、充分，依据法律认定被告人有罪的，应当作出有罪判决；

（二）依据法律认定被告人无罪的，应当作出无罪判决；

（三）证据不足，不能认定被告人有罪的，应当作出证据不足、指控的犯罪不能成立的无罪判决。

第二百零一条 对于认罪认罚案件，人民法院依法作出判决时，一般应当采纳人民检察院指控的罪名和量刑建议，但有下列情形的除外：

（一）被告人的行为不构成犯罪或者不应当追究其刑事责任的；

（二）被告人违背意愿认罪认罚的；

（三）被告人否认指控的犯罪事实的；

（四）起诉指控的罪名与审理认定的罪名不一致的；

（五）其他可能影响公正审判的情形。

人民法院经审理认为量刑建议明显不当，或者被告人、辩护人对量刑建议提出异议的，人民检察院可以调整量刑建议。人民检察院不调整量刑建议或者调整量刑建议后仍然明显不当的，人民法院应当依法作出判决。

第二百零二条 宣告判决，一律公开进行。

当庭宣告判决的，应当在五日以内将判决书送达当事人和提起公诉的人民检察院；定期宣告判决的，应当在宣告后立即将判决书送达当事人和提起公诉的人民检察院。判决书应当同时送达辩护人、诉讼代理人。

第二百零三条 判决书应当由审判人员和书记员署名，并且写明上诉的期限和上诉的法院。

第二百零四条 在法庭审判过程中，遇有下列情形之一，影响审判进行的，可以延期审理：

（一）需要通知新的证人到庭，调取新的物证，重新鉴定或者勘验的；

（二）检察人员发现提起公诉的案件需要补充侦查，提出建议的；

（三）由于申请回避而不能进行审判的。

第二百零五条 依照本法第二百零四条第二项的规定延期审理的案件，人民检察院应当在一个月以内补充侦查完毕。

第二百零六条 在审判过程中，有下列情形之一，致使案件在较长时间内无法继续审理的，可以中止审理：

（一）被告人患有严重疾病，无法出庭的；

（二）被告人脱逃的；

（三）自诉人患有严重疾病，无法出庭，未委托诉讼代理人出庭的；

（四）由于不能抗拒的原因。

中止审理的原因消失后，应当恢复审理。中止审理的期间不计入审理期限。

第二百零七条 法庭审判的全部活动，应当由书记员写成笔录，经审判长审阅后，由审判长和书记员签名。

法庭笔录中的证人证言部分，应当当庭宣读或者交给证人阅读。证人在承认没有错误后，应当签名或者盖章。

法庭笔录应当交给当事人阅读或者向他宣读。当事人认为记载有遗漏或者差错的，可以请求补充或者改正。当事人承认没有错误后，应当签名或者盖章。

第二百零八条 人民法院审理公诉案件，应当在受理后二个月以内宣判，至迟不得超过三个月。对于可能判处死刑的案件或者附带民事诉讼的案件，以及有本法第一百五十八条规定情形之一的，经上一级人民法院批准，可以延长三个月；因特殊情况还需要延长的，报请最高人民法院批准。

人民法院改变管辖的案件，从改变后的人民法院收到案件之日起计算审理期限。

人民检察院补充侦查的案件，补充侦查完毕移送人民法院后，人民法院重新计算审理期限。

第二百零九条 人民检察院发现人民法院审理案件违反法律规定的诉讼程序,有权向人民法院提出纠正意见。

第二节 自诉案件

第二百一十条 自诉案件包括下列案件:

(一)告诉才处理的案件;

(二)被害人有证据证明的轻微刑事案件;

(三)被害人有证据证明对被告人侵犯自己人身、财产权利的行为应当依法追究刑事责任,而公安机关或者人民检察院不予追究被告人刑事责任的案件。

第二百一十一条 人民法院对于自诉案件进行审查后,按照下列情形分别处理:

(一)犯罪事实清楚,有足够证据的案件,应当开庭审判;

(二)缺乏罪证的自诉案件,如果自诉人提不出补充证据,应当说服自诉人撤回自诉,或者裁定驳回。

自诉人经两次依法传唤,无正当理由拒不到庭的,或者未经法庭许可中途退庭的,按撤诉处理。

法庭审理过程中,审判人员对证据有疑问,需要调查核实的,适用本法第一百九十六条的规定。

第二百一十二条 人民法院对自诉案件,可以进行调解;自诉人在宣告判决前,可以同被告人自行和解或者撤回自诉。本法第二百一十条第三项规定的案件不适用调解。

人民法院审理自诉案件的期限,被告人被羁押的,适用本法第二百零八条第一款、第二款的规定;未被羁押的,应当在受理后六个月以内宣判。

第二百一十三条 自诉案件的被告人在诉讼过程中,可以对自诉人提起反诉。反诉适用自诉的规定。

第三节 简易程序

第二百一十四条 基层人民法院管辖的案件,符合下列条件的,可以适用简易程序审判:

(一)案件事实清楚、证据充分的;

(二)被告人承认自己所犯罪行,对指控的犯罪事实没有异议的;

(三)被告人对适用简易程序没有异议的。

人民检察院在提起公诉的时候,可以建议人民法院适用简易程序。

第二百一十五条 有下列情形之一的,不适用简易程序:

(一)被告人是盲、聋、哑人,或者是尚未完全丧失辨认或者控制自己行为能力的精神病人的;

(二)有重大社会影响的;

(三)共同犯罪案件中部分被告人不认罪或者对适用简易程序有异议的;

(四)其他不宜适用简易程序审理的。

第二百一十六条 适用简易程序审理案件,对可能判处三年有期徒刑以下刑罚的,可以组成合议庭进行审判,也可以由审判员一人独任审判;对可能判处的有期徒刑超过三年的,应当组成合议庭进行审判。

适用简易程序审理公诉案件,人民检察院应当派员出席法庭。

第二百一十七条 适用简易程序审理案件,审判人员应当询问被告人对指控的犯罪事实的意见,告知被告人适用简易程序审理的法律规定,确认被告人是否同意适用简易程序审理。

第二百一十八条 适用简易程序审理案件,经审判人员许可,被告人及其辩护人可以同公诉人、自诉人及其诉讼代理人互相辩论。

第二百一十九条 适用简易程序审理案件,不受本章第一节关于送达期限、讯问被告人、询问证人、鉴定人、出示证据、法庭辩论程序规定的限制。但在判决宣告前应当听取被告人的最后陈述意见。

第二百二十条 适用简易程序审理案件,人民法院应当在受理后二十日以内审结;对可能判处的有期徒刑超过三年的,可以延长至一个半月。

第二百二十一条 人民法院在审理过程

中，发现不宜适用简易程序的，应当按照本章第一节或者第二节的规定重新审理。

第四节　速裁程序

第二百二十二条　基层人民法院管辖的可能判处三年有期徒刑以下刑罚的案件，案件事实清楚，证据确实、充分，被告人认罪认罚并同意适用速裁程序的，可以适用速裁程序，由审判员一人独任审判。

人民检察院在提起公诉的时候，可以建议人民法院适用速裁程序。

第二百二十三条　有下列情形之一的，不适用速裁程序：

（一）被告人是盲、聋、哑人，或者是尚未完全丧失辨认或者控制自己行为能力的精神病人的；

（二）被告人是未成年人的；

（三）案件有重大社会影响的；

（四）共同犯罪案件中部分被告人对指控的犯罪事实、罪名、量刑建议或者适用速裁程序有异议的；

（五）被告人与被害人或者其法定代理人没有就附带民事诉讼赔偿等事项达成调解或者和解协议的；

（六）其他不宜适用速裁程序审理的。

第二百二十四条　适用速裁程序审理案件，不受本章第一节规定的送达期限的限制，一般不进行法庭调查、法庭辩论，但在判决宣告前应当听取辩护人的意见和被告人的最后陈述意见。

适用速裁程序审理案件，应当当庭宣判。

第二百二十五条　适用速裁程序审理案件，人民法院应当在受理后十日以内审结；对可能判处的有期徒刑超过一年的，可以延长至十五日。

第二百二十六条　人民法院在审理过程中，发现有被告人的行为不构成犯罪或者不应当追究其刑事责任、被告人违背意愿认罪认罚、被告人否认指控的犯罪事实或者其他不宜适用速裁程序审理的情形的，应当按照本章第一节或者第三节的规定重新审理。

第三章　第二审程序

第二百二十七条　被告人、自诉人和他们的法定代理人，不服地方各级人民法院第一审的判决、裁定，有权用书状或者口头向上一级人民法院上诉。被告人的辩护人和近亲属，经被告人同意，可以提出上诉。

附带民事诉讼的当事人和他们的法定代理人，可以对地方各级人民法院第一审的判决、裁定中的附带民事诉讼部分，提出上诉。

对被告人的上诉权，不得以任何借口加以剥夺。

第二百二十八条　地方各级人民检察院认为本级人民法院第一审的判决、裁定确有错误的时候，应当向上一级人民法院提出抗诉。

第二百二十九条　被害人及其法定代理人不服地方各级人民法院第一审的判决的，自收到判决书后五日以内，有权请求人民检察院提出抗诉。人民检察院自收到被害人及其法定代理人的请求后五日以内，应当作出是否抗诉的决定并且答复请求人。

第二百三十条　不服判决的上诉和抗诉的期限为十日，不服裁定的上诉和抗诉的期限为五日，从接到判决书、裁定书的第二日起算。

第二百三十一条　被告人、自诉人、附带民事诉讼的原告人和被告人通过原审人民法院提出上诉的，原审人民法院应当在三日以内将上诉状连同案卷、证据移送上一级人民法院，同时将上诉状副本送交同级人民检察院和对方当事人。

被告人、自诉人、附带民事诉讼的原告人和被告人直接向第二审人民法院提出上诉的，第二审人民法院应当在三日以内将上诉状交原审人民法院送交同级人民检察院和对方当事人。

第二百三十二条　地方各级人民检察院对同级人民法院第一审判决、裁定的抗诉，应当通过原审人民法院提出抗诉书，并且将抗诉书抄送上一级人民检察院。原审人民法院应当将抗诉书连同案卷、证据移送上一级人民法院，并且将抗诉书副本送交当事人。

上级人民检察院如果认为抗诉不当,可以向同级人民法院撤回抗诉,并且通知下级人民检察院。

第二百三十三条 第二审人民法院应当就第一审判决认定的事实和适用法律进行全面审查,不受上诉或者抗诉范围的限制。

共同犯罪的案件只有部分被告人上诉的,应当对全案进行审查,一并处理。

第二百三十四条 第二审人民法院对于下列案件,应当组成合议庭,开庭审理:

(一)被告人、自诉人及其法定代理人对第一审认定的事实、证据提出异议,可能影响定罪量刑的上诉案件;

(二)被告人被判处死刑的上诉案件;

(三)人民检察院抗诉的案件;

(四)其他应当开庭审理的案件。

第二审人民法院决定不开庭审理的,应当讯问被告人,听取其他当事人、辩护人、诉讼代理人的意见。

第二审人民法院开庭审理上诉、抗诉案件,可以到案件发生地或者原审人民法院所在地进行。

第二百三十五条 人民检察院提出抗诉的案件或者第二审人民法院开庭审理的公诉案件,同级人民检察院都应当派员出席法庭。第二审人民法院应当在决定开庭审理后及时通知人民检察院查阅案卷。人民检察院应当在一个月以内查阅完毕。人民检察院查阅案卷的时间不计入审理期限。

第二百三十六条 第二审人民法院对不服第一审判决的上诉、抗诉案件,经过审理后,应当按照下列情形分别处理:

(一)原判决认定事实和适用法律正确、量刑适当的,应当裁定驳回上诉或者抗诉,维持原判;

(二)原判决认定事实没有错误,但适用法律有错误,或者量刑不当的,应当改判;

(三)原判决事实不清楚或者证据不足的,可以在查清事实后改判;也可以裁定撤销原判,发回原审人民法院重新审判。

原审人民法院对于依照前款第三项规定发回重新审判的案件作出判决后,被告人提出上诉或者人民检察院提出抗诉的,第二审人民法院应当依法作出判决或者裁定,不得再发回原审人民法院重新审判。

第二百三十七条 第二审人民法院审理被告人或者他的法定代理人、辩护人、近亲属上诉的案件,不得加重被告人的刑罚。第二审人民法院发回原审人民法院重新审判的案件,除有新的犯罪事实,人民检察院补充起诉的以外,原审人民法院也不得加重被告人的刑罚。

人民检察院提出抗诉或者自诉人提出上诉的,不受前款规定的限制。

第二百三十八条 第二审人民法院发现第一审人民法院的审理有下列违反法律规定的诉讼程序的情形之一的,应当裁定撤销原判,发回原审人民法院重新审判:

(一)违反本法有关公开审判的规定的;

(二)违反回避制度的;

(三)剥夺或者限制了当事人的法定诉讼权利,可能影响公正审判的;

(四)审判组织的组成不合法的;

(五)其他违反法律规定的诉讼程序,可能影响公正审判的。

第二百三十九条 原审人民法院对于发回重新审判的案件,应当另行组成合议庭,依照第一审程序进行审判。对于重新审判后的判决,依照本法第二百二十七条、第二百二十八条、第二百二十九条的规定可以上诉、抗诉。

第二百四十条 第二审人民法院对不服第一审裁定的上诉或者抗诉,经过审查后,应当参照本法第二百三十六条、第二百三十八条和第二百三十九条的规定,分别情形用裁定驳回上诉、抗诉,或者撤销、变更原裁定。

第二百四十一条 第二审人民法院发回原审人民法院重新审判的案件,原审人民法院从收到发回的案件之日起,重新计算审理期限。

第二百四十二条 第二审人民法院审判上诉或者抗诉案件的程序,除本章已有规定的以外，参照第一审程序的规定进行。

第二百四十三条 第二审人民法院受理上诉、抗诉案件，应当在二个月以内审结。对于可能判处死刑的案件或者附带民事诉讼的案件，以及有本法第一百五十八条规定情形之一的，经省、自治区、直辖市高级人民法院批准或者决定，可以延长二个月；因特殊情况还需要延长的，报请最高人民法院批准。

最高人民法院受理上诉、抗诉案件的审理期限，由最高人民法院决定。

第二百四十四条 第二审的判决、裁定和最高人民法院的判决、裁定，都是终审的判决、裁定。

第二百四十五条 公安机关、人民检察院和人民法院对查封、扣押、冻结的犯罪嫌疑人、被告人的财物及其孳息，应当妥善保管，以供核查，并制作清单，随案移送。任何单位和个人不得挪用或者自行处理。对被害人的合法财产，应当及时返还。对违禁品或者不宜长期保存的物品，应当依照国家有关规定处理。

对作为证据使用的实物应当随案移送，对不宜移送的，应当将其清单、照片或者其他证明文件随案移送。

人民法院作出的判决，应当对查封、扣押、冻结的财物及其孳息作出处理。

人民法院作出的判决生效以后，有关机关应当根据判决对查封、扣押、冻结的财物及其孳息进行处理。对查封、扣押、冻结的赃款赃物及其孳息，除依法返还被害人的以外，一律上缴国库。

司法工作人员贪污、挪用或者私自处理查封、扣押、冻结的财物及其孳息的，依法追究刑事责任；不构成犯罪的，给予处分。

第四章 死刑复核程序

第二百四十六条 死刑由最高人民法院核准。

第二百四十七条 中级人民法院判处死刑的第一审案件，被告人不上诉的，应当由高级人民法院复核后，报请最高人民法院核准。高级人民法院不同意判处死刑的，可以提审或者发回重新审判。

高级人民法院判处死刑的第一审案件被告人不上诉的，和判处死刑的第二审案件，都应当报请最高人民法院核准。

第二百四十八条 中级人民法院判处死刑缓期二年执行的案件，由高级人民法院核准。

第二百四十九条 最高人民法院复核死刑案件，高级人民法院复核死刑缓期执行的案件，应当由审判员三人组成合议庭进行。

第二百五十条 最高人民法院复核死刑案件，应当作出核准或者不核准死刑的裁定。对于不核准死刑的，最高人民法院可以发回重新审判或者予以改判。

第二百五十一条 最高人民法院复核死刑案件，应当讯问被告人，辩护律师提出要求的，应当听取辩护律师的意见。

在复核死刑案件过程中，最高人民检察院可以向最高人民法院提出意见。最高人民法院应当将死刑复核结果通报最高人民检察院。

第五章 审判监督程序

第二百五十二条 当事人及其法定代理人、近亲属，对已经发生法律效力的判决、裁定，可以向人民法院或者人民检察院提出申诉，但是不能停止判决、裁定的执行。

第二百五十三条 当事人及其法定代理人、近亲属的申诉符合下列情形之一的，人民法院应当重新审判：

（一）有新的证据证明原判决、裁定认定的事实确有错误，可能影响定罪量刑的；

（二）据以定罪量刑的证据不确实、不充分、依法应当予以排除，或者证明案件事实的主要证据之间存在矛盾的；

（三）原判决、裁定适用法律确有错误的；

（四）违反法律规定的诉讼程序，可能影响公正审判的；

（五）审判人员在审理该案件的时候，有贪污受贿，徇私舞弊，枉法裁判行为的。

第二百五十四条 各级人民法院院长对本

院已经发生法律效力的判决和裁定，如果发现在认定事实上或者在适用法律上确有错误，必须提交审判委员会处理。

最高人民法院对各级人民法院已经发生法律效力的判决和裁定，上级人民法院对下级人民法院已经发生法律效力的判决和裁定，如果发现确有错误，有权提审或者指令下级人民法院再审。

最高人民检察院对各级人民法院已经发生法律效力的判决和裁定，上级人民检察院对下级人民法院已经发生法律效力的判决和裁定，如果发现确有错误，有权按照审判监督程序向同级人民法院提出抗诉。

人民检察院抗诉的案件，接受抗诉的人民法院应当组成合议庭重新审理，对于原判决事实不清楚或者证据不足的，可以指令下级人民法院再审。

第二百五十五条 上级人民法院指令下级人民法院再审的，应当指令原审人民法院以外的下级人民法院审理；由原审人民法院审理更为适宜的，也可以指令原审人民法院审理。

第二百五十六条 人民法院按照审判监督程序重新审判的案件，由原审人民法院审理的，应当另行组成合议庭进行。如果原来是第一审案件，应当依照第一审程序进行审判，所作的判决、裁定，可以上诉、抗诉；如果原来是第二审案件，或者是上级人民法院提审的案件，应当依照第二审程序进行审判，所作的判决、裁定，是终审的判决、裁定。

人民法院开庭审理的再审案件，同级人民检察院应当派员出席法庭。

第二百五十七条 人民法院决定再审的案件，需要对被告人采取强制措施的，由人民法院依法决定；人民检察院提出抗诉的再审案件，需要对被告人采取强制措施的，由人民检察院依法决定。

人民法院按照审判监督程序审判的案件，可以决定中止原判决、裁定的执行。

第二百五十八条 人民法院按照审判监督程序重新审判的案件，应当在作出提审、再审决定之日起三个月以内审结，需要延长期限的，不得超过六个月。

接受抗诉的人民法院按照审判监督程序审判抗诉的案件，审理期限适用前款规定；对需要指令下级人民法院再审的，应当自接受抗诉之日起一个月以内作出决定，下级人民法院审理案件的期限适用前款规定。

第四编　执　　行

第二百五十九条 判决和裁定在发生法律效力后执行。

下列判决和裁定是发生法律效力的判决和裁定：

（一）已过法定期限没有上诉、抗诉的判决和裁定；

（二）终审的判决和裁定；

（三）最高人民法院核准的死刑的判决和高级人民法院核准的死刑缓期二年执行的判决。

第二百六十条 第一审人民法院判决被告人无罪、免除刑事处罚的，如果被告人在押，在宣判后应当立即释放。

第二百六十一条 最高人民法院判处和核准的死刑立即执行的判决，应当由最高人民法院院长签发执行死刑的命令。

被判处死刑缓期二年执行的罪犯，在死刑缓期执行期间，如果没有故意犯罪，死刑缓期执行期满，应当予以减刑的，由执行机关提出书面意见，报请高级人民法院裁定；如果故意犯罪，情节恶劣，查证属实，应当执行死刑的，由高级人民法院报请最高人民法院核准；对于故意犯罪未执行死刑的，死刑缓期执行的期间重新计算，并报最高人民法院备案。

第二百六十二条 下级人民法院接到最高人民法院执行死刑的命令后，应当在七日以内交付执行。但是发现有下列情形之一的，应当停止执行，并且立即报告最高人民法院，由最高人民法院作出裁定：

（一）在执行前发现判决可能有错误的；

（二）在执行前罪犯揭发重大犯罪事实或

者有其他重大立功表现，可能需要改判的；

（三）罪犯正在怀孕。

前款第一项、第二项停止执行的原因消失后，必须报请最高人民法院院长再签发执行死刑的命令才能执行；由于前款第三项原因停止执行的，应当报请最高人民法院依法改判。

第二百六十三条 人民法院在交付执行死刑前，应当通知同级人民检察院派员临场监督。

死刑采用枪决或者注射等方法执行。

死刑可以在刑场或者指定的羁押场所内执行。

指挥执行的审判人员，对罪犯应当验明正身，讯问有无遗言、信札，然后交付执行人员执行死刑。在执行前，如果发现可能有错误，应当暂停执行，报请最高人民法院裁定。

执行死刑应当公布，不应示众。

执行死刑后，在场书记员应当写成笔录。交付执行的人民法院应当将执行死刑情况报告最高人民法院。

执行死刑后，交付执行的人民法院应当通知罪犯家属。

第二百六十四条 罪犯被交付执行刑罚的时候，应当由交付执行的人民法院在判决生效后十日以内将有关的法律文书送达公安机关、监狱或者其他执行机关。

对被判处死刑缓期二年执行、无期徒刑、有期徒刑的罪犯，由公安机关依法将该罪犯送交监狱执行刑罚。对被判处有期徒刑的罪犯，在被交付执行刑罚前，剩余刑期在三个月以下的，由看守所代为执行。对被判处拘役的罪犯，由公安机关执行。

对未成年犯应当在未成年犯管教所执行刑罚。

执行机关应当将罪犯及时收押，并且通知罪犯家属。

判处有期徒刑、拘役的罪犯，执行期满，应当由执行机关发给释放证明书。

第二百六十五条 对被判处有期徒刑或者拘役的罪犯，有下列情形之一的，可以暂予监外执行：

（一）有严重疾病需要保外就医的；

（二）怀孕或者正在哺乳自己婴儿的妇女；

（三）生活不能自理，适用暂予监外执行不致危害社会的。

对被判处无期徒刑的罪犯，有前款第二项规定情形的，可以暂予监外执行。

对适用保外就医可能有社会危险性的罪犯，或者自伤自残的罪犯，不得保外就医。

对罪犯确有严重疾病，必须保外就医的，由省级人民政府指定的医院诊断并开具证明文件。

在交付执行前，暂予监外执行由交付执行的人民法院决定；在交付执行后，暂予监外执行由监狱或者看守所提出书面意见，报省级以上监狱管理机关或者设区的市一级以上公安机关批准。

第二百六十六条 监狱、看守所提出暂予监外执行的书面意见的，应当将书面意见的副本抄送人民检察院。人民检察院可以向决定或者批准机关提出书面意见。

第二百六十七条 决定或者批准暂予监外执行的机关应当将暂予监外执行决定抄送人民检察院。人民检察院认为暂予监外执行不当的，应当自接到通知之日起一个月以内将书面意见送交决定或者批准暂予监外执行的机关，决定或者批准暂予监外执行的机关接到人民检察院的书面意见后，应当立即对该决定进行重新核查。

第二百六十八条 对暂予监外执行的罪犯，有下列情形之一的，应当及时收监：

（一）发现不符合暂予监外执行条件的；

（二）严重违反有关暂予监外执行监督管理规定的；

（三）暂予监外执行的情形消失后，罪犯刑期未满的。

对于人民法院决定暂予监外执行的罪犯应当予以收监的，由人民法院作出决定，将有关的法律文书送达公安机关、监狱或者其他执行机关。

不符合暂予监外执行条件的罪犯通过贿赂

等非法手段被暂予监外执行的，在监外执行的期间不计入执行刑期。罪犯在暂予监外执行期间脱逃的，脱逃的期间不计入执行刑期。

罪犯在暂予监外执行期间死亡的，执行机关应当及时通知监狱或者看守所。

第二百六十九条 对被判处管制、宣告缓刑、假释或者暂予监外执行的罪犯，依法实行社区矫正，由社区矫正机构负责执行。

第二百七十条 对被判处剥夺政治权利的罪犯，由公安机关执行。执行期满，应当由执行机关书面通知本人及其所在单位、居住地基层组织。

第二百七十一条 被判处罚金的罪犯，期满不缴纳的，人民法院应当强制缴纳；如果由于遭遇不能抗拒的灾祸等原因缴纳确实有困难的，经人民法院裁定，可以延期缴纳、酌情减少或者免除。

第二百七十二条 没收财产的判决，无论附加适用或者独立适用，都由人民法院执行；在必要的时候，可以会同公安机关执行。

第二百七十三条 罪犯在服刑期间又犯罪的，或者发现了判决的时候所没有发现的罪行，由执行机关移送人民检察院处理。

被判处管制、拘役、有期徒刑或者无期徒刑的罪犯，在执行期间确有悔改或者立功表现，应当依法予以减刑、假释的时候，由执行机关提出建议书，报请人民法院审核裁定，并将建议书副本抄送人民检察院。人民检察院可以向人民法院提出书面意见。

第二百七十四条 人民检察院认为人民法院减刑、假释的裁定不当，应当在收到裁定书副本后二十日以内，向人民法院提出书面纠正意见。人民法院应当在收到纠正意见后一个月以内重新组成合议庭进行审理，作出最终裁定。

第二百七十五条 监狱和其他执行机关在刑罚执行中，如果认为判决有错误或者罪犯提出申诉，应当转请人民检察院或者原判人民法院处理。

第二百七十六条 人民检察院对执行机关执行刑罚的活动是否合法实行监督。如果发现有违法的情况，应当通知执行机关纠正。

第五编 特别程序

第一章 未成年人刑事案件诉讼程序

第二百七十七条 对犯罪的未成年人实行教育、感化、挽救的方针，坚持教育为主、惩罚为辅的原则。

人民法院、人民检察院和公安机关办理未成年人刑事案件，应当保障未成年人行使其诉讼权利，保障未成年人得到法律帮助，并由熟悉未成年人身心特点的审判人员、检察人员、侦查人员承办。

第二百七十八条 未成年犯罪嫌疑人、被告人没有委托辩护人的，人民法院、人民检察院、公安机关应当通知法律援助机构指派律师为其提供辩护。

第二百七十九条 公安机关、人民检察院、人民法院办理未成年人刑事案件，根据情况可以对未成年犯罪嫌疑人、被告人的成长经历、犯罪原因、监护教育等情况进行调查。

第二百八十条 对未成年犯罪嫌疑人、被告人应当严格限制适用逮捕措施。人民检察院审查批准逮捕和人民法院决定逮捕，应当讯问未成年犯罪嫌疑人、被告人，听取辩护律师的意见。

对被拘留、逮捕和执行刑罚的未成年人与成年人应当分别关押、分别管理、分别教育。

第二百八十一条 对于未成年人刑事案件，在讯问和审判的时候，应当通知未成年犯罪嫌疑人、被告人的法定代理人到场。无法通知、法定代理人不能到场或者法定代理人是共犯的，也可以通知未成年犯罪嫌疑人、被告人的其他成年亲属，所在学校、单位、居住地基层组织或者未成年人保护组织的代表到场，并将有关情况记录在案。到场的法定代理人可以代为行使未成年犯罪嫌疑人、被告人的诉讼权利。

到场的法定代理人或者其他人员认为办案人员在讯问、审判中侵犯未成年人合法权益的，可以提出意见。讯问笔录、法庭笔录应当交给到场的法定代理人或者其他人员阅读或者向他宣读。

讯问女性未成年犯罪嫌疑人,应当有女工作人员在场。

审判未成年人刑事案件,未成年被告人最后陈述后,其法定代理人可以进行补充陈述。

询问未成年被害人、证人,适用第一款、第二款、第三款的规定。

第二百八十二条 对于未成年人涉嫌刑法分则第四章、第五章、第六章规定的犯罪,可能判处一年有期徒刑以下刑罚,符合起诉条件,但有悔罪表现的,人民检察院可以作出附条件不起诉的决定。人民检察院在作出附条件不起诉的决定以前,应当听取公安机关、被害人的意见。

对附条件不起诉的决定,公安机关要求复议、提请复核或者被害人申诉的,适用本法第一百七十九条、第一百八十条的规定。

未成年犯罪嫌疑人及其法定代理人对人民检察院决定附条件不起诉有异议的,人民检察院应当作出起诉的决定。

第二百八十三条 在附条件不起诉的考验期内,由人民检察院对被附条件不起诉的未成年犯罪嫌疑人进行监督考察。未成年犯罪嫌疑人的监护人,应当对未成年犯罪嫌疑人加强管教,配合人民检察院做好监督考察工作。

附条件不起诉的考验期为六个月以上一年以下,从人民检察院作出附条件不起诉的决定之日起计算。

被附条件不起诉的未成年犯罪嫌疑人,应当遵守下列规定:

(一)遵守法律法规,服从监督;

(二)按照考察机关的规定报告自己的活动情况;

(三)离开所居住的市、县或者迁居,应当报经考察机关批准;

(四)按照考察机关的要求接受矫治和教育。

第二百八十四条 被附条件不起诉的未成年犯罪嫌疑人,在考验期内有下列情形之一的,人民检察院应当撤销附条件不起诉的决定,提起公诉:

(一)实施新的犯罪或者发现决定附条件不起诉以前还有其他犯罪需要追诉的;

(二)违反治安管理规定或者考察机关有关附条件不起诉的监督管理规定,情节严重的。

被附条件不起诉的未成年犯罪嫌疑人,在考验期内没有上述情形,考验期满的,人民检察院应当作出不起诉的决定。

第二百八十五条 审判的时候被告人不满十八周岁的案件,不公开审理。但是,经未成年被告人及其法定代理人同意,未成年被告人所在学校和未成年人保护组织可以派代表到场。

第二百八十六条 犯罪的时候不满十八周岁,被判处五年有期徒刑以下刑罚的,应当对相关犯罪记录予以封存。

犯罪记录被封存的,不得向任何单位和个人提供,但司法机关为办案需要或者有关单位根据国家规定进行查询的除外。依法进行查询的单位,应当对被封存的犯罪记录的情况予以保密。

第二百八十七条 办理未成年人刑事案件,除本章已有规定的以外,按照本法的其他规定进行。

第二章 当事人和解的公诉案件诉讼程序

第二百八十八条 下列公诉案件,犯罪嫌疑人、被告人真诚悔罪,通过向被害人赔偿损失、赔礼道歉等方式获得被害人谅解,被害人自愿和解的,双方当事人可以和解:

(一)因民间纠纷引起,涉嫌刑法分则第四章、第五章规定的犯罪案件,可能判处三年有期徒刑以下刑罚的;

(二)除渎职犯罪以外的可能判处七年有期徒刑以下刑罚的过失犯罪案件。

犯罪嫌疑人、被告人在五年以内曾经故意犯罪的,不适用本章规定的程序。

第二百八十九条 双方当事人和解的,公安机关、人民检察院、人民法院应当听取当事人和其他有关人员的意见,对和解的自愿性、合法性进行审查,并主持制作和解协议书。

第二百九十条 对于达成和解协议的案件,公安机关可以向人民检察院提出从宽处理的建议。人民检察院可以向人民法院提出从宽处罚的建议;对于犯罪情节轻微,不需要判处刑罚的,可以作出不起诉的决定。人民法院可以依法对被告人从宽处罚。

第三章 缺席审判程序

第二百九十一条 对于贪污贿赂犯罪案件,以及需要及时进行审判,经最高人民检察院核准的严重危害国家安全犯罪、恐怖活动犯罪案件,犯罪嫌疑人、被告人在境外,监察机关、公安机关移送起诉,人民检察院认为犯罪事实已经查清,证据确实、充分,依法应当追究刑事责任的,可以向人民法院提起公诉。人民法院进行审查后,对于起诉书中有明确的指控犯罪事实,符合缺席审判程序适用条件的,应当决定开庭审判。

前款案件,由犯罪地、被告人离境前居住地或者最高人民法院指定的中级人民法院组成合议庭进行审理。

第二百九十二条 人民法院应当通过有关国际条约规定的或者外交途径提出的司法协助方式,或者被告人所在地法律允许的其他方式,将传票和人民检察院的起诉书副本送达被告人。传票和起诉书副本送达后,被告人未按要求到案的,人民法院应当开庭审理,依法作出判决,并对违法所得及其他涉案财产作出处理。

第二百九十三条 人民法院缺席审判案件,被告人有权委托辩护人,被告人的近亲属可以代为委托辩护人。被告人及其近亲属没有委托辩护人的,人民法院应当通知法律援助机构指派律师为其提供辩护。

第二百九十四条 人民法院应当将判决书送达被告人及其近亲属、辩护人。被告人或者其近亲属不服判决的,有权向上一级人民法院上诉。辩护人经被告人或者其近亲属同意,可以提出上诉。

人民检察院认为人民法院的判决确有错误的,应当向上一级人民法院提出抗诉。

第二百九十五条 在审理过程中,被告人自动投案或者被抓获的,人民法院应当重新审理。

罪犯在判决、裁定发生法律效力后到案的,人民法院应当将罪犯交付执行刑罚。交付执行刑罚前,人民法院应当告知罪犯有权对判决、裁定提出异议。罪犯对判决、裁定提出异议的,人民法院应当重新审理。

依照生效判决、裁定对罪犯的财产进行的处理确有错误的,应当予以返还、赔偿。

第二百九十六条 因被告人患有严重疾病无法出庭,中止审理超过六个月,被告人仍无法出庭,被告人及其法定代理人、近亲属申请或者同意恢复审理的,人民法院可以在被告人不出庭的情况下缺席审理,依法作出判决。

第二百九十七条 被告人死亡的,人民法院应当裁定终止审理,但有证据证明被告人无罪,人民法院经缺席审理确认无罪的,应当依法作出判决。

人民法院按照审判监督程序重新审判的案件,被告人死亡的,人民法院可以缺席审理,依法作出判决。

第四章 犯罪嫌疑人、被告人逃匿、死亡案件违法所得的没收程序

第二百九十八条 对于贪污贿赂犯罪、恐怖活动犯罪等重大犯罪案件,犯罪嫌疑人、被告人逃匿,在通缉一年后不能到案,或者犯罪嫌疑人、被告人死亡,依照刑法规定应当追缴其违法所得及其他涉案财产的,人民检察院可以向人民法院提出没收违法所得的申请。

公安机关认为有前款规定情形的,应当写出没收违法所得意见书,移送人民检察院。

没收违法所得的申请应当提供与犯罪事实、违法所得相关的证据材料,并列明财产的种类、数量、所在地及查封、扣押、冻结的情况。

人民法院在必要的时候，可以查封、扣押、冻结申请没收的财产。

第二百九十九条 没收违法所得的申请，由犯罪地或者犯罪嫌疑人、被告人居住地的中级人民法院组成合议庭进行审理。

人民法院受理没收违法所得的申请后，应当发出公告。公告期间为六个月。犯罪嫌疑人、被告人的近亲属和其他利害关系人有权申请参加诉讼，也可以委托诉讼代理人参加诉讼。

人民法院在公告期满后对没收违法所得的申请进行审理。利害关系人参加诉讼的，人民法院应当开庭审理。

第三百条 人民法院经审理，对经查证属于违法所得及其他涉案财产，除依法返还被害人的以外，应当裁定予以没收；对不属于应当追缴的财产的，应当裁定驳回申请，解除查封、扣押、冻结措施。

对于人民法院依照前款规定作出的裁定，犯罪嫌疑人、被告人的近亲属和其他利害关系人或者人民检察院可以提出上诉、抗诉。

第三百零一条 在审理过程中，在逃的犯罪嫌疑人、被告人自动投案或者被抓获的，人民法院应当终止审理。

没收犯罪嫌疑人、被告人财产确有错误的，应当予以返还、赔偿。

第五章 依法不负刑事责任的精神病人的强制医疗程序

第三百零二条 实施暴力行为，危害公共安全或者严重危害公民人身安全，经法定程序鉴定依法不负刑事责任的精神病人，有继续危害社会可能的，可以予以强制医疗。

第三百零三条 根据本章规定对精神病人强制医疗的，由人民法院决定。

公安机关发现精神病人符合强制医疗条件的，应当写出强制医疗意见书，移送人民检察院。对于公安机关移送的或者在审查起诉过程中发现的精神病人符合强制医疗条件的，人民检察院应当向人民法院提出强制医疗的申请。人民法院在审理案件过程中发现被告人符合强制医疗条件的，可以作出强制医疗的决定。

对实施暴力行为的精神病人，在人民法院决定强制医疗前，公安机关可以采取临时的保护性约束措施。

第三百零四条 人民法院受理强制医疗的申请后，应当组成合议庭进行审理。

人民法院审理强制医疗案件，应当通知被申请人或者被告人的法定代理人到场。被申请人或者被告人没有委托诉讼代理人的，人民法院应当通知法律援助机构指派律师为其提供法律帮助。

第三百零五条 人民法院经审理，对于被申请人或者被告人符合强制医疗条件的，应当在一个月以内作出强制医疗的决定。

被决定强制医疗的人、被害人及其法定代理人、近亲属对强制医疗决定不服的，可以向上一级人民法院申请复议。

第三百零六条 强制医疗机构应当定期对被强制医疗的人进行诊断评估。对于已不具有人身危险性，不需要继续强制医疗的，应当及时提出解除意见，报决定强制医疗的人民法院批准。

被强制医疗的人及其近亲属有权申请解除强制医疗。

第三百零七条 人民检察院对强制医疗的决定和执行实行监督。

附　　则

第三百零八条 军队保卫部门对军队内部发生的刑事案件行使侦查权。

中国海警局履行海上维权执法职责，对海上发生的刑事案件行使侦查权。

对罪犯在监狱内犯罪的案件由监狱进行侦查。

军队保卫部门、中国海警局、监狱办理刑事案件，适用本法的有关规定。

最高人民法院
关于适用《中华人民共和国刑事诉讼法》的解释

(2020年12月7日最高人民法院审判委员会第1820次会议通过　2021年1月26日公布　法释〔2021〕1号　自2021年3月1日起施行)

2018年10月26日,第十三届全国人民代表大会常务委员会第六次会议通过了《关于修改〈中华人民共和国刑事诉讼法〉的决定》。为正确理解和适用修改后的刑事诉讼法,结合人民法院审判工作实际,制定本解释。

第一章　管　　辖

第一条　人民法院直接受理的自诉案件包括:

(一)告诉才处理的案件:

1. 侮辱、诽谤案(刑法第二百四十六条规定的,但严重危害社会秩序和国家利益的除外);

2. 暴力干涉婚姻自由案(刑法第二百五十七条第一款规定的);

3. 虐待案(刑法第二百六十条第一款规定的,但被害人没有能力告诉或者因受到强制、威吓无法告诉的除外);

4. 侵占案(刑法第二百七十条规定的)。

(二)人民检察院没有提起公诉,被害人有证据证明的轻微刑事案件:

1. 故意伤害案(刑法第二百三十四条第一款规定的);

2. 非法侵入住宅案(刑法第二百四十五条规定的);

3. 侵犯通信自由案(刑法第二百五十二条规定的);

4. 重婚案(刑法第二百五十八条规定的);

5. 遗弃案(刑法第二百六十一条规定的);

6. 生产、销售伪劣商品案(刑法分则第三章第一节规定的,但严重危害社会秩序和国家利益的除外);

7. 侵犯知识产权案(刑法分则第三章第七节规定的,但严重危害社会秩序和国家利益的除外);

8. 刑法分则第四章、第五章规定的,可能判处三年有期徒刑以下刑罚的案件。

本项规定的案件,被害人直接向人民法院起诉的,人民法院应当依法受理。对其中证据不足,可以由公安机关受理的,或者认为对被告人可能判处三年有期徒刑以上刑罚的,应当告知被害人向公安机关报案,或者移送公安机关立案侦查。

(三)被害人有证据证明对被告人侵犯自己人身、财产权利的行为应当依法追究刑事责任,且有证据证明曾经提出控告,而公安机关或者人民检察院不予追究被告人刑事责任的案件。

第二条　犯罪地包括犯罪行为地和犯罪结果地。

针对或者主要利用计算机网络实施的犯罪,犯罪地包括用于实施犯罪行为的网络服务使用的服务器所在地,网络服务提供者所在地,被侵害的信息网络系统及其管理者所在地,犯罪过程中被告人、被害人使用的信息网络系统所在地,以及被害人被侵害时所在地和被害人财产遭受损失地等。

第三条　被告人的户籍地为其居住地。经常居住地与户籍地不一致的,经常居住地为其居住地。经常居住地为被告人被追诉前已连续居住一年以上的地方,但住院就医的除外。

被告单位登记的住所地为其居住地。主要营业地或者主要办事机构所在地与登记的住所地不一致的,主要营业地或者主要办事机构所在地为其居住地。

第四条　在中华人民共和国内水、领海发生的刑事案件,由犯罪地或者被告人登陆地的人民法院管辖。由被告人居住地的人民法院审判更为适宜的，可以由被告人居住地的人民法院管辖。

第五条 在列车上的犯罪，被告人在列车运行途中被抓获的，由前方停靠站所在地负责审判铁路运输刑事案件的人民法院管辖。必要时，也可以由始发站或者终点站所在地负责审判铁路运输刑事案件的人民法院管辖。

被告人不是在列车运行途中被抓获的，由负责该列车乘务的铁路公安机关对应的审判铁路运输刑事案件的人民法院管辖；被告人在列车运行途经车站被抓获的，也可以由该车站所在地负责审判铁路运输刑事案件的人民法院管辖。

第六条 在国际列车上的犯罪，根据我国与相关国家签订的协定确定管辖；没有协定的，由该列车始发或者前方停靠的中国车站所在地负责审判铁路运输刑事案件的人民法院管辖。

第七条 在中华人民共和国领域外的中国船舶内的犯罪，由该船舶最初停泊的中国口岸所在地或者被告人登陆地、入境地的人民法院管辖。

第八条 在中华人民共和国领域外的中国航空器内的犯罪，由该航空器在中国最初降落地的人民法院管辖。

第九条 中国公民在中国驻外使领馆内的犯罪，由其主管单位所在地或者原户籍地的人民法院管辖。

第十条 中国公民在中华人民共和国领域外的犯罪，由其登陆地、入境地、离境前居住地或者现居住地的人民法院管辖；被害人是中国公民的，也可以由被害人离境前居住地或者现居住地的人民法院管辖。

第十一条 外国人在中华人民共和国领域外对中华人民共和国国家或者公民犯罪，根据《中华人民共和国刑法》应当受处罚的，由该外国人登陆地、入境地或者入境后居住地的人民法院管辖，也可以由被害人离境前居住地或者现居住地的人民法院管辖。

第十二条 对中华人民共和国缔结或者参加的国际条约所规定的罪行，中华人民共和国在所承担条约义务的范围内行使刑事管辖权的，由被告人被抓获地、登陆地或者入境地的人民法院管辖。

第十三条 正在服刑的罪犯在判决宣告前还有其他罪没有判决的，由原审地人民法院管辖；由罪犯服刑地或者犯罪地的人民法院审判更为适宜的，可以由罪犯服刑地或者犯罪地的人民法院管辖。

罪犯在服刑期间又犯罪的，由服刑地的人民法院管辖。

罪犯在脱逃期间又犯罪的，由服刑地的人民法院管辖。但是，在犯罪地抓获罪犯并发现其在脱逃期间犯罪的，由犯罪地的人民法院管辖。

第十四条 人民检察院认为可能判处无期徒刑、死刑，向中级人民法院提起公诉的案件，中级人民法院受理后，认为不需要判处无期徒刑、死刑的，应当依法审判，不再交基层人民法院审判。

第十五条 一人犯数罪、共同犯罪或者其他需要并案审理的案件，其中一人或者一罪属于上级人民法院管辖的，全案由上级人民法院管辖。

第十六条 上级人民法院决定审判下级人民法院管辖的第一审刑事案件的，应当向下级人民法院下达改变管辖决定书，并书面通知同级人民检察院。

第十七条 基层人民法院对可能判处无期徒刑、死刑的第一审刑事案件，应当移送中级人民法院审判。

基层人民法院对下列第一审刑事案件，可以请求移送中级人民法院审判：

（一）重大、复杂案件；

（二）新类型的疑难案件；

（三）在法律适用上具有普遍指导意义的案件。

需要将案件移送中级人民法院审判的，应当在报请院长决定后，至迟于案件审理期限届满十五日以前书面请求移送。中级人民法院应当在接到申请后十日以内作出决定。不同意移送的，应当下达不同意移送决定书，由请求移送的人民法院依法审判；同意移送的，应当下达同意移送决定书，并书面通知同级人民检察院。

第十八条 有管辖权的人民法院因案件涉及本院院长需要回避或者其他原因，不宜行使管辖权的，可以请求移送上一级人民法院管辖。上一级人民法院可以管辖，也可以指定与提出请求的人民法院同级的其他人民法院管辖。

第十九条 两个以上同级人民法院都有管辖权的案件，由最初受理的人民法院审判。必要时，可以移送主要犯罪地的人民法院审判。

管辖权发生争议的，应当在审理期限内协商解决；协商不成的，由争议的人民法院分别层报共同的上级人民法院指定管辖。

第二十条 管辖不明的案件，上级人民法院可以指定下级人民法院审判。

有关案件，由犯罪地、被告人居住地以外的人民法院审判更为适宜的，上级人民法院可以指定下级人民法院管辖。

第二十一条 上级人民法院指定管辖，应当将指定管辖决定书送达被指定管辖的人民法院和其他有关的人民法院。

第二十二条 原受理案件的人民法院在收到上级人民法院改变管辖决定书、同意移送决定书或者指定其他人民法院管辖的决定书后，对公诉案件，应当书面通知同级人民检察院，并将案卷材料退回，同时书面通知当事人；对自诉案件，应当将案卷材料移送被指定管辖的人民法院，并书面通知当事人。

第二十三条 第二审人民法院发回重新审判的案件，人民检察院撤回起诉后，又向原第一审人民法院的下级人民法院重新提起公诉的，下级人民法院应当将有关情况层报原第二审人民法院。原第二审人民法院根据具体情况，可以决定将案件移送原第一审人民法院或者其他人民法院审判。

第二十四条 人民法院发现被告人还有其他犯罪被起诉的，可以并案审理；涉及同种犯罪的，一般应当并案审理。

人民法院发现被告人还有其他犯罪被审查起诉、立案侦查、立案调查的，可以参照前款规定协商人民检察院、公安机关、监察机关并案处理，但可能造成审判过分迟延的除外。

根据前两款规定并案处理的案件，由最初受理地的人民法院审判。必要时，可以由主要犯罪地的人民法院审判。

第二十五条 第二审人民法院在审理过程中，发现被告人还有其他犯罪没有判决的，参照前条规定处理。第二审人民法院决定并案审理的，应当发回第一审人民法院，由第一审人民法院作出处理。

第二十六条 军队和地方互涉刑事案件，按照有关规定确定管辖。

第二章　回　　避

第二十七条 审判人员具有下列情形之一的，应当自行回避，当事人及其法定代理人有权申请其回避：

（一）是本案的当事人或者是当事人的近亲属的；

（二）本人或者其近亲属与本案有利害关系的；

（三）担任过本案的证人、鉴定人、辩护人、诉讼代理人、翻译人员的；

（四）与本案的辩护人、诉讼代理人有近亲属关系的；

（五）与本案当事人有其他利害关系，可能影响公正审判的。

第二十八条 审判人员具有下列情形之一的，当事人及其法定代理人有权申请其回避：

（一）违反规定会见本案当事人、辩护人、诉讼代理人的；

（二）为本案当事人推荐、介绍辩护人、诉讼代理人，或者为律师、其他人员介绍办理本案的；

（三）索取、接受本案当事人及其委托的人的财物或者其他利益的；

（四）接受本案当事人及其委托的人的宴请，或者参加由其支付费用的活动的；

（五）向本案当事人及其委托的人借用款物的；

（六）有其他不正当行为，可能影响公正审判的。

第二十九条 参与过本案调查、侦查、审查起诉工作的监察、侦查、检察人员，调至人民法院工作的，不得担任本案的审判人员。

在一个审判程序中参与过本案审判工作的合议庭组成人员或者独任审判员，不得再参与本案其他程序的审判。但是，发回重新审判的案件，在第一审人民法院作出裁判后又进入第二审程序、在法定刑以下判处刑罚的复核程序或者死刑复核程序的，原第二审程序、在法定刑以下判处刑罚的复核程序或者死刑复核程序中的合议庭组成人员不受本款规定的限制。

第三十条 依照法律和有关规定应当实行任职回避的，不得担任案件的审判人员。

第三十一条 人民法院应当依法告知当事人及其法定代理人有权申请回避，并告知其合议庭组成人员、独任审判员、法官助理、书记员等人员的名单。

第三十二条 审判人员自行申请回避，或者当事人及其法定代理人申请审判人员回避的，可以口头或者书面提出，并说明理由，由院长决定。

院长自行申请回避，或者当事人及其法定代理人申请院长回避的，由审判委员会讨论决定。审判委员会讨论时，由副院长主持，院长不得参加。

第三十三条 当事人及其法定代理人依照刑事诉讼法第三十条和本解释第二十八条的规定申请回避的，应当提供证明材料。

第三十四条 应当回避的审判人员没有自行回避，当事人及其法定代理人也没有申请其回避的，院长或者审判委员会应当决定其回避。

第三十五条 对当事人及其法定代理人提出的回避申请，人民法院可以口头或者书面作出决定，并将决定告知申请人。

当事人及其法定代理人申请回避被驳回的，可以在接到决定时申请复议一次。不属于刑事诉讼法第二十九条、第三十条规定情形的回避申请，由法庭当庭驳回，并不得申请复议。

第三十六条 当事人及其法定代理人申请出庭的检察人员回避的，人民法院应当区分情况作出处理：

（一）属于刑事诉讼法第二十九条、第三十条规定情形的回避申请，应当决定休庭，并通知人民检察院尽快作出决定；

（二）不属于刑事诉讼法第二十九条、第三十条规定情形的回避申请，应当当庭驳回，并不得申请复议。

第三十七条 本章所称的审判人员，包括人民法院院长、副院长、审判委员会委员、庭长、副庭长、审判员和人民陪审员。

第三十八条 法官助理、书记员、翻译人员和鉴定人适用审判人员回避的有关规定，其回避问题由院长决定。

第三十九条 辩护人、诉讼代理人可以依照本章的有关规定要求回避、申请复议。

第三章 辩护与代理

第四十条 人民法院审判案件，应当充分保障被告人依法享有的辩护权利。

被告人除自己行使辩护权以外，还可以委托辩护人辩护。下列人员不得担任辩护人：

（一）正在被执行刑罚或者处于缓刑、假释考验期间的人；

（二）依法被剥夺、限制人身自由的人；

（三）被开除公职或者被吊销律师、公证员执业证书的人；

（四）人民法院、人民检察院、监察机关、公安机关、国家安全机关、监狱的现职人员；

（五）人民陪审员；

（六）与本案审理结果有利害关系的人；

（七）外国人或者无国籍人；

（八）无行为能力或者限制行为能力的人。

前款第三项至第七项规定的人员，如果是被告人的监护人、近亲属，由被告人委托担任辩护人的，可以准许。

第四十一条 审判人员和人民法院其他工

作人员从人民法院离任后二年内，不得以律师身份担任辩护人。

审判人员和人民法院其他工作人员从人民法院离任后，不得担任原任职法院所审理案件的辩护人，但系被告人的监护人、近亲属的除外。

审判人员和人民法院其他工作人员的配偶、子女或者父母不得担任其任职法院所审理案件的辩护人，但系被告人的监护人、近亲属的除外。

第四十二条 对接受委托担任辩护人的，人民法院应当核实其身份证明和授权委托书。

第四十三条 一名被告人可以委托一至二人作为辩护人。

一名辩护人不得为两名以上的同案被告人，或者未同案处理但犯罪事实存在关联的被告人辩护。

第四十四条 被告人没有委托辩护人的，人民法院自受理案件之日起三日以内，应当告知其有权委托辩护人；被告人因经济困难或者其他原因没有委托辩护人的，应当告知其可以申请法律援助；被告人属于应当提供法律援助情形的，应当告知其将依法通知法律援助机构指派律师为其提供辩护。

被告人没有委托辩护人，法律援助机构也没有指派律师为其提供辩护的，人民法院应当告知被告人有权约见值班律师，并为被告人约见值班律师提供便利。

告知可以采取口头或者书面方式。

第四十五条 审判期间，在押的被告人要求委托辩护人的，人民法院应当在三日以内向其监护人、近亲属或者其指定的人员转达要求。被告人应当提供有关人员的联系方式。有关人员无法通知的，应当告知被告人。

第四十六条 人民法院收到在押被告人提出的法律援助或者法律帮助申请，应当依照有关规定及时转交法律援助机构或者通知值班律师。

第四十七条 对下列没有委托辩护人的被告人，人民法院应当通知法律援助机构指派律师为其提供辩护：

（一）盲、聋、哑人；

（二）尚未完全丧失辨认或者控制自己行为能力的精神病人；

（三）可能被判处无期徒刑、死刑的人。

高级人民法院复核死刑案件，被告人没有委托辩护人的，应当通知法律援助机构指派律师为其提供辩护。

死刑缓期执行期间故意犯罪的案件，适用前两款规定。

第四十八条 具有下列情形之一，被告人没有委托辩护人的，人民法院可以通知法律援助机构指派律师为其提供辩护：

（一）共同犯罪案件中，其他被告人已经委托辩护人的；

（二）案件有重大社会影响的；

（三）人民检察院抗诉的；

（四）被告人的行为可能不构成犯罪的；

（五）有必要指派律师提供辩护的其他情形。

第四十九条 人民法院通知法律援助机构指派律师提供辩护的，应当将法律援助通知书、起诉书副本或者判决书送达法律援助机构；决定开庭审理的，除适用简易程序或者速裁程序审理的以外，应当在开庭十五日以前将上述材料送达法律援助机构。

法律援助通知书应当写明案由、被告人姓名、提供法律援助的理由、审判人员的姓名和联系方式；已确定开庭审理的，应当写明开庭的时间、地点。

第五十条 被告人拒绝法律援助机构指派的律师为其辩护，坚持自己行使辩护权的，人民法院应当准许。

属于应当提供法律援助的情形，被告人拒绝指派的律师为其辩护的，人民法院应当查明原因。理由正当的，应当准许，但被告人应当在五日以内另行委托辩护人；被告人未另行委托辩护人的，人民法院应当在三日以内通知法律援助机构另行指派律师为其提供辩护。

第五十一条 对法律援助机构指派律师为

被告人提供辩护，被告人的监护人、近亲属又代为委托辩护人的，应当听取被告人的意见，由其确定辩护人人选。

第五十二条 审判期间，辩护人接受被告人委托的，应当在接受委托之日起三日以内，将委托手续提交人民法院。

接受法律援助机构指派为被告人提供辩护的，适用前款规定。

第五十三条 辩护律师可以查阅、摘抄、复制案卷材料。其他辩护人经人民法院许可，也可以查阅、摘抄、复制案卷材料。合议庭、审判委员会的讨论记录以及其他依法不公开的材料不得查阅、摘抄、复制。

辩护人查阅、摘抄、复制案卷材料的，人民法院应当提供便利，并保证必要的时间。

值班律师查阅案卷材料的，适用前两款规定。

复制案卷材料可以采用复印、拍照、扫描、电子数据拷贝等方式。

第五十四条 对作为证据材料向人民法院移送的讯问录音录像，辩护律师申请查阅的，人民法院应当准许。

第五十五条 查阅、摘抄、复制案卷材料，涉及国家秘密、商业秘密、个人隐私的，应当保密；对不公开审理案件的信息、材料，或者在办案过程中获悉的案件重要信息、证据材料，不得违反规定泄露、披露，不得用于办案以外的用途。人民法院可以要求相关人员出具承诺书。

违反前款规定的，人民法院可以通报司法行政机关或者有关部门，建议给予相应处罚；构成犯罪的，依法追究刑事责任。

第五十六条 辩护律师可以同在押的或者被监视居住的被告人会见和通信。其他辩护人经人民法院许可，也可以同在押的或者被监视居住的被告人会见和通信。

第五十七条 辩护人认为在调查、侦查、审查起诉期间监察机关、公安机关、人民检察院收集的证明被告人无罪或者罪轻的证据材料未随案移送，申请人民法院调取的，应当以书面形式提出，并提供相关线索或者材料。人民法院接受申请后，应当向人民检察院调取。人民检察院移送相关证据材料后，人民法院应当及时通知辩护人。

第五十八条 辩护律师申请向被害人及其近亲属、被害人提供的证人收集与本案有关的材料，人民法院认为确有必要的，应当签发准许调查书。

第五十九条 辩护律师向证人或者有关单位、个人收集、调取与本案有关的证据材料，因证人或者有关单位、个人不同意，申请人民法院收集、调取，或者申请通知证人出庭作证，人民法院认为确有必要的，应当同意。

第六十条 辩护律师直接申请人民法院向证人或者有关单位、个人收集、调取证据材料，人民法院认为确有必要，且不宜或者不能由辩护律师收集、调取的，应当同意。

人民法院向有关单位收集、调取的书面证据材料，必须由提供人签名，并加盖单位印章；向个人收集、调取的书面证据材料，必须由提供人签名。

人民法院对有关单位、个人提供的证据材料，应当出具收据，写明证据材料的名称、收到的时间、件数、页数以及是否为原件等，由书记员、法官助理或者审判人员签名。

收集、调取证据材料后，应当及时通知辩护律师查阅、摘抄、复制，并告知人民检察院。

第六十一条 本解释第五十八条至第六十条规定的申请，应当以书面形式提出，并说明理由，写明需要收集、调取证据材料的内容或者需要调查问题的提纲。

对辩护律师的申请，人民法院应当在五日以内作出是否准许、同意的决定，并通知申请人；决定不准许、不同意的，应当说明理由。

第六十二条 人民法院自受理自诉案件之日起三日以内，应当告知自诉人及其法定代理人、附带民事诉讼当事人及其法定代理人，有权委托诉讼代理人，并告知其如果经济困难，可以申请法律援助。

第六十三条 当事人委托诉讼代理人的，参照适用刑事诉讼法第三十三条和本解释的有关规定。

第六十四条 诉讼代理人有权根据事实和法律,维护被害人、自诉人或者附带民事诉讼当事人的诉讼权利和其他合法权益。

第六十五条 律师担任诉讼代理人的,可以查阅、摘抄、复制案卷材料。其他诉讼代理人经人民法院许可,也可以查阅、摘抄、复制案卷材料。

律师担任诉讼代理人,需要收集、调取与本案有关的证据材料的,参照适用本解释第五十九条至第六十一条的规定。

第六十六条 诉讼代理人接受当事人委托或者法律援助机构指派后,应当在三日以内将委托手续或者法律援助手续提交人民法院。

第六十七条 辩护律师向人民法院告知其委托人或者其他人准备实施、正在实施危害国家安全、公共安全以及严重危害他人人身安全犯罪的,人民法院应当记录在案,立即转告主管机关依法处理,并为反映有关情况的辩护律师保密。

第六十八条 律师担任辩护人、诉讼代理人,经人民法院准许,可以带一名助理参加庭审。律师助理参加庭审的,可以从事辅助工作,但不得发表辩护、代理意见。

第四章 证 据

第一节 一般规定

第六十九条 认定案件事实,必须以证据为根据。

第七十条 审判人员应当依照法定程序收集、审查、核实、认定证据。

第七十一条 证据未经当庭出示、辨认、质证等法庭调查程序查证属实,不得作为定案的根据。

第七十二条 应当运用证据证明的案件事实包括:

(一)被告人、被害人的身份;

(二)被指控的犯罪是否存在;

(三)被指控的犯罪是否为被告人所实施;

(四)被告人有无刑事责任能力,有无罪过,实施犯罪的动机、目的;

(五)实施犯罪的时间、地点、手段、后果以及案件起因等;

(六)是否系共同犯罪或者犯罪事实存在关联,以及被告人在犯罪中的地位、作用;

(七)被告人有无从重、从轻、减轻、免除处罚情节;

(八)有关涉案财物处理的事实;

(九)有关附带民事诉讼的事实;

(十)有关管辖、回避、延期审理等的程序事实;

(十一)与定罪量刑有关的其他事实。

认定被告人有罪和对被告人从重处罚,适用证据确实、充分的证明标准。

第七十三条 对提起公诉的案件,人民法院应当审查证明被告人有罪、无罪、罪重、罪轻的证据材料是否全部随案移送;未随案移送的,应当通知人民检察院在指定时间内移送。人民检察院未移送的,人民法院应当根据在案证据对案件事实作出认定。

第七十四条 依法应当对讯问过程录音录像的案件,相关录音录像未随案移送的,必要时,人民法院可以通知人民检察院在指定时间内移送。人民检察院未移送,导致不能排除属于刑事诉讼法第五十六条规定的以非法方法收集证据情形的,对有关证据应当依法排除;导致有关证据的真实性无法确认的,不得作为定案的根据。

第七十五条 行政机关在行政执法和查办案件过程中收集的物证、书证、视听资料、电子数据等证据材料,经法庭查证属实,且收集程序符合有关法律、行政法规规定的,可以作为定案的根据。

根据法律、行政法规规定行使国家行政管理职权的组织,在行政执法和查办案件过程中收集的证据材料,视为行政机关收集的证据材料。

第七十六条 监察机关依法收集的证据材料,在刑事诉讼中可以作为证据使用。

对前款规定证据的审查判断,适用刑事审

判关于证据的要求和标准。

第七十七条 对来自境外的证据材料，人民检察院应当随案移送有关材料来源、提供人、提取人、提取时间等情况的说明。经人民法院审查，相关证据材料能够证明案件事实且符合刑事诉讼法规定的，可以作为证据使用，但提供人或者我国与有关国家签订的双边条约对材料的使用范围有明确限制的除外；材料来源不明或者真实性无法确认的，不得作为定案的根据。

当事人及其辩护人、诉讼代理人提供来自境外的证据材料的，该证据材料应当经所在国公证机关证明，所在国中央外交主管机关或者其授权机关认证，并经中华人民共和国驻该国使领馆认证，或者履行中华人民共和国与该所在国订立的有关条约中规定的证明手续，但我国与该国之间有互免认证协定的除外。

第七十八条 控辩双方提供的证据材料涉及外国语言、文字的，应当附中文译本。

第七十九条 人民法院依照刑事诉讼法第一百九十六条的规定调查核实证据，必要时，可以通知检察人员、辩护人、自诉人及其法定代理人到场。上述人员未到场的，应当记录在案。

人民法院调查核实证据时，发现对定罪量刑有重大影响的新的证据材料的，应当告知检察人员、辩护人、自诉人及其法定代理人。必要时，也可以直接提取，并及时通知检察人员、辩护人、自诉人及其法定代理人查阅、摘抄、复制。

第八十条 下列人员不得担任见证人：

（一）生理上、精神上有缺陷或者年幼，不具有相应辨别能力或者不能正确表达的人；

（二）与案件有利害关系，可能影响案件公正处理的人；

（三）行使勘验、检查、搜查、扣押、组织辨认等监察调查、刑事诉讼职权的监察、公安、司法机关的工作人员或者其聘用的人员。

对见证人是否属于前款规定的人员，人民法院可以通过相关笔录载明的见证人的姓名、身份证件种类及号码、联系方式以及常住人口信息登记表等材料进行审查。

由于客观原因无法由符合条件的人员担任见证人的，应当在笔录材料中注明情况，并对相关活动进行全程录音录像。

第八十一条 公开审理案件时，公诉人、诉讼参与人提出涉及国家秘密、商业秘密或者个人隐私的证据的，法庭应当制止；确与本案有关的，可以根据具体情况，决定将案件转为不公开审理，或者对相关证据的法庭调查不公开进行。

第二节 物证、书证的审查与认定

第八十二条 对物证、书证应当着重审查以下内容：

（一）物证、书证是否为原物、原件，是否经过辨认、鉴定；物证的照片、录像、复制品或者书证的副本、复制件是否与原物、原件相符，是否由二人以上制作，有无制作人关于制作过程以及原物、原件存放于何处的文字说明和签名；

（二）物证、书证的收集程序、方式是否符合法律、有关规定；经勘验、检查、搜查提取、扣押的物证、书证，是否附有相关笔录、清单，笔录、清单是否经调查人员或者侦查人员、物品持有人、见证人签名，没有签名的，是否注明原因；物品的名称、特征、数量、质量等是否注明清楚；

（三）物证、书证在收集、保管、鉴定过程中是否受损或者改变；

（四）物证、书证与案件事实有无关联；对现场遗留与犯罪有关的具备鉴定条件的血迹、体液、毛发、指纹等生物样本、痕迹、物品，是否已作DNA鉴定、指纹鉴定等，并与被告人或者被害人的相应生物特征、物品等比对；

（五）与案件事实有关联的物证、书证是否全面收集。

第八十三条 据以定案的物证应当是原物。原物不便搬运、不易保存、依法应当返还或者依法应当由有关部门保管、处理的，可以拍摄、制作足以反映原物外形和特征的照片、录像、复制品。必要时，审判人员可以前往保管场所查看原物。

物证的照片、录像、复制品，不能反映原物的外形和特征的，不得作为定案的根据。

物证的照片、录像、复制品，经与原物核对

无误、经鉴定或者以其他方式确认真实的,可以作为定案的根据。

第八十四条 据以定案的书证应当是原件。取得原件确有困难的,可以使用副本、复制件。

对书证的更改或者更改迹象不能作出合理解释,或者书证的副本、复制件不能反映原件及其内容的,不得作为定案的根据。

书证的副本、复制件,经与原件核对无误、经鉴定或者以其他方式确认真实的,可以作为定案的根据。

第八十五条 对与案件事实可能有关联的血迹、体液、毛发、人体组织、指纹、足迹、字迹等生物样本、痕迹和物品,应当提取而没有提取,应当鉴定而没有鉴定,应当移送鉴定意见而没有移送,导致案件事实存疑的,人民法院应当通知人民检察院依法补充收集、调取、移送证据。

第八十六条 在勘验、检查、搜查过程中提取、扣押的物证、书证,未附笔录或者清单,不能证明物证、书证来源的,不得作为定案的根据。

物证、书证的收集程序、方式有下列瑕疵,经补正或者作出合理解释的,可以采用:

(一)勘验、检查、搜查、提取笔录或者扣押清单上没有调查人员或者侦查人员、物品持有人、见证人签名,或者对物品的名称、特征、数量、质量等注明不详的;

(二)物证的照片、录像、复制品,书证的副本、复制件未注明与原件核对无异,无复制时间,或者无被收集、调取人签名的;

(三)物证的照片、录像、复制品,书证的副本、复制件没有制作人关于制作过程和原物、原件存放地点的说明,或者说明中无签名的;

(四)有其他瑕疵的。

物证、书证的来源、收集程序有疑问,不能作出合理解释的,不得作为定案的根据。

第三节 证人证言、被害人陈述的审查与认定

第八十七条 对证人证言应当着重审查以下内容:

(一)证言的内容是否为证人直接感知;

(二)证人作证时的年龄,认知、记忆和表达能力,生理和精神状态是否影响作证;

(三)证人与案件当事人、案件处理结果有无利害关系;

(四)询问证人是否个别进行;

(五)询问笔录的制作、修改是否符合法律、有关规定,是否注明询问的起止时间和地点,首次询问时是否告知证人有关权利义务和法律责任,证人对询问笔录是否核对确认;

(六)询问未成年证人时,是否通知其法定代理人或者刑事诉讼法第二百八十一条第一款规定的合适成年人到场,有关人员是否到场;

(七)有无以暴力、威胁等非法方法收集证人证言的情形;

(八)证言之间以及与其他证据之间能否相互印证,有无矛盾;存在矛盾的,能否得到合理解释。

第八十八条 处于明显醉酒、中毒或者麻醉等状态,不能正常感知或者正确表达的证人所提供的证言,不得作为证据使用。

证人的猜测性、评论性、推断性的证言,不得作为证据使用,但根据一般生活经验判断符合事实的除外。

第八十九条 证人证言具有下列情形之一的,不得作为定案的根据:

(一)询问证人没有个别进行的;

(二)书面证言没有经证人核对确认的;

(三)询问聋、哑人,应当提供通晓聋、哑手势的人员而未提供的;

(四)询问不通晓当地通用语言、文字的证人,应当提供翻译人员而未提供的。

第九十条 证人证言的收集程序、方式有下列瑕疵,经补正或者作出合理解释的,可以采用;不能补正或者作出合理解释的,不得作为定案的根据:

(一)询问笔录没有填写询问人、记录人、法定代理人姓名以及询问的起止时间、地点的;

(二)询问地点不符合规定的;

(三)询问笔录没有记录告知证人有关权

利义务和法律责任的；

（四）询问笔录反映出在同一时段，同一询问人员询问不同证人的；

（五）询问未成年人，其法定代理人或者合适成年人不在场的。

第九十一条 证人当庭作出的证言，经控辩双方质证、法庭查证属实的，应当作为定案的根据。

证人当庭作出的证言与其庭前证言矛盾，证人能够作出合理解释，并有其他证据印证的，应当采信其庭审证言；不能作出合理解释，而其庭前证言有其他证据印证的，可以采信其庭前证言。

经人民法院通知，证人没有正当理由拒绝出庭或者出庭后拒绝作证，法庭对其证言的真实性无法确认的，该证人证言不得作为定案的根据。

第九十二条 对被害人陈述的审查与认定，参照适用本节的有关规定。

第四节 被告人供述和辩解的审查与认定

第九十三条 对被告人供述和辩解应当着重审查以下内容：

（一）讯问的时间、地点，讯问人的身份、人数以及讯问方式等是否符合法律、有关规定；

（二）讯问笔录的制作、修改是否符合法律、有关规定，是否注明讯问的具体起止时间和地点，首次讯问时是否告知被告人有关权利和法律规定，被告人是否核对确认；

（三）讯问未成年被告人时，是否通知其法定代理人或者合适成年人到场，有关人员是否到场；

（四）讯问女性未成年被告人时，是否有女性工作人员在场；

（五）有无以刑讯逼供等非法方法收集被告人供述的情形；

（六）被告人的供述是否前后一致，有无反复以及出现反复的原因；

（七）被告人的供述和辩解是否全部随案移送；

（八）被告人的辩解内容是否符合案情和常理，有无矛盾；

（九）被告人的供述和辩解与同案被告人的供述和辩解以及其他证据能否相互印证，有无矛盾；存在矛盾的，能否得到合理解释。

必要时，可以结合现场执法音视频记录、讯问录音录像、被告人进出看守所的健康检查记录、笔录等，对被告人的供述和辩解进行审查。

第九十四条 被告人供述具有下列情形之一的，不得作为定案的根据：

（一）讯问笔录没有经被告人核对确认的；

（二）讯问聋、哑人，应当提供通晓聋、哑手势的人员而未提供的；

（三）讯问不通晓当地通用语言、文字的被告人，应当提供翻译人员而未提供的；

（四）讯问未成年人，其法定代理人或者合适成年人不在场的。

第九十五条 讯问笔录有下列瑕疵，经补正或者作出合理解释的，可以采用；不能补正或者作出合理解释的，不得作为定案的根据：

（一）讯问笔录填写的讯问时间、讯问地点、讯问人、记录人、法定代理人等有误或者存在矛盾的；

（二）讯问人没有签名的；

（三）首次讯问笔录没有记录告知被讯问人有关权利和法律规定的。

第九十六条 审查被告人供述和辩解，应当结合控辩双方提供的所有证据以及被告人的全部供述和辩解进行。

被告人庭审中翻供，但不能合理说明翻供原因或者其辩解与全案证据矛盾，而其庭前供述与其他证据相互印证的，可以采信其庭前供述。

被告人庭前供述和辩解存在反复，但庭审中供认，且与其他证据相互印证的，可以采信其庭审供述；被告人庭前供述和辩解存在反复，庭审中不供认，且无其他证据与庭前供述印证的，不得采信其庭前供述。

第五节　鉴定意见的审查与认定

第九十七条　对鉴定意见应当着重审查以下内容：

（一）鉴定机构和鉴定人是否具有法定资质；

（二）鉴定人是否存在应当回避的情形；

（三）检材的来源、取得、保管、送检是否符合法律、有关规定，与相关提取笔录、扣押清单等记载的内容是否相符，检材是否可靠；

（四）鉴定意见的形式要件是否完备，是否注明提起鉴定的事由、鉴定委托人、鉴定机构、鉴定要求、鉴定过程、鉴定方法、鉴定日期等相关内容，是否由鉴定机构盖章并由鉴定人签名；

（五）鉴定程序是否符合法律、有关规定；

（六）鉴定的过程和方法是否符合相关专业的规范要求；

（七）鉴定意见是否明确；

（八）鉴定意见与案件事实有无关联；

（九）鉴定意见与勘验、检查笔录及相关照片等其他证据是否矛盾；存在矛盾的，能否得到合理解释；

（十）鉴定意见是否依法及时告知相关人员，当事人对鉴定意见有无异议。

第九十八条　鉴定意见具有下列情形之一的，不得作为定案的根据：

（一）鉴定机构不具备法定资质，或者鉴定事项超出该鉴定机构业务范围、技术条件的；

（二）鉴定人不具备法定资质，不具有相关专业技术或者职称，或者违反回避规定的；

（三）送检材料、样本来源不明，或者因污染不具备鉴定条件的；

（四）鉴定对象与送检材料、样本不一致的；

（五）鉴定程序违反规定的；

（六）鉴定过程和方法不符合相关专业的规范要求的；

（七）鉴定文书缺少签名、盖章的；

（八）鉴定意见与案件事实没有关联的；

（九）违反有关规定的其他情形。

第九十九条　经人民法院通知，鉴定人拒不出庭作证的，鉴定意见不得作为定案的根据。

鉴定人由于不能抗拒的原因或者有其他正当理由无法出庭的，人民法院可以根据情况决定延期审理或者重新鉴定。

鉴定人无正当理由拒不出庭作证的，人民法院应当通报司法行政机关或者有关部门。

第一百条　因无鉴定机构，或者根据法律、司法解释的规定，指派、聘请有专门知识的人就案件的专门性问题出具的报告，可以作为证据使用。

对前款规定的报告的审查与认定，参照适用本节的有关规定。

经人民法院通知，出具报告的人拒不出庭作证的，有关报告不得作为定案的根据。

第一百零一条　有关部门对事故进行调查形成的报告，在刑事诉讼中可以作为证据使用；报告中涉及专门性问题的意见，经法庭查证属实，且调查程序符合法律、有关规定的，可以作为定案的根据。

第六节　勘验、检查、辨认、侦查实验等笔录的审查与认定

第一百零二条　对勘验、检查笔录应当着重审查以下内容：

（一）勘验、检查是否依法进行，笔录制作是否符合法律、有关规定，勘验、检查人员和见证人是否签名或者盖章；

（二）勘验、检查笔录是否记录了提起勘验、检查的事由，勘验、检查的时间、地点，在场人员、现场方位、周围环境等，现场的物品、人身、尸体等的位置、特征等情况，以及勘验、检查的过程；文字记录与实物或者绘图、照片、录像是否相符；现场、物品、痕迹等是否伪造、有无破坏；人身特征、伤害情况、生理状态有无伪装或者变化等；

（三）补充进行勘验、检查的，是否说明了再次勘验、检查的原由，前后勘验、检查的情况是否矛盾。

第一百零三条　勘验、检查笔录存在明显

不符合法律、有关规定的情形,不能作出合理解释的,不得作为定案的根据。

第一百零四条 对辨认笔录应当着重审查辨认的过程、方法,以及辨认笔录的制作是否符合有关规定。

第一百零五条 辨认笔录具有下列情形之一的,不得作为定案的根据:

(一)辨认不是在调查人员、侦查人员主持下进行的;

(二)辨认前使辨认人见到辨认对象的;

(三)辨认活动没有个别进行的;

(四)辨认对象没有混杂在具有类似特征的其他对象中,或者供辨认的对象数量不符合规定的;

(五)辨认中给辨认人明显暗示或者明显有指认嫌疑的;

(六)违反有关规定,不能确定辨认笔录真实性的其他情形。

第一百零六条 对侦查实验笔录应当着重审查实验的过程、方法,以及笔录的制作是否符合有关规定。

第一百零七条 侦查实验的条件与事件发生时的条件有明显差异,或者存在影响实验结论科学性的其他情形的,侦查实验笔录不得作为定案的根据。

第七节　视听资料、电子数据的审查与认定

第一百零八条 对视听资料应当着重审查以下内容:

(一)是否附有提取过程的说明,来源是否合法;

(二)是否为原件,有无复制及复制份数;是复制件的,是否附有无法调取原件的原因、复制件制作过程和原件存放地点的说明,制作人、原视听资料持有人是否签名;

(三)制作过程中是否存在威胁、引诱当事人等违反法律、有关规定的情形;

(四)是否写明制作人、持有人的身份,制作的时间、地点、条件和方法;

(五)内容和制作过程是否真实,有无剪辑、增加、删改等情形;

(六)内容与案件事实有无关联。

对视听资料有疑问的,应当进行鉴定。

第一百零九条 视听资料具有下列情形之一的,不得作为定案的根据:

(一)系篡改、伪造或者无法确定真伪的;

(二)制作、取得的时间、地点、方式等有疑问,不能作出合理解释的。

第一百一十条 对电子数据是否真实,应当着重审查以下内容:

(一)是否移送原始存储介质;在原始存储介质无法封存、不便移动时,有无说明原因,并注明收集、提取过程及原始存储介质的存放地点或者电子数据的来源等情况;

(二)是否具有数字签名、数字证书等特殊标识;

(三)收集、提取的过程是否可以重现;

(四)如有增加、删除、修改等情形的,是否附有说明;

(五)完整性是否可以保证。

第一百一十一条 对电子数据是否完整,应当根据保护电子数据完整性的相应方法进行审查、验证:

(一)审查原始存储介质的扣押、封存状态;

(二)审查电子数据的收集、提取过程,查看录像;

(三)比对电子数据完整性校验值;

(四)与备份的电子数据进行比较;

(五)审查冻结后的访问操作日志;

(六)其他方法。

第一百一十二条 对收集、提取电子数据是否合法,应当着重审查以下内容:

(一)收集、提取电子数据是否由二名以上调查人员、侦查人员进行,取证方法是否符合相关技术标准;

(二)收集、提取电子数据,是否附有笔录、清单,并经调查人员、侦查人员、电子数据持有人、提供人、见证人签名或者盖章;没有签名或者盖章的,是否注明原因;对电子数据的类别、

文件格式等是否注明清楚；

（三）是否依照有关规定由符合条件的人员担任见证人，是否对相关活动进行录像；

（四）采用技术调查、侦查措施收集、提取电子数据的，是否依法经过严格的批准手续；

（五）进行电子数据检查的，检查程序是否符合有关规定。

第一百一十三条 电子数据的收集、提取程序有下列瑕疵，经补正或者作出合理解释的，可以采用；不能补正或者作出合理解释的，不得作为定案的根据：

（一）未以封存状态移送的；

（二）笔录或者清单上没有调查人员或者侦查人员、电子数据持有人、提供人、见证人签名或者盖章的；

（三）对电子数据的名称、类别、格式等注明不清的；

（四）有其他瑕疵的。

第一百一十四条 电子数据具有下列情形之一的，不得作为定案的根据：

（一）系篡改、伪造或者无法确定真伪的；

（二）有增加、删除、修改等情形，影响电子数据真实性的；

（三）其他无法保证电子数据真实性的情形。

第一百一十五条 对视听资料、电子数据，还应当审查是否移送文字抄清材料以及对绰号、暗语、俗语、方言等不易理解内容的说明。未移送的，必要时，可以要求人民检察院移送。

第八节 技术调查、侦查证据的审查与认定

第一百一十六条 依法采取技术调查、侦查措施收集的材料在刑事诉讼中可以作为证据使用。

采取技术调查、侦查措施收集的材料，作为证据使用的，应当随案移送。

第一百一十七条 使用采取技术调查、侦查措施收集的证据材料可能危及有关人员的人身安全，或者可能产生其他严重后果的，可以采取下列保护措施：

（一）使用化名等代替调查、侦查人员及有关人员的个人信息；

（二）不具体写明技术调查、侦查措施使用的技术设备和技术方法；

（三）其他必要的保护措施。

第一百一十八条 移送技术调查、侦查证据材料的，应当附采取技术调查、侦查措施的法律文书、技术调查、侦查证据材料清单和有关说明材料。

移送采用技术调查、侦查措施收集的视听资料、电子数据的，应当制作新的存储介质，并附制作说明，写明原始证据材料、原始存储介质的存放地点等信息，由制作人签名，并加盖单位印章。

第一百一十九条 对采取技术调查、侦查措施收集的证据材料，除根据相关证据材料所属的证据种类，依照本章第二节至第七节的相应规定进行审查外，还应当着重审查以下内容：

（一）技术调查、侦查措施所针对的案件是否符合法律规定；

（二）技术调查措施是否经过严格的批准手续，按照规定交有关机关执行；技术侦查措施是否在刑事立案后，经过严格的批准手续；

（三）采取技术调查、侦查措施的种类、适用对象和期限是否按照批准决定载明的内容执行；

（四）采取技术调查、侦查措施收集的证据材料与其他证据是否矛盾；存在矛盾的，能否得到合理解释。

第一百二十条 采取技术调查、侦查措施收集的证据材料，应当经过当庭出示、辨认、质证等法庭调查程序查证。

当庭调查技术调查、侦查证据材料可能危及有关人员的人身安全，或者可能产生其他严重后果的，法庭应当采取不暴露有关人员身份和技术调查、侦查措施使用的技术设备、技术方法等保护措施。必要时，审判人员可以在庭外对证据进行核实。

第一百二十一条 采用技术调查、侦查证

据作为定案根据的，人民法院在裁判文书中可以表述相关证据的名称、证据种类和证明对象，但不得表述有关人员身份和技术调查、侦查措施使用的技术设备、技术方法等。

第一百二十二条 人民法院认为应当移送的技术调查、侦查证据材料未随案移送的，应当通知人民检察院在指定时间内移送。人民检察院未移送的，人民法院应当根据在案证据对案件事实作出认定。

第九节 非法证据排除

第一百二十三条 采用下列非法方法收集的被告人供述，应当予以排除：

（一）采用殴打、违法使用戒具等暴力方法或者变相肉刑的恶劣手段，使被告人遭受难以忍受的痛苦而违背意愿作出的供述；

（二）采用以暴力或者严重损害本人及其近亲属合法权益等相威胁的方法，使被告人遭受难以忍受的痛苦而违背意愿作出的供述；

（三）采用非法拘禁等非法限制人身自由的方法收集的被告人供述。

第一百二十四条 采用刑讯逼供方法使被告人作出供述，之后被告人受该刑讯逼供行为影响而作出的与该供述相同的重复性供述，应当一并排除，但下列情形除外：

（一）调查、侦查期间，监察机关、侦查机关根据控告、举报或者自己发现等，确认或者不能排除以非法方法收集证据而更换调查、侦查人员，其他调查、侦查人员再次讯问时告知有关权利和认罪的法律后果，被告人自愿供述的；

（二）审查逮捕、审查起诉和审判期间，检察人员、审判人员讯问时告知诉讼权利和认罪的法律后果，被告人自愿供述的。

第一百二十五条 采用暴力、威胁以及非法限制人身自由等非法方法收集的证人证言、被害人陈述，应当予以排除。

第一百二十六条 收集物证、书证不符合法定程序，可能严重影响司法公正的，应当予以补正或者作出合理解释；不能补正或者作出合理解释的，对该证据应当予以排除。

认定“可能严重影响司法公正”，应当综合考虑收集证据违反法定程序以及所造成后果的严重程度等情况。

第一百二十七条 当事人及其辩护人、诉讼代理人申请人民法院排除以非法方法收集的证据的，应当提供涉嫌非法取证的人员、时间、地点、方式、内容等相关线索或者材料。

第一百二十八条 人民法院向被告人及其辩护人送达起诉书副本时，应当告知其申请排除非法证据的，应当在开庭审理前提出，但庭审期间才发现相关线索或者材料的除外。

第一百二十九条 开庭审理前，当事人及其辩护人、诉讼代理人申请人民法院排除非法证据的，人民法院应当在开庭前及时将申请书或者申请笔录及相关线索、材料的复制件送交人民检察院。

第一百三十条 开庭审理前，人民法院可以召开庭前会议，就非法证据排除等问题了解情况，听取意见。

在庭前会议中，人民检察院可以通过出示有关证据材料等方式，对证据收集的合法性加以说明。必要时，可以通知调查人员、侦查人员或者其他人员参加庭前会议，说明情况。

第一百三十一条 在庭前会议中，人民检察院可以撤回有关证据。撤回的证据，没有新的理由，不得在庭审中出示。

当事人及其辩护人、诉讼代理人可以撤回排除非法证据的申请。撤回申请后，没有新的线索或者材料，不得再次对有关证据提出排除申请。

第一百三十二条 当事人及其辩护人、诉讼代理人在开庭审理前未申请排除非法证据，在庭审过程中提出申请的，应当说明理由。人民法院经审查，对证据收集的合法性有疑问的，应当进行调查；没有疑问的，驳回申请。

驳回排除非法证据的申请后，当事人及其辩护人、诉讼代理人没有新的线索或者材料，以相同理由再次提出申请的，人民法院不再审查。

第一百三十三条 控辩双方在庭前会议中对证据收集是否合法未达成一致意见，人民法院对证据收集的合法性有疑问的，应当在庭审中进行调查；对证据收集的合法性没有疑问，且无新的线索或者材料表明可能存在非法取证的，可以决定不再进行调查并说明理由。

第一百三十四条 庭审期间，法庭决定对证据收集的合法性进行调查的，应当先行当庭调查。但为防止庭审过分迟延，也可以在法庭调查结束前调查。

第一百三十五条 法庭决定对证据收集的合法性进行调查的，由公诉人通过宣读调查、侦查讯问笔录、出示提讯登记、体检记录、对讯问合法性的核查材料等证据材料，有针对性地播放讯问录音录像，提请法庭通知有关调查人员、侦查人员或者其他人员出庭说明情况等方式，证明证据收集的合法性。

讯问录音录像涉及国家秘密、商业秘密、个人隐私或者其他不宜公开内容的，法庭可以决定对讯问录音录像不公开播放、质证。

公诉人提交的取证过程合法的说明材料，应当经有关调查人员、侦查人员签名，并加盖单位印章。未经签名或者盖章的，不得作为证据使用。上述说明材料不能单独作为证明取证过程合法的根据。

第一百三十六条 控辩双方申请法庭通知调查人员、侦查人员或者其他人员出庭说明情况，法庭认为有必要的，应当通知有关人员出庭。

根据案件情况，法庭可以依职权通知调查人员、侦查人员或者其他人员出庭说明情况。

调查人员、侦查人员或者其他人员出庭的，应当向法庭说明证据收集过程，并就相关情况接受控辩双方和法庭的询问。

第一百三十七条 法庭对证据收集的合法性进行调查后，确认或者不能排除存在刑事诉讼法第五十六条规定的以非法方法收集证据情形的，对有关证据应当排除。

第一百三十八条 具有下列情形之一的，第二审人民法院应当对证据收集的合法性进行审查，并根据刑事诉讼法和本解释的有关规定作出处理：

（一）第一审人民法院对当事人及其辩护人、诉讼代理人排除非法证据的申请没有审查，且以该证据作为定案根据的；

（二）人民检察院或者被告人、自诉人及其法定代理人不服第一审人民法院作出的有关证据收集合法性的调查结论，提出抗诉、上诉的；

（三）当事人及其辩护人、诉讼代理人在第一审结束后才发现相关线索或者材料，申请人民法院排除非法证据的。

第十节 证据的综合审查与运用

第一百三十九条 对证据的真实性，应当综合全案证据进行审查。

对证据的证明力，应当根据具体情况，从证据与案件事实的关联程度、证据之间的联系等方面进行审查判断。

第一百四十条 没有直接证据，但间接证据同时符合下列条件的，可以认定被告人有罪：

（一）证据已经查证属实；

（二）证据之间相互印证，不存在无法排除的矛盾和无法解释的疑问；

（三）全案证据形成完整的证据链；

（四）根据证据认定案件事实足以排除合理怀疑，结论具有唯一性；

（五）运用证据进行的推理符合逻辑和经验。

第一百四十一条 根据被告人的供述、指认提取到了隐蔽性很强的物证、书证，且被告人的供述与其他证明犯罪事实发生的证据相互印证，并排除串供、逼供、诱供等可能性的，可以认定被告人有罪。

第一百四十二条 对监察机关、侦查机关出具的被告人到案经过、抓获经过等材料，应当审查是否有出具该说明材料的办案人员、办案机关的签名、盖章。

对到案经过、抓获经过或者确定被告人有重大嫌疑的根据有疑问的，应当通知人民检察院补充说明。

第一百四十三条 下列证据应当慎重使用，有其他证据印证的，可以采信：

(一)生理上、精神上有缺陷,对案件事实的认知和表达存在一定困难,但尚未丧失正确认知、表达能力的被害人、证人和被告人所作的陈述、证言和供述;

(二)与被告人有亲属关系或者其他密切关系的证人所作的有利于被告人的证言,或者与被告人有利害冲突的证人所作的不利于被告人的证言。

第一百四十四条 证明被告人自首、坦白、立功的证据材料,没有加盖接受被告人投案、坦白、检举揭发等的单位的印章,或者接受人员没有签名的,不得作为定案的根据。

对被告人及其辩护人提出有自首、坦白、立功的事实和理由,有关机关未予认定,或者有关机关提出被告人有自首、坦白、立功表现,但证据材料不全的,人民法院应当要求有关机关提供证明材料,或者要求有关人员作证,并结合其他证据作出认定。

第一百四十五条 证明被告人具有累犯、毒品再犯情节等的证据材料,应当包括前罪的裁判文书、释放证明等材料;材料不全的,应当通知人民检察院提供。

第一百四十六条 审查被告人实施被指控的犯罪时或者审判时是否达到相应法定责任年龄,应当根据户籍证明、出生证明文件、学籍卡、人口普查登记、无利害关系人的证言等证据综合判断。

证明被告人已满十二周岁、十四周岁、十六周岁、十八周岁或者不满七十五周岁的证据不足的,应当作出有利于被告人的认定。

第五章　强 制 措 施

第一百四十七条 人民法院根据案件情况,可以决定对被告人拘传、取保候审、监视居住或者逮捕。

对被告人采取、撤销或者变更强制措施的,由院长决定;决定继续取保候审、监视居住的,可以由合议庭或者独任审判员决定。

第一百四十八条 对经依法传唤拒不到庭的被告人,或者根据案件情况有必要拘传的被告人,可以拘传。

拘传被告人,应当由院长签发拘传票,由司法警察执行,执行人员不得少于二人。

拘传被告人,应当出示拘传票。对抗拒拘传的被告人,可以使用戒具。

第一百四十九条 拘传被告人,持续的时间不得超过十二小时;案情特别重大、复杂,需要采取逮捕措施的,持续的时间不得超过二十四小时。不得以连续拘传的形式变相拘禁被告人。应当保证被拘传人的饮食和必要的休息时间。

第一百五十条 被告人具有刑事诉讼法第六十七条第一款规定情形之一的,人民法院可以决定取保候审。

对被告人决定取保候审的,应当责令其提出保证人或者交纳保证金,不得同时使用保证人保证与保证金保证。

第一百五十一条 对下列被告人决定取保候审的,可以责令其提出一至二名保证人:

(一)无力交纳保证金的;

(二)未成年或者已满七十五周岁的;

(三)不宜收取保证金的其他被告人。

第一百五十二条 人民法院应当审查保证人是否符合法定条件。符合条件的,应当告知其必须履行的保证义务,以及不履行义务的法律后果,并由其出具保证书。

第一百五十三条 对决定取保候审的被告人使用保证金保证的,应当依照刑事诉讼法第七十二条第一款的规定确定保证金的具体数额,并责令被告人或者为其提供保证金的单位、个人将保证金一次性存入公安机关指定银行的专门账户。

第一百五十四条 人民法院向被告人宣布取保候审决定后,应当将取保候审决定书等相关材料送交当地公安机关。

对被告人使用保证金保证的,应当在核实保证金已经存入公安机关指定银行的专门账户后,将银行出具的收款凭证一并送交公安机关。

第一百五十五条 被告人被取保候审期间,保证人不愿继续履行保证义务或者丧失履行保证义务能力的，人民法院应当在收到保证人的申请或者公安机关的书面通知后三日以内，责令被告人重新提出保证人或者交纳保证金，或者变更强制措施，并通知公安机关。

第一百五十六条 人民法院发现保证人未履行保证义务的，应当书面通知公安机关依法处理。

第一百五十七条 根据案件事实和法律规定，认为已经构成犯罪的被告人在取保候审期间逃匿的，如果系保证人协助被告人逃匿，或者保证人明知被告人藏匿地点但拒绝向司法机关提供，对保证人应当依法追究责任。

第一百五十八条 人民法院发现使用保证金保证的被取保候审人违反刑事诉讼法第七十一条第一款、第二款规定的，应当书面通知公安机关依法处理。

人民法院收到公安机关已经没收保证金的书面通知或者变更强制措施的建议后，应当区别情形，在五日以内责令被告人具结悔过，重新交纳保证金或者提出保证人，或者变更强制措施，并通知公安机关。

人民法院决定对被依法没收保证金的被告人继续取保候审的，取保候审的期限连续计算。

第一百五十九条 对被取保候审的被告人的判决、裁定生效后，如果保证金属于其个人财产，且需要用以退赔被害人、履行附带民事赔偿义务或者执行财产刑的，人民法院可以书面通知公安机关移交全部保证金，由人民法院作出处理，剩余部分退还被告人。

第一百六十条 对具有刑事诉讼法第七十四条第一款、第二款规定情形的被告人，人民法院可以决定监视居住。

人民法院决定对被告人监视居住的，应当核实其住处；没有固定住处的，应当为其指定居所。

第一百六十一条 人民法院向被告人宣布监视居住决定后，应当将监视居住决定书等相关材料送交被告人住处或者指定居所所在地的公安机关执行。

对被告人指定居所监视居住后，人民法院应当在二十四小时以内，将监视居住的原因和处所通知其家属；确实无法通知的，应当记录在案。

第一百六十二条 人民检察院、公安机关已经对犯罪嫌疑人取保候审、监视居住，案件起诉至人民法院后，需要继续取保候审、监视居住或者变更强制措施的，人民法院应当在七日以内作出决定，并通知人民检察院、公安机关。

决定继续取保候审、监视居住的，应当重新办理手续，期限重新计算；继续使用保证金保证的，不再收取保证金。

第一百六十三条 对具有刑事诉讼法第八十一条第一款、第三款规定情形的被告人，人民法院应当决定逮捕。

第一百六十四条 被取保候审的被告人具有下列情形之一的，人民法院应当决定逮捕：

（一）故意实施新的犯罪的；

（二）企图自杀或者逃跑的；

（三）毁灭、伪造证据，干扰证人作证或者串供的；

（四）打击报复、恐吓滋扰被害人、证人、鉴定人、举报人、控告人等的；

（五）经传唤，无正当理由不到案，影响审判活动正常进行的；

（六）擅自改变联系方式或者居住地，导致无法传唤，影响审判活动正常进行的；

（七）未经批准，擅自离开所居住的市、县，影响审判活动正常进行，或者两次未经批准，擅自离开所居住的市、县的；

（八）违反规定进入特定场所、与特定人员会见或者通信、从事特定活动，影响审判活动正常进行，或者两次违反有关规定的；

（九）依法应当决定逮捕的其他情形。

第一百六十五条 被监视居住的被告人具有下列情形之一的，人民法院应当决定逮捕：

（一）具有前条第一项至第五项规定情形之一的；

（二）未经批准，擅自离开执行监视居住的处所，影响审判活动正常进行，或者两次未经批准，擅自离开执行监视居住的处所的；

（三）未经批准，擅自会见他人或者通信，影响审判活动正常进行，或者两次未经批准，擅自会见他人或者通信的；

（四）对因患有严重疾病、生活不能自理，或者因怀孕、正在哺乳自己婴儿而未予逮捕的被告人，疾病痊愈或者哺乳期已满的；

（五）依法应当决定逮捕的其他情形。

第一百六十六条 对可能判处徒刑以下刑罚的被告人，违反取保候审、监视居住规定，严重影响诉讼活动正常进行的，可以决定逮捕。

第一百六十七条 人民法院作出逮捕决定后，应当将逮捕决定书等相关材料送交公安机关执行，并将逮捕决定书抄送人民检察院。逮捕被告人后，人民法院应当将逮捕的原因和羁押的处所，在二十四小时以内通知其家属；确实无法通知的，应当记录在案。

第一百六十八条 人民法院对决定逮捕的被告人，应当在逮捕后二十四小时以内讯问。发现不应当逮捕的，应当立即释放。必要时，可以依法变更强制措施。

第一百六十九条 被逮捕的被告人具有下列情形之一的，人民法院可以变更强制措施：

（一）患有严重疾病、生活不能自理的；

（二）怀孕或者正在哺乳自己婴儿的；

（三）系生活不能自理的人的唯一扶养人。

第一百七十条 被逮捕的被告人具有下列情形之一的，人民法院应当立即释放；必要时，可以依法变更强制措施：

（一）第一审人民法院判决被告人无罪、不负刑事责任或者免予刑事处罚的；

（二）第一审人民法院判处管制、宣告缓刑、单独适用附加刑，判决尚未发生法律效力的；

（三）被告人被羁押的时间已到第一审人民法院对其判处的刑期期限的；

（四）案件不能在法律规定的期限内审结的。

第一百七十一条 人民法院决定释放被告人的，应当立即将释放通知书送交公安机关执行。

第一百七十二条 被采取强制措施的被告人，被判处管制、缓刑的，在社区矫正开始后，强制措施自动解除；被单处附加刑的，在判决、裁定发生法律效力后，强制措施自动解除；被判处监禁刑的，在刑罚开始执行后，强制措施自动解除。

第一百七十三条 对人民法院决定逮捕的被告人，人民检察院建议释放或者变更强制措施的，人民法院应当在收到建议后十日以内将处理情况通知人民检察院。

第一百七十四条 被告人及其法定代理人、近亲属或者辩护人申请变更、解除强制措施的，应当说明理由。人民法院收到申请后，应当在三日以内作出决定。同意变更、解除强制措施的，应当依照本解释规定处理；不同意的，应当告知申请人，并说明理由。

第六章 附带民事诉讼

第一百七十五条 被害人因人身权利受到犯罪侵犯或者财物被犯罪分子毁坏而遭受物质损失的，有权在刑事诉讼过程中提起附带民事诉讼；被害人死亡或者丧失行为能力的，其法定代理人、近亲属有权提起附带民事诉讼。

因受到犯罪侵犯，提起附带民事诉讼或者单独提起民事诉讼要求赔偿精神损失的，人民法院一般不予受理。

第一百七十六条 被告人非法占有、处置被害人财产的，应当依法予以追缴或者责令退赔。被害人提起附带民事诉讼的，人民法院不予受理。追缴、退赔的情况，可以作为量刑情节考虑。

第一百七十七条 国家机关工作人员在行使职权时，侵犯他人人身、财产权利构成犯罪，被害人或者其法定代理人、近亲属提起附带民事诉讼的，人民法院不予受理，但应当告知其可以依法申请国家赔偿。

第一百七十八条 人民法院受理刑事案件后，对符合刑事诉讼法第一百零一条和本解释第一百七十五条第一款规定的，可以告知被害人或者其法定代理人、近亲属有权提起附带民事诉讼。

有权提起附带民事诉讼的人放弃诉讼权利的，应当准许，并记录在案。

第一百七十九条 国家财产、集体财产遭受损失，受损失的单位未提起附带民事诉讼，人民检察院在提起公诉时提起附带民事诉讼的，人民法院应当受理。

人民检察院提起附带民事诉讼的，应当列为附带民事诉讼原告人。

被告人非法占有、处置国家财产、集体财产的，依照本解释第一百七十六条的规定处理。

第一百八十条 附带民事诉讼中依法负有赔偿责任的人包括：

（一）刑事被告人以及未被追究刑事责任的其他共同侵害人；

（二）刑事被告人的监护人；

（三）死刑罪犯的遗产继承人；

（四）共同犯罪案件中，案件审结前死亡的被告人的遗产继承人；

（五）对被害人的物质损失依法应当承担赔偿责任的其他单位和个人。

附带民事诉讼被告人的亲友自愿代为赔偿的，可以准许。

第一百八十一条 被害人或者其法定代理人、近亲属仅对部分共同侵害人提起附带民事诉讼的，人民法院应当告知其可以对其他共同侵害人，包括没有被追究刑事责任的共同侵害人，一并提起附带民事诉讼，但共同犯罪案件中同案犯在逃的除外。

被害人或者其法定代理人、近亲属放弃对其他共同侵害人的诉讼权利的，人民法院应当告知其相应法律后果，并在裁判文书中说明其放弃诉讼请求的情况。

第一百八十二条 附带民事诉讼的起诉条件是：

（一）起诉人符合法定条件；

（二）有明确的被告人；

（三）有请求赔偿的具体要求和事实、理由；

（四）属于人民法院受理附带民事诉讼的范围。

第一百八十三条 共同犯罪案件，同案犯在逃的，不应列为附带民事诉讼被告人。逃跑的同案犯到案后，被害人或者其法定代理人、近亲属可以对其提起附带民事诉讼，但已经从其他共同犯罪人处获得足额赔偿的除外。

第一百八十四条 附带民事诉讼应当在刑事案件立案后及时提起。

提起附带民事诉讼应当提交附带民事起诉状。

第一百八十五条 侦查、审查起诉期间，有权提起附带民事诉讼的人提出赔偿要求，经公安机关、人民检察院调解，当事人双方已经达成协议并全部履行，被害人或者其法定代理人、近亲属又提起附带民事诉讼的，人民法院不予受理，但有证据证明调解违反自愿、合法原则的除外。

第一百八十六条 被害人或者其法定代理人、近亲属提起附带民事诉讼的，人民法院应当在七日以内决定是否受理。符合刑事诉讼法第一百零一条以及本解释有关规定的，应当受理；不符合的，裁定不予受理。

第一百八十七条 人民法院受理附带民事诉讼后，应当在五日以内将附带民事起诉状副本送达附带民事诉讼被告人及其法定代理人，或者将口头起诉的内容及时通知附带民事诉讼被告人及其法定代理人，并制作笔录。

人民法院送达附带民事起诉状副本时，应当根据刑事案件的审理期限，确定被告人及其法定代理人的答辩准备时间。

第一百八十八条 附带民事诉讼当事人对自己提出的主张，有责任提供证据。

第一百八十九条 人民法院对可能因被告人的行为或者其他原因，使附带民事判决难以执行的案件，根据附带民事诉讼原告人的申请，可以裁定采取保全措施，查封、扣押或者冻结被告人的财产；附带民事诉讼原告人未提出申请的，必要时，人民法院也可以采取保全措施。

有权提起附带民事诉讼的人因情况紧急，不立即申请保全将会使其合法权益受到难以弥补的损害的，可以在提起附带民事诉讼前，向被保全财产所在地、被申请人居住地或者对案件有管辖权的人民法院申请采取保全措施。申请人在人民法院受理刑事案件后十五日以内未提起附带民事诉讼的，人民法院应当解除保全措施。

人民法院采取保全措施，适用民事诉讼法第一百条至第一百零五条的有关规定，但民事诉讼法第一百零一条第三款的规定除外。

第一百九十条 人民法院审理附带民事诉讼案件，可以根据自愿、合法的原则进行调解。经调解达成协议的，应当制作调解书。调解书经双方当事人签收后即具有法律效力。

调解达成协议并即时履行完毕的，可以不制作调解书，但应当制作笔录，经双方当事人、审判人员、书记员签名后即发生法律效力。

第一百九十一条 调解未达成协议或者调解书签收前当事人反悔的，附带民事诉讼应当同刑事诉讼一并判决。

第一百九十二条 对附带民事诉讼作出判决，应当根据犯罪行为造成的物质损失，结合案件具体情况，确定被告人应当赔偿的数额。

犯罪行为造成被害人人身损害的，应当赔偿医疗费、护理费、交通费等为治疗和康复支付的合理费用，以及因误工减少的收入。造成被害人残疾的，还应当赔偿残疾生活辅助器具费等费用；造成被害人死亡的，还应当赔偿丧葬费等费用。

驾驶机动车致人伤亡或者造成公私财产重大损失，构成犯罪的，依照《中华人民共和国道路交通安全法》第七十六条的规定确定赔偿责任。

附带民事诉讼当事人就民事赔偿问题达成调解、和解协议的，赔偿范围、数额不受第二款、第三款规定的限制。

第一百九十三条 人民检察院提起附带民事诉讼的，人民法院经审理，认为附带民事诉讼被告人依法应当承担赔偿责任的，应当判令附带民事诉讼被告人直接向遭受损失的单位作出赔偿；遭受损失的单位已经终止，有权利义务继受人的，应当判令其向继受人作出赔偿；没有权利义务继受人的，应当判令其向人民检察院交付赔偿款，由人民检察院上缴国库。

第一百九十四条 审理刑事附带民事诉讼案件，人民法院应当结合被告人赔偿被害人物质损失的情况认定其悔罪表现，并在量刑时予以考虑。

第一百九十五条 附带民事诉讼原告人经传唤，无正当理由拒不到庭，或者未经法庭许可中途退庭的，应当按撤诉处理。

刑事被告人以外的附带民事诉讼被告人经传唤，无正当理由拒不到庭，或者未经法庭许可中途退庭的，附带民事部分可以缺席判决。

刑事被告人以外的附带民事诉讼被告人下落不明，或者用公告送达以外的其他方式无法送达，可能导致刑事案件审判过分迟延的，可以不将其列为附带民事诉讼被告人，告知附带民事诉讼原告人另行提起民事诉讼。

第一百九十六条 附带民事诉讼应当同刑事案件一并审判，只有为了防止刑事案件审判的过分迟延，才可以在刑事案件审判后，由同一审判组织继续审理附带民事诉讼；同一审判组织的成员确实不能继续参与审判的，可以更换。

第一百九十七条 人民法院认定公诉案件被告人的行为不构成犯罪，对已经提起的附带民事诉讼，经调解不能达成协议的，可以一并作出刑事附带民事判决，也可以告知附带民事原告人另行提起民事诉讼。

人民法院准许人民检察院撤回起诉的公诉案件，对已经提起的附带民事诉讼，可以进行调解；不宜调解或者经调解不能达成协议的，应当裁定驳回起诉，并告知附带民事诉讼原告人可以另行提起民事诉讼。

第一百九十八条 第一审期间未提起附带民事诉讼，在第二审期间提起的，第二审人民法院可以依法进行调解；调解不成的，告知当事人可以在刑事判决、裁定生效后另行提起民事诉讼。

第一百九十九条 人民法院审理附带民事诉讼案件，不收取诉讼费。

第二百条 被害人或者其法定代理人、近亲属在刑事诉讼过程中未提起附带民事诉讼，另行提起民事诉讼的，人民法院可以进行调解，或者根据本解释第一百九十二条第二款、第三款的规定作出判决。

第二百零一条 人民法院审理附带民事诉讼案件，除刑法、刑事诉讼法以及刑事司法解释已有规定的以外，适用民事法律的有关规定。

第七章 期间、送达、审理期限

第二百零二条 以月计算的期间，自本月某日至下月同日为一个月；期限起算日为本月最后一日的，至下月最后一日为一个月；下月同日不存在的，自本月某日至下月最后一日为一个月；半个月一律按十五日计算。

以年计算的刑期，自本年本月某日至次年同月同日的前一日为一年；次年同月同日不存在的，自本年本月某日至次年同月最后一日的前一日为一年。以月计算的刑期，自本月某日至下月同日的前一日为一个月；刑期起算日为本月最后一日的，至下月最后一日的前一日为一个月；下月同日不存在的，自本月某日至下月最后一日的前一日为一个月；半个月一律按十五日计算。

第二百零三条 当事人由于不能抗拒的原因或者有其他正当理由而耽误期限，依法申请继续进行应当在期满前完成的诉讼活动的，人民法院查证属实后，应当裁定准许。

第二百零四条 送达诉讼文书，应当由收件人签收。收件人不在的，可以由其成年家属或者所在单位负责收件的人员代收。收件人或者代收人在送达回证上签收的日期为送达日期。

收件人或者代收人拒绝签收的，送达人可以邀请见证人到场，说明情况，在送达回证上注明拒收的事由和日期，由送达人、见证人签名或者盖章，将诉讼文书留在收件人、代收人的住处或者单位；也可以把诉讼文书留在受送达人的住处，并采用拍照、录像等方式记录送达过程，即视为送达。

第二百零五条 直接送达诉讼文书有困难的，可以委托收件人所在地的人民法院代为送达或者邮寄送达。

第二百零六条 委托送达的，应当将委托函、委托送达的诉讼文书及送达回证寄送受托法院。受托法院收到后，应当登记，在十日以内送达收件人，并将送达回证寄送委托法院；无法送达的，应当告知委托法院，并将诉讼文书及送达回证退回。

第二百零七条 邮寄送达的，应当将诉讼文书、送达回证邮寄给收件人。签收日期为送达日期。

第二百零八条 诉讼文书的收件人是军人的，可以通过其所在部队团级以上单位的政治部门转交。

收件人正在服刑的，可以通过执行机关转交。

收件人正在接受专门矫治教育等的，可以通过相关机构转交。

由有关部门、单位代为转交诉讼文书的，应当请有关部门、单位收到后立即交收件人签收，并将送达回证及时寄送人民法院。

第二百零九条 指定管辖案件的审理期限，自被指定管辖的人民法院收到指定管辖决定书和案卷、证据材料之日起计算。

第二百一十条 对可能判处死刑的案件或者附带民事诉讼的案件，以及有刑事诉讼法第一百五十八条规定情形之一的案件，上一级人民法院可以批准延长审理期限一次，期限为三个月。因特殊情况还需要延长的，应当报请最高人民法院批准。

申请批准延长审理期限的，应当在期限届满十五日以前层报。有权决定的人民法院不同意的，应当在审理期限届满五日以前作出决定。

因特殊情况报请最高人民法院批准延长审理期限，最高人民法院经审查，予以批准的，可以延长审理期限一至三个月。期限届满案件仍然不能审结的，可以再次提出申请。

第二百一十一条 审判期间，对被告人作精神病鉴定的时间不计入审理期限。

第八章　审判组织

第二百一十二条　合议庭由审判员担任审判长。院长或者庭长参加审理案件时，由其本人担任审判长。

审判员依法独任审判时，行使与审判长相同的职权。

第二百一十三条　基层人民法院、中级人民法院、高级人民法院审判下列第一审刑事案件，由审判员和人民陪审员组成合议庭进行：

（一）涉及群体利益、公共利益的；

（二）人民群众广泛关注或者其他社会影响较大的；

（三）案情复杂或者有其他情形，需要由人民陪审员参加审判的。

基层人民法院、中级人民法院、高级人民法院审判下列第一审刑事案件，由审判员和人民陪审员组成七人合议庭进行：

（一）可能判处十年以上有期徒刑、无期徒刑、死刑，且社会影响重大的；

（二）涉及征地拆迁、生态环境保护、食品药品安全，且社会影响重大的；

（三）其他社会影响重大的。

第二百一十四条　开庭审理和评议案件，应当由同一合议庭进行。合议庭成员在评议案件时，应当独立发表意见并说明理由。意见分歧的，应当按多数意见作出决定，但少数意见应当记入笔录。评议笔录由合议庭的组成人员在审阅确认无误后签名。评议情况应当保密。

第二百一十五条　人民陪审员参加三人合议庭审判案件，应当对事实认定、法律适用独立发表意见，行使表决权。

人民陪审员参加七人合议庭审判案件，应当对事实认定独立发表意见，并与审判员共同表决；对法律适用可以发表意见，但不参加表决。

第二百一十六条　合议庭审理、评议后，应当及时作出判决、裁定。

对下列案件，合议庭应当提请院长决定提交审判委员会讨论决定：

（一）高级人民法院、中级人民法院拟判处死刑立即执行的案件，以及中级人民法院拟判处死刑缓期执行的案件；

（二）本院已经发生法律效力的判决、裁定确有错误需要再审的案件；

（三）人民检察院依照审判监督程序提出抗诉的案件。

对合议庭成员意见有重大分歧的案件、新类型案件、社会影响重大的案件以及其他疑难、复杂、重大的案件，合议庭认为难以作出决定的，可以提请院长决定提交审判委员会讨论决定。

人民陪审员可以要求合议庭将案件提请院长决定是否提交审判委员会讨论决定。

对提请院长决定提交审判委员会讨论决定的案件，院长认为不必要的，可以建议合议庭复议一次。

独任审判的案件，审判员认为有必要的，也可以提请院长决定提交审判委员会讨论决定。

第二百一十七条　审判委员会的决定，合议庭、独任审判员应当执行；有不同意见的，可以建议院长提交审判委员会复议。

第九章　公诉案件第一审普通程序

第一节　审查受理与庭前准备

第二百一十八条　对提起公诉的案件，人民法院应当在收到起诉书（一式八份，每增加一名被告人，增加起诉书五份）和案卷、证据后，审查以下内容：

（一）是否属于本院管辖；

（二）起诉书是否写明被告人的身份，是否受过或者正在接受刑事处罚、行政处罚、处分，被采取留置措施的情况，被采取强制措施的时间、种类、羁押地点，犯罪的时间、地点、手段、后果以及其他可能影响定罪量刑的情节；有多起犯罪事实的，是否在起诉书中将事实分别列明；

（三）是否移送证明指控犯罪事实及影响量刑的证据材料，包括采取技术调查、侦查措施的法律文书和所收集的证据材料；

（四）是否查封、扣押、冻结被告人的违法所得或者其他涉案财物，查封、扣押、冻结是否逾期；是否随案移送涉案财物、附涉案财物清单；是否列明涉案财物权属情况；是否就涉案财物处理提供相关证据材料；

（五）是否列明被害人的姓名、住址、联系方式；是否附有证人、鉴定人名单；是否申请法庭通知证人、鉴定人、有专门知识的人出庭，并列明有关人员的姓名、性别、年龄、职业、住址、联系方式；是否附有需要保护的证人、鉴定人、被害人名单；

（六）当事人已委托辩护人、诉讼代理人或者已接受法律援助的，是否列明辩护人、诉讼代理人的姓名、住址、联系方式；

（七）是否提起附带民事诉讼；提起附带民事诉讼的，是否列明附带民事诉讼当事人的姓名、住址、联系方式等，是否附有相关证据材料；

（八）监察调查、侦查、审查起诉程序的各种法律手续和诉讼文书是否齐全；

（九）被告人认罪认罚的，是否提出量刑建议、移送认罪认罚具结书等材料；

（十）有无刑事诉讼法第十六条第二项至第六项规定的不追究刑事责任的情形。

第二百一十九条 人民法院对提起公诉的案件审查后，应当按照下列情形分别处理：

（一）不属于本院管辖的，应当退回人民检察院；

（二）属于刑事诉讼法第十六条第二项至第六项规定情形的，应当退回人民检察院；属于告诉才处理的案件，应当同时告知被害人有权提起自诉；

（三）被告人不在案的，应当退回人民检察院；但是，对人民检察院按照缺席审判程序提起公诉的，应当依照本解释第二十四章的规定作出处理；

（四）不符合前条第二项至第九项规定之一，需要补充材料的，应当通知人民检察院在三日以内补送；

（五）依照刑事诉讼法第二百条第三项规定宣告被告人无罪后，人民检察院根据新的事实、证据重新起诉的，应当依法受理；

（六）依照本解释第二百九十六条规定裁定准许撤诉的案件，没有新的影响定罪量刑的事实、证据，重新起诉的，应当退回人民检察院；

（七）被告人真实身份不明，但符合刑事诉讼法第一百六十条第二款规定的，应当依法受理。

对公诉案件是否受理，应当在七日以内审查完毕。

第二百二十条 对一案起诉的共同犯罪或者关联犯罪案件，被告人人数众多、案情复杂，人民法院经审查认为，分案审理更有利于保障庭审质量和效率的，可以分案审理。分案审理不得影响当事人质证权等诉讼权利的行使。

对分案起诉的共同犯罪或者关联犯罪案件，人民法院经审查认为，合并审理更有利于查明案件事实、保障诉讼权利、准确定罪量刑的，可以并案审理。

第二百二十一条 开庭审理前，人民法院应当进行下列工作：

（一）确定审判长及合议庭组成人员；

（二）开庭十日以前将起诉书副本送达被告人、辩护人；

（三）通知当事人、法定代理人、辩护人、诉讼代理人在开庭五日以前提供证人、鉴定人名单，以及拟当庭出示的证据；申请证人、鉴定人、有专门知识的人出庭的，应当列明有关人员的姓名、性别、年龄、职业、住址、联系方式；

（四）开庭三日以前将开庭的时间、地点通知人民检察院；

（五）开庭三日以前将传唤当事人的传票和通知辩护人、诉讼代理人、法定代理人、证人、鉴定人等出庭的通知书送达；通知有关人员出庭，也可以采取电话、短信、传真、电子邮件、即时通讯等能够确认对方收悉的方式；对被害人人数众多的涉众型犯罪案件，可以通过互联网公布相关文书，通知有关人员出庭；

（六）公开审理的案件，在开庭三日以前公布案由、被告人姓名、开庭时间和地点。

上述工作情况应当记录在案。

第二百二十二条 审判案件应当公开

进行。

案件涉及国家秘密或者个人隐私的，不公开审理；涉及商业秘密，当事人提出申请的，法庭可以决定不公开审理。

不公开审理的案件，任何人不得旁听，但具有刑事诉讼法第二百八十五条规定情形的除外。

第二百二十三条 精神病人、醉酒的人、未经人民法院批准的未成年人以及其他不宜旁听的人不得旁听案件审理。

第二百二十四条 被害人人数众多，且案件不属于附带民事诉讼范围的，被害人可以推选若干代表人参加庭审。

第二百二十五条 被害人、诉讼代理人经传唤或者通知未到庭，不影响开庭审理的，人民法院可以开庭审理。

辩护人经通知未到庭，被告人同意的，人民法院可以开庭审理，但被告人属于应当提供法律援助情形的除外。

第二节 庭前会议与庭审衔接

第二百二十六条 案件具有下列情形之一的，人民法院可以决定召开庭前会议：

（一）证据材料较多、案情重大复杂的；

（二）控辩双方对事实、证据存在较大争议的；

（三）社会影响重大的；

（四）需要召开庭前会议的其他情形。

第二百二十七条 控辩双方可以申请人民法院召开庭前会议，提出申请应当说明理由。人民法院经审查认为有必要的，应当召开庭前会议；决定不召开的，应当告知申请人。

第二百二十八条 庭前会议可以就下列事项向控辩双方了解情况，听取意见：

（一）是否对案件管辖有异议；

（二）是否申请有关人员回避；

（三）是否申请不公开审理；

（四）是否申请排除非法证据；

（五）是否提供新的证据材料；

（六）是否申请重新鉴定或者勘验；

（七）是否申请收集、调取证明被告人无罪或者罪轻的证据材料；

（八）是否申请证人、鉴定人、有专门知识的人、调查人员、侦查人员或者其他人员出庭，是否对出庭人员名单有异议；

（九）是否对涉案财物的权属情况和人民检察院的处理建议有异议；

（十）与审判相关的其他问题。

庭前会议中，人民法院可以开展附带民事调解。

对第一款规定中可能导致庭审中断的程序性事项，人民法院可以在庭前会议后依法作出处理，并在庭审中说明处理决定和理由。控辩双方没有新的理由，在庭审中再次提出有关申请或者异议的，法庭可以在说明庭前会议情况和处理决定理由后，依法予以驳回。

庭前会议情况应当制作笔录，由参会人员核对后签名。

第二百二十九条 庭前会议中，审判人员可以询问控辩双方对证据材料有无异议，对有异议的证据，应当在庭审时重点调查；无异议的，庭审时举证、质证可以简化。

第二百三十条 庭前会议由审判长主持，合议庭其他审判员也可以主持庭前会议。

召开庭前会议应当通知公诉人、辩护人到场。

庭前会议准备就非法证据排除了解情况、听取意见，或者准备询问控辩双方对证据材料的意见的，应当通知被告人到场。有多名被告人的案件，可以根据情况确定参加庭前会议的被告人。

第二百三十一条 庭前会议一般不公开进行。

根据案件情况，庭前会议可以采用视频等方式进行。

第二百三十二条 人民法院在庭前会议中听取控辩双方对案件事实、证据材料的意见后，对明显事实不清、证据不足的案件，可以建议人民检察院补充材料或者撤回起诉。建议撤回起诉的案件，人民检察院不同意的，开庭审理后，没有新的事实和理由，一般不准许撤回起诉。

第二百三十三条 对召开庭前会议的案件，可以在开庭时告知庭前会议情况。对庭前会议中达成一致意见的事项，法庭在向控辩双方核实后，可以当庭予以确认；未达成一致意见的事项，法庭可以归纳控辩双方争议焦点，听取控辩双方意见，依法作出处理。

控辩双方在庭前会议中就有关事项达成一致意见，在庭审中反悔的，除有正当理由外，法庭一般不再进行处理。

第三节 宣布开庭与法庭调查

第二百三十四条 开庭审理前，书记员应当依次进行下列工作：

（一）受审判长委托，查明公诉人、当事人、辩护人、诉讼代理人、证人及其他诉讼参与人是否到庭；

（二）核实旁听人员中是否有证人、鉴定人、有专门知识的人；

（三）请公诉人、辩护人、诉讼代理人及其他诉讼参与人入庭；

（四）宣读法庭规则；

（五）请审判长、审判员、人民陪审员入庭；

（六）审判人员就座后，向审判长报告开庭前的准备工作已经就绪。

第二百三十五条 审判长宣布开庭，传被告人到庭后，应当查明被告人的下列情况：

（一）姓名、出生日期、民族、出生地、文化程度、职业、住址，或者被告单位的名称、住所地、法定代表人、实际控制人以及诉讼代表人的姓名、职务；

（二）是否受过刑事处罚、行政处罚、处分及其种类、时间；

（三）是否被采取留置措施及留置的时间，是否被采取强制措施及强制措施的种类、时间；

（四）收到起诉书副本的日期；有附带民事诉讼的，附带民事诉讼被告人收到附带民事起诉状的日期。

被告人较多的，可以在开庭前查明上述情况，但开庭时审判长应当作出说明。

第二百三十六条 审判长宣布案件的来源、起诉的案由、附带民事诉讼当事人的姓名及是否公开审理；不公开审理的，应当宣布理由。

第二百三十七条 审判长宣布合议庭组成人员、法官助理、书记员、公诉人的名单，以及辩护人、诉讼代理人、鉴定人、翻译人员等诉讼参与人的名单。

第二百三十八条 审判长应当告知当事人及其法定代理人、辩护人、诉讼代理人在法庭审理过程中依法享有下列诉讼权利：

（一）可以申请合议庭组成人员、法官助理、书记员、公诉人、鉴定人和翻译人员回避；

（二）可以提出证据，申请通知新的证人到庭、调取新的证据，申请重新鉴定或者勘验；

（三）被告人可以自行辩护；

（四）被告人可以在法庭辩论终结后作最后陈述。

第二百三十九条 审判长应当询问当事人及其法定代理人、辩护人、诉讼代理人是否申请回避、申请何人回避和申请回避的理由。

当事人及其法定代理人、辩护人、诉讼代理人申请回避的，依照刑事诉讼法及本解释的有关规定处理。

同意或者驳回回避申请的决定及复议决定，由审判长宣布，并说明理由。必要时，也可以由院长到庭宣布。

第二百四十条 审判长宣布法庭调查开始后，应当先由公诉人宣读起诉书；公诉人宣读起诉书后，审判长应当询问被告人对起诉书指控的犯罪事实和罪名有无异议。

有附带民事诉讼的，公诉人宣读起诉书后，由附带民事诉讼原告人或者其法定代理人、诉讼代理人宣读附带民事起诉状。

第二百四十一条 在审判长主持下，被告人、被害人可以就起诉书指控的犯罪事实分别陈述。

第二百四十二条 在审判长主持下，公诉人可以就起诉书指控的犯罪事实讯问被告人。

经审判长准许，被害人及其法定代理人、诉讼代理人可以就公诉人讯问的犯罪事实补充发问;附带民事诉讼原告人及其法定代理人、诉讼代理人可以就附带民事部分的事实向被告人发问;被告人的法定代理人、辩护人,附带民事诉讼被告人及其法定代理人、诉讼代理人可以在控诉方、附带民事诉讼原告方就某一问题讯问、发问完毕后向被告人发问。

根据案件情况,就证据问题对被告人的讯问、发问可以在举证、质证环节进行。

第二百四十三条 讯问同案审理的被告人,应当分别进行。

第二百四十四条 经审判长准许,控辩双方可以向被害人、附带民事诉讼原告人发问。

第二百四十五条 必要时,审判人员可以讯问被告人,也可以向被害人、附带民事诉讼当事人发问。

第二百四十六条 公诉人可以提请法庭通知证人、鉴定人、有专门知识的人、调查人员、侦查人员或者其他人员出庭,或者出示证据。被害人及其法定代理人、诉讼代理人,附带民事诉讼原告人及其诉讼代理人也可以提出申请。

在控诉方举证后,被告人及其法定代理人、辩护人可以提请法庭通知证人、鉴定人、有专门知识的人、调查人员、侦查人员或者其他人员出庭,或者出示证据。

第二百四十七条 控辩双方申请证人出庭作证,出示证据,应当说明证据的名称、来源和拟证明的事实。法庭认为有必要的,应当准许;对方提出异议,认为有关证据与案件无关或者明显重复、不必要,法庭经审查异议成立的,可以不予准许。

第二百四十八条 已经移送人民法院的案卷和证据材料,控辩双方需要出示的,可以向法庭提出申请,法庭可以准许。案卷和证据材料应当在质证后当庭归还。

需要播放录音录像或者需要将证据材料交由法庭、公诉人或者诉讼参与人查看的,法庭可以指令值庭法警或者相关人员予以协助。

第二百四十九条 公诉人、当事人或者辩护人、诉讼代理人对证人证言有异议,且该证人证言对定罪量刑有重大影响,或者对鉴定意见有异议,人民法院认为证人、鉴定人有必要出庭作证的,应当通知证人、鉴定人出庭。

控辩双方对侦破经过、证据来源、证据真实性或者合法性等有异议,申请调查人员、侦查人员或者有关人员出庭,人民法院认为有必要的,应当通知调查人员、侦查人员或者有关人员出庭。

第二百五十条 公诉人、当事人及其辩护人、诉讼代理人申请法庭通知有专门知识的人出庭,就鉴定意见提出意见的,应当说明理由。法庭认为有必要的,应当通知有专门知识的人出庭。

申请有专门知识的人出庭,不得超过二人。有多种类鉴定意见的,可以相应增加人数。

第二百五十一条 为查明案件事实、调查核实证据,人民法院可以依职权通知证人、鉴定人、有专门知识的人、调查人员、侦查人员或者其他人员出庭。

第二百五十二条 人民法院通知有关人员出庭的,可以要求控辩双方予以协助。

第二百五十三条 证人具有下列情形之一,无法出庭作证的,人民法院可以准许其不出庭:

(一)庭审期间身患严重疾病或者行动极为不便的;

(二)居所远离开庭地点且交通极为不便的;

(三)身处国外短期无法回国的;

(四)有其他客观原因,确实无法出庭的。

具有前款规定情形的,可以通过视频等方式作证。

第二百五十四条 证人出庭作证所支出的交通、住宿、就餐等费用,人民法院应当给予补助。

第二百五十五条 强制证人出庭的,应当由院长签发强制证人出庭令,由法警执行。必要时,可以商请公安机关协助。

第二百五十六条 证人、鉴定人、被害人因出庭作证,本人或者其近亲属的人身安全面临危险的,人民法院应当采取不公开其真实姓名、住址和工作单位等个人信息,或者不暴露其外貌、真实声音等保护措施。辩护律师经法庭许可,查阅对证人、鉴定人、被害人使用化名情况的,应当签署保密承诺书。

审判期间,证人、鉴定人、被害人提出保护请求的,人民法院应当立即审查;认为确有保护必要的,应当及时决定采取相应保护措施。必要时,可以商请公安机关协助。

第二百五十七条 决定对出庭作证的证人、鉴定人、被害人采取不公开个人信息的保护措施的,审判人员应当在开庭前核实其身份,对证人、鉴定人如实作证的保证书不得公开,在判决书、裁定书等法律文书中可以使用化名等代替其个人信息。

第二百五十八条 证人出庭的,法庭应当核实其身份、与当事人以及本案的关系,并告知其有关权利义务和法律责任。证人应当保证向法庭如实提供证言,并在保证书上签名。

第二百五十九条 证人出庭后,一般先向法庭陈述证言;其后,经审判长许可,由申请通知证人出庭的一方发问,发问完毕后,对方也可以发问。

法庭依职权通知证人出庭的,发问顺序由审判长根据案件情况确定。

第二百六十条 鉴定人、有专门知识的人、调查人员、侦查人员或者其他人员出庭的,参照适用前两条规定。

第二百六十一条 向证人发问应当遵循以下规则:

(一)发问的内容应当与本案事实有关;

(二)不得以诱导方式发问;

(三)不得威胁证人;

(四)不得损害证人的人格尊严。

对被告人、被害人、附带民事诉讼当事人、鉴定人、有专门知识的人、调查人员、侦查人员或者其他人员的讯问、发问,适用前款规定。

第二百六十二条 控辩双方的讯问、发问方式不当或者内容与本案无关的,对方可以提出异议,申请审判长制止,审判长应当判明情况予以支持或者驳回;对方未提出异议的,审判长也可以根据情况予以制止。

第二百六十三条 审判人员认为必要时,可以询问证人、鉴定人、有专门知识的人、调查人员、侦查人员或者其他人员。

第二百六十四条 向证人、调查人员、侦查人员发问应当分别进行。

第二百六十五条 证人、鉴定人、有专门知识的人、调查人员、侦查人员或者其他人员不得旁听对本案的审理。有关人员作证或者发表意见后,审判长应当告知其退庭。

第二百六十六条 审理涉及未成年人的刑事案件,询问未成年被害人、证人,通知未成年被害人、证人出庭作证,适用本解释第二十二章的有关规定。

第二百六十七条 举证方当庭出示证据后,由对方发表质证意见。

第二百六十八条 对可能影响定罪量刑的关键证据和控辩双方存在争议的证据,一般应当单独举证、质证,充分听取质证意见。

对控辩双方无异议的非关键证据,举证方可以仅就证据的名称及拟证明的事实作出说明。

召开庭前会议的案件,举证、质证可以按照庭前会议确定的方式进行。

根据案件和庭审情况,法庭可以对控辩双方的举证、质证方式进行必要的指引。

第二百六十九条 审理过程中,法庭认为有必要的,可以传唤同案被告人、分案审理的共同犯罪或者关联犯罪案件的被告人等到庭对质。

第二百七十条 当庭出示的证据,尚未移送人民法院的,应当在质证后当庭移交。

第二百七十一条 法庭对证据有疑问的,可以告知公诉人、当事人及其法定代理人、辩护人、诉讼代理人补充证据或者作出说明;必要时,可以宣布休庭,对证据进行调查核实。

对公诉人、当事人及其法定代理人、辩护人、诉讼代理人补充的和审判人员庭外调查核实取得的证据,应当经过当庭质证才能作为定案的根据。但是,对不影响定罪量刑的非关键证据、有利于被告人的量刑证据以及认定被告人有犯罪前科的裁判文书等证据，经庭外征求意见，控辩双方没有异议的除外。

有关情况，应当记录在案。

第二百七十二条 公诉人申请出示开庭前未移送或者提交人民法院的证据，辩护方提出异议的，审判长应当要求公诉人说明理由；理由成立并确有出示必要的，应当准许。

辩护方提出需要对新的证据作辩护准备的，法庭可以宣布休庭，并确定准备辩护的时间。

辩护方申请出示开庭前未提交的证据，参照适用前两款规定。

第二百七十三条 法庭审理过程中，控辩双方申请通知新的证人到庭，调取新的证据，申请重新鉴定或者勘验的，应当提供证人的基本信息、证据的存放地点，说明拟证明的事项，申请重新鉴定或者勘验的理由。法庭认为有必要的，应当同意，并宣布休庭；根据案件情况，可以决定延期审理。

人民法院决定重新鉴定的，应当及时委托鉴定，并将鉴定意见告知人民检察院、当事人及其辩护人、诉讼代理人。

第二百七十四条 审判期间，公诉人发现案件需要补充侦查，建议延期审理的，合议庭可以同意，但建议延期审理不得超过两次。

人民检察院将补充收集的证据移送人民法院的，人民法院应当通知辩护人、诉讼代理人查阅、摘抄、复制。

补充侦查期限届满后，人民检察院未将补充的证据材料移送人民法院的，人民法院可以根据在案证据作出判决、裁定。

第二百七十五条 人民法院向人民检察院调取需要调查核实的证据材料，或者根据被告人、辩护人的申请，向人民检察院调取在调查、侦查、审查起诉期间收集的有关被告人无罪或者罪轻的证据材料，应当通知人民检察院在收到调取证据材料决定书后三日以内移交。

第二百七十六条 法庭审理过程中，对与量刑有关的事实、证据，应当进行调查。

人民法院除应当审查被告人是否具有法定量刑情节外，还应当根据案件情况审查以下影响量刑的情节：

（一）案件起因；

（二）被害人有无过错及过错程度，是否对矛盾激化负有责任及责任大小；

（三）被告人的近亲属是否协助抓获被告人；

（四）被告人平时表现，有无悔罪态度；

（五）退赃、退赔及赔偿情况；

（六）被告人是否取得被害人或者其近亲属谅解；

（七）影响量刑的其他情节。

第二百七十七条 审判期间，合议庭发现被告人可能有自首、坦白、立功等法定量刑情节，而人民检察院移送的案卷中没有相关证据材料的，应当通知人民检察院在指定时间内移送。

审判期间，被告人提出新的立功线索的，人民法院可以建议人民检察院补充侦查。

第二百七十八条 对被告人认罪的案件，在确认被告人了解起诉书指控的犯罪事实和罪名，自愿认罪且知悉认罪的法律后果后，法庭调查可以主要围绕量刑和其他有争议的问题进行。

对被告人不认罪或者辩护人作无罪辩护的案件，法庭调查应当在查明定罪事实的基础上，查明有关量刑事实。

第二百七十九条 法庭审理过程中，应当对查封、扣押、冻结财物及其孳息的权属、来源等情况，是否属于违法所得或者依法应当追缴的其他涉案财物进行调查，由公诉人说明情况、出示证据、提出处理建议，并听取被告人、辩护人等诉讼参与人的意见。

案外人对查封、扣押、冻结的财物及其孳息提出权属异议的，人民法院应当听取案外人的意见；必要时，可以通知案外人出庭。

经审查，不能确认查封、扣押、冻结的财物及其孳息属于违法所得或者依法应当追缴的其他涉案财物的，不得没收。

第四节　法庭辩论与最后陈述

第二百八十条　合议庭认为案件事实已经调查清楚的，应当由审判长宣布法庭调查结束，开始就定罪、量刑、涉案财物处理的事实、证据、适用法律等问题进行法庭辩论。

第二百八十一条　法庭辩论应当在审判长的主持下，按照下列顺序进行：

（一）公诉人发言；

（二）被害人及其诉讼代理人发言；

（三）被告人自行辩护；

（四）辩护人辩护；

（五）控辩双方进行辩论。

第二百八十二条　人民检察院可以提出量刑建议并说明理由；建议判处管制、宣告缓刑的，一般应当附有调查评估报告，或者附有委托调查函。

当事人及其辩护人、诉讼代理人可以对量刑提出意见并说明理由。

第二百八十三条　对被告人认罪的案件，法庭辩论时，应当指引控辩双方主要围绕量刑和其他有争议的问题进行。

对被告人不认罪或者辩护人作无罪辩护的案件，法庭辩论时，可以指引控辩双方先辩论定罪问题，后辩论量刑和其他问题。

第二百八十四条　附带民事部分的辩论应当在刑事部分的辩论结束后进行，先由附带民事诉讼原告人及其诉讼代理人发言，后由附带民事诉讼被告人及其诉讼代理人答辩。

第二百八十五条　法庭辩论过程中，审判长应当充分听取控辩双方的意见，对控辩双方与案件无关、重复或者指责对方的发言应当提醒、制止。

第二百八十六条　法庭辩论过程中，合议庭发现与定罪、量刑有关的新的事实，有必要调查的，审判长可以宣布恢复法庭调查，在对新的事实调查后，继续法庭辩论。

第二百八十七条　审判长宣布法庭辩论终结后，合议庭应当保证被告人充分行使最后陈述的权利。

被告人在最后陈述中多次重复自己的意见的，法庭可以制止；陈述内容蔑视法庭、公诉人，损害他人及社会公共利益，或者与本案无关的，应当制止。

在公开审理的案件中，被告人最后陈述的内容涉及国家秘密、个人隐私或者商业秘密的，应当制止。

第二百八十八条　被告人在最后陈述中提出新的事实、证据，合议庭认为可能影响正确裁判的，应当恢复法庭调查；被告人提出新的辩解理由，合议庭认为可能影响正确裁判的，应当恢复法庭辩论。

第二百八十九条　公诉人当庭发表与起诉书不同的意见，属于变更、追加、补充或者撤回起诉的，人民法院应当要求人民检察院在指定时间内以书面方式提出；必要时，可以宣布休庭。人民检察院在指定时间内未提出的，人民法院应当根据法庭审理情况，就起诉书指控的犯罪事实依法作出判决、裁定。

人民检察院变更、追加、补充起诉的，人民法院应当给予被告人及其辩护人必要的准备时间。

第二百九十条　辩护人应当及时将书面辩护意见提交人民法院。

第五节　评议案件与宣告判决

第二百九十一条　被告人最后陈述后，审判长应当宣布休庭，由合议庭进行评议。

第二百九十二条　开庭审理的全部活动，应当由书记员制作笔录；笔录经审判长审阅后，分别由审判长和书记员签名。

第二百九十三条　法庭笔录应当在庭审后交由当事人、法定代理人、辩护人、诉讼代理人阅读或者向其宣读。

法庭笔录中的出庭证人、鉴定人、有专门知识的人、调查人员、侦查人员或者其他人员的证言、意见部分，应当在庭审后分别交由有关人员阅读或者向其宣读。

前两款所列人员认为记录有遗漏或者差错的，可以请求补充或者改正；确认无误后，应当签名;拒绝签名的,应当记录在案;要求改变庭审中陈述的,不予准许。

第二百九十四条 合议庭评议案件,应当根据已经查明的事实、证据和有关法律规定,在充分考虑控辩双方意见的基础上,确定被告人是否有罪、构成何罪,有无从重、从轻、减轻或者免除处罚情节,应否处以刑罚、判处何种刑罚,附带民事诉讼如何解决,查封、扣押、冻结的财物及其孳息如何处理等,并依法作出判决、裁定。

第二百九十五条 对第一审公诉案件,人民法院审理后,应当按照下列情形分别作出判决、裁定:

(一)起诉指控的事实清楚,证据确实、充分,依据法律认定指控被告人的罪名成立的,应当作出有罪判决;

(二)起诉指控的事实清楚,证据确实、充分,但指控的罪名不当的,应当依据法律和审理认定的事实作出有罪判决;

(三)案件事实清楚,证据确实、充分,依据法律认定被告人无罪的,应当判决宣告被告人无罪;

(四)证据不足,不能认定被告人有罪的,应当以证据不足、指控的犯罪不能成立,判决宣告被告人无罪;

(五)案件部分事实清楚,证据确实、充分的,应当作出有罪或者无罪的判决;对事实不清、证据不足部分,不予认定;

(六)被告人因未达到刑事责任年龄,不予刑事处罚的,应当判决宣告被告人不负刑事责任;

(七)被告人是精神病人,在不能辨认或者不能控制自己行为时造成危害结果,不予刑事处罚的,应当判决宣告被告人不负刑事责任;被告人符合强制医疗条件的,应当依照本解释第二十六章的规定进行审理并作出判决;

(八)犯罪已过追诉时效期限且不是必须追诉,或者经特赦令免除刑罚的,应当裁定终止审理;

(九)属于告诉才处理的案件,应当裁定终止审理,并告知被害人有权提起自诉;

(十)被告人死亡的,应当裁定终止审理;但有证据证明被告人无罪,经缺席审理确认无罪的,应当判决宣告被告人无罪。

对涉案财物,人民法院应当根据审理查明的情况,依照本解释第十八章的规定作出处理。

具有第一款第二项规定情形的,人民法院应当在判决前听取控辩双方的意见,保障被告人、辩护人充分行使辩护权。必要时,可以再次开庭,组织控辩双方围绕被告人的行为构成何罪及如何量刑进行辩论。

第二百九十六条 在开庭后、宣告判决前,人民检察院要求撤回起诉的,人民法院应当审查撤回起诉的理由,作出是否准许的裁定。

第二百九十七条 审判期间,人民法院发现新的事实,可能影响定罪量刑的,或者需要补查补证的,应当通知人民检察院,由其决定是否补充、变更、追加起诉或者补充侦查。

人民检察院不同意或者在指定时间内未回复书面意见的,人民法院应当就起诉指控的事实,依照本解释第二百九十五条的规定作出判决、裁定。

第二百九十八条 对依照本解释第二百一十九条第一款第五项规定受理的案件,人民法院应当在判决中写明被告人曾被人民检察院提起公诉,因证据不足,指控的犯罪不能成立,被人民法院依法判决宣告无罪的情况;前案依照刑事诉讼法第二百条第三项规定作出的判决不予撤销。

第二百九十九条 合议庭成员、法官助理、书记员应当在评议笔录上签名,在判决书、裁定书等法律文书上署名。

第三百条 裁判文书应当写明裁判依据,阐释裁判理由,反映控辩双方的意见并说明采纳或者不予采纳的理由。

适用普通程序审理的被告人认罪的案件,裁判文书可以适当简化。

第三百零一条 庭审结束后、评议前,部分合议庭成员不能继续履行审判职责的,人民法院应当依法更换合议庭组成人员,重新开庭审理。

评议后、宣判前，部分合议庭成员因调动、退休等正常原因不能参加宣判，在不改变原评议结论的情况下，可以由审判本案的其他审判员宣判，裁判文书上仍署审判本案的合议庭成员的姓名。

第三百零二条 当庭宣告判决的，应当在五日以内送达判决书。定期宣告判决的，应当在宣判前，先期公告宣判的时间和地点，传唤当事人并通知公诉人、法定代理人、辩护人和诉讼代理人；判决宣告后，应当立即送达判决书。

第三百零三条 判决书应当送达人民检察院、当事人、法定代理人、辩护人、诉讼代理人，并可以送达被告人的近亲属。被害人死亡，其近亲属申请领取判决书的，人民法院应当及时提供。

判决生效后，还应当送达被告人的所在单位或者户籍地的公安派出所，或者被告单位的注册登记机关。被告人系外国人，且在境内有居住地的，应当送达居住地的公安派出所。

第三百零四条 宣告判决，一律公开进行。宣告判决结果时，法庭内全体人员应当起立。

公诉人、辩护人、诉讼代理人、被害人、自诉人或者附带民事诉讼原告人未到庭的，不影响宣判的进行。

第六节 法庭纪律与其他规定

第三百零五条 在押被告人出庭受审时，不着监管机构的识别服。

庭审期间不得对被告人使用戒具，但法庭认为其人身危险性大，可能危害法庭安全的除外。

第三百零六条 庭审期间，全体人员应当服从法庭指挥，遵守法庭纪律，尊重司法礼仪，不得实施下列行为：

（一）鼓掌、喧哗、随意走动；

（二）吸烟、进食；

（三）拨打、接听电话，或者使用即时通讯工具；

（四）对庭审活动进行录音、录像、拍照或者使用即时通讯工具等传播庭审活动；

（五）其他危害法庭安全或者扰乱法庭秩序的行为。

旁听人员不得进入审判活动区，不得随意站立、走动，不得发言和提问。

记者经许可实施第一款第四项规定的行为，应当在指定的时间及区域进行，不得干扰庭审活动。

第三百零七条 有关人员危害法庭安全或者扰乱法庭秩序的，审判长应当按照下列情形分别处理：

（一）情节较轻的，应当警告制止；根据具体情况，也可以进行训诫；

（二）训诫无效的，责令退出法庭；拒不退出的，指令法警强行带出法庭；

（三）情节严重的，报经院长批准后，可以对行为人处一千元以下的罚款或者十五日以下的拘留。

未经许可对庭审活动进行录音、录像、拍照或者使用即时通讯工具等传播庭审活动的，可以暂扣相关设备及存储介质，删除相关内容。

有关人员对罚款、拘留的决定不服的，可以直接向上一级人民法院申请复议，也可以通过决定罚款、拘留的人民法院向上一级人民法院申请复议。通过决定罚款、拘留的人民法院申请复议的，该人民法院应当自收到复议申请之日起三日以内，将复议申请、罚款或者拘留决定书和有关事实、证据材料一并报上一级人民法院复议。复议期间，不停止决定的执行。

第三百零八条 担任辩护人、诉讼代理人的律师严重扰乱法庭秩序，被强行带出法庭或者被处以罚款、拘留的，人民法院应当通报司法行政机关，并可以建议依法给予相应处罚。

第三百零九条 实施下列行为之一，危害法庭安全或者扰乱法庭秩序，构成犯罪的，依法追究刑事责任：

（一）非法携带枪支、弹药、管制刀具或者爆炸性、易燃性、毒害性、放射性以及传染病病原体等危险物质进入法庭；

（二）哄闹、冲击法庭；

（三）侮辱、诽谤、威胁、殴打司法工作人员或者诉讼参与人；

（四）毁坏法庭设施，抢夺、损毁诉讼文书、证据；

（五）其他危害法庭安全或者扰乱法庭秩序的行为。

第三百一十条 辩护人严重扰乱法庭秩序，被责令退出法庭、强行带出法庭或者被处以罚款、拘留，被告人自行辩护的，庭审继续进行；被告人要求另行委托辩护人，或者被告人属于应当提供法律援助情形的，应当宣布休庭。

辩护人、诉讼代理人被责令退出法庭、强行带出法庭或者被处以罚款后，具结保证书，保证服从法庭指挥、不再扰乱法庭秩序的，经法庭许可，可以继续担任辩护人、诉讼代理人。

辩护人、诉讼代理人具有下列情形之一的，不得继续担任同一案件的辩护人、诉讼代理人：

（一）擅自退庭的；

（二）无正当理由不出庭或者不按时出庭，严重影响审判顺利进行的；

（三）被拘留或者具结保证书后再次被责令退出法庭、强行带出法庭的。

第三百一十一条 被告人在一个审判程序中更换辩护人一般不得超过两次。

被告人当庭拒绝辩护人辩护，要求另行委托辩护人或者指派律师的，合议庭应当准许。被告人拒绝辩护人辩护后，没有辩护人的，应当宣布休庭；仍有辩护人的，庭审可以继续进行。

有多名被告人的案件，部分被告人拒绝辩护人辩护后，没有辩护人的，根据案件情况，可以对该部分被告人另案处理，对其他被告人的庭审继续进行。

重新开庭后，被告人再次当庭拒绝辩护人辩护的，可以准许，但被告人不得再次另行委托辩护人或者要求另行指派律师，由其自行辩护。

被告人属于应当提供法律援助的情形，重新开庭后再次当庭拒绝辩护人辩护的，不予准许。

第三百一十二条 法庭审理过程中，辩护人拒绝为被告人辩护，有正当理由的，应当准许；是否继续庭审，参照适用前条规定。

第三百一十三条 依照前两条规定另行委托辩护人或者通知法律援助机构指派律师的，自案件宣布休庭之日起至第十五日止，由辩护人准备辩护，但被告人及其辩护人自愿缩短时间的除外。

庭审结束后、判决宣告前另行委托辩护人的，可以不重新开庭；辩护人提交书面辩护意见的，应当接受。

第三百一十四条 有多名被告人的案件，部分被告人具有刑事诉讼法第二百零六条第一款规定情形的，人民法院可以对全案中止审理；根据案件情况，也可以对该部分被告人中止审理，对其他被告人继续审理。

对中止审理的部分被告人，可以根据案件情况另案处理。

第三百一十五条 人民检察院认为人民法院审理案件违反法定程序，在庭审后提出书面纠正意见，人民法院认为正确的，应当采纳。

第十章 自诉案件第一审程序

第三百一十六条 人民法院受理自诉案件必须符合下列条件：

（一）符合刑事诉讼法第二百一十条、本解释第一条的规定；

（二）属于本院管辖；

（三）被害人告诉；

（四）有明确的被告人、具体的诉讼请求和证明被告人犯罪事实的证据。

第三百一十七条 本解释第一条规定的案件，如果被害人死亡、丧失行为能力或者因受强制、威吓等无法告诉，或者是限制行为能力人以及因年老、患病、盲、聋、哑等不能亲自告诉，其法定代理人、近亲属告诉或者代为告诉的，人民法院应当依法受理。

被害人的法定代理人、近亲属告诉或者代为告诉的，应当提供与被害人关系的证明和被害人不能亲自告诉的原因的证明。

第三百一十八条 提起自诉应当提交刑事自诉状；同时提起附带民事诉讼的，应当提交刑事附带民事自诉状。

第三百一十九条 自诉状一般应当包括以下内容：

（一）自诉人（代为告诉人）、被告人的姓名、性别、年龄、民族、出生地、文化程度、职业、工作单位、住址、联系方式；

（二）被告人实施犯罪的时间、地点、手段、情节和危害后果等；

（三）具体的诉讼请求；

（四）致送的人民法院和具状时间；

（五）证据的名称、来源等；

（六）证人的姓名、住址、联系方式等。

对两名以上被告人提出告诉的，应当按照被告人的人数提供自诉状副本。

第三百二十条 对自诉案件，人民法院应当在十五日以内审查完毕。经审查，符合受理条件的，应当决定立案，并书面通知自诉人或者代为告诉人。

具有下列情形之一的，应当说服自诉人撤回起诉；自诉人不撤回起诉的，裁定不予受理：

（一）不属于本解释第一条规定的案件的；

（二）缺乏罪证的；

（三）犯罪已过追诉时效期限的；

（四）被告人死亡的；

（五）被告人下落不明的；

（六）除因证据不足而撤诉的以外，自诉人撤诉后，就同一事实又告诉的；

（七）经人民法院调解结案后，自诉人反悔，就同一事实再行告诉的；

（八）属于本解释第一条第二项规定的案件，公安机关正在立案侦查或者人民检察院正在审查起诉的；

（九）不服人民检察院对未成年犯罪嫌疑人作出的附条件不起诉决定或者附条件不起诉考验期满后作出的不起诉决定，向人民法院起诉的。

第三百二十一条 对已经立案，经审查缺乏罪证的自诉案件，自诉人提不出补充证据的，人民法院应当说服其撤回起诉或者裁定驳回起诉；自诉人撤回起诉或者被驳回起诉后，又提出了新的足以证明被告人有罪的证据，再次提起自诉的，人民法院应当受理。

第三百二十二条 自诉人对不予受理或者驳回起诉的裁定不服的，可以提起上诉。

第二审人民法院查明第一审人民法院作出的不予受理裁定有错误的，应当在撤销原裁定的同时，指令第一审人民法院立案受理；查明第一审人民法院驳回起诉裁定有错误的，应当在撤销原裁定的同时，指令第一审人民法院进行审理。

第三百二十三条 自诉人明知有其他共同侵害人，但只对部分侵害人提起自诉的，人民法院应当受理，并告知其放弃告诉的法律后果；自诉人放弃告诉，判决宣告后又对其他共同侵害人就同一事实提起自诉的，人民法院不予受理。

共同被害人中只有部分人告诉的，人民法院应当通知其他被害人参加诉讼，并告知其不参加诉讼的法律后果。被通知人接到通知后表示不参加诉讼或者不出庭的，视为放弃告诉。第一审宣判后，被通知人就同一事实又提起自诉的，人民法院不予受理。但是，当事人另行提起民事诉讼的，不受本解释限制。

第三百二十四条 被告人实施两个以上犯罪行为，分别属于公诉案件和自诉案件，人民法院可以一并审理。对自诉部分的审理，适用本章的规定。

第三百二十五条 自诉案件当事人因客观原因不能取得的证据，申请人民法院调取的，应当说明理由，并提供相关线索或者材料。人民法院认为有必要的，应当及时调取。

对通过信息网络实施的侮辱、诽谤行为，被害人向人民法院告诉，但提供证据确有困难的，人民法院可以要求公安机关提供协助。

第三百二十六条 对犯罪事实清楚，有足够证据的自诉案件，应当开庭审理。

第三百二十七条 自诉案件符合简易程序适用条件的，可以适用简易程序审理。

不适用简易程序审理的自诉案件，参照适用公诉案件第一审普通程序的有关规定。

第三百二十八条 人民法院审理自诉案

件，可以在查明事实、分清是非的基础上，根据自愿、合法的原则进行调解。调解达成协议的，应当制作刑事调解书，由审判人员、法官助理、书记员署名，并加盖人民法院印章。调解书经双方当事人签收后，即具有法律效力。调解没有达成协议，或者调解书签收前当事人反悔的，应当及时作出判决。

刑事诉讼法第二百一十条第三项规定的案件不适用调解。

第三百二十九条 判决宣告前，自诉案件的当事人可以自行和解，自诉人可以撤回自诉。

人民法院经审查，认为和解、撤回自诉确属自愿的，应当裁定准许；认为系被强迫、威吓等，并非自愿的，不予准许。

第三百三十条 裁定准许撤诉的自诉案件，被告人被采取强制措施的，人民法院应当立即解除。

第三百三十一条 自诉人经两次传唤，无正当理由拒不到庭，或者未经法庭准许中途退庭的，人民法院应当裁定按撤诉处理。

部分自诉人撤诉或者被裁定按撤诉处理的，不影响案件的继续审理。

第三百三十二条 被告人在自诉案件审判期间下落不明的，人民法院可以裁定中止审理；符合条件的，可以对被告人依法决定逮捕。

第三百三十三条 对自诉案件，应当参照刑事诉讼法第二百条和本解释第二百九十五条的有关规定作出判决。对依法宣告无罪的案件，有附带民事诉讼的，其附带民事部分可以依法进行调解或者一并作出判决，也可以告知附带民事诉讼原告人另行提起民事诉讼。

第三百三十四条 告诉才处理和被害人有证据证明的轻微刑事案件的被告人或者其法定代理人在诉讼过程中，可以对自诉人提起反诉。反诉必须符合下列条件：

（一）反诉的对象必须是本案自诉人；

（二）反诉的内容必须是与本案有关的行为；

（三）反诉的案件必须符合本解释第一条第一项、第二项的规定。

反诉案件适用自诉案件的规定，应当与自诉案件一并审理。自诉人撤诉的，不影响反诉案件的继续审理。

第十一章 单位犯罪案件的审理

第三百三十五条 人民法院受理单位犯罪案件，除依照本解释第二百一十八条的有关规定进行审查外，还应当审查起诉书是否列明被告单位的名称、住所地、联系方式，法定代表人、实际控制人、主要负责人以及代表被告单位出庭的诉讼代表人的姓名、职务、联系方式。需要人民检察院补充材料的，应当通知人民检察院在三日以内补送。

第三百三十六条 被告单位的诉讼代表人，应当是法定代表人、实际控制人或者主要负责人；法定代表人、实际控制人或者主要负责人被指控为单位犯罪直接责任人员或者因客观原因无法出庭的，应当由被告单位委托其他负责人或者职工作为诉讼代表人。但是，有关人员被指控为单位犯罪直接责任人员或者知道案件情况、负有作证义务的除外。

依据前款规定难以确定诉讼代表人的，可以由被告单位委托律师等单位以外的人员作为诉讼代表人。

诉讼代表人不得同时担任被告单位或者被指控为单位犯罪直接责任人员的有关人员的辩护人。

第三百三十七条 开庭审理单位犯罪案件，应当通知被告单位的诉讼代表人出庭；诉讼代表人不符合前条规定的，应当要求人民检察院另行确定。

被告单位的诉讼代表人不出庭的，应当按照下列情形分别处理：

（一）诉讼代表人系被告单位的法定代表人、实际控制人或者主要负责人，无正当理由拒不出庭的，可以拘传其到庭；因客观原因无法出庭，或者下落不明的，应当要求人民检察院另行确定诉讼代表人；

（二）诉讼代表人系其他人员的，应当要求人民检察院另行确定诉讼代表人。

第三百三十八条 被告单位的诉讼代表人享有刑事诉讼法规定的有关被告人的诉讼权利。开庭时,诉讼代表人席位置于审判台前左侧,与辩护人席并列。

第三百三十九条 被告单位委托辩护人的,参照适用本解释的有关规定。

第三百四十条 对应当认定为单位犯罪的案件,人民检察院只作为自然人犯罪起诉的,人民法院应当建议人民检察院对犯罪单位追加起诉。人民检察院仍以自然人犯罪起诉的,人民法院应当依法审理,按照单位犯罪直接负责的主管人员或者其他直接责任人员追究刑事责任,并援引刑法分则关于追究单位犯罪中直接负责的主管人员和其他直接责任人员刑事责任的条款。

第三百四十一条 被告单位的违法所得及其他涉案财物,尚未被依法追缴或者查封、扣押、冻结的,人民法院应当决定追缴或者查封、扣押、冻结。

第三百四十二条 为保证判决的执行,人民法院可以先行查封、扣押、冻结被告单位的财产,或者由被告单位提出担保。

第三百四十三条 采取查封、扣押、冻结等措施,应当严格依照法定程序进行,最大限度降低对被告单位正常生产经营活动的影响。

第三百四十四条 审判期间,被告单位被吊销营业执照、宣告破产但尚未完成清算、注销登记的,应当继续审理;被告单位被撤销、注销的,对单位犯罪直接负责的主管人员和其他直接责任人员应当继续审理。

第三百四十五条 审判期间,被告单位合并、分立的,应当将原单位列为被告单位,并注明合并、分立情况。对被告单位所判处的罚金以其在新单位的财产及收益为限。

第三百四十六条 审理单位犯罪案件,本章没有规定的,参照适用本解释的有关规定。

第十二章 认罪认罚案件的审理

第三百四十七条 刑事诉讼法第十五条规定的“认罪”,是指犯罪嫌疑人、被告人自愿如实供述自己的罪行,对指控的犯罪事实没有异议。

刑事诉讼法第十五条规定的“认罚”,是指犯罪嫌疑人、被告人真诚悔罪,愿意接受处罚。

被告人认罪认罚的,可以依照刑事诉讼法第十五条的规定,在程序上从简、实体上从宽处理。

第三百四十八条 对认罪认罚案件,应当根据案件情况,依法适用速裁程序、简易程序或者普通程序审理。

第三百四十九条 对人民检察院提起公诉的认罪认罚案件,人民法院应当重点审查以下内容:

(一)人民检察院讯问犯罪嫌疑人时,是否告知其诉讼权利和认罪认罚的法律规定;

(二)是否随案移送听取犯罪嫌疑人、辩护人或者值班律师、被害人及其诉讼代理人意见的笔录;

(三)被告人与被害人达成调解、和解协议或者取得被害人谅解的,是否随案移送调解、和解协议、被害人谅解书等相关材料;

(四)需要签署认罪认罚具结书的,是否随案移送具结书。

未随案移送前款规定的材料的,应当要求人民检察院补充。

第三百五十条 人民法院应当将被告人认罪认罚作为其是否具有社会危险性的重要考虑因素。被告人罪行较轻,采用非羁押性强制措施足以防止发生社会危险性的,应当依法适用非羁押性强制措施。

第三百五十一条 对认罪认罚案件,法庭审理时应当告知被告人享有的诉讼权利和认罪认罚的法律规定,审查认罪认罚的自愿性和认罪认罚具结书内容的真实性、合法性。

第三百五十二条 对认罪认罚案件,人民检察院起诉指控的事实清楚,但指控的罪名与审理认定的罪名不一致的,人民法院应当听取人民检察院、被告人及其辩护人对审理认定罪名的意见,依法作出判决。

第三百五十三条 对认罪认罚案件,人民法院经审理认为量刑建议明显不当，或者被告人、辩护人对量刑建议提出异议的，人民检察院可以调整量刑建议。人民检察院不调整或者调整后仍然明显不当的，人民法院应当依法作出判决。

适用速裁程序审理认罪认罚案件，需要调整量刑建议的，应当在庭前或者当庭作出调整；调整量刑建议后，仍然符合速裁程序适用条件的，继续适用速裁程序审理。

第三百五十四条 对量刑建议是否明显不当，应当根据审理认定的犯罪事实、认罪认罚的具体情况，结合相关犯罪的法定刑、类似案件的刑罚适用等作出审查判断。

第三百五十五条 对认罪认罚案件，人民法院一般应当对被告人从轻处罚；符合非监禁刑适用条件的，应当适用非监禁刑；具有法定减轻处罚情节的，可以减轻处罚。

对认罪认罚案件，应当根据被告人认罪认罚的阶段早晚以及认罪认罚的主动性、稳定性、彻底性等，在从宽幅度上体现差异。

共同犯罪案件，部分被告人认罪认罚的，可以依法对该部分被告人从宽处罚，但应当注意全案的量刑平衡。

第三百五十六条 被告人在人民检察院提起公诉前未认罪认罚，在审判阶段认罪认罚的，人民法院可以不再通知人民检察院提出或者调整量刑建议。

对前款规定的案件，人民法院应当就定罪量刑听取控辩双方意见，根据刑事诉讼法第十五条和本解释第三百五十五条的规定作出判决。

第三百五十七条 对被告人在第一审程序中未认罪认罚，在第二审程序中认罪认罚的案件，应当根据其认罪认罚的具体情况决定是否从宽，并依法作出裁判。确定从宽幅度时应当与第一审程序认罪认罚有所区别。

第三百五十八条 案件审理过程中，被告人不再认罪认罚的，人民法院应当根据审理查明的事实，依法作出裁判。需要转换程序的，依照本解释的相关规定处理。

第十三章 简易程序

第三百五十九条 基层人民法院受理公诉案件后，经审查认为案件事实清楚、证据充分的，在将起诉书副本送达被告人时，应当询问被告人对指控的犯罪事实的意见，告知其适用简易程序的法律规定。被告人对指控的犯罪事实没有异议并同意适用简易程序的，可以决定适用简易程序，并在开庭前通知人民检察院和辩护人。

对人民检察院建议或者被告人及其辩护人申请适用简易程序审理的案件，依照前款规定处理；不符合简易程序适用条件的，应当通知人民检察院或者被告人及其辩护人。

第三百六十条 具有下列情形之一的，不适用简易程序：

（一）被告人是盲、聋、哑人的；

（二）被告人是尚未完全丧失辨认或者控制自己行为能力的精神病人的；

（三）案件有重大社会影响的；

（四）共同犯罪案件中部分被告人不认罪或者对适用简易程序有异议的；

（五）辩护人作无罪辩护的；

（六）被告人认罪但经审查认为可能不构成犯罪的；

（七）不宜适用简易程序审理的其他情形。

第三百六十一条 适用简易程序审理的案件，符合刑事诉讼法第三十五条第一款规定的，人民法院应当告知被告人及其近亲属可以申请法律援助。

第三百六十二条 适用简易程序审理案件，人民法院应当在开庭前将开庭的时间、地点通知人民检察院、自诉人、被告人、辩护人，也可以通知其他诉讼参与人。

通知可以采用简便方式，但应当记录在案。

第三百六十三条 适用简易程序审理案件，被告人有辩护人的，应当通知其出庭。

第三百六十四条 适用简易程序审理案件，审判长或者独任审判员应当当庭询问被告人对指控的犯罪事实的意见，告知被告人适用简易程序审理的法律规定，确认被告人是否同意适用简易程序。

第三百六十五条 适用简易程序审理案件，可以对庭审作如下简化：

（一）公诉人可以摘要宣读起诉书；

（二）公诉人、辩护人、审判人员对被告人的讯问、发问可以简化或者省略；

（三）对控辩双方无异议的证据，可以仅就证据的名称及所证明的事项作出说明；对控辩双方有异议或者法庭认为有必要调查核实的证据，应当出示，并进行质证；

（四）控辩双方对与定罪量刑有关的事实、证据没有异议的，法庭审理可以直接围绕罪名确定和量刑问题进行。

适用简易程序审理案件，判决宣告前应当听取被告人的最后陈述。

第三百六十六条 适用简易程序独任审判过程中，发现对被告人可能判处的有期徒刑超过三年的，应当转由合议庭审理。

第三百六十七条 适用简易程序审理案件，裁判文书可以简化。

适用简易程序审理案件，一般应当当庭宣判。

第三百六十八条 适用简易程序审理案件，在法庭审理过程中，具有下列情形之一的，应当转为普通程序审理：

（一）被告人的行为可能不构成犯罪的；

（二）被告人可能不负刑事责任的；

（三）被告人当庭对起诉指控的犯罪事实予以否认的；

（四）案件事实不清、证据不足的；

（五）不应当或者不宜适用简易程序的其他情形。

决定转为普通程序审理的案件，审理期限应当从作出决定之日起计算。

第十四章 速裁程序

第三百六十九条 对人民检察院在提起公诉时建议适用速裁程序的案件，基层人民法院经审查认为案件事实清楚，证据确实、充分，可能判处三年有期徒刑以下刑罚的，在将起诉书副本送达被告人时，应当告知被告人适用速裁程序的法律规定，询问其是否同意适用速裁程序。被告人同意适用速裁程序的，可以决定适用速裁程序，并在开庭前通知人民检察院和辩护人。

对人民检察院未建议适用速裁程序的案件，人民法院经审查认为符合速裁程序适用条件的，可以决定适用速裁程序，并在开庭前通知人民检察院和辩护人。

被告人及其辩护人可以向人民法院提出适用速裁程序的申请。

第三百七十条 具有下列情形之一的，不适用速裁程序：

（一）被告人是盲、聋、哑人的；

（二）被告人是尚未完全丧失辨认或者控制自己行为能力的精神病人的；

（三）被告人是未成年人的；

（四）案件有重大社会影响的；

（五）共同犯罪案件中部分被告人对指控的犯罪事实、罪名、量刑建议或者适用速裁程序有异议的；

（六）被告人与被害人或者其法定代理人没有就附带民事诉讼赔偿等事项达成调解、和解协议的；

（七）辩护人作无罪辩护的；

（八）其他不宜适用速裁程序的情形。

第三百七十一条 适用速裁程序审理案件，人民法院应当在开庭前将开庭的时间、地点通知人民检察院、被告人、辩护人，也可以通知其他诉讼参与人。

通知可以采用简便方式，但应当记录在案。

第三百七十二条 适用速裁程序审理案件，可以集中开庭，逐案审理。公诉人简要宣读起诉书后，审判人员应当当庭询问被告人对指控事实、证据、量刑建议以及适用速裁程序的意见，核实具结书签署的自愿性、真实性、合法性，并核实附带民事诉讼赔偿等情况。

第三百七十三条 适用速裁程序审理案件，一般不进行法庭调查、法庭辩论，但在判决宣告前应当听取辩护人的意见和被告人的最后陈述。

第三百七十四条 适用速裁程序审理案件，裁判文书可以简化。

适用速裁程序审理案件，应当当庭宣判。

第三百七十五条 适用速裁程序审理案件，在法庭审理过程中，具有下列情形之一的，应当转为普通程序或者简易程序审理：

（一）被告人的行为可能不构成犯罪或者不应当追究刑事责任的；

（二）被告人违背意愿认罪认罚的；

（三）被告人否认指控的犯罪事实的；

（四）案件疑难、复杂或者对适用法律有重大争议的；

（五）其他不宜适用速裁程序的情形。

第三百七十六条 决定转为普通程序或者简易程序审理的案件，审理期限应当从作出决定之日起计算。

第三百七十七条 适用速裁程序审理的案件，第二审人民法院依照刑事诉讼法第二百三十六条第一款第三项的规定发回原审人民法院重新审判的，原审人民法院应当适用第一审普通程序重新审判。

第十五章　第二审程序

第三百七十八条 地方各级人民法院在宣告第一审判决、裁定时，应当告知被告人、自诉人及其法定代理人不服判决和准许撤回起诉、终止审理等裁定的，有权在法定期限内以书面或者口头形式，通过本院或者直接向上一级人民法院提出上诉；被告人的辩护人、近亲属经被告人同意，也可以提出上诉；附带民事诉讼当事人及其法定代理人，可以对判决、裁定中的附带民事部分提出上诉。

被告人、自诉人、附带民事诉讼当事人及其法定代理人是否提出上诉，以其在上诉期满前最后一次的意思表示为准。

第三百七十九条 人民法院受理的上诉案件，一般应当有上诉状正本及副本。

上诉状内容一般包括：第一审判决书、裁定书的文号和上诉人收到的时间，第一审人民法院的名称，上诉的请求和理由，提出上诉的时间。被告人的辩护人、近亲属经被告人同意提出上诉的，还应当写明其与被告人的关系，并应当以被告人作为上诉人。

第三百八十条 上诉、抗诉必须在法定期限内提出。不服判决的上诉、抗诉的期限为十日；不服裁定的上诉、抗诉的期限为五日。上诉、抗诉的期限，从接到判决书、裁定书的第二日起计算。

对附带民事判决、裁定的上诉、抗诉期限，应当按照刑事部分的上诉、抗诉期限确定。附带民事部分另行审判的，上诉期限也应当按照刑事诉讼法规定的期限确定。

第三百八十一条 上诉人通过第一审人民法院提出上诉的，第一审人民法院应当审查。上诉符合法律规定的，应当在上诉期满后三日以内将上诉状连同案卷、证据移送上一级人民法院，并将上诉状副本送交同级人民检察院和对方当事人。

第三百八十二条 上诉人直接向第二审人民法院提出上诉的，第二审人民法院应当在收到上诉状后三日以内将上诉状交第一审人民法院。第一审人民法院应当审查上诉是否符合法律规定。符合法律规定的，应当在接到上诉状后三日以内将上诉状连同案卷、证据移送上一级人民法院，并将上诉状副本送交同级人民检察院和对方当事人。

第三百八十三条 上诉人在上诉期限内要求撤回上诉的，人民法院应当准许。

上诉人在上诉期满后要求撤回上诉的，第二审人民法院经审查，认为原判认定事实和适用法律正确，量刑适当的，应当裁定准许；认为原判确有错误的，应当不予准许，继续按照上诉案件审理。

被判处死刑立即执行的被告人提出上诉，在第二审开庭后宣告裁判前申请撤回上诉的，应当不予准许，继续按照上诉案件审理。

第三百八十四条 地方各级人民检察院对同级人民法院第一审判决、裁定的抗诉，应当通过第一审人民法院提交抗诉书。第一审人民法院应当在抗诉期满后三日以内将抗诉书连同案卷、证据移送上一级人民法院,并将抗诉书副本送交当事人。

第三百八十五条 人民检察院在抗诉期限内要求撤回抗诉的,人民法院应当准许。

人民检察院在抗诉期满后要求撤回抗诉的,第二审人民法院可以裁定准许,但是认为原判存在将无罪判为有罪、轻罪重判等情形的,应当不予准许,继续审理。

上级人民检察院认为下级人民检察院抗诉不当,向第二审人民法院要求撤回抗诉的,适用前两款规定。

第三百八十六条 在上诉、抗诉期满前撤回上诉、抗诉的,第一审判决、裁定在上诉、抗诉期满之日起生效。在上诉、抗诉期满后要求撤回上诉、抗诉,第二审人民法院裁定准许的,第一审判决、裁定应当自第二审裁定书送达上诉人或者抗诉机关之日起生效。

第三百八十七条 第二审人民法院对第一审人民法院移送的上诉、抗诉案卷、证据,应当审查是否包括下列内容:

(一)移送上诉、抗诉案件函;

(二)上诉状或者抗诉书;

(三)第一审判决书、裁定书八份(每增加一名被告人增加一份)及其电子文本;

(四)全部案卷、证据,包括案件审理报告和其他应当移送的材料。

前款所列材料齐全的,第二审人民法院应当收案;材料不全的,应当通知第一审人民法院及时补送。

第三百八十八条 第二审人民法院审理上诉、抗诉案件,应当就第一审判决、裁定认定的事实和适用法律进行全面审查,不受上诉、抗诉范围的限制。

第三百八十九条 共同犯罪案件,只有部分被告人提出上诉,或者自诉人只对部分被告人的判决提出上诉,或者人民检察院只对部分被告人的判决提出抗诉的,第二审人民法院应当对全案进行审查,一并处理。

第三百九十条 共同犯罪案件,上诉的被告人死亡,其他被告人未上诉的,第二审人民法院应当对死亡的被告人终止审理;但有证据证明被告人无罪,经缺席审理确认无罪的,应当判决宣告被告人无罪。

具有前款规定的情形,第二审人民法院仍应对全案进行审查,对其他同案被告人作出判决、裁定。

第三百九十一条 对上诉、抗诉案件,应当着重审查下列内容:

(一)第一审判决认定的事实是否清楚,证据是否确实、充分;

(二)第一审判决适用法律是否正确,量刑是否适当;

(三)在调查、侦查、审查起诉、第一审程序中,有无违反法定程序的情形;

(四)上诉、抗诉是否提出新的事实、证据;

(五)被告人的供述和辩解情况;

(六)辩护人的辩护意见及采纳情况;

(七)附带民事部分的判决、裁定是否合法、适当;

(八)对涉案财物的处理是否正确;

(九)第一审人民法院合议庭、审判委员会讨论的意见。

第三百九十二条 第二审期间,被告人除自行辩护外,还可以继续委托第一审辩护人或者另行委托辩护人辩护。

共同犯罪案件,只有部分被告人提出上诉,或者自诉人只对部分被告人的判决提出上诉,或者人民检察院只对部分被告人的判决提出抗诉的,其他同案被告人也可以委托辩护人辩护。

第三百九十三条 下列案件,根据刑事诉讼法第二百三十四条的规定,应当开庭审理:

(一)被告人、自诉人及其法定代理人对第一审认定的事实、证据提出异议,可能影响定罪量刑的上诉案件;

(二)被告人被判处死刑的上诉案件;

(三)人民检察院抗诉的案件;

(四)应当开庭审理的其他案件。

被判处死刑的被告人没有上诉,同案的其

他被告人上诉的案件，第二审人民法院应当开庭审理。

第三百九十四条 对上诉、抗诉案件，第二审人民法院经审查，认为原判事实不清、证据不足，或者具有刑事诉讼法第二百三十八条规定的违反法定诉讼程序情形，需要发回重新审判的，可以不开庭审理。

第三百九十五条 第二审期间，人民检察院或者被告人及其辩护人提交新证据的，人民法院应当及时通知对方查阅、摘抄或者复制。

第三百九十六条 开庭审理第二审公诉案件，应当在决定开庭审理后及时通知人民检察院查阅案卷。自通知后的第二日起，人民检察院查阅案卷的时间不计入审理期限。

第三百九十七条 开庭审理上诉、抗诉的公诉案件，应当通知同级人民检察院派员出庭。

抗诉案件，人民检察院接到开庭通知后不派员出庭，且未说明原因的，人民法院可以裁定按人民检察院撤回抗诉处理。

第三百九十八条 开庭审理上诉、抗诉案件，除参照适用第一审程序的有关规定外，应当按照下列规定进行：

（一）法庭调查阶段，审判人员宣读第一审判决书、裁定书后，上诉案件由上诉人或者辩护人先宣读上诉状或者陈述上诉理由，抗诉案件由检察员先宣读抗诉书；既有上诉又有抗诉的案件，先由检察员宣读抗诉书，再由上诉人或者辩护人宣读上诉状或者陈述上诉理由；

（二）法庭辩论阶段，上诉案件，先由上诉人、辩护人发言，后由检察员、诉讼代理人发言；抗诉案件，先由检察员、诉讼代理人发言，后由被告人、辩护人发言；既有上诉又有抗诉的案件，先由检察员、诉讼代理人发言，后由上诉人、辩护人发言。

第三百九十九条 开庭审理上诉、抗诉案件，可以重点围绕对第一审判决、裁定有争议的问题或者有疑问的部分进行。根据案件情况，可以按照下列方式审理：

（一）宣读第一审判决书，可以只宣读案由、主要事实、证据名称和判决主文等；

（二）法庭调查应当重点围绕对第一审判决提出异议的事实、证据以及新的证据等进行；对没有异议的事实、证据和情节，可以直接确认；

（三）对同案审理案件中未上诉的被告人，未被申请出庭或者人民法院认为没有必要到庭的，可以不再传唤到庭；

（四）被告人犯有数罪的案件，对其中事实清楚且无异议的犯罪，可以不在庭审时审理。

同案审理的案件，未提出上诉、人民检察院也未对其判决提出抗诉的被告人要求出庭的，应当准许。出庭的被告人可以参加法庭调查和辩论。

第四百条 第二审案件依法不开庭审理的，应当讯问被告人，听取其他当事人、辩护人、诉讼代理人的意见。合议庭全体成员应当阅卷，必要时应当提交书面阅卷意见。

第四百零一条 审理被告人或者其法定代理人、辩护人、近亲属提出上诉的案件，不得对被告人的刑罚作出实质不利的改判，并应当执行下列规定：

（一）同案审理的案件，只有部分被告人上诉的，既不得加重上诉人的刑罚，也不得加重其他同案被告人的刑罚；

（二）原判认定的罪名不当的，可以改变罪名，但不得加重刑罚或者对刑罚执行产生不利影响；

（三）原判认定的罪数不当的，可以改变罪数，并调整刑罚，但不得加重决定执行的刑罚或者对刑罚执行产生不利影响；

（四）原判对被告人宣告缓刑的，不得撤销缓刑或者延长缓刑考验期；

（五）原判没有宣告职业禁止、禁止令的，不得增加宣告；原判宣告职业禁止、禁止令的，不得增加内容、延长期限；

（六）原判对被告人判处死刑缓期执行没有限制减刑、决定终身监禁的，不得限制减刑、决定终身监禁；

（七）原判判处的刑罚不当、应当适用附加刑而没有适用的，不得直接加重刑罚、适用附加刑。原判判处的刑罚畸轻,必须依法改判的,应当在第二审判决、裁定生效后,依照审判监督程序重新审判。

人民检察院抗诉或者自诉人上诉的案件,不受前款规定的限制。

第四百零二条 人民检察院只对部分被告人的判决提出抗诉,或者自诉人只对部分被告人的判决提出上诉的,第二审人民法院不得对其他同案被告人加重刑罚。

第四百零三条 被告人或者其法定代理人、辩护人、近亲属提出上诉,人民检察院未提出抗诉的案件,第二审人民法院发回重新审判后,除有新的犯罪事实且人民检察院补充起诉的以外,原审人民法院不得加重被告人的刑罚。

对前款规定的案件,原审人民法院对上诉发回重新审判的案件依法作出判决后,人民检察院抗诉的,第二审人民法院不得改判为重于原审人民法院第一次判处的刑罚。

第四百零四条 第二审人民法院认为第一审判决事实不清、证据不足的,可以在查清事实后改判,也可以裁定撤销原判,发回原审人民法院重新审判。

有多名被告人的案件,部分被告人的犯罪事实不清、证据不足或者有新的犯罪事实需要追诉,且有关犯罪与其他同案被告人没有关联的,第二审人民法院根据案件情况,可以对该部分被告人分案处理,将该部分被告人发回原审人民法院重新审判。原审人民法院重新作出判决后,被告人上诉或者人民检察院抗诉,其他被告人的案件尚未作出第二审判决、裁定的,第二审人民法院可以并案审理。

第四百零五条 原判事实不清、证据不足,第二审人民法院发回重新审判的案件,原审人民法院重新作出判决后,被告人上诉或者人民检察院抗诉的,第二审人民法院应当依法作出判决、裁定,不得再发回重新审判。

第四百零六条 第二审人民法院发现原审人民法院在重新审判过程中,有刑事诉讼法第二百三十八条规定的情形之一,或者违反第二百三十九条规定的,应当裁定撤销原判,发回重新审判。

第四百零七条 第二审人民法院审理对刑事部分提出上诉、抗诉,附带民事部分已经发生法律效力的案件,发现第一审判决、裁定中的附带民事部分确有错误的,应当依照审判监督程序对附带民事部分予以纠正。

第四百零八条 刑事附带民事诉讼案件,只有附带民事诉讼当事人及其法定代理人上诉的,第一审刑事部分的判决在上诉期满后即发生法律效力。

应当送监执行的第一审刑事被告人是第二审附带民事诉讼被告人的,在第二审附带民事诉讼案件审结前,可以暂缓送监执行。

第四百零九条 第二审人民法院审理对附带民事部分提出上诉,刑事部分已经发生法律效力的案件,应当对全案进行审查,并按照下列情形分别处理:

(一)第一审判决的刑事部分并无不当的,只需就附带民事部分作出处理;

(二)第一审判决的刑事部分确有错误的,依照审判监督程序对刑事部分进行再审,并将附带民事部分与刑事部分一并审理。

第四百一十条 第二审期间,第一审附带民事诉讼原告人增加独立的诉讼请求或者第一审附带民事诉讼被告人提出反诉的,第二审人民法院可以根据自愿、合法的原则进行调解;调解不成的,告知当事人另行起诉。

第四百一十一条 对第二审自诉案件,必要时可以调解,当事人也可以自行和解。调解结案的,应当制作调解书,第一审判决、裁定视为自动撤销。当事人自行和解的,依照本解释第三百二十九条的规定处理;裁定准许撤回自诉的,应当撤销第一审判决、裁定。

第四百一十二条 第二审期间,自诉案件的当事人提出反诉的,应当告知其另行起诉。

第四百一十三条 第二审人民法院可以委托第一审人民法院代为宣判,并向当事人送达第二审判决书、裁定书。第一审人民法院应当在代为宣判后五日以内将宣判笔录送交第二审人民法院,并在送达完毕后及时将送达回证送交第二审人民法院。

委托宣判的,第二审人民法院应当直接向同级人民检察院送达第二审判决书、裁定书。

第二审判决、裁定是终审的判决、裁定的,自宣告之日起发生法律效力。

第十六章　在法定刑以下判处刑罚和特殊假释的核准

第四百一十四条　报请最高人民法院核准在法定刑以下判处刑罚的案件,应当按照下列情形分别处理:

(一)被告人未上诉、人民检察院未抗诉的,在上诉、抗诉期满后三日以内报请上一级人民法院复核。上级人民法院同意原判的,应当书面层报最高人民法院核准;不同意的,应当裁定发回重新审判,或者按照第二审程序提审;

(二)被告人上诉或者人民检察院抗诉的,上一级人民法院维持原判,或者改判后仍在法定刑以下判处刑罚的,应当依照前项规定层报最高人民法院核准。

第四百一十五条　对符合刑法第六十三条第二款规定的案件,第一审人民法院未在法定刑以下判处刑罚的,第二审人民法院可以在法定刑以下判处刑罚,并层报最高人民法院核准。

第四百一十六条　报请最高人民法院核准在法定刑以下判处刑罚的案件,应当报送判决书、报请核准的报告各五份,以及全部案卷、证据。

第四百一十七条　对在法定刑以下判处刑罚的案件,最高人民法院予以核准的,应当作出核准裁定书;不予核准的,应当作出不核准裁定书,并撤销原判决、裁定,发回原审人民法院重新审判或者指定其他下级人民法院重新审判。

第四百一十八条　依照本解释第四百一十四条、第四百一十七条规定发回第二审人民法院重新审判的案件,第二审人民法院可以直接改判;必须通过开庭查清事实、核实证据或者纠正原审程序违法的,应当开庭审理。

第四百一十九条　最高人民法院和上级人民法院复核在法定刑以下判处刑罚案件的审理期限,参照适用刑事诉讼法第二百四十三条的规定。

第四百二十条　报请最高人民法院核准因罪犯具有特殊情况,不受执行刑期限制的假释案件,应当按照下列情形分别处理:

(一)中级人民法院依法作出假释裁定后,应当报请高级人民法院复核。高级人民法院同意的,应当书面报请最高人民法院核准;不同意的,应当裁定撤销中级人民法院的假释裁定;

(二)高级人民法院依法作出假释裁定的,应当报请最高人民法院核准。

第四百二十一条　报请最高人民法院核准因罪犯具有特殊情况,不受执行刑期限制的假释案件,应当报送报请核准的报告、罪犯具有特殊情况的报告、假释裁定书各五份,以及全部案卷。

第四百二十二条　对因罪犯具有特殊情况,不受执行刑期限制的假释案件,最高人民法院予以核准的,应当作出核准裁定书;不予核准的,应当作出不核准裁定书,并撤销原裁定。

第十七章　死刑复核程序

第四百二十三条　报请最高人民法院核准死刑的案件,应当按照下列情形分别处理:

(一)中级人民法院判处死刑的第一审案件,被告人未上诉、人民检察院未抗诉的,在上诉、抗诉期满后十日以内报请高级人民法院复核。高级人民法院同意判处死刑的,应当在作出裁定后十日以内报请最高人民法院核准;认为原判认定的某一具体事实或者引用的法律条款等存在瑕疵,但判处被告人死刑并无不当的,可以在纠正后作出核准的判决、裁定;不同意判处死刑的,应当依照第二审程序提审或者发回重新审判;

(二)中级人民法院判处死刑的第一审案件,被告人上诉或者人民检察院抗诉,高级人民法院裁定维持的,应当在作出裁定后十日以内报请最高人民法院核准;

(三)高级人民法院判处死刑的第一审案件,被告人未上诉、人民检察院未抗诉的,应当在上诉、抗诉期满后十日以内报请最高人民法院核准。

高级人民法院复核死刑案件,应当讯问被告人。

第四百二十四条 中级人民法院判处死刑缓期执行的第一审案件,被告人未上诉、人民检察院未抗诉的,应当报请高级人民法院核准。

高级人民法院复核死刑缓期执行案件,应当讯问被告人。

第四百二十五条 报请复核的死刑、死刑缓期执行案件,应当一案一报。报送的材料包括报请复核的报告,第一、二审裁判文书,案件综合报告各五份以及全部案卷、证据。案件综合报告,第一、二审裁判文书和审理报告应当附送电子文本。

同案审理的案件应当报送全案案卷、证据。

曾经发回重新审判的案件,原第一、二审案卷应当一并报送。

第四百二十六条 报请复核死刑、死刑缓期执行的报告,应当写明案由、简要案情、审理过程和判决结果。

案件综合报告应当包括以下内容:

(一)被告人、被害人的基本情况。被告人有前科或者曾受过行政处罚、处分的,应当写明;

(二)案件的由来和审理经过。案件曾经发回重新审判的,应当写明发回重新审判的原因、时间、案号等;

(三)案件侦破情况。通过技术调查、侦查措施抓获被告人、侦破案件,以及与自首、立功认定有关的情况,应当写明;

(四)第一审审理情况。包括控辩双方意见,第一审认定的犯罪事实,合议庭和审判委员会意见;

(五)第二审审理或者高级人民法院复核情况。包括上诉理由、人民检察院的意见,第二审审理或者高级人民法院复核认定的事实,证据采信情况及理由,控辩双方意见及采纳情况;

(六)需要说明的问题。包括共同犯罪案件中另案处理的同案犯的处理情况,案件有无重大社会影响,以及当事人的反应等情况;

(七)处理意见。写明合议庭和审判委员会的意见。

第四百二十七条 复核死刑、死刑缓期执行案件,应当全面审查以下内容:

(一)被告人的年龄,被告人有无刑事责任能力、是否系怀孕的妇女;

(二)原判认定的事实是否清楚,证据是否确实、充分;

(三)犯罪情节、后果及危害程度;

(四)原判适用法律是否正确,是否必须判处死刑,是否必须立即执行;

(五)有无法定、酌定从重、从轻或者减轻处罚情节;

(六)诉讼程序是否合法;

(七)应当审查的其他情况。

复核死刑、死刑缓期执行案件,应当重视审查被告人及其辩护人的辩解、辩护意见。

第四百二十八条 高级人民法院复核死刑缓期执行案件,应当按照下列情形分别处理:

(一)原判认定事实和适用法律正确、量刑适当、诉讼程序合法的,应当裁定核准;

(二)原判认定的某一具体事实或者引用的法律条款等存在瑕疵,但判处被告人死刑缓期执行并无不当的,可以在纠正后作出核准的判决、裁定;

(三)原判认定事实正确,但适用法律有错误,或者量刑过重的,应当改判;

(四)原判事实不清、证据不足的,可以裁定不予核准,并撤销原判,发回重新审判,或者依法改判;

(五)复核期间出现新的影响定罪量刑的事实、证据的,可以裁定不予核准,并撤销原判,发回重新审判,或者依照本解释第二百七十一条的规定审理后依法改判;

(六)原审违反法定诉讼程序,可能影响公正审判的,应当裁定不予核准,并撤销原判,发回重新审判。

复核死刑缓期执行案件,不得加重被告人的刑罚。

第四百二十九条 最高人民法院复核死刑案件，应当按照下列情形分别处理：

（一）原判认定事实和适用法律正确、量刑适当、诉讼程序合法的，应当裁定核准；

（二）原判认定的某一具体事实或者引用的法律条款等存在瑕疵，但判处被告人死刑并无不当的，可以在纠正后作出核准的判决、裁定；

（三）原判事实不清、证据不足的，应当裁定不予核准，并撤销原判，发回重新审判；

（四）复核期间出现新的影响定罪量刑的事实、证据的，应当裁定不予核准，并撤销原判，发回重新审判；

（五）原判认定事实正确、证据充分，但依法不应当判处死刑的，应当裁定不予核准，并撤销原判，发回重新审判；根据案件情况，必要时，也可以依法改判；

（六）原审违反法定诉讼程序，可能影响公正审判的，应当裁定不予核准，并撤销原判，发回重新审判。

第四百三十条 最高人民法院裁定不予核准死刑的，根据案件情况，可以发回第二审人民法院或者第一审人民法院重新审判。

对最高人民法院发回第二审人民法院重新审判的案件，第二审人民法院一般不得发回第一审人民法院重新审判。

第一审人民法院重新审判的，应当开庭审理。第二审人民法院重新审判的，可以直接改判；必须通过开庭查清事实、核实证据或者纠正原审程序违法的，应当开庭审理。

第四百三十一条 高级人民法院依照复核程序审理后报请最高人民法院核准死刑，最高人民法院裁定不予核准，发回高级人民法院重新审判的，高级人民法院可以依照第二审程序提审或者发回重新审判。

第四百三十二条 最高人民法院裁定不予核准死刑，发回重新审判的案件，原审人民法院应当另行组成合议庭审理，但本解释第四百二十九条第四项、第五项规定的案件除外。

第四百三十三条 依照本解释第四百三十条、第四百三十一条发回重新审判的案件，第一审人民法院判处死刑、死刑缓期执行的，上一级人民法院依照第二审程序或者复核程序审理后，应当依法作出判决或者裁定，不得再发回重新审判。但是，第一审人民法院有刑事诉讼法第二百三十八条规定的情形或者违反刑事诉讼法第二百三十九条规定的除外。

第四百三十四条 死刑复核期间，辩护律师要求当面反映意见的，最高人民法院有关合议庭应当在办公场所听取其意见，并制作笔录；辩护律师提出书面意见的，应当附卷。

第四百三十五条 死刑复核期间，最高人民检察院提出意见的，最高人民法院应当审查，并将采纳情况及理由反馈最高人民检察院。

第四百三十六条 最高人民法院应当根据有关规定向最高人民检察院通报死刑案件复核结果。

第十八章 涉案财物处理

第四百三十七条 人民法院对查封、扣押、冻结的涉案财物及其孳息，应当妥善保管，并制作清单，附卷备查；对人民检察院随案移送的实物，应当根据清单核查后妥善保管。任何单位和个人不得挪用或者自行处理。

查封不动产、车辆、船舶、航空器等财物，应当扣押其权利证书，经拍照或者录像后原地封存，或者交持有人、被告人的近亲属保管，登记并写明财物的名称、型号、权属、地址等详细信息，并通知有关财物的登记、管理部门办理查封登记手续。

扣押物品，应当登记并写明物品名称、型号、规格、数量、重量、质量、成色、纯度、颜色、新旧程度、缺损特征和来源等。扣押货币、有价证券，应当登记并写明货币、有价证券的名称、数额、面额等，货币应当存入银行专门账户，并登记银行存款凭证的名称、内容。扣押文物、金银、珠宝、名贵字画等贵重物品以及违禁品，应当拍照，需要鉴定的，应当及时鉴定。对扣押的物品应当根据有关规定及时估价。

冻结存款、汇款、债券、股票、基金份额等财产,应当登记并写明编号、种类、面值、张数、金额等。

第四百三十八条 对被害人的合法财产,权属明确的,应当依法及时返还,但须经拍照、鉴定、估价,并在案卷中注明返还的理由,将原物照片、清单和被害人的领取手续附卷备查;权属不明的,应当在人民法院判决、裁定生效后,按比例返还被害人,但已获退赔的部分应予扣除。

第四百三十九条 审判期间,对不宜长期保存、易贬值或者市场价格波动大的财产,或者有效期即将届满的票据等,经权利人申请或者同意,并经院长批准,可以依法先行处置,所得款项由人民法院保管。

涉案财物先行处置应当依法、公开、公平。

第四百四十条 对作为证据使用的实物,应当随案移送。第一审判决、裁定宣告后,被告人上诉或者人民检察院抗诉的,第一审人民法院应当将上述证据移送第二审人民法院。

第四百四十一条 对实物未随案移送的,应当根据情况,分别审查以下内容:

(一)大宗的、不便搬运的物品,是否随案移送查封、扣押清单,并附原物照片和封存手续,注明存放地点等;

(二)易腐烂、霉变和不易保管的物品,查封、扣押机关变卖处理后,是否随案移送原物照片、清单、变价处理的凭证(复印件)等;

(三)枪支弹药、剧毒物品、易燃易爆物品以及其他违禁品、危险物品,查封、扣押机关根据有关规定处理后,是否随案移送原物照片和清单等。

上述未随案移送的实物,应当依法鉴定、估价的,还应当审查是否附有鉴定、估价意见。

对查封、扣押的货币、有价证券等,未移送实物的,应当审查是否附有原物照片、清单或者其他证明文件。

第四百四十二条 法庭审理过程中,应当依照本解释第二百七十九条的规定,依法对查封、扣押、冻结的财物及其孳息进行审查。

第四百四十三条 被告人将依法应当追缴的涉案财物用于投资或者置业的,对因此形成的财产及其收益,应当追缴。

被告人将依法应当追缴的涉案财物与其他合法财产共同用于投资或者置业的,对因此形成的财产中与涉案财物对应的份额及其收益,应当追缴。

第四百四十四条 对查封、扣押、冻结的财物及其孳息,应当在判决书中写明名称、金额、数量、存放地点及其处理方式等。涉案财物较多,不宜在判决主文中详细列明的,可以附清单。

判决追缴违法所得或者责令退赔的,应当写明追缴、退赔的金额或者财物的名称、数量等情况;已经发还的,应当在判决书中写明。

第四百四十五条 查封、扣押、冻结的财物及其孳息,经审查,确属违法所得或者依法应当追缴的其他涉案财物的,应当判决返还被害人,或者没收上缴国库,但法律另有规定的除外。

对判决时尚未追缴到案或者尚未足额退赔的违法所得,应当判决继续追缴或者责令退赔。

判决返还被害人的涉案财物,应当通知被害人认领;无人认领的,应当公告通知;公告满一年无人认领的,应当上缴国库;上缴国库后有人认领,经查证属实的,应当申请退库予以返还;原物已经拍卖、变卖的,应当返还价款。

对侵犯国有财产的案件,被害单位已经终止且没有权利义务继受人,或者损失已经被核销的,查封、扣押、冻结的财物及其孳息应当上缴国库。

第四百四十六条 第二审期间,发现第一审判决未对随案移送的涉案财物及其孳息作出处理的,可以裁定撤销原判,发回原审人民法院重新审判,由原审人民法院依法对涉案财物及其孳息一并作出处理。

判决生效后,发现原判未对随案移送的涉案财物及其孳息作出处理的,由原审人民法院依法对涉案财物及其孳息另行作出处理。

第四百四十七条 随案移送的或者人民法院查封、扣押的财物及其孳息,由第一审人民法院在判决生效后负责处理。

实物未随案移送、由扣押机关保管的，人民法院应当在判决生效后十日以内，将判决书、裁定书送达扣押机关，并告知其在一个月以内将执行回单送回，确因客观原因无法按时完成的，应当说明原因。

第四百四十八条 对冻结的存款、汇款、债券、股票、基金份额等财产判决没收的，第一审人民法院应当在判决生效后，将判决书、裁定书送达相关金融机构和财政部门，通知相关金融机构依法上缴国库并在接到执行通知书后十五日以内，将上缴国库的凭证、执行回单送回。

第四百四十九条 查封、扣押、冻结的财物与本案无关但已列入清单的，应当由查封、扣押、冻结机关依法处理。

查封、扣押、冻结的财物属于被告人合法所有的，应当在赔偿被害人损失、执行财产刑后及时返还被告人。

第四百五十条 查封、扣押、冻结财物及其处理，本解释没有规定的，参照适用其他司法解释的有关规定。

第十九章 审判监督程序

第四百五十一条 当事人及其法定代理人、近亲属对已经发生法律效力的判决、裁定提出申诉的，人民法院应当审查处理。

案外人认为已经发生法律效力的判决、裁定侵害其合法权益，提出申诉的，人民法院应当审查处理。

申诉可以委托律师代为进行。

第四百五十二条 向人民法院申诉，应当提交以下材料：

（一）申诉状。应当写明当事人的基本情况、联系方式以及申诉的事实与理由；

（二）原一、二审判决书、裁定书等法律文书。经过人民法院复查或者再审的，应当附有驳回申诉通知书、再审决定书、再审判决书、裁定书；

（三）其他相关材料。以有新的证据证明原判决、裁定认定的事实确有错误为由申诉的，应当同时附有相关证据材料；申请人民法院调查取证的，应当附有相关线索或者材料。

申诉符合前款规定的，人民法院应当出具收到申诉材料的回执。申诉不符合前款规定的，人民法院应当告知申诉人补充材料；申诉人拒绝补充必要材料且无正当理由的，不予审查。

第四百五十三条 申诉由终审人民法院审查处理。但是，第二审人民法院裁定准许撤回上诉的案件，申诉人对第一审判决提出申诉的，可以由第一审人民法院审查处理。

上一级人民法院对未经终审人民法院审查处理的申诉，可以告知申诉人向终审人民法院提出申诉，或者直接交终审人民法院审查处理，并告知申诉人；案件疑难、复杂、重大的，也可以直接审查处理。

对未经终审人民法院及其上一级人民法院审查处理，直接向上级人民法院申诉的，上级人民法院应当告知申诉人向下级人民法院提出。

第四百五十四条 最高人民法院或者上级人民法院可以指定终审人民法院以外的人民法院对申诉进行审查。被指定的人民法院审查后，应当制作审查报告，提出处理意见，层报最高人民法院或者上级人民法院审查处理。

第四百五十五条 对死刑案件的申诉，可以由原核准的人民法院直接审查处理，也可以交由原审人民法院审查。原审人民法院应当制作审查报告，提出处理意见，层报原核准的人民法院审查处理。

第四百五十六条 对立案审查的申诉案件，人民法院可以听取当事人和原办案单位的意见，也可以对原判据以定罪量刑的证据和新的证据进行核实。必要时，可以进行听证。

第四百五十七条 对立案审查的申诉案件，应当在三个月以内作出决定，至迟不得超过六个月。因案件疑难、复杂、重大或者其他特殊原因需要延长审查期限的，参照本解释第二百一十条的规定处理。

经审查，具有下列情形之一的，应当根据刑事诉讼法第二百五十三条的规定，决定重新审判：

（一）有新的证据证明原判决、裁定认定的事实确有错误，可能影响定罪量刑的；

（二）据以定罪量刑的证据不确实、不充分、依法应当排除的；

（三）证明案件事实的主要证据之间存在矛盾的；

（四）主要事实依据被依法变更或者撤销的；

（五）认定罪名错误的；

（六）量刑明显不当的；

（七）对违法所得或者其他涉案财物的处理确有明显错误的；

（八）违反法律关于溯及力规定的；

（九）违反法定诉讼程序，可能影响公正裁判的；

（十）审判人员在审理该案件时有贪污受贿、徇私舞弊、枉法裁判行为的。

申诉不具有上述情形的，应当说服申诉人撤回申诉；对仍然坚持申诉的，应当书面通知驳回。

第四百五十八条 具有下列情形之一，可能改变原判决、裁定据以定罪量刑的事实的证据，应当认定为刑事诉讼法第二百五十三条第一项规定的“新的证据”：

（一）原判决、裁定生效后新发现的证据；

（二）原判决、裁定生效前已经发现，但未予收集的证据；

（三）原判决、裁定生效前已经收集，但未经质证的证据；

（四）原判决、裁定所依据的鉴定意见，勘验、检查等笔录被改变或者否定的；

（五）原判决、裁定所依据的被告人供述、证人证言等证据发生变化，影响定罪量刑，且有合理理由的。

第四百五十九条 申诉人对驳回申诉不服的，可以向上一级人民法院申诉。上一级人民法院经审查认为申诉不符合刑事诉讼法第二百五十三条和本解释第四百五十七条第二款规定的，应当说服申诉人撤回申诉；对仍然坚持申诉的，应当驳回或者通知不予重新审判。

第四百六十条 各级人民法院院长发现本院已经发生法律效力的判决、裁定确有错误的，应当提交审判委员会讨论决定是否再审。

第四百六十一条 上级人民法院发现下级人民法院已经发生法律效力的判决、裁定确有错误的，可以指令下级人民法院再审；原判决、裁定认定事实正确但适用法律错误，或者案件疑难、复杂、重大，或者有不宜由原审人民法院审理情形的，也可以提审。

上级人民法院指令下级人民法院再审的，一般应当指令原审人民法院以外的下级人民法院审理；由原审人民法院审理更有利于查明案件事实、纠正裁判错误的，可以指令原审人民法院审理。

第四百六十二条 对人民检察院依照审判监督程序提出抗诉的案件，人民法院应当在收到抗诉书后一个月以内立案。但是，有下列情形之一的，应当区别情况予以处理：

（一）不属于本院管辖的，应当将案件退回人民检察院；

（二）按照抗诉书提供的住址无法向被抗诉的原审被告人送达抗诉书的，应当通知人民检察院在三日以内重新提供原审被告人的住址；逾期未提供的，将案件退回人民检察院；

（三）以有新的证据为由提出抗诉，但未附相关证据材料或者有关证据不是指向原起诉事实的，应当通知人民检察院在三日以内补送相关材料；逾期未补送的，将案件退回人民检察院。

决定退回的抗诉案件，人民检察院经补充相关材料后再次抗诉，经审查符合受理条件的，人民法院应当受理。

第四百六十三条 对人民检察院依照审判监督程序提出抗诉的案件，接受抗诉的人民法院应当组成合议庭审理。对原判事实不清、证据不足，包括有新的证据证明原判可能有错误，需要指令下级人民法院再审的，应当在立案之日起一个月以内作出决定，并将指令再审决定书送达抗诉的人民检察院。

第四百六十四条 对决定依照审判监督程序重新审判的案件，人民法院应当制作再审决定书。再审期间不停止原判决、裁定的执行，但被告人可能经再审改判无罪，或者可能经再审减轻原判刑罚而致刑期届满的，可以决定中止原判决、裁定的执行，必要时，可以对被告人采取取保候审、监视居住措施。

第四百六十五条 依照审判监督程序重新审判的案件，人民法院应当重点针对申诉、抗诉和决定再审的理由进行审理。必要时，应当对原判决、裁定认定的事实、证据和适用法律进行全面审查。

第四百六十六条 原审人民法院审理依照审判监督程序重新审判的案件，应当另行组成合议庭。

原来是第一审案件，应当依照第一审程序进行审判，所作的判决、裁定可以上诉、抗诉；原来是第二审案件，或者是上级人民法院提审的案件，应当依照第二审程序进行审判，所作的判决、裁定是终审的判决、裁定。

符合刑事诉讼法第二百九十六条、第二百九十七条规定的，可以缺席审判。

第四百六十七条 对依照审判监督程序重新审判的案件，人民法院在依照第一审程序进行审判的过程中，发现原审被告人还有其他犯罪的，一般应当并案审理，但分案审理更为适宜的，可以分案审理。

第四百六十八条 开庭审理再审案件，再审决定书或者抗诉书只针对部分原审被告人，其他同案原审被告人不出庭不影响审理的，可以不出庭参加诉讼。

第四百六十九条 除人民检察院抗诉的以外，再审一般不得加重原审被告人的刑罚。再审决定书或者抗诉书只针对部分原审被告人的，不得加重其他同案原审被告人的刑罚。

第四百七十条 人民法院审理人民检察院抗诉的再审案件，人民检察院在开庭审理前撤回抗诉的，应当裁定准许；人民检察院接到出庭通知后不派员出庭，且未说明原因的，可以裁定按撤回抗诉处理，并通知诉讼参与人。

人民法院审理申诉人申诉的再审案件，申诉人在再审期间撤回申诉的，可以裁定准许；但认为原判确有错误的，应当不予准许，继续按照再审案件审理。申诉人经依法通知无正当理由拒不到庭，或者未经法庭许可中途退庭的，可以裁定按撤回申诉处理，但申诉人不是原审当事人的除外。

第四百七十一条 开庭审理的再审案件，系人民法院决定再审的，由合议庭组成人员宣读再审决定书；系人民检察院抗诉的，由检察员宣读抗诉书；系申诉人申诉的，由申诉人或者其辩护人、诉讼代理人陈述申诉理由。

第四百七十二条 再审案件经过重新审理后，应当按照下列情形分别处理：

（一）原判决、裁定认定事实和适用法律正确、量刑适当的，应当裁定驳回申诉或者抗诉，维持原判决、裁定；

（二）原判决、裁定定罪准确、量刑适当，但在认定事实、适用法律等方面有瑕疵的，应当裁定纠正并维持原判决、裁定；

（三）原判决、裁定认定事实没有错误，但适用法律错误或者量刑不当的，应当撤销原判决、裁定，依法改判；

（四）依照第二审程序审理的案件，原判决、裁定事实不清、证据不足的，可以在查清事实后改判，也可以裁定撤销原判，发回原审人民法院重新审判。

原判决、裁定事实不清或者证据不足，经审理事实已经查清的，应当根据查清的事实依法裁判；事实仍无法查清，证据不足，不能认定被告人有罪的，应当撤销原判决、裁定，判决宣告被告人无罪。

第四百七十三条 原判决、裁定认定被告人姓名等身份信息有误，但认定事实和适用法律正确、量刑适当的，作出生效判决、裁定的人民法院可以通过裁定对有关信息予以更正。

第四百七十四条 对再审改判宣告无罪并依法享有申请国家赔偿权利的当事人，人民法院宣判时，应当告知其在判决发生法律效力后可以依法申请国家赔偿。

第二十章 涉外刑事案件的审理和刑事司法协助

第一节 涉外刑事案件的审理

第四百七十五条 本解释所称的涉外刑事案件是指：

（一）在中华人民共和国领域内，外国人犯罪或者我国公民对外国、外国人犯罪的案件；

（二）符合刑法第七条、第十条规定情形的我国公民在中华人民共和国领域外犯罪的案件；

（三）符合刑法第八条、第十条规定情形的外国人犯罪的案件；

（四）符合刑法第九条规定情形的中华人民共和国在所承担国际条约义务范围内行使管辖权的案件。

第四百七十六条 第一审涉外刑事案件，除刑事诉讼法第二十一条至第二十三条规定的以外，由基层人民法院管辖。必要时，中级人民法院可以指定辖区内若干基层人民法院集中管辖第一审涉外刑事案件，也可以依照刑事诉讼法第二十四条的规定，审理基层人民法院管辖的第一审涉外刑事案件。

第四百七十七条 外国人的国籍，根据其入境时持用的有效证件确认；国籍不明的，根据公安机关或者有关国家驻华使领馆出具的证明确认。

国籍无法查明的，以无国籍人对待，适用本章有关规定，在裁判文书中写明“国籍不明”。

第四百七十八条 在刑事诉讼中，外国籍当事人享有我国法律规定的诉讼权利并承担相应义务。

第四百七十九条 涉外刑事案件审判期间，人民法院应当将下列事项及时通报同级人民政府外事主管部门，并依照有关规定通知有关国家驻华使领馆：

（一）人民法院决定对外国籍被告人采取强制措施的情况，包括外国籍当事人的姓名（包括译名）、性别、入境时间、护照或者证件号码、采取的强制措施及法律依据、羁押地点等；

（二）开庭的时间、地点、是否公开审理等事项；

（三）宣判的时间、地点。

涉外刑事案件宣判后，应当将处理结果及时通报同级人民政府外事主管部门。

对外国籍被告人执行死刑的，死刑裁决下达后执行前，应当通知其国籍国驻华使领馆。

外国籍被告人在案件审理中死亡的，应当及时通报同级人民政府外事主管部门，并通知有关国家驻华使领馆。

第四百八十条 需要向有关国家驻华使领馆通知有关事项的，应当层报高级人民法院，由高级人民法院按照下列规定通知：

（一）外国籍当事人国籍国与我国签订有双边领事条约的，根据条约规定办理；未与我国签订双边领事条约，但参加《维也纳领事关系公约》的，根据公约规定办理；未与我国签订领事条约，也未参加《维也纳领事关系公约》，但与我国有外交关系的，可以根据外事主管部门的意见，按照互惠原则，根据有关规定和国际惯例办理；

（二）在外国驻华领馆领区内发生的涉外刑事案件，通知有关外国驻该地区的领馆；在外国领馆领区外发生的涉外刑事案件，通知有关外国驻华使馆；与我国有外交关系，但未设使领馆的国家，可以通知其代管国家驻华使领馆；无代管国家、代管国家不明的，可以不通知；

（三）双边领事条约规定通知时限的，应当在规定的期限内通知；没有规定的，应当根据或者参照《维也纳领事关系公约》和国际惯例尽快通知，至迟不得超过七日；

（四）双边领事条约没有规定必须通知，外国籍当事人要求不通知其国籍国驻华使领馆的，可以不通知，但应当由其本人出具书面声明。

高级人民法院向外国驻华使领馆通知有关事项，必要时，可以请人民政府外事主管部门协助。

第四百八十一条 人民法院受理涉外刑事案件后，应当告知在押的外国籍被告人享有与其国籍国驻华使领馆联系，与其监护人、近亲属会见、通信，以及请求人民法院提供翻译的权利。

第四百八十二条 涉外刑事案件审判期间，外国籍被告人在押，其国籍国驻华使领馆官员要求探视的，可以向受理案件的人民法院所在地的高级人民法院提出。人民法院应当根据我国与被告人国籍国签订的双边领事条约规定的时限予以安排；没有条约规定的，应当尽快安排。必要时，可以请人民政府外事主管部门协助。

涉外刑事案件审判期间，外国籍被告人在押，其监护人、近亲属申请会见的，可以向受理案件的人民法院所在地的高级人民法院提出，并依照本解释第四百八十六条的规定提供与被告人关系的证明。人民法院经审查认为不妨碍案件审判的，可以批准。

被告人拒绝接受探视、会见的，应当由其本人出具书面声明。拒绝出具书面声明的，应当记录在案；必要时，应当录音录像。

探视、会见被告人应当遵守我国法律规定。

第四百八十三条 人民法院审理涉外刑事案件，应当公开进行，但依法不应公开审理的除外。

公开审理的涉外刑事案件，外国籍当事人国籍国驻华使领馆官员要求旁听的，可以向受理案件的人民法院所在地的高级人民法院提出申请，人民法院应当安排。

第四百八十四条 人民法院审判涉外刑事案件，使用中华人民共和国通用的语言、文字，应当为外国籍当事人提供翻译。翻译人员应当在翻译文件上签名。

人民法院的诉讼文书为中文本。外国籍当事人不通晓中文的，应当附有外文译本，译本不加盖人民法院印章，以中文本为准。

外国籍当事人通晓中国语言、文字，拒绝他人翻译，或者不需要诉讼文书外文译本的，应当由其本人出具书面声明。拒绝出具书面声明的，应当记录在案；必要时，应当录音录像。

第四百八十五条 外国籍被告人委托律师辩护，或者外国籍附带民事诉讼原告人、自诉人委托律师代理诉讼的，应当委托具有中华人民共和国律师资格并依法取得执业证书的律师。

外国籍被告人在押的，其监护人、近亲属或者其国籍国驻华使领馆可以代为委托辩护人。其监护人、近亲属代为委托的，应当提供与被告人关系的有效证明。

外国籍当事人委托其监护人、近亲属担任辩护人、诉讼代理人的，被委托人应当提供与当事人关系的有效证明。经审查，符合刑事诉讼法、有关司法解释规定的，人民法院应当准许。

外国籍被告人没有委托辩护人的，人民法院可以通知法律援助机构为其指派律师提供辩护。被告人拒绝辩护人辩护的，应当由其出具书面声明，或者将其口头声明记录在案；必要时，应当录音录像。被告人属于应当提供法律援助情形的，依照本解释第五十条规定处理。

第四百八十六条 外国籍当事人从中华人民共和国领域外寄交或者托交给中国律师或者中国公民的委托书，以及外国籍当事人的监护人、近亲属提供的与当事人关系的证明，必须经所在国公证机关证明，所在国中央外交主管机关或者其授权机关认证，并经中华人民共和国驻该国使领馆认证，或者履行中华人民共和国与该所在国订立的有关条约中规定的证明手续，但我国与该国之间有互免认证协定的除外。

第四百八十七条 对涉外刑事案件的被告人，可以决定限制出境；对开庭审理案件时必须到庭的证人，可以要求暂缓出境。限制外国人出境的，应当通报同级人民政府外事主管部门和当事人国籍国驻华使领馆。

人民法院决定限制外国人和中国公民出境的，应当书面通知被限制出境的人在案件审理终结前不得离境，并可以采取扣留护照或者其他出入境证件的办法限制其出境；扣留证件的，应当履行必要手续，并发给本人扣留证件的证明。

需要对外国人和中国公民在口岸采取边控措施的，受理案件的人民法院应当按照规定制作边控对象通知书，并附有关法律文书，层报高级人民法院办理交控手续。紧急情况下,需要采取临时边控措施的,受理案件的人民法院可以先向有关口岸所在地出入境边防检查机关交控,但应当在七日以内按照规定层报高级人民法院办理手续。

第四百八十八条 涉外刑事案件,符合刑事诉讼法第二百零八条第一款、第二百四十三条规定的,经有关人民法院批准或者决定,可以延长审理期限。

第四百八十九条 涉外刑事案件宣判后,外国籍当事人国籍国驻华使领馆要求提供裁判文书的,可以向受理案件的人民法院所在地的高级人民法院提出,人民法院可以提供。

第四百九十条 涉外刑事案件审理过程中的其他事项,依照法律、司法解释和其他有关规定办理。

第二节 刑事司法协助

第四百九十一条 请求和提供司法协助,应当依照《中华人民共和国国际刑事司法协助法》、我国与有关国家、地区签订的刑事司法协助条约、移管被判刑人条约和有关法律规定进行。

对请求书的签署机关、请求书及所附材料的语言文字、有关办理期限和具体程序等事项,在不违反中华人民共和国法律的基本原则的情况下,可以按照刑事司法协助条约规定或者双方协商办理。

第四百九十二条 外国法院请求的事项有损中华人民共和国的主权、安全、社会公共利益以及违反中华人民共和国法律的基本原则的,人民法院不予协助;属于有关法律规定的可以拒绝提供刑事司法协助情形的,可以不予协助。

第四百九十三条 人民法院请求外国提供司法协助的,应当层报最高人民法院,经最高人民法院审核同意后交由有关对外联系机关及时向外国提出请求。

外国法院请求我国提供司法协助,有关对外联系机关认为属于人民法院职权范围的,经最高人民法院审核同意后转有关人民法院办理。

第四百九十四条 人民法院请求外国提供司法协助的请求书,应当依照刑事司法协助条约的规定提出;没有条约或者条约没有规定的,应当载明法律规定的相关信息并附相关材料。请求书及其所附材料应当以中文制作,并附有被请求国官方文字的译本。

外国请求我国法院提供司法协助的请求书,应当依照刑事司法协助条约的规定提出;没有条约或者条约没有规定的,应当载明我国法律规定的相关信息并附相关材料。请求书及所附材料应当附有中文译本。

第四百九十五条 人民法院向在中华人民共和国领域外居住的当事人送达刑事诉讼文书,可以采用下列方式:

(一)根据受送达人所在国与中华人民共和国缔结或者共同参加的国际条约规定的方式送达;

(二)通过外交途径送达;

(三)对中国籍当事人,所在国法律允许或者经所在国同意的,可以委托我国驻受送达人所在国的使领馆代为送达;

(四)当事人是自诉案件的自诉人或者附带民事诉讼原告人的,可以向有权代其接受送达的诉讼代理人送达;

(五)当事人是外国单位的,可以向其在中华人民共和国领域内设立的代表机构或者有权接受送达的分支机构、业务代办人送达;

(六)受送达人所在国法律允许的,可以邮寄送达;自邮寄之日起满三个月,送达回证未退回,但根据各种情况足以认定已经送达的,视为送达;

(七)受送达人所在国法律允许的,可以采用传真、电子邮件等能够确认受送达人收悉的方式送达。

第四百九十六条 人民法院通过外交途径向在中华人民共和国领域外居住的受送达人送达刑事诉讼文书的,所送达的文书应当经高级人民法院审查后报最高人民法院审核。最高人民法院认为可以发出的,由最高人民法院交外交部主管部门转递。

外国法院通过外交途径请求人民法院送达刑事诉讼文书的，由该国驻华使馆将法律文书交我国外交部主管部门转最高人民法院。最高人民法院审核后认为属于人民法院职权范围，且可以代为送达的，应当转有关人民法院办理。

第二十一章　执行程序

第一节　死刑的执行

第四百九十七条　被判处死刑缓期执行的罪犯，在死刑缓期执行期间犯罪的，应当由罪犯服刑地的中级人民法院依法审判，所作的判决可以上诉、抗诉。

认定故意犯罪，情节恶劣，应当执行死刑的，在判决、裁定发生法律效力后，应当层报最高人民法院核准执行死刑。

对故意犯罪未执行死刑的，不再报高级人民法院核准，死刑缓期执行的期间重新计算，并层报最高人民法院备案。备案不影响判决、裁定的生效和执行。

最高人民法院经备案审查，认为原判不予执行死刑错误，确需改判的，应当依照审判监督程序予以纠正。

第四百九十八条　死刑缓期执行的期间，从判决或者裁定核准死刑缓期执行的法律文书宣告或者送达之日起计算。

死刑缓期执行期满，依法应当减刑的，人民法院应当及时减刑。死刑缓期执行期满减为无期徒刑、有期徒刑的，刑期自死刑缓期执行期满之日起计算。

第四百九十九条　最高人民法院的执行死刑命令，由高级人民法院交付第一审人民法院执行。第一审人民法院接到执行死刑命令后，应当在七日以内执行。

在死刑缓期执行期间故意犯罪，最高人民法院核准执行死刑的，由罪犯服刑地的中级人民法院执行。

第五百条　下级人民法院在接到执行死刑命令后、执行前，发现有下列情形之一的，应当暂停执行，并立即将请求停止执行死刑的报告和相关材料层报最高人民法院：

（一）罪犯可能有其他犯罪的；

（二）共同犯罪的其他犯罪嫌疑人到案，可能影响罪犯量刑的；

（三）共同犯罪的其他罪犯被暂停或者停止执行死刑，可能影响罪犯量刑的；

（四）罪犯揭发重大犯罪事实或者有其他重大立功表现，可能需要改判的；

（五）罪犯怀孕的；

（六）判决、裁定可能有影响定罪量刑的其他错误的。

最高人民法院经审查，认为可能影响罪犯定罪量刑的，应当裁定停止执行死刑；认为不影响的，应当决定继续执行死刑。

第五百零一条　最高人民法院在执行死刑命令签发后、执行前，发现有前条第一款规定情形的，应当立即裁定停止执行死刑，并将有关材料移交下级人民法院。

第五百零二条　下级人民法院接到最高人民法院停止执行死刑的裁定后，应当会同有关部门调查核实停止执行死刑的事由，并及时将调查结果和意见层报最高人民法院审核。

第五百零三条　对下级人民法院报送的停止执行死刑的调查结果和意见，由最高人民法院原作出核准死刑判决、裁定的合议庭负责审查；必要时，另行组成合议庭进行审查。

第五百零四条　最高人民法院对停止执行死刑的案件，应当按照下列情形分别处理：

（一）确认罪犯怀孕的，应当改判；

（二）确认罪犯有其他犯罪，依法应当追诉的，应当裁定不予核准死刑，撤销原判，发回重新审判；

（三）确认原判决、裁定有错误或者罪犯有重大立功表现，需要改判的，应当裁定不予核准死刑，撤销原判，发回重新审判；

（四）确认原判决、裁定没有错误，罪犯没有重大立功表现，或者重大立功表现不影响原判决、裁定执行的，应当裁定继续执行死刑，并由院长重新签发执行死刑的命令。

第五百零五条　第一审人民法院在执行死

刑前，应当告知罪犯有权会见其近亲属。罪犯申请会见并提供具体联系方式的，人民法院应当通知其近亲属。确实无法与罪犯近亲属取得联系，或者其近亲属拒绝会见的，应当告知罪犯。罪犯申请通过录音录像等方式留下遗言的，人民法院可以准许。

罪犯近亲属申请会见的，人民法院应当准许并及时安排，但罪犯拒绝会见的除外。罪犯拒绝会见的，应当记录在案并及时告知其近亲属；必要时，应当录音录像。

罪犯申请会见近亲属以外的亲友，经人民法院审查，确有正当理由的，在确保安全的情况下可以准许。

罪犯申请会见未成年子女的，应当经未成年子女的监护人同意；会见可能影响未成年人身心健康的，人民法院可以通过视频方式安排会见，会见时监护人应当在场。

会见一般在罪犯羁押场所进行。

会见情况应当记录在案，附卷存档。

第五百零六条 第一审人民法院在执行死刑三日以前，应当通知同级人民检察院派员临场监督。

第五百零七条 死刑采用枪决或者注射等方法执行。

采用注射方法执行死刑的，应当在指定的刑场或者羁押场所内执行。

采用枪决、注射以外的其他方法执行死刑的，应当事先层报最高人民法院批准。

第五百零八条 执行死刑前，指挥执行的审判人员应当对罪犯验明正身，讯问有无遗言、信札，并制作笔录，再交执行人员执行死刑。

执行死刑应当公布，禁止游街示众或者其他有辱罪犯人格的行为。

第五百零九条 执行死刑后，应当由法医验明罪犯确实死亡，在场书记员制作笔录。负责执行的人民法院应当在执行死刑后十五日以内将执行情况，包括罪犯被执行死刑前后的照片，上报最高人民法院。

第五百一十条 执行死刑后，负责执行的人民法院应当办理以下事项：

（一）对罪犯的遗书、遗言笔录，应当及时审查；涉及财产继承、债务清偿、家事嘱托等内容的，将遗书、遗言笔录交给家属，同时复制附卷备查；涉及案件线索等问题的，抄送有关机关；

（二）通知罪犯家属在限期内领取罪犯骨灰；没有火化条件或者因民族、宗教等原因不宜火化的，通知领取尸体；过期不领取的，由人民法院通知有关单位处理，并要求有关单位出具处理情况的说明；对罪犯骨灰或者尸体的处理情况，应当记录在案；

（三）对外国籍罪犯执行死刑后，通知外国驻华使领馆的程序和时限，根据有关规定办理。

第二节　死刑缓期执行、无期徒刑、有期徒刑、拘役的交付执行

第五百一十一条 被判处死刑缓期执行、无期徒刑、有期徒刑、拘役的罪犯，第一审人民法院应当在判决、裁定生效后十日以内，将判决书、裁定书、起诉书副本、自诉状复印件、执行通知书、结案登记表送达公安机关、监狱或者其他执行机关。

第五百一十二条 同案审理的案件中，部分被告人被判处死刑，对未被判处死刑的同案被告人需要羁押执行刑罚的，应当根据前条规定及时交付执行。但是，该同案被告人参与实施有关死刑之罪的，应当在复核讯问被判处死刑的被告人后交付执行。

第五百一十三条 执行通知书回执经看守所盖章后，应当附卷备查。

第五百一十四条 罪犯在被交付执行前，因有严重疾病、怀孕或者正在哺乳自己婴儿的妇女、生活不能自理的原因，依法提出暂予监外执行的申请的，有关病情诊断、妊娠检查和生活不能自理的鉴别，由人民法院负责组织进行。

第五百一十五条 被判处无期徒刑、有期徒刑或者拘役的罪犯，符合刑事诉讼法第二百六十五条第一款、第二款的规定，人民法院决定暂予监外执行的，应当制作暂予监外执行决定书，写明罪犯基本情况、判决确定的罪名和刑罚、决定暂予监外执行的原因、依据等。

人民法院在作出暂予监外执行决定前，应当征求人民检察院的意见。

人民检察院认为人民法院的暂予监外执行决定不当，在法定期限内提出书面意见的，人民法院应当立即对该决定重新核查，并在一个月以内作出决定。

对暂予监外执行的罪犯，适用本解释第五百一十九条的有关规定，依法实行社区矫正。

人民法院决定暂予监外执行的，由看守所或者执行取保候审、监视居住的公安机关自收到决定之日起十日以内将罪犯移送社区矫正机构。

第五百一十六条 人民法院收到社区矫正机构的收监执行建议书后，经审查，确认暂予监外执行的罪犯具有下列情形之一的，应当作出收监执行的决定：

（一）不符合暂予监外执行条件的；

（二）未经批准离开所居住的市、县，经警告拒不改正，或者拒不报告行踪，脱离监管的；

（三）因违反监督管理规定受到治安管理处罚，仍不改正的；

（四）受到执行机关两次警告，仍不改正的；

（五）保外就医期间不按规定提交病情复查情况，经警告拒不改正的；

（六）暂予监外执行的情形消失后，刑期未满的；

（七）保证人丧失保证条件或者因不履行义务被取消保证人资格，不能在规定期限内提出新的保证人的；

（八）违反法律、行政法规和监督管理规定，情节严重的其他情形。

第五百一十七条 人民法院应当在收到社区矫正机构的收监执行建议书后三十日以内作出决定。收监执行决定书一经作出，立即生效。

人民法院应当将收监执行决定书送达社区矫正机构和公安机关，并抄送人民检察院，由公安机关将罪犯交付执行。

第五百一十八条 被收监执行的罪犯有不计入执行刑期情形的，人民法院应当在作出收监决定时，确定不计入执行刑期的具体时间。

第三节 管制、缓刑、剥夺政治权利的交付执行

第五百一十九条 对被判处管制、宣告缓刑的罪犯，人民法院应当依法确定社区矫正执行地。社区矫正执行地为罪犯的居住地；罪犯在多个地方居住的，可以确定其经常居住地为执行地；罪犯的居住地、经常居住地无法确定或者不适宜执行社区矫正的，应当根据有利于罪犯接受矫正、更好地融入社会的原则，确定执行地。

宣判时，应当告知罪犯自判决、裁定生效之日起十日以内到执行地社区矫正机构报到，以及不按期报到的后果。

人民法院应当自判决、裁定生效之日起五日以内通知执行地社区矫正机构，并在十日以内将判决书、裁定书、执行通知书等法律文书送达执行地社区矫正机构，同时抄送人民检察院和执行地公安机关。人民法院与社区矫正执行地不在同一地方的，由执行地社区矫正机构将法律文书转送所在地的人民检察院和公安机关。

第五百二十条 对单处剥夺政治权利的罪犯，人民法院应当在判决、裁定生效后十日以内，将判决书、裁定书、执行通知书等法律文书送达罪犯居住地的县级公安机关，并抄送罪犯居住地的县级人民检察院。

第四节 刑事裁判涉财产部分和附带民事裁判的执行

第五百二十一条 刑事裁判涉财产部分的执行，是指发生法律效力的刑事裁判中下列判项的执行：

（一）罚金、没收财产；

（二）追缴、责令退赔违法所得；

（三）处置随案移送的赃款赃物；

（四）没收随案移送的供犯罪所用本人财物；

（五）其他应当由人民法院执行的相关涉

财产的判项。

第五百二十二条 刑事裁判涉财产部分和附带民事裁判应当由人民法院执行的，由第一审人民法院负责裁判执行的机构执行。

第五百二十三条 罚金在判决规定的期限内一次或者分期缴纳。期满无故不缴纳或者未足额缴纳的，人民法院应当强制缴纳。经强制缴纳仍不能全部缴纳的，在任何时候，包括主刑执行完毕后，发现被执行人有可供执行的财产的，应当追缴。

行政机关对被告人就同一事实已经处以罚款的，人民法院判处罚金时应当折抵，扣除行政处罚已执行的部分。

第五百二十四条 因遭遇不能抗拒的灾祸等原因缴纳罚金确有困难，被执行人申请延期缴纳、酌情减少或者免除罚金的，应当提交相关证明材料。人民法院应当在收到申请后一个月以内作出裁定。符合法定条件的，应当准许；不符合条件的，驳回申请。

第五百二十五条 判处没收财产的，判决生效后，应当立即执行。

第五百二十六条 执行财产刑，应当参照被扶养人住所地政府公布的上年度当地居民最低生活费标准，保留被执行人及其所扶养人的生活必需费用。

第五百二十七条 被判处财产刑，同时又承担附带民事赔偿责任的被执行人，应当先履行民事赔偿责任。

第五百二十八条 执行刑事裁判涉财产部分、附带民事裁判过程中，当事人、利害关系人认为执行行为违反法律规定，或者案外人对被执行标的书面提出异议的，人民法院应当参照民事诉讼法的有关规定处理。

第五百二十九条 执行刑事裁判涉财产部分、附带民事裁判过程中，具有下列情形之一的，人民法院应当裁定终结执行：

（一）据以执行的判决、裁定被撤销的；

（二）被执行人死亡或者被执行死刑，且无财产可供执行的；

（三）被判处罚金的单位终止，且无财产可供执行的；

（四）依照刑法第五十三条规定免除罚金的；

（五）应当终结执行的其他情形。

裁定终结执行后，发现被执行人的财产有被隐匿、转移等情形的，应当追缴。

第五百三十条 被执行财产在外地的，第一审人民法院可以委托财产所在地的同级人民法院执行。

第五百三十一条 刑事裁判涉财产部分、附带民事裁判全部或者部分被撤销的，已经执行的财产应当全部或者部分返还被执行人；无法返还的，应当依法赔偿。

第五百三十二条 刑事裁判涉财产部分、附带民事裁判的执行，刑事诉讼法及有关刑事司法解释没有规定的，参照适用民事执行的有关规定。

第五节 减刑、假释案件的审理

第五百三十三条 被判处死刑缓期执行的罪犯，在死刑缓期执行期间，没有故意犯罪的，死刑缓期执行期满后，应当裁定减刑；死刑缓期执行期满后，尚未裁定减刑前又犯罪的，应当在依法减刑后，对其所犯新罪另行审判。

第五百三十四条 对减刑、假释案件，应当按照下列情形分别处理：

（一）对被判处死刑缓期执行的罪犯的减刑，由罪犯服刑地的高级人民法院在收到同级监狱管理机关审核同意的减刑建议书后一个月以内作出裁定；

（二）对被判处无期徒刑的罪犯的减刑、假释，由罪犯服刑地的高级人民法院在收到同级监狱管理机关审核同意的减刑、假释建议书后一个月以内作出裁定，案情复杂或者情况特殊的，可以延长一个月；

（三）对被判处有期徒刑和被减为有期徒刑的罪犯的减刑、假释，由罪犯服刑地的中级人民法院在收到执行机关提出的减刑、假释建议书后一个月以内作出裁定，案情复杂或者情况特殊的，可以延长一个月；

（四）对被判处管制、拘役的罪犯的减刑，由罪犯服刑地的中级人民法院在收到同级执行机关审核同意的减刑建议书后一个月以内作出裁定。

对社区矫正对象的减刑，由社区矫正执行地的中级以上人民法院在收到社区矫正机构减刑建议书后三十日以内作出裁定。

第五百三十五条 受理减刑、假释案件，应当审查执行机关移送的材料是否包括下列内容：

（一）减刑、假释建议书；

（二）原审法院的裁判文书、执行通知书、历次减刑裁定书的复制件；

（三）证明罪犯确有悔改、立功或者重大立功表现具体事实的书面材料；

（四）罪犯评审鉴定表、奖惩审批表等；

（五）罪犯假释后对所居住社区影响的调查评估报告；

（六）刑事裁判涉财产部分、附带民事裁判的执行、履行情况；

（七）根据案件情况需要移送的其他材料。

人民检察院对报请减刑、假释案件提出意见的，执行机关应当一并移送受理减刑、假释案件的人民法院。

经审查，材料不全的，应当通知提请减刑、假释的执行机关在三日以内补送；逾期未补送的，不予立案。

第五百三十六条 审理减刑、假释案件，对罪犯积极履行刑事裁判涉财产部分、附带民事裁判确定的义务的，可以认定有悔改表现，在减刑、假释时从宽掌握；对确有履行能力而不履行或者不全部履行的，在减刑、假释时从严掌握。

第五百三十七条 审理减刑、假释案件，应当在立案后五日以内对下列事项予以公示：

（一）罪犯的姓名、年龄等个人基本情况；

（二）原判认定的罪名和刑期；

（三）罪犯历次减刑情况；

（四）执行机关的减刑、假释建议和依据。

公示应当写明公示期限和提出意见的方式。

第五百三十八条 审理减刑、假释案件，应当组成合议庭，可以采用书面审理的方式，但下列案件应当开庭审理：

（一）因罪犯有重大立功表现提请减刑的；

（二）提请减刑的起始时间、间隔时间或者减刑幅度不符合一般规定的；

（三）被提请减刑、假释罪犯系职务犯罪罪犯，组织、领导、参加、包庇、纵容黑社会性质组织罪犯，破坏金融管理秩序罪犯或者金融诈骗罪犯的；

（四）社会影响重大或者社会关注度高的；

（五）公示期间收到不同意见的；

（六）人民检察院提出异议的；

（七）有必要开庭审理的其他案件。

第五百三十九条 人民法院作出减刑、假释裁定后，应当在七日以内送达提请减刑、假释的执行机关、同级人民检察院以及罪犯本人。人民检察院认为减刑、假释裁定不当，在法定期限内提出书面纠正意见的，人民法院应当在收到意见后另行组成合议庭审理，并在一个月以内作出裁定。

对假释的罪犯，适用本解释第五百一十九条的有关规定，依法实行社区矫正。

第五百四十条 减刑、假释裁定作出前，执行机关书面提请撤回减刑、假释建议的，人民法院可以决定是否准许。

第五百四十一条 人民法院发现本院已经生效的减刑、假释裁定确有错误的，应当另行组成合议庭审理；发现下级人民法院已经生效的减刑、假释裁定确有错误的，可以指令下级人民法院另行组成合议庭审理，也可以自行组成合议庭审理。

第六节 缓刑、假释的撤销

第五百四十二条 罪犯在缓刑、假释考验期限内犯新罪或者被发现在判决宣告前还有其他罪没有判决，应当撤销缓刑、假释的，由审判新罪的人民法院撤销原判决、裁定宣告的缓刑、假释，并书面通知原审人民法院和执行机关。

第五百四十三条 人民法院收到社区矫正

机构的撤销缓刑建议书后，经审查，确认罪犯在缓刑考验期限内具有下列情形之一的，应当作出撤销缓刑的裁定：

（一）违反禁止令，情节严重的；

（二）无正当理由不按规定时间报到或者接受社区矫正期间脱离监管，超过一个月的；

（三）因违反监督管理规定受到治安管理处罚，仍不改正的；

（四）受到执行机关二次警告，仍不改正的；

（五）违反法律、行政法规和监督管理规定，情节严重的其他情形。

人民法院收到社区矫正机构的撤销假释建议书后，经审查，确认罪犯在假释考验期限内具有前款第二项、第四项规定情形之一，或者有其他违反监督管理规定的行为，尚未构成新的犯罪的，应当作出撤销假释的裁定。

第五百四十四条 被提请撤销缓刑、假释的罪犯可能逃跑或者可能发生社会危险，社区矫正机构在提出撤销缓刑、假释建议的同时，提请人民法院决定对其予以逮捕的，人民法院应当在四十八小时以内作出是否逮捕的决定。决定逮捕的，由公安机关执行。逮捕后的羁押期限不得超过三十日。

第五百四十五条 人民法院应当在收到社区矫正机构的撤销缓刑、假释建议书后三十日以内作出裁定。撤销缓刑、假释的裁定一经作出，立即生效。

人民法院应当将撤销缓刑、假释裁定书送达社区矫正机构和公安机关，并抄送人民检察院，由公安机关将罪犯送交执行。执行以前被逮捕的，羁押一日折抵刑期一日。

第二十二章 未成年人刑事案件诉讼程序

第一节 一般规定

第五百四十六条 人民法院审理未成年人刑事案件，应当贯彻教育、感化、挽救的方针，坚持教育为主、惩罚为辅的原则，加强对未成年人的特殊保护。

第五百四十七条 人民法院应当加强同政府有关部门、人民团体、社会组织等的配合，推动未成年人刑事案件人民陪审、情况调查、安置帮教等工作的开展，充分保障未成年人的合法权益，积极参与社会治安综合治理。

第五百四十八条 人民法院应当加强同政府有关部门、人民团体、社会组织等的配合，对遭受性侵害或者暴力伤害的未成年被害人及其家庭实施必要的心理干预、经济救助、法律援助、转学安置等保护措施。

第五百四十九条 人民法院应当确定专门机构或者指定专门人员，负责审理未成年人刑事案件。审理未成年人刑事案件的人员应当经过专门培训，熟悉未成年人身心特点、善于做未成年人思想教育工作。

参加审理未成年人刑事案件的人民陪审员，可以从熟悉未成年人身心特点、关心未成年人保护工作的人民陪审员名单中随机抽取确定。

第五百五十条 被告人实施被指控的犯罪时不满十八周岁、人民法院立案时不满二十周岁的案件，由未成年人案件审判组织审理。

下列案件可以由未成年人案件审判组织审理：

（一）人民法院立案时不满二十二周岁的在校学生犯罪案件；

（二）强奸、猥亵、虐待、遗弃未成年人等侵害未成年人人身权利的犯罪案件；

（三）由未成年人案件审判组织审理更为适宜的其他案件。

共同犯罪案件有未成年被告人的或者其他涉及未成年人的刑事案件，是否由未成年人案件审判组织审理，由院长根据实际情况决定。

第五百五十一条 对分案起诉至同一人民法院的未成年人与成年人共同犯罪案件，可以由同一个审判组织审理；不宜由同一个审判组织审理的，可以分别审理。

未成年人与成年人共同犯罪案件，由不同人民法院或者不同审判组织分别审理的，有关人民法院或者审判组织应当互相了解共同犯罪被告人的审判情况，注意全案的量刑平衡。

第五百五十二条 对未成年人刑事案件，必要时，上级人民法院可以根据刑事诉讼法第二十七条的规定，指定下级人民法院将案件移送其他人民法院审判。

第五百五十三条 对未成年被告人应当严格限制适用逮捕措施。

人民法院决定逮捕，应当讯问未成年被告人，听取辩护律师的意见。

对被逮捕且没有完成义务教育的未成年被告人，人民法院应当与教育行政部门互相配合，保证其接受义务教育。

第五百五十四条 人民法院对无固定住所、无法提供保证人的未成年被告人适用取保候审的，应当指定合适成年人作为保证人，必要时可以安排取保候审的被告人接受社会观护。

第五百五十五条 人民法院审理未成年人刑事案件，在讯问和开庭时，应当通知未成年被告人的法定代理人到场。法定代理人无法通知、不能到场或者是共犯的，也可以通知合适成年人到场，并将有关情况记录在案。

到场的法定代理人或者其他人员，除依法行使刑事诉讼法第二百八十一条第二款规定的权利外，经法庭同意，可以参与对未成年被告人的法庭教育等工作。

适用简易程序审理未成年人刑事案件，适用前两款规定。

第五百五十六条 询问未成年被害人、证人，适用前条规定。

审理未成年人遭受性侵害或者暴力伤害案件，在询问未成年被害人、证人时，应当采取同步录音录像等措施，尽量一次完成；未成年被害人、证人是女性的，应当由女性工作人员进行。

第五百五十七条 开庭审理时被告人不满十八周岁的案件，一律不公开审理。经未成年被告人及其法定代理人同意，未成年被告人所在学校和未成年人保护组织可以派代表到场。到场代表的人数和范围，由法庭决定。经法庭同意，到场代表可以参与对未成年被告人的法庭教育工作。

对依法公开审理，但可能需要封存犯罪记录的案件，不得组织人员旁听；有旁听人员的，应当告知其不得传播案件信息。

第五百五十八条 开庭审理涉及未成年人的刑事案件，未成年被害人、证人一般不出庭作证；必须出庭的，应当采取保护其隐私的技术手段和心理干预等保护措施。

第五百五十九条 审理涉及未成年人的刑事案件，不得向外界披露未成年人的姓名、住所、照片以及可能推断出未成年人身份的其他资料。

查阅、摘抄、复制的案卷材料，涉及未成年人的，不得公开和传播。

第五百六十条 人民法院发现有关单位未尽到未成年人教育、管理、救助、看护等保护职责的，应当向该单位提出司法建议。

第五百六十一条 人民法院应当结合实际，根据涉及未成年人刑事案件的特点，开展未成年人法治宣传教育工作。

第五百六十二条 审理未成年人刑事案件，本章没有规定的，适用本解释的有关规定。

第二节 开庭准备

第五百六十三条 人民法院向未成年被告人送达起诉书副本时，应当向其讲明被指控的罪行和有关法律规定，并告知其审判程序和诉讼权利、义务。

第五百六十四条 审判时不满十八周岁的未成年被告人没有委托辩护人的，人民法院应当通知法律援助机构指派熟悉未成年人身心特点的律师为其提供辩护。

第五百六十五条 未成年被害人及其法定代理人因经济困难或者其他原因没有委托诉讼代理人的，人民法院应当帮助其申请法律援助。

第五百六十六条 对未成年人刑事案件，人民法院决定适用简易程序审理的，应当征求未成年被告人及其法定代理人、辩护人的意见。上述人员提出异议的，不适用简易程序。

第五百六十七条 被告人实施被指控的犯罪时不满十八周岁，开庭时已满十八周岁、不满二十周岁的，人民法院开庭时，一般应当通知其近亲属到庭。经法庭同意，近亲属可以发表意见。近亲属无法通知、不能到场或者是共犯的，应当记录在案。

第五百六十八条 对人民检察院移送的关于未成年被告人性格特点、家庭情况、社会交往、成长经历、犯罪原因、犯罪前后的表现、监护教育等情况的调查报告，以及辩护人提交的反映未成年被告人上述情况的书面材料，法庭应当接受。

必要时，人民法院可以委托社区矫正机构、共青团、社会组织等对未成年被告人的上述情况进行调查，或者自行调查。

第五百六十九条 人民法院根据情况，可以对未成年被告人、被害人、证人进行心理疏导；根据实际需要并经未成年被告人及其法定代理人同意，可以对未成年被告人进行心理测评。

心理疏导、心理测评可以委托专门机构、专业人员进行。

心理测评报告可以作为办理案件和教育未成年人的参考。

第五百七十条 开庭前和休庭时，法庭根据情况，可以安排未成年被告人与其法定代理人或者合适成年人会见。

第三节 审　　判

第五百七十一条 人民法院应当在辩护台靠近旁听区一侧为未成年被告人的法定代理人或者合适成年人设置席位。

审理可能判处五年有期徒刑以下刑罚或者过失犯罪的未成年人刑事案件，可以采取适合未成年人特点的方式设置法庭席位。

第五百七十二条 未成年被告人或者其法定代理人当庭拒绝辩护人辩护的，适用本解释第三百一十一条第二款、第三款的规定。

重新开庭后，未成年被告人或者其法定代理人再次当庭拒绝辩护人辩护的，不予准许。重新开庭时被告人已满十八周岁的，可以准许，但不得再另行委托辩护人或者要求另行指派律师，由其自行辩护。

第五百七十三条 法庭审理过程中，审判人员应当根据未成年被告人的智力发育程度和心理状态，使用适合未成年人的语言表达方式。

发现有对未成年被告人威胁、训斥、诱供或者讽刺等情形的，审判长应当制止。

第五百七十四条 控辩双方提出对未成年被告人判处管制、宣告缓刑等量刑建议的，应当向法庭提供有关未成年被告人能够获得监护、帮教以及对所居住社区无重大不良影响的书面材料。

第五百七十五条 对未成年被告人情况的调查报告，以及辩护人提交的有关未成年被告人情况的书面材料，法庭应当审查并听取控辩双方意见。上述报告和材料可以作为办理案件和教育未成年人的参考。

人民法院可以通知作出调查报告的人员出庭说明情况，接受控辩双方和法庭的询问。

第五百七十六条 法庭辩论结束后，法庭可以根据未成年人的生理、心理特点和案件情况，对未成年被告人进行法治教育；判决未成年被告人有罪的，宣判后，应当对未成年被告人进行法治教育。

对未成年被告人进行教育，其法定代理人以外的成年亲属或者教师、辅导员等参与有利于感化、挽救未成年人的，人民法院应当邀请其参加有关活动。

适用简易程序审理的案件，对未成年被告人进行法庭教育，适用前两款规定。

第五百七十七条 未成年被告人最后陈述后，法庭应当询问其法定代理人是否补充陈述。

第五百七十八条 对未成年人刑事案件，宣告判决应当公开进行。

对依法应当封存犯罪记录的案件，宣判时，不得组织人员旁听；有旁听人员的，应当告知其不得传播案件信息。

第五百七十九条 定期宣告判决的未成年人刑事案件，未成年被告人的法定代理人无法通知、不能到场或者是共犯的，法庭可以通知合适成年人到庭，并在宣判后向未成年被告人的成年亲属送达判决书。

第四节 执 行

第五百八十条 将未成年罪犯送监执行刑罚或者送交社区矫正时，人民法院应当将有关未成年罪犯的调查报告及其在案件审理中的表现材料，连同有关法律文书，一并送达执行机关。

第五百八十一条 犯罪时不满十八周岁，被判处五年有期徒刑以下刑罚以及免予刑事处罚的未成年人的犯罪记录，应当封存。

司法机关或者有关单位向人民法院申请查询封存的犯罪记录的，应当提供查询的理由和依据。对查询申请，人民法院应当及时作出是否同意的决定。

第五百八十二条 人民法院可以与未成年犯管教所等服刑场所建立联系，了解未成年罪犯的改造情况，协助做好帮教、改造工作，并可以对正在服刑的未成年罪犯进行回访考察。

第五百八十三条 人民法院认为必要时，可以督促被收监服刑的未成年罪犯的父母或者其他监护人及时探视。

第五百八十四条 对被判处管制、宣告缓刑、裁定假释、决定暂予监外执行的未成年罪犯，人民法院可以协助社区矫正机构制定帮教措施。

第五百八十五条 人民法院可以适时走访被判处管制、宣告缓刑、免予刑事处罚、裁定假释、决定暂予监外执行等的未成年罪犯及其家庭，了解未成年罪犯的管理和教育情况，引导未成年罪犯的家庭承担管教责任，为未成年罪犯改过自新创造良好环境。

第五百八十六条 被判处管制、宣告缓刑、免予刑事处罚、裁定假释、决定暂予监外执行等的未成年罪犯，具备就学、就业条件的，人民法院可以就其安置问题向有关部门提出建议，并附送必要的材料。

第二十三章 当事人和解的公诉案件诉讼程序

第五百八十七条 对符合刑事诉讼法第二百八十八条规定的公诉案件，事实清楚、证据充分的，人民法院应当告知当事人可以自行和解；当事人提出申请的，人民法院可以主持双方当事人协商以达成和解。

根据案件情况，人民法院可以邀请人民调解员、辩护人、诉讼代理人、当事人亲友等参与促成双方当事人和解。

第五百八十八条 符合刑事诉讼法第二百八十八条规定的公诉案件，被害人死亡的，其近亲属可以与被告人和解。近亲属有多人的，达成和解协议，应当经处于最先继承顺序的所有近亲属同意。

被害人系无行为能力或者限制行为能力人的，其法定代理人、近亲属可以代为和解。

第五百八十九条 被告人的近亲属经被告人同意，可以代为和解。

被告人系限制行为能力人的，其法定代理人可以代为和解。

被告人的法定代理人、近亲属依照前两款规定代为和解的，和解协议约定的赔礼道歉等事项，应当由被告人本人履行。

第五百九十条 对公安机关、人民检察院主持制作的和解协议书，当事人提出异议的，人民法院应当审查。经审查，和解自愿、合法的，予以确认，无需重新制作和解协议书；和解违反自愿、合法原则的，应当认定无效。和解协议被认定无效后，双方当事人重新达成和解的，人民法院应当主持制作新的和解协议书。

第五百九十一条 审判期间，双方当事人和解的，人民法院应当听取当事人及其法定代理人等有关人员的意见。双方当事人在庭外达成和解的，人民法院应当通知人民检察院，并听取其意见。经审查，和解自愿、合法的，应当主持制作和解协议书。

第五百九十二条 和解协议书应当包括以下内容：

（一）被告人承认自己所犯罪行，对犯罪事实没有异议，并真诚悔罪；

（二）被告人通过向被害人赔礼道歉、赔偿损失等方式获得被害人谅解；涉及赔偿损失的，应当写明赔偿的数额、方式等；提起附带民事诉讼的，由附带民事诉讼原告人撤回起诉；

（三）被害人自愿和解，请求或者同意对被告人依法从宽处罚。

和解协议书应当由双方当事人和审判人员签名，但不加盖人民法院印章。

和解协议书一式三份，双方当事人各持一份，另一份交人民法院附卷备查。

对和解协议中的赔偿损失内容，双方当事人要求保密的，人民法院应当准许，并采取相应的保密措施。

第五百九十三条 和解协议约定的赔偿损失内容，被告人应当在协议签署后即时履行。

和解协议已经全部履行，当事人反悔的，人民法院不予支持，但有证据证明和解违反自愿、合法原则的除外。

第五百九十四条 双方当事人在侦查、审查起诉期间已经达成和解协议并全部履行，被害人或者其法定代理人、近亲属又提起附带民事诉讼的，人民法院不予受理，但有证据证明和解违反自愿、合法原则的除外。

第五百九十五条 被害人或者其法定代理人、近亲属提起附带民事诉讼后，双方愿意和解，但被告人不能即时履行全部赔偿义务的，人民法院应当制作附带民事调解书。

第五百九十六条 对达成和解协议的案件，人民法院应当对被告人从轻处罚；符合非监禁刑适用条件的，应当适用非监禁刑；判处法定最低刑仍然过重的，可以减轻处罚；综合全案认为犯罪情节轻微不需要判处刑罚的，可以免予刑事处罚。

共同犯罪案件，部分被告人与被害人达成和解协议的，可以依法对该部分被告人从宽处罚，但应当注意全案的量刑平衡。

第五百九十七条 达成和解协议的，裁判文书应当叙明，并援引刑事诉讼法的相关条文。

第二十四章　缺席审判程序

第五百九十八条 对人民检察院依照刑事诉讼法第二百九十一条第一款的规定提起公诉的案件，人民法院应当重点审查以下内容：

（一）是否属于可以适用缺席审判程序的案件范围；

（二）是否属于本院管辖；

（三）是否写明被告人的基本情况，包括明确的境外居住地、联系方式等；

（四）是否写明被告人涉嫌有关犯罪的主要事实，并附证据材料；

（五）是否写明被告人有无近亲属以及近亲属的姓名、身份、住址、联系方式等情况；

（六）是否列明违法所得及其他涉案财产的种类、数量、价值、所在地等，并附证据材料；

（七）是否附有查封、扣押、冻结违法所得及其他涉案财产的清单和相关法律手续。

前款规定的材料需要翻译件的，人民法院应当要求人民检察院一并移送。

第五百九十九条 对人民检察院依照刑事诉讼法第二百九十一条第一款的规定提起公诉的案件，人民法院审查后，应当按照下列情形分别处理：

（一）符合缺席审判程序适用条件，属于本院管辖，且材料齐全的，应当受理；

（二）不属于可以适用缺席审判程序的案件范围、不属于本院管辖或者不符合缺席审判程序的其他适用条件的，应当退回人民检察院；

（三）材料不全的，应当通知人民检察院在三十日以内补送；三十日以内不能补送的，应当退回人民检察院。

第六百条 对人民检察院依照刑事诉讼法第二百九十一条第一款的规定提起公诉的案件，人民法院立案后，应当将传票和起诉书副本送达被告人，传票应当载明被告人到案期限以及不按要求到案的法律后果等事项；应当将起诉书副本送达被告人近亲属，告知其有权代为委托辩护人，并通知其敦促被告人归案。

第六百零一条 人民法院审理人民检察院依照刑事诉讼法第二百九十一条第一款的规定提起公诉的案件，被告人有权委托或者由近亲属代为委托一至二名辩护人。委托律师担任辩护人的，应当委托具有中华人民共和国律师资格并依法取得执业证书的律师；在境外委托的，应当依照本解释第四百八十六条的规定对授权委托进行公证、认证。

被告人及其近亲属没有委托辩护人的，人民法院应当通知法律援助机构指派律师为被告人提供辩护。

被告人及其近亲属拒绝法律援助机构指派的律师辩护的，依照本解释第五十条第二款的规定处理。

第六百零二条 人民法院审理人民检察院依照刑事诉讼法第二百九十一条第一款的规定提起公诉的案件，被告人的近亲属申请参加诉讼的，应当在收到起诉书副本后、第一审开庭前提出，并提供与被告人关系的证明材料。有多名近亲属的，应当推选一至二人参加诉讼。

对被告人的近亲属提出申请的，人民法院应当及时审查决定。

第六百零三条 人民法院审理人民检察院依照刑事诉讼法第二百九十一条第一款的规定提起公诉的案件，参照适用公诉案件第一审普通程序的有关规定。被告人的近亲属参加诉讼的，可以发表意见，出示证据，申请法庭通知证人、鉴定人等出庭，进行辩论。

第六百零四条 对人民检察院依照刑事诉讼法第二百九十一条第一款的规定提起公诉的案件，人民法院审理后应当参照本解释第二百九十五条的规定作出判决、裁定。

作出有罪判决的，应当达到证据确实、充分的证明标准。

经审理认定的罪名不属于刑事诉讼法第二百九十一条第一款规定的罪名的，应当终止审理。

适用缺席审判程序审理案件，可以对违法所得及其他涉案财产一并作出处理。

第六百零五条 因被告人患有严重疾病导致缺乏受审能力，无法出庭受审，中止审理超过六个月，被告人仍无法出庭，被告人及其法定代理人、近亲属申请或者同意恢复审理的，人民法院可以根据刑事诉讼法第二百九十六条的规定缺席审判。

符合前款规定的情形，被告人无法表达意愿的，其法定代理人、近亲属可以代为申请或者同意恢复审理。

第六百零六条 人民法院受理案件后被告人死亡的，应当裁定终止审理；但有证据证明被告人无罪，经缺席审理确认无罪的，应当判决宣告被告人无罪。

前款所称“有证据证明被告人无罪，经缺席审理确认无罪”，包括案件事实清楚，证据确实、充分，依据法律认定被告人无罪的情形，以及证据不足，不能认定被告人有罪的情形。

第六百零七条 人民法院按照审判监督程序重新审判的案件，被告人死亡的，可以缺席审理。有证据证明被告人无罪，经缺席审理确认被告人无罪的，应当判决宣告被告人无罪；虽然构成犯罪，但原判量刑畸重的，应当依法作出判决。

第六百零八条 人民法院缺席审理案件，本章没有规定的，参照适用本解释的有关规定。

第二十五章 犯罪嫌疑人、被告人逃匿、死亡案件违法所得的没收程序

第六百零九条 刑事诉讼法第二百九十八条规定的“贪污贿赂犯罪、恐怖活动犯罪等”犯罪案件，是指下列案件：

（一）贪污贿赂、失职渎职等职务犯罪案件；

（二）刑法分则第二章规定的相关恐怖活动犯罪案件，以及恐怖活动组织、恐怖活动人员实施的杀人、爆炸、绑架等犯罪案件；

（三）危害国家安全、走私、洗钱、金融诈骗、黑社会性质组织、毒品犯罪案件；

（四）电信诈骗、网络诈骗犯罪案件。

第六百一十条 在省、自治区、直辖市或者全国范围内具有较大影响的犯罪案件，或者犯罪嫌疑人、被告人逃匿境外的犯罪案件，应当认定为刑事诉讼法第二百九十八条第一款规定的“重大犯罪案件”。

第六百一十一条 犯罪嫌疑人、被告人死亡，依照刑法规定应当追缴其违法所得及其他

涉案财产，人民检察院提出没收违法所得申请的，人民法院应当依法受理。

第六百一十二条 对人民检察院提出的没收违法所得申请，人民法院应当审查以下内容：

（一）是否属于可以适用违法所得没收程序的案件范围；

（二）是否属于本院管辖；

（三）是否写明犯罪嫌疑人、被告人基本情况，以及涉嫌有关犯罪的情况，并附证据材料；

（四）是否写明犯罪嫌疑人、被告人逃匿、被通缉、脱逃、下落不明、死亡等情况，并附证据材料；

（五）是否列明违法所得及其他涉案财产的种类、数量、价值、所在地等，并附证据材料；

（六）是否附有查封、扣押、冻结违法所得及其他涉案财产的清单和法律手续；

（七）是否写明犯罪嫌疑人、被告人有无利害关系人，利害关系人的姓名、身份、住址、联系方式及其要求等情况；

（八）是否写明申请没收的理由和法律依据；

（九）其他依法需要审查的内容和材料。

前款规定的材料需要翻译件的，人民法院应当要求人民检察院一并移送。

第六百一十三条 对没收违法所得的申请，人民法院应当在三十日以内审查完毕，并按照下列情形分别处理：

（一）属于没收违法所得申请受案范围和本院管辖，且材料齐全、有证据证明有犯罪事实的，应当受理；

（二）不属于没收违法所得申请受案范围或者本院管辖的，应当退回人民检察院；

（三）没收违法所得申请不符合“有证据证明有犯罪事实”标准要求的，应当通知人民检察院撤回申请；

（四）材料不全的，应当通知人民检察院在七日以内补送；七日以内不能补送的，应当退回人民检察院。

人民检察院尚未查封、扣押、冻结申请没收的财产或者查封、扣押、冻结期限即将届满，涉案财产有被隐匿、转移或者毁损、灭失危险的，人民法院可以查封、扣押、冻结申请没收的财产。

第六百一十四条 人民法院受理没收违法所得的申请后，应当在十五日以内发布公告。公告应当载明以下内容：

（一）案由、案件来源；

（二）犯罪嫌疑人、被告人的基本情况；

（三）犯罪嫌疑人、被告人涉嫌犯罪的事实；

（四）犯罪嫌疑人、被告人逃匿、被通缉、脱逃、下落不明、死亡等情况；

（五）申请没收的财产的种类、数量、价值、所在地等以及已查封、扣押、冻结财产的清单和法律手续；

（六）申请没收的财产属于违法所得及其他涉案财产的相关事实；

（七）申请没收的理由和法律依据；

（八）利害关系人申请参加诉讼的期限、方式以及未按照该期限、方式申请参加诉讼可能承担的不利法律后果；

（九）其他应当公告的情况。

公告期为六个月，公告期间不适用中止、中断、延长的规定。

第六百一十五条 公告应当在全国公开发行的报纸、信息网络媒体、最高人民法院的官方网站发布，并在人民法院公告栏发布。必要时，公告可以在犯罪地、犯罪嫌疑人、被告人居住地或者被申请没收财产所在地发布。最后发布的公告的日期为公告日期。发布公告的，应当采取拍照、录像等方式记录发布过程。

人民法院已经掌握境内利害关系人联系方式的，应当直接送达含有公告内容的通知；直接送达有困难的，可以委托代为送达、邮寄送达。经受送达人同意的，可以采用传真、电子邮件等能够确认其收悉的方式告知公告内容，并记录在案。

人民法院已经掌握境外犯罪嫌疑人、被告人、利害关系人联系方式，经受送达人同意的，可以采用传真、电子邮件等能够确认其收悉的方式告知公告内容，并记录在案；受送达人未表示同意，或者人民法院未掌握境外犯罪嫌疑人、被告人、利害关系人联系方式，其所在国、地区的主管机关明确提出应当向受送达人送达含有公告内容的通知的，人民法院可以决定是否送达。决定送达的，应当依照本解释第四百九十三条的规定请求所在国、地区提供司法协助。

第六百一十六条 刑事诉讼法第二百九十九条第二款、第三百条第二款规定的“其他利害关系人”，是指除犯罪嫌疑人、被告人的近亲属以外的，对申请没收的财产主张权利的自然人和单位。

第六百一十七条 犯罪嫌疑人、被告人的近亲属和其他利害关系人申请参加诉讼的，应当在公告期间内提出。犯罪嫌疑人、被告人的近亲属应当提供其与犯罪嫌疑人、被告人关系的证明材料，其他利害关系人应当提供证明其对违法所得及其他涉案财产主张权利的证据材料。

利害关系人可以委托诉讼代理人参加诉讼。委托律师担任诉讼代理人的，应当委托具有中华人民共和国律师资格并依法取得执业证书的律师；在境外委托的，应当依照本解释第四百八十六条的规定对授权委托进行公证、认证。

利害关系人在公告期满后申请参加诉讼，能够合理说明理由的，人民法院应当准许。

第六百一十八条 犯罪嫌疑人、被告人逃匿境外，委托诉讼代理人申请参加诉讼，且违法所得或者其他涉案财产所在国、地区主管机关明确提出意见予以支持的，人民法院可以准许。

人民法院准许参加诉讼的，犯罪嫌疑人、被告人的诉讼代理人依照本解释关于利害关系人的诉讼代理人的规定行使诉讼权利。

第六百一十九条 公告期满后，人民法院应当组成合议庭对申请没收违法所得的案件进行审理。

利害关系人申请参加或者委托诉讼代理人参加诉讼的，应当开庭审理。没有利害关系人申请参加诉讼的，或者利害关系人及其诉讼代理人无正当理由拒不到庭的，可以不开庭审理。

人民法院确定开庭日期后，应当将开庭的时间、地点通知人民检察院、利害关系人及其诉讼代理人、证人、鉴定人、翻译人员。通知书应当依照本解释第六百一十五条第二款、第三款规定的方式，至迟在开庭审理三日以前送达；受送达人在境外的，至迟在开庭审理三十日以前送达。

第六百二十条 开庭审理申请没收违法所得的案件，按照下列程序进行：

（一）审判长宣布法庭调查开始后，先由检察员宣读申请书，后由利害关系人、诉讼代理人发表意见；

（二）法庭应当依次就犯罪嫌疑人、被告人是否实施了贪污贿赂犯罪、恐怖活动犯罪等重大犯罪并已经通缉一年不能到案，或者是否已经死亡，以及申请没收的财产是否依法应当追缴进行调查；调查时，先由检察员出示证据，后由利害关系人、诉讼代理人出示证据，并进行质证；

（三）法庭辩论阶段，先由检察员发言，后由利害关系人、诉讼代理人发言，并进行辩论。

利害关系人接到通知后无正当理由拒不到庭，或者未经法庭许可中途退庭的，可以转为不开庭审理，但还有其他利害关系人参加诉讼的除外。

第六百二十一条 对申请没收违法所得的案件，人民法院审理后，应当按照下列情形分别处理：

（一）申请没收的财产属于违法所得及其他涉案财产的，除依法返还被害人的以外，应当裁定没收；

（二）不符合刑事诉讼法第二百九十八条第一款规定的条件的，应当裁定驳回申请，解除查封、扣押、冻结措施。

申请没收的财产具有高度可能属于违法所得及其他涉案财产的，应当认定为前款规定的“申请没收的财产属于违法所得及其他涉案财产”。巨额财产来源不明犯罪案件中，没有利害关系人对违法所得及其他涉案财产主张权利，或者利害关系人对违法所得及其他涉案财产虽然主张权利但提供的证据没有达到相应证明标准的,应当视为“申请没收的财产属于违法所得及其他涉案财产”。

第六百二十二条 对没收违法所得或者驳回申请的裁定,犯罪嫌疑人、被告人的近亲属和其他利害关系人或者人民检察院可以在五日以内提出上诉、抗诉。

第六百二十三条 对不服第一审没收违法所得或者驳回申请裁定的上诉、抗诉案件,第二审人民法院经审理,应当按照下列情形分别处理:

(一)第一审裁定认定事实清楚和适用法律正确的,应当驳回上诉或者抗诉,维持原裁定;

(二)第一审裁定认定事实清楚,但适用法律有错误的,应当改变原裁定;

(三)第一审裁定认定事实不清的,可以在查清事实后改变原裁定,也可以撤销原裁定,发回原审人民法院重新审判;

(四)第一审裁定违反法定诉讼程序,可能影响公正审判的,应当撤销原裁定,发回原审人民法院重新审判。

第一审人民法院对发回重新审判的案件作出裁定后,第二审人民法院对不服第一审人民法院裁定的上诉、抗诉,应当依法作出裁定,不得再发回原审人民法院重新审判;但是,第一审人民法院在重新审判过程中违反法定诉讼程序,可能影响公正审判的除外。

第六百二十四条 利害关系人非因故意或者重大过失在第一审期间未参加诉讼,在第二审期间申请参加诉讼的,人民法院应当准许,并撤销原裁定,发回原审人民法院重新审判。

第六百二十五条 在审理申请没收违法所得的案件过程中,在逃的犯罪嫌疑人、被告人到案的,人民法院应当裁定终止审理。人民检察院向原受理申请的人民法院提起公诉的,可以由同一审判组织审理。

第六百二十六条 在审理案件过程中,被告人脱逃或者死亡,符合刑事诉讼法第二百九十八条第一款规定的,人民检察院可以向人民法院提出没收违法所得的申请;符合刑事诉讼法第二百九十一条第一款规定的,人民检察院可以按照缺席审判程序向人民法院提起公诉。

人民检察院向原受理案件的人民法院提出没收违法所得申请的,可以由同一审判组织审理。

第六百二十七条 审理申请没收违法所得案件的期限,参照公诉案件第一审普通程序和第二审程序的审理期限执行。

公告期间和请求刑事司法协助的时间不计入审理期限。

第六百二十八条 没收违法所得裁定生效后,犯罪嫌疑人、被告人到案并对没收裁定提出异议,人民检察院向原作出裁定的人民法院提起公诉的,可以由同一审判组织审理。

人民法院经审理,应当按照下列情形分别处理:

(一)原裁定正确的,予以维持,不再对涉案财产作出判决;

(二)原裁定确有错误的,应当撤销原裁定,并在判决中对有关涉案财产一并作出处理。

人民法院生效的没收裁定确有错误的,除第一款规定的情形外,应当依照审判监督程序予以纠正。

第六百二十九条 人民法院审理申请没收违法所得的案件,本章没有规定的,参照适用本解释的有关规定。

第二十六章 依法不负刑事责任的精神病人的强制医疗程序

第六百三十条 实施暴力行为,危害公共安全或者严重危害公民人身安全,社会危害性已经达到犯罪程度,但经法定程序鉴定依法不负刑事责任的精神病人,有继续危害社会可能的,可以予以强制医疗。

第六百三十一条 人民检察院申请对依法不负刑事责任的精神病人强制医疗的案件,由被申请人实施暴力行为所在地的基层人民法院管辖;由被申请人居住地的人民法院审判更为适宜的,可以由被申请人居住地的基层人民法院管辖。

第六百三十二条 对人民检察院提出的强制医疗申请，人民法院应当审查以下内容：

（一）是否属于本院管辖；

（二）是否写明被申请人的身份，实施暴力行为的时间、地点、手段、所造成的损害等情况，并附证据材料；

（三）是否附有法医精神病鉴定意见和其他证明被申请人属于依法不负刑事责任的精神病人的证据材料；

（四）是否列明被申请人的法定代理人的姓名、住址、联系方式；

（五）需要审查的其他事项。

第六百三十三条 对人民检察院提出的强制医疗申请，人民法院应当在七日以内审查完毕，并按照下列情形分别处理：

（一）属于强制医疗程序受案范围和本院管辖，且材料齐全的，应当受理；

（二）不属于本院管辖的，应当退回人民检察院；

（三）材料不全的，应当通知人民检察院在三日以内补送；三日以内不能补送的，应当退回人民检察院。

第六百三十四条 审理强制医疗案件，应当通知被申请人或者被告人的法定代理人到场；被申请人或者被告人的法定代理人经通知未到场的，可以通知被申请人或者被告人的其他近亲属到场。

被申请人或者被告人没有委托诉讼代理人的，应当自受理强制医疗申请或者发现被告人符合强制医疗条件之日起三日以内，通知法律援助机构指派律师担任其诉讼代理人，为其提供法律帮助。

第六百三十五条 审理强制医疗案件，应当组成合议庭，开庭审理。但是，被申请人、被告人的法定代理人请求不开庭审理，并经人民法院审查同意的除外。

审理强制医疗案件，应当会见被申请人，听取被害人及其法定代理人的意见。

第六百三十六条 开庭审理申请强制医疗的案件，按照下列程序进行：

（一）审判长宣布法庭调查开始后，先由检察员宣读申请书，后由被申请人的法定代理人、诉讼代理人发表意见；

（二）法庭依次就被申请人是否实施了危害公共安全或者严重危害公民人身安全的暴力行为、是否属于依法不负刑事责任的精神病人、是否有继续危害社会的可能进行调查；调查时，先由检察员出示证据，后由被申请人的法定代理人、诉讼代理人出示证据，并进行质证；必要时，可以通知鉴定人出庭对鉴定意见作出说明；

（三）法庭辩论阶段，先由检察员发言，后由被申请人的法定代理人、诉讼代理人发言，并进行辩论。

被申请人要求出庭，人民法院经审查其身体和精神状态，认为可以出庭的，应当准许。出庭的被申请人，在法庭调查、辩论阶段，可以发表意见。

检察员宣读申请书后，被申请人的法定代理人、诉讼代理人无异议的，法庭调查可以简化。

第六百三十七条 对申请强制医疗的案件，人民法院审理后，应当按照下列情形分别处理：

（一）符合刑事诉讼法第三百零二条规定的强制医疗条件的，应当作出对被申请人强制医疗的决定；

（二）被申请人属于依法不负刑事责任的精神病人，但不符合强制医疗条件的，应当作出驳回强制医疗申请的决定；被申请人已经造成危害结果的，应当同时责令其家属或者监护人严加看管和医疗；

（三）被申请人具有完全或者部分刑事责任能力，依法应当追究刑事责任的，应当作出驳回强制医疗申请的决定，并退回人民检察院依法处理。

第六百三十八条 第一审人民法院在审理刑事案件过程中，发现被告人可能符合强制医疗条件的，应当依照法定程序对被告人进行法医精神病鉴定。经鉴定，被告人属于依法不负刑事责任的精神病人的，应当适用强制医疗程序，对案件进行审理。

开庭审理前款规定的案件，应当先由合议庭组成人员宣读对被告人的法医精神病鉴定意见，说明被告人可能符合强制医疗的条件，后依次由公诉人和被告人的法定代理人、诉讼代理人发表意见。经审判长许可，公诉人和被告人的法定代理人、诉讼代理人可以进行辩论。

第六百三十九条 对前条规定的案件，人民法院审理后，应当按照下列情形分别处理：

（一）被告人符合强制医疗条件的，应当判决宣告被告人不负刑事责任，同时作出对被告人强制医疗的决定；

（二）被告人属于依法不负刑事责任的精神病人，但不符合强制医疗条件的，应当判决宣告被告人无罪或者不负刑事责任；被告人已经造成危害结果的，应当同时责令其家属或者监护人严加看管和医疗；

（三）被告人具有完全或者部分刑事责任能力，依法应当追究刑事责任的，应当依照普通程序继续审理。

第六百四十条 第二审人民法院在审理刑事案件过程中，发现被告人可能符合强制医疗条件的，可以依照强制医疗程序对案件作出处理，也可以裁定发回原审人民法院重新审判。

第六百四十一条 人民法院决定强制医疗的，应当在作出决定后五日以内，向公安机关送达强制医疗决定书和强制医疗执行通知书，由公安机关将被决定强制医疗的人送交强制医疗。

第六百四十二条 被决定强制医疗的人、被害人及其法定代理人、近亲属对强制医疗决定不服的，可以自收到决定书第二日起五日以内向上一级人民法院申请复议。复议期间不停止执行强制医疗的决定。

第六百四十三条 对不服强制医疗决定的复议申请，上一级人民法院应当组成合议庭审理，并在一个月以内，按照下列情形分别作出复议决定：

（一）被决定强制医疗的人符合强制医疗条件的，应当驳回复议申请，维持原决定；

（二）被决定强制医疗的人不符合强制医疗条件的，应当撤销原决定；

（三）原审违反法定诉讼程序，可能影响公正审判的，应当撤销原决定，发回原审人民法院重新审判。

第六百四十四条 对本解释第六百三十九条第一项规定的判决、决定，人民检察院提出抗诉，同时被决定强制医疗的人、被害人及其法定代理人、近亲属申请复议的，上一级人民法院应当依照第二审程序一并处理。

第六百四十五条 被强制医疗的人及其近亲属申请解除强制医疗的，应当向决定强制医疗的人民法院提出。

被强制医疗的人及其近亲属提出的解除强制医疗申请被人民法院驳回，六个月后再次提出申请的，人民法院应当受理。

第六百四十六条 强制医疗机构提出解除强制医疗意见，或者被强制医疗的人及其近亲属申请解除强制医疗的，人民法院应当审查是否附有对被强制医疗的人的诊断评估报告。

强制医疗机构提出解除强制医疗意见，未附诊断评估报告的，人民法院应当要求其提供。

被强制医疗的人及其近亲属向人民法院申请解除强制医疗，强制医疗机构未提供诊断评估报告的，申请人可以申请人民法院调取。必要时，人民法院可以委托鉴定机构对被强制医疗的人进行鉴定。

第六百四十七条 强制医疗机构提出解除强制医疗意见，或者被强制医疗的人及其近亲属申请解除强制医疗的，人民法院应当组成合议庭进行审查，并在一个月以内，按照下列情形分别处理：

（一）被强制医疗的人已不具有人身危险性，不需要继续强制医疗的，应当作出解除强制医疗的决定，并可责令被强制医疗的人的家属严加看管和医疗；

（二）被强制医疗的人仍具有人身危险性，需要继续强制医疗的，应当作出继续强制医疗的决定。

对前款规定的案件,必要时,人民法院可以开庭审理,通知人民检察院派员出庭。

人民法院应当在作出决定后五日以内,将决定书送达强制医疗机构、申请解除强制医疗的人、被决定强制医疗的人和人民检察院。决定解除强制医疗的,应当通知强制医疗机构在收到决定书的当日解除强制医疗。

第六百四十八条 人民检察院认为强制医疗决定或者解除强制医疗决定不当,在收到决定书后二十日以内提出书面纠正意见的,人民法院应当另行组成合议庭审理,并在一个月以内作出决定。

第六百四十九条 审理强制医疗案件,本章没有规定的,参照适用本解释的有关规定。

第二十七章 附　　则

第六百五十条 人民法院讯问被告人,宣告判决,审理减刑、假释案件等,可以根据情况采取视频方式。

第六百五十一条 向人民法院提出自诉、上诉、申诉、申请等的,应当以书面形式提出。书写有困难的,除另有规定的以外,可以口头提出,由人民法院工作人员制作笔录或者记录在案,并向口述人宣读或者交其阅读。

第六百五十二条 诉讼期间制作、形成的工作记录、告知笔录等材料,应当由制作人员和其他有关人员签名、盖章。宣告或者送达裁判文书、通知书等诉讼文书的,应当由接受宣告或者送达的人在诉讼文书、送达回证上签名、盖章。

诉讼参与人未签名、盖章的,应当捺指印;刑事被告人除签名、盖章外,还应当捺指印。

当事人拒绝签名、盖章、捺指印的,办案人员应当在诉讼文书或者笔录材料中注明情况,有见证人见证或者有录音录像证明的,不影响相关诉讼文书或者笔录材料的效力。

第六百五十三条 本解释的有关规定适用于军事法院等专门人民法院。

第六百五十四条 本解释有关公安机关的规定,依照刑事诉讼法的有关规定,适用于国家安全机关、军队保卫部门、中国海警局和监狱。

第六百五十五条 本解释自2021年3月1日起施行。最高人民法院2012年12月20日发布的《关于适用〈中华人民共和国刑事诉讼法〉的解释》(法释〔2012〕21号)同时废止。最高人民法院以前发布的司法解释和规范性文件,与本解释不一致的,以本解释为准。

人民检察院刑事诉讼规则

(2019年12月2日最高人民检察院第十三届检察委员会第二十八次会议通过　2019年12月30日公布　高检发释字〔2019〕4号　自2019年12月30日起施行)

第一章 通　　则

第一条 为保证人民检察院在刑事诉讼中严格依照法定程序办案,正确履行职权,实现惩罚犯罪与保障人权的统一,根据《中华人民共和国刑事诉讼法》《中华人民共和国人民检察院组织法》和有关法律规定,结合人民检察院工作实际,制定本规则。

第二条 人民检察院在刑事诉讼中的任务,是立案侦查直接受理的案件、审查逮捕、审查起诉和提起公诉、对刑事诉讼实行法律监督,保证准确、及时查明犯罪事实,正确应用法律,惩罚犯罪分子,保障无罪的人不受刑事追究,保障刑事法律的统一正确实施,维护社会主义法制,尊重和保障人权,保护公民的人身权利、财产权利、民主权利和其他权利,保障社会主义建设事业的顺利进行。

第三条 人民检察院办理刑事案件,应当严格遵守《中华人民共和国刑事诉讼法》以及其他法律的有关规定,秉持客观公正的立场,尊重和保障人权，既要追诉犯罪，也要保障无罪的人不受刑事追究。

第四条 人民检察院办理刑事案件，由检察官、检察长、检察委员会在各自职权范围内对办案事项作出决定，并依照规定承担相应司法责任。

检察官在检察长领导下开展工作。重大办案事项，由检察长决定。检察长可以根据案件情况，提交检察委员会讨论决定。其他办案事项，检察长可以自行决定，也可以委托检察官决定。

本规则对应当由检察长或者检察委员会决定的重大办案事项有明确规定的，依照本规则的规定。本规则没有明确规定的，省级人民检察院可以制定有关规定，报最高人民检察院批准。

以人民检察院名义制发的法律文书，由检察长签发；属于检察官职权范围内决定事项的，检察长可以授权检察官签发。

重大、疑难、复杂或者有社会影响的案件，应当向检察长报告。

第五条 人民检察院办理刑事案件，根据案件情况，可以由一名检察官独任办理，也可以由两名以上检察官组成办案组办理。由检察官办案组办理的，检察长应当指定一名检察官担任主办检察官，组织、指挥办案组办理案件。

检察官办理案件，可以根据需要配备检察官助理、书记员、司法警察、检察技术人员等检察辅助人员。检察辅助人员依照法律规定承担相应的检察辅助事务。

第六条 人民检察院根据检察工作需要设置业务机构，在刑事诉讼中按照分工履行职责。

业务机构负责人对本部门的办案活动进行监督管理。需要报请检察长决定的事项和需要向检察长报告的案件，应当先由业务机构负责人审核。业务机构负责人可以主持召开检察官联席会议进行讨论，也可以直接报请检察长决定或者向检察长报告。

第七条 检察长不同意检察官处理意见的，可以要求检察官复核，也可以直接作出决定，或者提请检察委员会讨论决定。

检察官执行检察长决定时，认为决定错误的，应当书面提出意见。检察长不改变原决定的，检察官应当执行。

第八条 对同一刑事案件的审查逮捕、审查起诉、出庭支持公诉和立案监督、侦查监督、审判监督等工作，由同一检察官或者检察官办案组负责，但是审查逮捕、审查起诉由不同人民检察院管辖，或者依照法律、有关规定应当另行指派检察官或者检察官办案组办理的除外。

人民检察院履行审查逮捕和审查起诉职责的办案部门，本规则中统称为负责捕诉的部门。

第九条 最高人民检察院领导地方各级人民检察院和专门人民检察院的工作，上级人民检察院领导下级人民检察院的工作。检察长统一领导人民检察院的工作。

上级人民检察院可以依法统一调用辖区的检察人员办理案件，调用的决定应当以书面形式作出。被调用的检察官可以代表办理案件的人民检察院履行出庭支持公诉等各项检察职责。

第十条 上级人民检察院对下级人民检察院作出的决定，有权予以撤销或者变更；发现下级人民检察院办理的案件有错误的，有权指令下级人民检察院予以纠正。

下级人民检察院对上级人民检察院的决定应当执行。如果认为有错误的，应当在执行的同时向上级人民检察院报告。

第十一条 犯罪嫌疑人、被告人自愿如实供述自己的罪行，承认指控的犯罪事实，愿意接受处罚的，可以依法从宽处理。

认罪认罚从宽制度适用于所有刑事案件。人民检察院办理刑事案件的各个诉讼环节，都应当做好认罪认罚的相关工作。

第十二条 人民检察院办理刑事案件的活动依照规定接受人民监督员监督。

第二章 管　　辖

第十三条 人民检察院在对诉讼活动实行法律监督中发现的司法工作人员利用职权实施

的非法拘禁、刑讯逼供、非法搜查等侵犯公民权利、损害司法公正的犯罪，可以由人民检察院立案侦查。

对于公安机关管辖的国家机关工作人员利用职权实施的重大犯罪案件，需要由人民检察院直接受理的，经省级以上人民检察院决定，可以由人民检察院立案侦查。

第十四条 人民检察院办理直接受理侦查的案件，由设区的市级人民检察院立案侦查。基层人民检察院发现犯罪线索的，应当报设区的市级人民检察院决定立案侦查。

设区的市级人民检察院根据案件情况也可以将案件交由基层人民检察院立案侦查，或者要求基层人民检察院协助侦查。对于刑事执行派出检察院辖区内与刑事执行活动有关的犯罪线索，可以交由刑事执行派出检察院立案侦查。

最高人民检察院、省级人民检察院发现犯罪线索的，可以自行立案侦查，也可以将犯罪线索交由指定的省级人民检察院或者设区的市级人民检察院立案侦查。

第十五条 对本规则第十三条第二款规定的案件，人民检察院需要直接立案侦查的，应当层报省级人民检察院决定。

报请省级人民检察院决定立案侦查的案件，应当制作提请批准直接受理书，写明案件情况以及需要由人民检察院立案侦查的理由，并附有关材料。

省级人民检察院应当在收到提请批准直接受理书后十日以内作出是否立案侦查的决定。省级人民检察院可以决定由设区的市级人民检察院立案侦查，也可以自行立案侦查。

第十六条 上级人民检察院在必要的时候，可以直接立案侦查或者组织、指挥、参与侦查下级人民检察院管辖的案件。下级人民检察院认为案情重大、复杂，需要由上级人民检察院立案侦查的案件，可以请求移送上级人民检察院立案侦查。

第十七条 人民检察院办理直接受理侦查的案件，发现犯罪嫌疑人同时涉嫌监察机关管辖的职务犯罪线索的，应当及时与同级监察机关沟通。

经沟通，认为全案由监察机关管辖更为适宜的，人民检察院应当将案件和相应职务犯罪线索一并移送监察机关；认为由监察机关和人民检察院分别管辖更为适宜的，人民检察院应当将监察机关管辖的相应职务犯罪线索移送监察机关，对依法由人民检察院管辖的犯罪案件继续侦查。

人民检察院应当及时将沟通情况报告上一级人民检察院。沟通期间不得停止对案件的侦查。

第十八条 人民检察院办理直接受理侦查的案件涉及公安机关管辖的刑事案件，应当将属于公安机关管辖的刑事案件移送公安机关。如果涉嫌的主罪属于公安机关管辖，由公安机关为主侦查，人民检察院予以配合；如果涉嫌的主罪属于人民检察院管辖，由人民检察院为主侦查，公安机关予以配合。

对于一人犯数罪、共同犯罪、共同犯罪的犯罪嫌疑人还实施其他犯罪、多个犯罪嫌疑人实施的犯罪存在关联，并案处理有利于查明案件事实和诉讼进行的，人民检察院可以在职责范围内对相关犯罪案件并案处理。

第十九条 本规则第十三条规定的案件，由犯罪嫌疑人工作单位所在地的人民检察院管辖。如果由其他人民检察院管辖更为适宜的，可以由其他人民检察院管辖。

第二十条 对管辖不明确的案件，可以由有关人民检察院协商确定管辖。

第二十一条 几个人民检察院都有权管辖的案件，由最初受理的人民检察院管辖。必要时，可以由主要犯罪地的人民检察院管辖。

第二十二条 对于下列案件，上级人民检察院可以指定管辖：

（一）管辖有争议的案件；

（二）需要改变管辖的案件；

（三）需要集中管辖的特定类型的案件；

（四）其他需要指定管辖的案件。

对前款案件的审查起诉指定管辖的，人民检察院应当与相应的人民法院协商一致。对前款第三项案件的审查逮捕指定管辖的,人民检察院应当与相应的公安机关协商一致。

第二十三条 军事检察院等专门人民检察院的管辖以及军队与地方互涉刑事案件的管辖,按照有关规定执行。

第三章 回 避

第二十四条 检察人员在受理举报和办理案件过程中,发现有刑事诉讼法第二十九条或者第三十条规定的情形之一的,应当自行提出回避;没有自行提出回避的,人民检察院应当决定其回避,当事人及其法定代理人有权要求其回避。

第二十五条 检察人员自行回避的,应当书面或者口头提出,并说明理由。口头提出的,应当记录在案。

第二十六条 人民检察院应当告知当事人及其法定代理人有依法申请回避的权利,并告知办理相关案件的检察人员、书记员等人员的姓名、职务等有关情况。

第二十七条 当事人及其法定代理人要求检察人员回避的,应当书面或者口头向人民检察院提出,并说明理由。口头提出的,应当记录在案。根据刑事诉讼法第三十条的规定要求检察人员回避的,应当提供有关证明材料。

人民检察院经过审查或者调查,认为检察人员符合回避条件的,应当作出回避决定;不符合回避条件的,应当驳回申请。

第二十八条 在开庭审理过程中,当事人及其法定代理人向法庭申请出庭的检察人员回避的,在收到人民法院通知后,人民检察院应当作出回避或者驳回申请的决定。不属于刑事诉讼法第二十九条、第三十条规定情形的回避申请,出席法庭的检察人员应当建议法庭当庭驳回。

第二十九条 检察长的回避,由检察委员会讨论决定。检察委员会讨论检察长回避问题时,由副检察长主持,检察长不得参加。

其他检察人员的回避,由检察长决定。

第三十条 当事人及其法定代理人要求公安机关负责人回避,向同级人民检察院提出,或者向公安机关提出后,公安机关移送同级人民检察院的,由检察长提交检察委员会讨论决定。

第三十一条 检察长应当回避,本人没有自行回避,当事人及其法定代理人也没有申请其回避的,检察委员会应当决定其回避。

其他检察人员有前款规定情形的,检察长应当决定其回避。

第三十二条 人民检察院作出驳回申请回避的决定后,应当告知当事人及其法定代理人如不服本决定,有权在收到驳回申请回避的决定书后五日以内向原决定机关申请复议一次。

第三十三条 当事人及其法定代理人对驳回申请回避的决定不服申请复议的,决定机关应当在三日以内作出复议决定并书面通知申请人。

第三十四条 对人民检察院直接受理的案件进行侦查的人员或者进行补充侦查的人员在回避决定作出以前和复议期间,不得停止对案件的侦查。

第三十五条 参加过同一案件侦查的人员,不得承办该案的审查逮捕、审查起诉、出庭支持公诉和诉讼监督工作,但在审查起诉阶段参加自行补充侦查的人员除外。

第三十六条 被决定回避的检察长在回避决定作出以前所取得的证据和进行的诉讼行为是否有效,由检察委员会根据案件具体情况决定。

被决定回避的其他检察人员在回避决定作出以前所取得的证据和进行的诉讼行为是否有效,由检察长根据案件具体情况决定。

被决定回避的公安机关负责人在回避决定作出以前所进行的诉讼行为是否有效,由作出决定的人民检察院检察委员会根据案件具体情况决定。

第三十七条 本规则关于回避的规定,适用于书记员、司法警察和人民检察院聘请或者指派的翻译人员、鉴定人。

书记员、司法警察和人民检察院聘请或者指派的翻译人员、鉴定人的回避由检察长决定。

辩护人、诉讼代理人可以依照刑事诉讼法及本规则关于回避的规定要求回避、申请复议。

第四章 辩护与代理

第三十八条 人民检察院在办案过程中，应当依法保障犯罪嫌疑人行使辩护权利。

第三十九条 辩护人、诉讼代理人向人民检察院提出有关申请、要求或者提交有关书面材料的，负责案件管理的部门应当接收并及时移送办案部门或者与办案部门联系，具体业务由办案部门负责办理，本规则另有规定的除外。

第四十条 人民检察院负责侦查的部门在第一次讯问犯罪嫌疑人或者对其采取强制措施时，应当告知犯罪嫌疑人有权委托辩护人，并告知其如果因经济困难或者其他原因没有委托辩护人的，可以申请法律援助。属于刑事诉讼法第三十五条规定情形的，应当告知犯罪嫌疑人有权获得法律援助。

人民检察院自收到移送起诉案卷材料之日起三日以内，应当告知犯罪嫌疑人有权委托辩护人，并告知其如果因经济困难或者其他原因没有委托辩护人的，可以申请法律援助。属于刑事诉讼法第三十五条规定情形的，应当告知犯罪嫌疑人有权获得法律援助。

当面口头告知的，应当记入笔录，由被告知人签名；电话告知的，应当记录在案；书面告知的，应当将送达回执入卷。

第四十一条 在押或者被指定居所监视居住的犯罪嫌疑人向人民检察院提出委托辩护人要求的，人民检察院应当及时向其监护人、近亲属或者其指定的人员转达要求，并记录在案。

第四十二条 人民检察院办理直接受理侦查案件和审查起诉案件，发现犯罪嫌疑人是盲、聋、哑人或者是尚未完全丧失辨认或者控制自己行为能力的精神病人，或者可能被判处无期徒刑、死刑，没有委托辩护人的，应当自发现之日起三日以内书面通知法律援助机构指派律师为其提供辩护。

第四十三条 人民检察院收到在押或者被指定居所监视居住的犯罪嫌疑人提出的法律援助申请，应当在二十四小时以内将申请材料转交法律援助机构，并通知犯罪嫌疑人的监护人、近亲属或者其委托的其他人员协助提供有关证件、证明等材料。

第四十四条 属于应当提供法律援助的情形，犯罪嫌疑人拒绝法律援助机构指派的律师作为辩护人的，人民检察院应当查明拒绝的原因。有正当理由的，予以准许，但犯罪嫌疑人需另行委托辩护人；犯罪嫌疑人未另行委托辩护人的，应当书面通知法律援助机构另行指派律师为其提供辩护。

第四十五条 辩护人接受委托后告知人民检察院，或者法律援助机构指派律师后通知人民检察院的，人民检察院负责案件管理的部门应当及时登记辩护人的相关信息，并将有关情况和材料及时通知、移交办案部门。

负责案件管理的部门对办理业务的辩护律师，应当查验其律师执业证书、律师事务所证明和授权委托书或者法律援助公函。对其他辩护人、诉讼代理人，应当查验其身份证明和授权委托书。

第四十六条 人民检察院负责案件管理的部门应当依照法律规定对辩护人、诉讼代理人的资格进行审查，办案部门应当予以协助。

第四十七条 自人民检察院对案件审查起诉之日起，应当允许辩护律师查阅、摘抄、复制本案的案卷材料。案卷材料包括案件的诉讼文书和证据材料。

人民检察院直接受理侦查案件移送起诉，审查起诉案件退回补充侦查、改变管辖、提起公诉的，应当及时告知辩护律师。

第四十八条 自人民检察院对案件审查起诉之日起，律师以外的辩护人向人民检察院申请查阅、摘抄、复制本案的案卷材料或者申请同在押、被监视居住的犯罪嫌疑人会见和通信的，由人民检察院负责捕诉的部门进行审查并作出是否许可的决定，在三日以内书面通知申请人。

人民检察院许可律师以外的辩护人同在押或者被监视居住的犯罪嫌疑人通信的，可以要求看守所或者公安机关将书信送交人民检察院进行检查。

律师以外的辩护人申请查阅、摘抄、复制案卷材料或者申请同在押、被监视居住的犯罪嫌疑人会见和通信，具有下列情形之一的，人民检察院可以不予许可：

（一）同案犯罪嫌疑人在逃的；

（二）案件事实不清，证据不足，或者遗漏罪行、遗漏同案犯罪嫌疑人需要补充侦查的；

（三）涉及国家秘密或者商业秘密的；

（四）有事实表明存在串供、毁灭、伪造证据或者危害证人人身安全可能的。

第四十九条 辩护律师或者经过许可的其他辩护人到人民检察院查阅、摘抄、复制本案的案卷材料，由负责案件管理的部门及时安排，由办案部门提供案卷材料。因办案部门工作等原因无法及时安排的，应当向辩护人说明，并自即日起三个工作日以内安排辩护人阅卷，办案部门应当予以配合。

人民检察院应当为辩护人查阅、摘抄、复制案卷材料设置专门的场所或者电子卷宗阅卷终端设备。必要时，人民检察院可以派员在场协助。

辩护人复制案卷材料可以采取复印、拍照、扫描、刻录等方式，人民检察院不收取费用。

第五十条 案件提请批准逮捕或者移送起诉后，辩护人认为公安机关在侦查期间收集的证明犯罪嫌疑人无罪或者罪轻的证据材料未提交，申请人民检察院向公安机关调取的，人民检察院负责捕诉的部门应当及时审查。经审查，认为辩护人申请调取的证据已收集并且与案件事实有联系的，应当予以调取；认为辩护人申请调取的证据未收集或者与案件事实没有联系的，应当决定不予调取并向辩护人说明理由。公安机关移送相关证据材料的，人民检察院应当在三日以内告知辩护人。

人民检察院办理直接受理侦查的案件，适用前款规定。

第五十一条 在人民检察院侦查、审查逮捕、审查起诉过程中，辩护人收集的有关犯罪嫌疑人不在犯罪现场、未达到刑事责任年龄、属于依法不负刑事责任的精神病人的证据，告知人民检察院的，人民检察院应当及时审查。

第五十二条 案件移送起诉后，辩护律师依据刑事诉讼法第四十三条第一款的规定申请人民检察院收集、调取证据的，人民检察院负责捕诉的部门应当及时审查。经审查，认为需要收集、调取证据的，应当决定收集、调取并制作笔录附卷；决定不予收集、调取的，应当书面说明理由。

人民检察院根据辩护律师的申请收集、调取证据时，辩护律师可以在场。

第五十三条 辩护律师申请人民检察院许可其向被害人或者其近亲属、被害人提供的证人收集与本案有关材料的，人民检察院负责捕诉的部门应当及时进行审查。人民检察院应当在五日以内作出是否许可的决定，通知辩护律师；不予许可的，应当书面说明理由。

第五十四条 在人民检察院侦查、审查逮捕、审查起诉过程中，辩护人要求听取其意见的，办案部门应当及时安排。辩护人提出书面意见的，办案部门应当接收并登记。

听取辩护人意见应当制作笔录或者记录在案，辩护人提出的书面意见应当附卷。

辩护人提交案件相关材料的，办案部门应当将辩护人提交材料的目的、来源及内容等情况记录在案，一并附卷。

第五十五条 人民检察院自收到移送起诉案卷材料之日起三日以内，应当告知被害人及其法定代理人或者其近亲属、附带民事诉讼的当事人及其法定代理人有权委托诉讼代理人。被害人及其法定代理人、近亲属因经济困难没有委托诉讼代理人的，应当告知其可以申请法律援助。

当面口头告知的，应当记入笔录，由被告知人签名；电话告知的，应当记录在案；书面告知的，应当将送达回执入卷。被害人众多或者不确定，无法以上述方式逐一告知的，可以公告告知。无法告知的，应当记录在案。

被害人有法定代理人的，应当告知其法定代理人；没有法定代理人的，应当告知其近亲属。

法定代理人或者近亲属为二人以上的,可以告知其中一人。告知时应当按照刑事诉讼法第一百零八条第三项、第六项列举的顺序择先进行。

当事人及其法定代理人、近亲属委托诉讼代理人的,参照刑事诉讼法第三十三条等法律规定执行。

第五十六条 经人民检察院许可,诉讼代理人查阅、摘抄、复制本案案卷材料的,参照本规则第四十九条的规定办理。

律师担任诉讼代理人,需要申请人民检察院收集、调取证据的,参照本规则第五十二条的规定办理。

第五十七条 辩护人、诉讼代理人认为公安机关、人民检察院、人民法院及其工作人员具有下列阻碍其依法行使诉讼权利行为之一,向同级或者上一级人民检察院申诉或者控告的,人民检察院负责控告申诉检察的部门应当接受并依法办理,其他办案部门应当予以配合:

(一)违反规定,对辩护人、诉讼代理人提出的回避要求不予受理或者对不予回避决定不服的复议申请不予受理的;

(二)未依法告知犯罪嫌疑人、被告人有权委托辩护人的;

(三)未转达在押或者被监视居住的犯罪嫌疑人、被告人委托辩护人的要求或者未转交其申请法律援助材料的;

(四)应当通知而不通知法律援助机构为符合条件的犯罪嫌疑人、被告人或者被申请强制医疗的人指派律师提供辩护或者法律援助的;

(五)在规定时间内不受理、不答复辩护人提出的变更强制措施申请或者解除强制措施要求的;

(六)未依法告知辩护律师犯罪嫌疑人涉嫌的罪名和案件有关情况的;

(七)违法限制辩护律师同在押、被监视居住的犯罪嫌疑人、被告人会见和通信的;

(八)违法不允许辩护律师查阅、摘抄、复制本案的案卷材料的;

(九)违法限制辩护律师收集、核实有关证据材料的;

(十)没有正当理由不同意辩护律师收集、调取证据或者通知证人出庭作证的申请,或者不答复、不说明理由的;

(十一)未依法提交证明犯罪嫌疑人、被告人无罪或者罪轻的证据材料的;

(十二)未依法听取辩护人、诉讼代理人意见的;

(十三)未依法将开庭的时间、地点及时通知辩护人、诉讼代理人的;

(十四)未依法向辩护人、诉讼代理人及时送达本案的法律文书或者及时告知案件移送情况的;

(十五)阻碍辩护人、诉讼代理人在法庭审理过程中依法行使诉讼权利的;

(十六)其他阻碍辩护人、诉讼代理人依法行使诉讼权利的。

对于直接向上一级人民检察院申诉或者控告的,上一级人民检察院可以交下级人民检察院办理,也可以直接办理。

辩护人、诉讼代理人认为看守所及其工作人员有阻碍其依法行使诉讼权利的行为,向人民检察院申诉或者控告的,由负责刑事执行检察的部门接受并依法办理;其他办案部门收到申诉或者控告的,应当及时移送负责刑事执行检察的部门。

第五十八条 辩护人、诉讼代理人认为其依法行使诉讼权利受到阻碍向人民检察院申诉或者控告的,人民检察院应当及时受理并调查核实,在十日以内办结并书面答复。情况属实的,通知有关机关或者本院有关部门、下级人民检察院予以纠正。

第五十九条 辩护律师告知人民检察院其委托人或者其他人员准备实施、正在实施危害国家安全、危害公共安全以及严重危及他人人身安全犯罪的,人民检察院应当接受并立即移送有关机关依法处理。

人民检察院应当为反映情况的辩护律师

保密。

第六十条 人民检察院发现辩护人有帮助犯罪嫌疑人、被告人隐匿、毁灭、伪造证据、串供，或者威胁、引诱证人作伪证以及其他干扰司法机关诉讼活动的行为，可能涉嫌犯罪的，应当将涉嫌犯罪的线索或者证据材料移送有管辖权的机关依法处理。

人民检察院发现辩护律师在刑事诉讼中违反法律、法规或者执业纪律的，应当及时向其所在的律师事务所、所属的律师协会以及司法行政机关通报。

第五章 证 据

第六十一条 人民检察院认定案件事实，应当以证据为根据。

公诉案件中被告人有罪的举证责任由人民检察院承担。人民检察院在提起公诉指控犯罪时，应当提出确实、充分的证据，并运用证据加以证明。

人民检察院提起公诉，应当秉持客观公正立场，对被告人有罪、罪重、罪轻的证据都应当向人民法院提出。

第六十二条 证据的审查认定，应当结合案件的具体情况，从证据与待证事实的关联程度、各证据之间的联系、是否依照法定程序收集等方面进行综合审查判断。

第六十三条 人民检察院侦查终结或者提起公诉的案件，证据应当确实、充分。证据确实、充分，应当符合以下条件：

（一）定罪量刑的事实都有证据证明；

（二）据以定案的证据均经法定程序查证属实；

（三）综合全案证据，对所认定事实已排除合理怀疑。

第六十四条 行政机关在行政执法和查办案件过程中收集的物证、书证、视听资料、电子数据等证据材料，经人民检察院审查符合法定要求的，可以作为证据使用。

行政机关在行政执法和查办案件过程中收集的鉴定意见、勘验、检查笔录，经人民检察院审查符合法定要求的，可以作为证据使用。

第六十五条 监察机关依照法律规定收集的物证、书证、证人证言、被调查人供述和辩解、视听资料、电子数据等证据材料，在刑事诉讼中可以作为证据使用。

第六十六条 对采用刑讯逼供等非法方法收集的犯罪嫌疑人供述和采用暴力、威胁等非法方法收集的证人证言、被害人陈述，应当依法排除，不得作为移送审查逮捕、批准或者决定逮捕、移送起诉以及提起公诉的依据。

第六十七条 对采用下列方法收集的犯罪嫌疑人供述，应当予以排除：

（一）采用殴打、违法使用戒具等暴力方法或者变相肉刑的恶劣手段，使犯罪嫌疑人遭受难以忍受的痛苦而违背意愿作出的供述；

（二）采用以暴力或者严重损害本人及其近亲属合法权益等进行威胁的方法，使犯罪嫌疑人遭受难以忍受的痛苦而违背意愿作出的供述；

（三）采用非法拘禁等非法限制人身自由的方法收集的供述。

第六十八条 对采用刑讯逼供方法使犯罪嫌疑人作出供述，之后犯罪嫌疑人受该刑讯逼供行为影响而作出的与该供述相同的重复性供述，应当一并排除，但下列情形除外：

（一）侦查期间，根据控告、举报或者自己发现等，公安机关确认或者不能排除以非法方法收集证据而更换侦查人员，其他侦查人员再次讯问时告知诉讼权利和认罪认罚的法律规定，犯罪嫌疑人自愿供述的；

（二）审查逮捕、审查起诉期间，检察人员讯问时告知诉讼权利和认罪认罚的法律规定，犯罪嫌疑人自愿供述的。

第六十九条 采用暴力、威胁以及非法限制人身自由等非法方法收集的证人证言、被害人陈述，应当予以排除。

第七十条 收集物证、书证不符合法定程序，可能严重影响司法公正的，人民检察院应当及时要求公安机关补正或者作出书面解释；不能补正或者无法作出合理解释的，对该证据应当予以排除。

对公安机关的补正或者解释，人民检察院应当予以审查。经补正或者作出合理解释的，可以作为批准或者决定逮捕、提起公诉的依据。

第七十一条 对重大案件，人民检察院驻看守所检察人员在侦查终结前应当对讯问合法性进行核查并全程同步录音、录像，核查情况应当及时通知本院负责捕诉的部门。

负责捕诉的部门认为确有刑讯逼供等非法取证情形的，应当要求公安机关依法排除非法证据，不得作为提请批准逮捕、移送起诉的依据。

第七十二条 人民检察院发现侦查人员以非法方法收集证据的，应当及时进行调查核实。

当事人及其辩护人或者值班律师、诉讼代理人报案、控告、举报侦查人员采用刑讯逼供等非法方法收集证据，并提供涉嫌非法取证的人员、时间、地点、方式和内容等材料或者线索的，人民检察院应当受理并进行审查。根据现有材料无法证明证据收集合法性的，应当及时进行调查核实。

上一级人民检察院接到对侦查人员采用刑讯逼供等非法方法收集证据的报案、控告、举报，可以直接进行调查核实，也可以交由下级人民检察院调查核实。交由下级人民检察院调查核实的，下级人民检察院应当及时将调查结果报告上一级人民检察院。

人民检察院决定调查核实的，应当及时通知公安机关。

第七十三条 人民检察院经审查认定存在非法取证行为的，对该证据应当予以排除，其他证据不能证明犯罪嫌疑人实施犯罪行为的，应当不批准或者决定逮捕。已经移送起诉的，可以依法将案件退回监察机关补充调查或者退回公安机关补充侦查，或者作出不起诉决定。被排除的非法证据应当随案移送，并写明为依法排除的非法证据。

对于侦查人员的非法取证行为，尚未构成犯罪的，应当依法向其所在机关提出纠正意见。对于需要补正或者作出合理解释的，应当提出明确要求。

对于非法取证行为涉嫌犯罪需要追究刑事责任的，应当依法立案侦查。

第七十四条 人民检察院认为可能存在以刑讯逼供等非法方法收集证据情形的，可以书面要求监察机关或者公安机关对证据收集的合法性作出说明。说明应当加盖单位公章，并由调查人员或者侦查人员签名。

第七十五条 对于公安机关立案侦查的案件，存在下列情形之一的，人民检察院在审查逮捕、审查起诉和审判阶段，可以调取公安机关讯问犯罪嫌疑人的录音、录像，对证据收集的合法性以及犯罪嫌疑人、被告人供述的真实性进行审查：

（一）认为讯问活动可能存在刑讯逼供等非法取证行为的；

（二）犯罪嫌疑人、被告人或者辩护人提出犯罪嫌疑人、被告人供述系非法取得，并提供相关线索或者材料的；

（三）犯罪嫌疑人、被告人提出讯问活动违反法定程序或者翻供，并提供相关线索或者材料的；

（四）犯罪嫌疑人、被告人或者辩护人提出讯问笔录内容不真实，并提供相关线索或者材料的；

（五）案情重大、疑难、复杂的。

人民检察院调取公安机关讯问犯罪嫌疑人的录音、录像，公安机关未提供，人民检察院经审查认为不能排除有刑讯逼供等非法取证行为的，相关供述不得作为批准逮捕、提起公诉的依据。

人民检察院直接受理侦查的案件，负责侦查的部门移送审查逮捕、移送起诉时，应当将讯问录音、录像连同案卷材料一并移送审查。

第七十六条 对于提起公诉的案件，被告人及其辩护人提出审前供述系非法取得，并提供相关线索或者材料的，人民检察院可以将讯问录音、录像连同案卷材料一并移送人民法院。

第七十七条 在法庭审理过程中，被告人或者辩护人对讯问活动合法性提出异议，公诉人可以要求被告人及其辩护人提供相关线索或者材料。必要时,公诉人可以提请法庭当庭播放相关时段的讯问录音、录像,对有关异议或者事实进行质证。

需要播放的讯问录音、录像中涉及国家秘密、商业秘密、个人隐私或者含有其他不宜公开内容的,公诉人应当建议在法庭组成人员、公诉人、侦查人员、被告人及其辩护人范围内播放。因涉及国家秘密、商业秘密、个人隐私或者其他犯罪线索等内容,人民检察院对讯问录音、录像的相关内容进行技术处理的,公诉人应当向法庭作出说明。

第七十八条 人民检察院认为第一审人民法院有关证据收集合法性的审查、调查结论导致第一审判决、裁定错误的,可以依照刑事诉讼法第二百二十八条的规定向人民法院提出抗诉。

第七十九条 人民检察院在办理危害国家安全犯罪、恐怖活动犯罪、黑社会性质的组织犯罪、毒品犯罪等案件过程中,证人、鉴定人、被害人因在诉讼中作证,本人或者其近亲属人身安全面临危险,向人民检察院请求保护的,人民检察院应当受理并及时进行审查。对于确实存在人身安全危险的,应当立即采取必要的保护措施。人民检察院发现存在上述情形的,应当主动采取保护措施。

人民检察院可以采取以下一项或者多项保护措施:

(一)不公开真实姓名、住址和工作单位等个人信息;

(二)建议法庭采取不暴露外貌、真实声音等出庭作证措施;

(三)禁止特定的人员接触证人、鉴定人、被害人及其近亲属;

(四)对人身和住宅采取专门性保护措施;

(五)其他必要的保护措施。

人民检察院依法决定不公开证人、鉴定人、被害人的真实姓名、住址和工作单位等个人信息的,可以在起诉书、询问笔录等法律文书、证据材料中使用化名。但是应当另行书面说明使用化名的情况并标明密级,单独成卷。

人民检察院依法采取保护措施,可以要求有关单位和个人予以配合。

对证人及其近亲属进行威胁、侮辱、殴打或者打击报复,构成犯罪或者应当给予治安管理处罚的,人民检察院应当移送公安机关处理;情节轻微的,予以批评教育、训诫。

第八十条 证人在人民检察院侦查、审查逮捕、审查起诉期间因履行作证义务而支出的交通、住宿、就餐等费用,人民检察院应当给予补助。

第六章 强制措施

第一节 拘传

第八十一条 人民检察院根据案件情况,对犯罪嫌疑人可以拘传。

第八十二条 拘传时,应当向被拘传的犯罪嫌疑人出示拘传证。对抗拒拘传的,可以使用戒具,强制到案。

执行拘传的人员不得少于二人。

第八十三条 拘传的时间从犯罪嫌疑人到案时开始计算。犯罪嫌疑人到案后,应当责令其在拘传证上填写到案时间,签名或者盖章,并捺指印,然后立即讯问。拘传结束后,应当责令犯罪嫌疑人在拘传证上填写拘传结束时间。犯罪嫌疑人拒绝填写的,应当在拘传证上注明。

一次拘传持续的时间不得超过十二小时;案情特别重大、复杂,需要采取拘留、逮捕措施的,拘传持续的时间不得超过二十四小时。两次拘传间隔的时间一般不得少于十二小时,不得以连续拘传的方式变相拘禁犯罪嫌疑人。

拘传犯罪嫌疑人,应当保证犯罪嫌疑人的饮食和必要的休息时间。

第八十四条 人民检察院拘传犯罪嫌疑人,应当在犯罪嫌疑人所在市、县内的地点进行。

犯罪嫌疑人工作单位与居住地不在同一市、县的,拘传应当在犯罪嫌疑人工作单位所在的市、县内进行;特殊情况下,也可以在犯罪嫌疑人居住地所在的市、县内进行。

第八十五条 需要对被拘传的犯罪嫌疑人变更强制措施的，应当在拘传期限内办理变更手续。

在拘传期间决定不采取其他强制措施的，拘传期限届满，应当结束拘传。

第二节 取保候审

第八十六条 人民检察院对于具有下列情形之一的犯罪嫌疑人，可以取保候审：

（一）可能判处管制、拘役或者独立适用附加刑的；

（二）可能判处有期徒刑以上刑罚，采取取保候审不致发生社会危险性的；

（三）患有严重疾病、生活不能自理，怀孕或者正在哺乳自己婴儿的妇女，采取取保候审不致发生社会危险性的；

（四）羁押期限届满，案件尚未办结，需要采取取保候审的。

第八十七条 人民检察院对于严重危害社会治安的犯罪嫌疑人，以及其他犯罪性质恶劣、情节严重的犯罪嫌疑人不得取保候审。

第八十八条 被羁押或者监视居住的犯罪嫌疑人及其法定代理人、近亲属或者辩护人向人民检察院申请取保候审，人民检察院应当在三日以内作出是否同意的答复。经审查符合本规则第八十六条规定情形之一的，可以对被羁押或者监视居住的犯罪嫌疑人依法办理取保候审手续。经审查不符合取保候审条件的，应当告知申请人，并说明不同意取保候审的理由。

第八十九条 人民检察院决定对犯罪嫌疑人取保候审，应当责令犯罪嫌疑人提出保证人或者交纳保证金。

对同一犯罪嫌疑人决定取保候审，不得同时使用保证人保证和保证金保证方式。

对符合取保候审条件，具有下列情形之一的犯罪嫌疑人，人民检察院决定取保候审时，可以责令其提供一至二名保证人：

（一）无力交纳保证金的；

（二）系未成年人或者已满七十五周岁的人；

（三）其他不宜收取保证金的。

第九十条 采取保证人保证方式的，保证人应当符合刑事诉讼法第六十九条规定的条件，并经人民检察院审查同意。

第九十一条 人民检察院应当告知保证人履行以下义务：

（一）监督被保证人遵守刑事诉讼法第七十一条的规定；

（二）发现被保证人可能发生或者已经发生违反刑事诉讼法第七十一条规定的行为的，及时向执行机关报告。

保证人保证承担上述义务后，应当在取保候审保证书上签名或者盖章。

第九十二条 采取保证金保证方式的，人民检察院可以根据犯罪嫌疑人的社会危险性，案件的性质、情节，可能判处刑罚的轻重，犯罪嫌疑人的经济状况等，责令犯罪嫌疑人交纳一千元以上的保证金。对于未成年犯罪嫌疑人，可以责令交纳五百元以上的保证金。

第九十三条 人民检察院决定对犯罪嫌疑人取保候审的，应当制作取保候审决定书，载明取保候审开始的时间、保证方式、被取保候审人应当履行的义务和应当遵守的规定。

人民检察院作出取保候审决定时，可以根据犯罪嫌疑人涉嫌犯罪的性质、危害后果、社会影响，犯罪嫌疑人、被害人的具体情况等，有针对性地责令其遵守以下一项或者多项规定：

（一）不得进入特定的场所；

（二）不得与特定的人员会见或者通信；

（三）不得从事特定的活动；

（四）将护照等出入境证件、驾驶证件交执行机关保存。

第九十四条 人民检察院应当向取保候审的犯罪嫌疑人宣读取保候审决定书，由犯罪嫌疑人签名或者盖章，并捺指印，责令犯罪嫌疑人遵守刑事诉讼法第七十一条的规定，告知其违反规定应负的法律责任。以保证金方式保证的，应当同时告知犯罪嫌疑人一次性将保证金存入公安机关指定银行的专门账户。

第九十五条 向犯罪嫌疑人宣布取保候审

决定后，人民检察院应当将执行取保候审通知书送达公安机关执行，并告知公安机关在执行期间拟批准犯罪嫌疑人离开所居住的市、县的，应当事先征得人民检察院同意。以保证人方式保证的，应当将取保候审保证书同时送交公安机关。

人民检察院核实保证金已经交纳到公安机关指定银行的凭证后，应当将银行出具的凭证及其他有关材料与执行取保候审通知书一并送交公安机关。

第九十六条 采取保证人保证方式的，如果保证人在取保候审期间不愿继续保证或者丧失保证条件的，人民检察院应当在收到保证人不愿继续保证的申请或者发现其丧失保证条件后三日以内，责令犯罪嫌疑人重新提出保证人或者交纳保证金，并将变更情况通知公安机关。

第九十七条 采取保证金保证方式的，被取保候审人拒绝交纳保证金或者交纳保证金不足决定数额时，人民检察院应当作出变更取保候审措施、变更保证方式或者变更保证金数额的决定，并将变更情况通知公安机关。

第九十八条 公安机关在执行取保候审期间向人民检察院征询是否同意批准犯罪嫌疑人离开所居住的市、县时，人民检察院应当根据案件的具体情况及时作出决定，并通知公安机关。

第九十九条 人民检察院发现保证人没有履行刑事诉讼法第七十条规定的义务，应当通知公安机关，要求公安机关对保证人作出罚款决定。构成犯罪的，依法追究保证人的刑事责任。

第一百条 人民检察院发现犯罪嫌疑人违反刑事诉讼法第七十一条的规定，已交纳保证金的，应当书面通知公安机关没收部分或者全部保证金，并且根据案件的具体情况，责令犯罪嫌疑人具结悔过，重新交纳保证金、提出保证人，或者决定对其监视居住、予以逮捕。

公安机关发现犯罪嫌疑人违反刑事诉讼法第七十一条的规定，提出没收保证金或者变更强制措施意见的，人民检察院应当在收到意见后五日以内作出决定，并通知公安机关。

重新交纳保证金的程序适用本规则第九十二条的规定；提出保证人的程序适用本规则第九十条、第九十一条的规定。对犯罪嫌疑人继续取保候审的，取保候审的时间应当累计计算。

对犯罪嫌疑人决定监视居住的，应当办理监视居住手续。监视居住的期限应当自执行监视居住决定之日起计算并告知犯罪嫌疑人。

第一百零一条 犯罪嫌疑人有下列违反取保候审规定的行为，人民检察院应当对犯罪嫌疑人予以逮捕：

（一）故意实施新的犯罪；

（二）企图自杀、逃跑；

（三）实施毁灭、伪造证据，串供或者干扰证人作证，足以影响侦查、审查起诉工作正常进行；

（四）对被害人、证人、鉴定人、举报人、控告人及其他人员实施打击报复。

犯罪嫌疑人有下列违反取保候审规定的行为，人民检察院可以对犯罪嫌疑人予以逮捕：

（一）未经批准，擅自离开所居住的市、县，造成严重后果，或者两次未经批准，擅自离开所居住的市、县；

（二）经传讯不到案，造成严重后果，或者经两次传讯不到案；

（三）住址、工作单位和联系方式发生变动，未在二十四小时以内向公安机关报告，造成严重后果；

（四）违反规定进入特定场所、与特定人员会见或者通信、从事特定活动，严重妨碍诉讼程序正常进行。

有前两款情形，需要对犯罪嫌疑人予以逮捕的，可以先行拘留；已交纳保证金的，同时书面通知公安机关没收保证金。

第一百零二条 人民检察院决定对犯罪嫌疑人取保候审，最长不得超过十二个月。

第一百零三条 公安机关决定对犯罪嫌疑人取保候审，案件移送人民检察院审查起诉后，对于需要继续取保候审的，人民检察院应当依法重新作出取保候审决定，并对犯罪嫌疑人办理取保候审手续。取保候审的期限应当重新计算并告知犯罪嫌疑人。对继续采取保证金方式取保候审的,被取保候审人没有违反刑事诉讼法第七十一条规定的,不变更保证金数额,不再重新收取保证金。

第一百零四条 在取保候审期间,不得中断对案件的侦查、审查起诉。

第一百零五条 取保候审期限届满或者发现不应当追究犯罪嫌疑人的刑事责任的,应当及时解除或者撤销取保候审。

解除或者撤销取保候审的决定,应当及时通知执行机关,并将解除或者撤销取保候审的决定书送达犯罪嫌疑人;有保证人的,应当通知保证人解除保证义务。

第一百零六条 犯罪嫌疑人在取保候审期间没有违反刑事诉讼法第七十一条的规定,或者发现不应当追究犯罪嫌疑人刑事责任的,变更、解除或者撤销取保候审时,应当告知犯罪嫌疑人可以凭变更、解除或者撤销取保候审的通知或者有关法律文书到银行领取退还的保证金。

第三节 监视居住

第一百零七条 人民检察院对于符合逮捕条件,具有下列情形之一的犯罪嫌疑人,可以监视居住:

(一)患有严重疾病、生活不能自理的;

(二)怀孕或者正在哺乳自己婴儿的妇女;

(三)系生活不能自理的人的唯一扶养人;

(四)因为案件的特殊情况或者办理案件的需要,采取监视居住措施更为适宜的;

(五)羁押期限届满,案件尚未办结,需要采取监视居住措施的。

前款第三项中的扶养包括父母、祖父母、外祖父母对子女、孙子女、外孙子女的抚养和子女、孙子女、外孙子女对父母、祖父母、外祖父母的赡养以及配偶、兄弟姐妹之间的相互扶养。

对符合取保候审条件,但犯罪嫌疑人不能提出保证人,也不交纳保证金的,可以监视居住。

第一百零八条 人民检察院应当向被监视居住的犯罪嫌疑人宣读监视居住决定书,由犯罪嫌疑人签名或者盖章,并捺指印,责令犯罪嫌疑人遵守刑事诉讼法第七十七条的规定,告知其违反规定应负的法律责任。

指定居所监视居住的,不得要求被监视居住人支付费用。

第一百零九条 人民检察院核实犯罪嫌疑人住处或者为其指定居所后,应当制作监视居住执行通知书,将有关法律文书和案由、犯罪嫌疑人基本情况材料,送交监视居住地的公安机关执行,必要时人民检察院可以协助公安机关执行。

人民检察院应当告知公安机关在执行期间拟批准犯罪嫌疑人离开执行监视居住的处所、会见他人或者通信的,应当事先征得人民检察院同意。

第一百一十条 人民检察院可以根据案件的具体情况,商请公安机关对被监视居住的犯罪嫌疑人采取电子监控、不定期检查等监视方法,对其遵守监视居住规定的情况进行监督。

人民检察院办理直接受理侦查的案件对犯罪嫌疑人采取监视居住的,在侦查期间可以商请公安机关对其通信进行监控。

第一百一十一条 犯罪嫌疑人有下列违反监视居住规定的行为,人民检察院应当对犯罪嫌疑人予以逮捕:

(一)故意实施新的犯罪行为;

(二)企图自杀、逃跑;

(三)实施毁灭、伪造证据或者串供、干扰证人作证行为,足以影响侦查、审查起诉工作正常进行;

(四)对被害人、证人、鉴定人、举报人、控告人及其他人员实施打击报复。

犯罪嫌疑人有下列违反监视居住规定的行为,人民检察院可以对犯罪嫌疑人予以逮捕:

(一)未经批准,擅自离开执行监视居住的处所,造成严重后果,或者两次未经批准,擅自离开执行监视居住的处所;

(二)未经批准,擅自会见他人或者通信,造成严重后果,或者两次未经批准,擅自会见他人或者通信；

（三）经传讯不到案，造成严重后果，或者经两次传讯不到案。

有前两款情形，需要对犯罪嫌疑人予以逮捕的，可以先行拘留。

第一百一十二条 人民检察院决定对犯罪嫌疑人监视居住，最长不得超过六个月。

第一百一十三条 公安机关决定对犯罪嫌疑人监视居住，案件移送人民检察院审查起诉后，对于需要继续监视居住的，人民检察院应当依法重新作出监视居住决定，并对犯罪嫌疑人办理监视居住手续。监视居住的期限应当重新计算并告知犯罪嫌疑人。

第一百一十四条 在监视居住期间，不得中断对案件的侦查、审查起诉。

第一百一十五条 监视居住期限届满或者发现不应当追究犯罪嫌疑人刑事责任的，应当解除或者撤销监视居住。

解除或者撤销监视居住的决定应当通知执行机关，并将解除或者撤销监视居住的决定书送达犯罪嫌疑人。

第一百一十六条 监视居住应当在犯罪嫌疑人的住处执行。犯罪嫌疑人无固定住处的，可以在指定的居所执行。

固定住处是指犯罪嫌疑人在办案机关所在地的市、县内工作、生活的合法居所。

指定的居所应当符合下列条件：

（一）具备正常的生活、休息条件；

（二）便于监视、管理；

（三）能够保证安全。

采取指定居所监视居住，不得在看守所、拘留所、监狱等羁押、监管场所以及留置室、讯问室等专门的办案场所、办公区域执行。

第一百一十七条 在指定的居所执行监视居住，除无法通知的以外，人民检察院应当在执行监视居住后二十四小时以内，将指定居所监视居住的原因通知被监视居住人的家属。无法通知的，应当将原因写明附卷。无法通知的情形消除后，应当立即通知。

无法通知包括下列情形：

（一）被监视居住人无家属；

（二）与其家属无法取得联系；

（三）受自然灾害等不可抗力阻碍。

第一百一十八条 对于公安机关、人民法院决定指定居所监视居住的案件，由批准或者决定的公安机关、人民法院的同级人民检察院负责捕诉的部门对决定是否合法实行监督。

人民检察院决定指定居所监视居住的案件，由负责控告申诉检察的部门对决定是否合法实行监督。

第一百一十九条 被指定居所监视居住人及其法定代理人、近亲属或者辩护人认为指定居所监视居住决定存在违法情形，提出控告或者举报的，人民检察院应当受理。

人民检察院可以要求有关机关提供指定居所监视居住决定书和相关案卷材料。经审查，发现存在下列违法情形之一的，应当及时通知其纠正：

（一）不符合指定居所监视居住的适用条件的；

（二）未按法定程序履行批准手续的；

（三）在决定过程中有其他违反刑事诉讼法规定的行为的。

第一百二十条 对于公安机关、人民法院决定指定居所监视居住的案件，由人民检察院负责刑事执行检察的部门对指定居所监视居住的执行活动是否合法实行监督。发现存在下列违法情形之一的，应当及时提出纠正意见：

（一）执行机关收到指定居所监视居住决定书、执行通知书等法律文书后不派员执行或者不及时派员执行的；

（二）在执行指定居所监视居住后二十四小时以内没有通知被监视居住人的家属的；

（三）在羁押场所、专门的办案场所执行监视居住的；

（四）为被监视居住人通风报信、私自传递信件、物品的；

（五）违反规定安排辩护人同被监视居住人会见、通信，或者违法限制被监视居住人与辩护人会见、通信的；

（六）对被监视居住人刑讯逼供、体罚、虐待或者变相体罚、虐待的；

（七）有其他侵犯被监视居住人合法权利行为或者其他违法行为的。

被监视居住人及其法定代理人、近亲属或者辩护人认为执行机关或者执行人员存在上述违法情形，提出控告或者举报的，人民检察院应当受理。

人民检察院决定指定居所监视居住的案件，由负责控告申诉检察的部门对指定居所监视居住的执行活动是否合法实行监督。

第四节　拘　　留

第一百二十一条　人民检察院对于具有下列情形之一的犯罪嫌疑人，可以决定拘留：

（一）犯罪后企图自杀、逃跑或者在逃的；

（二）有毁灭、伪造证据或者串供可能的。

第一百二十二条　人民检察院作出拘留决定后，应当将有关法律文书和案由、犯罪嫌疑人基本情况的材料送交同级公安机关执行。必要时，人民检察院可以协助公安机关执行。

拘留后，应当立即将被拘留人送看守所羁押，至迟不得超过二十四小时。

第一百二十三条　对犯罪嫌疑人拘留后，除无法通知的以外，人民检察院应当在二十四小时以内，通知被拘留人的家属。

无法通知的，应当将原因写明附卷。无法通知的情形消除后，应当立即通知其家属。

第一百二十四条　对被拘留的犯罪嫌疑人，应当在拘留后二十四小时以内进行讯问。

第一百二十五条　对被拘留的犯罪嫌疑人，发现不应当拘留的，应当立即释放；依法可以取保候审或者监视居住的，按照本规则的有关规定办理取保候审或者监视居住手续。

对被拘留的犯罪嫌疑人，需要逮捕的，按照本规则的有关规定办理逮捕手续；决定不予逮捕的，应当及时变更强制措施。

第一百二十六条　人民检察院直接受理侦查的案件，拘留犯罪嫌疑人的羁押期限为十四日，特殊情况下可以延长一日至三日。

第一百二十七条　公民将正在实行犯罪或者在犯罪后即被发觉的、通缉在案的、越狱逃跑的、正在被追捕的犯罪嫌疑人或者犯罪人扭送到人民检察院的，人民检察院应当予以接受，并且根据具体情况决定是否采取相应的紧急措施。不属于自己管辖的，应当移送主管机关处理。

第五节　逮　　捕

第一百二十八条　人民检察院对有证据证明有犯罪事实，可能判处徒刑以上刑罚的犯罪嫌疑人，采取取保候审尚不足以防止发生下列社会危险性的，应当批准或者决定逮捕：

（一）可能实施新的犯罪的；

（二）有危害国家安全、公共安全或者社会秩序的现实危险的；

（三）可能毁灭、伪造证据，干扰证人作证或者串供的；

（四）可能对被害人、举报人、控告人实施打击报复的；

（五）企图自杀或者逃跑的。

有证据证明有犯罪事实是指同时具备下列情形：

（一）有证据证明发生了犯罪事实；

（二）有证据证明该犯罪事实是犯罪嫌疑人实施的；

（三）证明犯罪嫌疑人实施犯罪行为的证据已经查证属实。

犯罪事实既可以是单一犯罪行为的事实，也可以是数个犯罪行为中任何一个犯罪行为的事实。

第一百二十九条　犯罪嫌疑人具有下列情形之一的，可以认定为“可能实施新的犯罪”：

（一）案发前或者案发后正在策划、组织或者预备实施新的犯罪的；

（二）扬言实施新的犯罪的；

（三）多次作案、连续作案、流窜作案的；

（四）一年内曾因故意实施同类违法行为受到行政处罚的；

（五）以犯罪所得为主要生活来源的；

(六)有吸毒、赌博等恶习的;

(七)其他可能实施新的犯罪的情形。

第一百三十条 犯罪嫌疑人具有下列情形之一的,可以认定为"有危害国家安全、公共安全或者社会秩序的现实危险":

(一)案发前或者案发后正在积极策划、组织或者预备实施危害国家安全、公共安全或者社会秩序的重大违法犯罪行为的;

(二)曾因危害国家安全、公共安全或者社会秩序受到刑事处罚或者行政处罚的;

(三)在危害国家安全、黑恶势力、恐怖活动、毒品犯罪中起组织、策划、指挥作用或者积极参加的;

(四)其他有危害国家安全、公共安全或者社会秩序的现实危险的情形。

第一百三十一条 犯罪嫌疑人具有下列情形之一的,可以认定为"可能毁灭、伪造证据,干扰证人作证或者串供":

(一)曾经或者企图毁灭、伪造、隐匿、转移证据的;

(二)曾经或者企图威逼、恐吓、利诱、收买证人,干扰证人作证的;

(三)有同案犯罪嫌疑人或者与其在事实上存在密切关联犯罪的犯罪嫌疑人在逃,重要证据尚未收集到位的;

(四)其他可能毁灭、伪造证据,干扰证人作证或者串供的情形。

第一百三十二条 犯罪嫌疑人具有下列情形之一的,可以认定为"可能对被害人、举报人、控告人实施打击报复":

(一)扬言或者准备、策划对被害人、举报人、控告人实施打击报复的;

(二)曾经对被害人、举报人、控告人实施打击、要挟、迫害等行为的;

(三)采取其他方式滋扰被害人、举报人、控告人的正常生活、工作的;

(四)其他可能对被害人、举报人、控告人实施打击报复的情形。

第一百三十三条 犯罪嫌疑人具有下列情形之一的,可以认定为"企图自杀或者逃跑":

(一)着手准备自杀、自残或者逃跑的;

(二)曾经自杀、自残或者逃跑的;

(三)有自杀、自残或者逃跑的意思表示的;

(四)曾经以暴力、威胁手段抗拒抓捕的;

(五)其他企图自杀或者逃跑的情形。

第一百三十四条 人民检察院办理审查逮捕案件,应当全面把握逮捕条件,对有证据证明有犯罪事实、可能判处徒刑以上刑罚的犯罪嫌疑人,除具有刑事诉讼法第八十一条第三款、第四款规定的情形外,应当严格审查是否具备社会危险性条件。

第一百三十五条 人民检察院审查认定犯罪嫌疑人是否具有社会危险性,应当以公安机关移送的社会危险性相关证据为依据,并结合案件具体情况综合认定。必要时,可以通过讯问犯罪嫌疑人、询问证人等诉讼参与人、听取辩护律师意见等方式,核实相关证据。

依据在案证据不能认定犯罪嫌疑人符合逮捕社会危险性条件的,人民检察院可以要求公安机关补充相关证据,公安机关没有补充移送的,应当作出不批准逮捕的决定。

第一百三十六条 对有证据证明有犯罪事实,可能判处十年有期徒刑以上刑罚的犯罪嫌疑人,应当批准或者决定逮捕。

对有证据证明有犯罪事实,可能判处徒刑以上刑罚,犯罪嫌疑人曾经故意犯罪或者不讲真实姓名、住址,身份不明的,应当批准或者决定逮捕。

第一百三十七条 人民检察院经审查认为被取保候审、监视居住的犯罪嫌疑人违反取保候审、监视居住规定,依照本规则第一百零一条、第一百一十一条的规定办理。

对于被取保候审、监视居住的可能判处徒刑以下刑罚的犯罪嫌疑人,违反取保候审、监视居住规定,严重影响诉讼活动正常进行的,可以予以逮捕。

第一百三十八条 对实施多个犯罪行为或者共同犯罪案件的犯罪嫌疑人,符合本规则第一百二十八条的规定,具有下列情形之一的,应当批准或者决定逮捕:

（一）有证据证明犯有数罪中的一罪的；

（二）有证据证明实施多次犯罪中的一次犯罪的；

（三）共同犯罪中，已有证据证明有犯罪事实的犯罪嫌疑人。

第一百三十九条 对具有下列情形之一的犯罪嫌疑人，人民检察院应当作出不批准逮捕或者不予逮捕的决定：

（一）不符合本规则规定的逮捕条件的；

（二）具有刑事诉讼法第十六条规定的情形之一的。

第一百四十条 犯罪嫌疑人涉嫌的罪行较轻，且没有其他重大犯罪嫌疑，具有下列情形之一的，可以作出不批准逮捕或者不予逮捕的决定：

（一）属于预备犯、中止犯，或者防卫过当、避险过当的；

（二）主观恶性较小的初犯，共同犯罪中的从犯、胁从犯，犯罪后自首、有立功表现或者积极退赃、赔偿损失、确有悔罪表现的；

（三）过失犯罪的犯罪嫌疑人，犯罪后有悔罪表现，有效控制损失或者积极赔偿损失的；

（四）犯罪嫌疑人与被害人双方根据刑事诉讼法的有关规定达成和解协议，经审查，认为和解系自愿、合法且已经履行或者提供担保的；

（五）犯罪嫌疑人认罪认罚的；

（六）犯罪嫌疑人系已满十四周岁未满十八周岁的未成年人或者在校学生，本人有悔罪表现，其家庭、学校或者所在社区、居民委员会、村民委员会具备监护、帮教条件的；

（七）犯罪嫌疑人系已满七十五周岁的人。

第一百四十一条 对符合刑事诉讼法第七十四条第一款规定的犯罪嫌疑人，人民检察院经审查认为不需要逮捕的，可以在作出不批准逮捕决定的同时，向公安机关提出采取监视居住措施的建议。

第六节 监察机关移送案件的强制措施

第一百四十二条 对于监察机关移送起诉的已采取留置措施的案件，人民检察院应当在受理案件后，及时对犯罪嫌疑人作出拘留决定，交公安机关执行。执行拘留后，留置措施自动解除。

第一百四十三条 人民检察院应当在执行拘留后十日以内，作出是否逮捕、取保候审或者监视居住的决定。特殊情况下，决定的时间可以延长一日至四日。

人民检察院决定采取强制措施的期间不计入审查起诉期限。

第一百四十四条 除无法通知的以外，人民检察院应当在公安机关执行拘留、逮捕后二十四小时以内，通知犯罪嫌疑人的家属。

第一百四十五条 人民检察院应当自收到移送起诉的案卷材料之日起三日以内告知犯罪嫌疑人有权委托辩护人。对已经采取留置措施的，应当在执行拘留时告知。

第一百四十六条 对于监察机关移送起诉的未采取留置措施的案件，人民检察院受理后，在审查起诉过程中根据案件情况，可以依照本规则相关规定决定是否采取逮捕、取保候审或者监视居住措施。

第一百四十七条 对于监察机关移送起诉案件的犯罪嫌疑人采取强制措施，本节未规定的，适用本规则相关规定。

第七节 其他规定

第一百四十八条 人民检察院对担任县级以上各级人民代表大会代表的犯罪嫌疑人决定采取拘传、取保候审、监视居住、拘留、逮捕强制措施的，应当报请该代表所属的人民代表大会主席团或者常务委员会许可。

人民检察院对担任本级人民代表大会代表的犯罪嫌疑人决定采取强制措施的，应当报请本级人民代表大会主席团或者常务委员会许可。

对担任上级人民代表大会代表的犯罪嫌疑人决定采取强制措施的，应当层报该代表所属的人民代表大会同级的人民检察院报请许可。

对担任下级人民代表大会代表的犯罪嫌疑

人决定采取强制措施的，可以直接报请该代表所属的人民代表大会主席团或者常务委员会许可，也可以委托该代表所属的人民代表大会同级的人民检察院报请许可。

对担任两级以上的人民代表大会代表的犯罪嫌疑人决定采取强制措施的，分别依照本条第二、三、四款的规定报请许可。

对担任办案单位所在省、市、县（区）以外的其他地区人民代表大会代表的犯罪嫌疑人决定采取强制措施的，应当委托该代表所属的人民代表大会同级的人民检察院报请许可；担任两级以上人民代表大会代表的，应当分别委托该代表所属的人民代表大会同级的人民检察院报请许可。

对于公安机关提请人民检察院批准逮捕的案件，犯罪嫌疑人担任人民代表大会代表的，报请许可手续由公安机关负责办理。

担任县级以上人民代表大会代表的犯罪嫌疑人，经报请该代表所属人民代表大会主席团或者常务委员会许可后被刑事拘留的，适用逮捕措施时不需要再次报请许可。

第一百四十九条 担任县级以上人民代表大会代表的犯罪嫌疑人因现行犯被人民检察院拘留的，人民检察院应当立即向该代表所属的人民代表大会主席团或者常务委员会报告。报告的程序参照本规则第一百四十八条报请许可的程序规定。

对担任乡、民族乡、镇的人民代表大会代表的犯罪嫌疑人决定采取强制措施的，由县级人民检察院向乡、民族乡、镇的人民代表大会报告。

第一百五十条 犯罪嫌疑人及其法定代理人、近亲属或者辩护人认为人民检察院采取强制措施法定期限届满，要求解除、变更强制措施或者释放犯罪嫌疑人的，人民检察院应当在收到申请后三日以内作出决定。

经审查，认为法定期限届满的，应当决定解除、变更强制措施或者释放犯罪嫌疑人，并通知公安机关执行；认为法定期限未满的，书面答复申请人。

第一百五十一条 犯罪嫌疑人及其法定代理人、近亲属或者辩护人向人民检察院提出变更强制措施申请的，人民检察院应当在收到申请后三日以内作出决定。

经审查，同意变更强制措施的，应当在作出决定的同时通知公安机关执行；不同意变更强制措施的，应当书面告知申请人，并说明不同意的理由。

犯罪嫌疑人及其法定代理人、近亲属或者辩护人提出变更强制措施申请的，应当说明理由，有证据和其他材料的，应当附上相关材料。

第一百五十二条 人民检察院在侦查、审查起诉期间，对犯罪嫌疑人拘留、逮捕后发生依法延长侦查羁押期限、审查起诉期限，重新计算侦查羁押期限、审查起诉期限等期限改变的情形的，应当及时将变更后的期限书面通知看守所。

第一百五十三条 人民检察院决定对涉嫌犯罪的机关事业单位工作人员取保候审、监视居住、拘留、逮捕的，应当在采取或者解除强制措施后五日以内告知其所在单位；决定撤销案件或者不起诉的，应当在作出决定后十日以内告知其所在单位。

第一百五十四条 取保候审变更为监视居住，或者取保候审、监视居住变更为拘留、逮捕的，在变更的同时原强制措施自动解除，不再办理解除法律手续。

第一百五十五条 人民检察院已经对犯罪嫌疑人取保候审、监视居住，案件起诉至人民法院后，人民法院决定取保候审、监视居住或者变更强制措施的，原强制措施自动解除，不再办理解除法律手续。

第七章 案件受理

第一百五十六条 下列案件，由人民检察院负责案件管理的部门统一受理：

（一）公安机关提请批准逮捕、移送起诉、提请批准延长侦查羁押期限、要求复议、提请复核、申请复查、移送申请强制医疗、移送申请没收违法所得的案件；

（二）监察机关移送起诉、提请没收违法所得、对不起诉决定提请复议的案件；

（三）下级人民检察院提出或者提请抗诉、报请指定管辖、报请核准追诉、报请核准缺席审判或者提请死刑复核监督的案件；

（四）人民法院通知出席第二审法庭或者再审法庭的案件；

（五）其他依照规定由负责案件管理的部门受理的案件。

第一百五十七条 人民检察院负责案件管理的部门受理案件时，应当接收案卷材料，并立即审查下列内容：

（一）依据移送的法律文书载明的内容确定案件是否属于本院管辖；

（二）案卷材料是否齐备、规范，符合有关规定的要求；

（三）移送的款项或者物品与移送清单是否相符；

（四）犯罪嫌疑人是否在案以及采取强制措施的情况；

（五）是否在规定的期限内移送案件。

第一百五十八条 人民检察院负责案件管理的部门对接收的案卷材料审查后，认为具备受理条件的，应当及时进行登记，并立即将案卷材料和案件受理登记表移送办案部门办理。

经审查，认为案卷材料不齐备的，应当及时要求移送案件的单位补送相关材料。对于案卷装订不符合要求的，应当要求移送案件的单位重新装订后移送。

对于移送起诉的案件，犯罪嫌疑人在逃的，应当要求公安机关采取措施保证犯罪嫌疑人到案后再移送起诉。共同犯罪案件中部分犯罪嫌疑人在逃的，对在案犯罪嫌疑人的移送起诉应当受理。

第一百五十九条 对公安机关送达的执行情况回执和人民法院送达的判决书、裁定书等法律文书，人民检察院负责案件管理的部门应当接收，即时登记。

第一百六十条 人民检察院直接受理侦查的案件，移送审查逮捕、移送起诉的，按照本规则第一百五十六条至第一百五十八条的规定办理。

第一百六十一条 人民检察院负责控告申诉检察的部门统一接受报案、控告、举报、申诉和犯罪嫌疑人投案自首，并依法审查，在七日以内作出以下处理：

（一）属于本院管辖且符合受理条件的，应当予以受理；

（二）不属于本院管辖的报案、控告、举报、自首，应当移送主管机关处理。必须采取紧急措施的，应当先采取紧急措施，然后移送主管机关。不属于本院管辖的申诉，应当告知其向有管辖权的机关提出；

（三）案件情况不明的，应当进行必要的调查核实，查明情况后依法作出处理。

负责控告申诉检察的部门可以向下级人民检察院交办控告、申诉、举报案件，并依照有关规定进行督办。

第一百六十二条 控告、申诉符合下列条件的，人民检察院应当受理：

（一）属于人民检察院受理案件范围；

（二）本院具有管辖权；

（三）申诉人是原案的当事人或者其法定代理人、近亲属；

（四）控告、申诉材料符合受理要求。

控告人、申诉人委托律师代理控告、申诉，符合上述条件的，应当受理。

控告、申诉材料不齐备的，应当告知控告人、申诉人补齐。受理时间从控告人、申诉人补齐相关材料之日起计算。

第一百六十三条 对于收到的群众来信，负责控告申诉检察的部门应当在七日以内进行程序性答复，办案部门应当在三个月以内将办理进展或者办理结果答复来信人。

第一百六十四条 负责控告申诉检察的部门对受理的刑事申诉案件应当根据事实、法律进行审查，必要时可以进行调查核实。认为原案处理可能错误的，应当移送相关办案部门办理；认为原案处理没有错误的，应当书面答复申诉人。

第一百六十五条 办案部门应当在规定期限内办结控告、申诉案件，制作相关法律文书，送达报案人、控告人、申诉人、举报人、自首人，并做好释法说理工作。

第八章 立 案

第一节 立案审查

第一百六十六条 人民检察院直接受理侦查案件的线索，由负责侦查的部门统一受理、登记和管理。负责控告申诉检察的部门接受的控告、举报，或者本院其他办案部门发现的案件线索，属于人民检察院直接受理侦查案件线索的，应当在七日以内移送负责侦查的部门。

负责侦查的部门对案件线索进行审查后，认为属于本院管辖，需要进一步调查核实的，应当报检察长决定。

第一百六十七条 对于人民检察院直接受理侦查案件的线索，上级人民检察院在必要时，可以直接调查核实或者组织、指挥、参与下级人民检察院的调查核实，可以将下级人民检察院管辖的案件线索指定辖区内其他人民检察院调查核实，也可以将本院管辖的案件线索交由下级人民检察院调查核实；下级人民检察院认为案件线索重大、复杂，需要由上级人民检察院调查核实的，可以提请移送上级人民检察院调查核实。

第一百六十八条 调查核实一般不得接触被调查对象。必须接触被调查对象的，应当经检察长批准。

第一百六十九条 进行调查核实，可以采取询问、查询、勘验、检查、鉴定、调取证据材料等不限制被调查对象人身、财产权利的措施。不得对被调查对象采取强制措施，不得查封、扣押、冻结被调查对象的财产，不得采取技术侦查措施。

第一百七十条 负责侦查的部门调查核实后，应当制作审查报告。

调查核实终结后，相关材料应当立卷归档。立案进入侦查程序的，对于作为诉讼证据以外的其他材料应当归入侦查内卷。

第二节 立案决定

第一百七十一条 人民检察院对于直接受理的案件，经审查认为有犯罪事实需要追究刑事责任的，应当制作立案报告书，经检察长批准后予以立案。

符合立案条件，但犯罪嫌疑人尚未确定的，可以依据已查明的犯罪事实作出立案决定。

对具有下列情形之一的，报请检察长决定不予立案：

（一）具有刑事诉讼法第十六条规定情形之一的；

（二）认为没有犯罪事实的；

（三）事实或者证据尚不符合立案条件的。

第一百七十二条 对于其他机关或者本院其他办案部门移送的案件线索，决定不予立案的，负责侦查的部门应当制作不立案通知书，写明案由和案件来源、决定不立案的原因和法律依据，自作出不立案决定之日起十日以内送达移送案件线索的机关或者部门。

第一百七十三条 对于控告和实名举报，决定不予立案的，应当制作不立案通知书，写明案由和案件来源、决定不立案的原因和法律依据，由负责侦查的部门在十五日以内送达控告人、举报人，同时告知本院负责控告申诉检察的部门。

控告人如果不服，可以在收到不立案通知书后十日以内向上一级人民检察院申请复议。不立案的复议，由上一级人民检察院负责侦查的部门审查办理。

人民检察院认为被控告人、被举报人的行为未构成犯罪，决定不予立案，但需要追究其党纪、政纪、违法责任的，应当移送有管辖权的主管机关处理。

第一百七十四条 错告对被控告人、被举报人造成不良影响的，人民检察院应当自作出不立案决定之日起一个月以内向其所在单位或者有关部门通报调查核实的结论，澄清事实。

属于诬告陷害的，应当移送有关机关处理。

第一百七十五条 人民检察院决定对人民

代表大会代表立案，应当按照本规则第一百四十八条、第一百四十九条规定的程序向该代表所属的人民代表大会主席团或者常务委员会进行通报。

第九章　侦　　查

第一节　一般规定

第一百七十六条　人民检察院办理直接受理侦查的案件，应当全面、客观地收集、调取犯罪嫌疑人有罪或者无罪、罪轻或者罪重的证据材料，并依法进行审查、核实。办案过程中必须重证据，重调查研究，不轻信口供。严禁刑讯逼供和以威胁、引诱、欺骗以及其他非法方法收集证据，不得强迫任何人证实自己有罪。

第一百七十七条　人民检察院办理直接受理侦查的案件，应当保障犯罪嫌疑人和其他诉讼参与人依法享有的辩护权和其他各项诉讼权利。

第一百七十八条　人民检察院办理直接受理侦查的案件，应当严格依照刑事诉讼法规定的程序，严格遵守刑事案件办案期限的规定，依法提请批准逮捕、移送起诉、不起诉或者撤销案件。

对犯罪嫌疑人采取强制措施，应当经检察长批准。

第一百七十九条　人民检察院办理直接受理侦查的案件，应当对侦查过程中知悉的国家秘密、商业秘密及个人隐私予以保密。

第一百八十条　办理案件的人民检察院需要派员到本辖区以外进行搜查，调取物证、书证等证据材料，或者查封、扣押财物和文件的，应当持相关法律文书和证明文件等与当地人民检察院联系，当地人民检察院应当予以协助。

需要到本辖区以外调取证据材料的，必要时，可以向证据所在地的人民检察院发函调取证据。调取证据的函件应当注明具体的取证对象、地址和内容。证据所在地的人民检察院应当在收到函件后一个月以内将取证结果送达办理案件的人民检察院。

被请求协助的人民检察院有异议的，可以与办理案件的人民检察院进行协商。必要时，报请共同的上级人民检察院决定。

第一百八十一条　人民检察院对于直接受理案件的侦查，可以适用刑事诉讼法第二编第二章规定的各项侦查措施。

刑事诉讼法规定进行侦查活动需要制作笔录的，应当制作笔录。必要时，可以对相关活动进行录音、录像。

第二节　讯问犯罪嫌疑人

第一百八十二条　讯问犯罪嫌疑人，由检察人员负责进行。讯问时，检察人员或者检察人员和书记员不得少于二人。

讯问同案的犯罪嫌疑人，应当个别进行。

第一百八十三条　对于不需要逮捕、拘留的犯罪嫌疑人，可以传唤到犯罪嫌疑人所在市、县内的指定地点或者到他的住处进行讯问。

传唤犯罪嫌疑人，应当出示传唤证和工作证件，并责令犯罪嫌疑人在传唤证上签名或者盖章，并捺指印。

犯罪嫌疑人到案后，应当由其在传唤证上填写到案时间。传唤结束时，应当由其在传唤证上填写传唤结束时间。拒绝填写的，应当在传唤证上注明。

对在现场发现的犯罪嫌疑人，经出示工作证件，可以口头传唤，并将传唤的原因和依据告知被传唤人。在讯问笔录中应当注明犯罪嫌疑人到案时间、到案经过和传唤结束时间。

本规则第八十四条第二款的规定适用于传唤犯罪嫌疑人。

第一百八十四条　传唤犯罪嫌疑人时，其家属在场的，应当当场将传唤的原因和处所口头告知其家属，并在讯问笔录中注明。其家属不在场的，应当及时将传唤的原因和处所通知被传唤人家属。无法通知的，应当在讯问笔录中注明。

第一百八十五条　传唤持续的时间不得超过十二小时。案情特别重大、复杂，需要采取拘留、逮捕措施的，传唤持续的时间不得超过二十四小时。两次传唤间隔的时间一般不得少于十二小时，不得以连续传唤的方式变相拘禁犯罪嫌疑人。

传唤犯罪嫌疑人，应当保证犯罪嫌疑人的饮食和必要的休息时间。

第一百八十六条 犯罪嫌疑人被送交看守所羁押后，检察人员对其进行讯问，应当填写提讯、提解证，在看守所讯问室进行。

因辨认、鉴定、侦查实验或者追缴犯罪有关财物的需要，经检察长批准，可以提押犯罪嫌疑人出所，并应当由两名以上司法警察押解。不得以讯问为目的将犯罪嫌疑人提押出所进行讯问。

第一百八十七条 讯问犯罪嫌疑人一般按照下列顺序进行：

（一）核实犯罪嫌疑人的基本情况，包括姓名、出生年月日、户籍地、公民身份号码、民族、职业、文化程度、工作单位及职务、住所、家庭情况、社会经历、是否属于人大代表、政协委员等；

（二）告知犯罪嫌疑人在侦查阶段的诉讼权利，有权自行辩护或者委托律师辩护，告知其如实供述自己罪行可以依法从宽处理和认罪认罚的法律规定；

（三）讯问犯罪嫌疑人是否有犯罪行为，让他陈述有罪的事实或者无罪的辩解，应当允许其连贯陈述。

犯罪嫌疑人对检察人员的提问，应当如实回答。但是对与本案无关的问题，有拒绝回答的权利。

讯问犯罪嫌疑人时，应当告知犯罪嫌疑人将对讯问进行全程同步录音、录像。告知情况应当在录音、录像中予以反映，并记明笔录。

讯问时，对犯罪嫌疑人提出的辩解要认真查核。严禁刑讯逼供和以威胁、引诱、欺骗以及其他非法的方法获取供述。

第一百八十八条 讯问犯罪嫌疑人，应当制作讯问笔录。讯问笔录应当忠实于原话，字迹清楚，详细具体，并交犯罪嫌疑人核对。犯罪嫌疑人没有阅读能力的，应当向他宣读。如果记载有遗漏或者差错，应当补充或者改正。犯罪嫌疑人认为讯问笔录没有错误的，由其在笔录上逐页签名或者盖章，并捺指印，在末页写明“以上笔录我看过（向我宣读过），和我说的相符”，同时签名或者盖章，并捺指印，注明日期。如果犯罪嫌疑人拒绝签名、盖章、捺指印的，应当在笔录上注明。讯问的检察人员、书记员也应当在笔录上签名。

第一百八十九条 犯罪嫌疑人请求自行书写供述的，检察人员应当准许。必要时，检察人员也可以要求犯罪嫌疑人亲笔书写供述。犯罪嫌疑人应当在亲笔供述的末页签名或者盖章，并捺指印，注明书写日期。检察人员收到后，应当在首页右上方写明“于某年某月某日收到”，并签名。

第一百九十条 人民检察院办理直接受理侦查的案件，应当在每次讯问犯罪嫌疑人时，对讯问过程实行全程录音、录像，并在讯问笔录中注明。

第三节 询问证人、被害人

第一百九十一条 人民检察院在侦查过程中，应当及时询问证人，并且告知证人履行作证的权利和义务。

人民检察院应当保证一切与案件有关或者了解案情的公民有客观充分地提供证据的条件，并为他们保守秘密。除特殊情况外，人民检察院可以吸收他们协助调查。

第一百九十二条 询问证人，应当由检察人员负责进行。询问时，检察人员或者检察人员和书记员不得少于二人。

第一百九十三条 询问证人，可以在现场进行，也可以到证人所在单位、住处或者证人提出的地点进行。必要时，也可以通知证人到人民检察院提供证言。到证人提出的地点进行询问的，应当在笔录中记明。

询问证人应当个别进行。

在现场询问证人，应当出示工作证件。到证人所在单位、住处或者证人提出的地点询问证人，应当出示人民检察院的证明文件。

第一百九十四条 询问证人，应当问明证人的基本情况以及与当事人的关系，并且告知证人应当如实提供证据、证言和故意作伪证或者隐匿罪证应当承担的法律责任，但是不得向证人泄露案情，不得采用拘禁、暴力、威胁、引诱、欺骗以及其他非法方法获取证言。

询问重大或者有社会影响的案件的重要证人，应当对询问过程实行全程录音、录像，并在询问笔录中注明。

第一百九十五条 询问被害人，适用询问证人的规定。

第四节 勘验、检查

第一百九十六条 检察人员对于与犯罪有关的场所、物品、人身、尸体应当进行勘验或者检查。必要时，可以指派检察技术人员或者聘请其他具有专门知识的人，在检察人员的主持下进行勘验、检查。

第一百九十七条 勘验时，人民检察院应当邀请两名与案件无关的见证人在场。

勘查现场，应当拍摄现场照片。勘查的情况应当写明笔录并制作现场图，由参加勘查的人和见证人签名。勘查重大案件的现场，应当录像。

第一百九十八条 人民检察院解剖死因不明的尸体，应当通知死者家属到场，并让其在解剖通知书上签名或者盖章。

死者家属无正当理由拒不到场或者拒绝签名、盖章的，不影响解剖的进行，但是应当在解剖通知书上记明。对于身份不明的尸体，无法通知死者家属的，应当记明笔录。

第一百九十九条 为了确定被害人、犯罪嫌疑人的某些特征、伤害情况或者生理状态，人民检察院可以对其人身进行检查，可以提取指纹信息，采集血液、尿液等生物样本。

必要时，可以指派、聘请法医或者医师进行人身检查。采集血液等生物样本应当由医师进行。

犯罪嫌疑人如果拒绝检查，检察人员认为必要时可以强制检查。

检查妇女的身体，应当由女工作人员或者医师进行。

人身检查不得采用损害被检查人生命、健康或者贬低其名誉、人格的方法。在人身检查过程中知悉的被检查人的个人隐私，检察人员应当予以保密。

第二百条 为了查明案情，必要时经检察长批准，可以进行侦查实验。

侦查实验，禁止一切足以造成危险、侮辱人格或者有伤风化的行为。

第二百零一条 侦查实验，必要时可以聘请有关专业人员参加，也可以要求犯罪嫌疑人、被害人、证人参加。

第五节 搜　　查

第二百零二条 人民检察院有权要求有关单位和个人，交出能够证明犯罪嫌疑人有罪或者无罪以及犯罪情节轻重的证据。

第二百零三条 为了收集犯罪证据，查获犯罪人，经检察长批准，检察人员可以对犯罪嫌疑人以及可能隐藏罪犯或者犯罪证据的人的身体、物品、住处、工作地点和其他有关的地方进行搜查。

第二百零四条 搜查应当在检察人员的主持下进行，可以有司法警察参加。必要时，可以指派检察技术人员参加或者邀请当地公安机关、有关单位协助进行。

执行搜查的人员不得少于二人。

第二百零五条 搜查时，应当向被搜查人或者他的家属出示搜查证。

在执行逮捕、拘留的时候，遇有下列紧急情况之一，不另用搜查证也可以进行搜查：

（一）可能随身携带凶器的；

（二）可能隐藏爆炸、剧毒等危险物品的；

（三）可能隐匿、毁弃、转移犯罪证据的；

（四）可能隐匿其他犯罪嫌疑人的；

（五）其他紧急情况。

搜查结束后，搜查人员应当在二十四小时以内补办有关手续。

第二百零六条 搜查时，应当有被搜查人或者其家属、邻居或者其他见证人在场，并且对被搜查人或者其家属说明阻碍搜查、妨碍公务应负的法律责任。

搜查妇女的身体，应当由女工作人员进行。

第二百零七条 搜查时，如果遇到阻碍，可以强制进行搜查。对以暴力、威胁方法阻碍搜查的，应当予以制止，或者由司法警察将其带离现场。阻碍搜查构成犯罪的，应当依法追究刑事责任。

第六节 调取、查封、扣押、查询、冻结

第二百零八条 检察人员可以凭人民检察院的证明文件，向有关单位和个人调取能够证明犯罪嫌疑人有罪或者无罪以及犯罪情节轻重的证据材料，并且可以根据需要拍照、录像、复印和复制。

第二百零九条 调取物证应当调取原物。原物不便搬运、保存，或者依法应当返还被害人，或者因保密工作需要不能调取原物的，可以将原物封存，并拍照、录像。对原物拍照或者录像应当足以反映原物的外形、内容。

调取书证、视听资料应当调取原件。取得原件确有困难或者因保密需要不能调取原件的，可以调取副本或者复制件。

调取书证、视听资料的副本、复制件和物证的照片、录像的，应当书面记明不能调取原件、原物的原因，制作过程和原件、原物存放地点，并由制作人员和原书证、视听资料、物证持有人签名或者盖章。

第二百一十条 在侦查活动中发现的可以证明犯罪嫌疑人有罪、无罪或者犯罪情节轻重的各种财物和文件，应当查封或者扣押；与案件无关的，不得查封或者扣押。查封或者扣押应当经检察长批准。

不能立即查明是否与案件有关的可疑的财物和文件，也可以查封或者扣押，但应当及时审查。经查明确实与案件无关的，应当在三日以内解除查封或者予以退还。

持有人拒绝交出应当查封、扣押的财物和文件的，可以强制查封、扣押。

对于犯罪嫌疑人、被告人到案时随身携带的物品需要扣押的，可以依照前款规定办理。对于与案件无关的个人用品，应当逐件登记，并随案移交或者退还其家属。

第二百一十一条 对犯罪嫌疑人使用违法所得与合法收入共同购置的不可分割的财产，可以先行查封、扣押、冻结。对无法分割退还的财产，应当在结案后予以拍卖、变卖，对不属于违法所得的部分予以退还。

第二百一十二条 人民检察院根据侦查犯罪的需要，可以依照规定查询、冻结犯罪嫌疑人的存款、汇款、债券、股票、基金份额等财产，并可以要求有关单位和个人配合。

查询、冻结前款规定的财产，应当制作查询、冻结财产通知书，通知银行或者其他金融机构、邮政部门执行。冻结财产的，应当经检察长批准。

第二百一十三条 犯罪嫌疑人的存款、汇款、债券、股票、基金份额等财产已冻结的，人民检察院不得重复冻结，可以轮候冻结。人民检察院应当要求有关银行或者其他金融机构、邮政部门在解除冻结或者作出处理前通知人民检察院。

第二百一十四条 扣押、冻结债券、股票、基金份额等财产，应当书面告知当事人或者其法定代理人、委托代理人有权申请出售。

对于被扣押、冻结的债券、股票、基金份额等财产，在扣押、冻结期间权利人申请出售，经审查认为不损害国家利益、被害人利益，不影响诉讼正常进行的，以及扣押、冻结的汇票、本票、支票的有效期即将届满的，经检察长批准，可以在案件办结前依法出售或者变现，所得价款由人民检察院指定的银行账户保管，并及时告知当事人或者其近亲属。

第二百一十五条 对于冻结的存款、汇款、债券、股票、基金份额等财产，经查明确实与案件无关的，应当在三日以内解除冻结，并通知财产所有人。

第二百一十六条 查询、冻结与案件有关的单位的存款、汇款、债券、股票、基金份额等财产的办法适用本规则第二百一十二条至第二百一十五条的规定。

第二百一十七条 对于扣押的款项和物品,应当在三日以内将款项存入唯一合规账户,将物品送负责案件管理的部门保管。法律或者有关规定另有规定的除外。

对于查封、扣押在人民检察院的物品、文件、邮件、电报,人民检察院应当妥善保管。经查明确实与案件无关的,应当在三日以内作出解除或者退还决定,并通知有关单位、当事人办理相关手续。

第七节 鉴 定

第二百一十八条 人民检察院为了查明案情,解决案件中某些专门性的问题,可以进行鉴定。

鉴定由人民检察院有鉴定资格的人员进行。必要时,也可以聘请其他有鉴定资格的人员进行,但是应当征得鉴定人所在单位同意。

第二百一十九条 人民检察院应当为鉴定人提供必要条件,及时向鉴定人送交有关检材和对比样本等原始材料,介绍与鉴定有关的情况,并明确提出要求鉴定解决的问题,但是不得暗示或者强迫鉴定人作出某种鉴定意见。

第二百二十条 对于鉴定意见,检察人员应当进行审查,必要时可以进行补充鉴定或者重新鉴定。重新鉴定的,应当另行指派或者聘请鉴定人。

第二百二十一条 用作证据的鉴定意见,人民检察院办案部门应当告知犯罪嫌疑人、被害人;被害人死亡或者没有诉讼行为能力的,应当告知其法定代理人、近亲属或诉讼代理人。

犯罪嫌疑人、被害人或被害人的法定代理人、近亲属、诉讼代理人提出申请,可以补充鉴定或者重新鉴定,鉴定费用由请求方承担。但原鉴定违反法定程序的,由人民检察院承担。

犯罪嫌疑人的辩护人或者近亲属以犯罪嫌疑人有患精神病可能而申请对犯罪嫌疑人进行鉴定的,鉴定费用由申请方承担。

第二百二十二条 对犯罪嫌疑人作精神病鉴定的期间不计入羁押期限和办案期限。

第八节 辨 认

第二百二十三条 为了查明案情,必要时,检察人员可以让被害人、证人和犯罪嫌疑人对与犯罪有关的物品、文件、尸体或场所进行辨认;也可以让被害人、证人对犯罪嫌疑人进行辨认,或者让犯罪嫌疑人对其他犯罪嫌疑人进行辨认。

第二百二十四条 辨认应当在检察人员的主持下进行,执行辨认的人员不得少于二人。在辨认前,应当向辨认人详细询问被辨认对象的具体特征,避免辨认人见到被辨认对象,并应当告知辨认人有意作虚假辨认应负的法律责任。

第二百二十五条 几名辨认人对同一被辨认对象进行辨认时,应当由每名辨认人单独进行。必要时,可以有见证人在场。

第二百二十六条 辨认时,应当将辨认对象混杂在其他对象中。不得在辨认前向辨认人展示辨认对象及其影像资料,不得给辨认人任何暗示。

辨认犯罪嫌疑人时,被辨认的人数不得少于七人,照片不得少于十张。

辨认物品时,同类物品不得少于五件,照片不得少于五张。

对犯罪嫌疑人的辨认,辨认人不愿公开进行时,可以在不暴露辨认人的情况下进行,并应当为其保守秘密。

第九节 技术侦查措施

第二百二十七条 人民检察院在立案后,对于利用职权实施的严重侵犯公民人身权利的重大犯罪案件,经过严格的批准手续,可以采取技术侦查措施,交有关机关执行。

第二百二十八条 人民检察院办理直接受理侦查的案件,需要追捕被通缉或者决定逮捕的在逃犯罪嫌疑人、被告人的,经过批准,可以采取追捕所必需的技术侦查措施,不受本规则第二百二十七条规定的案件范围的限制。

第二百二十九条 人民检察院采取技术侦

查措施应当根据侦查犯罪的需要，确定采取技术侦查措施的种类和适用对象，按照有关规定报请批准。批准决定自签发之日起三个月以内有效。对于不需要继续采取技术侦查措施的，应当及时解除；对于复杂、疑难案件，期限届满仍有必要继续采取技术侦查措施的，应当在期限届满前十日以内制作呈请延长技术侦查措施期限报告书，写明延长的期限及理由，经过原批准机关批准，有效期可以延长，每次不得超过三个月。

采取技术侦查措施收集的材料作为证据使用的，批准采取技术侦查措施的法律文书应当附卷，辩护律师可以依法查阅、摘抄、复制。

第二百三十条 采取技术侦查措施收集的物证、书证及其他证据材料，检察人员应当制作相应的说明材料，写明获取证据的时间、地点、数量、特征以及采取技术侦查措施的批准机关、种类等，并签名和盖章。

对于使用技术侦查措施获取的证据材料，如果可能危及特定人员的人身安全、涉及国家秘密或者公开后可能暴露侦查秘密或者严重损害商业秘密、个人隐私的，应当采取不暴露有关人员身份、技术方法等保护措施。必要时，可以建议不在法庭上质证，由审判人员在庭外对证据进行核实。

第二百三十一条 检察人员对采取技术侦查措施过程中知悉的国家秘密、商业秘密和个人隐私，应当保密；对采取技术侦查措施获取的与案件无关的材料，应当及时销毁，并对销毁情况制作记录。

采取技术侦查措施获取的证据、线索及其他有关材料，只能用于对犯罪的侦查、起诉和审判，不得用于其他用途。

第十节　通　　缉

第二百三十二条 人民检察院办理直接受理侦查的案件，应当逮捕的犯罪嫌疑人在逃，或者已被逮捕的犯罪嫌疑人脱逃的，经检察长批准，可以通缉。

第二百三十三条 各级人民检察院需要在本辖区内通缉犯罪嫌疑人的，可以直接决定通缉；需要在本辖区外通缉犯罪嫌疑人的，由有决定权的上级人民检察院决定。

第二百三十四条 人民检察院应当将通缉通知书和通缉对象的照片、身份、特征、案情简况送达公安机关，由公安机关发布通缉令，追捕归案。

第二百三十五条 为防止犯罪嫌疑人等涉案人员逃往境外，需要在边防口岸采取边控措施的，人民检察院应当按照有关规定制作边控对象通知书，商请公安机关办理边控手续。

第二百三十六条 应当逮捕的犯罪嫌疑人潜逃出境的，可以按照有关规定层报最高人民检察院商请国际刑警组织中国国家中心局，请求有关方面协助，或者通过其他法律规定的途径进行追捕。

第十一节　侦查终结

第二百三十七条 人民检察院经过侦查，认为犯罪事实清楚，证据确实、充分，依法应当追究刑事责任的，应当写出侦查终结报告，并且制作起诉意见书。

犯罪嫌疑人自愿认罪的，应当记录在案，随案移送，并在起诉意见书中写明有关情况。

对于犯罪情节轻微，依照刑法规定不需要判处刑罚或者免除刑罚的案件，应当写出侦查终结报告，并且制作不起诉意见书。

侦查终结报告和起诉意见书或者不起诉意见书应当报请检察长批准。

第二百三十八条 负责侦查的部门应当将起诉意见书或者不起诉意见书，查封、扣押、冻结的犯罪嫌疑人的财物及其孳息、文件清单以及对查封、扣押、冻结的涉案财物的处理意见和其他案卷材料，一并移送本院负责捕诉的部门审查。国家或者集体财产遭受损失的，在提出提起公诉意见的同时，可以提出提起附带民事诉讼的意见。

第二百三十九条 在案件侦查过程中，犯罪嫌疑人委托辩护律师的，检察人员可以听取辩护律师的意见。

辩护律师要求当面提出意见的，检察人员应当听取意见，并制作笔录附卷。辩护律师提出书面意见的，应当附卷。

侦查终结前，犯罪嫌疑人提出无罪或者罪轻的辩解，辩护律师提出犯罪嫌疑人无罪或者依法不应当追究刑事责任意见的，人民检察院应当依法予以核实。

案件侦查终结移送起诉时，人民检察院应当同时将案件移送情况告知犯罪嫌疑人及其辩护律师。

第二百四十条　人民检察院侦查终结的案件，需要在异地起诉、审判的，应当在移送起诉前与人民法院协商指定管辖的相关事宜。

第二百四十一条　上级人民检察院侦查终结的案件，依照刑事诉讼法的规定应当由下级人民检察院提起公诉或者不起诉的，应当将有关决定、侦查终结报告连同案卷材料交由下级人民检察院审查。

下级人民检察院认为上级人民检察院的决定有错误的，可以向上级人民检察院报告。上级人民检察院维持原决定的，下级人民检察院应当执行。

第二百四十二条　人民检察院在侦查过程中或者侦查终结后，发现具有下列情形之一的，负责侦查的部门应当制作拟撤销案件意见书，报请检察长决定：

（一）具有刑事诉讼法第十六条规定情形之一的；

（二）没有犯罪事实的，或者依照刑法规定不负刑事责任或者不是犯罪的；

（三）虽有犯罪事实，但不是犯罪嫌疑人所为的。

对于共同犯罪的案件，如有符合本条规定情形的犯罪嫌疑人，应当撤销对该犯罪嫌疑人的立案。

第二百四十三条　地方各级人民检察院决定撤销案件的，负责侦查的部门应当将撤销案件意见书连同本案全部案卷材料，在法定期限届满七日前报上一级人民检察院审查；重大、复杂案件在法定期限届满十日前报上一级人民检察院审查。

对于共同犯罪案件，应当将处理同案犯罪嫌疑人的有关法律文书以及案件事实、证据材料复印件等，一并报送上一级人民检察院。

上一级人民检察院负责侦查的部门应当对案件事实、证据和适用法律进行全面审查。必要时，可以讯问犯罪嫌疑人。

上一级人民检察院负责侦查的部门审查后，应当提出是否同意撤销案件的意见，报请检察长决定。

人民检察院决定撤销案件的，应当告知控告人、举报人，听取其意见并记明笔录。

第二百四十四条　上一级人民检察院审查下级人民检察院报送的拟撤销案件，应当在收到案件后七日以内批复；重大、复杂案件，应当在收到案件后十日以内批复。情况紧急或者因其他特殊原因不能按时送达的，可以先行通知下级人民检察院执行。

第二百四十五条　上一级人民检察院同意撤销案件的，下级人民检察院应当作出撤销案件决定，并制作撤销案件决定书。上一级人民检察院不同意撤销案件的，下级人民检察院应当执行上一级人民检察院的决定。

报请上一级人民检察院审查期间，犯罪嫌疑人羁押期限届满的，应当依法释放犯罪嫌疑人或者变更强制措施。

第二百四十六条　撤销案件的决定，应当分别送达犯罪嫌疑人所在单位和犯罪嫌疑人。犯罪嫌疑人死亡的，应当送达犯罪嫌疑人原所在单位。如果犯罪嫌疑人在押，应当制作决定释放通知书，通知公安机关依法释放。

第二百四十七条　人民检察院作出撤销案件决定的，应当在三十日以内报经检察长批准，对犯罪嫌疑人的违法所得作出处理。情况特殊的，可以延长三十日。

第二百四十八条　人民检察院撤销案件时，对犯罪嫌疑人的违法所得及其他涉案财产应当区分不同情形，作出相应处理：

（一）因犯罪嫌疑人死亡而撤销案件，依照刑法规定应当追缴其违法所得及其他涉案财产的，按照本规则第十二章第四节的规定办理。

（二）因其他原因撤销案件，对于查封、扣押、冻结的犯罪嫌疑人违法所得及其他涉案财产需要没收的，应当提出检察意见，移送有关主管机关处理。

（三）对于冻结的犯罪嫌疑人存款、汇款、债券、股票、基金份额等财产需要返还被害人的，可以通知金融机构、邮政部门返还被害人；对于查封、扣押的犯罪嫌疑人的违法所得及其他涉案财产需要返还被害人的，直接决定返还被害人。

人民检察院申请人民法院裁定处理犯罪嫌疑人涉案财产的，应当向人民法院移送有关案卷材料。

第二百四十九条 人民检察院撤销案件时，对查封、扣押、冻结的犯罪嫌疑人的涉案财物需要返还犯罪嫌疑人的，应当解除查封、扣押或者书面通知有关金融机构、邮政部门解除冻结，返还犯罪嫌疑人或者其合法继承人。

第二百五十条 查封、扣押、冻结的财物，除依法应当返还被害人或者经查明确实与案件无关的以外，不得在诉讼程序终结之前处理。法律或者有关规定另有规定的除外。

第二百五十一条 处理查封、扣押、冻结的涉案财物，应当由检察长决定。

第二百五十二条 人民检察院直接受理侦查的共同犯罪案件，如果同案犯罪嫌疑人在逃，但在案犯罪嫌疑人犯罪事实清楚，证据确实、充分的，对在案犯罪嫌疑人应当根据本规则第二百三十七条的规定分别移送起诉或者移送不起诉。

由于同案犯罪嫌疑人在逃，在案犯罪嫌疑人的犯罪事实无法查清的，对在案犯罪嫌疑人应当根据案件的不同情况分别报请延长侦查羁押期限、变更强制措施或者解除强制措施。

第二百五十三条 人民检察院直接受理侦查的案件，对犯罪嫌疑人没有采取取保候审、监视居住、拘留或者逮捕措施的，负责侦查的部门应当在立案后二年以内提出移送起诉、移送不起诉或者撤销案件的意见；对犯罪嫌疑人采取取保候审、监视居住、拘留或者逮捕措施的，负责侦查的部门应当在解除或者撤销强制措施后一年以内提出移送起诉、移送不起诉或者撤销案件的意见。

第二百五十四条 人民检察院直接受理侦查的案件，撤销案件以后，又发现新的事实或者证据，认为有犯罪事实需要追究刑事责任的，可以重新立案侦查。

第十章 审查逮捕和审查起诉

第一节 一般规定

第二百五十五条 人民检察院办理审查逮捕、审查起诉案件，应当全面审查证明犯罪嫌疑人有罪或者无罪、罪轻或者罪重的证据。

第二百五十六条 经公安机关商请或者人民检察院认为确有必要时，可以派员适时介入重大、疑难、复杂案件的侦查活动，参加公安机关对于重大案件的讨论，对案件性质、收集证据、适用法律等提出意见，监督侦查活动是否合法。

经监察机关商请，人民检察院可以派员介入监察机关办理的职务犯罪案件。

第二百五十七条 对于批准逮捕后要求公安机关继续侦查、不批准逮捕后要求公安机关补充侦查或者审查起诉阶段退回公安机关补充侦查的案件，人民检察院应当分别制作继续侦查提纲或者补充侦查提纲，写明需要继续侦查或者补充侦查的事项、理由、侦查方向、需补充收集的证据及其证明作用等，送交公安机关。

第二百五十八条 人民检察院讯问犯罪嫌疑人时，应当首先查明犯罪嫌疑人的基本情况，依法告知犯罪嫌疑人诉讼权利和义务，以及认罪认罚的法律规定，听取其供述和辩解。犯罪嫌疑人翻供的，应当讯问其原因。犯罪嫌疑人申请排除非法证据的，应当告知其提供相关线索或者材料。犯罪嫌疑人检举揭发他人犯罪的，应当予以记录，并依照有关规定移送有关机关、部门处理。

讯问犯罪嫌疑人应当制作讯问笔录，并交犯罪嫌疑人核对或者向其宣读。经核对无误后逐页签名或者盖章,并捺指印后附卷。犯罪嫌疑人请求自行书写供述的,应当准许,但不得以自行书写的供述代替讯问笔录。

犯罪嫌疑人被羁押的,讯问应当在看守所讯问室进行。

第二百五十九条 办理审查逮捕、审查起诉案件,可以询问证人、被害人、鉴定人等诉讼参与人,并制作笔录附卷。询问时,应当告知其诉讼权利和义务。

询问证人、被害人的地点按照刑事诉讼法第一百二十四条的规定执行。

第二百六十条 讯问犯罪嫌疑人,询问被害人、证人、鉴定人,听取辩护人、被害人及其诉讼代理人的意见,应当由检察人员负责进行。检察人员或者检察人员和书记员不得少于二人。

讯问犯罪嫌疑人,询问证人、鉴定人、被害人,应当个别进行。

第二百六十一条 办理审查逮捕案件,犯罪嫌疑人已经委托辩护律师的,可以听取辩护律师的意见。辩护律师提出要求的,应当听取辩护律师的意见。对辩护律师的意见应当制作笔录,辩护律师提出的书面意见应当附卷。

办理审查起诉案件,应当听取辩护人或者值班律师、被害人及其诉讼代理人的意见,并制作笔录。辩护人或者值班律师、被害人及其诉讼代理人提出书面意见的,应当附卷。

对于辩护律师在审查逮捕、审查起诉阶段多次提出意见的,均应如实记录。

辩护律师提出犯罪嫌疑人不构成犯罪、无社会危险性、不适宜羁押或者侦查活动有违法犯罪情形等书面意见的,检察人员应当审查,并在相关工作文书中说明是否采纳的情况和理由。

第二百六十二条 直接听取辩护人、被害人及其诉讼代理人的意见有困难的,可以通过电话、视频等方式听取意见并记录在案,或者通知辩护人、被害人及其诉讼代理人提出书面意见。无法通知或者在指定期限内未提出意见的,应当记录在案。

第二百六十三条 对于公安机关提请批准逮捕、移送起诉的案件,检察人员审查时发现存在本规则第七十五条第一款规定情形的,可以调取公安机关讯问犯罪嫌疑人的录音、录像并审查相关的录音、录像。对于重大、疑难、复杂的案件,必要时可以审查全部录音、录像。

对于监察机关移送起诉的案件,认为需要调取有关录音、录像的,可以商监察机关调取。

对于人民检察院直接受理侦查的案件,审查时发现负责侦查的部门未按照本规则第七十五条第三款的规定移送录音、录像或者移送不全的,应当要求其补充移送。对取证合法性或者讯问笔录真实性等产生疑问的,应当有针对性地审查相关的录音、录像。对于重大、疑难、复杂的案件,可以审查全部录音、录像。

第二百六十四条 经审查讯问犯罪嫌疑人录音、录像,发现公安机关、本院负责侦查的部门讯问不规范,讯问过程存在违法行为,录音、录像内容与讯问笔录不一致等情形的,应当逐一列明并向公安机关、本院负责侦查的部门书面提出,要求其予以纠正、补正或者书面作出合理解释。发现讯问笔录与讯问犯罪嫌疑人录音、录像内容有重大实质性差异的,或者公安机关、本院负责侦查的部门不能补正或者作出合理解释的,该讯问笔录不能作为批准或者决定逮捕、提起公诉的依据。

第二百六十五条 犯罪嫌疑人及其辩护人申请排除非法证据,并提供相关线索或者材料的,人民检察院应当调查核实。发现侦查人员以刑讯逼供等非法方法收集证据的,应当依法排除相关证据并提出纠正意见。

审查逮捕期限届满前,经审查无法确定存在非法取证的行为,但也不能排除非法取证可能的,该证据不作为批准逮捕的依据。检察官应当根据在案的其他证据认定案件事实和决定是否逮捕,并在作出批准或者不批准逮捕的决定后,继续对可能存在的非法取证行为进行调查核实。经调查核实确认存在以刑讯逼供等非法方法收集证据情形的,应当向公安机关提出纠正意见。以非法方法收集的证据,不得作为提起公诉的依据。

第二百六十六条 审查逮捕期间，犯罪嫌疑人申请排除非法证据，但未提交相关线索或者材料，人民检察院经全面审查案件事实、证据，未发现侦查人员存在以非法方法收集证据的情形，认为符合逮捕条件的，可以批准逮捕。

审查起诉期间，犯罪嫌疑人及其辩护人又提出新的线索或者证据，或者人民检察院发现新的证据，经调查核实认为侦查人员存在以刑讯逼供等非法方法收集证据情形的，应当依法排除非法证据，不得作为提起公诉的依据。

排除非法证据后，犯罪嫌疑人不再符合逮捕条件但案件需要继续审查起诉的，应当及时变更强制措施。案件不符合起诉条件的，应当作出不起诉决定。

第二节 认罪认罚从宽案件办理

第二百六十七条 人民检察院办理犯罪嫌疑人认罪认罚案件，应当保障犯罪嫌疑人获得有效法律帮助，确保其了解认罪认罚的性质和法律后果，自愿认罪认罚。

人民检察院受理案件后，应当向犯罪嫌疑人了解其委托辩护人的情况。犯罪嫌疑人自愿认罪认罚、没有辩护人的，在审查逮捕阶段，人民检察院应当要求公安机关通知值班律师为其提供法律帮助；在审查起诉阶段，人民检察院应当通知值班律师为其提供法律帮助。符合通知辩护条件的，应当依法通知法律援助机构指派律师为其提供辩护。

第二百六十八条 人民检察院应当商法律援助机构设立法律援助工作站派驻值班律师或者及时安排值班律师，为犯罪嫌疑人提供法律咨询、程序选择建议、申请变更强制措施、对案件处理提出意见等法律帮助。

人民检察院应当告知犯罪嫌疑人有权约见值班律师，并为其约见值班律师提供便利。

第二百六十九条 犯罪嫌疑人认罪认罚的，人民检察院应当告知其享有的诉讼权利和认罪认罚的法律规定，听取犯罪嫌疑人、辩护人或者值班律师、被害人及其诉讼代理人对下列事项的意见，并记录在案：

（一）涉嫌的犯罪事实、罪名及适用的法律规定；

（二）从轻、减轻或者免除处罚等从宽处罚的建议；

（三）认罪认罚后案件审理适用的程序；

（四）其他需要听取意见的事项。

依照前款规定听取值班律师意见的，应当提前为值班律师了解案件有关情况提供必要的便利。自人民检察院对案件审查起诉之日起，值班律师可以查阅案卷材料，了解案情。人民检察院应当为值班律师查阅案卷材料提供便利。

人民检察院不采纳辩护人或者值班律师所提意见的，应当向其说明理由。

第二百七十条 批准或者决定逮捕，应当将犯罪嫌疑人涉嫌犯罪的性质、情节，认罪认罚等情况，作为是否可能发生社会危险性的考虑因素。

已经逮捕的犯罪嫌疑人认罪认罚的，人民检察院应当及时对羁押必要性进行审查。经审查，认为没有继续羁押必要的，应当予以释放或者变更强制措施。

第二百七十一条 审查起诉阶段，对于在侦查阶段认罪认罚的案件，人民检察院应当重点审查以下内容：

（一）犯罪嫌疑人是否自愿认罪认罚，有无因受到暴力、威胁、引诱而违背意愿认罪认罚；

（二）犯罪嫌疑人认罪认罚时的认知能力和精神状态是否正常；

（三）犯罪嫌疑人是否理解认罪认罚的性质和可能导致的法律后果；

（四）公安机关是否告知犯罪嫌疑人享有的诉讼权利，如实供述自己罪行可以从宽处理和认罪认罚的法律规定，并听取意见；

（五）起诉意见书中是否写明犯罪嫌疑人认罪认罚情况；

（六）犯罪嫌疑人是否真诚悔罪，是否向被害人赔礼道歉。

经审查，犯罪嫌疑人违背意愿认罪认罚的，

人民检察院可以重新开展认罪认罚工作。存在刑讯逼供等非法取证行为的，依照法律规定处理。

第二百七十二条 犯罪嫌疑人自愿认罪认罚，同意量刑建议和程序适用的，应当在辩护人或者值班律师在场的情况下签署认罪认罚具结书。具结书应当包括犯罪嫌疑人如实供述罪行、同意量刑建议和程序适用等内容，由犯罪嫌疑人及其辩护人、值班律师签名。

犯罪嫌疑人具有下列情形之一的，不需要签署认罪认罚具结书：

（一）犯罪嫌疑人是盲、聋、哑人，或者是尚未完全丧失辨认或者控制自己行为能力的精神病人的；

（二）未成年犯罪嫌疑人的法定代理人、辩护人对未成年人认罪认罚有异议的；

（三）其他不需要签署认罪认罚具结书的情形。

有前款情形，犯罪嫌疑人未签署认罪认罚具结书的，不影响认罪认罚从宽制度的适用。

第二百七十三条 犯罪嫌疑人认罪认罚，人民检察院经审查，认为符合速裁程序适用条件的，应当在十日以内作出是否提起公诉的决定，对可能判处的有期徒刑超过一年的，可以延长至十五日；认为不符合速裁程序适用条件的，应当在本规则第三百五十一条规定的期限以内作出是否提起公诉的决定。

对于公安机关建议适用速裁程序办理的案件，人民检察院负责案件管理的部门应当在受理案件的当日将案件移送负责捕诉的部门。

第二百七十四条 认罪认罚案件，人民检察院向人民法院提起公诉的，应当提出量刑建议，在起诉书中写明被告人认罪认罚情况，并移送认罪认罚具结书等材料。量刑建议可以另行制作文书，也可以在起诉书中写明。

第二百七十五条 犯罪嫌疑人认罪认罚的，人民检察院应当就主刑、附加刑、是否适用缓刑等提出量刑建议。量刑建议一般应当为确定刑。对新类型、不常见犯罪案件，量刑情节复杂的重罪案件等，也可以提出幅度刑量刑建议。

第二百七十六条 办理认罪认罚案件，人民检察院应当将犯罪嫌疑人是否与被害方达成和解或者调解协议，或者赔偿被害方损失，取得被害方谅解，或者自愿承担公益损害修复、赔偿责任，作为提出量刑建议的重要考虑因素。

犯罪嫌疑人自愿认罪并且愿意积极赔偿损失，但由于被害方赔偿请求明显不合理，未能达成和解或者调解协议的，一般不影响对犯罪嫌疑人从宽处理。

对于符合当事人和解程序适用条件的公诉案件，犯罪嫌疑人认罪认罚的，人民检察院应当积极促使当事人自愿达成和解。和解协议书和被害方出具的谅解意见应当随案移送。被害方符合司法救助条件的，人民检察院应当积极协调办理。

第二百七十七条 犯罪嫌疑人认罪认罚，人民检察院拟提出适用缓刑或者判处管制的量刑建议，可以委托犯罪嫌疑人居住地的社区矫正机构进行调查评估，也可以自行调查评估。

第二百七十八条 犯罪嫌疑人认罪认罚，人民检察院依照刑事诉讼法第一百七十七条第二款作出不起诉决定后，犯罪嫌疑人反悔的，人民检察院应当进行审查，并区分下列情形依法作出处理：

（一）发现犯罪嫌疑人没有犯罪事实，或者符合刑事诉讼法第十六条规定的情形之一的，应当撤销原不起诉决定，依照刑事诉讼法第一百七十七条第一款的规定重新作出不起诉决定；

（二）犯罪嫌疑人犯罪情节轻微，依照刑法不需要判处刑罚或者免除刑罚的，可以维持原不起诉决定；

（三）排除认罪认罚因素后，符合起诉条件的，应当根据案件具体情况撤销原不起诉决定，依法提起公诉。

第二百七十九条 犯罪嫌疑人自愿如实供述涉嫌犯罪的事实，有重大立功或者案件涉及国家重大利益的，经最高人民检察院核准，公安机关可以撤销案件，人民检察院可以作出不起诉决定，也可以对涉嫌数罪中的一项或者多项不起诉。

前款规定的不起诉，应当由检察长决定。决定不起诉的，人民检察院应当及时对查封、扣押、冻结的财物及其孳息作出处理。

第三节　审查批准逮捕

第二百八十条　人民检察院办理审查逮捕案件，可以讯问犯罪嫌疑人；具有下列情形之一的，应当讯问犯罪嫌疑人：

（一）对是否符合逮捕条件有疑问的；

（二）犯罪嫌疑人要求向检察人员当面陈述的；

（三）侦查活动可能有重大违法行为的；

（四）案情重大、疑难、复杂的；

（五）犯罪嫌疑人认罪认罚的；

（六）犯罪嫌疑人系未成年人的；

（七）犯罪嫌疑人是盲、聋、哑人或者是尚未完全丧失辨认或者控制自己行为能力的精神病人的。

讯问未被拘留的犯罪嫌疑人，讯问前应当听取公安机关的意见。

办理审查逮捕案件，对被拘留的犯罪嫌疑人不予讯问的，应当送达听取犯罪嫌疑人意见书，由犯罪嫌疑人填写后及时收回审查并附卷。经审查认为应当讯问犯罪嫌疑人的，应当及时讯问。

第二百八十一条　对有重大影响的案件，可以采取当面听取侦查人员、犯罪嫌疑人及其辩护人等意见的方式进行公开审查。

第二百八十二条　对公安机关提请批准逮捕的犯罪嫌疑人，已经被拘留的，人民检察院应当在收到提请批准逮捕书后七日以内作出是否批准逮捕的决定；未被拘留的，应当在收到提请批准逮捕书后十五日以内作出是否批准逮捕的决定，重大、复杂案件，不得超过二十日。

第二百八十三条　上级公安机关指定犯罪地或者犯罪嫌疑人居住地以外的下级公安机关立案侦查的案件，需要逮捕犯罪嫌疑人的，由侦查该案件的公安机关提请同级人民检察院审查批准逮捕。人民检察院应当依法作出批准或者不批准逮捕的决定。

第二百八十四条　对公安机关提请批准逮捕的犯罪嫌疑人，人民检察院经审查认为符合本规则第一百二十八条、第一百三十六条、第一百三十八条规定情形，应当作出批准逮捕的决定，连同案卷材料送达公安机关执行，并可以制作继续侦查提纲，送交公安机关。

第二百八十五条　对公安机关提请批准逮捕的犯罪嫌疑人，具有本规则第一百三十九条至第一百四十一条规定情形，人民检察院作出不批准逮捕决定的，应当说明理由，连同案卷材料送达公安机关执行。需要补充侦查的，应当制作补充侦查提纲，送交公安机关。

人民检察院办理审查逮捕案件，不另行侦查，不得直接提出采取取保候审措施的意见。

对于因犯罪嫌疑人没有犯罪事实、具有刑事诉讼法第十六条规定的情形之一或者证据不足，人民检察院拟作出不批准逮捕决定的，应当经检察长批准。

第二百八十六条　人民检察院应当将批准逮捕的决定交公安机关立即执行，并要求公安机关将执行回执及时送达作出批准决定的人民检察院。如果未能执行，也应当要求其将回执及时送达人民检察院，并写明未能执行的原因。对于人民检察院不批准逮捕的，应当要求公安机关在收到不批准逮捕决定书后，立即释放在押的犯罪嫌疑人或者变更强制措施，并将执行回执在收到不批准逮捕决定书后三日以内送达作出不批准逮捕决定的人民检察院。

公安机关在收到不批准逮捕决定书后对在押的犯罪嫌疑人不立即释放或者变更强制措施的，人民检察院应当提出纠正意见。

第二百八十七条　对于没有犯罪事实或者犯罪嫌疑人具有刑事诉讼法第十六条规定情形之一，人民检察院作出不批准逮捕决定的，应当同时告知公安机关撤销案件。

对于有犯罪事实需要追究刑事责任，但不是被立案侦查的犯罪嫌疑人实施，或者共同犯罪案件中部分犯罪嫌疑人不负刑事责任，人民检察院作出不批准逮捕决定的，应当同时告知公安机关对有关犯罪嫌疑人终止侦查。

公安机关在收到不批准逮捕决定书后超过十五日未要求复议、提请复核,也不撤销案件或者终止侦查的,人民检察院应当发出纠正违法通知书。公安机关仍不纠正的,报上一级人民检察院协商同级公安机关处理。

第二百八十八条 人民检察院办理公安机关提请批准逮捕的案件,发现遗漏应当逮捕的犯罪嫌疑人的,应当经检察长批准,要求公安机关提请批准逮捕。公安机关不提请批准逮捕或者说明的不提请批准逮捕的理由不成立的,人民检察院可以直接作出逮捕决定,送达公安机关执行。

第二百八十九条 对已经作出的批准逮捕决定发现确有错误的,人民检察院应当撤销原批准逮捕决定,送达公安机关执行。

对已经作出的不批准逮捕决定发现确有错误,需要批准逮捕的,人民检察院应当撤销原不批准逮捕决定,并重新作出批准逮捕决定,送达公安机关执行。

对因撤销原批准逮捕决定而被释放的犯罪嫌疑人或者逮捕后公安机关变更为取保候审、监视居住的犯罪嫌疑人,又发现需要逮捕的,人民检察院应当重新办理逮捕手续。

第二百九十条 对不批准逮捕的案件,公安机关要求复议的,人民检察院负责捕诉的部门应当另行指派检察官或者检察官办案组进行审查,并在收到要求复议意见书和案卷材料后七日以内,经检察长批准,作出是否变更的决定,通知公安机关。

第二百九十一条 对不批准逮捕的案件,公安机关提请上一级人民检察院复核的,上一级人民检察院应当在收到提请复核意见书和案卷材料后十五日以内,经检察长批准,作出是否变更的决定,通知下级人民检察院和公安机关执行。需要改变原决定的,应当通知作出不批准逮捕决定的人民检察院撤销原不批准逮捕决定,另行制作批准逮捕决定书。必要时,上级人民检察院也可以直接作出批准逮捕决定,通知下级人民检察院送达公安机关执行。

对于经复议复核维持原不批准逮捕决定的,人民检察院向公安机关送达复议复核决定时应当说明理由。

第二百九十二条 人民检察院作出不批准逮捕决定,并且通知公安机关补充侦查的案件,公安机关在补充侦查后又要求复议的,人民检察院应当告知公安机关重新提请批准逮捕。公安机关坚持要求复议的,人民检察院不予受理。

对于公安机关补充侦查后应当提请批准逮捕而不提请批准逮捕的,按照本规则第二百八十八条的规定办理。

第二百九十三条 对公安机关提请批准逮捕的案件,负责捕诉的部门应当将批准、变更、撤销逮捕措施的情况书面通知本院负责刑事执行检察的部门。

第二百九十四条 外国人、无国籍人涉嫌危害国家安全犯罪的案件或者涉及国与国之间政治、外交关系的案件以及在适用法律上确有疑难的案件,需要逮捕犯罪嫌疑人的,按照刑事诉讼法关于管辖的规定,分别由基层人民检察院或者设区的市级人民检察院审查并提出意见,层报最高人民检察院审查。最高人民检察院认为需要逮捕的,经征求外交部的意见后,作出批准逮捕的批复;认为不需要逮捕的,作出不批准逮捕的批复。基层人民检察院或者设区的市级人民检察院根据最高人民检察院的批复,依法作出批准或者不批准逮捕的决定。层报过程中,上级人民检察院认为不需要逮捕的,应当作出不批准逮捕的批复。报送的人民检察院根据批复依法作出不批准逮捕的决定。

基层人民检察院或者设区的市级人民检察院认为不需要逮捕的,可以直接依法作出不批准逮捕的决定。

外国人、无国籍人涉嫌本条第一款规定以外的其他犯罪案件,决定批准逮捕的人民检察院应当在作出批准逮捕决定后四十八小时以内报上一级人民检察院备案,同时向同级人民政府外事部门通报。上一级人民检察院经审查发现批准逮捕决定错误的,应当依法及时纠正。

第二百九十五条 人民检察院办理审查逮

捕的危害国家安全犯罪案件，应当报上一级人民检察院备案。

上一级人民检察院经审查发现错误的，应当依法及时纠正。

第四节　审查决定逮捕

第二百九十六条　人民检察院办理直接受理侦查的案件，需要逮捕犯罪嫌疑人的，由负责侦查的部门制作逮捕犯罪嫌疑人意见书，连同案卷材料、讯问犯罪嫌疑人录音、录像一并移送本院负责捕诉的部门审查。犯罪嫌疑人已被拘留的，负责侦查的部门应当在拘留后七日以内将案件移送本院负责捕诉的部门审查。

第二百九十七条　对本院负责侦查的部门移送审查逮捕的案件，犯罪嫌疑人已被拘留的，负责捕诉的部门应当在收到逮捕犯罪嫌疑人意见书后七日以内，报请检察长决定是否逮捕，特殊情况下，决定逮捕的时间可以延长一日至三日；犯罪嫌疑人未被拘留的，负责捕诉的部门应当在收到逮捕犯罪嫌疑人意见书后十五日以内，报请检察长决定是否逮捕，重大、复杂案件，不得超过二十日。

第二百九十八条　对犯罪嫌疑人决定逮捕的，负责捕诉的部门应当将逮捕决定书连同案卷材料、讯问犯罪嫌疑人录音、录像移交负责侦查的部门，并可以对收集证据、适用法律提出意见。由负责侦查的部门通知公安机关执行，必要时可以协助执行。

第二百九十九条　对犯罪嫌疑人决定不予逮捕的，负责捕诉的部门应当将不予逮捕的决定连同案卷材料、讯问犯罪嫌疑人录音、录像移交负责侦查的部门，并说明理由。需要补充侦查的，应当制作补充侦查提纲。犯罪嫌疑人已被拘留的，负责侦查的部门应当通知公安机关立即释放。

第三百条　对应当逮捕而本院负责侦查的部门未移送审查逮捕的犯罪嫌疑人，负责捕诉的部门应当向负责侦查的部门提出移送审查逮捕犯罪嫌疑人的建议。建议不被采纳的，应当报请检察长决定。

第三百零一条　逮捕犯罪嫌疑人后，应当立即送看守所羁押。除无法通知的以外，负责侦查的部门应当把逮捕的原因和羁押的处所，在二十四小时以内通知其家属。对于无法通知的，在无法通知的情形消除后，应当立即通知其家属。

第三百零二条　对被逮捕的犯罪嫌疑人，应当在逮捕后二十四小时以内进行讯问。

发现不应当逮捕的，应当经检察长批准，撤销逮捕决定或者变更为其他强制措施，并通知公安机关执行，同时通知负责捕诉的部门。

对按照前款规定被释放或者变更强制措施的犯罪嫌疑人，又发现需要逮捕的，应当重新移送审查逮捕。

第三百零三条　已经作出不予逮捕的决定，又发现需要逮捕犯罪嫌疑人的，应当重新办理逮捕手续。

第三百零四条　犯罪嫌疑人在异地羁押的，负责侦查的部门应当将决定、变更、撤销逮捕措施的情况书面通知羁押地人民检察院负责刑事执行检察的部门。

第五节　延长侦查羁押期限和重新计算侦查羁押期限

第三百零五条　人民检察院办理直接受理侦查的案件，对犯罪嫌疑人逮捕后的侦查羁押期限不得超过二个月。案情复杂、期限届满不能终结的案件，可以经上一级人民检察院批准延长一个月。

第三百零六条　设区的市级人民检察院和基层人民检察院办理直接受理侦查的案件，符合刑事诉讼法第一百五十八条规定，在本规则第三百零五条规定的期限届满前不能侦查终结的，经省级人民检察院批准，可以延长二个月。

省级人民检察院直接受理侦查的案件，有前款情形的，可以直接决定延长二个月。

第三百零七条　设区的市级人民检察院和基层人民检察院办理直接受理侦查的案件，对犯罪嫌疑人可能判处十年有期徒刑以上刑罚，依照本规则第三百零六条的规定依法延长羁押期限届满，仍不能侦查终结的，经省级人民检察院批准，可以再延长二个月。

省级人民检察院办理直接受理侦查的案件，有前款情形的，可以直接决定再延长二个月。

第三百零八条 最高人民检察院办理直接受理侦查的案件，依照刑事诉讼法的规定需要延长侦查羁押期限的，直接决定延长侦查羁押期限。

第三百零九条 公安机关需要延长侦查羁押期限的，人民检察院应当要求其在侦查羁押期限届满七日前提请批准延长侦查羁押期限。

人民检察院办理直接受理侦查的案件，负责侦查的部门认为需要延长侦查羁押期限的，应当按照前款规定向本院负责捕诉的部门移送延长侦查羁押期限意见书及有关材料。

对于超过法定羁押期限提请延长侦查羁押期限的，不予受理。

第三百一十条 人民检察院审查批准或者决定延长侦查羁押期限，由负责捕诉的部门办理。

受理案件的人民检察院对延长侦查羁押期限的意见审查后，应当提出是否同意延长侦查羁押期限的意见，将公安机关延长侦查羁押期限的意见和本院的审查意见层报有决定权的人民检察院审查决定。

第三百一十一条 对于同时具备下列条件的案件，人民检察院应当作出批准延长侦查羁押期限一个月的决定：

（一）符合刑事诉讼法第一百五十六条的规定；

（二）符合逮捕条件；

（三）犯罪嫌疑人有继续羁押的必要。

第三百一十二条 犯罪嫌疑人虽然符合逮捕条件，但经审查，公安机关在对犯罪嫌疑人执行逮捕后二个月以内未有效开展侦查工作或者侦查取证工作没有实质进展的，人民检察院可以作出不批准延长侦查羁押期限的决定。

犯罪嫌疑人不符合逮捕条件，需要撤销下级人民检察院逮捕决定的，上级人民检察院在作出不批准延长侦查羁押期限决定的同时，应当作出撤销逮捕的决定，或者通知下级人民检察院撤销逮捕决定。

第三百一十三条 有决定权的人民检察院作出批准延长侦查羁押期限或者不批准延长侦查羁押期限的决定后，应当将决定书交由最初受理案件的人民检察院送达公安机关。

最初受理案件的人民检察院负责捕诉的部门收到批准延长侦查羁押期限决定书或者不批准延长侦查羁押期限决定书，应当书面告知本院负责刑事执行检察的部门。

第三百一十四条 因为特殊原因，在较长时间内不宜交付审判的特别重大复杂的案件，由最高人民检察院报请全国人民代表大会常务委员会批准延期审理。

第三百一十五条 人民检察院在侦查期间发现犯罪嫌疑人另有重要罪行的，自发现之日起依照本规则第三百零五条的规定重新计算侦查羁押期限。

另有重要罪行是指与逮捕时的罪行不同种的重大犯罪或者同种的影响罪名认定、量刑档次的重大犯罪。

第三百一十六条 人民检察院重新计算侦查羁押期限，应当由负责侦查的部门提出重新计算侦查羁押期限的意见，移送本院负责捕诉的部门审查。负责捕诉的部门审查后应当提出是否同意重新计算侦查羁押期限的意见，报检察长决定。

第三百一十七条 对公安机关重新计算侦查羁押期限的备案，由负责捕诉的部门审查。负责捕诉的部门认为公安机关重新计算侦查羁押期限不当的，应当提出纠正意见。

第三百一十八条 人民检察院直接受理侦查的案件，不能在法定侦查羁押期限内侦查终结的，应当依法释放犯罪嫌疑人或者变更强制措施。

第三百一十九条 负责捕诉的部门审查延长侦查羁押期限、审查重新计算侦查羁押期限，可以讯问犯罪嫌疑人，听取辩护律师和侦查人员的意见，调取案卷及相关材料等。

第六节 核准追诉

第三百二十条 法定最高刑为无期徒刑、死刑的犯罪，已过二十年追诉期限的，不再追诉。如果认为必须追诉的，须报请最高人民检察院核准。

第三百二十一条 须报请最高人民检察院核准追诉的案件，公安机关在核准之前可以依法对犯罪嫌疑人采取强制措施。

公安机关报请核准追诉并提请逮捕犯罪嫌疑人，人民检察院经审查认为必须追诉而且符合法定逮捕条件的，可以依法批准逮捕，同时要求公安机关在报请核准追诉期间不得停止对案件的侦查。

未经最高人民检察院核准，不得对案件提起公诉。

第三百二十二条 报请核准追诉的案件应当同时符合下列条件：

（一）有证据证明存在犯罪事实，且犯罪事实是犯罪嫌疑人实施的；

（二）涉嫌犯罪的行为应当适用的法定量刑幅度的最高刑为无期徒刑或者死刑；

（三）涉嫌犯罪的性质、情节和后果特别严重，虽然已过二十年追诉期限，但社会危害性和影响依然存在，不追诉会严重影响社会稳定或者产生其他严重后果，而必须追诉的；

（四）犯罪嫌疑人能够及时到案接受追诉。

第三百二十三条 公安机关报请核准追诉的案件，由同级人民检察院受理并层报最高人民检察院审查决定。

第三百二十四条 地方各级人民检察院对公安机关报请核准追诉的案件，应当及时进行审查并开展必要的调查。经检察委员会审议提出是否同意核准追诉的意见，制作报请核准追诉案件报告书，连同案卷材料一并层报最高人民检察院。

第三百二十五条 最高人民检察院收到省级人民检察院报送的报请核准追诉案件报告书及案卷材料后，应当及时审查，必要时指派检察人员到案发地了解案件有关情况。经检察长批准，作出是否核准追诉的决定，并制作核准追诉决定书或者不予核准追诉决定书，逐级下达至最初受理案件的人民检察院，由其送达报请核准追诉的公安机关。

第三百二十六条 对已经采取强制措施的案件，强制措施期限届满不能作出是否核准追诉决定的，应当对犯罪嫌疑人变更强制措施或者延长侦查羁押期限。

第三百二十七条 最高人民检察院决定核准追诉的案件，最初受理案件的人民检察院应当监督公安机关的侦查工作。

最高人民检察院决定不予核准追诉，公安机关未及时撤销案件的，同级人民检察院应当提出纠正意见。犯罪嫌疑人在押的，应当立即释放。

第七节 审查起诉

第三百二十八条 各级人民检察院提起公诉，应当与人民法院审判管辖相适应。负责捕诉的部门收到移送起诉的案件后，经审查认为不属于本院管辖的，应当在发现之日起五日以内经由负责案件管理的部门移送有管辖权的人民检察院。

属于上级人民法院管辖的第一审案件，应当报送上级人民检察院，同时通知移送起诉的公安机关；属于同级其他人民法院管辖的第一审案件，应当移送有管辖权的人民检察院或者报送共同的上级人民检察院指定管辖，同时通知移送起诉的公安机关。

上级人民检察院受理同级公安机关移送起诉的案件，认为属于下级人民法院管辖的，可以交下级人民检察院审查，由下级人民检察院向同级人民法院提起公诉，同时通知移送起诉的公安机关。

一人犯数罪、共同犯罪和其他需要并案审理的案件，只要其中一人或者一罪属于上级人民检察院管辖的，全案由上级人民检察院审查起诉。

公安机关移送起诉的案件，需要依照刑事诉讼法的规定指定审判管辖的，人民检察院应当在公安机关移送起诉前协商同级人民法院办理指定管辖有关事宜。

第三百二十九条 监察机关移送起诉的案件,需要依照刑事诉讼法的规定指定审判管辖的,人民检察院应当在监察机关移送起诉二十日前协商同级人民法院办理指定管辖有关事宜。

第三百三十条 人民检察院审查移送起诉的案件,应当查明:

(一)犯罪嫌疑人身份状况是否清楚,包括姓名、性别、国籍、出生年月日、职业和单位等;单位犯罪的,单位的相关情况是否清楚;

(二)犯罪事实、情节是否清楚;实施犯罪的时间、地点、手段、危害后果是否明确;

(三)认定犯罪性质和罪名的意见是否正确;有无法定的从重、从轻、减轻或者免除处罚情节及酌定从重、从轻情节;共同犯罪案件的犯罪嫌疑人在犯罪活动中的责任认定是否恰当;

(四)犯罪嫌疑人是否认罪认罚;

(五)证明犯罪事实的证据材料是否随案移送;证明相关财产系违法所得的证据材料是否随案移送;不宜移送的证据的清单、复制件、照片或者其他证明文件是否随案移送;

(六)证据是否确实、充分,是否依法收集,有无应当排除非法证据的情形;

(七)采取侦查措施包括技术侦查措施的法律手续和诉讼文书是否完备;

(八)有无遗漏罪行和其他应当追究刑事责任的人;

(九)是否属于不应当追究刑事责任的;

(十)有无附带民事诉讼;对于国家财产、集体财产遭受损失的,是否需要由人民检察院提起附带民事诉讼;对于破坏生态环境和资源保护,食品药品安全领域侵害众多消费者合法权益,侵害英雄烈士的姓名、肖像、名誉、荣誉等损害社会公共利益的行为,是否需要由人民检察院提起附带民事公益诉讼;

(十一)采取的强制措施是否适当,对于已经逮捕的犯罪嫌疑人,有无继续羁押的必要;

(十二)侦查活动是否合法;

(十三)涉案财物是否查封、扣押、冻结并妥善保管,清单是否齐备;对被害人合法财产的返还和对违禁品或者不宜长期保存的物品的处理是否妥当,移送的证明文件是否完备。

第三百三十一条 人民检察院办理审查起诉案件应当讯问犯罪嫌疑人。

第三百三十二条 人民检察院认为需要对案件中某些专门性问题进行鉴定而监察机关或者公安机关没有鉴定的,应当要求监察机关或者公安机关进行鉴定。必要时,也可以由人民检察院进行鉴定,或者由人民检察院聘请有鉴定资格的人进行鉴定。

人民检察院自行进行鉴定的,可以商请监察机关或者公安机关派员参加,必要时可以聘请有鉴定资格或者有专门知识的人参加。

第三百三十三条 在审查起诉中,发现犯罪嫌疑人可能患有精神病的,人民检察院应当依照本规则的有关规定对犯罪嫌疑人进行鉴定。

犯罪嫌疑人的辩护人或者近亲属以犯罪嫌疑人可能患有精神病而申请对犯罪嫌疑人进行鉴定的,人民检察院也可以依照本规则的有关规定对犯罪嫌疑人进行鉴定。鉴定费用由申请方承担。

第三百三十四条 人民检察院对鉴定意见有疑问的,可以询问鉴定人或者有专门知识的人并制作笔录附卷,也可以指派有鉴定资格的检察技术人员或者聘请其他有鉴定资格的人进行补充鉴定或者重新鉴定。

人民检察院对鉴定意见等技术性证据材料需要进行专门审查的,按照有关规定交检察技术人员或者其他有专门知识的人进行审查并出具审查意见。

第三百三十五条 人民检察院审查案件时,对监察机关或者公安机关的勘验、检查,认为需要复验、复查的,应当要求其复验、复查,人民检察院可以派员参加;也可以自行复验、复查,商请监察机关或者公安机关派员参加,必要时也可以指派检察技术人员或者聘请其他有专门知识的人参加。

第三百三十六条 人民检察院对物证、书证、视听资料、电子数据及勘验、检查、辨认、侦查实验等笔录存在疑问的,可以要求调查人员或者侦查人员提供获取、制作的有关情况,必要时也可以询问提供相关证据材料的人员和见证人并制作笔录附卷,对物证、书证、视听资料、电子数据进行鉴定。

第三百三十七条 人民检察院在审查起诉阶段认为需要逮捕犯罪嫌疑人的,应当经检察长决定。

第三百三十八条 对于人民检察院正在审查起诉的案件,被逮捕的犯罪嫌疑人及其法定代理人、近亲属或者辩护人认为羁押期限届满,向人民检察院提出释放犯罪嫌疑人或者变更强制措施要求的,人民检察院应当在三日以内审查决定。经审查,认为法定期限届满的,应当决定释放或者依法变更强制措施,并通知公安机关执行;认为法定期限未满的,书面答复申请人。

第三百三十九条 人民检察院对案件进行审查后,应当依法作出起诉或者不起诉以及是否提起附带民事诉讼、附带民事公益诉讼的决定。

第三百四十条 人民检察院对监察机关或者公安机关移送的案件进行审查后,在人民法院作出生效判决之前,认为需要补充提供证据材料的,可以书面要求监察机关或者公安机关提供。

第三百四十一条 人民检察院在审查起诉中发现有应当排除的非法证据,应当依法排除,同时可以要求监察机关或者公安机关另行指派调查人员或者侦查人员重新取证。必要时,人民检察院也可以自行调查取证。

第三百四十二条 人民检察院认为犯罪事实不清、证据不足或者存在遗漏罪行、遗漏同案犯罪嫌疑人等情形需要补充侦查的,应当制作补充侦查提纲,连同案卷材料一并退回公安机关补充侦查。人民检察院也可以自行侦查,必要时可以要求公安机关提供协助。

第三百四十三条 人民检察院对于监察机关移送起诉的案件,认为需要补充调查的,应当退回监察机关补充调查。必要时,可以自行补充侦查。

需要退回补充调查的案件,人民检察院应当出具补充调查决定书、补充调查提纲,写明补充调查的事项、理由、调查方向、需补充收集的证据及其证明作用等,连同案卷材料一并送交监察机关。

人民检察院决定退回补充调查的案件,犯罪嫌疑人已被采取强制措施的,应当将退回补充调查情况书面通知强制措施执行机关。监察机关需要讯问的,人民检察院应当予以配合。

第三百四十四条 对于监察机关移送起诉的案件,具有下列情形之一的,人民检察院可以自行补充侦查:

(一)证人证言、犯罪嫌疑人供述和辩解、被害人陈述的内容主要情节一致,个别情节不一致的;

(二)物证、书证等证据材料需要补充鉴定的;

(三)其他由人民检察院查证更为便利、更有效率、更有利于查清案件事实的情形。

自行补充侦查完毕后,应当将相关证据材料入卷,同时抄送监察机关。人民检察院自行补充侦查的,可以商请监察机关提供协助。

第三百四十五条 人民检察院负责捕诉的部门对本院负责侦查的部门移送起诉的案件进行审查后,认为犯罪事实不清、证据不足或者存在遗漏罪行、遗漏同案犯罪嫌疑人等情形需要补充侦查的,应当制作补充侦查提纲,连同案卷材料一并退回负责侦查的部门补充侦查。必要时,也可以自行侦查,可以要求负责侦查的部门予以协助。

第三百四十六条 退回监察机关补充调查、退回公安机关补充侦查的案件,均应当在一个月以内补充调查、补充侦查完毕。

补充调查、补充侦查以二次为限。

补充调查、补充侦查完毕移送起诉后,人民检察院重新计算审查起诉期限。

人民检察院负责捕诉的部门退回本院负责

侦查的部门补充侦查的期限、次数按照本条第一款至第三款的规定执行。

第三百四十七条 补充侦查期限届满，公安机关未将案件重新移送起诉的，人民检察院应当要求公安机关说明理由。

人民检察院发现公安机关违反法律规定撤销案件的，应当提出纠正意见。

第三百四十八条 人民检察院在审查起诉中决定自行侦查的，应当在审查起诉期限内侦查完毕。

第三百四十九条 人民检察院对已经退回监察机关二次补充调查或者退回公安机关二次补充侦查的案件，在审查起诉中又发现新的犯罪事实，应当将线索移送监察机关或者公安机关。对已经查清的犯罪事实，应当依法提起公诉。

第三百五十条 对于在审查起诉期间改变管辖的案件，改变后的人民检察院对于符合刑事诉讼法第一百七十五条第二款规定的案件，可以经原受理案件的人民检察院协助，直接退回原侦查案件的公安机关补充侦查，也可以自行侦查。改变管辖前后退回补充侦查的次数总共不得超过二次。

第三百五十一条 人民检察院对于移送起诉的案件，应当在一个月以内作出决定；重大、复杂的案件，一个月以内不能作出决定的，可以延长十五日。

人民检察院审查起诉的案件，改变管辖的，从改变后的人民检察院收到案件之日起计算审查起诉期限。

第三百五十二条 追缴的财物中，属于被害人的合法财产，不需要在法庭出示的，应当及时返还被害人，并由被害人在发还款物清单上签名或者盖章，注明返还的理由，并将清单、照片附卷。

第三百五十三条 追缴的财物中，属于违禁品或者不宜长期保存的物品，应当依照国家有关规定处理，并将清单、照片、处理结果附卷。

第三百五十四条 人民检察院在审查起诉阶段，可以适用本规则规定的侦查措施和程序。

第八节 起　　诉

第三百五十五条 人民检察院认为犯罪嫌疑人的犯罪事实已经查清，证据确实、充分，依法应当追究刑事责任的，应当作出起诉决定。

具有下列情形之一的，可以认为犯罪事实已经查清：

（一）属于单一罪行的案件，查清的事实足以定罪量刑或者与定罪量刑有关的事实已经查清，不影响定罪量刑的事实无法查清的；

（二）属于数个罪行的案件，部分罪行已经查清并符合起诉条件，其他罪行无法查清的；

（三）无法查清作案工具、赃物去向，但有其他证据足以对被告人定罪量刑的；

（四）证人证言、犯罪嫌疑人供述和辩解、被害人陈述的内容主要情节一致，个别情节不一致，但不影响定罪的。

对于符合前款第二项情形的，应当以已经查清的罪行起诉。

第三百五十六条 人民检察院在办理公安机关移送起诉的案件中，发现遗漏罪行或者有依法应当移送起诉的同案犯罪嫌疑人未移送起诉的，应当要求公安机关补充侦查或者补充移送起诉。对于犯罪事实清楚，证据确实、充分的，也可以直接提起公诉。

第三百五十七条 人民检察院立案侦查时认为属于直接受理侦查的案件，在审查起诉阶段发现属于监察机关管辖的，应当及时商监察机关办理。属于公安机关管辖，案件事实清楚，证据确实、充分，符合起诉条件的，可以直接起诉；事实不清、证据不足的，应当及时移送有管辖权的机关办理。

在审查起诉阶段，发现公安机关移送起诉的案件属于监察机关管辖，或者监察机关移送起诉的案件属于公安机关管辖，但案件事实清楚，证据确实、充分，符合起诉条件的，经征求监察机关、公安机关意见后，没有不同意见的，可以直接起诉；提出不同意见，或者事实不清、证据不足的，应当将案件退回移送案件的机关并说明理由，建议其移送有管辖权的机关办理。

第三百五十八条 人民检察院决定起诉的，应当制作起诉书。

起诉书的主要内容包括：

（一）被告人的基本情况，包括姓名、性别、出生年月日、出生地和户籍地、公民身份号码、民族、文化程度、职业、工作单位及职务、住址，是否受过刑事处分及处分的种类和时间，采取强制措施的情况等；如果是单位犯罪，应当写明犯罪单位的名称和组织机构代码、所在地址、联系方式，法定代表人和诉讼代表人的姓名、职务、联系方式；如果还有应当负刑事责任的直接负责的主管人员或其他直接责任人员，应当按上述被告人基本情况的内容叙写；

（二）案由和案件来源；

（三）案件事实，包括犯罪的时间、地点、经过、手段、动机、目的、危害后果等与定罪量刑有关的事实要素。起诉书叙述的指控犯罪事实的必备要素应当明晰、准确。被告人被控有多项犯罪事实的，应当逐一列举，对于犯罪手段相同的同一犯罪可以概括叙写；

（四）起诉的根据和理由，包括被告人触犯的刑法条款、犯罪的性质及认定的罪名、处罚条款、法定从轻、减轻或者从重处罚的情节，共同犯罪各被告人应负的罪责等；

（五）被告人认罪认罚情况，包括认罪认罚的内容、具结书签署情况等。

被告人真实姓名、住址无法查清的，可以按其绰号或者自报的姓名、住址制作起诉书，并在起诉书中注明。被告人自报的姓名可能造成损害他人名誉、败坏道德风俗等不良影响的，可以对被告人编号并按编号制作起诉书，附具被告人的照片，记明足以确定被告人面貌、体格、指纹以及其他反映被告人特征的事项。

起诉书应当附有被告人现在处所，证人、鉴定人、需要出庭的有专门知识的人的名单，需要保护的被害人、证人、鉴定人的化名名单，查封、扣押、冻结的财物及孳息的清单，附带民事诉讼、附带民事公益诉讼情况以及其他需要附注的情况。

证人、鉴定人、有专门知识的人的名单应当列明姓名、性别、年龄、职业、住址、联系方式，并注明证人、鉴定人是否出庭。

第三百五十九条 人民检察院提起公诉的案件，应当向人民法院移送起诉书、案卷材料、证据和认罪认罚具结书等材料。

起诉书应当一式八份，每增加一名被告人增加起诉书五份。

关于被害人姓名、住址、联系方式、被告人被采取强制措施的种类、是否在案及羁押处所等问题，人民检察院应当在起诉书中列明，不再单独移送材料；对于涉及被害人隐私或者为保护证人、鉴定人、被害人人身安全，而不宜公开证人、鉴定人、被害人姓名、住址、工作单位和联系方式等个人信息的，可以在起诉书中使用化名。但是应当另行书面说明使用化名的情况并标明密级，单独成卷。

第三百六十条 人民检察院对于犯罪嫌疑人、被告人或者证人等翻供、翻证的材料以及对犯罪嫌疑人、被告人有利的其他证据材料，应当移送人民法院。

第三百六十一条 人民法院向人民检察院提出书面意见要求补充移送材料，人民检察院认为有必要移送的，应当自收到通知之日起三日以内补送。

第三百六十二条 对提起公诉后，在人民法院宣告判决前补充收集的证据材料，人民检察院应当及时移送人民法院。

第三百六十三条 在审查起诉期间，人民检察院可以根据辩护人的申请，向监察机关、公安机关调取在调查、侦查期间收集的证明犯罪嫌疑人、被告人无罪或者罪轻的证据材料。

第三百六十四条 人民检察院提起公诉的案件，可以向人民法院提出量刑建议。除有减轻处罚或者免除处罚情节外，量刑建议应当在法定量刑幅度内提出。建议判处有期徒刑、管制、拘役的，可以具有一定的幅度，也可以提出具体确定的建议。

提出量刑建议的，可以制作量刑建议书，与起诉书一并移送人民法院。量刑建议书的主要内容应当包括被告人所犯罪行的法定刑、量刑情节、建议人民法院对被告人判处刑罚的种类、刑罚幅度、可以适用的刑罚执行方式以及提出量刑建议的依据和理由等。

认罪认罚案件的量刑建议，按照本章第二节的规定办理。

第九节　不　起　诉

第三百六十五条　人民检察院对于监察机关或者公安机关移送起诉的案件，发现犯罪嫌疑人没有犯罪事实，或者符合刑事诉讼法第十六条规定的情形之一的，经检察长批准，应当作出不起诉决定。

对于犯罪事实并非犯罪嫌疑人所为，需要重新调查或者侦查的，应当在作出不起诉决定后书面说明理由，将案卷材料退回监察机关或者公安机关并建议重新调查或者侦查。

第三百六十六条　负责捕诉的部门对于本院负责侦查的部门移送起诉的案件，发现具有本规则第三百六十五条第一款规定情形的，应当退回本院负责侦查的部门，建议撤销案件。

第三百六十七条　人民检察院对于二次退回补充调查或者补充侦查的案件，仍然认为证据不足，不符合起诉条件的，经检察长批准，依法作出不起诉决定。

人民检察院对于经过一次退回补充调查或者补充侦查的案件，认为证据不足，不符合起诉条件，且没有再次退回补充调查或者补充侦查必要的，经检察长批准，可以作出不起诉决定。

第三百六十八条　具有下列情形之一，不能确定犯罪嫌疑人构成犯罪和需要追究刑事责任的，属于证据不足，不符合起诉条件：

（一）犯罪构成要件事实缺乏必要的证据予以证明的；

（二）据以定罪的证据存在疑问，无法查证属实的；

（三）据以定罪的证据之间、证据与案件事实之间的矛盾不能合理排除的；

（四）根据证据得出的结论具有其他可能性，不能排除合理怀疑的；

（五）根据证据认定案件事实不符合逻辑和经验法则，得出的结论明显不符合常理的。

第三百六十九条　人民检察院根据刑事诉讼法第一百七十五条第四款规定决定不起诉的，在发现新的证据，符合起诉条件时，可以提起公诉。

第三百七十条　人民检察院对于犯罪情节轻微，依照刑法规定不需要判处刑罚或者免除刑罚的，经检察长批准，可以作出不起诉决定。

第三百七十一条　人民检察院直接受理侦查的案件，以及监察机关移送起诉的案件，拟作不起诉决定的，应当报请上一级人民检察院批准。

第三百七十二条　人民检察院决定不起诉的，应当制作不起诉决定书。

不起诉决定书的主要内容包括：

（一）被不起诉人的基本情况，包括姓名、性别、出生年月日、出生地和户籍地、公民身份号码、民族、文化程度、职业、工作单位及职务、住址，是否受过刑事处分，采取强制措施的情况以及羁押处所等；如果是单位犯罪，应当写明犯罪单位的名称和组织机构代码、所在地址、联系方式，法定代表人和诉讼代表人的姓名、职务、联系方式；

（二）案由和案件来源；

（三）案件事实，包括否定或者指控被不起诉人构成犯罪的事实以及作为不起诉决定根据的事实；

（四）不起诉的法律根据和理由，写明作出不起诉决定适用的法律条款；

（五）查封、扣押、冻结的涉案财物的处理情况；

（六）有关告知事项。

第三百七十三条　人民检察院决定不起诉的案件，可以根据案件的不同情况，对被不起诉人予以训诫或者责令具结悔过、赔礼道歉、赔偿损失。

对被不起诉人需要给予行政处罚、政务处分或者其他处分的，经检察长批准，人民检察院应当提出检察意见，连同不起诉决定书一并移送有关主管机关处理，并要求有关主管机关及时通报处理情况。

第三百七十四条 人民检察院决定不起诉的案件，应当同时书面通知作出查封、扣押、冻结决定的机关或者执行查封、扣押、冻结决定的机关解除查封、扣押、冻结。

第三百七十五条 人民检察院决定不起诉的案件，需要没收违法所得的，经检察长批准，应当提出检察意见，移送有关主管机关处理，并要求有关主管机关及时通报处理情况。具体程序可以参照本规则第二百四十八条的规定办理。

第三百七十六条 不起诉的决定，由人民检察院公开宣布。公开宣布不起诉决定的活动应当记录在案。

不起诉决定书自公开宣布之日起生效。

被不起诉人在押的，应当立即释放；被采取其他强制措施的，应当通知执行机关解除。

第三百七十七条 不起诉决定书应当送达被害人或者其近亲属及其诉讼代理人、被不起诉人及其辩护人以及被不起诉人所在单位。送达时，应当告知被害人或者其近亲属及其诉讼代理人，如果对不起诉决定不服，可以自收到不起诉决定书后七日以内向上一级人民检察院申诉；也可以不经申诉，直接向人民法院起诉。依照刑事诉讼法第一百七十七条第二款作出不起诉决定的，应当告知被不起诉人，如果对不起诉决定不服，可以自收到不起诉决定书后七日以内向人民检察院申诉。

第三百七十八条 对于监察机关或者公安机关移送起诉的案件，人民检察院决定不起诉的，应当将不起诉决定书送达监察机关或者公安机关。

第三百七十九条 监察机关认为不起诉的决定有错误，向上一级人民检察院提请复议的，上一级人民检察院应当在收到提请复议意见书后三十日以内，经检察长批准，作出复议决定，通知监察机关。

公安机关认为不起诉决定有错误要求复议的，人民检察院负责捕诉的部门应当另行指派检察官或者检察官办案组进行审查，并在收到要求复议意见书后三十日以内，经检察长批准，作出复议决定，通知公安机关。

第三百八十条 公安机关对不起诉决定提请复核的，上一级人民检察院应当在收到提请复核意见书后三十日以内，经检察长批准，作出复核决定，通知提请复核的公安机关和下级人民检察院。经复核认为下级人民检察院不起诉决定错误的，应当指令下级人民检察院纠正，或者撤销、变更下级人民检察院作出的不起诉决定。

第三百八十一条 被害人不服不起诉决定，在收到不起诉决定书后七日以内提出申诉的，由作出不起诉决定的人民检察院的上一级人民检察院负责捕诉的部门进行复查。

被害人向作出不起诉决定的人民检察院提出申诉的，作出决定的人民检察院应当将申诉材料连同案卷一并报送上一级人民检察院。

第三百八十二条 被害人不服不起诉决定，在收到不起诉决定书七日以后提出申诉的，由作出不起诉决定的人民检察院负责控告申诉检察的部门进行审查。经审查，认为不起诉决定正确的，出具审查结论直接答复申诉人，并做好释法说理工作；认为不起诉决定可能存在错误的，移送负责捕诉的部门进行复查。

第三百八十三条 人民检察院应当将复查决定书送达被害人、被不起诉人和作出不起诉决定的人民检察院。

上级人民检察院经复查作出起诉决定的，应当撤销下级人民检察院的不起诉决定，交由下级人民检察院提起公诉，并将复查决定抄送移送起诉的监察机关或者公安机关。

第三百八十四条 人民检察院收到人民法院受理被害人对被不起诉人起诉的通知后，应当终止复查，将作出不起诉决定所依据的有关案卷材料移送人民法院。

第三百八十五条 对于人民检察院依照刑事诉讼法第一百七十七条第二款规定作出的不起诉决定，被不起诉人不服，在收到不起诉决定书后七日以内提出申诉的，应当由作出决定的人民检察院负责捕诉的部门进行复查；被不起诉人在收到不起诉决定书七日以后提出申诉的，由负责控告申诉检察的部门进行审查。经审查，认为不起诉决定正确的，出具审查结论直接答复申诉人，并做好释法说理工作；认为不起诉决定可能存在错误的，移送负责捕诉的部门复查。

人民检察院应当将复查决定书送达被不起诉人、被害人。复查后，撤销不起诉决定，变更不起诉的事实或者法律依据的，应当同时将复查决定书抄送移送起诉的监察机关或者公安机关。

第三百八十六条 人民检察院复查不服不起诉决定的申诉，应当在立案后三个月以内报经检察长批准作出复查决定。案情复杂的，不得超过六个月。

第三百八十七条 被害人、被不起诉人对不起诉决定不服提出申诉的，应当递交申诉书，写明申诉理由。没有书写能力的，也可以口头提出申诉。人民检察院应当根据其口头提出的申诉制作笔录。

第三百八十八条 人民检察院发现不起诉决定确有错误，符合起诉条件的，应当撤销不起诉决定，提起公诉。

第三百八十九条 最高人民检察院对地方各级人民检察院的起诉、不起诉决定，上级人民检察院对下级人民检察院的起诉、不起诉决定，发现确有错误的，应当予以撤销或者指令下级人民检察院纠正。

第十一章　出 席 法 庭

第一节　出席第一审法庭

第三百九十条 提起公诉的案件，人民检察院应当派员以国家公诉人的身份出席第一审法庭，支持公诉。

公诉人应当由检察官担任。检察官助理可以协助检察官出庭。根据需要可以配备书记员担任记录。

第三百九十一条 对于提起公诉后人民法院改变管辖的案件，提起公诉的人民检察院参照本规则第三百二十八条的规定将案件移送与审判管辖相对应的人民检察院。

接受移送的人民检察院重新对案件进行审查的，根据刑事诉讼法第一百七十二条第二款的规定自收到案件之日起计算审查起诉期限。

第三百九十二条 人民法院决定开庭审判的，公诉人应当做好以下准备工作：

（一）进一步熟悉案情，掌握证据情况；

（二）深入研究与本案有关的法律政策问题；

（三）充实审判中可能涉及的专业知识；

（四）拟定讯问被告人、询问证人、鉴定人、有专门知识的人和宣读、出示、播放证据的计划并制定质证方案；

（五）对可能出现证据合法性争议的，拟定证明证据合法性的提纲并准备相关材料；

（六）拟定公诉意见，准备辩论提纲；

（七）需要对出庭证人等的保护向人民法院提出建议或者配合工作的，做好相关准备。

第三百九十三条 人民检察院在开庭审理前收到人民法院或者被告人及其辩护人、被害人、证人等送交的反映证据系非法取得的书面材料的，应当进行审查。对于审查逮捕、审查起诉期间已经提出并经查证不存在非法取证行为的，应当通知人民法院、有关当事人和辩护人，并按照查证的情况做好庭审准备。对于新的材料或者线索，可以要求监察机关、公安机关对证据收集的合法性进行说明或者提供相关证明材料。

第三百九十四条 人民法院通知人民检察院派员参加庭前会议的，由出席法庭的公诉人参加。检察官助理可以协助。根据需要可以配备书记员担任记录。

人民检察院认为有必要召开庭前会议的，可以建议人民法院召开庭前会议。

第三百九十五条 在庭前会议中，公诉人可以对案件管辖、回避、出庭证人、鉴定人、有专门知识的人的名单、辩护人提供的无罪证据、非法证据排除、不公开审理、延期审理、适用简易程序或者速裁程序、庭审方案等与审判相关的问题提出和交换意见，了解辩护人收集的证据等情况。

对辩护人收集的证据有异议的，应当提出，并简要说明理由。

公诉人通过参加庭前会议，了解案件事实、证据和法律适用的争议和不同意见，解决有关程序问题，为参加法庭审理做好准备。

第三百九十六条 当事人、辩护人、诉讼代理人在庭前会议中提出证据系非法取得，人民法院认为可能存在以非法方法收集证据情形的，人民检察院应当对证据收集的合法性进行说明。需要调查核实的，在开庭审理前进行。

第三百九十七条 人民检察院向人民法院移送全部案卷材料后，在法庭审理过程中，公诉人需要出示、宣读、播放有关证据的，可以申请法庭出示、宣读、播放。

人民检察院基于出庭准备和庭审举证工作的需要，可以取回有关案卷材料和证据。

取回案卷材料和证据后，辩护律师要求查阅案卷材料的，应当允许辩护律师在人民检察院查阅、摘抄、复制案卷材料。

第三百九十八条 公诉人在法庭上应当依法进行下列活动：

（一）宣读起诉书，代表国家指控犯罪，提请人民法院对被告人依法审判；

（二）讯问被告人；

（三）询问证人、被害人、鉴定人；

（四）申请法庭出示物证，宣读书证、未到庭证人的证言笔录、鉴定人的鉴定意见、勘验、检查、辨认、侦查实验等笔录和其他作为证据的文书，播放作为证据的视听资料、电子数据等；

（五）对证据采信、法律适用和案件情况发表意见，提出量刑建议及理由，针对被告人、辩护人的辩护意见进行答辩，全面阐述公诉意见；

（六）维护诉讼参与人的合法权利；

（七）对法庭审理案件有无违反法律规定诉讼程序的情况记明笔录；

（八）依法从事其他诉讼活动。

第三百九十九条 在法庭审理中，公诉人应当客观、全面、公正地向法庭出示与定罪、量刑有关的证明被告人有罪、罪重或者罪轻的证据。

按照审判长要求，或者经审判长同意，公诉人可以按照以下方式举证、质证：

（一）对于可能影响定罪量刑的关键证据和控辩双方存在争议的证据，一般应当单独举证、质证；

（二）对于不影响定罪量刑且控辩双方无异议的证据，可以仅就证据的名称及其证明的事项、内容作出说明；

（三）对于证明方向一致、证明内容相近或者证据种类相同，存在内在逻辑关系的证据，可以归纳、分组示证、质证。

公诉人出示证据时，可以借助多媒体设备等方式出示、播放或者演示证据内容。

定罪证据与量刑证据需要分开的，应当分别出示。

第四百条 公诉人讯问被告人，询问证人、被害人、鉴定人，出示物证，宣读书证、未出庭证人的证言笔录等应当围绕下列事实进行：

（一）被告人的身份；

（二）指控的犯罪事实是否存在，是否为被告人所实施；

（三）实施犯罪行为的时间、地点、方法、手段、结果，被告人犯罪后的表现等；

（四）犯罪集团或者其他共同犯罪案件中参与犯罪人员的各自地位和应负的责任；

（五）被告人有无刑事责任能力，有无故意或者过失，行为的动机、目的；

（六）有无依法不应当追究刑事责任的情况，有无法定的从重或者从轻、减轻以及免除处罚的情节；

（七）犯罪对象、作案工具的主要特征，与犯罪有关的财物的来源、数量以及去向；

（八）被告人全部或者部分否认起诉书指控的犯罪事实的，否认的根据和理由能否成立；

（九）与定罪、量刑有关的其他事实。

第四百零一条 在法庭审理中，下列事实不必提出证据进行证明：

（一）为一般人共同知晓的常识性事实；

（二）人民法院生效裁判所确认并且未依

审判监督程序重新审理的事实；

（三）法律、法规的内容以及适用等属于审判人员履行职务所应当知晓的事实；

（四）在法庭审理中不存在异议的程序事实；

（五）法律规定的推定事实；

（六）自然规律或者定律。

第四百零二条 讯问被告人、询问证人不得采取可能影响陈述或者证言客观真实的诱导性发问以及其他不当发问方式。

辩护人向被告人或者证人进行诱导性发问以及其他不当发问可能影响陈述或者证言的客观真实的，公诉人可以要求审判长制止或者要求对该项陈述或者证言不予采纳。

讯问共同犯罪案件的被告人、询问证人应当个别进行。

被告人、证人、被害人对同一事实的陈述存在矛盾的，公诉人可以建议法庭传唤有关被告人、通知有关证人同时到庭对质，必要时可以建议法庭询问被害人。

第四百零三条 被告人在庭审中的陈述与在侦查、审查起诉中的供述一致或者不一致的内容不影响定罪量刑的，可以不宣读被告人供述笔录。

被告人在庭审中的陈述与在侦查、审查起诉中的供述不一致，足以影响定罪量刑的，可以宣读被告人供述笔录，并针对笔录中被告人的供述内容对被告人进行讯问，或者提出其他证据进行证明。

第四百零四条 公诉人对证人证言有异议，且该证人证言对案件定罪量刑有重大影响的，可以申请人民法院通知证人出庭作证。

人民警察就其执行职务时目击的犯罪情况作为证人出庭作证，适用前款规定。

公诉人对鉴定意见有异议的，可以申请人民法院通知鉴定人出庭作证。经人民法院通知，鉴定人拒不出庭作证的，公诉人可以建议法庭不予采纳该鉴定意见作为定案的根据，也可以申请法庭重新通知鉴定人出庭作证或者申请重新鉴定。

必要时，公诉人可以申请法庭通知有专门知识的人出庭，就鉴定人作出的鉴定意见提出意见。

当事人或者辩护人、诉讼代理人对证人证言、鉴定意见有异议的，公诉人认为必要时，可以申请人民法院通知证人、鉴定人出庭作证。

第四百零五条 证人应当由人民法院通知并负责安排出庭作证。

对于经人民法院通知而未到庭的证人或者出庭后拒绝作证的证人的证言笔录，公诉人应当当庭宣读。

对于经人民法院通知而未到庭的证人的证言笔录存在疑问，确实需要证人出庭作证，且可以强制其到庭的，公诉人应当建议人民法院强制证人到庭作证和接受质证。

第四百零六条 证人在法庭上提供证言，公诉人应当按照审判长确定的顺序向证人发问。可以要求证人就其所了解的与案件有关的事实进行陈述，也可以直接发问。

证人不能连贯陈述的，公诉人可以直接发问。

向证人发问，应当针对证言中有遗漏、矛盾、模糊不清和有争议的内容，并着重围绕与定罪量刑紧密相关的事实进行。

发问采取一问一答形式，提问应当简洁、清楚。

证人进行虚假陈述的，应当通过发问澄清事实，必要时可以宣读在侦查、审查起诉阶段制作的该证人的证言笔录或者出示、宣读其他证据。

当事人和辩护人、诉讼代理人向证人发问后，公诉人可以根据证人回答的情况，经审判长许可，再次向证人发问。

询问鉴定人、有专门知识的人参照上述规定进行。

第四百零七条 必要时，公诉人可以建议法庭采取不暴露证人、鉴定人、被害人外貌、真实声音等出庭作证保护措施，或者建议法庭根据刑事诉讼法第一百五十四条的规定在庭外对证据进行核实。

第四百零八条 对于鉴定意见、勘验、检查、辨认、侦查实验等笔录和其他作为证据的文书以及经人民法院通知而未到庭的被害人的陈述笔录，公诉人应当当庭宣读。

第四百零九条 公诉人向法庭出示物证，一般应当出示原物，原物不易搬运、不易保存或者已返还被害人的，可以出示反映原物外形和特征的照片、录像、复制品，并向法庭说明情况及与原物的同一性。

公诉人向法庭出示书证，一般应当出示原件。获取书证原件确有困难的，可以出示书证副本或者复制件，并向法庭说明情况及与原件的同一性。

公诉人向法庭出示物证、书证，应当对该物证、书证所要证明的内容、获取情况作出说明，并向当事人、证人等问明物证的主要特征，让其辨认。对该物证、书证进行鉴定的，应当宣读鉴定意见。

第四百一十条 在法庭审理过程中，被告人及其辩护人提出被告人庭前供述系非法取得，审判人员认为需要进行法庭调查的，公诉人可以通过出示讯问笔录、提讯登记、体检记录、采取强制措施或者侦查措施的法律文书、侦查终结前对讯问合法性进行核查的材料等证据材料，有针对性地播放讯问录音、录像，提请法庭通知调查人员、侦查人员或者其他人员出庭说明情况等方式，对证据收集的合法性加以证明。

审判人员认为可能存在刑事诉讼法第五十六条规定的以非法方法收集其他证据的情形，需要进行法庭调查的，公诉人可以参照前款规定对证据收集的合法性进行证明。

公诉人不能当庭证明证据收集的合法性，需要调查核实的，可以建议法庭休庭或者延期审理。

在法庭审理期间，人民检察院可以要求监察机关或者公安机关对证据收集的合法性进行说明或者提供相关证明材料。必要时，可以自行调查核实。

第四百一十一条 公诉人对证据收集的合法性进行证明后，法庭仍有疑问的，可以建议法庭休庭，由人民法院对相关证据进行调查核实。人民法院调查核实证据，通知人民检察院派员到场的，人民检察院可以派员到场。

第四百一十二条 在法庭审理过程中，对证据合法性以外的其他程序事实存在争议的，公诉人应当出示、宣读有关诉讼文书、侦查或者审查起诉活动笔录。

第四百一十三条 对于搜查、查封、扣押、冻结、勘验、检查、辨认、侦查实验等活动中形成的笔录存在争议，需要调查人员、侦查人员以及上述活动的见证人出庭陈述有关情况的，公诉人可以建议合议庭通知其出庭。

第四百一十四条 在法庭审理过程中，合议庭对证据有疑问或者人民法院根据辩护人、被告人的申请，向人民检察院调取在侦查、审查起诉中收集的有关被告人无罪或者罪轻的证据材料的，人民检察院应当自收到人民法院要求调取证据材料决定书后三日以内移交。没有上述材料的，应当向人民法院说明情况。

第四百一十五条 在法庭审理过程中，合议庭对证据有疑问并在休庭后进行勘验、检查、查封、扣押、鉴定和查询、冻结的，人民检察院应当依法进行监督，发现上述活动有违法情况的，应当提出纠正意见。

第四百一十六条 人民法院根据申请收集、调取的证据或者在合议庭休庭后自行调查取得的证据，应当经过庭审出示、质证才能决定是否作为判决的依据。未经庭审出示、质证直接采纳为判决依据的，人民检察院应当提出纠正意见。

第四百一十七条 在法庭审理过程中，经审判长许可，公诉人可以逐一对正在调查的证据和案件情况发表意见，并同被告人、辩护人进行辩论。证据调查结束时，公诉人应当发表总结性意见。

在法庭辩论中，公诉人与被害人、诉讼代理人意见不一致的，公诉人应当认真听取被害人、诉讼代理人的意见，阐明自己的意见和理由。

第四百一十八条 人民检察院向人民法院提出量刑建议的，公诉人应当在发表公诉意见时提出。

对认罪认罚案件，人民法院经审理认为人民检察院的量刑建议明显不当向人民检察院提出的，或者被告人、辩护人对量刑建议提出异议的，人民检察院可以调整量刑建议。

第四百一十九条 适用普通程序审理的认罪认罚案件，公诉人可以建议适当简化法庭调查、辩论程序。

第四百二十条 在法庭审判过程中，遇有下列情形之一的，公诉人可以建议法庭延期审理：

（一）发现事实不清、证据不足，或者遗漏罪行、遗漏同案犯罪嫌疑人，需要补充侦查或者补充提供证据的；

（二）被告人揭发他人犯罪行为或者提供重要线索，需要补充侦查进行查证的；

（三）发现遗漏罪行或者遗漏同案犯罪嫌疑人，虽不需要补充侦查和补充提供证据，但需要补充、追加起诉的；

（四）申请人民法院通知证人、鉴定人出庭作证或者有专门知识的人出庭提出意见的；

（五）需要调取新的证据，重新鉴定或者勘验的；

（六）公诉人出示、宣读开庭前移送人民法院的证据以外的证据，或者补充、追加、变更起诉，需要给予被告人、辩护人必要时间进行辩护准备的；

（七）被告人、辩护人向法庭出示公诉人不掌握的与定罪量刑有关的证据，需要调查核实的；

（八）公诉人对证据收集的合法性进行证明，需要调查核实的。

在人民法院开庭审理前发现具有前款情形之一的，人民检察院可以建议人民法院延期审理。

第四百二十一条 法庭宣布延期审理后，人民检察院应当在补充侦查期限内提请人民法院恢复法庭审理或者撤回起诉。

公诉人在法庭审理过程中建议延期审理的次数不得超过两次，每次不得超过一个月。

第四百二十二条 在审判过程中，对于需要补充提供法庭审判所必需的证据或者补充侦查的，人民检察院应当自行收集证据和进行侦查，必要时可以要求监察机关或者公安机关提供协助；也可以书面要求监察机关或者公安机关补充提供证据。

人民检察院补充侦查，适用本规则第六章、第九章、第丨章的规定。

补充侦查不得超过一个月。

第四百二十三条 人民法院宣告判决前，人民检察院发现被告人的真实身份或者犯罪事实与起诉书中叙述的身份或者指控犯罪事实不符的，或者事实、证据没有变化，但罪名、适用法律与起诉书不一致的，可以变更起诉。发现遗漏同案犯罪嫌疑人或者罪行的，应当要求公安机关补充移送起诉或者补充侦查；对于犯罪事实清楚，证据确实、充分的，可以直接追加、补充起诉。

第四百二十四条 人民法院宣告判决前，人民检察院发现具有下列情形之一的，经检察长批准，可以撤回起诉：

（一）不存在犯罪事实的；

（二）犯罪事实并非被告人所为的；

（三）情节显著轻微、危害不大，不认为是犯罪的；

（四）证据不足或证据发生变化，不符合起诉条件的；

（五）被告人因未达到刑事责任年龄，不负刑事责任的；

（六）法律、司法解释发生变化导致不应当追究被告人刑事责任的；

（七）其他不应当追究被告人刑事责任的。

对于撤回起诉的案件，人民检察院应当在撤回起诉后三十日以内作出不起诉决定。需要重新调查或者侦查的，应当在作出不起诉决定后将案卷材料退回监察机关或者公安机关，建议监察机关或者公安机关重新调查或者侦查，并书面说明理由。

对于撤回起诉的案件，没有新的事实或者新的证据，人民检察院不得再行起诉。

新的事实是指原起诉书中未指控的犯罪事实。该犯罪事实触犯的罪名既可以是原指控罪名的同一罪名,也可以是其他罪名。

新的证据是指撤回起诉后收集、调取的足以证明原指控犯罪事实的证据。

第四百二十五条 在法庭审理过程中,人民法院建议人民检察院补充侦查、补充起诉、追加起诉或者变更起诉的,人民检察院应当审查有关理由,并作出是否补充侦查、补充起诉、追加起诉或者变更起诉的决定。人民检察院不同意的,可以要求人民法院就起诉指控的犯罪事实依法作出裁判。

第四百二十六条 变更、追加、补充或者撤回起诉应当以书面方式在判决宣告前向人民法院提出。

第四百二十七条 出庭的书记员应当制作出庭笔录,详细记载庭审的时间、地点、参加人员、公诉人出庭执行任务情况和法庭调查、法庭辩论的主要内容以及法庭判决结果,由公诉人和书记员签名。

第四百二十八条 人民检察院应当当庭向人民法院移交取回的案卷材料和证据。在审判长宣布休庭后,公诉人应当与审判人员办理交接手续。无法当庭移交的,应当在休庭后三日以内移交。

第四百二十九条 人民检察院对查封、扣押、冻结的被告人财物及其孳息,应当根据不同情况作以下处理:

(一)对作为证据使用的实物,应当依法随案移送;对不宜移送的,应当将其清单、照片或者其他证明文件随案移送。

(二)冻结在金融机构、邮政部门的违法所得及其他涉案财产,应当向人民法院随案移送该金融机构、邮政部门出具的证明文件。待人民法院作出生效判决、裁定后,由人民法院通知该金融机构上缴国库。

(三)查封、扣押的涉案财物,对依法不移送的,应当随案移送清单、照片或者其他证明文件。待人民法院作出生效判决、裁定后,由人民检察院根据人民法院的通知上缴国库,并向人民法院送交执行回单。

(四)对于被扣押、冻结的债券、股票、基金份额等财产,在扣押、冻结期间权利人申请出售的,参照本规则第二百一十四条的规定办理。

第二节 简易程序

第四百三十条 人民检察院对于基层人民法院管辖的案件,符合下列条件的,可以建议人民法院适用简易程序审理:

(一)案件事实清楚、证据充分的;

(二)被告人承认自己所犯罪行,对指控的犯罪事实没有异议的;

(三)被告人对适用简易程序没有异议的。

第四百三十一条 具有下列情形之一的,人民检察院不得建议人民法院适用简易程序:

(一)被告人是盲、聋、哑人,或者是尚未完全丧失辨认或者控制自己行为能力的精神病人的;

(二)有重大社会影响的;

(三)共同犯罪案件中部分被告人不认罪或者对适用简易程序有异议的;

(四)比较复杂的共同犯罪案件;

(五)辩护人作无罪辩护或者对主要犯罪事实有异议的;

(六)其他不宜适用简易程序的。

人民法院决定适用简易程序审理的案件,人民检察院认为具有刑事诉讼法第二百一十五条规定情形之一的,应当向人民法院提出纠正意见;具有其他不宜适用简易程序情形的,人民检察院可以建议人民法院不适用简易程序。

第四百三十二条 基层人民检察院审查案件,认为案件事实清楚、证据充分的,应当在讯问犯罪嫌疑人时,了解其是否承认自己所犯罪行,对指控的犯罪事实有无异议,告知其适用简易程序的法律规定,确认其是否同意适用简易程序。

第四百三十三条 适用简易程序审理的公诉案件,人民检察院应当派员出席法庭。

第四百三十四条 公诉人出席简易程序法庭时,应当主要围绕量刑以及其他有争议的问题进行法庭调查和法庭辩论。在确认被告人庭前收到起诉书并对起诉书指控的犯罪事实没有异议后，可以简化宣读起诉书，根据案件情况决定是否讯问被告人，询问证人、鉴定人和出示证据。

根据案件情况，公诉人可以建议法庭简化法庭调查和法庭辩论程序。

第四百三十五条 适用简易程序审理的公诉案件，公诉人发现不宜适用简易程序审理的，应当建议法庭按照第一审普通程序重新审理。

第四百三十六条 转为普通程序审理的案件，公诉人需要为出席法庭进行准备的，可以建议人民法院延期审理。

第三节 速裁程序

第四百三十七条 人民检察院对基层人民法院管辖的案件，符合下列条件的，在提起公诉时，可以建议人民法院适用速裁程序审理：

（一）可能判处三年有期徒刑以下刑罚；

（二）案件事实清楚，证据确实、充分；

（三）被告人认罪认罚、同意适用速裁程序。

第四百三十八条 具有下列情形之一的，人民检察院不得建议人民法院适用速裁程序：

（一）被告人是盲、聋、哑人，或者是尚未完全丧失辨认或者控制自己行为能力的精神病人的；

（二）被告人是未成年人的；

（三）案件有重大社会影响的；

（四）共同犯罪案件中部分被告人对指控的犯罪事实、罪名、量刑建议或者适用速裁程序有异议的；

（五）被告人与被害人或者其法定代理人没有就附带民事诉讼赔偿等事项达成调解或者和解协议的；

（六）其他不宜适用速裁程序审理的。

第四百三十九条 公安机关、犯罪嫌疑人及其辩护人建议适用速裁程序，人民检察院经审查认为符合条件的，可以建议人民法院适用速裁程序审理。

公安机关、辩护人未建议适用速裁程序，人民检察院经审查认为符合速裁程序适用条件，且犯罪嫌疑人同意适用的，可以建议人民法院适用速裁程序审理。

第四百四十条 人民检察院建议人民法院适用速裁程序的案件，起诉书内容可以适当简化，重点写明指控的事实和适用的法律。

第四百四十一条 人民法院适用速裁程序审理的案件，人民检察院应当派员出席法庭。

第四百四十二条 公诉人出席速裁程序法庭时，可以简要宣读起诉书指控的犯罪事实、证据、适用法律及量刑建议，一般不再讯问被告人。

第四百四十三条 适用速裁程序审理的案件，人民检察院发现有不宜适用速裁程序审理情形的，应当建议人民法院转为普通程序或者简易程序重新审理。

第四百四十四条 转为普通程序审理的案件，公诉人需要为出席法庭进行准备的，可以建议人民法院延期审理。

第四节 出席第二审法庭

第四百四十五条 对提出抗诉的案件或者公诉案件中人民法院决定开庭审理的上诉案件，同级人民检察院应当指派检察官出席第二审法庭。检察官助理可以协助检察官出庭。根据需要可以配备书记员担任记录。

第四百四十六条 检察官出席第二审法庭的任务是：

（一）支持抗诉或者听取上诉意见，对原审人民法院作出的错误判决或者裁定提出纠正意见；

（二）维护原审人民法院正确的判决或者裁定，建议法庭维持原判；

（三）维护诉讼参与人的合法权利；

（四）对法庭审理案件有无违反法律规定诉讼程序的情况记明笔录；

（五）依法从事其他诉讼活动。

第四百四十七条 对抗诉和上诉案件，第二审人民法院的同级人民检察院可以调取下级人民检察院与案件有关的材料。

人民检察院在接到第二审人民法院决定开庭、查阅案卷通知后，可以查阅或者调阅案卷材料。查阅或者调阅案卷材料应当在接到人民法院的通知之日起一个月以内完成。在一个月以内无法完成的，可以商请人民法院延期审理。

第四百四十八条 检察人员应当客观全面地审查原审案卷材料，不受上诉或者抗诉范围的限制。应当审查原审判决认定案件事实、适用法律是否正确，证据是否确实、充分，量刑是否适当，审判活动是否合法，并应当审查下级人民检察院的抗诉书或者上诉人的上诉状，了解抗诉或者上诉的理由是否正确、充分，重点审查有争议的案件事实、证据和法律适用问题，有针对性地做好庭审准备工作。

第四百四十九条 检察人员在审查第一审案卷材料时，应当复核主要证据，可以讯问原审被告人。必要时，可以补充收集证据、重新鉴定或者补充鉴定。需要原侦查案件的公安机关补充收集证据的，可以要求其补充收集。

被告人、辩护人提出被告人自首、立功等可能影响定罪量刑的材料和线索的，可以移交公安机关调查核实，也可以自行调查核实。发现遗漏罪行或者同案犯罪嫌疑人的，应当建议公安机关侦查。

对于下列原审被告人，应当进行讯问：

(一)提出上诉的；

(二)人民检察院提出抗诉的；

(三)被判处无期徒刑以上刑罚的。

第四百五十条 人民检察院办理死刑上诉、抗诉案件，应当进行下列工作：

(一)讯问原审被告人，听取原审被告人的上诉理由或者辩解；

(二)听取辩护人的意见；

(三)复核主要证据，必要时询问证人；

(四)必要时补充收集证据；

(五)对鉴定意见有疑问的，可以重新鉴定或者补充鉴定；

(六)根据案件情况，可以听取被害人的意见。

第四百五十一条 出席第二审法庭前，检察人员应当制作讯问原审被告人、询问被害人、证人、鉴定人和出示、宣读、播放证据计划，拟写答辩提纲，并制作出庭意见。

第四百五十二条 在法庭审理中，检察官应当针对原审判决或者裁定认定事实或适用法律、量刑等方面的问题，围绕抗诉或者上诉理由以及辩护人的辩护意见，讯问原审被告人，询问被害人、证人、鉴定人，出示和宣读证据，并提出意见和进行辩论。

第四百五十三条 需要出示、宣读、播放第一审期间已移交人民法院的证据的，出庭的检察官可以申请法庭出示、宣读、播放。

在第二审法庭宣布休庭后需要移交证据材料的，参照本规则第四百二十八条的规定办理。

第五节 出席再审法庭

第四百五十四条 人民法院开庭审理再审案件，同级人民检察院应当派员出席法庭。

第四百五十五条 人民检察院对于人民法院按照审判监督程序重新审判的案件，应当对原判决、裁定认定的事实、证据、适用法律进行全面审查，重点审查有争议的案件事实、证据和法律适用问题。

第四百五十六条 人民检察院派员出席再审法庭，如果再审案件按照第一审程序审理，参照本章第一节有关规定执行；如果再审案件按照第二审程序审理，参照本章第四节有关规定执行。

第十二章 特别程序

第一节 未成年人刑事案件诉讼程序

第四百五十七条 人民检察院办理未成年人刑事案件，应当贯彻“教育、感化、挽救”方针和“教育为主、惩罚为辅”的原则，坚持优先保护、特殊保护、双向保护，以帮助教育和预防重新犯罪为目的。

人民检察院可以借助社会力量开展帮助教育未成年人的工作。

第四百五十八条 人民检察院应当指定熟悉未成年人身心特点的检察人员办理未成年人刑事案件。

第四百五十九条 人民检察院办理未成年人与成年人共同犯罪案件,一般应当对未成年人与成年人分案办理、分别起诉。不宜分案处理的,应当对未成年人采取隐私保护、快速办理等特殊保护措施。

第四百六十条 人民检察院受理案件后,应当向未成年犯罪嫌疑人及其法定代理人了解其委托辩护人的情况,并告知其有权委托辩护人。

未成年犯罪嫌疑人没有委托辩护人的,人民检察院应当书面通知法律援助机构指派律师为其提供辩护。

对于公安机关未通知法律援助机构指派律师为未成年犯罪嫌疑人提供辩护的,人民检察院应当提出纠正意见。

第四百六十一条 人民检察院根据情况可以对未成年犯罪嫌疑人的成长经历、犯罪原因、监护教育等情况进行调查,并制作社会调查报告,作为办案和教育的参考。

人民检察院开展社会调查,可以委托有关组织和机构进行。开展社会调查应当尊重和保护未成年人隐私,不得向不知情人员泄露未成年犯罪嫌疑人的涉案信息。

人民检察院应当对公安机关移送的社会调查报告进行审查。必要时,可以进行补充调查。

人民检察院制作的社会调查报告应当随案移送人民法院。

第四百六十二条 人民检察院对未成年犯罪嫌疑人审查逮捕,应当根据未成年犯罪嫌疑人涉嫌犯罪的性质、情节、主观恶性、有无监护与社会帮教条件、认罪认罚等情况,综合衡量其社会危险性,严格限制适用逮捕措施。

第四百六十三条 对于罪行较轻,具备有效监护条件或者社会帮教措施,没有社会危险性或者社会危险性较小的未成年犯罪嫌疑人,应当不批准逮捕。

对于罪行比较严重,但主观恶性不大,有悔罪表现,具备有效监护条件或者社会帮教措施,具有下列情形之一,不逮捕不致发生社会危险性的未成年犯罪嫌疑人,可以不批准逮捕:

(一)初次犯罪、过失犯罪的;

(二)犯罪预备、中止、未遂的;

(三)防卫过当、避险过当的;

(四)有自首或者立功表现的;

(五)犯罪后认罪认罚,或者积极退赃,尽力减少和赔偿损失,被害人谅解的;

(六)不属于共同犯罪的主犯或者集团犯罪中的首要分子的;

(七)属于已满十四周岁不满十六周岁的未成年人或者系在校学生的;

(八)其他可以不批准逮捕的情形。

对于没有固定住所、无法提供保证人的未成年犯罪嫌疑人适用取保候审的,可以指定合适的成年人作为保证人。

第四百六十四条 审查逮捕未成年犯罪嫌疑人,应当重点查清其是否已满十四、十六、十八周岁。

对犯罪嫌疑人实际年龄难以判断,影响对该犯罪嫌疑人是否应当负刑事责任认定的,应当不批准逮捕。需要补充侦查的,同时通知公安机关。

第四百六十五条 在审查逮捕、审查起诉中,人民检察院应当讯问未成年犯罪嫌疑人,听取辩护人的意见,并制作笔录附卷。辩护人提出书面意见的,应当附卷。对于辩护人提出犯罪嫌疑人无罪、罪轻或者减轻、免除刑事责任、不适宜羁押或者侦查活动有违法情形等意见的,检察人员应当进行审查,并在相关工作文书中叙明辩护人提出的意见,说明是否采纳的情况和理由。

讯问未成年犯罪嫌疑人,应当通知其法定代理人到场,告知法定代理人依法享有的诉讼权利和应当履行的义务。到场的法定代理人可以代为行使未成年犯罪嫌疑人的诉讼权利,代为行使权利时不得损害未成年犯罪嫌疑人的合法权益。

无法通知、法定代理人不能到场或者法定

代理人是共犯的，也可以通知未成年犯罪嫌疑人的其他成年亲属，所在学校、单位或者居住地的村民委员会、居民委员会、未成年人保护组织的代表到场，并将有关情况记录在案。未成年犯罪嫌疑人明确拒绝法定代理人以外的合适成年人到场，且有正当理由的，人民检察院可以准许，但应当在征求其意见后通知其他合适成年人到场。

到场的法定代理人或者其他人员认为检察人员在讯问中侵犯未成年犯罪嫌疑人合法权益提出意见的，人民检察院应当记录在案。对合理意见，应当接受并纠正。讯问笔录应当交由到场的法定代理人或者其他人员阅读或者向其宣读，并由其在笔录上签名或者盖章，并捺指印。

讯问女性未成年犯罪嫌疑人，应当有女性检察人员参加。

询问未成年被害人、证人，适用本条第二款至第五款的规定。询问应当以一次为原则，避免反复询问。

第四百六十六条 讯问未成年犯罪嫌疑人应当保护其人格尊严。

讯问未成年犯罪嫌疑人一般不得使用戒具。对于确有人身危险性必须使用戒具的，在现实危险消除后应当立即停止使用。

第四百六十七条 未成年犯罪嫌疑人认罪认罚的，人民检察院应当告知本人及其法定代理人享有的诉讼权利和认罪认罚的法律规定，并依照刑事诉讼法第一百七十三条的规定，听取、记录未成年犯罪嫌疑人及其法定代理人、辩护人、被害人及其诉讼代理人的意见。

第四百六十八条 未成年犯罪嫌疑人认罪认罚的，应当在法定代理人、辩护人在场的情况下签署认罪认罚具结书。法定代理人、辩护人对认罪认罚有异议的，不需要签署具结书。

因未成年犯罪嫌疑人的法定代理人、辩护人对其认罪认罚有异议而不签署具结书的，人民检察院应当对未成年人认罪认罚情况，法定代理人、辩护人的异议情况如实记录。提起公诉的，应当将该材料与其他案卷材料一并移送人民法院。

未成年犯罪嫌疑人的法定代理人、辩护人对认罪认罚有异议而不签署具结书的，不影响从宽处理。

法定代理人无法到场的，合适成年人可以代为行使到场权、知情权、异议权等。法定代理人未到场的原因以及听取合适成年人意见等情况应当记录在案。

第四百六十九条 对于符合刑事诉讼法第二百八十二条第一款规定条件的未成年人刑事案件，人民检察院可以作出附条件不起诉的决定。

人民检察院在作出附条件不起诉的决定以前，应当听取公安机关、被害人、未成年犯罪嫌疑人及其法定代理人、辩护人的意见，并制作笔录附卷。

第四百七十条 未成年犯罪嫌疑人及其法定代理人对拟作出附条件不起诉决定提出异议的，人民检察院应当提起公诉。但是，未成年犯罪嫌疑人及其法定代理人提出无罪辩解，人民检察院经审查认为无罪辩解理由成立的，应当按照本规则第三百六十五条的规定作出不起诉决定。

未成年犯罪嫌疑人及其法定代理人对案件作附条件不起诉处理没有异议，仅对所附条件及考验期有异议的，人民检察院可以依法采纳其合理的意见，对考察的内容、方式、时间等进行调整；其意见不利于对未成年犯罪嫌疑人帮教，人民检察院不采纳的，应当进行释法说理。

人民检察院作出起诉决定前，未成年犯罪嫌疑人及其法定代理人撤回异议的，人民检察院可以依法作出附条件不起诉决定。

第四百七十一条 人民检察院作出附条件不起诉的决定后，应当制作附条件不起诉决定书，并在三日以内送达公安机关、被害人或者其近亲属及其诉讼代理人、未成年犯罪嫌疑人及其法定代理人、辩护人。

人民检察院应当当面向未成年犯罪嫌疑人及其法定代理人宣布附条件不起诉决定，告知考验期限、在考验期内应当遵守的规定以及违反规定应负的法律责任，并制作笔录附卷。

第四百七十二条 对附条件不起诉的决定，公安机关要求复议、提请复核或者被害人提出申诉的，具体程序参照本规则第三百七十九条至第三百八十三条的规定。被害人不服附条件不起诉决定的，应当告知其不适用刑事诉讼法第一百八十条关于被害人可以向人民法院起诉的规定，并做好释法说理工作。

前款规定的复议、复核、申诉由相应人民检察院负责未成年人检察的部门进行审查。

第四百七十三条 人民检察院作出附条件不起诉决定的，应当确定考验期。考验期为六个月以上一年以下，从人民检察院作出附条件不起诉的决定之日起计算。

第四百七十四条 在附条件不起诉的考验期内，由人民检察院对被附条件不起诉的未成年犯罪嫌疑人进行监督考察。人民检察院应当要求未成年犯罪嫌疑人的监护人对未成年犯罪嫌疑人加强管教，配合人民检察院做好监督考察工作。

人民检察院可以会同未成年犯罪嫌疑人的监护人、所在学校、单位、居住地的村民委员会、居民委员会、未成年人保护组织等的有关人员，定期对未成年犯罪嫌疑人进行考察、教育，实施跟踪帮教。

第四百七十五条 人民检察院对于被附条件不起诉的未成年犯罪嫌疑人，应当监督考察其是否遵守下列规定：

（一）遵守法律法规，服从监督；

（二）按照规定报告自己的活动情况；

（三）离开所居住的市、县或者迁居，应当报经批准；

（四）按照要求接受矫治和教育。

第四百七十六条 人民检察院可以要求被附条件不起诉的未成年犯罪嫌疑人接受下列矫治和教育：

（一）完成戒瘾治疗、心理辅导或者其他适当的处遇措施；

（二）向社区或者公益团体提供公益劳动；

（三）不得进入特定场所，与特定的人员会见或者通信，从事特定的活动；

（四）向被害人赔偿损失、赔礼道歉等；

（五）接受相关教育；

（六）遵守其他保护被害人安全以及预防再犯的禁止性规定。

第四百七十七条 考验期届满，检察人员应当制作附条件不起诉考察意见书，提出起诉或者不起诉的意见，报请检察长决定。

考验期满作出不起诉的决定以前，应当听取被害人意见。

第四百七十八条 考验期满作出不起诉决定，被害人提出申诉的，依照本规则第四百七十二条规定办理。

第四百七十九条 被附条件不起诉的未成年犯罪嫌疑人，在考验期内具有下列情形之一的，人民检察院应当撤销附条件不起诉的决定，提起公诉：

（一）实施新的犯罪的；

（二）发现决定附条件不起诉以前还有其他犯罪需要追诉的；

（三）违反治安管理规定，造成严重后果，或者多次违反治安管理规定的；

（四）违反有关附条件不起诉的监督管理规定，造成严重后果，或者多次违反有关附条件不起诉的监督管理规定的。

第四百八十条 被附条件不起诉的未成年犯罪嫌疑人，在考验期内没有本规则第四百七十九条规定的情形，考验期满的，人民检察院应当作出不起诉的决定。

第四百八十一条 人民检察院办理未成年人刑事案件过程中，应当对涉案未成年人的资料予以保密，不得公开或者传播涉案未成年人的姓名、住所、照片、图像及可能推断出该未成年人的其他资料。

第四百八十二条 犯罪的时候不满十八周岁，被判处五年有期徒刑以下刑罚的，人民检察院应当在收到人民法院生效判决、裁定后，对犯罪记录予以封存。

生效判决、裁定由第二审人民法院作出的，

同级人民检察院依照前款规定封存犯罪记录时,应当通知下级人民检察院对相关犯罪记录予以封存。

第四百八十三条 人民检察院应当将拟封存的未成年人犯罪记录、案卷等相关材料装订成册,加密保存,不予公开,并建立专门的未成年人犯罪档案库,执行严格的保管制度。

第四百八十四条 除司法机关为办案需要或者有关单位根据国家规定进行查询的以外,人民检察院不得向任何单位和个人提供封存的犯罪记录,并不得提供未成年人有犯罪记录的证明。

司法机关或者有关单位需要查询犯罪记录的,应当向封存犯罪记录的人民检察院提出书面申请。人民检察院应当在七日以内作出是否许可的决定。

第四百八十五条 未成年人犯罪记录封存后,没有法定事由、未经法定程序不得解封。

对被封存犯罪记录的未成年人,符合下列条件之一的,应当对其犯罪记录解除封存:

(一)实施新的犯罪,且新罪与封存记录之罪数罪并罚后被决定执行五年有期徒刑以上刑罚的;

(二)发现漏罪,且漏罪与封存记录之罪数罪并罚后被决定执行五年有期徒刑以上刑罚的。

第四百八十六条 人民检察院对未成年犯罪嫌疑人作出不起诉决定后,应当对相关记录予以封存。除司法机关为办案需要进行查询外,不得向任何单位和个人提供。封存的具体程序参照本规则第四百八十三条至第四百八十五条的规定。

第四百八十七条 被封存犯罪记录的未成年人或者其法定代理人申请出具无犯罪记录证明的,人民检察院应当出具。需要协调公安机关、人民法院为其出具无犯罪记录证明的,人民检察院应当予以协助。

第四百八十八条 负责未成年人检察的部门应当依法对看守所、未成年犯管教所监管未成年人的活动实行监督,配合做好对未成年人的教育。发现没有对未成年犯罪嫌疑人、被告人与成年犯罪嫌疑人、被告人分别关押、管理或者违反规定对未成年犯留所执行刑罚的,应当依法提出纠正意见。

负责未成年人检察的部门发现社区矫正机构违反未成年人社区矫正相关规定的,应当依法提出纠正意见。

第四百八十九条 本节所称未成年人刑事案件,是指犯罪嫌疑人实施涉嫌犯罪行为时已满十四周岁、未满十八周岁的刑事案件。

本节第四百六十条、第四百六十五条、第四百六十六条、第四百六十七条、第四百六十八条所称的未成年犯罪嫌疑人,是指在诉讼过程中未满十八周岁的人。犯罪嫌疑人实施涉嫌犯罪行为时未满十八周岁,在诉讼过程中已满十八周岁的,人民检察院可以根据案件的具体情况适用上述规定。

第四百九十条 人民检察院办理侵害未成年人犯罪案件,应当采取适合未成年被害人身心特点的方法,充分保护未成年被害人的合法权益。

第四百九十一条 办理未成年人刑事案件,除本节已有规定的以外,按照刑事诉讼法和其他有关规定进行。

第二节 当事人和解的公诉案件诉讼程序

第四百九十二条 下列公诉案件,双方当事人可以和解:

(一)因民间纠纷引起,涉嫌刑法分则第四章、第五章规定的犯罪案件,可能判处三年有期徒刑以下刑罚的;

(二)除渎职犯罪以外的可能判处七年有期徒刑以下刑罚的过失犯罪案件。

当事人和解的公诉案件应当同时符合下列条件:

(一)犯罪嫌疑人真诚悔罪,向被害人赔偿损失、赔礼道歉等;

(二)被害人明确表示对犯罪嫌疑人予以谅解;

（三）双方当事人自愿和解，符合有关法律规定；

（四）属于侵害特定被害人的故意犯罪或者有直接被害人的过失犯罪；

（五）案件事实清楚，证据确实、充分。

犯罪嫌疑人在五年以内曾经故意犯罪的，不适用本节规定的程序。

犯罪嫌疑人在犯刑事诉讼法第二百八十八条第一款规定的犯罪前五年内曾经故意犯罪，无论该故意犯罪是否已经追究，均应当认定为前款规定的五年以内曾经故意犯罪。

第四百九十三条 被害人死亡的，其法定代理人、近亲属可以与犯罪嫌疑人和解。

被害人系无行为能力或者限制行为能力人的，其法定代理人可以代为和解。

第四百九十四条 犯罪嫌疑人系限制行为能力人的，其法定代理人可以代为和解。

犯罪嫌疑人在押的，经犯罪嫌疑人同意，其法定代理人、近亲属可以代为和解。

第四百九十五条 双方当事人可以就赔偿损失、赔礼道歉等民事责任事项进行和解，并且可以就被害人及其法定代理人或者近亲属是否要求或者同意公安机关、人民检察院、人民法院对犯罪嫌疑人依法从宽处理进行协商，但不得对案件的事实认定、证据采信、法律适用和定罪量刑等依法属于公安机关、人民检察院、人民法院职权范围的事宜进行协商。

第四百九十六条 双方当事人可以自行达成和解，也可以经人民调解委员会、村民委员会、居民委员会、当事人所在单位或者同事、亲友等组织或者个人调解后达成和解。

人民检察院对于本规则第四百九十二条规定的公诉案件，可以建议当事人进行和解，并告知相应的权利义务，必要时可以提供法律咨询。

第四百九十七条 人民检察院应当对和解的自愿性、合法性进行审查，重点审查以下内容：

（一）双方当事人是否自愿和解；

（二）犯罪嫌疑人是否真诚悔罪，是否向被害人赔礼道歉，赔偿数额与其所造成的损害和赔偿能力是否相适应；

（三）被害人及其法定代理人或者近亲属是否明确表示对犯罪嫌疑人予以谅解；

（四）是否符合法律规定；

（五）是否损害国家、集体和社会公共利益或者他人的合法权益；

（六）是否符合社会公德。

审查时，应当听取双方当事人和其他有关人员对和解的意见，告知刑事案件可能从宽处理的法律后果和双方的权利义务，并制作笔录附卷。

第四百九十八条 经审查认为双方自愿和解，内容合法，且符合本规则第四百九十二条规定的范围和条件的，人民检察院应当主持制作和解协议书。

和解协议书的主要内容包括：

（一）双方当事人的基本情况；

（二）案件的主要事实；

（三）犯罪嫌疑人真诚悔罪，承认自己所犯罪行，对指控的犯罪没有异议，向被害人赔偿损失、赔礼道歉等。赔偿损失的，应当写明赔偿的数额、履行的方式、期限等；

（四）被害人及其法定代理人或者近亲属对犯罪嫌疑人予以谅解，并要求或者同意公安机关、人民检察院、人民法院对犯罪嫌疑人依法从宽处理。

和解协议书应当由双方当事人签字，可以写明和解协议书系在人民检察院主持下制作。检察人员不在当事人和解协议书上签字，也不加盖人民检察院印章。

和解协议书一式三份，双方当事人各持一份，另一份交人民检察院附卷备查。

第四百九十九条 和解协议书约定的赔偿损失内容，应当在双方签署协议后立即履行，至迟在人民检察院作出从宽处理决定前履行。确实难以一次性履行的，在提供有效担保并且被害人同意的情况下，也可以分期履行。

第五百条 双方当事人在侦查阶段达成和解协议，公安机关向人民检察院提出从宽处理建议的，人民检察院在审查逮捕和审查起诉时应当充分考虑公安机关的建议。

第五百零一条 人民检察院对于公安机关提请批准逮捕的案件，双方当事人达成和解协议的，可以作为有无社会危险性或者社会危险性大小的因素予以考虑。经审查认为不需要逮捕的，可以作出不批准逮捕的决定；在审查起诉阶段可以依法变更强制措施。

第五百零二条 人民检察院对于公安机关移送起诉的案件，双方当事人达成和解协议的，可以作为是否需要判处刑罚或者免除刑罚的因素予以考虑。符合法律规定的不起诉条件的，可以决定不起诉。

对于依法应当提起公诉的，人民检察院可以向人民法院提出从宽处罚的量刑建议。

第五百零三条 人民检察院拟对当事人达成和解的公诉案件作出不起诉决定的，应当听取双方当事人对和解的意见，并且查明犯罪嫌疑人是否已经切实履行和解协议、不能即时履行的是否已经提供有效担保，将其作为是否决定不起诉的因素予以考虑。

当事人在不起诉决定作出之前反悔的，可以另行达成和解。不能另行达成和解的，人民检察院应当依法作出起诉或者不起诉决定。

当事人在不起诉决定作出之后反悔的，人民检察院不撤销原决定，但有证据证明和解违反自愿、合法原则的除外。

第五百零四条 犯罪嫌疑人或者其亲友等以暴力、威胁、欺骗或者其他非法方法强迫、引诱被害人和解，或者在协议履行完毕之后威胁、报复被害人的，应当认定和解协议无效。已经作出不批准逮捕或者不起诉决定的，人民检察院根据案件情况可以撤销原决定，对犯罪嫌疑人批准逮捕或者提起公诉。

第三节 缺席审判程序

第五百零五条 对于监察机关移送起诉的贪污贿赂犯罪案件，犯罪嫌疑人、被告人在境外，人民检察院认为犯罪事实已经查清，证据确实、充分，依法应当追究刑事责任的，可以向人民法院提起公诉。

对于公安机关移送起诉的需要及时进行审判的严重危害国家安全犯罪、恐怖活动犯罪案件，犯罪嫌疑人、被告人在境外，人民检察院认为犯罪事实已经查清，证据确实、充分，依法应当追究刑事责任的，经最高人民检察院核准，可以向人民法院提起公诉。

前两款规定的案件，由有管辖权的中级人民法院的同级人民检察院提起公诉。

人民检察院提起公诉的，应当向人民法院提交被告人已出境的证据。

第五百零六条 人民检察院对公安机关移送起诉的需要报请最高人民检察院核准的案件，经检察委员会讨论提出提起公诉意见的，应当层报最高人民检察院核准。报送材料包括起诉意见书、案件审查报告、报请核准的报告及案件证据材料。

第五百零七条 最高人民检察院收到下级人民检察院报请核准提起公诉的案卷材料后，应当及时指派检察官对案卷材料进行审查，提出核准或者不予核准的意见，报检察长决定。

第五百零八条 报请核准的人民检察院收到最高人民检察院核准决定书后，应当提起公诉，起诉书中应当载明经最高人民检察院核准的内容。

第五百零九条 审查起诉期间，犯罪嫌疑人自动投案或者被抓获的，人民检察院应当重新审查。

对严重危害国家安全犯罪、恐怖活动犯罪案件报请核准期间，犯罪嫌疑人自动投案或者被抓获的，报请核准的人民检察院应当及时撤回报请，重新审查案件。

第五百一十条 提起公诉后被告人到案，人民法院拟重新审理的，人民检察院应当商人民法院将案件撤回并重新审查。

第五百一十一条 因被告人患有严重疾病无法出庭，中止审理超过六个月，被告人仍无法出庭，被告人及其法定代理人、近亲属申请或者同意恢复审理的，人民检察院可以建议人民法院适用缺席审判程序审理。

第四节 犯罪嫌疑人、被告人逃匿、死亡案件违法所得的没收程序

第五百一十二条 对于贪污贿赂犯罪、恐怖活动犯罪等重大犯罪案件，犯罪嫌疑人、被告人逃匿，在通缉一年后不能到案，依照刑法规定应当追缴其违法所得及其他涉案财产的，人民检察院可以向人民法院提出没收违法所得的申请。

对于犯罪嫌疑人、被告人死亡，依照刑法规定应当追缴其违法所得及其他涉案财产的，人民检察院也可以向人民法院提出没收违法所得的申请。

第五百一十三条 犯罪嫌疑人、被告人为逃避侦查和刑事追究潜逃、隐匿，或者在刑事诉讼过程中脱逃的，应当认定为“逃匿”。

犯罪嫌疑人、被告人因意外事故下落不明满二年，或者因意外事故下落不明，经有关机关证明其不可能生存的，按照前款规定处理。

第五百一十四条 公安机关发布通缉令或者公安部通过国际刑警组织发布红色国际通报，应当认定为“通缉”。

第五百一十五条 犯罪嫌疑人、被告人通过实施犯罪直接或者间接产生、获得的任何财产，应当认定为“违法所得”。

违法所得已经部分或者全部转变、转化为其他财产的，转变、转化后的财产应当视为前款规定的“违法所得”。

来自违法所得转变、转化后的财产收益，或者来自已经与违法所得相混合财产中违法所得相应部分的收益，也应当视为第一款规定的违法所得。

第五百一十六条 犯罪嫌疑人、被告人非法持有的违禁品、供犯罪所用的本人财物，应当认定为“其他涉案财产”。

第五百一十七条 刑事诉讼法第二百九十九条第三款规定的“利害关系人”包括犯罪嫌疑人、被告人的近亲属和其他对申请没收的财产主张权利的自然人和单位。

刑事诉讼法第二百九十九条第二款、第三百条第二款规定的“其他利害关系人”是指前款规定的“其他对申请没收的财产主张权利的自然人和单位”。

第五百一十八条 人民检察院审查监察机关或者公安机关移送的没收违法所得意见书，向人民法院提出没收违法所得的申请以及对违法所得没收程序中调查活动、审判活动的监督，由负责捕诉的部门办理。

第五百一十九条 没收违法所得的申请，应当由有管辖权的中级人民法院的同级人民检察院提出。

第五百二十条 人民检察院向人民法院提出没收违法所得的申请，应当制作没收违法所得申请书。没收违法所得申请书应当载明以下内容：

（一）犯罪嫌疑人、被告人的基本情况，包括姓名、性别、出生年月日、出生地、户籍地、公民身份号码、民族、文化程度、职业、工作单位及职务、住址等；

（二）案由及案件来源；

（三）犯罪嫌疑人、被告人的犯罪事实及相关证据材料；

（四）犯罪嫌疑人、被告人逃匿、被通缉或者死亡的情况；

（五）申请没收的财产种类、数量、价值、所在地以及查封、扣押、冻结财产清单和相关法律手续；

（六）申请没收的财产属于违法所得及其他涉案财产的相关事实及证据材料；

（七）提出没收违法所得申请的理由和法律依据；

（八）有无近亲属和其他利害关系人以及利害关系人的姓名、身份、住址、联系方式；

（九）其他应当写明的内容。

上述材料需要翻译件的，人民检察院应当随没收违法所得申请书一并移送人民法院。

第五百二十一条 监察机关或者公安机关向人民检察院移送没收违法所得意见书，应当由有管辖权的人民检察院的同级监察机关或者

公安机关移送。

第五百二十二条 人民检察院审查监察机关或者公安机关移送的没收违法所得意见书，应当审查下列内容：

（一）是否属于本院管辖；

（二）是否符合刑事诉讼法第二百九十八条第一款规定的条件；

（三）犯罪嫌疑人基本情况，包括姓名、性别、国籍、出生年月日、职业和单位等；

（四）犯罪嫌疑人涉嫌犯罪的事实和相关证据材料；

（五）犯罪嫌疑人逃匿、下落不明、被通缉或者死亡的情况，通缉令或者死亡证明是否随案移送；

（六）违法所得及其他涉案财产的种类、数量、所在地以及查封、扣押、冻结的情况，查封、扣押、冻结的财产清单和相关法律手续是否随案移送；

（七）违法所得及其他涉案财产的相关事实和证据材料；

（八）有无近亲属和其他利害关系人以及利害关系人的姓名、身份、住址、联系方式。

对于与犯罪事实、违法所得及其他涉案财产相关的证据材料，不宜移送的，应当审查证据的清单、复制件、照片或者其他证明文件是否随案移送。

第五百二十三条 人民检察院应当在接到监察机关或者公安机关移送的没收违法所得意见书后三十日以内作出是否提出没收违法所得申请的决定。三十日以内不能作出决定的，可以延长十五日。

对于监察机关或者公安机关移送的没收违法所得案件，经审查认为不符合刑事诉讼法第二百九十八条第一款规定条件的，应当作出不提出没收违法所得申请的决定，并向监察机关或者公安机关书面说明理由；认为需要补充证据的，应当书面要求监察机关或者公安机关补充证据，必要时也可以自行调查。

监察机关或者公安机关补充证据的时间不计入人民检察院办案期限。

第五百二十四条 人民检察院发现公安机关应当启动违法所得没收程序而不启动的，可以要求公安机关在七日以内书面说明不启动的理由。

经审查，认为公安机关不启动理由不能成立的，应当通知公安机关启动程序。

第五百二十五条 人民检察院发现公安机关在违法所得没收程序的调查活动中有违法情形的，应当向公安机关提出纠正意见。

第五百二十六条 在审查监察机关或者公安机关移送的没收违法所得意见书的过程中，在逃的犯罪嫌疑人、被告人自动投案或者被抓获的，人民检察院应当终止审查，并将案卷退回监察机关或者公安机关处理。

第五百二十七条 人民检察院直接受理侦查的案件，犯罪嫌疑人死亡而撤销案件，符合刑事诉讼法第二百九十八条第一款规定条件的，负责侦查的部门应当启动违法所得没收程序进行调查。

负责侦查的部门进行调查应当查明犯罪嫌疑人涉嫌的犯罪事实，犯罪嫌疑人死亡的情况，以及犯罪嫌疑人的违法所得及其他涉案财产的情况，并可以对违法所得及其他涉案财产依法进行查封、扣押、查询、冻结。

负责侦查的部门认为符合刑事诉讼法第二百九十八条第一款规定条件的，应当写出没收违法所得意见书，连同案卷材料一并移送有管辖权的人民检察院负责侦查的部门，并由有管辖权的人民检察院负责侦查的部门移送本院负责捕诉的部门。

负责捕诉的部门对没收违法所得意见书进行审查，作出是否提出没收违法所得申请的决定，具体程序按照本规则第五百二十二条、第五百二十三条的规定办理。

第五百二十八条 在人民检察院审查起诉过程中，犯罪嫌疑人死亡，或者贪污贿赂犯罪、恐怖活动犯罪等重大犯罪案件的犯罪嫌疑人逃匿，在通缉一年后不能到案，依照刑法规定应当追缴其违法所得及其他涉案财产的，人民检察院可以直接提出没收违法所得的申请。

在人民法院审理案件过程中,被告人死亡而裁定终止审理,或者被告人脱逃而裁定中止审理,人民检察院可以依法另行向人民法院提出没收违法所得的申请。

第五百二十九条 人民法院对没收违法所得的申请进行审理,人民检察院应当承担举证责任。

人民法院对没收违法所得的申请开庭审理的,人民检察院应当派员出席法庭。

第五百三十条 出席法庭的检察官应当宣读没收违法所得申请书,并在法庭调查阶段就申请没收的财产属于违法所得及其他涉案财产等相关事实出示、宣读证据。

第五百三十一条 人民检察院发现人民法院或者审判人员审理没收违法所得案件违反法律规定的诉讼程序,应当向人民法院提出纠正意见。

人民检察院认为同级人民法院按照违法所得没收程序所作的第一审裁定确有错误的,应当在五日以内向上一级人民法院提出抗诉。

最高人民检察院、省级人民检察院认为下级人民法院按照违法所得没收程序所作的已经发生法律效力的裁定确有错误的,应当按照审判监督程序向同级人民法院提出抗诉。

第五百三十二条 在审理案件过程中,在逃的犯罪嫌疑人、被告人自动投案或者被抓获,人民法院按照刑事诉讼法第三百零一条第一款的规定终止审理的,人民检察院应当将案卷退回监察机关或者公安机关处理。

第五百三十三条 对于刑事诉讼法第二百九十八条第一款规定以外需要没收违法所得的,按照有关规定执行。

第五节 依法不负刑事责任的精神病人的强制医疗程序

第五百三十四条 对于实施暴力行为,危害公共安全或者严重危害公民人身安全,已经达到犯罪程度,经法定程序鉴定依法不负刑事责任的精神病人,有继续危害社会可能的,人民检察院应当向人民法院提出强制医疗的申请。

提出强制医疗的申请以及对强制医疗决定的监督,由负责捕诉的部门办理。

第五百三十五条 强制医疗的申请由被申请人实施暴力行为所在地的基层人民检察院提出;由被申请人居住地的人民检察院提出更为适宜的,可以由被申请人居住地的基层人民检察院提出。

第五百三十六条 人民检察院向人民法院提出强制医疗的申请,应当制作强制医疗申请书。强制医疗申请书的主要内容包括:

(一)涉案精神病人的基本情况,包括姓名、性别、出生年月日、出生地、户籍地、公民身份号码、民族、文化程度、职业、工作单位及职务、住址,采取临时保护性约束措施的情况及处所等;

(二)涉案精神病人的法定代理人的基本情况,包括姓名、住址、联系方式等;

(三)案由及案件来源;

(四)涉案精神病人实施危害公共安全或者严重危害公民人身安全的暴力行为的事实,包括实施暴力行为的时间、地点、手段、后果等及相关证据情况;

(五)涉案精神病人不负刑事责任的依据,包括有关鉴定意见和其他证据材料;

(六)涉案精神病人继续危害社会的可能;

(七)提出强制医疗申请的理由和法律依据。

第五百三十七条 人民检察院审查公安机关移送的强制医疗意见书,应当查明:

(一)是否属于本院管辖;

(二)涉案精神病人身份状况是否清楚,包括姓名、性别、国籍、出生年月日、职业和单位等;

(三)涉案精神病人实施危害公共安全或者严重危害公民人身安全的暴力行为的事实;

(四)公安机关对涉案精神病人进行鉴定的程序是否合法,涉案精神病人是否依法不负刑事责任;

(五)涉案精神病人是否有继续危害社会的可能;

(六)证据材料是否随案移送,不宜移送的

证据的清单、复制件、照片或者其他证明文件是否随案移送；

（七）证据是否确实、充分；

（八）采取的临时保护性约束措施是否适当。

第五百三十八条 人民检察院办理公安机关移送的强制医疗案件，可以采取以下方式开展调查，调查情况应当记录并附卷：

（一）会见涉案精神病人，听取涉案精神病人的法定代理人、诉讼代理人意见；

（二）询问办案人员、鉴定人；

（三）向被害人及其法定代理人、近亲属了解情况；

（四）向涉案精神病人的主治医生、近亲属、邻居、其他知情人员或者基层组织等了解情况；

（五）就有关专门性技术问题委托具有法定资质的鉴定机构、鉴定人进行鉴定。

第五百三十九条 人民检察院应当在接到公安机关移送的强制医疗意见书后三十日以内作出是否提出强制医疗申请的决定。

对于公安机关移送的强制医疗案件，经审查认为不符合刑事诉讼法第三百零二条规定条件的，应当作出不提出强制医疗申请的决定，并向公安机关书面说明理由。认为需要补充证据的，应当书面要求公安机关补充证据，必要时也可以自行调查。

公安机关补充证据的时间不计入人民检察院办案期限。

第五百四十条 人民检察院发现公安机关应当启动强制医疗程序而不启动的，可以要求公安机关在七日以内书面说明不启动的理由。

经审查，认为公安机关不启动理由不能成立的，应当通知公安机关启动强制医疗程序。

公安机关收到启动强制医疗程序通知书后，未按要求启动强制医疗程序的，人民检察院应当提出纠正意见。

第五百四十一条 人民检察院对公安机关移送的强制医疗案件，发现公安机关对涉案精神病人进行鉴定违反法律规定，具有下列情形之一的，应当依法提出纠正意见：

（一）鉴定机构不具备法定资质的；

（二）鉴定人不具备法定资质或者违反回避规定的；

（三）鉴定程序违反法律或者有关规定，鉴定的过程和方法违反相关专业规范要求的；

（四）鉴定文书不符合法定形式要件的；

（五）鉴定意见没有依法及时告知相关人员的；

（六）鉴定人故意作虚假鉴定的；

（七）其他违反法律规定的情形。

人民检察院对精神病鉴定程序进行监督，可以要求公安机关补充鉴定或者重新鉴定。必要时，可以询问鉴定人并制作笔录，或者委托具有法定资质的鉴定机构进行补充鉴定或者重新鉴定。

第五百四十二条 人民检察院发现公安机关对涉案精神病人不应当采取临时保护性约束措施而采取的，应当提出纠正意见。

认为公安机关应当采取临时保护性约束措施而未采取的，应当建议公安机关采取临时保护性约束措施。

第五百四十三条 在审查起诉中，犯罪嫌疑人经鉴定系依法不负刑事责任的精神病人的，人民检察院应当作出不起诉决定。认为符合刑事诉讼法第三百零二条规定条件的，应当向人民法院提出强制医疗的申请。

第五百四十四条 人民法院对强制医疗案件开庭审理的，人民检察院应当派员出席法庭。

第五百四十五条 人民检察院发现人民法院强制医疗案件审理活动具有下列情形之一的，应当提出纠正意见：

（一）未通知被申请人或者被告人的法定代理人到场的；

（二）被申请人或者被告人没有委托诉讼代理人，未通知法律援助机构指派律师为其提供法律帮助的；

（三）未组成合议庭或者合议庭组成人员不合法的；

（四）未经被申请人、被告人的法定代理人

请求直接作出不开庭审理决定的；

（五）未会见被申请人的；

（六）被申请人、被告人要求出庭且具备出庭条件，未准许其出庭的；

（七）违反法定审理期限的；

（八）收到人民检察院对强制医疗决定不当的书面纠正意见后，未另行组成合议庭审理或者未在一个月以内作出复议决定的；

（九）人民法院作出的强制医疗决定或者驳回强制医疗申请决定不当的；

（十）其他违反法律规定的情形。

第五百四十六条 出席法庭的检察官发现人民法院或者审判人员审理强制医疗案件违反法律规定的诉讼程序，应当记录在案，并在休庭后及时向检察长报告，由人民检察院在庭审后向人民法院提出纠正意见。

第五百四十七条 人民检察院认为人民法院作出的强制医疗决定或者驳回强制医疗申请的决定，具有下列情形之一的，应当在收到决定书副本后二十日以内向人民法院提出纠正意见：

（一）据以作出决定的事实不清或者确有错误的；

（二）据以作出决定的证据不确实、不充分的；

（三）据以作出决定的证据依法应当予以排除的；

（四）据以作出决定的主要证据之间存在矛盾的；

（五）有确实、充分的证据证明应当决定强制医疗而予以驳回的，或者不应当决定强制医疗而决定强制医疗的；

（六）审理过程中严重违反法定诉讼程序，可能影响公正审理和决定的。

第五百四十八条 人民法院在审理案件过程中发现被告人符合强制医疗条件，适用强制医疗程序对案件进行审理的，人民检察院应当在庭审中发表意见。

人民法院作出宣告被告人无罪或者不负刑事责任的判决和强制医疗决定的，人民检察院应当进行审查。对判决确有错误的，应当依法提出抗诉；对强制医疗决定不当或者未作出强制医疗的决定不当的，应当提出纠正意见。

第五百四十九条 人民法院收到被决定强制医疗的人、被害人及其法定代理人、近亲属复议申请后，未组成合议庭审理，或者未在一个月以内作出复议决定，或者有其他违法行为的，人民检察院应当提出纠正意见。

第五百五十条 人民检察院对于人民法院批准解除强制医疗的决定实行监督，发现人民法院解除强制医疗的决定不当的，应当提出纠正意见。

第十三章 刑事诉讼法律监督

第一节 一般规定

第五百五十一条 人民检察院对刑事诉讼活动实行法律监督，发现违法情形的，依法提出抗诉、纠正意见或者检察建议。

人民检察院对于涉嫌违法的事实，可以采取以下方式进行调查核实：

（一）讯问、询问犯罪嫌疑人；

（二）询问证人、被害人或者其他诉讼参与人；

（三）询问办案人员；

（四）询问在场人员或者其他可能知情的人员；

（五）听取申诉人或者控告人的意见；

（六）听取辩护人、值班律师意见；

（七）调取、查询、复制相关登记表册、法律文书、体检记录及案卷材料等；

（八）调取讯问笔录、询问笔录及相关录音、录像或其他视听资料；

（九）进行伤情、病情检查或者鉴定；

（十）其他调查核实方式。

人民检察院在调查核实过程中不得限制被调查对象的人身、财产权利。

第五百五十二条 人民检察院发现刑事诉讼活动中的违法行为，对于情节较轻的，由检察人员以口头方式提出纠正意见；对于情节较重的，经检察长决定，发出纠正违法通知书。对于带有普遍性的违法情形，经检察长决定，向相关机关提出检察建议。构成犯罪的，移送有关机关、部门依法追究刑事责任。

有申诉人、控告人的，调查核实和纠正违法情况应予告知。

第五百五十三条 人民检察院发出纠正违法通知书的，应当监督落实。被监督单位在纠正违法通知书规定的期限内没有回复纠正情况的，人民检察院应当督促回复。经督促被监督单位仍不回复或者没有正当理由不纠正的，人民检察院应当向上一级人民检察院报告。

第五百五十四条 被监督单位对纠正意见申请复查的，人民检察院应当在收到被监督单位的书面意见后七日以内进行复查，并将复查结果及时通知申请复查的单位。经过复查，认为纠正意见正确的，应当及时向上一级人民检察院报告；认为纠正意见错误的，应当及时予以撤销。

上一级人民检察院经审查，认为下级人民检察院纠正意见正确的，应当及时通报被监督单位的上级机关或者主管机关，并建议其督促被监督单位予以纠正；认为下级人民检察院纠正意见错误的，应当书面通知下级人民检察院予以撤销，下级人民检察院应当执行，并及时向被监督单位说明情况。

第五百五十五条 当事人和辩护人、诉讼代理人、利害关系人对于办案机关及其工作人员有刑事诉讼法第一百一十七条规定的行为，向该机关申诉或者控告，对该机关作出的处理不服或者该机关未在规定时间内作出答复，而向人民检察院申诉的，办案机关的同级人民检察院应当受理。

人民检察院直接受理侦查的案件，当事人和辩护人、诉讼代理人、利害关系人对办理案件的人民检察院的处理不服的，可以向上一级人民检察院申诉，上一级人民检察院应当受理。

未向办案机关申诉或者控告，或者办案机关在规定时间内尚未作出处理决定，直接向人民检察院申诉的，人民检察院应当告知其向办案机关申诉或者控告。人民检察院在审查逮捕、审查起诉中发现有刑事诉讼法第一百一十七规定的违法情形的，可以直接监督纠正。

当事人和辩护人、诉讼代理人、利害关系人对刑事诉讼法第一百一十七条规定情形之外的违法行为提出申诉或者控告的，人民检察院应当受理，并及时审查，依法处理。

第五百五十六条 对人民检察院及其工作人员办理案件中违法行为的申诉、控告，由负责控告申诉检察的部门受理和审查办理。对其他司法机关处理决定不服向人民检察院提出的申诉，由负责控告申诉检察的部门受理后，移送相关办案部门审查办理。

审查办理的部门应当在受理之日起十五日以内提出审查意见。人民检察院对刑事诉讼法第一百一十七条的申诉，经审查认为需要其他司法机关说明理由的，应当要求有关机关说明理由，并在收到理由说明后十五日以内提出审查意见。

人民检察院及其工作人员办理案件中存在的违法情形属实的，应当予以纠正；不存在违法行为的，书面答复申诉人、控告人。

其他司法机关对申诉、控告的处理不正确的，人民检察院应当通知有关机关予以纠正；处理正确的，书面答复申诉人、控告人。

第二节 刑事立案监督

第五百五十七条 被害人及其法定代理人、近亲属或者行政执法机关，认为公安机关对其控告或者移送的案件应当立案侦查而不立案侦查，或者当事人认为公安机关不应当立案而立案，向人民检察院提出的，人民检察院应当受理并进行审查。

人民检察院发现公安机关可能存在应当立案侦查而不立案侦查情形的，应当依法进行审查。

人民检察院接到控告、举报或者发现行政执法机关不移送涉嫌犯罪案件的，经检察长批准，应当向行政执法机关提出检察意见，要求其按照管辖规定向公安机关移送涉嫌犯罪案件。

第五百五十八条 人民检察院负责控告申

诉检察的部门受理对公安机关应当立案而不立案或者不应当立案而立案的控告、申诉,应当根据事实、法律进行审查。认为需要公安机关说明不立案或者立案理由的,应当及时将案件移送负责捕诉的部门办理;认为公安机关立案或者不立案决定正确的,应当制作相关法律文书,答复控告人、申诉人。

第五百五十九条 人民检察院经审查,认为需要公安机关说明不立案理由的,应当要求公安机关书面说明不立案的理由。

对于有证据证明公安机关可能存在违法动用刑事手段插手民事、经济纠纷,或者利用立案实施报复陷害、敲诈勒索以及谋取其他非法利益等违法立案情形,尚未提请批准逮捕或者移送起诉的,人民检察院应当要求公安机关书面说明立案理由。

第五百六十条 人民检察院要求公安机关说明不立案或者立案理由,应当书面通知公安机关,并且告知公安机关在收到通知后七日以内,书面说明不立案或者立案的情况、依据和理由,连同有关证据材料回复人民检察院。

第五百六十一条 公安机关说明不立案或者立案的理由后,人民检察院应当进行审查。认为公安机关不立案或者立案理由不能成立的,经检察长决定,应当通知公安机关立案或者撤销案件。

人民检察院认为公安机关不立案或者立案理由成立的,应当在十日以内将不立案或者立案的依据和理由告知被害人及其法定代理人、近亲属或者行政执法机关。

第五百六十二条 公安机关对当事人的报案、控告、举报或者行政执法机关移送的涉嫌犯罪案件受理后未在规定期限内作出是否立案决定,当事人或者行政执法机关向人民检察院提出的,人民检察院应当受理并进行审查。经审查,认为尚未超过规定期限的,应当移送公安机关处理,并答复报案人、控告人、举报人或者行政执法机关;认为超过规定期限的,应当要求公安机关在七日以内书面说明逾期不作出是否立案决定的理由,连同有关证据材料回复人民检察院。公安机关在七日以内不说明理由也不作出立案或者不立案决定的,人民检察院应当提出纠正意见。人民检察院经审查有关证据材料认为符合立案条件的,应当通知公安机关立案。

第五百六十三条 人民检察院通知公安机关立案或者撤销案件,应当制作通知立案书或者通知撤销案件书,说明依据和理由,连同证据材料送达公安机关,并且告知公安机关应当在收到通知立案书后十五日以内立案,对通知撤销案件书没有异议的应当立即撤销案件,并将立案决定书或者撤销案件决定书及时送达人民检察院。

第五百六十四条 人民检察院通知公安机关立案或者撤销案件的,应当依法对执行情况进行监督。

公安机关在收到通知立案书或者通知撤销案件书后超过十五日不予立案或者未要求复议、提请复核也不撤销案件的,人民检察院应当发出纠正违法通知书。公安机关仍不纠正的,报上一级人民检察院协商同级公安机关处理。

公安机关立案后三个月以内未侦查终结的,人民检察院可以向公安机关发出立案监督案件催办函,要求公安机关及时向人民检察院反馈侦查工作进展情况。

第五百六十五条 公安机关认为人民检察院撤销案件通知有错误,要求同级人民检察院复议的,人民检察院应当重新审查。在收到要求复议意见书和案卷材料后七日以内作出是否变更的决定,并通知公安机关。

公安机关不接受人民检察院复议决定,提请上一级人民检察院复核的,上级人民检察院应当在收到提请复核意见书和案卷材料后十五日以内作出是否变更的决定,通知下级人民检察院和公安机关执行。

上级人民检察院复核认为撤销案件通知有错误的,下级人民检察院应当立即纠正;上级人民检察院复核认为撤销案件通知正确的,应当作出复核决定并送达下级公安机关。

第五百六十六条 人民检察院负责捕诉的部门发现本院负责侦查的部门对应当立案侦查

的案件不立案侦查或者对不应当立案侦查的案件立案侦查的，应当建议负责侦查的部门立案侦查或者撤销案件。建议不被采纳的，应当报请检察长决定。

第三节　侦查活动监督

第五百六十七条　人民检察院应当对侦查活动中是否存在以下违法行为进行监督：

（一）采用刑讯逼供以及其他非法方法收集犯罪嫌疑人供述的；

（二）讯问犯罪嫌疑人依法应当录音或者录像而没有录音或者录像，或者未在法定羁押场所讯问犯罪嫌疑人的；

（三）采用暴力、威胁以及非法限制人身自由等非法方法收集证人证言、被害人陈述，或者以暴力、威胁等方法阻止证人作证或者指使他人作伪证的；

（四）伪造、隐匿、销毁、调换、私自涂改证据，或者帮助当事人毁灭、伪造证据的；

（五）违反刑事诉讼法关于决定、执行、变更、撤销强制措施的规定，或者强制措施法定期限届满，不予释放、解除或者变更的；

（六）应当退还取保候审保证金不退还的；

（七）违反刑事诉讼法关于讯问、询问、勘验、检查、搜查、鉴定、采取技术侦查措施等规定的；

（八）对与案件无关的财物采取查封、扣押、冻结措施，或者应当解除查封、扣押、冻结而不解除的；

（九）贪污、挪用、私分、调换、违反规定使用查封、扣押、冻结的财物及其孳息的；

（十）不应当撤案而撤案的；

（十一）侦查人员应当回避而不回避的；

（十二）依法应当告知犯罪嫌疑人诉讼权利而不告知，影响犯罪嫌疑人行使诉讼权利的；

（十三）对犯罪嫌疑人拘留、逮捕、指定居所监视居住后依法应当通知家属而未通知的；

（十四）阻碍当事人、辩护人、诉讼代理人、值班律师依法行使诉讼权利的；

（十五）应当对证据收集的合法性出具说明或者提供证明材料而不出具、不提供的；

（十六）侦查活动中的其他违反法律规定的行为。

第五百六十八条　人民检察院发现侦查活动中的违法情形已涉嫌犯罪，属于人民检察院管辖的，依法立案侦查；不属于人民检察院管辖的，依照有关规定移送有管辖权的机关。

第五百六十九条　人民检察院负责捕诉的部门发现本院负责侦查的部门在侦查活动中有违法情形，应当提出纠正意见。需要追究相关人员违法违纪责任的，应当报告检察长。

上级人民检察院发现下级人民检察院在侦查活动中有违法情形，应当通知其纠正。下级人民检察院应当及时纠正，并将纠正情况报告上级人民检察院。

第四节　审判活动监督

第五百七十条　人民检察院应当对审判活动中是否存在以下违法行为进行监督：

（一）人民法院对刑事案件的受理违反管辖规定的；

（二）人民法院审理案件违反法定审理和送达期限的；

（三）法庭组成人员不符合法律规定，或者依照规定应当回避而不回避的；

（四）法庭审理案件违反法定程序的；

（五）侵犯当事人、其他诉讼参与人的诉讼权利和其他合法权利的；

（六）法庭审理时对有关程序问题所作的决定违反法律规定的；

（七）违反法律规定裁定发回重审的；

（八）故意毁弃、篡改、隐匿、伪造、偷换证据或者其他诉讼材料，或者依据未经法定程序调查、质证的证据定案的；

（九）依法应当调查收集相关证据而不收集的；

（十）徇私枉法，故意违背事实和法律作枉法裁判的；

（十一）收受、索取当事人及其近亲属或者其委托的律师等人财物或者其他利益的；

（十二）违反法律规定采取强制措施或者采取强制措施法定期限届满，不予释放、解除或者变更的；

（十三）应当退还取保候审保证金不退还的；

（十四）对与案件无关的财物采取查封、扣押、冻结措施，或者应当解除查封、扣押、冻结而不解除的；

（十五）贪污、挪用、私分、调换、违反规定使用查封、扣押、冻结的财物及其孳息的；

（十六）其他违反法律规定的行为。

第五百七十一条 人民检察院检察长或者检察长委托的副检察长，可以列席同级人民法院审判委员会会议，依法履行法律监督职责。

第五百七十二条 人民检察院在审判活动监督中，发现人民法院或者审判人员审理案件违反法律规定的诉讼程序，应当向人民法院提出纠正意见。

人民检察院对违反程序的庭审活动提出纠正意见，应当由人民检察院在庭审后提出。出席法庭的检察人员发现法庭审判违反法律规定的诉讼程序，应当在休庭后及时向检察长报告。

第五节 羁押必要性审查

第五百七十三条 犯罪嫌疑人、被告人被逮捕后，人民检察院仍应当对羁押的必要性进行审查。

第五百七十四条 人民检察院在办案过程中可以依职权主动进行羁押必要性审查。

犯罪嫌疑人、被告人及其法定代理人、近亲属或者辩护人可以申请人民检察院进行羁押必要性审查。申请时应当说明不需要继续羁押的理由，有相关证据或者其他材料的应当提供。

看守所根据在押人员身体状况，可以建议人民检察院进行羁押必要性审查。

第五百七十五条 负责捕诉的部门依法对侦查和审判阶段的羁押必要性进行审查。经审查认为不需要继续羁押的，应当建议公安机关或者人民法院释放犯罪嫌疑人、被告人或者变更强制措施。

审查起诉阶段，负责捕诉的部门经审查认为不需要继续羁押的，应当直接释放犯罪嫌疑人或者变更强制措施。

负责刑事执行检察的部门收到有关材料或者发现不需要继续羁押的，应当及时将有关材料和意见移送负责捕诉的部门。

第五百七十六条 办案机关对应的同级人民检察院负责控告申诉检察的部门或者负责案件管理的部门收到羁押必要性审查申请后，应当在当日移送本院负责捕诉的部门。

其他人民检察院收到羁押必要性审查申请的，应当告知申请人向办案机关对应的同级人民检察院提出申请，或者在二日以内将申请材料移送办案机关对应的同级人民检察院，并告知申请人。

第五百七十七条 人民检察院可以采取以下方式进行羁押必要性审查：

（一）审查犯罪嫌疑人、被告人不需要继续羁押的理由和证明材料；

（二）听取犯罪嫌疑人、被告人及其法定代理人、辩护人的意见；

（三）听取被害人及其法定代理人、诉讼代理人的意见，了解是否达成和解协议；

（四）听取办案机关的意见；

（五）调查核实犯罪嫌疑人、被告人的身体健康状况；

（六）需要采取的其他方式。

必要时，可以依照有关规定进行公开审查。

第五百七十八条 人民检察院应当根据犯罪嫌疑人、被告人涉嫌的犯罪事实、主观恶性、悔罪表现、身体状况、案件进展情况、可能判处的刑罚和有无再危害社会的危险等因素，综合评估有无必要继续羁押犯罪嫌疑人、被告人。

第五百七十九条 人民检察院发现犯罪嫌疑人、被告人具有下列情形之一的，应当向办案机关提出释放或者变更强制措施的建议：

（一）案件证据发生重大变化，没有证据证明有犯罪事实或者犯罪行为系犯罪嫌疑人、被告人所为的；

（二）案件事实或者情节发生变化，犯罪嫌疑人、被告人可能被判处拘役、管制、独立适用

附加刑、免予刑事处罚或者判决无罪的;

(三)继续羁押犯罪嫌疑人、被告人,羁押期限将超过依法可能判处的刑期的;

(四)案件事实基本查清,证据已经收集固定,符合取保候审或者监视居住条件的。

第五百八十条 人民检察院发现犯罪嫌疑人、被告人具有下列情形之一,且具有悔罪表现,不予羁押不致发生社会危险性的,可以向办案机关提出释放或者变更强制措施的建议:

(一)预备犯或者中止犯;

(二)共同犯罪中的从犯或者胁从犯;

(三)过失犯罪的;

(四)防卫过当或者避险过当的;

(五)主观恶性较小的初犯;

(六)系未成年人或者已满七十五周岁的人;

(七)与被害方依法自愿达成和解协议,且已经履行或者提供担保的;

(八)认罪认罚的;

(九)患有严重疾病、生活不能自理的;

(十)怀孕或者正在哺乳自己婴儿的妇女;

(十一)系生活不能自理的人的唯一扶养人;

(十二)可能被判处一年以下有期徒刑或者宣告缓刑的;

(十三)其他不需要继续羁押的情形。

第五百八十一条 人民检察院向办案机关发出释放或者变更强制措施建议书的,应当说明不需要继续羁押犯罪嫌疑人、被告人的理由和法律依据,并要求办案机关在十日以内回复处理情况。

人民检察院应当跟踪办案机关对释放或者变更强制措施建议的处理情况。办案机关未在十日以内回复处理情况的,应当提出纠正意见。

第五百八十二条 对于依申请审查的案件,人民检察院办结后,应当将提出建议的情况和公安机关、人民法院的处理情况,或者有继续羁押必要的审查意见和理由及时书面告知申请人。

第六节 刑事判决、裁定监督

第五百八十三条 人民检察院依法对人民法院的判决、裁定是否正确实行法律监督,对人民法院确有错误的判决、裁定,应当依法提出抗诉。

第五百八十四条 人民检察院认为同级人民法院第一审判决、裁定具有下列情形之一的,应当提出抗诉:

(一)认定的事实确有错误或者据以定罪量刑的证据不确实、不充分的;

(二)有确实、充分证据证明有罪判无罪,或者无罪判有罪的;

(三)重罪轻判,轻罪重判,适用刑罚明显不当的;

(四)认定罪名不正确,一罪判数罪、数罪判一罪,影响量刑或者造成严重社会影响的;

(五)免除刑事处罚或者适用缓刑、禁止令、限制减刑等错误的;

(六)人民法院在审理过程中严重违反法律规定的诉讼程序的。

第五百八十五条 人民检察院在收到人民法院第一审判决书或者裁定书后,应当及时审查。对于需要提出抗诉的案件,应当报请检察长决定。

第五百八十六条 人民检察院对同级人民法院第一审判决的抗诉,应当在接到判决书后第二日起十日以内提出;对第一审裁定的抗诉,应当在接到裁定书后第二日起五日以内提出。

第五百八十七条 人民检察院对同级人民法院第一审判决、裁定的抗诉,应当制作抗诉书,通过原审人民法院向上一级人民法院提出,并将抗诉书副本连同案卷材料报送上一级人民检察院。

第五百八十八条 被害人及其法定代理人不服地方各级人民法院第一审的判决,在收到判决书后五日以内请求人民检察院提出抗诉的,人民检察院应当立即进行审查,在收到被害人及其法定代理人的请求后五日以内作出是否抗诉的决定,并且答复请求人。经审查认为应当抗诉的，适用本规则第五百八十四条至第五百八十七条的规定办理。

被害人及其法定代理人在收到判决书五日以后请求人民检察院提出抗诉的，由人民检察院决定是否受理。

第五百八十九条 上一级人民检察院对下级人民检察院按照第二审程序提出抗诉的案件，认为抗诉正确的，应当支持抗诉。

上一级人民检察院认为抗诉不当的，应当听取下级人民检察院的意见。听取意见后，仍然认为抗诉不当的，应当向同级人民法院撤回抗诉，并且通知下级人民检察院。

上一级人民检察院在上诉、抗诉期限内，发现下级人民检察院应当提出抗诉而没有提出抗诉的案件，可以指令下级人民检察院依法提出抗诉。

上一级人民检察院支持或者部分支持抗诉意见的，可以变更、补充抗诉理由，及时制作支持抗诉意见书，并通知提出抗诉的人民检察院。

第五百九十条 第二审人民法院发回原审人民法院按照第一审程序重新审判的案件，如果人民检察院认为重新审判的判决、裁定确有错误的，可以按照第二审程序提出抗诉。

第五百九十一条 人民检察院认为人民法院已经发生法律效力的判决、裁定确有错误，具有下列情形之一的，应当按照审判监督程序向人民法院提出抗诉：

（一）有新的证据证明原判决、裁定认定的事实确有错误，可能影响定罪量刑的；

（二）据以定罪量刑的证据不确实、不充分的；

（三）据以定罪量刑的证据依法应当予以排除的；

（四）据以定罪量刑的主要证据之间存在矛盾的；

（五）原判决、裁定的主要事实依据被依法变更或者撤销的；

（六）认定罪名错误且明显影响量刑的；

（七）违反法律关于追诉时效期限的规定的；

（八）量刑明显不当的；

（九）违反法律规定的诉讼程序，可能影响公正审判的；

（十）审判人员在审理案件的时候有贪污受贿，徇私舞弊，枉法裁判行为的。

对于同级人民法院已经发生法律效力的判决、裁定，人民检察院认为可能有错误的，应当另行指派检察官或者检察官办案组进行审查。经审查，认为有前款规定情形之一的，应当提请上一级人民检察院提出抗诉。

对已经发生法律效力的判决、裁定的审查，参照本规则第五百八十五条的规定办理。

第五百九十二条 对于高级人民法院判处死刑缓期二年执行的案件，省级人民检察院认为确有错误提请抗诉的，一般应当在收到生效判决、裁定后三个月以内提出，至迟不得超过六个月。

第五百九十三条 当事人及其法定代理人、近亲属认为人民法院已经发生法律效力的判决、裁定确有错误，向人民检察院申诉的，由作出生效判决、裁定的人民法院的同级人民检察院依法办理。

当事人及其法定代理人、近亲属直接向上级人民检察院申诉的，上级人民检察院可以交由作出生效判决、裁定的人民法院的同级人民检察院受理；案情重大、疑难、复杂的，上级人民检察院可以直接受理。

当事人及其法定代理人、近亲属对人民法院已经发生法律效力的判决、裁定提出申诉，经人民检察院复查决定不予抗诉后继续提出申诉的，上一级人民检察院应当受理。

第五百九十四条 对不服人民法院已经发生法律效力的判决、裁定的申诉，经两级人民检察院办理且省级人民检察院已经复查的，如果没有新的证据，人民检察院不再复查，但原审被告人可能被宣告无罪或者判决、裁定有其他重大错误可能的除外。

第五百九十五条 人民检察院对已经发生法律效力的判决、裁定的申诉复查后，认为需要提请或者提出抗诉的，报请检察长决定。

地方各级人民检察院对不服同级人民法院已经发生法律效力的判决、裁定的申诉复查后，认为需要提出抗诉的，应当提请上一级人民检察院抗诉。

上级人民检察院对下一级人民检察院提请抗诉的申诉案件进行审查后，认为需要提出抗诉的，应当向同级人民法院提出抗诉。

人民法院开庭审理时，同级人民检察院应当派员出席法庭。

第五百九十六条 人民检察院对不服人民法院已经发生法律效力的判决、裁定的申诉案件复查终结后，应当制作刑事申诉复查通知书，在十日以内通知申诉人。

经复查向上一级人民检察院提请抗诉的，应当在上一级人民检察院作出是否抗诉的决定后制作刑事申诉复查通知书。

第五百九十七条 最高人民检察院发现各级人民法院已经发生法律效力的判决或者裁定，上级人民检察院发现下级人民法院已经发生法律效力的判决或者裁定确有错误时，可以直接向同级人民法院提出抗诉，或者指令作出生效判决、裁定人民法院的上一级人民检察院向同级人民法院提出抗诉。

第五百九十八条 人民检察院按照审判监督程序向人民法院提出抗诉的，应当将抗诉书副本报送上一级人民检察院。

第五百九十九条 对按照审判监督程序提出抗诉的案件，人民检察院认为人民法院再审作出的判决、裁定仍然确有错误的，如果案件是依照第一审程序审判的，同级人民检察院应当按照第二审程序向上一级人民法院提出抗诉；如果案件是依照第二审程序审判的，上一级人民检察院应当按照审判监督程序向同级人民法院提出抗诉。

第六百条 人民检察院办理按照第二审程序、审判监督程序抗诉的案件，认为需要对被告人采取强制措施的，参照本规则相关规定。决定采取强制措施应当经检察长批准。

第六百零一条 人民检察院对自诉案件的判决、裁定的监督，适用本节的规定。

第七节 死刑复核监督

第六百零二条 最高人民检察院依法对最高人民法院的死刑复核活动实行法律监督。

省级人民检察院依法对高级人民法院复核未上诉且未抗诉死刑立即执行案件和死刑缓期二年执行案件的活动实行法律监督。

第六百零三条 最高人民检察院、省级人民检察院通过办理下列案件对死刑复核活动实行法律监督：

（一）人民法院向人民检察院通报的死刑复核案件；

（二）下级人民检察院提请监督或者报告重大情况的死刑复核案件；

（三）当事人及其近亲属或者受委托的律师向人民检察院申请监督的死刑复核案件；

（四）认为应当监督的其他死刑复核案件。

第六百零四条 省级人民检察院对于进入最高人民法院死刑复核程序的案件，发现具有下列情形之一的，应当及时向最高人民检察院提请监督：

（一）案件事实不清、证据不足，依法应当发回重新审判或者改判的；

（二）被告人具有从宽处罚情节，依法不应当判处死刑的；

（三）适用法律错误的；

（四）违反法律规定的诉讼程序，可能影响公正审判的；

（五）其他应当提请监督的情形。

第六百零五条 省级人民检察院发现死刑复核案件被告人有自首、立功、怀孕或者被告人家属与被害人家属达成赔偿谅解协议等新的重大情况，影响死刑适用的，应当及时向最高人民检察院报告。

第六百零六条 当事人及其近亲属或者受委托的律师向最高人民检察院提出不服死刑裁判的申诉，由负责死刑复核监督的部门审查。

第六百零七条 对于适用死刑存在较大分歧或者在全国有重大影响的死刑第二审案件，省级人民检察院应当及时报最高人民检察院备案。

第六百零八条 高级人民法院死刑复核期间，设区的市级人民检察院向省级人民检察院报告重大情况、备案等程序，参照本规则第六百零五条、第六百零七条规定办理。

第六百零九条 对死刑复核监督案件的审查可以采取下列方式：

（一）审查人民法院移送的材料、下级人民检察院报送的相关案卷材料、当事人及其近亲属或者受委托的律师提交的材料；

（二）向下级人民检察院调取案件审查报告、公诉意见书、出庭意见书等，了解案件相关情况；

（三）向人民法院调阅或者查阅案卷材料；

（四）核实或者委托核实主要证据；

（五）讯问被告人、听取受委托的律师的意见；

（六）就有关技术性问题向专门机构或者有专门知识的人咨询，或者委托进行证据审查；

（七）需要采取的其他方式。

第六百一十条 审查死刑复核监督案件，具有下列情形之一的，应当听取下级人民检察院的意见：

（一）对案件主要事实、证据有疑问的；

（二）对适用死刑存在较大争议的；

（三）可能引起司法办案重大风险的；

（四）其他应当听取意见的情形。

第六百一十一条 最高人民检察院经审查发现死刑复核案件具有下列情形之一的，应当经检察长决定，依法向最高人民法院提出检察意见：

（一）认为适用死刑不当，或者案件事实不清、证据不足，依法不应当核准死刑的；

（二）认为不予核准死刑的理由不成立，依法应当核准死刑的；

（三）发现新的事实和证据，可能影响被告人定罪量刑的；

（四）严重违反法律规定的诉讼程序，可能影响公正审判的；

（五）司法工作人员在办理案件时，有贪污受贿，徇私舞弊，枉法裁判等行为的；

（六）其他需要提出检察意见的情形。

同意最高人民法院核准或者不核准意见的，应当经检察长批准，书面回复最高人民法院。

对于省级人民检察院提请监督、报告重大情况的案件，最高人民检察院认为具有影响死刑适用情形的，应当及时将有关材料转送最高人民法院。

第八节　羁押期限和办案期限监督

第六百一十二条 人民检察院依法对羁押期限和办案期限是否合法实行法律监督。

第六百一十三条 对公安机关、人民法院办理案件相关期限的监督，犯罪嫌疑人、被告人被羁押的，由人民检察院负责刑事执行检察的部门承担；犯罪嫌疑人、被告人未被羁押的，由人民检察院负责捕诉的部门承担。对人民检察院办理案件相关期限的监督，由负责案件管理的部门承担。

第六百一十四条 人民检察院在办理案件过程中，犯罪嫌疑人、被告人被羁押，具有下列情形之一的，办案部门应当在作出决定或者收到决定书、裁定书后十日以内通知本院负有监督职责的部门：

（一）批准或者决定延长侦查羁押期限的；

（二）对于人民检察院直接受理侦查的案件，决定重新计算侦查羁押期限、变更或者解除强制措施的；

（三）对犯罪嫌疑人、被告人进行精神病鉴定的；

（四）审查起诉期间改变管辖、延长审查起诉期限的；

（五）案件退回补充侦查，或者补充侦查完毕移送起诉后重新计算审查起诉期限的；

（六）人民法院决定适用简易程序、速裁程序审理第一审案件，或者将案件由简易程序转为普通程序，由速裁程序转为简易程序、普通程序重新审理的；

（七）人民法院改变管辖，决定延期审理、中止审理，或者同意人民检察院撤回起诉的。

第六百一十五条 人民检察院发现看守所的羁押期限管理活动具有下列情形之一的，应当依法提出纠正意见：

（一）未及时督促办案机关办理换押手续的；

（二）未在犯罪嫌疑人、被告人羁押期限届满前七日以内向办案机关发出羁押期限即将届满通知书的；

（三）犯罪嫌疑人、被告人被超期羁押后，没有立即书面报告人民检察院并通知办案机关的；

（四）收到犯罪嫌疑人、被告人及其法定代理人、近亲属或者辩护人提出的变更强制措施、羁押必要性审查、羁押期限届满要求释放或者变更强制措施的申请、申诉、控告后，没有及时转送有关办案机关或者人民检察院的；

（五）其他违法情形。

第六百一十六条 人民检察院发现公安机关的侦查羁押期限执行情况具有下列情形之一的，应当依法提出纠正意见：

（一）未按规定办理换押手续的；

（二）决定重新计算侦查羁押期限、经批准延长侦查羁押期限，未书面通知人民检察院和看守所的；

（三）对犯罪嫌疑人进行精神病鉴定，没有书面通知人民检察院和看守所的；

（四）其他违法情形。

第六百一十七条 人民检察院发现人民法院的审理期限执行情况具有下列情形之一的，应当依法提出纠正意见：

（一）在一审、二审和死刑复核阶段未按规定办理换押手续的；

（二）违反刑事诉讼法的规定重新计算审理期限、批准延长审理期限、改变管辖、延期审理、中止审理或者发回重审的；

（三）决定重新计算审理期限、批准延长审理期限、改变管辖、延期审理、中止审理、对被告人进行精神病鉴定，没有书面通知人民检察院和看守所的；

（四）其他违法情形。

第六百一十八条 人民检察院发现同级或者下级公安机关、人民法院超期羁押的，应当向该办案机关发出纠正违法通知书。

发现上级公安机关、人民法院超期羁押的，应当及时层报该办案机关的同级人民检察院，由同级人民检察院向该办案机关发出纠正违法通知书。

对异地羁押的案件，发现办案机关超期羁押的，应当通报该办案机关的同级人民检察院，由其依法向办案机关发出纠正违法通知书。

第六百一十九条 人民检察院发出纠正违法通知书后，有关办案机关未回复意见或者继续超期羁押的，应当及时报告上一级人民检察院。

对于造成超期羁押的直接责任人员，可以书面建议其所在单位或者有关主管机关依照法律或者有关规定予以处分；对于造成超期羁押情节严重，涉嫌犯罪的，应当依法追究其刑事责任。

第六百二十条 人民检察院办理直接受理侦查的案件或者审查逮捕、审查起诉案件，在犯罪嫌疑人侦查羁押期限、办案期限即将届满前，负责案件管理的部门应当依照有关规定向本院办案部门进行期限届满提示。发现办案部门办理案件超过规定期限的，应当依照有关规定提出纠正意见。

第十四章 刑罚执行和监管执法监督

第一节 一般规定

第六百二十一条 人民检察院依法对刑事判决、裁定和决定的执行工作以及监狱、看守所等的监管执法活动实行法律监督。

第六百二十二条 人民检察院根据工作需要，可以对监狱、看守所等场所采取巡回检察、派驻检察等方式进行监督。

第六百二十三条 人民检察院对监狱、看守所等场所进行监督，除可以采取本规则第五百五十一条规定的调查核实措施外，还可以采取实地查看禁闭室、会见室、监区、监舍等有关场所，列席监狱、看守所有关会议，与有关监管民警进行谈话，召开座谈会，开展问卷调查等方式。

第六百二十四条 人民检察院对刑罚执行和监管执法活动实行监督，可以根据下列情形分别处理：

（一）发现执法瑕疵、安全隐患，或者违法情节轻微的，口头提出纠正意见，并记录在案；

（二）发现严重违法，发生重大事故，或者口头提出纠正意见后七日以内未予纠正的，书面提出纠正意见；

（三）发现存在可能导致执法不公问题，或者存在重大监管漏洞、重大安全隐患、重大事故风险等问题的，提出检察建议。

对于在巡回检察中发现的前款规定的问题、线索的整改落实情况，通过巡回检察进行督导。

第二节　交付执行监督

第六百二十五条 人民检察院发现人民法院、公安机关、看守所等机关的交付执行活动具有下列情形之一的，应当依法提出纠正意见：

（一）交付执行的第一审人民法院没有在法定期间内将判决书、裁定书、人民检察院的起诉书副本、自诉状复印件、执行通知书、结案登记表等法律文书送达公安机关、监狱、社区矫正机构等执行机关的；

（二）对被判处死刑缓期二年执行、无期徒刑或者有期徒刑余刑在三个月以上的罪犯，公安机关、看守所自接到人民法院执行通知书等法律文书后三十日以内，没有将成年罪犯送交监狱执行刑罚，或者没有将未成年罪犯送交未成年犯管教所执行刑罚的；

（三）对需要收监执行刑罚而判决、裁定生效前未被羁押的罪犯，第一审人民法院没有及时将罪犯收监送交公安机关，并将判决书、裁定书、执行通知书等法律文书送达公安机关的；

（四）公安机关对需要收监执行刑罚但下落不明的罪犯，在收到人民法院的判决书、裁定书、执行通知书等法律文书后，没有及时抓捕、通缉的；

（五）对被判处管制、宣告缓刑或者人民法院决定暂予监外执行的罪犯，在判决、裁定生效后或者收到人民法院暂予监外执行决定后，未依法交付罪犯居住地社区矫正机构执行，或者对被单处剥夺政治权利的罪犯，在判决、裁定生效后，未依法交付罪犯居住地公安机关执行的，或者人民法院依法交付执行，社区矫正机构或者公安机关应当接收而拒绝接收的；

（六）其他违法情形。

第六百二十六条 人民法院判决被告人无罪、免予刑事处罚、判处管制、宣告缓刑、单处罚金或者剥夺政治权利，被告人被羁押的，人民检察院应当监督被告人是否被立即释放。发现被告人没有被立即释放的，应当立即向人民法院或者看守所提出纠正意见。

第六百二十七条 人民检察院发现公安机关未依法执行拘役、剥夺政治权利，拘役执行期满未依法发给释放证明，或者剥夺政治权利执行期满未书面通知本人及其所在单位、居住地基层组织等违法情形的，应当依法提出纠正意见。

第六百二十八条 人民检察院发现监狱、看守所对服刑期满或者依法应当予以释放的人员没有按期释放，对被裁定假释的罪犯依法应当交付罪犯居住地社区矫正机构实行社区矫正而不交付，对主刑执行完毕仍然需要执行附加剥夺政治权利的罪犯依法应当交付罪犯居住地公安机关执行而不交付，或者对服刑期未满又无合法释放根据的罪犯予以释放等违法行为的，应当依法提出纠正意见。

第三节　减刑、假释、暂予监外执行监督

第六百二十九条 人民检察院发现人民法院、监狱、看守所、公安机关暂予监外执行的活动具有下列情形之一的，应当依法提出纠正意见：

（一）将不符合法定条件的罪犯提请、决定暂予监外执行的；

（二）提请、决定暂予监外执行的程序违反

法律规定或者没有完备的合法手续，或者对于需要保外就医的罪犯没有省级人民政府指定医院的诊断证明和开具的证明文件的；

（三）监狱、看守所提出暂予监外执行书面意见，没有同时将书面意见副本抄送人民检察院的；

（四）罪犯被决定或者批准暂予监外执行后，未依法交付罪犯居住地社区矫正机构实行社区矫正的；

（五）对符合暂予监外执行条件的罪犯没有依法提请暂予监外执行的；

（六）人民法院在作出暂予监外执行决定前，没有依法征求人民检察院意见的；

（七）发现罪犯不符合暂予监外执行条件，在暂予监外执行期间严重违反暂予监外执行监督管理规定，或者暂予监外执行的条件消失且刑期未满，应当收监执行而未及时收监执行的；

（八）人民法院决定将暂予监外执行的罪犯收监执行，并将有关法律文书送达公安机关、监狱、看守所后，监狱、看守所未及时收监执行的；

（九）对不符合暂予监外执行条件的罪犯通过贿赂、欺骗等非法手段被暂予监外执行以及在暂予监外执行期间脱逃的罪犯，监狱、看守所未建议人民法院将其监外执行期间、脱逃期间不计入执行刑期或者对罪犯执行刑期计算的建议违法、不当的；

（十）暂予监外执行的罪犯刑期届满，未及时办理释放手续的；

（十一）其他违法情形。

第六百三十条 人民检察院收到监狱、看守所抄送的暂予监外执行书面意见副本后，应当逐案进行审查，发现罪犯不符合暂予监外执行法定条件或者提请暂予监外执行违反法定程序的，应当在十日以内报经检察长批准，向决定或者批准机关提出书面检察意见，同时抄送执行机关。

第六百三十一条 人民检察院接到决定或者批准机关抄送的暂予监外执行决定书后，应当及时审查下列内容：

（一）是否属于被判处有期徒刑或者拘役的罪犯；

（二）是否属于有严重疾病需要保外就医的罪犯；

（三）是否属于怀孕或者正在哺乳自己婴儿的妇女；

（四）是否属于生活不能自理，适用暂予监外执行不致危害社会的罪犯；

（五）是否属于适用保外就医可能有社会危险性的罪犯，或者自伤自残的罪犯；

（六）决定或者批准机关是否符合刑事诉讼法第二百六十五条第五款的规定；

（七）办理暂予监外执行是否符合法定程序。

第六百三十二条 人民检察院经审查认为暂予监外执行不当的，应当自接到通知之日起一个月以内，向决定或者批准暂予监外执行的机关提出纠正意见。下级人民检察院认为暂予监外执行不当的，应当立即层报决定或者批准暂予监外执行的机关的同级人民检察院，由其决定是否向决定或者批准暂予监外执行的机关提出纠正意见。

第六百三十三条 人民检察院向决定或者批准暂予监外执行的机关提出不同意暂予监外执行的书面意见后，应当监督其对决定或者批准暂予监外执行的结果进行重新核查，并监督重新核查的结果是否符合法律规定。对核查不符合法律规定的，应当依法提出纠正意见，并向上一级人民检察院报告。

第六百三十四条 对于暂予监外执行的罪犯，人民检察院发现罪犯不符合暂予监外执行条件、严重违反有关暂予监外执行的监督管理规定或者暂予监外执行的情形消失而罪犯刑期未满的，应当通知执行机关收监执行，或者建议决定或者批准暂予监外执行的机关作出收监执行决定。

第六百三十五条 人民检察院收到执行机关抄送的减刑、假释建议书副本后，应当逐案进行审查。发现减刑、假释建议不当或者提请减刑、假释违反法定程序的，应当在十日以内报经检察长批准，向审理减刑、假释案件的人民法院提出书面检察意见，同时也可以向执行机关提出书面纠正意见。案情复杂或者情况特殊的，可以延长十日。

第六百三十六条 人民检察院发现监狱等执行机关提请人民法院裁定减刑、假释的活动具有下列情形之一的，应当依法提出纠正意见：

（一）将不符合减刑、假释法定条件的罪犯，提请人民法院裁定减刑、假释的；

（二）对依法应当减刑、假释的罪犯，不提请人民法院裁定减刑、假释的；

（三）提请对罪犯减刑、假释违反法定程序，或者没有完备的合法手续的；

（四）提请对罪犯减刑的减刑幅度、起始时间、间隔时间或者减刑后又假释的间隔时间不符合有关规定的；

（五）被提请减刑、假释的罪犯被减刑后实际执行的刑期或者假释考验期不符合有关法律规定的；

（六）其他违法情形。

第六百三十七条 人民法院开庭审理减刑、假释案件，人民检察院应当指派检察人员出席法庭，发表意见。

第六百三十八条 人民检察院收到人民法院减刑、假释的裁定书副本后，应当及时审查下列内容：

（一）被减刑、假释的罪犯是否符合法定条件，对罪犯减刑的减刑幅度、起始时间、间隔时间或者减刑后又假释的间隔时间、罪犯被减刑后实际执行的刑期或者假释考验期是否符合有关规定；

（二）执行机关提请减刑、假释的程序是否合法；

（三）人民法院审理、裁定减刑、假释的程序是否合法；

（四）人民法院对罪犯裁定不予减刑、假释是否符合有关规定；

（五）人民法院减刑、假释裁定书是否依法送达执行并向社会公布。

第六百三十九条 人民检察院经审查认为人民法院减刑、假释的裁定不当，应当在收到裁定书副本后二十日以内，向作出减刑、假释裁定的人民法院提出纠正意见。

第六百四十条 对人民法院减刑、假释裁定的纠正意见，由作出减刑、假释裁定的人民法院的同级人民检察院书面提出。

下级人民检察院发现人民法院减刑、假释裁定不当的，应当向作出减刑、假释裁定的人民法院的同级人民检察院报告。

第六百四十一条 人民检察院对人民法院减刑、假释的裁定提出纠正意见后，应当监督人民法院是否在收到纠正意见后一个月以内重新组成合议庭进行审理，并监督重新作出的裁定是否符合法律规定。对最终裁定不符合法律规定的，应当向同级人民法院提出纠正意见。

第四节 社区矫正监督

第六百四十二条 人民检察院发现社区矫正决定机关、看守所、监狱、社区矫正机构在交付、接收社区矫正对象活动中违反有关规定的，应当依法提出纠正意见。

第六百四十三条 人民检察院发现社区矫正执法活动具有下列情形之一的，应当依法提出纠正意见：

（一）社区矫正对象报到后，社区矫正机构未履行法定告知义务，致使其未按照有关规定接受监督管理的；

（二）违反法律规定批准社区矫正对象离开所居住的市、县，或者违反人民法院禁止令的内容批准社区矫正对象进入特定区域或者场所的；

（三）没有依法监督管理而导致社区矫正对象脱管的；

（四）社区矫正对象违反监督管理规定或者人民法院的禁止令，未依法予以警告、未提请公安机关给予治安管理处罚的；

（五）对社区矫正对象有殴打、体罚、虐待、侮辱人格、强迫其参加超时间或者超体力社区服务等侵犯其合法权利行为的；

（六）未依法办理解除、终止社区矫正的；

（七）其他违法情形。

第六百四十四条 人民检察院发现对社区矫正对象的刑罚变更执行活动具有下列情形之一的，应当依法提出纠正意见：

（一）社区矫正机构未依法向人民法院、公安机关、监狱管理机关提出撤销缓刑、撤销假释建议或者对暂予监外执行的收监执行建议，或者未依法向人民法院提出减刑建议的；

（二）人民法院、公安机关、监狱管理机关未依法作出裁定、决定，或者未依法送达的；

（三）公安机关未依法将罪犯送交看守所、监狱，或者看守所、监狱未依法收监执行的；

（四）公安机关未依法对在逃的罪犯实施追捕的；

（五）其他违法情形。

第五节 刑事裁判涉财产部分执行监督

第六百四十五条 人民检察院发现人民法院执行刑事裁判涉财产部分具有下列情形之一的，应当依法提出纠正意见：

（一）执行立案活动违法的；

（二）延期缴纳、酌情减少或者免除罚金违法的；

（三）中止执行或者终结执行违法的；

（四）被执行人有履行能力，应当执行而不执行的；

（五）损害被执行人、被害人、利害关系人或者案外人合法权益的；

（六）刑事裁判全部或者部分被撤销后未依法返还或者赔偿的；

（七）执行的财产未依法上缴国库的；

（八）其他违法情形。

人民检察院对人民法院执行刑事裁判涉财产部分进行监督，可以对公安机关查封、扣押、冻结涉案财物的情况，人民法院审判部门、立案部门、执行部门移送、立案、执行情况，被执行人的履行能力等情况向有关单位和个人进行调查核实。

第六百四十六条 人民检察院发现被执行人或者其他人员有隐匿、转移、变卖财产等妨碍执行情形的，可以建议人民法院及时查封、扣押、冻结。

公安机关不依法向人民法院移送涉案财物、相关清单、照片和其他证明文件，或者对涉案财物的查封、扣押、冻结、返还、处置等活动存在违法情形的，人民检察院应当依法提出纠正意见。

第六节 死刑执行监督

第六百四十七条 被判处死刑立即执行的罪犯在被执行死刑时，人民检察院应当指派检察官临场监督。

死刑执行临场监督由人民检察院负责刑事执行检察的部门承担。人民检察院派驻看守所、监狱的检察人员应当予以协助，负责捕诉的部门应当提供有关情况。

执行死刑过程中，人民检察院临场监督人员根据需要可以进行拍照、录像。执行死刑后，人民检察院临场监督人员应当检查罪犯是否确已死亡，并填写死刑执行临场监督笔录，签名后入卷归档。

第六百四十八条 省级人民检察院负责案件管理的部门收到高级人民法院报请最高人民法院复核的死刑判决书、裁定书副本后，应当在三日以内将判决书、裁定书副本移送本院负责刑事执行检察的部门。

判处死刑的案件一审是由中级人民法院审理的，省级人民检察院应当及时将死刑判决书、裁定书副本移送中级人民法院的同级人民检察院负责刑事执行检察的部门。

人民检察院收到同级人民法院执行死刑临场监督通知后，应当查明同级人民法院是否收到最高人民法院核准死刑的裁定或者作出的死刑判决、裁定和执行死刑的命令。

第六百四十九条 执行死刑前，人民检察院发现具有下列情形之一的，应当建议人民法院立即停止执行，并层报最高人民检察院负责死刑复核监督的部门：

（一）被执行人并非应当执行死刑的罪

犯的；

（二）罪犯犯罪时不满十八周岁，或者审判的时候已满七十五周岁，依法不应当适用死刑的；

（三）罪犯正在怀孕的；

（四）共同犯罪的其他犯罪嫌疑人到案，共同犯罪的其他罪犯被暂停或者停止执行死刑，可能影响罪犯量刑的；

（五）罪犯可能有其他犯罪的；

（六）罪犯揭发他人重大犯罪事实或者有其他重大立功表现，可能需要改判的；

（七）判决、裁定可能有影响定罪量刑的其他错误的。

在执行死刑活动中，发现人民法院有侵犯被执行死刑罪犯的人身权、财产权或者其近亲属、继承人合法权利等违法情形的，人民检察院应当依法提出纠正意见。

第六百五十条 判处被告人死刑缓期二年执行的判决、裁定在执行过程中，人民检察院监督的内容主要包括：

（一）死刑缓期执行期满，符合法律规定应当减为无期徒刑、有期徒刑条件的，监狱是否及时提出减刑建议提请人民法院裁定，人民法院是否依法裁定；

（二）罪犯在缓期执行期间故意犯罪，监狱是否依法侦查和移送起诉；罪犯确系故意犯罪，情节恶劣，查证属实，应当执行死刑的，人民法院是否依法核准或者裁定执行死刑。

被判处死刑缓期二年执行的罪犯在死刑缓期执行期间故意犯罪，执行机关向人民检察院移送起诉的，由罪犯服刑所在地设区的市级人民检察院审查决定是否提起公诉。

人民检察院发现人民法院对被判处死刑缓期二年执行的罪犯减刑不当的，应当依照本规则第六百三十九条、第六百四十条的规定，向人民法院提出纠正意见。罪犯在死刑缓期执行期间又故意犯罪，经人民检察院起诉后，人民法院仍然予以减刑的，人民检察院应当依照本规则相关规定，向人民法院提出抗诉。

第七节 强制医疗执行监督

第六百五十一条 人民检察院发现人民法院、公安机关、强制医疗机构在对依法不负刑事责任的精神病人的强制医疗的交付执行、医疗、解除等活动中违反有关规定的，应当依法提出纠正意见。

第六百五十二条 人民检察院在强制医疗执行监督中发现被强制医疗的人不符合强制医疗条件或者需要依法追究刑事责任，人民法院作出的强制医疗决定可能错误的，应当在五日以内将有关材料转交作出强制医疗决定的人民法院的同级人民检察院。收到材料的人民检察院负责捕诉的部门应当在二十日以内进行审查，并将审查情况和处理意见反馈负责强制医疗执行监督的人民检察院。

第六百五十三条 人民检察院发现公安机关在对涉案精神病人采取临时保护性约束措施时有违法情形的，应当依法提出纠正意见。

第八节 监管执法监督

第六百五十四条 人民检察院发现看守所收押活动和监狱收监活动中具有下列情形之一的，应当依法提出纠正意见：

（一）没有收押、收监文书、凭证，文书、凭证不齐全，或者被收押、收监人员与文书、凭证不符的；

（二）依法应当收押、收监而不收押、收监，或者对依法不应当关押的人员收押、收监的；

（三）未告知被收押、收监人员权利、义务的；

（四）其他违法情形。

第六百五十五条 人民检察院发现监狱、看守所等执行机关在管理、教育改造罪犯等活动中有违法行为的，应当依法提出纠正意见。

第六百五十六条 看守所对收押的犯罪嫌疑人进行身体检查时，人民检察院驻看守所检察人员可以在场。发现收押的犯罪嫌疑人有伤或者身体异常的，应当要求看守所进行拍照或者录像，由送押人员、犯罪嫌疑人说明原因，在体检记录中写明，并由送押人员、收押人员和犯罪嫌疑人签字确认。必要时，驻看守所检察人员可以自行拍照或者录像，并将相关情况记录在案。

第六百五十七条 人民检察院发现看守所、监狱等监管场所有殴打、体罚、虐待、违法使用戒具、违法适用禁闭等侵害在押人员人身权利情形的，应当依法提出纠正意见。

第六百五十八条 人民检察院发现看守所违反有关规定，有下列情形之一的，应当依法提出纠正意见：

（一）为在押人员通风报信，私自传递信件、物品，帮助伪造、毁灭、隐匿证据或者干扰证人作证、串供的；

（二）违反规定同意侦查人员将犯罪嫌疑人提出看守所讯问的；

（三）收到在押犯罪嫌疑人、被告人及其法定代理人、近亲属或者辩护人的变更强制措施申请或者其他申请、申诉、控告、举报，不及时转交、转告人民检察院或者有关办案机关的；

（四）应当安排辩护律师依法会见在押的犯罪嫌疑人、被告人而没有安排的；

（五）违法安排辩护律师或者其他人员会见在押的犯罪嫌疑人、被告人的；

（六）辩护律师会见犯罪嫌疑人、被告人时予以监听的；

（七）其他违法情形。

第六百五十九条 人民检察院发现看守所代为执行刑罚的活动具有下列情形之一的，应当依法提出纠正意见：

（一）将被判处有期徒刑剩余刑期在三个月以上的罪犯留所服刑的；

（二）将留所服刑罪犯与犯罪嫌疑人、被告人混押、混管、混教的；

（三）其他违法情形。

第六百六十条 人民检察院发现监狱没有按照规定对罪犯进行分押分管、监狱人民警察没有对罪犯实行直接管理等违反监管规定情形的，应当依法提出纠正意见。

人民检察院发现监狱具有未按照规定安排罪犯与亲属或者监护人会见、对伤病罪犯未及时治疗以及未执行国家规定的罪犯生活标准等侵犯罪犯合法权益情形的，应当依法提出纠正意见。

第六百六十一条 人民检察院发现看守所出所活动和监狱出监活动具有下列情形之一的，应当依法提出纠正意见：

（一）没有出所、出监文书、凭证，文书、凭证不齐全，或者出所、出监人员与文书、凭证不符的；

（二）应当释放而没有释放，不应当释放而释放，或者未依照规定送达释放通知书的；

（三）对提押、押解、转押出所的在押人员，特许离监、临时离监、调监或者暂予监外执行的罪犯，未依照规定派员押送并办理交接手续的；

（四）其他违法情形。

第九节 事故检察

第六百六十二条 人民检察院发现看守所、监狱、强制医疗机构等场所具有下列情形之一的，应当开展事故检察：

（一）被监管人、被强制医疗人非正常死亡、伤残、脱逃的；

（二）被监管人破坏监管秩序，情节严重的；

（三）突发公共卫生事件的；

（四）其他重大事故。

发生被监管人、被强制医疗人非正常死亡的，应当组织巡回检察。

第六百六十三条 人民检察院应当对看守所、监狱、强制医疗机构等场所或者主管机关的事故调查结论进行审查。具有下列情形之一的，人民检察院应当调查核实：

（一）被监管人、被强制医疗人及其法定代理人、近亲属对调查结论有异议的，人民检察院认为有必要调查的；

（二）人民检察院对调查结论有异议的；

（三）其他需要调查的。

人民检察院应当将调查核实的结论书面通知监管场所或者主管机关和被监管人、被强制医疗人的近亲属。认为监管场所或者主管机关处理意见不当,或者监管执法存在问题的,应当提出纠正意见或者检察建议;认为可能存在违法犯罪情形的,应当移送有关部门处理。

第十五章 案件管理

第六百六十四条 人民检察院负责案件管理的部门对检察机关办理案件的受理、期限、程序、质量等进行管理、监督、预警。

第六百六十五条 人民检察院负责案件管理的部门发现本院办案活动具有下列情形之一的,应当及时提出纠正意见:

(一)查封、扣押、冻结、保管、处理涉案财物不符合有关法律和规定的;

(二)法律文书制作、使用不符合法律和有关规定的;

(三)违反羁押期限、办案期限规定的;

(四)侵害当事人、辩护人、诉讼代理人的诉讼权利的;

(五)未依法对立案、侦查、审查逮捕、公诉、审判等诉讼活动以及执行活动中的违法行为履行法律监督职责的;

(六)其他应当提出纠正意见的情形。

情节轻微的,可以口头提示;情节较重的,应当发送案件流程监控通知书,提示办案部门及时查明情况并予以纠正;情节严重的,应当同时向检察长报告。

办案部门收到案件流程监控通知书后,应当在十日以内将核查情况书面回复负责案件管理的部门。

第六百六十六条 人民检察院负责案件管理的部门对以本院名义制发法律文书实施监督管理。

第六百六十七条 人民检察院办理的案件,办结后需要向其他单位移送案卷材料的,统一由负责案件管理的部门审核移送材料是否规范、齐备。负责案件管理的部门认为材料规范、齐备,符合移送条件的,应当立即由办案部门按照规定移送;认为材料不符合要求的,应当及时通知办案部门补送、更正。

第六百六十八条 监察机关或者公安机关随案移送涉案财物及其孳息的,人民检察院负责案件管理的部门应当在受理案件时进行审查,并及时办理入库保管手续。

第六百六十九条 人民检察院负责案件管理的部门对扣押的涉案物品进行保管,并对查封、扣押、冻结、处理涉案财物工作进行监督管理。对违反规定的行为提出纠正意见;涉嫌违法违纪的,报告检察长。

第六百七十条 人民检察院办案部门需要调用、移送、处理查封、扣押、冻结的涉案财物的,应当按照规定办理审批手续。审批手续齐全的,负责案件管理的部门应当办理出库手续。

第十六章 刑事司法协助

第六百七十一条 人民检察院依据国际刑事司法协助法等有关法律和有关刑事司法协助条约进行刑事司法协助。

第六百七十二条 人民检察院刑事司法协助的范围包括刑事诉讼文书送达,调查取证,安排证人作证或者协助调查,查封、扣押、冻结涉案财物,返还违法所得及其他涉案财物,移管被判刑人以及其他协助。

第六百七十三条 最高人民检察院是检察机关开展国际刑事司法协助的主管机关,负责审核地方各级人民检察院向外国提出的刑事司法协助请求,审查处理对外联系机关转递的外国提出的刑事司法协助请求,审查决定是否批准执行外国的刑事司法协助请求,承担其他与国际刑事司法协助相关的工作。

办理刑事司法协助相关案件的地方各级人民检察院应当向最高人民检察院层报需要向外国提出的刑事司法协助请求,执行最高人民检察院交办的外国提出的刑事司法协助请求。

第六百七十四条 地方各级人民检察院需要向外国请求刑事司法协助的,应当制作刑事司法协助请求书并附相关材料。经省级人民检察院审核同意后,报送最高人民检察院。

刑事司法协助请求书应当依照相关刑事司法协助条约的规定制作;没有条约或者条约没有规定的,可以参照国际刑事司法协助法第十三条的规定制作。被请求方有特殊要求的,在不违反我国法律的基本原则的情况下,可以按照被请求方的特殊要求制作。

第六百七十五条 最高人民检察院收到地方各级人民检察院刑事司法协助请求书及所附相关材料后,应当依照国际刑事司法协助法和有关条约进行审查。对符合规定、所附材料齐全的,最高人民检察院是对外联系机关的,应当及时向外国提出请求;不是对外联系机关的,应当通过对外联系机关向外国提出请求。对不符合规定或者材料不齐全的,应当退回提出请求的人民检察院或者要求其补充、修正。

第六百七十六条 最高人民检察院收到外国提出的刑事司法协助请求后,应当对请求书及所附材料进行审查。对于请求书形式和内容符合要求的,应当按照职责分工,将请求书及所附材料转交有关主管机关或者省级人民检察院处理;对于请求书形式和内容不符合要求的,可以要求请求方补充材料或者重新提出请求。

外国提出的刑事司法协助请求明显损害我国主权、安全和社会公共利益的,可以直接拒绝提供协助。

第六百七十七条 最高人民检察院在收到对外联系机关转交的刑事司法协助请求书及所附材料后,经审查,分别作出以下处理:

(一)根据国际刑事司法协助法和刑事司法协助条约的规定,认为可以协助执行的,作出决定并安排有关省级人民检察院执行;

(二)根据国际刑事司法协助法或者刑事司法协助条约的规定,认为应当全部或者部分拒绝协助的,将请求书及所附材料退回对外联系机关并说明理由;

(三)对执行请求有保密要求或者有其他附加条件的,通过对外联系机关向外国提出,在外国接受条件并且作出书面保证后,决定附条件执行;

(四)需要补充材料的,书面通过对外联系机关要求请求方在合理期限内提供。

第六百七十八条 有关省级人民检察院收到最高人民检察院交办的外国刑事司法协助请求后,应当依法执行,或者交由下级人民检察院执行。

负责执行的人民检察院收到刑事司法协助请求书和所附材料后,应当立即安排执行,并将执行结果及有关材料报经省级人民检察院审查后,报送最高人民检察院。

对于不能执行的,应当将刑事司法协助请求书和所附材料,连同不能执行的理由,通过省级人民检察院报送最高人民检察院。

因请求书提供的地址不详或者材料不齐全,人民检察院难以执行该项请求的,应当立即通过最高人民检察院书面通知对外联系机关,要求请求方补充提供材料。

第六百七十九条 最高人民检察院应当对执行结果进行审查。对于符合请求要求和有关规定的,通过对外联系机关转交或者转告请求方。

第十七章 附　　则

第六百八十条 人民检察院办理国家安全机关、海警机关、监狱移送的刑事案件以及对国家安全机关、海警机关、监狱立案、侦查活动的监督,适用本规则关于公安机关的规定。

第六百八十一条 军事检察院等专门人民检察院办理刑事案件,适用本规则和其他有关规定。

第六百八十二条 本规则所称检察官,包括检察长、副检察长、检察委员会委员、检察员。

本规则所称检察人员,包括检察官和检察官助理。

第六百八十三条 本规则由最高人民检察院负责解释。

第六百八十四条 本规则自2019年12月30日起施行。本规则施行后,《人民检察院刑事诉讼规则(试行)》(高检发释字〔2012〕2号)同时废止;最高人民检察院以前发布的司法解释和规范性文件与本规则不一致的,以本规则为准。

公安机关办理刑事案件程序规定

（2012 年 12 月 13 日公安部令第 127 号修订发布　根据 2020 年 7 月 20 日公安部令第 159 号《关于修改〈公安机关办理刑事案件程序规定〉的决定》修正）

第一章　任务和基本原则

第一条　为了保障《中华人民共和国刑事诉讼法》的贯彻实施，保证公安机关在刑事诉讼中正确履行职权，规范办案程序，确保办案质量，提高办案效率，制定本规定。

第二条　公安机关在刑事诉讼中的任务，是保证准确、及时地查明犯罪事实，正确应用法律，惩罚犯罪分子，保障无罪的人不受刑事追究，教育公民自觉遵守法律，积极同犯罪行为作斗争，维护社会主义法制，尊重和保障人权，保护公民的人身权利、财产权利、民主权利和其他权利，保障社会主义建设事业的顺利进行。

第三条　公安机关在刑事诉讼中的基本职权，是依照法律对刑事案件立案、侦查、预审；决定、执行强制措施；对依法不追究刑事责任的不予立案，已经追究的撤销案件；对侦查终结应当起诉的案件，移送人民检察院审查决定；对不够刑事处罚的犯罪嫌疑人需要行政处理的，依法予以处理或者移送有关部门；对被判处有期徒刑的罪犯，在被交付执行刑罚前，剩余刑期在三个月以下的，代为执行刑罚；执行拘役、剥夺政治权利、驱逐出境。

第四条　公安机关进行刑事诉讼，必须依靠群众，以事实为根据，以法律为准绳。对于一切公民，在适用法律上一律平等，在法律面前，不允许有任何特权。

第五条　公安机关进行刑事诉讼，同人民法院、人民检察院分工负责，互相配合，互相制约，以保证准确有效地执行法律。

第六条　公安机关进行刑事诉讼，依法接受人民检察院的法律监督。

第七条　公安机关进行刑事诉讼，应当建立、完善和严格执行办案责任制度、执法过错责任追究制度等内部执法监督制度。

在刑事诉讼中，上级公安机关发现下级公安机关作出的决定或者办理的案件有错误的，有权予以撤销或者变更，也可以指令下级公安机关予以纠正。

下级公安机关对上级公安机关的决定必须执行，如果认为有错误，可以在执行的同时向上级公安机关报告。

第八条　公安机关办理刑事案件，应当重证据，重调查研究，不轻信口供。严禁刑讯逼供和以威胁、引诱、欺骗以及其他非法方法收集证据，不得强迫任何人证实自己有罪。

第九条　公安机关在刑事诉讼中，应当保障犯罪嫌疑人、被告人和其他诉讼参与人依法享有的辩护权和其他诉讼权利。

第十条　公安机关办理刑事案件，应当向同级人民检察院提请批准逮捕、移送审查起诉。

第十一条　公安机关办理刑事案件，对不通晓当地通用的语言文字的诉讼参与人，应当为他们翻译。

在少数民族聚居或者多民族杂居的地区，应当使用当地通用的语言进行讯问。对外公布的诉讼文书，应当使用当地通用的文字。

第十二条　公安机关办理刑事案件，各地区、各部门之间应当加强协作和配合，依法履行协查、协办职责。

上级公安机关应当加强监督、协调和指导。

第十三条　根据《中华人民共和国引渡法》《中华人民共和国国际刑事司法协助法》，中华人民共和国缔结或者参加的国际条约和公安部签订的双边、多边合作协议，或者按照互惠原则，我国公安机关可以和外国警察机关开展刑事司法协助和警务合作。

第二章　管　　辖

第十四条　根据刑事诉讼法的规定，除下列情形外，刑事案件由公安机关管辖：

（一）监察机关管辖的职务犯罪案件；

（二）人民检察院管辖的在对诉讼活动实行法律监督中发现的司法工作人员利用职权实施的非法拘禁、刑讯逼供、非法搜查等侵犯公民权利、损害司法公正的犯罪，以及经省级以上人民检察院决定立案侦查的公安机关管辖的国家机关工作人员利用职权实施的重大犯罪案件；

（三）人民法院管辖的自诉案件。对于人民法院直接受理的被害人有证据证明的轻微刑事案件，因证据不足驳回起诉，人民法院移送公安机关或者被害人向公安机关控告的，公安机关应当受理；被害人直接向公安机关控告的，公安机关应当受理；

（四）军队保卫部门管辖的军人违反职责的犯罪和军队内部发生的刑事案件；

（五）监狱管辖的罪犯在监狱内犯罪的刑事案件；

（六）海警部门管辖的海（岛屿）岸线以外我国管辖海域内发生的刑事案件。对于发生在沿海港岙口、码头、滩涂、台轮停泊点等区域的，由公安机关管辖；

（七）其他依照法律和规定应当由其他机关管辖的刑事案件。

第十五条　刑事案件由犯罪地的公安机关管辖。如果由犯罪嫌疑人居住地的公安机关管辖更为适宜的，可以由犯罪嫌疑人居住地的公安机关管辖。

法律、司法解释或者其他规范性文件对有关犯罪案件的管辖作出特别规定的，从其规定。

第十六条　犯罪地包括犯罪行为发生地和犯罪结果发生地。犯罪行为发生地，包括犯罪行为的实施地以及预备地、开始地、途经地、结束地等与犯罪行为有关的地点；犯罪行为有连续、持续或者继续状态的，犯罪行为连续、持续或者继续实施的地方都属于犯罪行为发生地。犯罪结果发生地，包括犯罪对象被侵害地、犯罪所得的实际取得地、藏匿地、转移地、使用地、销售地。

居住地包括户籍所在地、经常居住地。经常居住地是指公民离开户籍所在地最后连续居住一年以上的地方，但住院就医的除外。单位登记的住所地为其居住地。主要营业地或者主要办事机构所在地与登记的住所地不一致的，主要营业地或者主要办事机构所在地为其居住地。

第十七条　针对或者主要利用计算机网络实施的犯罪，用于实施犯罪行为的网络服务使用的服务器所在地，网络服务提供者所在地，被侵害的网络信息系统及其管理者所在地，以及犯罪过程中犯罪嫌疑人、被害人使用的网络信息系统所在地，被害人被侵害时所在地和被害人财产遭受损失地公安机关可以管辖。

第十八条　行驶中的交通工具上发生的刑事案件，由交通工具最初停靠地公安机关管辖；必要时，交通工具始发地、途经地、目的地公安机关也可以管辖。

第十九条　在中华人民共和国领域外的中国航空器内发生的刑事案件，由该航空器在中国最初降落地的公安机关管辖。

第二十条　中国公民在中国驻外使、领馆内的犯罪，由其主管单位所在地或者原户籍地的公安机关管辖。

中国公民在中华人民共和国领域外的犯罪，由其入境地、离境前居住地或者现居住地的公安机关管辖；被害人是中国公民的，也可由被害人离境前居住地或者现居住地的公安机关管辖。

第二十一条　几个公安机关都有权管辖的刑事案件，由最初受理的公安机关管辖。必要时，可以由主要犯罪地的公安机关管辖。

具有下列情形之一的，公安机关可以在职责范围内并案侦查：

（一）一人犯数罪的；

（二）共同犯罪的；

（三）共同犯罪的犯罪嫌疑人还实施其他犯罪的；

（四）多个犯罪嫌疑人实施的犯罪存在关联，并案处理有利于查明犯罪事实的。

第二十二条 对管辖不明确或者有争议的刑事案件，可以由有关公安机关协商。协商不成的，由共同的上级公安机关指定管辖。

对情况特殊的刑事案件，可以由共同的上级公安机关指定管辖。

提请上级公安机关指定管辖时，应当在有关材料中列明犯罪嫌疑人基本情况、涉嫌罪名、案件基本事实、管辖争议情况、协商情况和指定管辖理由，经公安机关负责人批准后，层报有权指定管辖的上级公安机关。

第二十三条 上级公安机关指定管辖的，应当将指定管辖决定书分别送达被指定管辖的公安机关和其他有关的公安机关，并根据办案需要抄送同级人民法院、人民检察院。

原受理案件的公安机关，在收到上级公安机关指定其他公安机关管辖的决定书后，不再行使管辖权，同时应当将犯罪嫌疑人、涉案财物以及案卷材料等移送被指定管辖的公安机关。

对指定管辖的案件，需要逮捕犯罪嫌疑人的，由被指定管辖的公安机关提请同级人民检察院审查批准；需要提起公诉的，由该公安机关移送同级人民检察院审查决定。

第二十四条 县级公安机关负责侦查发生在本辖区内的刑事案件。

设区的市一级以上公安机关负责下列犯罪中重大案件的侦查：

（一）危害国家安全犯罪；

（二）恐怖活动犯罪；

（三）涉外犯罪；

（四）经济犯罪；

（五）集团犯罪；

（六）跨区域犯罪。

上级公安机关认为有必要的，可以侦查下级公安机关管辖的刑事案件；下级公安机关认为案情重大需要上级公安机关侦查的刑事案件，可以请求上一级公安机关管辖。

第二十五条 公安机关内部对刑事案件的管辖，按照刑事侦查机构的设置及其职责分工确定。

第二十六条 铁路公安机关管辖铁路系统的机关、厂、段、院、校、所、队、工区等单位发生的刑事案件，车站工作区域内、列车内发生的刑事案件，铁路沿线发生的盗窃或者破坏铁路、通信、电力线路和其他重要设施的刑事案件，以及内部职工在铁路线上工作时发生的刑事案件。

铁路系统的计算机信息系统延伸到地方涉及铁路业务的网点，其计算机信息系统发生的刑事案件由铁路公安机关管辖。

对倒卖、伪造、变造火车票的刑事案件，由最初受理案件的铁路公安机关或者地方公安机关管辖。必要时，可以移送主要犯罪地的铁路公安机关或者地方公安机关管辖。

在列车上发生的刑事案件，犯罪嫌疑人在列车运行途中被抓获的，由前方停靠站所在地的铁路公安机关管辖；必要时，也可以由列车始发站、终点站所在地的铁路公安机关管辖。犯罪嫌疑人不是在列车运行途中被抓获的，由负责该列车乘务的铁路公安机关管辖；但在列车运行途经的车站被抓获的，也可以由该车站所在地的铁路公安机关管辖。

在国际列车上发生的刑事案件，根据我国与相关国家签订的协定确定管辖；没有协定的，由该列车始发或者前方停靠的中国车站所在地的铁路公安机关管辖。

铁路建设施工工地发生的刑事案件由地方公安机关管辖。

第二十七条 民航公安机关管辖民航系统的机关、厂、段、院、校、所、队、工区等单位、机场工作区域内、民航飞机内发生的刑事案件。

重大飞行事故刑事案件由犯罪结果发生地机场公安机关管辖。犯罪结果发生地未设机场公安机关或者不在机场公安机关管辖范围内的，由地方公安机关管辖，有关机场公安机关予以协助。

第二十八条 海关走私犯罪侦查机构管辖中华人民共和国海关关境内发生的涉税走私犯罪和发生在海关监管区内的非涉税走私犯罪等刑事案件。

第二十九条 公安机关侦查的刑事案件的犯罪嫌疑人涉及监察机关管辖的案件时,应当及时与同级监察机关协商,一般应当由监察机关为主调查,公安机关予以协助。

第三十条 公安机关侦查的刑事案件涉及人民检察院管辖的案件时,应当将属于人民检察院管辖的刑事案件移送人民检察院。涉嫌主罪属于公安机关管辖的,由公安机关为主侦查;涉嫌主罪属于人民检察院管辖的,公安机关予以配合。

公安机关侦查的刑事案件涉及其他侦查机关管辖的案件时,参照前款规定办理。

第三十一条 公安机关和军队互涉刑事案件的管辖分工按照有关规定办理。

公安机关和武装警察部队互涉刑事案件的管辖分工依照公安机关和军队互涉刑事案件的管辖分工的原则办理。

第三章 回　　避

第三十二条 公安机关负责人、侦查人员有下列情形之一的,应当自行提出回避申请,没有自行提出回避申请的,应当责令其回避,当事人及其法定代理人也有权要求他们回避:

(一)是本案的当事人或者是当事人的近亲属的;

(二)本人或者他的近亲属和本案有利害关系的;

(三)担任过本案的证人、鉴定人、辩护人、诉讼代理人的;

(四)与本案当事人有其他关系,可能影响公正处理案件的。

第三十三条 公安机关负责人、侦查人员不得有下列行为:

(一)违反规定会见本案当事人及其委托人;

(二)索取、接受本案当事人及其委托人的财物或者其他利益;

(三)接受本案当事人及其委托人的宴请,或者参加由其支付费用的活动;

(四)其他可能影响案件公正办理的不正当行为。

违反前款规定的,应当责令其回避并依法追究法律责任。当事人及其法定代理人有权要求其回避。

第三十四条 公安机关负责人、侦查人员自行提出回避申请的,应当说明回避的理由;口头提出申请的,公安机关应当记录在案。

当事人及其法定代理人要求公安机关负责人、侦查人员回避,应当提出申请,并说明理由;口头提出申请的,公安机关应当记录在案。

第三十五条 侦查人员的回避,由县级以上公安机关负责人决定;县级以上公安机关负责人的回避,由同级人民检察院检察委员会决定。

第三十六条 当事人及其法定代理人对侦查人员提出回避申请的,公安机关应当在收到回避申请后二日以内作出决定并通知申请人;情况复杂的,经县级以上公安机关负责人批准,可以在收到回避申请后五日以内作出决定。

当事人及其法定代理人对县级以上公安机关负责人提出回避申请的,公安机关应当及时将申请移送同级人民检察院。

第三十七条 当事人及其法定代理人对驳回申请回避的决定不服的,可以在收到驳回申请回避决定书后五日以内向作出决定的公安机关申请复议。

公安机关应当在收到复议申请后五日以内作出复议决定并书面通知申请人。

第三十八条 在作出回避决定前,申请或者被申请回避的公安机关负责人、侦查人员不得停止对案件的侦查。

作出回避决定后,申请或者被申请回避的公安机关负责人、侦查人员不得再参与本案的侦查工作。

第三十九条 被决定回避的公安机关负责人、侦查人员在回避决定作出以前所进行的诉讼活动是否有效,由作出决定的机关根据案件情况决定。

第四十条 本章关于回避的规定适用于记录人、翻译人员和鉴定人。

记录人、翻译人员和鉴定人需要回避的，由县级以上公安机关负责人决定。

第四十一条 辩护人、诉讼代理人可以依照本章的规定要求回避、申请复议。

第四章 律师参与刑事诉讼

第四十二条 公安机关应当保障辩护律师在侦查阶段依法从事下列执业活动：

（一）向公安机关了解犯罪嫌疑人涉嫌的罪名和案件有关情况，提出意见；

（二）与犯罪嫌疑人会见和通信，向犯罪嫌疑人了解案件有关情况；

（三）为犯罪嫌疑人提供法律帮助、代理申诉、控告；

（四）为犯罪嫌疑人申请变更强制措施。

第四十三条 公安机关在第一次讯问犯罪嫌疑人或者对犯罪嫌疑人采取强制措施的时候，应当告知犯罪嫌疑人有权委托律师作为辩护人，并告知其如果因经济困难或者其他原因没有委托辩护律师的，可以向法律援助机构申请法律援助。告知的情形应当记录在案。

对于同案的犯罪嫌疑人委托同一名辩护律师的，或者两名以上未同案处理但实施的犯罪存在关联的犯罪嫌疑人委托同一名辩护律师的，公安机关应当要求其更换辩护律师。

第四十四条 犯罪嫌疑人可以自己委托辩护律师。犯罪嫌疑人在押的，也可以由其监护人、近亲属代为委托辩护律师。

犯罪嫌疑人委托辩护律师的请求可以书面提出，也可以口头提出。口头提出的，公安机关应当制作笔录，由犯罪嫌疑人签名、捺指印。

第四十五条 在押的犯罪嫌疑人向看守所提出委托辩护律师要求的，看守所应当及时将其请求转达给办案部门，办案部门应当及时向犯罪嫌疑人委托的辩护律师或者律师事务所转达该项请求。

在押的犯罪嫌疑人仅提出委托辩护律师的要求，但提不出具体对象的，办案部门应当及时通知犯罪嫌疑人的监护人、近亲属代为委托辩护律师。犯罪嫌疑人无监护人或者近亲属的，办案部门应当及时通知当地律师协会或者司法行政机关为其推荐辩护律师。

第四十六条 符合下列情形之一，犯罪嫌疑人没有委托辩护人的，公安机关应当自发现该情形之日起三日以内通知法律援助机构为犯罪嫌疑人指派辩护律师：

（一）犯罪嫌疑人是盲、聋、哑人，或者是尚未完全丧失辨认或者控制自己行为能力的精神病人；

（二）犯罪嫌疑人可能被判处无期徒刑、死刑。

第四十七条 公安机关收到在押的犯罪嫌疑人提出的法律援助申请后，应当在二十四小时以内将其申请转交所在地的法律援助机构，并在三日以内通知申请人的法定代理人、近亲属或者其委托的其他人员协助提供有关证件、证明等相关材料。犯罪嫌疑人的法定代理人、近亲属或者其委托的其他人员地址不详无法通知的，应当在转交申请时一并告知法律援助机构。

犯罪嫌疑人拒绝法律援助机构指派的律师作为辩护人或者自行委托辩护人的，公安机关应当在三日以内通知法律援助机构。

第四十八条 辩护律师接受犯罪嫌疑人委托或者法律援助机构的指派后，应当及时告知公安机关并出示律师执业证书、律师事务所证明和委托书或者法律援助公函。

第四十九条 犯罪嫌疑人、被告人入所羁押时没有委托辩护人，法律援助机构也没有指派律师提供辩护的，看守所应当告知其有权约见值班律师，获得法律咨询、程序选择建议、申请变更强制措施、对案件处理提出意见等法律帮助，并为犯罪嫌疑人、被告人约见值班律师提供便利。

没有委托辩护人、法律援助机构没有指派律师提供辩护的犯罪嫌疑人、被告人，向看守所申请由值班律师提供法律帮助的，看守所应当在二十四小时内通知值班律师。

第五十条 辩护律师向公安机关了解案件有关情况的，公安机关应当依法将犯罪嫌疑人涉嫌的罪名以及当时已查明的该罪的主要事实,犯罪嫌疑人被采取、变更、解除强制措施,延长侦查羁押期限等案件有关情况,告知接受委托或者指派的辩护律师,并记录在案。

第五十一条 辩护律师可以同在押或者被监视居住的犯罪嫌疑人会见、通信。

第五十二条 对危害国家安全犯罪案件、恐怖活动犯罪案件,办案部门应当在将犯罪嫌疑人送看守所羁押时书面通知看守所;犯罪嫌疑人被监视居住的,应当在送交执行时书面通知执行机关。

辩护律师在侦查期间要求会见前款规定案件的在押或者被监视居住的犯罪嫌疑人,应当向办案部门提出申请。

对辩护律师提出的会见申请,办案部门应当在收到申请后三日以内,报经县级以上公安机关负责人批准,作出许可或者不许可的决定,书面通知辩护律师,并及时通知看守所或者执行监视居住的部门。除有碍侦查或者可能泄露国家秘密的情形外,应当作出许可的决定。

公安机关不许可会见的,应当说明理由。有碍侦查或者可能泄露国家秘密的情形消失后,公安机关应当许可会见。

有下列情形之一的,属于本条规定的“有碍侦查”:

(一)可能毁灭、伪造证据,干扰证人作证或者串供的;

(二)可能引起犯罪嫌疑人自残、自杀或者逃跑的;

(三)可能引起同案犯逃避、妨碍侦查的;

(四)犯罪嫌疑人的家属与犯罪有牵连的。

第五十三条 辩护律师要求会见在押的犯罪嫌疑人,看守所应当在查验其律师执业证书、律师事务所证明和委托书或者法律援助公函后,在四十八小时以内安排律师会见到犯罪嫌疑人,同时通知办案部门。

侦查期间,辩护律师会见危害国家安全犯罪案件、恐怖活动犯罪案件在押或者被监视居住的犯罪嫌疑人时,看守所或者监视居住执行机关还应当查验侦查机关的许可决定文书。

第五十四条 辩护律师会见在押或者被监视居住的犯罪嫌疑人需要聘请翻译人员的,应当向办案部门提出申请。办案部门应当在收到申请后三日以内,报经县级以上公安机关负责人批准,作出许可或者不许可的决定,书面通知辩护律师。对于具有本规定第三十二条所列情形之一的,作出不予许可的决定,并通知其更换;不具有相关情形的,应当许可。

翻译人员参与会见的,看守所或者监视居住执行机关应当查验公安机关的许可决定文书。

第五十五条 辩护律师会见在押或者被监视居住的犯罪嫌疑人时,看守所或者监视居住执行机关应当采取必要的管理措施,保障会见顺利进行,并告知其遵守会见的有关规定。辩护律师会见犯罪嫌疑人时,公安机关不得监听,不得派员在场。

辩护律师会见在押或者被监视居住的犯罪嫌疑人时,违反法律规定或者会见的规定的,看守所或者监视居住执行机关应当制止。对于严重违反规定或者不听劝阻的,可以决定停止本次会见,并及时通报其所在的律师事务所、所属的律师协会以及司法行政机关。

第五十六条 辩护人或者其他任何人在刑事诉讼中,违反法律规定,实施干扰诉讼活动行为的,应当依法追究法律责任。

辩护人实施干扰诉讼活动行为,涉嫌犯罪,属于公安机关管辖的,应当由办理辩护人所承办案件的公安机关报请上一级公安机关指定其他公安机关立案侦查,或者由上一级公安机关立案侦查。不得指定原承办案件公安机关的下级公安机关立案侦查。辩护人是律师的,立案侦查的公安机关应当及时通知其所在的律师事务所、所属的律师协会以及司法行政机关。

第五十七条 辩护律师对在执业活动中知悉的委托人的有关情况和信息,有权予以保密。但是,辩护律师在执业活动中知悉委托人或者其他人,准备或者正在实施危害国家安全、公共安全以及严重危害他人人身安全的犯罪的,应当及时告知司法机关。

第五十八条　案件侦查终结前，辩护律师提出要求的，公安机关应当听取辩护律师的意见，根据情况进行核实，并记录在案。辩护律师提出书面意见的，应当附卷。

对辩护律师收集的犯罪嫌疑人不在犯罪现场、未达到刑事责任年龄、属于依法不负刑事责任的精神病人的证据，公安机关应当进行核实并将有关情况记录在案，有关证据应当附卷。

第五章　证　　据

第五十九条　可以用于证明案件事实的材料，都是证据。

证据包括：

（一）物证；

（二）书证；

（三）证人证言；

（四）被害人陈述；

（五）犯罪嫌疑人供述和辩解；

（六）鉴定意见；

（七）勘验、检查、侦查实验、搜查、查封、扣押、提取、辨认等笔录；

（八）视听资料、电子数据。

证据必须经过查证属实，才能作为认定案件事实的根据。

第六十条　公安机关必须依照法定程序，收集、调取能够证实犯罪嫌疑人有罪或者无罪、犯罪情节轻重的各种证据。必须保证一切与案件有关或者了解案情的公民，有客观地充分地提供证据的条件，除特殊情况外，可以吸收他们协助调查。

第六十一条　公安机关向有关单位和个人收集、调取证据时，应当告知其必须如实提供证据。

对涉及国家秘密、商业秘密、个人隐私的证据，应当保密。

对于伪造证据、隐匿证据或者毁灭证据的，应当追究其法律责任。

第六十二条　公安机关向有关单位和个人调取证据，应当经办案部门负责人批准，开具调取证据通知书，明确调取的证据和提供时限。被调取单位及其经办人、持有证据的个人应当在通知书上盖章或者签名，拒绝盖章或者签名的，公安机关应当注明。必要时，应当采用录音录像方式固定证据内容及取证过程。

第六十三条　公安机关接受或者依法调取的行政机关在行政执法和查办案件过程中收集的物证、书证、视听资料、电子数据、鉴定意见、勘验笔录、检查笔录等证据材料，经公安机关审查符合法定要求的，可以作为证据使用。

第六十四条　收集、调取的物证应当是原物。只有在原物不便搬运、不易保存或者依法应当由有关部门保管、处理或者依法应当返还时，才可以拍摄或者制作足以反映原物外形或者内容的照片、录像或者复制品。

物证的照片、录像或者复制品经与原物核实无误或者经鉴定证明为真实的，或者以其他方式确能证明其真实的，可以作为证据使用。原物的照片、录像或者复制品，不能反映原物的外形和特征的，不能作为证据使用。

第六十五条　收集、调取的书证应当是原件。只有在取得原件确有困难时，才可以使用副本或者复制件。

书证的副本、复制件，经与原件核实无误或者经鉴定证明为真实的，或者以其他方式确能证明其真实的，可以作为证据使用。书证有更改或者更改迹象不能作出合理解释的，或者书证的副本、复制件不能反映书证原件及其内容的，不能作为证据使用。

第六十六条　收集、调取电子数据，能够扣押电子数据原始存储介质的，应当扣押原始存储介质，并制作笔录、予以封存。

确因客观原因无法扣押原始存储介质的，可以现场提取或者网络在线提取电子数据。无法扣押原始存储介质，也无法现场提取或者网络在线提取的，可以采取打印、拍照或者录音录像等方式固定相关证据，并在笔录中注明原因。

收集、调取的电子数据，足以保证完整性，无删除、修改、增加等情形的，可以作为证据使用。经审查无法确定真伪，或者制作、取得的时间、地点、方式等有疑问，不能提供必要证明或者作出合理解释的，不能作为证据使用。

第六十七条 物证的照片、录像或者复制品，书证的副本、复制件，视听资料、电子数据的复制件，应当附有关制作过程及原件、原物存放处的文字说明，并由制作人和物品持有人或者物品持有单位有关人员签名。

第六十八条 公安机关提请批准逮捕书、起诉意见书必须忠实于事实真象。故意隐瞒事实真象的，应当依法追究责任。

第六十九条 需要查明的案件事实包括：

（一）犯罪行为是否存在；

（二）实施犯罪行为的时间、地点、手段、后果以及其他情节；

（三）犯罪行为是否为犯罪嫌疑人实施；

（四）犯罪嫌疑人的身份；

（五）犯罪嫌疑人实施犯罪行为的动机、目的；

（六）犯罪嫌疑人的责任以及与其他同案人的关系；

（七）犯罪嫌疑人有无法定从重、从轻、减轻处罚以及免除处罚的情节；

（八）其他与案件有关的事实。

第七十条 公安机关移送审查起诉的案件，应当做到犯罪事实清楚，证据确实、充分。

证据确实、充分，应当符合以下条件：

（一）认定的案件事实都有证据证明；

（二）认定案件事实的证据均经法定程序查证属实；

（三）综合全案证据，对所认定事实已排除合理怀疑。

对证据的审查，应当结合案件的具体情况，从各证据与待证事实的关联程度、各证据之间的联系等方面进行审查判断。

只有犯罪嫌疑人供述，没有其他证据的，不能认定案件事实；没有犯罪嫌疑人供述，证据确实、充分的，可以认定案件事实。

第七十一条 采用刑讯逼供等非法方法收集的犯罪嫌疑人供述和采用暴力、威胁等非法方法收集的证人证言、被害人陈述，应当予以排除。

收集物证、书证、视听资料、电子数据违反法定程序，可能严重影响司法公正的，应当予以补正或者作出合理解释；不能补正或者作出合理解释的，对该证据应当予以排除。

在侦查阶段发现有应当排除的证据的，经县级以上公安机关负责人批准，应当依法予以排除，不得作为提请批准逮捕、移送审查起诉的依据。

人民检察院认为可能存在以非法方法收集证据情形，要求公安机关进行说明的，公安机关应当及时进行调查，并向人民检察院作出书面说明。

第七十二条 人民法院认为现有证据材料不能证明证据收集的合法性，通知有关侦查人员或者公安机关其他人员出庭说明情况的，有关侦查人员或者其他人员应当出庭。必要时，有关侦查人员或者其他人员也可以要求出庭说明情况。侦查人员或者其他人员出庭，应当向法庭说明证据收集过程，并就相关情况接受发问。

经人民法院通知，人民警察应当就其执行职务时目击的犯罪情况出庭作证。

第七十三条 凡是知道案件情况的人，都有作证的义务。

生理上、精神上有缺陷或者年幼，不能辨别是非，不能正确表达的人，不能作证人。

对于证人能否辨别是非，能否正确表达，必要时可以进行审查或者鉴别。

第七十四条 公安机关应当保障证人及其近亲属的安全。

对证人及其近亲属进行威胁、侮辱、殴打或者打击报复，构成犯罪的，依法追究刑事责任；尚不够刑事处罚的，依法给予治安管理处罚。

第七十五条 对危害国家安全犯罪、恐怖活动犯罪、黑社会性质的组织犯罪、毒品犯罪等案件，证人、鉴定人、被害人因在侦查过程中作证，本人或者其近亲属的人身安全面临危险的，公安机关应当采取以下一项或者多项保护措施：

（一）不公开真实姓名、住址、通讯方式和工作单位等个人信息；

（二）禁止特定的人员接触被保护人；

（三）对被保护人的人身和住宅采取专门性保护措施；

（四）将被保护人带到安全场所保护；

（五）变更被保护人的住所和姓名；

（六）其他必要的保护措施。

证人、鉴定人、被害人认为因在侦查过程中作证，本人或者其近亲属的人身安全面临危险，向公安机关请求予以保护，公安机关经审查认为符合前款规定的条件，确有必要采取保护措施的，应当采取上述一项或者多项保护措施。

公安机关依法采取保护措施，可以要求有关单位和个人配合。

案件移送审查起诉时，应当将采取保护措施的相关情况一并移交人民检察院。

第七十六条 公安机关依法决定不公开证人、鉴定人、被害人的真实姓名、住址、通讯方式和工作单位等个人信息的，可以在起诉意见书、询问笔录等法律文书、证据材料中使用化名等代替证人、鉴定人、被害人的个人信息。但是，应当另行书面说明使用化名的情况并标明密级，单独成卷。

第七十七条 证人保护工作所必需的人员、经费、装备等，应当予以保障。

证人因履行作证义务而支出的交通、住宿、就餐等费用，应当给予补助。证人作证的补助列入公安机关业务经费。

第六章 强制措施

第一节 拘 传

第七十八条 公安机关根据案件情况对需要拘传的犯罪嫌疑人，或者经过传唤没有正当理由不到案的犯罪嫌疑人，可以拘传到其所在市、县公安机关执法办案场所进行讯问。

需要拘传的，应当填写呈请拘传报告书，并附有关材料，报县级以上公安机关负责人批准。

第七十九条 公安机关拘传犯罪嫌疑人应当出示拘传证，并责令其在拘传证上签名、捺指印。

犯罪嫌疑人到案后，应当责令其在拘传证上填写到案时间；拘传结束后，应当由其在拘传证上填写拘传结束时间。犯罪嫌疑人拒绝填写的，侦查人员应当在拘传证上注明。

第八十条 拘传持续的时间不得超过十二小时；案情特别重大、复杂，需要采取拘留、逮捕措施的，经县级以上公安机关负责人批准，拘传持续的时间不得超过二十四小时。不得以连续拘传的形式变相拘禁犯罪嫌疑人。

拘传期限届满，未作出采取其他强制措施决定的，应当立即结束拘传。

第二节 取保候审

第八十一条 公安机关对具有下列情形之一的犯罪嫌疑人，可以取保候审：

（一）可能判处管制、拘役或者独立适用附加刑的；

（二）可能判处有期徒刑以上刑罚，采取取保候审不致发生社会危险性的；

（三）患有严重疾病、生活不能自理，怀孕或者正在哺乳自己婴儿的妇女，采取取保候审不致发生社会危险性的；

（四）羁押期限届满，案件尚未办结，需要继续侦查的。

对拘留的犯罪嫌疑人，证据不符合逮捕条件，以及提请逮捕后，人民检察院不批准逮捕，需要继续侦查，并且符合取保候审条件的，可以依法取保候审。

第八十二条 对累犯，犯罪集团的主犯，以自伤、自残办法逃避侦查的犯罪嫌疑人，严重暴力犯罪以及其他严重犯罪的犯罪嫌疑人不得取保候审，但犯罪嫌疑人具有本规定第八十一条第一款第三项、第四项规定情形的除外。

第八十三条 需要对犯罪嫌疑人取保候审的，应当制作呈请取保候审报告书，说明取保候审的理由、采取的保证方式以及应当遵守的规定，经县级以上公安机关负责人批准，制作取保候审决定书。取保候审决定书应当向犯罪嫌疑人宣读，由犯罪嫌疑人签名、捺指印。

第八十四条 公安机关决定对犯罪嫌疑人

取保候审的,应当责令犯罪嫌疑人提出保证人或者交纳保证金。

对同一犯罪嫌疑人,不得同时责令其提出保证人和交纳保证金。对未成年人取保候审,应当优先适用保证人保证。

第八十五条 采取保证人保证的,保证人必须符合以下条件,并经公安机关审查同意:

(一)与本案无牵连;

(二)有能力履行保证义务;

(三)享有政治权利,人身自由未受到限制;

(四)有固定的住处和收入。

第八十六条 保证人应当履行以下义务:

(一)监督被保证人遵守本规定第八十九条、第九十条的规定;

(二)发现被保证人可能发生或者已经发生违反本规定第八十九条、第九十条规定的行为的,应当及时向执行机关报告。

保证人应当填写保证书,并在保证书上签名、捺指印。

第八十七条 犯罪嫌疑人的保证金起点数额为人民币一千元。犯罪嫌疑人为未成年人的,保证金起点数额为人民币五百元。具体数额应当综合考虑保证诉讼活动正常进行的需要、犯罪嫌疑人的社会危险性、案件的性质、情节、可能判处刑罚的轻重以及犯罪嫌疑人的经济状况等情况确定。

第八十八条 县级以上公安机关应当在其指定的银行设立取保候审保证金专门账户,委托银行代为收取和保管保证金。

提供保证金的人,应当一次性将保证金存入取保候审保证金专门账户。保证金应当以人民币交纳。

保证金应当由办案部门以外的部门管理。严禁截留、坐支、挪用或者以其他任何形式侵吞保证金。

第八十九条 公安机关在宣布取保候审决定时,应当告知被取保候审人遵守以下规定:

(一)未经执行机关批准不得离开所居住的市、县;

(二)住址、工作单位和联系方式发生变动的,在二十四小时以内向执行机关报告;

(三)在传讯的时候及时到案;

(四)不得以任何形式干扰证人作证;

(五)不得毁灭、伪造证据或者串供。

第九十条 公安机关在决定取保候审时,还可以根据案件情况,责令被取保候审人遵守以下一项或者多项规定:

(一)不得进入与其犯罪活动等相关联的特定场所;

(二)不得与证人、被害人及其近亲属、同案犯以及与案件有关联的其他特定人员会见或者以任何方式通信;

(三)不得从事与其犯罪行为等相关联的特定活动;

(四)将护照等出入境证件、驾驶证件交执行机关保存。

公安机关应当综合考虑案件的性质、情节、社会影响、犯罪嫌疑人的社会关系等因素,确定特定场所、特定人员和特定活动的范围。

第九十一条 公安机关决定取保候审的,应当及时通知被取保候审人居住地的派出所执行。必要时,办案部门可以协助执行。

采取保证人担保形式的,应当同时送交有关法律文书、被取保候审人基本情况、保证人基本情况等材料。采取保证金担保形式的,应当同时送交有关法律文书、被取保候审人基本情况和保证金交纳情况等材料。

第九十二条 人民法院、人民检察院决定取保候审的,负责执行的县级公安机关应当在收到法律文书和有关材料后二十四小时以内,指定被取保候审人居住地派出所核实情况后执行。

第九十三条 执行取保候审的派出所应当履行下列职责:

(一)告知被取保候审人必须遵守的规定,及其违反规定或者在取保候审期间重新犯罪应当承担的法律后果;

(二)监督、考察被取保候审人遵守有关规定,及时掌握其活动、住址、工作单位、联系方式及变动情况；

（三）监督保证人履行保证义务；

（四）被取保候审人违反应当遵守的规定以及保证人未履行保证义务的，应当及时制止、采取紧急措施，同时告知决定机关。

第九十四条 执行取保候审的派出所应当定期了解被取保候审人遵守取保候审规定的有关情况，并制作笔录。

第九十五条 被取保候审人无正当理由不得离开所居住的市、县。有正当理由需要离开所居住的市、县的，应当经负责执行的派出所负责人批准。

人民法院、人民检察院决定取保候审的，负责执行的派出所在批准被取保候审人离开所居住的市、县前，应当征得决定取保候审的机关同意。

第九十六条 被取保候审人在取保候审期间违反本规定第八十九条、第九十条规定，已交纳保证金的，公安机关应当根据其违反规定的情节，决定没收部分或者全部保证金，并且区别情形，责令其具结悔过、重新交纳保证金、提出保证人，变更强制措施或者给予治安管理处罚；需要予以逮捕的，可以对其先行拘留。

人民法院、人民检察院决定取保候审的，被取保候审人违反应当遵守的规定，负责执行的派出所应当及时通知决定取保候审的机关。

第九十七条 需要没收保证金的，应当经过严格审核后，报县级以上公安机关负责人批准，制作没收保证金决定书。

决定没收五万元以上保证金的，应当经设区的市一级以上公安机关负责人批准。

第九十八条 没收保证金的决定，公安机关应当在三日以内向被取保候审人宣读，并责令其在没收保证金决定书上签名、捺指印；被取保候审人在逃或者具有其他情形不能到场的，应当向其成年家属、法定代理人、辩护人或者单位、居住地的居民委员会、村民委员会宣布，由其成年家属、法定代理人、辩护人或者单位、居住地的居民委员会或者村民委员会的负责人在没收保证金决定书上签名。

被取保候审人或者其成年家属、法定代理人、辩护人或者单位、居民委员会、村民委员会负责人拒绝签名的，公安机关应当在没收保证金决定书上注明。

第九十九条 公安机关在宣读没收保证金决定书时，应当告知如果对没收保证金的决定不服，被取保候审人或者其法定代理人可以在五日以内向作出决定的公安机关申请复议。公安机关应当在收到复议申请后七日以内作出决定。

被取保候审人或者其法定代理人对复议决定不服的，可以在收到复议决定书后五日以内向上一级公安机关申请复核一次。上一级公安机关应当在收到复核申请后七日以内作出决定。对上级公安机关撤销或者变更没收保证金决定的，下级公安机关应当执行。

第一百条 没收保证金的决定已过复议期限，或者复议、复核后维持原决定或者变更没收保证金数额的，公安机关应当及时通知指定的银行将没收的保证金按照国家的有关规定上缴国库。人民法院、人民检察院决定取保候审的，还应当在三日以内通知决定取保候审的机关。

第一百零一条 被取保候审人在取保候审期间，没有违反本规定第八十九条、第九十条有关规定，也没有重新故意犯罪的，或者具有本规定第一百八十六条规定的情形之一的，在解除取保候审、变更强制措施的同时，公安机关应当制作退还保证金决定书，通知银行如数退还保证金。

被取保候审人可以凭退还保证金决定书到银行领取退还的保证金。被取保候审人委托他人领取的，应当出具委托书。

第一百零二条 被取保候审人没有违反本规定第八十九条、第九十条规定，但在取保候审期间涉嫌重新故意犯罪被立案侦查的，负责执行的公安机关应当暂扣其交纳的保证金，待人民法院判决生效后，根据有关判决作出处理。

第一百零三条 被保证人违反应当遵守的规定，保证人未履行保证义务的，查证属实后，经县级以上公安机关负责人批准，对保证人处一千元以上二万元以下罚款;构成犯罪的,依法追究刑事责任。

第一百零四条 决定对保证人罚款的,应当报经县级以上公安机关负责人批准,制作对保证人罚款决定书,在三日以内送达保证人,告知其如果对罚款决定不服,可以在收到决定书之日起五日以内向作出决定的公安机关申请复议。公安机关应当在收到复议申请后七日以内作出决定。

保证人对复议决定不服的,可以在收到复议决定书后五日以内向上一级公安机关申请复核一次。上一级公安机关应当在收到复核申请后七日以内作出决定。对上级公安机关撤销或者变更罚款决定的,下级公安机关应当执行。

第一百零五条 对于保证人罚款的决定已过复议期限,或者复议、复核后维持原决定或者变更罚款数额的,公安机关应当及时通知指定的银行将保证人罚款按照国家的有关规定上缴国库。人民法院、人民检察院决定取保候审的,还应当在三日以内通知决定取保候审的机关。

第一百零六条 对于犯罪嫌疑人采取保证人保证的,如果保证人在取保候审期间情况发生变化,不愿继续担保或者丧失担保条件,公安机关应当责令被取保候审人重新提出保证人或者交纳保证金,或者作出变更强制措施的决定。

人民法院、人民检察院决定取保候审的,负责执行的派出所应当自发现保证人不愿继续担保或者丧失担保条件之日起三日以内通知决定取保候审的机关。

第一百零七条 公安机关在取保候审期间不得中断对案件的侦查,对取保候审的犯罪嫌疑人,根据案情变化,应当及时变更强制措施或者解除取保候审。

取保候审最长不得超过十二个月。

第一百零八条 需要解除取保候审的,应当经县级以上公安机关负责人批准,制作解除取保候审决定书、通知书,并及时通知负责执行的派出所、被取保候审人、保证人和有关单位。

人民法院、人民检察院作出解除取保候审决定的,负责执行的公安机关应当根据决定书及时解除取保候审,并通知被取保候审人、保证人和有关单位。

第三节 监视居住

第一百零九条 公安机关对符合逮捕条件,有下列情形之一的犯罪嫌疑人,可以监视居住:

(一)患有严重疾病、生活不能自理的;

(二)怀孕或者正在哺乳自己婴儿的妇女;

(三)系生活不能自理的人的唯一扶养人;

(四)因案件的特殊情况或者办理案件的需要,采取监视居住措施更为适宜的;

(五)羁押期限届满,案件尚未办结,需要采取监视居住措施的。

对人民检察院决定不批准逮捕的犯罪嫌疑人,需要继续侦查,并且符合监视居住条件的,可以监视居住。

对于符合取保候审条件,但犯罪嫌疑人不能提出保证人,也不交纳保证金的,可以监视居住。

对于被取保候审人违反本规定第八十九条、第九十条规定的,可以监视居住。

第一百一十条 对犯罪嫌疑人监视居住,应当制作呈请监视居住报告书,说明监视居住的理由、采取监视居住的方式以及应当遵守的规定,经县级以上公安机关负责人批准,制作监视居住决定书。监视居住决定书应当向犯罪嫌疑人宣读,由犯罪嫌疑人签名、捺指印。

第一百一十一条 监视居住应当在犯罪嫌疑人、被告人住处执行;无固定住处的,可以在指定的居所执行。对于涉嫌危害国家安全犯罪、恐怖活动犯罪,在住处执行可能有碍侦查的,经上一级公安机关批准,也可以在指定的居所执行。

有下列情形之一的,属于本条规定的"有碍侦查":

(一)可能毁灭、伪造证据,干扰证人作证或者串供的;

(二)可能引起犯罪嫌疑人自残、自杀或者逃跑的;

（三）可能引起同案犯逃避、妨碍侦查的；

（四）犯罪嫌疑人、被告人在住处执行监视居住有人身危险的；

（五）犯罪嫌疑人、被告人的家属或者所在单位人员与犯罪有牵连的。

指定居所监视居住的，不得要求被监视居住人支付费用。

第一百一十二条 固定住处，是指被监视居住人在办案机关所在的市、县内生活的合法住处；指定的居所，是指公安机关根据案件情况，在办案机关所在的市、县内为被监视居住人指定的生活居所。

指定的居所应当符合下列条件：

（一）具备正常的生活、休息条件；

（二）便于监视、管理；

（三）保证安全。

公安机关不得在羁押场所、专门的办案场所或者办公场所执行监视居住。

第一百一十三条 指定居所监视居住的，除无法通知的以外，应当制作监视居住通知书，在执行监视居住后二十四小时以内，由决定机关通知被监视居住人的家属。

有下列情形之一的，属于本条规定的“无法通知”：

（一）不讲真实姓名、住址、身份不明的；

（二）没有家属的；

（三）提供的家属联系方式无法取得联系的；

（四）因自然灾害等不可抗力导致无法通知的。

无法通知的情形消失以后，应当立即通知被监视居住人的家属。

无法通知家属的，应当在监视居住通知书中注明原因。

第一百一十四条 被监视居住人委托辩护律师，适用本规定第四十三条、第四十四条、第四十五条规定。

第一百一十五条 公安机关在宣布监视居住决定时，应当告知被监视居住人必须遵守以下规定：

（一）未经执行机关批准不得离开执行监视居住的处所；

（二）未经执行机关批准不得会见他人或者以任何方式通信；

（三）在传讯的时候及时到案；

（四）不得以任何形式干扰证人作证；

（五）不得毁灭、伪造证据或者串供；

（六）将护照等出入境证件、身份证件、驾驶证件交执行机关保存。

第一百一十六条 公安机关对被监视居住人，可以采取电子监控、不定期检查等监视方法对其遵守监视居住规定的情况进行监督；在侦查期间，可以对被监视居住的犯罪嫌疑人的电话、传真、信函、邮件、网络等通信进行监控。

第一百一十七条 公安机关决定监视居住的，由被监视居住人住处或者指定居所所在地的派出所执行，办案部门可以协助执行。必要时，也可以由办案部门负责执行，派出所或者其他部门协助执行。

第一百一十八条 人民法院、人民检察院决定监视居住的，负责执行的县级公安机关应当在收到法律文书和有关材料后二十四小时以内，通知被监视居住人住处或者指定居所所在地的派出所，核实被监视居住人身份、住处或者居所等情况后执行。必要时，可以由人民法院、人民检察院协助执行。

负责执行的派出所应当及时将执行情况通知决定监视居住的机关。

第一百一十九条 负责执行监视居住的派出所或者办案部门应当严格对被监视居住人进行监督考察，确保安全。

第一百二十条 被监视居住人有正当理由要求离开住处或者指定的居所以及要求会见他人或者通信的，应当经负责执行的派出所或者办案部门负责人批准。

人民法院、人民检察院决定监视居住的，负责执行的派出所在批准被监视居住人离开住处或者指定的居所以及与他人会见或者通信前，应当征得决定监视居住的机关同意。

第一百二十一条 被监视居住人违反应当

遵守的规定，公安机关应当区分情形责令被监视居住人具结悔过或者给予治安管理处罚。情节严重的，可以予以逮捕；需要予以逮捕的，可以对其先行拘留。

人民法院、人民检察院决定监视居住的，被监视居住人违反应当遵守的规定，负责执行的派出所应当及时通知决定监视居住的机关。

第一百二十二条 在监视居住期间，公安机关不得中断案件的侦查，对被监视居住的犯罪嫌疑人，应当根据案情变化，及时解除监视居住或者变更强制措施。

监视居住最长不得超过六个月。

第一百二十三条 需要解除监视居住的，应当经县级以上公安机关负责人批准，制作解除监视居住决定书，并及时通知负责执行的派出所、被监视居住人和有关单位。

人民法院、人民检察院作出解除、变更监视居住决定的，负责执行的公安机关应当及时解除并通知被监视居住人和有关单位。

第四节 拘 留

第一百二十四条 公安机关对于现行犯或者重大嫌疑分子，有下列情形之一的，可以先行拘留：

（一）正在预备犯罪、实行犯罪或者在犯罪后即时被发觉的；

（二）被害人或者在场亲眼看见的人指认他犯罪的；

（三）在身边或者住处发现有犯罪证据的；

（四）犯罪后企图自杀、逃跑或者在逃的；

（五）有毁灭、伪造证据或者串供可能的；

（六）不讲真实姓名、住址，身份不明的；

（七）有流窜作案、多次作案、结伙作案重大嫌疑的。

第一百二十五条 拘留犯罪嫌疑人，应当填写呈请拘留报告书，经县级以上公安机关负责人批准，制作拘留证。执行拘留时，必须出示拘留证，并责令被拘留人在拘留证上签名、捺指印，拒绝签名、捺指印的，侦查人员应当注明。

紧急情况下，对于符合本规定第一百二十四条所列情形之一的，经出示人民警察证，可以将犯罪嫌疑人口头传唤至公安机关后立即审查，办理法律手续。

第一百二十六条 拘留后，应当立即将被拘留人送看守所羁押，至迟不得超过二十四小时。

异地执行拘留，无法及时将犯罪嫌疑人押解回管辖地的，应当在宣布拘留后立即将其送抓获地看守所羁押，至迟不得超过二十四小时。到达管辖地后，应当立即将犯罪嫌疑人送看守所羁押。

第一百二十七条 除无法通知或者涉嫌危害国家安全犯罪、恐怖活动犯罪通知可能有碍侦查的情形以外，应当在拘留后二十四小时以内制作拘留通知书，通知被拘留人的家属。拘留通知书应当写明拘留原因和羁押处所。

本条规定的“无法通知”的情形适用本规定第一百一十三条第二款的规定。

有下列情形之一的，属于本条规定的“有碍侦查”：

（一）可能毁灭、伪造证据，干扰证人作证或者串供的；

（二）可能引起同案犯逃避、妨碍侦查的；

（三）犯罪嫌疑人的家属与犯罪有牵连的。

无法通知、有碍侦查的情形消失以后，应当立即通知被拘留人的家属。

对于没有在二十四小时以内通知家属的，应当在拘留通知书中注明原因。

第一百二十八条 对被拘留的人，应当在拘留后二十四小时以内进行讯问。发现不应当拘留的，应当经县级以上公安机关负责人批准，制作释放通知书，看守所凭释放通知书发给被拘留人释放证明书，将其立即释放。

第一百二十九条 对被拘留的犯罪嫌疑人，经过审查认为需要逮捕的，应当在拘留后的三日以内，提请人民检察院审查批准。在特殊情况下，经县级以上公安机关负责人批准，提请审查批准逮捕的时间可以延长一日至四日。

对流窜作案、多次作案、结伙作案的重大嫌疑分子，经县级以上公安机关负责人批准，提请审查批准逮捕的时间可以延长至三十日。

本条规定的“流窜作案”，是指跨市、县管辖范围连续作案，或者在居住地作案后逃跑到外市、县继续作案；“多次作案”，是指三次以上作案；“结伙作案”，是指二人以上共同作案。

第一百三十条 犯罪嫌疑人不讲真实姓名、住址，身份不明的，应当对其身份进行调查。对符合逮捕条件的犯罪嫌疑人，也可以按其自报的姓名提请批准逮捕。

第一百三十一条 对被拘留的犯罪嫌疑人审查后，根据案件情况报经县级以上公安机关负责人批准，分别作出如下处理：

（一）需要逮捕的，在拘留期限内，依法办理提请批准逮捕手续；

（二）应当追究刑事责任，但不需要逮捕的，依法直接向人民检察院移送审查起诉，或者依法办理取保候审或者监视居住手续后，向人民检察院移送审查起诉；

（三）拘留期限届满，案件尚未办结，需要继续侦查的，依法办理取保候审或者监视居住手续；

（四）具有本规定第一百八十六条规定情形之一的，释放被拘留人，发给释放证明书；需要行政处理的，依法予以处理或者移送有关部门。

第一百三十二条 人民检察院决定拘留犯罪嫌疑人的，由县级以上公安机关凭人民检察院送达的决定拘留的法律文书制作拘留证并立即执行。必要时，可以请人民检察院协助。拘留后，应当及时通知人民检察院。

公安机关未能抓获犯罪嫌疑人的，应当将执行情况和未能抓获犯罪嫌疑人的原因通知作出拘留决定的人民检察院。对于犯罪嫌疑人在逃的，在人民检察院撤销拘留决定之前，公安机关应当组织力量继续执行。

第五节　逮　　捕

第一百三十三条 对有证据证明有犯罪事实，可能判处徒刑以上刑罚的犯罪嫌疑人，采取取保候审尚不足以防止发生下列社会危险性的，应当提请批准逮捕：

（一）可能实施新的犯罪的；

（二）有危害国家安全、公共安全或者社会秩序的现实危险的；

（三）可能毁灭、伪造证据，干扰证人作证或者串供的；

（四）可能对被害人、举报人、控告人实施打击报复的；

（五）企图自杀或者逃跑的。

对于有证据证明有犯罪事实，可能判处十年有期徒刑以上刑罚的，或者有证据证明有犯罪事实，可能判处徒刑以上刑罚，曾经故意犯罪或者身份不明的，应当提请批准逮捕。

公安机关在根据第一款的规定提请人民检察院审查批准逮捕时，应当对犯罪嫌疑人具有社会危险性说明理由。

第一百三十四条 有证据证明有犯罪事实，是指同时具备下列情形：

（一）有证据证明发生了犯罪事实；

（二）有证据证明该犯罪事实是犯罪嫌疑人实施的；

（三）证明犯罪嫌疑人实施犯罪行为的证据已有查证属实的。

前款规定的“犯罪事实”既可以是单一犯罪行为的事实，也可以是数个犯罪行为中任何一个犯罪行为的事实。

第一百三十五条 被取保候审人违反取保候审规定，具有下列情形之一的，可以提请批准逮捕：

（一）涉嫌故意实施新的犯罪行为的；

（二）有危害国家安全、公共安全或者社会秩序的现实危险的；

（三）实施毁灭、伪造证据或者干扰证人作证、串供行为，足以影响侦查工作正常进行的；

（四）对被害人、举报人、控告人实施打击报复的；

（五）企图自杀、逃跑，逃避侦查的；

（六）未经批准，擅自离开所居住的市、县，情节严重的，或者两次以上未经批准，擅自离开所居住的市、县的；

（七）经传讯无正当理由不到案，情节严重的，或者经两次以上传讯不到案的；

（八）违反规定进入特定场所、从事特定活动或者与特定人员会见、通信两次以上的。

第一百三十六条 被监视居住人违反监视居住规定，具有下列情形之一的，可以提请批准逮捕：

（一）涉嫌故意实施新的犯罪行为的；

（二）实施毁灭、伪造证据或者干扰证人作证、串供行为，足以影响侦查工作正常进行的；

（三）对被害人、举报人、控告人实施打击报复的；

（四）企图自杀、逃跑，逃避侦查的；

（五）未经批准，擅自离开执行监视居住的处所，情节严重的，或者两次以上未经批准，擅自离开执行监视居住的处所的；

（六）未经批准，擅自会见他人或者通信，情节严重的，或者两次以上未经批准，擅自会见他人或者通信的；

（七）经传讯无正当理由不到案，情节严重的，或者经两次以上传讯不到案的。

第一百三十七条 需要提请批准逮捕犯罪嫌疑人的，应当经县级以上公安机关负责人批准，制作提请批准逮捕书，连同案卷材料、证据，一并移送同级人民检察院审查批准。

犯罪嫌疑人自愿认罪认罚的，应当记录在案，并在提请批准逮捕书中写明有关情况。

第一百三十八条 对于人民检察院不批准逮捕并通知补充侦查的，公安机关应当按照人民检察院的补充侦查提纲补充侦查。

公安机关补充侦查完毕，认为符合逮捕条件的，应当重新提请批准逮捕。

第一百三十九条 对于人民检察院不批准逮捕而未说明理由的，公安机关可以要求人民检察院说明理由。

第一百四十条 对于人民检察院决定不批准逮捕的，公安机关在收到不批准逮捕决定书后，如果犯罪嫌疑人已被拘留的，应当立即释放，发给释放证明书，并在执行完毕后三日以内将执行回执送达作出不批准逮捕决定的人民检察院。

第一百四十一条 对人民检察院不批准逮捕的决定，认为有错误需要复议的，应当在收到不批准逮捕决定书后五日以内制作要求复议意见书，报经县级以上公安机关负责人批准后，送交同级人民检察院复议。

如果意见不被接受，认为需要复核的，应当在收到人民检察院的复议决定书后五日以内制作提请复核意见书，报经县级以上公安机关负责人批准后，连同人民检察院的复议决定书，一并提请上一级人民检察院复核。

第一百四十二条 接到人民检察院批准逮捕决定书后，应当由县级以上公安机关负责人签发逮捕证，立即执行，并在执行完毕后三日以内将执行回执送达作出批准逮捕决定的人民检察院。如果未能执行，也应当将回执送达人民检察院，并写明未能执行的原因。

第一百四十三条 执行逮捕时，必须出示逮捕证，并责令被逮捕人在逮捕证上签名、捺指印，拒绝签名、捺指印的，侦查人员应当注明。逮捕后，应当立即将被逮捕人送看守所羁押。

执行逮捕的侦查人员不得少于二人。

第一百四十四条 对被逮捕的人，必须在逮捕后的二十四小时以内进行讯问。发现不应当逮捕的，经县级以上公安机关负责人批准，制作释放通知书，送看守所和原批准逮捕的人民检察院。看守所凭释放通知书立即释放被逮捕人，并发给释放证明书。

第一百四十五条 对犯罪嫌疑人执行逮捕后，除无法通知的情形以外，应当在逮捕后二十四小时以内，制作逮捕通知书，通知被逮捕人的家属。逮捕通知书应当写明逮捕原因和羁押处所。

本条规定的“无法通知”的情形适用本规定第一百一十三条第二款的规定。

无法通知的情形消除后，应当立即通知被逮捕人的家属。

对于没有在二十四小时以内通知家属的，应当在逮捕通知书中注明原因。

第一百四十六条 人民法院、人民检察院决定逮捕犯罪嫌疑人、被告人的，由县级以上公安机关凭人民法院、人民检察院决定逮捕的法律文书制作逮捕证并立即执行。必要时，可以请人民法院、人民检察院协助执行。执行逮捕后，应当及时通知决定机关。

公安机关未能抓获犯罪嫌疑人、被告人的，应当将执行情况和未能抓获的原因通知决定逮捕的人民检察院、人民法院。对于犯罪嫌疑人、被告人在逃的，在人民检察院、人民法院撤销逮捕决定之前，公安机关应当组织力量继续执行。

第一百四十七条 人民检察院在审查批准逮捕工作中发现公安机关的侦查活动存在违法情况，通知公安机关予以纠正的，公安机关应当调查核实，对于发现的违法情况应当及时纠正，并将纠正情况书面通知人民检察院。

第六节 羁 押

第一百四十八条 对犯罪嫌疑人逮捕后的侦查羁押期限不得超过二个月。案情复杂、期限届满不能侦查终结的案件，应当制作提请批准延长侦查羁押期限意见书，经县级以上公安机关负责人批准后，在期限届满七日前送请同级人民检察院转报上一级人民检察院批准延长一个月。

第一百四十九条 下列案件在本规定第一百四十八条规定的期限届满不能侦查终结的，应当制作提请批准延长侦查羁押期限意见书，经县级以上公安机关负责人批准，在期限届满七日前送请同级人民检察院层报省、自治区、直辖市人民检察院批准，延长二个月：

（一）交通十分不便的边远地区的重大复杂案件；

（二）重大的犯罪集团案件；

（三）流窜作案的重大复杂案件；

（四）犯罪涉及面广，取证困难的重大复杂案件。

第一百五十条 对犯罪嫌疑人可能判处十年有期徒刑以上刑罚，依照本规定第一百四十九条规定的延长期限届满，仍不能侦查终结的，应当制作提请批准延长侦查羁押期限意见书，经县级以上公安机关负责人批准，在期限届满七日前送请同级人民检察院层报省、自治区、直辖市人民检察院批准，再延长二个月。

第一百五十一条 在侦查期间，发现犯罪嫌疑人另有重要罪行的，应当自发现之日起五日以内报县级以上公安机关负责人批准后，重新计算侦查羁押期限，制作变更羁押期限通知书，送达看守所，并报批准逮捕的人民检察院备案。

前款规定的“另有重要罪行”，是指与逮捕时的罪行不同种的重大犯罪以及同种犯罪并将影响罪名认定、量刑档次的重大犯罪。

第一百五十二条 犯罪嫌疑人不讲真实姓名、住址，身份不明的，应当对其身份进行调查。经县级以上公安机关负责人批准，侦查羁押期限自查清其身份之日起计算，但不得停止对其犯罪行为的侦查取证。

对于犯罪事实清楚，证据确实、充分，确实无法查明其身份的，按其自报的姓名移送人民检察院审查起诉。

第一百五十三条 看守所应当凭公安机关签发的拘留证、逮捕证收押被拘留、逮捕的犯罪嫌疑人、被告人。犯罪嫌疑人、被告人被送至看守所羁押时，看守所应当在拘留证、逮捕证上注明犯罪嫌疑人、被告人到达看守所的时间。

查获被通缉、脱逃的犯罪嫌疑人以及执行追捕、押解任务需要临时寄押的，应当持通缉令或者其他有关法律文书并经寄押地县级以上公安机关负责人批准，送看守所寄押。

临时寄押的犯罪嫌疑人出所时，看守所应当出具羁押该犯罪嫌疑人的证明，载明该犯罪嫌疑人基本情况、羁押原因、入所和出所时间。

第一百五十四条 看守所收押犯罪嫌疑人、被告人和罪犯，应当进行健康和体表检查，并予以记录。

第一百五十五条 看守所收押犯罪嫌疑人、被告人和罪犯，应当对其人身和携带的物品进行安全检查。发现违禁物品、犯罪证据和可疑物品，应当制作笔录，由被羁押人签名、捺指印后，送办案机关处理。

对女性的人身检查,应当由女工作人员进行。

第七节 其他规定

第一百五十六条 继续盘问期间发现需要对犯罪嫌疑人拘留、逮捕、取保候审或者监视居住的,应当立即办理法律手续。

第一百五十七条 对犯罪嫌疑人执行拘传、拘留、逮捕、押解过程中,应当依法使用约束性警械。遇有暴力性对抗或者暴力犯罪行为,可以依法使用制服性警械或者武器。

第一百五十八条 公安机关发现对犯罪嫌疑人采取强制措施不当的,应当及时撤销或者变更。犯罪嫌疑人在押的,应当及时释放。公安机关释放被逮捕的人或者变更逮捕措施的,应当通知批准逮捕的人民检察院。

第一百五十九条 犯罪嫌疑人被逮捕后,人民检察院经审查认为不需要继续羁押,建议予以释放或者变更强制措施的,公安机关应当予以调查核实。认为不需要继续羁押的,应当予以释放或者变更强制措施;认为需要继续羁押的,应当说明理由。

公安机关应当在十日以内将处理情况通知人民检察院。

第一百六十条 犯罪嫌疑人及其法定代理人、近亲属或者辩护人有权申请变更强制措施。公安机关应当在收到申请后三日以内作出决定;不同意变更强制措施的,应当告知申请人,并说明理由。

第一百六十一条 公安机关对被采取强制措施法定期限届满的犯罪嫌疑人,应当予以释放,解除取保候审、监视居住或者依法变更强制措施。

犯罪嫌疑人及其法定代理人、近亲属或者辩护人对于公安机关采取强制措施法定期限届满的,有权要求公安机关解除强制措施。公安机关应当进行审查,对于情况属实的,应当立即解除或者变更强制措施。

对于犯罪嫌疑人、被告人羁押期限即将届满的,看守所应当立即通知办案机关。

第一百六十二条 取保候审变更为监视居住的,取保候审、监视居住变更为拘留、逮捕的,对原强制措施不再办理解除法律手续。

第一百六十三条 案件在取保候审、监视居住期间移送审查起诉后,人民检察院决定重新取保候审、监视居住或者变更强制措施的,对原强制措施不再办理解除法律手续。

第一百六十四条 公安机关依法对县级以上各级人民代表大会代表拘传、取保候审、监视居住、拘留或者提请批准逮捕的,应当书面报请该代表所属的人民代表大会主席团或者常务委员会许可。

第一百六十五条 公安机关对现行犯拘留的时候,发现其是县级以上人民代表大会代表的,应当立即向其所属的人民代表大会主席团或者常务委员会报告。

公安机关在依法执行拘传、取保候审、监视居住、拘留或者逮捕中,发现被执行人是县级以上人民代表大会代表的,应当暂缓执行,并报告决定或者批准机关。如果在执行后发现被执行人是县级以上人民代表大会代表的,应当立即解除,并报告决定或者批准机关。

第一百六十六条 公安机关依法对乡、民族乡、镇的人民代表大会代表拘传、取保候审、监视居住、拘留或者执行逮捕的,应当在执行后立即报告其所属的人民代表大会。

第一百六十七条 公安机关依法对政治协商委员会委员拘传、取保候审、监视居住的,应当将有关情况通报给该委员所属的政协组织。

第一百六十八条 公安机关依法对政治协商委员会委员执行拘留、逮捕前,应当向该委员所属的政协组织通报情况;情况紧急的,可在执行的同时或者执行以后及时通报。

第七章 立案、撤案

第一节 受案

第一百六十九条 公安机关对于公民扭送、报案、控告、举报或者犯罪嫌疑人自动投案的,都应当立即接受,问明情况,并制作笔录,经核对无误后,由扭送人、报案人、控告人、举报人、投案人签名、捺指印。必要时,应当对接受过程录音录像。

第一百七十条 公安机关对扭送人、报案人、控告人、举报人、投案人提供的有关证据材料等应当登记,制作接受证据材料清单,由扭送人、报案人、控告人、举报人、投案人签名,并妥善保管。必要时,应当拍照或者录音录像。

第一百七十一条 公安机关接受案件时,应当制作受案登记表和受案回执,并将受案回执交扭送人、报案人、控告人、举报人。扭送人、报案人、控告人、举报人无法取得联系或者拒绝接受回执的,应当在回执中注明。

第一百七十二条 公安机关接受控告、举报的工作人员,应当向控告人、举报人说明诬告应负的法律责任。但是,只要不是捏造事实、伪造证据,即使控告、举报的事实有出入,甚至是错告的,也要和诬告严格加以区别。

第一百七十三条 公安机关应当保障扭送人、报案人、控告人、举报人及其近亲属的安全。

扭送人、报案人、控告人、举报人如果不愿意公开自己的身份,应当为其保守秘密,并在材料中注明。

第一百七十四条 对接受的案件,或者发现的犯罪线索,公安机关应当迅速进行审查。发现案件事实或者线索不明的,必要时,经办案部门负责人批准,可以进行调查核实。

调查核实过程中,公安机关可以依照有关法律和规定采取询问、查询、勘验、鉴定和调取证据材料等不限制被调查对象人身、财产权利的措施。但是,不得对被调查对象采取强制措施,不得查封、扣押、冻结被调查对象的财产,不得采取技术侦查措施。

第一百七十五条 经过审查,认为有犯罪事实,但不属于自己管辖的案件,应当立即报经县级以上公安机关负责人批准,制作移送案件通知书,在二十四小时以内移送有管辖权的机关处理,并告知扭送人、报案人、控告人、举报人。对于不属于自己管辖而又必须采取紧急措施的,应当先采取紧急措施,然后办理手续,移送主管机关。

对不属于公安机关职责范围的事项,在接报案时能够当场判断的,应当立即口头告知扭送人、报案人、控告人、举报人向其他主管机关报案。

对于重复报案、案件正在办理或者已经办结的,应当向扭送人、报案人、控告人、举报人作出解释,不再登记,但有新的事实或者证据的除外。

第一百七十六条 经过审查,对告诉才处理的案件,公安机关应当告知当事人向人民法院起诉。

对被害人有证据证明的轻微刑事案件,公安机关应当告知被害人可以向人民法院起诉;被害人要求公安机关处理的,公安机关应当依法受理。

人民法院审理自诉案件,依法调取公安机关已经收集的案件材料和有关证据的,公安机关应当及时移交。

第一百七十七条 经过审查,对于不够刑事处罚需要给予行政处理的,依法予以处理或者移送有关部门。

第二节 立 案

第一百七十八条 公安机关接受案件后,经审查,认为有犯罪事实需要追究刑事责任,且属于自己管辖的,经县级以上公安机关负责人批准,予以立案;认为没有犯罪事实,或者犯罪事实显著轻微不需要追究刑事责任,或者具有其他依法不追究刑事责任情形的,经县级以上公安机关负责人批准,不予立案。

对有控告人的案件,决定不予立案的,公安机关应当制作不予立案通知书,并在三日以内送达控告人。

决定不予立案后又发现新的事实或者证据,或者发现原认定事实错误,需要追究刑事责任的,应当及时立案处理。

第一百七十九条 控告人对不予立案决定不服的,可以在收到不予立案通知书后七日以内向作出决定的公安机关申请复议;公安机关应当在收到复议申请后三十日以内作出决定,并将决定书送达控告人。

控告人对不予立案的复议决定不服的，可以在收到复议决定书后七日以内向上一级公安机关申请复核；上一级公安机关应当在收到复核申请后三十日以内作出决定。对上级公安机关撤销不予立案决定的，下级公安机关应当执行。

案情重大、复杂的，公安机关可以延长复议、复核时限，但是延长时限不得超过三十日，并书面告知申请人。

第一百八十条 对行政执法机关移送的案件，公安机关应当自接受案件之日起三日以内进行审查，认为有犯罪事实，需要追究刑事责任，依法决定立案的，应当书面通知移送案件的行政执法机关；认为没有犯罪事实，或者犯罪事实显著轻微，不需要追究刑事责任，依法不予立案的，应当说明理由，并将不予立案通知书送达移送案件的行政执法机关，相应退回案件材料。

公安机关认为行政执法机关移送的案件材料不全的，应当在接受案件后二十四小时以内通知移送案件的行政执法机关在三日以内补正，但不得以材料不全为由不接受移送案件。

公安机关认为行政执法机关移送的案件不属于公安机关职责范围的，应当书面通知移送案件的行政执法机关向其他主管机关移送案件，并说明理由。

第一百八十一条 移送案件的行政执法机关对不予立案决定不服的，可以在收到不予立案通知书后三日以内向作出决定的公安机关申请复议；公安机关应当在收到行政执法机关的复议申请后三日以内作出决定，并书面通知移送案件的行政执法机关。

第一百八十二条 对人民检察院要求说明不立案理由的案件，公安机关应当在收到通知书后七日以内，对不立案的情况、依据和理由作出书面说明，回复人民检察院。公安机关作出立案决定的，应当将立案决定书复印件送达人民检察院。

人民检察院通知公安机关立案的，公安机关应当在收到通知书后十五日以内立案，并将立案决定书复印件送达人民检察院。

第一百八十三条 人民检察院认为公安机关不应当立案而立案，提出纠正意见的，公安机关应当进行调查核实，并将有关情况回复人民检察院。

第一百八十四条 经立案侦查，认为有犯罪事实需要追究刑事责任，但不属于自己管辖或者需要由其他公安机关并案侦查的案件，经县级以上公安机关负责人批准，制作移送案件通知书，移送有管辖权的机关或者并案侦查的公安机关，并在移送案件后三日以内书面通知扭送人、报案人、控告人、举报人或者移送案件的行政执法机关；犯罪嫌疑人已经到案的，应当依照本规定的有关规定通知其家属。

第一百八十五条 案件变更管辖或者移送其他公安机关并案侦查时，与案件有关的法律文书、证据、财物及其孳息等应当随案移交。

移交时，由接收人、移交人当面查点清楚，并在交接单据上共同签名。

第三节　撤　　案

第一百八十六条 经过侦查，发现具有下列情形之一的，应当撤销案件：

（一）没有犯罪事实的；

（二）情节显著轻微、危害不大，不认为是犯罪的；

（三）犯罪已过追诉时效期限的；

（四）经特赦令免除刑罚的；

（五）犯罪嫌疑人死亡的；

（六）其他依法不追究刑事责任的。

对于经过侦查，发现有犯罪事实需要追究刑事责任，但不是被立案侦查的犯罪嫌疑人实施的，或者共同犯罪案件中部分犯罪嫌疑人不够刑事处罚的，应当对有关犯罪嫌疑人终止侦查，并对该案件继续侦查。

第一百八十七条 需要撤销案件或者对犯罪嫌疑人终止侦查的，办案部门应当制作撤销案件或者终止侦查报告书，报县级以上公安机关负责人批准。

公安机关决定撤销案件或者对犯罪嫌疑人

终止侦查时，原犯罪嫌疑人在押的，应当立即释放，发给释放证明书。原犯罪嫌疑人被逮捕的，应当通知原批准逮捕的人民检察院。对原犯罪嫌疑人采取其他强制措施的，应当立即解除强制措施；需要行政处理的，依法予以处理或者移交有关部门。

对查封、扣押的财物及其孳息、文件，或者冻结的财产，除按照法律和有关规定另行处理的以外，应当解除查封、扣押、冻结，并及时返还或者通知当事人。

第一百八十八条 犯罪嫌疑人自愿如实供述涉嫌犯罪的事实，有重大立功或者案件涉及国家重大利益，需要撤销案件的，应当层报公安部，由公安部商请最高人民检察院核准后撤销案件。报请撤销案件的公安机关应当同时将相关情况通报同级人民检察院。

公安机关根据前款规定撤销案件的，应当对查封、扣押、冻结的财物及其孳息作出处理。

第一百八十九条 公安机关作出撤销案件决定后，应当在三日以内告知原犯罪嫌疑人、被害人或者其近亲属、法定代理人以及案件移送机关。

公安机关作出终止侦查决定后，应当在三日以内告知原犯罪嫌疑人。

第一百九十条 公安机关撤销案件以后又发现新的事实或者证据，或者发现原认定事实错误，认为有犯罪事实需要追究刑事责任的，应当重新立案侦查。

对犯罪嫌疑人终止侦查后又发现新的事实或者证据，或者发现原认定事实错误，需要对其追究刑事责任的，应当继续侦查。

第八章　侦　　查

第一节　一般规定

第一百九十一条 公安机关对已经立案的刑事案件，应当及时进行侦查，全面、客观地收集、调取犯罪嫌疑人有罪或者无罪、罪轻或者罪重的证据材料。

第一百九十二条 公安机关经过侦查，对有证据证明有犯罪事实的案件，应当进行预审，对收集、调取的证据材料的真实性、合法性、关联性及证明力予以审查、核实。

第一百九十三条 公安机关侦查犯罪，应当严格依照法律规定的条件和程序采取强制措施和侦查措施，严禁在没有证据的情况下，仅凭怀疑就对犯罪嫌疑人采取强制措施和侦查措施。

第一百九十四条 公安机关开展勘验、检查、搜查、辨认、查封、扣押等侦查活动，应当邀请有关公民作为见证人。

下列人员不得担任侦查活动的见证人：

（一）生理上、精神上有缺陷或者年幼，不具有相应辨别能力或者不能正确表达的人；

（二）与案件有利害关系，可能影响案件公正处理的人；

（三）公安机关的工作人员或者其聘用的人员。

确因客观原因无法由符合条件的人员担任见证人的，应当对有关侦查活动进行全程录音录像，并在笔录中注明有关情况。

第一百九十五条 公安机关侦查犯罪，涉及国家秘密、商业秘密、个人隐私的，应当保密。

第一百九十六条 当事人和辩护人、诉讼代理人、利害关系人对于公安机关及其侦查人员有下列行为之一的，有权向该机关申诉或者控告：

（一）采取强制措施法定期限届满，不予以释放、解除或者变更的；

（二）应当退还取保候审保证金不退还的；

（三）对与案件无关的财物采取查封、扣押、冻结措施的；

（四）应当解除查封、扣押、冻结不解除的；

（五）贪污、挪用、私分、调换、违反规定使用查封、扣押、冻结的财物的。

受理申诉或者控告的公安机关应当及时进行调查核实，并在收到申诉、控告之日起三十日以内作出处理决定，书面回复申诉人、控告人。发现公安机关及其侦查人员有上述行为之一的，应当立即纠正。

第一百九十七条 上级公安机关发现下级

公安机关存在本规定第一百九十六条第一款规定的违法行为或者对申诉、控告事项不按照规定处理的，应当责令下级公安机关限期纠正，下级公安机关应当立即执行。必要时，上级公安机关可以就申诉、控告事项直接作出处理决定。

第二节　讯问犯罪嫌疑人

第一百九十八条　讯问犯罪嫌疑人，除下列情形以外，应当在公安机关执法办案场所的讯问室进行：

（一）紧急情况下在现场进行讯问的；

（二）对有严重伤病或者残疾、行动不便的，以及正在怀孕的犯罪嫌疑人，在其住处或者就诊的医疗机构进行讯问的。

对于已送交看守所羁押的犯罪嫌疑人，应当在看守所讯问室进行讯问。

对于正在被执行行政拘留、强制隔离戒毒的人员以及正在监狱服刑的罪犯，可以在其执行场所进行讯问。

对于不需要拘留、逮捕的犯罪嫌疑人，经办案部门负责人批准，可以传唤到犯罪嫌疑人所在市、县公安机关执法办案场所或者到他的住处进行讯问。

第一百九十九条　传唤犯罪嫌疑人时，应当出示传唤证和侦查人员的人民警察证，并责令其在传唤证上签名、捺指印。

犯罪嫌疑人到案后，应当由其在传唤证上填写到案时间。传唤结束时，应当由其在传唤证上填写传唤结束时间。犯罪嫌疑人拒绝填写的，侦查人员应当在传唤证上注明。

对在现场发现的犯罪嫌疑人，侦查人员经出示人民警察证，可以口头传唤，并将传唤的原因和依据告知被传唤人。在讯问笔录中应当注明犯罪嫌疑人到案方式，并由犯罪嫌疑人注明到案时间和传唤结束时间。

对自动投案或者群众扭送到公安机关的犯罪嫌疑人，可以依法传唤。

第二百条　传唤持续的时间不得超过十二小时。案情特别重大、复杂，需要采取拘留、逮捕措施的，经办案部门负责人批准，传唤持续的时间不得超过二十四小时。不得以连续传唤的形式变相拘禁犯罪嫌疑人。

传唤期限届满，未作出采取其他强制措施决定的，应当立即结束传唤。

第二百零一条　传唤、拘传、讯问犯罪嫌疑人，应当保证犯罪嫌疑人的饮食和必要的休息时间，并记录在案。

第二百零二条　讯问犯罪嫌疑人，必须由侦查人员进行。讯问的时候，侦查人员不得少于二人。

讯问同案的犯罪嫌疑人，应当个别进行。

第二百零三条　侦查人员讯问犯罪嫌疑人时，应当首先讯问犯罪嫌疑人是否有犯罪行为，并告知犯罪嫌疑人享有的诉讼权利，如实供述自己罪行可以从宽处理以及认罪认罚的法律规定，让他陈述有罪的情节或者无罪的辩解，然后向他提出问题。

犯罪嫌疑人对侦查人员的提问，应当如实回答。但是对与本案无关的问题，有拒绝回答的权利。

第一次讯问，应当问明犯罪嫌疑人的姓名、别名、曾用名、出生年月日、户籍所在地、现住地、籍贯、出生地、民族、职业、文化程度、政治面貌、工作单位、家庭情况、社会经历，是否属于人大代表、政协委员，是否受过刑事处罚或者行政处理等情况。

第二百零四条　讯问聋、哑的犯罪嫌疑人，应当有通晓聋、哑手势的人参加，并在讯问笔录上注明犯罪嫌疑人的聋、哑情况，以及翻译人员的姓名、工作单位和职业。

讯问不通晓当地语言文字的犯罪嫌疑人，应当配备翻译人员。

第二百零五条　侦查人员应当将问话和犯罪嫌疑人的供述或者辩解如实地记录清楚。制作讯问笔录应当使用能够长期保持字迹的材料。

第二百零六条　讯问笔录应当交犯罪嫌疑人核对；对于没有阅读能力的，应当向他宣读。如果记录有遗漏或者差错，应当允许犯罪嫌疑人补充或者更正，并捺指印。笔录经犯罪嫌疑人核对无误后，应当由其在笔录上逐页签名、捺指印，并在末页写明“以上笔录我看过（或向我宣读过），和我说的相符”。拒绝签名、捺指印的，侦查人员应当在笔录上注明。

讯问笔录上所列项目，应当按照规定填写齐全。侦查人员、翻译人员应当在讯问笔录上签名。

第二百零七条 犯罪嫌疑人请求自行书写供述的，应当准许；必要时，侦查人员也可以要求犯罪嫌疑人亲笔书写供词。犯罪嫌疑人应当在亲笔供词上逐页签名、捺指印。侦查人员收到后，应当在首页右上方写明“于某年某月某日收到”，并签名。

第二百零八条 讯问犯罪嫌疑人，在文字记录的同时，可以对讯问过程进行录音录像。对于可能判处无期徒刑、死刑的案件或者其他重大犯罪案件，应当对讯问过程进行录音录像。

前款规定的“可能判处无期徒刑、死刑的案件”，是指应当适用的法定刑或者量刑档次包含无期徒刑、死刑的案件。“其他重大犯罪案件”，是指致人重伤、死亡的严重危害公共安全犯罪、严重侵犯公民人身权利犯罪，以及黑社会性质组织犯罪、严重毒品犯罪等重大故意犯罪案件。

对讯问过程录音录像的，应当对每一次讯问全程不间断进行，保持完整性。不得选择性地录制，不得剪接、删改。

第二百零九条 对犯罪嫌疑人供述的犯罪事实、无罪或者罪轻的事实、申辩和反证，以及犯罪嫌疑人提供的证明自己无罪、罪轻的证据，公安机关应当认真核查；对有关证据，无论是否采信，都应当如实记录、妥善保管，并连同核查情况附卷。

第三节　询问证人、被害人

第二百一十条 询问证人、被害人，可以在现场进行，也可以到证人、被害人所在单位、住处或者证人、被害人提出的地点进行。在必要的时候，可以书面、电话或者当场通知证人、被害人到公安机关提供证言。

询问证人、被害人应当个别进行。

在现场询问证人、被害人，侦查人员应当出示人民警察证。到证人、被害人所在单位、住处或者证人、被害人提出的地点询问证人、被害人，应当经办案部门负责人批准，制作询问通知书。询问前，侦查人员应当出示询问通知书和人民警察证。

第二百一十一条 询问前，应当了解证人、被害人的身份，证人、被害人、犯罪嫌疑人之间的关系。询问时，应当告知证人、被害人必须如实地提供证据、证言和有意作伪证或者隐匿罪证应负的法律责任。

侦查人员不得向证人、被害人泄露案情或者表示对案件的看法，严禁采用暴力、威胁等非法方法询问证人、被害人。

第二百一十二条 本规定第二百零六条、第二百零七条的规定，也适用于询问证人、被害人。

第四节　勘验、检查

第二百一十三条 侦查人员对于与犯罪有关的场所、物品、人身、尸体应当进行勘验或者检查，及时提取、采集与案件有关的痕迹、物证、生物样本等。在必要的时候，可以指派或者聘请具有专门知识的人，在侦查人员的主持下进行勘验、检查。

第二百一十四条 发案地派出所、巡警等部门应当妥善保护犯罪现场和证据，控制犯罪嫌疑人，并立即报告公安机关主管部门。

执行勘查的侦查人员接到通知后，应当立即赶赴现场；勘查现场，应当持有刑事犯罪现场勘查证。

第二百一十五条 公安机关对案件现场进行勘查，侦查人员不得少于二人。

第二百一十六条 勘查现场，应当拍摄现场照片、绘制现场图，制作笔录，由参加勘查的人和见证人签名。对重大案件的现场勘查，应当录音录像。

第二百一十七条 为了确定被害人、犯罪嫌疑人的某些特征、伤害情况或者生理状态，可以对人身进行检查，依法提取、采集肖像、指纹等人体生物识别信息，采集血液、尿液等生物样本。被害人死亡的，应当通过被害人近亲属辨认、提取生物样本鉴定等方式确定被害人身份。

犯罪嫌疑人拒绝检查、提取、采集的，侦查人员认为必要的时候，经办案部门负责人批准，可以强制检查、提取、采集。

检查妇女的身体，应当由女工作人员或者医师进行。

检查的情况应当制作笔录，由参加检查的侦查人员、检查人员、被检查人员和见证人签名。被检查人员拒绝签名的，侦查人员应当在笔录中注明。

第二百一十八条 为了确定死因，经县级以上公安机关负责人批准，可以解剖尸体，并且通知死者家属到场，让其在解剖尸体通知书上签名。

死者家属无正当理由拒不到场或者拒绝签名的，侦查人员应当在解剖尸体通知书上注明。对身份不明的尸体，无法通知死者家属的，应当在笔录中注明。

第二百一十九条 对已查明死因，没有继续保存必要的尸体，应当通知家属领回处理，对于无法通知或者通知后家属拒绝领回的，经县级以上公安机关负责人批准，可以及时处理。

第二百二十条 公安机关进行勘验、检查后，人民检察院要求复验、复查的，公安机关应当进行复验、复查，并可以通知人民检察院派员参加。

第二百二十一条 为了查明案情，在必要的时候，经县级以上公安机关负责人批准，可以进行侦查实验。

进行侦查实验，应当全程录音录像，并制作侦查实验笔录，由参加实验的人签名。

进行侦查实验，禁止一切足以造成危险、侮辱人格或者有伤风化的行为。

第五节 搜　　查

第二百二十二条 为了收集犯罪证据、查获犯罪人，经县级以上公安机关负责人批准，侦查人员可以对犯罪嫌疑人以及可能隐藏罪犯或者犯罪证据的人的身体、物品、住处和其他有关的地方进行搜查。

第二百二十三条 进行搜查，必须向被搜查人出示搜查证，执行搜查的侦查人员不得少于二人。

第二百二十四条 执行拘留、逮捕的时候，遇有下列紧急情况之一的，不用搜查证也可以进行搜查：

（一）可能随身携带凶器的；

（二）可能隐藏爆炸、剧毒等危险物品的；

（三）可能隐匿、毁弃、转移犯罪证据的；

（四）可能隐匿其他犯罪嫌疑人的；

（五）其他突然发生的紧急情况。

第二百二十五条 进行搜查时，应当有被搜查人或者他的家属、邻居或者其他见证人在场。

公安机关可以要求有关单位和个人交出可以证明犯罪嫌疑人有罪或者无罪的物证、书证、视听资料等证据。遇到阻碍搜查的，侦查人员可以强制搜查。

搜查妇女的身体，应当由女工作人员进行。

第二百二十六条 搜查的情况应当制作笔录，由侦查人员和被搜查人或者他的家属，邻居或者其他见证人签名。

如果被搜查人拒绝签名，或者被搜查人在逃，他的家属拒绝签名或者不在场的，侦查人员应当在笔录中注明。

第六节 查封、扣押

第二百二十七条 在侦查活动中发现的可用以证明犯罪嫌疑人有罪或者无罪的各种财物、文件，应当查封、扣押；但与案件无关的财物、文件，不得查封、扣押。

持有人拒绝交出应当查封、扣押的财物、文件的，公安机关可以强制查封、扣押。

第二百二十八条 在侦查过程中需要扣押财物、文件的，应当经办案部门负责人批准，制作扣押决定书；在现场勘查或者搜查中需要扣押财物、文件的，由现场指挥人员决定；但扣押财物、文件价值较高或者可能严重影响正常生产经营的，应当经县级以上公安机关负责人批准，制作扣押决定书。

在侦查过程中需要查封土地、房屋等不动产，或者船舶、航空器以及其他不宜移动的大型机器、设备等特定动产的，应当经县级以上公安机关负责人批准并制作查封决定书。

第二百二十九条 执行查封、扣押的侦查人员不得少于二人，并出示本规定第二百二十八条规定的有关法律文书。

查封、扣押的情况应当制作笔录，由侦查人员、持有人和见证人签名。对于无法确定持有人或者持有人拒绝签名的，侦查人员应当在笔录中注明。

第二百三十条 对查封、扣押的财物和文件，应当会同在场见证人和被查封、扣押财物、文件的持有人查点清楚，当场开列查封、扣押清单一式三份，写明财物或者文件的名称、编号、数量、特征及其来源等，由侦查人员、持有人和见证人签名，一份交给持有人，一份交给公安机关保管人员，一份附卷备查。

对于财物、文件的持有人无法确定，以及持有人不在现场或者拒绝签名的，侦查人员应当在清单中注明。

依法扣押文物、贵金属、珠宝、字画等贵重财物的，应当拍照或者录音录像，并及时鉴定、估价。

执行查封、扣押时，应当为犯罪嫌疑人及其所扶养的亲属保留必需的生活费用和物品。能够保证侦查活动正常进行的，可以允许有关当事人继续合理使用有关涉案财物，但应当采取必要的保值、保管措施。

第二百三十一条 对作为犯罪证据但不便提取或者没有必要提取的财物、文件，经登记、拍照或者录音录像、估价后，可以交财物、文件持有人保管或者封存，并且开具登记保存清单一式两份，由侦查人员、持有人和见证人签名，一份交给财物、文件持有人，另一份连同照片或者录音录像资料附卷备查。财物、文件持有人应当妥善保管，不得转移、变卖、毁损。

第二百三十二条 扣押犯罪嫌疑人的邮件、电子邮件、电报，应当经县级以上公安机关负责人批准，制作扣押邮件、电报通知书，通知邮电部门或者网络服务单位检交扣押。

不需要继续扣押的时候，应当经县级以上公安机关负责人批准，制作解除扣押邮件、电报通知书，立即通知邮电部门或者网络服务单位。

第二百三十三条 对查封、扣押的财物、文件、邮件、电子邮件、电报，经查明确实与案件无关的，应当在三日以内解除查封、扣押，退还原主或者原邮电部门、网络服务单位；原主不明确的，应当采取公告方式告知原主认领。在通知原主或者公告后六个月以内，无人认领的，按照无主财物处理，登记后上缴国库。

第二百三十四条 有关犯罪事实查证属实后，对于有证据证明权属明确且无争议的被害人合法财产及其孳息，且返还不损害其他被害人或者利害关系人的利益，不影响案件正常办理的，应当在登记、拍照或者录音录像和估价后，报经县级以上公安机关负责人批准，开具发还清单返还，并在案卷材料中注明返还的理由，将原物照片、发还清单和被害人的领取手续存卷备查。

领取人应当是涉案财物的合法权利人或者其委托的人；委托他人领取的，应当出具委托书。侦查人员或者公安机关其他工作人员不得代为领取。

查找不到被害人，或者通知被害人后，无人领取的，应当将有关财产及其孳息随案移送。

第二百三十五条 对查封、扣押的财物及其孳息、文件，公安机关应当妥善保管，以供核查。任何单位和个人不得违规使用、调换、损毁或者自行处理。

县级以上公安机关应当指定一个内设部门作为涉案财物管理部门，负责对涉案财物实行统一管理，并设立或者指定专门保管场所，对涉案财物进行集中保管。

对价值较低、易于保管，或者需要作为证据继续使用，以及需要先行返还被害人的涉案财物，可以由办案部门设置专门的场所进行保管。办案部门应当指定不承担办案工作的民警负责本部门涉案财物的接收、保管、移交等管理工作;严禁由侦查人员自行保管涉案财物。

第二百三十六条 在侦查期间,对于易损毁、灭失、腐烂、变质而不宜长期保存,或者难以保管的物品,经县级以上公安机关主要负责人批准,可以在拍照或者录音录像后委托有关部门变卖、拍卖,变卖、拍卖的价款暂予保存,待诉讼终结后一并处理。

对于违禁品,应当依照国家有关规定处理;需要作为证据使用的,应当在诉讼终结后处理。

第七节 查询、冻结

第二百三十七条 公安机关根据侦查犯罪的需要,可以依照规定查询、冻结犯罪嫌疑人的存款、汇款、证券交易结算资金、期货保证金等资金,债券、股票、基金份额和其他证券,以及股权、保单权益和其他投资权益等财产,并可以要求有关单位和个人配合。

对于前款规定的财产,不得划转、转账或者以其他方式变相扣押。

第二百三十八条 向金融机构等单位查询犯罪嫌疑人的存款、汇款、证券交易结算资金、期货保证金等资金,债券、股票、基金份额和其他证券,以及股权、保单权益和其他投资权益等财产,应当经县级以上公安机关负责人批准,制作协助查询财产通知书,通知金融机构等单位协助办理。

第二百三十九条 需要冻结犯罪嫌疑人财产的,应当经县级以上公安机关负责人批准,制作协助冻结财产通知书,明确冻结财产的账户名称、账户号码、冻结数额、冻结期限、冻结范围以及是否及于孳息等事项,通知金融机构等单位协助办理。

冻结股权、保单权益的,应当经设区的市一级以上公安机关负责人批准。

冻结上市公司股权的,应当经省级以上公安机关负责人批准。

第二百四十条 需要延长冻结期限的,应当按照原批准权限和程序,在冻结期限届满前办理继续冻结手续。逾期不办理继续冻结手续的,视为自动解除冻结。

第二百四十一条 不需要继续冻结犯罪嫌疑人财产时,应当经原批准冻结的公安机关负责人批准,制作协助解除冻结财产通知书,通知金融机构等单位协助办理。

第二百四十二条 犯罪嫌疑人的财产已被冻结的,不得重复冻结,但可以轮候冻结。

第二百四十三条 冻结存款、汇款、证券交易结算资金、期货保证金等财产的期限为六个月。每次续冻期限最长不得超过六个月。

对于重大、复杂案件,经设区的市一级以上公安机关负责人批准,冻结存款、汇款、证券交易结算资金、期货保证金等财产的期限可以为一年。每次续冻期限最长不得超过一年。

第二百四十四条 冻结债券、股票、基金份额等证券的期限为二年。每次续冻期限最长不得超过二年。

第二百四十五条 冻结股权、保单权益或者投资权益的期限为六个月。每次续冻期限最长不得超过六个月。

第二百四十六条 对冻结的债券、股票、基金份额等财产,应当告知当事人或者其法定代理人、委托代理人有权申请出售。

权利人书面申请出售被冻结的债券、股票、基金份额等财产,不损害国家利益、被害人、其他权利人利益,不影响诉讼正常进行的,以及冻结的汇票、本票、支票的有效期即将届满的,经县级以上公安机关负责人批准,可以依法出售或者变现,所得价款应当继续冻结在其对应的银行账户中;没有对应的银行账户的,所得价款由公安机关在银行指定专门账户保管,并及时告知当事人或者其近亲属。

第二百四十七条 对冻结的财产,经查明确实与案件无关的,应当在三日以内通知金融机构等单位解除冻结,并通知被冻结财产的所有人。

第八节 鉴 定

第二百四十八条 为了查明案情,解决案件中某些专门性问题,应当指派、聘请有专门知识的人进行鉴定。

需要聘请有专门知识的人进行鉴定，应当经县级以上公安机关负责人批准后，制作鉴定聘请书。

第二百四十九条 公安机关应当为鉴定人进行鉴定提供必要的条件，及时向鉴定人送交有关检材和对比样本等原始材料，介绍与鉴定有关的情况，并且明确提出要求鉴定解决的问题。

禁止暗示或者强迫鉴定人作出某种鉴定意见。

第二百五十条 侦查人员应当做好检材的保管和送检工作，并注明检材送检环节的责任人，确保检材在流转环节中的同一性和不被污染。

第二百五十一条 鉴定人应当按照鉴定规则，运用科学方法独立进行鉴定。鉴定后，应当出具鉴定意见，并在鉴定意见书上签名，同时附上鉴定机构和鉴定人的资质证明或者其他证明文件。

多人参加鉴定，鉴定人有不同意见的，应当注明。

第二百五十二条 对鉴定意见，侦查人员应当进行审查。

对经审查作为证据使用的鉴定意见，公安机关应当及时告知犯罪嫌疑人、被害人或者其法定代理人。

第二百五十三条 犯罪嫌疑人、被害人对鉴定意见有异议提出申请，以及办案部门或者侦查人员对鉴定意见有疑义的，可以将鉴定意见送交其他有专门知识的人员提出意见。必要时，询问鉴定人并制作笔录附卷。

第二百五十四条 经审查，发现有下列情形之一的，经县级以上公安机关负责人批准，应当补充鉴定：

（一）鉴定内容有明显遗漏的；

（二）发现新的有鉴定意义的证物的；

（三）对鉴定证物有新的鉴定要求的；

（四）鉴定意见不完整，委托事项无法确定的；

（五）其他需要补充鉴定的情形。

经审查，不符合上述情形的，经县级以上公安机关负责人批准，作出不准予补充鉴定的决定，并在作出决定后三日以内书面通知申请人。

第二百五十五条 经审查，发现有下列情形之一的，经县级以上公安机关负责人批准，应当重新鉴定：

（一）鉴定程序违法或者违反相关专业技术要求的；

（二）鉴定机构、鉴定人不具备鉴定资质和条件的；

（三）鉴定人故意作虚假鉴定或者违反回避规定的；

（四）鉴定意见依据明显不足的；

（五）检材虚假或者被损坏的；

（六）其他应当重新鉴定的情形。

重新鉴定，应当另行指派或者聘请鉴定人。

经审查，不符合上述情形的，经县级以上公安机关负责人批准，作出不准予重新鉴定的决定，并在作出决定后三日以内书面通知申请人。

第二百五十六条 公诉人、当事人或者辩护人、诉讼代理人对鉴定意见有异议，经人民法院依法通知的，公安机关鉴定人应当出庭作证。

鉴定人故意作虚假鉴定的，应当依法追究其法律责任。

第二百五十七条 对犯罪嫌疑人作精神病鉴定的时间不计入办案期限，其他鉴定时间都应当计入办案期限。

第九节　辨　　认

第二百五十八条 为了查明案情，在必要的时候，侦查人员可以让被害人、证人或者犯罪嫌疑人对与犯罪有关的物品、文件、尸体、场所或者犯罪嫌疑人进行辨认。

第二百五十九条 辨认应当在侦查人员的主持下进行。主持辨认的侦查人员不得少于二人。

几名辨认人对同一辨认对象进行辨认时，应当由辨认人个别进行。

第二百六十条 辨认时，应当将辨认对象混杂在特征相类似的其他对象中，不得在辨认前向辨认人展示辨认对象及其影像资料，不得给辨认人任何暗示。

辨认犯罪嫌疑人时，被辨认的人数不得少于七人；对犯罪嫌疑人照片进行辨认的，不得少于十人的照片。

辨认物品时，混杂的同类物品不得少于五件；对物品的照片进行辨认的，不得少于十个物品的照片。

对场所、尸体等特定辨认对象进行辨认，或者辨认人能够准确描述物品独有特征的，陪衬物不受数量的限制。

第二百六十一条 对犯罪嫌疑人的辨认，辨认人不愿意公开进行时，可以在不暴露辨认人的情况下进行，并应当为其保守秘密。

第二百六十二条 对辨认经过和结果，应当制作辨认笔录，由侦查人员、辨认人、见证人签名。必要时，应当对辨认过程进行录音录像。

第十节 技术侦查

第二百六十三条 公安机关在立案后，根据侦查犯罪的需要，可以对下列严重危害社会的犯罪案件采取技术侦查措施：

（一）危害国家安全犯罪、恐怖活动犯罪、黑社会性质的组织犯罪、重大毒品犯罪案件；

（二）故意杀人、故意伤害致人重伤或者死亡、强奸、抢劫、绑架、放火、爆炸、投放危险物质等严重暴力犯罪案件；

（三）集团性、系列性、跨区域性重大犯罪案件；

（四）利用电信、计算机网络、寄递渠道等实施的重大犯罪案件，以及针对计算机网络实施的重大犯罪案件；

（五）其他严重危害社会的犯罪案件，依法可能判处七年以上有期徒刑的。

公安机关追捕被通缉或者批准、决定逮捕的在逃的犯罪嫌疑人、被告人，可以采取追捕所必需的技术侦查措施。

第二百六十四条 技术侦查措施是指由设区的市一级以上公安机关负责技术侦查的部门实施的记录监控、行踪监控、通信监控、场所监控等措施。

技术侦查措施的适用对象是犯罪嫌疑人、被告人以及与犯罪活动直接关联的人员。

第二百六十五条 需要采取技术侦查措施的，应当制作呈请采取技术侦查措施报告书，报设区的市一级以上公安机关负责人批准，制作采取技术侦查措施决定书。

人民检察院等部门决定采取技术侦查措施，交公安机关执行的，由设区的市一级以上公安机关按照规定办理相关手续后，交负责技术侦查的部门执行，并将执行情况通知人民检察院等部门。

第二百六十六条 批准采取技术侦查措施的决定自签发之日起三个月以内有效。

在有效期限内，对不需要继续采取技术侦查措施的，办案部门应当立即书面通知负责技术侦查的部门解除技术侦查措施；负责技术侦查的部门认为需要解除技术侦查措施的，报批准机关负责人批准，制作解除技术侦查措施决定书，并及时通知办案部门。

对复杂、疑难案件，采取技术侦查措施的有效期限届满仍需要继续采取技术侦查措施的，经负责技术侦查的部门审核后，报批准机关负责人批准，制作延长技术侦查措施期限决定书。批准延长期限，每次不得超过三个月。

有效期限届满，负责技术侦查的部门应当立即解除技术侦查措施。

第二百六十七条 采取技术侦查措施，必须严格按照批准的措施种类、适用对象和期限执行。

在有效期限内，需要变更技术侦查措施种类或者适用对象的，应当按照本规定第二百六十五条规定重新办理批准手续。

第二百六十八条 采取技术侦查措施收集的材料在刑事诉讼中可以作为证据使用。使用技术侦查措施收集的材料作为证据时，可能危及有关人员的人身安全，或者可能产生其他严重后果的，应当采取不暴露有关人员身份和使用的技术设备、侦查方法等保护措施。

采取技术侦查措施收集的材料作为证据使用的,采取技术侦查措施决定书应当附卷。

第二百六十九条 采取技术侦查措施收集的材料,应当严格依照有关规定存放,只能用于对犯罪的侦查、起诉和审判,不得用于其他用途。

采取技术侦查措施收集的与案件无关的材料,必须及时销毁,并制作销毁记录。

第二百七十条 侦查人员对采取技术侦查措施过程中知悉的国家秘密、商业秘密和个人隐私,应当保密。

公安机关依法采取技术侦查措施,有关单位和个人应当配合,并对有关情况予以保密。

第二百七十一条 为了查明案情,在必要的时候,经县级以上公安机关负责人决定,可以由侦查人员或者公安机关指定的其他人员隐匿身份实施侦查。

隐匿身份实施侦查时,不得使用促使他人产生犯罪意图的方法诱使他人犯罪,不得采用可能危害公共安全或者发生重大人身危险的方法。

第二百七十二条 对涉及给付毒品等违禁品或者财物的犯罪活动,为查明参与该项犯罪的人员和犯罪事实,根据侦查需要,经县级以上公安机关负责人决定,可以实施控制下交付。

第二百七十三条 公安机关依照本节规定实施隐匿身份侦查和控制下交付收集的材料在刑事诉讼中可以作为证据使用。

使用隐匿身份侦查和控制下交付收集的材料作为证据时,可能危及隐匿身份人员的人身安全,或者可能产生其他严重后果的,应当采取不暴露有关人员身份等保护措施。

第十一节 通 缉

第二百七十四条 应当逮捕的犯罪嫌疑人在逃的,经县级以上公安机关负责人批准,可以发布通缉令,采取有效措施,追捕归案。

县级以上公安机关在自己管辖的地区内,可以直接发布通缉令;超出自己管辖的地区,应当报请有权决定的上级公安机关发布。

通缉令的发送范围,由签发通缉令的公安机关负责人决定。

第二百七十五条 通缉令中应当尽可能写明被通缉人的姓名、别名、曾用名、绰号、性别、年龄、民族、籍贯、出生地、户籍所在地、居住地、职业、身份证号码、衣着和体貌特征、口音、行为习惯,并附被通缉人近期照片,可以附指纹及其他物证的照片。除了必须保密的事项以外,应当写明发案的时间、地点和简要案情。

第二百七十六条 通缉令发出后,如果发现新的重要情况可以补发通报。通报必须注明原通缉令的编号和日期。

第二百七十七条 公安机关接到通缉令后,应当及时布置查缉。抓获犯罪嫌疑人后,报经县级以上公安机关负责人批准,凭通缉令或者相关法律文书羁押,并通知通缉令发布机关进行核实,办理交接手续。

第二百七十八条 需要对犯罪嫌疑人在口岸采取边控措施的,应当按照有关规定制作边控对象通知书,并附有关法律文书,经县级以上公安机关负责人审核后,层报省级公安机关批准,办理全国范围内的边控措施。需要限制犯罪嫌疑人人身自由的,应当附有关限制人身自由的法律文书。

紧急情况下,需要采取边控措施的,县级以上公安机关可以出具公函,先向有关口岸所在地出入境边防检查机关交控,但应当在七日以内按照规定程序办理全国范围内的边控措施。

第二百七十九条 为发现重大犯罪线索,追缴涉案财物、证据,查获犯罪嫌疑人,必要时,经县级以上公安机关负责人批准,可以发布悬赏通告。

悬赏通告应当写明悬赏对象的基本情况和赏金的具体数额。

第二百八十条 通缉令、悬赏通告应当广泛张贴,并可以通过广播、电视、报刊、计算机网络等方式发布。

第二百八十一条 经核实,犯罪嫌疑人已经自动投案、被击毙或者被抓获,以及发现有其他不需要采取通缉、边控、悬赏通告的情形的，发布机关应当在原通缉、通知、通告范围内，撤销通缉令、边控通知、悬赏通告。

第二百八十二条 通缉越狱逃跑的犯罪嫌疑人、被告人或者罪犯，适用本节的有关规定。

第十二节 侦查终结

第二百八十三条 侦查终结的案件，应当同时符合以下条件：

（一）案件事实清楚；

（二）证据确实、充分；

（三）犯罪性质和罪名认定正确；

（四）法律手续完备；

（五）依法应当追究刑事责任。

第二百八十四条 对侦查终结的案件，公安机关应当全面审查证明证据收集合法性的证据材料，依法排除非法证据。排除非法证据后证据不足的，不得移送审查起诉。

公安机关发现侦查人员非法取证的，应当依法作出处理，并可另行指派侦查人员重新调查取证。

第二百八十五条 侦查终结的案件，侦查人员应当制作结案报告。

结案报告应当包括以下内容：

（一）犯罪嫌疑人的基本情况；

（二）是否采取了强制措施及其理由；

（三）案件的事实和证据；

（四）法律依据和处理意见。

第二百八十六条 侦查终结案件的处理，由县级以上公安机关负责人批准；重大、复杂、疑难的案件应当经过集体讨论。

第二百八十七条 侦查终结后，应当将全部案卷材料按照要求装订立卷。

向人民检察院移送案件时，只移送诉讼卷，侦查卷由公安机关存档备查。

第二百八十八条 对查封、扣押的犯罪嫌疑人的财物及其孳息、文件或者冻结的财产，作为证据使用的，应当随案移送，并制作随案移送清单一式两份，一份留存，一份交人民检察院。制作清单时，应当根据已经查明的案情，写明对涉案财物的处理建议。

对于实物不宜移送的，应当将其清单、照片或者其他证明文件随案移送。待人民法院作出生效判决后，按照人民法院送达的生效判决书、裁定书依法作出处理，并向人民法院送交回执。人民法院在判决、裁定中未对涉案财物作出处理的，公安机关应当征求人民法院意见，并根据人民法院的决定依法作出处理。

第二百八十九条 对侦查终结的案件，应当制作起诉意见书，经县级以上公安机关负责人批准后，连同全部案卷材料、证据，以及辩护律师提出的意见，一并移送同级人民检察院审查决定；同时将案件移送情况告知犯罪嫌疑人及其辩护律师。

犯罪嫌疑人自愿认罪的，应当记录在案，随案移送，并在起诉意见书中写明有关情况；认为案件符合速裁程序适用条件的，可以向人民检察院提出适用速裁程序的建议。

第二百九十条 对于犯罪嫌疑人在境外，需要及时进行审判的严重危害国家安全犯罪、恐怖活动犯罪案件，应当在侦查终结后层报公安部批准，移送同级人民检察院审查起诉。

在审查起诉或者缺席审理过程中，犯罪嫌疑人、被告人向公安机关自动投案或者被公安机关抓获的，公安机关应当立即通知人民检察院、人民法院。

第二百九十一条 共同犯罪案件的起诉意见书，应当写明每个犯罪嫌疑人在共同犯罪中的地位、作用、具体罪责和认罪态度，并分别提出处理意见。

第二百九十二条 被害人提出附带民事诉讼的，应当记录在案；移送审查起诉时，应当在起诉意见书末页注明。

第二百九十三条 人民检察院作出不起诉决定的，如果被不起诉人在押，公安机关应当立即办理释放手续。除依法转为行政案件办理外，应当根据人民检察院解除查封、扣押、冻结财物的书面通知，及时解除查封、扣押、冻结。

人民检察院提出对被不起诉人给予行政处罚、处分或者没收其违法所得的检察意见，移送公安机关处理的,公安机关应当将处理结果及时通知人民检察院。

第二百九十四条 认为人民检察院作出的不起诉决定有错误的,应当在收到不起诉决定书后七日以内制作要求复议意见书,经县级以上公安机关负责人批准后,移送人民检察院复议。

要求复议的意见不被接受的,可以在收到人民检察院的复议决定书后七日以内制作提请复核意见书,经县级以上公安机关负责人批准后,连同人民检察院的复议决定书,一并提请上一级人民检察院复核。

第十三节 补充侦查

第二百九十五条 侦查终结,移送人民检察院审查起诉的案件,人民检察院退回公安机关补充侦查的,公安机关接到人民检察院退回补充侦查的法律文书后,应当按照补充侦查提纲在一个月以内补充侦查完毕。

补充侦查以二次为限。

第二百九十六条 对人民检察院退回补充侦查的案件,根据不同情况,报县级以上公安机关负责人批准,分别作如下处理:

(一)原认定犯罪事实不清或者证据不够充分的,应当在查清事实、补充证据后,制作补充侦查报告书,移送人民检察院审查;对确实无法查明的事项或者无法补充的证据,应当书面向人民检察院说明情况;

(二)在补充侦查过程中,发现新的同案犯或者新的罪行,需要追究刑事责任的,应当重新制作起诉意见书,移送人民检察院审查;

(三)发现原认定的犯罪事实有重大变化,不应当追究刑事责任的,应当撤销案件或者对犯罪嫌疑人终止侦查,并将有关情况通知退查的人民检察院;

(四)原认定犯罪事实清楚,证据确实、充分,人民检察院退回补充侦查不当的,应当说明理由,移送人民检察院审查。

第二百九十七条 对于人民检察院在审查起诉过程中以及在人民法院作出生效判决前,要求公安机关提供法庭审判所必需的证据材料的,应当及时收集和提供。

第九章 执行刑罚

第一节 罪犯的交付

第二百九十八条 对被依法判处刑罚的罪犯,如果罪犯已被采取强制措施的,公安机关应当依据人民法院生效的判决书、裁定书以及执行通知书,将罪犯交付执行。

对人民法院作出无罪或者免除刑事处罚的判决,如果被告人在押,公安机关在收到相应的法律文书后应当立即办理释放手续;对人民法院建议给予行政处理的,应当依照有关规定处理或者移送有关部门。

第二百九十九条 对被判处死刑的罪犯,公安机关应当依据人民法院执行死刑的命令,将罪犯交由人民法院执行。

第三百条 公安机关接到人民法院生效的判处死刑缓期二年执行、无期徒刑、有期徒刑的判决书、裁定书以及执行通知书后,应当在一个月以内将罪犯送交监狱执行。

对未成年犯应当送交未成年犯管教所执行刑罚。

第三百零一条 对被判处有期徒刑的罪犯,在被交付执行刑罚前,剩余刑期在三个月以下的,由看守所根据人民法院的判决代为执行。

对被判处拘役的罪犯,由看守所执行。

第三百零二条 对被判处管制、宣告缓刑、假释或者暂予监外执行的罪犯,已被羁押的,由看守所将其交付社区矫正机构执行。

对被判处剥夺政治权利的罪犯,由罪犯居住地的派出所负责执行。

第三百零三条 对被判处有期徒刑由看守所代为执行和被判处拘役的罪犯,执行期间如果没有再犯新罪,执行期满,看守所应当发给刑满释放证明书。

第三百零四条 公安机关在执行刑罚中,如果认为判决有错误或者罪犯提出申诉,应当转请人民检察院或者原判人民法院处理。

第二节 减刑、假释、暂予监外执行

第三百零五条 对依法留看守所执行刑罚的罪犯，符合减刑条件的，由看守所制作减刑建议书，经设区的市一级以上公安机关审查同意后，报请所在地中级以上人民法院审核裁定。

第三百零六条 对依法留看守所执行刑罚的罪犯，符合假释条件的，由看守所制作假释建议书，经设区的市一级以上公安机关审查同意后，报请所在地中级以上人民法院审核裁定。

第三百零七条 对依法留所执行刑罚的罪犯，有下列情形之一的，可以暂予监外执行：

（一）有严重疾病需要保外就医的；

（二）怀孕或者正在哺乳自己婴儿的妇女；

（三）生活不能自理，适用暂予监外执行不致危害社会的。

对罪犯暂予监外执行的，看守所应当提出书面意见，报设区的市一级以上公安机关批准，同时将书面意见抄送同级人民检察院。

对适用保外就医可能有社会危险性的罪犯，或者自伤自残的罪犯，不得保外就医。

对罪犯确有严重疾病，必须保外就医的，由省级人民政府指定的医院诊断并开具证明文件。

第三百零八条 公安机关决定对罪犯暂予监外执行的，应当将暂予监外执行决定书交被暂予监外执行的罪犯和负责监外执行的社区矫正机构，同时抄送同级人民检察院。

第三百零九条 批准暂予监外执行的公安机关接到人民检察院认为暂予监外执行不当的意见后，应当立即对暂予监外执行的决定进行重新核查。

第三百一十条 对暂予监外执行的罪犯，有下列情形之一的，批准暂予监外执行的公安机关应当作出收监执行决定：

（一）发现不符合暂予监外执行条件的；

（二）严重违反有关暂予监外执行监督管理规定的；

（三）暂予监外执行的情形消失后，罪犯刑期未满的。

对暂予监外执行的罪犯决定收监执行的，由暂予监外执行地看守所将罪犯收监执行。

不符合暂予监外执行条件的罪犯通过贿赂等非法手段被暂予监外执行的，或者罪犯在暂予监外执行期间脱逃的，罪犯被收监执行后，所在看守所应当提出不计入执行刑期的建议，经设区的市一级以上公安机关审查同意后，报请所在地中级以上人民法院审核裁定。

第三节 剥夺政治权利

第三百一十一条 负责执行剥夺政治权利的派出所应当按照人民法院的判决，向罪犯及其所在单位、居住地基层组织宣布其犯罪事实、被剥夺政治权利的期限，以及罪犯在执行期间应当遵守的规定。

第三百一十二条 被剥夺政治权利的罪犯在执行期间应当遵守下列规定：

（一）遵守国家法律、行政法规和公安部制定的有关规定，服从监督管理；

（二）不得享有选举权和被选举权；

（三）不得组织或者参加集会、游行、示威、结社活动；

（四）不得出版、制作、发行书籍、音像制品；

（五）不得接受采访，发表演说；

（六）不得在境内外发表有损国家荣誉、利益或者其他具有社会危害性的言论；

（七）不得担任国家机关职务；

（八）不得担任国有公司、企业、事业单位和人民团体的领导职务。

第三百一十三条 被剥夺政治权利的罪犯违反本规定第三百一十二条的规定，尚未构成新的犯罪的，公安机关依法可以给予治安管理处罚。

第三百一十四条 被剥夺政治权利的罪犯，执行期满，公安机关应当书面通知本人及其所在单位、居住地基层组织。

第四节 对又犯新罪罪犯的处理

第三百一十五条 对留看守所执行刑罚的罪犯，在暂予监外执行期间又犯新罪的，由犯罪

地公安机关立案侦查,并通知批准机关。批准机关作出收监执行决定后,应当根据侦查、审判需要,由犯罪地看守所或者暂予监外执行地看守所收监执行。

第三百一十六条 被剥夺政治权利、管制、宣告缓刑和假释的罪犯在执行期间又犯新罪的,由犯罪地公安机关立案侦查。

对留看守所执行刑罚的罪犯,因犯新罪被撤销假释的,应当根据侦查、审判需要,由犯罪地看守所或者原执行看守所收监执行。

第十章 特别程序

第一节 未成年人刑事案件诉讼程序

第三百一十七条 公安机关办理未成年人刑事案件,实行教育、感化、挽救的方针,坚持教育为主、惩罚为辅的原则。

第三百一十八条 公安机关办理未成年人刑事案件,应当保障未成年人行使其诉讼权利并得到法律帮助,依法保护未成年人的名誉和隐私,尊重其人格尊严。

第三百一十九条 公安机关应当设置专门机构或者配备专职人员办理未成年人刑事案件。

未成年人刑事案件应当由熟悉未成年人身心特点,善于做未成年人思想教育工作,具有一定办案经验的人员办理。

第三百二十条 未成年犯罪嫌疑人没有委托辩护人的,公安机关应当通知法律援助机构指派律师为其提供辩护。

第三百二十一条 公安机关办理未成年人刑事案件时,应当重点查清未成年犯罪嫌疑人实施犯罪行为时是否已满十四周岁、十六周岁、十八周岁的临界年龄。

第三百二十二条 公安机关办理未成年人刑事案件,根据情况可以对未成年犯罪嫌疑人的成长经历、犯罪原因、监护教育等情况进行调查并制作调查报告。

作出调查报告的,在提请批准逮捕、移送审查起诉时,应当结合案情综合考虑,并将调查报告与案卷材料一并移送人民检察院。

第三百二十三条 讯问未成年犯罪嫌疑人,应当通知未成年犯罪嫌疑人的法定代理人到场。无法通知、法定代理人不能到场或者法定代理人是共犯的,也可以通知未成年犯罪嫌疑人的其他成年亲属,所在学校、单位、居住地或者办案单位所在地基层组织或者未成年人保护组织的代表到场,并将有关情况记录在案。到场的法定代理人可以代为行使未成年犯罪嫌疑人的诉讼权利。

到场的法定代理人或者其他人员提出侦查人员在讯问中侵犯未成年人合法权益的,公安机关应当认真核查,依法处理。

第三百二十四条 讯问未成年犯罪嫌疑人应当采取适合未成年人的方式,耐心细致地听取其供述或者辩解,认真审核、查证与案件有关的证据和线索,并针对其思想顾虑、恐惧心理、抵触情绪进行疏导和教育。

讯问女性未成年犯罪嫌疑人,应当有女工作人员在场。

第三百二十五条 讯问笔录应当交未成年犯罪嫌疑人、到场的法定代理人或者其他人员阅读或者向其宣读;对笔录内容有异议的,应当核实清楚,准予更正或者补充。

第三百二十六条 询问未成年被害人、证人,适用本规定第三百二十三条、第三百二十四条、第三百二十五条的规定。

询问未成年被害人、证人,应当以适当的方式进行,注意保护其隐私和名誉,尽可能减少询问频次,避免造成二次伤害。必要时,可以聘请熟悉未成年人身心特点的专业人员协助。

第三百二十七条 对未成年犯罪嫌疑人应当严格限制和尽量减少使用逮捕措施。

未成年犯罪嫌疑人被拘留、逮捕后服从管理、依法变更强制措施不致发生社会危险性,能够保证诉讼正常进行的,公安机关应当依法及时变更强制措施;人民检察院批准逮捕的案件,公安机关应当将变更强制措施情况及时通知人民检察院。

第三百二十八条 对被羁押的未成年人应

当与成年人分别关押、分别管理、分别教育，并根据其生理和心理特点在生活和学习方面给予照顾。

第三百二十九条 人民检察院在对未成年人作出附条件不起诉的决定前，听取公安机关意见时，公安机关应当提出书面意见，经县级以上公安机关负责人批准，移送同级人民检察院。

第三百三十条 认为人民检察院作出的附条件不起诉决定有错误的，应当在收到不起诉决定书后七日以内制作要求复议意见书，经县级以上公安机关负责人批准，移送同级人民检察院复议。

要求复议的意见不被接受的，可以在收到人民检察院的复议决定书后七日以内制作提请复核意见书，经县级以上公安机关负责人批准后，连同人民检察院的复议决定书，一并提请上一级人民检察院复核。

第三百三十一条 未成年人犯罪的时候不满十八周岁，被判处五年有期徒刑以下刑罚的，公安机关应当依据人民法院已经生效的判决书，将该未成年人的犯罪记录予以封存。

犯罪记录被封存的，除司法机关为办案需要或者有关单位根据国家规定进行查询外，公安机关不得向其他任何单位和个人提供。

被封存犯罪记录的未成年人，如果发现漏罪，合并被判处五年有期徒刑以上刑罚的，应当对其犯罪记录解除封存。

第三百三十二条 办理未成年人刑事案件，除本节已有规定的以外，按照本规定的其他规定进行。

第二节 当事人和解的公诉案件诉讼程序

第三百三十三条 下列公诉案件，犯罪嫌疑人真诚悔罪，通过向被害人赔偿损失、赔礼道歉等方式获得被害人谅解，被害人自愿和解的，经县级以上公安机关负责人批准，可以依法作为当事人和解的公诉案件办理：

（一）因民间纠纷引起，涉嫌刑法分则第四章、第五章规定的犯罪案件，可能判处三年有期徒刑以下刑罚的；

（二）除渎职犯罪以外的可能判处七年有期徒刑以下刑罚的过失犯罪案件。

犯罪嫌疑人在五年以内曾经故意犯罪的，不得作为当事人和解的公诉案件办理。

第三百三十四条 有下列情形之一的，不属于因民间纠纷引起的犯罪案件：

（一）雇凶伤害他人的；

（二）涉及黑社会性质组织犯罪的；

（三）涉及寻衅滋事的；

（四）涉及聚众斗殴的；

（五）多次故意伤害他人身体的；

（六）其他不宜和解的。

第三百三十五条 双方当事人和解的，公安机关应当审查案件事实是否清楚，被害人是否自愿和解，是否符合规定的条件。

公安机关审查时，应当听取双方当事人的意见，并记录在案；必要时，可以听取双方当事人亲属、当地居民委员会或者村民委员会人员以及其他了解案件情况的相关人员的意见。

第三百三十六条 达成和解的，公安机关应当主持制作和解协议书，并由双方当事人及其他参加人员签名。

当事人中有未成年人的，未成年当事人的法定代理人或者其他成年亲属应当在场。

第三百三十七条 和解协议书应当包括以下内容：

（一）案件的基本事实和主要证据；

（二）犯罪嫌疑人承认自己所犯罪行，对指控的犯罪事实没有异议，真诚悔罪；

（三）犯罪嫌疑人通过向被害人赔礼道歉、赔偿损失等方式获得被害人谅解；涉及赔偿损失的，应当写明赔偿的数额、方式等；提起附带民事诉讼的，由附带民事诉讼原告人撤回附带民事诉讼；

（四）被害人自愿和解，请求或者同意对犯罪嫌疑人依法从宽处罚。

和解协议应当及时履行。

第三百三十八条 对达成和解协议的案件，经县级以上公安机关负责人批准，公安机关将案件移送人民检察院审查起诉时，可以提出从宽处理的建议。

第三节　犯罪嫌疑人逃匿、死亡案件违法所得的没收程序

第三百三十九条　有下列情形之一，依照刑法规定应当追缴其违法所得及其他涉案财产的，经县级以上公安机关负责人批准，公安机关应当写出没收违法所得意见书，连同相关证据材料一并移送同级人民检察院：

（一）恐怖活动犯罪等重大犯罪案件，犯罪嫌疑人逃匿，在通缉一年后不能到案的；

（二）犯罪嫌疑人死亡的。

犯罪嫌疑人死亡，现有证据证明其存在违法所得及其他涉案财产应当予以没收的，公安机关可以进行调查。公安机关进行调查，可以依法进行查封、扣押、查询、冻结。

第三百四十条　没收违法所得意见书应当包括以下内容：

（一）犯罪嫌疑人的基本情况；

（二）犯罪事实和相关的证据材料；

（三）犯罪嫌疑人逃匿、被通缉或者死亡的情况；

（四）犯罪嫌疑人的违法所得及其他涉案财产的种类、数量、所在地；

（五）查封、扣押、冻结的情况等。

第三百四十一条　公安机关将没收违法所得意见书移送人民检察院后，在逃的犯罪嫌疑人自动投案或者被抓获的，公安机关应当及时通知同级人民检察院。

第四节　依法不负刑事责任的精神病人的强制医疗程序

第三百四十二条　公安机关发现实施暴力行为，危害公共安全或者严重危害公民人身安全的犯罪嫌疑人，可能属于依法不负刑事责任的精神病人的，应当对其进行精神病鉴定。

第三百四十三条　对经法定程序鉴定依法不负刑事责任的精神病人，有继续危害社会可能，符合强制医疗条件的，公安机关应当在七日以内写出强制医疗意见书，经县级以上公安机关负责人批准，连同相关证据材料和鉴定意见一并移送同级人民检察院。

第三百四十四条　对实施暴力行为的精神病人，在人民法院决定强制医疗前，经县级以上公安机关负责人批准，公安机关可以采取临时的保护性约束措施。必要时，可以将其送精神病医院接受治疗。

第三百四十五条　采取临时的保护性约束措施时，应当对精神病人严加看管，并注意约束的方式、方法和力度，以避免和防止危害他人和精神病人的自身安全为限度。

对于精神病人已没有继续危害社会可能，解除约束后不致发生社会危险性的，公安机关应当及时解除保护性约束措施。

第十一章　办案协作

第三百四十六条　公安机关在异地执行传唤、拘传、拘留、逮捕，开展勘验、检查、搜查、查封、扣押、冻结、讯问等侦查活动，应当向当地公安机关提出办案协作请求，并在当地公安机关协助下进行，或者委托当地公安机关代为执行。

开展查询、询问、辨认等侦查活动或者送达法律文书的，也可以向当地公安机关提出办案协作请求，并按照有关规定进行通报。

第三百四十七条　需要异地公安机关协助的，办案地公安机关应当制作办案协作函件，连同有关法律文书和人民警察证复印件一并提供给协作地公安机关。必要时，可以将前述法律手续传真或者通过公安机关有关信息系统传输至协作地公安机关。

请求协助执行传唤、拘传、拘留、逮捕的，应当提供传唤证、拘传证、拘留证、逮捕证；请求协助开展搜查、查封、扣押、查询、冻结等侦查活动的，应当提供搜查证、查封决定书、扣押决定书、协助查询财产通知书、协助冻结财产通知书；请求协助开展勘验、检查、讯问、询问等侦查活动的，应当提供立案决定书。

第三百四十八条　公安机关应当指定一个

部门归口接收协作请求，并进行审核。对符合本规定第三百四十七条规定的协作请求，应当及时交主管业务部门办理。

异地公安机关提出协作请求的，只要法律手续完备，协作地公安机关就应当及时无条件予以配合，不得收取任何形式的费用或者设置其他条件。

第三百四十九条 对协作过程中获取的犯罪线索，不属于自己管辖的，应当及时移交有管辖权的公安机关或者其他有关部门。

第三百五十条 异地执行传唤、拘传的，协作地公安机关应当协助将犯罪嫌疑人传唤、拘传到本市、县公安机关执法办案场所或者到他的住处进行讯问。

异地执行拘留、逮捕的，协作地公安机关应当派员协助执行。

第三百五十一条 已被决定拘留、逮捕的犯罪嫌疑人在逃的，可以通过网上工作平台发布犯罪嫌疑人相关信息、拘留证或者逮捕证。各地公安机关发现网上逃犯的，应当立即组织抓捕。

协作地公安机关抓获犯罪嫌疑人后，应当立即通知办案地公安机关。办案地公安机关应当立即携带法律文书及时提解，提解的侦查人员不得少于二人。

办案地公安机关不能及时到达协作地的，应当委托协作地公安机关在拘留、逮捕后二十四小时以内进行讯问。

第三百五十二条 办案地公安机关请求代为讯问、询问、辨认的，协作地公安机关应当制作讯问、询问、辨认笔录，交被讯问、询问人和辨认人签名、捺指印后，提供给办案地公安机关。

办案地公安机关可以委托协作地公安机关协助进行远程视频讯问、询问，讯问、询问过程应当全程录音录像。

第三百五十三条 办案地公安机关请求协查犯罪嫌疑人的身份、年龄、违法犯罪经历等情况的，协作地公安机关应当在接到请求后七日以内将协查结果通知办案地公安机关；交通十分不便的边远地区，应当在十五日以内将协查结果通知办案地公安机关。

办案地公安机关请求协助调查取证或者查询犯罪信息、资料的，协作地公安机关应当及时协查并反馈。

第三百五十四条 对不履行办案协作程序或者协作职责造成严重后果的，对直接负责的主管人员和其他直接责任人员，应当给予处分；构成犯罪的，依法追究刑事责任。

第三百五十五条 协作地公安机关依照办案地公安机关的协作请求履行办案协作职责所产生的法律责任，由办案地公安机关承担。但是，协作行为超出协作请求范围，造成执法过错的，由协作地公安机关承担相应法律责任。

第三百五十六条 办案地和协作地公安机关对于案件管辖、定性处理等发生争议的，可以进行协商。协商不成的，提请共同的上级公安机关决定。

第十二章 外国人犯罪案件的办理

第三百五十七条 办理外国人犯罪案件，应当严格依照我国法律、法规、规章，维护国家主权和利益，并在对等互惠原则的基础上，履行我国所承担的国际条约义务。

第三百五十八条 外国籍犯罪嫌疑人在刑事诉讼中，享有我国法律规定的诉讼权利，并承担相应的义务。

第三百五十九条 外国籍犯罪嫌疑人的国籍，以其在入境时持用的有效证件予以确认；国籍不明的，由出入境管理部门协助予以查明。国籍确实无法查明的，以无国籍人对待。

第三百六十条 确认外国籍犯罪嫌疑人身份，可以依照有关国际条约或者通过国际刑事警察组织、警务合作渠道办理。确实无法查明的，可以按其自报的姓名移送人民检察院审查起诉。

第三百六十一条 犯罪嫌疑人为享有外交或者领事特权和豁免权的外国人的，应当层报公安部，同时通报同级人民政府外事办公室，由公安部商请外交部通过外交途径办理。

第三百六十二条 公安机关办理外国人犯

罪案件,使用中华人民共和国通用的语言文字。犯罪嫌疑人不通晓我国语言文字的,公安机关应当为他翻译;犯罪嫌疑人通晓我国语言文字,不需要他人翻译的,应当出具书面声明。

第三百六十三条 外国人犯罪案件,由犯罪地的县级以上公安机关立案侦查。

第三百六十四条 外国人犯中华人民共和国缔结或者参加的国际条约规定的罪行后进入我国领域内的,由该外国人被抓获地的设区的市一级以上公安机关立案侦查。

第三百六十五条 外国人在中华人民共和国领域外对中华人民共和国国家或者公民犯罪,应当受刑罚处罚的,由该外国人入境地或者入境后居住地的县级以上公安机关立案侦查;该外国人未入境的,由被害人居住地的县级以上公安机关立案侦查;没有被害人或者是对中华人民共和国国家犯罪的,由公安部指定管辖。

第三百六十六条 发生重大或者可能引起外交交涉的外国人犯罪案件的,有关省级公安机关应当及时将案件办理情况报告公安部,同时通报同级人民政府外事办公室。必要时,由公安部商外交部将案件情况通知我国驻外使馆、领事馆。

第三百六十七条 对外国籍犯罪嫌疑人依法作出取保候审、监视居住决定或者执行拘留、逮捕后,应当在四十八小时以内层报省级公安机关,同时通报同级人民政府外事办公室。

重大涉外案件应当在四十八小时以内层报公安部,同时通报同级人民政府外事办公室。

第三百六十八条 对外国籍犯罪嫌疑人依法作出取保候审、监视居住决定或者执行拘留、逮捕后,由省级公安机关根据有关规定,将其姓名、性别、入境时间、护照或者证件号码、案件发生的时间、地点,涉嫌犯罪的主要事实,已采取的强制措施及其法律依据等,通知该外国人所属国家的驻华使馆、领事馆,同时报告公安部。经省级公安机关批准,领事通报任务较重的副省级城市公安局可以直接行使领事通报职能。

外国人在公安机关侦查或者执行刑罚期间死亡的,有关省级公安机关应当通知该外国人国籍国的驻华使馆、领事馆,同时报告公安部。

未在华设立使馆、领事馆的国家,可以通知其代管国家的驻华使馆、领事馆;无代管国家或者代管国家不明的,可以不予通知。

第三百六十九条 外国籍犯罪嫌疑人委托辩护人的,应当委托在中华人民共和国的律师事务所执业的律师。

第三百七十条 公安机关侦查终结前,外国驻华外交、领事官员要求探视被监视居住、拘留、逮捕或者正在看守所服刑的本国公民的,应当及时安排有关探视事宜。犯罪嫌疑人拒绝其国籍国驻华外交、领事官员探视的,公安机关可以不予安排,但应当由其本人提出书面声明。

在公安机关侦查羁押期间,经公安机关批准,外国籍犯罪嫌疑人可以与其近亲属、监护人会见、与外界通信。

第三百七十一条 对判处独立适用驱逐出境刑罚的外国人,省级公安机关在收到人民法院的刑事判决书、执行通知书的副本后,应当指定该外国人所在地的设区的市一级公安机关执行。

被判处徒刑的外国人,主刑执行期满后应当执行驱逐出境附加刑的,省级公安机关在收到执行监狱的上级主管部门转交的刑事判决书、执行通知书副本或者复印件后,应当通知该外国人所在地的设区的市一级公安机关或者指定有关公安机关执行。

我国政府已按照国际条约或者《中华人民共和国外交特权与豁免条例》的规定,对实施犯罪,但享有外交或者领事特权和豁免权的外国人宣布为不受欢迎的人,或者不可接受并拒绝承认其外交或者领事人员身份,责令限期出境的人,无正当理由逾期不自动出境的,由公安部凭外交部公文指定该外国人所在地的省级公安机关负责执行或者监督执行。

第三百七十二条 办理外国人犯罪案件,本章未规定的,适用本规定其他各章的有关规定。

第三百七十三条 办理无国籍人犯罪案件,适用本章的规定。

第十三章 刑事司法协助和警务合作

第三百七十四条 公安部是公安机关进行刑事司法协助和警务合作的中央主管机关，通过有关法律、国际条约、协议规定的联系途径、外交途径或者国际刑事警察组织渠道，接收或者向外国提出刑事司法协助或者警务合作请求。

地方各级公安机关依照职责权限办理刑事司法协助事务和警务合作事务。

其他司法机关在办理刑事案件中，需要外国警方协助的，由其中央主管机关与公安部联系办理。

第三百七十五条 公安机关进行刑事司法协助和警务合作的范围，主要包括犯罪情报信息的交流与合作，调查取证，安排证人作证或者协助调查，查封、扣押、冻结涉案财物，没收、返还违法所得及其他涉案财物，送达刑事诉讼文书，引渡、缉捕和递解犯罪嫌疑人、被告人或者罪犯，以及国际条约、协议规定的其他刑事司法协助和警务合作事宜。

第三百七十六条 在不违背我国法律和有关国际条约、协议的前提下，我国边境地区设区的市一级公安机关和县级公安机关与相邻国家的警察机关，可以按照惯例相互开展执法会晤、人员往来、边境管控、情报信息交流等警务合作，但应当报省级公安机关批准，并报公安部备案；开展其他警务合作的，应当报公安部批准。

第三百七十七条 公安部收到外国的刑事司法协助或者警务合作请求后，应当依据我国法律和国际条约、协议的规定进行审查。对于符合规定的，交有关省级公安机关办理，或者移交其他有关中央主管机关；对于不符合条约或者协议规定的，通过接收请求的途径退回请求方。

对于请求书的签署机关、请求书及所附材料的语言文字、有关办理期限和具体程序等事项，在不违反我国法律基本原则的情况下，可以按照刑事司法协助条约、警务合作协议规定或者双方协商办理。

第三百七十八条 负责执行刑事司法协助或者警务合作的公安机关收到请求书和所附材料后，应当按照我国法律和有关国际条约、协议的规定安排执行，并将执行结果及其有关材料报经省级公安机关审核后报送公安部。

在执行过程中，需要采取查询、查封、扣押、冻结等措施或者返还涉案财物，且符合法律规定的条件的，可以根据我国有关法律和公安部的执行通知办理有关法律手续。

请求书提供的信息不准确或者材料不齐全难以执行的，应当立即通过省级公安机关报请公安部要求请求方补充材料；因其他原因无法执行或者具有应当拒绝协助、合作的情形等不能执行的，应当将请求书和所附材料，连同不能执行的理由通过省级公安机关报送公安部。

第三百七十九条 执行刑事司法协助和警务合作，请求书中附有办理期限的，应当按期完成。未附办理期限的，调查取证应当在三个月以内完成；送达刑事诉讼文书，应当在十日以内完成。不能按期完成的，应当说明情况和理由，层报公安部。

第三百八十条 需要请求外国警方提供刑事司法协助或者警务合作的，应当按照我国有关法律、国际条约、协议的规定提出刑事司法协助或者警务合作请求书，所附文件及相应译文，经省级公安机关审核后报送公安部。

第三百八十一条 需要通过国际刑事警察组织查找或者缉捕犯罪嫌疑人、被告人或者罪犯，查询资料、调查取证的，应当提出申请层报国际刑事警察组织中国国家中心局。

第三百八十二条 公安机关需要外国协助安排证人、鉴定人来中华人民共和国作证或者通过视频、音频作证，或者协助调查的，应当制作刑事司法协助请求书并附相关材料，经公安部审核同意后，由对外联系机关及时向外国提出请求。

来中华人民共和国作证或者协助调查的证人、鉴定人离境前，公安机关不得就其入境前实施的犯罪进行追究；除因入境后实施违法犯罪而被采取强制措施的以外，其人身自由不受限制。

证人、鉴定人在条约规定的期限内或者被通知无需继续停留后十五日内没有离境的，前款规定不再适用，但是由于不可抗力或者其他特殊原因未能离境的除外。

第三百八十三条 公安机关提供或者请求外国提供刑事司法协助或者警务合作，应当收取或者支付费用的，根据有关国际条约、协议的规定，或者按照对等互惠的原则协商办理。

第三百八十四条 办理引渡案件，依照《中华人民共和国引渡法》等法律规定和有关条约执行。

第十四章　附　　则

第三百八十五条 本规定所称"危害国家安全犯罪"，包括刑法分则第一章规定的危害国家安全罪以及危害国家安全的其他犯罪；"恐怖活动犯罪"，包括以制造社会恐慌、危害公共安全或者胁迫国家机关、国际组织为目的，采取暴力、破坏、恐吓等手段，造成或者意图造成人员伤亡、重大财产损失、公共设施损坏、社会秩序混乱等严重社会危害的犯罪，以及煽动、资助或者以其他方式协助实施上述活动的犯罪。

第三百八十六条 当事人及其法定代理人、诉讼代理人、辩护律师提出的复议复核请求，由公安机关法制部门办理。

办理刑事复议、复核案件的具体程序，适用《公安机关办理刑事复议复核案件程序规定》。

第三百八十七条 公安机关可以使用电子签名、电子指纹捺印技术制作电子笔录等材料，可以使用电子印章制作法律文书。对案件当事人进行电子签名、电子指纹捺印的过程，公安机关应当同步录音录像。

第三百八十八条 本规定自2013年1月1日起施行。1998年5月14日发布的《公安机关办理刑事案件程序规定》（公安部令第35号）和2007年10月25日发布的《公安机关办理刑事案件程序规定修正案》（公安部令第95号）同时废止。

二、总　则

（一）管　辖

最高人民法院　最高人民检察院　中国海警局 关于海上刑事案件管辖等有关问题的通知

（2020年2月20日发布　海警〔2020〕1号）

各省、自治区、直辖市高级人民法院、人民检察院，解放军军事法院、军事检察院，新疆维吾尔自治区高级人民法院生产建设兵团分院、新疆生产建设兵团人民检察院，中国海警局各分局、直属局，沿海省、自治区、直辖市海警局：

为依法惩治海上犯罪，维护国家主权、安全、海洋权益和海上秩序，根据《中华人民共和国刑事诉讼法》《全国人民代表大会常务委员会关于中国海警局行使海上维权执法职权的决定》以及其他相关法律，现就海上刑事案件管辖等有关问题通知如下：

一、对海上发生的刑事案件，按照下列原则确定管辖：

（一）在中华人民共和国内水、领海发生的犯罪，由犯罪地或者被告人登陆地的人民法院管辖，如果由被告人居住地的人民法院审判更为适宜的，可以由被告人居住地的人民法院管辖；

（二）在中华人民共和国领域外的中国船舶内的犯罪，由该船舶最初停泊的中国口岸所在地或者被告人登陆地、入境地的人民法院管辖；

（三）中国公民在中华人民共和国领海以外的海域犯罪，由其登陆地、入境地、离境前居住地或者现居住地的人民法院管辖；被害人是中国公民的，也可以由被害人离境前居住地或者现居住地的人民法院管辖；

（四）外国人在中华人民共和国领海以外的海域对中华人民共和国国家或者公民犯罪，根据《中华人民共和国刑法》应当受到处罚的，由该外国人登陆地、入境地、入境后居住地的人民法院管辖，也可以由被害人离境前居住地或者现居住地的人民法院管辖；

（五）对中华人民共和国缔结或者参加的国际条约所规定的罪行，中华人民共和国在所承担的条约义务的范围内行使刑事管辖权的，由被告人被抓获地、登陆地或者入境地的人民法院管辖。

前款第一项规定的犯罪地包括犯罪行为发生地和犯罪结果发生地。前款第二项至第五项规定的入境地，包括进入我国陆地边境、领海以及航空器降落在我国境内的地点。

二、海上发生的刑事案件的立案侦查，由海警机构根据本通知第一条规定的管辖原则进行。

依据第一条规定确定的管辖地未设置海警机构的，由有关海警局商同级人民检察院、人民法院指定管辖。

三、沿海省、自治区、直辖市海警局办理刑事案件，需要提请批准逮捕或者移送起诉的，依法向所在地省级人民检察院提请或者移送。

沿海省、自治区、直辖市海警局下属海警局，中国海警局各分局、直属局办理刑事案件，需要提请批准逮捕或者移送起诉的，依法向所在地设区的市级人民检察院提请或者移送。

海警工作站办理刑事案件，需要提请批准逮捕或者移送起诉的，依法向所在地基层人民检察院提请或者移送。

四、人民检察院对于海警机构移送起诉的海上刑事案件，按照刑事诉讼法、司法解释以及本通知的有关规定进行审查后,认为应当由其他人民检察院起诉的,应当将案件移送有管辖权的人民检察院。

需要按照刑事诉讼法、司法解释以及本通知的有关规定指定审判管辖的,海警机构应当在移送起诉前向人民检察院通报,由人民检察院协商同级人民法院办理指定管辖有关事宜。

五、对人民检察院提起公诉的海上刑事案件,人民法院经审查认为符合刑事诉讼法、司法解释以及本通知有关规定的,应当依法受理。

六、海警机构办理刑事案件应当主动接受检察机关监督,与检察机关建立信息共享平台,定期向检察机关通报行政执法与刑事司法衔接,刑事立案、破案,采取强制措施等情况。

海警机构所在地的人民检察院依法对海警机构的刑事立案、侦查活动实行监督。

海警机构办理重大、疑难、复杂的刑事案件,可以商请人民检察院介入侦查活动,并听取人民检察院的意见和建议。人民检察院认为确有必要时,可以派员介入海警机构的侦查活动,对收集证据、适用法律提出意见,监督侦查活动是否合法,海警机构应当予以配合。

本通知自印发之日起施行。各地接本通知后,请认真贯彻执行。执行中遇到的问题,请及时分别报告最高人民法院、最高人民检察院、中国海警局。

(二)回　避

最高人民法院
关于对配偶父母子女从事律师职业的法院领导干部和审判执行人员实行任职回避的规定

(2020 年 4 月 17 日发布　法发〔2020〕13 号)

为了维护司法公正和司法廉洁,防止法院领导干部和审判执行人员私人利益与公共利益发生冲突,依照《中华人民共和国公务员法》《中华人民共和国法官法》等法律法规,结合人民法院实际,制定本规定。

第一条　人民法院工作人员的配偶、父母、子女、兄弟姐妹、配偶的父母、配偶的兄弟姐妹、子女的配偶、子女配偶的父母具有律师身份的,该工作人员应当主动向所在人民法院组织(人事)部门报告。

第二条　人民法院领导干部和审判执行人员的配偶、父母、子女有下列情形之一的,法院领导干部和审判执行人员应当实行任职回避:

(一)担任该领导干部和审判执行人员所任职人民法院辖区内律师事务所的合伙人或者设立人的;

(二)在该领导干部和审判执行人员所任职人民法院辖区内以律师身份担任诉讼代理人、辩护人,或者为诉讼案件当事人提供其他有偿法律服务的。

第三条　人民法院在选拔任用干部时,不得将符合任职回避条件的人员作为法院领导干部和审判执行人员的拟任人选。

第四条　人民法院在招录补充工作人员时,应当向拟招录补充的人员释明本规定的相关内容。

第五条　符合任职回避条件的法院领导干部和审判执行人员,应当自本规定生效之日或者任职回避条件符合之日起三十日内主动向法院组织(人事)部门提出任职回避申请,相关人民法院应当按照有关规定为其另行安排工作岗位,确定职务职级待遇。

第六条　符合任职回避条件的法院领导干部和审判执行人员没有按规定主动提出任职回避申请的,相关人民法院应当按照有关程序免去其所任领导职务或者将其调离审判执行岗位。

第七条　应当实行任职回避的法院领导干

部和审判执行人员的任免权限不在人民法院的，相关人民法院应当向具有干部任免权的机关提出为其办理职务调动或者免职等手续的建议。

第八条 符合任职回避条件的法院领导干部和审判执行人员具有下列情形之一的，应当根据情节给予批评教育、诫勉、组织处理或者处分：

（一）隐瞒配偶、父母、子女从事律师职业情况的；

（二）不按规定主动提出任职回避申请的；

（三）采取弄虚作假手段规避任职回避的；

（四）拒不服从组织调整或者拒不办理公务交接的；

（五）具有其他违反任职回避规定行为的。

第九条 法院领导干部和审判执行人员的配偶、父母、子女采取隐名代理等方式在该领导干部和审判执行人员所任职人民法院辖区内从事律师职业的，应当责令该法院领导干部和审判执行人员辞去领导职务或者将其调离审判执行岗位，其本人知情的，应当根据相关规定从重处理。

第十条 因任职回避调离审判执行岗位的法院工作人员，任职回避情形消失后，可以向法院组织（人事）部门申请调回审判执行岗位。

第十一条 本规定所称父母，是指生父母、养父母和有扶养关系的继父母。

本规定所称子女，是指婚生子女、非婚生子女、养子女和有扶养关系的继子女。

本规定所称从事律师职业，是指担任律师事务所的合伙人、设立人，或者以律师身份担任诉讼代理人、辩护人，或者以律师身份为诉讼案件当事人提供其他有偿法律服务。

本规定所称法院领导干部，是指各级人民法院的领导班子成员及审判委员会委员。

本规定所称审判执行人员，是指各级人民法院立案、审判、执行、审判监督、国家赔偿等部门的领导班子成员、法官、法官助理、执行员。

本规定所称任职人民法院辖区，包括法院领导干部和审判执行人员所任职人民法院及其所辖下级人民法院的辖区。专门人民法院及其他管辖区域与行政辖区不一致的人民法院工作人员的任职人民法院辖区，由解放军军事法院和相关高级人民法院根据有关规定或者实际情况确定。

第十二条 本规定由最高人民法院负责解释。

第十三条 本规定自2020年5月6日起施行，《最高人民法院关于对配偶子女从事律师职业的法院领导干部和审判执行岗位法官实行任职回避的规定（试行）》（法发〔2011〕5号）同时废止。

（三）辩护与代理

最高人民法院　最高人民检察院　司法部关于逐步实行律师代理申诉制度的意见

（法发〔2017〕8号）

实行律师代理申诉制度，是保障当事人依法行使申诉权利，实现申诉法治化，促进司法公正，提高司法公信，维护司法权威的重要途径。为贯彻落实《中共中央关于全面推进依法治国重大问题的决定》和中央政法委《关于建立律师参与化解和代理涉法涉诉信访案件制度的意见》，对不服司法机关生效裁判和决定的申诉，逐步实行由律师代理制度。根据相关法律，结合人民司法工作实际，制定本意见。

一、坚持平等、自愿原则。当事人对人民法院、人民检察院作出的生效裁判、决定不服的，提出申诉的，可以自行委托律师；人民法院、人民检察院，可以引导申诉人、被申诉人委托律师代为进行。

申诉人因经济困难没有委托律师的，可以向法律援助机构提出申请。

二、完善便民工作机制。依托公益性法律服务机构和法律援助机构，运用网络平台，法律服务热线等多种形式，为当事人寻求律师服务和法律援助提供多元化渠道。

三、探索建立律师驻点工作制度。人民法院、人民检察院可以在诉讼服务大厅等地开辟专门场所，提供必要的办公设施，由律师协会派驻律师开展法律咨询等工作。对未委托律师的申诉人到人民法院、人民检察院反映诉求的，可以先行引导由驻点律师提供法律咨询。法律援助机构安排律师免费为申诉人就申诉事项提供法律咨询。

四、明确法律援助范围条件。申诉人申请法律援助应当符合《法律援助条例》、地方法律援助法规规章规定的法律援助经济困难标准和事项范围，且具有法定申诉理由及明确事实依据。

扩大法律援助范围，进一步放宽经济困难标准，使法律援助范围逐步拓展至低收入群体。

五、规范律师代理申诉法律援助程序。申诉人申请法律援助，应当向作出生效裁判、决定的人民法院所在地同级司法行政机关所属法律援助机构提出，或者向作出人民检察院诉讼终结的刑事处理决定的人民检察院所在地同级司法行政机关所属法律援助机构提出。申诉已经人民法院或者人民检察院受理的，应当向该人民法院或者人民检察院所在地同级司法行政机关所属法律援助机构提出。

法律援助机构经审查认为符合法律援助条件的，为申诉人指派律师，并将律师名单函告人民法院或者人民检察院。

六、扩大律师服务范围。律师在代理申诉过程中，可以开展以下工作：听取申诉人诉求，询问案件情况，提供法律咨询；对经审查认为不符合人民法院或者人民检察院申诉立案条件的，做好法律释明工作；对经审查符合人民法院或者人民检察院申诉立案条件的，为申诉人代写法律文书，接受委托代为申诉；经审查认为可能符合法律援助条件的，协助申请法律援助；接受委托后，代为提交申诉材料，接收法律文书，代理参加听证、询问、讯问和开庭等。

七、完善申诉立案审查程序。律师接受申诉人委托，可以到人民法院、人民检察院申诉接待场所或者通过来信、网上申诉平台、远程视频接访系统、律师服务平台等提交申诉材料。

提交的材料不符合要求的，人民法院或人民检察院可以通知其限期补充或者补正，并一次性告知应当补充或者补正的全部材料。未在通知期限内提交的，人民法院或者人民检察院不予受理。

对符合法律规定条件的申诉，人民法院、人民检察院应当接收材料，依法立案审查。经审查认为不符合立案条件的，应当以书面形式通知申诉人及代理律师。

八、尊重代理申诉律师意见。人民法院、人民检察院应认真审查律师代为提出的申诉意见，并在法律规定期限内审查完毕。

对经审查认为申诉不能成立的，依法向申诉人出具法律文书，同时送达代理律师。认为案件确有错误的，依法予以纠正。认为案件存在瑕疵的，依法采取相应补正、补救措施。

九、依法保障法代理申诉律师的阅卷权、会见权。在诉讼服务大厅或者信访接待场所建立律师阅卷室、会见室。为律师查阅、摘抄、复制案卷材料等提供方便和保障。对法律援助机构指派的律师复制相关材料的费用予以免收。有条件的地区，可以提供网上阅卷服务。

十、依法保障代理申诉律师人身安全。对在驻点或者代理申诉过程中出现可能危害律师人身安全的违法行为，人民法院或人民检察院要依法及时制止，固定证据，并做好相关处置工作。

十一、完善律师代理申诉公开机制。对律师代理的申诉案件，除法律规定不能公开、当事人不同意公开或者其他不适宜公开的情形，人民法院、人民检察院可以公开立案、审查程序，并告知申诉人及其代理律师，审查结果。案件疑难，复杂的，申诉人及其代理律师可以申请举行公开听证，人民法院人、民检察院可以依申请或者依职权进行公开听证，并邀请相关领域专家、人大代表、政协委员及群众代表等社会第三方参加。

十二、探索建立律师代理申诉网上工作平台。运用信息技术，探索建立律师事务所、法律援助机构与人民法院、人民检察院之间视频申诉系统，鼓励律师通过视频形式开展工作；开发律师申诉接待平台，实现与人民法院、人民检察院可公开申诉信息的互联互通、共享共用。

十三、建立多层次经费保障机制。对符合法律援助条件的申诉人，纳入法律援助范围，律师代理申诉属于公益性质的，依靠党委政法委，协调有关部门争取经费，购买服务。全额支付律师在提供服务过程中产生的费用，并给予适当补助及奖励。

对申诉人自行聘请律师代理的，可以按照《律师服务收费管理办法》由双方自愿协商代理费用。

加强法律援助经费保障，明确申诉法律援助案件补贴标准，确保经费保障水平适应开展法律援助参与申诉案件代理工作需要。

十四、建立申诉案件代理质量监管机制。司法行政部门指导当地律师协会将律师代理申诉业绩作为律师事务所检查考核和律师执业年度考核的重要指标。

十五、强化律师代理申诉执业管理。对律师在代理申诉过程中，违反《中华人民共和国律师法》《律师执业管理办法》等规定，具有煽动、教唆和组织申诉人以违法方式表达诉求；利用代理申诉案件过程中获得的案件信息进行歪曲、有误导性的宣传和评论，恶意炒作案件；与申诉人订立风险代理协议；在人民法院或者人民检察院驻点提供法律服务时接待其他当事人，或者通过虚假承诺、明示或暗示与司法机关的特殊关系等方式诱使其他当事人签订委托代理协议等行为的，司法行政部门或者律师协会应当相应给予行业处分和行政处罚。构成犯罪的，依法追究刑事责任。

人民法院、人民检察院发现律师存在违法违规行为的，应当向司法行政部门、律师协会提出处罚、处分建议。司法行政部门，律师协会，核查后，应当将结果及时通报建议机关。

十六、建立健全律师代理申诉激励机制。人民法院、人民检察院、司法行政部门要营造支持律师开展代理申诉工作的良好氛围，全面加强律师代理申诉业务培训和指导，通过将代理申诉业绩作为评选优秀律师事务所、优秀律师等重要条件，定期开展专项表彰，在人才培养、项目分配、扶持发展、办案补贴等方面给予倾斜，同等条件下优先招录表现优异的律师作为法官、检察官等措施，调动律师代理申诉的积极性。

十七、加强有关部门协调配合。各地区有关部门要依靠党委领导，形成工作合力。根据实际，进一步细化相关制度，推动工作全面开展，促进形成理性表达、依法维权的导向，切实维护人民群众合法利益。

人民法院、人民检察院、司法行政部门、律师协会建立联席会议制度，定期沟通工作情况，共同研究解决律师代理申诉工作中的重大问题，根据各地实际，积极推进律师代理申诉立法工作，提高法制化水平。

最高人民法院
最高人民检察院
司法部
2017年4月1日

最高人民法院　最高人民检察院　公安部　国家安全部　司法部　中华全国律师协会
关于建立健全维护律师执业权利快速联动处置机制的通知

（司发通〔2017〕40号）

各省、自治区、直辖市高级人民法院、人民检察院、公安厅（局）、国家安全厅（局）、司法厅（局）、律师协会，新疆维吾尔自治区高级人民法院生产建设兵团分院、新疆生产建设兵团人民检察院、公安局、国家安全局、司法局、律师协会：

为贯彻落实中共中央办公厅、国务院办公厅《关于深化律师制度改革的意见》和最高人民法院、最高人民检察院、公安部、国家安全部、司法部《关于依法保障律师执业权利的规定》，及时有效维护律师执业权利，保障律师依法执业，现就建立健全维护律师执业权利快速联动处置机制通知如下：

一、总体要求

快速有效维护律师执业权利，对于充分发挥律师职能作用，促进司法活动顺利进行，保障司法精准性和公正性具有重要意义。各级人民法院、人民检察院、公安机关、国家安全机关、司法行政机关和各律师协会要认真贯彻落实中央有关保障律师执业权利工作部署，针对律师执业权利保障中存在的突出问题，建立健全维护律师执业权利快速联动处置机制，加强沟通协调，确保律师执业权利受到侵犯后第一时间受理、第一时间调查、第一时间处理、第一时间反馈，切实提高维护律师执业权利的及时性和有效性，保障律师依法执业。

二、明确维护律师执业权利范围和途径

律师在执业过程中遇有以下情形，认为其执业权利受到侵犯的，可以向相关律师协会申请维护执业权利：

（1）知情权、申请权、申诉权、控告权，以及会见、通信、阅卷、收集证据和发问、质证、辩论、提出法律意见等合法执业权利受到限制、阻碍、侵害、剥夺的；

（2）受到侮辱、诽谤、威胁、报复、人身伤害的；

（3）在法庭审理过程中，被违反规定打断或者制止按程序发言的；

（4）被违反规定强行带出法庭的；

（5）被非法关押、扣留、拘禁或者以其他方式限制人身自由的；

（6）其他妨碍其依法履行辩护、代理职责，侵犯其执业权利的。

律师认为办案机关及其工作人员明显违反法律规定，阻碍律师依法履行辩护、代理职责，侵犯律师执业权利的，可以向办案机关或者其上一级机关投诉，向同级或者上一级人民检察院申诉、控告，向注册地的市级司法行政机关、所属的律师协会申请维护执业权利。律师向其他司法行政机关、律师协会提出申请的，相关司法行政机关、律师协会应当予以接待，并于24小时以内将其申请移交其注册地的市级司法行政机关、所属的律师协会。情况紧急的，应当即时移交。律师事务所执业权利受到侵犯的，可以按上述途径维护执业权利。

全国律协和各地律师协会应当于2017年第一季度建立维护律师执业权利中心，设立维护律师执业权利专门平台，并在官方网站、办公场所公布电话、来信来访地址，开设网上受理窗口，安排专人负责接待律师申请维权。

三、完善维护律师执业权利快速受理机制

所属的律师协会接到律师维护执业权利的申请或者司法行政机关、其他律师协会转来的申请后，应当立即进行审查。对符合相关规定，属于受理范围的，应当及时受理。对不属于受理范围的，应当向律师做好说明解释工作。

除在网上受理窗口申请外，律师向律师协会申请维护执业权利，应当提交书面申请书，并提供相关证据材料。情况紧急的,可以采用电话、电子邮件等方式提出申请。紧急情形消除后,应当补充提交申请书、相关证据材料等书面材料。律师协会受理律师维权申请,应当予以登记,详细记录律师信息、具体请求及请求所依据的事实、理由等。

各级人民法院监察部门、人民检察院控告检察部门、公安机关法制部门、国家安全机关法制部门负责受理律师投诉。各级人民检察院控告检察部门负责受理律师申诉或者控告。人民法院、人民检察院、公安机关、国家安全机关应当在官方网站、办公场所公开受理机构名称、电话、来信来访地址,安排专人负责维护律师执业权利受理工作。对于律师的投诉、申诉或者控告,有关单位应当及时受理并做好登记。

四、完善维护律师执业权利联动处理机制

所属的律师协会受理律师维护执业权利申请后,应当区别不同情况,及时作出处理:

(1)属于本律师协会处理范围的,应当于两个工作日以内将律师申请材料转交相关办案机关处理。情况紧急的,应当于24小时以内向有关办案机关反映。情况特别紧急,需要立即采取处理措施的,律师协会应当即时反映;

(2)对于律师异地执业时提出的维权申请,所属的律师协会应当根据不同情况,及时向行为发生地律师协会通报,请求予以协助。相关律师协会应当给予协助,并按照工作程序和时限要求通报相关办案机关予以处理;

(3)对于需要省级以上办案机关依法处理的维权申请,所属的律师协会应当提请省级以上律师协会予以协调处理。

办案机关应当在受理律师投诉或者接到有关律师协会反映的情况、移交的申请材料后立即开展调查,一般应于十日以内作出处理。情况属实的,应当依法立即纠正。人民检察院在受理律师申诉、控告后,应当立即进行审查,一般应于十日以内作出处理。情况属实的,应当通知有关机关立即予以纠正。

律师因依法执业受到人身伤害的,有关机关接到投诉或者发现后应当立即制止并依法处理,必要时对律师采取保护措施。

调查处理过程中,办案机关、司法行政机关和律师协会要加强沟通联动,及时协商解决有关问题。发现侵犯律师执业权利行为与律师违法违规执业相互交织的或者情况复杂、存在争议的,办案机关、司法行政机关和律师协会等可以组成联合调查组,及时准确查明事实。

律师协会在处理律师维护执业权利过程中遇到困难和问题,难以协调解决的,可以提请司法行政机关予以协调。遇到重大复杂问题或者侵犯律师执业权利的重大突发事件,司法行政机关应当依托律师工作联席会议制度,协调有关办案机关及时予以解决,必要时召开临时会议研究处理。

律师协会在维护律师执业权利过程中,可以与办案机关、司法行政机关沟通后,根据调查处理的实际情况,适时发声,表达关注,公布阶段性调查结果或者工作进展情况。对律师的投诉、申诉或者控告作出调查处理并与办案机关、司法行政机关沟通后,必要时应当及时向社会披露调查处理结果。

五、及时反馈调查处理结果

律师向律师协会申请维护执业权利的,律师协会应当及时将工作进展情况反馈申请人。办案机关根据有关调查情况作出处理决定后,应当于两个工作日以内将处理决定以书面形式告知律师协会,律师协会应当及时反馈申请人。

律师直接向有关办案机关或者其上一级机关进行投诉、向人民检察院进行申诉或者控告的,办案机关或者人民检察院应当在作出处理决定后两个工作日以内将处理决定书面答复律师本人,并通报其注册地的司法行政机关或者所属的律师协会。

六、加强工作指导监督

各级人民法院、人民检察院、公安机关、国家安全机关、司法行政机关和各律师协会要高度重视维护律师执业权利快速联动处置工作,切实加强沟通协调,落实工作责任,形成工作合力。要建立联席会议制度,定期共同研究律师维护执业权利快速联动处置工作有关问题。要建立完善侵犯律师执业权利行为记录、通报和责任追究制度，对严重侵犯律师执业权利的行为予以严肃处理。办案机关或者其上一级机关、人民检察院对律师提出的投诉、申诉、控告，经调查核实后要求有关机关予以纠正，有关机关拒不纠正或者累纠累犯的，应当由相关机关的纪检监察部门依照有关规定调查处理，相关责任人构成违纪的，给予纪律处分。要及时汇总本地区维护律师执业权利快速联动处置工作情况及典型案例，定期在联席会议上予以通报，并做好宣传工作，推动形成全社会尊重和保障律师的良好氛围。

最高人民法院
最高人民检察院
公安部
国家安全部
司法部
中华全国律师协会
2017 年 4 月 14 日

最高人民法院　司法部
关于依法保障律师诉讼权利和规范律师参与庭审活动的通知

（2018 年 4 月 21 日发布　司发通〔2018〕36 号）

各省、自治区、直辖市高级人民法院、司法厅（局），新疆维吾尔自治区高级人民法院生产建设兵团分院、新疆生产建设兵团司法局：

为进一步保障律师诉讼权利，规范律师参与庭审活动，充分发挥律师维护当事人合法权益、维护法律正确实施和司法公正的职能作用，现就有关事项通知如下。

一、各级人民法院及其工作人员要尊重和保障律师诉讼权利，严格执行法定程序，平等对待诉讼各方，合理分配各方发问、质证、陈述和辩论、辩护的时间，充分听取律师意见。对于律师在法庭上就案件事实认定和法律适用的正常发问、质证和发表的辩护代理意见，法官不随意打断或者制止。但是，攻击党和国家政治制度、法律制度的，发表的意见已在庭前会议达成一致、与案件无关或者侮辱、诽谤、威胁他人，故意扰乱法庭秩序的，审判长或者独任审判员可以根据情况予以制止。律师明显以诱导方式发问，公诉人提出异议的，审判长或者独任审判员审查确认后，可以制止。

二、律师参加庭审不得对庭审活动进行录音、录像、拍照或使用移动通信工具等传播庭审活动，不得进行其他违反法庭规则和不服从法庭指令的行为。律师对庭审活动进行录音、录像、拍照或使用移动通信工具等传播庭审活动的，人民法院可以暂扣其使用的设备及存储介质，删除相关内容。

三、法庭审理过程中，法官应当尊重律师，不得侮辱、嘲讽律师。审判长或者独任审判员认为律师在法庭审理过程中违反法庭规则、法庭纪律的，应当依法给予警告、训诫等，确有必要时可以休庭处置，除当庭攻击党和国家政治制度、法律制度等严重扰乱法庭秩序的，不采取责令律师退出法庭或者强行带出法庭措施。确需司法警察当庭对律师采取措施维持法庭秩序的，有关执法行为要规范、文明，保持必要、合理限度。律师被依法责令退出法庭、强行带出法庭或者被处以罚款后，具结保证书，保证服从法庭指令、不再扰乱法庭秩序的，经法庭许可，可以继续担任同一案件的辩护人、诉讼代理人；具有擅自退庭、无正当理由不按时出庭参加诉讼、被拘留或者具结保证书后再次被依法责令退出法庭、强行带出法庭的，不得继续担任同一案件的辩护人、诉讼代理人。人民法院应当对庭审活动进行全程录像或录音，对律师在庭审活动中违反法定程序的情形应当记录在案。

四、律师认为法官在审判过程中有违法违规行为的，可以向相关人民法院或其上一级人民法院监察部门投诉、举报，人民法院应当依法作出处理并及时将处理情况答复律师本人，同时通报当地司法行政机关、律师协会。对社会高度关注的，应当公布结果。律师认为法官侵犯其诉讼权利的，应当在庭审结束后，向司法行政机关、律师协会申请维护执业权利，不得以维权为由干扰庭审的正常进行，不得通过网络以自己名义或通过其他人、媒体发表声明、公开信、敦促书等炒作案件。

五、人民法院认为律师有违法违规行为的，应当向司法行政机关、律师协会提出司法建议，并移交庭审录音录像、庭审记录等相关证据材料。对需要进一步调查核实的，应配合、协助司法行政机关、律师协会有关调查取证工作。司法行政机关、律师协会接到当事人投诉举报、人民法院司法建议书的，应当及时立案调查，对违法违规的要依法依规作出行政处罚或行业惩戒。处理结果应当及时书面告知当事人、人民法院。对公开谴责以上行业惩戒和行政处罚的决定一律向社会公开披露。各地司法行政机关、律师协会主动发现律师违法违规行为的，要及时立案查处。

六、司法行政机关应当会同人民法院、律师协会建立分级分类处理机制。对于发生在当地的律师维权和违法违规事件，由所在地人民法院、司法行政机关按有关要求依法及时作出处理，能即时纠正的应当依法立即纠正。对于跨区域的律师维权和违法违规事件，行为发生地司法行政机关发现律师涉嫌违法违规执业的，应当向注册地司法行政机关提出处罚意见和建议，注册地司法行政机关收到意见建议后应当立案调查，并将查处结果反馈行为发生地司法行政机关。行为发生地司法行政机关不同意处罚意见的，应当报共同上级司法行政机关审查。上级司法行政机关应当对两地司法行政机关意见和相关证据材料进行审查，提出处理意见。跨省（区、市）的律师维权与违规交织等重大复杂事件，可以由司法部会同最高人民法院、全国律协，必要时商请事件发生地的省（区、市）党委政法委牵头组成联合调查组，负责事件调查处理工作。省（区、市）内跨区域重大复杂事件参照上述做法办理。

七、重大敏感复杂案件开庭审理时，根据人民法院通知，对律师具有管理监督职责的司法行政机关或律师协会应当派员旁听，进行现场指导监督。

八、各级人民法院、司法行政机关要注重发现宣传人民法院依法尊重、保障律师诉讼权利和律师尊重法庭权威、遵守庭审纪律的典型，大力表彰先进，发挥正面引领作用。同时，要通报人民法院、司法行政机关侵犯律师正当权利、处置律师违法违规行为不当以及律师违法违规执业受到处罚处分的典型，教育引导法官和律师自觉树立正确观念，彼此尊重、相互支持、相互监督，为法院依法审判、律师依法履职营造良好环境。

律师会见监狱在押罪犯规定

（2017年11月27日司法部发布 司发通〔2017〕124号）

第一条 为了依法保障律师执业及在押罪犯的权利，根据《中华人民共和国刑事诉讼法》、《中华人民共和国监狱法》和《中华人民共和国律师法》以及有关规定，制定本规定。

第二条 监狱依法保障律师会见在押罪犯的权利。律师会见在押罪犯应当遵守监狱管理的有关规定。

第三条 监狱应当公开律师会见预约方式，为律师会见提供便利。律师会见在押罪犯，应当在监狱内进行。监狱应当合理安排律师会见场所，方便律师会见、阅卷等事务。

第四条 有下列情形之一的，律师接受在押罪犯委托或者法律援助机构指派，可以会见在押罪犯：

（一）在刑事诉讼程序中，担任辩护人或者代理人；

（二）在民事、行政诉讼程序中，担任代理人；

（三）代理调解、仲裁；

（四）代理各类诉讼案件申诉；

（五）提供非诉讼法律服务；

（六）解答有关法律询问、代写诉讼文书和有关法律事务其他文书。

其他案件的代理律师，需要向监狱在押罪犯调查取证的，可以会见在押罪犯。

罪犯的监护人、近亲属可以代为委托律师。

第五条 律师需要会见在押罪犯，可以传真、邮寄或者直接提交的方式，向罪犯所在监狱提交下列材料的复印件，并于会见之日向监狱出示原件：

（一）律师执业证书；

（二）律师事务所证明；

（三）罪犯本人或者其监护人、近亲属的委托书或者法律援助公函或者另案调查取证的相关证明文件。

监狱应当留存律师事务所出具的律师会见在押罪犯证明原件。

罪犯的监护人、近亲属代为委托律师的，律师第一次会见时，应当向罪犯本人确认是否建立委托关系。

第六条 律师会见在押罪犯需要助理随同参加的，律师应当向监狱提交律师事务所出具的律师助理会见在押罪犯的证明和律师执业证书或者申请律师执业人员实习证。

第七条 律师会见在押罪犯需要翻译人员随同参加的，律师应当提前向监狱提出申请，并提交能够证明其翻译人员身份的证明文件。

监狱应当及时审查并在三日以内作出是否批准的决定。批准参加的，应当及时通知律师。不批准参加的，应当向律师书面说明理由。

随同律师参加会见的翻译人员，应当持监狱批准通知书和本人身份证明参加会见。

第八条 监狱收到律师提交的本规定第五条所列的材料后，对于符合本规定第四条规定情形的，应当及时安排会见。能当时安排的，应当当时安排；不能当时安排的，监狱应当说明情况，在四十八小时内安排会见。

第九条 在押罪犯可以委托一至两名律师。委托两名律师的，两名律师可以共同会见，也可以单独会见。律师可以带一名律师助理协助会见。

第十条 律师会见在押罪犯，应当遵守监狱的作息时间。监狱应当保障律师履行职责需要的会见时间和次数。

第十一条 律师会见在押罪犯时，监狱可以根据案件情况和工作需要决定是否派警察在场。

辩护律师会见被立案侦查、起诉、审判的在押罪犯时，不被监听，监狱不得派警察在场。

第十二条 律师会见在押罪犯，认为监狱及其工作人员阻碍其依法行使执业权利的，可以向监狱或者其上级主管机关投诉，也可以向其所执业律师事务所所在地的市级司法行政机关申请维护执业权利。情况紧急的，可以向事发地的司法行政机关申请维护执业权利。

第十三条 律师会见在押罪犯，应当遵守监狱管理的有关规定，恪守律师执业道德和执业纪律，不得有下列行为：

（一）传递违禁物品；

（二）私自为在押罪犯传递书信、钱物；

（三）将通讯工具提供给在押罪犯使用；

（四）未经监狱和在押罪犯同意对会见进行录音、录像和拍照；

（五）实施与受委托职责无关的行为；

（六）其他违反法律、法规、规章以及妨碍监狱管理秩序的行为。

第十四条 监狱发现律师会见在押罪犯过程中有第十三条规定行为的，应当警告并责令改正。警告无效的，应当中止会见。监狱可以向律师所在律师事务所的主管司法行政机关或者律师协会通报。

第十五条 本规定所称律师助理，是指辩护、代理律师所在律师事务所的其他律师或申请律师执业实习人员。所称近亲属，是指夫妻、父母、子女、同胞兄弟姊妹。

第十六条 本规定自发布之日起施行。司法部2004年3月19日印发的《律师会见监狱在押罪犯暂行规定》(司发通〔2004〕31号)同时废止。

(四)证 据

最高人民法院 最高人民检察院 公安部 国家安全部 司法部 印发《关于办理刑事案件严格排除非法证据若干问题的规定》的通知

(法发〔2017〕15号)

各省、自治区、直辖市高级人民法院、人民检察院、公安厅(局)、国家安全厅(局)、司法厅(局),解放军军事法院、军事检察院,新疆维吾尔自治区高级人民法院生产建设兵团分院、新疆生产建设兵团人民检察院、公安局、国家安全局、司法局:

2017年4月18日,中央全面深化改革领导小组第34次会议审议通过《关于办理刑事案件严格排除非法证据若干问题的规定》。现予印发,请结合实际认真贯彻执行。在执行中遇到的新情况、新问题和探索的新经验、新做法,请分别及时报告中央主管部门。

最高人民法院
最高人民检察院
公安部
国家安全部
司法部
2017年6月20日

关于办理刑事案件严格排除非法证据若干问题的规定

为准确惩罚犯罪,切实保障人权,规范司法行为,促进司法公正,根据《中华人民共和国刑事诉讼法》及有关司法解释等规定,结合司法实际,制定如下规定。

一、一般规定

第一条 严禁刑讯逼供和以威胁、引诱、欺骗以及其他非法方法收集证据,不得强迫任何人证实自己有罪。对一切案件的判处都要重证据,重调查研究,不轻信口供。

第二条 采取殴打、违法使用戒具等暴力方法或者变相肉刑的恶劣手段,使犯罪嫌疑人、被告人遭受难以忍受的痛苦而违背意愿作出的供述,应当予以排除。

第三条 采用以暴力或者严重损害本人及其近亲属合法权益等进行威胁的方法,使犯罪嫌疑人、被告人遭受难以忍受的痛苦而违背意愿作出的供述,应当予以排除。

第四条 采用非法拘禁等非法限制人身自由的方法收集的犯罪嫌疑人、被告人供述,应当予以排除。

第五条 采用刑讯逼供方法使犯罪嫌疑人、被告人作出供述,之后犯罪嫌疑人、被告人受该刑讯逼供行为影响而作出的与该供述相同的重复性供述,应当一并排除,但下列情形除外:

(一)侦查期间,根据控告、举报或者自己发现等,侦查机关确认或者不能排除以非法方法收集证据而更换侦查人员,其他侦查人员再次讯问时告知诉讼权利和认罪的法律后果,犯罪嫌疑人自愿供述的;

(二)审查逮捕、审查起诉和审判期间,检察人员、审判人员讯问时告知诉讼权利和认罪的法律后果,犯罪嫌疑人、被告人自愿供述的。

第六条 采用暴力、威胁以及非法限制人身自由等非法方法收集的证人证言、被害人陈述,应当予以排除。

第七条 收集物证、书证不符合法定程序,可能严重影响司法公正的，应当予以补正或者作出合理解释；不能补正或者作出合理解释的，对有关证据应当予以排除。

二、侦查

第八条 侦查机关应当依照法定程序开展侦查，收集、调取能够证实犯罪嫌疑人有罪或者无罪、罪轻或者罪重的证据材料。

第九条 拘留、逮捕犯罪嫌疑人后，应当按照法律规定送看守所羁押。犯罪嫌疑人被送交看守所羁押后，讯问应当在看守所讯问室进行。因客观原因侦查机关在看守所讯问室以外的场所进行讯问的，应当作出合理解释。

第十条 侦查人员在讯问犯罪嫌疑人的时候，可以对讯问过程进行录音录像；对于可能判处无期徒刑、死刑的案件或者其他重大犯罪案件，应当对讯问过程进行录音录像。

侦查人员应当告知犯罪嫌疑人对讯问过程录音录像，并在讯问笔录中写明。

第十一条 对讯问过程录音录像，应当不间断进行，保持完整性，不得选择性地录制，不得剪接、删改。

第十二条 侦查人员讯问犯罪嫌疑人，应当依法制作讯问笔录。讯问笔录应当交犯罪嫌疑人核对，对于没有阅读能力的，应当向他宣读。对讯问笔录中有遗漏或者差错等情形，犯罪嫌疑人可以提出补充或者改正。

第十三条 看守所应当对提讯进行登记，写明提讯单位、人员、事由、起止时间以及犯罪嫌疑人姓名等情况。

看守所收押犯罪嫌疑人，应当进行身体检查。检查时，人民检察院驻看守所检察人员可以在场。检查发现犯罪嫌疑人有伤或者身体异常的，看守所应当拍照或者录像，分别由送押人员、犯罪嫌疑人说明原因，并在体检记录中写明，由送押人员、收押人员和犯罪嫌疑人签字确认。

第十四条 犯罪嫌疑人及其辩护人在侦查期间可以向人民检察院申请排除非法证据。对犯罪嫌疑人及其辩护人提供相关线索或者材料的，人民检察院应当调查核实。调查结论应当书面告知犯罪嫌疑人及其辩护人。对确有以非法方法收集证据情形的，人民检察院应当向侦查机关提出纠正意见。

侦查机关对审查认定的非法证据，应当予以排除，不得作为提请批准逮捕、移送审查起诉的根据。

对重大案件，人民检察院驻看守所检察人员应当在侦查终结前询问犯罪嫌疑人，核查是否存在刑讯逼供、非法取证情形，并同步录音录像。经核查，确有刑讯逼供、非法取证情形的，侦查机关应当及时排除非法证据，不得作为提请批准逮捕、移送审查起诉的根据。

第十五条 对侦查终结的案件，侦查机关应当全面审查证明证据收集合法性的证据材料，依法排除非法证据。排除非法证据后，证据不足的，不得移送审查起诉。

侦查机关发现办案人员非法取证的，应当依法作出处理，并可另行指派侦查人员重新调查取证。

三、审查逮捕、审查起诉

第十六条 审查逮捕、审查起诉期间讯问犯罪嫌疑人，应当告知其有权申请排除非法证据，并告知诉讼权利和认罪的法律后果。

第十七条 审查逮捕、审查起诉期间，犯罪嫌疑人及其辩护人申请排除非法证据，并提供相关线索或者材料的，人民检察院应当调查核实。调查结论应当书面告知犯罪嫌疑人及其辩护人。

人民检察院在审查起诉期间发现侦查人员以刑讯逼供等非法方法收集证据的，应当依法排除相关证据并提出纠正意见，必要时人民检察院可以自行调查取证。

人民检察院对审查认定的非法证据，应当予以排除，不得作为批准或者决定逮捕、提起公诉的根据。被排除的非法证据应当随案移送，并写明为依法排除的非法证据。

第十八条 人民检察院依法排除非法证据后，证据不足，不符合逮捕、起诉条件的，不得批准或者决定逮捕、提起公诉。

对于人民检察院排除有关证据导致对涉嫌的重要犯罪事实未予认定，从而作出不批准逮捕、不起诉决定，或者对涉嫌的部分重要犯罪事实决定不起诉的，公安机关、国家安全机关可要求复议、提请复核。

四、辩护

第十九条 犯罪嫌疑人、被告人申请提供法律援助的，应当按照有关规定指派法律援助律师。

法律援助值班律师可以为犯罪嫌疑人、被告人提供法律帮助，对刑讯逼供、非法取证情形代理申诉、控告。

第二十条 犯罪嫌疑人、被告人及其辩护人申请排除非法证据，应当提供涉嫌非法取证的人员、时间、地点、方式、内容等相关线索或者材料。

第二十一条 辩护律师自人民检察院对案件审查起诉之日起，可以查阅、摘抄、复制讯问笔录、提讯登记、采取强制措施或者侦查措施的法律文书等证据材料。其他辩护人经人民法院、人民检察院许可，也可以查阅、摘抄、复制上述证据材料。

第二十二条 犯罪嫌疑人、被告人及其辩护人向人民法院、人民检察院申请调取公安机关、国家安全机关、人民检察院收集但未提交的讯问录音录像、体检记录等证据材料，人民法院、人民检察院经审查认为犯罪嫌疑人、被告人及其辩护人申请调取的证据材料与证明证据收集的合法性有联系的，应当予以调取；认为与证明证据收集的合法性没有联系的，应当决定不予调取并向犯罪嫌疑人、被告人及其辩护人说明理由。

五、审判

第二十三条 人民法院向被告人及其辩护人送达起诉书副本时，应当告知其有权申请排除非法证据。

被告人及其辩护人申请排除非法证据，应当在开庭审理前提出，但在庭审期间发现相关线索或者材料等情形除外。人民法院应当在开庭审理前将申请书和相关线索或者材料的复制件送交人民检察院。

第二十四条 被告人及其辩护人在开庭审理前申请排除非法证据，未提供相关线索或者材料，不符合法律规定的申请条件的，人民法院对申请不予受理。

第二十五条 被告人及其辩护人在开庭审理前申请排除非法证据，按照法律规定提供相关线索或者材料的，人民法院应当召开庭前会议。人民检察院应当通过出示有关证据材料等方式，有针对性地对证据收集的合法性作出说明。人民法院可以核实情况，听取意见。

人民检察院可以决定撤回有关证据，撤回的证据，没有新的理由，不得在庭审中出示。

被告人及其辩护人可以撤回排除非法证据的申请。撤回申请后，没有新的线索或者材料，不得再次对有关证据提出排除申请。

第二十六条 公诉人、被告人及其辩护人在庭前会议中对证据收集是否合法未达成一致意见，人民法院对证据收集的合法性有疑问的，应当在庭审中进行调查；人民法院对证据收集的合法性没有疑问，且没有新的线索或者材料表明可能存在非法取证的，可以决定不再进行调查。

第二十七条 被告人及其辩护人申请人民法院通知侦查人员或者其他人员出庭，人民法院认为现有证据材料不能证明证据收集的合法性，确有必要通知上述人员出庭作证或者说明情况的，可以通知上述人员出庭。

第二十八条 公诉人宣读起诉书后，法庭应当宣布开庭审理前对证据收集合法性的审查及处理情况。

第二十九条 被告人及其辩护人在开庭审理前未申请排除非法证据，在法庭审理过程中提出申请的，应当说明理由。

对前述情形，法庭经审查，对证据收集的合法性有疑问的，应当进行调查；没有疑问的，应当驳回申请。

法庭驳回排除非法证据申请后，被告人及其辩护人没有新的线索或者材料，以相同理由再次提出申请的，法庭不再审查。

第三十条 庭审期间，法庭决定对证据收集的合法性进行调查的，应当先行当庭调查。

但为防止庭审过分迟延,也可以在法庭调查结束前进行调查。

第三十一条 公诉人对证据收集的合法性加以证明,可以出示讯问笔录、提讯登记、体检记录、采取强制措施或者侦查措施的法律文书、侦查终结前对讯问合法性的核查材料等证据材料,有针对性地播放讯问录音录像,提请法庭通知侦查人员或者其他人员出庭说明情况。

被告人及其辩护人可以出示相关线索或者材料,并申请法庭播放特定时段的讯问录音录像。

侦查人员或者其他人员出庭,应当向法庭说明证据收集过程,并就相关情况接受发问。对发问方式不当或者内容与证据收集的合法性无关的,法庭应当制止。

公诉人、被告人及其辩护人可以对证据收集的合法性进行质证、辩论。

第三十二条 法庭对控辩双方提供的证据有疑问的,可以宣布休庭,对证据进行调查核实。必要时,可以通知公诉人、辩护人到场。

第三十三条 法庭对证据收集的合法性进行调查后,应当当庭作出是否排除有关证据的决定。必要时,可以宣布休庭,由合议庭评议或者提交审判委员会讨论,再次开庭时宣布决定。

在法庭作出是否排除有关证据的决定前,不得对有关证据宣读、质证。

第三十四条 经法庭审理,确认存在本规定所规定的以非法方法收集证据情形的,对有关证据应当予以排除。法庭根据相关线索或者材料对证据收集的合法性有疑问,而人民检察院未提供证据或者提供的证据不能证明证据收集的合法性,不能排除存在本规定所规定的以非法方法收集证据情形的,对有关证据应当予以排除。

对依法予以排除的证据,不得宣读、质证,不得作为判决的根据。

第三十五条 人民法院排除非法证据后,案件事实清楚,证据确实、充分,依据法律认定被告人有罪的,应当作出有罪判决;证据不足,不能认定被告人有罪的,应当作出证据不足、指控的犯罪不能成立的无罪判决;案件部分事实清楚,证据确实、充分的,依法认定该部分事实。

第三十六条 人民法院对证据收集合法性的审查、调查结论,应当在裁判文书中写明,并说明理由。

第三十七条 人民法院对证人证言、被害人陈述等证据收集合法性的审查、调查,参照上述规定。

第三十八条 人民检察院、被告人及其法定代理人提出抗诉、上诉,对第一审人民法院有关证据收集合法性的审查、调查结论提出异议的,第二审人民法院应当审查。

被告人及其辩护人在第一审程序中未申请排除非法证据,在第二审程序中提出申请的,应当说明理由。第二审人民法院应当审查。

人民检察院在第一审程序中未出示证据证明证据收集的合法性,第一审人民法院依法排除有关证据的,人民检察院在第二审程序中不得出示之前未出示的证据,但在第一审程序后发现的除外。

第三十九条 第二审人民法院对证据收集合法性的调查,参照上述第一审程序的规定。

第四十条 第一审人民法院对被告人及其辩护人排除非法证据的申请未予审查,并以有关证据作为定案根据,可能影响公正审判的,第二审人民法院可以裁定撤销原判,发回原审人民法院重新审判。

第一审人民法院对依法应当排除的非法证据未予排除的,第二审人民法院可以依法排除非法证据。排除非法证据后,原判决认定事实和适用法律正确、量刑适当的,应当裁定驳回上诉或者抗诉,维持原判;原判决认定事实没有错误,但适用法律有错误,或者量刑不当的,应当改判;原判决事实不清楚或者证据不足的,可以裁定撤销原判,发回原审人民法院重新审判。

第四十一条 审判监督程序、死刑复核程序中对证据收集合法性的审查、调查,参照上述规定。

第四十二条 本规定自 2017 年 6 月 27 日起施行。

《关于办理刑事案件严格排除非法证据若干问题的规定》的理解与适用

□戴长林　刘静坤　朱晶晶

党的十八届三中全会明确提出，严禁刑讯逼供、体罚虐待，严格实行非法证据排除规则；四中全会进一步要求，健全落实非法证据排除等法律原则的法律制度，加强对刑讯逼供和非法取证的源头预防。这是党中央在全面推进依法治国、加快建设社会主义法治国家背景下作出的重大司法改革部署。这项改革事关依法惩罚犯罪、切实保障人权，是保证司法公正、提高司法公信力的重要举措，对证据制度乃至刑事诉讼制度改革具有深远影响。2017 年 4 月 18 日，中央全面深化改革领导小组第 34 次会议审议通过《关于办理刑事案件严格排除非法证据若干问题的规定》（以下简称《严格排除非法证据规定》）。最高人民法院、最高人民检察院、公安部、国家安全部、司法部共同会签并正式下发执行。为便于司法实践中正确理解和把握，现就《严格排除非法证据规定》的制定背景、重要意义、基本原则和主要内容逐一作出说明。

一、制定背景

习近平总书记指出："司法是维护社会公平正义的最后一道防线。如果司法这道防线缺乏公信力，社会公正就会受到普遍质疑，社会和谐稳定就难以保障。"鉴于此，近年来中央持续深入推进司法改革，始终紧扣影响司法公正的关键环节，努力建立公正、高效、权威的社会主义司法制度。严格实行非法证据排除规则，是其中一项非常重要的改革举措。《严格排除非法证据规定》的制定，主要是基于以下考虑：

一是严格防范刑事冤假错案的需要。证据是认定案件事实的基础，是保证办案质量的关键。近年来发现并纠正的呼格吉勒图案等冤假错案，都是在证据和事实认定方面出现错误，都与刑讯逼供、非法取证紧密相关。《严格排除非法证据规定》结合司法实践，特别是重大冤错案件反映的突出问题，明确非法证据的认定标准，完善非法证据的排除程序，对侦查、审查逮捕和审查起诉、辩护、审判等工作分别提出更高的标准、更严的要求，有助于办案机关以及办案人员进一步树立规则意识、证据意识、程序意识，避免因错误采信虚假供述等证据导致事实认定错误，有效防范冤假错案发生。

二是健全非法证据排除规则的需要。根据中央司法改革部署，2010 年"两高三部"联合出台《关于办理刑事案件排除非法证据若干问题的规定》（以下简称《非法证据排除规定》），标志着我国正式确立非法证据排除规则。2012 年刑事诉讼法修改，吸纳了《非法证据排除规定》的主要内容，在立法层面确立非法证据排除规则。应当说，非法证据排除规则的确立，对遏制刑讯逼供和非法取证发挥了积极作用，但由于法律规定较为原则，政法各部门对相关规定的理解和认识有较大分歧，司法实践中仍然存在非法证据排除程序启动难、证明难、认定难、排除难等问题，严重影响法律实施的效果。《严格排除非法证据规定》紧扣司法实际，注重规定内容的针对性、有效性、可操作性，既便于司法实践操作，又将相关要求上升到工作机制层面，确保政法各部门在司法实践中一体遵循、严格执行。

三是推进刑事司法理念创新和制度创新的需要。新时期新阶段司法改革的过程，本质上是司法理念和司法制度的创新过程，不创新理念和制度，改革就会停滞不前或者陷于空谈。《严格排除非法证据规定》以维护司法公正为着眼点，全面深入推进刑事司法理念创新和制度创新，既着眼于落实已有法律规定，又积极促成各方对解决实践问题所必需的争议问题达成共识；既着眼于强化巩固科学的司法理念，又立足于建立健全符合司法规律的法律制度。具体言之，《严格排除非法证据规定》在摒弃传统的"重打击、轻保护""重实体、轻程序""重口供、轻证据"等思想观念的基础上，以科学的司法理念为引领，建立健全事实认定符合客观真相、办案结果符合实体公正、办案过程符合程序公正的法律制度，为办理刑事案件提供更加明确规范的根据指引。

二、重要意义

党的十八届三中全会、四中全会决定从加强人权司法保障、保证公正司法等高度，要求严格实行非法证据排除规则，健全落实非法证据排除的法律制度，这表明中央对非法证据排除规则的定位更加科学、合理，凸显出非法证据排除规则的重要价值。政法各部门要充分认识到非法证据排除规则的重要意义，在司法实践中切实予以贯彻落实，确保改革取得预期效果。

一是对维护司法公正具有重大推进作用。公正是法治的生命线。司法公正对社会公正具有重要引领作用，司法不公对社会公正具有致命破坏作用。证据制度不发达，证据的收集、审查、运用缺乏必要的规则指引，刑讯逼供等非法取证情形缺乏相应的程序后果，势必导致冤假错案风险增加，司法公正难以得到制度保障。严格实行非法证据排除规则，依法排除非法证据，避免将非法证据作为定案的根据，能够有效防止刑讯逼供等非法取证情形的发生，切实维护刑事案件的实体公正。

二是对加强人权司法保障具有重大推进作用。2004 年，我国将"国家尊重和保障人权"明确写入宪法，这对刑事诉讼领域产生了深远的影响。随着社会经济文化的发展，人权保障和正当程序等现代法治理念逐步深入人心，刑事诉讼不能再将查明事实真相作为唯一目的，而是要综合考量诉讼程序自身的正当性，公民权利的法律保障等内容，在更高层次上实现惩治犯罪与保障人权相统一。严格实行非法证据排除规则，既有助于规范办案人员的取证行为，促使侦查机关转变办案方式，提高执法办案法治化、文明化、规范化水平，也有助于维护公民的基本权利，保障无罪的人不受刑事追究。

三是对以审判为中心的刑事诉讼制度改革具有重大推进作用。十八届四中全会提出，推进以审判为中心的诉讼制度改革，确保侦查、审查起诉的案件事实证据经得起法律的检验，保证庭审在查明事实、认定证据、保护诉权、公正裁判中发挥决定性作用。严格实行非法证据排除规则，可以促进控、辩、审三方职能优化，对解决庭审虚化问题具有积极作用，是推进以审判为中心的刑事诉讼制度改革特别是推进庭审实质化的关键切入点。具体言之，非法证据排除规则有助于进一步彰显程序性裁判的重要性，促使被告方更加重视程序性辩护；有助于进一步规范控诉职能，促使控诉方强化对证据合法性的审查和证明；有助于督促控辩双方在庭审中对证据合法性问题展开充分辩论，使庭审真正发挥查明事实、认定证据、保护诉权、公正裁判的决定性作用。

三、基本原则

《严格排除非法证据规定》既是落实中央改革精神和要求的重要措施，也是当前和今后较长一段时期指导刑事证据制度改革和刑事审判实践的关键性文件。为强化《严格排除非法证据规定》的指导性和可操作性，在制定过程中主要遵循以下原则：

一是坚持问题导向。《非法证据排除规定》实施以来，在提高办案质量、统一执法理念、规范司法行为、确保司法公正等方面都取得了一定成效。但实践中还存在一些问题，主要是：对何种取证方式属于非法取证标准不一；对非法取证基础上形成的重复性供述是否排除规定不明；法庭审理时对取证合法性存在争议的证据一律先行当庭调查，造成部分案件庭审过分迟延；公诉机关对取证合法性的证明方式相对单一，证明力不强等。《严格排除非法证据规定》针对司法实践包括纠正冤假错案反映出来的突出问题，从实体性规则和程序性规则两方面入手加以完善，为进一步严格实行非法证据排除规则提供更加明确的遵循依据。

二是区分不同情形作出规定。《严格排除非法证据规定》既立足中国国情和司法实际，又坚持有所发展有所进步，区分不同情形作出具体规定，体现改革的科学性和合理性。《严格排除非法证据规定》针对言词证据和实物证据的不同特征为非法取证立标准，明确对非法言词证据实行绝对排除原则，对非法实物证据实行裁量排除；以源头治理为重点，进一步明确侦查机关、检察机关和人民法院在各自诉讼阶段对非法取证的审查方式和职责。

三是以法律为依据注重制度衔接。《严格排除非法证据规定》在总结实践经验和调研成果的基础上，以刑事诉讼法的相关规定为依据，与相关司法解释、《非法证据排除规定》《关于推进以审判为中心的刑事诉讼制度改革的意见》（以下简称中央《改革意见》）以及侦查机关、检察机关的相关制度规定，在内容和制度设计上保持有效衔接。

四是注重循序渐进抓关键问题。非法证据排除制度改革，涉及刑事诉讼各个阶段和侦查、起诉、审判、辩护等各项诉讼职能，有些改革举措还触及深层次的司法体制机制问题，经过政法各部门认真研究，对严格排除非法证据涉及的一系列重要问题，在制度设计上形成共识，并且通过改革深入推进不断加以完善。

四、主要内容

《严格排除非法证据规定》分五个部分，共计四十二条，包括一般规定、侦查、审查逮捕和审查起诉、辩护和审判等内容，以预防和排除非法证据为着眼点，细化非法证据的范围和认定标准，明确刑事诉讼各个阶段排除非法证据的职责和操作程序，基本涵盖非法证据排除制度中亟待改革完善的突出问题。具体如下：

（一）一般规定

对被告人供述合法性的认定是目前非法证据排除规则的核心问题。2012年刑事诉讼法将采用刑讯逼供等非法方法收集的供述界定为应当排除的非法证据，但如何界定“刑讯逼供”，如何理解“等非法方法”的范围，采用威胁、引诱、欺骗等非法方法收集的供述是否应当排除等，在规范层面尚不明确，实践中也存在不同认识。《严格排除非法证据规定》第一部分“一般规定”立足刑事诉讼法的原则和规定，结合改革要求和司法实践需要，对上述问题作出了具体规定。

1. 严禁非法取证，坚持证据裁判原则。为加强对刑讯逼供、非法取证的源头预防，《严格排除非法证据规定》第一条重申刑事诉讼法规定，明确了侦查机关取证行为的法律边界：“严禁刑讯逼供和以威胁、引诱、欺骗以及其他非法方法收集证据，不得强迫任何人证实自己有罪。”严禁非法取证，关键在于完善侦查讯问制度。中央《改革意见》第五条规定：“严格按照有关规定要求，在规范的讯问场所讯问犯罪嫌疑人。严格依照法律规定对讯问过程全程同步录音录像，逐步实行对所有案件的讯问过程全程同步录音录像。”侦查人员要自觉遵守“两个严格”的取证程序，严禁刑讯逼供、体罚虐待，切实落实不得强迫任何人证实自己有罪的法律要求。

2. 明确刑讯逼供的范围并作出列举式规定。从条文内容来看，2010年《非法证据排除规定》和刑事诉讼法均未明确刑讯逼供的具体内涵。《人民检察院刑事诉讼规则（试行）》（以下简称《检察院规则》）第六十五条对刑讯逼供作出如下界定：“刑讯逼供是指使用肉刑或者变相使用肉刑，使犯罪嫌疑人在肉体或者精神上遭受剧烈疼痛或者痛苦以逼取供述的行为。”《严格排除非法证据规定》第二条进一步规定：“采取殴打、违法使用戒具等暴力方法或者变相肉刑的恶劣手段，使犯罪嫌疑人、被告人遭受难以忍受的痛苦而违背意愿作出的供述，应当予以排除。”正确理解本条规定，主要有以下要求：

一要准确认定变相肉刑的范围。在起草《严格排除非法证据规定》过程中，围绕是否对变相肉刑的方法作出列举式规定，存在不同的意见。一种意见认为，为加强人权司法保障，解决实践中变相肉刑认定难的问题，应当通过列举诸如冻、饿、晒、烤、疲劳讯问等手段对变相肉刑作出规定。另一种意见认为，不宜对变相肉刑作出列举式规定，理由是：冻、饿、晒、烤、疲劳讯问等手段与变相肉刑不能画等号，判断是否属于刑讯逼供应当考虑诸多因素，而且冻、饿、晒、烤、疲劳讯问的程度在实践中难以量化，无法操作。《严格排除非法证据规定》最终采纳了第二种意见。但这样规定，并不意味着采用冻、饿、晒、烤或疲劳讯问等方法收集的证据具有合法性，而是为人民法院认定非法证据留下了合理的裁量空间。对于司法实践中侦查人员故意冻、饿、晒、烤或疲劳讯问等情形，人民法院可根据具体情节、是否对被告人在肉体上造成难以忍受的痛苦，或者对被告人身体造成的损伤和严重后果等因素判断是否构成非法证据。

二要准确把握对刑讯逼供等非法方法的程度要求。《严格排除非法证据规定》明确了对刑讯逼供等非法方法的程度要求，并非采用殴打、违法使用戒具等方法收集的供述都要予以排除，只有使犯罪嫌疑人、被告人遭受难以忍受的痛苦而违背意愿作出的供述，也就是非法方法与取得供述存在因果关系的情形，才予以排除。实践中，要根据案件情况和在案证据正确区分非法取证与不文明司法的行为，避免将所有采用此类方法收集的证据一律作为非法证据予以排除，实现惩罚犯罪与保障人权的有机统一。

3. 明确规定采用威胁方法取得的供述应当予以排除。2012 年刑事诉讼法明确规定，严禁刑讯逼供和以威胁、引诱、欺骗以及其他非法的方法收集证据，但与此同时，关于非法供述证据的界定沿用了《非法证据排除规定》的表述，即“采用刑讯逼供等非法方法收集的犯罪嫌疑人、被告人供述，应当予以排除”，并未提及“威胁、引诱、欺骗”方法。这导致实践中对采用威胁、引诱、欺骗方法取得的证据是否应当排除存在较大的争议。一种意见认为，刑事诉讼法采用的是“宽禁止、严排除”的立法模式，虽然原则上禁止采用“威胁、引诱、欺骗”的非法方法，但并未将采用此类非法方法取得的证据明确纳入排除规则的范畴。另一种意见认为，在法律已有明确禁止性规定的前提下，依法排除采用威胁、引诱、欺骗方法取得的证据，既有规范依据，也有利于保障人权，并不存在法律上的障碍。《严格排除非法证据规定》第三条规定，“采用以暴力或者严重损害本人及其近亲属合法权益等进行威胁的方法，使犯罪嫌疑人、被告人遭受难以忍受的痛苦而违背意愿作出的供述，应当予以排除”，从规范层面上明确了采用威胁方法取得的供述应当予以排除。正确理解本条规定，主要有以下要求：

一要准确把握“威胁”的认定标准。尽管与刑讯逼供相比，威胁没有直接对人的身体实施暴力行为，但因涉及对自由意志权这一基本人权的侵犯，故在侵犯人权的程度上接近刑讯逼供，两者均属强迫方法。如果威胁达到了使犯罪嫌疑人、被告人遭受难以忍受的精神痛苦而违背意愿作出供述的程度，就应当对采用此类威胁方法取得供述实行强制排除。

侦查实践中，为了通过讯问获取供述，侦查人员在选择讯问方法时，往往会试图给犯罪嫌疑人施加一定的心理压力，从这个角度讲，威胁与合法侦查策略之间存在一定的交叉。为了有效划分二者之间的法律界限，有必要区分一般意义上的“威胁”和排除规则意义上的“威胁”。在日常生活中，只要以不利的后果作为要挟，都属于威胁。但排除规则意义上的威胁，与供述的自愿性紧密相关，主要是指对犯罪嫌疑人采用威逼胁迫的手段迫使其违背意愿作出供述。对于讯问过程中一般性的威吓、呵斥，由于程度轻微，不足以迫使犯罪嫌疑人违背意愿供述，虽然属于不规范的讯问，但并不构成排除规则意义上的威胁。《严格排除非法证据规定》立足司法实际，对威胁方法作出了具体限定，即以暴力或者严重损害本人及其近亲属合法权益等进行威胁。司法实践中，常见的威胁方式有恐吓犯罪嫌疑人将对其使用暴力，揭露个人隐私，对其近亲属采取强制措施，对其配偶、子女追究相应责任等。

二要准确把握以引诱、欺骗等方法收集供述的合法性。从刑事诉讼法规定看，威胁、引诱、欺骗是与刑讯逼供并列的非法方法，并且威胁、引诱、欺骗三种非法方法之间也是并列关系。实际上，刑讯逼供、威胁、引诱、欺骗四种方法之间在违法和侵权的程度上是存在一定差异的。刑讯逼供方法直接侵犯犯罪嫌疑人的人身权和意志自由权，对基本人权的侵犯程度最高；威胁方法虽未直接侵犯犯罪嫌疑人的身体，但对犯罪嫌疑人的精神实施强迫，侵犯了意志自由权，侵权程度仅次于刑讯逼供；引诱、欺骗方法并未对犯罪嫌疑人的身体或者精神实施强迫，未直接侵犯人身权和意志自由权，但可能会影响司法公正。

对于采用引诱、欺骗方法取得的供述是否应当作为非法证据予以排除，在起草《严格排除非法证据规定》过程中，也存在不同意见。一种意见认为，不应当排除采用引诱、欺骗方法取得的供述。主要理由是：法律并未将采用引诱、欺骗方法取得的供述纳入应当排除的非法证据范围，而且引诱、欺骗与讯问技巧难以截然区分，对引诱、欺骗取得的供述是否应当排除，关键看是否系虚假供述。另一种意见认为，应当对采用引诱、欺骗方法收集的供述予以排除。主要理由是：第一，既然刑事诉讼法严禁引诱、欺骗，采用此类方法收集的供述就应当排除，否则，这种缺乏制裁后果的规定在实践中难以落实，有损法律的权威。同时，采用此类方法收集供述，极易导致冤假错案发生。第二，通过总结实践经验，对引诱、欺骗方法的范围作出合理限定，能够与合法讯问策略区分开来。办案人员在办案过程中采用以非法利益进行引诱的方法（例如，对吸毒的犯罪嫌疑人称，只要认罪就可以为其提供毒品）或者以严重违背社会公德的方式进行欺骗的方法（例如，对犯罪嫌疑人谎称其老母遭遇车祸，只有认罪才能见面），显然不符合公正司法的要求，不仅无法对社会公正起到引领作用，反而可能会产生破坏作用。第三，从国外法律对引诱、欺骗方法的禁止性规定看，主要是防止滥用此类方法导致宗教伦理、社会公德、司法制度的公信等受到负面影响，一旦出现此种负面影响，司法公正也就无从谈起。《严格排除非法证据规定》综合考虑各种因素，未对这一问题作出明确规定，但司法实践中，如果侦查人员采用以非法利益进行引诱的方法或者以严重违背社会公德的方式进行欺骗的方法收集犯罪嫌疑人、被告人供述，可能严重影响司法公正的，对有关供述应当予以排除。

4. 明确规定采用非法限制人身自由方法取得的供述应当予以排除。刑事诉讼法在列举“刑讯逼供、威胁、引诱、欺骗”等非法方法的基础上，还规定了兜底性的“其他非法方法”。基于非法证据的界定，关于其他非法方法的认定，应当以侵犯宪法权利或者重要的诉讼权利为前提。司法实践中，有的办案单位违反法定程序非法拘禁犯罪嫌疑人，或者在强制措施超过法定期限后仍非法羁押犯罪嫌疑人，应视为刑事诉讼法规定的“其他非法方法”。立足司法实际，《严格排除非法证据规定》第四条规定：“采用非法拘禁等非法限制人身自由的方法收集的犯罪嫌疑人、被告人供述，应当予以排除。”党的十八届四中全会要求，完善对限制人身自由司法措施和侦查手段的司法监督，因此将采用非法限制人身自由的方法取得的供述纳入排除范围，与四中全会决定的精神也是契合的。

5. 确立重复性供述的排除规则。根据刑事诉讼法规定，采用刑讯逼供等非法方法收集的犯罪嫌疑人、被告人供述，应当予以排除，但对于后续重复性供述是否排除，即先前的供述系采用刑讯逼供等非法方法收集，但后续讯问并未采用刑讯逼供等非法方法，由此取得的重复性供述是否应当予以排除，法律并没有作出明确规定。《严格排除非法证据规定》第五条规定：“采用刑讯逼供方法使犯罪嫌疑人、被告人作出供述，之后犯罪嫌疑人、被告人受该刑讯逼供行为影响而作出的与该供述相同的重复性供述，应当一并排除”，同时还设定了两种例外情形。正确理解本条规定，主要有以下要求：

一要明确重复性排除规则的适用范围。《严格排除非法证据规定》之所以限定为“采用刑讯逼供方法”，而未简单规定“采用刑讯逼供等非法方法”，主要是考虑此类方法直接对犯罪嫌疑人的肉体施加强制，足以影响后续供述的自愿性，相比之下，其他非法方法对犯罪嫌疑人后续供述的自愿性影响要小一些。司法实践中，要准确把握这一基本要求。

二要准确把握重复性排除规则的例外情形。考虑司法实际需要，重复性供述一概予以排除，不利于实现惩罚犯罪与保障人权的平衡，故有必要规定例外情形。《严格排除非法证据规定》对重复性供述排除规则设定了两种例外情形：一是（侦查阶段）主体变更的例外。侦查机关排除非法证据后，如果继续讯问取得的重复性供述仍不能作为证据使用，将影响侦查阶段排除非法证据的积极性。鉴此，侦查期间，根据控告、举报或者主动发现等，侦查机关确认或者不能排除以非法方法收集证据而更换侦查人员，其他侦查人员再次讯问时告知诉讼权利和认罪的法律后果，犯罪嫌疑人自愿供述的，之后收集的重复性供述可以作为证据使用。二是诉讼阶段变更的例外。随着诉讼程序的推进，由检察人员、审判人员在后续诉讼阶段进行讯问，一般可以中断侦查阶段非法取证方法的影响。鉴此，审查逮捕、审查起诉和审判期间，检察人员、审判人员讯问时告知诉讼权利和认罪的法律后果，犯罪嫌疑人、被告人自愿供述的，有关供述可以作为证据使用。

6. 明确证人证言和被害人陈述的排除规则。从诉讼证明的角度看，在一些案件特别是犯罪嫌疑人不认罪的案件中，证人证言、被害人陈述对认定案件事实具有关键性作用。有的案件，如果证人、被害人不配合，侦查人员可能会采取非法方法收集证人证言、被害人陈述。对证人、被害人非法取证，不仅严重损害司法的公正性和公信力，而且通过非法取证所刻意制造的虚假印证，法院在审判过程中难以有效识别，极易导致冤假错案。2012 年刑事诉讼法明确规定，采用暴力、威胁等非法手段取得的证人证言、被害人陈述，应当予以排除。除了暴力、威胁方法外，实践中还存在非法限制证人、被害人人身自由等非法方法，鉴此，《严格排除非法证据规定》第六条规定：“采用暴力、威胁以及非法限制人身自由等非法方法收集的证人证言、被害人陈述，应当予以排除。”对此类严重侵犯证人、被害人权利的非法证据，应当实行强制排除。

7. 明确实物证据的排除规则。为了遏制非法搜查、扣押等非法取证行为，有效保障公民宪法权利，《非法证据排除规定》设立了非法实物证据的排除规则，刑事诉讼法基本上沿用了相关规定，只是具体表述略有调整。《严格排除非法证据规定》第七条进一步规定：“收集物证、书证不符合法定程序，可能严重影响司法公正的，应当予以补正或者作出合理解释；不能补正或者作出合理解释的，对有关证据应当予以排除。”正确理解这一规定，主要有以下要求：

一要准确把握非法实物证据的认定标准。基于对公民住宅权、隐私权等的法律保护，许多国家的刑事诉讼法将非法实物证据主要限定为采用非法搜查、扣押等措施取得的实物证据。《严格排除非法证据规定》规范的非法实物证据也主要是针对侦查机关采取非法搜查、扣押等措施收集的实物证据。所谓非法搜查、扣押，主要是指未经依法批准或授权而滥用搜查、扣押措施。《严格排除非法证据规定》之所以规定对非法收集的实物证据实行裁量排除，主要理由是：通过非法搜查、扣押收集物证、书证的行为，尽管侵犯了公民的宪法权利，但毕竟与刑讯逼供等非法方法存在较大差异，此类非法收集实物证据的行为，一般不会改变实物证据的属性和状态，因此，从兼顾实体公正和程序公正的角度，不宜对非法实物证据实行强制排除。司法实践中，人民法院可以综合考虑收集物证、书证违反法定程序以及所造成后果的严重程度等情况，决定是否排除非法实物证据。如果侦查人员在制止犯罪、抓捕犯罪嫌疑人、避免证据灭失等紧急情况下，未经依法批准，采用搜查、扣押等措施收集物证、书证，在作出补正或合理解释后，有关实物证据可以作为证据使用。

二要准确把握非法证据和瑕疵证据的区别。瑕疵证据通常是指形式要件存在瑕疵（或者缺陷)的证据,比如收集调取的物证、书证,在相关笔录上没有侦查人员签名的;笔录填写的询问时间、讯问人有误或者存在矛盾的,等等。如果其瑕疵能够得到补正或者作出合理解释,具备了证据的形式要件,可以作为诉讼证据使用;但如其瑕疵无法补正或者作出合理解释,就将因此而丧失证据能力,不得作为诉讼证据使用。需要指出的是,非法证据和瑕疵证据都有特定的含义,虽然两者都涉及证据的合法性问题,但存在有重大差异,不能混淆。具体区别如下:第一,违法的程度存在实质差异。非法证据通常是指通过违反法定程序并且侵犯宪法权利或者重要诉讼权利的方式取得的证据,并非所有违反法律规定收集的证据都是非法证据。瑕疵证据虽然也涉及违反取证程序的情形,但此类违法属于轻微违法,并未侵犯宪法权利。这是非法证据与瑕疵证据最本质的区别。第二,法庭的认定方式存在差异。非法证据排除规则涉及的是取证合法性问题,法庭对证据收集合法性的调查,要启动专门的程序,而对于适用瑕疵证据排除规则的情形,无须启动专门的调查程序。司法实践中,有些办案人员未能认识到非法证据和瑕疵证据的区别,或者将非法证据视为瑕疵证据,不予排除,或者将瑕疵证据视为非法证据,直接予以排除,这两种做法都是错误的。

(二)侦查

确立侦查取证的程序规范,是依法认定非法证据、落实非法证据排除规则的内在要求。同时,非法证据排除规则的目的并不单纯在于排除非法证据,更重要的是推动完善侦查取证程序,从源头上防范刑讯逼供和非法取证行为发生。《严格排除非法证据规定》第二部分"侦查"立足法律和相关规定,侧重实践中刑讯逼供等非法取证情形易发的环节,有针对性地明确了侦查取证的程序规范。

1. 侦查机关应当依法全面取证。为提高办案人员的证据意识和程序意识,最大限度地减少关键证据没有收集或者没有依法收集等情形,《严格排除非法证据规定》第八条对取证程序作出总的原则性要求:"侦查机关应当依照法定程序开展侦查,收集、调取能够证实犯罪嫌疑人有罪或者无罪、罪轻或者罪重的证据材料。"侦查人员要严格按照法律规范的要求收集证据,既要重视收集被告人有罪、罪重的证据,也要重视收集被告人无罪、罪轻的证据;既要重视收集言词证据,也要重视实物证据的收集和运用;既要重视收集证明犯罪事实的证据材料,也要重视收集能够证明取证合法合规的证据材料,比如讯问笔录、讯问录音录像、提讯登记、体检记录、采取强制措施或者侦查措施的法律文书等,尽可能地减少证据合法性、真实性方面的争议。

2. 严格规范讯问地点。关于讯问地点,刑事诉讼法明确了羁押讯问的要求,即犯罪嫌疑人被送交看守所羁押后,侦查人员对其讯问,应当在看守所内进行。在此基础上,中央政法委《关于切实防止冤假错案的规定》第一条明确要求:"讯问犯罪嫌疑人、被告人除情况紧急必须现场讯问外,应当在规定的办案场所进行。侦查机关不得以起赃、辨认为由将犯罪嫌疑人提出看守所外进行讯问。"基于上述规定,《严格排除非法证据规定》第九条对讯问地点作出了严格规范:"拘留、逮捕犯罪嫌疑人后,应当按照法律规定送看守所羁押。犯罪嫌疑人被送交看守所羁押后,讯问应当在看守所讯问室进行。因客观原因侦查机关在看守所讯问室以外的场所进行讯问的,应当作出合理解释。"正确理解本条规定,主要有以下要求:

一是关于羁押前的讯问地点。拘留、逮捕犯罪嫌疑人后,应当按照法律规定尽快送看守所羁押,除情况紧急必须现场讯问外,讯问应当在规定的办案场所进行。因客观原因侦查机关在看守所讯问室以外的场所进行讯问的,应当作出合理解释。这里提到的客观原因,主要是指拘留后,因犯罪嫌疑人身患严重疾病或者抓捕过程中受伤,需要进行紧急治疗,无法送看守所羁押,但又需要立即进行讯问等情形。

二是关于羁押期间的讯问地点。犯罪嫌疑人被送交看守所羁押后，讯问应当在看守所内进行，不得将犯罪嫌疑人提押到看守所外讯问。在现有的看守所管理制度下，看守所讯问室内的讯问相对更加规范，能够有效保证羁押讯问的合法性。司法实践中，有的案件出于侦查需要将犯罪嫌疑人提押到看守所外起赃、辨认，为防止在此期间有刑讯逼供等非法取证情形，要确保提押仅限于起赃、辨认等目的，严格禁止将犯罪嫌疑人提到看守所外讯问，必要时应当全程同步录音录像，保证起赃、辨认过程的合法性和客观性。

3. 完善侦查讯问录音录像制度。与讯问笔录相比，讯问录音录像具有客观性、直观性、同步性等特点，能够直接反映出讯问过程是否合法，这也是立法上和实践中格外重视讯问录音录像规范的重要原因。刑事诉讼法和《人民检察院刑事诉讼规则（试行）》《公安机关办理刑事案件程序规定》规定了讯问录音录像的规范要求，特别是2014年《公安机关讯问犯罪嫌疑人录音录像工作规定》对公安机关讯问录音录像的案件范围和具体程序作出了系统、全面的规定。由于相关的规范性文件均为部门性规范，为保证政法各部门统一适用，《严格排除非法证据规定》第十条、第十一条重申了相关文件中的核心条款，对讯问录音录像的制作提出了具体要求。

一要明确讯问录音录像的案件范围。《严格排除非法证据规定》第十条第一款规定："侦查人员在讯问犯罪嫌疑人的时候，可以对讯问过程进行录音录像；对于可能判处无期徒刑、死刑的案件或者其他重大犯罪案件，应当对讯问过程进行录音录像。" 这里规定的"可能判处无期徒刑、死刑"是指案件交付审判适用的法定刑或者量刑档次包含无期徒刑、死刑的案件；"其他重大犯罪案件"是指致人重伤、死亡的严重危害公共安全犯罪案件、严重侵犯公民人身权利犯罪案件，以及黑社会性质组织犯罪、严重毒品犯罪等重大故意犯罪案件；另外，根据《人民检察院刑事诉讼规则（试行）》第二百零一条的规定，人民检察院立案侦查职务犯罪案件，在每次讯问犯罪嫌疑人的时候，应当对讯问过程实行全程录音、录像。侦查人员应当告知犯罪嫌疑人对讯问过程录音录像，并在讯问笔录中写明。

二要明确讯问录音录像的制作要求。为严格落实法律规定的讯问录音录像制度，防止因讯问录音录像制作不规范导致不必要的争议，《严格排除非法证据规定》第十一条规定："对讯问过程录音录像，应当不间断进行，保持完整性，不得选择性地录制，不得剪接、删改。"讯问录音录像应当自讯问开始时开始，至犯罪嫌疑人核对讯问笔录、签字确认后结束。因技术故障等原因无法对讯问过程录音录像的，应当立即中止讯问，侦查人员应当告知犯罪嫌疑人中止讯问的原因，并在讯问笔录中写明，由犯罪嫌疑人签字确认。中止讯问情形消失后继续讯问的，应当对讯问过程录音录像。讯问后才发现因技术故障等原因未能录音录像，未在笔录中写明并由犯罪嫌疑人签字确认的，侦查人员应当作出书面说明，技术人员应当对技术故障等原因与修复过程作出书面说明。

三要正确处理讯问笔录和录音录像存在差异的情形。有的案件，被告人对公诉机关当庭出示的讯问笔录提出异议，经与讯问录音录像进行比对，发现对与犯罪构成要件以及定罪量刑相关的内容，讯问笔录记载的情况与讯问录音录像存在重大实质性差异。此种情况下，究竟是以讯问笔录为准还是以讯问录音录像为准，在实践中存在不同认识。我们认为，鉴于讯问录音录像更能客观地反映讯问和供述的内容，讯问笔录与讯问录音录像的内容有重大实质性差异的，应当以讯问录音录像记录的内容为准。

4. 完善讯问笔录的制作。司法实践中，讯问笔录是固定被告人供述最主要也是最常见的证据，通过讯问笔录显示的讯问时间、地点、提问内容、笔录篇幅等情况，可以对讯问过程的合法性进行审查。《严格排除非法证据规定》第十二条规定："侦查人员讯问犯罪嫌疑人，应当依法制作讯问笔录。讯问笔录应当交犯罪嫌疑人核对,对于没有阅读能力的,应当向他宣读。对讯问笔录中有遗漏或者差错等情形,犯罪嫌疑人可以提出补充或者改正。”这是对制作讯问笔录提出的基本要求,侦查机关还应当按照刑事诉讼法及公检法配套规定的要求,严格规范讯问笔录的制作。在制作讯问笔录时,侦查人员可以对犯罪嫌疑人的供述进行概括,但涉及本人及同案人犯罪的时间、地点、作案手段、作案工具、作案过程、主观心态、被害人情况等案件关键事实和证据,讯问笔录记载的内容要更为全面、客观,与犯罪嫌疑人供述一致。对于同步制作讯问录音录像的案件,讯问笔录记载的起止时间应当与讯问录音录像资料反映的起止时间一致,同时侦查人员应当结合讯问录音录像对讯问笔录进行核对,对讯问笔录中影响定罪量刑的实质内容有遗漏或者差错等情形,应当依法补正。

5. 严格规范看守所的提讯登记和收押体检制度。看守所的提讯登记和体检记录等证据材料能够直接反映提押、讯问和采取有关措施的法律手续是否完备,尤其是体检记录能够直接反映犯罪嫌疑人身体是否有伤或者存在异常,与证据收集的合法性紧密相关。为及时发现并有效防范刑讯逼供行为,《严格排除非法证据规定》第十三条分两款对提讯登记和收押体检制度作了严格规范。

一要严格执行提讯登记制度。看守所应当对提讯进行登记,写明提讯单位、人员、事由、起止时间以及犯罪嫌疑人姓名等情况。这有助于避免提讯时间、地点、事由等不符合法律规定,在供述合法性存在争议时也能够据此核实提讯的细节。

二要严格执行收押体检制度。看守所收押犯罪嫌疑人,应当进行身体检查。检查时,人民检察院驻看守所检察人员可以在场。检查发现犯罪嫌疑人有伤或者身体异常的,看守所应当拍照或者录像,分别由送押人员、犯罪嫌疑人说明原因,并在体检记录中写明,由送押人员、收押人员和犯罪嫌疑人签字确认。

6. 严格执行重大案件侦查终结前对讯问合法性进行核查制度。为实现对非法证据“早发现、早应对、早排除”,中央《改革意见》提出探索建立重大案件侦查终结前对讯问合法性进行核查制度。《严格排除非法证据规定》第十四条第三款重申中央《改革意见》要求,规定:“对重大案件,人民检察院驻看守所检察人员应当在侦查终结前询问犯罪嫌疑人,核查是否存在刑讯逼供、非法取证情形,并同步录音录像。经核查,确有刑讯逼供、非法取证情形的,侦查机关应当及时排除非法证据,不得作为提请批准逮捕、移送审查起诉的根据。”由驻所检察人员对讯问合法性进行核查,具有亲历性、便利性和相对中立性的优势,有利于将监督关口前移,解决刑讯逼供发现滞后、调查取证困难、证据易于灭失等问题。

7. 侦查阶段排除非法证据的程序。刑事诉讼法规定,在侦查阶段发现有非法证据的,应当依法予以排除,但并未规定排除非法证据的具体程序。为落实法律规定,《严格排除非法证据规定》第十四条、第十五条明确了侦查阶段排除非法证据的基本程序。

一是人民检察院依申请排除。《严格排除非法证据规定》第十四条第一款规定,犯罪嫌疑人及其辩护人在侦查期间可以向人民检察院申请排除非法证据。对犯罪嫌疑人及其辩护人提供相关线索或者材料的,人民检察院应当调查核实,并将调查结论书面告知犯罪嫌疑人及其辩护人。对确有以非法方法收集证据情形的,人民检察院应当向侦查机关提出纠正意见。第二款规定,侦查机关对人民检察院审查认定的非法证据,应当予以排除,不得作为提请批准逮捕、移送审查起诉的根据。

二是侦查机关依职权排除。《严格排除非法证据规定》第十五条规定:“对侦查终结的案件,侦查机关应当全面审查证明证据收集合法性的证据材料,依法排除非法证据。排除非法证据后,证据不足的，不得移送审查起诉。侦查机关发现办案人员非法取证的，应当依法作出处理，并可另行指派侦查人员重新调查取证。”对办案人员非法取证的情形，更换侦查人员重新调查取证，不仅符合法律精神和规范要求，也可以避免在后续诉讼阶段产生证据合法性争议。

（三）审查逮捕、审查起诉

审查逮捕、审查起诉是刑事诉讼的关键环节，前者决定是否对犯罪嫌疑人采取审前羁押措施，后者决定是否将案件移送法院审判，这两个阶段都涉及证据合法性的审查判断问题。为确保人民检察院充分履行法律监督职责，及时保障犯罪嫌疑人的合法权益，《严格排除非法证据规定》第三部分“审查逮捕、审查起诉”设置了审查逮捕、审查起诉阶段排除非法证据的基本程序。

1. 讯问时的权利告知。《严格排除非法证据规定》第十六条规定：“审查逮捕、审查起诉期间讯问犯罪嫌疑人，应当告知其有权申请排除非法证据，并告知诉讼权利和认罪的法律后果。”讯问犯罪嫌疑人时告知诉讼权利，既是法律的内在要求，也能促使犯罪嫌疑人尽早提出排除非法证据申请，进而尽早解决证据合法性争议。需要指出的是，《严格排除非法证据规定》第五条第二项设立了重复性供述排除规则的例外情形，其中一个重要的例外就是诉讼阶段变更的例外，即审查逮捕、审查起诉期间，检察人员讯问时告知诉讼权利和认罪的法律后果，犯罪嫌疑人自愿供述的，之后收集的重复性供述可以作为证据使用。为与该规定相衔接，审查逮捕、审查起诉期间检察人员讯问犯罪嫌疑人，应当告知相关诉讼权利和认罪的法律后果，确保犯罪嫌疑人供述的自愿性。

2. 依申请或者依职权排除。与侦查阶段排除非法证据的模式类似，人民检察院在审查逮捕、审查起诉阶段排除非法证据，也分为依申请排除和依职权排除两种模式。《严格排除非法证据规定》第十七条第一款规定，审查逮捕、审查起诉期间，犯罪嫌疑人及其辩护人申请排除非法证据，并提供相关线索或者材料的，人民检察院应当调查核实。调查结论应当书面告知犯罪嫌疑人及其辩护人。第二款规定，人民检察院在审查起诉期间发现侦查人员以刑讯逼供等非法方法收集证据的，应当依法排除相关证据并提出纠正意见，必要时人民检察院可以自行调查取证。这里需要明确两个问题：第一，依申请排除非法证据的主体。刑事诉讼法没有明确规定具体由人民检察院哪个部门负责这一工作。对此，《人民检察院刑事诉讼规则（试行）》第六十九条规定：“对于非法证据的调查核实……在审查起诉、审判阶段由公诉部门负责……”第二，人民检察院对非法证据调查核实的方式。在调查核实过程中，人民检察院可以讯问犯罪嫌疑人，询问办案人员，询问在场人员及证人，听取辩护律师意见，调取讯问笔录、讯问录音、录像，调取、查询犯罪嫌疑人出入看守所的身体检查记录及相关材料，以及进行伤情、病情检查或者鉴定，等等。

3. 对非法证据的处理。《严格排除非法证据规定》第十七条第三款规定，人民检察院对审查认定的非法证据，应当予以排除，不得作为批准或者决定逮捕、提起公诉的根据。被排除的非法证据应当随案移送，并写明为依法排除的非法证据。这里所谓的“审查认定的非法证据”，并不限定于“确有以非法方法收集证据的情形”，而是应当与刑事诉讼法第五十八条作相同理解，即人民检察院经审查确认或者不能排除以非法方法收集证据情形的，对有关证据应当予以排除。

4. 排除非法证据后对案件的处理。《严格排除非法证据规定》第十八条第一款规定：“人民检察院依法排除非法证据后，证据不足，不符合逮捕、起诉条件的，不得批准或者决定逮捕、提起公诉。”实践中，一些案件的关键证据属非法证据，除该证据外可能缺乏必要证据证明犯罪事实，为确保案件质量，人民检察院既要严格依法排除非法证据，又要在排除非法证据后严格把握案件证明标准，不得将定罪证据存在疑问、证据不足的案件提起公诉。

(四)辩护

非法证据排除涉及专门的法律问题,适用专门的法律程序,对被告方的要求相对较高。犯罪嫌疑人、被告人通常只有在辩护律师的帮助下,才能有效地利用非法证据排除规则维护自身的诉讼权利。为依法保障被告人的辩护权,确保被告方有效取得相关线索或者材料,依法申请排除非法证据,《严格排除非法证据规定》第四部分"辩护"规定了被告方申请排除非法证据时享有的相关权利。

1. 犯罪嫌疑人、被告人有申请法律援助的权利。《严格排除非法证据规定》第十九条规定:"犯罪嫌疑人、被告人申请提供法律援助的,应当按照有关规定指派法律援助律师。法律援助值班律师可以为犯罪嫌疑人、被告人提供法律帮助,对刑讯逼供、非法取证情形代理申诉、控告。"法律援助值班律师制度是中央《改革意见》针对刑事辩护率低、辩护质量不高等问题,提出的重大改革举措,其中第二十条第一款规定:"法律援助机构在看守所、人民法院派驻值班律师,为犯罪嫌疑人、被告人提供及时有效的法律帮助。"目前,司法部正会同最高人民法院、最高人民检察院、公安部、国家安全部起草《关于开展法律援助值班律师工作的意见》,就法律援助值班律师的基本职责、运行模式、工作管理和保障等问题作出具体规定,为犯罪嫌疑人、被告人提供及时有效的法律帮助。

2. 犯罪嫌疑人、被告人申请排除非法证据的,应当提供相关线索或者材料。《严格排除非法证据规定》第二十条规定:"犯罪嫌疑人、被告人及其辩护人申请排除非法证据,应当提供涉嫌非法取证的人员、时间、地点、方式、内容等相关线索或者材料。"该规定从兼顾惩罚犯罪和诉讼效率等角度考虑,要求犯罪嫌疑人、被告人在申请排除非法证据的同时,提供可能存在刑讯逼供或者其他非法取证行为的材料或者线索,这样可以防止申请权的滥用,避免造成司法资源的浪费。

关于相关"线索或者材料",要有具体的指向性,有据可查。如果被告人仅仅泛泛地辩称自己遭到刑讯逼供,而提不出任何涉嫌对其刑讯的人员、时间、地点、方式等细节信息,就未能完成初步的举证责任。相关"线索"是指涉嫌非法取证的人员、时间、地点、方式等线索;相关"材料"是指能够反映非法取证的伤情照片、体检记录、医院病历、讯问笔录、讯问录音录像或者同监室人员的证言等材料。需要强调的是,尽管要求被告方提出排除非法证据申请时应当提供相关线索或者材料,但这只是初步的举证责任,只要使人民法院对证据收集的合法性产生疑问即可,不能让被告方承担侦查人员取证合法性事项的证明责任。

3. 被告方的相关诉讼权利。为确保犯罪嫌疑人、被告人充分利用非法证据排除规则维护自身的合法权益,《严格排除非法证据规定》第二十一条、第二十二条明确了被告方的相关诉讼权利。

一是查阅、摘抄、复制证据材料的权利。为了强化对辩护人阅卷权的制度保障,《严格排除非法证据规定》第二十一条规定:"辩护律师自人民检察院对案件审查起诉之日起,可以查阅、摘抄、复制讯问笔录、提讯登记、采取强制措施或者侦查措施的法律文书等证据材料。其他辩护人经人民法院、人民检察院许可,也可以查阅、摘抄、复制上述证据材料。"从诉讼证明的角度来看,讯问笔录、提讯登记、采取强制措施或者侦查措施的法律文书等证据材料,既是证明取证合法性的根据,有的也是证明案件事实的根据,应当允许辩护人查阅、摘抄、复制。

二是申请调取相关证据材料的权利。有的案件中,侦查机关没有将相关证据材料随案移送,辩护人无法通过阅卷等常规途径获取相关证据材料,调查取证又面临实际困难,为保障犯罪嫌疑人、被告人的辩护权,《严格排除非法证据规定》第二十二条规定:"犯罪嫌疑人、被告人及其辩护人向人民法院、人民检察院申请调取公安机关、国家安全机关、人民检察院收集但未提交的讯问录音录像、体检记录等证据材料，人民法院、人民检察院经审查认为犯罪嫌疑人、被告人及其辩护人申请调取的证据材料与证明证据收集的合法性有联系的，应当予以调取；认为与证明证据收集的合法性没有联系的，应当决定不予调取并向犯罪嫌疑人、被告人及其辩护人说明理由。”赋予辩护人申请人民法院、人民检察院调取相关证据的权利，有助于解决目前非法证据排除过程中困扰辩护方的取证难题，确保控辩平等对抗。

（五）审判

非法证据排除规则的确立，对审判程序产生了深远的影响。一些案件，证据收集合法性争议成为庭审程序中控辩双方的主要争议。证据收集合法性争议，作为证据质证的先决性问题，需要通过专门程序进行调查并作出处理，这需要传统的庭审程序做出相应的调整。《严格排除非法证据规定》第五部分“审判”规定了审判阶段排除非法证据的具体程序。

1. 程序启动。2012 年刑事诉讼法第五十六条规定：“法庭审理过程中，审判人员认为可能存在本法第五十四条规定的以非法方法收集证据情形的，应当对证据收集的合法性进行法庭调查。当事人及其辩护人、诉讼代理人有权申请人民法院对以非法方法收集的证据依法予以排除。”可以看出，我国实行依职权和依申请排除非法证据并行的模式。从司法实践来看，主要是由被告人及其辩护人申请排除非法证据。《严格排除非法证据规定》第二十三条、第二十四条规定了被告人及其辩护人相应的权利和义务。

一是关于权利告知。非法证据排除规则涉及较为复杂的程序问题，为确保被告人知晓申请排除非法证据的权利，法院有必要在开庭前尽早提示被告人及其辩护人有权申请排除非法证据。《严格排除非法证据规定》第二十三条第一款规定：“人民法院向被告人及其辩护人送达起诉书副本时，应当告知其有权申请排除非法证据。”

二是关于申请时限。为避免被告人及其辩护人在庭审过程中突然提出排除非法证据申请而导致庭审中断，有必要督促其在庭前程序中尽早提出申请，以便检察机关做好相应的准备工作，更好地履行证明责任。《严格排除非法证据规定》第二十三条第二款规定：“被告人及其辩护人申请排除非法证据，应当在开庭审理前提出，但在庭审期间发现相关线索或者材料等情形除外。人民法院应当在开庭审理前将申请书和相关线索或者材料的复制件送交人民检察院。”

三是关于对申请的审查。为与第二十条内容相衔接，《严格排除非法证据规定》第二十四条规定了法庭对被告人及其辩护人所提申请的审查方式：“被告人及其辩护人在开庭审理前申请排除非法证据，未提供相关线索或者材料，不符合法律规定的申请条件的，人民法院对申请不予受理。”需要指出的是，如果被告人及其辩护人在被驳回申请后收集到新的线索或者材料，则可以再次提出申请，这样既为被告方提供必要的程序救济，充分维护被告人的诉讼权利，也有助于确保程序公正和裁判结果的可接受性。

2. 庭前会议对证据收集合法性争议的处理。刑事诉讼法设立庭前会议程序，为庭前初步处理非法证据排除问题提供了重要平台。人民法院对证据收集合法性争议，可以召开庭前会议了解情况、听取意见。为避免因被告方当庭突然提出排除非法证据申请导致庭审中断，影响审判顺利进行，《严格排除非法证据规定》第二十五条、第二十六条规定了庭前会议对证据收集合法性争议的处理机制。

一是明确应当召开庭前会议的情形。2012 年《最高人民法院关于适用〈中华人民共和国刑事诉讼法〉的解释》（以下简称《法院解释》）第九十九条规定：“开庭审理前，当事人及其辩护人、诉讼代理人申请排除非法证据，人民法院经审查，对证据收集的合法性有疑问的，应当依照刑事诉讼法第一百八十二条第二款的规定召开庭前会议，就非法证据排除等问题了解情况，听取意见。”笔者认为,庭前会议制度的确立,为证据收集合法性争议的处理提供了更加广阔的空间,也为防止证据收集合法性争议全部进入法庭审理提供了有效缓冲的环节,意义重大。为充分保障被告人的合法权益,应当在司法解释基础上进一步明确庭前会议的适用范围。鉴此,《严格排除非法证据规定》第二十五条第一款规定:“被告人及其辩护人在开庭审理前申请排除非法证据,按照法律规定提供相关线索或者材料的,人民法院应当召开庭前会议……”也就是说,只要被告人及其辩护人能够按照法律规定提供相关线索或材料的,召开庭前会议就是一个必经的程序。

二是明确庭前会议的证明方式。为充分发挥庭前会议程序在解决证据收集合法性争议方面的预期功能,需要促使控辩双方就争议问题充分交换意见,积极进行协商。鉴此,《严格排除非法证据规定》第二十五条第一款规定:“……人民检察院应当通过出示有关证据材料等方式,有针对性地对证据收集的合法性作出说明。人民法院可以核实情况,听取意见。”将法律规定的“了解情况”调整为“核实情况”,强调法院有效梳理争点,明确争议。法院在充分听取控辩双方意见的基础上,应当引导控辩双方明确争点,必要时可以核实有关争议问题。人民法院召开庭前会议后,发现控辩双方的争议焦点有待进一步明确,或者出现新的争议,人民检察院需要补充收集证据的,也可以再次甚至多次召开庭前会议。

三是明确控辩双方撤回证据或者申请的情形。为强化庭前会议的有效性,避免控辩双方随意反悔,《严格排除非法证据规定》第二十五条第二款、第三款规定:“人民检察院可以决定撤回有关证据,撤回的证据,没有新的理由,不得在庭审中出示。被告人及其辩护人可以撤回排除非法证据的申请。撤回申请后,没有新的线索或者材料,不得再次对有关证据提出排除申请。”也就是说,如果人民检察院认为确认或者不能排除以非法方法收集证据的情形,可以决定撤回有关证据,不作为指控犯罪的根据。人民检察院决定撤回的证据,没有新的理由,不得在庭审中出示。同理,如果被告方认为人民检察院出示的证据材料足以证实证据收集的合法性,也可以决定撤回申请。被告方撤回申请后,没有新的线索或者材料,不得再次对有关证据提出非法证据申请。需要强调的是,如果被告人未参加庭前会议,辩护人需有被告人明确授权,否则不得随意撤回申请。

四是明确庭前会议对证据合法性争议的处理。为实现法庭集中高效审理,《最高人民法院关于全面推进以审判为中心的刑事诉讼制度改革的实施意见》第九条对庭前会议中控辩双方达成的合意决定赋予约束力,规定:“控辩双方在庭前会议中就相关事项达成一致意见,又在庭审中提出异议的,应当说明理由。”但如果双方未能达成一致意见的,是否一律进入法庭调查程序?笔者认为,被告人及其辩护人在开庭审理前申请排除非法证据,按照法律规定提供相关线索或材料的,人民法院全部应当召开庭前会议,但如果经庭前会议审查后,对证据收集合法性已经没有疑问却仍然要求都要进入法庭调查程序,不仅浪费司法资源,还将架空庭前会议制度。鉴此,《严格排除非法证据规定》第二十六条规定:“公诉人、被告人及其辩护人在庭前会议中对证据收集是否合法未达成一致意见,人民法院对证据收集的合法性有疑问的,应当在庭审中进行调查;人民法院对证据收集的合法性没有疑问,且没有新的线索或者材料表明可能存在非法取证的,可以决定不再进行调查。”

3. 庭审阶段对证据收集合法性争议的处理。在目前的审判制度下,庭前会议对非法证据排除问题的处理,更多的是为庭审做好准备,庭审仍然是解决证据收集合法性争议的关键环节。如何设计庭审阶段证据收集合法性的调查程序,是非法证据排除程序的核心问题。《严格排除非法证据规定》第二十七条至第三十七条明确了庭审阶段对证据收集合法性争议的调查和处理程序。

一是庭前会议与庭审的衔接。为提高法庭审理的效率和针对性,《严格排除非法证据规定》第二十八条规定:“公诉人宣读起诉书后,法庭应当宣布开庭审理前对证据收集合法性的审查及处理情况。"根据该规定,法庭在法庭调查开始前,就要宣布庭前程序对证据收集合法性的审查及处理情况,并根据案件具体情况决定如何开展后续的庭审。

二是对于当庭提出的排除非法证据申请的审查及处理。尽管基于诉讼效率的考虑,应当要求被告人及其辩护人应当在开庭审理前申请排除非法证据,以确保庭审顺利进行,但始终不能降低对被告人诉讼权利的法律保护。因此,只要被告人不是故意规避有关规定,而是因为各种主客观的原因未能在开庭审理前提出申请,就应当准许。鉴此,《严格排除非法证据规定》第二十九条规定:"被告人及其辩护人在开庭审理前未申请排除非法证据,在法庭审理过程中提出申请的,应当说明理由。对前述情形,法庭经审查,对证据收集的合法性有疑问的,应当进行调查;没有疑问的,应当驳回申请。法庭驳回排除非法证据申请后,被告人及其辩护人没有新的线索或者材料,以相同理由再次提出申请的,法庭不再审查。"

三是以先行调查为原则,以法庭调查结束前调查为例外。2010 年《非法证据排除规定》第五条第一款规定:"被告人及其辩护人在开庭审理前或者庭审中,提出被告人审判前供述是非法取得的,法庭在公诉人宣读起诉书之后,应当先行当庭调查。"《法院解释》在《非法证据排除规定》基础上,规定了"先行当庭调查与法庭调查结束前一并调查相结合"的庭审调查规则。上述规定在当时有一定积极意义,法庭可以较为灵活地调整庭审流程,避免因纠缠于证据收集合法性问题而影响庭审的顺利进行。但实践中,有的法院对被告方提出的排除非法证据申请,通常不先行调查,而都留待法庭调查结束前一并调查,最后对该问题不作裁判、不置可否。这种做法极易容易架空非法证据排除规则。鉴此,《严格排除非法证据规定》第三十条规定:"庭审期间,法庭决定对证据收集的合法性进行调查的,应当先行当庭调查。但为防止庭审过分迟延,也可以在法庭调查结束前进行调查。"具体言之,对被告人及其辩护人在开庭审理前提出排除非法证据申请的情形,如控辩双方在庭前会议中未能达成一致意见,法庭就应当先行当庭调查。但对于多名被告人及其辩护人申请排除非法证据,或者案件中有其他犯罪事实与被申请排除的证据没有关联等情形,为防止庭审过分迟延,可以在法庭调查结束前进行调查。在对证据收集合法性的法庭调查程序结束前,不得对有关证据出示、宣读。

四是证据收集合法性的证明责任和证明方式。根据刑事诉讼法的规定,人民检察院承担证明被告人有罪的举证责任。基于该要求,人民检察院除了要证明指控的犯罪构成要件事实成立外,也要证明其用于证明犯罪构成要件事实成立的证据具有合法性。在诉讼过程中,被告方对相关证据的合法性提出质疑,实质上是对控诉方主张该证据具有合法性这一事实的否认,控诉方需要承担提供证据责任并承担举证不能的不利后果。鉴此,《严格排除非法证据规定》第三十一条第一款规定:"公诉人对证据收集的合法性加以证明,可以出示讯问笔录、提讯登记、体检记录、采取强制措施或者侦查措施的法律文书、侦查终结前对讯问合法性的核查材料等证据材料,有针对性地播放讯问录音录像,提请法庭通知侦查人员或者其他人员出庭说明情况。"根据这一规定,公诉人对证据收集的合法性主要有以下几种证明方式:第一,出示讯问笔录、提讯登记、体检记录、批准采取强制措施或者侦查措施的法律文书等证据材料。此类证据材料能够直接反映提押、讯问和采取有关措施的法律手续是否完备,与证据收集的合法性紧密相关。需要注意的是,这里规定的"出示讯问笔录",与法庭在证据调查阶段"对讯问笔录宣读、质证"存在本质区别。这里规定的"出示讯问笔录",关注的是供述的证据能力问题,因供述的合法性尚存争议,故此时不能宣读讯问笔录的具体内容,只是通过出示讯问笔录,基于讯问笔录显示的讯问时间、地点、提问内容、笔录篇幅等事项,审查讯问过程的合法性。相比之下,"对讯问笔录宣读、质证"关注的是供述的证明力问题,即在确认讯问笔录具有证据能力的前提下,通过当庭宣读、质证,决定能否将之作为定案的根据。第二,出示侦查终结前对讯问合法性的核查材料。对讯问合法性的核查笔录和同步录音录像可以直接反映被告人是否提出过刑讯逼供或者非法取证问题,对确认证据收集合法性具有重要作用。与侦查讯问笔录和讯问录音录像的出示方式不同,公诉人出示对讯问合法性的核查材料时,可以宣读核查材料的相关内容或者播放核查录音录像,被告人可以进行质证、辩论。对于被告人提出排除非法证据申请的重大案件,法庭要着重审查检察人员在侦查终结前是否对讯问合法性进行核查,是否对核查过程同步录音录像,录音录像是否存在剪接、删改等情形。第三,有针对性地播放讯问录音录像。在被告人供述的合法性尚存争议的情况下,与不能宣读讯问笔录同理,也不能全部播放讯问录音录像。所谓"有针对性地播放",应当是指针对被告人及其辩护人提出异议的时段播放;对被告人及其辩护人没有提出异议的时段,没有必要播放。实践中,被告人及其辩护人对某次讯问笔录的合法性提出异议,要求公诉人当庭播放特定时段的讯问录音录像,但公诉人拒不播放该段讯问录音录像,或者播放被告方未提出异议的其他时段的讯问录音录像,这种做法不符合法律和司法解释要求。第四,可以提请法庭通知收集证据的侦查人员或者其他人员出庭说明情况,不得以侦查人员签名并加盖公章的说明材料替代侦查人员出庭。侦查人员或者其他人员出庭,应当向法庭说明证据收集过程,并就相关情况接受发问。对发问方式不当或者内容与证据收集的合法性无关的,法庭应当制止。经人民法院通知,侦查人员不出庭说明情况,不能排除以非法方法收集证据情形的,对有关证据应当予以排除。以上规定既有助于严格实行非法证据排除规则,也有助于督促办案机关注意收集证明取证合法性的证据材料,减少不必要的证据合法性争议。

五是控辩双方围绕证据收集合法性的质证、辩论。公诉人、被告人及其辩护人可以对证据收集的合法性进行质证、辩论。为保障被告人及其辩护人的质证权,《严格排除非法证据规定》第二十七条规定:"被告人及其辩护人申请人民法院通知侦查人员或者其他人员出庭,人民法院认为现有证据材料不能证明证据收集的合法性,确有必要通知上述人员出庭作证或者说明情况的,可以通知上述人员出庭。"第三十一条第二款规定:"被告人及其辩护人可以出示相关线索或者材料,并申请法庭播放特定时段的讯问录音录像。"在法庭审理中,公诉人、被告人及其辩护人可以对证据收集的合法性进行质证、辩论。如果法庭对控辩双方提供的证据有疑问的,可以宣布休庭,对证据进行调查核实,必要时可以通知公诉人、辩护人到场。

六是法庭对证据收集合法性争议的裁判方式。对于被告方提出的排除非法证据申请,法庭启动专门的调查程序后,就涉及对证据收集合法性争议的最终处理。为规范对证据收集合法性争议的处理程序,《严格排除非法证据规定》第三十三条规定:"法庭对证据收集的合法性进行调查后,应当当庭作出是否排除有关证据的决定。必要时,可以宣布休庭,由合议庭评议或者提交审判委员会讨论,再次开庭时宣布决定。在法庭作出是否排除有关证据的决定前,不得对有关证据宣读、质证。"正确理解本条规定,主要有以下要求:

第一,法庭对证据收集的合法性进行调查后,原则上应当当庭作出决定。这是因为,只有首先解决证据合法性争议,才能确定有关证据能否作为诉讼证据使用。实践中,一些法院不愿或者不敢当庭对证据收集合法性争议作出决定,是导致非法证据排除规则未能真正落实的重要原因。

第二,特殊情形下可以休庭后作出决定。有的案件,由于案情疑难、重大、复杂,加之争议证据又是案件的关键证据,合议庭短时间难以达成一致意见,或者合议庭认为难以作出决定的,可以宣布休庭,由合议庭进行评议或者提交审判委员会讨论,再次开庭时宣布决定。通过这种原则与例外相结合的处理方式,既能确保按照法律规定和诉讼原理对证据收集的合法性争议当庭作出处理,又能确保特殊案件的处理符合司法实际的需要。

第三，无论是当庭还是休庭后作出决定，在法庭作出相关决定之前不得对有关证据宣读、质证。

第四，关于法庭作出决定的方式。鉴于刑事诉讼法未对排除非法证据申请的处理结果单独规定救济途径，因此，法庭对证据收集的合法性进行调查后，可以采用口头决定方式当庭作出处理，并将相关情况记录在案。当事人对法庭有关该问题的处理结果不服，可以在上诉程序中一并提出。

七是证据收集合法性的证明标准。证据收集合法性事实是犯罪构成事实附带的事实，与犯罪构成要件事实的证明存在紧密关联。因此，证据收集合法性事实的证明标准与犯罪构成事实的证明标准在本质上应当是一致的。《严格排除非法证据规定》第三十四条规定："经法庭审理，确认存在本规定所规定的以非法方法收集证据情形的，对有关证据应当予以排除。法庭根据相关线索或者证据对证据收集的合法性有疑问，而人民检察院未提供证据或者提供的证据不能证明证据收集的合法性，不能排除存在本规定所规定的以非法方法收集证据情形的，对有关证据应当予以排除。对依法予以排除的证据，不得宣读、质证，不得作为判决的根据。"根据本条规定，法庭对非法证据的认定，可以分为两种情形：第一，确认以非法方法收集证据的情形。如果被告人及其辩护人提出排除非法证据的申请后，提供了明确的证据材料，能够证明办案人员对其实施了刑讯逼供等非法取证行为，例如，被告人提供了讯问后遭到刑讯逼供形成的血衣，并且体表存在明显的身体损伤，相关证人亦证实办案人员有刑讯逼供行为，此时就能够"确认以非法方法收集证据"。第二，不能排除以非法方法收集证据的情形。这一证明标准是从人民检察院对证据收集合法性负有举证责任出发作出的规定。实际上，"不能排除以非法方法收集证据"，是对证据收集合法性事实适用"证据确实、充分"证明标准的内在要求。如果被告人及其辩护人向人民法院提出排除非法证据的申请，法院经审查发现人民检察院未能对证据收集的合法性提供证据，或者提供的证据未能达到确实、充分的证据标准，就属于"不能排除以非法方法收集证据"的情形。

八是排除非法证据后案件的处理方式。《严格排除非法证据规定》第三十五条规定："人民法院排除非法证据后，案件事实清楚，证据确实、充分，依据法律认定被告人有罪的，应当作出有罪判决；证据不足，不能认定被告人有罪的，应当作出证据不足、指控的犯罪不能成立的无罪判决；案件部分事实清楚，证据确实、充分的，依法认定该部分事实。"需要明确的是，非法证据排除规则解决的是特定证据的证据能力问题，排除非法证据并不意味着案件一定要宣告无罪，案件最终如何处理还要取决于其他证据情况。实践中，被告人及其辩护人通常是对案件中部分证据的合法性提出争议，即使认定有关证据是非法证据，仍然要看其他在案证据是否足以认定犯罪事实。

九是对证据收集合法性裁决的裁判说理。证据收集合法性问题，既是庭审中控辩双方关注和争议的焦点，也是法庭认定证据、查明事实的基础。法庭对排除非法证据申请的审查情况，以及启动证据收集合法性调查程序后的处理结果，应当在裁判文书中写明审查、调查结论并说明理由。这既是裁判说理的内在要求，也是控辩双方了解裁判理由并据此决定是否提出抗诉、上诉的根据。同时，通过不断积累有关证据收集合法性问题的案例，也有助于各地法院互相借鉴经验，充分发挥普通案例的参考功能。鉴此，《严格排除非法证据规定》第三十六条规定："人民法院对证据收集合法性的审查、调查结论，应当在裁判文书中写明，并说明理由。"

需要说明的是，人民法院对证人证言、被害人陈述等证据收集合法性的审查、调查，参照上述规定进行。

4. 控辩双方对证据收集合法性裁判的救济程序。对于控辩双方对证据收集合法性裁判不服的情形，2012 年刑事诉讼法并未规定专门的救济程序，《法院解释》对此作出了原则性规定，要求二审法院对证据收集合法性争议进行审查并依法作出相应处理。《严格排除非法证据规定》第三十八条至第四十条立足司法实践,对相关问题作出具体规定。

一是明确控辩双方对一审有关证据收集合法性的处理结果不服的救济程序。控辩双方对证据收集合法性裁判不服,不能单独就此提出上诉、抗诉,但可在上诉、抗诉中将之作为部分理由。如果控辩双方在上诉、抗诉中对一审有关证据收集合法性的审查、调查结论提出异议,二审法院应当进行审查。

二是明确被告人二审期间首次提出排除非法证据申请的处理方式。被告人及其辩护人在二审程序中首次申请排除非法证据的,应当说明其未在一审中提出申请的理由,二审法院应当进行审查。如果被告人及其辩护人在审判前及一审过程中没有提出排除非法证据的申请,通常就表明其对证据收集合法性没有异议,但考虑到中国目前的刑事案件辩护率较低,一些被告人缺乏律师帮助,未能及时行使排除非法证据的申请权,或者被告人及其辩护人在第一审庭审后才发现涉嫌非法取证的相关线索或者材料等情形,基于对被告人辩护权的程序保障,允许其在二审期间申请排除非法证据,但应当要求其提供正当理由。

三是明确人民检察院对证据收集合法性的举证时限。对于被告人及其辩护人在一审程序中申请排除非法证据的情形,人民检察院应当积极举证证明取证合法性,有效消除证据收集合法性争议。为避免因人民检察院怠于举证而引发不必要的程序争议,如果人民检察院在一审程序中未出示证明证据收集合法性的证据,一审法院依法排除有关证据的,人民检察院在二审期间不得出示之前未出示的证据,但一审后发现的新证据除外。

四是明确二审程序中对证据收集合法性的调查及处理。有的案件,被告人及其辩护人在一审期间提出排除非法证据申请,但一审法院没有对申请进行审查,并以有关证据作为定案根据,此种情形应当如何处理,在实践中存在不同认识。《严格排除非法证据规定》第四十条第一款明确规定:"第一审人民法院对被告人及其辩护人排除非法证据的申请未予审查,并以有关证据作为定案根据,可能影响公正审判的,第二审人民法院可以裁定撤销原判,发回原审人民法院重新审判。"

对于第一审人民法院对依法应当排除的非法证据未予排除的,第二审人民法院可以依法排除相关证据。排除非法证据后,应当按照下列情形分别作出处理:(1)原判决认定事实和适用法律正确、量刑适当的,应当裁定驳回上诉或者抗诉,维持原判;(2)原判决认定事实没有错误,但适用法律有错误,或者量刑不当的,应当改判;(3)原判决事实不清楚或者证据不足的,可以裁定撤销原判,发回原审人民法院重新审判。

需要明确的是,审判监督程序、死刑复核程序中对证据收集合法性的审查、调查,参照上述规定。

(五)强制措施

最高人民检察院　公安部
关于逮捕社会危险性条件若干问题的规定(试行)

(2015年10月9日发布　高检会〔2015〕9号)

第一条　为了规范逮捕社会危险性条件的证据收集、审查认定,依法准确适用逮捕措施,依照《中华人民共和国刑事诉讼法》、《人民检察院刑事诉讼规则(试行)》、《公安机关办理刑事案件程序规定》,制定本规定。

第二条　人民检察院办理审查逮捕案件,

应当全面把握逮捕条件，对有证据证明有犯罪事实、可能判处徒刑以上刑罚的犯罪嫌疑人，除刑诉法第七十九条第二、三款规定的情形外，应当严格审查是否具备社会危险性条件。公安机关侦查刑事案件，应当收集、固定犯罪嫌疑人是否具有社会危险性的证据。

第三条 公安机关提请逮捕犯罪嫌疑人的，应当同时移送证明犯罪嫌疑人具有社会危险性的证据。对于证明犯罪事实的证据能够证明犯罪嫌疑人具有社会危险性的，应当在提请批准逮捕书中专门予以说明。对于证明犯罪事实的证据不能证明犯罪嫌疑人具有社会危险性的，应当收集、固定犯罪嫌疑人具备社会危险性条件的证据，并在提请逮捕时随卷移送。

第四条 人民检察院审查认定犯罪嫌疑人是否具有社会危险性，应当以公安机关移送的社会危险性相关证据为依据，并结合案件具体情况综合认定。必要时可以通过讯问犯罪嫌疑人、询问证人等诉讼参与人、听取辩护律师意见等方式，核实相关证据。依据在案证据不能认定犯罪嫌疑人符合逮捕社会危险性条件的，人民检察院可以要求公安机关补充相关证据，公安机关没有补充移送的，应当作出不批准逮捕的决定。

第五条 犯罪嫌疑人“可能实施新的犯罪”，应当具有下列情形之一：

（一）案发前或者案发后正在策划、组织或者预备实施新的犯罪的；

（二）扬言实施新的犯罪的；

（三）多次作案、连续作案、流窜作案的；

（四）一年内曾因故意实施同类违法行为受到行政处罚的；

（五）以犯罪所得为主要生活来源的；

（六）有吸毒、赌博等恶习的；

（七）其他可能实施新的犯罪的情形。

第六条 犯罪嫌疑人“有危害国家安全、公共安全或者社会秩序的现实危险”，应当具有下列情形之一：

（一）案发前或者案发后正在积极策划、组织或者预备实施危害国家安全、公共安全或者社会秩序的重大违法犯罪行为的；

（二）曾因危害国家安全、公共安全或者社会秩序受到刑事处罚或者行政处罚的；

（三）在危害国家安全、黑恶势力、恐怖活动、毒品犯罪中起组织、策划、指挥作用或者积极参加的；

（四）其他有危害国家安全、公共安全或者社会秩序的现实危险的情形。

第七条 犯罪嫌疑人“可能毁灭、伪造证据，干扰证人作证或者串供”，应当具有下列情形之一：

（一）曾经或者企图毁灭、伪造、隐匿、转移证据的；

（二）曾经或者企图威逼、恐吓、利诱、收买证人，干扰证人作证的；

（三）有同案犯罪嫌疑人或者与其在事实上存在密切关联犯罪的犯罪嫌疑人在逃，重要证据尚未收集到位的；

（四）其他可能毁灭、伪造证据，干扰证人作证或者串供的情形。

第八条 犯罪嫌疑人“可能对被害人、举报人、控告人实施打击报复”，应当具有下列情形之一：

（一）扬言或者准备、策划对被害人、举报人、控告人实施打击报复的；

（二）曾经对被害人、举报人、控告人实施打击、要挟、迫害等行为的；

（三）采取其他方式滋扰被害人、举报人、控告人的正常生活、工作的；

（四）其他可能对被害人、举报人、控告人实施打击报复的情形。

第九条 犯罪嫌疑人“企图自杀或者逃跑”，应当具有下列情形之一：

（一）着手准备自杀、自残或者逃跑的；

（二）曾经自杀、自残或者逃跑的；

（三）有自杀、自残或者逃跑的意思表示的；

（四）曾经以暴力、威胁手段抗拒抓捕的；

（五）其他企图自杀或者逃跑的情形。

第十条 人民检察院对于以无社会危险性不批准逮捕的，应当向公安机关说明理由，必要时可以向被害人说明理由。对于社会关注的重大敏感案件或者可能引发群体性事件的，在作出不捕决定前应当进行风险评估并做好处置预案。

第十一条 本规定自下发之日起施行。

最高人民法院 最高人民检察院 公安部 国家安全部 关于机关事业单位工作人员被采取刑事强制措施和受刑事处罚实行向所在单位告知制度的通知

(2015年11月6日发布 高检会〔2015〕10号)

各省、自治区、直辖市高级人民法院、人民检察院、公安厅(局)、国家安全厅(局)，解放军军事法院、军事检察院，新疆维吾尔自治区高级人民法院生产建设兵团分院、新疆生产建设兵团人民检察院、公安局、国家安全局：

为确保机关事业单位及时规范处理本单位被采取刑事强制措施和受刑事处罚工作人员的工资待遇，有效预防和纠正机关事业单位工作人员"带薪羁押"问题，维护司法公正，提高司法公信力，根据法律规定和刑事政策精神，结合办案工作实际，人民法院、人民检察院、公安机关、国家安全机关对被采取刑事强制措施和受刑事处罚的机关事业单位工作人员，实行向所在单位告知的制度。现将有关事项通知如下：

一、机关事业单位工作人员范围

1. 本通知所称机关事业单位工作人员包括公务员、参照公务员法管理的机关(单位)工作人员、事业单位工作人员和机关工人。

二、告知情形及例外规定

2. 办案机关对涉嫌犯罪的机关事业单位工作人员采取取保候审、监视居住、刑事拘留或者逮捕等刑事强制措施的，应当在采取刑事强制措施后五日以内告知其所在单位。

办案机关对被采取刑事强制措施的机关事业单位工作人员，予以释放、解除取保候审、监视居住的，应当在解除刑事强制措施后五日以内告知其所在单位；变更刑事强制措施的，不再另行告知。

3. 办案机关决定撤销案件或者对犯罪嫌疑人终止侦查的，应当在作出撤销案件或者终止侦查决定后十日以内，告知机关事业单位工作人员所在单位。

人民检察院决定不起诉的，应当在作出不起诉决定后十日以内，告知机关事业单位工作人员所在单位。

人民法院作出有罪、无罪或者终止审理判决、裁定的，应当在判决、裁定生效后十五日以内，告知机关事业单位工作人员所在单位。

4. 具有下列情形之一，有碍侦查的，办案机关不予告知：

(1)可能导致同案犯逃跑、自杀，毁灭、伪造证据的；

(2)可能导致同案犯干扰证人作证或者串供的；

(3)所在单位的其他人员与犯罪有牵连的；

(4)其他有碍侦查的情形。

5. 具有下列情形之一，无法告知的，办案机关不予告知：

(1)办案机关无法确认其机关事业单位工作人员身份的；

(2)受自然灾害等不可抗力阻碍的；

(3)其他无法告知的情形。

6. 可能危害国家安全或者社会公共利益的，办案机关不予告知。

7. 不予告知的情形消失后，办案机关应当及时将机关事业单位工作人员被采取刑事强制措施和受刑事处罚情况告知其所在单位。

三、告知的程序规定

8. 公安机关决定取保候审、监视居住、刑事拘留、提请批准逮捕并经人民检察院批准、撤销案件或者终止侦查的，由公安机关负责告知；国家安全机关决定取保候审、监视居住、刑事拘留、提请批准逮捕并经人民检察院批准或者撤销案件的，由国家安全机关负责告知；人民检察院决定取保候审、监视居住、刑事拘留、逮捕、撤销案件或者不起诉的，由人民检察院负责告知；人民法院决定取保候审、监视居住、逮捕或者作出生效刑事裁判的，由人民法院负责告知。

9. 办案机关一般应当采取送达告知书的形式进行告知。采取或者解除刑事强制措施的，办案机关应当填写《机关事业单位工作人员被采取/解除刑事强制措施情况告知书》并加盖单位公章。国家安全机关决定撤销案件的，应当填写《机关事业单位工作人员涉嫌犯罪撤销案件情况告知书》并加盖单位公章。公安机关决定撤销案件或者对犯罪嫌疑人终止侦查的，应当填写《机关事业单位工作人员涉嫌犯罪撤销案件/终止侦查情况告知书》并加盖单位公章。

人民检察院决定撤销案件、不起诉的，应当将撤销案件决定书、不起诉决定书送达机关事业单位工作人员所在单位，不再另行送达告知书。人民法院作出有罪、无罪或者终止审理判决、裁定的，应当将生效裁判文书送达机关事业单位工作人员所在单位，不再另行送达告知书。

10. 告知书一般应当由办案机关直接送达机关事业单位工作人员所在单位。告知书应当由所在单位负责人或经其授权的人签收，并在告知书回执上签名或者盖章。

收件人拒绝签收的，办案机关可以邀请见证人到场，说明情况，在告知书回执上注明拒收的事由和日期，由送达人、见证人签名或者盖章，将告知书留在机关事业单位工作人员所在单位。

直接送达告知书有困难的，可以邮寄告知或者传真告知。通过传真告知的，应当随后及时将告知书原件送达。邮寄告知或者传真告知的，机关事业单位工作人员所在单位签收后，应将告知书回执寄送办案机关。

11. 办案机关应当将告知书回执归入工作卷，作为工作资料存档备查。

四、责任追究

12. 办案机关负责人或者上级办案机关应当督促办案人员及时履行告知责任，未按照上述规定进行告知，造成机关事业单位工作人员“带薪羁押”，情节严重或者造成恶劣社会影响的，应当根据有关规定追究相关责任人员的纪律责任。

五、附则

13. 机关事业单位工作人员被收容教育或者行政拘留的，参照本通知执行；被强制隔离戒毒的，依照《中华人民共和国禁毒法》、《戒毒条例》的相关规定执行，并送达告知书。

14. 本通知自发布之日起施行。

附件：告知书样本格式（略）

人民检察院对指定居所监视居住实行监督的规定

（2015年12月17日最高人民检察院发布　高检发执检字〔2015〕18号）

第一章　总　　则

第一条　为了加强和规范人民检察院对指定居所监视居住决定和执行的监督，根据《中华人民共和国刑事诉讼法》等有关规定，结合检察工作实际，制定本规定。

第二条　公安机关、人民检察院、人民法院对犯罪嫌疑人、被告人适用指定居所监视居住的，人民检察院应当依法对指定居所监视居住的决定和执行是否合法实行监督。

第三条　对指定居所监视居住决定的监督，由人民检察院侦查监督部门、公诉部门负责。对指定居所监视居住执行的监督，由人民检察院刑事执行检察部门负责。

第四条 指定的居所应当具备正常的生活、休息条件，与审讯场所分离；安装监控设备，便于监视、管理；具有安全防范措施，保证办案安全。

第二章 对指定居所监视居住决定的监督

第五条 对于公安机关决定对无固定住处的犯罪嫌疑人指定居所监视居住的，由同级人民检察院侦查监督部门依法对该决定是否合法实行监督。

对于上一级公安机关批准对涉嫌危害国家安全犯罪、恐怖活动犯罪的犯罪嫌疑人决定指定居所监视居住的，由作出批准决定公安机关的同级人民检察院侦查监督部门依法对该决定是否合法实行监督。

第六条 对于人民检察院决定对无固定住处的犯罪嫌疑人指定居所监视居住的，由上一级人民检察院侦查监督部门依法对该决定是否合法实行监督。

对于上一级人民检察院批准对涉嫌特别重大贿赂犯罪的犯罪嫌疑人决定指定居所监视居住的，由作出批准决定的人民检察院侦查监督部门依法对该决定是否合法实行监督。

第七条 具有以下情形之一的，人民检察院应当对指定居所监视居住决定是否合法启动监督：

（一）犯罪嫌疑人及其法定代理人、近亲属或者辩护人认为指定居所监视居住决定违法，向人民检察院提出控告、举报、申诉的；

（二）人民检察院通过介入侦查、审查逮捕、审查起诉、刑事执行检察、备案审查等工作，发现侦查机关（部门）作出的指定居所监视居住决定可能违法的；

（三）人民监督员认为指定居所监视居住决定违法，向人民检察院提出监督意见的；

（四）其他应当启动监督的情形。

第八条 人民检察院对无固定住处的犯罪嫌疑人决定指定居所监视居住的，侦查部门应当在三日以内将立案决定书、指定居所监视居住决定书等法律文书副本以及主要证据复印件报送上一级人民检察院侦查监督部门。对特别重大贿赂犯罪嫌疑人指定居所监视居住的，作出批准决定的人民检察院侦查部门应当在三日以内将上述材料抄送本院侦查监督部门。

人民检察院监督公安机关指定居所监视居住决定时，可以要求公安机关提供上述材料。

第九条 人民检察院对指定居所监视居住决定进行监督，可以采取以下方式：

（一）查阅相关案件材料；

（二）听取侦查机关（部门）作出指定居所监视居住决定的理由和事实依据；

（三）听取犯罪嫌疑人及其法定代理人、近亲属或者辩护人的意见；

（四）其他方式。

第十条 人民检察院监督指定居所监视居住决定是否合法，应当审查该决定是否符合刑事诉讼法第七十二条、第六十九条第三款规定的指定居所监视居住的条件，并进一步审查是否符合以下情形：

（一）犯罪嫌疑人在办案机关所在的市、县无固定住处的；

（二）涉嫌危害国家安全犯罪、恐怖活动犯罪或者特别重大贿赂犯罪的犯罪嫌疑人，在其住处执行有碍侦查，经上一级公安机关或者人民检察院批准指定居所监视居住的。

第十一条 人民检察院侦查监督部门审查指定居所监视居住决定是否合法，应当在启动监督后七日以内作出决定。

第十二条 人民检察院经审查，对于公安机关决定指定居所监视居住不符合法定条件的，应当报经检察长批准后，向公安机关发出纠正违法通知书，并建议公安机关撤销指定居所监视居住决定。

对于本院或者下一级人民检察院决定指定居所监视居住不符合法定条件的，人民检察院侦查监督部门应当报经检察长决定后，通知本院侦查部门或者下一级人民检察院撤销指定居所监视居住决定。通知下一级人民检察院撤销指定居所监视居住决定的，应当通报本院侦查部门。

第十三条 对于上一级人民检察院的纠正意见,下一级人民检察院应当立即执行,并将执行情况报告上一级人民检察院侦查监督部门。

下一级人民检察院认为上一级人民检察院对于指定居所监视居住决定的纠正意见有错误的,可以在收到纠正意见后三日以内报请上一级人民检察院重新审查。上一级人民检察院应当另行指派检察人员审查,并在五日以内作出是否变更的决定。

第十四条 对人民检察院在审查起诉过程中作出的指定居所监视居住决定的监督,由本院侦查监督部门按照本规定执行。

对人民法院作出的指定居所监视居住决定的监督,由同级人民检察院公诉部门按照本规定执行。

第三章 对指定居所监视居住执行的监督

第十五条 对指定居所监视居住执行的监督,由执行监视居住的公安机关的同级人民检察院刑事执行检察部门负责。

第十六条 人民检察院对指定居所监视居住执行进行监督,应当包括以下内容:

(一)指定居所监视居住决定书、执行通知书等法律文书是否齐全;

(二)执行的场所、期限、执行人员是否符合规定;

(三)被监视居住人的合法权利是否得到保障;

(四)是否有在指定的居所进行讯问、体罚虐待被监视居住人等违法行为;

(五)其他依法应当监督的内容。

第十七条 人民检察院对指定居所监视居住执行活动进行监督,可以采取以下方式:

(一)查阅相关法律文书和被监视居住人的会见、通讯、外出情况、身体健康检查记录等材料;

(二)实地检查指定的居所是否符合法律规定;

(三)查看有关监控录像等资料,必要时对被监视居住人进行体表检查;

(四)与被监视居住人、执行人员、办案人员或者其他有关人员谈话,调查了解有关情况。

第十八条 人民检察院案件管理部门收到公安机关、人民法院的指定居所监视居住决定书副本后,应当在二十四小时以内移送本院刑事执行检察部门。

人民检察院侦查部门、公诉部门以本院名义作出指定居所监视居住决定的,应当在二十四小时以内将监视居住决定书副本抄送刑事执行检察部门,并告知其指定居所的地址。

第十九条 人民检察院刑事执行检察部门在收到指定居所监视居住决定书副本后二十四小时以内,应当指派检察人员实地检查并填写监督情况检查记录。对指定居所监视居住的执行活动应当进行巡回检察,巡回检察每周不少于一次,检察人员不得少于二人。

检察指定居所监视居住执行活动时,不得妨碍侦查办案工作的正常进行。

第二十条 人民检察院在指定居所监视居住执行监督时发现下列情形之一的,应当依法向执行机关或者办案机关提出纠正意见:

(一)执行机关收到指定居所监视居住决定书、执行通知书等法律文书后不派员执行或者不及时派员执行的;

(二)除无法通知的以外,没有在执行指定居所监视居住后二十四小时以内通知被监视居住人的家属的;

(三)在看守所、拘留所、监狱以及留置室、办案区或者在不符合指定居所规定的其他场所执行监视居住的;

(四)违反规定安排辩护律师同被监视居住人会见、通信,或者违法限制被监视居住人与辩护律师会见、通信的;

(五)诉讼阶段发生变化,新的办案机关应当依法重新作出指定居所监视居住决定而未及时作出的;

(六)办案机关作出解除或者变更指定居所监视居住决定并通知执行机关,执行机关没有及时解除监视居住并通知被监视居住人的;

（七）要求被监视居住人或者其家属支付费用的；

（八）其他违法情形。

人民检察院刑事执行检察部门发现本院侦查部门、公诉部门具有上述情形之一的，应当报经检察长批准后提出纠正意见。

第二十一条 人民检察院刑事执行检察部门发现指定居所监视居住执行中存在执法不规范、安全隐患等问题，应当报经检察长批准后向执行机关或者办案机关提出检察建议。

第二十二条 发出纠正违法通知书或者检察建议书的，应当抄报上一级人民检察院，同时抄送执行机关或者办案机关的上一级机关。

第二十三条 被监视居住人在指定居所监视居住期间死亡的，参照最高人民检察院关于监管场所被监管人死亡检察程序的规定办理。

第二十四条 人民法院、人民检察院指派司法警察协助公安机关执行指定居所监视居住的，人民检察院刑事执行检察部门应当对其协助执行活动进行监督。

第四章 附 则

第二十五条 对于犯罪嫌疑人及其法定代理人、近亲属或者辩护人提出的对指定居所监视居住决定和执行的控告、举报、申诉，人民检察院应当及时办理并答复。

第二十六条 人民检察院侦查监督部门、公诉部门发现指定居所监视居住执行可能存在违法情形的，应当及时通报刑事执行检察部门。刑事执行检察部门发现指定居所监视居住决定可能存在违法情形的，应当及时通报侦查监督部门或者公诉部门。

第二十七条 人民检察院在指定居所监视居住决定和执行监督工作中发现办案人员、执行人员有违纪违法行为的，应当报请检察长决定后及时移送有关部门处理；构成犯罪的，应当依法追究刑事责任。

第二十八条 检察人员在指定居所监视居住决定和执行监督工作中有违纪违法行为的，应当按照有关规定追究违法违纪责任；构成犯罪的，应当依法追究刑事责任。

第二十九条 人民检察院对指定居所监视居住决定和执行的监督，应当在检察机关统一业务应用系统上办理。人民检察院案件管理部门应当定期进行统计分析、质量评查，并及时通报有关部门。

第三十条 本规定自发布之日起施行。

人民检察院办理羁押必要性审查案件规定（试行）

（2016年1月22日最高人民检察院发布 高检发执检字〔2016〕1号）

第一章 总 则

第一条 为了加强和规范羁押必要性审查工作，维护被逮捕的犯罪嫌疑人、被告人合法权益，保障刑事诉讼活动顺利进行，根据《中华人民共和国刑事诉讼法》、《人民检察院刑事诉讼规则》等有关规定，结合检察工作实际，制定本规定。

第二条 羁押必要性审查，是指人民检察院依据《中华人民共和国刑事诉讼法》第九十三条规定，对被逮捕的犯罪嫌疑人、被告人有无继续羁押的必要性进行审查，对不需要继续羁押的，建议办案机关予以释放或者变更强制措施的监督活动。

第三条 羁押必要性审查案件由办案机关对应的同级人民检察院刑事执行检察部门统一办理，侦查监督、公诉、侦查、案件管理、检察技术等部门予以配合。

第四条 羁押必要性审查案件的受理、立案、结案、释放或者变更强制措施建议书等应当依照有关规定在检察机关统一业务应用系统登记、流转和办理，案件管理部门在案件立案后对办案期限、办案程序、办案质量等进行管理、监督、预警。

第五条 办理羁押必要性审查案件过程中,涉及国家秘密、商业秘密、个人隐私的,应当保密。

第六条 人民检察院进行羁押必要性审查,不得滥用建议权影响刑事诉讼依法进行。

第二章 立 案

第七条 犯罪嫌疑人、被告人及其法定代理人、近亲属、辩护人申请进行羁押必要性审查的,应当说明不需要继续羁押的理由。有相关证明材料的,应当一并提供。

第八条 羁押必要性审查的申请由办案机关对应的同级人民检察院刑事执行检察部门统一受理。

办案机关对应的同级人民检察院控告检察、案件管理等部门收到羁押必要性审查申请后,应当在一个工作日以内移送本院刑事执行检察部门。

其他人民检察院收到羁押必要性审查申请的,应当告知申请人向办案机关对应的同级人民检察院提出申请,或者在两个工作日以内将申请材料移送办案机关对应的同级人民检察院,并告知申请人。

第九条 刑事执行检察部门收到申请材料后,应当进行初审,并在三个工作日以内提出是否立案审查的意见。

第十条 刑事执行检察部门应当通过检察机关统一业务应用系统等途径及时查询本院批准或者决定、变更、撤销逮捕措施的情况。

第十一条 刑事执行检察部门对本院批准逮捕和同级人民法院决定逮捕的犯罪嫌疑人、被告人,应当依职权对羁押必要性进行初审。

第十二条 经初审,对于犯罪嫌疑人、被告人可能具有本规定第十七条、第十八条情形之一的,检察官应当制作立案报告书,经检察长或者分管副检察长批准后予以立案。

对于无理由或者理由明显不成立的申请,或者经人民检察院审查后未提供新的证明材料或者没有新的理由而再次申请的,由检察官决定不予立案,并书面告知申请人。

第三章 审 查

第十三条 人民检察院进行羁押必要性审查,可以采取以下方式:

(一)审查犯罪嫌疑人、被告人不需要继续羁押的理由和证明材料;

(二)听取犯罪嫌疑人、被告人及其法定代理人、辩护人的意见;

(三)听取被害人及其法定代理人、诉讼代理人的意见,了解是否达成和解协议;

(四)听取现阶段办案机关的意见;

(五)听取侦查监督部门或者公诉部门的意见;

(六)调查核实犯罪嫌疑人、被告人的身体状况;

(七)其他方式。

第十四条 人民检察院可以对羁押必要性审查案件进行公开审查。但是,涉及国家秘密、商业秘密、个人隐私的案件除外。

公开审查可以邀请与案件没有利害关系的人大代表、政协委员、人民监督员、特约检察员参加。

第十五条 人民检察院应当根据犯罪嫌疑人、被告人涉嫌犯罪事实、主观恶性、悔罪表现、身体状况、案件进展情况、可能判处的刑罚和有无再危害社会的危险等因素,综合评估有无必要继续羁押犯罪嫌疑人、被告人。

第十六条 评估犯罪嫌疑人、被告人有无继续羁押必要性可以采取量化方式,设置加分项目、减分项目、否决项目等具体标准。犯罪嫌疑人、被告人的得分情况可以作为综合评估的参考。

第十七条 经羁押必要性审查,发现犯罪嫌疑人、被告人具有下列情形之一的,应当向办案机关提出释放或者变更强制措施的建议:

(一)案件证据发生重大变化,没有证据证明有犯罪事实或者犯罪行为系犯罪嫌疑人、被告人所为的;

（二）案件事实或者情节发生变化，犯罪嫌疑人、被告人可能被判处拘役、管制、独立适用附加刑、免予刑事处罚或者判决无罪的；

（三）继续羁押犯罪嫌疑人、被告人，羁押期限将超过依法可能判处的刑期的；

（四）案件事实基本查清，证据已经收集固定，符合取保候审或者监视居住条件的。

第十八条 经羁押必要性审查，发现犯罪嫌疑人、被告人具有下列情形之一，且具有悔罪表现，不予羁押不致发生社会危险性的，可以向办案机关提出释放或者变更强制措施的建议：

（一）预备犯或者中止犯；

（二）共同犯罪中的从犯或者胁从犯；

（三）过失犯罪的；

（四）防卫过当或者避险过当的；

（五）主观恶性较小的初犯；

（六）系未成年人或者年满七十五周岁的人；

（七）与被害方依法自愿达成和解协议，且已经履行或者提供担保的；

（八）患有严重疾病、生活不能自理的；

（九）系怀孕或者正在哺乳自己婴儿的妇女；

（十）系生活不能自理的人的唯一扶养人；

（十一）可能被判处一年以下有期徒刑或者宣告缓刑的；

（十二）其他不需要继续羁押犯罪嫌疑人、被告人的情形。

第十九条 办理羁押必要性审查案件应当制作羁押必要性审查报告，报告中应当写明：犯罪嫌疑人或者被告人基本情况、原案简要情况和诉讼阶段、立案审查理由和证据、办理情况、审查意见等。

第四章 结 案

第二十条 办理羁押必要性审查案件，应当在立案后十个工作日以内决定是否提出释放或者变更强制措施的建议。案件复杂的，可以延长五个工作日。

第二十一条 经审查认为无继续羁押必要的，检察官应当报经检察长或者分管副检察长批准，以本院名义向办案机关发出释放或者变更强制措施建议书，并要求办案机关在十日以内回复处理情况。

释放或者变更强制措施建议书应当说明不需要继续羁押犯罪嫌疑人、被告人的理由和法律依据。

第二十二条 人民检察院应当跟踪办案机关对释放或者变更强制措施建议的处理情况。

办案机关未在十日以内回复处理情况的，可以报经检察长或者分管副检察长批准，以本院名义向其发出纠正违法通知书，要求其及时回复。

第二十三条 经审查认为有继续羁押必要的，由检察官决定结案，并通知办案机关。

第二十四条 对于依申请立案审查的案件，人民检察院办结后，应当将提出建议和办案机关处理情况，或者有继续羁押必要的审查意见和理由及时书面告知申请人。

第二十五条 刑事执行检察部门应当通过检察机关统一业务应用系统等途径将审查情况、提出建议和办案机关处理情况及时通知本院侦查监督、公诉、侦查等部门。

第五章 附 则

第二十六条 对于检察机关正在侦查或者审查起诉的案件，刑事执行检察部门进行羁押必要性审查的，参照本规定办理。

第二十七条 人民检察院依看守所建议进行羁押必要性审查的，参照依申请进行羁押必要性审查的程序办理。

第二十八条 检察人员办理羁押必要性审查案件应当纳入检察机关司法办案监督体系，有受贿、玩忽职守、滥用职权、徇私枉法、泄露国家秘密等违纪违法行为的，依纪依法严肃处理；构成犯罪的，依法追究刑事责任。

第二十九条 本规定自发布之日起试行。

（六）期间、送达

人民检察院刑事执行检察部门预防和纠正超期羁押和久押不决案件工作规定（试行）

（2015年6月1日最高人民检察院刑事执行检察厅发布施行）

第一条 为预防和纠正刑事诉讼中的超期羁押和久押不决，切实维护在押犯罪嫌疑人、被告人的合法权益，根据《中华人民共和国刑事诉讼法》、《人民检察院刑事诉讼规则（试行）》等有关规定，结合刑事执行检察工作实际，制定本规定。

第二条 犯罪嫌疑人、被告人在侦查、审查起诉、审判阶段的羁押时间超过法律规定的羁押期限的，为超期羁押案件。

犯罪嫌疑人、被告人被羁押超过五年，案件仍然处于侦查、审查起诉、一审、二审阶段的，为久押不决案件。

第三条 预防和纠正超期羁押和久押不决案件，遵循对等监督、分级督办、方便工作、注重预防的原则。

第四条 对超期羁押和久押不决案件，由办案机关对应的同级人民检察院刑事执行检察部门负责监督纠正。

派驻看守所检察室在预防和纠正超期羁押和久押不决案件中承担发现、预防、报告、通知、提出纠正意见等职责。

第五条 发现看守所未及时督促办案机关办理换押手续和羁押期限变更通知手续的，派驻检察室应当及时向看守所提出口头或者书面建议。情节严重的，派驻检察室应当报经检察长批准，以本院名义向看守所提出书面检察建议。

第六条 发现办案机关没有依照规定办理换押手续和羁押期限变更通知手续的，派驻检察室应当及时报告或者通知办案机关对应的同级人民检察院刑事执行检察部门。刑事执行检察部门核实后，应当报经检察长批准，立即以本院名义向办案机关发出《纠正违法通知书》。

第七条 发现看守所在犯罪嫌疑人、被告人羁押期限到期前七日，未向办案机关发出《案件即将到期通知书》的，派驻检察室应当向看守所提出口头或者书面纠正意见。情节严重的，派驻检察室应当报经检察长批准，以本院名义向看守所发出《纠正违法通知书》。

第八条 发现犯罪嫌疑人、被告人被超期羁押后，看守所没有及时书面报告人民检察院并通知办案机关的，派驻检察室应当报经检察长批准，以本院名义向看守所发出《纠正违法通知书》。

第九条 发现犯罪嫌疑人、被告人被超期羁押后，派驻检察室应当立即报告或者通知办案机关对应的同级人民检察院刑事执行检察部门。刑事执行检察部门核实后，应当报经检察长批准，立即以本院名义向办案机关发出《纠正违法通知书》。

第十条 向办案机关发出《纠正违法通知书》后，办案机关在七日内未依法释放犯罪嫌疑人、被告人或者变更强制措施，也没有办理延长羁押期限手续的，刑事执行检察部门应当及时向上一级人民检察院刑事执行检察部门报告。

上一级人民检察院刑事执行检察部门核实后，应当报经检察长批准，立即以本院名义向办案机关的上一级机关通报，并监督其督促办案机关立即纠正超期羁押。

第十一条 发现犯罪嫌疑人、被告人久押不决的，派驻检察室应当及时报告或者通知办案机关对应的同级人民检察院刑事执行检察部门。刑事执行检察部门应当报经检察长批准，及时以本院名义督促办案机关加快办案进度。

第十二条 久押不决案件同时存在超期羁押的，办案机关对应的同级人民检察院刑事执行检察部门应当报经检察长批准，立即以本院名义向办案机关发出《纠正违法通知书》。

第十三条 超期羁押超过三个月和羁押期限超过五年的久押不决案件，由省级人民检察院刑事执行检察部门负责督办；超期羁押超过六个月和羁押期限超过八年的久押不决案件，由最高人民检察院刑事执行检察部门负责督办。

第十四条 督办超期羁押和久押不决案件，应当指定专人负责；可以采取电话督办、发函督办、实地督办等方式；可以协调办案机关的上一级机关联合督办；必要时，可以报经检察长批准，以本院名义提请同级党委政法委或者人大内司委研究解决。

第十五条 上级人民检察院刑事执行检察部门对看守所进行巡视检察时，要将派驻检察室开展预防和纠正超期羁押和久押不决案件工作的情况作为一项重要巡视内容。

第十六条 各省级人民检察院刑事执行检察部门应当定期对本地区预防和纠正超期羁押和久押不决案件工作情况进行通报。通报可以报经检察长批准，以本院名义印发，同时抄送省级党委政法委、人大内司委、高级人民法院、公安厅(局)。

最高人民检察院刑事执行检察部门每半年对全国检察机关预防和纠正超期羁押和久押不决案件工作情况进行一次通报。

第十七条 对超期羁押和久押不决负有监督职责的刑事执行检察人员，不认真履行监督职责，应当发现、报告、通知、提出纠正意见而未发现、报告、通知、提出纠正意见的，依纪依法追究责任。

第十八条 对于造成超期羁押的直接责任人员，可以报经检察长批准，以本院名义书面建议其所在单位或者有关主管机关予以纪律处分；情节严重，涉嫌犯罪的，依法追究刑事责任。

第十九条 本规定中的办案机关，是指公安机关、人民法院。

对于人民检察院办理案件存在超期羁押或者久押不决的，派驻检察室或者刑事执行检察部门发现后，应当及时通知该人民检察院的案件管理部门。

第二十条 本规定自印发之日起试行。

人民检察院办理延长侦查羁押期限案件的规定

(2016年7月1日最高人民检察院第十二届检察委员会第五十二次会议通过　高检发侦监字〔2016〕9号)

第一条 为了规范人民检察院办理延长侦查羁押期限案件，保障刑事诉讼活动依法进行，维护犯罪嫌疑人的合法权益，根据《中华人民共和国刑事诉讼法》《人民检察院刑事诉讼规则(试行)》等规定，结合工作实际，制定本规定。

第二条 人民检察院办理延长侦查羁押期限案件，应当坚持惩罚犯罪与保障人权并重、监督制约与支持配合并重、程序审查与实体审查并重的原则。

第三条 侦查机关依照《中华人民共和国刑事诉讼法》第一百五十四条规定提请延长犯罪嫌疑人侦查羁押期限的案件，由同级人民检察院受理审查并提出意见后，报上一级人民检察院审查决定。

人民检察院直接受理立案侦查的案件，依照《中华人民共和国刑事诉讼法》第一百五十四条规定提请延长犯罪嫌疑人侦查羁押期限的，由本院审查提出意见后，报上一级人民检察院审查决定。

第四条 侦查机关需要延长侦查羁押期限的，应当在侦查羁押期限届满七日前，向同级人民检察院移送以下材料：

(一)提请批准延长侦查羁押期限意见书和延长侦查羁押期限案情报告；

(二)立案决定书、逮捕证以及重新计算侦查羁押期限决定书等相关法律文书复印件；

(三)罢免、辞去县级以上人大代表或者报请许可对其采取强制措施手续等文书;

(四)案件的其他情况说明。

人民检察院直接受理立案侦查的案件,需要延长侦查羁押期限的,侦查部门应当依照本条第一款的规定向本院侦查监督部门移送延长侦查羁押期限意见书和前款规定的有关材料。

第五条 侦查机关应当在延长侦查羁押期限案情报告中详细写明犯罪嫌疑人基本情况、采取强制措施的具体情况、主要案情和捕后侦查工作进展情况、下一步侦查工作计划、延长侦查羁押期限的具体理由和法律依据、继续羁押的必要以及提请批准延长侦查羁押期限的起止日期。

人民检察院直接受理立案侦查的案件,侦查部门应当在延长侦查羁押期限意见书中详细写明前款规定的内容。

第六条 受理案件的人民检察院侦查监督部门应当制作提请批准延长侦查羁押期限报告书和提请延长侦查羁押期限案件审查报告,连同审查逮捕意见书以及侦查机关(部门)移送的材料,经本院案件管理部门报上一级人民检察院审查。

第七条 上一级人民检察院案件管理部门收到案件材料后,应当及时审核,符合报送材料要求的,移交本院侦查监督部门办理。发现材料不全的,应当要求在规定的时间内予以补充。

对于未及时补充或者未按规定时间移送材料的,应当及时告知侦查监督部门,由侦查监督部门决定是否予以受理。

对于侦查机关(部门)超过法定羁押期限仍提请延长侦查羁押期限的,上一级人民检察院不予受理。

第八条 人民检察院侦查监督部门应当在提请延长侦查羁押期限案件审查报告中详细写明受案和审查过程、犯罪嫌疑人基本情况、采取强制措施的情况和羁押地点、主要案情、延长侦查羁押期限的理由和法律依据、继续羁押的必要、提请批准延长侦查羁押期限的起止日期以及审查意见。

第九条 人民检察院侦查监督部门办理延长侦查羁押期限案件,应当审查以下内容:

(一)本院或者下级人民检察院的逮捕决定是否符合法律规定;

(二)犯罪嫌疑人逮捕后侦查工作进展情况;

(三)下一步侦查计划是否具体明确;

(四)延长侦查羁押期限的理由、日期是否符合法律规定;

(五)犯罪嫌疑人有无继续羁押的必要;

(六)有无超期羁押等违法情况;

(七)其他需要审查的内容。

第十条 人民检察院侦查监督部门办理延长侦查羁押期限案件,应当由承办检察官提出审查意见,报检察长决定。

第十一条 人民检察院侦查监督部门审查延长侦查羁押期限案件,对于案件是否符合延长侦查羁押期限条件有疑问或者侦查活动可能存在重大违法等情形的,可以讯问犯罪嫌疑人,听取律师意见、侦查机关(部门)意见,调取案卷及相关材料。

第十二条 经审查,同时具备下列条件的案件,人民检察院应当作出批准延长侦查羁押期限一个月的决定:

(一)符合《中华人民共和国刑事诉讼法》第一百五十四条的规定;

(二)符合逮捕条件;

(三)犯罪嫌疑人有继续羁押的必要。

第十三条 经审查,对于不符合《中华人民共和国刑事诉讼法》第一百五十四条规定、犯罪嫌疑人不符合逮捕条件或者犯罪嫌疑人没有继续羁押必要的,人民检察院应当作出不批准延长侦查羁押期限决定。

对于犯罪嫌疑人虽然符合逮捕条件,但经审查,侦查机关(部门)在犯罪嫌疑人逮捕后二个月以内未有效开展侦查工作或者侦查取证工作没有实质进展的,人民检察院可以作出不批准延长侦查羁押期限的决定。

对于犯罪嫌疑人不符合逮捕条件,需要撤销下级人民检察院逮捕决定的,上一级人民检察院作出不批准延长侦查羁押期限决定后,应当作出撤销逮捕决定,或者通知下级人民检察院撤销逮捕决定。

第十四条 《中华人民共和国刑事诉讼法》第一百五十四条规定的"案情复杂、期限届满不能终结的案件",包括以下情形之一:

(一)影响定罪量刑的重要证据无法在侦查羁押期限内调取到的;

(二)共同犯罪案件,犯罪事实需要进一步查清的;

(三)犯罪嫌疑人涉嫌多起犯罪或者多个罪名,犯罪事实需要进一步查清的;

(四)涉外案件,需要境外取证的;

(五)与其他重大案件有关联,重大案件尚未侦查终结,影响本案或者其他重大案件处理的。

第十五条 有决定权的人民检察院在侦查羁押期限届满前作出是否批准延长侦查羁押期限的决定后,交由受理案件的人民检察院侦查监督部门送达侦查机关(部门)。

受理案件的人民检察院侦查监督部门在收到批准延长侦查羁押期限决定书或者不批准延长侦查羁押期限决定书的同时,应当书面告知本院刑事执行检察部门。

第十六条 逮捕后侦查羁押期限日期的计算,应当自对犯罪嫌疑人执行逮捕的第二日起,至二个月后对应日期的前一日止,无对应日期的,以该月的最后一日为截止日。

延长侦查羁押期限的起始日应当与延长前侦查羁押期限的截止日连续计算。

第十七条 人民检察院侦查监督部门在审查延长侦查羁押期限案件中发现侦查机关(部门)的侦查活动存在违法情形的,应当向侦查机关(部门)提出纠正违法意见。

第十八条 依照《中华人民共和国刑事诉讼法》第一百五十六条、第一百五十七条规定提请批准延长侦查羁押期限的案件,参照本规定办理。

第十九条 本规定由最高人民检察院负责解释。

第二十条 本规定自印发之日起施行。最高人民检察院以前发布的有关规定与本规定不一致的,以本规定为准。

三、立案、侦查和提起公诉

行政执法机关移送涉嫌犯罪案件的规定

（2001年7月9日国务院令第310号公布　根据2020年8月7日国务院令第730号《关于修改〈行政执法机关移送涉嫌犯罪案件的规定〉的决定》修订）

第一条　为了保证行政执法机关向公安机关及时移送涉嫌犯罪案件，依法惩罚破坏社会主义市场经济秩序罪、妨害社会管理秩序罪以及其他罪，保障社会主义建设事业顺利进行，制定本规定。

第二条　本规定所称行政执法机关，是指依照法律、法规或者规章的规定，对破坏社会主义市场经济秩序、妨害社会管理秩序以及其他违法行为具有行政处罚权的行政机关，以及法律、法规授权的具有管理公共事务职能、在法定授权范围内实施行政处罚的组织。

第三条　行政执法机关在依法查处违法行为过程中，发现违法事实涉及的金额、违法事实的情节、违法事实造成的后果等，根据刑法关于破坏社会主义市场经济秩序罪、妨害社会管理秩序罪等罪的规定和最高人民法院、最高人民检察院关于破坏社会主义市场经济秩序罪、妨害社会管理秩序罪等罪的司法解释以及最高人民检察院、公安部关于经济犯罪案件的追诉标准等规定，涉嫌构成犯罪，依法需要追究刑事责任的，必须依照本规定向公安机关移送。

知识产权领域的违法案件，行政执法机关根据调查收集的证据和查明的案件事实，认为存在犯罪的合理嫌疑，需要公安机关采取措施进一步获取证据以判断是否达到刑事案件立案追诉标准的，应当向公安机关移送。

第四条　行政执法机关在查处违法行为过程中，必须妥善保存所收集的与违法行为有关的证据。

行政执法机关对查获的涉案物品，应当如实填写涉案物品清单，并按照国家有关规定予以处理。对易腐烂、变质等不宜或者不易保管的涉案物品，应当采取必要措施，留取证据；对需要进行检验、鉴定的涉案物品，应当由法定检验、鉴定机构进行检验、鉴定，并出具检验报告或者鉴定结论。

第五条　行政执法机关对应当向公安机关移送的涉嫌犯罪案件，应当立即指定2名或者2名以上行政执法人员组成专案组专门负责，核实情况后提出移送涉嫌犯罪案件的书面报告，报经本机关正职负责人或者主持工作的负责人审批。

行政执法机关正职负责人或者主持工作的负责人应当自接到报告之日起3日内作出批准移送或者不批准移送的决定。决定批准的，应当在24小时内向同级公安机关移送；决定不批准的，应当将不予批准的理由记录在案。

第六条　行政执法机关向公安机关移送涉嫌犯罪案件，应当附有下列材料：

（一）涉嫌犯罪案件移送书；

（二）涉嫌犯罪案件情况的调查报告；

（三）涉案物品清单；

（四）有关检验报告或者鉴定结论；

（五）其他有关涉嫌犯罪的材料。

第七条　公安机关对行政执法机关移送的涉嫌犯罪案件，应当在涉嫌犯罪案件移送书的回执上签字；其中，不属于本机关管辖的，应当在24小时内转送有管辖权的机关，并书面告知移送案件的行政执法机关。

第八条　公安机关应当自接受行政执法机关移送的涉嫌犯罪案件之日起3日内，依照刑法、刑事诉讼法以及最高人民法院、最高人民检察院关于立案标准和公安部关于公安机关办理刑事案件程序的规定，对所移送的案件进行审查。认为有犯罪事实，需要追究刑事责任，依法决定立案的，应当书面通知移送案件的行政执法机关；认为没有犯罪事实，或者犯罪事实显著轻微，不需要追究刑事责任，依法不予立案的，应当说明理由，并书面通知移送案件的行政执法机关，相应退回案卷材料。

第九条 行政执法机关接到公安机关不予立案的通知书后，认为依法应当由公安机关决定立案的，可以自接到不予立案通知书之日起3日内，提请作出不予立案决定的公安机关复议，也可以建议人民检察院依法进行立案监督。

作出不予立案决定的公安机关应当自收到行政执法机关提请复议的文件之日起3日内作出立案或者不予立案的决定，并书面通知移送案件的行政执法机关。移送案件的行政执法机关对公安机关不予立案的复议决定仍有异议的，应当自收到复议决定通知书之日起3日内建议人民检察院依法进行立案监督。

公安机关应当接受人民检察院依法进行的立案监督。

第十条 行政执法机关对公安机关决定不予立案的案件，应当依法作出处理；其中，依照有关法律、法规或者规章的规定应当给予行政处罚的，应当依法实施行政处罚。

第十一条 行政执法机关对应当向公安机关移送的涉嫌犯罪案件，不得以行政处罚代替移送。

行政执法机关向公安机关移送涉嫌犯罪案件前已经作出的警告，责令停产停业，暂扣或者吊销许可证、暂扣或者吊销执照的行政处罚决定，不停止执行。

依照行政处罚法的规定，行政执法机关向公安机关移送涉嫌犯罪案件前，已经依法给予当事人罚款的，人民法院判处罚金时，依法折抵相应罚金。

第十二条 行政执法机关对公安机关决定立案的案件，应当自接到立案通知书之日起3日内将涉案物品以及与案件有关的其他材料移交公安机关，并办结交接手续；法律、行政法规另有规定的，依照其规定。

第十三条 公安机关对发现的违法行为，经审查，没有犯罪事实，或者立案侦查后认为犯罪事实显著轻微，不需要追究刑事责任，但依法应当追究行政责任的，应当及时将案件移送同级行政执法机关，有关行政执法机关应当依法作出处理。

第十四条 行政执法机关移送涉嫌犯罪案件，应当接受人民检察院和监察机关依法实施的监督。

任何单位和个人对行政执法机关违反本规定，应当向公安机关移送涉嫌犯罪案件而不移送的，有权向人民检察院、监察机关或者上级行政执法机关举报。

第十五条 行政执法机关违反本规定，隐匿、私分、销毁涉案物品的，由本级或者上级人民政府，或者实行垂直管理的上级行政执法机关，对其正职负责人根据情节轻重，给予降级以上的处分；构成犯罪的，依法追究刑事责任。

对前款所列行为直接负责的主管人员和其他直接责任人员，比照前款的规定给予处分；构成犯罪的，依法追究刑事责任。

第十六条 行政执法机关违反本规定，逾期不将案件移送公安机关的，由本级或者上级人民政府，或者实行垂直管理的上级行政执法机关，责令限期移送，并对其正职负责人或者主持工作的负责人根据情节轻重，给予记过以上的处分；构成犯罪的，依法追究刑事责任。

行政执法机关违反本规定，对应当向公安机关移送的案件不移送，或者以行政处罚代替移送的，由本级或者上级人民政府，或者实行垂直管理的上级行政执法机关，责令改正，给予通报；拒不改正的，对其正职负责人或者主持工作的负责人给予记过以上的处分；构成犯罪的，依法追究刑事责任。

对本条第一款、第二款所列行为直接负责的主管人员和其他直接责任人员，分别比照前两款的规定给予处分；构成犯罪的，依法追究刑事责任。

第十七条 公安机关违反本规定，不接受行政执法机关移送的涉嫌犯罪案件，或者逾期不作出立案或者不予立案的决定的，除由人民检察院依法实施立案监督外，由本级或者上级人民政府责令改正，对其正职负责人根据情节轻重，给予记过以上的处分；构成犯罪的，依法追究刑事责任。

对前款所列行为直接负责的主管人员和其他直接责任人员，比照前款的规定给予处分；构成犯罪的，依法追究刑事责任。

第十八条 有关机关存在本规定第十五条、第十六条、第十七条所列违法行为，需要由监察机关依法给予违法的公职人员政务处分的，该机关及其上级主管机关或者有关人民政府应当依照有关规定将相关案件线索移送监察机关处理。

第十九条 行政执法机关在依法查处违法行为过程中，发现公职人员有贪污贿赂、失职渎职或者利用职权侵犯公民人身权利和民主权利等违法行为，涉嫌构成职务犯罪的，应当依照刑法、刑事诉讼法、监察法等法律规定及时将案件线索移送监察机关或者人民检察院处理。

第二十条 本规定自公布之日起施行。

公安机关受理行政执法机关移送涉嫌犯罪案件规定

（2016年6月16日公安部发布 公通字〔2016〕16号）

第一条 为规范公安机关受理行政执法机关移送涉嫌犯罪案件工作，完善行政执法与刑事司法衔接工作机制，根据有关法律、法规，制定本规定。

第二条 对行政执法机关移送的涉嫌犯罪案件，公安机关应当接受，及时录入执法办案信息系统，并检查是否附有下列材料：

（一）案件移送书，载明移送机关名称、行政违法行为涉嫌犯罪罪名、案件主办人及联系电话等。案件移送书应当附移送材料清单，并加盖移送机关公章；

（二）案件调查报告，载明案件来源、查获情况、嫌疑人基本情况、涉嫌犯罪的事实、证据和法律依据、处理建议等；

（三）涉案物品清单，载明涉案物品的名称、数量、特征、存放地等事项，并附采取行政强制措施、现场笔录等表明涉案物品来源的相关材料；

（四）附有鉴定机构和鉴定人资质证明或者其他证明文件的检验报告或者鉴定意见；

（五）现场照片、询问笔录、电子数据、视听资料、认定意见、责令整改通知书等其他与案件有关的证据材料。

移送材料表明移送案件的行政执法机关已经或者曾经作出有关行政处罚决定的，应当检查是否附有有关行政处罚决定书。

对材料不全的，应当在接受案件的二十四小时内书面告知移送的行政执法机关在三日内补正。但不得以材料不全为由，不接受移送案件。

第三条 对接受的案件，公安机关应当按照下列情形分别处理：

（一）对属于本公安机关管辖的，迅速进行立案审查；

（二）对属于公安机关管辖但不属于本公安机关管辖的，移送有管辖权的公安机关，并书面告知移送案件的行政执法机关；

（三）对不属于公安机关管辖的，退回移送案件的行政执法机关，并书面说明理由。

第四条 对接受的案件，公安机关应当立即审查，并在规定的时间内作出立案或者不立案的决定。

决定立案的，应当书面通知移送案件的行政执法机关。对决定不立案的，应当说明理由，制作不予立案通知书，连同案卷材料在三日内送达移送案件的行政执法机关。

第五条 公安机关审查发现涉嫌犯罪案件移送材料不全、证据不充分的,可以就证明有犯罪事实的相关证据要求等提出补充调查意见,商请移送案件的行政执法机关补充调查。必要时,公安机关可以自行调查。

第六条 对决定立案的,公安机关应当自立案之日起三日内与行政执法机关交接涉案物品以及与案件有关的其他证据材料。

对保管条件、保管场所有特殊要求的涉案物品,公安机关可以在采取必要措施固定留取证据后,商请行政执法机关代为保管。

移送案件的行政执法机关在移送案件后,需要作出责令停产停业、吊销许可证等行政处罚,或者在相关行政复议、行政诉讼中,需要使用已移送公安机关证据材料的,公安机关应当协助。

第七条 单位或者个人认为行政执法机关办理的行政案件涉嫌犯罪,向公安机关报案、控告、举报或者自首的,公安机关应当接受,不得要求相关单位或者人员先行向行政执法机关报案、控告、举报或者自首。

第八条 对行政执法机关移送的涉嫌犯罪案件,公安机关立案后决定撤销案件的,应当将撤销案件决定书连同案卷材料送达移送案件的行政执法机关。对依法应当追究行政法律责任的,可以同时向行政执法机关提出书面建议。

第九条 公安机关应当定期总结受理审查行政执法机关移送涉嫌犯罪案件情况,分析衔接工作中存在的问题,并提出意见建议,通报行政执法机关、同级人民检察院。必要时,同时通报本级或者上一级人民政府,或者实行垂直管理的行政执法机关的上一级机关。

第十条 公安机关受理行政执法机关移送涉嫌犯罪案件,依法接受人民检察院的法律监督。

第十一条 公安机关可以根据法律法规,联合同级人民检察院、人民法院、行政执法机关制定行政执法机关移送涉嫌犯罪案件类型、移送标准、证据要求、法律文书等文件。

第十二条 本规定自印发之日起实施。

最高人民法院
关于人民法院登记立案若干问题的规定

(2015年4月13日最高人民法院审判委员会第1647次会议通过 2015年4月15日公布 法释〔2015〕8号 自2015年5月1日起施行)

为保护公民、法人和其他组织依法行使诉权,实现人民法院依法、及时受理案件,根据《中华人民共和国民事诉讼法》《中华人民共和国行政诉讼法》《中华人民共和国刑事诉讼法》等法律规定,制定本规定。

第一条 人民法院对依法应该受理的一审民事起诉、行政起诉和刑事自诉,实行立案登记制。

第二条 对起诉、自诉,人民法院应当一律接收诉状,出具书面凭证并注明收到日期。

对符合法律规定的起诉、自诉,人民法院应当当场予以登记立案。

对不符合法律规定的起诉、自诉,人民法院应当予以释明。

第三条 人民法院应当提供诉状样本,为当事人书写诉状提供示范和指引。

当事人书写诉状确有困难的,可以口头提出,由人民法院记入笔录。符合法律规定的,予以登记立案。

第四条 民事起诉状应当记明以下事项:

(一)原告的姓名、性别、年龄、民族、职业、工作单位、住所、联系方式,法人或者其他组织的名称、住所和法定代表人或者主要负责人的姓名、职务、联系方式;

(二)被告的姓名、性别、工作单位、住所等信息,法人或者其他组织的名称、住所等信息;

（三）诉讼请求和所根据的事实与理由；

（四）证据和证据来源；

（五）有证人的，载明证人姓名和住所。

行政起诉状参照民事起诉状书写。

第五条 刑事自诉状应当记明以下事项：

（一）自诉人或者代为告诉人、被告人的姓名、性别、年龄、民族、文化程度、职业、工作单位、住址、联系方式；

（二）被告人实施犯罪的时间、地点、手段、情节和危害后果等；

（三）具体的诉讼请求；

（四）致送的人民法院和具状时间；

（五）证据的名称、来源等；

（六）有证人的，载明证人的姓名、住所、联系方式等。

第六条 当事人提出起诉、自诉的，应当提交以下材料：

（一）起诉人、自诉人是自然人的，提交身份证明复印件；起诉人、自诉人是法人或者其他组织的，提交营业执照或者组织机构代码证复印件、法定代表人或者主要负责人身份证明书；法人或者其他组织不能提供组织机构代码的，应当提供组织机构被注销的情况说明；

（二）委托起诉或者代为告诉的，应当提交授权委托书、代理人身份证明、代为告诉人身份证明等相关材料；

（三）具体明确的足以使被告或者被告人与他人相区别的姓名或者名称、住所等信息；

（四）起诉状原本和与被告或者被告人及其他当事人人数相符的副本；

（五）与诉请相关的证据或者证明材料。

第七条 当事人提交的诉状和材料不符合要求的，人民法院应当一次性书面告知在指定期限内补正。

当事人在指定期限内补正的，人民法院决定是否立案的期间，自收到补正材料之日起计算。

当事人在指定期限内没有补正的，退回诉状并记录在册；坚持起诉、自诉的，裁定或者决定不予受理、不予立案。

经补正仍不符合要求的，裁定或者决定不予受理、不予立案。

第八条 对当事人提出的起诉、自诉，人民法院当场不能判定是否符合法律规定的，应当作出以下处理：

（一）对民事、行政起诉，应当在收到起诉状之日起七日内决定是否立案；

（二）对刑事自诉，应当在收到自诉状次日起十五日内决定是否立案；

（三）对第三人撤销之诉，应当在收到起诉状之日起三十日内决定是否立案；

（四）对执行异议之诉，应当在收到起诉状之日起十五日内决定是否立案。

人民法院在法定期间内不能判定起诉、自诉是否符合法律规定的，应当先行立案。

第九条 人民法院对起诉、自诉不予受理或者不予立案的，应当出具书面裁定或者决定，并载明理由。

第十条 人民法院对下列起诉、自诉不予登记立案：

（一）违法起诉或者不符合法律规定的；

（二）涉及危害国家主权和领土完整的；

（三）危害国家安全的；

（四）破坏国家统一和民族团结的；

（五）破坏国家宗教政策的；

（六）所诉事项不属于人民法院主管的。

第十一条 登记立案后，当事人未在法定期限内交纳诉讼费的，按撤诉处理，但符合法律规定的缓、减、免交诉讼费条件的除外。

第十二条 登记立案后，人民法院立案庭应当及时将案件移送审判庭审理。

第十三条 对立案工作中存在的不接收诉状、接收诉状后不出具书面凭证，不一次性告知当事人补正诉状内容，以及有案不立、拖延立案、干扰立案、既不立案又不作出裁定或者决定等违法违纪情形，当事人可以向受诉人民法院或者上级人民法院投诉。

人民法院应当在受理投诉之日起十五日内，查明事实，并将情况反馈当事人。发现违法违纪行为的，依法依纪追究相关人员责任；构成犯罪的，依法追究刑事责任。

第十四条 为方便当事人行使诉权，人民法院提供网上立案、预约立案、巡回立案等诉讼服务。

第十五条 人民法院推动多元化纠纷解决机制建设，尊重当事人选择人民调解、行政调解、行业调解、仲裁等多种方式维护权益，化解纠纷。

第十六条 人民法院依法维护登记立案秩序，推进诉讼诚信建设。对干扰立案秩序、虚假诉讼的，根据民事诉讼法、行政诉讼法有关规定予以罚款、拘留；构成犯罪的，依法追究刑事责任。

第十七条 本规定的"起诉"，是指当事人提起民事、行政诉讼；"自诉"，是指当事人提起刑事自诉。

第十八条 强制执行和国家赔偿申请登记立案工作，按照本规定执行。

上诉、申请再审、刑事申诉、执行复议和国家赔偿申诉案件立案工作，不适用本规定。

第十九条 人民法庭登记立案工作，按照本规定执行。

第二十条 本规定自2015年5月1日起施行。以前有关立案的规定与本规定不一致的，按照本规定执行。

公安机关刑事案件现场勘验检查规则

(2015年10月22日公安部发布 公通字〔2015〕31号)

第一章 总 则

第一条 为规范公安机关刑事案件现场勘验、检查工作，保证现场勘验、检查质量，根据《中华人民共和国刑事诉讼法》和《公安机关办理刑事案件程序规定》的有关规定，制定本规则。

第二条 刑事案件现场勘验、检查，是侦查人员运用科学技术手段，对与犯罪有关的场所、物品、人身、尸体等进行勘验、检查的侦查活动。

第三条 刑事案件现场勘验、检查的任务，是发现、固定、提取与犯罪有关的痕迹、物证及其他信息，存储现场信息资料，判断案件性质，分析犯罪过程，确定侦查方向和范围，为侦查破案、刑事诉讼提供线索和证据。

第四条 公安机关对具备勘验、检查条件的刑事案件现场，应当及时进行勘验、检查。

第五条 刑事案件现场勘验、检查的内容，包括现场保护、现场实地勘验检查、现场访问、现场搜索与追踪、侦查实验、现场分析、现场处理、现场复验与复查等。

第六条 刑事案件现场勘验、检查由公安机关组织现场勘验、检查人员实施。必要时，可以指派或者聘请具有专门知识的人，在侦查人员的组织下进行勘验、检查。

公安机关现场勘验、检查人员是指公安机关及其派出机构经过现场勘验、检查专业培训考试，取得现场勘验、检查资格的侦查人员。

第七条 公安机关进行现场勘验、检查应当注意保护公民生命健康安全，尽量避免或者减少财产损失。

第八条 刑事案件现场勘验、检查工作应当遵循依法、安全、及时、客观、全面、细致的原则。

现场勘验、检查人员应当严格遵守保密规定，不得擅自发布刑事案件现场有关情况，泄露国家秘密、商业秘密、个人隐私。

第二章 现场勘验检查职责的划分

第九条 县级公安机关及其派出机构负责辖区内刑事案件的现场勘验、检查。对于案情重大、现场复杂的案件，可以向上一级公安机关请求支援。上级公安机关认为有必要时，可以直接组织现场勘验、检查。

第十条 涉及两个县级以上地方公安机关的刑事案件现场勘验、检查，由受案地公安机关进行，案件尚未受理的，由现场所在地公安机关进行。

第十一条 新疆生产建设兵团和铁路、交通、民航、森林公安机关及海关缉私部门负责其管辖的刑事案件的现场勘验、检查。

第十二条 公安机关和军队、武装警察部队互涉刑事案件的现场勘验、检查，依照公安机关和军队互涉刑事案件管辖分工的有关规定确定现场勘验、检查职责。

第十三条 人民法院、人民检察院和国家安全机关、军队保卫部门、监狱等部门管辖的案件，需要公安机关协助进行现场勘验、检查，并出具委托书的，有关公安机关应当予以协助。

第三章 现场保护

第十四条 发案地公安机关接到刑事案件报警后，对于有犯罪现场的，应当迅速派员赶赴现场，做好现场保护工作。

第十五条 负责保护现场的人民警察应当根据案件具体情况，划定保护范围，设置警戒线和告示牌，禁止无关人员进入现场。

第十六条 负责保护现场的人民警察除抢救伤员、紧急排险等情况外，不得进入现场，不得触动现场上的痕迹、物品和尸体；处理紧急情况时，应当尽可能避免破坏现场上的痕迹、物品和尸体，对现场保护情况应当予以记录，对现场原始情况应当拍照或者录像。

第十七条 负责保护现场的人民警察对现场可能受到自然、人为因素破坏的，应当对现场上的痕迹、物品和尸体等采取相应的保护措施。

第十八条 保护现场的时间，从发现刑事案件现场开始，至现场勘验、检查结束。需要继续勘验、检查或者需要保留现场的，应当对整个现场或者部分现场继续予以保护。

第十九条 负责现场保护的人民警察应当将现场保护情况及时报告现场勘验、检查指挥员。

第四章 现场勘验检查的组织指挥

第二十条 公安机关对刑事案件现场勘验、检查应当统一指挥，周密组织，明确分工，落实责任，及时完成各项任务。

第二十一条 现场勘验、检查的指挥员由具有现场勘验、检查专业知识和组织指挥能力的人民警察担任。

第二十二条 现场勘验、检查的指挥员依法履行下列职责：

（一）决定和组织实施现场勘验、检查的紧急措施；

（二）制定和实施现场勘验、检查的工作方案；

（三）对参加现场勘验、检查人员进行分工；

（四）指挥、协调现场勘验、检查工作；

（五）确定现场勘验、检查见证人；

（六）审核现场勘验检查工作记录；

（七）组织现场分析；

（八）决定对现场的处理。

第二十三条 现场勘验、检查人员依法履行下列职责：

（一）实施现场紧急处置；

（二）开展现场调查访问；

（三）发现、固定和提取现场痕迹、物证等；

（四）记录现场保护情况、现场原始情况和现场勘验、检查情况，制作《现场勘验检查工作记录》；

（五）参与现场分析；

（六）提出处理现场的意见；

（七）将现场勘验信息录入“全国公安机关现场勘验信息系统”；

（八）利用现场信息串并案件。

第五章 现场实地勘验检查

第二十四条 公安机关对刑事案件现场进行勘验、检查不得少于二人。

勘验、检查现场时，应当邀请一至二名与案件无关的公民作见证人。由于客观原因无法由符合条件的人员担任见证人的，应当在笔录材料中注明情况，并对相关活动进行录像。

勘验、检查现场，应当拍摄现场照片，绘制现场图，制作笔录，由参加勘查的人和见证人签名。对重大案件的现场,应当录像。

第二十五条 现场勘验、检查人员到达现场后,应当了解案件发生、发现和现场保护情况。需要采取搜索、追踪、堵截、鉴别、安全检查和控制销赃等紧急措施的,应当立即报告现场指挥员,并依照有关法律法规果断处置。

具备使用警犬追踪或者鉴别条件的,在不破坏现场痕迹、物证的前提下,应当立即使用警犬搜索和追踪,提取有关物品、嗅源。

第二十六条 勘验、检查暴力犯罪案件现场,可以视案情部署武装警戒,防止造成新的危害后果。

第二十七条 公安机关应当为现场勘验、检查人员配备必要的安全防护设施和器具。现场勘验、检查人员应当增强安全意识,注意自身防护。对涉爆、涉枪、放火、制毒、涉危险物质、危险场所等可能危害勘验、检查人身安全的现场,应当先由专业人员排除险情,再进行现场勘验、检查。

第二十八条 执行现场勘验、检查任务的人员,应当持有《刑事案件现场勘查证》。《刑事案件现场勘查证》由公安部统一样式,省级公安机关统一制发。

第二十九条 执行现场勘验、检查任务的人员,应当使用相应的个人防护装置,防止个人指纹、足迹、DNA等信息遗留现场造成污染。

第三十条 勘验、检查现场时,非勘验、检查人员不得进入现场。确需进入现场的,应当经指挥员同意,并按指定路线进出现场。

第三十一条 现场勘验、检查按照以下工作步骤进行:

(一)巡视现场,划定勘验、检查范围;

(二)按照"先静后动,先下后上,先重点后一般,先固定后提取"的原则,根据现场实际情况确定勘验、检查流程;

(三)初步勘验、检查现场,固定和记录现场原始状况;

(四)详细勘验、检查现场,发现、固定、记录和提取痕迹、物证;

(五)记录现场勘验、检查情况。

第三十二条 勘验、检查人员应当及时采集并记录现场周边的视频信息、基站信息、地理信息及电子信息等相关信息。勘验、检查与电子数据有关的犯罪现场时,应当按照有关规范处置相关设备,保护电子数据和其他痕迹、物证。

第三十三条 勘验、检查繁华场所、敏感地区发生的煽动性或者影响较恶劣的案件时,应当采用适当方法对现场加以遮挡,在取证结束后及时清理现场,防止造成不良影响。

第三十四条 为了确定被害人、犯罪嫌疑人的某些特征、伤害情况或者生理状态,可以对人身进行检查,可以提取指纹信息,采集血液、口腔拭子、尿液等生物样本。犯罪嫌疑人拒绝检查、提取、采集的,侦查人员认为必要的时候,经办案部门负责人批准,可以强制检查、提取、采集。

检查妇女的身体,应当由女工作人员或者医师进行。

检查的情况应当制作笔录,由参加检查的侦查人员、检查人员、被检查人员和见证人签名。被检查人员拒绝签名的,侦查人员应当在笔录中注明。

第三十五条 勘验、检查有尸体的现场,应当有法医参加。

第三十六条 为了确定死因,经县级以上公安机关负责人批准,可以解剖尸体。

第三十七条 解剖尸体应当通知死者家属到场,并让死者家属在《解剖尸体通知书》上签名。死者家属无正当理由拒不到场或者拒绝签名的,可以解剖尸体,但是应当在《解剖尸体通知书》上注明。对于身份不明的尸体,无法通知死者家属的,应当在笔录中注明。

解剖外国人尸体应当通知死者家属或者其所属国家驻华使、领馆有关官员到场,并请死者家属或者其所属国家驻华使、领馆有关官员在《解剖尸体通知书》上签名。死者家属或者其所属国家驻华使、领馆有关官员无正当理由拒不到场或者拒绝签名的,可以解剖尸体,但应当在《解剖尸体通知书》上注明。对于身份不明外国人的尸体,无法通知死者家属或者有关使、领馆的,应当在笔录中注明。

第三十八条 移动现场尸体前,应当对尸体的原始状况及周围的痕迹、物品进行照相、录像,并提取有关痕迹、物证。

第三十九条 解剖尸体应当在尸体解剖室进行。确因情况紧急,或者受条件限制,需要在现场附近解剖的,应当采取隔离、遮挡措施。

第四十条 检验、解剖尸体时,应当捺印尸体指纹和掌纹。必要时,提取血液、尿液、胃内容和有关组织、器官等。尸体指纹和掌纹因客观条件无法捺印时需在相关记录中注明。

第四十一条 检验、解剖尸体时,应当照相、录像。对尸体损伤痕迹和有关附着物等应当进行细目照相、录像。

对无名尸体的面貌,生理、病理特征,以及衣着、携带物品和包裹尸体物品等,应当进行详细检查和记录,拍摄辨认照片。

第六章 现场勘验检查工作记录

第四十二条 现场勘验、检查结束后,应当及时将现场信息录入"全国公安机关现场勘验信息系统"并制作《现场勘验检查工作记录》。其中,对命案现场信息应当在勘查结束后七个工作日内录入,对其他现场信息应当在勘查结束后五个工作日内录入。

《现场勘验检查工作记录》包括现场勘验笔录、现场图、现场照片、现场录像和现场录音。

第四十三条 现场勘验检查工作记录应当客观、全面、详细、准确、规范,能够作为核查现场或者恢复现场原状的依据。

第四十四条 现场勘验笔录正文需要载明现场勘验过程及结果,包括与犯罪有关的痕迹和物品的名称、位置、数量、性状、分布等情况,尸体的位置、衣着、姿势、血迹分布、性状和数量以及提取痕迹、物证情况等。

第四十五条 对现场进行多次勘验、检查的,在制作首次现场勘验检查工作记录后,逐次制作补充勘验检查工作记录。

第四十六条 现场勘验、检查人员应当制作现场方位图、现场平面示意图,并根据现场情况选择制作现场平面比例图、现场平面展开图、现场立体图和现场剖面图等。

第四十七条 绘制现场图应当符合以下基本要求:

(一)标明案件名称,案件发现时间、案发地点;

(二)完整反映现场的位置、范围;

(三)准确反映与犯罪活动有关的主要物体,标明尸体、主要痕迹、主要物证、作案工具等具体位置;

(四)文字说明简明、准确;

(五)布局合理,重点突出,画面整洁,标识规范;

(六)现场图注明方向、图例、绘图单位、绘图日期和绘图人。

第四十八条 现场照相和录像包括方位、概貌、重点部位和细目四种。

第四十九条 现场照相和录像应当符合以下基本要求:

(一)影像清晰、主题突出、层次分明、色彩真实;

(二)清晰、准确记录现场方位、周围环境及原始状态,记录痕迹、物证所在部位、形状、大小及其相互之间的关系;

(三)细目照相、录像应当放置比例尺;

(四)现场照片需有文字说明。

第五十条 现场绘图、现场照相、录像、现场勘验笔录应当相互吻合。

第五十一条 现场绘图、现场照相、录像、现场勘验笔录等现场勘验、检查的原始资料应当妥善保存。现场勘验、检查原始记录可以用纸质形式或者电子形式记录,现场勘验、检查人员、见证人应当在现场签字确认,以电子形式记录的可以使用电子签名。

第七章 现场痕迹物品文件的提取与扣押

第五十二条 现场勘验、检查中发现与犯罪有关的痕迹、物品,应当固定、提取。

提取现场痕迹、物品，应当分别提取，分开包装，统一编号，注明提取的地点、部位、日期，提取的数量、名称、方法和提取人。对特殊检材，应当采取相应的方法提取和包装，防止损坏或者污染。

第五十三条 提取秘密级以上的文件，应当由县级以上公安机关负责人批准，按照有关规定办理，防止泄密。

第五十四条 在现场勘验、检查中，应当对能够证明犯罪嫌疑人有罪或者无罪的各种物品和文件予以扣押；对有可能成为痕迹物证载体的物品、文件，应当予以提取、扣押，进一步检验，但不得扣押或者提取与案件无关的物品、文件，对与犯罪有关的物品、文件和有可能成为痕迹物证载体的物品、文件的持有人无正当理由拒绝交出物品、文件的，现场勘验、检查人员可以强行扣押或者提取。

第五十五条 现场勘验、检查中需要扣押或者提取物品、文件的，由现场勘验、检查指挥员决定。执行扣押或者提取物品、文件时，侦查人员不得少于二人，并持有关法律文书和相关证件，同时应当有见证人在场。

第五十六条 现场勘验、检查中，发现爆炸物品、毒品、枪支、弹药和淫秽物品以及其他危险品或者违禁物品，应当立即扣押，固定相关证据后，交有关部门处理。

第五十七条 扣押物品、文件时，当场开具《扣押清单》，写明扣押的日期和物品、文件的名称、编号、数量、特征及其来源等，由侦查人员、见证人和物品、文件持有人分别签名或者盖章。对于持有人拒绝签名或者无法查清持有人的，应当在《扣押清单》上注明。

《扣押清单》一式三份，一份交物品、文件持有人，一份交公安机关保管人员，一份附卷备查。

提取现场痕迹、物品应当填写《提取痕迹、物证登记表》，写明物品、文件的编号、名称、数量、特征和来源等，由侦查人员、见证人和物品、文件持有人分别签名或者盖章。对于物品持有人拒绝签名或者无法查清持有人的，应当在《提取痕迹、物证登记表》上注明。

第五十八条 对应当扣押但不便提取的物品、文件，经登记、拍照或者录像、估价后，可以交被扣押物品、文件持有人保管或者封存，并明确告知物品持有人应当妥善保管，不得转移、变卖、毁损。

交被扣押物品、文件持有人保管或者封存的，应当开具《登记保存清单》，在清单上写明封存地点和保管责任人，注明已经拍照或者录像，由侦查人员、见证人和持有人签名或者盖章。

《登记保存清单》一式两份，一份交给物品、文件持有人，一份连同照片或者录像资料附卷备查。

对应当扣押但容易腐烂变质以及其他不易保管的物品，权利人明确的，经其本人书面同意或者申请，经县级以上公安机关负责人批准，在拍照或者录像固定后委托有关部门变卖、拍卖，所得款项存入本单位唯一合规账户，待诉讼终结后一并处理。

第五十九条 对不需要继续保留或者经调查证实与案件无关的检材和被扣押物品、文件，应当及时退还原主，填写《发还清单》一式三份，由承办人、领取人签名或者盖章，一份交物品、文件的原主，一份交物品保管人，一份附卷备查。

第六十条 对公安机关扣押物品、文件有疑问的，物品、文件持有人可以向扣押单位咨询；认为扣押不当的，可以向扣押物品、文件的公安机关申诉或者控告。

第六十一条 上级公安机关发现下级公安机关扣押物品、文件不当的，应当责令下级公安机关纠正，下级公安机关应当立即执行。必要时，上级公安机关可以就申诉、控告事项直接作出处理决定。

第六十二条 对于现场提取的痕迹、物品和扣押的物品、文件，应当按照有关规定建档管理，存放于专门场所，由专人负责，严格执行存取登记制度，严禁侦查人员自行保管。

第八章 现场访问

第六十三条 现场勘验、检查人员应当向报案人、案件发现人,被害人及其亲属,其他知情人或者目击者了解、收集有关刑事案件现场的情况和线索。

第六十四条 现场访问包括以下主要内容:

(一)刑事案件发现和发生的时间、地点、详细经过,发现后采取的保护措施,现场情况,有无可疑人或者其他人在现场,现场有无反常情况,以及物品损失等情况;

(二)现场可疑人或者作案人数、作案人性别、年龄、口音、身高、体态、相貌、衣着打扮、携带物品及特征,来去方向、路线等;

(三)与刑事案件现场、被害人有关的其他情况。

第六十五条 现场访问应当制作询问笔录。

第九章 现场外围的搜索和追踪

第六十六条 现场勘验、检查中,应当根据痕迹、视频、嗅源、物证、目击者描述及其他相关信息对现场周围和作案人的来去路线进行搜索和追踪。

第六十七条 现场搜索、追踪的任务包括:

(一)搜寻隐藏在现场周围或者尚未逃离的作案人;

(二)寻找与犯罪有关的痕迹、物品等;

(三)搜寻被害人尸体、人体生物检材、衣物等;

(四)寻找隐藏、遗弃的赃款赃物等;

(五)发现并排除可能危害安全的隐患;

(六)确定作案人逃跑的方向和路线,追踪作案人;

(七)发现现场周边相关视频信息。

第六十八条 在现场搜索、追踪中,发现与犯罪有关的痕迹、物证,应当予以固定、提取。

第十章 侦查实验

第六十九条 为了证实现场某一具体情节的形成过程、条件和原因等,可以进行侦查实验。

进行侦查实验应当经县级以上公安机关负责人批准。

第七十条 侦查实验的任务包括:

(一)验证在现场条件下能否听到某种声音或者看到某种情形;

(二)验证在一定时间内能否完成某一行为;

(三)验证在现场条件下某种行为或者作用与遗留痕迹、物品的状态是否吻合;

(四)确定某种条件下某种工具能否形成某种痕迹;

(五)研究痕迹、物品在现场条件下的变化规律;

(六)分析判断某一情节的发生过程和原因;

(七)其他需要通过侦查实验作出进一步研究、分析、判断的情况。

第七十一条 侦查实验应当符合以下要求:

(一)侦查实验一般在发案地点进行,燃烧、爆炸等危险性实验,应当在其他能够确保安全的地点进行;

(二)侦查实验的时间、环境条件应当与发案时间、环境条件基本相同;

(三)侦查实验使用的工具、材料应当与发案现场一致或者基本一致;必要时,可以使用不同类型的工具或者材料进行对照实验;

(四)如条件许可,类同的侦查实验应当进行二次以上;

(五)评估实验结果应当考虑到客观环境、条件变化对实验的影响和可能出现的误差;

(六)侦查实验,禁止一切足以造成危险、侮辱人格或者有伤风化的行为。

第七十二条 对侦查实验的过程和结果,应当制作《侦查实验笔录》,参加侦查实验的人员应当在《侦查实验笔录》上签名。进行侦查实验,应当录音、录像。

第十一章 现场分析

第七十三条 现场勘验、检查结束后,勘验、检查人员应当进行现场分析。

第七十四条 现场分析的内容包括:

(一)侵害目标和损失;

(二)作案地点、场所;

(三)开始作案的时间和作案所需要的时间;

(四)作案人出入现场的位置、侵入方式和行走路线;

(五)作案人数;

(六)作案方式、手段和特点;

(七)作案工具;

(八)作案人在现场的活动过程;

(九)作案人的个人特征和作案条件;

(十)有无伪装或者其他反常现象;

(十一)作案动机和目的;

(十二)案件性质;

(十三)是否系列犯罪;

(十四)侦查方向和范围;

(十五)其他需要分析解决的问题。

第七十五条 勘验、检查人员在现场勘验、检查后,应当运用"全国公安机关现场勘验信息系统"和各种信息数据库开展刑事案件串并工作,并将串并案情况录入"全国公安机关现场勘验信息系统"。

第十二章 现场的处理

第七十六条 现场勘验、检查结束后,现场勘验、检查指挥员决定是否保留现场。

对不需要保留的现场,应当及时通知有关单位和人员进行处理。

对需要保留的现场,应当及时通知有关单位和个人,指定专人妥善保护。

第七十七条 对需要保留的现场,可以整体保留或者局部保留。

第七十八条 现场勘验、检查结束后,现场勘验、检查指挥员决定是否保留尸体。

(一)遇有死因未定、身份不明或者其他情况需要复验的,应当保存尸体;

(二)对没有必要继续保存的尸体,经县级以上公安机关负责人批准,应当立即通知死者家属处理。对无法通知或者通知后家属拒绝领回的,经县级以上公安机关负责人批准,可以按照有关规定及时处理;

(三)对没有必要继续保存的外国人尸体,经县级以上公安机关负责人批准,应当立即通知死者家属或者所属国驻华使、领馆的官员处理。对无法通知或者通知后外国人家属或者其所属国驻华使、领馆的官员拒绝领回的,经县级以上公安机关负责人批准,并书面通知外事部门后,可以按照有关规定及时处理。

第十三章 现场的复验、复查

第七十九条 遇有下列情形之一,应当对现场进行复验、复查:

(一)案情重大、现场情况复杂的;

(二)侦查工作需要从现场进一步收集信息、获取证据的;

(三)人民检察院审查案件时认为需要复验、复查的;

(四)当事人提出不同意见,公安机关认为有必要复验、复查的;

(五)其他需要复验、复查的。

第八十条 对人民检察院要求复验、复查的,公安机关复验、复查时,可以通知人民检察院派员参加。

第十四章 附 则

第八十一条 公安机关对其他案件、事件、事故现场的勘验、检查,可以参照本规则执行。

第八十二条 本规则自发布之日起施行。《公安机关刑事案件现场勘验检查规则》(2005年10月1日颁布并实施)同时废止。

最高人民检察院
关于下级人民检察院对上级人民检察院不批准不起诉等决定能否提请复议的批复

（2015年12月9日最高人民检察院第十二届检察委员会第44次会议通过　2015年12月15日公布　高检发释字〔2015〕5号　自2015年12月25日起施行）

宁夏回族自治区人民检察院：

你院《关于下级人民检察院对上级人民检察院不批准不起诉等决定能否提请复议的请示》（宁检〔2015〕126号）收悉。经研究，批复如下：

一、上级人民检察院的决定，下级人民检察院应当执行。下级人民检察院认为上级人民检察院的决定有错误或者对上级人民检察院的决定有不同意见的，可以在执行的同时向上级人民检察院报告。

二、下级人民检察院对上级人民检察院的决定有不同意见，法律、司法解释设置复议程序或者重新审查程序的，可以向上级人民检察院提请复议或者报请重新审查；法律、司法解释未设置复议程序或者重新审查程序的，不能向上级人民检察院提请复议或者报请重新审查。

三、根据《人民检察院检察委员会组织条例》第十五条的规定，对上级人民检察院检察委员会作出的不批准不起诉等决定，下级人民检察院可以提请复议；上级人民检察院非经检察委员会讨论作出的决定，且不属于法律、司法解释规定的可以提请复议情形的，下级人民检察院不得对上级人民检察院的决定提请复议。

此复

最高人民检察院　公安部
关于加强和规范补充侦查工作的指导意见

（2020年3月27日发布　高检发〔2020〕6号）

第一条　为进一步完善以证据为核心的刑事指控体系，加强和规范补充侦查工作，提高办案质效，根据《中华人民共和国刑事诉讼法》《人民检察院刑事诉讼规则》《公安机关办理刑事案件程序规定》等有关规定，结合办案实践，制定本指导意见。

第二条　补充侦查是依照法定程序，在原有侦查工作的基础上，进一步查清事实，补充完善证据的诉讼活动。

人民检察院审查逮捕提出补充侦查意见，审查起诉退回补充侦查、自行补充侦查，要求公安机关提供证据材料，要求公安机关对证据的合法性作出说明等情形，适用本指导意见的相关规定。

第三条　开展补充侦查工作应当遵循以下原则：

1. 必要性原则。补充侦查工作应当具备必要性，不得因与案件事实、证据无关的原因退回补充侦查。

2. 可行性原则。要求补充侦查的证据材料应当具备收集固定的可行性，补充侦查工作应当具备可操作性，对于无法通过补充侦查收集证据材料的情形，不能适用补充侦查。

3. 说理性原则。补充侦查提纲应当写明补充侦查的理由、案件定性的考虑、补充侦查的方向、每一项补证的目的和意义，对复杂问题、争议问题作适当阐明，具备条件的，可以写明补充侦查的渠道、线索和方法。

4. 配合性原则。人民检察院、公安机关在补充侦查之前和补充侦查过程中，应当就案件事实、证据、定性等方面存在的问题和补充侦查的相关情况,加强当面沟通、协作配合,共同确保案件质量。

5.有效性原则。人民检察院、公安机关应当以增强补充侦查效果为目标,把提高证据质量、解决证据问题贯穿于侦查、审查逮捕、审查起诉全过程。

第四条 人民检察院开展补充侦查工作,应当书面列出补充侦查提纲。补充侦查提纲应当分别归入检察内卷、侦查内卷。

第五条 公安机关提请人民检察院审查批准逮捕的,人民检察院应当接收。经审查,不符合批捕条件的,应当依法作出不批准逮捕决定。人民检察院对于因证据不足作出不批准逮捕决定,需要补充侦查的,应当制作补充侦查提纲,列明证据体系存在的问题、补充侦查方向、取证要求等事项并说明理由。公安机关应当按照人民检察院的要求开展补充侦查。补充侦查完毕,认为符合逮捕条件的,应当重新提请批准逮捕。对于人民检察院不批准逮捕而未说明理由的,公安机关可以要求人民检察院说明理由。对人民检察院不批准逮捕的决定认为有错误的,公安机关可以依法要求复议、提请复核。

对于作出批准逮捕决定的案件,确有必要的,人民检察院可以根据案件证据情况,就完善证据体系、补正证据合法性、全面查清案件事实等事项,向公安机关提出捕后侦查意见。逮捕之后,公安机关应当及时开展侦查工作。

第六条 人民检察院在审查起诉期间发现案件存在事实不清、证据不足或者存在遗漏罪行、遗漏同案犯罪嫌疑人等情形需要补充侦查的,应当制作补充侦查提纲,连同案卷材料一并退回公安机关并引导公安机关进一步查明案件事实、补充收集证据。

人民检察院第一次退回补充侦查时,应当向公安机关列明全部补充侦查事项。在案件事实或证据发生变化、公安机关未补充侦查到位、或者重新报送的材料中发现矛盾和问题的,可以第二次退回补充侦查。

第七条 退回补充侦查提纲一般包括以下内容:

(一)阐明补充侦查的理由,包括案件事实不清、证据不足的具体表现和问题;

(二)阐明补充侦查的方向和取证目的;

(三)明确需要补充侦查的具体事项和需要补充收集的证据目录;

(四)根据起诉和审判的证据标准,明确补充、完善证据需要达到的标准和必备要素;

(五)有遗漏罪行的,应当指出在起诉意见书中没有认定的犯罪嫌疑人的罪行;

(六)有遗漏同案犯罪嫌疑人需要追究刑事责任的,应当建议补充移送;

(七)其他需要列明的事项。

补充侦查提纲、捕后侦查意见可参照本条执行。

第八条 案件退回补充侦查后,人民检察院和公安机关的办案人员应当加强沟通,及时就取证方向、落实补证要求等达成一致意见。公安机关办案人员对于补充侦查提纲有异议的,双方及时沟通。

对于事实证据发生重大变化的案件,可能改变定性的案件,证据标准难以把握的重大、复杂、疑难、新型案件,以及公安机关提出请求的案件,人民检察院在退回补充侦查期间,可以了解补充侦查开展情况,查阅证据材料,对补充侦查方向、重点、取证方式等提出建议,必要时可列席公安机关的案件讨论并发表意见。

第九条 具有下列情形之一的,一般不退回补充侦查:

(一)查清的事实足以定罪量刑或者与定罪量刑有关的事实已经查清,不影响定罪量刑的事实无法查清的;

(二)作案工具、赃物去向等部分事实无法查清,但有其他证据足以认定,不影响定罪量刑的;

(三)犯罪嫌疑人供述和辩解、证人证言、被害人陈述的主要情节能够相互印证,只有个别情节不一致但不影响定罪量刑的;

(四)遗漏同案犯罪嫌疑人或者同案犯罪嫌疑人在逃,在案犯罪嫌疑人定罪量刑的事实已经查清且符合起诉条件，公安机关不能及时补充移送同案犯罪嫌疑人的；

（五）补充侦查事项客观上已经没有查证可能性的；

（六）其他没有必要退回补充侦查的。

第十条 对于具有以下情形可以及时调取的有关证据材料，人民检察院可以发出《调取证据材料通知书》，通知公安机关直接补充相关证据并移送，以提高办案效率：

（一）案件基本事实清楚，虽欠缺某些证据，但收集、补充证据难度不大且在审查起诉期间内能够完成的；

（二）证据存在书写不规范、漏填、错填等瑕疵，公安机关可以在审查起诉期间补正、说明的；

（三）证据材料制作违反程序规定但程度较轻微，通过补正可以弥补的；

（四）案卷诉讼文书存在瑕疵，需进行必要的修改或补充的；

（五）缺少前科材料、释放证明、抓获经过等材料，侦查人员能够及时提供的；

（六）其他可以通知公安机关直接补充相关证据的。

第十一条 人民检察院在审查起诉过程中，具有下列情形之一，自行补充侦查更为适宜的，可以依法自行开展侦查工作：

（一）影响定罪量刑的关键证据存在灭失风险，需要及时收集和固定证据，人民检察院有条件自行侦查的；

（二）经退回补充侦查未达到要求，自行侦查具有可行性的；

（三）有证据证明或者有迹象表明侦查人员可能存在利用侦查活动插手民事、经济纠纷、实施报复陷害等违法行为和刑讯逼供、非法取证等违法行为，不宜退回补充侦查的；

（四）其他需要自行侦查的。

人民检察院开展自行侦查工作应依法规范开展。

第十二条 自行侦查由检察官组织实施，必要时可以调配办案人员。开展自行侦查的检察人员不得少于二人。自行侦查过程中，需要技术支持和安全保障的，由检察机关的技术部门和警务部门派员协助。

人民检察院通过自行侦查方式补强证据的，公安机关应当依法予以配合。

人民检察院自行侦查，适用《中华人民共和国刑事诉讼法》规定的讯问、询问、勘验、检查、查封、扣押、鉴定等侦查措施，应当遵循法定程序，在法定期限内侦查完毕。

第十三条 人民检察院对公安机关移送的案件进行审查后，在法院作出生效判决前，认为需要补充审判所必需的证据材料的，可以发出《调取证据材料通知书》，要求公安机关提供。人民检察院办理刑事审判监督案件，可以向公安机关发出《调取证据材料通知书》。

第十四条 人民检察院在办理刑事案件过程中，发现可能存在《中华人民共和国刑事诉讼法》第五十六条规定的以非法方法收集证据情形的，可以要求公安机关对证据收集的合法性作出书面说明或者提供相关证明材料，必要时，可以自行调查核实。

第十五条 公安机关经补充侦查重新移送后，人民检察院应当接收，及时审查公安机关制作的书面补充侦查报告和移送的补充证据，根据补充侦查提纲的内容核对公安机关应补充侦查事项是否补查到位，补充侦查活动是否合法，补充侦查后全案证据是否已确实、充分。经审查，公安机关未能按要求开展补充侦查工作，无法达到批捕标准的，应当依法作出不批捕决定；经二次补充侦查仍然证据不足，不符合起诉条件的，人民检察院应当依法作出不起诉决定。对人民检察院不起诉决定认为错误的，公安机关可以依法复议、复核。

对公安机关要求复议的不批准逮捕案件、不起诉案件，人民检察院应当另行指派检察官办理。人民检察院办理公安机关对不批准逮捕决定和不起诉决定要求复议、提请复核的案件，应当充分听取公安机关的意见，相关意见应当附卷备查。

第十六条 公安机关开展补充侦查工作，

应当按照人民检察院补充侦查提纲的要求，及时、认真补充完善相关证据材料；对于补充侦查提纲不明确或者有异议的，应当及时与人民检察院沟通；对于无法通过补充侦查取得证据的，应当书面说明原因、补充侦查过程中所做的工作以及采取的补救措施。公安机关补充侦查后，应当单独立卷移送人民检察院，人民检察院应当依法接收案卷。

第十七条 对公安机关未及时有效开展补充侦查工作的，人民检察院应当进行口头督促，对公安机关不及时补充侦查导致证据无法收集影响案件处理的，必要时可以发出检察建议；公安机关存在非法取证等情形的，应当依法启动调查核实程序，根据情节，依法向公安机关发出纠正违法通知书，涉嫌犯罪的，依法进行侦查。

公安机关以非法方法收集的犯罪嫌疑人供述、被害人陈述、证人证言等证据材料，人民检察院应当依法排除并提出纠正意见，同时可以建议公安机关另行指派侦查人员重新调查取证，必要时人民检察院也可以自行调查取证。公安机关发现办案人员非法取证的，应当依法作出处理，并可另行指派侦查人员重新调查取证。

第十八条 案件补充侦查期限届满，公安机关认为原认定的犯罪事实有重大变化，不应当追究刑事责任而未将案件重新移送审查起诉的，应当以书面形式告知人民检察院，并说明理由。公安机关应当将案件重新移送审查起诉而未重新移送审查起诉的，人民检察院应当要求公安机关说明理由。人民检察院认为公安机关理由不成立的，应当要求公安机关重新移送审查起诉。人民检察院发现公安机关不应当撤案而撤案的，应当进行立案监督。公安机关未重新移送审查起诉，且未及时以书面形式告知并说明理由的，人民检察院应当提出纠正意见。

第十九条 人民检察院、公安机关在自行侦查、补充侦查工作中，根据工作需要，可以提出协作要求或者意见、建议，加强沟通协调。

第二十条 人民检察院、公安机关应当建立联席会议、情况通报会等工作机制，定期通报补充侦查工作总体情况，评析证据收集和固定上存在的问题及争议。针对补充侦查工作中发现的突出问题，适时组织联合调研检查，共同下发问题通报并督促整改，加强沟通，统一认识，共同提升补充侦查工作质量。

推行办案人员旁听法庭审理机制，了解指控犯罪、定罪量刑的证据要求和审判标准。

第二十一条 人民检察院各部门之间应当加强沟通，形成合力，提升补充侦查工作质效。人民检察院需要对技术性证据和专门性证据补充侦查的，可以先由人民检察院技术部门或有专门知识的人进行审查，根据审查意见，开展补充侦查工作。

第二十二条 本指导意见自下发之日起实施。

人民检察院公诉人出庭举证质证工作指引

（2018年7月3日最高人民检察院发布施行）

第一章 总　　则

第一条 为适应以审判为中心的刑事诉讼制度改革新要求，全面贯彻证据裁判规则，进一步加强和改进公诉人出庭举证质证工作，构建认罪和不认罪案件相区别的出庭公诉模式，增强指控犯罪效果，根据《中华人民共和国刑事诉讼法》和相关规定，结合检察工作实际，制定本工作指引。

第二条 举证是指在出庭支持公诉过程中，公诉人向法庭出示、宣读、播放有关证据材料并予以说明，对出庭作证人员进行询问，以证明公诉主张成立的诉讼活动。

质证是指在审判人员的主持下，由控辩双

方对所出示证据材料及出庭作证人员的言词证据的证据能力和证明力相互进行质疑和辩驳,以确认是否作为定案依据的诉讼活动。

第三条 公诉人出庭举证质证,应当以辩证唯物主义认识论为指导,以事实为根据,以法律为准绳,注意运用逻辑法则和经验法则,有力揭示和有效证实犯罪,提高举证质证的质量、效率和效果,尊重和保障犯罪嫌疑人、被告人和其他诉讼参与人诉讼权利,努力让人民群众在每一个司法案件中感受到公平正义。

第四条 公诉人举证质证,应当遵循下列原则:

(一)实事求是,客观公正;

(二)突出重点,有的放矢;

(三)尊重辩方,理性文明;

(四)遵循法定程序,服从法庭指挥。

第五条 公诉人可以根据被告人是否认罪,采取不同的举证质证模式。

被告人认罪的案件,经控辩双方协商一致并经法庭同意,举证质证可以简化。

被告人不认罪或者辩护人作无罪辩护的案件,一般应当全面详细举证质证。但对辩护方无异议的证据,经控辩双方协商一致并经法庭同意,举证质证也可以简化。

第六条 公诉人举证质证,应当注重与现代科技手段相融合,积极运用多媒体示证、电子卷宗、出庭一体化平台等,增强庭审指控犯罪效果。

第二章 举证质证的准备

第七条 公诉人审查案件时,应当充分考虑出庭准备和庭审举证质证工作的需要,有针对性地制作审查报告。

第八条 公诉人基于出庭准备和庭审举证质证工作的需要,可以在开庭前从人民法院取回有关案卷材料和证据,或者查阅电子卷宗。

第九条 公诉案件开庭前,公诉人应当进一步熟悉案情,掌握证据情况,深入研究与本案有关的法律政策问题,熟悉审判可能涉及的专业知识,围绕起诉书指控的犯罪事实和情节,制作举证质证提纲,做好举证质证准备。

制作举证质证提纲应当注意以下方面:

(一)证据的取得是否符合法律规定;

(二)证据是否符合法定形式;

(三)证据是否为原件、原物,照片、录像、复制件、副本等与原件、原物是否相符;

(四)发现证据时的客观环境;

(五)证据形成的原因;

(六)证人或者提供证据的人与本案有无利害关系;

(七)证据与待证事实之间的关联关系;

(八)证据之间的相互关系;

(九)证据是否共同指向同一待证事实,有无无法排除的矛盾和无法解释的疑问,全案证据是否形成完整的证明体系,根据全案证据认定的事实是否足以排除合理怀疑,结论是否具有唯一性;

(十)证据是否具有证据能力及其证明力的其他问题。

第十条 公诉人应当通过参加庭前会议,及时掌握辩护方提供的证据,全面了解被告人及其辩护人对证据的主要异议,并在审判人员主持下,就案件的争议焦点、证据的出示方式等进行沟通,确定举证顺序、方式。根据举证需要,公诉人可以申请证人、鉴定人、侦查人员、有专门知识的人出庭,对辩护方出庭人员名单提出异议。

审判人员在庭前会议中组织展示证据的,公诉人应当出示拟在庭审中出示的证据,梳理存在争议的证据,听取被告人及其辩护人的意见。

被告人及其辩护人在开庭审理前申请排除非法证据,并依照法律规定提供相关线索或者材料的,公诉人经查证认为不存在非法取证行为的,应当在庭前会议中通过出示有关证据材料等方式,有针对性地对证据收集的合法性作出说明。

公诉人可以在庭前会议中撤回有关证据。撤回的证据,没有新的理由,不得在庭审中出示。

公诉人应当根据庭前会议上就举证方式达成的一致意见，修改完善举证提纲。

第十一条 公诉人在开庭前收到人民法院转交或者被告人及其辩护人、被害人、证人等递交的反映证据系非法取得的书面材料的，应当进行审查。对于审查逮捕、审查起诉期间已经提出并经查证不存在非法取证行为的，应当通知人民法院，或者告知有关当事人和辩护人，并按照查证的情况做好庭审准备。对于新的材料或者线索，可以要求侦查机关对证据收集的合法性进行说明或者提供相关证明材料，必要时可以自行调查核实。

第十二条 公诉人在庭前会议后依法收集的证据，在开庭前应当及时移送人民法院，并了解被告人或者其辩护人是否提交新的证据。如果有新的证据，公诉人应当对该证据进行审查。

第十三条 公诉人在开庭前，应当通过讯问被告人、听取辩护人意见、参加庭前会议、与法庭沟通等方式，了解掌握辩护方所收集的证明被告人无罪、罪轻或者反映存在非法取证行为的相关材料情况，进一步熟悉拟在庭审中出示的相关证据，围绕证据的真实性、关联性、合法性，全面预测被告人、辩护人可能提出的质证观点，有针对性地制作和完善质证提纲。

第三章 举　　证

第一节 举证的基本要求

第十四条 公诉人举证，一般应当遵循下列要求：

（一）公诉人举证，一般应当全面出示证据；出示、宣读、播放每一份（组）证据时，一般应当出示证据的全部内容。根据普通程序、简易程序以及庭前会议确定的举证方式和案件的具体情况，也可以简化出示，但不得随意删减、断章取义。没有召开庭前会议的，公诉人可以当庭与辩护方协商，并经法庭许可确定举证方式。

（二）公诉人举证前，应当先就举证方式作出说明；庭前会议对简化出示证据达成一致意见的，一并作出说明。

（三）出示、宣读、播放每一份（组）证据前，公诉人一般应当先就证据证明方向，证据的种类、名称、收集主体和时间以及所要证明的内容向法庭作概括说明。

（四）对于控辩双方无异议的非关键性证据，举证时可以仅就证据的名称及所证明的事项作出说明；对于可能影响定罪量刑的关键证据和控辩双方存在争议的证据，以及法庭认为有必要调查核实的证据，应当详细出示。

（五）举证完毕后，应当对出示的证据进行归纳总结，明确证明目的。

（六）使用多媒体示证的，应当与公诉人举证同步进行。

第十五条 公诉人举证，应当主要围绕下列事实，重点围绕控辩双方争议的内容进行：

（一）被告人的身份；

（二）指控的犯罪事实是否存在，是否为被告人所实施；

（三）实施犯罪行为的时间、地点、方法、手段、结果，被告人犯罪后的表现等；

（四）犯罪集团或者其他共同犯罪案件中参与犯罪人员的各自地位和应负的责任；

（五）被告人有无刑事责任能力，有无故意或者过失，行为的动机、目的；

（六）有无依法不应当追究刑事责任的情形，有无法定从重或者从轻、减轻以及免除处罚的情节；

（七）犯罪对象、作案工具的主要特征，与犯罪有关的财物的来源、数量以及去向；

（八）被告人全部或者部分否认起诉书指控的犯罪事实的，否认的根据和理由能否成立；

（九）与定罪、量刑有关的其他事实。

第十六条 对于公诉人简化出示的证据，辩护人要求公诉人详细出示的，可以区分不同情况作出处理。具有下列情形之一的，公诉人应当详细出示：

（一）审判人员要求详细出示的；

（二）辩护方要求详细出示并经法庭同意的；

（三）简化出示证据可能影响举证效果的。

具有下列情形之一的，公诉人可以向法庭

说明理由，经法庭同意后，可以不再详细出示：

（一）公诉人已经详细出示过相关证据，辩护方重复要求的；

（二）公诉人简化出示的证据能够证明案件事实并反驳辩护方异议的；

（三）辩护方所要求详细出示的内容与起诉书认定事实无关的；

（四）被告人承认指控的犯罪事实和情节的。

第十七条 辩护方当庭申请公诉人宣读出示案卷中对被告人有利但未被公诉人采信的证据的，可以建议法庭决定由辩护方宣读出示，并说明不采信的理由。法庭采纳辩护方申请要求公诉人宣读出示的，公诉人应当出示。

第十八条 公诉人、被告人及其辩护人对收集被告人供述是否合法未达成一致意见，人民法院在庭审中对证据合法性进行调查的，公诉人可以根据讯问笔录、羁押记录、提讯登记、出入看守所的健康检查记录、医院病历、看守管教人员的谈话记录、采取强制措施或者侦查措施的法律文书、侦查机关对讯问过程合法性的证明材料、侦查机关或者检察机关对证据收集合法性调查核实的结论、驻看守所检察人员在侦查终结前对讯问合法性的核查结论等，对庭前讯问被告人的合法性进行证明，可以要求法庭播放讯问同步录音、录像，必要时可以申请法庭通知侦查人员或者其他人员出庭说明情况。

控辩双方对收集证人证言、被害人陈述、收集物证、书证等的合法性以及其他程序事实发生争议的，公诉人可以参照前款规定出示、宣读有关法律文书、侦查或者审查起诉活动笔录等予以证明。必要时，可以建议法庭通知负责侦查的人员以及搜查、查封、扣押、冻结、勘验、检查、辨认、侦查实验等活动的见证人出庭陈述有关情况。

第二节　举证的一般方法

第十九条 举证一般应当一罪名一举证、一事实一举证，做到条理清楚、层次分明。

第二十条 举证顺序应当以有利于证明公诉主张为目的，公诉人可以根据案件的不同种类、特点和庭审实际情况，合理安排和调整举证顺序。一般先出示定罪证据，后出示量刑证据；先出示主要证据，后出示次要证据。

公诉人可以按照与辩护方协商并经法庭许可确定的举证顺序进行举证。

第二十一条 根据案件的具体情况和证据状况，结合被告人的认罪态度，举证可以采用分组举证或者逐一举证的方式。

案情复杂、同案被告人多、证据数量较多的案件，一般采用分组举证为主、逐一举证为辅的方式。

对证据进行分组时，应当遵循证据之间的内在逻辑关系，可以将证明方向一致或者证明内容相近的证据归为一组；也可以按照证据种类进行分组，并注意各组证据在证明内容上的层次和递进关系。

第二十二条 对于可能影响定罪量刑的关键证据和控辩双方存在争议的证据，应当单独举证。

被告人认罪的案件，对控辩双方无异议的定罪证据，可以简化出示，主要围绕量刑和其他有争议的问题出示证据。

第二十三条 对于被告人不认罪案件，应当立足于证明公诉主张，通过合理举证构建证据体系，反驳被告人的辩解，从正反两个方面予以证明。重点一般放在能够有力证明指控犯罪事实系被告人所为的证据和能够证明被告人无罪辩解不成立的证据上，可以将指控证据和反驳证据同时出示。

对于被告人翻供的，应当综合运用证据，阐明被告人翻供的时机、原因、规律，指出翻供的不合理、不客观、有矛盾之处。

第二十四条 “零口供”案件的举证，可以采用关键证据优先法。公诉人根据案件证据情况，优先出示定案的关键证据，重点出示物证、书证、现场勘查笔录等客观性证据，直接将被告人与案件建立客观联系，在此基础上构建全案证据体系。

辩点较多案件的举证，可以采用先易后难

法。公诉人根据案件证据情况和庭前会议了解的被告人及辩护人的质证观点,先出示被告人及辩护人没有异议的证据或者分歧较小的证据,后出示控辩双方分歧较大的证据,使举证顺利推进,为集中精力对分歧证据进行质证作准备。

依靠间接证据定案的不认罪案件的举证,可以采用层层递进法。公诉人应当充分运用逻辑推理,合理安排举证顺序,出示的后一份(组)证据与前一份(组)证据要紧密关联,环环相扣,层层递进,通过逻辑分析揭示各个证据之间的内在联系,综合证明案件已经排除合理怀疑。

第二十五条 对于一名被告人有一起犯罪事实或者案情比较简单的案件,可以根据案件证据情况按照法律规定的证据种类举证。

第二十六条 对于一名被告人有数起犯罪事实的案件,可以以每一起犯罪事实为单元,将证明犯罪事实成立的证据分组举证或者逐一举证。其中,涉及每起犯罪事实中量刑情节的证据,应当在对该起犯罪事实举证中出示;涉及全案综合量刑情节的证据,应当在全案的最后出示。

第二十七条 对于数名被告人有一起犯罪事实的案件,根据各被告人在共同犯罪中的地位、作用及情节,一般先出示证明主犯犯罪事实的证据,再出示证明从犯犯罪事实的证据。

第二十八条 对于数名被告人有数起犯罪事实的案件,可以采用不同的分组方法和举证顺序,或者按照作案时间的先后顺序,或者以主犯参与的犯罪事实为主线,或者以参与人数的多少为标准,并注意区分犯罪集团的犯罪行为、一般共同犯罪行为和个别成员的犯罪行为,分别进行举证。

第二十九条 对于单位犯罪案件,应当先出示证明单位构成犯罪的证据,再出示对其负责的单位主管人员或者其他直接责任人员构成犯罪的证据。对于指控被告单位犯罪与指控单位主管人员或者其他直接责任人员犯罪的同一份证据可以重复出示,但重复出示时仅予以说明即可。

第三节 各类证据的举证要求

第三十条 出示的物证一般应当是原物。原物不易搬运、不易保存或者已返还被害人的,可以出示反映原物外形和特征的照片、录像、复制品,并向法庭说明情况及与原物的同一性。

出示的书证一般应当是原件,获取书证原件确有困难的,可以出示书证副本或者复制件,并向法庭说明情况及与原件的同一性。

出示物证、书证时,应当对物证、书证所要证明的内容、收集情况作概括说明,可以提请法庭让当事人、证人等诉讼参与人辨认。物证、书证经过技术鉴定的,可以宣读鉴定意见。

第三十一条 询问出庭作证的证人,应当遵循以下规则:

(一)发问应当单独进行;

(二)发问应当简洁、清楚;

(三)发问应当采取一问一答形式,不宜同时发问多个内容不同的问题;

(四)发问的内容应当着重围绕与定罪、量刑紧密相关的事实进行;

(五)不得以诱导方式发问;

(六)不得威胁或者误导证人;

(七)不得损害证人的人格尊严;

(八)不得泄露证人个人隐私;

(九)询问未成年人,应当结合未成年人的身心特点进行。

第三十二条 证人出庭的,公诉人可以要求证人就其了解的与案件有关的事实进行陈述,也可以直接发问。对于证人采取猜测性、评论性、推断性语言作证的,公诉人应当提醒其客观表述所知悉的案件事实。

公诉人认为证人作出的回答对案件事实和情节的认定有决定性或者重大影响,可以提请法庭注意。

证人出庭作证的证言与庭前提供的证言相互矛盾的,公诉人应当问明理由,并对该证人进行询问,澄清事实。认为理由不成立的,可以宣读证人在改变证言前的笔录内容,并结合相关证据予以反驳。

对未到庭证人的证言笔录，应当当庭宣读。宣读前，应当说明证人和本案的关系。对证人证言笔录存在疑问、确实需要证人出庭陈述或者有新的证人的，公诉人可以要求延期审理，由人民法院通知证人到庭提供证言和接受质证。

根据案件情况，公诉人可以申请实行证人远程视频作证。

控辩双方对证人证言无异议，证人不需要出庭的，或者证人因客观原因无法出庭且无法通过视频等方式作证的，公诉人可以出示、宣读庭前收集的书面证据材料或者作证过程录音、录像。

第三十三条 公诉人申请出庭的证人当庭改变证言、被害人改变其庭前的陈述，公诉人可以询问其言词发生变化的理由，认为理由不成立的，可以择机有针对性地宣读其在侦查、审查起诉阶段的证言、陈述，或者出示、宣读其他证据，对证人、被害人进行询问，予以反驳。

第三十四条 对被害人、鉴定人、侦查人员、有专门知识的人的询问，参照适用询问证人的规定。

第三十五条 宣读被告人供述，应当根据庭审中被告人供述的情况进行。被告人有多份供述且内容基本一致的，一般选择证明力最充分的一份或者几份出示。被告人当庭供述与庭前供述的实质性内容一致的，可以不再宣读庭前供述，但应当向法庭说明；被告人当庭供述与庭前供述存在实质性差异的，公诉人应当问明理由，认为理由不成立的，应当就存在实质性差异的内容宣读庭前供述，并结合相关证据予以反驳。

第三十六条 被告人作无罪辩解或者当庭供述与庭前供述内容不一致，足以影响定罪量刑的，公诉人可以有针对性地宣读被告人庭前供述笔录，并针对笔录中被告人的供述内容对被告人进行讯问，或者出示其他证据进行证明，予以反驳，并提请法庭对其当庭供述不予采信。对翻供内容需要调查核实的，可以建议法庭休庭或者延期审理。

第三十七条 鉴定意见以及勘验、检查、辨认和侦查实验等笔录应当当庭宣读，并对鉴定人、勘验人、检查人、辨认人、侦查实验人员的身份、资质、与当事人及本案的关系作出说明，必要时提供证据予以证明。鉴定人、有专门知识的人出庭，公诉人可以根据需要对其发问。发问时适用对证人询问的相关要求。

第三十八条 播放视听资料，应当首先对视听资料的来源、制作过程、制作环境、制作人员以及所要证明的内容进行概括说明。播放一般应当连续进行，也可以根据案情分段进行，但应当保持资料原貌，不得对视听资料进行剪辑。

播放视听资料，应当向法庭提供视听资料的原始载体。提供原始载体确有困难的，可以提供复制件，但应当向法庭说明原因。

出示音频资料，也可以宣读庭前制作的附有声音资料语言内容的文字记录。

第三十九条 出示以数字化形式存储、处理、传输的电子数据证据，应当对该证据的原始存储介质、收集提取过程等予以简要说明，围绕电子数据的真实性、完整性、合法性，以及被告人的网络身份与现实身份的同一性出示证据。

第四章　质　　证

第一节　质证的基本要求

第四十条 公诉人质证应当根据辩护方所出示证据的内容以及对公诉方证据提出的质疑，围绕案件事实、证据和适用法律进行。

质证应当一证一质一辩。质证阶段的辩论，一般应当围绕证据本身的真实性、关联性、合法性，针对证据能力有无以及证明力大小进行。对于证据与证据之间的关联性、证据的综合证明作用问题，一般在法庭辩论阶段予以答辩。

第四十一条 对影响定罪量刑的关键证据和控辩双方存在争议的证据，一般应当单独质证。

对控辩双方没有争议的证据，可以在庭审中简化质证。

对于被告人认罪案件，主要围绕量刑和其

他有争议的问题质证，对控辩双方无异议的定罪证据，可以不再质证。

第四十二条 公诉人可以根据需要将举证质证、讯问询问结合起来，在质证阶段对辩护方观点予以适当辩驳，但应当区分质证与辩论之间的界限，重点针对证据本身的真实性、关联性、合法性进行辩驳。

第四十三条 在每一份（组）证据或者全部证据质证完毕后，公诉人可以根据具体案件情况，提请法庭对证据进行确认。

第二节 对辩护方质证的答辩

第四十四条 辩护方对公诉方当庭出示、宣读、播放的证据的真实性、关联性、合法性提出的质证意见，公诉人应当进行全面、及时和有针对性地答辩。

辩护方提出的与证据的证据能力或者证明力无关、与公诉主张无关的质证意见，公诉人可以说明理由不予答辩，并提请法庭不予采纳。

公诉人答辩一般应当在辩护方提出质证意见后立即进行。在不影响庭审效果的情况下，也可以根据需要在法庭辩论阶段结合其他证据综合发表意见，但应当向法庭说明。

第四十五条 对辩护方符合事实和法律的质证，公诉人应当实事求是、客观公正地发表意见。

辩护方因对证据内容理解有误而质证的，公诉人可以对证据情况进行简要说明。

第四十六条 公诉人对辩护方质证的答辩，应当重点针对可能动摇或者削弱证据能力、证明力的质证观点进行答辩，对于不影响证据能力、证明力的质证观点可以不予答辩或者简要答辩。

第四十七条 辩护方质疑言词证据之间存在矛盾的，公诉人可以综合全案证据，立足证据证明体系，从认知能力、与当事人的关系、客观环境等角度，进行重点答辩，合理解释证据之间的矛盾。

第四十八条 辩护人询问证人或者被害人有下列情形之一的，公诉人应当及时提请审判长制止，必要时应当提请法庭对该项陈述或者证言不予采信：

（一）以诱导方式发问的；

（二）威胁或者误导证人的；

（三）使被害人、证人以推测性、评论性、推断性意见作为陈述或者证言的；

（四）发问内容与本案事实无关的；

（五）对被害人、证人带有侮辱性发问的；

（六）其他违反法律规定的情形。

对辩护人询问侦查人员、鉴定人和有专门知识的人的质证，参照前款规定。

第四十九条 辩护方质疑证人当庭证言与庭前证言存在矛盾的，公诉人可以有针对性地对证人进行发问，也可以提请法庭决定就有异议的内容由被告人与证人进行对质诘问，在发问或对质诘问过程中，对前后矛盾或者疏漏之处作出合理解释。

第五十条 辩护方质疑被告人庭前供述系非法取得的，公诉人可以综合采取以下方式证明取证的合法性：

（一）宣读被告人在审查（决定）逮捕、审查起诉阶段的讯问笔录，证实其未曾供述过在侦查阶段受到刑讯逼供，或者证实其在侦查机关更换侦查人员且再次讯问时告知诉讼权利和认罪的法律后果后仍自愿供述，或者证实其在检察人员讯问并告知诉讼权利和认罪的法律后果后仍自愿供述；

（二）出示被告人的羁押记录，证实其接受讯问的时间、地点、次数等符合法律规定；

（三）出示被告人出入看守所的健康检查记录、医院病历，证实其体表和健康情况；

（四）出示看守管教人员的谈话记录；

（五）出示与被告人同监舍人员的证言材料；

（六）当庭播放或者庭外核实讯问被告人的录音、录像；

（七）宣读重大案件侦查终结前讯问合法性核查笔录，当庭播放或者庭外核实对讯问合法性进行核查时的录音、录像；

（八）申请侦查人员出庭说明办案情况。

公诉人当庭不能证明证据收集的合法性，需要调查核实的，可以建议法庭休庭或者延期审理。

第五十一条 辩护人质疑收集被告人供述存在程序瑕疵申请排除证据的，公诉人可以宣读侦查机关的补正说明。没有补正说明的，也可以从讯问的时间地点符合法律规定，已进行权利告知，不存在威胁、引诱、欺骗等情形，被告人多份供述内容一致，全案证据能够互相印证，被告人供述自愿性未受影响，程序瑕疵没有严重影响司法公正等方面作出合理解释。必要时，可以提请法庭播放同步录音录像，从被告人供述时情绪正常、表达流畅、能够趋利避害等方面证明庭前供述自愿性，对瑕疵证据作出合理解释。

第五十二条 辩护方质疑物证、书证的，公诉人可以宣读侦查机关收集物证、书证的补正说明，从此类证据客观、稳定、不易失真以及取证主体、程序、手段合法等方面有针对性地予以答辩。

第五十三条 辩护方质疑鉴定意见的，公诉人可以从鉴定机构和鉴定人的法定资质、检材来源、鉴定程序、鉴定意见形式要件符合法律规定等方面，有针对性地予以答辩。

第五十四条 辩护方质疑不同鉴定意见存在矛盾的，公诉人可以阐释不同鉴定意见对同一问题得出不同结论的原因，阐明检察机关综合全案情况，结合案件其他证据，采信其中一份鉴定意见的理由。必要时，可以申请鉴定人、有专门知识的人出庭。控辩双方仍存在重大分歧，且辩护方质疑有合理依据，对案件有实质性影响的，可以建议法庭休庭或者延期审理。

第五十五条 辩护方质疑勘验、检查、搜查笔录的，公诉人可以从勘验、检查、搜查系依法进行，笔录的制作符合法律规定，勘验、检查、搜查人员和见证人有签名或者盖章等方面，有针对性地予以答辩。

第五十六条 辩护方质疑辨认笔录的，公诉人可以从辨认的过程、方法，以及辨认笔录的制作符合有关规定等方面，有针对性地予以答辩。

第五十七条 辩护方质疑侦查实验笔录的，公诉人可以从侦查实验的审批、过程、方法、法律依据、技术规范或者标准、侦查实验的环境条件与原案接近程度、结论的科学性等方面，有针对性地予以答辩。

第五十八条 辩护方质疑视听资料的，公诉人可以从此类证据具有不可增添性、真实性强，内容连续完整，所反映的行为人的言语动作连贯自然，提取、复制、制作过程合法，内容与案件事实关联程度等方面，有针对性地予以答辩。

第五十九条 辩护方质疑电子数据的，公诉人可以从此类证据提取、复制、制作过程、内容与案件事实关联程度等方面，有针对性地予以答辩。

第六十条 辩护方质疑采取技术侦查措施获取的证据材料合法性的，公诉人可以通过说明采取技术侦查措施的法律规定、出示批准采取技术侦查措施的法律文书等方式，有针对性地予以答辩。

第六十一条 辩护方在庭前提出排除非法证据申请，经审查被驳回后，在庭审中再次提出排除申请的，或者辩护方撤回申请后再次对有关证据提出排除申请的，公诉人应当审查辩护方是否提出新的线索或者材料。没有新的线索或者材料表明可能存在非法取证的，公诉人可以建议法庭予以驳回。

第六十二条 辩护人仅采用部分证据或者证据的部分内容，对证据证明的事项发表不同意见的，公诉人可以立足证据认定的全面性、同一性原则，综合全案证据予以答辩。必要时，可以扼要概述已经法庭质证过的其他证据，用以反驳辩护方的质疑。

第六十三条 对单个证据质证的同时，公诉人可以简单点明该证据与其他证据的印证情况，以及在整个证据链条中的作用，通过边质证边论证的方式，使案件事实逐渐清晰，减轻辩论环节综合分析论证的任务。

第三节 对辩护方证据的质证

第六十四条 公诉人应当认真审查辩护方

向法庭提交的证据。对于开庭五日前未提交给法庭的,可以当庭指出,并根据情况,决定是否要求查阅该证据或者建议休庭;属于下列情况的,可以提请法庭不予采信:

(一)不符合证据的真实性、关联性、合法性要求的证据;

(二)辩护人提供的证据明显有悖常理的;

(三)其他需要提请法庭不予采信的情况。

对辩护方提出的无罪证据,公诉人应当本着实事求是、客观公正的原则进行质证。对于与案件事实不符的证据,公诉人应当针对辩护方证据的真实性、关联性、合法性提出质疑,否定证据的证明力。

对被告人的定罪、量刑有重大影响的证据,当庭难以判断的,公诉人可以建议法庭休庭或者延期审理。

第六十五条 对辩护方提请出庭的证人,公诉人可以从以下方面进行质证:

(一)证人与案件当事人、案件处理结果有无利害关系;

(二)证人的年龄、认知、记忆和表达能力、生理和精神状态是否影响作证;

(三)证言的内容及其来源;

(四)证言的内容是否为证人直接感知,证人感知案件事实时的环境、条件和精神状态;

(五)证人作证是否受到外界的干扰或者影响;

(六)证人与案件事实的关系;

(七)证言前后是否矛盾;

(八)证言之间以及与其他证据之间能否相互印证,有无矛盾。

第六十六条 辩护方证人未出庭的,公诉人认为其证言对案件的定罪量刑有重大影响的,可以提请法庭通知其出庭。

对辩护方证人不出庭的,公诉人可以从取证主体合法性、取证是否征得证人同意、是否告知证人权利义务、询问未成年人时其法定代理人或者有关人员是否到场、是否单独询问证人等方面质证。质证中可以将证言与已经出示的证据材料进行对比分析,发现并反驳前后矛盾且不能作出合理解释的证人证言。证人证言前后矛盾或者与案件事实无关的,应当提请法庭注意。

第六十七条 对辩护方出示的鉴定意见和提请出庭的鉴定人,公诉人可以从以下方面进行质证:

(一)鉴定机构和鉴定人是否具有法定资质;

(二)鉴定人是否存在应当回避的情形;

(三)检材的来源、取得、保管、送检是否符合法律和有关规定,与相关提取笔录、扣押物品清单等记载的内容是否相符,检材是否充足、可靠;

(四)鉴定意见的形式要件是否完备,是否注明提起鉴定的事由、鉴定委托人、鉴定机构、鉴定要求、鉴定过程、鉴定方法、鉴定日期等相关内容,是否由鉴定机构加盖司法鉴定专用章并由鉴定人签名、盖章;

(五)鉴定程序是否符合法律和有关规定;

(六)鉴定的过程和方法是否符合相关专业的规范要求;

(七)鉴定意见是否明确;

(八)鉴定意见与案件待证事实有无关联;

(九)鉴定意见与勘验、检查笔录及相关照片等其他证据是否矛盾;

(十)鉴定意见是否依法及时告知相关人员,当事人对鉴定意见有无异议。

必要时,公诉人可以申请法庭通知有专门知识的人出庭,对辩护方出示的鉴定意见进行必要的解释说明。

第六十八条 对辩护方出示的物证、书证,公诉人可以从以下方面进行质证:

(一)物证、书证是否为原物、原件;

(二)物证的照片、录像、复制品,是否与原物核对无误;

(三)书证的副本、复制件,是否与原件核对无误;

(四)物证、书证的收集程序、方式是否符合法律和有关规定;

(五)物证、书证在收集、保管、鉴定过程中是否受损或者改变；

（六）物证、书证与案件事实有无关联。

第六十九条 对辩护方出示的视听资料，公诉人可以从以下方面进行质证：

（一）收集过程是否合法，来源及制作目的是否清楚；

（二）是否为原件，是复制件的，是否有复制说明；

（三）制作过程中是否存在威胁、引诱当事人等违反法律、相关规定的情形；

（四）内容和制作过程是否真实，有无剪辑、增加、删改等情形；

（五）内容与案件事实有无关联。

第七十条 对辩护方出示的电子数据，公诉人可以从以下方面进行质证：

（一）是否随原始存储介质移送，在原始存储介质无法封存、不便移动等情形时，是否有提取、复制过程的说明；

（二）收集程序、方式是否符合法律及有关技术规范；

（三）电子数据内容是否真实，有无删除、修改、增加等情形；

（四）电子数据制作过程中是否受到暴力胁迫或者引诱因素的影响；

（五）电子数据与案件事实有无关联。

第七十一条 对于因专门性问题不能对有关证据发表质证意见的，可以建议休庭，向有专门知识的人咨询意见。必要时，可以建议延期审理，进行鉴定或者重新鉴定。

第四节 法庭对质

第七十二条 控辩双方针对同一事实出示的证据出现矛盾的，公诉人可以提请法庭通知相关人员到庭对质。

第七十三条 被告人、证人对同一事实的陈述存在矛盾需要对质的，公诉人可以建议法庭传唤有关被告人、证人同时到庭对质。

各被告人之间对同一事实的供述存在矛盾需要对质的，公诉人可以在被告人全部陈述完毕后，建议法庭当庭进行对质。

第七十四条 辩护方质疑物证、书证、鉴定意见、勘验、检查、搜查、辨认、侦查实验等笔录、视听资料、电子数据的，必要时，公诉人可以提请法庭通知鉴定人、有专门知识的人、侦查人员、见证人等出庭。

辩护方质疑采取技术侦查措施获取的证据材料合法性的，必要时，公诉人可以建议法庭采取不暴露有关人员身份、不公开技术侦查措施和方法等保护措施，在庭外对证据进行核实，并要求在场人员履行保密义务。

对辩护方出示的鉴定意见等技术性证据和提请出庭的鉴定人，必要时，公诉人可以提请法庭通知有专门知识的人出庭，与辩护方提请出庭的鉴定人对质。

第七十五条 在对质过程中，公诉人应当重点就证据之间的矛盾点进行发问，并适时运用其他证据指出不真实、不客观、有矛盾的证据材料。

第五章 附 则

第七十六条 本指引主要适用于人民检察院派员出庭支持公诉的第一审非速裁程序案件。对于派员出席第二审、再审案件法庭的举证、质证工作，可以参考本指引。

第七十七条 本指引自印发之日起施行。

四、审　判

(一)综　合

中华人民共和国人民陪审员法

(2018年4月27日第十三届全国人民代表大会常务委员会第二次会议通过　2018年4月27日中华人民共和国主席令第4号公布　自公布之日起施行)

第一条　为了保障公民依法参加审判活动,促进司法公正,提升司法公信,制定本法。

第二条　公民有依法担任人民陪审员的权利和义务。

人民陪审员依照本法产生,依法参加人民法院的审判活动,除法律另有规定外,同法官有同等权利。

第三条　人民陪审员依法享有参加审判活动、独立发表意见、获得履职保障等权利。

人民陪审员应当忠实履行审判职责,保守审判秘密,注重司法礼仪,维护司法形象。

第四条　人民陪审员依法参加审判活动,受法律保护。

人民法院应当依法保障人民陪审员履行审判职责。

人民陪审员所在单位、户籍所在地或者经常居住地的基层群众性自治组织应当依法保障人民陪审员参加审判活动。

第五条　公民担任人民陪审员,应当具备下列条件:

(一)拥护中华人民共和国宪法;

(二)年满二十八周岁;

(三)遵纪守法、品行良好、公道正派;

(四)具有正常履行职责的身体条件。

担任人民陪审员,一般应当具有高中以上文化程度。

第六条　下列人员不能担任人民陪审员:

(一)人民代表大会常务委员会的组成人员,监察委员会、人民法院、人民检察院、公安机关、国家安全机关、司法行政机关的工作人员;

(二)律师、公证员、仲裁员、基层法律服务工作者;

(三)其他因职务原因不适宜担任人民陪审员的人员。

第七条　有下列情形之一的,不得担任人民陪审员:

(一)受过刑事处罚的;

(二)被开除公职的;

(三)被吊销律师、公证员执业证书的;

(四)被纳入失信被执行人名单的;

(五)因受惩戒被免除人民陪审员职务的;

(六)其他有严重违法违纪行为,可能影响司法公信的。

第八条　人民陪审员的名额,由基层人民法院根据审判案件的需要,提请同级人民代表大会常务委员会确定。

人民陪审员的名额数不低于本院法官数的三倍。

第九条　司法行政机关会同基层人民法院、公安机关,从辖区内的常住居民名单中随机抽选拟任命人民陪审员数五倍以上的人员作为人民陪审员候选人,对人民陪审员候选人进行资格审查,征求候选人意见。

第十条　司法行政机关会同基层人民法院,从通过资格审查的人民陪审员候选人名单中随机抽选确定人民陪审员人选,由基层人民法院院长提请同级人民代表大会常务委员会任命。

第十一条　因审判活动需要,可以通过个人申请和所在单位、户籍所在地或者经常居住地的基层群众性自治组织、人民团体推荐的方式产生人民陪审员候选人，经司法行政机关会同基层人民法院、公安机关进行资格审查，确定人民陪审员人选，由基层人民法院院长提请同级人民代表大会常务委员会任命。

依照前款规定产生的人民陪审员，不得超过人民陪审员名额数的五分之一。

第十二条 人民陪审员经人民代表大会常务委员会任命后，应当公开进行就职宣誓。宣誓仪式由基层人民法院会同司法行政机关组织。

第十三条 人民陪审员的任期为五年，一般不得连任。

第十四条 人民陪审员和法官组成合议庭审判案件，由法官担任审判长，可以组成三人合议庭，也可以由法官三人与人民陪审员四人组成七人合议庭。

第十五条 人民法院审判第一审刑事、民事、行政案件，有下列情形之一的，由人民陪审员和法官组成合议庭进行：

（一）涉及群体利益、公共利益的；

（二）人民群众广泛关注或者其他社会影响较大的；

（三）案情复杂或者有其他情形，需要由人民陪审员参加审判的。

人民法院审判前款规定的案件，法律规定由法官独任审理或者由法官组成合议庭审理的，从其规定。

第十六条 人民法院审判下列第一审案件，由人民陪审员和法官组成七人合议庭进行：

（一）可能判处十年以上有期徒刑、无期徒刑、死刑，社会影响重大的刑事案件；

（二）根据民事诉讼法、行政诉讼法提起的公益诉讼案件；

（三）涉及征地拆迁、生态环境保护、食品药品安全，社会影响重大的案件；

（四）其他社会影响重大的案件。

第十七条 第一审刑事案件被告人、民事案件原告或者被告、行政案件原告申请由人民陪审员参加合议庭审判的，人民法院可以决定由人民陪审员和法官组成合议庭审判。

第十八条 人民陪审员的回避，适用审判人员回避的法律规定。

第十九条 基层人民法院审判案件需要由人民陪审员参加合议庭审判的，应当在人民陪审员名单中随机抽取确定。

中级人民法院、高级人民法院审判案件需要由人民陪审员参加合议庭审判的，在其辖区内的基层人民法院的人民陪审员名单中随机抽取确定。

第二十条 审判长应当履行与案件审判相关的指引、提示义务，但不得妨碍人民陪审员对案件的独立判断。

合议庭评议案件，审判长应当对本案中涉及的事实认定、证据规则、法律规定等事项及应当注意的问题，向人民陪审员进行必要的解释和说明。

第二十一条 人民陪审员参加三人合议庭审判案件，对事实认定、法律适用，独立发表意见，行使表决权。

第二十二条 人民陪审员参加七人合议庭审判案件，对事实认定，独立发表意见，并与法官共同表决；对法律适用，可以发表意见，但不参加表决。

第二十三条 合议庭评议案件，实行少数服从多数的原则。人民陪审员同合议庭其他组成人员意见分歧的，应当将其意见写入笔录。

合议庭组成人员意见有重大分歧的，人民陪审员或者法官可以要求合议庭将案件提请院长决定是否提交审判委员会讨论决定。

第二十四条 人民法院应当结合本辖区实际情况，合理确定每名人民陪审员年度参加审判案件的数量上限，并向社会公告。

第二十五条 人民陪审员的培训、考核和奖惩等日常管理工作，由基层人民法院会同司法行政机关负责。

对人民陪审员应当有计划地进行培训。人民陪审员应当按照要求参加培训。

第二十六条 对于在审判工作中有显著成绩或者有其他突出事迹的人民陪审员，依照有关规定给予表彰和奖励。

第二十七条 人民陪审员有下列情形之一，经所在基层人民法院会同司法行政机关查证属实的，由院长提请同级人民代表大会常务委员会免除其人民陪审员职务：

（一）本人因正当理由申请辞去人民陪审员职务的；

（二）具有本法第六条、第七条所列情形之一的；

（三）无正当理由，拒绝参加审判活动，影响审判工作正常进行的；

（四）违反与审判工作有关的法律及相关规定，徇私舞弊，造成错误裁判或者其他严重后果的。

人民陪审员有前款第三项、第四项所列行为的，可以采取通知其所在单位、户籍所在地或者经常居住地的基层群众性自治组织、人民团体，在辖区范围内公开通报等措施进行惩戒；构成犯罪的，依法追究刑事责任。

第二十八条 人民陪审员的人身和住所安全受法律保护。任何单位和个人不得对人民陪审员及其近亲属打击报复。

对报复陷害、侮辱诽谤、暴力侵害人民陪审员及其近亲属的，依法追究法律责任。

第二十九条 人民陪审员参加审判活动期间，所在单位不得克扣或者变相克扣其工资、奖金及其他福利待遇。

人民陪审员所在单位违反前款规定的，基层人民法院应当及时向人民陪审员所在单位或者所在单位的主管部门、上级部门提出纠正意见。

第三十条 人民陪审员参加审判活动期间，由人民法院依照有关规定按实际工作日给予补助。

人民陪审员因参加审判活动而支出的交通、就餐等费用，由人民法院依照有关规定给予补助。

第三十一条 人民陪审员因参加审判活动应当享受的补助，人民法院和司法行政机关为实施人民陪审员制度所必需的开支，列入人民法院和司法行政机关业务经费，由相应政府财政予以保障。具体办法由最高人民法院、国务院司法行政部门会同国务院财政部门制定。

第三十二条 本法自公布之日起施行。2004年8月28日第十届全国人民代表大会常务委员会第十一次会议通过的《全国人民代表大会常务委员会关于完善人民陪审员制度的决定》同时废止。

最高人民法院
关于适用《中华人民共和国人民陪审员法》若干问题的解释

（2019年2月18日最高人民法院审判委员会第1761次会议通过 2019年4月24日公布 法释〔2019〕5号 自2019年5月1日起施行）

为依法保障和规范人民陪审员参加审判活动，根据《中华人民共和国人民陪审员法》等法律的规定，结合审判实际，制定本解释。

第一条 根据人民陪审员法第十五条、第十六条的规定，人民法院决定由人民陪审员和法官组成合议庭审判的，合议庭成员确定后，应当及时告知当事人。

第二条 对于人民陪审员法第十五条、第十六条规定之外的第一审普通程序案件，人民法院应当告知刑事案件被告人、民事案件原告和被告、行政案件原告，在收到通知五日内有权申请由人民陪审员参加合议庭审判案件。

人民法院接到当事人在规定期限内提交的申请后，经审查决定由人民陪审员和法官组成合议庭审判的，合议庭成员确定后，应当及时告知当事人。

第三条 人民法院应当在开庭七日前从人民陪审员名单中随机抽取确定人民陪审员。

人民法院可以根据案件审判需要，从人民陪审员名单中随机抽取一定数量的候补人民陪审员，并确定递补顺序，一并告知当事人。

因案件类型需要具有相应专业知识的人民陪审员参加合议庭审判的，可以根据具体案情，在符合专业需求的人民陪审员名单中随机抽取确定。

第四条 人民陪审员确定后，人民法院应当将参审案件案由、当事人姓名或名称、开庭地点、开庭时间等事项告知参审人民陪审员及候补人民陪审员。

必要时，人民法院可以将参加审判活动的时间、地点等事项书面通知人民陪审员所在单位。

第五条 人民陪审员不参加下列案件的审理：

（一）依照民事诉讼法适用特别程序、督促程序、公示催告程序审理的案件；

（二）申请承认外国法院离婚判决的案件；

（三）裁定不予受理或者不需要开庭审理的案件。

第六条 人民陪审员不得参与审理由其以人民调解员身份先行调解的案件。

第七条 当事人依法有权申请人民陪审员回避。人民陪审员的回避，适用审判人员回避的法律规定。

人民陪审员回避事由经审查成立的，人民法院应当及时确定递补人选。

第八条 人民法院应当在开庭前，将相关权利和义务告知人民陪审员，并为其阅卷提供便利条件。

第九条 七人合议庭开庭前，应当制作事实认定问题清单，根据案件具体情况，区分事实认定问题与法律适用问题，对争议事实问题逐项列举，供人民陪审员在庭审时参考。事实认定问题和法律适用问题难以区分的，视为事实认定问题。

第十条 案件审判过程中，人民陪审员依法有权参加案件调查和调解工作。

第十一条 庭审过程中，人民陪审员依法有权向诉讼参加人发问，审判长应当提示人民陪审员围绕案件争议焦点进行发问。

第十二条 合议庭评议案件时，先由承办法官介绍案件涉及的相关法律、证据规则，然后由人民陪审员和法官依次发表意见，审判长最后发表意见并总结合议庭意见。

第十三条 七人合议庭评议时，审判长应当归纳和介绍需要通过评议讨论决定的案件事实认定问题，并列出案件事实问题清单。

人民陪审员全程参加合议庭评议，对于事实认定问题，由人民陪审员和法官在共同评议的基础上进行表决。对于法律适用问题，人民陪审员不参加表决，但可以发表意见，并记录在卷。

第十四条 人民陪审员应当认真阅读评议笔录，确认无误后签名。

第十五条 人民陪审员列席审判委员会讨论其参加审理的案件时，可以发表意见。

第十六条 案件审结后，人民法院应将裁判文书副本及时送交参加该案审判的人民陪审员。

第十七条 中级、基层人民法院应当保障人民陪审员均衡参审，结合本院实际情况，一般在不超过30件的范围内合理确定每名人民陪审员年度参加审判案件的数量上限，报高级人民法院备案，并向社会公告。

第十八条 人民法院应当依法规范和保障人民陪审员参加审判活动，不得安排人民陪审员从事与履行法定审判职责无关的工作。

第十九条 本解释自2019年5月1日起施行。

本解释公布施行后，最高人民法院于2010年1月12日发布的《最高人民法院关于人民陪审员参加审判活动若干问题的规定》同时废止。最高人民法院以前发布的司法解释与本解释不一致的，不再适用。

最高人民法院　司法部
关于《中华人民共和国人民陪审员法》实施中若干问题的答复

(2020年8月11日发布　法发〔2020〕29号)

在《中华人民共和国人民陪审员法》(以下简称《人民陪审员法》)及配套规范性文件实施过程中,部分地方就有关问题进行请示,经研究,现答复如下:

1. 新疆维吾尔自治区生产建设兵团法院如何选任人民陪审员?

答:没有对应同级人民代表大会的兵团基层人民法院人民陪审员的名额由兵团分院确定,经公示后确定的人民陪审员人选,由基层人民法院院长提请兵团分院任命。在未设立垦区司法局的垦区,可以由师(市)司法局会同垦区人民法院、公安机关组织开展人民陪审员选任工作。

2.《人民陪审员法》第六条第一项所指的监察委员会、人民法院、人民检察院、公安机关、国家安全机关、司法行政机关的工作人员是否包括行政编制外人员?

答:上述工作人员包括占用行政编制和行政编制外的所有工作人员。

3. 乡镇人民代表大会主席团的成员能否担任人民陪审员?

答:符合担任人民陪审员条件的乡镇人民代表大会主席团成员,不是上级人民代表大会常务委员会组成人员的,可以担任人民陪审员,法律另有禁止性规定的除外。

4. 人民代表大会常务委员会的工作人员能否担任人民陪审员?

答:人民代表大会常务委员会的工作人员,符合担任人民陪审员条件的,可以担任人民陪审员,法律另有禁止性规定的除外。

5. 人民代表大会常务委员会的组成人员、法官、检察官,以及人民法院、人民检察院的其他工作人员,监察委员会、公安机关、国家安全机关、司法行政机关的工作人员离任后能否担任人民陪审员?

答:(1)人民代表大会常务委员会的组成人员,监察委员会、人民法院、人民检察院、公安机关、国家安全机关、司法行政机关的工作人员离任后,符合担任人民陪审员条件的,可以担任人民陪审员。上述人员担任人民陪审员的比例应当与其他人员的比例适当平衡。

(2)法官、检察官从人民法院、人民检察院离任后二年内,不得担任人民陪审员。

(3)法官从人民法院离任后,曾在基层人民法院工作的,不得在原任职的基层人民法院担任人民陪审员;检察官从人民检察院离任后,曾在基层人民检察院工作的,不得在与原任职的基层人民检察院同级、同辖区的人民法院担任人民陪审员。

(4)法官从人民法院离任后,担任人民陪审员的,不得参与原任职人民法院的审判活动;检察官从人民检察院离任后,担任人民陪审员的,不得参与原任职人民检察院同级、同辖区的人民法院的审判活动。

6. 劳动争议仲裁委员会的仲裁员能否担任人民陪审员?

答:劳动争议仲裁委员会的仲裁员不能担任人民陪审员。

7. 被纳入失信被执行人名单的公民能否担任人民陪审员?

答:公民被纳入失信被执行人名单期间,不得担任人民陪审员。人民法院撤销或者删除失信信息后,公民符合法定条件的,可以担任人民陪审员。

8. 公民担任人民陪审员不得超过两次,是否包括《人民陪审员法》实施前以及在不同人民法院任职的情形?

答:公民担任人民陪审员总共不得超过两次,包括《人民陪审员法》实施前任命以及在不同人民法院任职的情形。

9. 有独立请求权的第三人是否可以申请由人民陪审员参加合议庭审判案件？

答：有独立请求权的第三人可以依据《人民陪审员法》相关规定申请由人民陪审员参加合议庭审判案件。

10. 人民法院可否吸收人民陪审员参加减刑、假释案件的审理？

答：人民法院可以结合案件情况，吸收人民陪审员参加减刑、假释案件审理，但不需要开庭审理的除外。

11. 人民陪审员是否可以参加案件执行工作？

答：根据《人民陪审员法》，人民陪审员参加第一审刑事、民事、行政案件的审判。人民法院不得安排人民陪审员参加案件执行工作。

12. 人民法院可以根据案件审判需要，从人民陪审员名单中随机抽取一定数量的候补人民陪审员，并确定递补顺序，一并告知当事人。如果原定人民陪审员因故无法到庭，由候补人民陪审员参与案件审理，是否需要就变更合议庭成员另行告知双方当事人？候补人民陪审员的递补顺序，应如何确定？

答：人民法院已一并告知候补人民陪审员名单的，如变更由候补人民陪审员参加庭审的，无需另行告知当事人。确定候补人民陪审员的递补顺序，可按照姓氏笔画排序等方式确定。

13. 根据《最高人民法院关于适用〈中华人民共和国人民陪审员法〉若干问题的解释》，七人合议庭开庭前和评议时，应当制作事实认定问题清单。审判实践中，如何制作事实认定问题清单？

答：事实认定问题清单应当立足全部案件事实，重点针对案件难点和争议的焦点内容。刑事案件中，可以以犯罪构成要件事实为基础，主要包括构成犯罪的事实、不构成犯罪的事实，以及有关量刑情节的事实等。民事案件中，可以根据不同类型纠纷的请求权规范基础，归纳出当事人争议的要件事实。行政案件中，主要包括审查行政行为合法性所必须具备的事实。

14. 合议庭评议案件时，人民陪审员和法官可否分组分别进行评议、表决？

答：合议庭评议案件时，人民陪审员和法官应当共同评议、表决，不得分组进行。

15. 案件审结后，人民法院将裁判文书副本送交参加该案审判的人民陪审员时，能否要求人民陪审员在送达回证上签字？

答：人民陪审员不是受送达对象，不能要求人民陪审员在送达回证上签字。人民法院将裁判文书副本送交人民陪审员时，可以以适当方式请人民陪审员签收后存档。

16. 如何把握人民陪审员年度参审数上限一般不超过30件的要求？对于人民陪审员参与审理批量系列案件的，如何计算案件数量？

答：个别案件量大的人民法院可以结合本院实际情况，提出参审数上限在30件以上设置的意见，层报高级人民法院备案后实施。高级人民法院应统筹辖区整体情况从严把握。

人民陪审员参加审理批量系列案件的，可以按一定比例折算案件数以核定是否超出参审数上限。具体折算比例，由高级人民法院确定。

17. 对于人民陪审员参审案件数占第一审案件数的比例即陪审率，是否可以设定考核指标？

答：《人民陪审员法》及相关司法解释规定了人民陪审员参审案件范围和年度参审数上限，要严格执行相关规定。人民法院不得对第一审案件总体陪审率设定考核指标，但要对第一审案件总体陪审率、人民陪审员参加七人合议庭等情况进行统计监测。

18. 人民陪审员是否适用法官法中法官任职回避的规定？

答：人民陪审员适用民事、刑事、行政诉讼法中诉讼回避的规定，不适用法官法中法官任职回避的规定。

19. 人民陪审员在参加庭审等履职过程中，着装有何要求？

答：人民陪审员在参加庭审等履职过程中，着装应当端庄、得体，但不得配发、穿着统一制服。

最高人民检察院
关于指派、聘请有专门知识的人参与办案若干问题的规定(试行)

(2018年2月11日最高人民检察院第十二届检察委员会第73次会议通过 2018年4月3日公布 高检发释字〔2018〕1号 自公布之日起试行)

第一条 为了规范和促进人民检察院指派、聘请有专门知识的人参与办案,根据《中华人民共和国刑事诉讼法》《中华人民共和国民事诉讼法》《中华人民共和国行政诉讼法》等法律规定,结合检察工作实际,制定本规定。

第二条 本规定所称“有专门知识的人”,是指运用专门知识参与人民检察院的办案活动,协助解决专门性问题或者提出意见的人,但不包括以鉴定人身份参与办案的人。

本规定所称“专门知识”,是指特定领域内的人员理解和掌握的、具有专业技术性的认识和经验等。

第三条 人民检察院可以指派、聘请有鉴定资格的人员,或者经本院审查具备专业能力的其他人员,作为有专门知识的人参与办案。

有下列情形之一的人员,不得作为有专门知识的人参与办案:

(一)因违反职业道德,被主管部门注销鉴定资格、撤销鉴定人登记,或者吊销其他执业资格、近三年以内被处以停止执业处罚的;

(二)无民事行为能力或者限制民事行为能力的;

(三)近三年以内违反本规定第十八条至第二十一条规定的;

(四)以办案人员等身份参与过本案办理工作的;

(五)不宜作为有专门知识的人参与办案的其他情形。

第四条 人民检察院聘请检察机关以外的人员作为有专门知识的人参与办案,应当核实其有效身份证件和能够证明符合本规定第三条第一款要求的材料。

第五条 具备条件的人民检察院可以明确专门部门,负责建立有专门知识的人推荐名单库。

第六条 有专门知识的人的回避,适用《中华人民共和国刑事诉讼法》《中华人民共和国民事诉讼法》《中华人民共和国行政诉讼法》等法律规定中有关鉴定人回避的规定。

第七条 人民检察院办理刑事案件需要收集证据的,可以指派、聘请有专门知识的人开展下列工作:

(一)在检察官的主持下进行勘验或者检查;

(二)就需要鉴定、但没有法定鉴定机构的专门性问题进行检验;

(三)其他必要的工作。

第八条 人民检察院在审查起诉时,发现涉及专门性问题的证据材料有下列情形之一的,可以指派、聘请有专门知识的人进行审查,出具审查意见:

(一)对定罪量刑有重大影响的;

(二)与其他证据之间存在无法排除的矛盾的;

(三)就同一专门性问题有两份或者两份以上的鉴定意见,且结论不一致的;

(四)当事人、辩护人、诉讼代理人有异议的;

(五)其他必要的情形。

第九条 人民检察院在人民法院决定开庭后,可以指派、聘请有专门知识的人,协助公诉人做好下列准备工作:

(一)掌握涉及专门性问题证据材料的情况;

(二)补充审判中可能涉及的专门知识;

(三)拟定讯问被告人和询问证人、鉴定人、其他有专门知识的人的计划；

（四）拟定出示、播放、演示涉及专门性问题证据材料的计划；

（五）制定质证方案；

（六）其他必要的工作。

第十条 刑事案件法庭审理中，人民检察院可以申请人民法院通知有专门知识的人出庭，就鉴定人作出的鉴定意见提出意见。

第十一条 刑事案件法庭审理中，公诉人出示、播放、演示涉及专门性问题的证据材料需要协助的，人民检察院可以指派、聘请有专门知识的人进行操作。

第十二条 人民检察院在对公益诉讼案件决定立案和调查收集证据时，就涉及专门性问题的证据材料或者专业问题，可以指派、聘请有专门知识的人协助开展下列工作：

（一）对专业问题进行回答、解释、说明；

（二）对涉案专门性问题进行评估、审计；

（三）对涉及复杂、疑难、特殊技术问题的鉴定事项提出意见；

（四）在检察官的主持下勘验物证或者现场；

（五）对行政执法卷宗材料中涉及专门性问题的证据材料进行审查；

（六）其他必要的工作。

第十三条 公益诉讼案件法庭审理中，人民检察院可以申请人民法院通知有专门知识的人出庭，就鉴定人作出的鉴定意见或者专业问题提出意见。

第十四条 人民检察院在下列办案活动中，需要指派、聘请有专门知识的人的，可以适用本规定：

（一）办理控告、申诉、国家赔偿或者国家司法救助案件；

（二）办理监管场所发生的被监管人重伤、死亡案件；

（三）办理民事、行政诉讼监督案件；

（四）检察委员会审议决定重大案件和其他重大问题；

（五）需要指派、聘请有专门知识的人的其他办案活动。

第十五条 人民检察院应当为有专门知识的人参与办案提供下列必要条件：

（一）介绍与涉案专门性问题有关的情况；

（二）提供涉及专门性问题的证据等案卷材料；

（三）明确要求协助或者提出意见的问题；

（四）有专门知识的人参与办案所必需的其他条件。

第十六条 人民检察院依法保障接受指派、聘请参与办案的有专门知识的人及其近亲属的安全。

对有专门知识的人及其近亲属进行威胁、侮辱、殴打、打击报复等，构成违法犯罪的，人民检察院应当移送公安机关处理；情节轻微的，予以批评教育、训诫。

第十七条 有专门知识的人因参与办案而支出的交通、住宿、就餐等费用，由人民检察院承担。对于聘请的有专门知识的人，应当给予适当报酬。

上述费用从人民检察院办案业务经费中列支。

第十八条 有专门知识的人参与办案，应当遵守法律规定，遵循技术标准和规范，恪守职业道德，坚持客观公正原则。

第十九条 有专门知识的人应当保守参与办案中所知悉的国家秘密、商业秘密、个人隐私以及其他不宜公开的内容。

第二十条 有专门知识的人应当妥善保管、使用并及时退还参与办案中所接触的证据等案卷材料。

第二十一条 有专门知识的人不得在同一案件中同时接受刑事诉讼当事人、辩护人、诉讼代理人，民事、行政诉讼对方当事人、诉讼代理人，或者人民法院的委托。

第二十二条 有专门知识的人违反本规定第十八条至第二十一条的规定，出现重大过错，影响正常办案的，人民检察院应当停止其作为有专门知识的人参与办案，并从推荐名单库中除名。必要时，可以建议其所在单位或者有关部门给予行政处分或者其他处分。构成违法犯罪的,依法追究行政责任或者刑事责任。

第二十三条 各省、自治区、直辖市人民检察院可以依照本规定,结合本地实际,制定具体实施办法,并报最高人民检察院备案。

第二十四条 本规定由最高人民检察院负责解释。

第二十五条 本规定自公布之日起试行。

最高人民法院
关于人民法院在互联网公布裁判文书的规定

(2016年7月25日最高人民法院审判委员会第1689次会议通过 2016年8月29日公布 法释〔2016〕19号 自2016年10月1日起施行)

为贯彻落实审判公开原则,规范人民法院在互联网公布裁判文书工作,促进司法公正,提升司法公信力,根据《中华人民共和国刑事诉讼法》《中华人民共和国民事诉讼法》《中华人民共和国行政诉讼法》等相关规定,结合人民法院工作实际,制定本规定。

第一条 人民法院在互联网公布裁判文书,应当依法、全面、及时、规范。

第二条 中国裁判文书网是全国法院公布裁判文书的统一平台。各级人民法院在本院政务网站及司法公开平台设置中国裁判文书网的链接。

第三条 人民法院作出的下列裁判文书应当在互联网公布:

(一)刑事、民事、行政判决书;

(二)刑事、民事、行政、执行裁定书;

(三)支付令;

(四)刑事、民事、行政、执行驳回申诉通知书;

(五)国家赔偿决定书;

(六)强制医疗决定书或者驳回强制医疗申请的决定书;

(七)刑罚执行与变更决定书;

(八)对妨害诉讼行为、执行行为作出的拘留、罚款决定书,提前解除拘留决定书,因对不服拘留、罚款等制裁决定申请复议而作出的复议决定书;

(九)行政调解书、民事公益诉讼调解书;

(十)其他有中止、终结诉讼程序作用或者对当事人实体权益有影响、对当事人程序权益有重大影响的裁判文书。

第四条 人民法院作出的裁判文书有下列情形之一的,不在互联网公布:

(一)涉及国家秘密的;

(二)未成年人犯罪的;

(三)以调解方式结案或者确认人民调解协议效力的,但为保护国家利益、社会公共利益、他人合法权益确有必要公开的除外;

(四)离婚诉讼或者涉及未成年子女抚养、监护的;

(五)人民法院认为不宜在互联网公布的其他情形。

第五条 人民法院应当在受理案件通知书、应诉通知书中告知当事人在互联网公布裁判文书的范围,并通过政务网站、电子触摸屏、诉讼指南等多种方式,向公众告知人民法院在互联网公布裁判文书的相关规定。

第六条 不在互联网公布的裁判文书,应当公布案号、审理法院、裁判日期及不公开理由,但公布上述信息可能泄露国家秘密的除外。

第七条 发生法律效力的裁判文书,应当在裁判文书生效之日起七个工作日内在互联网公布。依法提起抗诉或者上诉的一审判决书、裁定书,应当在二审裁判生效后七个工作日内在互联网公布。

第八条 人民法院在互联网公布裁判文书时,应当对下列人员的姓名进行隐名处理:

(一)婚姻家庭、继承纠纷案件中的当事人

及其法定代理人；

（二）刑事案件被害人及其法定代理人、附带民事诉讼原告人及其法定代理人、证人、鉴定人；

（三）未成年人及其法定代理人。

第九条 根据本规定第八条进行隐名处理时，应当按以下情形处理：

（一）保留姓氏，名字以“某”替代；

（二）对于少数民族姓名，保留第一个字，其余内容以“某”替代；

（三）对于外国人、无国籍人姓名的中文译文，保留第一个字，其余内容以“某”替代；对于外国人、无国籍人的英文姓名，保留第一个英文字母，删除其他内容。

对不同姓名隐名处理后发生重复的，通过在姓名后增加阿拉伯数字进行区分。

第十条 人民法院在互联网公布裁判文书时，应当删除下列信息：

（一）自然人的家庭住址、通讯方式、身份证号码、银行账号、健康状况、车牌号码、动产或不动产权属证书编号等个人信息；

（二）法人以及其他组织的银行账号、车牌号码、动产或不动产权属证书编号等信息；

（三）涉及商业秘密的信息；

（四）家事、人格权益等纠纷中涉及个人隐私的信息；

（五）涉及技术侦查措施的信息；

（六）人民法院认为不宜公开的其他信息。

按照本条第一款删除信息影响对裁判文书正确理解的，用符号“×”作部分替代。

第十一条 人民法院在互联网公布裁判文书，应当保留当事人、法定代理人、委托代理人、辩护人的下列信息：

（一）除根据本规定第八条进行隐名处理的以外，当事人及其法定代理人是自然人的，保留姓名、出生日期、性别、住所地所属县、区；当事人及其法定代理人是法人或其他组织的，保留名称、住所地、组织机构代码，以及法定代表人或主要负责人的姓名、职务；

（二）委托代理人、辩护人是律师或者基层法律服务工作者的，保留姓名、执业证号和律师事务所、基层法律服务机构名称；委托代理人、辩护人是其他人员的，保留姓名、出生日期、性别、住所地所属县、区，以及与当事人的关系。

第十二条 办案法官认为裁判文书具有本规定第四条第五项不宜在互联网公布情形的，应当提出书面意见及理由，由部门负责人审查后报主管副院长审定。

第十三条 最高人民法院监督指导全国法院在互联网公布裁判文书的工作。高级、中级人民法院监督指导辖区法院在互联网公布裁判文书的工作。

各级人民法院审判管理办公室或者承担审判管理职能的其他机构负责本院在互联网公布裁判文书的管理工作，履行以下职责：

（一）组织、指导在互联网公布裁判文书；

（二）监督、考核在互联网公布裁判文书的工作；

（三）协调处理社会公众对裁判文书公开的投诉和意见；

（四）协调技术部门做好技术支持和保障；

（五）其他相关管理工作。

第十四条 各级人民法院应当依托信息技术将裁判文书公开纳入审判流程管理，减轻裁判文书公开的工作量，实现裁判文书及时、全面、便捷公布。

第十五条 在互联网公布的裁判文书，除依照本规定要求进行技术处理的以外，应当与裁判文书的原本一致。

人民法院对裁判文书中的笔误进行补正的，应当及时在互联网公布补正笔误的裁定书。

办案法官对在互联网公布的裁判文书与裁判文书原本的一致性，以及技术处理的规范性负责。

第十六条 在互联网公布的裁判文书与裁判文书原本不一致或者技术处理不当的，应当及时撤回并在纠正后重新公布。

在互联网公布的裁判文书，经审查存在本规定第四条列明情形的，应当及时撤回，并按照本规定第六条处理。

第十七条 人民法院信息技术服务中心负

责中国裁判文书网的运行维护和升级完善，为社会各界合法利用在该网站公开的裁判文书提供便利。

中国裁判文书网根据案件适用不同审判程序的案号，实现裁判文书的相互关联。

第十八条 本规定自2016年10月1日起施行。最高人民法院以前发布的司法解释和规范性文件与本规定不一致的，以本规定为准。

最高人民法院
关于人民法院庭审录音录像的若干规定

（2017年1月25日最高人民法院审判委员会第1708次会议通过 2017年2月22日公布 法释〔2017〕5号 自2017年3月1日起施行）

为保障诉讼参与人诉讼权利，规范庭审活动，提高庭审效率，深化司法公开，促进司法公正，根据《中华人民共和国刑事诉讼法》《中华人民共和国民事诉讼法》《中华人民共和国行政诉讼法》等法律规定，结合审判工作实际，制定本规定。

第一条 人民法院开庭审判案件，应当对庭审活动进行全程录音录像。

第二条 人民法院应当在法庭内配备固定或者移动的录音录像设备。

有条件的人民法院可以在法庭安装使用智能语音识别同步转换文字系统。

第三条 庭审录音录像应当自宣布开庭时开始，至闭庭时结束。除下列情形外，庭审录音录像不得人为中断：

（一）休庭；

（二）公开庭审中的不公开举证、质证活动；

（三）不宜录制的调解活动。

负责录音录像的人员应当对录音录像的起止时间、有无中断等情况进行记录并附卷。

第四条 人民法院应当采取叠加同步录制时间或者其他措施保证庭审录音录像的真实和完整。

因设备故障或技术原因导致录音录像不真实、不完整的，负责录音录像的人员应当作出书面说明，经审判长或独任审判员审核签字后附卷。

第五条 人民法院应当使用专门设备在线或离线存储、备份庭审录音录像。因设备故障等原因导致不符合技术标准的录音录像，应当一并存储。

庭审录音录像的归档，按照人民法院电子诉讼档案管理规定执行。

第六条 人民法院通过使用智能语音识别系统同步转换生成的庭审文字记录，经审判人员、书记员、诉讼参与人核对签字后，作为法庭笔录管理和使用。

第七条 诉讼参与人对法庭笔录有异议并申请补正的，书记员可以播放庭审录音录像进行核对、补正；不予补正的，应当将申请记录在案。

第八条 适用简易程序审理民事案件的庭审录音录像，经当事人同意的，可以替代法庭笔录。

第九条 人民法院应当将替代法庭笔录的庭审录音录像同步保存在服务器或者刻录成光盘，并由当事人和其他诉讼参与人对其完整性校验值签字或者采取其他方法进行确认。

第十条 人民法院应当通过审判流程信息公开平台、诉讼服务平台以及其他便民诉讼服务平台，为当事人、辩护律师、诉讼代理人等依法查阅庭审录音录像提供便利。

对提供查阅的录音录像，人民法院应当设置必要的安全防范措施。

第十一条 当事人、辩护律师、诉讼代理人等可以依照规定复制录音或者誊录庭审录音录像，必要时人民法院应当配备相应设施。

第十二条 人民法院可以播放依法公开审理案件的庭审录音录像。

第十三条 诉讼参与人、旁听人员违反法庭纪律或者有关法律规定,危害法庭安全、扰乱法庭秩序的,人民法院可以通过庭审录音录像进行调查核实,并将其作为追究法律责任的证据。

第十四条 人民检察院、诉讼参与人认为庭审活动不规范或者违反法律规定的,人民法院应当结合庭审录音录像进行调查核实。

第十五条 未经人民法院许可,任何人不得对庭审活动进行录音录像,不得对庭审录音录像进行拍录、复制、删除和迁移。

行为人实施前款行为的,依照规定追究其相应责任。

第十六条 涉及国家秘密、商业秘密、个人隐私等庭审活动的录制,以及对庭审录音录像的存储、查阅、复制、誊录等,应当符合保密管理等相关规定。

第十七条 庭审录音录像涉及的相关技术保障、技术标准和技术规范,由最高人民法院另行制定。

第十八条 人民法院从事其他审判活动或者进行执行、听证、接访等活动需要进行录音录像的,参照本规定执行。

第十九条 本规定自2017年3月1日起施行。最高人民法院此前发布的司法解释及规范性文件与本规定不一致的,以本规定为准。

最高人民法院　最高人民检察院　公安部　国家安全部　司法部关于规范量刑程序若干问题的意见

(2020年11月5日发布　法发〔2020〕38号)

为深入推进以审判为中心的刑事诉讼制度改革,落实认罪认罚从宽制度,进一步规范量刑程序,确保量刑公开公正,根据刑事诉讼法和有关司法解释等规定,结合工作实际,制定本意见。

第一条 人民法院审理刑事案件,在法庭审理中应当保障量刑程序的相对独立性。

人民检察院在审查起诉中应当规范量刑建议。

第二条 侦查机关、人民检察院应当依照法定程序,全面收集、审查、移送证明犯罪嫌疑人、被告人犯罪事实、量刑情节的证据。

对于法律规定并处或者单处财产刑的案件,侦查机关应当根据案件情况对被告人的财产状况进行调查,并向人民检察院移送相关证据材料。人民检察院应当审查并向人民法院移送相关证据材料。

人民检察院在审查起诉时发现侦查机关应当收集而未收集量刑证据的,可以退回侦查机关补充侦查,也可以自行侦查。人民检察院退回补充侦查的,侦查机关应当按照人民检察院退回补充侦查提纲的要求及时收集相关证据。

第三条 对于可能判处管制、缓刑的案件,侦查机关、人民检察院、人民法院可以委托社区矫正机构或者有关社会组织进行调查评估,提出意见,供判处管制、缓刑时参考。

社区矫正机构或者有关社会组织收到侦查机关、人民检察院或者人民法院调查评估的委托后,应当根据委托机关的要求依法进行调查,形成评估意见,并及时提交委托机关。

对于没有委托进行调查评估或者判决前没有收到调查评估报告的,人民法院经审理认为被告人符合管制、缓刑适用条件的,可以依法判处管制、宣告缓刑。

第四条 侦查机关在移送审查起诉时,可以根据犯罪嫌疑人涉嫌犯罪的情况,就宣告禁止令和从业禁止向人民检察院提出意见。

人民检察院在提起公诉时,可以提出宣告禁止令和从业禁止的建议。被告人及其辩护人、被害人及其诉讼代理人可以就是否对被告人宣告禁止令和从业禁止提出意见，并说明理由。

人民法院宣告禁止令和从业禁止，应当根据被告人的犯罪原因、犯罪性质、犯罪手段、悔罪表现、个人一贯表现等，充分考虑与被告人所犯罪行的关联程度，有针对性地决定禁止从事特定的职业、活动，进入特定区域、场所，接触特定的人等。

第五条 符合下列条件的案件，人民检察院提起公诉时可以提出量刑建议；被告人认罪认罚的，人民检察院应当提出量刑建议：

（一）犯罪事实清楚，证据确实、充分；

（二）提出量刑建议所依据的法定从重、从轻、减轻或者免除处罚等量刑情节已查清；

（三）提出量刑建议所依据的酌定从重、从轻处罚等量刑情节已查清。

第六条 量刑建议包括主刑、附加刑、是否适用缓刑等。主刑可以具有一定的幅度，也可以根据案件具体情况，提出确定刑期的量刑建议。建议判处财产刑的，可以提出确定的数额。

第七条 对常见犯罪案件，人民检察院应当按照量刑指导意见提出量刑建议。对新类型、不常见犯罪案件，可以参照相关量刑规范提出量刑建议。提出量刑建议，应当说明理由和依据。

第八条 人民检察院指控被告人犯有数罪的，应当对指控的个罪分别提出量刑建议，并依法提出数罪并罚后决定执行的刑罚的量刑建议。

对于共同犯罪案件，人民检察院应当根据各被告人在共同犯罪中的地位、作用以及应当承担的刑事责任分别提出量刑建议。

第九条 人民检察院提出量刑建议，可以制作量刑建议书，与起诉书一并移送人民法院；对于案情简单、量刑情节简单的适用速裁程序的案件，也可以在起诉书中写明量刑建议。

量刑建议书中应当写明人民检察院建议对被告人处以的主刑、附加刑、是否适用缓刑等及其理由和依据。

人民检察院以量刑建议书方式提出量刑建议的，人民法院在送达起诉书副本时，应当将量刑建议书一并送达被告人。

第十条 在刑事诉讼中，自诉人、被告人及其辩护人、被害人及其诉讼代理人可以提出量刑意见，并说明理由，人民检察院、人民法院应当记录在案并附卷。

第十一条 人民法院、人民检察院、侦查机关应当告知犯罪嫌疑人、被告人申请法律援助的权利，对符合法律援助条件的，依法通知法律援助机构指派律师为其提供辩护或者法律帮助。

第十二条 适用速裁程序审理的案件，在确认被告人认罪认罚的自愿性和认罪认罚具结书内容的真实性、合法性后，一般不再进行法庭调查、法庭辩论，但在判决宣告前应当听取辩护人的意见和被告人的最后陈述意见。

适用速裁程序审理的案件，应当当庭宣判。

第十三条 适用简易程序审理的案件，在确认被告人对起诉书指控的犯罪事实和罪名没有异议，自愿认罪且知悉认罪的法律后果后，法庭审理可以直接围绕量刑进行，不再区分法庭调查、法庭辩论，但在判决宣告前应当听取被告人的最后陈述意见。

适用简易程序审理的案件，一般应当当庭宣判。

第十四条 适用普通程序审理的被告人认罪案件，在确认被告人了解起诉书指控的犯罪事实和罪名，自愿认罪且知悉认罪的法律后果后，法庭审理主要围绕量刑和其他有争议的问题进行，可以适当简化法庭调查、法庭辩论程序。

第十五条 对于被告人不认罪或者辩护人做无罪辩护的案件，法庭调查和法庭辩论分别进行。

在法庭调查阶段，应当在查明定罪事实的基础上，查明有关量刑事实，被告人及其辩护人可以出示证明被告人无罪或者罪轻的证据，当庭发表质证意见。

在法庭辩论阶段，审判人员引导控辩双方先辩论定罪问题。在定罪辩论结束后，审判人员告知控辩双方可以围绕量刑问题进行辩论，发表量刑建议或者意见，并说明依据和理由。被告人及其辩护人参加量刑问题的调查的，不影响作无罪辩解或者辩护。

第十六条 在法庭调查中，公诉人可以根据案件的不同种类、特点和庭审的实际情况，合理安排和调整举证顺序。定罪证据和量刑证据分开出示的，应当先出示定罪证据，后出示量刑证据。

对于有数起犯罪事实的案件的量刑证据，可以在对每起犯罪事实举证时分别出示，也可以对同类犯罪事实一并出示；涉及全案综合量刑情节的证据，一般应当在举证阶段最后出示。

第十七条 在法庭调查中，人民法院应当查明对被告人适用具体法定刑幅度的犯罪事实以及法定或者酌定量刑情节。

第十八条 人民法院、人民检察院、侦查机关或者辩护人委托有关方面制作涉及未成年人的社会调查报告的，调查报告应当在法庭上宣读，并进行质证。

第十九条 在法庭审理中，审判人员对量刑证据有疑问的，可以宣布休庭，对证据进行调查核实，必要时也可以要求人民检察院补充调查核实。人民检察院补充调查核实有关证据，必要时可以要求侦查机关提供协助。

对于控辩双方补充的证据，应当经过庭审质证才能作为定案的根据。但是，对于有利于被告人的量刑证据，经庭外征求意见，控辩双方没有异议的除外。

第二十条 被告人及其辩护人、被害人及其诉讼代理人申请人民法院调取在侦查、审查起诉阶段收集的量刑证据材料，人民法院认为确有必要的，应当依法调取；人民法院认为不需要调取的，应当说明理由。

第二十一条 在法庭辩论中，量刑辩论按照以下顺序进行：

（一）公诉人发表量刑建议，或者自诉人及其诉讼代理人发表量刑意见；

（二）被害人及其诉讼代理人发表量刑意见；

（三）被告人及其辩护人发表量刑意见。

第二十二条 在法庭辩论中，出现新的量刑事实，需要进一步调查的，应当恢复法庭调查，待事实查清后继续法庭辩论。

第二十三条 对于人民检察院提出的量刑建议，人民法院应当依法审查。对于事实清楚，证据确实、充分，指控的罪名准确，量刑建议适当的，人民法院应当采纳。

人民法院经审理认为，人民检察院的量刑建议不当的，可以告知人民检察院。人民检察院调整量刑建议的，应当在法庭审理结束前提出。人民法院认为人民检察院调整后的量刑建议适当的，应当予以采纳；人民检察院不调整量刑建议或者调整量刑建议后仍不当的，人民法院应当依法作出判决。

第二十四条 有下列情形之一，被告人当庭认罪，愿意接受处罚的，人民法院应当根据审理查明的事实，就定罪和量刑听取控辩双方意见，依法作出裁判：

（一）被告人在侦查、审查起诉阶段认罪认罚，但人民检察院没有提出量刑建议的；

（二）被告人在侦查、审查起诉阶段没有认罪认罚的；

（三）被告人在第一审程序中没有认罪认罚，在第二审程序中认罪认罚的；

（四）被告人在庭审过程中不同意量刑建议的。

第二十五条 人民法院应当在刑事裁判文书中说明量刑理由。量刑说理主要包括：

（一）已经查明的量刑事实及其对量刑的影响；

（二）是否采纳公诉人、自诉人、被告人及其辩护人、被害人及其诉讼代理人发表的量刑建议、意见及理由；

（三）人民法院判处刑罚的理由和法律依据。

对于适用速裁程序审理的案件，可以简化量刑说理。

第二十六条 开庭审理的二审、再审案件的量刑程序，依照有关法律规定进行。法律没有规定的，参照本意见进行。

对于不开庭审理的二审、再审案件，审判人员在阅卷、讯问被告人、听取自诉人、辩护人、被害人及其诉讼代理人的意见时，应当注意审查量刑事实和证据。

第二十七条 对于认罪认罚案件量刑建议的提出、采纳与调整等，适用最高人民法院、最高人民检察院、公安部、国家安全部、司法部《关于适用认罪认罚从宽制度的指导意见》的有关规定。

第二十八条 本意见自2020年11月6日起施行。2010年9月13日最高人民法院、最高人民检察院、公安部、国家安全部、司法部《印发〈关于规范量刑程序若干问题的意见（试行）〉的通知》（法发〔2010〕35号）同时废止。

最高人民法院
印发《关于全面推进以审判为中心的刑事诉讼制度改革的实施意见》的通知

（法发〔2017〕5号）

各省、自治区、直辖市高级人民法院，解放军军事法院，新疆维吾尔自治区高级人民法院生产建设兵团分院；全国地方各中级人民法院，各大单位军事法院，新疆生产建设兵团各中级法院：

为贯彻落实《最高人民法院、最高人民检察院、公安部、国家安全部、司法部关于推进以审判为中心的刑事诉讼制度改革的意见》，全面推进改革工作，最高人民法院制定了《关于全面推进以审判为中心的刑事诉讼制度改革的实施意见》（以下简称《实施意见》），现印发给你们，请结合审判工作实际参照执行。

为了在审判实践中更好地贯彻执行《实施意见》，现提出以下要求：

1. 充分认识改革意义，明确改革方向。推进以审判为中心的刑事诉讼制度改革，是中央十八届四中全会作出的重大决策，是坚持严格司法、确保刑事司法公正的现实需要，是完善人权司法保障的必然要求，体现了中央对司法性质和规律的科学认识和准确把握。各级人民法院要充分认识改革的重要意义，准确把握改革精神，抓好各项改革措施的落实。要充分发挥审判程序的职能作用，确保侦查、审查起诉的案件事实证据经得起法律的检验，通过法庭审判的程序公正实现案件裁判的实体公正，提高司法公信力。

2. 加强组织领导和协调，确保改革取得成效。推进以审判为中心的刑事诉讼制度改革，牵涉到政法工作全局，各级人民法院要紧紧依靠党委领导和人大监督，密切与其他政法机关的沟通、协调，确保各项改革统筹推进，落到实处。各高级人民法院要高度重视，成立由主要领导负责的领导小组，统一领导改革工作，加强对下指导，制定具体可行的实施方案，扎实推进本辖区的改革工作。

3. 注重制度探索，及时总结改革经验。在改革过程中，要遵循刑事诉讼规律，处理好惩罚犯罪与保障人权、实体公正与程序公正、司法公正与司法效率、互相配合与互相制约等关系，确保改革稳步推进。要以庭审实质化改革为核心，以强化证人、鉴定人、侦查人员出庭作证和律师辩护为重点，着力推进庭审制度改革。在贯彻执行过程中遇到的新情况、新问题和探索的新经验、新做法，要认真加以总结，并及时层报最高人民法院。

特此通知。

最高人民法院
2017年2月17日

最高人民法院关于全面推进以审判为中心的刑事诉讼制度改革的实施意见

为贯彻落实《最高人民法院、最高人民检察院、公安部、国家安全部、司法部关于推进以审判为中心的刑事诉讼制度改革的意见》,确保有罪的人受到公正惩罚、无罪的人不受刑事追究,实现公正司法,依照法律规定,结合审判实际,对人民法院全面推进以审判为中心的刑事诉讼制度改革提出如下意见:

一、坚持严格司法原则,树立依法裁判理念

1. 坚持证据裁判原则,认定案件事实,必须以证据为根据。重证据,重调查研究,不轻信口供,没有证据不得认定案件事实。

2. 坚持非法证据排除原则,不得强迫任何人证实自己有罪。经审查认定的非法证据,应当依法予以排除,不得作为定案的根据。

3. 坚持疑罪从无原则,认定被告人有罪,必须达到犯罪事实清楚,证据确实、充分的证明标准。不得因舆论炒作、上访闹访等压力作出违反法律的裁判。

4. 坚持程序公正原则,通过法庭审判的程序公正实现案件裁判的实体公正。发挥庭审在查明事实、认定证据、保护诉权、公正裁判中的决定性作用,确保诉讼证据出示在法庭、案件事实查明在法庭、诉辩意见发表在法庭、裁判结果形成在法庭。

二、规范庭前准备程序,确保法庭集中审理

5. 对被告人及其辩护人申请排除非法证据,证据材料较多、案情重大复杂,或者社会影响重大等案件,人民法院可以召开庭前会议。

庭前会议在法庭或者其他办案场所进行,由审判人员主持,控辩双方参加,必要时可以通知被告人到场。

6. 人民法院可以在庭前会议中组织控辩双方展示证据,听取控辩双方对在案证据的意见,并梳理存在争议的证据。对控辩双方在庭前会议中没有争议的证据,可以在庭审中简化举证、质证。

人民法院可以在庭前会议中听取控辩双方对与审判相关问题的意见,询问控辩双方是否提出申请或者异议,并归纳控辩双方的争议焦点。对控辩双方没有争议或者达成一致意见的事项,可以在庭审中简化审理。

被害方提起附带民事诉讼的,可以在庭前会议中进行调解。

7. 控辩双方对管辖、回避、出庭证人名单等事项提出申请或者异议,可能导致庭审中断的,人民法院可以在庭前会议中对有关事项依法作出处理,确保法庭集中、持续审理。

对案件中被告人及其辩护人申请排除非法证据的情形,人民法院可以在庭前会议中核实情况、听取意见。人民检察院可以决定撤回有关证据;撤回的证据,没有新的理由,不得在庭审中出示。被告人及其辩护人可以撤回排除非法证据的申请;撤回申请后,没有新的线索或者材料,不得再次对有关证据提出排除申请。

8. 人民法院在庭前会议中听取控辩双方对案件事实证据的意见后,对明显事实不清、证据不足的案件,可以建议人民检察院补充侦查或者撤回起诉。

对人民法院在庭前会议中建议撤回起诉的案件,人民检察院不同意的,人民法院开庭审理后,没有新的事实和理由,一般不准许撤回起诉。

9. 控辩双方在庭前会议中就相关事项达成一致意见,又在庭审中提出异议的,应当说明理由。

召开庭前会议应当制作笔录,由参加人员核对后签名。

审判人员应当制作庭前会议报告,说明庭前会议的基本情况、程序性事项的处理结果、控辩双方的争议焦点以及就相关事项达成的一致意见。

10. 对召开庭前会议的案件,在法庭调查开始前,法庭应当宣布庭前会议报告的主要内容,实现庭前会议与庭审的衔接。

三、规范普通审理程序,确保依法公正审判

11. 证明被告人有罪或者无罪、罪轻或者罪重的证据,都应当在法庭上出示,依法保障控辩双方的质证权。

对影响定罪量刑的关键证据和控辩双方存在争议的证据,一般应当单独质证。

12. 法庭应当依照法定程序审查、核实、认定证据。证据未经当庭出示、辨认、质证等法庭调查程序查证属实,不得作为定案的根据。

13.采取技术侦查措施收集的证据，当庭质证可能危及有关人员的人身安全，或者可能产生其他严重后果的，应当采取不暴露有关人员身份、不公开技术侦查措施和方法等保护措施。

法庭决定在庭外对技术侦查证据进行核实的，可以召集公诉人、侦查人员和辩护律师到场。在场人员应当履行保密义务。

14.控辩双方对证人证言有异议，人民法院认为证人证言对案件定罪量刑有重大影响的，应当通知证人出庭作证。控辩双方申请证人出庭的，人民法院通知证人出庭后，申请方应当负责协助相关证人到庭。

证人没有正当理由不出庭作证的，人民法院在必要时可以强制证人到庭。

根据案件情况，可以实行远程视频作证。

15.控辩双方对鉴定意见有异议，人民法院认为鉴定人有必要出庭的，应当通知鉴定人出庭作证。

16.证人、鉴定人、被害人因出庭作证，本人或者其近亲属的人身安全面临危险的，人民法院应当采取不公开其真实姓名、住址、工作单位和联系方式等个人信息，或者不暴露其外貌、真实声音等保护措施。必要时，可以建议有关机关采取专门性保护措施。

人民法院应当建立证人出庭作证补助专项经费机制，对证人出庭作证所支出的交通、住宿、就餐等合理费用给予补助。

17.人民法院应当依法履行指定辩护和通知辩护职责，确保被告人依法获得法律援助。

配合有关部门逐步扩大法律援助范围，健全法律援助值班律师制度，为派驻人民法院的值班律师提供办公场所及必要的工作条件。

18.法庭应当依法保障控辩双方在庭审中的发问、质证、辩论等诉讼权利。对控辩双方当庭提出的申请或者异议，法庭应当作出处理。

法庭可以在审理过程中归纳控辩双方的争议焦点，引导控辩双方针对影响定罪量刑的实质性问题进行辩论。对控辩双方的发言与案件无关、重复或者扰乱法庭秩序等情形，法庭应当予以提醒、制止。

19.法庭应当充分听取控辩双方的量刑建议和意见，根据查明的事实、情节，参照量刑指导意见规范量刑，保证量刑公正。

20.法庭应当加强裁判说理，通过裁判文书展现法庭审理过程。对控辩双方的意见和争议，应当说明采纳与否的理由。对证据采信、事实认定、定罪量刑等实质性问题，应当阐释裁判的理由和依据。

四、完善证据认定规则，切实防范冤假错案

21.采取刑讯逼供、暴力、威胁等非法方法收集的言词证据，应当予以排除。

收集物证、书证不符合法定程序，可能严重影响司法公正，不能补正或者作出合理解释的，对有关证据应当予以排除。

22.被告人在侦查终结前接受检察人员对讯问合法性的核查询问时，明确表示侦查阶段不存在刑讯逼供、非法取证情形，在审判阶段又提出排除非法证据申请，法庭经审查对证据收集的合法性没有疑问的，可以驳回申请。

检察人员在侦查终结前未对讯问合法性进行核查，或者未对核查过程全程同步录音录像，被告人在审判阶段提出排除非法证据申请，人民法院经审查对证据收集的合法性存在疑问的，应当依法进行调查。

23.法庭决定对证据收集的合法性进行调查的，应当先行当庭调查。但为防止庭审过分迟延，也可以在法庭调查结束前进行调查。

24.法庭对证据收集的合法性进行调查的，应当重视对讯问过程录音录像的审查。讯问笔录记载的内容与讯问录音录像存在实质性差异的，以讯问录音录像为准。

对于法律规定应当对讯问过程录音录像的案件，公诉人没有提供讯问录音录像，或者讯问录音录像存在选择性录制、剪接、删改等情形，现有证据不能排除以非法方法收集证据情形的，对有关供述应当予以排除。

25.现有证据材料不能证明证据收集合法性的，人民法院可以通知有关侦查人员出庭说明情况。不得以侦查人员签名并加盖公章的说明材料替代侦查人员出庭。

经人民法院通知，侦查人员不出庭说明情况，不能排除以非法方法收集证据情形的，对有关证据应当予以排除。

26. 法庭对证据收集的合法性进行调查后，应当当庭作出是否排除有关证据的决定。必要时，可以宣布休庭，由合议庭评议或者提交审判委员会讨论，再次开庭时宣布决定。

在法庭作出是否排除有关证据的决定前，不得对有关证据宣读、质证。

27. 通过勘验、检查、搜查等方式收集的物证、书证等证据，未通过辨认、鉴定等方式确定其与案件事实的关联的，不得作为定案的根据。

28. 收集证据的程序、方式存在瑕疵，严重影响证据真实性，不能补正或者作出合理解释的，有关证据不得作为定案的根据。

29. 证人没有出庭作证，其庭前证言真实性无法确认的，不得作为定案的根据。证人当庭作出的证言与其庭前证言矛盾，证人能够作出合理解释，并与相关证据印证的，可以采信其庭审证言；不能作出合理解释，而其庭前证言与相关证据印证的，可以采信其庭前证言。

经人民法院通知，鉴定人拒不出庭作证的，鉴定意见不得作为定案的根据。

30. 人民法院作出有罪判决，对于定罪事实应当综合全案证据排除合理怀疑。

定罪证据不足的案件，不能认定被告人有罪，应当作出证据不足、指控的犯罪不能成立的无罪判决。定罪证据确实、充分，量刑证据存疑的，应当作出有利于被告人的认定。

五、完善繁简分流机制，优化司法资源配置

31. 推进速裁程序改革，逐步扩大速裁程序适用范围，完善速裁程序运行机制。

对被告人认罪的轻微案件，探索实行快速审理和简便裁判机制。

32. 推进认罪认罚从宽制度改革，对适用速裁程序、简易程序或者普通程序简化审理的被告人认罪案件，法庭应当告知被告人享有的诉讼权利，依法审查被告人认罪认罚的自愿性和真实性，确认被告人了解认罪认罚的性质和法律后果。

法庭确认被告人自愿认罪认罚，同意适用简化审理程序的，应当落实从宽处罚的法律制度。被告人当庭不认罪或者不同意适用简化审理程序的，应当适用普通程序审理。

33. 适用速裁程序审理的案件，应当当庭宣判。适用简易程序审理的案件，一般应当当庭宣判。适用普通程序审理的案件，逐步提高当庭宣判率。

《关于全面推进以审判为中心的刑事诉讼制度改革的实施意见》的理解与适用

□戴长林　刘静坤

党的十八届四中全会首次提出推进以审判为中心的诉讼制度改革。这是中央在全面推进依法治国背景下作出的重大司法改革部署，事关依法惩罚犯罪、切实保障人权，是保证司法公正、提高司法公信力的重要举措，对刑事诉讼制度改革和创新具有重要基础支撑作用。2016 年 6 月 27 日，中央全面深化改革领导小组（以下简称中央深改组）第 25 次会议审议通过《关于推进以审判为中心的刑事诉讼制度改革的意见》（以下简称《改革意见》）。最高人民法院、最高人民检察院、公安部、国家安全部、司法部共同会签《改革意见》并正式下发执行。为全面贯彻党的十八届四中全会的改革精神，特别是严格落实中央《改革意见》的要求，确保有罪的人受到公正惩罚、无罪的人不受刑事追究，2017 年 2 月 20 日，最高人民法院制定发布《关于全面推进以审判为中心的刑事诉讼制度改革的实施意见》（以下简称《实施意见》）。这是贯彻落实中央推进以审判为中心的刑事诉讼制度改革的关键举措，也是深化司法体制改革、推进严格司法的内在要求。为便于在改革和实践中正确理解和把握，现就《实施意见》的制定背景、重要意义、基本原则和主要内容逐一作出说明。

一、《实施意见》的制定背景

推进以审判为中心的刑事诉讼制度改革，是中央在全面推进依法治国背景下提出的重大司法改革部署。中央深改组审议通过的《改革意见》既明确了改革的指导方针和政策依据，也为改革提供了制度蓝图和路径指引。最高人民法院制定《实施意见》作为配套举措，主要是基于以下考虑：

一是全面贯彻落实中央司法体制改革的精神和要求。中央提出推进以审判为中心的刑事诉讼制度改革，为新时期完善司法体制、优化诉讼制度创造了难得的历史契机。《改革意见》共21条，内容提纲挈领，对证据规则和侦查、起诉、辩护、审判等制度提出了系统明确的改革要求，体现了推进以审判为中心的刑事诉讼制度改革的精髓和要义，有助于解决长期以来影响和制约司法公正的体制机制性问题。需要指出的是，中央《改革意见》重点关注改革的总体要求和主要任务，具有较强的原则性和概括性，能否实现预期目标，关键在于贯彻落实。中央深改组审议通过《改革意见》后，最高人民法院根据中央要求，紧扣中央改革文件的精神和要求，结合审判实际认真研究制定《实施意见》，注重配套改革措施的针对性、有效性、可操作性，将中央改革文件的各项举措不折不扣地落实到位。可以说，《实施意见》既是全面贯彻落实中央改革精神和要求的重要抓手，也是法院系统持续深入推进改革的具体指引。

二是全面深入推进刑事司法理念创新和制度创新。中央提出推进以审判为中心的刑事诉讼制度改革，标志着司法体制改革开始进入全新时期和攻坚阶段。新时期新阶段司法改革的过程，本质上是司法理念和司法制度的创新过程，不创新理念和制度，改革就会停滞不前或者陷于空谈。中央明确改革任务和要求后，最高人民法院在推进改革过程中创新理念思路、体制机制、方法手段，通过研究制定《实施意见》，全面深入推进刑事司法理念创新和制度创新，既着眼于强化巩固科学的司法理念，又立足于建立健全符合司法规律的法律制度。具体言之，既要摒弃传统的"重打击、轻保护""重实体、轻程序""重口供、轻证据""重书面审查、轻法庭调查"等落后的司法观念，树立科学的司法理念，同时以科学的司法理念为引领，健全事实认定符合客观真相、办案结果符合实体公正、办案过程符合程序公正的法律制度。在中央改革文件基础上，《实施意见》通过进一步推进理念创新和制度创新，形成实实在在、行之有效的改革成果，稳步有序扎实有力地推进改革。

三是指导全国法院持续深入推进刑事诉讼制度改革。推进以审判为中心的刑事诉讼制度改革，是一项事关司法体制改革全局的重大改革举措，要通过更新司法理念、改进司法方式、优化职权配置、重构诉讼程序，逐步形成以审判为中心的刑事诉讼格局。中央提出推进以审判为中心的刑事诉讼制度改革伊始，最高人民法院就指导各地法院积极推进改革，上海、浙江温州、四川成都、吉林松原等地法院先行先试，针对庭前会议、证人出庭、非法证据排除、律师辩护等问题率先进行探索，取得了积极成效。中央出台《改革意见》确定顶层设计方案后，最高人民法院全面总结前期改革成果，认真研究制定《实施意见》，继续指导各地法院总结提炼符合中央要求并且可复制、可推广的成功经验，持续深入推进改革。

二、《实施意见》的重要意义

近年来，随着2010年"两个证据规定"等重要改革文件陆续出台，以及2012年刑事诉讼法作出系统性修改，刑事诉讼制度不断发展完善，但由于有罪推定等错误司法观念尚未根除，一些关键性的法律制度尚未确立，刑讯逼供、非法取证等违法办案情形一再出现，重大刑事冤假错案时有发生，严重影响司法的公正性和公信力。中央审时度势提出推进以审判为中心的刑事诉讼制度改革，并专门出台《改革意见》，具有里程碑式的历史意义和至关重要的现实意义。最高人民法院制定《实施意见》,有助于全面贯彻落实中央改革的精神和要求,确保改革取得预期效果。

一是推动确立审判在刑事诉讼中的中心地位和决定性作用。司法活动具有特殊的属性和规律。强调刑事诉讼以审判为中心,是审判权作为最终的判断权和裁决权的性质所决定的。习近平总书记在四中全会决定的说明中指出:“充分发挥审判特别是庭审的作用,是确保案件处理质量和司法公正的重要环节。”这一论断充分揭示出审判特别是庭审在刑事诉讼中的关键关口功能,充分展示出发挥审判功能与确保司法公正的内在紧密关联,是符合司法原理和诉讼规律的。《实施意见》立足审判实际,全面深入推进以审判为中心的刑事诉讼制度改革,有助于进一步完善刑事诉讼制度,充分发挥审判特别是庭审的功能,努力推动实现“诉讼以审判为中心”“审判以庭审为中心”,构建以审判为中心的刑事诉讼格局。

强调“诉讼以审判为中心”,有助于发挥审判在刑事诉讼中的关键关口功能,积极引导并努力确保侦查、审查起诉的案件事实证据经得起法律的检验。在刑事诉讼领域,侦查、起诉、审判是前后相继的三个诉讼环节,也是防范冤假错案的三道程序防线。其中,审判作为诉讼中决定被告人罪责刑问题的决定性环节,是防范冤假错案的关键性防线。一旦审判未能发挥应有功能,案件质量将受到直接影响,司法公正将缺乏根本保障,甚至可能导致冤假错案发生。

强调“审判以庭审为中心”,有助于落实证据裁判、非法证据排除、疑罪从无等法律原则,保证庭审在查明事实、认定证据、保护诉权、公正裁判中发挥决定性作用。公正规范的庭审,有助于查明案件事实真相,有助于体现诉讼程序公正,有助于解决控辩双方争议。这是审判在诉讼中发挥最终裁判决定性作用的制度基础。一旦庭审弱化、虚化,将直接削弱审判的功能,进而影响案件的实体公正和程序公正。

二是推动解决影响和制约刑事司法公正的体制机制性问题。问题是时代的声音,是改革的导向。在刑事诉讼领域,影响和制约司法公正的问题纷繁芜杂、盘根错节,只有厘清主要矛盾,着力解决带有根本性的体制机制性问题,才能确保改革取得预期成效。习近平总书记在四中全会决定的说明中指出:“在司法实践中,存在办案人员对法庭审判重视不够,常常出现一些关键证据没有收集或者没有依法收集,进入庭审的案件没有达到‘案件事实清楚、证据确实充分’的法定要求,使审判无法顺利进行。”实践表明,案件中的事实证据问题始终是影响司法公正的突出问题;侦查、审查起诉的事实证据达不到法定证明标准,是当前制约公正审判的突出问题。

当前阶段受各种体制机制性问题的影响和制约,人民法院的审判活动经常面临“无法顺利进行”的困境,即侦查、审查起诉阶段未能发现和解决的事实证据问题,最终要在审判阶段兜底解决,人民法院一旦受理达不到法定证明标准的案件,就往往陷入“定放两难”的境地:如果勉强下判,既违反法律规定,也极有可能导致冤假错案;如果依法放人,又难以承受放纵罪犯的质疑等巨大压力。这些问题导致疑罪从无原则难以落实,超期羁押难以禁绝,冤假错案难以防范。《实施意见》以问题为导向,致力于解决制约公正审判的制度难题,有助于推动政法机关在刑事诉讼过程中抓源头、重制约、守底线,从根本上解决司法实践中起点错、跟着错、错到底的问题。

三是推动建立健全冤假错案的有效防范和及时纠正机制。冤假错案虽然是个别现象,但它对法治的冲击力和破坏力是致命性的。推进以审判为中心的刑事诉讼制度改革,底线标准就是要切实防范冤假错案。习近平总书记在四中全会决定的说明中指出:“这项改革有利于促使办案人员增强责任意识,通过法庭审判的程序公正实现案件裁判的实体公正,有效防范冤假错案产生。”

目前发现和纠正的冤假错案大多是陈年旧案,但其中反映的深层次制度问题,在当前的司法实践中仍然不同程度存在,仍然严重制约着司法公正。因此,对冤假错案的严重危害性要始终保持清醒认识,对发生冤假错案的现实可能性要始终保持高度警惕。反思目前发现和纠正的冤假错案,除了有罪推定等错误司法观念尚未根除外,深层次的原因还在于一些关键性的诉讼制度未能落到实处,政法机关的职能作用没有得到充分发挥。例如,尽管法律严禁刑讯逼供、非法取证,倡导尊重和保障人权,但由于非法证据排除、证人出庭作证等关键制度的规定不够明确、要求不够具体,办案人员认识不够一致、执行不够严格,加上不科学的考核指标等因素影响,司法实践中普遍存在非法证据排除难、证人出庭率低、律师辩护率低等问题,严重制约司法公正。《实施意见》以防范冤假错案为根本出发点,通过有针对性地完善证据制度和诉讼程序,有助于健全落实证据裁判、非法证据排除、疑罪从无等法律原则的法律制度,完善公检法各机关"分工负责、互相配合、互相制约"的体制机制,夯实防范冤假错案的制度基础,筑牢防范冤假错案的程序防线。

三、《实施意见》的基本原则

推进以审判为中心的刑事诉讼制度改革,涉及政法各机关、刑事诉讼各环节,是牵一发而动全身的系统性、综合性改革,必须坚持系统思维和辩证思维,由政法各机关统筹协调、步调一致地加以推进,防止简单化和片面化,切实把中央的改革精神和要求落到实处。《实施意见》既是落实中央改革精神和要求的配套性措施,也是当前和今后较长一段时期指导刑事审判制度改革和刑事审判实践的关键性文件。为强化《实施意见》的指导性和可操作性,在制定过程中主要遵循以下原则:

一是遵循刑事诉讼的基本规律。在刑事诉讼过程中,尽管侦查、审查起诉阶段也涉及对犯罪事实和犯罪嫌疑人刑事责任等问题的认定,但相比之下,审判阶段对罪责刑问题的认定和解决才具有终局性、权威性。强调刑事诉讼以审判为中心,是审判权作为最终的判断权和裁决权的性质所决定的,是落实刑事诉讼法"未经人民法院依法判决,对任何人都不得确定有罪"基本原则的必然要求。《实施意见》立足中央改革精神和要求,以"确保有罪的人受到公正惩罚、无罪的人不受刑事追究"为宗旨,坚持严格司法和公正审判等原则理念,进一步明确审判的要求和标准,努力促使侦查、审查起诉活动始终围绕审判程序进行,确保侦查、审查起诉的办案标准符合审判的法定定案标准,从源头上防止事实不清、证据不足的案件或者违反法定程序的案件"带病"进入审判程序。在设计具体的程序和规则时,始终坚持证据裁判、非法证据排除、疑罪从无和程序公正等基本原则,确保法庭居中裁判,控辩双方诉讼地位平等,通过法庭审判的程序公正实现案件裁判的实体公正。

二是聚焦公正审判的制度难题。中央深改组审议通过《改革意见》时指出:"要着眼于解决影响刑事司法公正的突出问题,把证据裁判要求贯彻到刑事诉讼各环节,健全非法证据排除制度,严格落实证人、鉴定人出庭作证,完善刑事法律援助,推进案件繁简分流,建立更加符合司法规律的刑事诉讼制度。"这些都是实践中制约公正审判的制度性问题,也是长期以来难以解决的老大难问题。中央改革文件紧扣上述问题,对证据规则和侦查、起诉、辩护和审判等制度分别提出了针对性的改革要求。在此基础上,《实施意见》聚焦实践中反映突出的制度难题,从确保公正审判的角度,既充分整合现有的法律原则和法律规定,又结合司法规律探索创新制度机制,提出了更加系统化、具体化的改革举措。考虑到实践问题的复杂性,《实施意见》并未试图一蹴而就地解决所有的制度难题,而是坚持循序渐进的原则,对当前可以解决的问题提出明确具体的改革要求,对有待逐步解决的问题提出初步的探索性解决方案。

三是统筹兼顾多元的诉讼价值。刑事诉讼领域具有多元的价值追求,《实施意见》统筹兼顾各种诉讼价值,致力于确保改革顺利进行并取得良好效果。要致力于促进惩罚犯罪和保障人权的有机统一,科学评估改革举措的预期效果,避免一强调惩罚犯罪就忽视保障人权,一强调保障人权就放松惩罚犯罪。要致力于实现实体公正和程序公正的有机统一,将坚守程序规则、捍卫程序公正作为防范冤假错案的制度保障,促使办案人员学会并适应在程序规则范围内执法办案。要致力于追求司法公正和司法效率的有机统一,坚持"公正优先、兼顾效率"的原则,司法效率必须服从于司法公正,在保证司法公正前提下尽可能提高司法效率,避免不必要的程序烦琐和诉讼拖延。要致力于实现互相配合和互相制约的有机统一,既在分工负责基础上强调互相配合,避免相互掣肘、各行其是,又强调坚持原则,依法办案,避免迁就照顾、将错就错,从而形成有力的相互制约机制,筑牢防范冤假错案的制度防线。

四、《实施意见》的主要内容

《实施意见》分五个部分,共计33条,包括严格司法原则、庭前准备程序、普通审理程序、证据认定规则和繁简分流机制等内容,涵盖审判程序和证据制度等领域亟待改革完善的突出问题,对人民法院全面推进以审判为中心的刑事诉讼制度改革具有重要意义。具体如下:

(一)坚持严格司法原则,树立依法裁判理念

原则和理念是制度的基础。有什么样的原则和理念,就会有什么样的制度和实践。党的十八届四中全会首次提出推进严格司法,并将之作为推进以审判为中心的刑事诉讼制度改革的指导原则。坚持严格司法原则,就是要切实贯彻落实宪法法律规定,使纸面上的法律真正成为实践中的法律。《实施意见》第一部分强调"坚持严格司法原则,树立依法裁判理念",要求人民法院坚持严格司法的各项要求,坚守依法裁判的司法理念,推动建立符合司法规律的刑事审判制度。

1. 坚持证据裁判原则。证据裁判原则作为刑事诉讼的基石性原则,是对侦查、起诉、审判各环节统一适用的要求。中央《改革意见》(第二条第二款)规定:"侦查机关、人民检察院应当按照裁判的要求和标准收集、固定、审查、运用证据,人民法院应当按照法定程序认定证据,依法作出裁判。"坚持证据裁判原则,主要有以下要求:

一是必须以证据为根据认定案件事实。刑事诉讼事关重大,不容丝毫偏差,为切实防范冤假错案,必须坚持以证据为根据,依法准确认定案件事实。侦查机关侦查终结、人民检察院提起公诉,都是为审判所做的程序准备,只有人民法院基于全案证据认定的案件事实才具有终局性、权威性。人民法院要严格依据在案证据认定案件事实,不能直接将起诉指控的事实认定为案件事实,也不能忽视案件事实证据存在的问题勉强作出裁判。

二是重视实物证据的收集和运用。刑事诉讼法明确要求,重证据,重调查研究,不轻信口供。此前在司法实践中,一些办案人员受传统观念影响,办案过于依赖口供,不重视收集其他证据特别是实物证据;一旦获取口供就简单结案,不注意核查口供中的疑问,也不重视收集实物证据来佐证口供。由于犯罪嫌疑人、被告人翻供的情形比较普遍,加之法律已经确立非法证据排除规则,对于以口供为主、证据体系薄弱的案件,一旦口供的真实性或者合法性存疑,不能作为定案的根据,就难以认定案件事实,事后再想补查补正往往已丧失条件。这是司法实践中出现疑罪的重要原因。在执法办案标准不断提高、新型犯罪层出不穷的新形势下,为了夯实案件的证据基础,必须要切实改变"口供至上"的观念和做法,重视实物证据的收集和运用,实现办案模式从"由供到证"向"由证到供"的根本转变。需要指出的是,强调减少对口供的依赖,并不是说不重视口供的功能,而是要避免"唯口供论"的做法,并且要依法规范收集口供;强调重视实物证据的收集和运用,也不是说所有的案件必须有实物证据才能定案,而是要求对存在实物证据的案件,要重视实物证据的收集和运用。

2. 坚持非法证据排除原则。实践表明,刑讯逼供、非法取证是导致冤假错案的重要原因。党的十八届三中全会决定要求,严禁刑讯逼供、体罚虐待,严格实行非法证据排除规则。党的十八

届四中全会进一步指出，加强对刑讯逼供和非法取证的源头预防，健全落实非法证据排除等法律原则的法律制度。坚持非法证据排除原则，主要有以下要求：

一是重视审查取证程序合法性。为切实防止刑讯逼供，落实不得强迫任何人证实自己有罪的要求，中央《改革意见》（第五条）规定了"两个严格"的讯问程序规则，即严格按照有关规定要求，在规范的讯问场所讯问犯罪嫌疑人；严格按照法律规定对讯问过程全程同步录音录像，逐步实行对所有案件的讯问过程全程同步录音录像。同时要求探索建立重大案件侦查终结前对讯问合法性进行核查制度。人民法院在审判过程中要严格落实中央《改革意见》的新规定、新要求，重视审查取证程序合法性，督促办案机关强化对刑讯逼供和非法取证的源头预防，对非法证据尽早发现、尽早排除。

二是严格依法排除非法证据。证据必须具有证据能力，否则不能作为诉讼证据使用，更不能作为定案的根据。人民法院在审判过程中，要严格区分证据能力和证明力两个不同的范畴，重视对证据能力的审查，依法认定、严格排除各类非法证据，不能将证据的合法性和真实性混为一谈。同时要严格规范证据合法性的审查、调查程序，建立健全程序性裁判规则，依法处理证据合法性争议。

3. 坚持疑罪从无原则。由于各种主客观原因，总有一些案件"虚实之证等、是非之理均"。这是人类认识活动的客观规律，也是司法活动的基本规律。为有效防范冤假错案，保障无罪的人不受刑事追究，要切实改变只强调惩治犯罪而忽视保障人权的观念和做法，严格执行法定证明标准，对于疑罪案件不能认定被告人有罪。坚持疑罪从无原则，主要有以下要求：

一是严格执行法定证明标准。刑事诉讼法确定的证明标准，是认定被告人有罪的刚性标准；坚持疑罪从无原则，是法律的硬性要求。中央《改革意见》（第十五条）规定："证据不足，不能认定被告人有罪的，应当按照疑罪从无原则，依法作出无罪判决。"坚持疑罪从无原则，可能会暂时"放纵"一些人，但这是维护刑事司法公正必须付出的代价。人民法院应当切实落实疑罪从无原则，杜绝疑罪从有、从轻、从挂等错误做法，真正做到有罪则判，无罪放人。

二是坚持依法独立公正审判。近年来发现的一些冤假错案，多是由于审判活动受到外界不当干扰，人民法院面对外界压力未能坚持依法独立公正审判，作出违背事实和法律的裁判。实践表明，坚持依法独立公正审判，是确保办案质量的基本前提，丝毫不能放松。为确保人民法院依法独立公正行使审判权，中央陆续出台《领导干部干预司法活动、插手具体案件处理的记录、通报和责任追究规定》和《保护司法人员依法履行法定职责规定》等重要文件，对于审判活动受到不当干扰等情形，应当依照中央有关规定作出严肃处理，不得因舆论炒作、上访闹访等压力作出违反法律的裁判。

4. 坚持程序公正原则。正当程序具有规范和制约权力、尊重和保障人权等重要价值，是保证公正司法、提高司法公信力的制度基础。程序规则的适用有时可能不利于查明真相，但坚守法律程序，既是法治的内在要求，也是防范冤假错案的根本保障。坚持程序公正原则，主要有以下要求：

一是确保审判阶段控辩平等对抗。控辩双方平等对抗是公正审判的基本要求。目前在公诉案件中，控诉方与辩护方在诉讼能力方面存在较大差距，控强辩弱的问题较为突出。为确保审判程序的公正性，有必要逐步提高辩护率，为被告人提供必要的法律帮助，依法保障被告人在审判阶段的各项诉讼权利。

二是全面规范法庭审理程序。司法实践中，一些法官判案主要依赖案卷笔录，"先入为主""先定后审""庭审流于形式"等问题较为严重。为维护庭审的终局性、权威性，要切实改变"重实体、轻程序”的观念和做法，自觉遵守刑事诉讼法有关规定，严格按照法定程序审判案件，完善法庭调查、法庭辩论程序，规范程序性裁判的审理规程，充分发挥庭审在查明事实、认定证据、保护诉权、公正裁判中的决定性作用，确保诉讼证据出示在法庭、案件事实查明在法庭、控辩意见发表在法庭、裁判结果形成在法庭。

（二）规范庭前准备程序，确保法庭集中审理

充分的庭前准备，是确保庭审公正高效进行的基础。控辩双方通过庭前会议可以加强沟通，减少不必要的争议。法庭可以通过庭前会议了解情况、听取意见，确定控辩双方争议焦点和庭审的重点难点。中央《改革意见》（第十条）规定：“对适用普通程序审理的案件，健全庭前证据展示制度，听取出庭证人名单、非法证据排除等方面的意见。”根据中央改革文件的明确要求，《实施意见》第二部分强调“规范庭前准备程序，确保法庭集中审理”，要求人民法院进一步强化庭前准备程序，保证法庭集中、高效审理。

1. 完善庭前会议程序。2012 年刑事诉讼法确立了庭前会议程序，有关司法解释进一步明确了庭前会议的相关要求。由于法律和司法解释的规定较为原则，没有设置具体的操作程序，也没有明确庭前会议的效力等问题，导致实践中庭前会议的适用率较低。为进一步规范庭前会议的运作，充分发挥庭前会议的预期功能，《实施意见》主要有以下要求：

一是明确庭前会议的基本规程。由于庭前会议本身需要耗费一定的司法资源，因此不是越多越好，只有那些存在可能导致庭审中断的程序性争议的案件和重大疑难复杂的案件，才有必要召开庭前会议。也就是说，庭前会议不是所有案件审判活动的必经程序。为合理限定庭前会议的适用范围，《实施意见》（第五条第一款）规定：“对被告人及其辩护人申请排除非法证据，证据材料较多、案情重大复杂，或者社会影响重大等案件，人民法院可以召开庭前会议。”

关于庭前会议的召开方式，《实施意见》（第五条第二款）规定：“庭前会议在法庭或者其他办案场所进行，由审判人员主持，控辩双方参加，必要时可以通知被告人到场。”从立法定位来看，庭前会议是庭审的准备程序，并非正式的庭审，并不解决定罪量刑等实体性问题。同时，庭前会议中侧重由控辩双方协商解决相关的问题，原则上无须公开进行。因此，尽管强调完善庭前会议程序，但不能弱化法庭审理，更不能以庭前会议替代法庭审理。作为庭前准备程序，庭前会议应当在正式开庭审理之前召开，但需要确保控辩审各方做好相应的准备。同时，由于庭前会议并非正式的庭审，因此召开地点并无严格的要求，既可以在人民法院的会议室进行，也可以在法庭进行。庭前会议可以由合议庭全体成员或者由承办人单独组织召开，但法官助理不能独立主持召开庭前会议。召开庭前会议，根据案件情况，必要时可以通知被告人参加。由于庭前会议涉及专门的法律问题，因此，被告人应当在辩护人的帮助下参与庭前会议，并且在辩护人的帮助下协商解决相关问题。

二是明确庭前会议的主要内容。2012 年刑事诉讼法规定，庭前会议中可以对“回避、出庭证人名单、非法证据排除”等事项了解情况、听取意见。基于司法实践需要，有关司法解释对庭前会议可以处理的程序性申请和异议作出进一步的规定，涵盖了常见的程序性问题。从立法定位来看，只要是可能导致庭审中断、影响庭审顺利进行的程序性问题，都可以在庭前会议中解决。《实施意见》（第七条第一款）进一步明确规定，控辩双方对管辖、回避、出庭证人名单等事项提出申请或者异议，可能导致庭审中断的，人民法院可以在庭前会议中对有关事项依法作出处理，确保法庭集中、持续审理。对于司法实践中较为常见的被告人及其辩护人申请排除非法证据的情形，《实施意见》（第七条第二款）作了重点规定，同时明确要求，在庭前会议中，人民检察院决定撤回证据或者被告人决定撤回排除非法证据申请的，没有新的理由或者线索，撤回的证据不得在庭审

中出示,被告人不得再次提出相关申请。

除解决控辩双方提出的程序性异议和申请外,人民法院还应当通过庭前会议组织证据展示并整理争议焦点。《实施意见》(第六条第一款、第二款)规定:人民法院可以在庭前会议中组织控辩双方展示证据,听取控辩双方对在案证据的意见,并梳理存在争议的证据;可以听取控辩双方对与审判相关问题的意见,询问控辩双方是否提出申请或者异议,并归纳控辩双方的争议焦点。通过证据展示,控辩双方可以了解对方准备在法庭上出示的证据材料,避免诉讼突袭。法庭可以通过了解情况、听取意见,整理和明确控辩双方的争议焦点,进而在庭审中可以围绕争议问题组织控辩双方积极举证、质证和辩论,突出庭审调查的针对性,提高庭审辩论的充分性,确保庭审的成效。

此外,如果被害方提起附带民事诉讼,人民法院可以在庭前会议中进行调解。在庭前以调解方式处理附带民事诉讼,能有效促使被告人、被害人达成和解,使被害人尽早得到赔偿。与庭后调解相比,庭前调解更加有利于实现量刑均衡和案结事了,因此,如果召开庭前会议,可以一并进行调解。

三是明确庭前会议对控辩双方的效力。刑事诉讼法和司法解释对庭前会议的规定较为原则,并未明确规定庭前会议的效力问题。由于对控辩双方在庭前会议中达成一致意见的效力问题缺乏明确规定,导致庭前会议难以充分发挥预期功能。对此,《实施意见》(第九条第一款)规定:“控辩双方在庭前会议中就相关事项达成一致意见,又在庭审中提出异议的,应当说明理由。”对庭前会议中控辩双方达成的一致意见赋予约束力,符合法律规定的精神和改革要求,有助于实现法庭集中高效审理。

2. 完善庭前会议与庭审的衔接机制。为充分发挥庭前会议的预期功能,应当实现庭前会议与庭审的顺利衔接。庭前会议程序中梳理争点、解决争议的情况,有必要在开庭审理时公开宣布,确保人民法院基于庭前会议的准备情况有效开展庭审。关于庭前会议与庭审的衔接机制,《实施意见》主要有以下要求:

一是固定庭前会议的准备情况。为全面、完整记录庭前会议的过程和内容,便于与后续法庭审理程序顺利衔接,《实施意见》(第九条第二款、第三款)规定:“召开庭前会议应当制作笔录,由参加人员核对后签名。审判人员应当制作庭前会议报告,说明庭前会议的基本情况、程序性事项的处理结果、控辩双方的争议焦点以及就相关事项达成的一致意见。”

二是在庭审时宣布庭前会议报告的主要内容。为提高法庭审理的效率和针对性,《实施意见》(第十条)规定:“在法庭调查开始前,法庭应当宣布庭前会议报告的主要内容,实现庭前会议与庭审的衔接。”根据中央的改革精神和要求,刑事案件的处理应当以法庭审理为中心,案件的定罪量刑等实质性问题均应当在法庭上解决。即使庭前会议梳理了相关的事实证据争点,庭审中也要针对相关问题进行调查、质证和辩论,尤其是定案的关键证据,要坚持一证一质、充分质证,不能过于简化,更不能省略举证、质证程序,进而确保案件的实体公正和程序公正。

3. 规范撤回起诉程序。为防止“事实不清、证据不足”的案件轻易进入审判程序,对于不符合开庭要求的案件有必要进行相应的分流处理,切实发挥庭前准备程序的过滤功能。根据中央《改革意见》要求,有必要进一步规范撤回起诉程序。

一是建立开庭前建议人民检察院补充侦查或者撤回起诉制度。1996 年刑事诉讼法取消退回补充侦查制度后,对公诉案件实行程序性审查,导致一些事实不清、证据不足的案件随意进入审判程序,既浪费审判资源,又使人民法院面临定放两难的困境。为将审判程序防范冤假错案的关口前移,《实施意见》(第八条第一款)规定:“人民法院在庭前会议中听取控辩双方对案件事实证据的意见后，对明显事实不清、证据不足的案件，可以建议人民检察院补充侦查或者撤回起诉。”

二是规范庭审环节的撤回起诉问题。《实施意见》（第八条第二款）规定：“对人民法院在庭前会议中建议撤回起诉的案件，人民检察院不同意的，人民法院开庭审理后，没有新的事实和理由，一般不准许撤回起诉。”这是因为，司法实践中，对于进入庭审程序的公诉案件，人民法院准许撤回起诉后，人民检察院简单补充证据后再次提起公诉，这种程序回流严重影响法庭裁判的权威性，也是造成超期羁押的重要原因。强调诉讼以审判为中心，应当确保司法裁判的终局性和权威性，人民法院开庭审理后，没有新的事实和理由，应当严格限制撤回起诉，对于证据不足、指控的犯罪不能成立的，应当依法宣告被告人无罪。

（三）规范普通审理程序，确保依法公正审判

强调诉讼以审判为中心，一审庭审是核心，庭审规程是关键。在落实繁简分流原则基础上，对被告人不认罪的案件和重大疑难案件，要通过精密规范的普通程序进行审理，贯彻落实直接言词原则，着力改变过去庭审以案卷为中心的做法，避免庭审流于形式，使庭审真正成为确认和解决被告人罪责刑问题的决定性环节。《实施意见》第三部分强调“规范普通审理程序，确保依法公正审判”，要求人民法院积极推进庭审实质化，通过公正规范的庭审切实发挥应有的把关、制约作用，促使公、检、法三机关依法规范侦查、起诉和审判活动，共同维护司法公正。

1. 规范证据调查程序。证据是认定案件事实、解决控辩争议的基础。法庭审判应当紧紧围绕证据进行，将证据调查作为法庭调查的核心内容，靠证据“说话”，以事实“服人”。法庭在证据调查环节，要充分听取控辩双方对证据的质证意见，通过规范的举证、质证程序发现和解决证据争议，依法准确认定案件事实。关于证据调查程序，《实施意见》有以下要求：

一是明确举证、质证的原则要求。举证、质证是庭审证据调查的关键环节，也是法庭发现和解决案件事实证据问题的重要途径。控诉方的指控是否成立，辩护方的辩解能否得到法庭认可，最终都取决于证据。中央《改革意见》（第十一条）规定：“证明被告人有罪或者无罪、罪轻或者罪重的证据，都应当在法庭上出示，依法保障控辩双方的质证权利。”控辩双方通过公开的举证、质证程序向法庭全面出示证据，充分发表质证意见，进行有针对性地论证和反驳，有助于确保诉讼证据出示在法庭、案件事实查明在法庭。《实施意见》重申中央改革文件的要求，对被告人不认罪、适用普通程序审理的案件，法庭要结合庭前证据展示制度，督促控辩双方全面出示已经收集在案的证据材料，特别要注意维护被告人的质证权，依法解决事实证据争议。同时，法庭要注意审查办案机关是否随案移送所有证据，避免因选择性举证而影响案件事实的准确认定。

二是明确证据的质证方式。为实现庭前会议与庭审的有效衔接，兼顾庭审的质量和效率，中央《改革意见》（第十一条）规定：“对定罪量刑的证据，控辩双方存在争议的，应当单独质证；对庭前会议中控辩双方没有异议的证据，可以简化举证、质证。”在此基础上，《实施意见》（第十一条第二款）进一步强调：“对影响定罪量刑的关键证据和控辩双方存在争议的证据，一般应当单独质证。”为避免庭审质证流于形式，法庭要坚决杜绝对关键证据和争议证据“打包质证”“捆绑质证”的做法，规范证据的质证方式，推进司法证明的实质化。同时，对于被告人认罪、适用简化程序审理的案件，可以采用相对简化的质证方式：对控辩双方没有争议的证据，可以仅就证据的名称及其证明的事项作出说明；对控辩双方存在争议，或者法庭认为有必要调查核实的证据，应当进行质证。

三是明确未经质证不得认证规则。根据法律规定，控辩双方向法庭提交的证据，只有经过法定程序查证属实，才能作为定案的根据。《实施意见》（第十二条）进一步要求：“证据未经当庭出示、辨认、质证等法庭调查程序查证属实，不得作为定案的根据。”这既是对法庭审判的规范，也是

对侦查、审查起诉的要求。一方面,法庭应当严格依照法定程序审查、核实、认定证据,严格执行法律规定的证据规则,避免因证据把关不严而影响办案质量。另一方面,法庭严格把握证据采纳标准,促使侦查、审查起诉的事实证据接受庭审的严格检验,有助于增强办案人员的责任意识、证据意识、规则意识、程序意识,从根本上提高取证水平和案件质量。

四是明确技术侦查证据的质证规则。对于侦查机关采取技术侦查措施收集的证据材料,是否应当随案移送并当庭质证,实践中存在较大争议,在一些案件中严重制约审判工作顺利进行。中央《改革意见》(第三条)要求,完善技术侦查证据的移送、审查、法庭调查和使用规则以及庭外核实程序。根据法律规定和改革要求,所有证据,包括技术侦查证据,都应当随案移送并接受法庭质证。不过,考虑到技术侦查证据具有一定特殊性,既要遵循未经质证不得认证原则,也要兼顾相关的法益。《实施意见》(第十三条)规定:"采取技术侦查措施收集的证据,当庭质证可能危及有关人员的人身安全,或者可能产生其他严重后果的,应当采取不暴露有关人员身份、不公开技术侦查措施和方法等保护措施。法庭决定在庭外对技术侦查证据进行核实的,可以召集公诉人、侦查人员和辩护律师到场。在场人员应当履行保密义务。"为规范技术侦查证据的使用,有必要进一步完善举证、质证和庭外核实程序。

2. 完善证人、鉴定人出庭作证制度。证人、鉴定人出庭率低,庭审主要围绕书面证据进行,始终是困扰公正审判的突出问题。中央《改革意见》(第十二条)要求,落实证人、鉴定人出庭作证制度,提高出庭作证率。在审判阶段充分体现直接言词原则的要求,有助于维护被告人的质证权,确保法庭准确审查证人证言、鉴定意见的可靠性。关于证人、鉴定人出庭作证制度,《实施意见》主要有以下要求:

一是提高证人、鉴定人出庭作证率。作为证人出庭作证,是公民应尽的法律义务。2012 年刑事诉讼法修改,规定了强制证人出庭和证人保护等制度,但由于各种原因,证人、鉴定人出庭率低的问题依然存在。法律要求证人、鉴定人出庭,主要是为了解决事实证据争议,并不是所有案件中的所有证人、鉴定人都有必要出庭作证。立足法律规定和司法实际,有必要进一步明确应当出庭的证人、鉴定人范围。根据中央改革文件的要求,《实施意见》(第十四条第一款)规定:"控辩双方对证人证言有异议,人民法院认为证人证言对案件定罪量刑有重大影响的,应当通知证人出庭作证。"基于该条规定,尽管人民法院可以审查证人出庭的必要性,但这种审查应当侧重于形式审查,只要控辩双方对关键证人的证言提出异议,原则上就应当通知证人出庭。关于鉴定人出庭问题,《实施意见》(第十五条)规定:"控辩双方对鉴定意见有异议,人民法院认为鉴定人有必要出庭的,应当通知鉴定人出庭作证。"控辩双方特别是人民检察院要积极落实举证责任要求,组织动员证人、鉴定人出庭作证。控辩双方申请证人出庭的,人民法院通知证人出庭后,申请方应当负责协助相关证人到庭。证人没有正当理由不出庭作证的,人民法院在必要时可以强制证人到庭。此外,要充分借助现代科技手段推进改革,根据案件情况,可以通过远程视频作证等方式解决证人出庭作证难题。人民法院要完善证人、鉴定人出庭的具体机制,切实提高证人、鉴定人出庭率,推进庭审实质化改革取得看得见的成效。

二是明确证人、鉴定人出庭作证保障机制。法律是权利和义务的统一体。证人履行出庭作证义务的同时,依法享有受到法律保护和获得经济补偿的权利。根据中央改革文件的要求,《实施意见》(第十六条第一款)规定:"证人、鉴定人、被害人因出庭作证,本人或者其近亲属的人身安全面临危险的,人民法院应当采取不公开其真实姓名、住址、工作单位和联系方式等个人信息,或者不暴露其外貌、真实声音等保护措施。必要时,可以建议有关机关采取专门性保护措施。"人民法院应当建立健全出庭作证风险评估机制,结合案件实际需要有针对性地采取有效的保护措施，并积极会同有关部门完善专门性保护机制。同时，《实施意见》（第十六条第二款）要求，人民法院应当建立证人出庭作证补助专项经费机制，对证人出庭作证所支出的交通、住宿、就餐等合理费用给予补助。这些都是解决出庭作证后顾之忧，提高出庭积极性的重要举措，需要进一步研究制定具体的配套方案。

3. 完善法律援助制度。刑事辩护率低、辩护质量不高，是长期以来制约司法公正的难题。为加强人权司法保障，确保控辩双方在法庭上平等对抗，有必要进一步完善法律援助制度，充分发挥律师在维护程序公正、切实防范冤假错案等方面的积极作用。关于法律援助制度，《实施意见》主要有以下要求：

一是健全法律援助的实施机制。针对现阶段辩护率低的问题，有必要充分发挥法律援助的制度功能。中央《改革意见》（第二十条第二款）规定："健全依申请法律援助工作机制和办案机关通知辩护工作机制。对未履行通知或者指派辩护职责的办案人员，严格实行责任追究。"《实施意见》（第十七条第一款）进一步要求，人民法院应当依法履行指定辩护和通知辩护职责，确保被告人依法获得法律援助。在此基础上，有必要积极配合有关部门逐步扩大法律援助范围，逐步实行对被告人不认罪的案件或者重罪案件提供法律援助，切实提高辩护率，为深入推进庭审实质化创造必要条件。此外，有必要提高法律援助律师的准入标准，既在程序上确保控辩双方平等对抗，又能够在实质上依法维护被告人的合法权益。

二是健全法律援助值班律师制度。中央《改革意见》（第二十条第一款）规定："法律援助机构在看守所、人民法院派驻值班律师，为犯罪嫌疑人、被告人提供法律帮助。"在此基础上，《实施意见》（第十七条第二款）要求，健全法律援助值班律师参与诉讼机制，为派驻人民法院的值班律师提供办公场所及必要的工作条件。随着值班律师制度不断完善，有必要探索扩展值班律师的法律职能，促使值班律师实质性地参与刑事诉讼全过程，为犯罪嫌疑人、被告人提供及时有效的法律帮助，依法维护犯罪嫌疑人、被告人的合法权益，减少不必要的法律争议。

4. 完善法庭审理规程。为维护庭审的终局性、权威性，要进一步规范法庭审理规程，完善法庭调查、法庭辩论程序，确保控辩双方实质性地参与庭审，实现控辩双方平等对抗，通过法庭审判的程序公正实现案件裁判的实体公正，促使侦查、起诉按照审判的标准和要求进行，提升整个刑事程序的法治化、规范化水平。关于法庭审理规程，除前述规定以外，《实施意见》主要有以下要求：

一是依法保障控辩双方的诉讼权利。法庭要坚持居中裁判，不偏不倚，特别要注意杜绝追诉倾向，依法保障被告人及其辩护人的辩护辩论权。《实施意见》（第十八条第一款）规定："法庭应当依法保障控辩双方在庭审中的发问、质证、辩论等诉讼权利。对控辩双方当庭提出的申请或者异议，法庭应当作出处理。"除了依法维护控辩双方平等对抗的庭审构造之外，法庭还要通过庭审实质性地解决控辩双方的争议问题，既不能回避问题，也不能简单驳回各种申请。

二是完善法庭辩论规则。法官不是被动的听审者，而是庭审的主导者和案件的裁判者。《实施意见》（第十八条第二款）规定："法庭可以在审理过程中归纳控辩双方的争议焦点，引导控辩双方针对影响定罪量刑的实质性问题进行辩论。对控辩双方的发言与案件无关、重复或者扰乱法庭秩序等情形，法庭应当予以提醒、制止。"法官要提高庭审驾驭能力，积极引导控辩双方理性辩论，促使庭审规范有序进行，维护庭审的庄严性和权威性。同时，在充分听取控辩双方意见基础上，要有效归纳、依法处理案件中的事实和法律争议，避免程序烦琐主义，防止庭审不必要的冗长拖沓。

三是完善法庭量刑程序。近年来，最高人民法院持续推进量刑规范化改革，既在实体层面制定发布量刑指导意见，又在程序层面提出建立相对独立的量刑程序。对于适用普通程序审理的案件,在庭审中实行定罪、量刑程序相对分离,有助于解决司法实践中重定罪、轻量刑的问题。《实施意见》(第十九条)规定:“法庭应当充分听取控辩双方的量刑建议和意见,根据查明的事实、情节,参照量刑指导意见规范量刑,保证量刑公正。”随着量刑程序逐步完善,要进一步规范量刑建议和量刑意见,重视对量刑事实的法庭调查,提高量刑辩论的针对性,促使办案机关重视调查量刑事实,全面收集量刑证据。

四是强化裁判说理机制。裁判充分说理是公正审判的逻辑延伸和内在要求。《实施意见》(第二十条)规定:“法庭应当加强裁判说理,通过裁判文书展现法庭审理过程。对控辩双方的意见和争议,应当说明采纳与否的理由。对证据采信、事实认定、定罪量刑等实质性问题,应当阐释裁判的理由和依据。”裁判文书作为人民法院依法裁判的重要载体,要紧扣案件的实质性问题,对控辩双方的争议依法作出回应,充分体现裁判的理由和依据,提高裁判结果的社会认可度。裁判文书上网制度全面推开后,要更加重视裁判文书说理,借助大数据提炼裁判规则,充分发挥类案裁判规则的指导功能,为办案机关依法开展诉讼活动提供必要的参考。

(四)规范证据认定规则,切实防范冤假错案

证据是诉讼的核心问题,没有证据,就没有公正。冤假错案之所以发生,归根结底是案件事实证据存在问题。推进以审判为中心的刑事诉讼制度改革,关键是在刑事诉讼全过程、各环节严格贯彻证据裁判原则的要求。为促使侦查机关、人民检察院按照裁判的要求和标准收集、固定、审查、运用证据,人民法院有必要规范证据的认定规则,严格按照法定程序认定证据,依法作出裁判。《实施意见》第四部分“规范证据认定标准,切实防范冤假错案”,要求严格实行非法证据排除规则,完善非法证据排除程序,细化各类证据的排除规则,完善法律规定的证明标准。

1. 严格实行非法证据排除规则。刑事诉讼法确立非法证据排除规则,对遏制刑讯逼供、非法取证发挥了积极作用,但由于法律规定较为原则,各部门对相关规定的理解和认识有较大分歧,导致司法实践中存在非法证据认定难、排除难等问题,既影响法律实施效果,又埋下冤假错案隐患。中央《改革意见》(第四条第二款)规定:“对采取刑讯逼供、暴力、威胁等非法方法收集的言词证据,应当依法予以排除。侦查机关收集物证、书证不符合法定程序,可能严重影响司法公正,不能补正或者作出合理解释的,应当依法予以排除。”为切实防范冤假错案、维护程序公正,对各类非法证据,即使看起来客观真实、非常重要,也不能作为诉讼证据使用,更不能作为定案的根据。根据党的十八届三中、四中全会的改革要求,中央正在制定严格实行非法证据排除规则的改革文件,进一步明确非法证据的范围和认定标准,规范非法证据的排除程序,有助于逐步减少、妥善解决证据合法性争议。此外,中央《改革意见》规定了“两个严格”的讯问程序规则(严格按照有关规定要求,在规范的讯问场所讯问犯罪嫌疑人;严格依照法律规定对讯问过程全程同步录音录像,逐步实行对所有案件的讯问过程全程同步录音录像),为确保“两个严格”的要求落到实处,对严重违反“两个严格”要求的情形有必要给予必要的程序制裁,督促办案人员严格遵守取证程序。

2. 完善证据合法性调查程序。2010 年“两高三部”《关于办理刑事案件排除非法证据若干问题的规定》和 2012 年刑事诉讼法及配套司法解释,初步构建了证据合法性调查程序。随着非法证据排除规则逐步深入人心,被告人权利意识逐步增强,证据合法性争议已经成为庭审中最常见的争议问题。为妥善处理证据合法性争议,《实施意见》有以下要求:

一是推动落实侦查终结前讯问合法性核查制度。中央《改革意见》(第五条第二款)规定:“对公安机关、国家安全机关和人民检察院侦查的重大案件,由人民检察院驻看守所检察人员询问犯罪嫌疑人,核查是否存在刑讯逼供、非法取证情形,并同步录音录像。经核查,确有刑讯逼供、非法取证情形的,侦查机关应当及时排除非法证据,不得作为提请批准逮捕、移送审查起诉的

根据。”这是讯问制度的重大创新，对遏制刑讯逼供、非法取证具有重要意义。为落实讯问合法性核查制度，《实施意见》（第二十二条）规定了审判环节的配套实施机制。一方面，被告人在侦查终结前接受检察人员对讯问合法性的核查询问时，明确表示侦查阶段不存在刑讯逼供、非法取证情形，在审判阶段又提出排除非法证据申请，法庭经审查对证据收集的合法性没有疑问的，可以驳回申请。该规定有助于促使被告人认真对待检察机关对讯问合法性的核查询问，如案件中存在刑讯逼供、非法取证情形，被告人应当在该环节及时提出申请，以便尽早发现、尽早排除非法证据，避免在审判阶段随意提出证据合法性异议或者将证据合法性争议拖延到审判阶段。另一方面，检察人员在侦查终结前未对讯问合法性进行核查，或者未对核查过程全程同步录音录像，被告人在审判阶段提出排除非法证据申请，人民法院经审查对证据收集的合法性存在疑问的，应当依法进行调查。该规定有助于促使检察机关依法落实侦查终结前对讯问合法性进行核查的要求，并严格规范核查程序，充分发挥核查程序在减少和解决证据合法性争议方面的积极功能。

二是规范庭审阶段证据合法性调查程序。证据收集合法性争议涉及的是证据资格问题，决定争议证据能否作为诉讼证据使用，鉴于此，法庭应当在对犯罪事实进行法庭调查之前，通过专门调查程序对此作出处理。立足审判实际，《实施意见》（第二十三条）确立了“先行当庭调查为原则，法庭调查结束前进行调查为例外”的证据合法性调查模式。庭审期间，法庭决定对证据收集的合法性进行调查的，应当先行当庭调查。但为防止庭审过分迟延，也可以在法庭调查结束前进行调查。具体言之，对被告人及其辩护人在开庭审理前提出排除非法证据申请的情形，如控辩双方在庭前会议中未能达成一致意见，原则上应当先行当庭调查。对多名被告人及其辩护人当庭申请排除非法证据等情形，如坚持先行当庭调查可能导致庭审中断，同时，案件中还有其他相对独立的犯罪事实可以调查的，为防止庭审过分迟延，也可以在法庭调查结束前一并对证据收集的合法性进行审查。对证据合法性进行调查过程中，要积极引导控辩双方围绕证据合法性充分辩论，督促公诉机关举证证明取证合法性，依法妥善解决证据合法性争议，确保庭审顺利进行。

三是明确审查和排除非法证据的规则指引。刑事诉讼法确立讯问过程录音录像制度后，讯问录音录像成为证明供述合法性的关键证据。法庭对证据合法性进行调查的，应当重视对讯问录音录像的审查。《实施意见》（第二十四条第一款）规定，讯问笔录记载的内容与讯问录音录像存在实质性差异的，以讯问录音录像为准。以讯问录音录像制度为基础，《实施意见》（第二十四条第二款）确立了相应的证据排除规则：“对于法律规定应当对讯问过程录音录像的案件，公诉人没有提供讯问录音录像，或者讯问录音录像存在选择性录制、剪接、删改等情形，现有证据不能排除以非法方法收集证据情形的，对有关供述应当予以排除”，同时，《实施意见》（第二十五条第一款）确立了侦查人员在必要时出庭的要求，即规定现有证据材料不能证明证据收集合法性的，人民法院可以通知有关侦查人员出庭说明情况；不得以侦查人员签名并加盖公章的说明材料替代侦查人员出庭。以侦查人员出庭制度为基础，《实施意见》（第二十五条第二款）确立了相应的证据排除规则：“经人民法院通知，侦查人员不出庭说明情况，不能排除以非法方法收集证据情形的，对有关证据应当予以排除。”这些规定既有助于严格实行非法证据排除规则，也有助于督促办案机关注意收集证明取证合法性的证据材料，减少不必要的证据合法性争议。

四是明确证据合法性争议的裁判方式。一些人民法院不愿当庭对证据合法性争议作出裁判，这是非法证据排除规则难以贯彻落实的重要原因。为督促人民法院依法对证据合法性争议作出处理，《实施意见》（第二十六条第一款）明确了证据合法性争议的裁判方式。法庭对证据收集的合法性进行调查后，应当当庭作出是否排除有关证据的决定。必要时，可以宣布休庭，由合议庭评议或者提交审判委员会讨论，再次开庭时宣布决定。同时，《实施意见》（第二十六条第二款)还规定,在法庭作出是否排除有关证据的决定前,不得对有关证据宣读、质证。基于证据能力和证明力的区分,对证据合法性存在争议的情形,法庭要先通过专门程序解决证据能力争议,然后才能进入证据的质证程序,综合评估证据的证明力问题。

3. 明确各类证据的采信规则。2010 年“两高三部”《关于办理死刑案件审查判断证据若干问题的规定》和 2012 年刑事诉讼法及配套司法解释,规定了各类证据的审查判断要求和采信规则。立足审判实践中常见的证据问题,《实施意见》进一步明确了有关证据的采信规则,主要有以下要求:

一是明确诉讼证据的关联性规则。关联性是诉讼证据的基本属性。对于收集在案的关键证据,应当通过规范的程序和方法确定其与案件事实是否存在关联。为充分挖掘证据的证明价值,《实施意见》(第二十七条)规定:“通过勘验、检查、搜查等方式收集的物证、书证等证据,未通过辨认、鉴定等方式确定其与案件事实的关联的,不得作为定案的根据。”例如,对于现场提取的可能与犯罪有关的指纹、血迹、精斑、毛发等证据,要通过指纹鉴定、DNA 鉴定等方式与被告人、被害人的相应样本进行比对,确定上述证据与案件事实之间是否存在关联。如果通过上述方式进行比对得出同一认定结论,就表明该证据具有关联性;如果未通过上述方式进行比对,未能确定证据与案件事实的关联,有关证据就不得作为定案的根据。

二是明确瑕疵证据的排除规则。由于各种主客观原因,一些证据的收集程序、方式存在瑕疵,影响了证据的证据能力。瑕疵证据只是证据形式要件不完备,并不属于非法证据,不能直接予以排除。从规范意义上讲,瑕疵证据可以被视为证据能力待定的证据,其是否具有证据能力,取决于瑕疵能否得到补正或者合理解释。《实施意见》(第二十八条)规定:“收集证据的程序、方式存在瑕疵,严重影响证据真实性,不能补正或者作出合理解释的,有关证据不得作为定案的根据。”如果证据瑕疵能够得到补正或者作出合理解释,具备了证据的形式要件,就可以作为诉讼证据使用;但如果证据瑕疵无法补正或者作出合理解释,影响到证据的真实性,就不得作为诉讼证据使用。法庭要认真对待关键证据存在的瑕疵,必要时可以通知取证人员出庭说明情况,从而督促办案机关依法规范取证,从源头上减少瑕疵证据的出现。

三是明确传闻证据的排除规则。为落实直接言词原则的要求,除了要推动证人、鉴定人出庭作证之外,有必要确立传闻证据的排除规则。需要指出的是,尽管强调证人应当出庭作证,但并不意味着证人当庭作出的证言必然优于庭前证言。由于证人可能受各种因素影响改变证言,法庭要结合在案证据评估证人证言的真实性。《实施意见》(第二十九条)规定,证人没有出庭作证,其庭前证言真实性无法确认的,不得作为定案的根据。证人当庭作出的证言与其庭前证言矛盾,证人能够作出合理解释,并与相关证据印证的,可以采信其庭审证言;不能作出合理解释,而其庭前证言与相关证据印证的,可以采信其庭前证言。对于鉴定意见,法律规定了更加严格的要求。经人民法院通知,鉴定人拒不出庭作证的,鉴定意见不得作为定案的根据。通过推行传闻证据排除规则,既有助于控辩双方积极组织证人、鉴定人出庭作证,也能够避免法庭因采纳不真实的书面证据而错误认定案件事实。

四是明确证据审查判断的要求和指引。各类犯罪案件都有自身的特点和规律。中央《改革意见》(第三条)要求:“建立健全符合裁判要求、适应各类案件特点的证据收集指引。”从审判的角度看,准确把握各类案件的特点,确定各类案件的犯罪构成要素和证据要素,归纳提炼证据审查判断的要求和指引,有助于理顺法庭认定证据的思路,及时发现、妥善解决事实证据存在的问题,也有助于督促办案机关按照裁判的要求全面、客观、及时收集与案件有关的证据,避免忽视或者遗漏关键证据。中央《改革意见》提到的“符合裁判要求”,主要是指法庭认定证据的要求。刑事诉讼法和“两个证据规定”明确规定了各类证据的审查判断要求和排除规则,如非法证据、没有关联的证据、不能作出合理解释的瑕疵证据、不可靠的意见证据和传闻证据，依法不能作为证据使用（或者不能作为定案的根据），这些都是裁判的要求，也是取证的指引。

4. 明确了证明标准的具体要求。法律规定的证明标准，是防范冤假错案的底线要求。中央《改革意见》（第二条第一款）规定："侦查机关侦查终结，人民检察院提起公诉，人民法院作出有罪判决，都应当做到犯罪事实清楚，证据确实、充分。"为切实防范冤假错案，在刑事诉讼各环节都要严格执行法定证明标准，不能各行其是，更不能打折扣。为严格落实法定证明标准，《实施意见》有以下要求：

一是细化案件事实的证明标准。基于定罪事实和量刑事实的区分，中央《改革意见》（第二条第三款）进一步细化了案件事实的证明标准："人民法院作出有罪判决，对于证明犯罪构成要件的事实，应当综合全案证据排除合理怀疑，对于量刑证据存疑的，应当作出有利于被告人的认定。"《实施意见》（第三十条）重申中央改革文件的要求，对实践中不同类型的事实证据疑问，要适用不同的处理方式。为统一定罪事实的证据标准，有必要探索运用大数据对量大面广的刑事案件证明标准进行集中攻关，形成可操作性强、可数据化的统一标准，减少政法机关对事实证据问题的认识分歧。

二是明确疑罪案件的处理方式。中央《改革意见》明确要求坚持疑罪从无原则，《实施意见》（第三十条第二款）就此规定："定罪证据不足的案件，不能认定被告人有罪，应当作出证据不足、指控的犯罪不能成立的无罪判决。"需要指出的是，所谓疑罪，是指定罪证据不足，不能认定被告人有罪，即现有证据不足以证实被告人实施了控诉方指控的犯罪行为。案件中一般的细枝末节问题和不影响定罪事实的疑点，不可轻率适用疑罪从无原则。对于疑罪案件，要严格落实疑罪从无原则，不得违心下判或者降格作出"留有余地"的判决。

（五）完善繁简分流机制，优化司法资源配置

强调诉讼以审判为中心，审判以庭审为中心，并非要求所有案件都要进入审判程序，也不是要求所有进入审判程序的案件一律适用标准化的普通程序审理。2012 年刑事诉讼法修改扩大简易程序的适用范围，适当调整简易程序的审理方式，但简化幅度仍然有限，繁简分流的功能作用不够明显。根据中央改革要求，《实施意见》第五部分"完善繁简分流机制，优化司法资源配置"，要求以提高庭审质效为着眼点，严格落实繁简分流原则，实现"疑案精审""简案快审"，将有限的司法资源集中于被告人不认罪案件，为实现程序精密化、推进庭审实质化奠定制度基础。

1. 推进速裁程序改革。为优化配置司法资源，提高案件办理质量和效率，第十二届全国人大常委会第九次会议授权最高人民法院、最高人民检察院在北京等 18 个城市开展刑事案件速裁程序试点工作。这是一项重大的司法制度改革和诉讼程序创新。前期试点证明，速裁程序符合司法实践需求，很有必要，成效明显，大幅提高了轻罪案件的办案效率，对节约司法资源、优化诉讼程序发挥了积极作用。人民法院要进一步推进速裁程序改革，逐步扩大速裁程序适用范围，加强对被告人程序选择权、获得律师帮助权等诉讼权利的法律保护，完善速裁程序运行机制，探索实行快速审理和简便裁判机制，进一步推进审判阶段的案件分流，将更多的司法资源用于重大复杂疑难案件。

2. 推进认罪认罚从宽制度改革。党的十八届四中全会提出，完善刑事诉讼中认罪认罚从宽制度。第十二届全国人大常委会第二十二次会议授权最高人民法院、最高人民检察院在北京等 18 个城市开展认罪认罚从宽制度试点工作。认罪认罚从宽制度在速裁程序基础上，优化完善被告人认罪认罚案件的审理程序，有助于深入贯彻落实宽严相济刑事政策，在确保司法公正基础上进一步提高司法效率。人民法院要积极推进认罪认罚从宽制度试点工作，探索构建速裁程序、简

易程序、普通程序有序衔接、繁简分流的多层次诉讼制度体系。对适用简化审理程序的被告人认罪案件,法庭应当告知被告人享有的诉讼权利,依法审查被告人认罪认罚的自愿性和真实性,确认被告人了解认罪认罚的性质和法律后果,重视对主要事实的实质审查,消除冤假错案风险隐患。同时,对于被告人自愿认罪认罚,同意适用简化审理程序的案件,应当落实从宽处罚的法律制度。通过完善配套的认罪认罚从宽制度,有助于在确保案件质量的同时有效地节约司法资源,在彰显司法宽容的同时更好地保障人权,在更高的层面上统筹兼顾惩罚犯罪与保障人权、实体公正与程序公正、司法公正与司法效率等多元的诉讼价值。

3. 完善当庭宣判制度。为落实集中审理原则,法庭应当实现对案件的不间断审理,并尽可能当庭作出裁判,确保裁判结果形成在法庭,避免案件的审理和裁判久拖不决。根据中央改革文件的要求,《实施意见》(第三十三条)规定:"适用速裁程序审理的案件,应当当庭宣判。适用简易程序审理的案件一般应当当庭宣判。适用普通程序审理的案件,逐步提高当庭宣判率。"司法实践中,要科学把握当庭宣判的案件范围,不能为了片面追求当庭宣判率而不加区分地对所有案件一律当庭宣判。要进一步规范定期宣判制度,对于案情重大复杂,无法当庭宣判的情形,要争取尽快宣判,避免因人为因素影响案件及时审结。

最高人民法院
关于在同一案件多个裁判文书上规范使用案号有关事项的通知

(法〔2016〕27 号)

各省、自治区、直辖市高级人民法院,解放军军事法院,新疆维吾尔自治区高级人民法院生产建设兵团分院:

为规范案号在同一案件多个裁判文书上的使用,便于区分、识别,以满足审判执行工作实际需要,现就有关事项通知如下:

一、同一案件的案号具有唯一性,各级法院应规范案号在案件裁判文书上的使用。对同一案件出现的多个同类裁判文书,首份裁判文书直接使用案号,第二份开始可在案号后缀"之一""之二"……,以示区别。

二、在同一案件的多个不同类型裁判文书之间,无需通过上述案号后缀方法进行区分。

三、同一案件不同类型的裁判文书均出现两个以上时,每一类型裁判文书从其第二份开始均可采用上述案号后缀方法加以区分。

四、上述所称裁判文书的类型包括判决书、裁定书、调解书、决定书以及通知书等。

最高人民法院
2016 年 2 月 1 日

附件:同一案件多个裁判文书案号后缀示例

附件:

同一案件多个裁判文书
案号后缀示例

一、对同一案件出现的多个同类裁判文书,首份裁判文书直接使用案号,第二份开始可在案号后缀"之一""之二"……,以示区别。

1. 某法院执行案件第一份裁定:

××××××中级人民法院
执行裁定书
(201×)×01 执 8 号

2. 某法院执行案件第二份裁定:

××××××中级人民法院
执行裁定书
(201×)×01 执 8 号之一

3. 某法院执行案件第三份裁定:

××××××中级人民法院
执行裁定书
(201×)×01 执8号之二

二、在同一案件的多个不同类型裁判文书之间,无需通过上述案号后缀方法进行区分。

1. 某法院一审案件管辖权异议裁定:
××××××中级人民法院
民事裁定书
(201×)×01 民初9号

2. 某法院一审案件判决:
××××××中级人民法院
民事判决书
(201×)×01 民初9号

三、同一案件不同类型的裁判文书均出现两个以上时,每一类型裁判文书从其第二份开始均可采用上述案号后缀方法加以区分。

1. 某法院一审案件管辖权异议裁定:
××××××中级人民法院
民事裁定书
(201×)×01 民初10号

2. 某法院一审案件先予执行裁定:
××××××中级人民法院
民事裁定书
(201×)×01 民初10号之一

3. 某法院一审案件中间判决:
××××××中级人民法院
民事判决书
(201×)×01 民初10号

4. 某法院一审案件最终判决:
××××××中级人民法院
民事判决书
(201×)×01 民初10号之一

最高人民法院
关于加强和规范裁判文书释法说理的指导意见

(2018年6月1日发布　法发〔2018〕10号)

为进一步加强和规范人民法院裁判文书释法说理工作,提高释法说理水平和裁判文书质量,结合审判工作实际,提出如下指导意见。

一、裁判文书释法说理的目的是通过阐明裁判结论的形成过程和正当性理由,提高裁判的可接受性,实现法律效果和社会效果的有机统一;其主要价值体现在增强裁判行为公正度、透明度,规范审判权行使,提升司法公信力和司法权威,发挥裁判的定分止争和价值引领作用,弘扬社会主义核心价值观,努力让人民群众在每一个司法案件中感受到公平正义,切实维护诉讼当事人合法权益,促进社会和谐稳定。

二、裁判文书释法说理,要阐明事理,说明裁判所认定的案件事实及其根据和理由,展示案件事实认定的客观性、公正性和准确性;要释明法理,说明裁判所依据的法律规范以及适用法律规范的理由;要讲明情理,体现法理情相协调,符合社会主流价值观;要讲究文理,语言规范,表达准确,逻辑清晰,合理运用说理技巧,增强说理效果。

三、裁判文书释法说理,要立场正确、内容合法、程序正当,符合社会主义核心价值观的精神和要求;要围绕证据审查判断、事实认定、法律适用进行说理,反映推理过程,做到层次分明;要针对诉讼主张和诉讼争点、结合庭审情况进行说理,做到有的放矢;要根据案件社会影响、审判程序、诉讼阶段等不同情况进行繁简适度的说理,简案略说,繁案精说,力求恰到好处。

四、裁判文书中对证据的认定,应当结合诉讼各方举证质证以及法庭调查核实证据等情况,根据证据规则,运用逻辑推理和经验法则,必要时使用推定和司法认知等方法,围绕证据的关联性、合法性和真实性进行全面、客观、公正的审查判断,阐明证据采纳和采信的理由。

五、刑事被告人及其辩护人提出排除非法证据申请的,裁判文书应当说明是否对证据收集的合法性进行调查、证据是否排除及其理由。民事、行政案件涉及举证责任分配或者证明标准争议的，裁判文书应当说明理由。

六、裁判文书应当结合庭审举证、质证、法庭辩论以及法庭调查核实证据等情况，重点针对裁判认定的事实或者事实争点进行释法说理。依据间接证据认定事实时，应当围绕间接证据之间是否存在印证关系、是否能够形成完整的证明体系等进行说理。采用推定方法认定事实时，应当说明推定启动的原因、反驳的事实和理由，阐释裁断的形成过程。

七、诉讼各方对案件法律适用无争议且法律含义不需要阐明的，裁判文书应当集中围绕裁判内容和尺度进行释法说理。诉讼各方对案件法律适用存有争议或者法律含义需要阐明的，法官应当逐项回应法律争议焦点并说明理由。法律适用存在法律规范竞合或者冲突的，裁判文书应当说明选择的理由。民事案件没有明确的法律规定作为裁判直接依据的，法官应当首先寻找最相类似的法律规定作出裁判；如果没有最相类似的法律规定，法官可以依据习惯、法律原则、立法目的等作出裁判，并合理运用法律方法对裁判依据进行充分论证和说理。法官行使自由裁量权处理案件时，应当坚持合法、合理、公正和审慎的原则，充分论证运用自由裁量权的依据，并阐明自由裁量所考虑的相关因素。

八、下列案件裁判文书，应当强化释法说理：疑难、复杂案件；诉讼各方争议较大的案件；社会关注度较高、影响较大的案件；宣告无罪、判处法定刑以下刑罚、判处死刑的案件；行政诉讼中对被诉行政行为所依据的规范性文件一并进行审查的案件；判决变更行政行为的案件；新类型或者可能成为指导性案例的案件；抗诉案件；二审改判或者发回重审的案件；重审案件；再审案件；其他需要强化说理的案件。

九、下列案件裁判文书，可以简化释法说理：适用民事简易程序、小额诉讼程序审理的案件；适用民事特别程序、督促程序及公示催告程序审理的案件；适用刑事速裁程序、简易程序审理的案件；当事人达成和解协议的轻微刑事案件；适用行政简易程序审理的案件；适用普通程序审理但是诉讼各方争议不大的案件；其他适宜简化说理的案件。

十、二审或者再审裁判文书应当针对上诉、抗诉、申请再审的主张和理由强化释法说理。二审或者再审裁判文书认定的事实与一审或者原审不同的，或者认为一审、原审认定事实不清、适用法律错误的，应当在查清事实、纠正法律适用错误的基础上进行有针对性的说理；针对一审或者原审已经详尽阐述理由且诉讼各方无争议或者无新证据、新理由的事项，可以简化释法说理。

十一、制作裁判文书应当遵循《人民法院民事裁判文书制作规范》《民事申请再审诉讼文书样式》《涉外商事海事裁判文书写作规范》《人民法院破产程序法律文书样式（试行）》《民事简易程序诉讼文书样式（试行）》《人民法院刑事诉讼文书样式》《行政诉讼文书样式（试行）》《人民法院国家赔偿案件文书样式》等规定的技术规范标准，但是可以根据案件情况合理调整事实认定和说理部分的体例结构。

十二、裁判文书引用规范性法律文件进行释法说理，应当适用《最高人民法院关于裁判文书引用法律、法规等规范性法律文件的规定》等相关规定，准确、完整地写明规范性法律文件的名称、条款项序号；需要加注引号引用条文内容的，应当表述准确和完整。

十三、除依据法律法规、司法解释的规定外，法官可以运用下列论据论证裁判理由，以提高裁判结论的正当性和可接受性：最高人民法院发布的指导性案例；最高人民法院发布的非司法解释类审判业务规范性文件；公理、情理、经验法则、交易惯例、民间规约、职业伦理；立法说明等立法材料；采取历史、体系、比较等法律解释方法时使用的材料；法理及通行学术观点；与法律、司法解释等规范性法律文件不相冲突的其他论据。

十四、为便于释法说理，裁判文书可以选择采用下列适当的表达方式：案情复杂的，采用列明裁判要点的方式；案件事实或数额计算复杂的，采用附表的方式；裁判内容用附图的方式更容易表达清楚的，采用附图的方式；证据过多的，采用附录的方式呈现构成证据链的全案证据或证据目录；采用其他附件方式。

十五、裁判文书行文应当规范、准确、清楚、朴实、庄重、凝练，一般不得使用方言、俚语、土语、生僻词语、古旧词语、外语；特殊情形必须使用的，应当注明实际含义。裁判文书释法说理应当避免使用主观臆断的表达方式、不恰当的修辞方法和学术化的写作风格，不得使用贬损人格尊严、具有强烈感情色彩、明显有违常识常理常情的用语，不能未经分析论证而直接使用“没有事实及法律依据，本院不予支持”之类的表述作为结论性论断。

十六、各级人民法院应当定期收集、整理和汇编辖区内法院具有指导意义的优秀裁判文书，充分发挥典型案例释法说理的引导、规范和教育功能。

十七、人民法院应当将裁判文书的制作和释法说理作为考核法官业务能力和审判质效的必备内容，确立为法官业绩考核的重要指标，纳入法官业绩档案。

十八、最高人民法院建立符合裁判文书释法说理规律的统一裁判文书质量评估体系和评价机制，定期组织裁判文书释法说理评查活动，评选发布全国性的优秀裁判文书，通报批评瑕疵裁判文书，并作为监督指导地方各级人民法院审判工作的重要内容。

十九、地方各级人民法院应当将裁判文书释法说理作为裁判文书质量评查的重要内容，纳入年度常规性工作之中，推动建立第三方开展裁判文书质量评价活动。

二十、各级人民法院可以根据本指导意见，结合实际制定刑事、民事、行政、国家赔偿、执行等裁判文书释法说理的实施细则。

二十一、本指导意见自 2018 年 6 月 13 日起施行。

《关于加强和规范裁判文书释法说理的指导意见》的理解与适用

□最高人民法院司改办　胡仕浩　刘树德

2018 年 6 月 1 日最高人民法院公布的《关于加强和规范裁判文书释法说理的指导意见》（以下简称《意见》），是裁判文书改革征程中具有承上启下功能的关键举措，是新时代推进国家治理体系和治理能力现代化的基础工程。此文主要从目的价值论、本体论、技术方法论三重维度对《意见》进行解说。

一、引论：《意见》的制定背景、经过及思路

党的十八届三中全会通过的《关于全面深化改革若干重大问题的决定》提出，“增强法律文书说理性，推动公开法院生效裁判文书”。党的十八届四中全会通过的《关于全面推进依法治国若干重大问题的决定》提出，“加强法律文书释法说理，建立生效法律文书统一上网和公开查询制度”。为贯彻落实两个《决定》的前述内容，《最高人民法院关于全面深化人民法院改革的意见——人民法院第四个五年改革纲要（2014 - 2018）》专门列出“推动裁判文书说理改革”条目，提出“根据不同审级和案件类型，实现裁判文书的繁简分流。加强对当事人争议较大、法律关系复杂、社会关注度较高的一审案件，以及所有的二审案件、再审案件、审判委员会讨论决定案件裁判文书的说理性。对……事实清楚、证据确实充分、被告人认罪的一审轻微刑事案件，使用简化的裁判文书，通过填充要素、简化格式，提高裁判效率。重视律师辩护代理意见，对于律师依法提出的辩护代理意见未予采纳的，应当在裁判文书中说明理由。完善裁判文书说理的刚性约束机制和激励机制，建立裁判文书说理的评价体系，将裁判文书的说理水平作为法官业绩评价和晋级、选升的重要因素”。

裁判文书释法说理改革涉及方方面面的理论与实践问题、不同的诉讼领域、众多的文书种类、系列的配套机制建设,从“一五改革纲要”提出题目,到“四五改革纲要”必须落地,确实是司法改革项目中一块“难啃的骨头”。按照院“四五改革纲要分工方案”,司改办承担此项改革任务。按照院领导的指示,我办成立调研起草小组,制定调研方案,经过广泛调研、在吸收本院各审判部门和地方法院意见、征求专家意见的基础上,数易其稿,形成《最高人民法院关于人民法院裁判文书说理的若干规定(征求意见稿)》,再向中央政法委、全国人大常委会法工委、中国法学会征求意见。在充分吸收各方意见建议基础上,修改形成《最高人民法院关于人民法院裁判文书说理若干问题的意见(送审稿)》,报请院领导提请审判委员会讨论。2018 年 4 月 2 日,院审判委员会第 1735 次会议讨论了《意见(送审稿)》。现根据审委会的讨论决议“将《意见》作为改革指导性文件”,修改形成《最高人民法院关于加强和规范裁判文书释法说理的指导意见(送审稿)》(以下简称《指导意见(送审稿)》)。最高人民法院于 2018 年 6 月 1 日发布《最高人民法院关于加强和规范裁判文书释法说理的指导意见》(法发〔2018〕10 号),《意见》于 2018 年 6 月 13 日起施行。

裁判文书释法说理,事关司法公开的实质性深化,事关审判权的严格规范行使,事关司法责任制的全面落实,事关裁判文书定分止争功能的发挥,事关司法公信力的不断提升。《意见》作为未来一个时期指导全国法院裁判文书释法说理改革的指导性文件,契合党的十九大报告提出的“深化司法体制综合配套改革,全面落实司法责任制,努力让人民群众在每一个司法案件中感受到公平正义”的精神和要求。

《意见》起草主要遵循以下几个思路:

一是坚持合法性原则。从裁判说理的立法化来看,域外一些国家在民事诉讼法和刑事诉讼法中加以具体规定,如德国、韩国、日本、俄罗斯。我国 2017 年修正的民事诉讼法第一百五十二条针对民事判决书的记载内容明确规定,“判决书应当写明判决结果和作出该判决的理由”;第一百五十四条针对民事裁定书的记载内容明确规定,“裁定书应当写明裁定结果和作出该裁定的理由”。2017 年修正的行政诉讼法第四十三条第二款规定,“……对未采纳的证据应当在裁判文书中说明理由”;2012 年修正的刑事诉讼法没有作出明文规定,但 2013 年 1 月 1 日《最高人民法院关于适用〈中华人民共和国刑事诉讼法〉的解释》第二百四十六条规定,“裁判文书应当写明裁判依据,阐释裁判理由,反映控辩双方的意见并说明采纳或者不予采纳的理由”,等等。这些法律和司法解释规定是《意见》的主要制定依据。

二是坚持问题导向。无论是学术界的学理研究还是实务界的实证分析,均表明我国当下的裁判文书依然存在“不愿说理”“不会说理”“不敢说理”“不善说理”“说不好理”等方面的问题。《意见》以解决一些重点问题为出发点和落脚点,提出有针对性的意见和要求。

三是坚持从实际出发。我国当下司法实践中,裁判文书存在不同的种类,包括判决书、裁定书、决定书、调解书;适用于不同的审判领域,包括刑事审判、民事审判、行政审判、国家赔偿、执行;适用于不同的诉讼阶段,包括立案、一审、二审、再审、执行;适用于不同的诉讼程序,包括普通程序、简易程序、特别程序、督促程序、公示催告程序,等等;适用于不同的案件,包括简单案件、复杂案件;适用于不同层级法院,包括基层人民法院、中级人民法院、高级人民法院和最高人民法院。案件难易、讼争事实、审判程序、案情影响大小、文书种类等因素,均会直接或者间接地影响裁判文书的释法说理。《意见》不追求“大而全”,而是重点解决一些宏观层面的共性问题,至于刑事裁判文书释法说理、民事裁判文书释法说理、行政裁判文书释法说理等方面的个性问题,可在总结审判实践经验的基础上再分别作出细则性的规定(《意见》第二十条)。同时,针对一些实践中尚存在较大争议的问题,例如,合议庭成员不同意见及其理由是否在全部或者部分裁判文书中公开、裁判文书是否附加法官寄语等,《意见》未予明确,有待司法实践的进一步探索。

四是坚持系统整体协同。裁判文书释法说理是一项机制性改革,关联着司法责任制改革、多元化纠纷解决机制改革、繁简分流机制改革、以审判为中心的刑事诉讼制度改革等。《意见》注重与2015年《最高人民法院关于完善人民法院司法责任制的若干意见》(法发〔2015〕13号)、2016年《最高人民法院关于人民法院进一步深化多元化纠纷解决机制改革的意见》(法发〔2016〕14号)、2016年《最高人民法院、最高人民检察院、公安部、国家安全部、司法部关于推进以审判为中心的刑事诉讼制度改革的意见》(法发〔2016〕18号)、2016年《最高人民法院关于进一步推进案件繁简分流优化司法资源配置的若干意见》(法发〔2016〕21号)等改革文件内容的照应与配套,最大程度地提高改革集成度和优化整体改革效能。

《意见》共二十一条,主要包括以下内容:裁判文书释法说理应当遵守的基本原则;裁判文书释法说理的四个方面即证据采信说理、事实认定说理、法律适用说理、自由裁量权说理;裁判文书释法说理的繁简分流;裁判文书遵循的技术规范、法律引用、裁判辅助论据、表达方式、语言规范;裁判文书释法说理应当健全的配套机制,包括指导机制、考核机制、评估监督机制、评查机制。

二、裁判文书释法说理的目的和价值功能

《意见》第一条就裁判文书释法说理的目的和价值功能作了规定,即"裁判文书释法说理的目的是通过阐明裁判结论的形成过程和正当性理由,提高裁判的可接受性,实现法律效果和社会效果的有机统一;其主要价值体现在增强裁判行为公正度、透明度,规范审判权行使,提升司法公信力和司法权威,发挥裁判的定分止争和价值引领作用,弘扬社会主义核心价值观,努力让人民群众在每一个司法案件中感受到公平正义,切实维护诉讼当事人合法权益,促进社会和谐稳定"。

裁判文书是人民法院依照法律规定独立行使审判权,审理民事、刑事、行政等案件过程中制作的法律文书,记录裁判过程、公开裁判理由,是彰显司法公正、弘扬法治精神、维护社会公平正义的载体。裁判文书释法说理是独任法官或者合议庭在制作裁判文书过程中围绕审查判断证据、认定案件事实、法律适用等方面的争议焦点、裁判论点和推理过程,论证裁判主文的合法性和正当性的活动。裁判文书释法说理的目的就是提高裁判文书的可接受性,实现法律效果和社会效果的统一。

裁判文书释法说理的价值功能主要体现在以下几个方面:

(一)裁判文书释法说理是深化依法治国实践和提升国家治理能力的基础工程。党的十八届三中全会决定提出,"全面深化改革的总目标是完善和发展中国特色社会主义制度,推进国家治理体系和治理能力现代化"。党的十八届四中全会决定强调,"法治建设还存在许多不适应、不符合的问题,主要表现为:……执法司法不规范、不严格、不透明、不文明现象较为突出"。无论是深化依法治国实践还是提升国家治理能力,均离不开严格司法,离不开公正、高效、权威的社会主义司法制度的强有力支撑。裁判文书释法说理,事关审判权的严格规范行使,事关司法责任制的全面落实,事关裁判文书定分止争功能的发挥,事关司法公信力的不断提升。裁判文书的说理,在某种程度上是检测全面深化司法改革最终成效的重要指数,是助推人民法院审判能力现代化的重要切口,是促进国家治理能力现代化的重要途径。

(二)裁判文书释法说理是展示法院公正形象的载体工程。党的十八届四中全会决定强调,"公正是法治的生命线。司法公正对社会公正具有重要引领作用,司法不公对社会公正具有致命破坏作用"。习近平总书记指出,"司法是维护社会公平正义的最后一道防线"。按照中央的部署,为确保法院依法独立公正行使审判权,此轮司法体制改革中推出的系列举措,例如,建立领导干部干预司法活动、插手具体案件处理的记录、通报和责任追究制度、建立健全司法人员履行法定职责保护机制等，着重从外围建立确保司法公正的"防火墙"。"司法公正不仅要实现，而且要以看得见的方式实现"，裁判文书释法说理则是人民法院从内部增加的倒逼司法公正的"加压器"，是以"让人感觉到的方式"来呈现司法公正的重要环节和关键载体。

（三）裁判文书释法说理是提高司法产品质量和审判效率的优化工程。当前世界主要法治国家均面临一个共同的现实问题，即民众既要求严格司法，实现正义，又要求快速审判，提高效率，节约成本。随着经济社会的发展和人民群众法治意识、权利意识的增强，全国法院案件数量近年来持续大幅增长，始终保持高位运行。特别是随着立案登记制的实施和行政诉讼法等许多法律的修改或制定，"案多人少"矛盾在部分地区法院越发凸显。裁判文书释法说理专门提出"繁简适度"的要求，不仅强调法官应当根据案情是否重大复杂、诉讼各方争议程度、审判程序类型、案件社会影响大小、文书种类等不同情况进行繁简适度的说理，而且详细列举了"应当加强说理"和"可以简化说理"的情形，确保"简案快审、繁案精审""该繁则繁，当简则简，繁简适度"原则在裁判文书制作和说理环节的落实，从而更好地实现更高层次的司法公正与效率的有机统一。如果把公正的判决比作一份合格的司法产品，那么裁判文书释法说理在很大程度上决定着这份产品的质量和性价比。人民法院通过建立健全积极引导法官"愿说理""敢说理""说好理"的机制，不断地优化裁判文书释法说理，必将为人民群众提供优质、高效的司法产品。

（四）裁判文书释法说理是推进司法公开的升华工程。审判公开作为我国宪法规定的一项重要原则，是社会主义司法民主政治的要求，是司法文明的标志，是司法公正的保障。党的十八届四中全会决定强调，"构建开放、动态、透明、便民的阳光司法机制，推进审判公开、检务公开、警务公开、狱务公开，依法及时公开执法司法依据、程序、流程、结果和生效法律文书，杜绝暗箱操作。加强法律文书释法说理，建立生效法律文书统一上网和公开查询制度"。最高人民法院近年来以此为动力，以上率下，统筹谋划，一体部署，强有力地采取了系列深化司法公开制度改革的工作举措，包括推进审判流程公开、庭审活动公开、裁判文书公开、执行信息公开四大平台建设，开通最高人民法院英文网站，法院政务网站、12368 诉讼服务平台、法院微博、微信、移动新闻客户端的建设与升级等，使得我国的司法公开水平迅速地迈入世界先进行列。司法公开是一面镜子，是一块试金石，更是一缕阳光。《意见》强调的裁判文书释法说理公开、审判委员会讨论案件适用法律的理由公开、裁判文书释法说理如实反映庭审过程等，必将促进司法的实质化公开迈上新台阶。

（五）裁判文书释法说理是改善人民群众公平正义获得感的民生工程。在司法权运行的各个环节中，裁判文书全景展现司法裁判的内容，直接影响当事人和社会公众对公平正义的感受。司法个案的案情不同，难易有别，具体当事人自然会存在不同的需求。对于简单案件，当事人对诉讼程序的需求更偏重于及时、便捷、低成本、高效益，不希望因为程序复杂导致诉讼拖延；而对于复杂程序，当事人往往更愿意法院严格适用普通程序进行实质化或者优质化审理，更期待法官进行精准到位的裁判文书释法说理，切实发挥司法裁判定分止争的功能。当前，一些法院的审判工作存在繁简不分、简案办不快、难案办不精等突出问题，不能充分满足人民群众的不同司法需求。《意见》深入贯彻以人民为中心的发展思想，充分关注有限司法资源与多元司法需求的冲突，根据案件的不同情形合理配置司法资源，即"说理支出"不是广撒"胡椒面儿"，而是有重点地"聚焦"，真正地把需要说的理说透讲明，不需要说的理绝不"无病呻吟"，不断地提升裁判文书对不同受众的说服效果，切实地"让人民群众在每一个司法案件中感受到公平正义"。

三、裁判文书释法说理的基本要求和具体原则

《意见》第二条对裁判文书释法说理的基本内容和要求作了规定，即"裁判文书释法说理，要阐明事理，说明裁判所认定的案件事实及其根据和理由，展示案件事实认定的客观性、公正性和准确性；要释明法理，说明裁判所依据的法律规范以及适用法律规范的理由；要讲明情理，体现法理情相协调，符合社会主流价值观；要讲究文理，语言规范，表达准确，逻辑清晰，合理运用说理技巧，增强说理效果”。具体包括以下几个方面：

（一）阐明事理。此处的“事理”就是案件的来龙去脉、本来面目和前因后果。阐明事理，就是说明裁判所认定的案件事实及其根据和理由。显然，经审判查明和认定的事实不是纯本源意义上的客观事实，而是经由各诉讼参与人和法官的系列诉讼活动加工和“重塑”而成的法律事实。考虑到法律事实只能无限地趋近于客观事实，阐明事理必须展示案件事实认定的客观性、公正性和准确性。

（二）释明法理。此处的“法理”就是法律根据，即裁判所依凭的法律、行政法规、司法解释、地方性法规等。释明法理就是要说明裁判所依据的法律规范以及适用法律规范的理由。就法律适用简单的案件而言，仅需列明所适用的法律就可；而针对实践中的以下几种情况而言，既需说明裁判所依据的法律规范，也需要适用法律规范的理由：一是法律条文里规定了多种情形，如果案件只符合其中的一种情形，裁判文书就必须说明本案符合该种情形，不能简单地引用条文了事。二是法律规定了很多种处罚方法，法官如果只选择其中的一种处罚方法，裁判文书必须说明为什么只选择其中的一种处罚方法。例如，如果一个刑法条文规定的犯罪有死刑、无期徒刑和有期徒刑，法官选择了死刑，裁判文书就必须说明判决选择死刑而不选择其他刑罚方法的理由。三是法律条文本身模糊和抽象，甚至包容多种含义，而判决选择的是其中的一种理解或含义，在这种情况下，裁判文书就必须说清为何这样而不那样解释法律的道理，以告诉当事人采纳该种理解的理由。四是法律条文存在冲突或者竞合的情形，裁判文书就要说明裁判所选择的法律规范及其选择理由。五是法律存在漏洞的情形，裁判文书就要说明采用填补漏洞等法律方法所“发现”和最终适用的法律规范，并通过法律论证来确保裁判的正当性和可接受性。

（三）讲明情理。从理的普遍性来看，事理、法理与情理都是相通的，任何道理都是通人情的。中国人是情感最发达的民族，中国传统法律是最讲人情的。现代中国的立法和司法都不能排斥人情。讲情理的裁判文书，更能打动人、说服人。裁判文书讲明情理，要体现法理情相协调，符合社会主流价值观。裁判文书对情理的运用，应注意两点：一是情理能否被法律所包容。凡是已被法律包容或者能为法律所包容的人情，裁判文书就应当把法律所包容或者与法律相协调的人情阐发出来，以展示法律的可亲可近之情；凡是不为法律所包容的人情，就不能以情废法。二是要区分集体人情、大众人情和极少数人的人情。集体人情、大众人情就是社情和民情，裁判文书释法说理时应当予以格外的尊重，不得伤害正当的民情；当民情的舆论取向与判决的结论不一致时，更要注重说理方式，有效引导和化解不当或者错误的民情。

（四）讲究文理。此处的“文理”主要指说理的语言、形式和技巧，其往往反映一个人的说理能力特别是文字能力、思维能力、逻辑能力等。裁判文书讲究文理，既要做到语言规范、表达准确、逻辑清晰，也要合理运用说理技巧，增强说理效果。其中，逻辑清晰、严密方面的要求，主要包括以下三个方面的内容：

其一，裁判文书释法说理应遵循形式逻辑和非形式逻辑。形式逻辑要求裁判文书以案件事实和法律适用为基础，严格按照逻辑学三段论的推理规则进行说理，充分论证和阐明法律规范与案件事实之间的内在联系，使事实、理由和判决结果相互联系，思路清晰，层次分明，做到理由与事实一致，理由与判决结果一致。形式逻辑的基本原理包括同一律、矛盾律、排中律和充足理由律。同一律要求在论证过程中，实际证明的判断要和需要证明的判断同一；矛盾律要求裁判文书释法说理不能前后矛盾；排中律要求法官的判决要观点鲜明，是非明确，不能观点含糊，模棱两可;充足理由律要求每一个判断都要有充足的理由。非形式逻辑是逻辑的一个分支,其任务是讲述日常生活中分析、解释、评价、批评和论证建构的非形式标准、尺度和程序。非形式逻辑要求裁判文书释法说理不可以违背日常经验法则、常识判断等,在依据法律、司法解释规定外,法官可以运用公理、情理、经验法则、交易习惯、职业伦理等论据论证裁判理由,以提高裁判结论的正当性和可接受性。

其二,裁判文书释法说理应遵循法律逻辑。法律逻辑要求裁判文书释法说理在形式上遵守裁判文书制作规范;语言表述上符合法律规范、严谨科学;在证据审查和认定事实的过程中严格遵守证据规则;在法律适用和形成裁判结论过程中进行法律解释和法律推理。

其三,裁判文书释法说理应遵循诉讼逻辑和审判逻辑。诉讼逻辑要求裁判文书对诉讼各阶段全面反映和记录,对诉讼各方在法庭辩论中的主张与抗辩、举证与质证、论证与反驳等进行回应,并阐明理由。不同审判领域的裁判文书释法说理各自应当遵循民事诉讼逻辑、刑事诉讼逻辑和行政诉讼逻辑。审判逻辑要求裁判文书释法说理过程必须全面反映人民法院的审理过程和结果,不得遗漏案件审理的程序性事项、诉讼各方的诉讼主张、公诉及辩护意见等。

《意见》第三条对裁判文书释法说理的具体原则作了规定,即“裁判文书释法说理,要立场正确、内容合法、程序正当,符合社会主义核心价值观的精神和要求;要围绕证据审查判断、事实认定、法律适用进行说理,反映推理过程,做到层次分明;要针对诉讼主张和诉讼争点、结合庭审情况进行说理,做到有的放矢;要根据案件社会影响、审判程序、诉讼阶段等不同情况进行繁简适度的说理,简案略说,繁案精说,力求恰到好处”。具体包括以下几方面:

(一)合法性原则。裁判文书释法说理应合乎法律,做到“有法必依”。党的十八届三中全会决定强调“推进严格司法。坚持以事实为根据、以法律为准绳,健全事实认定符合客观真相、办案结果符合实体公正、办案过程符合程序公正的法律制度”。合法性原则贯穿于裁判文书释法说理的方方面面,具体来说裁判文书释法说理的合法性原则主要体现在以下四个方面:第一,对审查判断证据的说理应严格遵守《关于民事诉讼证据的若干规定》《关于行政诉讼证据若干问题的规定》《关于办理刑事案件严格排除非法证据若干问题的规定》等相关证据规则的规定。第二,对认定案件事实的说理应在审查判断证据的基础上,结合庭审举证、质证、法庭辩论等情况,严格遵守民事诉讼法、刑事诉讼法、行政诉讼法的相关规定认定案件事实。第三,对适用法律的说理应当严格遵守立法法、《关于裁判文书引用法律、法规等规范性法律文件的规定》等适用法律的相关法律法规以及民法、刑法、行政法等实体法律法规的相关规定。第四,对行使自由裁量权的说理应当遵守相关法律规定。

(二)正当性原则。其包括以下四个层面:第一,裁判文书释法说理的内容要正当合理,传达社会正能量,宣扬正确的价值观,将法理和情理融为一体。如“狼牙山五壮士”名誉侵权案一、二审裁判文书有力地维护了英雄形象,弘扬了社会主义核心价值观。于欢故意伤害案二审刑事判决书坚持法治、道德与伦理相结合,体现了法理情的有机统一。朱振彪追赶交通肇事逃逸者案支持鼓励见义勇为,捍卫善良风俗。第二,裁判文书释法说理要遵守“禁止向一般条款逃逸”的规则,不能借口符合情理来突破法律规定。第三,裁判文书释法说理应平等对待诉讼各方,回应诉讼各方的意见。第四,裁判文书释法说理应符合“正当程序原理”和“程序正义”的基本要求和内在精神。

(三)层次性原则。裁判文书要围绕证据审查判断、事实认定、法律适用进行说理,并反映出推理过程。具体来说,第一,审查判断证据说理。审查判断证据是法官进行裁判的第一道程序,更是准确认定案件事实、正确适用法律、恰当运用自由裁量权的基础和依据,因此,裁判文书释法说理的首要要求就是对“审查判断证据”进行说理。第二,认定案件事实说理。案件事实是裁判的前提和基础,是法官在诉讼过程中基于审查判断后所采信的证据而认定的有关案件的具有法律意义的事实。认定案件事实说理是法的适用过程中承上启下的环节,要以法律关系的构成要件为指导,在证据的支撑下抽象概括事实要素,分析认定案件性质。第三,法律适用说理。法律适用是在查明案件事实的基础上寻找合适的法律规范,并在法律规范和案件事实的基础上进行推理而形成裁判结论。

(四)针对性原则。裁判文书释法说理要注意针对具体对象和具体问题,做到有的放矢。一方面,随着当事人主义诉讼模式的逐步完善,法官更需要对诉讼各方的意见进行回应,尤其是要对不予采纳的观点说明理由,从而淡化裁判文书的威权色彩。另一方面,繁简分流要求法官应当在裁判文书中围绕争议焦点分配说理资源,集中笔墨解决有争议事项。具体来说,裁判文书释法说理的针对性原则主要包括以下三个方面的内容:第一,裁判文书释法说理应针对诉讼各方的主张来进行。对是否支持当事人的诉辩主张明确表态,分清是非,明确责任。如“薄熙来案”二审裁定书针对薄熙来提出的十一条上诉意见、律师提出的四条辩护意见,逐一进行分析、论证、判断。第二,裁判文书释法说理应针对诉讼各方的争点来进行,既包括诉讼各方对证据“三性”(关联性、合法性和真实性)的争论,也包括事实认定方面的争论,还包括法律适用方面的争论,甚至是某个量刑情节是否存在的问题。第三,裁判文书释法说理应针对不同的受众来进行,案件当事人、与案件程序流转相关的法官、法律职业共同体、社会普通大众均会或多或少地直接或者间接地影响法官的裁判文书释法说理。以刑事案件为例,一审裁判文书释法说理主要针对公诉方的指控意见和被告方的辩护意见;二审裁判文书释法说理主要针对上诉人的上诉意见或检察机关的抗诉意见;改判发回案件的裁判文书释法说理,还要针对下级法院的原审判决。

(五)必要性原则。裁判文书释法说理要“繁简分流”和“适可而止”。具体来说,裁判文书释法说理的必要性原则主要包括以下几个方面:第一,法官应根据案件难易、讼争事实、庭审情况的不同进行繁简适度的说理。简单案件简化说理,繁难案件需要强化说理。第二,法官在判决书、裁定书、调解书、决定书中的说理应存有差别。实体类的判决书、裁定书要求说理的程度较高,程序类的裁定书和决定书一般说理要求不高,调解书因双方当事人的合意处分因素自然地会减少说理的必要性。第三,从协同性、配套性角度来说,不同的诉讼程序往往需要不同的裁判文书样式,其中就包括对裁判说理作出不同的安排,普通程序需要制作“要式裁判文书”,简易程序需要制作“简式裁判文书”。第四,就不同层级法院功能的角度而言,四级法院制作的裁判文书的说理理应有别。基层人民法院和中级人民法院应该更加注重解决纠纷,高级人民法院和最高人民法院则应该更加偏重确立规则。党的十八届四中全会决定提出,“完善审级制度,一审重在解决事实认定和法律适用,二审重在解决事实法律争议、实现二审终审,再审重在解决依法纠错、维护裁判权威”。按照此种一审、二审、再审的功能定位,单纯审理一审案件的基层法院的裁判文书释法说理要求有别于中级、高级、最高人民法院制作的裁判文书,同时中级、高级、最高人民法院各自制作的一审裁判文书的说理要求也有别于二审、再审裁判文书。第五,裁判文书释法说理应注意“度”的把握,一方面,就论点和论据的关系而言,既要求整个裁判文书的论据对于最终的裁判结论而言是充分的,也要求裁判文书中的每个论点均有充分的论据;另一方面,就具体标准而言,裁判文书既不能说理不到位、有欠缺,也不能烦琐说理、啰唆说理、“表演式”说理,而要谨守“中庸之道”,力争“恰到好处”。

四、裁判文书释法说理的具体类型及聚焦重点

《意见》第四条至第七条对裁判文书释法说理的具体类型和重点作了规定。裁判文书释法说理具体包括审查判断证据说理、认定案件事实说理、适用法律说理和运用自由裁量权说理四种类型或者四个方面。

(一)审查判断证据说理。《意见》第四条规定:“裁判文书中对证据的认定,应当结合诉讼各方举证质证以及法庭调查核实证据等情况,根据证据规则,运用逻辑推理和经验法则,必要时使用推定和司法认知等方法,围绕证据的关联性、合法性和真实性进行全面、客观、公正的审查判断,阐明证据采纳和采信的理由。”

从法的适用阶段来看,“审查判断证据”是第一道环节,缺乏对证据的认证分析,既不能展示法官心证的过程,也无从知晓证据与待证事实之间的关联性。审查判断证据说理的重点主要包括以下方面:

1. 关于“举证”、“质证”和法庭“调查核实证据”的情况。证据必须在法庭上出示,并经过质证,才可以作为认定案件事实的根据。法庭调查的过程就是诉讼各方在法官的主持下进行举证、质证的过程。《关于适用〈中华人民共和国刑事诉讼法〉的解释》第六十三条规定:“证据未经当庭出示、辨认、质证等法庭调查程序查证属实,不得作为定案的根据,但法律和本解释另有规定的除外。”我国三大诉讼法都不同程度地赋予法院依职权调查取证的权利。法院依职权调取的证据不是质证的对象。在庭审中,法官应当将依职权调取的证据予以出示,诉讼各方可以对法院调查收集证据的合法性、真实性和关联性提出质疑,法庭也可以就调查收集证据的情况对当事人进行说明。法官应当将调查收集证据的情况以及庭审出示情况在裁判文书中加以说明。

2. 关于运用证据规则和司法证明方法的情况。证据规则是指在诉讼中,规范证据的收集、证据的审查以及证据的评价等诉讼证明活动的准则。从通常意义上说,证据规则有利于查明案件事实,实现实体公正,有利于约束裁判者的自由裁量权,有利于提升诉讼效率。在三大诉讼法中,证据规则的设定和要求有很大不同。刑事证据规则不仅具有发现事实,增强程序的可操作性功能,还具有保障人权和增进特定社会利益保护的功能。典型的刑事证据规则有:关联性规则、非法证据排除规则、补强证据规则、传闻证据规则、最佳证据规则、意见证据规则等。通常认为,关联性规则、补强证据规则属于调整证明力的规则,而非法证据排除规则、传闻证据规则、意见证据规则、最佳证据规则都属于调整证据能力的规则。民事诉讼尊重当事人意思自治,为促进当事人和解、使诉讼更有效率,民事诉讼法规定了举证期限、证据交换等规则。《关于民事诉讼证据的若干规定》和《关于适用〈中华人民共和国民事诉讼法〉的解释》对于无须证明的事实、举证责任分配和证明标准等规则作出了系统规定。行政诉讼的特殊证据规则主要集中在《关于行政诉讼证据若干问题的规定》中,典型证据规则是“被告负举证责任”的证明责任分配原则和行政案卷排除规则。

根据证据裁判主义与正当程序原则的要求,法官在认定案件事实时,首先以直接证据认定事实;只有以直接证据来认定事实存有疑问时,方可运用逻辑推理、经验法则、司法认知、推定等司法证明方法,且运用的过程必须透明、公开,确保司法的合法性与正当性。具体来说:

其一,逻辑推理是司法证明中最基本的方法,是指从已知事实或者判断出发,按照一定的逻辑规律或者规则,推导出新的认识或者判断。在逻辑推理中必须遵循的逻辑规律一般包括同一律、矛盾律和排中律等。在司法裁判中,常用的推理方式为演绎推理和归纳推理。在民事、行政诉讼中,当案件缺乏请求权基础时,会运用到类比推理方式;在刑事案件中,类比推理间或也会被运用。在演绎推理中,法官应当围绕大前提与小前提的涵摄关系,对案件事实是否满足法律规范的事实构成并产生法律规范效果进行论证。在归纳推理中,法官应着重对归纳推理的前提与结论之间的必要性关系进行论证。在类比推理中,法官应当对案件事实缺乏法律规定、案件事实与拟类推适用的法律要件事实之间的相似性、拟类推适用的法律规范的立法本意进行充分论证。

其二,经验法则,是指人们从生活经验中归纳获得的关于事物因果关系或属性状态的法则或知识。我国《关于民事诉讼证据的若干规定》和《关于行政诉讼证据若干问题的规定》均确立了经验法则在诉讼过程中的法律地位和作用。在刑事诉讼中,《关于办理死刑案件审查判断证据若干问题的规定》第五条界定“证据确实、充分”的证明标准时,其中一项要求就是根据证据认定案件事实的过程符合逻辑和经验规则,由证据得出的结论为唯一结论。经验法则在决定证据能力、评价证据价值、事实推定中的推理、引导当事人证明活动的进行以及为证明标准的适用提供判断依据等方面起决定性作用。另外,经验法则也存在较大的局限性,具体表现为法官运用较低程度盖然性的经验法则推出的结论容易出错,经验法则的适用需建立在案件具体情况基础之上、具有适用的针对性与复杂性,经验法则属于主观判断活动范畴等。由于经验法则本身在证明案件事实上具有一定的盖然性,同时法官适用经验法则受个体条件的影响和制约,因此,法官运用经验法则认定案件事实时,应当在裁判文书中阐述理由,并对当事人或控辩双方就适用经验法则认定案件事实提出的意见进行评判和分析,增强裁判的说服力,规范法官自由裁量权的行使。

其三,推定是作为证据证明的一种补充手段而存在。法学理论将推定分为法律推定和事实推定。其划分标准是推定所依凭的根据,法律推定是指立法者按照特定的立法意图,依据立法程序在成文法条文中所设置的推定规范,规定以某一事实的存在为基础,据以认定另一事实或权利的存在;事实推定又称司法上的推定或诉讼上的推定,是指司法者在具体的诉讼过程中,在自由心证范围内根据有关证据和经验法则对有关证明对象所作出的一种推论。法官应当在裁判文书中公开推定的过程,以展示如何适用推定认定案件事实的心证过程,说明运用证据认定基础事实的过程、推定依据的经验法则和法律规定的有效性以及适用推定的合理性,同时对提出异议一方的反驳理由进行分析,增强推定的说服力,提高司法裁判的认同度。

其四,司法认知是指法院在审理过程中依申请或依职权,对特定事实的真实性直接予以确认的事实认定方法。法院对一定事实无须当事人举证即确认真实性,及时排除当事人无合理根据的争议,以确保审理高效有序地进行。从立法上看,目前在我国的法律规范中并没有明确出现司法认知这一概念,只有最高人民法院 2002 年发布的《关于民事诉讼证据的若干规定》规定了六类免证事实的内容。学界认为,采用司法认知之前,应当保障当事人的程序参与权,当事人有权对是否采用司法认知表达意见,特别是要保障对方当事人提出反证机会;在保障当事人程序参与权和进行必要调查的基础上,对方当事人没有提出反证的情况下,法官才能采用司法认知的事实。在裁判文书中,法官应当注重阐述司法认知的形成过程,对这一司法证明的必要性、合法性进行充分论证。

3. 关于审查判断证据的情况。审查判断证据是认定案件事实的前提,包括证据能力和证明力的审查判断两个方面。审查判断证据能力适用证据的关联性、合法性和真实性三项标准,审查判断证明力则适用证据的确实性和充分性两项标准。《关于民事诉讼证据的若干规定》第五十条规定:“质证时,当事人应当围绕证据的真实性、关联性、合法性,针对证据证明力有无以及证明力大小,进行质疑、说明与辩驳。”《关于行政诉讼证据若干问题的规定》第三十九条第一款规定:“当事人应当围绕证据的关联性、合法性和真实性,针对证据有无证明效力以及证明效力大小,进行质证。”与之相应,我国的现行立法中确立了一些审查判断证据能力和证明力的规则,前者主要包括非法证据排除规则、电子证据的可采性规则、民事诉讼的最佳证据规则、行政案卷排他性规则、特定人员作证特免权规则等;后者主要包括补强证据规则、复制件证明力规则与证据证明力高的确认规则等。

法官首先根据证据能力的审查判断规则,对证据的合法性、关联性和真实性进行全面判断,从而界定证据有无证据资格，并阐述理由。证据的合法性决定了一项证据是否具有证据资格或证明能力。只有具有合法性的证据才具有证据能力，才存在进一步对其证明力作出判断的可能。具备合法性的证据，在形式上必须是客观存在的，在内容上必须是真实的。法官可以从证据的来源和内容以及是否与其他证据之间存在矛盾来判断证据是否真实可靠。判断证据是否具有关联性，需要考察的是证据与待证事实之间是否有联系以及联系是否密切。证据与案件事实联系越密切，证据的证明力就越强；联系越疏远，证据的证明力就越弱；无联系的，无证明力。实践中，对于案件争议焦点所涉及的关键证据、当事人提出异议的证据尤其应当注重强化说理。

证明力的审查判断是对案件中各种证据的认识活动，应该从个别到整体，循序渐进地进行。法官对单一证据可以从下列方面进行审核认定：证据是否原件、原物，复印件、复制品与原件、原物是否相符；证据与本案事实是否相关；证据的形式、来源是否符合法律规定；证据的内容是否真实；证人或者提供证据的人，与当事人有无利害关系。对于案件的全部证据，法官应当从各证据与案件事实的关联程度、各证据之间的联系等方面进行综合审查判断。就数个证据对同一事实的证明力，通常认为，国家机关、社会团体依职权制作的公文书证的证明力一般大于其他书证；物证、档案、鉴定意见、勘验笔录或者经过公证、登记的书证，其证明力一般大于其他书证、视听资料和证人证言；原始证据的证明力一般大于传来证据；直接证据的证明力一般大于间接证据；证人提供的对与其有亲属或者其他密切关系的当事人有利的证言，其证明力一般小于其他证人证言。

4. 裁判文书阐明是否采纳证据及其理由。《关于民事诉讼证据的若干规定》和《关于行政诉讼证据若干问题的规定》均规定，“人民法院应当在裁判文书中阐明证据是否采纳的理由”。在刑事诉讼中，裁判文书阐明证据是否采纳的理由，是刑事司法正当程序原则的基本要求。法官撰写裁判文书不应简单罗列证据后直接给出认定结论，而是应当注重对证据进行详略得当、有主有次的分析和说理。对于诉讼各方无争议的证据可以简化说理，对于关键证据和争议证据应当强化说理，充分阐述证据采纳或不予采纳的理由，公开法官心证形成的过程，提升裁判文书公信力。

5. 关于“非法证据排除”的说理要求。《意见》第五条规定：“刑事被告人及其辩护人提出排除非法证据申请的，裁判文书应当说明是否对证据收集的合法性进行调查、证据是否排除及其理由……”非法证据排除规则，是指在刑事诉讼中，以非法手段取得的证据，不得被采纳为认定被告人有罪的根据。2010 年以来，我国非法证据排除规则在两大方面得以完善：一是确立了以强制性排除、裁量性排除与瑕疵证据补正三元并立的非法证据排除模式，特别是确立了较为明确的非法证据排除对象；二是非法证据排除程序具备了大体稳定的制度框架，对于非法证据排除的启动、初步审查、庭前会议、庭审调查、裁判方式、救济途径等，确立了一系列具有可操作性的规则。根据本条规定，凡是当事人及其辩护人、诉讼代理人提出非法证据申请的，法官应当说明是否对证据收集的合法性进行调查，阐明是否排除证据及其相关理由，实际上系要求法官在裁判文书中对非法证据排除程序的全过程即启动、调查、认定结论，进行全面说理。

法官在审查排除非法证据申请时，首先需要判断被告人及其辩护人申请排除的证据是否属于非法证据排除规则的适用范围。刑事诉讼法第五十六条第一款规定：“采用刑讯逼供等非法方法收集的犯罪嫌疑人、被告人供述和采用暴力、威胁等非法方法收集的证人证言、被害人陈述，应当予以排除。收集物证、书证不符合法定程序，可能严重影响司法公正的，应当予以补正或者作出合理解释；不能补正或者作出合理解释的，对该证据应当予以排除。”我国非法证据排除规则的适用范围包括非法言词证据和非法实物证据。两类非法证据的构成条件不同。

非法证据排除调查程序的启动包括两种方式：其一是依职权启动方式，即在法庭审理过程中，审判人员认为可能存在某一证据系侦查人员以非法方法所获取的证据，依据职权启动对该证据收集的合法性进行调查的程序。其二是依申请启动方式，即经当事人及其辩护人、诉讼代理人申请启动，法院经审查认为符合法定条件才启动排除非法证据程序。此处的法定条件是“提供相关线索或者材料”，其中“线索”是指内容具体、指向明确的涉嫌非法取证的人员、时间、地点、方式等；“材料”是指能够反映非法取证的伤情照片、体检记录、医院病历、讯问笔录、讯问录音录像或者同监室人员的证言等。实践中，绝大多数案件的非法证据排除程序系经被告人及其辩护人申请启动的方式。为保障被告人充分行使诉权，同时又避免被告方滥用诉权，我国法律确立了在开庭审理前提出排除非法证据申请的基本原则。被告方在开庭审理前提出排除非法证据的申请，人民法院经审查，对证据收集的合法性有疑问的，应当召开庭前会议，就非法证据排除等问题了解情况，听取意见，公诉人、被告人及其辩护人在庭前会议中对证据收集是否合法未达成一致意见的，法院应当开展庭审调查。对于被告方在开庭审理前未申请排除非法证据，在庭审过程中提出申请的，应当说明理由；法院经审查，对证据收集的合法性有疑问的，应当进行调查；没有疑问的，应当驳回申请。对于被告方申请排除非法证据，因不具备法定条件而未启动非法证据排除调查程序的情形，尤其应当注重在裁判文书中对被告方提供线索的情况进行说明，并阐述不启动非法证据排除程序的理由。

在法院启动对证据收集合法性的调查程序后，检察院对控诉证据的合法性负有证明责任，应当达到的证明标准是：证明至排除该证据系非法取得的可能性。经过法庭审理，确认或者不能排除存在刑事诉讼法第五十六条规定的以非法方法收集证据情形的，对有关证据应当予以排除。对于庭审调查过程和认定结果，法官应当在裁判文书中针对检察院提供证据的质证结果、录音录像播放、侦查人员出庭等关键情况进行充分说明，并详细阐述证据应否排除的理由。申言之，对于检察院出示的讯问笔录、提讯登记、体检记录、采取强制措施或者侦查措施的法律文书、侦查终结前对讯问合法性的核查材料等证据材料，详细阐述法庭举证、质证情况。对于讯问录音录像，详细说明对于讯问录音录像是否依法制作，讯问录音录像是否完整，讯问录音录像是否同步制作，讯问录音录像与讯问笔录的内容是否存在差异等内容的审查结论。

6. 关于“举证责任分配或证明标准争议”的说理要求。《意见》第五条规定：“……民事、行政案件涉及举证责任分配或者证明标准争议的，裁判文书应当说明理由。”证明责任，又称举证责任，是指当作为裁判基础的法律要件事实在诉讼中处于真伪不明的状态时，一方当事人因此而承担的诉讼上的不利后果。法院在裁判案件争议时，首先确定作为裁判基础的事实关系是否存在，然后才能适用相应的法律作出裁判。在民事诉讼和行政诉讼中，即使案件事实真伪不明，法院也必须作出裁判，而且裁判后果总是对其中一方当事人不利。证明责任是一种不利的后果，这种后果只在作为裁判基础的主要事实真伪不明时才发生作用。

在事实真伪不明时，法律上规定由谁承担由此带来的不利后果就是所谓的证明责任分配。民事诉讼和行政诉讼实行不同的证明责任分配规则。民事诉讼证明责任分配一般贯彻“谁主张，谁举证”原则，同时存有证明责任的转移、证明责任的倒置、证明责任的司法裁量等特殊规则。《关于民事诉讼证据的若干规定》第二条第一款规定：“当事人对自己提出的诉讼请求所依据的事实或者反驳对方诉讼请求所依据的事实有责任提供证据加以证明。”同时，该规定对合同案件、特殊侵权案件、劳动争议案件的证明责任分配作出了比较明确的规定。实践中的问题是，在法律没有明确规定时，哪些事实是诉讼请求所依据的事实并不明确，需要法官针对个案进行判断。

行政诉讼中，证据论证主要围绕被诉行政行为合法性展开，证明责任分配原则是“被告负举证责任”。行政诉讼法第三十四条第一款规定：“被告对作出的行政行为负有举证责任，应当提供作出该行政行为的证据和所依据的规范性文件。”行政诉讼的原告也要承担一定的证明责任，在不作为、行政赔偿案件中,应当提供曾经提交过申请、自己遭受损害的证据。《关于行政诉讼证据若干问题的规定》第四条规定:“公民、法人或者其他组织向人民法院起诉时,应当提供其符合起诉条件的相应的证据材料。在起诉被告不作为的案件中,原告应当提供其在行政程序中曾经提出申请的证据材料……”第五条规定:“在行政赔偿诉讼中,原告应当对被诉具体行政行为造成损害的事实提供证据。”

证明标准是指法院在诉讼中认定案件事实所要达到的证明程度。民事诉讼法和行政诉讼法均没有关于证明标准的明确规定,但在相关条款中均有所涉及。2017 年修正的民事诉讼法第一百七十条规定:“第二审人民法院对上诉案件,经过审理,按照下列情形,分别处理:(一)原判决、裁定认定事实清楚,适用法律正确的,以判决、裁定方式驳回上诉,维持原判决、裁定;(二)原判决、裁定认定事实错误或者适用法律错误的,以判决、裁定方式依法改判、撤销或者变更;(三)原判决认定基本事实不清的,裁定撤销原判决,发回原审人民法院重审,或者查清事实后改判;(四)原判决遗漏当事人或者违法缺席判决等严重违反法定程序的,裁定撤销原判决,发回原审人民法院重审。原审人民法院对发回重审的案件作出判决后,当事人提起上诉的,第二审人民法院不得再次发回重审。”该规定采取否定表述方式规定民事诉讼的证明标准为“事实清楚,证据充分”。《关于民事诉讼证据的若干规定》第七十三条规定:“双方当事人对同一事实分别举出相反的证据,但都没有足够的依据否定对方证据的,人民法院应当结合案件情况,判断一方提供证据的证明力是否明显大于另一方提供证据的证明力,并对证明力较大的证据予以确认。因证据的证明力无法判断导致争议事实难以认定的,人民法院应当依据举证责任分配的规则作出裁判。”该条规定表明,在我国司法解释中确认了民事诉讼“优势证据”的标准。《关于适用〈中华人民共和国民事诉讼法〉的解释》第一百零八条规定:“对负有举证证明责任的当事人提供的证据,人民法院经审查并结合相关事实,确信待证事实的存在具有高度可能性的,应当认定该事实存在。对一方当事人为反驳负有举证证明责任的当事人所主张事实而提供的证据,人民法院经审查并结合相关事实,认为待证事实真伪不明的,应当认定该事实不存在。法律对于待证事实所应达到的证明标准另有规定的,从其规定。”该条规定表明,在我国司法解释中,结合举证责任,确认了民事诉讼“高度盖然性”的证明标准。

2017 年行政诉讼法第六十九条规定:“行政行为证据确凿,适用法律、法规正确,符合法定程序的,或者原告申请被告履行法定职责或者给付义务理由不成立的,人民法院判决驳回原告的诉讼请求。”第八十九条第一款规定:“人民法院审理上诉案件,按照下列情形,分别处理:(一)原判决、裁定认定事实清楚,适用法律、法规正确的,判决或者裁定驳回上诉,维持原判决、裁定……(三)原判决认定基本事实不清、证据不足的,发回原审人民法院重审,或者查清事实后改判……”这从正反两方面阐述了行政诉讼的证明标准是“案件事实清楚,证据确凿(实)、充分”。

(二)认定案件事实说理。《意见》第六条对认定案件事实说理的重点作了规定,即“裁判文书应当结合庭审举证、质证、法庭辩论以及法庭调查核实证据等情况,重点针对裁判认定的事实或者事实争点进行释法说理。依据间接证据认定事实时,应当围绕间接证据之间是否存在印证关系、是否能够形成完整的证明体系等进行说理。采用推定方法认定事实时,应当说明推定启动的原因、反驳的事实和理由,阐释裁断的形成过程”。

1. 裁判文书结合庭审对认定事实及事实争点的说理要求。

法官在审查判断证据的基础上认定案件事实。法院实务上最主要、最困难的工作,在于认定事实,以适用法律。因此,法院必须调查证据,发现事实真相,并判断何者与法律的适用有关,何者无关。作为在裁判文书中被以文字形式表述的案件事实,系基于当事人主张,由法官对其提供证据进行审查判断的基础上予以认定的。认定案件事实,必须以证据为根据。案件事实的认定是司法裁判活动的重要组成部分,法官进行审判的首要步骤,是裁判活动的逻辑起点。

学界和实务界通常使用客观事实与法律事实来表述案件所涉事实,一般认为客观事实是指生活中实际发生的"原汁原味"的案件事实,不依赖人们的主观意识而存在于过去的事实真相;法律事实是指法官在审判程序中,依据法律规范认定的具有法律效果的案件事实。对于法律事实的定义,学术界从不同角度分别有"构成要件说""因果关系说""法律所规范之事实说""实证法规范说""法律事实的客观说""法律适用前提说""法律关系说"等不同认识,每个角度都有其合理性。客观事实真实存在,但由于存在于过去,在现实审判中就需要予以证明,因此,客观事实在诉讼中是通过当事人的陈述、主张、举证、质证来呈现的。法官基于当事人的主张进一步审查判断证据,实际上就是按照法定程序对客观事实予以"再现"或者"复原",可以说法律事实是法官在审判程序中认定的案件事实。

法官应当在审查判断证据的基础上认定案件事实,亦即法官审查判断证据是认定案件事实的前提和基础。刑事、民事、行政三大诉讼法均规定法官对证据的查明判断是认定事实的根据,反之,没有查明判断的证据不能作为认定事实的根据,这是司法证明活动的基本原则。民事诉讼法第六十三条规定,证据必须查证属实,才能作为认定事实的根据;第六十四条规定,人民法院应当按照法定程序,全面地、客观地审查核实证据。行政诉讼法第三十三条规定,证据经法庭审查属实,才能作为认定案件事实的根据;第四十三条规定,人民法院应当按照法定程序,全面、客观地审查核实证据。对未采纳的证据应当在裁判文书中说明理由。刑事诉讼法第五十条规定,证据必须经过查证属实,才能作为定案的根据。上述诉讼法对证据必须查证属实的规定,赋予了法官对证据进行审查判断的权力和职责。立法者解释认为,只有经过人民法院认真、细致地调查和分析,查证属实后,这些证据才能作为认定事实的根据。未查证属实的证据,不得作为认定事实的根据。在法官审查判断证据的基础上进行案件事实的认定,实践中主要涉及两方面的问题:第一是区分不同法定形式的证据与遵守相应的证据规则进行审查判断。刑事、民事、行政三大诉讼法规定的法定证据形式,主要有陈述、书证、物证、视听资料、鉴定意见、勘验笔录、证人证言等,不同形式的证据遵守不同的证据规则进行审查判断。第二是从证明对象构成角度分析,对证据能否证明案件事实进行认定。证明对象,是指证明主体进行证明活动所指向的对象。在诉讼中,其是指公安司法机关以及当事人等在诉讼过程中运用证据加以证明的案件事实及有关情况,又称为"待证事实"、"要证事实"、"证明标的"或者"证明客体"。如刑事诉讼处理的是犯罪行为,其证明对象包括犯罪行为构成要件的事实;与犯罪行为轻重有关的量刑情节事实;排除行为违法性、可罚性的事实;具有免除或减轻刑事责任的事实,等等。民事诉讼处理的是有关民事权利义务关系的纠纷,其证明对象主要是民事法律关系发生、变更和消灭的事实;行政诉讼处理的是具体行政行为合法性合理性的争议,其证明对象主要是与被诉具体行政行为合法性和合理性有关的事实。

在裁判文书中,案件事实常表现为主要事实或者争议事实。主要事实是指当事人对引发案件的事实本身无争议,而对该事实产生的法律效果有争议。此类案件在审理中,法官不能因当事人承认而简单认定,而是有责任通过庭审审查证据判断主要事实的存在,并予以认定。实践中,存在一些表面上当事人对主要事实无争议,实际是通过恶意串通,共谋虚构事实的手段进行虚假诉讼,因此,实践中对主要事实进行查明是必要的。争议事实是指当事人对引发案件的事实存在争议,包括事实存在与否,以及事实构成、情节、程度、状态等方面的争议。此类案件在审理中,法官基于当事人之间就事实存在争议,因而依诉讼程序,运用证据规则进行事实的查明和认定。

主要事实或者争议事实包括的范围,因案件性质不同而有所区别,但基本内容在各诉讼法中均有所规定。诉讼法及其司法解释还对哪些事实需要运用证据证明作出了规定,这些事实即是案件的主要事实,或者是争议事实。如刑事案件的主要事实,应当根据《关于适用〈中华人民共和国刑事诉讼法〉的解释》第六十四条认定,即应当运用证据证明的案件事实包括:(1)被告人、被害人的身份;(2)被指控的犯罪是否存在;(3)被指控的犯罪是否为被告人所实施;(4)被告人有无刑事责任能力,有无罪过,实施犯罪的动机、目的;(5)实施犯罪的时间、地点、手段、后果以及案件起因等;(6)被告人在共同犯罪中的地位、作用;(7)被告人有无从重、从轻、减轻、免除处罚情节;(8)有关附带民事诉讼、涉案财物处理的事实;(9)有关管辖、回避、延期审理等的程序事实;(10)与定罪量刑有关的其他事实。民事诉讼法和行政诉讼法基于案件类型特征确定需查明的事实范围,如婚姻类型案件必须查明婚姻登记时间、感情状况、子女情况、财产与债务情况,以及前后提起离婚诉讼的间隔时间等;公司担保纠纷必须查明公司章程、担保决议及程序、担保对象是股东或对外担保、担保合同内容;建设工程纠纷必须查明承包资质、招标备案、工程价款、竣工验收等事实。

庭审中对事实的证明活动由举证、质证、认证三个基本环节组成。第六条规定"裁判文书应当结合庭审举证、质证、法庭辩论以及法庭调查核实证据等情况,重点针对裁判认定的事实或者事实争点进行释法说理"的内容,体现了裁判文书力求将审判中的程序正义与实体正义相结合的要求。该条规定要求法官在认定事实时,严格遵守诉讼程序进行庭审的举证、质证、辩论、调查核实,并进一步提出在认定事实时说明理由,其实质上是要求法官具备运用证据规则的能力,并通过裁判文书说理来向当事人和社会公开展示运用证据规则得出结论的方法,从而取信于众。实践中,法官应当在证据规则体系中把握以下三个方面的内容:一是举证规则的运用与说理。举证规则包含了证明责任分配规则、举证时限与责任规则、举证程序规则、申请证人和申请鉴定规则等,其核心是通过确定举证程序和证明责任分配为查明事实提供条件。如民事案件中,大陆法系国家在举证责任分配理论中,提出待证事实分类说和法律要件分类说,前者根据待证事实证明难易决定举证责任的分配,后者从法律规范要件分类出发,在对实体法律规范结构分析的基础上,从权利发生与权利妨碍规范角度证明事实。《关于适用〈中华人民共和国民事诉讼法〉的解释》第九十一条规定了举证的规则,即人民法院应当依照下列原则确定举证证明责任的承担,但法律另有规定的除外:(1)主张法律关系存在的当事人,应当对产生该法律关系的基本事实承担举证证明责任;(2)主张法律关系变更、消灭或者权利受到妨害的当事人,应当对该法律关系变更、消灭或者权利受到妨害的基本事实承担举证证明责任。在裁判文书中对涉及上述举证规则的事实认定时,应当依该法条说明理由。二是质证规则。质证的本质特征是"质",即对证据进行质疑,具有当面对抗的性质,程序上要求在法庭上公开对质,如行政诉讼法第四十三条和民事诉讼法第六十八条均规定,证据应当在法庭上出示,并由当事人互相质证;刑事诉讼法第六十条规定,证据必须经过当庭出示、辨认、质证等法庭调查程序查证属实,否则不能作为定案的根据。质证不限于法庭调查阶段发表的质证意见,也包括在法庭辩论过程中对证据的运用、采信和适用法律的意见。质证的内容主要是证据的三性,即真实性、合法性和关联性,如《关于适用〈中华人民共和国民事诉讼法〉的解释》第一百零四条规定,人民法院应当组织当事人围绕证据的真实性、合法性以及与待证事实的关联性进行质证,并针对证据有无证明力和证明力大小进行说明和辩论。在裁判文书中,对当事人的质证意见以及证据三性应当予以回应并说明理由。三是认证规则。法官在审判活动中对证据进行审查评判,确认其证明力需依照相应的程序和证明标准进行,其主要包括证据审核的法定程序,证明力判断的逻辑推理和日常经验法则等标准。如《关于适用〈中华人民共和国民事诉讼法〉的解释》第一百零五条规定，人民法院应当按照法定程序，全面、客观地审核证据，依照法律规定，运用逻辑推理和日常生活经验法则，对证据有无证明力和证明力大小进行判断，并公开判断的理由和结果。

2. 依据间接证据认定事实需判断印证关系，形成完整证明体系并说理。从证据与案件事实之间的证明关系划分，可将证据划分为直接证据与间接证据。直接证据是能够单独直接证明案件事实的证据，间接证据以间接方式与案件事实相关联，不能单独、直接证明事实，因此必须与其他证据共同形成证据链或相互印证才可证明案件事实。运用间接证据认定案件事实比运用直接证据更为困难和复杂，较易出现差错。

运用间接证据证明案件事实的过程具有复杂性。在每个单独的间接证据均无法证明案件事实时，只有将若干间接证据相互结合，加以论证分析，形成一个相互依赖、连接的证据体系时，方具有较强的证明力，而这个由间接证据组成的证据体系通常被称为证据链。这些间接证据成为证据链中环环相扣的一环。依据间接证据认定事实，需要结合间接证据的特点，遵守相应的证据运用规则。《关于适用〈中华人民共和国刑事诉讼法〉的解释》对间接证据运用有较为明确规定，其第一百零五条规定，没有直接证据，但间接证据同时符合下列条件的，可以认定被告人有罪：(1)证据已经查证属实；(2)证据之间相互印证，不存在无法排除的矛盾和无法解释的疑问；(3)全案证据已经形成完整的证明体系；(4)根据证据认定案件事实足以排除合理怀疑，结论具有唯一性；(5)运用证据进行的推理符合逻辑和经验。显然，运用间接证据定案与直接证据定案规则有所不同。除了强调单个间接证据要查证属实、相互印证以外，司法解释还要求间接证据形成完整的证明体系，并且达到了“结论唯一”“排除合理怀疑”的证明程度。运用间接证据，首先，应当审查每个间接证据的真实性、合法性，真实性是所有证据客观存在的基础，在证据法上强调不得作伪证、伪造证据都是为了满足证据的真实性要求，而合法性要求对非法方法收集的证据依法予以排除，如民事诉讼中以侵害他人合法权益或者违反法律禁止性规定的方法取得的证据，不能作为认定案件事实的依据，刑事诉讼中严禁刑讯逼供和以威胁、引诱、欺骗以及其他非法方法收集证据。当间接证据不具备真实性、合法性时，应当予以排除。其次，应当审查间接证据之间的关联性，判断各间接证据之间是否存在印证关系。在证据链中，证据与案件事实存在关联性，审判中通过庭审的举证、质证环节，对证据互相衔接、互相印证进行辨别，将其中相互矛盾、相互脱节之处进行查明，确定不存在无法排除的矛盾和无法解释的疑问，以确定间接证据之间的印证关系。最后，应当审查间接证据是否形成完整的证明体系。将间接证据结合起来，经过推理符合逻辑分析和经验判断，能够形成完整的证据链，运用间接证据组成的证据体系得出的结论具有确定性，而且能够排他，依该间接证据所构成的证据体系可以通过判断和推理得出案件事实。上述间接证据的运用、论证过程在裁判文书中应当予以充分说理。

3. 采用推定方法认定事实的需要阐释说明推定相关事项。根据证据裁判原则，认定案件事实需要证据证明，无证据不能认定事实。但在诉讼中受到事过境迁、证据灭失、审理期限、调查方法等因素限制，难以取证，出现事实真假不明、难以查清的情况，未知事实导致诉讼陷入僵局，此时推定作为例外，也是证据制度的重要组成部分，在诉讼中发挥着不可替代的作用。一般认为，推定乃指由法律规定或者由法院按照经验法则，从已知的前提事实、基础事实推断未知的结果事实（又称推定事实）存在，并允许当事人举证推翻的一种证据法则。通说认为，推定通常包含基础事实、推定事实以及从基础事实到推定事实的推论过程三个要素。推定的发生依据包括法律规定和经验法则，可划分为法律推定和事实推定。法律推定是通过法律明文确立下来的推定，即在诉讼活动中法官依据法律规定，依法审查某特定事实符合法律规定的条件，从而推断认定该案件事实。事实推定，是在法律没有明文规定情况下推定事实，法官在诉讼活动中依据已知事实，根据经验法则进行逻辑上的演绎，判断待证事实存在与真伪，从而推断认定该案件事实。

推定毕竟只是一种辅助性的证明方法，并存在一定的局限性。在运用推定规则时，应当注意以下几点：一是推定属于证据制度的例外，其运用是现有证据无法证明事实；二是推定反映的是已知事实和未知事实，前提事实和推定事实之间的关系，因此已知事实是前提；三是防止滥用推定，对因果关系盖然率不高的事件和经验法则不能验证的，均不得运用推定，因此，此条规定在裁判文书中应当说明推定启动的原因，阐释裁断的形成过程，以求运用推定的理由正当；四是允许对法律推定和事实推定进行反驳，通过对反驳意见的判断分析和理由论证，求证待证事实的真实性。

（三）适用法律说理。《意见》第七条对适用法律说理及其重点作了规定，即"诉讼各方对案件法律适用无争议且法律含义不需要阐明的，裁判文书应当集中围绕裁判内容和尺度进行释法说理。诉讼各方对案件法律适用存有争议或者法律含义需要阐明的，法官应当逐项回应法律争议焦点并说明理由。法律适用存在法律规范竞合或者冲突的，裁判文书应当说明选择的理由。民事案件没有明确的法律规定作为裁判直接依据的，法官应当首先寻找最相类似的法律规定作出裁判；如果没有最相类似的法律规定，法官可以依据习惯、法律原则、立法目的等作出裁判，并合理运用法律方法对裁判依据进行充分论证和说理"。具体包括以下几点：

1. 诉讼各方对案件法律适用无争议情况下的裁判文书说理要求。司法裁判必须以事实为依据，以法律为准绳。法官对案件事实的正确认定是适用法律进行公正裁判的前提和基础。在法学方法论中，认定事实与适用法律通常被认为属于司法三段论的运用，即将法律规范作为大前提，将具体案件事实通过涵摄过程，归属于法律构成要件，形成小前提，然后通过三段论的逻辑推理以发生的法律效果为结论。在认定事实的基础上正确适用法律，就是根据司法裁判活动的特点，将事实这一小前提，涵摄于法律适用的构成要件中。

实践中运用司法三段论方法，构建事实、寻找法律以及进行涵摄操作时，应当考虑以下问题：第一，司法三段论以演绎推理的形式逻辑为基础，法律大前提与事实小前提均应为真。法律推理主要采用归纳推理与演绎推理，而司法三段论采取从一般到个别的方法进行演绎推理，这要求法官在运用演绎推理时，必须确定大小前提都是真实的，否则会得出错误结论，因此查明事实和准确找法两者缺一不可。第二，司法三段论以涵摄为核心，在法律大前提与事实小前提间建立有效衔接。当人们说在这一案件中具体的事实被涵摄到抽象的法定事实构成当中时，人们即是把一个司法上的思维过程纳入了一个（肯定前件）推理的逻辑结构。从具体事实到法定事实，从法定事实到法律规范，从法律规范到法律适用，存在认定、构成、解释、漏洞等诸多不确定性。因此，审判中需要不断细致反复地进行审查、推敲、衡量、解释、判断，运用司法三段论推理，在大小前提间进行涵摄操作，也就是法官的"目光往返流转"于事实与法律之间，运用法律思维作出符合逻辑与经验判断结论的过程。

诉讼中各方当事人对案件的法律适用无争议时，法官应审查该法律适用是否正确，法律含义是否需要阐明解释。随着社会生活的丰富发展，法律规则不断完善和增多，这导致法官们一方面在审理案件时面对不断增加和更新的更专业、更细致、更庞杂的法规范，另一方面为解决纷繁复杂、变化多端的现实生活而产生的纠纷，需要在浩瀚如海的法条中"找法"，准确娴熟地进行法律适用。司法三段论法确实提供了法律适用的一般方法，但并不意味案件事实和法律适用均得到认可时，只要运用三段论法即可得出裁判结果。实践中，法官在运用三段论进行法律适用时，必然对法律适用是否正确和法律含义是否明确进行判断。上述判断的前提是对所适用法律条文的认知和对法律适用方法的掌握。

首先,法律由法条构成,正确适用法律需要法官掌握理解法规范、法条的功能。法规范是由法律规定组成,而非由法条组成。法规范本身构成一个体系,其下又分成各个较小的规范单元或体系,所以法规范必须被整体地了解。法条只是组成各种法律规定之成员,而法律规定则又是组成法规范之单位,几乎没有一个法条是完全的。法条具体分为完全法条和不完全法条两类,其中完全法条兼备构成要件与法律效果这两个部分,并将该法律效果系于该构成要件,当然完全法条是为法律适用设计的理想目标。不完全法条较为常见,包括说明性法条、限制性法条、引用性法条和拟制性法条。如合同法第三十九条规定(格式条款是当事人为了重复使用而预先拟定,并在订立合同时未与对方协商的条款,都属于说明性法条)、第四十条规定(格式条款具有本法第五十二条和第五十三条规定情形的,或者提供格式条款一方免除其责任、加重对方责任、排除对方主要权利的,该条款无效)属于引用性法条,而第四十一条规定(对格式条款的理解发生争议的,应当按照通常理解予以解释。对格式条款有两种以上解释的,应当作出不利于提供格式条款一方的解释。格式条款和非格式条款不一致的,应当采用非格式条款)属于限制性法条。裁判中运用对法规范、法条的理解,准确找到并识别法条性质,将法条组合成兼备构成要件与法律效果的法规范加以适用。

其次,法官应当掌握有效的法律适用方法。法律适用方法是一种系统性的方法,国内外许多学者对此都进行了系统和深入的研究,在司法实践中也为法官们所应用。就民事审判而言,一是请求权基础分析的法律适用方法;二是法律关系分析的法律适用方法。王泽鉴先生在《法律思维与民法实例》提出请求权基础理念体系源于德国。在德国法学家的大量著作中,以及近年国家法官学院与德国国际合作机构引入的法律适用方法中,都阐述了该方法。请求权关系之基本模式为"谁得向谁,依据何种法律规范,主张何种权利",在于探寻得支持一方当事人,向他方当事人有所主张的法律规范。这是围绕诉讼请求与权利基础让当事人提供法律规范依据,并加以审查的方法。法律关系分析法,是指通过理顺不同的法律关系,确定其要素及变动情况,从而全面地把握案件的性质和当事人的权利义务关系,并在此基础上通过司法三段论的适用以准确适用法律,作出正确判决的一种案例分析方法。在法律关系分析法中,法官需要熟练掌握不同类型案件的法律关系,从而判断当事人主张的权利义务与适用法律规范。上述两种方法,从法官的视角观察,请求权基础的方法是以"诉"为中心进行法律适用,法律关系分析法则是以"审"为中心进行法律适用。当法官运用正确法律适用方法完成"找法"之后,就可以直接援引相关法律规定作出裁判,并集中围绕裁判内容和尺度进行充分说理。

2. 诉讼各方对案件法律适用存有争议或者法律含义需要阐明的裁判文书说理要求。审理具体案件时,诉讼各方基于各自主张和对法律的理解不同,而对案件法律适用存在争议,或者法律含义有需要予以阐明的内容,法官在裁判文书中应当予以回应,阐明法律含义及法律适用的理由。阐明法律含义与说明法律适用的理由,均涉及法律解释。法律解释无疑是法律适用中一个至关重要的环节。法律条文是抽象的,案件事实是具体的,司法过程就是将抽象的法律条文适用到具体的案件事实的过程。对抽象的法律条文含义进行阐明,决定法律规范适用具体案件并说明理由的过程就是法律解释。此条要求法官应当阐明法律含义及法律适用的理由,针对的是有法律条文规定情况下进行法律解释,不包括出现法律漏洞的情形。学者对法律解释考虑的因素或方法有不同的称谓与分类。萨维尼区分"文法"、"逻辑"、"历史"及"体系"的解释因素。德国法学家卡尔·拉伦茨考虑的是解释的标准,即字义;法律的意义脉络;历史上的立法者之规定意向、目标及规范想法;客观的目的论;合宪法性解释的要求;各种解释标准之间的关系;解释法律与解释法律行为之比较。我国大陆法学家梁慧星对法律解释方法分类为文义解释;论理解释;比较法解释;社会学解释。其中论理解释包括:体系解释;法意解释;扩张解释;限缩解释;当然解释;目的解释;合宪性解释。我国台湾地区法学家黄茂荣提出法律解释的因素,分为五大类,即文义因素、历史因素、体系因素、目的因素及合宪性因素,并认为上述只是法律解释时必须考虑到的因素,它根本就不是解释的方法。上述这些学者提出的解释因素或方法,都是从不同角度为完成法律解释的任务而探求法律意旨。解释法律意味着对法律用词的含义进行探究,也就是说,探究法律用词所表达的事实、价值和应然观念。实践中,具体裁判文书并不会清晰地指明运用哪种解释方法或考虑哪些因素、标准,法律适用的过程主要是一种内在的思维分析活动,最终以文字方式在裁判文书上予以表达。

司法实践主要运用以下几种解释方法:(1)文义解释,对法律条文字面含义的解释是法律适用的基础,是法律解释中最常用、最基本的解释方法。法官在进行文义解释时,必须尊重文本,不能脱离文本进行解释,否则就会导致裁判权的滥用。(2)历史解释,也称为立法解释、法意解释或沿革解释。其意在探求立法者或准立法者在制定法律时所作的价值判断及其所欲实现的目的,以推知立法者的意思。其重要的手段是引用立法过程中的记录、文件资料等,当前许多立法形成的资料以及参与立法者出版的书籍都成为解释的依据。历史解释与目的解释有交集,均涉及法律所追求的目的,历史解释更侧重于立法者意思的客观化,特定的历史环境背景是解释时考虑的因素。(3)目的解释,是指在解释法律文本时,将法律所追求的目的价值取向化,不拘泥于文字本身,考量法律规范所要达到的效果,使法律解释适应社会需求。学者指出,一个法律规整通常以一种关于社会过程控制的特定法律政治模式为基础:当立法者对特定行为方式作出了有约束力的规定,他是要以此实现特定的目的。对法律的解释要服务于法律的目的。客观解释理论并不停留于法律的发生过程及其发生史。客观解释理论更倾向于认为,法律的含义会随着时代精神的变迁而变迁。(4)体系解释,要将个别的法律观念放在整个法律秩序的框架当中,或者在所有法律制度和法律规范连接成为一个大统一体的内在关联当中来考察。运用体系解释时,法官将法律作为合理、符合逻辑的完整体系,对法律条文进行解释。从外在体系上考虑条文在法律体系中的地位,即哪部法律、哪些章节等逻辑结构安排;再从内在体系上整体地理解法律制度之间的基本价值联系,与其同位阶和更高位阶的法规范不矛盾;最后观察法条所组成的法规范,各法条之间的联系与作用,从而作出解释。体系解释使法官不再孤立地观察某个法律规范,而是强调法律体系和价值目标的完整性,因此有利于更全面地验证法律适用的正确性。

法官在裁判文书中针对法律含义进行阐明以及说明法律适用的理由时,需要掌握上述解释因素、标准和方法。诉讼活动中,各方当事人常常会面临法律解释问题,并据此提出法律适用意见,这些意见在不同程度上与司法裁判中的法律适用相联系,对裁判构成大小不同的影响。诉讼各方所提出的法律适用意见,如何影响裁判者的判断,这些意见对错与否,法官对这些法律意见是否采纳,对裁判结果发生什么样的作用,都需要在裁判文书中予以回应,从而让法院的裁判文书真正能够做到以理服人。在司法公开、公正的要求下,法官对诉讼各方(尤其是公诉人、公益诉讼人、律师)所提出的法律适用意见,是如何进行采纳与判断的,应当逐项予以回应并说明理由。

3. 法律规范竞合或者冲突时的说理要求。法律适用的过程中常常会遇到法律规范竞合或者冲突,由于同一法律事实为不同的法律规范所调整,而适用不同的法律规范可能产生不同的法律效果,因此,法官在进行判断和选择后,应当对选择的理由予以公开说明。法律规范竞合或者冲突,有别于请求权竞合的解决。请求权竞合时,当事人因同一目的而产生数个请求权并存,其可选择其中一个请求权,并因选择请求权使目的达到而消灭时,其他请求权因此消灭。法律规范竞合或者冲突时,因一法律规范的适用而排除另一法律规范的适用,两者不可并存,亦不可自由选择,必须遵守一定的法律适用规则。一般而言,从法律体系位阶上遵循以下规则:第一,在法律体系位阶上,异位阶之间遵循上位法优于下位法的原则判断;第二,在同位阶法律规范之间,分别依据后法优于前法或者特别法优于一般法的原则判断。比如,民法总则于2017年10月1日起施行后,民法总则与民法通则有关诉讼时效的规定同时存在,在一定范围内存在法律适用上的冲突。民法通则规定的二年普通诉讼时效期间与民法总则规定的三年普通诉讼时效期间均属于在同一法律事实上作出的不同规定,一旦产生争议,法官必须在该法律规范冲突时作出判断,并写明选择的理由。

在选择理由上,法官会分析,因为民法通则与民法总则均属于基本法,在效力等级上处于同一位阶,故根据新法优于旧法的原则,在民法总则施行后,普通诉讼时效期间应为三年。再举例说明,民法总则规定的诉讼时效期间与民事单行法中有关诉讼时效期间亦会产生冲突。对此,民法总则第一百八十八条明确规定,法律对于诉讼时效期间另有规定的,依照其规定。因此,在出现法律规范冲突时,法官会分析,民法总则有关诉讼时效期间的规定与民事单行法中有关诉讼时效期间的规定属于一般法与特别法的关系,应按照特别法优于一般法的原则判断,在民法总则施行后仍应优先适用民事单行法中有关诉讼时效期间的规定。

4. 没有明确法律规定作为裁判直接依据时的说理要求。本条针对“无法可司”的情形下如何进行裁判说理作了规定。在法律适用过程中,由于找不到相应的法条而陷入“无法可司”的局面,但基于法官不得拒绝裁判的裁判原则,在不涉及法外空间的情形下,必须找到某类裁判依据进行裁判。

本条规定的特殊情形必然要求充分说理论证。在裁判说理中,应当注意区分裁判依据和说理依据。在一般案件中,裁判依据通常就是法律规则或司法解释,说理依据一般指如何解释、支持规则,属于规则的正当性论证过程,比如,以法律解释方法、政策、道德、案例、学术观点等作为说理依据,支持法律规则的具体适用。因此,一般案件(有规则可适用的案件)的说理可能存在两种类型:一是引出论证结论的说理,即裁判依据,它们是得出裁判结论所依赖的论证,直接影响裁判结论,作为法律适用的理由;二是强化论证效果的说理,即说理依据,这类说理只是在必要的情况下加强论证效果。但在特殊案件中,由于缺乏明确的规则,裁判的依据不再是明确的法条,而可能采取类推的方法、习惯、原则的运用进行裁判,在这种特殊情形下,裁判依据与说理依据不可分,说理的目标就是要找寻到裁判依据,发现裁判依据的过程就必然伴随充分说理。

(1)什么是“真正的法律漏洞”。从法理学的发展来看,对于法律漏洞的认识不一,比如自然法学派认为,法律的空白之处能够依靠一般原则进行填补,因此不存在法律漏洞的问题;分析法学派对规范体系的信赖而淡化了法律漏洞的问题;而法社会学派承认广泛存在法律漏洞,并以“社会福利”作为衡量法律适用正确与否的标准。总体而言,自从利益法学派对概念法学全面批判之后,法学界基本已经认可法律漏洞的存在。

学术界对法律漏洞的定义颇多,比如,王泽鉴认为,“所谓法律漏洞指的是以现行法律规范之基本思想及内在目的,对某项问题,可期待有规定而未有规定之谓”。杨仁寿先生认为,“法律规范对于应规范之事项,由于立法疏忽、未预见,或者情况变更,致就某一法律事实未设规定时,审判官应探求其规范目的,就此漏洞加以补充,斯为漏洞补充”。杨解君认为,“法律漏洞是指由于各种主客观原因使法律规定在内容上出现欠缺或不周密,从而造成法律适用的困难”。从法律漏洞的分类来看,也不统一,比如,卡纳里斯将法律漏洞分为禁止拒绝裁判式漏洞、目的性漏洞、原则漏洞;拉伦茨将法律漏洞分为开放的漏洞和隐藏的漏洞、自始的漏洞和嗣后的漏洞等。以上分类都有意义,但本条所规定的就是“无法可司”的情形,而非“法律适用困难”的情形,因此,仅指“禁止拒绝裁判式漏洞”或“开放的漏洞”,并不包含目的性漏洞(目的限缩或目的扩张)、碰撞型漏洞(规则冲突)、原则性漏洞(规则与原则冲突)等。

(2)填补真正漏洞的方法。司法实践中,填补真正漏洞的方法主要包括以下几种:一是类推适用的方法。所谓类推适用,是指将法律明文之规定,适用到该法律规定所未直接加以规定,但其规范上之重要特征与该规定所明文规定者相同的案型。需要指出的是,本条所规定的类推适用与类比推理有一定区别,类比推理一般采用个案之间的类比,在判例法国家较为常用,而本条并非是论证“后案”与“前案”相似,而是一种类型化思维,其主要论证的是个案事实是否类属于法律条文中对案件事实的抽象化规范。首先是考察能否被规范涵摄。如果可以通过法律解释予以涵摄,则不属于“真正的漏洞”。如果在文义上根本没有涵摄的可能性,则会考虑进行类推。其次要判断类推适用的可行性,某些法律规范因其自身特点而不具有进行类推的可能性,比如规范本身就是特殊规范,不具有一般性,是故要予以排除。最后是对案件事实的可类推性进行判断,其判断重点乃是规范事实构成与案件具体事实之间的相似性问题,由于类推说理已经排除了文义、体系、目的扩张、限缩等法律体系内的解释方法,此处的说理应当追求事物本质与法规范的一致性,通过探求法律的真意进行判断,该相似性的论证就是类推说理的核心。

二是习惯的方法。在现今各国法制,在民事方面,不论其法典本身有无明文规定,几无不承认习惯为法源之一种。习惯要成为民法渊源,其一是要具有稳定性和内心确信性的特点。所谓稳定性,是指习惯应当有一定的历史积淀并被反复使用;所谓内心确信性,是指该习惯应当被所涉及的圈子认为具有拘束力,这是习惯能够作为裁判依据的核心属性。其二是要具有具体行为规则属性,否则无法予以适用。其三是习惯要符合公序良俗,不得违反法律的强制性规定。

三是法律原则、立法目的方法。依法律原则、立法目的进行裁判均需进行相应的法益考量。在运用法律原则、立法目的作为裁判依据时,需要注重原则、目的之间的利益衡量问题。在存在多个原则、目的相互冲突的情形,选取哪个原则、目的作为裁判依据,就需要进行充分的论证说理。此处需要强化论证的是通过利益衡量的方法。利益的衡量方法应采取比例原则,衡量哪种利益具有明显的价值优越性;哪种利益受影响的程度更高;对哪种利益保护更具有紧迫性;假如某种利益需要做出让步,其受害程度如何;选择保护哪种利益能使相对利益的损害程度最低;利益并存时,可否使其各自实现一部分。参照生活常情或“事物本质”确立原则、目的之间的优先条件,通过具体的优先条件确立优先原则、目的 ,继而适用于个案。

(3)填补真正的法律漏洞要加强法律论证。审判实践中,要注意以下几点:其一,要在庭审中以方法适用作为辩论的焦点。一般来说,裁判说理具有三条基本的进路:一是逻辑进路;二是修辞进路;三是商谈进路。在“填补真正法律漏洞”时,要充分重视商谈程序的运用。在“填补真正漏洞”的情形下,类推的适用、习惯的确认、原则的运用都直接关涉法律适用,只有通过庭审、经过充分的辨法析理,对各方提出的观点进行汇总,才能够辨明方法运用的可取性,比如,对于某类习惯的确认,就需要在听取双方当事人观点基础上形成判断。在这一过程中,要尽可能塑造庭审中的“理想交谈情境”(哈贝马斯语);对于方法适用的讨论,要更为开放自由,在充分听取双方观点基础上形成裁断。其二,要在裁判文书中对方法适用进行充分说理。在类推适用中,要寻找法律规范欲以保护的法益,以此论证规范事实构成与案件具体事实之间的相似性问题。在习惯的运用中,要抓住习惯的本质特征,对待证习惯进行论证,是否具有稳定性以及在某个范围内具有普遍的内心确认与约束力。在原则的运用中,应对该项原则本身进行阐明,在出现“原则冲突”的情形下,要通过优先条件论证出某原则的优先性。

（四）运用自由裁量权说理。《意见》第七条规定，“法官行使自由裁量权处理案件时，应当坚持合法、合理、公正和审慎的原则，充分论证运用自由裁量权的依据，并阐明自由裁量所考虑的相关因素”。

1. 审判中的自由裁量权。立法的一般性、抽象性、概括性、滞后性等特点、立法权与司法权的合理分工、司法判断权行使的实践性等属性，均决定了自由裁量主义相比于严格规则主义更能反映司法活动的内在规律。换言之，任何法律都不可能完美无缺，客观上需要法官行使一定自由裁量权，以弥补法律体系存在的不足。因此，自由裁量权是审判权的重要内容，是法官在司法过程中必然享有的权力，具体存在于法律适用、事实认定以及程序处理三个环节之中。

自由裁量权存在于案件审理的各个阶段，但并不是所有案件的处理均存在或者需要自由裁量权。一般来说，下列几种情况会涉及自由裁量权的运用：一是法律明确授权的。法律授权可以是直接授权根据案件具体情况进行裁量，也可以是授权从几种法定情形中选择其一进行裁量，或者在法定的范围、幅度内进行裁量。二是法律虽未明确授权，但由于其所使用的表述不够具体、明确，无法为法官提供确定结论的，法官需要结合案件具体情况行使自由裁量权，对法律精神、规则或者条文进行阐释。三是出现法律没有规定的新类型案件时，法官需行使自由裁量权，根据法律原则和精神对案件进行审理。四是证据审查判断和案件事实认定过程中的自由心证，涉及自由裁量权的运用。

2. 运用自由裁量权的原则。审判中自由裁量权的运用是法官个人主观选择和判断的过程，要遵循以下几项原则：一是合法原则，即要遵循法定程序，符合法律、法规和司法解释的精神以及基本法理的要求，不能违反法律明确、具体的规定。二是合理原则，即要充分考虑公共政策、社会主流价值观念、社会发展的阶段性、社会公众的认同度等因素，正确把握不同审判工作的裁判理念，确保裁判结果符合社会发展方向，努力实现法律效果与社会效果的统一。三是公正原则，即要坚持实体公正与程序公正并重，在程序上应严格保持中立，平等对待各方当事人，不能有所偏袒，在实体上应注重裁量结果与社会公众对公平正义普遍理解的契合性，裁判结果应符合司法公平正义的要求。四是审慎原则，即要求法官增强责任意识，在充分理解法律精神、依法认定案件事实的基础上，审慎作出裁判，不得随意、草率地行使自由裁量权。

3. 运用自由裁量权的具体情形。（1）运用自由心证的。涉及自由心证的，法官裁判文书说理时应当说明在证据规则基础上认定的证据和事实符合经验法则、逻辑规则、社会伦理。（2）“无法可司”的。在民事审判中，当出现法律没有规定的新类型案件时，法官需行使自由裁量权，根据法律原则对案件进行审理。（3）涉及利益衡量的。法官应当综合把握具体案情，结合社会环境、价值观念等，注意寻找实质判断的法律根据，对相互冲突的利益进行衡量和取舍，努力实现利益最大化，并说明进行衡量的理由。利益衡量必须注意与法条结合，通过衡量得出的结论不能离开法律理由的说理和论证，必须经得起法律规范以及相关法学理论的检验，以免沦为个人的任意决断。

五、裁判文书释法说理的繁简分流

案件客观上既存在简单案件与复杂案件之分，也存在明晰案件和疑难案件之分。从司法实践来看，案件总体上存在一个“二八定律”现象，即 80% 属于事实较为清楚、争议不大的案件，20% 属于疑难复杂或争议较大的案件。立足于此定律，法院要实行案件繁简分流，把 80% 的精力投入 20% 疑难复杂的案件之中，用 20% 的精力处理 80% 简单或相对简单的案件。裁判文书释法说理的繁简分流就是其中的重要环节或者方面。

（一）“应当加强释法说理”

《意见》第八条对“应当加强释法说理”的情形作了规定，即“下列案件裁判文书，应当强化释法说理:疑难、复杂案件;诉讼各方争议较大的案件;社会关注度较高、影响较大的案件;宣告无罪、判处法定刑以下刑罚、判处死刑的案件;行政诉讼中对被诉行政行为所依据的规范性文件一并进行审查的案件;判决变更行政行为的案件;新类型或者可能成为指导性案例的案件;抗诉案件;二审改判或者发回重审的案件;重审案件;再审案件;其他需要强化说理的案件”。上述情形大致又可归类为以下几种:一是疑难、复杂、新类型、影响大的案件,具体包括疑难、复杂案件;诉讼各方争议较大的案件;社会关注度较高、影响较大的案件;新类型或者可能成为指导性案例的案件。二是裁判结果特殊的案件,包括宣告无罪、判处法定刑以下刑罚、判处死刑的案件;行政诉讼中对被诉行政行为所依据的规范性文件一并进行审查的案件;判决变更行政行为的案件。三是审判程序特殊的案件,包括二审改判或者发回重审的案件;重审案件;再审案件。四是其他需要加强释法说理的案件。

(二)“可以简化释法说理”

《意见》第九条对“可以简化释法说理”的具体情形作了规定,即“下列案件裁判文书,可以简化释法说理:适用民事简易程序、小额诉讼程序审理的案件;适用民事特别程序、督促程序及公示催告程序审理的案件;适用刑事速裁程序、简易程序审理的案件;当事人达成和解协议的轻微刑事案件;适用行政简易程序审理的案件;适用普通程序审理但是诉讼各方争议不大的案件;其他适宜简化说理的案件”。

(三)二审或者再审裁判文书的释法说理

《意见》第十条专门针对二审或者再审裁判文书的释法说理作了规定,即“二审或者再审裁判文书应当针对上诉、抗诉、申请再审的主张和理由强化释法说理。二审或者再审裁判文书认定的事实与一审或者原审不同的,或者认为一审、原审认定事实不清、适用法律错误的,应当在查清事实、纠正法律适用错误的基础上进行有针对性的说理;针对一审或者原审已经详尽阐述理由且诉讼各方无争议或者无新证据、新理由的事项,可以简化释法说理”。

四级法院的职能存在差别,一审法院明断是非、定分止争、二审法院案结事了、再审法院有错必纠、最高人民法院保证法律统一正确实施。一审距离案件争议的事实更近,便于及时查明事实。二审重在解决诉辩双方对一审认定事实和适用法律的争议。再审重在审查终审裁判的正当性,维护裁判的权威性、稳定性,最终实现法院裁判的终局性。

法官在裁判文书说理时,应当充分注意不同层级法院在职能定位上的差异。原则上说,审理法院的层级越高,裁判文书说理的要求相应就高,再审比原审裁判文书、二审裁判文书比一审裁判文书的说理要求更高。一审裁判文书应当对证据和事实认定、法律适用等进行全面分析,重点围绕争议焦点进行说理。二审裁判文书应当针对上诉或抗诉的主张和理由进行说理,并对一审裁判文书中的说理不当和错误进行补强和修正。二审裁判文书应当侧重对与一审存在差异的地方,以及诉讼各方存在争议的部分进行说理。再审裁判文书应当针对申诉、申请再审或抗诉的主张和理由进行说理,并对一审、二审裁判文书中的说理不当和错误进行补强和修正。再审裁判文书应当侧重对与一审、二审存在差异的地方,以及诉讼各方存在争议的部分进行说理。对于原审裁判存在的问题,应当在二审、再审案件的裁判文书中予以表述,不宜采取发“内部函”的方式。在以往的司法实践中,二审、再审改判、发回重审的案件,裁判文书一般不说明改判发回理由,而是在“内部函”中指出问题。“内部函”只是法院系统内部的工作函件,只发给下级法院,案件当事人无法得知其内容,也就无法得知真正的裁判依据,与审判公开的要求不相符。发回重审或指令再审的裁定书应当重点说明发回重审或指定再审的理由,说明原审裁判事实不清、证据不足或违反法定程序、适用法律错误等问题。

与此同时，二审裁判文书应当避免与一审裁判文书在事实和证据部分的不必要重复，适当简化原审内容介绍。再审裁判文书应当避免与一审、二审裁判文书在事实和证据部分的不必要重复，适当简化原审内容介绍。

六、裁判文书释法说理的技术和方法

裁判文书释法说理离不开裁判文书的制作规范、引用法律规范、语言运用规范的支撑和保障。裁判文书要达到好的释法说理效果，离不开辅助论据、附件和修辞方法的合理运用。

（一）裁判文书的制作规范

《意见》第十一条规定："制作裁判文书应当遵循《人民法院民事裁判文书制作规范》《民事申请再审诉讼文书样式》《涉外商事海事裁判文书写作规范》《人民法院破产程序法律文书样式（试行）》《民事简易程序诉讼文书样式（试行）》《人民法院刑事诉讼文书样式》《行政诉讼文书样式（试行）》《人民法院国家赔偿案件文书样式》等规定的技术规范标准，但是可以根据案件情况合理调整事实认定和说理部分的体例结构。"

裁判文书是诉讼参与人和人民法院进行诉讼活动的重要载体，本质上属于公文，应当具有统一的文书样式和规范标准。法院诉讼文书样式对裁判文书说理的模式、要素、写作要求等作了规范。最高人民法院自1992年起先后制定了《法院诉讼文书样式（试行）》《法院刑事诉讼文书样式》《行政诉讼文书样式（试行）》《民事诉讼文书样式》等涉及不同诉讼类型的裁判文书样式，供法官制作裁判文书时参照。例如，《人民法院民事裁判文书制作规范》强调，"为指导全国法院民事裁判文书的制作，确保文书撰写做到格式统一、要素齐全、结构完整、繁简得当、逻辑严密、用语准确，提高文书质量，制定本规范"。同时要求，"本规范关于裁判文书的要素和文书格式、标点符号、数字使用、印刷规范等技术化标准，各级人民法院应当认真执行"。

从2015年4月30日发布的《行政诉讼文书样式（试行）》和2016年8月1日发布的《民事诉讼文书样式》可以看出，与原有样式相比，新样式有以下几个特点：第一，重视区分争议证据和无争议证据，争议事实和无争议事实，以便让其后的审理和裁判文书制作紧密围绕争议问题，重点突出；第二，要求说理应当围绕争议焦点展开，逐一进行分析论证，层次明确；第三，更加强调裁判文书的论理性和可读性，注重文书撰写的繁简得当，重视文书对法理问题和争议问题的阐述分析。

诉讼文书样式和文书制作规范等技术规范为裁判文书事实认定和说理部分的体例结构提供了基本遵循。根据案件情况，法官可以合理调整裁判文书事实认定和说理部分的体例结构。例如，《人民法院民事裁判文书制作规范》指出，"本规范可以适用于人民法院制作的其他诉讼文书，根据具体文书性质和内容作相应调整……对于裁判文书正文内容、事实认定和说理部分，可以根据案件的情况合理确定"。《行政诉讼文书样式（试行）》指出，"更加强调文书规范化和个性化的统一，在确保裁判文书基本要素完整、主要结构规范的同时，也注意兼顾为各级人民法院和法官个人对文书的发展续造预留空间"。

裁判文书说理与诉讼文书样式，是内容与形式的关系，案件类型的复杂性、多样化决定了裁判文书说理模式的多元化。在坚持裁判文书规范化的同时，不能否定或者排斥"个性化"，法官可以在遵循裁判文书基本样式、逻辑推理规则等基础上，积极发挥主观能动性，在释法说理方面充分展现出"个性化"。

（二）裁判文书的引用法律规范

《意见》第十二条规定："裁判文书引用规范性法律文件进行释法说理，应当适用《最高人民法院关于裁判文书引用法律、法规等规范性法律文件的规定》等相关规定，准确、完整地写明规范性法律文件的名称、条款项序号;需要加注引号引用条文内容的,应当表述准确和完整。"《最高人民法院关于裁判文书引用法律、法规等规范性法律文件的规定》是当前关于裁判文书引用法律、法规等规范性法律文件的专门性司法解释。该解释包括以下内容:

1.引用顺序。裁判文书中引用规范性法律文件,应当按照文书各部分的具体情况而分别引用适当的规范性法律文件,但如果在裁判文书的同一部分并列引用多个规范性法律文件时,则产生引用顺序问题。并列引用多个规范性法律文件的,引用顺序如下:法律及法律解释、行政法规、地方性法规、自治条例或者单行条例、司法解释。同时引用两部以上法律的,应当先引用基本法律,后引用其他法律。引用同时包括实体法和程序法的,先引用实体法,后引用程序法。

2.引用范围。刑事、民事、行政三大诉讼裁判文书引用规范性法律文件的范围有所区别。其一,刑事裁判文书的引用范围。刑法罪刑法定原则决定了确定犯罪并科以刑罚的依据原则上只能是法律,不能引用法律之外的规范性文件。刑事法律主要指刑法、刑事诉讼法等,刑法修正案是全国人大常委会通过的对刑法内容的修改,本身仍然属于刑法的组成部分,在引用时等同于刑法。根据立法法的规定,法律解释与刑法具有同等的法律效力,可以在刑事裁判文书中直接引用。最高人民法院制定的刑事司法解释,从本质上看是对法律条文的理解,属于刑法应有之义,可以在刑事裁判文书中直接引用。刑事附带民事诉讼裁判文书引用规范性法律文件,适用民事裁判文书的引用规定。其二,民事裁判文书的引用范围。民事裁判文书应当引用法律、法律解释或者司法解释。对于应当适用的行政法规、地方性法规或者自治条例和单行条例,可以直接引用。其三,行政裁判文书的引用范围。行政裁判文书应当引用法律、法律解释、行政法规或者司法解释。对于应当适用的地方性法规、自治条例和单行条例、国务院或者国务院授权的部门公布的行政法规解释或者行政规章,可以直接引用。

3.关于规范性法律文件冲突的解决。确需引用的规范性文件之间存在冲突,根据立法法等有关法律规定无法选择适用的,应依法提请有决定权的机关作出裁决,不得自行在裁判文书中认定相关规范性法律文件的效力。根据立法法的规定,法律、法规等规范性法律文件之间根据效力等级的不同,有不同的选择适用规则。(1)法律的效力高于行政法规、地方性法规、规章。行政法规的效力高于地方性法规、规章。(2)地方性法规的效力高于本级和下级地方政府规章。省、自治区的人民政府制定的规章的效力高于本行政区域内的设区的市、自治州的人民政府制定的规章。(3)自治条例和单行条例依法对法律、行政法规、地方性法规作变通规定的,在本自治地方适用自治条例和单行条例的规定。经济特区法规根据授权对法律、行政法规、地方性法规作变通规定的,在本经济特区适用经济特区法规的规定。(4)部门规章之间、部门规章与地方政府规章之间具有同等效力,在各自的权限范围内施行。(5)同一机关制定的法律、行政法规、地方性法规、自治条例和单行条例、规章,特别规定与一般规定不一致的,适用特别规定;新的规定与旧的规定不一致的,适用新的规定。(6)法律之间对同一事项的新的一般规定与旧的特别规定不一致,不能确定如何适用时,由全国人民代表大会常务委员会裁决。行政法规之间对同一事项的新的一般规定与旧的特别规定不一致,不能确定如何适用时,由国务院裁决。(7)地方性法规、规章之间不一致时,由有关机关依照下列规定的权限作出裁决:①同一机关制定的新的一般规定与旧的特别规定不一致时,由制定机关裁决;②地方性法规与部门规章之间对同一事项的规定不一致,不能确定如何适用时,由国务院提出意见,国务院认为应当适用地方性法规的,应当决定在该地方适用地方性法规的规定;认为应当适用部门规章的,应当提请全国人民代表大会常务委员会裁决;③部门规章之间、部门规章与地方政府规章之间对同一事项的规定不一致时,由国务院裁决。根据授权制定的法规与法律规定不一致,不能确定如何适用时,由全国人民代表大会常务委员会裁决。

4. 引用规则。针对司法实践中,裁判文书存在的法律文件引用不完整、不规范、不准确等问题,该条着重强调了裁判文书引用规范性法律文件进行说理,应当准确、完整地写明规范性法律文件的名称、条款项序号,需要加注引号引用条文内容的,应当表述准确和完整,以当事人看得见、听得懂、能理解的方式实现司法公正。

(三)裁判文书的语言运用规范

《意见》第十五条规定:"裁判文书行文应当规范、准确、清楚、朴实、庄重、凝练,一般不得使用方言、俚语、土语、生僻词语、古旧词语、外语;特殊情形必须使用的,应当注明实际含义。裁判文书释法说理应当避免使用主观臆断的表达方式、不恰当的修辞方法和学术化的写作风格,不得使用贬损人格尊严、具有强烈感情色彩、明显有违常识常理常情的用语,不能未经分析论证而直接使用'没有事实及法律依据,本院不予支持'之类的表述作为结论性论断。"

裁判文书说理是一个使用语言表达和证成观点的过程。概括来说,裁判文书的语言运用应当达到如下要求:

1. 行文规范、准确、清楚、朴实、庄重、凝练。"规范、准确、清楚"是对文字承载信息准确性的要求,也是裁判文书书写的基本要求。裁判文书一旦生效,即具有法律效力,就会成为执行判决的依据,裁判文书的语言表达不能有歧义,必须非常清晰。在一个统一的国家、统一的市场经济状态下,法院代表国家作出的司法裁决,其适用范围也是中华人民共和国管辖的所有区域以内,裁判文书必须能被所有受过统一正规通用汉语教育的国民所明确理解。方言、俚语、土语、生僻词语、古旧词语、外语等,既可能存在多数人不懂的问题,也可能存在不同方言造成重大理解差异的问题。因此,此条对如何使用上述表达方式作出了明确要求,即"一般不得使用";但也存在例外的特殊情况,即如不使用就不能表达真切其意时,可以使用,但应当进行注释并解释明确。

"朴实、庄重、凝练"是对文字表述风格的要求。朴实是指质朴实在,淳朴诚实,不奢侈、不华丽;庄重是指文辞严谨,典雅端重,不虚夸;精练是指文章或语言,简明扼要,没有多余的词句,防止累赘。

2. 逻辑严密。绝大多数裁判文书必须展示事实与法律推理的过程,这个逻辑推理的过程,是要向当事人公开裁判结果的形成过程。这就要求相比普通的文字表达,裁判文书需要有更为严格的逻辑结构要求。裁判文书始终离不开证成的过程,就像层层剥笋一样,逻辑的要求必然带来清晰的结果。此条以否定性表达方式要求,裁判文书释法说理要避免使用主观臆断的表达方式,其原因就在于裁判文书本身的逻辑要求。

裁判文书的基本逻辑结构是:将大前提、小前提进行逻辑比对,进而推导出裁判结果。作为事实的小前提必须建立在法官采信的证据之上,也就是说,法官对事实的所有描述,必须是建立在证据之上。事实必须由证据"说话",而不是法官"自言自语""自说自话",法官对事实的描述都有充分的证据作为支撑。裁判的客观性就表现在以证据来构成小前提。以证据来构筑事实,防止主观臆断就是其中应有之义。对此,此条提出了"应当避免使用主观臆断的表达方式"的明确要求。

裁判文书说理的基础是案件事实,说理过程必须围绕着基础而展开,既然说理严格受制于案件事实的清晰表达,在严密的逻辑要求下,绚丽的文风很难有立足之地。在事实认定方面,法官必须追求朴实、庄重和精练。从裁判文书主要受众是当事人及其代理律师方面考虑,此条强调应当避免"学术化的写作风格",避免为受众带来理解的障碍。

3. 论证充分。此条明确提出,"不能未经分析论证而直接使用'没有事实及法律依据,本院不予支持'之类的表述作为结论性论断"。多年以来,裁判文书不说理,而以一句"没有事实及法律依据,本院不予支持"作为替代,简单粗暴甚至可以说是司法蛮横。长期以来裁判文书不说理的状况,不仅具有普遍化,而且已经影响到公民对司法的信心。从法院的内部监督管理来说,不说理的裁判文书使司法监督因缺乏监督标的而无从下手,更遑论落实司法责任!实有必要明确禁止不说理或一语概之的情况,这一禁止性规定是切中要害的。

从域外来看,两大法系国家曾对裁判文书论证充分的要求有所不同。如果说大陆法系法官是"不厌其简",则普通法系法官是"不厌其繁"。不过,当今在裁判文书方面均呈现出这样的发展方向:简之更简、繁之更繁。简单明了的案件基本不解释论证,以提高结案效率,而对复杂疑难的案件加强说理,"不厌其繁"。

裁判文书说理,尤其是疑难案件的说理,运用一种论证方法往往难以达到充分说服的程度,而必须借助多种方法,通过详细的说明来表达法官的内心思考和确信。为此,已故美国最高法院卡多佐大法官总结认为,法官裁判有四种需要遵循的力量和论证方法,具体包括:"逻辑或类比的力量,其提供的是哲学的方法;历史的力量,提供的是历史或进化的方法;习惯的力量,提供的是传统的方法;正义、道德、社会福利的力量,以及当代的风俗习惯,提供的是社会学的方法。"法官若能根据案件需要将这些论证方法具体地用于裁判说理之中,那么就能达到论证充分的要求。

(四)辅助论据的运用

《意见》第十三条规定:"除依据法律法规、司法解释的规定外,法官可以运用下列论据论证裁判理由,以提高裁判结论的正当性和可接受性:最高人民法院发布的指导性案例;最高人民法院发布的非司法解释类审判业务规范性文件;公理、情理、经验法则、交易惯例、民间规约、职业伦理;立法说明等立法材料;采取历史、体系、比较等法律解释方法时使用的材料;法理及通行学术观点;与法律、司法解释等规范性法律文件不相冲突的其他论据。"具体来说:

1. 最高人民法院发布的指导性案例。根据《关于案例指导工作的规定》,指导性案例所确定的裁判要点,对人民法院审理类似案件、作出裁判具有指导作用,即在根据法律、有关司法解释作出裁判的同时,各级人民法院在审判类似案件时应当参照,并可以作为裁判文书的说理依据加以引用。尽管指导性案例不具备强制的约束力,但因发布机关的权威性和指导性案例本身的示范作用,在类似的案件中引用指导性案例进行说理时,由于裁判结果的相同或大体的一致,可以使人们对司法公正和正义产生合理的信赖。同时,指导性案例说理较为充分,法院在参照指导性案例裁决类似案件时,可以减轻法院的说理义务。根据权威的观点,在参照指导性案例说理时,一是要准确把握指导性案例中"裁判要点"所归纳的裁判规则,不得超越裁判要点的指导范围借题发挥;二是要切实把握准"类似案件";三是要参照指导性案例确定的裁判规则或者价值精神。

2. 最高人民法院发布的非司法解释类审判业务规范性文件。《最高人民法院关于司法解释工作的规定》第六条规定:司法解释的形式分为"解释"、"规定"、"批复"和"决定"四种。司法解释施行后,人民法院作为裁判依据的,应当在裁判文书中援引。除上述四种情形以外,针对某一类案件、某一类事项如何应用法律问题的指导性意见,系最高人民法院针对实践中的疑难或普遍性问题,经广泛调研、论证后发布,具有较强的现实针对性和公信力,这些规范性文件虽不是司法解释,但引用这些文件进行说理,亦容易为当事人所接受。如为妥善应对和处理因全球金融危机蔓延所引发的矛盾和纠纷,最高人民法院于2009年7月7日发布《关于当前形势下审理民商事合同纠纷案件若干问题的指导意见》,就人民法院在当时情势下审理民商事合同纠纷发布指导意见,属于非司法解释类审判业务规范性文件。

3. 公理、情理、经验法则、交易惯例、民间规约、职业伦理。所谓"公理",在通用语言中,指公众普遍认同的道理;与科学相连的,指已经为实践反复证实,无须加以证明的命题。从真理、学科定理以及人类智慧发展出来的为公众普遍认同的判断,都应视为公理。所谓“情理”,是裁判文书不可不说的道理,任何道理都是通人情的,有情理的裁判文书才能打动人、征服人。所谓“经验法则”,是指人们从生活经验中归纳获得的关于事物因果关系或属性状态的法则或知识,既包括一般人日常生活所归纳的常识,也包括某些专门性的知识,如科学(法学)、技术、艺术、商贸等方面的知识。《关于民事诉讼证据的若干规定》第九条第(三)项规定,根据法律规定或者已知事实和日常生活经验法则,能推定出的另一事实,该事实无须举证加以证明。经验法则和交易惯例都是从以前的生活或习惯性做法中归纳出来的一种认知,反映了事物发展在一定程度上的规律性和发生的概率。民间规约和职业伦理具有地域性或行业性,反映了一定地域或行业内的道德要求和价值观。但有些民间规约中的部分规定可能与法律规定的精神不符,也与社会主义核心价值观的要求不符,不得用来说理,否则会导致不公正的结果。职业伦理要求从业者遵守职业的行为规范和伦理准则。比如,商人应当诚信经营,价格公道,童叟无欺。买卖交易,各取所需,看起来你情我愿,但如果商家的利润过高,对顾客来说是不公平的,违背了销售职业伦理。再如,消防队员在抢险救灾中,保护人民群众生命财产安全,这既是一种岗位职责,也是一种伦理要求。

4. 立法说明等立法材料。立法说明是法律草案说明的一种通用提法,是立法活动中形成的重要法律文件。立法法第五十四条规定:“提出法律案,应当同时提出法律草案文本及其说明,并提供必要的参阅资料。修改法律的,还应当提交修改前后的对照文本。法律草案的说明应当包括制定或者修改法律的必要性、可行性和主要内容,以及起草过程中对重大分歧意见的协调处理情况。”检索立法材料,有助于理解立法目的和立法时的本源含义。在我国审判实践中,法意解释是常用的解释方法,在立法机关有特殊的立法意图,以及法律规范文义模糊或者产生歧义时,检索立法说明等立法材料是确定其含义的重要方法。例如,《中华人民共和国民法总则(草案)》的说明中提到,为匡正社会风气,鼓励见义勇为的行为,草案规定,因自愿实施紧急救助行为造成受助人损害的,救助人不承担民事责任。草案中的第一百八十七条,就是后来通过的民法总则第一百八十四条。通过立法说明,可以更好地理解民法总则第一百八十四条的立法目的和含义。

5. 采取历史、体系、比较等解释时使用的材料。法律解释方法是指为了探究法律规范意旨,澄清法律疑义,使法律含义明确化、具体化、正确化而采用的方法。法学本身是以解释论为中心的。法律颁布后,除了法理解释,还有司法解释。司法解释本身有时也需要解释。通过法律解释来不断地完善法律,在遭遇法律空白时,法官需要通过法律解释填补立法漏洞来裁决案件。在法律含义不明确时,适用历史、体系、比较等解释来确定法律的含义。如比较法解释,就是参考外国的立法例及判例来解释本国法律的解释方法。现在,不同国家间的借鉴和吸收已是不争的事实,特别是在民法领域,立法的国际化趋势非常明显。与之相适应,比较法解释也就有了更大的适用余地。

6. 法理及通行学术观点。法理,即法律通常之原理,如历来办案之成例及法律一般原理、原则。在大陆法系国家,法条本身就是一种理。法理的基本功能系在补法律及习惯法的不备,是执法者自立于立法者的地位,寻求就该当案件所应适用的法则,以实现公平与正义,调和社会生活上相对立的各种利益。

利用学术观点说理时应引用通行学术观点,学界并无争议。法官尽量注意不引用有争议的学术观点在裁判文书中说理,而且论证任何理论,都必须坚信该学术观点对本案判决的唯一正确性。如果说引用的观点争议比较大,或者有些片面,没有说到位,就会引起比较大的争议,不仅不能起到辅助说理的作用,反而冲淡了裁判文书的说服力。

此处需要提及的是,关于在引用学术观点说理时能否说出具体的学者名字的问题,有两种不同的观点。一种观点认为,指名道姓地引用学者的观点,可以推动理论与实务的衔接。以往学者会抱怨,实务部门不理睬自己的观点,而实务部门也抱怨,学者都是自娱自乐,搞文字游戏,束之高阁,相互之间似乎缺乏一种沟通和融洽。在这种情况之下,如何让一个学者的观点在实务中得到有效的接受,如果说一个学者的观点在裁判文书中得到引用,那么对提高该学者对实践的关注度,以及实务部门对于该学者理论产出产品的关注度,都有相当的好处,刺激学者关注实务中疑难问题,推动理论与实务的衔接。另一种观点认为,中国是一个成文法国家,如果说对相关的法律条文通过解释已经无法适用本案的情况,也不一定通过直接援引学术观点,可以通过将学术观点转化成法官自己的观点来加以说理。在中国当代,援引一些似是而非、模棱两可的观点,效果可能还不一定好,为什么这么说呢?在你引用时,很难说观点就是你的,类似的观点总是有很多,是不是该学者首先说的,存在不同的看法。法学不像理工科那样,有个明确的认定标准。我们指名道姓地引用学术观点后,可能会引起其他学者的意见,导致不必要的争议,故目前不适宜在引用学术观点时指明是哪位学者的观点。这一问题尚须在实践中继续加以探索。

7. 与法律、司法解释等规范性法律文件不相冲突的其他论据。此兜底条款中的其他论据的范围很广,在实务中大量存在,如部门规章、会议纪要等,只要不与法律、司法解释等规范性法律文件相冲突,就可以在裁判中用来说理,以提高裁判结论的正当性和可接受性。

(五)附件的运用

《意见》第十四条规定:"为便于释法说理,裁判文书可以选择采用下列适当的表达方式:案情复杂的,采用列明裁判要点的方式;案件事实或数额计算复杂的,采用附表的方式;裁判内容用附图的方式更容易表达清楚的,采用附图的方式;证据过多的,采用附录的方式呈现构成证据链的全案证据或证据目录;采用其他附件方式。"具体来说:

1. 案情复杂的案件,可以采取列明裁判要点的说理方式。"裁判要点"一词最早出现在《〈最高人民法院关于案例指导工作的规定〉实施细则》当中。其第三条规定,"指导性案例由标题、关键词、裁判要点、相关法条、基本案情、裁判结果、裁判理由以及包括生效裁判审判人员姓名的附注等组成……"第九条规定:"各级人民法院正在审理的案件,在基本案情和法律适用方面,与最高人民法院发布的指导性案例相类似的,应当参照相关指导性案例的裁判要点作出裁判";第十一条第一款规定:"在办理案件过程中,案件承办人员应当查询相关指导性案例。在裁判文书中引述相关指导性案例的,应在裁判理由部分引述指导性案例的编号和裁判要点。"对于当事人争议较大、法律关系复杂、案情复杂的案件,采取列明裁判要点的说理方式,能够有效厘清说理条理、理顺说理逻辑、明晰说理重点,使裁判文书说理始终紧紧围绕案件争议焦点问题,明确表达裁判要点所涉及的法律、司法解释内容和知识,增强裁判文书说理的条理性、针对性、逻辑性。具体操作上,常采取一个裁判要点归纳为一个自然段。有两个以上裁判要点的,按照裁判要点的重要性或者逻辑关系用数字顺序号分段标示。

2. 采取附表、附图、附录或者其他附件方式,以实现裁判文书说理繁简得当、条理清楚,重点突出,直白易懂。对于案件事实、裁判内容以及证据繁多的案件,可以灵活采取附表、附图、附录或者其他附件等形式多元的说理表达方式,以实现裁判文书说理主旨明确、条理清楚,繁简得当、重点突出,直白易懂,做到裁判文书说理详细充分、明确透彻,人民群众乐于接受。

3. "其他附件方式",属于兜底项,包括审判实践中的其他做法。例如,将本裁判文书主文所引用的主要法律条文作为附件,全文载明所引用法律条文、司法解释的内容;对本裁判文书主文中所涉及的特定名词、法律术语、技术术语、行业术语以及其他特定文字内容的含义,通过附件的方式,全面准确客观地予以阐述、解释和说明。

（六）修辞方法的运用

《意见》第十五条规定:“……裁判文书释法说理应当避免使用……不恰当的修辞方法……”此处“不恰当的修辞方法”,既包括有悖于“规范、准确、清楚、朴实、庄重、凝练”要求的夸张、反讽、拟人等修辞方法,也包括一切不为说服目的而使用的修辞方法。这意味裁判文书可以使用恰当的修辞方法,增强释法说理的效果。裁判文书的目的是说服当事人（及为其服务的法律工作者）。为达到说服的目的,对说理做一个恰当的表达,面对不同的受众,针对不同的案件,使用恰当的修辞方式是必要的。修辞是人们在对各种加强言语表达效果的方法和手段的运用。恰当地使用修辞方式,不仅可以增强裁判文书的说理效果,也可以使裁判文书在一定程度上呈现出不同的风格特点,在保持基本共性的基础上,避免千篇一律。修辞的自由使用,意味着将裁判文书作为法官的作品予以尊重,也就是尊重法官的写作个性,甚至是尊重法官的思考自由。

需注意的是,裁判文书运用修辞方法必须谨慎而行。运用修辞的目的不是裁判语言的美丽,而是增强说理的强度和厚度,提高裁判的说服力。修辞本身不是目的,修辞的运用必须为说服的目的服务,也就是为说理服务。如果不为说服的目的使用修辞,那实际上是炫耀技巧。脱离主旨的、花哨无用的修辞,反而会让裁判文书的读者反感。

七、裁判文书释法说理的保障机制

裁判文书释法说理改革是一项系统工程,裁判文书释法说理质量水平的提升,离不开系列保障机制的建立和完善。《意见》第十六条至第十九条对相关保障机制作了规定。

（一）指导机制

《意见》第十六条规定:“各级人民法院应当定期收集、整理和汇编辖区内法院具有指导意义的优秀裁判文书,充分发挥典型案例释法说理的引导、规范和教育功能。”

（二）考核机制

《意见》第十七条规定:“人民法院应当将裁判文书的制作和释法说理作为考核法官业务能力和审判质效的必备内容,确立为法官业绩考核的重要指标,纳入法官业绩档案。”此条将裁判文书质量考评结果与法官的履职考评挂钩,有利于推动建立权责明晰、权责统一、监督有序、制约有效的裁判文书质量考评机制,既可以提升法官裁判说理的积极性,也可以营造裁判说理的紧迫感,促使法官强化对裁判文书说理的重视,真正花精力、下功夫写好裁判文书。

（三）评估、评价机制

《意见》第十八条规定:“最高人民法院建立符合裁判文书释法说理规律的统一裁判文书质量评估体系和评价机制,定期组织裁判文书释法说理评查活动,评选发布全国性的优秀裁判文书,通报批评瑕疵裁判文书,并作为监督指导地方各级人民法院审判工作的重要内容。”

（四）评查机制

《意见》第十九条规定:“地方各级人民法院应当将裁判文书释法说理作为裁判文书质量评查的重要内容,纳入年度常规性工作之中,推动建立第三方开展裁判文书质量评价活动。”其具体包括几个方面:一是制定明确的评查标准。按照《意见》规定的说理要求,从“审查判断证据说理”“认定案件事实说理”“法律适用说理”“自由裁量权行使说理”四个方面,设计科学、合理的评查依据和标准。二是建立评查机构。目前,全国各地法院裁判文书评查机构设在审判管理部门的较多,中央机构编制委员会办公室、最高人民法院《关于积极推进省以下人民法院内设机构改革工作的通知》（法发〔2018〕8 号）“内设机构不超过 8 个的基层人民法院,可设置……审判管理办公室（研究室）等机构。”的规定,为审判管理部门承担评查任务提供了依据。三是推动建立第三方评价裁判文书机制。根据实践的需要，评查文书的方式由传统的封闭式评查逐渐转变为开放式评查，比较常见的开放式评查就是委托第三方开展评查。其操作流程是，设定评查文书的范围，将拟评查的文书交由法院之外的第三方单位或机构进行评查，或直接由第三方选取评查样本进行评查。比如，委托法学研究机构、法律院校、律师协会等进行评查。

最高人民法院

关于印发《人民法院办理刑事案件庭前会议规程（试行）》《人民法院办理刑事案件排除非法证据规程（试行）》《人民法院办理刑事案件第一审普通程序法庭调查规程（试行）》的通知

（法发〔2017〕31号）

各省、自治区、直辖市高级人民法院，解放军军事法院，新疆维吾尔自治区高级人民法院生产建设兵团分院；全国地方各中级人民法院，各战区、总直属军事法院，新疆生产建设兵团各中级法院：

为贯彻落实最高人民法院、最高人民检察院、公安部、国家安全部、司法部《关于推进以审判为中心的刑事诉讼制度改革的意见》和《关于办理刑事案件严格排除非法证据若干问题的规定》，深入推进以审判为中心的刑事诉讼制度改革，最高人民法院制定了《人民法院办理刑事案件庭前会议规程（试行）》《人民法院办理刑事案件排除非法证据规程（试行）》和《人民法院办理刑事案件第一审普通程序法庭调查规程（试行）》（以下简称“三项规程”），现印发给你们，自2018年1月1日起试行。

为了在司法实践中更好地贯彻执行“三项规程”，现提出以下要求：

一、充分认识“三项规程”的重要意义。推进以审判为中心的刑事诉讼制度改革，是党的十八届四中全会作出的重大改革部署，是坚持严格司法、确保刑事司法公正的现实需要。最高人民法院、最高人民检察院、公安部、国家安全部、司法部先后印发《关于推进以审判为中心的刑事诉讼制度改革的意见》《关于办理刑事案件严格排除非法证据若干问题的规定》，提出改革完善刑事诉讼制度的总体方案。为确保中央改革要求落地见效，优化完善审判特别是庭审程序，最高人民法院在出台《关于全面推进以审判为中心的刑事诉讼制度改革的实施意见》的基础上，制定深化庭审实质化改革的“三项规程”，有助于充分发挥审判特别是庭审在刑事诉讼中的决定性作用，构建更加精密化、规范化、实质化的刑事审判制度。各级人民法院要充分认识制定“三项规程”的重要意义，准确把握改革精神，充分发挥审判程序的职能作用，健全落实证据裁判、非法证据排除、疑罪从无等法律原则和要求，通过法庭审判的程序公正实现案件裁判的实体公正，提升司法公信力。

二、准确把握和执行“三项规程”的试行要求。推进以审判为中心的刑事诉讼制度改革，牵涉政法工作全局，各级人民法院要主动向党委、人大汇报试行工作，密切与其他政法机关的沟通联系，形成改革合力，确保改革稳步推进。要推进案件繁简分流，优化司法资源配置，将有限的司法资源用于审理重大复杂疑难案件，完善刑事案件速裁程序和认罪认罚从宽制度，实现“疑案精审”“简案快审”。要以敢于负责、敢于担当的精神，严格落实疑罪从无原则，对定罪证据不足的疑罪案件依法宣告无罪，确保严格执法、公正司法，切实防范冤假错案。在试行期间，各级人民法院包括前期各试点法院要统一贯彻执行“三项规程”的相关规定，不能各行其是。

三、加强对“三项规程”的学习培训工作。最高人民法院在制定“三项规程”过程中，坚持问题导向和目标导向，以中央的改革精神和要求为着眼点，认真总结传统审判经验，充分吸收前期改革成果，注重理念创新和制度创新。根据庭前会议规程，人民法院在庭前会议中可以依法处理可能导致庭审中断的程序性事项，组织控辩双方展示证据，归纳控辩双方争议焦点，明确规范庭前会议与法庭审理的衔接机制。非法证据排除规程重点针对非法证据排除程序适用中存在的启动难、证明难、认定难、排除难等问题，进一步明确人民法院审查和排除非法证据的具体规则和程序。法庭调查规程在总结传统庭审经验基础上，将证据裁判、程序公正、集中审理和诉权保障确立为法庭调查的基本原则，规范开庭讯问、发问程序，落实证人、鉴定人出庭作证制度，完善各类证据的举证、质证、认证规则，确保诉讼证据出示在法庭、案件事实查明在法庭、诉辩意见发表在法庭、裁判结果形成在法庭。各高级人民法院要高度重视，切实督导辖区各级人民法院认真学习“三项规程”，精心组织刑事审判人员参加专项培训，确保每一名办案人员能够深刻领会“三项规程”的精神实质，全面掌握具体内容，以便在具体工作中切实、熟练加以运用。

四、注意总结和推广试行“三项规程”的经验做法。各级人民法院要以贯彻“三项规程”为契机，以提高证人、鉴定人、侦查人员出庭作证率、律师辩护率和当庭宣判率为重点，着力推进庭审制度改革。要采取实地考察、庭审观摩等方式，加强法院之间的沟通交流，共享经验，共同提高。要采取积极稳妥的方法，强化正面宣传报道，营造各方共同推进改革的良好氛围。在贯彻执行过程中遇到的新情况、新问题和探索的新经验、新做法，要认真加以总结，并及时层报最高人民法院。

最高人民法院
2017 年 11 月 27 日

人民法院办理刑事案件庭前会议规程（试行）

为贯彻落实最高人民法院、最高人民检察院、公安部、国家安全部、司法部《关于推进以审判为中心的刑事诉讼制度改革的意见》，完善庭前会议程序，确保法庭集中持续审理，提高庭审质量和效率，根据法律规定，结合司法实际，制定本规程。

第一条 人民法院适用普通程序审理刑事案件，对于证据材料较多、案情疑难复杂、社会影响重大或者控辩双方对事实证据存在较大争议等情形的，可以决定在开庭审理前召开庭前会议。

控辩双方可以申请人民法院召开庭前会议。申请召开庭前会议的，应当说明需要处理的事项。人民法院经审查认为有必要的，应当决定召开庭前会议；决定不召开庭前会议的，应当告知申请人。

被告人及其辩护人在开庭审理前申请排除非法证据，并依照法律规定提供相关线索或者材料的，人民法院应当召开庭前会议。

第二条 庭前会议中，人民法院可以就与审判相关的问题了解情况，听取意见，依法处理回避、出庭证人名单、非法证据排除等可能导致庭审中断的事项，组织控辩双方展示证据，归纳争议焦点，开展附带民事调解。

第三条 庭前会议由承办法官主持，其他合议庭成员也可以主持或者参加庭前会议。根据案件情况，承办法官可以指导法官助理主持庭前会议。

公诉人、辩护人应当参加庭前会议。根据案件情况，被告人可以参加庭前会议；被告人申请参加庭前会议或者申请排除非法证据等情形的，人民法院应当通知被告人到场；有多名被告人的案件，主持人可以根据案件情况确定参加庭前会议的被告人。

被告人申请排除非法证据，但没有辩护人的，人民法院应当通知法律援助机构指派律师为被告人提供帮助。

庭前会议中进行附带民事调解的，人民法院应当通知附带民事诉讼当事人到场。

第四条 被告人不参加庭前会议的，辩护人应当在召开庭前会议前就庭前会议处理事项听取被告人意见。

第五条 庭前会议一般不公开进行。

根据案件情况，庭前会议可以采用视频会议等方式进行。

第六条 根据案件情况，庭前会议可以在开庭审理前多次召开；休庭后，可以在再次开庭前召开庭前会议。

第七条 庭前会议应当在法庭或者其他办案场所召开。被羁押的被告人参加的，可以在看守所办案场所召开。

被告人参加庭前会议，应当有法警在场。

第八条 人民法院应当根据案件情况，综合控辩双方意见，确定庭前会议需要处理的事项，并在召开庭前会议三日前，将会议的时间、地点、人员和事项等通知参会人员。通知情况应当记录在案。

被告人及其辩护人在开庭审理前申请排除非法证据的，人民法院应当在召开庭前会议三日前，将申请书及相关线索或者材料的复制件送交人民检察院。

第九条 庭前会议开始后，主持人应当核实参会人员情况，宣布庭前会议需要处理的事项。

有多名被告人参加庭前会议，涉及事实证据问题的，应当组织各被告人分别参加，防止串供。

第十条 庭前会议中，主持人可以就下列事项向控辩双方了解情况，听取意见：

（一）是否对案件管辖有异议；

（二）是否申请有关人员回避；

（三）是否申请不公开审理；

（四）是否申请排除非法证据；

（五）是否申请提供新的证据材料；

（六）是否申请重新鉴定或者勘验；

（七）是否申请调取在侦查、审查起诉期间公安机关、人民检察院收集但未随案移送的证明被告人无罪或者罪轻的证据材料；

（八）是否申请向证人或有关单位、个人收集、调取证据材料；

（九）是否申请证人、鉴定人、侦查人员、有专门知识的人出庭，是否对出庭人员名单有异议；

（十）与审判相关的其他问题。

对于前款规定中可能导致庭审中断的事项，人民法院应当依法作出处理，在开庭审理前告知处理决定，并说明理由。控辩双方没有新的理由，在庭审中再次提出有关申请或者异议的，法庭应当依法予以驳回。

第十一条 被告人及其辩护人对案件管辖提出异议，应当说明理由。人民法院经审查认为异议成立的，应当依法将案件退回人民检察院或者移送有管辖权的人民法院；认为本院不宜行使管辖权的，可以请求上一级人民法院处理。人民法院经审查认为异议不成立的，应当依法驳回异议。

第十二条 被告人及其辩护人申请审判人员、书记员、翻译人员、鉴定人回避，应当说明理由。人民法院经审查认为申请成立的，应当依法决定有关人员回避；认为申请不成立的，应当依法驳回申请。

被告人及其辩护人申请回避被驳回的，可以在接到决定时申请复议一次。对于不属于刑事诉讼法第二十八条①、第二十九条②规定情形的，回避申请被驳回后，不得申请复议。

被告人及其辩护人申请检察人员回避的，人民法院应当通知人民检察院。

第十三条 被告人及其辩护人申请不公开审理，人民法院经审查认为案件涉及国家秘密或者个人隐私的，应当准许；认为案件涉及商业秘密的，可以准许。

第十四条 被告人及其辩护人在开庭审理前申请排除非法证据，并依照法律规定提供相关线索或者材料的，人民检察院应当在庭前会议中通过出示有关证据材料等方式，有针对性地对证据收集的合法性作出说明。人民法院可以对有关证据材料进行核实；经控辩双方申请，可以有针对性地播放讯问录音录像。

---

① 2018年《中华人民共和国刑事诉讼法》第二十九条。
② 2018年《中华人民共和国刑事诉讼法》第三十条。

人民检察院可以撤回有关证据，撤回的证据，没有新的理由，不得在庭审中出示。被告人及其辩护人可以撤回排除非法证据的申请，撤回申请后，没有新的线索或者材料，不得再次对有关证据提出排除申请。

控辩双方在庭前会议中对证据收集的合法性未达成一致意见，人民法院应当开展庭审调查，但公诉人提供的相关证据材料确实、充分，能够排除非法取证情形，且没有新的线索或者材料表明可能存在非法取证的，庭审调查举证、质证可以简化。

第十五条 控辩双方申请重新鉴定或者勘验，应当说明理由。人民法院经审查认为理由成立，有关证据材料可能影响定罪量刑且不能补正的，应当准许。

第十六条 被告人及其辩护人书面申请调取公安机关、人民检察院在侦查、审查起诉期间收集但未随案移送的证明被告人无罪或者罪轻的证据材料，并提供相关线索或者材料的，人民法院应当调取，并通知人民检察院在收到调取决定书后三日内移交。

被告人及其辩护人申请向证人或有关单位、个人收集、调取证据材料，应当说明理由。人民法院经审查认为有关证据材料可能影响定罪量刑的，应当准许；认为有关证据材料与案件无关或者明显重复、没有必要的，可以不予准许。

第十七条 控辩双方申请证人、鉴定人、侦查人员、有专门知识的人出庭，应当说明理由。人民法院经审查认为理由成立的，应当通知有关人员出庭。

控辩双方对出庭证人、鉴定人、侦查人员、有专门知识的人的名单有异议，人民法院经审查认为异议成立的，应当依法作出处理；认为异议不成立的，应当依法驳回。

人民法院通知证人、鉴定人、侦查人员、有专门知识的人等出庭后，应当告知控辩双方协助有关人员到庭。

第十八条 召开庭前会议前，人民检察院应当将全部证据材料移送人民法院。被告人及其辩护人应当将收集的有关被告人不在犯罪现场、未达到刑事责任年龄、属于依法不负刑事责任的精神病人等证明被告人无罪或者依法不负刑事责任的全部证据材料提交人民法院。

人民法院收到控辩双方移送或者提交的证据材料后，应当通知对方查阅、摘抄、复制。

第十九条 庭前会议中，对于控辩双方决定在庭审中出示的证据，人民法院可以组织展示有关证据，听取控辩双方对在案证据的意见，梳理存在争议的证据。

对于控辩双方在庭前会议中没有争议的证据材料，庭审时举证、质证可以简化。

人民法院组织展示证据的，一般应当通知被告人到场，听取被告人意见；被告人不到场的，辩护人应当在召开庭前会议前听取被告人意见。

第二十条 人民法院可以在庭前会议中归纳控辩双方的争议焦点。对控辩双方没有争议或者达成一致意见的事项，可以在庭审中简化审理。

人民法院可以组织控辩双方协商确定庭审的举证顺序、方式等事项，明确法庭调查的方式和重点。协商不成的事项，由人民法院确定。

第二十一条 对于被告人在庭前会议前不认罪，在庭前会议中又认罪的案件，人民法院核实被告人认罪的自愿性和真实性后，可以依法适用速裁程序或者简易程序审理。

第二十二条 人民法院在庭前会议中听取控辩双方对案件事实证据的意见后，对于明显事实不清、证据不足的案件，可以建议人民检察院补充材料或者撤回起诉。建议撤回起诉的案件，人民检察院不同意的，人民法院开庭审理后，没有新的事实和理由，一般不准许撤回起诉。

第二十三条 庭前会议情况应当制作笔录，由参会人员核对后签名。

庭前会议结束后应当制作庭前会议报告，说明庭前会议的基本情况、与审判相关的问题的处理结果、控辩双方的争议焦点以及就相关事项达成的一致意见等。

第二十四条 对于召开庭前会议的案件，在宣读起诉书后，法庭应当宣布庭前会议报告的主要内容；有多起犯罪事实的案件，可以在有关犯罪事实的法庭调查开始前，分别宣布庭前会议报告的相关内容；对庭前会议处理管辖异议、申请回避、申请不公开审理等事项的，法庭可以在告知当事人诉讼权利后宣布庭前会议报告的相关内容。

第二十五条 宣布庭前会议报告后，对于庭前会议中达成一致意见的事项，法庭向控辩双方核实后当庭予以确认；对于未达成一致意见的事项，法庭可以归纳控辩双方争议焦点，听取控辩双方意见，依法作出处理。

控辩双方在庭前会议中就有关事项达成一致意见，在庭审中反悔的，除有正当理由外，法庭一般不再进行处理。

第二十六条 第二审人民法院召开庭前会议的，参照上述规定。

第二十七条 本规程自2018年1月1日起试行。

人民法院办理刑事案件排除非法证据规程（试行）

为贯彻落实最高人民法院、最高人民检察院、公安部、国家安全部、司法部《关于推进以审判为中心的刑事诉讼制度改革的意见》和《关于办理刑事案件严格排除非法证据若干问题的规定》，规范非法证据排除程序，准确惩罚犯罪，切实保障人权，有效防范冤假错案，根据法律规定，结合司法实际，制定本规程。

第一条 采用下列非法方法收集的被告人供述，应当予以排除：

（一）采用殴打、违法使用戒具等暴力方法或者变相肉刑的恶劣手段，使被告人遭受难以忍受的痛苦而违背意愿作出的供述；

（二）采用以暴力或者严重损害本人及其近亲属合法权益等进行威胁的方法，使被告人遭受难以忍受的痛苦而违背意愿作出的供述；

（三）采用非法拘禁等非法限制人身自由的方法收集的被告人供述。

采用刑讯逼供方法使被告人作出供述，之后被告人受该刑讯逼供行为影响而作出的与该供述相同的重复性供述，应当一并排除，但下列情形除外：

（一）侦查期间，根据控告、举报或者自己发现等，侦查机关确认或者不能排除以非法方法收集证据而更换侦查人员，其他侦查人员再次讯问时告知诉讼权利和认罪的法律后果，被告人自愿供述的；

（二）审查逮捕、审查起诉和审判期间，检察人员、审判人员讯问时告知诉讼权利和认罪的法律后果，被告人自愿供述的。

第二条 采用暴力、威胁以及非法限制人身自由等非法方法收集的证人证言、被害人陈述，应当予以排除。

第三条 采用非法搜查、扣押等违反法定程序的方法收集物证、书证，可能严重影响司法公正的，应当予以补正或者作出合理解释；不能补正或者作出合理解释的，对有关证据应当予以排除。

第四条 依法予以排除的非法证据，不得宣读、质证，不得作为定案的根据。

第五条 被告人及其辩护人申请排除非法证据，应当提供相关线索或者材料。“线索”是指内容具体、指向明确的涉嫌非法取证的人员、时间、地点、方式等；“材料”是指能够反映非法取证的伤情照片、体检记录、医院病历、讯问笔录、讯问录音录像或者同监室人员的证言等。

被告人及其辩护人申请排除非法证据，应当向人民法院提交书面申请。被告人书写确有困难的，可以口头提出申请，但应当记录在案，并由被告人签名或者捺印。

第六条 证据收集合法性的举证责任由人民检察院承担。

人民检察院未提供证据，或者提供的证据不能证明证据收集的合法性，经过法庭审理，确认或者不能排除以非法方法收集证据情形的，对有关证据应当予以排除。

第七条 开庭审理前，承办法官应当阅卷，

并对证据收集的合法性进行审查:

(一)被告人在侦查、审查起诉阶段是否提出排除非法证据申请;提出申请的,是否提供相关线索或者材料;

(二)侦查机关、人民检察院是否对证据收集的合法性进行调查核实;调查核实的,是否作出调查结论;

(三)对于重大案件,人民检察院驻看守所检察人员在侦查终结前是否核查讯问的合法性,是否对核查过程同步录音录像;进行核查的,是否作出核查结论;

(四)对于人民检察院在审查逮捕、审查起诉阶段排除的非法证据,是否随案移送并写明为依法排除的非法证据。

人民法院对证据收集的合法性进行审查后,认为需要补充证据材料的,应当通知人民检察院在三日内补送。

第八条 人民法院向被告人及其辩护人送达起诉书副本时,应当告知其有权在开庭审理前申请排除非法证据并同时提供相关线索或者材料。上述情况应当记录在案。

被告人申请排除非法证据,但没有辩护人的,人民法院应当通知法律援助机构指派律师为其提供辩护。

第九条 被告人及其辩护人申请排除非法证据,应当在开庭审理前提出,但在庭审期间发现相关线索或者材料等情形除外。

第十条 被告人及其辩护人申请排除非法证据,并提供相关线索或者材料的,人民法院应当召开庭前会议,并在召开庭前会议三日前将申请书和相关线索或者材料的复制件送交人民检察院。

被告人及其辩护人申请排除非法证据,未提供相关线索或者材料的,人民法院应当告知其补充提交。被告人及其辩护人未能补充的,人民法院对申请不予受理,并在开庭审理前告知被告人及其辩护人。上述情况应当记录在案。

第十一条 对于可能判处无期徒刑、死刑或者黑社会性质组织犯罪、严重毒品犯罪等重大案件,被告人在驻看守所检察人员对讯问的合法性进行核查询问时,明确表示侦查阶段没有刑讯逼供等非法取证情形,在审判阶段又提出排除非法证据申请的,应当说明理由。人民法院经审查对证据收集的合法性没有疑问的,可以驳回申请。

驻看守所检察人员在重大案件侦查终结前未对讯问的合法性进行核查询问,或者未对核查询问过程全程同步录音录像,被告人及其辩护人在审判阶段提出排除非法证据申请,提供相关线索或者材料,人民法院对证据收集的合法性有疑问的,应当依法进行调查。

第十二条 在庭前会议中,人民法院对证据收集的合法性进行审查的,一般按照以下步骤进行:

(一)被告人及其辩护人说明排除非法证据的申请及相关线索或者材料;

(二)公诉人提供证明证据收集合法性的证据材料;

(三)控辩双方对证据收集的合法性发表意见;

(四)控辩双方对证据收集的合法性未达成一致意见的,审判人员归纳争议焦点。

第十三条 在庭前会议中,人民检察院应当通过出示有关证据材料等方式,有针对性地对证据收集的合法性作出说明。人民法院可以对有关材料进行核实,经控辩双方申请,可以有针对性地播放讯问录音录像。

第十四条 在庭前会议中,人民检察院可以撤回有关证据。撤回的证据,没有新的理由,不得在庭审中出示。

被告人及其辩护人可以撤回排除非法证据的申请。撤回申请后,没有新的线索或者材料,不得再次对有关证据提出排除申请。

第十五条 控辩双方在庭前会议中对证据收集的合法性达成一致意见的,法庭应当在庭审中向控辩双方核实并当庭予以确认。对于一方在庭审中反悔的,除有正当理由外,法庭一般不再进行审查。

控辩双方在庭前会议中对证据收集的合法

性未达成一致意见，人民法院应当在庭审中进行调查，但公诉人提供的相关证据材料确实、充分，能够排除非法取证情形，且没有新的线索或者材料表明可能存在非法取证的，庭审调查举证、质证可以简化。

第十六条 审判人员应当在庭前会议报告中说明证据收集合法性的审查情况，主要包括控辩双方的争议焦点以及就相关事项达成的一致意见等内容。

第十七条 被告人及其辩护人在开庭审理前未申请排除非法证据，在庭审过程中提出申请的，应当说明理由。人民法院经审查，对证据收集的合法性有疑问的，应当进行调查；没有疑问的，应当驳回申请。

人民法院驳回排除非法证据的申请后，被告人及其辩护人没有新的线索或者材料，以相同理由再次提出申请的，人民法院不再审查。

第十八条 人民法院决定对证据收集的合法性进行法庭调查的，应当先行当庭调查。对于被申请排除的证据和其他犯罪事实没有关联等情形，为防止庭审过分迟延，可以先调查其他犯罪事实，再对证据收集的合法性进行调查。

在对证据收集合法性的法庭调查程序结束前，不得对有关证据宣读、质证。

第十九条 法庭决定对证据收集的合法性进行调查的，一般按照以下步骤进行：

（一）召开庭前会议的案件，法庭应当在宣读起诉书后，宣布庭前会议中对证据收集合法性的审查情况，以及控辩双方的争议焦点；

（二）被告人及其辩护人说明排除非法证据的申请及相关线索或者材料；

（三）公诉人出示证明证据收集合法性的证据材料，被告人及其辩护人可以对相关证据进行质证，经审判长准许，公诉人、辩护人可以向出庭的侦查人员或者其他人员发问；

（四）控辩双方对证据收集的合法性进行辩论。

第二十条 公诉人对证据收集的合法性加以证明，可以出示讯问笔录、提讯登记、体检记录、采取强制措施或者侦查措施的法律文书、侦查终结前对讯问合法性的核查材料等证据材料，也可以针对被告人及其辩护人提出异议的讯问时段播放讯问录音录像，提请法庭通知侦查人员或者其他人员出庭说明情况。不得以侦查人员签名并加盖公章的说明材料替代侦查人员出庭。

庭审中，公诉人当庭不能举证或者为提供新的证据需要补充侦查，建议延期审理的，法庭可以同意。

第二十一条 被告人及其辩护人可以出示相关线索或者材料，并申请法庭播放特定讯问时段的讯问录音录像。

被告人及其辩护人向人民法院申请调取侦查机关、人民检察院收集但未提交的讯问录音录像、体检记录等证据材料，人民法院经审查认为该证据材料与证据收集的合法性有关的，应当予以调取；认为与证据收集的合法性无关的，应当决定不予调取，并向被告人及其辩护人说明理由。

被告人及其辩护人申请人民法院通知侦查人员或者其他人员出庭说明情况，人民法院认为确有必要的，可以通知上述人员出庭。

第二十二条 法庭对证据收集的合法性进行调查的，应当重视对讯问录音录像的审查，重点审查以下内容：

（一）讯问录音录像是否依法制作。对于可能判处无期徒刑、死刑的案件或者其他重大犯罪案件，是否对讯问过程进行录音录像；

（二）讯问录音录像是否完整。是否对每一次讯问过程录音录像，录音录像是否全程不间断进行，是否有选择性录制、剪接、删改等情形；

（三）讯问录音录像是否同步制作。录音录像是否自讯问开始时制作，至犯罪嫌疑人核对讯问笔录、签字确认后结束；讯问笔录记载的起止时间是否与讯问录音录像反映的起止时间一致；

（四）讯问录音录像与讯问笔录的内容是否存在差异。对与定罪量刑有关的内容，讯问笔录记载的内容与讯问录音录像是否存在实质性差异，存在实质性差异的，以讯问录音录像为准。

第二十三条　侦查人员或者其他人员出庭的，应当向法庭说明证据收集过程，并就相关情况接受发问。对发问方式不当或者内容与证据收集的合法性无关的，法庭应当制止。

经人民法院通知，侦查人员不出庭说明情况，不能排除以非法方法收集证据情形的，对有关证据应当予以排除。

第二十四条　人民法院对控辩双方提供的证据来源、内容等有疑问的，可以告知控辩双方补充证据或者作出说明；必要时，可以宣布休庭，对证据进行调查核实。法庭调查核实证据，可以通知控辩双方到场，并将核实过程记录在案。

对于控辩双方补充的和法庭庭外调查核实取得的证据，未经当庭出示、质证等法庭调查程序查证属实，不得作为证明证据收集合法性的根据。

第二十五条　人民法院对证据收集的合法性进行调查后，应当当庭作出是否排除有关证据的决定。必要时，可以宣布休庭，由合议庭评议或者提交审判委员会讨论，再次开庭时宣布决定。

第二十六条　经法庭审理，具有下列情形之一的，对有关证据应当予以排除：

（一）确认以非法方法收集证据的；

（二）应当对讯问过程录音录像的案件没有提供讯问录音录像，或者讯问录音录像存在选择性录制、剪接、删改等情形，现有证据不能排除以非法方法收集证据的；

（三）侦查机关除紧急情况外没有在规定的办案场所讯问，现有证据不能排除以非法方法收集证据的；

（四）驻看守所检察人员在重大案件侦查终结前未对讯问合法性进行核查，或者未对核查过程同步录音录像，或者录音录像存在选择性录制、剪接、删改等情形，现有证据不能排除以非法方法收集证据的；

（五）其他不能排除存在以非法方法收集证据的。

第二十七条　人民法院对证人证言、被害人陈述、物证、书证等证据收集合法性的审查、调查程序，参照上述规定。

第二十八条　人民法院对证据收集合法性的审查、调查结论，应当在裁判文书中写明，并说明理由。

第二十九条　人民检察院、被告人及其法定代理人提出抗诉、上诉，对第一审人民法院有关证据收集合法性的审查、调查结论提出异议的，第二审人民法院应当审查。

第三十条　被告人及其辩护人在第一审程序中未提出排除非法证据的申请，在第二审程序中提出申请，有下列情形之一的，第二审人民法院应当审查：

（一）第一审人民法院没有依法告知被告人申请排除非法证据的权利的；

（二）被告人及其辩护人在第一审庭审后发现涉嫌非法取证的相关线索或者材料的。

第三十一条　人民检察院应当在第一审程序中全面出示证明证据收集合法性的证据材料。

人民检察院在第一审程序中未出示证明证据收集合法性的证据，第一审人民法院依法排除有关证据的，人民检察院在第二审程序中不得出示之前未出示的证据，但在第一审程序后发现的除外。

第三十二条　第二审人民法院对证据收集合法性的调查，参照上述第一审程序的规定。

第三十三条　第一审人民法院对被告人及其辩护人排除非法证据的申请未予审查，并以有关证据作为定案的根据，可能影响公正审判的，第二审人民法院应当裁定撤销原判，发回原审人民法院重新审判。

第三十四条　第一审人民法院对依法应当排除的非法证据未予排除的，第二审人民法院可以依法排除相关证据。排除非法证据后，应当按照下列情形分别作出处理：

（一）原判决认定事实和适用法律正确、量刑适当的，应当裁定驳回上诉或者抗诉，维持原判；

(二)原判决认定事实没有错误,但适用法律有错误,或者量刑不当的,应当改判;

(三)原判决事实不清或者证据不足的,可以在查清事实后改判;也可以裁定撤销原判,发回原审人民法院重新审判。

第三十五条 审判监督程序、死刑复核程序中对证据收集合法性的审查、调查,参照上述规定。

第三十六条 本规程自 2018 年 1 月 1 日起试行。

人民法院办理刑事案件第一审普通程序法庭调查规程(试行)

为贯彻落实最高人民法院、最高人民检察院、公安部、国家安全部、司法部《关于推进以审判为中心的刑事诉讼制度改革的意见》,规范法庭调查程序,提高庭审质量和效率,确保诉讼证据出示在法庭、案件事实查明在法庭、诉辩意见发表在法庭、裁判结果形成在法庭,根据法律规定,结合司法实际,制定本规程。

一、一 般 规 定

第一条 法庭应当坚持证据裁判原则。认定案件事实,必须以证据为根据。法庭调查应当以证据调查为中心,法庭认定并依法排除的非法证据,不得宣读、质证。证据未经当庭出示、宣读、辨认、质证等法庭调查程序查证属实,不得作为定案的根据。

第二条 法庭应当坚持程序公正原则。人民检察院依法承担被告人有罪的举证责任,被告人不承担证明自己无罪的责任。法庭应当居中裁判,严格执行法定的审判程序,确保控辩双方在法庭调查环节平等对抗,通过法庭审判的程序公正实现案件裁判的实体公正。

第三条 法庭应当坚持集中审理原则。规范庭前准备程序,避免庭审出现不必要的迟延和中断。承办法官应当在开庭前阅卷,确定法庭审理方案,并向合议庭通报开庭准备情况。召开庭前会议的案件,法庭可以依法处理可能导致庭审中断的事项,组织控辩双方展示证据,归纳控辩双方争议焦点。

第四条 法庭应当坚持诉权保障原则。依法保障当事人和其他诉讼参与人的知情权、陈述权、辩护辩论权、申请权、申诉权,依法保障辩护人发问、质证、辩论辩护等权利,完善便利辩护人参与诉讼的工作机制。

二、宣布开庭和讯问、发问程序

第五条 法庭宣布开庭后,应当告知当事人在法庭审理过程中依法享有的诉讼权利。

对于召开庭前会议的案件,在庭前会议中处理诉讼权利事项的,可以在开庭后告知诉讼权利的环节,一并宣布庭前会议对有关事项的处理结果。

第六条 公诉人宣读起诉书后,对于召开庭前会议的案件,法庭应当宣布庭前会议报告的主要内容。有多起犯罪事实的案件,法庭可以在有关犯罪事实的法庭调查开始前,分别宣布庭前会议报告的相关内容。

对于庭前会议中达成一致意见的事项,法庭可以向控辩双方核实后当庭予以确认;对于未达成一致意见的事项,法庭可以在庭审涉及该事项的环节归纳争议焦点,听取控辩双方意见,依法作出处理。

第七条 公诉人宣读起诉书后,审判长应当询问被告人对起诉书指控的犯罪事实是否有异议,听取被告人的供述和辩解。对于被告人当庭认罪的案件,应当核实被告人认罪的自愿性和真实性,听取其供述和辩解。

在审判长主持下,公诉人可以就起诉书指控的犯罪事实讯问被告人,为防止庭审过分迟延,就证据问题向被告人的讯问可在举证、质证环节进行。经审判长准许,被害人及其法定代理人、诉讼代理人可以就公诉人讯问的犯罪事实补充发问;附带民事诉讼原告人及其法定代理人、诉讼代理人可以就附带民事部分的事实向被告人发问;被告人的法定代理人、辩护人,附带民事诉讼被告人及其法定代理人、诉讼代理人可以在控诉一方就某一问题讯问完毕后向被告人发问。有多名被告人的案件，辩护人对被告人的发问，应当在审判长主持下，先由被告人本人的辩护人进行，再由其他被告人的辩护人进行。

第八条 有多名被告人的案件，对被告人的讯问应当分别进行。

被告人供述之间存在实质性差异的，法庭可以传唤有关被告人到庭对质。审判长可以分别讯问被告人，就供述的实质性差异进行调查核实。经审判长准许，控辩双方可以向被告人讯问、发问。审判长认为有必要的，可以准许被告人之间相互发问。

根据案件审理需要，审判长可以安排被告人与证人、被害人依照前款规定的方式进行对质。

第九条 申请参加庭审的被害人众多，且案件不属于附带民事诉讼范围的，被害人可以推选若干代表人参加或者旁听庭审，人民法院也可以指定若干代表人。

对被告人讯问、发问完毕后，其他证据出示前，在审判长主持下，参加庭审的被害人可以就起诉书指控的犯罪事实作出陈述。经审判长准许，控辩双方可以在被害人陈述后向被害人发问。

第十条 为解决被告人供述和辩解中的疑问，审判人员可以讯问被告人，也可以向被害人、附带民事诉讼当事人发问。

第十一条 有多起犯罪事实的案件，对被告人不认罪的事实，法庭调查一般应当分别进行。

被告人不认罪或者认罪后又反悔的案件，法庭应当对与定罪和量刑有关的事实、证据进行全面调查。

被告人当庭认罪的案件，法庭核实被告人认罪的自愿性和真实性，确认被告人知悉认罪的法律后果后，可以重点围绕量刑事实和其他有争议的问题进行调查。

三、出庭作证程序

第十二条 控辩双方可以申请法庭通知证人、鉴定人、侦查人员和有专门知识的人等出庭。

被害人及其法定代理人、诉讼代理人，附带民事诉讼原告人及其诉讼代理人也可以提出上述申请。

第十三条 控辩双方对证人证言、被害人陈述有异议，申请证人、被害人出庭，人民法院经审查认为证人证言、被害人陈述对案件定罪量刑有重大影响的，应当通知证人、被害人出庭。

控辩双方对鉴定意见有异议，申请鉴定人或者有专门知识的人出庭，人民法院经审查认为有必要的，应当通知鉴定人或者有专门知识的人出庭。

控辩双方对侦破经过、证据来源、证据真实性或者证据收集合法性等有异议，申请侦查人员或者有关人员出庭，人民法院经审查认为有必要的，应当通知侦查人员或者有关人员出庭。

为查明案件事实、调查核实证据，人民法院可以依职权通知上述人员到庭。

人民法院通知证人、被害人、鉴定人、侦查人员、有专门知识的人等出庭的，控辩双方协助有关人员到庭。

第十四条 应当出庭作证的证人，在庭审期间因身患严重疾病等客观原因确实无法出庭的，可以通过视频等方式作证。

证人视频作证的，发问、质证参照证人出庭作证的程序进行。

前款规定适用于被害人、鉴定人、侦查人员。

第十五条 人民法院通知出庭的证人，无正当理由拒不出庭的，可以强制其出庭，但是被告人的配偶、父母、子女除外。

强制证人出庭的，应当由院长签发强制证人出庭令，并由法警执行。必要时，可以商请公安机关协助执行。

第十六条 证人、鉴定人、被害人因出庭作证，本人或者其近亲属的人身安全面临危险的，人民法院应当采取不公开其真实姓名、住址和工作单位等个人信息，或者不暴露其外貌、真实声音等保护措施。

决定对出庭作证的证人、鉴定人、被害人采取不公开个人信息的保护措施的，审判人员应当在开庭前核实其身份，对证人、鉴定人如实作证的保证书不得公开，在判决书、裁定书等法律文书中可以使用化名等代替其个人信息。

审判期间，证人、鉴定人、被害人提出保护请求的，人民法院应当立即审查，确有必要的，应当及时决定采取相应的保护措施。必要时，可以商请公安机关采取专门性保护措施。

第十七条 证人、鉴定人和有专门知识的人出庭作证所支出的交通、住宿、就餐等合理费用，除由控辩双方支付的以外，列入出庭作证补助专项经费，在出庭作证后由人民法院依照规定程序发放。

第十八条 证人、鉴定人出庭，法庭应当当庭核实其身份、与当事人以及本案的关系，审查证人、鉴定人的作证能力、专业资质，并告知其有关作证的权利义务和法律责任。

证人、鉴定人作证前，应当保证向法庭如实提供证言、说明鉴定意见，并在保证书上签名。

第十九条 证人出庭后，先向法庭陈述证言，然后先由举证方发问；发问完毕后，对方也可以发问。根据案件审理需要，也可以先由申请方发问。

控辩双方向证人发问完毕后，可以发表本方对证人证言的质证意见。控辩双方如有新的问题，经审判长准许，可以再行向证人发问。

审判人员认为必要时，可以询问证人。法庭依职权通知证人出庭的情形，审判人员应当主导对证人的询问。经审判长准许，被告人可以向证人发问。

第二十条 向证人发问应当遵循以下规则：

（一）发问内容应当与案件事实有关；

（二）不得采用诱导方式发问；

（三）不得威胁或者误导证人；

（四）不得损害证人人格尊严；

（五）不得泄露证人个人隐私。

第二十一条 控辩一方发问方式不当或者内容与案件事实无关，违反有关发问规则的，对方可以提出异议。对方当庭提出异议的，发问方应当说明发问理由，审判长判明情况予以支持或者驳回；对方未当庭提出异议的，审判长也可以根据情况予以制止。

第二十二条 审判长认为证人当庭陈述的内容与案件事实无关或者明显重复的，可以进行必要的提示。

第二十三条 有多名证人出庭作证的案件，向证人发问应当分别进行。

多名证人出庭作证的，应当在法庭指定的地点等候，不得谈论案情，必要时可以采取隔离等候措施。证人出庭作证后，审判长应当通知法警引导其退庭。证人不得旁听对案件的审理。

被害人没有列为当事人参加法庭审理，仅出庭陈述案件事实的，参照适用前款规定。

第二十四条 证人证言之间存在实质性差异的，法庭可以传唤有关证人到庭对质。

审判长可以分别询问证人，就证言的实质性差异进行调查核实。经审判长准许，控辩双方可以向证人发问。审判长认为有必要的，可以准许证人之间相互发问。

第二十五条 证人出庭作证的，其庭前证言一般不再出示、宣读，但下列情形除外：

（一）证人出庭作证时遗忘或者遗漏庭前证言的关键内容，需要向证人作出必要提示的；

（二）证人的当庭证言与庭前证言存在矛盾，需要证人作出合理解释的。

为核实证据来源、证据真实性等问题，或者帮助证人回忆，经审判长准许，控辩双方可以在询问证人时向其出示物证、书证等证据。

第二十六条 控辩双方可以申请法庭通知有专门知识的人出庭，协助本方就鉴定意见进行质证。有专门知识的人可以与鉴定人同时出庭，在鉴定人作证后向鉴定人发问，并对案件中的专门性问题提出意见。

申请有专门知识的人出庭，应当提供人员名单，并不得超过二人。有多种类鉴定意见的，可以相应增加人数。

第二十七条 对被害人、鉴定人、侦查人员、有专门知识的人的发问，参照适用证人的有关规定。

同一鉴定意见由多名鉴定人作出，有关鉴定人以及对该鉴定意见进行质证的有专门知识的人，可以同时出庭，不受分别发问规则的限制。

四、举证、质证程序

第二十八条 开庭讯问、发问结束后，公诉人先行举证。公诉人举证完毕后，被告人及其辩护人举证。

公诉人出示证据后，经审判长准许，被告人及其辩护人可以有针对性地出示证据予以反驳。

控辩一方举证后，对方可以发表质证意见。必要时，控辩双方可以对争议证据进行多轮质证。

被告人及其辩护人认为公诉人出示的有关证据对本方诉讼主张有利的，可以在发表质证意见时予以认可，或者在发表辩护意见时直接援引有关证据。

第二十九条 控辩双方随案移送或者庭前提交，但没有当庭出示的证据，审判长可以进行必要的提示；对于其中可能影响定罪量刑的关键证据，审判长应当提示控辩双方出示。

对于案件中可能影响定罪量刑的事实、证据存在疑问，控辩双方没有提及的，审判长应当引导控辩双方发表质证意见，并依法调查核实。

第三十条 法庭应当重视对证据收集合法性的审查，对证据收集的合法性有疑问的，应当调查核实证明取证合法性的证据材料。

对于被告人及其辩护人申请排除非法证据，依法提供相关线索或者材料，法庭对证据收集的合法性有疑问，决定进行调查的，一般应当先行当庭调查。

第三十一条 对于可能影响定罪量刑的关键证据和控辩双方存在争议的证据，一般应当单独举证、质证，充分听取质证意见。

对于控辩双方无异议的非关键性证据，举证方可以仅就证据的名称及其证明的事项作出说明，对方可以发表质证意见。

召开庭前会议的案件，举证、质证可以按照庭前会议确定的方式进行。根据案件审理需要，法庭可以对控辩双方的举证、质证方式进行必要的提示。

第三十二条 物证、书证、视听资料、电子数据等证据，应当出示原物、原件。取得原物、原件确有困难的，可以出示照片、录像、副本、复制件等足以反映原物、原件外形和特征以及真实内容的材料，并说明理由。

对于鉴定意见和勘验、检查、辨认、侦查实验等笔录，应当出示原件。

第三十三条 控辩双方出示证据，应当重点围绕与案件事实相关的内容或者控辩双方存在争议的内容进行。

出示证据时，可以借助多媒体设备等方式出示、播放或者演示证据内容。

第三十四条 控辩双方对证人证言、被害人陈述、鉴定意见无异议，有关人员不需要出庭的，或者有关人员因客观原因无法出庭且无法通过视频等方式作证的，可以出示、宣读庭前收集的书面证据材料或者作证过程录音录像。

被告人当庭供述与庭前供述的实质性内容一致的，可以不再出示庭前供述；当庭供述与庭前供述存在实质性差异的，可以出示、宣读庭前供述中存在实质性差异的内容。

第三十五条 采用技术侦查措施收集的证据，应当当庭出示。当庭出示、辨认、质证可能危及有关人员的人身安全，或者可能产生其他严重后果的，应当采取不暴露有关人员身份、不公开技术侦查措施和方法等保护措施。

法庭决定在庭外对技术侦查证据进行核实的，可以召集公诉人和辩护律师到场。在场人员应当履行保密义务。

第三十六条 法庭对证据有疑问的，可以告知控辩双方补充证据或者作出说明；必要时，可以在其他证据调查完毕后宣布休庭，对证据进行调查核实。法庭调查核实证据，可以通知控辩双方到场，并将核实过程记录在案。

对于控辩双方补充的和法庭庭外调查核实取得的证据，应当经过庭审质证才能作为定案的根据。但是，对于不影响定罪量刑的非关键性证据和有利于被告人的量刑证据，经庭外征求意见，控辩双方没有异议的除外。

第三十七条 控辩双方申请出示庭前未移送或提交人民法院的证据，对方提出异议的，申请方应当说明理由，法庭经审查认为理由成立并确有出示必要的，应当准许。

对方提出需要对新的证据作辩护准备的，法庭可以宣布休庭，并确定准备的时间。

第三十八条 法庭审理过程中，控辩双方申请通知新的证人到庭，调取新的证据，申请重新鉴定或者勘验的，应当提供证人的基本信息、证据的存放地点，说明拟证明的案件事实、要求重新鉴定或者勘验的理由。法庭认为有必要的，应当同意，并宣布延期审理；不同意的，应当说明理由并继续审理。

第三十九条 公开审理案件时，控辩双方提出涉及国家秘密、商业秘密或者个人隐私的证据的，法庭应当制止。有关证据确与本案有关的，可以根据具体情况，决定将案件转为不公开审理，或者对相关证据的法庭调查不公开进行。

第四十条 审判期间，公诉人发现案件需要补充侦查，建议延期审理的，法庭可以同意，但建议延期审理不得超过两次。

人民检察院将补充收集的证据移送人民法院的，人民法院应当通知辩护人、诉讼代理人查阅、摘抄、复制。辩护方提出需要对补充收集的证据作辩护准备的，法庭可以宣布休庭，并确定准备的时间。

补充侦查期限届满后，经人民法院通知，人民检察院未建议案件恢复审理，且未说明原因的，人民法院可以决定按人民检察院撤诉处理。

第四十一条 人民法院向人民检察院调取需要调查核实的证据材料，或者根据被告人及其辩护人的申请，向人民检察院调取在侦查、审查起诉期间收集的有关被告人无罪或者罪轻的证据材料，应当通知人民检察院在收到调取证据材料决定书后三日内移交。

第四十二条 法庭除应当审查被告人是否具有法定量刑情节外，还应当根据案件情况审查以下影响量刑的情节：

（一）案件起因；

（二）被害人有无过错及过错程度，是否对矛盾激化负有责任及责任大小；

（三）被告人的近亲属是否协助抓获被告人；

（四）被告人平时表现，有无悔罪态度；

（五）退赃、退赔及赔偿情况；

（六）被告人是否取得被害人或者其近亲属谅解；

（七）影响量刑的其他情节。

第四十三条 审判期间，被告人及其辩护人提出有自首、坦白、立功等法定量刑情节，或者人民法院发现被告人可能有上述法定量刑情节，而人民检察院移送的案卷中没有相关证据材料的，应当通知人民检察院移送。

审判期间，被告人及其辩护人提出新的立功情节，并提供相关线索或者材料的，人民法院可以建议人民检察院补充侦查。

第四十四条 被告人当庭不认罪或者辩护人作无罪辩护的，法庭对定罪事实进行调查后，可以对与量刑有关的事实、证据进行调查。被告人及其辩护人可以当庭发表质证意见，出示证明被告人罪轻或者无罪的证据。被告人及其辩护人参加量刑事实、证据的调查，不影响无罪辩解或者辩护。

五、认 证 规 则

第四十五条 经过控辩双方质证的证据，法庭应当结合控辩双方质证意见，从证据与待证事实的关联程度、证据之间的印证联系、证据自身的真实性程度等方面，综合判断证据能否作为定案的根据。

证据与待证事实没有关联，或者证据自身存在无法解释的疑问，或者证据与待证事实以及其他证据存在无法排除的矛盾的，不得作为定案的根据。

第四十六条 通过勘验、检查、搜查等方式收集的物证、书证等证据，未通过辨认、鉴定等方式确定其与案件事实的关联的，不得作为定案的根据。

法庭对鉴定意见有疑问的，可以重新鉴定。

第四十七条 收集证据的程序、方式不符合法律规定，严重影响证据真实性的，人民法院应当建议人民检察院予以补正或者作出合理解释；不能补正或者作出合理解释的，有关证据不得作为定案的根据。

第四十八条 证人没有出庭作证，其庭前证言真实性无法确认的，不得作为定案的根据。

证人当庭作出的证言与其庭前证言矛盾，证人能够作出合理解释，并与相关证据印证的，应当采信其庭审证言；不能作出合理解释，而其庭前证言与相关证据印证的，可以采信其庭前证言。

第四十九条 经人民法院通知，鉴定人拒不出庭作证的，鉴定意见不得作为定案的根据。

有专门知识的人当庭对鉴定意见提出质疑，鉴定人能够作出合理解释，并与相关证据印证的，应当采信鉴定意见；不能作出合理解释，无法确认鉴定意见可靠性的，有关鉴定意见不能作为定案的根据。

第五十条 被告人的当庭供述与庭前供述、自书材料存在矛盾，被告人能够作出合理解释，并与相关证据印证的，应当采信其当庭供述；不能作出合理解释，而其庭前供述、自书材料与相关证据印证的，可以采信其庭前供述、自书材料。

法庭应当结合讯问录音录像对讯问笔录进行全面审查。讯问笔录记载的内容与讯问录音录像存在实质性差异的，以讯问录音录像为准。

第五十一条 对于控辩双方提出的事实证据争议，法庭应当当庭进行审查，经审查后作出处理的，应当当庭说明理由，并在裁判文书中写明；需要庭后评议作出处理的，应当在裁判文书中说明理由。

第五十二条 法庭认定被告人有罪，必须达到犯罪事实清楚，证据确实、充分，对于定罪事实应当综合全案证据排除合理怀疑。定罪证据不足的案件，不能认定被告人有罪，应当作出证据不足、指控的犯罪不能成立的无罪判决。定罪证据确实、充分，量刑证据存疑的，应当作出有利于被告人的认定。

第五十三条 本规程自 2018 年 1 月 1 日起试行。

《人民法院办理刑事案件庭前会议规程（试行）》的理解与适用

□戴长林　鹿素勋

制定《人民法院办理刑事案件庭前会议规程（试行）》（以下简称《庭前会议规程》），目的在于规范庭前会议的适用，解决与审判有关的程序性事项，提升庭审效率和庭审质量，实现庭审实质化，深入推进以审判为中心的刑事诉讼制度改革。《庭前会议规程》共计 27 条，规定了庭前会议的功能、适用范围、基本规程、主要内容、效力以及与庭审的衔接方式等。

一、明确庭前会议的功能定位

1. 解决可能导致庭审中断的程序性申请和异议，确保庭审集中审理、持续审理。庭前会议中，人民法院可以依法处理有关回避、出庭证人名单、非法证据排除等可能导致庭审中断的事项。在公诉方提起指控之后，辩护方可能提出各种程序性申请和异议，如申请回避、申请特定证人出庭、申请排除非法证据或者对管辖权提出异议等。对于上述申请或者异议，通过庭前会议集中解决，可避免庭审中断。

2. 组织证据展示，明确事实、证据争点，确保庭审充分审理、高效审理。庭前会议中，人民法院可以组织控辩双方展示证据，归纳控辩双方争议焦点。由于控辩双方的争点在庭审前就已经初步明确，法庭就可以围绕上述争议问题组织控辩双方积极举证、质证和辩论，突出庭审调查的针对性，提高庭审辩论的充分性，确保庭审的成效。

3. 庭前会议不能弱化庭审，更不能取代庭审。人民法院可以在开庭审理前召开庭前会议，就与审判相关的问题了解情况、听取意见、开展必要的庭审准备工作。庭前会议召开目的是开展必要的庭审准备工作，因此庭前会议可以进行证据展示，但不能以证据展示取代庭审举证和质证；可以整理事实和证据争点，目的是突出庭审重点，确保庭审质效，不能弱化和取代庭审调查、辩论等。

二、明确庭前会议的适用范围

1. 证据材料较多，案情疑难复杂的案件。如涉及多个罪名、多起事实或者多名被告人的黑社会性质组织犯罪案件、经济犯罪案件等，庭审的事实、证据调查工作量较大，有必要召开庭前会议整理事实、证据争点。通过庭前会议有效区分存在争议和无争议的事实、证据，能够确保庭审更具针对性，大幅度提高庭审效率。

2. 社会影响重大，舆论广泛关注的案件。一些案件事实并不复杂，当事人争议也不大，但案件本身由于当事人身份、案件后果等因素引起社会普遍关注。此类案件通常需要制定周密的庭审预案，因此有必要召开庭前会议就相关问题听取相关当事人等的意见，确保庭审顺利进行，在确保程序公正的同时充分发挥庭审的法制宣传教育功能。

3. 控辩双方对事实证据存在较大争议的案件。此类案件召开庭前会议，一方面可以听取控辩双方对事实证据的意见，整理案件争议焦点；另一方面控辩双方经过庭前会议初次交锋，互相明了对方观点，也能在庭前会议后为庭审辩论做好充分准备，实现控辩双方平等、有效对抗，有利于提高庭审质量。

4. 当事人提出的申请或者异议可能导致庭审中断的案件。《庭前会议规程》列举了对案件管辖提出异议，申请有关人员回避等可能导致庭审中断的情形。如果控辩双方对上述事项存在较大争议并提出异议，人民法院可召开庭前会议，在庭前妥善解决争议，避免庭审被迫中断。

三、明确庭前会议的基本规程

1. 关于庭前会议的启动。《庭前会议规程》除规定四类案件人民法院可视情况决定召开庭前会议外，还规定控辩双方可以申请人民法院召开庭前会议。当然，控辩双方申请召开庭前会议的，不会导致庭前会议的必然召开，人民法院对控辩双方的申请要予以审查，认为有必要的则召开庭前会议，没有必要的则无须召开，但决定不召开庭前会议的，应当告知申请人。

2. 关于庭前会议的召开方式。庭前会议一般不公开进行。同时，考虑到部分案件庭前会议可能仅解决回避、管辖、不公开审理等争议较为简单的程序性问题，当事人、辩护人等可能一时不在当地，根据案件情况，庭前会议可以采用视频会议等方式进行。在不影响庭前会议质量的情况下，人民法院采用灵活方式召开庭前会议，既方便诉讼，又能提高诉讼效率。

3. 关于庭前会议的主持人员。庭前会议一般由承办法官主持。同时，考虑到合议庭还有其他成员，且合议庭共同对案件负责，承办法官有特殊情况不能主持的，《庭前会议规程》规定其他合议庭成员也可以主持。《庭前会议规程》还规定，根据案件情况，承办法官可以指导法官助理主持庭前会议。该规定与《最高人民法院关于完善人民法院司法责任制的若干意见》第十六条和第十九条的相关规定是一致的。

4. 关于庭前会议的参与人员。《庭前会议规程》规定，合议庭其他成员可以参加庭前会议；同时，基于保护被告人权益，形成控辩双方平等对抗，以及人民检察院作为"法律监督者"的要求，公诉人、辩护人应当参加庭前会议。

关于被告人参加庭前会议的问题，司法实践中要注意把握以下两点：首先，有多名被告人参加庭前会议的，应当采取必要措施防止串供，特别是庭前会议中，涉及被告人口供的场合（包括对审前口供的异议及非法口供的排除），可参照庭审程序，分别组织被告人逐一参加庭前会议；其次，被告人不参加庭前会议的，辩护人应当就庭前会议处理事项听取被告人意见，注意保障被告人诉讼权利。

5. 关于庭前会议召开的时间、地点等。作为庭前准备程序，司法实践中庭前会议在正式开庭审理之前召开，是其应有之义。此外，人民法院休庭后，可以在再次开庭前召开庭前会议。

四、明确庭前会议的主要内容

1. 处理程序性事项。《庭前会议规程》明确了庭前会议对十项程序性事项处理的效力，即对于规定中可能导致庭审中断的程序性事项，人民法院应当依法作出处理，在开庭审理前告知处理决定，并说明理由。控辩双方没有新的理由，在庭审中再次提出有关申请或者异议的，法庭应当依法予以驳回。同时，《庭前会议规程》分别规定了对上述程序性事项的具体处理方式。

2. 组织展示证据。在庭前会议中，对于控辩双方决定在庭审中出示的证据，人民法院可以组织控辩双方展示证据，听取控辩双方对在案证据的意见，归纳存在争议的证据。司法实践中，在庭前会议中展示证据时应注意三个方面的问题：首先，不能以证据展示取代庭审举证、质证，故在庭前会议展示证据时，不主张详细宣读证据内容，控辩双方可采取对证据证明事项予以简要概括说明等方式，听取对方意见。其次，对于控辩双方在庭前会议中没有争议的证据材料，庭审时举证、质证可以简化，以实现通过证据展示简化庭审的目的。最后，人民法院组织展示证据的，一般应当通知被告人到场，听取被告人意见；如果被告人不到场，辩护人要在召开庭前会议前采取适当方式听取被告人意见；如有必要，在庭前会议结束后，应将证据展示的情况告知被告人，确保被告人对证据的知情权和质证权。

3. 整理事实和证据争点。人民法院可以在庭前会议中归纳控辩双方的争议焦点，明确法庭调查的方式和重点。通过证据展示，梳理存在争议的证据，归纳争议的焦点。对于控辩双方在庭前会议中没有争议的证据材料，在庭审中可以仅就证据的名称及其证明的事项作出说明，简化举证、质证。简化质证并非不质证，对于控辩双方存在争议的证据，应当单独举证、质证。

4. 开展附带民事调解。对于被害方提起附带民事诉讼的，人民法院可以在庭前会议中进行调解。在庭前以调解方式处理附带民事诉讼，能有效促使被告人、被害人达成和解，使被害人尽早得到赔偿。

5. 选择审理程序。在司法实践中，控辩双方通过庭前会议展示证据、发表意见后，被告人经过对相关证据的分析评估后，可能会自愿认罪认罚，对此，人民法院可以决定不适用普通程序审理，对案件进行繁简分流。也就是说，对于被告人在庭前会议前不认罪，在庭前会议中又认罪的案件，人民法院在核实被告人认罪的自愿性和真实性后，可以依法适用速裁程序或者简易程序审理。

6. 建议撤回起诉。为防止“事实不清、证据不足”的案件轻易进入审判程序，对于不符合开庭要求的案件有必要进行相应的分流处理，切实发挥庭前准备程序的过滤功能。根据“两高三部”发布的《关于推进以审判为中心的刑事诉讼制度改革的意见》的要求，《庭前会议规程》规定：人民法院在庭前会议中听取控辩双方对案件事实证据的意见后，对于明显事实不清、证据不足的案件，可以建议人民检察院撤回起诉。作出该规定，主要考虑到有时经过控辩双方出示证据并发表意见后，人民法院会发现案件明显事实不清、证据不足，此时若不建议人民检察院撤回起诉，径行庭审，一方面会造成资源的浪费，另一方面也不利于被告人特别是被羁押被告人的人权保障。

五、明确庭前会议的效力以及与庭审的衔接方式

1. 人民法院在庭前会议可以决定的事项。对可能导致庭审中断的程序性事项，如申请回避、提出管辖权异议、对出庭证人名单提出异议等，人民法院可以在庭前会议中作出处理决定，在开庭审理前告知处理决定，并说明理由。控辩双方没有新的理由，在庭审中再次提出有关申请或者异议的，法庭应当依法予以驳回。

2. 控辩双方可以在庭前会议中对相关问题进行协商并作出合意决定。在庭前会议中，控辩双方不仅可以向审判人员反映情况、发表意见，而且可以积极地协商解决相应的争议问题。例如，对于被告人及其辩护人提出的非法证据排除申请，人民法院不能在庭前会议中作出决定，但控辩双方可以对此交换意见，经过控辩双方出示证据、进行协商，可以作出合意决定，被告人及其辩护人可以选择撤回申请，公诉人也可以选择不将该证据作为指控犯罪的根据。同时，控辩双方可以协商决定事实证据争点，明确有争议的证据和没有争议的证据，进而确定庭审调查的重点。

3. 庭前会议处理结果的拘束力。《庭前会议规程》规定，要通过在庭审中宣读庭前会议报告，确定庭前会议处理事项的拘束力。首先，对于庭前会议处理的可能导致庭审中断的程序性事项，控辩双方没有新的理由，在庭审中再次提出有关申请或者异议的，法庭应当依法予以驳回。其次，对于庭前会议中达成一致意见的事项，法庭向控辩双方核实后当庭予以确认。控辩双方在庭前会议中就有关事项达成一致意见，又在庭审中反悔的，除有正当理由外，法庭一般不再对有关事项进行处理。最后，对于未达成一致意见的事项，法庭可以归纳控辩双方争议焦点，听取控辩双方意见，并依法作出处理。

《人民法院办理刑事案件排除非法证据规程（试行）》的理解与适用

□戴长林　朱晶晶

为认真贯彻党的十八届三中、四中全会改革要求，严格落实中央深改组审议通过的《关于推进以审判为中心的刑事诉讼制度改革的意见》《关于办理刑事案件严格排除非法证据若干问题的规定》（以下简称《严格排除非法证据规定》）等文件，最高人民法院制定《人民法院办理刑事案件排除非法证据规程（试行）》（以下简称《非法证据排除规程》）。《非法证据排除规程》共计36条，重申中央改革文件对非法证据范围的规定，重点针对非法证据排除程序适用中存在的启动难、证明难、认定难、排除难等问题，进一步明确人民法院审查和排除非法证据的具体规则和流程，有助于审判人员进一步树立规则意识、证据意识、程序意识，有效防范冤假错案发生。

一、明确非法证据的认定标准和排除方式

1. 明确被告人供述的排除规则。对被告人供述合法性的认定是目前非法证据排除规则的核心问题。《非法证据排除规程》重申中央改革文件对非法证据范围的规定，明确规定采用刑讯逼供、威胁、非法限制人身自由等方法收集的供述应当予以排除。同时，《非法证据排除规程》重点强调了重复性供述排除规则及两种例外情形，即采用刑讯逼供方法使被告人作出供述，之后被告人受该刑讯逼供行为影响而作出的与该供述相同的重复性供述，应当一并排除，但下列情形除外：(1)侦查期间，根据控告、举报或者主动发现等，侦查机关确认或者不能排除以非法方法收集证据而更换侦查人员，其他侦查人员再次讯问时告知诉讼权利和认罪的法律后果，被告人自愿供述的；(2)审查逮捕、审查起诉和审判期间，检察人员、审判人员讯问时告知诉讼权利和认罪的法律后果，被告人自愿供述的。

2. 明确证人证言和被害人陈述的排除规则。采取暴力、威胁以及非法限制人身自由等方法收集证人证言、被害人陈述,不仅严重损害司法的公正性和公信力,而且通过非法取证所刻意制造的虚假印证,极易导致冤假错案。《非法证据排除规程》明确,采用暴力、威胁以及非法限制人身自由等非法方法收集的证人证言、被害人陈述,应当予以排除。

3. 明确实物证据的排除规则。为有效保护公民住宅权、隐私权等宪法权利,《非法证据排除规程》重申《严格排除非法证据规定》的相关规定,确立了非法实物证据的排除规则,并将非法实物证据进一步限定为采用非法搜查、扣押等措施取得的实物证据,即采用非法搜查、扣押等违反法定程序的方法收集物证、书证,可能严重影响司法公正的,应当予以补正或者作出合理解释;不能补正或者作出合理解释的,对有关证据应当予以排除。所谓"非法搜查、扣押",主要是指未经依法批准或授权而滥用搜查、扣押措施。

司法实践中,要正确区分非法证据和瑕疵证据。刑事诉讼法规定的非法证据有特定的含义,只有通过违反法定程序并且严重侵犯人权(或者严重影响司法公正)的非法方法收集的证据,才属于"非法证据";瑕疵证据虽然也涉及违反取证程序的情形,但一般是指收集证据的时间、地点、签名等技术性违法,并不侵犯被告人基本权利,如询问证人的地点不符合规定的,收集调取的物证、书证,在勘查笔录、提取笔录上没有侦查人员等相关人员签名的等,这些并非非法证据排除制度意义上的"非法证据"。实践中,多地法院将非法证据与瑕疵证据混淆,不当地扩大了非法证据的范围,冲淡了非法证据排除制度的功能和价值,应当引起重视。

二、庭前会议对证据收集合法性争议的处理

1. 庭前全面阅卷。为全面掌握案件情况,确保法庭集中审理,承办法官在开庭审理前应当阅卷,并对证据收集的合法性进行审查:(1)被告人在侦查、审查起诉阶段是否提出排除非法证据申请;提出申请的,是否提供相关线索或者材料。(2)侦查机关、人民检察院是否对证据收集的合法性进行调查核实;调查核实的,是否作出调查结论。(3)对于重大案件,人民检察院驻看守所检察人员在侦查终结前是否核查讯问的合法性,是否对核查过程同步录音录像;进行核查的,是否作出核查结论。(4)对于人民检察院在审查逮捕、审查起诉阶段排除的非法证据,是否随案移送并写明为依法排除的非法证据。对证据收集的合法性进行审查后,人民法院认为需要补充证据材料的,应当通知人民检察院在 3 日内补送。

2. 权利告知。人民法院向被告人及其辩护人送达起诉书副本时,应当告知其有权在开庭审理前申请排除非法证据并同时提供相关线索或者材料。上述情况应当记录在案。在开庭审理前告知被告人有权申请排除非法证据,可以有效防止被告人到庭审阶段才提出相关申请,保证庭审的集中性和有序性。同时,为确保被告方有效取得相关线索或者材料,依法申请排除非法证据,被告人申请排除非法证据,但没有辩护人的,人民法院应当通知法律援助机构指派律师为其提供辩护。

3. 关于申请的提出及对申请的审查。为防止被告人滥用申请权,避免造成司法资源的浪费,《非法证据排除规程》对被告人提出申请的条件、形式及时限等问题进行了规范。(1)申请的条件。被告人及其辩护人申请排除非法证据,应当提供相关线索或者材料。"线索"是指内容具体、指向明确的涉嫌非法取证的人员、时间、地点、方式等;"材料"是指能够反映非法取证的伤情照片、体检记录、医院病历、讯问笔录、讯问录音录像或者同监室人员的证言等。如果被告人仅泛泛地辩称自己遭到刑讯逼供,而提不出任何涉嫌对其刑讯的人员、时间、地点、方式等细节信息,就未能完成初步的举证责任。(2)申请的形式。被告人及其辩护人申请排除非法证据,应当向人民法院提交书面申请。被告人书写确有困难的,可以口头提出申请,但应当记录在案,并由被告人签名或者捺印。(3)申请的时限。被告人及其辩护人申请排除非法证据,应当在开庭审理前提出,但在庭审期间发现相关线索或者材料等情形除外。

根据司法实际,人民法院受理被告人的申请后,对申请的审查及处理方式可分为以下三种情形:(1)被告人及其辩护人申请排除非法证据,并提供相关线索或者材料的,人民法院应当召开庭前会议,并在召开庭前会议3日前将申请书和相关线索或者材料的复制件送交人民检察院。(2)被告人及其辩护人申请排除非法证据,未提供相关线索或者材料的,人民法院应当告知其补充提交。被告人及其辩护人未能补充的,人民法院对申请不予受理,并在开庭审理前告知被告人及其辩护人。(3)对于可能判处无期徒刑、死刑或者黑社会性质组织犯罪、严重毒品犯罪等重大案件,被告人在驻看守所检察人员对讯问的合法性进行核查询问时,明确表示侦查阶段没有刑讯逼供等非法取证情形,在审判阶段又提出排除非法证据申请的,应当说明理由,人民法院经审查对证据收集的合法性没有疑问的,可以驳回申请;驻看守所检察人员在重大案件侦查终结前未对讯问的合法性进行核查询问,或者未对核查询问过程全程同步录音录像,被告人及其辩护人在审判阶段提出排除非法证据申请,提供相关线索或者材料,人民法院对证据收集的合法性有疑问的,应当依法进行调查。

4. 庭前会议中证据的出示方式。为充分发挥庭前会议程序在解决证据收集合法性争议方面的预期功能,需要促使控辩双方就争议问题充分交换意见,积极进行协商。关于在庭前会议中能否播放讯问录音录像和通知相关人员到会的问题,在规程起草过程中形成三种意见:第一种意见认为,在庭前会议中能否播放录音录像或者通知相关人员到会,情况比较复杂,可交由审判人员根据案件情况作出判断,不宜具体规定;第二种意见认为,为了避免庭前会议取代法庭审理的质疑,应当明确禁止在庭前会议中播放录音录像或者通知相关人员到会,待庭审一并解决;第三种意见认为,录音录像与讯问笔录等书面材料性质相同,对于有讯问录音录像的案件,在庭前会议中播放录音录像有助于尽早解决证据合法性争议,确保法庭集中审理。根据试点工作和征求意见情况,我们同意第三种意见,即人民法院可以对有关材料进行核实,经控辩双方申请,可以有针对性地播放讯问录音录像。

5. 庭前会议对证据收集合法性争议的处理方式。立足司法实际,《非法证据排除规程》将庭前会议对证据收集合法性的处理方式概括为四种情形:(1)在庭前会议中,人民检察院可以撤回有关证据。撤回的证据,没有新的理由,不得在庭审中出示。(2)被告人及其辩护人可以撤回排除非法证据的申请;撤回申请后,没有新的线索或者材料,不得再次对有关证据提出排除申请。(3)控辩双方在庭前会议中对证据收集的合法性达成一致意见的,法庭应当在庭审中向控辩双方核实并当庭予以确认。对于一方在庭审中反悔的,除有正当理由外,法庭一般不再进行审查。(4)对于控辩双方在庭前会议中对证据收集是否合法未达成一致意见的情形,《严格排除非法证据规定》第二十六条规定,人民法院对证据收集的合法性有疑问的,应当在庭审中进行调查;人民法院对证据合法性没有疑问,且没有新的线索或材料表明可能存在非法取证的,可以决定不再进行调查。但有意见认为,该规定容易引起以庭前会议取代法庭调查的质疑。根据司法实际和试点工作情况,《非法证据排除规程》规定:"控辩双方在庭前会议中对证据收集的合法性未达成一致意见,人民法院应当在庭审中进行调查,但公诉人提供的相关证据材料确实、充分,能够排除非法取证情形,且没有新的线索或者材料表明可能存在非法取证的,庭审调查举证、质证可以简化。"这一规定对《严格排除非法证据规定》予以细化和完善,实现了庭前会议和法庭调查的衔接,既是对庭前会议功能和效力的肯定,也可以避免庭前会议处理结果面临不必要的争议,与《严格排除非法证据规定》在本质上是一致的。

三、法庭审理阶段对证据收集合法性争议的处理

1. 对当庭提出的排除非法证据申请的处理。被告人及其辩护人在开庭审理前未申请排除非法证据,在庭审过程中提出申请的,应当说明理由。人民法院经审查,对证据收集的合法性有疑问的,应当进行调查;没有疑问的,应当驳回申请。人民法院驳回排除非法证据的申请后,被告人及其辩护人没有新的线索或者材料,以相同理由再次提出申请的,人民法院不再审查。

2. 以先行调查为原则,以法庭调查结束前调查为例外。人民法院决定对证据收集的合法性进行法庭调查的,应当先行当庭调查。对于被申请排除的证据和其他犯罪事实没有关联等情形,为防止庭审过分迟延,可以先调查其他犯罪事实,再对证据收集的合法性进行调查。需要强调的是,在对证据收集合法性的法庭调查程序结束前,不得对有关证据出示、宣读。

3. 证据收集合法性的证明责任和证明方式。证据收集合法性的举证责任由人民检察院承担。公诉人对证据收集的合法性加以证明,可以出示讯问笔录、提讯登记、体检记录、采取强制措施或者侦查措施的法律文书、侦查终结前对讯问合法性的核查材料等证据材料,也可以针对被告人及其辩护人提出异议的讯问时段播放讯问录音录像,提请法庭通知侦查人员或者其他人员出庭说明情况。需要注意的是,这里规定的"出示讯问笔录"、"播放讯问录音录像",关注的是供述的证据能力问题,因供述的合法性尚存争议,故此时不能具体宣读讯问笔录或者播放讯问录音录像的具体供述,只是基于讯问笔录、讯问录音录像显示的讯问时间、地点、提问内容等事项,审查讯问过程的合法性。与侦查讯问笔录和讯问录音录像不同,对讯问合法性的核查材料可以直接反映被告人是否提出过刑讯逼供或者非法取证问题,公诉人出示相关核查材料时,可以宣读核查材料的具体内容或者播放核查录音录像,被告人可以进行质证、辩论。在对证据收集的合法性进行调查时,不得以侦查人员签名并加盖公章的说明材料替代侦查人员出庭。侦查人员或者其他人员出庭的,应当向法庭说明证据收集过程,并就相关情况接受发问。经人民法院通知,侦查人员不出庭说明情况,不能排除以非法方法收集证据情形的,对有关证据应当予以排除。

4. 证据收集合法性的证明标准。经法庭审理,具有下列情形之一的,对有关证据应当予以排除:(1)确认以非法方法收集证据的。(2)应当对讯问过程录音录像的案件没有提供讯问录音录像,或者讯问录音录像存在选择性录制、剪接、删改等情形,现有证据不能排除以非法方法收集证据的。(3)侦查机关除紧急情况外没有在规定的办案场所讯问,现有证据不能排除以非法方法收集证据的。(4)驻看守所检察人员在重大案件侦查终结前未对讯问合法性进行核查,或者未对核查过程同步录音录像,或者录音录像存在选择性录制、剪接、删改等情形,现有证据不能排除以非法方法收集证据的。(5)其他不能排除存在以非法方法收集证据的。

5. 法庭对证据收集合法性争议的裁判方式。人民法院对证据收集的合法性进行调查后,应当当庭作出是否排除有关证据的决定。必要时可以宣布休庭,由合议庭评议或者提交审判委员会讨论,再次开庭时宣布决定。但无论是当庭还是休庭后作出决定,在法庭作出相关决定之前不得对有关证据宣读、质证。

四、二审阶段对证据收集合法性争议的处理

《非法证据排除规程》立足司法实际,对二审阶段关于证据收集合法性争议的处理作出具体规定,可以概括为以下三种情形:

1. 被告人在一审期间没有申请排除非法证据,在二审期间才提出申请的。《非法证据排除规程》对二审法院应当审查的情形作了限定:"被告人及其辩护人在第一审程序中未提出排除非法证据的申请,在第二审程序中提出申请,有下列情形之一的,第二审人民法院应当审查:(一)第一审人民法院没有依法告知被告人申请排除非法证据的权利的;(二)被告人及其辩护人在第一审庭审后发现涉嫌非法取证的相关线索或者材料的。"

2. 被告人在一审期间申请排除非法证据，但一审法院未予审查的。第一审人民法院对被告人及其辩护人排除非法证据的申请未予审查，并以有关证据作为定案的根据，可能影响公正审判的，第二审人民法院应当裁定撤销原判，发回原审人民法院重新审判。

3. 控辩双方对一审法院的审查结论提出异议的。控辩双方对证据收集合法性裁判不服，不能单独就此提出上诉、抗诉，但可在上诉、抗诉中将之作为理由。人民检察院、被告人及其法定代理人提出抗诉、上诉，对第一审人民法院有关证据收集合法性的审查、调查结论提出异议的，第二审人民法院应当审查。第一审人民法院对依法应当排除的非法证据未予排除的，第二审人民法院可以依法排除相关证据。

需要强调的是，为避免因人民检察院怠于举证而引发不必要的程序争议，如果人民检察院在第一审程序中未出示证明证据收集合法性的证据，第一审人民法院依法排除有关证据的，人民检察院在第二审程序中不得出示之前未出示的证据，但在第一审程序后发现的除外。

《人民法院办理刑事案件第一审普通程序法庭调查规程（试行）》的理解与适用

□戴长林　刘静坤

为认真贯彻党的十八届三中、四中全会改革要求，全面深入推进以审判为中心的刑事诉讼制度改革，充分发挥庭审在查明事实、认定证据、保护诉权、公正裁判中的决定性作用，最高人民法院制定发布《人民法院办理刑事案件第一审普通程序法庭调查规程（试行）》（以下简称《法庭调查规程》）。《法庭调查规程》分为五个部分，共计53条，是推进庭审实质化改革的关键举措。在总结传统庭审经验的基础上，《法庭调查规程》将证据裁判、程序公正、集中审理、诉权保障确立为法庭调查的基本原则，规范宣布开庭和讯问、发问程序，落实证人、鉴定人出庭作证制度，完善各类证据的举证、质证、认证规则，有助于确保诉讼证据出示在法庭、案件事实查明在法庭、诉辩意见发表在法庭、裁判结果形成在法庭。

一、宣布开庭和讯问、发问程序

1. 宣布开庭程序

宣布开庭是整个庭审程序的开端。由于庭前会议通常不公开进行，并且初步处理的事项最终有待法庭当庭确认，因此，要处理好庭前会议与庭审的衔接问题。

为充分保障被告人诉权，法庭宣布开庭后，无论是否召开庭前会议，都应当告知被告人在法庭审理过程中依法享有的诉讼权利。也就是说，当庭告知被告人诉讼权利，是庭审必经程序，不能因庭前会议告知诉讼权利就在庭审时省略这一程序。同时，对于召开庭前会议的案件，如涉及诉讼权利方面的事项，法庭可以在庭前会议中对有关事项作出初步处理，此种情况下，法庭可以在开庭后告知诉讼权利的环节，一并宣布庭前会议对有关事项的处理结果。

对于召开庭前会议的案件，按照要求应当制作庭前会议报告。为明确法庭审理的焦点事项，让控辩双方和旁听人员了解庭前会议的基本情况，公诉人宣读起诉书后，法庭应当首先宣布庭前会议报告的主要内容。需要指出的是，有多起犯罪事实的案件，法庭可以在有关犯罪事实的法庭调查开始前，分别宣布庭前会议报告的相关内容。

对于庭前会议中达成一致意见的事项，法庭可以向控辩双方核实后当庭予以确认；对于庭前会议中未达成一致意见的事项，法庭可以在庭审涉及该事项的环节归纳争议焦点，听取控辩双方意见，并在庭前会议基础上依法作出处理。概言之，法庭在庭前会议中初步处理的所有事项，最终都要通过法庭审理程序予以确认，这种确认程序，既是对庭前会议功能和效力的肯定，也能够避免庭前会议处理结果面临不必要的争议。

2. 对被告人的讯问程序

根据法律规定，公诉人在法庭上宣读起诉书后，被告人可以就起诉书指控的犯罪进行陈述，并接受各方讯问、发问。被告人是否认罪，对法庭审理程序有重要影响。因此，公诉人宣读起诉书后，审判长应当询问被告人对起诉书指控的犯罪事实是否有异议，听取被告人的供述和辩解。对于被告人当庭认罪的案件，应当核实被告人认罪的自愿性和真实性，并听取其供述和辩解。如果被告人在该环节自愿真实认罪，法庭可以相应地简化审理程序。

法庭核实被告人是否认罪后，在审判长主持下，公诉人可以就起诉书指控的犯罪事实讯问被告人。有的案件，在该环节就案件事实证据问题详细讯问被告人，可能与后续的举证、质证重复，且导致庭审低效拖延。为防止庭审过分拖延，公诉人就证据问题向被告人的发问可在举证、质证环节进行。有多名被告人的案件，为防止对被告人发问的次序混乱，辩护人对被告人的发问，应当在审判长主持下，先由被告人本人的辩护人进行，再由其他被告人的辩护人进行。

有多名被告人的案件，为防止各被告人串供，影响庭审顺利进行，对被告人进行讯问的，应当分别进行。被告人供述之间存在实质性差异的，为准确认定证据，法庭可以传唤有关被告人到庭对质。审判长可以分别讯问被告人，就供述的实质性差异进行调查核实。经审判长准许，控辩双方可以向被告人讯问、发问。在此基础上，审判长认为有必要的，可以准许被告人之间相互发问。根据案件审理需要，审判长可以安排被告人与证人、被害人依照这种方式进行对质。

起诉书指控的被告人的犯罪事实为两起以上的，法庭调查一般应当分别进行。基于量刑规范化改革经验，为建立相对独立的量刑程序，确保量刑公正，对于被告人不认罪或者认罪后又反悔的案件，法庭应当对与定罪和量刑有关的事实、证据进行全面调查。相应地，基于案件繁简分流的考量，对于被告人当庭认罪的案件，法庭核实被告人认罪的自愿性和真实性，确认被告人知悉认罪的法律后果后，可以主要围绕量刑事实和其他有争议的问题进行调查。

3. 被害人参与诉讼的方式及对被害人的发问程序

有的案件，特别是非法集资等涉众型案件，被害人数量众多，分散各地，要处理好被害人合法权益保护和庭审顺利进行的关系问题。现阶段，基于一些地方的实践探索，可以考虑建立被害人代表人参与诉讼制度。具体言之，申请参加庭审的被害人众多，且案件不属于附带民事诉讼范围的，被害人可以推选若干代表人参加或者旁听庭审，人民法院也可以指定若干代表人。

对于被害人参与庭审的案件，为避免其他证据影响被害人的陈述内容，有必要注意被害人当庭陈述的时间节点。实践中，可以考虑让被害人先行向法庭提供证据。对被告人发问完毕后，其他证据出示前，在审判长主持下，参加庭审的被害人可以就起诉书指控的犯罪事实作出陈述。经审判长准许，控辩双方可以在被害人陈述后向被害人发问。

二、出庭作证程序

1. 出庭作证的人员范围

尽管强调完善证人、鉴定人出庭制度，但基于必要性和司法资源等考虑，并不是所有案件中的所有证人、鉴定人都有必要出庭。总体上讲，各类人员出庭都要坚持必要性原则，且通常涉及案件中的关键证据。

具体言之，控辩双方对证人证言、被害人陈述有异议，申请证人、被害人出庭，人民法院经审查认为证人证言、被害人陈述对案件定罪量刑有重大影响的，应当通知证人、被害人出庭。控辩双方对鉴定意见有异议，申请鉴定人或者有专门知识的人出庭，人民法院经审查认为有必要的，应当通知鉴定人或者有专门知识的人出庭。控辩双方对侦破经过、证据来源、证据真实性或者证据收集合法性等有异议，申请侦查人员或者有关人员出庭，人民法院经审查认为有必要的，应当通知侦查人员或者有关人员出庭。需要强调的是，为查明案件事实、调查核实证据，人民法院可以依职权通知上述人员到庭。

2. 出庭作证的程序机制和保障措施

为促使有关人员出庭作证，有必要在通知到庭基础上，建立协助到庭、视频作证、强制到庭等多层次的程序机制。首先，人民法院通知证人、被害人、鉴定人、侦查人员、有专门知识的人等出庭后，控辩双方要协助有关人员到庭，依法履行各自的举证责任。对于应当出庭作证的证人，在庭审期间因身患严重疾病等客观原因确实无法出庭的，可以通过视频等方式远程作证。其次，对于强制证人出庭的情形，应当由院长签发强制证人出庭令，并由法警执行；必要时可以商请公安机关协助执行。应当注意的是，强制到庭是证人出庭的最后手段，需要进一步完善相应的操作程序。

决定对出庭作证的证人、鉴定人、被害人采取不公开个人信息的保护措施的，审判人员应当在开庭前核实其身份，对证人、鉴定人如实作证的保证书不得公开，在判决书、裁定书等法律文书中可以使用化名等代替其个人信息。审判期间，证人、鉴定人、被害人提出保护请求的，人民法院应当立即审查，确有必要的，应当及时决定采取相应的保护措施；必要时，可以商请公安机关采取专门性保护措施。同时，证人、鉴定人和有专门知识的人出庭作证所支出的交通、住宿、就餐等合理费用，除由控辩双方支付的以外，列入出庭作证补助专项经费，在出庭作证后由人民法院依照规定程序发放。

3. 出庭作证的具体流程

一是到庭核实程序。证人、鉴定人出庭，法庭应当当庭核实其身份、与当事人以及本案的关系，审查证人、鉴定人的作证能力、专业资质，并告知其有关作证的权利义务和法律责任。其中，对证人应当重点审查作证能力，对鉴定人应当重点审查专业资质。证人、鉴定人作证前，应当保证向法庭如实提供证言、说明鉴定意见，并在保证书上签名。

二是发问程序。向证人发问，实际上就是对证人证言的举证、质证过程。证人出庭后，先向法庭陈述其所感知的案件事实，然后一般先由举证方发问；发问完毕后，对方也可以发问。控辩一方申请证人出庭的情形，也可以先由申请方发问。这种以举证方先发问为原则、申请方先发问为补充的发问模式，既能与庭审司法证明的过程契合，也有助于确保证人全面客观地陈述案件事实。

向证人发问，应当以归纳争议、充分质证、解决争议为宗旨。控辩双方发问完毕后，可以发表本方对证人证言的质证意见，避免对证人证言质证过于延迟以及无法得到有效回应等问题。控辩双方如有新的问题，经审判长准许，可以再行发问。审判人员认为必要时，可以询问证人。法庭依职权通知证人出庭的情形，审判人员应当主导对证人的询问。经审判长准许，被告人可以向证人发问。

三是发问原则。向证人发问，发问内容应当与案件事实有关，不得采用诱导方式发问，不得威胁或者误导证人，不得损害证人人格尊严，不得泄露证人个人隐私。一些实行交叉询问制度的国家，并不禁止在反询问环节提出诱导性问题，鉴于我国尚未确立类似的交叉询问机制，司法实践中缺乏必要经验，故暂未作出类似规定。为规范向证人发问的程序，法庭应当有效发挥主导作用。控辩一方发问方式不当或者内容与案件事实无关，违反有关发问规则的，对方可以提出异议。对方当庭提出异议的，发问方应当说明发问理由，审判长判明情况予以支持或者驳回；对方未当庭提出异议的，审判长也可以根据情况予以制止。审判长认为证人当庭陈述的内容与案件事实无关或者明显重复的，可以进行必要的提示。

四是发问方式。为避免证人之间互相影响，对于有多名证人出庭作证的案件，向证人发问应当分别进行。证人出庭作证前，应当在法庭指定的地点等候，不得谈论案情，必要时可以采取隔离等候措施。证人出庭作证后，审判长应当通知法警引导其退庭。证人不得旁听对案件的审理。鉴于被害人与证人的身份具有共同点，又有内在的差异，被害人出庭作证的程序应当与证人有所区别。被害人不参加法庭审理，仅出庭陈述案件事实的，参照适用证人的有关规定；被害人出庭陈述案件事实后旁听庭审的，应当在证人出庭作证前陈述案件事实。

五是对质程序。参照被告人对质程序，审判长可以分别询问证人，就证言的实质性差异进行调查核实。经审判长准许，控辩双方可以向证人发问。在此基础上，审判长认为有必要的，可以准许证人之间相互发问。

六是庭前证言的出示。基于直接言词原则的要求，证人出庭作证的，其庭前证言一般不再出示、宣读，但以下情形除外：证人出庭作证时遗忘或者遗漏庭前证言的关键内容，需要向证人作出必要提示的；证人的当庭证言与庭前证言存在矛盾，需要证人作出合理解释的。在这两种情况下，出示庭前证言是提示证人、核实证言的必然要求。同时，为核实证据来源、证据真实性等问题，或者帮助证人回忆，经审判长准许，控辩双方可以在询问证人时向其出示物证、书证等证据。

七是有专门知识的人出庭。控辩双方可以申请法庭通知有专门知识的人出庭，协助本方就鉴定意见进行质证。有专门知识的人可以与鉴定人同时出庭，在鉴定人作证后向鉴定人发问，并对案件中的专门性问题提出意见。申请有专门知识的人出庭，应当提供人员名单，并不得超过二人。有多种类鉴定意见的，可以相应增加人数。同一鉴定意见涉及多名鉴定人的情形，有关鉴定人以及对该鉴定意见进行质证的有专门知识的人，可以同时出庭，不受分别发问规则的限制。

三、举证、质证程序

1. 举证、质证的一般规则

一是举证、质证的基本顺序。基于举证基本原理，开庭讯问、发问程序结束后，公诉人先行举证。公诉人举证完毕后，被告人及其辩护人可以举证，公诉人出示某一证据后，经审判长准许，被告人及其辩护人可以出示证据予以反驳。简言之，被告方既可以通过举证的方式来反驳控诉方的指控，也可以在不举证的情况下，直接对控诉方出示的证据进行反驳。

控辩一方举证后，对方可以发表质证意见。针对司法实践中质证程序过于简单等问题，必要时，控辩双方可以对争议的证据进行多次质证。有些案件中，公诉人在举证时可能涉及对被告方有利的证据，对此类证据，如由被告方随后再予出示，明显重复且无必要，鉴于此，被告人及其辩护人认为公诉人出示的有关证据对本方诉讼主张有利的，可以在发表质证意见时予以认可，或者在发表辩护意见时直接援引有关证据。

为解决司法实践中诸多证据捆绑质证等问题，对于可能影响定罪量刑的关键证据和控辩双方存在争议的证据，一般应当单独举证、质证；对于控辩双方无异议的非关键性证据，可以仅就证据的名称及其证明的事项作出说明。

二是法庭的提示职责和审查职责。为避免在法庭调查环节遗漏或者忽视关键证据，对于控辩双方随案移送或者庭前提交，但没有当庭出示的证据，审判长可以进行必要的提示；对于其中可能影响定罪量刑的关键证据，审判长应当提示控辩双方出示。对于案件中可能影响定罪量刑的事实、证据存在疑问，控辩双方没有提及的，审判长应当引导控辩双方发表质证意见，并依法调查核实。

2. 各类证据的举证方式

一是最佳证据规则的要求。对于物证、书证、视听资料、电子数据等证据应当出示原物、原件。取得原物、原件确有困难的,可以出示照片、录像、副本、复制件等足以反映原物、原件外形和特征以及真实内容的材料,并说明理由。对于鉴定意见和勘验、检查、辨认、侦查实验等笔录,应当出示原件。

二是注意举证与证明的关联。为确保举证和证明具有针对性,控辩双方出示证据,应当重点围绕与案件事实相关内容或者控辩双方存在争议的内容进行。出示证据时,可以借助多媒体设备等方式出示、播放或者演示证据内容。

三是书面言词证据举证的特殊要求。控辩双方对证人证言、被害人陈述、鉴定意见无异议,上述人员不需要出庭的,以及上述人员因客观原因无法出庭且无法通过视频等方式作证的,可以出示、宣读庭前收集的书面证据材料或者庭前制作的作证过程录音录像。被告人当庭供述与庭前供述的实质性内容一致的,可以不再出示庭前供述;当庭供述与庭前供述存在实质性差异的,可以出示、宣读庭前供述中存在实质性差异的内容。

四是技术侦查证据的举证要求。基于未经质证不得认证的基本原则,采用技术侦查措施收集的证据,应当当庭出示。当庭出示、辨认、质证可能危及有关人员的人身安全,或者可能产生其他严重后果的,应当采取不暴露有关人员身份、不公开技术侦查措施和方法等保护措施。为规范庭外核实程序,使之成为庭审证据调查的规范延伸,法庭决定在庭外对技术侦查证据进行核实的,可以召集公诉人和辩护律师到场。在场人员应当履行保密义务。

3. 证据疑问和异议的处理程序

法庭对证据有疑问的,可以告知控辩双方补充证据或者作出说明;必要时可以在其他证据调查完毕后宣布休庭,对证据进行调查核实。对于控辩双方补充和法庭庭外调查核实取得的证据,不能直接作为定案的根据使用,而是应当经过庭审质证才能作为定案的根据。不过,基于严格证明与自由证明的区分,对于不影响定罪量刑的非关键性证据和有利于被告人的量刑证据,经庭外征求意见,控辩双方没有异议的除外。作为法庭证据调查的必要延伸,根据案情审理需要,法庭可以组织控辩双方到现场核实情况,并将核实过程记录在案。

在庭审过程中,控辩双方可能对证据提出各种申请或者异议,法庭应当依法进行审查并作出处理。例如,控辩一方申请出示庭前未移送或提交人民法院的证据,对方提出异议的,申请方应当说明理由,审判长经审查认为理由成立并确有出示必要的,应当准许。对方提出需要对新的证据作质证准备的,法庭应当宣布休庭,并确定准备的时间。

4. 量刑事实的法庭调查

根据量刑规范化改革的要求,为确保量刑公正,在法庭调查环节要专门对量刑事实证据进行调查。法庭除应当审查被告人是否具有法定量刑情节外,还应当根据案件情况审查案件起因、被害人有无过错及过错程度等影响量刑的情节。

审判期间,被告人提出有自首、坦白、立功等法定量刑情节,或者人民法院发现被告人可能有自首、坦白、立功等法定量刑情节,而人民检察院移送的案卷中没有相关证据材料的,应当通知人民检察院移送。类似地,被告人提出新的立功情节,并提供相关线索或者材料的,人民法院可以建议人民检察院补充侦查。

被告人当庭不认罪或者辩护人作无罪辩护的,法庭对与量刑有关的事实、证据进行调查时,被告人及其辩护人可以当庭发表质证意见,出示证明被告人罪轻的证据。一些案件中,被告方始终坚持无罪辩护,不愿参加量刑事实的法庭调查,为切实维护被告方的量刑辩护权,必要时,审判长可以告知被告人及其辩护人,参加量刑事实、证据的调查并不影响无罪辩护,消除被告方参加量刑事实调查的顾虑。

四、认证规则

1. 证据认证的基本要求

基于认识论的基本原理，对证据证明力的审查判断，要纳入事实证据体系之中进行考察。对于经过控辩双方质证的证据，法庭应当结合控辩双方质证意见，从证据与待证事实的关联程度、证据之间的印证关系、证据自身的真实性程度等方面，综合判断证据能否作为定案的根据。证据与待证事实不存在关联，或者证据自身存在无法解释的疑问，或者证据与待证事实以及其他证据存在无法排除的矛盾的，不得作为定案的根据。

2. 证据排除规则

一是关键证据的关联性规则。通过勘验、检查、搜查等方式搜集的物证、书证等证据，未通过辨认、鉴定等方式确定其与案件事实的关联的，不得作为定案的根据。鉴定意见通常是关键证据，为避免错误采信不科学、不可靠的鉴定意见，法庭对鉴定意见有疑问的，可以重新鉴定。

二是存疑的瑕疵证据的排除规则。瑕疵证据不同于非法证据，并不直接予以排除，而是看证据瑕疵能否得到解决。收集证据的程序、方式不符合法律规定，严重影响证据真实性的，人民法院应当建议人民检察院予以补正或者作出合理解释；不能补正或者作出合理解释的，有关证据不能作为定案的根据。

三是存疑的传闻证据的排除规则。尽管我国尚未实行严格的传闻证据排除规则，但证人没有出庭作证，其庭前证言真实性无法确认的，不得作为定案的根据。基于我国诉讼制度和证据规则，证人的当庭证言并不必然优于庭前证言。证人当庭作出的证言与其庭前证言矛盾，证人能够作出合理解释，并与相关证据印证的，应当采信其庭审证言；不能作出合理解释，而其庭前证言与相关证据印证的，可以采信其庭前证言。对于鉴定意见，法律实行较为严格的传闻证据排除规则。经人民法院通知，鉴定人拒不出庭作证的，鉴定意见不得作为定案的根据。对于有专门知识的人的意见，其本身不是诉讼证据，但影响到鉴定意见的认证。有专门知识的人当庭对鉴定意见提出质疑，鉴定人能够作出合理解释，并与相关证据印证的，可以采信鉴定意见；不能作出合理解释，无法确认鉴定意见可靠性的，有关鉴定意见不能作为定案的根据。与证人证言类似，被告人的当庭供述与庭前供述、自书材料存在矛盾，被告人能够作出合理解释，并与相关证据印证的，应当采信其当庭供述；不能作出合理解释，而其庭前供述、自书材料与相关证据印证的，可以采信其庭前供述、自书材料。

3. 事实证据争议的处理

为体现司法裁判实质化的要求，法庭要依法处理控辩双方的争议问题，并依法作出裁决。对于控辩双方提出的事实证据争议，法庭应当当庭进行审查，经审查后当庭作出处理的，应当当庭说明理由，并在裁判文书中写明；需要庭后评议作出处理的，应当在裁判文书中说明理由。

4. 证明标准

根据法律规定，法庭认定被告人有罪，必须达到犯罪事实清楚，证据确实、充分，对于定罪事实应当综合全案证据排除合理怀疑。基于疑罪从无原则的要求，定罪证据不足的案件，不能认定被告人有罪，应当作出证据不足、指控的犯罪不能成立的无罪判决。基于定罪事实和量刑事实的区分，两类事实的证明标准并不相同。定罪证据确实、充分，量刑证据存疑的，应当作出有利于被告人的认定。

（二）第一审程序

最高人民法院　最高人民检察院　公安部　国家安全部　司法部
关于适用认罪认罚从宽制度的指导意见

（2019年10月11日发布　高检发〔2019〕13号）

适用认罪认罚从宽制度，对准确及时惩罚犯罪、强化人权司法保障、推动刑事案件繁简分流、节约司法资源、化解社会矛盾、推动国家治理体系和治理能力现代化，具有重要意义。为贯彻落实修改后刑事诉讼法，确保认罪认罚从宽制度正确有效实施，根据法律和有关规定，结合司法工作实际，制定本意见。

一、基本原则

1. 贯彻宽严相济刑事政策。落实认罪认罚从宽制度，应当根据犯罪的具体情况，区分案件性质、情节和对社会的危害程度，实行区别对待，做到该宽则宽，当严则严，宽严相济，罚当其罪。对可能判处三年有期徒刑以下刑罚的认罪认罚案件，要尽量依法从简从快从宽办理，探索相适应的处理原则和办案方式；对因民间矛盾引发的犯罪，犯罪嫌疑人、被告人自愿认罪、真诚悔罪并取得谅解、达成和解、尚未严重影响人民群众安全感的，要积极适用认罪认罚从宽制度，特别是对其中社会危害不大的初犯、偶犯、过失犯、未成年犯，一般应当体现从宽；对严重危害国家安全、公共安全犯罪，严重暴力犯罪，以及社会普遍关注的重大敏感案件，应当慎重把握从宽，避免案件处理明显违背人民群众的公平正义观念。

2. 坚持罪责刑相适应原则。办理认罪认罚案件，既要考虑体现认罪认罚从宽，又要考虑其所犯罪行的轻重、应负刑事责任和人身危险性的大小，依照法律规定提出量刑建议，准确裁量刑罚，确保罚当其罪，避免罪刑失衡。特别是对于共同犯罪案件，主犯认罪认罚，从犯不认罪认罚的，人民法院、人民检察院应当注意两者之间的量刑平衡，防止因量刑失当严重偏离一般的司法认知。

3. 坚持证据裁判原则。办理认罪认罚案件，应当以事实为根据，以法律为准绳，严格按照证据裁判要求，全面收集、固定、审查和认定证据。坚持法定证明标准，侦查终结、提起公诉、作出有罪裁判应当做到犯罪事实清楚，证据确实、充分，防止因犯罪嫌疑人、被告人认罪而降低证据要求和证明标准。对犯罪嫌疑人、被告人认罪认罚，但证据不足，不能认定其有罪的，依法作出撤销案件、不起诉决定或者宣告无罪。

4. 坚持公检法三机关配合制约原则。办理认罪认罚案件，公、检、法三机关应当分工负责、互相配合、互相制约，保证犯罪嫌疑人、被告人自愿认罪认罚，依法推进从宽落实。要严格执法、公正司法，强化对自身执法司法办案活动的监督，防止产生“权权交易”、“权钱交易”等司法腐败问题。

二、适用范围和适用条件

5. 适用阶段和适用案件范围。认罪认罚从宽制度贯穿刑事诉讼全过程，适用于侦查、起诉、审判各个阶段。

认罪认罚从宽制度没有适用罪名和可能判处刑罚的限定，所有刑事案件都可以适用，不能因罪轻、罪重或者罪名特殊等原因而剥夺犯罪嫌疑人、被告人自愿认罪认罚获得从宽处理的机会。但“可以”适用不是一律适用，犯罪嫌疑人、被告人认罪认罚后是否从宽，由司法机关根据案件具体情况决定。

6. “认罪”的把握。认罪认罚从宽制度中的“认罪”，是指犯罪嫌疑人、被告人自愿如实供述自己的罪行，对指控的犯罪事实没有异议。承认指控的主要犯罪事实，仅对个别事实情节提出异议，或者虽然对行为性质提出辩解但表示接受司法机关认定意见的,不影响"认罪"的认定。犯罪嫌疑人、被告人犯数罪,仅如实供述其中一罪或部分罪名事实的,全案不作"认罪"的认定,不适用认罪认罚从宽制度,但对如实供述的部分,人民检察院可以提出从宽处罚的建议,人民法院可以从宽处罚。

7."认罚"的把握。认罪认罚从宽制度中的"认罚",是指犯罪嫌疑人、被告人真诚悔罪,愿意接受处罚。"认罚",在侦查阶段表现为表示愿意接受处罚;在审查起诉阶段表现为接受人民检察院拟作出的起诉或不起诉决定,认可人民检察院的量刑建议,签署认罪认罚具结书;在审判阶段表现为当庭确认自愿签署具结书,愿意接受刑罚处罚。

"认罚"考察的重点是犯罪嫌疑人、被告人的悔罪态度和悔罪表现,应当结合退赃退赔、赔偿损失、赔礼道歉等因素来考量。犯罪嫌疑人、被告人虽然表示"认罚",却暗中串供、干扰证人作证、毁灭、伪造证据或者隐匿、转移财产,有赔偿能力而不赔偿损失,则不能适用认罪认罚从宽制度。犯罪嫌疑人、被告人享有程序选择权,不同意适用速裁程序、简易程序的,不影响"认罚"的认定。

三、认罪认罚后"从宽"的把握

8."从宽"的理解。从宽处理既包括实体上从宽处罚,也包括程序上从简处理。"可以从宽",是指一般应当体现法律规定和政策精神,予以从宽处理。但可以从宽不是一律从宽,对犯罪性质和危害后果特别严重、犯罪手段特别残忍、社会影响特别恶劣的犯罪嫌疑人、被告人,认罪认罚不足以从轻处罚的,依法不予从宽处罚。

办理认罪认罚案件,应当依照刑法、刑事诉讼法的基本原则,根据犯罪的事实、性质、情节和对社会的危害程度,结合法定、酌定的量刑情节,综合考虑认罪认罚的具体情况,依法决定是否从宽、如何从宽。对于减轻、免除处罚,应当于法有据;不具备减轻处罚情节的,应当在法定幅度以内提出从轻处罚的量刑建议和量刑;对其中犯罪情节轻微不需要判处刑罚的,可以依法作出不起诉决定或者判决免予刑事处罚。

9.从宽幅度的把握。办理认罪认罚案件,应当区别认罪认罚的不同诉讼阶段、对查明案件事实的价值和意义、是否确有悔罪表现,以及罪行严重程度等,综合考量确定从宽的限度和幅度。在刑罚评价上,主动认罪优于被动认罪,早认罪优于晚认罪,彻底认罪优于不彻底认罪,稳定认罪优于不稳定认罪。

认罪认罚的从宽幅度一般应当大于仅有坦白,或者虽认罪但不认罚的从宽幅度。对犯罪嫌疑人、被告人具有自首、坦白情节,同时认罪认罚的,应当在法定刑幅度内给予相对更大的从宽幅度。认罪认罚与自首、坦白不作重复评价。

对罪行较轻、人身危险性较小的,特别是初犯、偶犯,从宽幅度可以大一些;罪行较重、人身危险性较大的,以及累犯、再犯,从宽幅度应当从严把握。

四、犯罪嫌疑人、被告人辩护权保障

10.获得法律帮助权。人民法院、人民检察院、公安机关办理认罪认罚案件,应当保障犯罪嫌疑人、被告人获得有效法律帮助,确保其了解认罪认罚的性质和法律后果,自愿认罪认罚。

犯罪嫌疑人、被告人自愿认罪认罚,没有辩护人的,人民法院、人民检察院、公安机关(看守所)应当通知值班律师为其提供法律咨询、程序选择建议、申请变更强制措施等法律帮助。符合通知辩护条件的,应当依法通知法律援助机构指派律师为其提供辩护。

人民法院、人民检察院、公安机关(看守所)应当告知犯罪嫌疑人、被告人有权约见值班律师,获得法律帮助,并为其约见值班律师提供便利。犯罪嫌疑人、被告人及其近亲属提出法律帮助请求的,人民法院、人民检察院、公安机关(看守所)应当通知值班律师为其提供法律帮助。

11.派驻值班律师。法律援助机构可以在人民法院、人民检察院、看守所派驻值班律师。人民法院、人民检察院、看守所应当为派驻值班律师提供必要办公场所和设施。

法律援助机构应当根据人民法院、人民检察院、看守所的法律帮助需求和当地法律服务资源,合理安排值班律师。值班律师可以定期值班或轮流值班,律师资源短缺的地区可以通过探索现场值班和电话、网络值班相结合,在人民法院、人民检察院毗邻设置联合工作站,省内和市内统筹调配律师资源,以及建立政府购买值班律师服务机制等方式,保障法律援助值班律师工作有序开展。

12. 值班律师的职责。值班律师应当维护犯罪嫌疑人、被告人的合法权益,确保犯罪嫌疑人、被告人在充分了解认罪认罚性质和法律后果的情况下,自愿认罪认罚。值班律师应当为认罪认罚的犯罪嫌疑人、被告人提供下列法律帮助:

(一)提供法律咨询,包括告知涉嫌或指控的罪名、相关法律规定,认罪认罚的性质和法律后果等;

(二)提出程序适用的建议;

(三)帮助申请变更强制措施;

(四)对人民检察院认定罪名、量刑建议提出意见;

(五)就案件处理,向人民法院、人民检察院、公安机关提出意见;

(六)引导、帮助犯罪嫌疑人、被告人及其近亲属申请法律援助;

(七)法律法规规定的其他事项。

值班律师可以会见犯罪嫌疑人、被告人,看守所应当为值班律师会见提供便利。危害国家安全犯罪、恐怖活动犯罪案件,侦查期间值班律师会见在押犯罪嫌疑人的,应当经侦查机关许可。自人民检察院对案件审查起诉之日起,值班律师可以查阅案卷材料、了解案情。人民法院、人民检察院应当为值班律师查阅案卷材料提供便利。

值班律师提供法律咨询、查阅案卷材料、会见犯罪嫌疑人或者被告人、提出书面意见等法律帮助活动的相关情况应当记录在案,并随案移送。

13. 法律帮助的衔接。对于被羁押的犯罪嫌疑人、被告人,在不同诉讼阶段,可以由派驻看守所的同一值班律师提供法律帮助。对于未被羁押的犯罪嫌疑人、被告人,前一诉讼阶段的值班律师可以在后续诉讼阶段继续为犯罪嫌疑人、被告人提供法律帮助。

14. 拒绝法律帮助的处理。犯罪嫌疑人、被告人自愿认罪认罚,没有委托辩护人,拒绝值班律师帮助的,人民法院、人民检察院、公安机关应当允许,记录在案并随案移送。但是审查起诉阶段签署认罪认罚具结书时,人民检察院应当通知值班律师到场。

15. 辩护人职责。认罪认罚案件犯罪嫌疑人、被告人委托辩护人或者法律援助机构指派律师为其辩护的,辩护律师在侦查、审查起诉和审判阶段,应当与犯罪嫌疑人、被告人就是否认罪认罚进行沟通,提供法律咨询和帮助,并就定罪量刑、诉讼程序适用等向办案机关提出意见。

五、被害方权益保障

16. 听取意见。办理认罪认罚案件,应当听取被害人及其诉讼代理人的意见,并将犯罪嫌疑人、被告人是否与被害方达成和解协议、调解协议或者赔偿被害方损失,取得被害方谅解,作为从宽处罚的重要考虑因素。人民检察院、公安机关听取意见情况应当记录在案并随案移送。

17. 促进和解谅解。对符合当事人和解程序适用条件的公诉案件,犯罪嫌疑人、被告人认罪认罚的,人民法院、人民检察院、公安机关应当积极促进当事人自愿达成和解。对其他认罪认罚案件,人民法院、人民检察院、公安机关可以促进犯罪嫌疑人、被告人通过向被害方赔偿损失、赔礼道歉等方式获得谅解,被害方出具的谅解意见应当随案移送。

人民法院、人民检察院、公安机关在促进当事人和解谅解过程中,应当向被害方释明认罪认罚从宽、公诉案件当事人和解适用程序等具体法律规定,充分听取被害方意见,符合司法救助条件的,应当积极协调办理。

18. 被害方异议的处理。被害人及其诉讼代理人不同意对认罪认罚的犯罪嫌疑人、被告人从宽处理的，不影响认罪认罚从宽制度的适用。犯罪嫌疑人、被告人认罪认罚，但没有退赃退赔、赔偿损失，未能与被害方达成调解或者和解协议的，从宽时应当予以酌减。犯罪嫌疑人、被告人自愿认罪并且愿意积极赔偿损失，但由于被害方赔偿请求明显不合理，未能达成调解或者和解协议的，一般不影响对犯罪嫌疑人、被告人从宽处理。

六、强制措施的适用

19. 社会危险性评估。人民法院、人民检察院、公安机关应当将犯罪嫌疑人、被告人认罪认罚作为其是否具有社会危险性的重要考虑因素。对于罪行较轻、采用非羁押性强制措施足以防止发生刑事诉讼法第八十一条第一款规定的社会危险性的犯罪嫌疑人、被告人，根据犯罪性质及可能判处的刑罚，依法可不适用羁押性强制措施。

20. 逮捕的适用。犯罪嫌疑人认罪认罚，公安机关认为罪行较轻、没有社会危险性的，应当不再提请人民检察院审查逮捕。对提请逮捕的，人民检察院认为没有社会危险性不需要逮捕的，应当作出不批准逮捕的决定。

21. 逮捕的变更。已经逮捕的犯罪嫌疑人、被告人认罪认罚的，人民法院、人民检察院应当及时审查羁押的必要性，经审查认为没有继续羁押必要的，应当变更为取保候审或者监视居住。

七、侦查机关的职责

22. 权利告知和听取意见。公安机关在侦查过程中，应当告知犯罪嫌疑人享有的诉讼权利、如实供述罪行可以从宽处理和认罪认罚的法律规定，听取犯罪嫌疑人及其辩护人或者值班律师的意见，记录在案并随案移送。

对在非讯问时间、办案人员不在场情况下，犯罪嫌疑人向看守所工作人员或者辩护人、值班律师表示愿意认罪认罚的，有关人员应当及时告知办案单位。

23. 认罪教育。公安机关在侦查阶段应当同步开展认罪教育工作，但不得强迫犯罪嫌疑人认罪，不得作出具体的从宽承诺。犯罪嫌疑人自愿认罪，愿意接受司法机关处罚的，应当记录在案并附卷。

24. 起诉意见。对移送审查起诉的案件，公安机关应当在起诉意见书中写明犯罪嫌疑人自愿认罪认罚情况。认为案件符合速裁程序适用条件的，可以在起诉意见书中建议人民检察院适用速裁程序办理，并简要说明理由。

对可能适用速裁程序的案件，公安机关应当快速办理，对犯罪嫌疑人未被羁押的，可以集中移送审查起诉，但不得为集中移送拖延案件办理。

对人民检察院在审查逮捕期间或者重大案件听取意见中提出的开展认罪认罚工作的意见或建议，公安机关应当认真听取，积极开展相关工作。

25. 执法办案管理中心建设。加快推进公安机关执法办案管理中心建设，探索在执法办案管理中心设置速裁法庭，对适用速裁程序的案件进行快速办理。

八、审查起诉阶段人民检察院的职责

26. 权利告知。案件移送审查起诉后，人民检察院应当告知犯罪嫌疑人享有的诉讼权利和认罪认罚的法律规定，保障犯罪嫌疑人的程序选择权。告知应当采取书面形式，必要时应当充分释明。

27. 听取意见。犯罪嫌疑人认罪认罚的，人民检察院应当就下列事项听取犯罪嫌疑人、辩护人或者值班律师的意见，记录在案并附卷：

（一）涉嫌的犯罪事实、罪名及适用的法律规定；

（二）从轻、减轻或者免除处罚等从宽处罚的建议；

（三）认罪认罚后案件审理适用的程序；

（四）其他需要听取意见的情形。

人民检察院未采纳辩护人、值班律师意见的，应当说明理由。

28. 自愿性、合法性审查。对侦查阶段认罪认罚的案件，人民检察院应当重点审查以下内容：

（一）犯罪嫌疑人是否自愿认罪认罚，有无

因受到暴力、威胁、引诱而违背意愿认罪认罚；

（二）犯罪嫌疑人认罪认罚时的认知能力和精神状态是否正常；

（三）犯罪嫌疑人是否理解认罪认罚的性质和可能导致的法律后果；

（四）侦查机关是否告知犯罪嫌疑人享有的诉讼权利，如实供述自己罪行可以从宽处理和认罪认罚的法律规定，并听取意见；

（五）起诉意见书中是否写明犯罪嫌疑人认罪认罚情况；

（六）犯罪嫌疑人是否真诚悔罪，是否向被害人赔礼道歉。

经审查，犯罪嫌疑人违背意愿认罪认罚的，人民检察院可以重新开展认罪认罚工作。存在刑讯逼供等非法取证行为的，依照法律规定处理。

29. 证据开示。人民检察院可以针对案件具体情况，探索证据开示制度，保障犯罪嫌疑人的知情权和认罪认罚的真实性及自愿性。

30. 不起诉的适用。完善起诉裁量权，充分发挥不起诉的审前分流和过滤作用，逐步扩大相对不起诉在认罪认罚案件中的适用。对认罪认罚后没有争议，不需要判处刑罚的轻微刑事案件，人民检察院可以依法作出不起诉决定。人民检察院应当加强对案件量刑的预判，对其中可能判处免刑的轻微刑事案件，可以依法作出不起诉决定。

对认罪认罚后案件事实不清、证据不足的案件，应当依法作出不起诉决定。

31. 签署具结书。犯罪嫌疑人自愿认罪，同意量刑建议和程序适用的，应当在辩护人或者值班律师在场的情况下签署认罪认罚具结书。犯罪嫌疑人被羁押的，看守所应当为签署具结书提供场所。具结书应当包括犯罪嫌疑人如实供述罪行、同意量刑建议、程序适用等内容，由犯罪嫌疑人、辩护人或者值班律师签名。

犯罪嫌疑人认罪认罚，有下列情形之一的，不需要签署认罪认罚具结书：

（一）犯罪嫌疑人是盲、聋、哑人，或者是尚未完全丧失辨认或者控制自己行为能力的精神病人的；

（二）未成年犯罪嫌疑人的法定代理人、辩护人对未成年人认罪认罚有异议的；

（三）其他不需要签署认罪认罚具结书的情形。

上述情形犯罪嫌疑人未签署认罪认罚具结书的，不影响认罪认罚从宽制度的适用。

32. 提起公诉。人民检察院向人民法院提起公诉的，应当在起诉书中写明被告人认罪认罚情况，提出量刑建议，并移送认罪认罚具结书等材料。量刑建议书可以另行制作，也可以在起诉书中写明。

33. 量刑建议的提出。犯罪嫌疑人认罪认罚的，人民检察院应当就主刑、附加刑、是否适用缓刑等提出量刑建议。人民检察院提出量刑建议前，应当充分听取犯罪嫌疑人、辩护人或者值班律师的意见，尽量协商一致。

办理认罪认罚案件，人民检察院一般应当提出确定刑量刑建议。对新类型、不常见犯罪案件，量刑情节复杂的重罪案件等，也可以提出幅度刑量刑建议。提出量刑建议，应当说明理由和依据。

犯罪嫌疑人认罪认罚没有其他法定量刑情节的，人民检察院可以根据犯罪的事实、性质等，在基准刑基础上适当减让提出确定刑量刑建议。有其他法定量刑情节的，人民检察院应当综合认罪认罚和其他法定量刑情节，参照相关量刑规范提出确定刑量刑建议。

犯罪嫌疑人在侦查阶段认罪认罚的，主刑从宽的幅度可以在前款基础上适当放宽；被告人在审判阶段认罪认罚的，在前款基础上可以适当缩减。建议判处罚金刑的，参照主刑的从宽幅度提出确定的数额。

34. 速裁程序的办案期限。犯罪嫌疑人认罪认罚，人民检察院经审查，认为符合速裁程序适用条件的，应当在十日以内作出是否提起公诉的决定；对可能判处的有期徒刑超过一年的，可以在十五日以内作出是否提起公诉的决定。

九、社会调查评估

35. 侦查阶段的社会调查。犯罪嫌疑人认罪认罚，可能判处管制、宣告缓刑的，公安机关可以委托犯罪嫌疑人居住地的社区矫正机构进行调查评估。

公安机关在侦查阶段委托社区矫正机构进行调查评估，社区矫正机构在公安机关移送审查起诉后完成调查评估的，应当及时将评估意见提交受理案件的人民检察院或者人民法院，并抄送公安机关。

36. 审查起诉阶段的社会调查。犯罪嫌疑人认罪认罚，人民检察院拟提出缓刑或者管制量刑建议的，可以及时委托犯罪嫌疑人居住地的社区矫正机构进行调查评估，也可以自行调查评估。人民检察院提起公诉时，已收到调查材料的，应当将材料一并移送，未收到调查材料的，应当将委托文书随案移送；在提起公诉后收到调查材料的，应当及时移送人民法院。

37. 审判阶段的社会调查。被告人认罪认罚，人民法院拟判处管制或者宣告缓刑的，可以及时委托被告人居住地的社区矫正机构进行调查评估，也可以自行调查评估。

社区矫正机构出具的调查评估意见，是人民法院判处管制、宣告缓刑的重要参考。对没有委托社区矫正机构进行调查评估或者判决前未收到社区矫正机构调查评估报告的认罪认罚案件，人民法院经审理认为被告人符合管制、缓刑适用条件的，可以判处管制、宣告缓刑。

38. 司法行政机关的职责。受委托的社区矫正机构应当根据委托机关的要求，对犯罪嫌疑人、被告人的居所情况、家庭和社会关系、一贯表现、犯罪行为的后果和影响、居住地村（居）民委员会和被害人意见、拟禁止的事项等进行调查了解，形成评估意见，及时提交委托机关。

十、审判程序和人民法院的职责

39. 审判阶段认罪认罚自愿性、合法性审查。办理认罪认罚案件，人民法院应当告知被告人享有的诉讼权利和认罪认罚的法律规定，听取被告人及其辩护人或者值班律师的意见。庭审中应当对认罪认罚的自愿性、具结书内容的真实性和合法性进行审查核实，重点核实以下内容：

（一）被告人是否自愿认罪认罚，有无因受到暴力、威胁、引诱而违背意愿认罪认罚；

（二）被告人认罪认罚时的认知能力和精神状态是否正常；

（三）被告人是否理解认罪认罚的性质和可能导致的法律后果；

（四）人民检察院、公安机关是否履行告知义务并听取意见；

（五）值班律师或者辩护人是否与人民检察院进行沟通，提供了有效法律帮助或者辩护，并在场见证认罪认罚具结书的签署。

庭审中审判人员可以根据具体案情，围绕定罪量刑的关键事实，对被告人认罪认罚的自愿性、真实性等进行发问，确认被告人是否实施犯罪，是否真诚悔罪。

被告人违背意愿认罪认罚，或者认罪认罚后又反悔，依法需要转换程序的，应当按照普通程序对案件重新审理。发现存在刑讯逼供等非法取证行为的，依照法律规定处理。

40. 量刑建议的采纳。对于人民检察院提出的量刑建议，人民法院应当依法进行审查。对于事实清楚，证据确实、充分，指控的罪名准确，量刑建议适当的，人民法院应当采纳。具有下列情形之一的，不予采纳：

（一）被告人的行为不构成犯罪或者不应当追究刑事责任的；

（二）被告人违背意愿认罪认罚的；

（三）被告人否认指控的犯罪事实的；

（四）起诉指控的罪名与审理认定的罪名不一致的；

（五）其他可能影响公正审判的情形。

对于人民检察院起诉指控的事实清楚，量刑建议适当，但指控的罪名与审理认定的罪名不一致的，人民法院可以听取人民检察院、被告人及其辩护人对审理认定罪名的意见，依法作出裁判。

人民法院不采纳人民检察院量刑建议的，应当说明理由和依据。

41. 量刑建议的调整。人民法院经审理，认为量刑建议明显不当，或者被告人、辩护人对量刑建议有异议且有理有据的，人民法院应当告知人民检察院，人民检察院可以调整量刑建议。人民法院认为调整后的量刑建议适当的，应当予以采纳；人民检察院不调整量刑建议或者调整后仍然明显不当的，人民法院应当依法作出判决。

适用速裁程序审理的，人民检察院调整量刑建议应当在庭前或者当庭提出。调整量刑建议后，被告人同意继续适用速裁程序的，不需要转换程序处理。

42. 速裁程序的适用条件。基层人民法院管辖的可能判处三年有期徒刑以下刑罚的案件，案件事实清楚，证据确实、充分，被告人认罪认罚并同意适用速裁程序的，可以适用速裁程序，由审判员一人独任审判。人民检察院提起公诉时，可以建议人民法院适用速裁程序。

有下列情形之一的，不适用速裁程序办理：

（一）被告人是盲、聋、哑人，或者是尚未完全丧失辨认或者控制自己行为能力的精神病人的；

（二）被告人是未成年人的；

（三）案件有重大社会影响的；

（四）共同犯罪案件中部分被告人对指控的犯罪事实、罪名、量刑建议或者适用速裁程序有异议的；

（五）被告人与被害人或者其法定代理人没有就附带民事诉讼赔偿等事项达成调解或者和解协议的；

（六）其他不宜适用速裁程序办理的案件。

43. 速裁程序的审理期限。适用速裁程序审理案件，人民法院应当在受理后十日以内审结；对可能判处的有期徒刑超过一年的，应当在十五日以内审结。

44. 速裁案件的审理程序。适用速裁程序审理案件，不受刑事诉讼法规定的送达期限的限制，一般不进行法庭调查、法庭辩论，但在判决宣告前应当听取辩护人的意见和被告人的最后陈述意见。

人民法院适用速裁程序审理案件，可以在向被告人送达起诉书时一并送达权利义务告知书、开庭传票，并核实被告人自然信息等情况。根据需要，可以集中送达。

人民法院适用速裁程序审理案件，可以集中开庭，逐案审理。人民检察院可以指派公诉人集中出庭支持公诉。公诉人简要宣读起诉书后，审判人员应当当庭询问被告人对指控事实、证据、量刑建议以及适用速裁程序的意见，核实具结书签署的自愿性、真实性、合法性，并核实附带民事诉讼赔偿等情况。

适用速裁程序审理案件，应当当庭宣判。集中审理的，可以集中当庭宣判。宣判时，根据案件需要，可以由审判员进行法庭教育。裁判文书可以简化。

45. 速裁案件的二审程序。被告人不服适用速裁程序作出的第一审判决提出上诉的案件，可以不开庭审理。第二审人民法院审查后，按照下列情形分别处理：

（一）发现被告人以事实不清、证据不足为由提出上诉的，应当裁定撤销原判，发回原审人民法院适用普通程序重新审理，不再按认罪认罚案件从宽处罚；

（二）发现被告人以量刑不当为由提出上诉的，原判量刑适当的，应当裁定驳回上诉，维持原判；原判量刑不当的，经审理后依法改判。

46. 简易程序的适用。基层人民法院管辖的被告人认罪认罚案件，事实清楚、证据充分，被告人对适用简易程序没有异议的，可以适用简易程序审判。

适用简易程序审理认罪认罚案件，公诉人可以简要宣读起诉书，审判人员当庭询问被告人对指控的犯罪事实、证据、量刑建议及适用简易程序的意见，核实具结书签署的自愿性、真实性、合法性。法庭调查可以简化，但对有争议的事实和证据应当进行调查、质证，法庭辩论可以仅围绕有争议的问题进行。裁判文书可以简化。

47. 普通程序的适用。适用普通程序办理认罪认罚案件，可以适当简化法庭调查、辩论程序。公诉人宣读起诉书后，合议庭当庭询问被告人对指控的犯罪事实、证据及量刑建议的意见，核实具结书签署的自愿性、真实性、合法性。

公诉人、辩护人、审判人员对被告人的讯问、发问可以简化。对控辩双方无异议的证据,可以仅就证据名称及证明内容进行说明;对控辩双方有异议,或者法庭认为有必要调查核实的证据,应当出示并进行质证。法庭辩论主要围绕有争议的问题进行,裁判文书可以适当简化。

48. 程序转换。人民法院在适用速裁程序审理过程中,发现有被告人的行为不构成犯罪或者不应当追究刑事责任、被告人违背意愿认罪认罚、被告人否认指控的犯罪事实情形的,应当转为普通程序审理。发现其他不宜适用速裁程序但符合简易程序适用条件的,应当转为简易程序重新审理。

发现有不宜适用简易程序审理情形的,应当转为普通程序审理。

人民检察院在人民法院适用速裁程序审理案件过程中,发现有不宜适用速裁程序审理情形的,应当建议人民法院转为普通程序或者简易程序重新审理;发现有不宜适用简易程序审理情形的,应当建议人民法院转为普通程序重新审理。

49. 被告人当庭认罪认罚案件的处理。被告人在侦查、审查起诉阶段没有认罪认罚,但当庭认罪,愿意接受处罚的,人民法院应当根据审理查明的事实,就定罪和量刑听取控辩双方意见,依法作出裁判。

50. 第二审程序中被告人认罪认罚案件的处理。被告人在第一审程序中未认罪认罚,在第二审程序中认罪认罚的,审理程序依照刑事诉讼法规定的第二审程序进行。第二审人民法院应当根据其认罪认罚的价值、作用决定是否从宽,并依法作出裁判。确定从宽幅度时应当与第一审程序认罪认罚有所区别。

十一、认罪认罚的反悔和撤回

51. 不起诉后反悔的处理。因犯罪嫌疑人认罪认罚,人民检察院依照刑事诉讼法第一百七十七条第二款作出不起诉决定后,犯罪嫌疑人否认指控的犯罪事实或者不积极履行赔礼道歉、退赃退赔、赔偿损失等义务的,人民检察院应当进行审查,区分下列情形依法作出处理:

(一)发现犯罪嫌疑人没有犯罪事实,或者符合刑事诉讼法第十六条规定的情形之一的,应当撤销原不起诉决定,依法重新作出不起诉决定;

(二)认为犯罪嫌疑人仍属于犯罪情节轻微,依照刑法规定不需要判处刑罚或者免除刑罚的,可以维持原不起诉决定;

(三)排除认罪认罚因素后,符合起诉条件的,应当根据案件具体情况撤销原不起诉决定,依法提起公诉。

52. 起诉前反悔的处理。犯罪嫌疑人认罪认罚,签署认罪认罚具结书,在人民检察院提起公诉前反悔的,具结书失效,人民检察院应当在全面审查事实证据的基础上,依法提起公诉。

53. 审判阶段反悔的处理。案件审理过程中,被告人反悔不再认罪认罚的,人民法院应当根据审理查明的事实,依法作出裁判。需要转换程序的,依照本意见的相关规定处理。

54. 人民检察院的法律监督。完善人民检察院对侦查活动和刑事审判活动的监督机制,加强对认罪认罚案件办理全过程的监督,规范认罪认罚案件的抗诉工作,确保无罪的人不受刑事追究、有罪的人受到公正处罚。

十二、未成年人认罪认罚案件的办理

55. 听取意见。人民法院、人民检察院办理未成年人认罪认罚案件,应当听取未成年犯罪嫌疑人、被告人的法定代理人的意见,法定代理人无法到场的,应当听取合适成年人的意见,但受案时犯罪嫌疑人已经成年的除外。

56. 具结书签署。未成年犯罪嫌疑人签署认罪认罚具结书时,其法定代理人应当到场并签字确认。法定代理人无法到场的,合适成年人应当到场签字确认。法定代理人、辩护人对未成年人认罪认罚有异议的,不需要签署认罪认罚具结书。

57. 程序适用。未成年人认罪认罚案件,不适用速裁程序,但应当贯彻教育、感化、挽救的方针,坚持从快从宽原则,确保案件及时办理,最大限度保护未成年人合法权益。

58. 法治教育。办理未成年人认罪认罚案件，应当做好未成年犯罪嫌疑人、被告人的认罪服法、悔过教育工作，实现惩教结合目的。

十三、附则

59. 国家安全机关、军队保卫部门、中国海警局、监狱办理刑事案件，适用本意见的有关规定。

60. 本指导意见由会签单位协商解释，自发布之日起施行。

人民检察院办理认罪认罚案件监督管理办法

（2020年5月11日最高人民检察院发布）

第一条 为健全办理认罪认罚案件检察权运行监督机制，加强检察官办案廉政风险防控，确保依法规范适用认罪认罚从宽制度，根据《刑事诉讼法》《人民检察院刑事诉讼规则》《关于加强司法权力运行监督管理的意见》等相关规定，结合检察工作实际，制定本办法。

第二条 加强对检察官办理认罪认罚案件监督管理，应当坚持以下原则：

（一）坚持加强对办案活动的监督管理与保障检察官依法行使职权相结合；

（二）坚持检察官办案主体职责与分级分类监督管理职责相结合；

（三）坚持案件管理、流程监控与信息留痕、公开透明相结合；

（四）坚持加强检察机关内部监督管理与外部监督制约相结合。

第三条 办理认罪认罚案件，检察官应当依法履行听取犯罪嫌疑人、被告人及其辩护人或者值班律师、被害人及其诉讼代理人的意见等各项法定职责，依法保障犯罪嫌疑人、被告人诉讼权利和认罪认罚的自愿性、真实性和合法性。

听取意见可以采取当面或者电话、视频等方式进行，听取情况应当记录在案，对提交的书面意见应当附卷。对于有关意见，办案检察官应当认真审查，并将审查意见写入案件审查报告。

第四条 辩护人、被害人及其诉讼代理人要求当面反映意见的，检察官应当在工作时间和办公场所接待。确因特殊且正当原因需要在非工作时间或者非办公场所接待的，检察官应当依照相关规定办理审批手续并获批准后方可会见。因不明情况或者其他原因在非工作时间或者非工作场所接触听取相关意见的，应当在当日或者次日向本院检务督察部门报告有关情况。

辩护人、被害人及其诉讼代理人当面提交书面意见、证据材料的，检察官应当了解其提交材料的目的、材料的来源和主要内容等有关情况并记录在案，与相关材料一并附卷，并出具回执。

当面听取意见时，检察人员不得少于二人，必要时可进行同步录音或者录像。

第五条 办理认罪认罚案件，检察官应当依法在权限范围内提出量刑建议。在确定和提出量刑建议前，应当充分听取犯罪嫌疑人、被告人、辩护人或者值班律师的意见，切实开展量刑协商工作，保证量刑建议依法体现从宽、适当，并在协商一致后由犯罪嫌疑人签署认罪认罚具结书。

第六条 检察官提出量刑建议，应当与审判机关对同一类型、情节相当案件的判罚尺度保持基本均衡。在起诉文书中，应当对量刑建议说明理由和依据，其中拟以速裁程序审理的案件可以在起诉书中概括说明，拟以简易程序、普通程序审理的案件应当在起诉书或者量刑建议书中充分叙明。

第七条 案件提起公诉后，出现新的量刑情节，或者法官经审理认为量刑建议明显不当建议检察官作出调整的，或者被告人、辩护人对量刑建议提出异议的，检察官可以视情作出调整。若原量刑建议由检察官提出的，检察官调整量刑建议后应当向部门负责人报告备案；若原量刑建议由检察长（分管副检察长）决定的，由检察官报请检察长（分管副检察长）决定。

第八条 办理认罪认罚案件，出现以下情形的，检察官应当向部门负责人报告：

（一）案件处理结果可能与同类案件或者关联案件处理结果明显不一致的；

（二）案件处理与监察机关、侦查机关、人民法院存在重大意见分歧的；

（三）犯罪嫌疑人、被告人签署认罪认罚具结书后拟调整量刑建议的；

（四）因案件存在特殊情形，提出的量刑建议与同类案件相比明显失衡的；

（五）变更、补充起诉的；

（六）犯罪嫌疑人、被告人自愿认罪认罚，拟不适用认罪认罚从宽制度办理的；

（七）法院建议调整量刑建议，或者判决未采纳量刑建议的；

（八）被告人、辩护人、值班律师对事实认定、案件定性、量刑建议存在重大意见分歧的；

（九）一审判决后被告人决定上诉的；

（十）其他应当报告的情形。

部门负责人、分管副检察长承办案件遇有以上情形的，应当向上一级领导报告。

第九条 对于犯罪嫌疑人罪行较轻且认罪认罚，检察官拟作出不批准逮捕或者不起诉决定的案件，应当报请检察长决定。报请检察长决定前，可以提请部门负责人召开检察官联席会议研究讨论。检察官联席会议可以由本部门全体检察官组成，也可以由三名以上检察官（不包括承办检察官）组成。

参加联席会议的检察官应当根据案件的类型、讨论重点等情况，通过查阅卷宗、案件审查报告、听取承办检察官介绍等方式，在全面准确掌握案件事实、情节的基础上参加讨论、发表意见，供承办检察官决策参考，并在讨论笔录上签字确认。

检察官联席会议讨论意见一致或者形成多数意见的，由承办检察官自行决定或者按检察官职权配置规定报请决定。承办检察官与多数意见分歧的，应当提交部门负责人审核后报请检察长（分管副检察长）决定。

第十条 对于下列拟作不批捕、不起诉的认罪认罚从宽案件，可以进行公开听证：

（一）被害人不谅解、不同意从宽处理的；

（二）具有一定社会影响，有必要向社会释法介绍案件情况的；

（三）当事人多次涉诉信访，引发的社会矛盾尚未化解的；

（四）食品、医疗、教育、环境等领域与民生密切相关，公开听证有利于宣扬法治、促进社会综合治理的；

（五）具有一定典型性，有法治宣传教育意义的。

人民检察院办理认罪认罚案件应当按照规定接受人民监督员的监督。对公开听证的认罪认罚案件，可以邀请人民监督员参加，听取人民监督员对案件事实、证据认定和案件处理的意见。

第十一条 检察长、分管副检察长和部门负责人要认真履行检察官办案中的监督管理责任，承担全面从严治党、全面从严治检主体责任，检务督察、案件管理等有关部门承担相应的监督管理责任，自觉接受派驻纪检监察机构的监督检查，对涉嫌违纪违法的依照规定及时移交派驻纪检监察机构处理。

第十二条 部门负责人除作为检察官承办案件，履行检察官职责外，还应当履行以下监督管理职责：

（一）听取或者要求检察官报告办案情况；

（二）对检察官办理的认罪认罚案件进行监督管理，必要时审阅案卷，调阅与案件有关材料，要求承办检察官对案件情况进行说明，要求检察官复核、补充、完善证据；

（三）召集或者根据检察官申请召集并主持检察官联席会议；

（四）对于应当由检察长（分管副检察长）决定的事项，经审核并提出处理意见后报检察长（分管副检察长）决定；

（五）定期组织分析、汇总通报本部门办案

情况,指导检察官均衡把握捕与不捕、诉与不诉法律政策、量刑建议等问题,提请检察委员会审议作出决定;

(六)其他应当履行的职责,或者依据检察长(分管副检察长)授权履行的职责。

第十三条 部门负责人、分管副检察长对检察官办理案件出现以下情形的,应当报请检察长决定:

(一)处理意见与检察官联席会议多数检察官意见存在分歧的;

(二)案件处理与监察机关、侦查机关、人民法院存在重大意见分歧需要报请检察长(分管副检察长)决定的;

(三)发现检察官提出的处理意见错误,量刑建议明显不当,或者明显失衡的,应当及时提示检察官,经提示后承办检察官仍然坚持原处理意见或者量刑建议的;

(四)变更、补充起诉的;

(五)其他应当报告的情形。

第十四条 检察长(分管副检察长)除作为检察官承办案件,履行检察官职责外,还应当履行以下职责:

(一)听取或者要求检察官报告办案情况;

(二)对检察官的办案活动进行监督管理;

(三)发现检察官不正确履行职责的,应当予以纠正;

(四)依据职权清单,在职权范围内对检察官办理的认罪认罚案件作出决定;

(五)听取部门负责人关于认罪认罚案件办理情况的报告;

(六)要求部门负责人对本院办理的认罪认罚案件定期分析、汇总通报,涉及法律、政策理解、适用的办案经验总结、规则明确等,提请检察委员会审议,必要时向上级检察院汇报;

(七)其他应当履行的职责。

第十五条 检察长(分管副检察长)发现检察官办理认罪认罚案件不适当的,可以要求检察官复核,也可以直接作出决定或者提请检察委员会讨论决定。检察长(分管副检察长)要求复核的意见、决定应当以书面形式作出并附卷。

第十六条 案件管理部门对认罪认罚案件办理应当履行以下监督管理职责:

(一)进行案件流程监控,对案件办理期限、诉讼权利保障、文书制作的规范化等进行监督;

(二)组织案件评查,对评查中发现的重要情况及时向检察长报告;

(三)发现违反检察职责行为、违纪违法线索的,及时向相关部门移送;

(四)其他应当履行的职责。

第十七条 下列情形的案件应当作为重点评查案件,经检察长(分管副检察长)批准后进行评查,由案件管理部门或者相关办案部门组织开展:

(一)检察官超越授权范围、职权清单作出处理决定的;

(二)经复议、复核、复查后改变原决定的;

(三)量刑建议明显不当的;

(四)犯罪嫌疑人、被告人认罪认罚后又反悔的;

(五)当事人对人民检察院的处理决定不服提出申诉的;

(六)人民法院裁判宣告无罪、改变指控罪名或者新发现影响定罪量刑重要情节的;

(七)其他需要重点评查的。

第十八条 检务督察部门应当指导办案部门做好认罪认罚案件廉政风险防控和检察官履职督查和失责惩戒工作,重点履行以下监督职责:

(一)对检察官办理认罪认罚案件执行法律、规范性文件和最高人民检察院规定、决定等情况进行执法督察;

(二)在执法督察、巡视巡察、追责惩戒、内部审计中发现以及有关单位、个人举报投诉办案检察官违反检察职责的,依职权进行调查,提出处理意见;

(三)对检察官违反检察职责和违规过问案件,不当接触当事人及其律师、特殊关系人、中介组织等利害关系人的,依职权进行调查,提出处理意见；

（四）针对认罪认罚案件办案廉政风险，加强廉政风险防控制度建设和工作指导，开展司法办案廉政教育；

（五）其他应当监督的情形。

第十九条 上级人民检察院要履行对下级人民检察院办理认罪认罚案件指导、监督管理责任，定期分析、汇总通报本辖区内办案整体情况，通过案件指导、备案备查、专项检查、错案责任倒查、审核决定等方式，对下级人民检察院办理认罪认罚案件进行监督。对存在严重瑕疵或者不规范司法行为，提出监督纠正意见。案件处理决定确有错误的，依法通过指令下级人民检察院批准逮捕、提起公诉、提出抗诉或者撤销逮捕、撤回起诉等方式予以纠正。

第二十条 人民检察院办理认罪认罚案件，应当按照规定公开案件程序性信息、重要案件信息和法律文书，接受社会监督。

第二十一条 严格落实领导干部干预司法活动、插手具体案件处理，司法机关内部或者其他人员过问案件，司法人员不正当接触交往的记录报告和责任追究等相关规定，对违反规定的严肃追责问责。

检察官对存在过问或者干预、插手办案活动，发现有与当事人、律师、特殊关系人、中介组织不当接触交往行为情况的，应当如实记录并及时报告部门负责人。

检察长、分管副检察长和部门负责人口头或者短信、微信、电话等形式向检察官提出指导性意见的，检察官记录在案后，依程序办理。

第二十二条 当事人、律师等举报、投诉检察官违反法律规定办理认罪认罚案件或者有过失行为并提供相关线索或者证据的，检察长（分管副检察长）可以要求检察官报告办案情况。检察长（分管副检察长）认为确有必要的，可以更换承办案件的检察官，将涉嫌违反检察职责行为、违纪违法线索向有关部门移送，并将相关情况记录在案。

第二十三条 对检察官办理认罪认罚案件的质量效果、办案活动等情况进行绩效考核，考核结果纳入司法业绩档案，作为检察官奖惩、晋升、调整职务职级和工资、离岗培训、免职、降职、辞退的重要依据。

第二十四条 检察官因故意违反法律法规或者因重大过失导致案件办理出现错误并造成严重后果的，应当承担司法责任。

检察官在事实认定、证据采信、法律适用、办案程序、文书制作以及司法作风等方面不符合法律和有关规定，存在司法瑕疵但不影响案件结论的正确性和效力的，依照相关纪律规定处理。

第二十五条 负有监督管理职责的检察人员因故意或者重大过失怠于行使或者不当行使职责，造成严重后果的，应当承担司法责任。

（三）死刑复核程序

最高人民法院
关于死刑复核及执行程序中保障当事人合法权益的若干规定

（2019年4月29日最高人民法院审判委员会第1767次会议通过　2019年8月8日公布　法释〔2019〕12号　自2019年9月1日起施行）

为规范死刑复核及执行程序，依法保障当事人合法权益，根据《中华人民共和国刑事诉讼法》和有关法律规定，结合司法实际，制定本规定。

第一条 高级人民法院在向被告人送达依法作出的死刑裁判文书时，应当告知其在最高人民法院复核死刑阶段有权委托辩护律师，并将告知情况记入宣判笔录；被告人提出由其近亲属代为委托辩护律师的，除因客观原因无法通知的以外，高级人民法院应当及时通知其近亲属，并将通知情况记录在案。

第二条 最高人民法院复核死刑案件，辩护律师应当自接受委托或者受指派之日起十日内向最高人民法院提交有关手续，并自接受委托或者指派之日起一个半月内提交辩护意见。

第三条 辩护律师提交相关手续、辩护意见及证据等材料的，可以经高级人民法院代收并随案移送，也可以寄送至最高人民法院。

第四条 最高人民法院复核裁定作出后，律师提交辩护意见及证据材料的，应当接收并出具接收清单；经审查，相关意见及证据材料可能影响死刑复核结果的，应当暂停交付执行或者停止执行，但不再办理接收委托辩护手续。

第五条 最高人民法院复核裁定下发后，受委托进行宣判的人民法院应当在宣判后五日内将裁判文书送达辩护律师。

对被害人死亡的案件，被害人近亲属申请获取裁判文书的，受委托进行宣判的人民法院应当提供。

第六条 第一审人民法院在执行死刑前，应当告知罪犯可以申请会见其近亲属。

罪犯申请会见并提供具体联系方式的，人民法院应当通知其近亲属。对经查找确实无法与罪犯近亲属取得联系的，或者其近亲属拒绝会见的，应当告知罪犯。罪犯提出通过录音录像等方式留下遗言的，人民法院可以准许。

通知会见的相关情况，应当记录在案。

第七条 罪犯近亲属申请会见的，人民法院应当准许，并在执行死刑前及时安排，但罪犯拒绝会见的除外。

罪犯拒绝会见的情况，应当记录在案并及时告知其近亲属，必要时应当进行录音录像。

第八条 罪犯提出会见近亲属以外的亲友，经人民法院审查，确有正当理由的，可以在确保会见安全的情况下予以准许。

第九条 罪犯申请会见未成年子女的，应当经未成年子女的监护人同意；会见可能影响未成年人身心健康的，人民法院可以采取视频通话等适当方式安排会见，且监护人应当在场。

第十条 会见由人民法院负责安排，一般在罪犯羁押场所进行。

第十一条 会见罪犯的人员应当遵守羁押场所的规定。违反规定的，应当予以警告；不听警告的，人民法院可以终止会见。

实施威胁、侮辱司法工作人员，或者故意扰乱羁押场所秩序，妨碍执行公务等行为，情节严重的，依法追究法律责任。

第十二条 会见情况应当记录在案，附卷存档。

第十三条 本规定自2019年9月1日起施行。

最高人民法院以前发布的司法解释和规范性文件，与本规定不一致的，以本规定为准。

（四）查封、扣押、冻结财物及其处理

最高人民法院　最高人民检察院　公安部
关于刑事案件涉扶贫领域财物依法快速返还的若干规定

（2020年7月24日印发　高检发〔2020〕12号）

第一条 为规范扶贫领域涉案财物快速返还工作，提高扶贫资金使用效能，促进国家惠民利民政策落实，根据《中华人民共和国刑法》《中华人民共和国刑事诉讼法》等法律和有关规定，制定本规定。

第二条 本规定所称涉案财物，是指办案机关办理有关刑事案件过程中，查封、扣押、冻结的与扶贫有关的财物及孳息，以及由上述财物转化而来的财产。

第三条 对于同时符合下列条件的涉案财

物，应当依法快速返还有关个人、单位或组织：

（一）犯罪事实清楚，证据确实充分；

（二）涉案财物权属关系已经查明；

（三）有明确的权益被侵害的个人、单位或组织；

（四）返还涉案财物不损害其他被害人或者利害关系人的利益；

（五）不影响诉讼正常进行或者案件公正处理；

（六）犯罪嫌疑人、被告人以及利害关系人对涉案财物快速返还没有异议。

第四条 人民法院、人民检察院、公安机关办理有关扶贫领域刑事案件，应当依法积极追缴涉案财物，对于本办案环节具备快速返还条件的，应当及时快速返还。

第五条 人民法院、人民检察院、公安机关对追缴到案的涉案财物，应当及时调查、审查权属关系。

对于权属关系未查明的，人民法院可以通知人民检察院，由人民检察院通知前一办案环节补充查证，或者由人民检察院自行补充侦查。

第六条 公安机关办理涉扶贫领域财物刑事案件期间，可以就涉案财物处理等问题听取人民检察院意见，人民检察院应当提出相关意见。

第七条 人民法院、人民检察院、公安机关认为涉案财物符合快速返还条件的，应当在作出返还决定五个工作日内返还有关个人、单位或组织。

办案机关返还涉案财物时，应当制作返还财物清单，注明返还理由，由接受个人、单位或组织在返还财物清单上签名或者盖章，并将清单、照片附卷。

第八条 公安机关、人民检察院在侦查阶段、审查起诉阶段返还涉案财物的，在案件移送人民检察院、人民法院时，应当将返还财物清单随案移送，说明返还的理由并附相关证据材料。

未快速返还而随案移送的涉案财物，移送机关应当列明权属情况、提出处理建议并附相关证据材料。

第九条 对涉案财物中易损毁、灭失、变质等不宜长期保存的物品，易贬值的汽车等物品，市场价格波动大的债券、股票、基金份额等财产，有效期即将届满的汇票、本票、支票等，经权利人同意或者申请，并经人民法院、人民检察院、公安机关主要负责人批准，可以及时依法出售、变现或者先行变卖、拍卖。所得款项依照本规定快速返还，或者按照有关规定处理。

第十条 人民法院、人民检察院应当跟踪了解有关单位和村（居）民委员会等组织对返还涉案财物管理发放情况，跟进开展普法宣传教育，对于管理环节存在漏洞的，要及时提出司法建议、检察建议，确保扶贫款物依法正确使用。

第十一条 发现快速返还存在错误的，应当由决定快速返还的机关及时纠正，依法追回返还财物；侵犯财产权的，依据《中华人民共和国国家赔偿法》第十八条及有关规定处理。

第十二条 本规定自印发之日起施行。

（五）涉外刑事案件的审理和司法协助

中华人民共和国国际刑事司法协助法

（2018年10月26日第十三届全国人民代表大会常务委员会第六次会议通过　2018年10月26日中华人民共和国主席令第13号公布　自公布之日起施行）

目　　录

第一章　总　　则

第一条　【立法目的】为了保障国际刑事司法协助的正常进行，加强刑事司法领域的国际合作，有效惩治犯罪，保护个人和组织的合法权益，维护国家利益和社会秩序，制定本法。

第二条　【国际刑事司法协助的概念和范围】本法所称国际刑事司法协助，是指中华人民共和国和外国在刑事案件调查、侦查、起诉、审判和执行等活动中相互提供协助，包括送达文书，调查取证，安排证人作证或者协助调查，查封、扣押、冻结涉案财物，没收、返还违法所得及其他涉案财物，移管被判刑人以及其他协助。

第三条　【国际刑事司法协助的法律依据】中华人民共和国和外国之间开展刑事司法协助，依照本法进行。

执行外国提出的刑事司法协助请求，适用本法、刑事诉讼法及其他相关法律的规定。

对于请求书的签署机关、请求书及所附材料的语言文字、有关办理期限和具体程序等事项，在不违反中华人民共和国法律的基本原则的情况下，可以按照刑事司法协助条约规定或者双方协商办理。

第四条　【国际刑事司法协助的基本原则】中华人民共和国和外国按照平等互惠原则开展国际刑事司法协助。

国际刑事司法协助不得损害中华人民共和国的主权、安全和社会公共利益，不得违反中华人民共和国法律的基本原则。

非经中华人民共和国主管机关同意，外国机构、组织和个人不得在中华人民共和国境内进行本法规定的刑事诉讼活动，中华人民共和国境内的机构、组织和个人不得向外国提供证据材料和本法规定的协助。

第五条　【对外联系机关及其职责】中华人民共和国和外国之间开展刑事司法协助，通过对外联系机关联系。

中华人民共和国司法部等对外联系机关负责提出、接收和转递刑事司法协助请求，处理其他与国际刑事司法协助相关的事务。

【通过外交途径联系】中华人民共和国和外国之间没有刑事司法协助条约的，通过外交途径联系。

第六条　【主管机关、办案机关及其职责】国家监察委员会、最高人民法院、最高人民检察院、公安部、国家安全部等部门是开展国际刑事司法协助的主管机关，按照职责分工，审核向外国提出的刑事司法协助请求，审查处理对外联系机关转递的外国提出的刑事司法协助请求，承担其他与国际刑事司法协助相关的工作。在移管被判刑人案件中，司法部按照职责分工，承担相应的主管机关职责。

办理刑事司法协助相关案件的机关是国际

刑事司法协助的办案机关，负责向所属主管机关提交需要向外国提出的刑事司法协助请求、执行所属主管机关交办的外国提出的刑事司法协助请求。

第七条 【经费保障】国家保障开展国际刑事司法协助所需经费。

第八条 【国际刑事司法协助费用的承担】中华人民共和国和外国相互执行刑事司法协助请求产生的费用，有条约规定的，按照条约承担；没有条约或者条约没有规定的，按照平等互惠原则通过协商解决。

第二章 刑事司法协助请求的提出、接收和处理

第一节 向外国请求刑事司法协助

第九条 【请求书的制作、审核同意及提出】办案机关需要向外国请求刑事司法协助的，应当制作刑事司法协助请求书并附相关材料，经所属主管机关审核同意后，由对外联系机关及时向外国提出请求。

第十条 【向外国提出请求书的要求】向外国的刑事司法协助请求书，应当依照刑事司法协助条约的规定提出；没有条约或者条约没有规定的，可以参照本法第十三条的规定提出；被请求国有特殊要求的，在不违反中华人民共和国法律的基本原则的情况下，可以按照被请求国的特殊要求提出。

请求书及所附材料应当以中文制作，并附有被请求国官方文字的译文。

第十一条 【对外国提出附加条件的承诺】被请求国就执行刑事司法协助请求提出附加条件，不损害中华人民共和国的主权、安全和社会公共利益的，可以由外交部作出承诺。被请求国明确表示对外联系机关作出的承诺充分有效的，也可以由对外联系机关作出承诺。对于限制追诉的承诺，由最高人民检察院决定；对于量刑的承诺，由最高人民法院决定。

在对涉案人员追究刑事责任时，有关机关应当受所作出的承诺的约束。

第十二条 【转告执行结果、通报诉讼结果】对外联系机关收到外国的有关通知或者执行结果后，应当及时转交或者转告有关主管机关。

外国就其提供刑事司法协助的案件要求通报诉讼结果的，对外联系机关转交有关主管机关办理。

第二节 向中华人民共和国请求刑事司法协助

第十三条 【请求书需要载明的事项】外国向中华人民共和国提出刑事司法协助请求的，应当依照刑事司法协助条约的规定提出请求书。没有条约或者条约没有规定的，应当在请求书中载明下列事项并附相关材料：

（一）请求机关的名称；

（二）案件性质、涉案人员基本信息及犯罪事实；

（三）本案适用的法律规定；

（四）请求的事项和目的；

（五）请求的事项与案件之间的关联性；

（六）希望请求得以执行的期限；

（七）其他必要的信息或者附加的要求。

在没有刑事司法协助条约的情况下，请求国应当作出互惠的承诺。

请求书及所附材料应当附有中文译文。

第十四条 【拒绝提供刑事司法协助的情形】外国向中华人民共和国提出的刑事司法协助请求，有下列情形之一的，可以拒绝提供协助：

（一）根据中华人民共和国法律，请求针对的行为不构成犯罪；

（二）在收到请求时，在中华人民共和国境内对于请求针对的犯罪正在进行调查、侦查、起诉、审判，已经作出生效判决，终止刑事诉讼程序，或者犯罪已过追诉时效期限；

（三）请求针对的犯罪属于政治犯罪；

（四）请求针对的犯罪纯属军事犯罪；

（五）请求的目的是基于种族、民族、宗教、国籍、性别、政治见解或者身份等方面的原因而进行调查、侦查、起诉、审判、执行刑罚，或者当

事人可能由于上述原因受到不公正待遇；

（六）请求的事项与请求协助的案件之间缺乏实质性联系；

（七）其他可以拒绝的情形。

第十五条 【对外联系机关的审查和处理】对外联系机关收到外国提出的刑事司法协助请求，应当对请求书及所附材料进行审查。对于请求书形式和内容符合要求的，应当按照职责分工，将请求书及所附材料转交有关主管机关处理；对于请求书形式和内容不符合要求的，可以要求请求国补充材料或者重新提出请求。

对于刑事司法协助请求明显损害中华人民共和国的主权、安全和社会公共利益的，对外联系机关可以直接拒绝协助。

第十六条 【主管机关的审查和处理】主管机关收到对外联系机关转交的刑事司法协助请求书及所附材料后，应当进行审查，并分别作出以下处理：

（一）根据本法和刑事司法协助条约的规定认为可以协助执行的，作出决定并安排有关办案机关执行；

（二）根据本法第四条、第十四条或者刑事司法协助条约的规定，认为应当全部或者部分拒绝协助的，将请求书及所附材料退回对外联系机关并说明理由；

（三）对执行请求有保密要求或者有其他附加条件的，通过对外联系机关向外国提出，在外国接受条件并且作出书面保证后，决定附条件执行；

（四）需要补充材料的，书面通知对外联系机关要求请求国在合理期限内提供。

执行请求可能妨碍中华人民共和国有关机关正在进行的调查、侦查、起诉、审判或者执行的，主管机关可以决定推迟协助，并将推迟协助的决定和理由书面通知对外联系机关。

外国对执行其请求有保密要求或者特殊程序要求的，在不违反中华人民共和国法律的基本原则的情况下，主管机关可以按照其要求安排执行。

第十七条 【协助的执行】办案机关收到主管机关交办的外国刑事司法协助请求后，应当依法执行，并将执行结果或者妨碍执行的情形及时报告主管机关。

办案机关在执行请求过程中，应当维护当事人和其他相关人员的合法权益，保护个人信息。

第十八条 【证据材料用于其他目的】外国请求将通过刑事司法协助取得的证据材料用于请求针对的案件以外的其他目的的，对外联系机关应当转交主管机关，由主管机关作出是否同意的决定。

第十九条 【转告执行结果、通报诉讼结果】对外联系机关收到主管机关的有关通知或者执行结果后，应当及时转交或者转告请求国。

对于中华人民共和国提供刑事司法协助的案件，主管机关可以通过对外联系机关要求外国通报诉讼结果。

外国通报诉讼结果的，对外联系机关收到相关材料后，应当及时转交或者转告主管机关，涉及对中华人民共和国公民提起刑事诉讼的，还应当通知外交部。

第三章 送达文书

第一节 向外国请求送达文书

第二十条 【送达的文书范围、办理程序】办案机关需要外国协助送达传票、通知书、起诉书、判决书和其他司法文书的，应当制作刑事司法协助请求书并附相关材料，经所属主管机关审核同意后，由对外联系机关及时向外国提出请求。

第二十一条 【请求书需要载明的事项】向外国请求送达文书的，请求书应当载明受送达人的姓名或者名称、送达的地址以及需要告知受送达人的相关权利和义务。

第二节 向中华人民共和国请求送达文书

第二十二条 【送达的文书范围、办理程序】外国可以请求中华人民共和国协助送达传票、通知书、起诉书、判决书和其他司法文书。中华人民共和国协助送达司法文书，不代表对外国司法文书法律效力的承认。

请求协助送达出庭传票的，应当按照有关条约规定的期限提出。没有条约或者条约没有规定的，应当至迟在开庭前三个月提出。

【不协助送达文书的情形】对于要求中华人民共和国公民接受讯问或者作为被告人出庭的传票，中华人民共和国不负有协助送达的义务。

第二十三条　【请求书需要载明的事项】外国向中华人民共和国请求送达文书的，请求书应当载明受送达人的姓名或者名称、送达的地址以及需要告知受送达人的相关权利和义务。

第二十四条　【向外国告知执行结果】负责执行协助送达文书的人民法院或者其他办案机关，应当及时将执行结果通过所属主管机关告知对外联系机关，由对外联系机关告知请求国。除无法送达的情形外，应当附有受送达人签收的送达回执或者其他证明文件。

第四章　调查取证

第一节　向外国请求调查取证

第二十五条　【调查取证的事项范围、办理程序】办案机关需要外国就下列事项协助调查取证的，应当制作刑事司法协助请求书并附相关材料，经所属主管机关审核同意后，由对外联系机关及时向外国提出请求：

（一）查找、辨认有关人员；

（二）查询、核实涉案财物、金融账户信息；

（三）获取并提供有关人员的证言或者陈述；

（四）获取并提供有关文件、记录、电子数据和物品；

（五）获取并提供鉴定意见；

（六）勘验或者检查场所、物品、人身、尸体；

（七）搜查人身、物品、住所和其他有关场所；

（八）其他事项。

请求外国协助调查取证时，办案机关可以同时请求在执行请求时派员到场。

第二十六条　【请求书需要载明的事项】向外国请求调查取证的，请求书及所附材料应当根据需要载明下列事项：

（一）被调查人的姓名、性别、住址、身份信息、联系方式和有助于确认被调查人的其他资料；

（二）需要向被调查人提问的问题；

（三）需要查找、辨认人员的姓名、性别、住址、身份信息、联系方式、外表和行为特征以及有助于查找、辨认的其他资料；

（四）需要查询、核实的涉案财物的权属、地点、特性、外形和数量等具体信息，需要查询、核实的金融账户相关信息；

（五）需要获取的有关文件、记录、电子数据和物品的持有人、地点、特性、外形和数量等具体信息；

（六）需要鉴定的对象的具体信息；

（七）需要勘验或者检查的场所、物品等的具体信息；

（八）需要搜查的对象的具体信息；

（九）有助于执行请求的其他材料。

第二十七条　【向被请求国归还证据材料、物品】被请求国要求归还其提供的证据材料或者物品的，办案机关应当尽快通过对外联系机关归还。

第二节　向中华人民共和国请求调查取证

第二十八条　【调查取证的事项范围、办理程序】外国可以请求中华人民共和国就本法第二十五条第一款规定的事项协助调查取证。

外国向中华人民共和国请求调查取证的，请求书及所附材料应当根据需要载明本法第二十六条规定的事项。

第二十九条　【调查取证时派员到场】外国向中华人民共和国请求调查取证时，可以同时请求在执行请求时派员到场。经同意到场的人员应当遵守中华人民共和国法律，服从主管机关和办案机关的安排。

第三十条 【要求外国保证归还提供的证据材料、物品】办案机关要求请求国保证归还其提供的证据材料或者物品,请求国作出保证的,可以提供。

第五章 安排证人作证或者协助调查

第一节 向外国请求安排证人作证或者协助调查

第三十一条 【安排证人作证或者协助调查的办理程序】办案机关需要外国协助安排证人、鉴定人来中华人民共和国作证或者通过视频、音频作证,或者协助调查的,应当制作刑事司法协助请求书并附相关材料,经所属主管机关审核同意后,由对外联系机关及时向外国提出请求。

第三十二条 【请求书需要载明的事项】向外国请求安排证人、鉴定人作证或者协助调查的,请求书及所附材料应当根据需要载明下列事项:

(一)证人、鉴定人的姓名、性别、住址、身份信息、联系方式和有助于确认证人、鉴定人的其他资料;

(二)作证或者协助调查的目的、必要性、时间和地点等;

(三)证人、鉴定人的权利和义务;

(四)对证人、鉴定人的保护措施;

(五)对证人、鉴定人的补助;

(六)有助于执行请求的其他材料。

第三十三条 【对作证或者协助调查人员的追诉限制】来中华人民共和国作证或者协助调查的证人、鉴定人在离境前,其入境前实施的犯罪不受追诉;除因入境后实施违法犯罪而被采取强制措施的以外,其人身自由不受限制。

证人、鉴定人在条约规定的期限内或者被通知无需继续停留后十五日内没有离境的,前款规定不再适用,但是由于不可抗力或者其他特殊原因未能离境的除外。

第三十四条 【对作证或者协助调查人员的补助】对来中华人民共和国作证或者协助调查的证人、鉴定人,办案机关应当依法给予补助。

第三十五条 【在押人员作证或者协助调查】来中华人民共和国作证或者协助调查的人员系在押人员的,由对外联系机关会同主管机关与被请求国就移交在押人员的相关事项事先达成协议。

主管机关和办案机关应当遵守协议内容,依法对被移交的人员予以羁押,并在作证或者协助调查结束后及时将其送回被请求国。

第二节 向中华人民共和国请求安排证人作证或者协助调查

第三十六条 【安排证人作证或者协助调查的提出】外国可以请求中华人民共和国协助安排证人、鉴定人赴外国作证或者通过视频、音频作证,或者协助调查。

【请求书的内容】外国向中华人民共和国请求安排证人、鉴定人作证或者协助调查的,请求书及所附材料应当根据需要载明本法第三十二条规定的事项。

【对作证或者协助调查人员追诉限制的保证】请求国应当就本法第三十三条第一款规定的内容作出书面保证。

第三十七条 【证人、鉴定人同意作证或者协助调查】证人、鉴定人书面同意作证或者协助调查的,办案机关应当及时将证人、鉴定人的意愿、要求和条件通过所属主管机关通知对外联系机关,由对外联系机关通知请求国。

【视频、音频作证派员到场】安排证人、鉴定人通过视频、音频作证的,主管机关或者办案机关应当派员到场,发现有损害中华人民共和国的主权、安全和社会公共利益以及违反中华人民共和国法律的基本原则的情形的,应当及时制止。

第三十八条 【移交在押人员出国作证或者协助调查】外国请求移交在押人员出国作证或者协助调查,并保证在作证或者协助调查结束后及时将在押人员送回的,对外联系机关应当征求主管机关和在押人员的意见。主管机关和在押人员均同意出国作证或者协助调查的，由对外联系机关会同主管机关与请求国就移交在押人员的相关事项事先达成协议。

【在押人员在外国被羁押的刑期折抵】在押人员在外国被羁押的期限，应当折抵其在中华人民共和国被判处的刑期。

第六章　查封、扣押、冻结涉案财物

第一节　向外国请求查封、扣押、冻结涉案财物

第三十九条　【提出请求的办理程序】办案机关需要外国协助查封、扣押、冻结涉案财物的，应当制作刑事司法协助请求书并附相关材料，经所属主管机关审核同意后，由对外联系机关及时向外国提出请求。

外国对于协助执行中华人民共和国查封、扣押、冻结涉案财物的请求有特殊要求的，在不违反中华人民共和国法律的基本原则的情况下，可以同意。需要由司法机关作出决定的，由人民法院作出。

第四十条　【请求书需要载明的事项】向外国请求查封、扣押、冻结涉案财物的，请求书及所附材料应当根据需要载明下列事项：

（一）需要查封、扣押、冻结的涉案财物的权属证明、名称、特性、外形和数量等；

（二）需要查封、扣押、冻结的涉案财物的地点。资金或者其他金融资产存放在金融机构中的，应当载明金融机构的名称、地址和账户信息；

（三）相关法律文书的副本；

（四）有关查封、扣押、冻结以及利害关系人权利保障的法律规定；

（五）有助于执行请求的其他材料。

第四十一条　【继续、解除查封、扣押、冻结】外国确定的查封、扣押、冻结的期限届满，办案机关需要外国继续查封、扣押、冻结相关涉案财物的，应当再次向外国提出请求。

办案机关决定解除查封、扣押、冻结的，应当及时通知被请求国。

第二节　向中华人民共和国请求查封、扣押、冻结涉案财物

第四十二条　【请求书需要载明的事项】外国可以请求中华人民共和国协助查封、扣押、冻结在中华人民共和国境内的涉案财物。

外国向中华人民共和国请求查封、扣押、冻结涉案财物的，请求书及所附材料应当根据需要载明本法第四十条规定的事项。

第四十三条　【同意协助的条件】主管机关经审查认为符合下列条件的，可以同意查封、扣押、冻结涉案财物，并安排有关办案机关执行：

（一）查封、扣押、冻结符合中华人民共和国法律规定的条件；

（二）查封、扣押、冻结涉案财物与请求国正在进行的刑事案件的调查、侦查、起诉和审判活动相关；

（三）涉案财物可以被查封、扣押、冻结；

（四）执行请求不影响利害关系人的合法权益；

（五）执行请求不影响中华人民共和国有关机关正在进行的调查、侦查、起诉、审判和执行活动。

【将执行结果告知请求国】办案机关应当及时通过主管机关通知对外联系机关，由对外联系机关将查封、扣押、冻结的结果告知请求国。必要时，办案机关可以对被查封、扣押、冻结的涉案财物依法采取措施进行处理。

第四十四条　【继续、解除查封、扣押、冻结】查封、扣押、冻结的期限届满，外国需要继续查封、扣押、冻结相关涉案财物的，应当再次向对外联系机关提出请求。

外国决定解除查封、扣押、冻结的，对外联系机关应当通过主管机关通知办案机关及时解除。

第四十五条　【对查封、扣押、冻结提出异议的处理和对案件处理提出异议的处理】利害关系人对查封、扣押、冻结有异议，办案机关经

审查认为查封、扣押、冻结不符合本法第四十三条第一款规定的条件的，应当报请主管机关决定解除查封、扣押、冻结并通知对外联系机关，由对外联系机关告知请求国；对案件处理提出异议的，办案机关可以通过所属主管机关转送对外联系机关，由对外联系机关向请求国提出。

第四十六条 【因请求国原因导致查封、扣押、冻结不当的赔偿责任】由于请求国的原因导致查封、扣押、冻结不当，对利害关系人的合法权益造成损害的，办案机关可以通过对外联系机关要求请求国承担赔偿责任。

第七章 没收、返还违法所得及其他涉案财物

第一节 向外国请求没收、返还违法所得及其他涉案财物

第四十七条 【提出请求的办理程序】办案机关需要外国协助没收违法所得及其他涉案财物的，应当制作刑事司法协助请求书并附相关材料，经所属主管机关审核同意后，由对外联系机关及时向外国提出请求。

请求外国将违法所得及其他涉案财物返还中华人民共和国或者返还被害人的，可以在向外国提出没收请求时一并提出，也可以单独提出。

外国对于返还被查封、扣押、冻结的违法所得及其他涉案财物有特殊要求的，在不违反中华人民共和国法律的基本原则的情况下，可以同意。需要由司法机关作出决定的，由人民法院作出决定。

第四十八条 【请求书需要载明的事项】向外国请求没收、返还违法所得及其他涉案财物的，请求书及所附材料应当根据需要载明下列事项：

（一）需要没收、返还的违法所得及其他涉案财物的名称、特性、外形和数量等；

（二）需要没收、返还的违法所得及其他涉案财物的地点。资金或者其他金融资产存放在金融机构中的，应当载明金融机构的名称、地址和账户信息；

（三）没收、返还的理由和相关权属证明；

（四）相关法律文书的副本；

（五）有关没收、返还以及利害关系人权利保障的法律规定；

（六）有助于执行请求的其他材料。

第四十九条 【涉案财物的移交、分享】外国协助没收、返还违法所得及其他涉案财物的，由对外联系机关会同主管机关就有关财物的移交问题与外国进行协商。

对于请求外国协助没收、返还违法所得及其他涉案财物，外国提出分享请求的，分享的数额或者比例，由对外联系机关会同主管机关与外国协商确定。

第二节 向中华人民共和国请求没收、返还违法所得及其他涉案财物

第五十条 【外国提出请求的一般规定】外国可以请求中华人民共和国协助没收、返还违法所得及其他涉案财物。

外国向中华人民共和国请求协助没收、返还违法所得及其他涉案财物的，请求书及所附材料应当根据需要载明本法第四十八条规定的事项。

第五十一条 【同意协助没收违法所得及其他涉案财物的条件】主管机关经审查认为符合下列条件的，可以同意协助没收违法所得及其他涉案财物，并安排有关办案机关执行：

（一）没收违法所得及其他涉案财物符合中华人民共和国法律规定的条件；

（二）外国充分保障了利害关系人的相关权利；

（三）在中华人民共和国有可供执行的财物；

（四）请求书及所附材料详细描述了请求针对的财物的权属、名称、特性、外形和数量等信息；

（五）没收在请求国不能执行或者不能完全执行；

（六）主管机关认为应当满足的其他条件。

第五十二条　【可以拒绝协助的情形】外国请求协助没收违法所得及其他涉案财物，有下列情形之一的，可以拒绝提供协助，并说明理由：

（一）中华人民共和国或者第三国司法机关已经对请求针对的财物作出生效裁判，并且已经执行完毕或者正在执行；

（二）请求针对的财物不存在，已经毁损、灭失、变卖或者已经转移导致无法执行，但请求没收变卖物或者转移后的财物的除外；

（三）请求针对的人员在中华人民共和国境内有尚未清偿的债务或者尚未了结的诉讼；

（四）其他可以拒绝的情形。

第五十三条　【外国请求返还违法所得及其他涉案财物】外国请求返还违法所得及其他涉案财物，能够提供确实、充分的证据证明，主管机关经审查认为符合中华人民共和国法律规定的条件的，可以同意并安排有关办案机关执行。返还前，办案机关可以扣除执行请求产生的合理费用。

第五十四条　【外国请求分享违法所得及其他涉案财物】对于外国请求协助没收、返还违法所得及其他涉案财物的，可以由对外联系机关会同主管机关提出分享的请求。分享的数额或者比例，由对外联系机关会同主管机关与外国协商确定。

第八章　移管被判刑人

第一节　向外国移管被判刑人

第五十五条　【外国和中国相互移管被判刑人】外国可以向中华人民共和国请求移管外国籍被判刑人，中华人民共和国可以向外国请求移管外国籍被判刑人。

第五十六条　【向外国移管被判刑人的条件】向外国移管被判刑人应当符合下列条件：

（一）被判刑人是该国国民；

（二）对被判刑人判处刑罚所针对的行为根据该国法律也构成犯罪；

（三）对被判刑人判处刑罚的判决已经发生法律效力；

（四）被判刑人书面同意移管，或者因被判刑人年龄、身体、精神等状况确有必要，经其代理人书面同意移管；

（五）中华人民共和国和该国均同意移管。

有下列情形之一的，可以拒绝移管：

（一）被判刑人被判处死刑缓期执行或者无期徒刑，但请求移管时已经减为有期徒刑的除外；

（二）在请求移管时，被判刑人剩余刑期不足一年；

（三）被判刑人在中华人民共和国境内存在尚未了结的诉讼；

（四）其他不宜移管的情形。

第五十七条　【请求书需要载明的事项】请求向外国移管被判刑人的，请求书及所附材料应当根据需要载明下列事项：

（一）请求机关的名称；

（二）被请求移管的被判刑人的姓名、性别、国籍、身份信息和其他资料；

（三）被判刑人的服刑场所；

（四）请求移管的依据和理由；

（五）被判刑人或者其代理人同意移管的书面声明；

（六）其他事项。

第五十八条　【对被判刑人移管意愿的核实】主管机关应当对被判刑人的移管意愿进行核实。外国请求派员对被判刑人的移管意愿进行核实的，主管机关可以作出安排。

第五十九条　【移管的决定程序】外国向中华人民共和国提出移管被判刑人的请求的，或者主管机关认为需要向外国提出移管被判刑人的请求的，主管机关应当会同相关主管部门，作出是否同意外国请求或者向外国提出请求的决定。作出同意外国移管请求的决定后，对外联系机关应当书面通知请求国和被判刑人。

第六十条　【移管的执行程序】移管被判刑人由主管机关指定刑罚执行机关执行。移交被判刑人的时间、地点、方式等执行事项，由主管机关与外国协商确定。

第六十一条 【原生效判决的申诉和变更、撤销】被判刑人移管后对原生效判决提出申诉的，应当向中华人民共和国有管辖权的人民法院提出。

人民法院变更或者撤销原生效判决的，应当及时通知外国。

第二节 向中华人民共和国移管被判刑人

第六十二条 【向中国移管被判刑人的条件和程序】中华人民共和国可以向外国请求移管中国籍被判刑人，外国可以请求中华人民共和国移管中国籍被判刑人。移管的具体条件和办理程序，参照本章第一节的有关规定执行。

第六十三条 【先行关押】被判刑人移管回国后，由主管机关指定刑罚执行机关先行关押。

第六十四条 【刑罚转换】人民检察院应当制作刑罚转换申请书并附相关材料，提请刑罚执行机关所在地的中级人民法院作出刑罚转换裁定。

人民法院应当依据外国法院判决认定的事实，根据刑法规定，作出刑罚转换裁定。对于外国法院判处的刑罚性质和期限符合中华人民共和国法律规定的，按照其判处的刑罚和期限予以转换；对于外国法院判处的刑罚性质和期限不符合中华人民共和国法律规定的，按照下列原则确定刑种、刑期：

（一）转换后的刑罚应当尽可能与外国法院判处的刑罚相一致；

（二）转换后的刑罚在性质上或者刑期上不得重于外国法院判处的刑罚，也不得超过中华人民共和国刑法对同类犯罪所规定的最高刑期；

（三）不得将剥夺自由的刑罚转换为财产刑；

（四）转换后的刑罚不受中华人民共和国刑法对同类犯罪所规定的最低刑期的约束。

被判刑人回国服刑前被羁押的，羁押一日折抵转换后的刑期一日。

人民法院作出的刑罚转换裁定，是终审裁定。

第六十五条 【继续执行刑罚和执行变更】刑罚执行机关根据刑罚转换裁定将移管回国的被判刑人收监执行刑罚。刑罚执行以及减刑、假释、暂予监外执行等，依照中华人民共和国法律办理。

第六十六条 【对外国法院判决的申诉】被判刑人移管回国后对外国法院判决的申诉，应当向外国有管辖权的法院提出。

第九章 附 则

第六十七条 【与国际组织开展司法协助的法律适用】中华人民共和国与有关国际组织开展刑事司法协助，参照本法规定。

第六十八条 【文件和证据材料的公证、认证】向中华人民共和国提出的刑事司法协助请求或者应中华人民共和国请求提供的文件和证据材料，按照条约的规定办理公证和认证事宜。没有条约或者条约没有规定的，按照互惠原则办理。

第六十九条 【刑事司法协助条约的概念】本法所称刑事司法协助条约，是指中华人民共和国与外国缔结或者共同参加的刑事司法协助条约、移管被判刑人条约或者载有刑事司法协助、移管被判刑人条款的其他条约。

第七十条 【施行日期】本法自公布之日起施行。

五、执　行

最高人民法院
关于印发《罪犯生活不能自理鉴别标准》的通知

(法〔2016〕305号)

各省、自治区、直辖市高级人民法院,解放军军事法院,新疆维吾尔自治区高级人民法院生产建设兵团分院:

2014年4月24日,第十二届全国人民代表大会常务委员会第八次会议通过《关于〈中华人民共和国刑事诉讼法〉第二百五十四条第五款、第二百五十七条第二款的解释》,规定罪犯在被交付执行前,因有严重疾病、妇女怀孕或正在哺乳自己婴儿、生活不能自理等原因,依法提出暂予监外执行申请的,有关病情诊断、妊娠检查和生活不能自理的鉴别,由人民法院负责组织进行。最高人民法院、最高人民检察院、公安部、司法部、卫生计生委于同年10月24日联合发布的《暂予监外执行规定》第十七条规定,被告人及其辩护人提出暂予监外执行申请的,对其病情诊断、妊娠检查和生活不能自理的鉴别,由人民法院依照规定程序组织进行。为贯彻落实上述规定,最高人民法院已于2014年12月11日印发《最高人民法院关于罪犯交付执行前暂予监外执行组织诊断工作有关问题的通知》,现将《罪犯生活不能自理鉴别标准》予以印发,请认真贯彻执行。

罪犯交付执行前因生活不能自理依法提出暂予监外执行申请的,对生活不能自理的鉴别,由人民法院司法技术辅助部门根据《罪犯生活不能自理鉴别标准》,按照《最高人民法院关于罪犯交付执行前暂予监外执行组织诊断工作有关问题的通知》组织进行。在执行中遇到问题,请及时报告最高人民法院。

最高人民法院
2016年7月26日

附件

罪犯生活不能自理鉴别标准

目　录

前　言

根据《中华人民共和国刑事诉讼法》《全国人民代表大会常务委员会关于〈中华人民共和国刑事诉讼法〉第二百五十四条第五款、第二百五十七条第二款的解释》《暂予监外执行规定》制定本标准。

本标准参考了世界卫生组织《国际功能、残疾和健康分类》(International Classification of Functioning, Disability, and Health, ICF, 中文简称为《国际功能分类》)有关"自理"的国际分类以及《劳动能力鉴定 职工工伤与职业病致残等级》(GB/T 16180－2014)、《残疾人残疾分类与分级》(GB/T 26341－2010)、《人体损伤程度鉴定标准》等。

本标准主要起草人:李永良、孙欣、徐俊波、徐洪新、李路明、徐丽英、张冉、唐亚青、王连生、郑四龙、魏婵娟、李洁、王娟、邢东升。

罪犯生活不能自理鉴别标准

1 范围

1.1 本标准规定了罪犯生活不能自理鉴别的原则、方法和条款。

1.2 本标准适用于罪犯在被交付执行前生活不能自理的鉴别。

2 术语和定义

2.1 罪犯生活不能自理是指罪犯因疾病、残疾、年老体弱等原因造成身体机能下降不能自主处理自己的日常生活。包括进食、大小便、穿衣洗漱、行动(翻身、自主行动)四项内容,其中一项完全不能自主完成或者三项以上大部分不能自主完成的可以认定为生活不能自理。

2.2 生活不能自理的鉴别是指对罪犯在被交付执行前生活自理能力作出的技术性判定意见。

3 总则

3.1 鉴别原则

依据罪犯在被交付执行前,因疾病、损伤治疗终结后遗留器官缺损、严重功能障碍或者年老体弱导致生活不能自理程度进行的综合鉴别。

3.2 生活自理范围主要包括下列四项:

1)进食:拿取食物,放入口中,咀嚼,咽下。

2)大、小便:到规定的地方,解系裤带,完成排便、排尿。用厕包括:a)蹲(坐)起;b)拭净;c)冲洗(倒掉);d)整理衣裤。

3)穿衣:a)穿脱上身衣服;b)穿脱下身衣服。

洗漱:a)洗(擦)脸;b)刷牙;c)梳头;d)剃须。以上4项指使用放在身边的洗漱用具。e)洗澡 进入浴室,完成洗澡。

4)行动:包括翻身和自主行动。a)床上翻身;b)平地行走;c)上楼梯;d)下楼梯。

3.3 生活自理影响程度:

a)完全不能自主完成:不能完成进食、大小便、穿衣洗漱、行动四项内容中任一项全过程。

b)大部分不能自主完成:能够完成进食、大小便、穿衣洗漱、行动四项内容中任一项全过程,但十分困难。

c)部分不能自主完成:完成进食、大小便、穿衣洗漱、行动四项内容中任一项全过程有困难。

4 生活不能自理鉴别条款

4.1 智力残疾二级以上;

4.2 精神残疾二级以上;

4.3 完全感觉性或混合性失语,完全性失用或失认;

4.4 不完全失写、失读、失认、失用具有三项以上者;

4.5 偏瘫或截瘫肌力≤3级;

4.6 双手全肌瘫肌力≤3级;

4.7 双手大部分肌瘫肌力≤2级(拇指均受累);

4.8 双足全肌瘫肌力≤2级;

4.9 中度运动障碍(非肢体瘫);

4.10 脊柱并两个以上主要关节(肩、肘、髋、膝)强直畸形,功能丧失;

4.11 手或足部分缺失及关节功能障碍累积分值>150;

4.12 双手部分缺失以及关节功能障碍累积分值均>40并伴双前足以上缺失;

4.13 一手或一足缺失,另一肢体两个以上大关节功能完全丧失或达不到功能位;

4.14 双手功能完全丧失;

4.15 肩、肘、髋、膝关节之一对称性非功能位僵直;

4.16 肩、肘、髋、膝中有三个关节功能丧失或达不到功能位;

4.17 双侧前庭功能丧失,不能并足站立,睁眼行走困难;

4.18 张口困难Ⅱ度以上;

4.19 无吞咽功能;

4.20 双侧上或下颌骨完全缺失;

4.21 一侧上颌骨及对侧下颌骨完全缺失;

4.22 一侧上或下颌骨缺失,伴对侧颌面部软组织缺损大于30平方厘米;

4.23 咽喉损伤、食管闭锁或者切除术后,摄食依赖胃造口或者空肠造口;

4.24 食管重建术吻合口狭窄,仅能进流食者;

4.25 消化吸收功能丧失,完全依赖肠外营养；

4.26　肺功能中度损伤或中度低氧血症；

4.27　心功能三级以上；

4.28　大、小便失禁；

4.29　年老体弱生活不能自理；

4.30　上述条款未涉及的残疾，影响进食、大小便、穿衣洗漱、行动（翻身、自主行动）四项内容，其中一项完全不能自主完成或者三项以上大部分不能自主完成的可以认定为生活不能自理。

附录 A

生活不能自理程度鉴别技术基准和方法

A.1　智力残疾

智力显著低于一般人水平，并伴有适应行为的障碍。此类残疾是由于神经系统结构、功能障碍，使个体活动和参与受到限制，需要环境提供全面、广泛、有限和间歇的支持。

智力残疾包括在智力发育期间（18岁之前），由于各种有害因素导致的精神发育不全或智力迟滞；或者智力发育成熟以后，由于各种有害因素导致智力损害或智力明显衰退。

A.1.1　智力残疾分级

按0～6岁和7岁及以上两个年龄段发育商、智商和适应行为分级。0～6岁儿童发育商小于72的直接按发育商分级，发育商在72～75之间的按适应行为分级。7岁及以上按智商、适应行为分级；当两者的分值不在同一级时，按适应行为分级。WHO－DASⅡ分值反映的是18岁及以上各级智力残疾的活动与参与情况。智力残疾分级见下表。

智力残疾分级

级别	智力发育水平		社会适应能力	
	发育商（DQ） 0～6岁	智商（IQ） 7岁及以上	适应行为 （AB）	WHO－DASⅡ分值 18岁及以上
一级	≤25	<20	极重度	≥116分
二级	26～39	20～34	重度	106～115分
三级	40～54	35～49	中度	96～105分
四级	55～75	50～69	轻度	52～95分

适应行为表现：

极重度——不能与人交流、不能自理、不能参与任何活动、身体移动能力很差；需要环境提供全面的支持，全部生活由他人照料。

重度——与人交往能力差、生活方面很难达到自理、运动能力发展较差；需要环境提供广泛的支持，大部分生活由他人照料。

中度——能以简单的方式与人交流、生活能部分自理、能做简单的家务劳动、能参与一些简单的社会活动；需要环境提供有限的支持，部分生活由他人照料。

轻度——能生活自理、能承担一般的家务劳动或工作、对周围环境有较好的辨别能力、能与人交流和交往、能比较正常地参与社会活动；需要环境提供间歇的支持，一般情况下生活不需要由他人照料。

A.2　精神残疾分级

18岁及以上的精神障碍患者依据WHO－DASⅡ分值和适应行为表现分级，18岁以下精神障碍患者依据适应行为的表现分级。

A.2.1　精神残疾一级

WHO－DASⅡ值大于等于116分，适应行为极重度障碍;生活完全不能自理,忽视自己的生理、心理的基本要求。不与人交往,无法从事工作,不能学习新事物。需要环境提供全面、广泛的支持,生活长期、全部需他人监护。

A.2.2　精神残疾二级

WHO-DAS Ⅱ值在106~115分之间,适应行为重度障碍;生活大部分不能自理,基本不与人交往,只与照顾者简单交往,能理解照顾者的简单指令,有一定学习能力。监护下能从事简单劳动。能表达自己的基本需求,偶尔被动参与社交活动。需要环境提供广泛的支持,大部分生活仍需他人照料。

A.2.3　精神残疾三级

WHO-DAS Ⅱ值在96~105分之间,适应行为中度障碍;生活上不能完全自理,可以与人进行简单交流,能表达自己的情感。能独立从事简单劳动,能学习新事物,但学习能力明显比一般人差。被动参与社交活动,偶尔能主动参与社交活动。需要环境提供部分的支持,即所需要的支持服务是经常性的、短时间的需求,部分生活需由他人照料。

A.2.4　精神残疾四级

WHO-DAS Ⅱ值在52~95分之间,适应行为轻度障碍;生活上基本自理,但自理能力比一般人差,有时忽略个人卫生。能与人交往,能表达自己的情感,体会他人情感的能力较差,能从事一般的工作,学习新事物的能力比一般人稍差。偶尔需要环境提供支持,一般情况下生活不需要由他人照料。

A.3　失语、失用、失写、失读、失认

指局灶性皮层功能障碍,内容包括失语、失用、失写、失认等,前三者即在没有精神障碍、感觉缺失和肌肉瘫痪的条件下,患者失去用言语或文字去理解或表达思想的能力(失语),或失去按意图利用物体来完成有意义的动作的能力(失用),或失去书写文字的能力(失写)。失读指患者看见文字符号的形象,读不出字音,不了解意义,就像文盲一样。失认指某一种特殊感觉的认知障碍,如视觉失认就是失读。

A.3.1　语言运动中枢

位于大脑主侧半球的额下回后部。这个中枢支配着人的说话,如果这个中枢损伤,会使患者丧失说话能力,不会说话。但能理解别人说话的意思,常用手势或点头来回答问题。根据病变的范围,可表现为完全性不能说话,称完全性失语。或只能讲单字、单词,说话不流利,称为不完全性失语。这种情况叫作运动性失语。

A.3.2　语言感觉中枢

位于大脑主侧半球颞上回后部,此中枢可以使人能够领悟别人说话的意思。如果这个中枢受损,则引起患者听不懂别人说话的内容,不理解问话。但这种人语言运动中枢完好,仍会说话,而且有时说起话来快而流利,但所答非所问,这种情况叫感觉性失语。

A.4　运动障碍

A.4.1　肢体瘫

以肌力作为分级标准。为判断肢体瘫痪程度,将肌力分级划分为0~5级。

0级:肌肉完全瘫痪,毫无收缩。

1级:可看到或触及肌肉轻微收缩,但不能产生动作。

2级:肌肉在不受重力影响下,可进行运动,即肢体能在床面上移动,但不能抬高。

3级:在和地心引力相反的方向中尚能完成其动作,但不能对抗外加的阻力。

4级:能对抗一定的阻力,但较正常人为低。

5级:正常肌力。

A.4.2　非肢体瘫的运动障碍包括肌张力增高、深感觉障碍和(或)小脑性共济失调、不自主运动或震颤等。根据其对生活自理的影响程度划分为轻、中、重三度。

a)重度:不能自行进食,大小便、洗漱和穿衣、行动。

b)中度:完成上述动作困难,但在他人帮助下可以完成。

c)轻度:完成上述动作虽有一些困难,但基本可以自理。

A.5 关节功能障碍

a)关节功能完全丧失

非功能位关节僵直、固定或关节周围其他原因导致关节连枷状或严重不稳，以致无法完成其功能活动。

b)关节功能重度障碍

关节僵直于功能位，或残留关节活动范围约占正常的三分之一，较难完成原有的活动并对日常生活有明显影响。

c)关节功能中度障碍

残留关节活动范围约占正常的三分之二，能基本完成原有的活动，对日常生活有一定影响。

d)关节功能轻度障碍

残留关节活动范围约占正常的三分之二以上，对日常生活无明显影响。

A.6 手、足功能丧失程度评定

A.6.1 手、足功能量化评分示意图(见图1、图2)

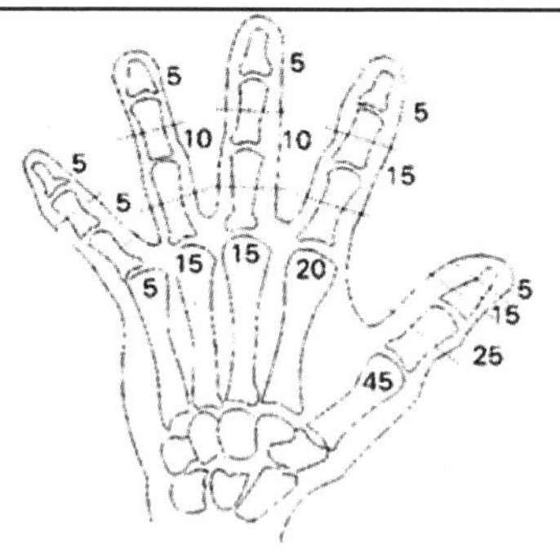

图1 手功能丧失示意图
图中数字示各手指缺失平面手功能丧失分值

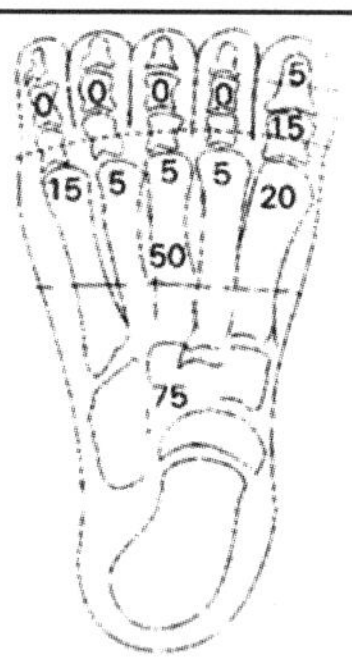

图2 足功能丧失示意图
图中数字示足缺失平面足功能丧失分值

A.6.2 指、趾关节功能障碍评定(见下表)

指关节功能丧失值评定表

		手功能丧失值(%)		
		僵直于非功能位	僵直于功能位或<1/2关节活动度	轻度功能障碍或>1/2关节活动度
拇指	第一掌腕/掌指/指间关节均受累	40	25	15
	掌指、指间关节均受累	30	20	10
	掌指、指间单一关节受累	20	15	5
食指	掌指、指间关节均受累	20	15	5
	掌指或近侧指间关节受累	15	10	0
	远侧指间关节均受累	5	5	0
中指	掌指、指间关节均受累	15	5	5
	掌指或近侧指间关节受累	10	5	0
	远侧指间关节均受累	5	0	0

续表

		手功能丧失值(%)		
		僵直于非功能位	僵直于功能位或<1/2关节活动度	轻度功能障碍或>1/2关节活动度
环指	掌指、指间关节均受累	10	5	5
	掌指或近侧指间关节受累	5	5	0
	远侧指间关节均受累	5	0	0
小指	掌指、指间关节均受累	5	5	0
	掌指或近侧指间关节受累	5	5	0
	远侧指间关节均受累	0	0	0
腕关节	手功能大部分丧失时的腕关节受累	10	5	0
	单纯腕关节受累	40	30	20

注1:单手、单足部分缺失及关节功能障碍评定说明:只有在现有条文未能列举的致残程情形的情况下,可以参照本表量化评估确定。(1)A.6.1图1中将每一手指划分为远、中、近三个区域,依据各部位功能重要性赋予不同分值。手部分缺失离断的各种情形可按不同区域分值累计相加。图2使用同图1。(2)A.6.2表中将手指各关节及腕关节功能障碍的不同程度分别给予不同占比分值,各种手功能障碍的情形或合并手部分缺失的致残程度情形均可按对应分值累计相加。

注2:双手部分缺失及功能障碍评定说明:双手功能损伤,按双手分值加权累计确定。设一手功能为100分,双手总分为200分。设分值较高一手分值为A,分值较低一手的分值为B,最终双手计分为:A+B×(200-A)/200。

注3:双足部分缺失及功能障碍评定说明:双足功能损伤,按双足分值加权累计确定。设一足功能为75分,双足总分为150分。设分值较高一足分值为A,分值较低一足的分值为B,最终双足计分为:A+B×(150-A)/150。

A.7　前庭功能检查

内耳前庭器损害导致人体平衡功能障碍。根据眩晕、平衡功能障碍症状,结合神经系统检查及影像学检查予以确定。常见的前庭功能检查有平衡检查、旋转试验、冷热水试验。

A.8　张口度的判定和测量方法

张口度判定及测量方法以被检测者自身的食指、中指、无名指并列垂直置入上、下中切牙切缘间测量。

a)正常张口度:张口时上述三指可垂直置入上、下切牙切缘间(相当于4.5 cm左右)。

b)张口困难Ⅰ度:大张口时,只能垂直置入食指和中指(相当于3 cm左右)。

c)张口困难Ⅱ度:大张口时,只能垂直置入食指(相当于1.7 cm左右)。

d)张口困难Ⅲ度:大张口时,上、下切牙间距小于食指之横径。

e)完全不能张口。

A.9　呼吸困难及呼吸功能损害

A.9.1　呼吸困难分级

Ⅰ级:与同龄健康者在平地一同步行无气短,但登山或上楼时呈现气短。

Ⅱ级:平路步行1 000 m无气短,但不能与同龄健康者保持同样速度,平路快步行走呈现气短,登山或上楼时气短明显。

Ⅲ级:平路步行100 m即有气短。

Ⅳ级:稍活动(如穿衣、谈话)即气短。

A.9.2　肺功能损伤分级

损伤级别	FVC	FEV_1	MVV	FEV_1/FVC	RV/TLC	DLco
正　常	>80	>80	>80	>70	<35	>80
轻度损伤	60-79	60-79	60-79	55-69	36-45	60-79
中度损伤	40-59	40-59	40-59	35-54	46-55	45-59
重度损伤	<40	<40	<40	<35	>55	<45

注:FVC、FEV_1、MVV、Dlco 为占预计值百分数,单位为%

FVC:用力肺活量;FEV_1:1 秒钟用力呼气容积;MVV:分钟最大通气量;RV/TLC:残气量/肺总量;DLco:一氧化碳弥散量。

A.9.3　低氧血症分级

a)正常:PO_2 为 13.3 kPa ~ 10.6 kPa(100 mmHg ~ 80 mmHg);

b)轻度:PO_2 为 10.5 kPa ~ 8.0 kPa(79 mmHg ~ 60 mmHg);

c)中度:PO_2 为 7.9 kPa ~ 5.3 kPa(59 mmHg ~ 40 mmHg);

d)重度:PO_2 <5.3 kPa(~40 mmHg)。

A.10　心功能分级

Ⅰ级:体力活动不受限,日常活动不引起过度的乏力、呼吸困难或者心悸。即心功能代偿期。超声心动图检查示左心室 EF 值大于 50% 以上。

Ⅱ级:体力活动轻度受限,休息时无症状,日常活动即可引起乏力、心悸、呼吸困难或者心绞痛。亦称Ⅰ度或者轻度心衰。超声心动图检查示左心室 EF 值 41% ~50%。

Ⅲ级:体力活动明显受限,休息时无症状,轻于日常的活动即可引起上述症状。亦称Ⅱ度或者中度心衰。超声心动图检查示左心室 EF 值 31%~40%。

Ⅳ级:不能从事任何体力活动,休息时亦有充血性心衰或心绞痛症状,任何体力活动后加重。亦称Ⅲ度或者重度心衰。超声心动图检查示左心室 EF 值小于 30% 以上。

A.11　肛门失禁(大便失禁)

A.11.1　重度

a)大便不能控制;

b)肛门括约肌收缩力很弱或丧失;

c)肛门括约肌收缩反射很弱或消失;

d)直肠内压测定:采用肛门注水法测定时直肠内压应小于 1 961Pa(20cm H_2O)。

A.11.2　轻度

a)稀便不能控制;

b)肛门括约肌收缩力较弱;

c)肛门括约肌收缩反射较弱;

d)直肠内压测定:采用肛门注水法测定时直肠内压应为 1 961Pa ~ 2 942Pa(20 ~ 30cm H_2O)。

A.12　小便失禁

无法用意志去控制排尿(小便),尿液不由自主的从尿道流出。

A.13　年老体弱生活不能自理

年龄六十五周岁以上的罪犯,在进食、大小便、穿衣洗漱、行动(翻身、自主行动)四项中,有一项大部分不能自主完成。

附录 B

生活不能自理程度对照表

序号	条款	进食			大、小便			穿衣、洗漱			行动		
		部分影响	大部分影响	完全影响	部分影响	大部分影响	完全影响	部分影响	大部分影响	完全影响	部分影响	大部分影响	完全影响
01	智力残疾二级以上		√			√			√			√	
02	精神残疾二级以上		√			√			√			√	
03	完全感觉性或混合性失语，完全性失用或失认		√			√			√			√	
04	不完全失用、失写、失读、失认等具有三项以上者		√			√			√			√	
05	截瘫肌力≤3 级					√			√				√
06	偏瘫肌力≤3 级					√			√			√	
07	双手全肌瘫肌力≤3 级		√			√			√				
08	双手大部分肌瘫肌力≤2 级（拇指均受累）		√			√			√				
09	双足全肌瘫肌力≤2 级					√		√					√
10	中度运动障碍（非肢体瘫）		√			√			√			√	
11	脊柱并两个以上主要关节（肩、肘、髋、膝）强直畸形，功能丧失		√			√			√			√	

续表

序号	条款	进食			大、小便			穿衣、洗漱			行动		
		部分影响	大部分影响	完全影响	部分影响	大部分影响	完全影响	部分影响	大部分影响	完全影响	部分影响	大部分影响	完全影响
12	手或足部分缺失及关节功能障碍累积分值>150		√	或√		√	或√		√	或√		√	或√
13	双手部分缺失以及关节功能障碍累积分值均>40并伴双前足以上缺失		√			√			√			√	
14	一手或一足缺失,另一肢体两个以上大关节功能完全丧失或达不到功能位		√	或√		√	或√		√	或√		√	或√
15	双手功能完全丧失		√			√			√				
16	肩、肘、髋、膝关节之一对称性非功能位僵直		√	或√		√	或√		√	或√		√	或√
17	肩、肘、髋、膝中有三个关节功能丧失或达不到功能位		√	或√		√	或√		√	或√		√	或√
18	双侧前庭功能丧失,不能并足站立,睁眼行走困难					√			√			√	
19	张口困难Ⅱ度以上			√									
20	无吞咽功能			√									
21	双侧上或下颌骨完全缺失			√									

续表

序号	条款	进食			大、小便			穿衣、洗漱			行动		
		部分影响	大部分影响	完全影响	部分影响	大部分影响	完全影响	部分影响	大部分影响	完全影响	部分影响	大部分影响	完全影响
22	一侧上颌骨及对侧下颌骨完全缺失			√									
23	一侧上或下颌骨缺失，伴对侧颌面部软组织缺损≥30平方厘米			√									
24	咽喉损伤、食管闭锁或者切除术后，摄食依赖胃造口或者空肠造口			√									
25	食管重建术吻合口狭窄，仅能进流食者			√									
26	消化吸收功能丧失，完全依赖肠外营养			√									
27	肺功能中度损伤或中度低氧血症	√			√				√			√	
28	心功能三级以上	√			√				√			√	
29	大、小便失禁						√						
30	年老体弱生活不能自理		或√			或√			或√			或√	

监狱暂予监外执行程序规定

(2016 年 8 月 22 日司法部发布　自 2016 年 10 月 1 日起施行)

第一章　总　　则

第一条　为规范监狱办理暂予监外执行工作程序,根据《中华人民共和国刑事诉讼法》、《中华人民共和国监狱法》、《暂予监外执行规定》等有关规定,结合刑罚执行工作实际,制定本规定。

第二条　监狱办理暂予监外执行,应当遵循依法、公开、公平、公正的原则,严格实行办案责任制。

第三条　省、自治区、直辖市监狱管理局和监狱分别成立暂予监外执行评审委员会,由局长和监狱长任主任,分管暂予监外执行工作的副局长和副监狱长任副主任,刑罚执行、狱政管理、教育改造、狱内侦查、生活卫生、劳动改造等有关部门负责人为成员,监狱管理局、监狱暂予监外执行评审委员会成员不得少于 9 人。

监狱成立罪犯生活不能自理鉴别小组,由监狱长任组长,分管暂予监外执行工作的副监狱长任副组长,刑罚执行、狱政管理、生活卫生等部门负责人及 2 名以上医疗专业人员为成员,对因生活不能自理需要办理暂予监外执行的罪犯进行鉴别,鉴别小组成员不得少于 7 人。

第四条　监狱办理暂予监外执行,应当由监区人民警察集体研究,监区长办公会议审核,监狱刑罚执行部门审查,监狱暂予监外执行评审委员会评审,监狱长办公会议决定。

省、自治区、直辖市监狱管理局刑罚执行部门审查监狱依法定程序提请的暂予监外执行建议并出具意见,报请局长召集暂予监外执行评审委员会审核,必要时可以召开局长办公会议决定。

第五条　违反法律规定和本规定办理暂予监外执行,涉嫌违纪的,依照有关处分规定追究相关人员责任;涉嫌犯罪的,移送司法机关追究刑事责任。

第二章　暂予监外执行的诊断、检查、鉴别程序

第六条　对在监狱服刑的罪犯需要暂予监外执行的,监狱应当组织对罪犯进行病情诊断、妊娠检查或者生活不能自理的鉴别。罪犯本人或者其亲属、监护人也可以向监狱提出书面申请。

第七条　监狱组织诊断、检查或者鉴别,应当由监区提出意见,经监狱刑罚执行部门审查,报分管副监狱长批准后进行诊断、检查或者鉴别。

对于患有严重疾病或者怀孕需要暂予监外执行的罪犯,委托省级人民政府指定的医院进行病情诊断或者妊娠检查。

对于生活不能自理需要暂予监外执行的罪犯,由监狱罪犯生活不能自理鉴别小组进行鉴别。

第八条　对罪犯的病情诊断或妊娠检查证明文件,应当由两名具有副高以上专业技术职称的医师共同作出,经主管业务院长审核签名,加盖公章,并附化验单、影像学资料和病历等有关医疗文书复印件。

第九条　对于生活不能自理的鉴别,应当由监狱罪犯生活不能自理鉴别小组审查下列事项:

(一)调取并核查罪犯经六个月以上治疗、护理和观察,生活自理能力仍不能恢复的材料;

(二)查阅罪犯健康档案及相关材料;

(三)询问主管人民警察,并形成书面材料;

(四)询问护理人员及其同一监区 2 名以上罪犯,并形成询问笔录;

(五)对罪犯进行现场考察,观察其日常生活行为,并形成现场考察书面材料;

（六）其他能够证明罪犯生活不能自理的相关材料。

审查结束后，鉴别小组应当及时出具意见并填写《罪犯生活不能自理鉴别书》，经鉴别小组成员签名以后，报监狱长审核签名，加盖监狱公章。

第十条 监狱应当向人民检察院通报对罪犯进行病情诊断、妊娠检查和生活不能自理鉴别工作情况。人民检察院可以派员监督。

第三章 暂予监外执行的提请程序

第十一条 罪犯需要保外就医的，应当由罪犯本人或其亲属、监护人提出保证人。无亲属、监护人的，可以由罪犯居住地的村（居）委会、原所在单位或者县级司法行政机关社区矫正机构推荐保证人。监狱刑罚执行部门对保证人的资格进行审查，填写《保证人资格审查表》，并告知保证人在罪犯暂予监外执行期间应当履行的义务，由保证人签署《暂予监外执行保证书》。

第十二条 对符合办理暂予监外执行条件的罪犯，监区人民警察应当集体研究，提出提请暂予监外执行建议，经监区长办公会议审核同意后，报送监狱刑罚执行部门审查。

第十三条 监区提出提请暂予监外执行建议的，应当报送下列材料：

（一）《暂予监外执行审批表》；

（二）终审法院裁判文书、执行通知书、历次刑罚变更执行法律文书；

（三）《罪犯病情诊断书》、《罪犯妊娠检查书》及相关诊断、检查的医疗文书复印件，《罪犯生活不能自理鉴别书》及有关证明罪犯生活不能自理的治疗、护理和现场考察、询问笔录等材料；

（四）监区长办公会议记录；

（五）《保证人资格审查表》、《暂予监外执行保证书》及相关材料。

第十四条 监狱刑罚执行部门收到监区对罪犯提请暂予监外执行的材料后，应当就下列事项进行审查：

（一）提交的材料是否齐全、完备、规范；

（二）罪犯是否符合法定暂予监外执行的条件；

（三）提请暂予监外执行的程序是否符合规定。

经审查，对材料不齐全或者不符合提请条件的，应当通知监区补充有关材料或者退回；对相关材料有疑义的，应当进行核查。对材料齐全、符合提请条件的，应当出具审查意见，由科室负责人在《暂予监外执行审批表》上签署意见，连同监区报送的材料一并提交监狱暂予监外执行评审委员会评审。

第十五条 监狱刑罚执行部门应当核实暂予监外执行罪犯拟居住地，对需要调查评估其对所居住社区影响或核实保证人具保条件的，填写《拟暂予监外执行罪犯调查评估委托函》，附带原刑事判决书、减刑裁定书复印件以及罪犯在服刑期间表现情况材料，委托居住地县级司法行政机关进行调查，并出具调查评估意见书。

第十六条 监狱暂予监外执行评审委员会应当召开会议，对刑罚执行部门审查提交的提请暂予监外执行意见进行评审，提出评审意见。

监狱可以邀请人民检察院派员列席监狱暂予监外执行评审委员会会议。

第十七条 监狱暂予监外执行评审委员会评审后同意对罪犯提请暂予监外执行的，应当在监狱内进行公示。公示内容应当包括罪犯的姓名、原判罪名及刑期、暂予监外执行依据等。

公示期限为三个工作日。公示期内，罪犯对公示内容提出异议的，监狱暂予监外执行评审委员会应当进行复核，并告知其复核结果。

对病情严重必须立即保外就医的，可以不公示，但应当在保外就医后三个工作日内在监狱公告。

第十八条 公示无异议或者经复核异议不成立的，监狱应当将提请暂予监外执行相关材料送人民检察院征求意见。

征求意见后，监狱刑罚执行部门应当将监狱暂予监外执行评审委员会暂予监外执行建议和评审意见连同人民检察院意见，一并报请监狱长办公会议审议。

监狱对人民检察院意见未予采纳的，应当予以回复，并说明理由。

第十九条 监狱长办公会议决定提请暂予监外执行的，由监狱长在《暂予监外执行审批表》上签署意见，加盖监狱公章，并将有关材料报送省、自治区、直辖市监狱管理局。

人民检察院对提请暂予监外执行提出的检察意见，监狱应当一并移送办理暂予监外执行的省、自治区、直辖市监狱管理局。

决定提请暂予监外执行的，监狱应当将提请暂予监外执行书面意见的副本和相关材料抄送人民检察院。

第二十条 监狱决定提请暂予监外执行的，应当向省、自治区、直辖市监狱管理局提交提请暂予监外执行书面意见及下列材料：

（一）《暂予监外执行审批表》；

（二）终审法院裁判文书、执行通知书、历次刑罚变更执行法律文书；

（三）《罪犯病情诊断书》、《罪犯妊娠检查书》及相关诊断、检查的医疗文书复印件，《罪犯生活不能自理鉴别书》及有关证明罪犯生活不能自理的治疗、护理和现场考察、询问笔录等材料；

（四）监区长办公会议、监狱评审委员会会议、监狱长办公会议记录；

（五）《保证人资格审查表》、《暂予监外执行保证书》及相关材料；

（六）公示情况；

（七）根据案件情况需要提交的其他材料。

已委托县级司法行政机关进行核实、调查的，应当将调查评估意见书一并报送。

第四章 暂予监外执行的审批程序

第二十一条 省、自治区、直辖市监狱管理局收到监狱报送的提请暂予监外执行的材料后，应当进行审查。

对病情诊断、妊娠检查或者生活不能自理情况的鉴别是否符合暂予监外执行条件，由生活卫生部门进行审查；对上报材料是否符合法定条件、法定程序及材料的完整性等，由刑罚执行部门进行审查。

审查中发现监狱报送的材料不齐全或者有疑义的，刑罚执行部门应当通知监狱补交有关材料或者作出说明，必要时可派员进行核实；对诊断、检查、鉴别有疑议的，生活卫生部门应当组织进行补充鉴定或者重新鉴定。

审查无误后，应当由刑罚执行部门出具审查意见，报请局长召集评审委员会进行审核。

第二十二条 监狱管理局局长认为案件重大或者有其他特殊情况的，可以召开局长办公会议审议决定。

监狱管理局对罪犯办理暂予监外执行作出决定的，由局长在《暂予监外执行审批表》上签署意见，加盖监狱管理局公章。

第二十三条 对于病情严重需要立即保外就医的，省、自治区、直辖市监狱管理局收到监狱报送的提请暂予监外执行材料后，应当由刑罚执行部门、生活卫生部门审查，报经分管副局长审核后报局长决定，并在罪犯保外就医后三日内召开暂予监外执行评审委员会予以确认。

第二十四条 监狱管理局应当自收到监狱提请暂予监外执行材料之日起十五个工作日内作出决定。

批准暂予监外执行的，应当在五个工作日内，将《暂予监外执行决定书》送达监狱，同时抄送同级人民检察院、原判人民法院和罪犯居住地县级司法行政机关社区矫正机构。

不予批准暂予监外执行的，应当在五个工作日内将《不予批准暂予监外执行决定书》送达监狱。

人民检察院认为暂予监外执行不当提出书面意见的，监狱管理局应当在接到书面意见后十五日内对决定进行重新核查，并将核查结果书面回复人民检察院。

第二十五条 监狱管理局批准暂予监外执行的，应当在十个工作日内，将暂予监外执行决定上网公开。

第五章　暂予监外执行的交付程序

第二十六条　省、自治区、直辖市监狱管理局批准暂予监外执行后，监狱应当核实罪犯居住地，书面通知罪犯居住地县级司法行政机关社区矫正机构并协商确定交付时间，对罪犯进行出监教育，书面告知罪犯在暂予监外执行期间应当遵守的法律和有关监督管理规定。

罪犯应当在《暂予监外执行告知书》上签名，如果因特殊原因无法签名的，可由其保证人代为签名。

监狱将《暂予监外执行告知书》连同《暂予监外执行决定书》交予罪犯本人或保证人。

第二十七条　监狱应当派员持《暂予监外执行决定书》及有关文书材料，将罪犯押送至居住地，与县级司法行政机关社区矫正机构办理交接手续。

罪犯因病情严重需要送入居住地的医院救治的，监狱可与居住地县级司法行政机关协商确定在居住地的医院交付并办理交接手续，暂予监外执行罪犯的保证人应当到场。

罪犯交付执行后，监狱应当在五个工作日内将罪犯交接情况通报人民检察院。

第二十八条　罪犯原服刑地与居住地不在同一省、自治区、直辖市，需要回居住地暂予监外执行的，监狱应当及时办理出监手续并将交接情况通报罪犯居住地的监狱管理局，原服刑地的监狱管理局应当自批准暂予监外执行三个工作日内将《罪犯档案转递函》、《暂予监外执行决定书》以及罪犯档案等材料送达罪犯居住地的监狱管理局。

罪犯居住地的监狱管理局应当在十个工作日内指定一所监狱接收罪犯档案，负责办理该罪犯的收监、刑满释放等手续，并书面通知罪犯居住地县级司法行政机关社区矫正机构。

第六章　暂予监外执行的收监和释放程序

第二十九条　对经县级司法行政机关审核同意的社区矫正机构提出的收监建议，批准暂予监外执行的监狱管理局应当进行审查。

决定收监执行的，将《暂予监外执行收监决定书》送达罪犯居住地县级司法行政机关和原服刑或接收其档案的监狱，并抄送同级人民检察院、公安机关和原判人民法院。

第三十条　监狱收到《暂予监外执行收监决定书》后，应当立即赴羁押地将罪犯收监执行，并将《暂予监外执行收监决定书》交予罪犯本人。

罪犯收监后，监狱应当将收监执行的情况报告批准收监执行的监狱管理局，并告知罪犯居住地县级人民检察院和原判人民法院。

被决定收监执行的罪犯在逃的，由罪犯居住地县级司法行政机关通知罪犯居住地县级公安机关负责追捕。

第三十一条　被收监执行的罪犯有法律规定的不计入执行刑期情形的，县级司法行政机关社区矫正机构应当在收监执行建议书中说明情况，并附有关证明材料。

监狱管理局应当对前款材料进行审核，对材料不齐全的，应当通知县级司法行政机关社区矫正机构在五个工作日内补送；对不符合法律规定的不计入执行刑期情形的或者逾期未补送材料的，应当将结果告知县级司法行政机关社区矫正机构；对材料齐全、符合法律规定的不计入执行刑期情形的，应当通知监狱向所在地中级人民法院提出不计入刑期的建议书。

第三十二条　暂予监外执行罪犯刑期即将届满的，监狱收到县级司法行政机关社区矫正机构书面通知后，应当按期办理刑满释放手续。

第三十三条　罪犯在暂予监外执行期间死亡的，县级司法行政机关社区矫正机构应当自发现其死亡之日起五日以内，书面通知批准暂予监外执行的监狱管理局，并将有关死亡证明材料送达该罪犯原服刑或者接收其档案的监狱，同时抄送罪犯居住地同级人民检察院。

第七章　附　　则

第三十四条　监区人民警察集体研究会议、监区长办公会议、监狱暂予监外执行评审委员会会议、监狱长办公会议、监狱管理局暂予监外执行评审委员会会议、监狱管理局局长办公会议的记录和本规定第二十条规定的材料,应当存入档案并永久保存。会议记录应当载明不同意见,并由与会人员签名。

第三十五条 监狱办理职务犯罪罪犯暂予监外执行案件,应当按照有关规定报请备案审查。

第三十六条 司法部直属监狱办理暂予监外执行工作程序,参照本规定办理。

第三十七条 本规定自2016年10月1日起施行。

中华人民共和国社区矫正法

(2019年12月28日第十三届全国人民代表大会常务委员会第十五次会议通过 2019年12月28日中华人民共和国主席令第40号公布 自2020年7月1日起施行)

目 录

第一章 总 则

第一条 【立法目的】为了推进和规范社区矫正工作,保障刑事判决、刑事裁定和暂予监外执行决定的正确执行,提高教育矫正质量,促进社区矫正对象顺利融入社会,预防和减少犯罪,根据宪法,制定本法。

第二条 【适用范围】对被判处管制、宣告缓刑、假释和暂予监外执行的罪犯,依法实行社区矫正。

对社区矫正对象的监督管理、教育帮扶等活动,适用本法。

第三条 【工作方针】社区矫正工作坚持监督管理与教育帮扶相结合,专门机关与社会力量相结合,采取分类管理、个别化矫正,有针对性地消除社区矫正对象可能重新犯罪的因素,帮助其成为守法公民。

第四条 【社区矫正对象的义务和权利】社区矫正对象应当依法接受社区矫正,服从监督管理。

社区矫正工作应当依法进行,尊重和保障人权。社区矫正对象依法享有的人身权利、财产权利和其他权利不受侵犯,在就业、就学和享受社会保障等方面不受歧视。

第五条 【工作信息化】国家支持社区矫正机构提高信息化水平,运用现代信息技术开展监督管理和教育帮扶。社区矫正工作相关部门之间依法进行信息共享。

第六条 【预算经费】各级人民政府应当将社区矫正经费列入本级政府预算。

居民委员会、村民委员会和其他社会组织依法协助社区矫正机构开展工作所需的经费应当按照规定列入社区矫正机构本级政府预算。

第七条 【表彰奖励】对在社区矫正工作中做出突出贡献的组织、个人,按照国家有关规定给予表彰、奖励。

第二章 机构、人员和职责

第八条 【机构职责】国务院司法行政部门主管全国的社区矫正工作。县级以上地方人民政府司法行政部门主管本行政区域内的社区矫正工作。

人民法院、人民检察院、公安机关和其他有关部门依照各自职责,依法做好社区矫正工作。人民检察院依法对社区矫正工作实行法律监督。

地方人民政府根据需要设立社区矫正委员会,负责统筹协调和指导本行政区域内的社区矫正工作。

第九条 【社区矫正机构】县级以上地方人民政府根据需要设置社区矫正机构,负责社区矫正工作的具体实施。社区矫正机构的设置和撤销,由县级以上地方人民政府司法行政部门提出意见,按照规定的权限和程序审批。

司法所根据社区矫正机构的委托,承担社区矫正相关工作。

第十条 【社区矫正机构工作人员】社区矫正机构应当配备具有法律等专业知识的专门国家工作人员(以下称社区矫正机构工作人员),履行监督管理、教育帮扶等执法职责。

第十一条 【社会工作者】社区矫正机构根据需要,组织具有法律、教育、心理、社会工作等专业知识或者实践经验的社会工作者开展社区矫正相关工作。

第十二条 【协助工作】居民委员会、村民委员会依法协助社区矫正机构做好社区矫正工作。

社区矫正对象的监护人、家庭成员,所在单位或者就读学校应当协助社区矫正机构做好社区矫正工作。

第十三条 【国家鼓励】国家鼓励、支持企业事业单位、社会组织、志愿者等社会力量依法参与社区矫正工作。

第十四条 【工作纪律】社区矫正机构工作人员应当严格遵守宪法和法律,忠于职守,严守纪律,清正廉洁。

第十五条 【法律保护】社区矫正机构工作人员和其他参与社区矫正工作的人员依法开展社区矫正工作,受法律保护。

第十六条 【队伍建设】国家推进高素质的社区矫正工作队伍建设。社区矫正机构应当加强对社区矫正工作人员的管理、监督、培训和职业保障,不断提高社区矫正工作的规范化、专业化水平。

第三章 决定和接收

第十七条 【社区矫正执行地】社区矫正决定机关判处管制、宣告缓刑、裁定假释、决定或者批准暂予监外执行时应当确定社区矫正执行地。

社区矫正执行地为社区矫正对象的居住地。社区矫正对象在多个地方居住的,可以确定经常居住地为执行地。

社区矫正对象的居住地、经常居住地无法确定或者不适宜执行社区矫正的,社区矫正决定机关应当根据有利于社区矫正对象接受矫正、更好地融入社会的原则,确定执行地。

本法所称社区矫正决定机关,是指依法判处管制、宣告缓刑、裁定假释、决定暂予监外执行的人民法院和依法批准暂予监外执行的监狱管理机关、公安机关。

第十八条 【调查评估】社区矫正决定机关根据需要,可以委托社区矫正机构或者有关社会组织对被告人或者罪犯的社会危险性和对所居住社区的影响,进行调查评估,提出意见,供决定社区矫正时参考。居民委员会、村民委员会等组织应当提供必要的协助。

第十九条 【程序法定与告知义务】社区矫正决定机关判处管制、宣告缓刑、裁定假释、决定或者批准暂予监外执行,应当按照刑法、刑事诉讼法等法律规定的条件和程序进行。

社区矫正决定机关应当对社区矫正对象进行教育,告知其在社区矫正期间应当遵守的规定以及违反规定的法律后果,责令其按时报到。

第二十条 【通知与送达】社区矫正决定机关应当自判决、裁定或者决定生效之日起五日内通知执行地社区矫正机构,并在十日内送达有关法律文书,同时抄送人民检察院和执行地公安机关。社区矫正决定地与执行地不在同一地方的,由执行地社区矫正机构将法律文书转送所在地的人民检察院、公安机关。

第二十一条 【报到与移送】人民法院判处管制、宣告缓刑、裁定假释的社区矫正对象,应当自判决、裁定生效之日起十日内到执行地社区矫正机构报到。

人民法院决定暂予监外执行的社区矫正对象,由看守所或者执行取保候审、监视居住的公安机关自收到决定之日起十日内将社区矫正对象移送社区矫正机构。

监狱管理机关、公安机关批准暂予监外执行的社区矫正对象,由监狱或者看守所自收到批准决定之日起十日内将社区矫正对象移送社区矫正机构。

第二十二条 【依法接收】社区矫正机构应当依法接收社区矫正对象,核对法律文书、核实身份、办理接收登记、建立档案,并宣告社区矫正对象的犯罪事实、执行社区矫正的期限以及应当遵守的规定。

第四章 监督管理

第二十三条 【服从管理】社区矫正对象在社区矫正期间应当遵守法律、行政法规,履行判决、裁定、暂予监外执行决定等法律文书确定的义务,遵守国务院司法行政部门关于报告、会客、外出、迁居、保外就医等监督管理规定,服从社区矫正机构的管理。

第二十四条 【矫正方案】社区矫正机构应当根据裁判内容和社区矫正对象的性别、年龄、心理特点、健康状况、犯罪原因、犯罪类型、犯罪情节、悔罪表现等情况,制定有针对性的矫正方案,实现分类管理、个别化矫正。矫正方案应当根据社区矫正对象的表现等情况相应调整。

第二十五条 【矫正小组】社区矫正机构应当根据社区矫正对象的情况,为其确定矫正小组,负责落实相应的矫正方案。

根据需要,矫正小组可以由司法所、居民委员会、村民委员会的人员,社区矫正对象的监护人、家庭成员,所在单位或者就读学校的人员以及社会工作者、志愿者等组成。社区矫正对象为女性的,矫正小组中应有女性成员。

第二十六条 【核实情况与隐私保护】社区矫正机构应当了解掌握社区矫正对象的活动情况和行为表现。社区矫正机构可以通过通信联络、信息化核查、实地查访等方式核实有关情况,有关单位和个人应当予以配合。

社区矫正机构开展实地查访等工作时,应当保护社区矫正对象的身份信息和个人隐私。

第二十七条 【机构批准与执行地的变更】社区矫正对象离开所居住的市、县或者迁居,应当报经社区矫正机构批准。社区矫正机构对于有正当理由的,应当批准;对于因正常工作和生活需要经常性跨市、县活动的,可以根据情况,简化批准程序和方式。

因社区矫正对象迁居等原因需要变更执行地的,社区矫正机构应当按照有关规定作出变更决定。社区矫正机构作出变更决定后,应当通知社区矫正决定机关和变更后的社区矫正机构,并将有关法律文书抄送变更后的社区矫正机构。变更后的社区矫正机构应当将法律文书转送所在地的人民检察院、公安机关。

第二十八条 【考核奖惩】社区矫正机构根据社区矫正对象的表现,依照有关规定对其实施考核奖惩。社区矫正对象认罪悔罪、遵守法律法规、服从监督管理、接受教育表现突出的,应当给予表扬。社区矫正对象违反法律法规或者监督管理规定的,应当视情节依法给予训诫、警告、提请公安机关予以治安管理处罚,或者依法提请撤销缓刑、撤销假释、对暂予监外执行的收监执行。

对社区矫正对象的考核结果,可以作为认定其是否确有悔改表现或者是否严重违反监督管理规定的依据。

第二十九条 【电子定位装置的使用】社区矫正对象有下列情形之一的,经县级司法行政部门负责人批准,可以使用电子定位装置,加强监督管理:

(一)违反人民法院禁止令的;

(二)无正当理由,未经批准离开所居住的市、县的;

(三)拒不按照规定报告自己的活动情况,被给予警告的;

(四)违反监督管理规定,被给予治安管理处罚的;

（五）拟提请撤销缓刑、假释或者暂予监外执行收监执行的。

前款规定的使用电子定位装置的期限不得超过三个月。对于不需要继续使用的，应当及时解除；对于期限届满后，经评估仍有必要继续使用的，经过批准，期限可以延长，每次不得超过三个月。

社区矫正机构对通过电子定位装置获得的信息应当严格保密，有关信息只能用于社区矫正工作，不得用于其他用途。

第三十条　【失联处理】社区矫正对象失去联系的，社区矫正机构应当立即组织查找，公安机关等有关单位和人员应当予以配合协助。查找到社区矫正对象后，应当区别情形依法作出处理。

第三十一条　【违规违法行为的处置】社区矫正机构发现社区矫正对象正在实施违反监督管理规定的行为或者违反人民法院禁止令等违法行为的，应当立即制止；制止无效的，应当立即通知公安机关到场处置。

第三十二条　【限制人身自由的通知义务】社区矫正对象有被依法决定拘留、强制隔离戒毒、采取刑事强制措施等限制人身自由情形的，有关机关应当及时通知社区矫正机构。

第三十三条　【减刑建议】社区矫正对象符合刑法规定的减刑条件的，社区矫正机构应当向社区矫正执行地的中级以上人民法院提出减刑建议，并将减刑建议书抄送同级人民检察院。

人民法院应当在收到社区矫正机构的减刑建议书后三十日内作出裁定，并将裁定书送达社区矫正机构，同时抄送人民检察院、公安机关。

第三十四条　【社区矫正对象的权益及保障】开展社区矫正工作，应当保障社区矫正对象的合法权益。社区矫正的措施和方法应当避免对社区矫正对象的正常工作和生活造成不必要的影响；非依法律规定，不得限制或者变相限制社区矫正对象的人身自由。

社区矫正对象认为其合法权益受到侵害的，有权向人民检察院或者有关机关申诉、控告和检举。受理机关应当及时办理，并将办理结果告知申诉人、控告人和检举人。

第五章　教育帮扶

第三十五条　【支持保障】县级以上地方人民政府及其有关部门应当通过多种形式为教育帮扶社区矫正对象提供必要的场所和条件，组织动员社会力量参与教育帮扶工作。

有关人民团体应当依法协助社区矫正机构做好教育帮扶工作。

第三十六条　【矫正教育】社区矫正机构根据需要，对社区矫正对象进行法治、道德等教育，增强其法治观念，提高其道德素质和悔罪意识。

对社区矫正对象的教育应当根据其个体特征、日常表现等实际情况，充分考虑其工作和生活情况，因人施教。

第三十七条　【培训与学业帮扶】社区矫正机构可以协调有关部门和单位，依法对就业困难的社区矫正对象开展职业技能培训、就业指导，帮助社区矫正对象中的在校学生完成学业。

第三十八条　【对特殊困难对象进行帮扶】居民委员会、村民委员会可以引导志愿者和社区群众，利用社区资源，采取多种形式，对有特殊困难的社区矫正对象进行必要的教育帮扶。

第三十九条　【教育协助】社区矫正对象的监护人、家庭成员，所在单位或者就读学校应当协助社区矫正机构做好对社区矫正对象的教育。

第四十条　【购买服务、项目委托等帮扶方式】社区矫正机构可以通过公开择优购买社区矫正社会工作服务或者其他社会服务，为社区矫正对象在教育、心理辅导、职业技能培训、社会关系改善等方面提供必要的帮扶。

社区矫正机构也可以通过项目委托社会组织等方式开展上述帮扶活动。国家鼓励有经验和资源的社会组织跨地区开展帮扶交流和示范活动。

第四十一条　【就业帮扶】国家鼓励企业事业单位、社会组织为社区矫正对象提供就业岗位和职业技能培训。招用符合条件的社区矫正对象的企业，按照规定享受国家优惠政策。

第四十二条　【参加公益活动】社区矫正机构可以根据社区矫正对象的个人特长，组织其参加公益活动，修复社会关系，培养社会责任感。

第四十三条　【社会保障】社区矫正对象可以按照国家有关规定申请社会救助、参加社会保险、获得法律援助，社区矫正机构应当给予必要的协助。

第六章　解除和终止

第四十四条　【社区矫正的解除】社区矫正对象矫正期满或者被赦免的，社区矫正机构应当向社区矫正对象发放解除社区矫正证明书，并通知社区矫正决定机关、所在地的人民检察院、公安机关。

第四十五条　【社区矫正的终止】社区矫正对象被裁定撤销缓刑、假释，被决定收监执行，或者社区矫正对象死亡的，社区矫正终止。

第四十六条　【缓刑、假释的撤销机关】社区矫正对象具有刑法规定的撤销缓刑、假释情形的，应当由人民法院撤销缓刑、假释。

对于在考验期限内犯新罪或者发现判决宣告以前还有其他罪没有判决的，应当由审理该案件的人民法院撤销缓刑、假释，并书面通知原审人民法院和执行地社区矫正机构。

对于有第二款规定以外的其他需要撤销缓刑、假释情形的，社区矫正机构应当向原审人民法院或者执行地人民法院提出撤销缓刑、假释建议，并将建议书抄送人民检察院。社区矫正机构提出撤销缓刑、假释建议时，应当说明理由，并提供有关证据材料。

第四十七条　【逮捕】被提请撤销缓刑、假释的社区矫正对象可能逃跑或者可能发生社会危险的，社区矫正机构可以在提出撤销缓刑、假释建议的同时，提请人民法院决定对其予以逮捕。

人民法院应当在四十八小时内作出是否逮捕的决定。决定逮捕的，由公安机关执行。逮捕后的羁押期限不得超过三十日。

第四十八条　【缓刑、假释的撤销裁定】人民法院应当在收到社区矫正机构撤销缓刑、假释建议书后三十日内作出裁定，将裁定书送达社区矫正机构和公安机关，并抄送人民检察院。

人民法院拟撤销缓刑、假释的，应当听取社区矫正对象的申辩及其委托的律师的意见。

人民法院裁定撤销缓刑、假释的，公安机关应当及时将社区矫正对象送交监狱或者看守所执行。执行以前被逮捕的，羁押一日折抵刑期一日。

人民法院裁定不予撤销缓刑、假释的，对被逮捕的社区矫正对象，公安机关应当立即予以释放。

第四十九条　【收监执行】暂予监外执行的社区矫正对象具有刑事诉讼法规定的应当予以收监情形的，社区矫正机构应当向执行地或者原社区矫正决定机关提出收监执行建议，并将建议书抄送人民检察院。

社区矫正决定机关应当在收到建议书后三十日内作出决定，将决定书送达社区矫正机构和公安机关，并抄送人民检察院。

人民法院、公安机关对暂予监外执行的社区矫正对象决定收监执行的，由公安机关立即将社区矫正对象送交监狱或者看守所收监执行。

监狱管理机关对暂予监外执行的社区矫正对象决定收监执行的，监狱应当立即将社区矫正对象收监执行。

第五十条　【逃跑及追捕】被裁定撤销缓刑、假释和被决定收监执行的社区矫正对象逃跑的，由公安机关追捕，社区矫正机构、有关单位和个人予以协助。

第五十一条　【死亡报告】社区矫正对象在社区矫正期间死亡的，其监护人、家庭成员应当及时向社区矫正机构报告。社区矫正机构应当及时通知社区矫正决定机关、所在地的人民检察院、公安机关。

第七章　未成年人社区矫正特别规定

第五十二条　【针对性矫正】社区矫正机构应当根据未成年社区矫正对象的年龄、心理特点、发育需要、成长经历、犯罪原因、家庭监护教育条件等情况，采取针对性的矫正措施。

社区矫正机构为未成年社区矫正对象确定矫正小组，应当吸收熟悉未成年人身心特点的人员参加。

对未成年人的社区矫正，应当与成年人分别进行。

第五十三条　【监护人的职责】未成年社区矫正对象的监护人应当履行监护责任，承担抚养、管教等义务。

监护人怠于履行监护职责的，社区矫正机构应当督促、教育其履行监护责任。监护人拒不履行监护职责的，通知有关部门依法作出处理。

第五十四条　【保密义务】社区矫正机构工作人员和其他依法参与社区矫正工作的人员对履行职责过程中获得的未成年人身份信息应当予以保密。

除司法机关办案需要或者有关单位根据国家规定查询外，未成年社区矫正对象的档案信息不得提供给任何单位或者个人。依法进行查询的单位，应当对获得的信息予以保密。

第五十五条　【义务教育及就业帮助】对未完成义务教育的未成年社区矫正对象，社区矫正机构应当通知并配合教育部门为其完成义务教育提供条件。未成年社区矫正对象的监护人应当依法保证其按时入学接受并完成义务教育。

年满十六周岁的社区矫正对象有就业意愿的，社区矫正机构可以协调有关部门和单位为其提供职业技能培训，给予就业指导和帮助。

第五十六条　【社会组织的协助】共产主义青年团、妇女联合会、未成年人保护组织应当依法协助社区矫正机构做好未成年人社区矫正工作。

国家鼓励其他未成年人相关社会组织参与未成年人社区矫正工作，依法给予政策支持。

第五十七条　【禁止歧视】未成年社区矫正对象在复学、升学、就业等方面依法享有与其他未成年人同等的权利，任何单位和个人不得歧视。有歧视行为的，应当由教育、人力资源和社会保障等部门依法作出处理。

第五十八条　【年龄的特殊规定】未成年社区矫正对象在社区矫正期间年满十八周岁的，继续按照未成年人社区矫正有关规定执行。

第八章　法律责任

第五十九条　【违反监管规定的法律责任】社区矫正对象在社区矫正期间有违反监督管理规定行为的，由公安机关依照《中华人民共和国治安管理处罚法》的规定给予处罚；具有撤销缓刑、假释或者暂予监外执行收监情形的，应当依法作出处理。

第六十条　【侵犯工作人员及其近亲属的法律责任】社区矫正对象殴打、威胁、侮辱、骚扰、报复社区矫正机构工作人员和其他依法参与社区矫正工作的人员及其近亲属，构成犯罪的，依法追究刑事责任；尚不构成犯罪的，由公安机关依法给予治安管理处罚。

第六十一条　【工作人员违法违纪的责任】社区矫正机构工作人员和其他国家工作人员有下列行为之一的，应当给予处分；构成犯罪的，依法追究刑事责任：

（一）利用职务或者工作便利索取、收受贿赂的；

（二）不履行法定职责的；

（三）体罚、虐待社区矫正对象，或者违反法律规定限制或者变相限制社区矫正对象的人身自由的；

（四）泄露社区矫正工作秘密或者其他依法应当保密的信息的；

（五）对依法申诉、控告或者检举的社区矫正对象进行打击报复的；

（六）有其他违纪违法行为的。

第六十二条　【检察监督】人民检察院发

现社区矫正工作违反法律规定的，应当依法提出纠正意见、检察建议。有关单位应当将采纳纠正意见、检察建议的情况书面回复人民检察院，没有采纳的应当说明理由。

第九章　附　　则

第六十三条　【施行日期】本法自2020年7月1日起施行。

中华人民共和国社区矫正法实施办法

（2020年6月18日最高人民法院、最高人民检察院、公安部、司法部印发　司发通〔2020〕59号　自2020年7月1日起施行）

第一条　为了推进和规范社区矫正工作，根据《中华人民共和国刑法》《中华人民共和国刑事诉讼法》《中华人民共和国社区矫正法》等有关法律规定，制定本办法。

第二条　社区矫正工作坚持党的绝对领导，实行党委政府统一领导、司法行政机关组织实施、相关部门密切配合、社会力量广泛参与、检察机关法律监督的领导体制和工作机制。

第三条　地方人民政府根据需要设立社区矫正委员会，负责统筹协调和指导本行政区域内的社区矫正工作。

司法行政机关向社区矫正委员会报告社区矫正工作开展情况，提请社区矫正委员会协调解决社区矫正工作中的问题。

第四条　司法行政机关依法履行以下职责：

（一）主管本行政区域内社区矫正工作；

（二）对本行政区域内设置和撤销社区矫正机构提出意见；

（三）拟定社区矫正工作发展规划和管理制度，监督检查社区矫正法律法规和政策的执行情况；

（四）推动社会力量参与社区矫正工作；

（五）指导支持社区矫正机构提高信息化水平；

（六）对在社区矫正工作中作出突出贡献的组织、个人，按照国家有关规定给予表彰、奖励；

（七）协调推进高素质社区矫正工作队伍建设；

（八）其他依法应当履行的职责。

第五条　人民法院依法履行以下职责：

（一）拟判处管制、宣告缓刑、决定暂予监外执行的，可以委托社区矫正机构或者有关社会组织对被告人或者罪犯的社会危险性和对所居住社区的影响，进行调查评估，提出意见，供决定社区矫正时参考；

（二）对执行机关报请假释的，审查执行机关移送的罪犯假释后对所居住社区影响的调查评估意见；

（三）核实并确定社区矫正执行地；

（四）对被告人或者罪犯依法判处管制、宣告缓刑、裁定假释、决定暂予监外执行；

（五）对社区矫正对象进行教育，及时通知并送达法律文书；

（六）对符合撤销缓刑、撤销假释或者暂予监外执行收监执行条件的社区矫正对象，作出判决、裁定和决定；

（七）对社区矫正机构提请逮捕的，及时作出是否逮捕的决定；

（八）根据社区矫正机构提出的减刑建议作出裁定；

（九）其他依法应当履行的职责。

第六条　人民检察院依法履行以下职责：

（一）对社区矫正决定机关、社区矫正机构或者有关社会组织的调查评估活动实行法律监督；

（二）对社区矫正决定机关判处管制、宣告缓刑、裁定假释、决定或者批准暂予监外执行活动实行法律监督；

（三）对社区矫正法律文书及社区矫正对象交付执行活动实行法律监督；

（四）对监督管理、教育帮扶社区矫正对象的活动实行法律监督；

（五）对变更刑事执行、解除矫正和终止矫正的活动实行法律监督；

（六）受理申诉、控告和举报，维护社区矫正对象的合法权益；

（七）按照刑事诉讼法的规定，在对社区矫正实行法律监督中发现司法工作人员相关职务犯罪，可以立案侦查直接受理的案件；

（八）其他依法应当履行的职责。

第七条 公安机关依法履行以下职责：

（一）对看守所留所服刑罪犯拟暂予监外执行的，可以委托开展调查评估；

（二）对看守所留所服刑罪犯拟暂予监外执行的，核实并确定社区矫正执行地；对符合暂予监外执行条件的，批准暂予监外执行；对符合收监执行条件的，作出收监执行的决定；

（三）对看守所留所服刑罪犯批准暂予监外执行的，进行教育，及时通知并送达法律文书；依法将社区矫正对象交付执行；

（四）对社区矫正对象予以治安管理处罚；到场处置经社区矫正机构制止无效，正在实施违反监督管理规定或者违反人民法院禁止令等违法行为的社区矫正对象；协助社区矫正机构处置突发事件；

（五）协助社区矫正机构查找失去联系的社区矫正对象；执行人民法院作出的逮捕决定；被裁定撤销缓刑、撤销假释和被决定收监执行的社区矫正对象逃跑的，予以追捕；

（六）对裁定撤销缓刑、撤销假释，或者对人民法院、公安机关决定暂予监外执行收监的社区矫正对象，送交看守所或者监狱执行；

（七）执行限制社区矫正对象出境的措施；

（八）其他依法应当履行的职责。

第八条 监狱管理机关以及监狱依法履行以下职责：

（一）对监狱关押罪犯拟提请假释的，应当委托进行调查评估；对监狱关押罪犯拟暂予监外执行的，可以委托进行调查评估；

（二）对监狱关押罪犯拟暂予监外执行的，依法核实并确定社区矫正执行地；对符合暂予监外执行条件的，监狱管理机关作出暂予监外执行决定；

（三）对监狱关押罪犯批准暂予监外执行的，进行教育，及时通知并送达法律文书；依法将社区矫正对象交付执行；

（四）监狱管理机关对暂予监外执行罪犯决定收监执行的，原服刑或者接收其档案的监狱应当立即将罪犯收监执行；

（五）其他依法应当履行的职责。

第九条 社区矫正机构是县级以上地方人民政府根据需要设置的，负责社区矫正工作具体实施的执行机关。社区矫正机构依法履行以下职责：

（一）接受委托进行调查评估，提出评估意见；

（二）接收社区矫正对象，核对法律文书、核实身份、办理接收登记，建立档案；

（三）组织入矫和解矫宣告，办理入矫和解矫手续；

（四）建立矫正小组、组织矫正小组开展工作，制定和落实矫正方案；

（五）对社区矫正对象进行监督管理，实施考核奖惩；审批会客、外出、变更执行地等事项；了解掌握社区矫正对象的活动情况和行为表现；组织查找失去联系的社区矫正对象，查找后依情形作出处理；

（六）提出治安管理处罚建议，提出减刑、撤销缓刑、撤销假释、收监执行等变更刑事执行建议，依法提请逮捕；

（七）对社区矫正对象进行教育帮扶，开展法治道德等教育，协调有关方面开展职业技能培训、就业指导，组织公益活动等事项；

（八）向有关机关通报社区矫正对象情况，送达法律文书；

（九）对社区矫正工作人员开展管理、监督、培训，落实职业保障；

（十）其他依法应当履行的职责。

设置和撤销社区矫正机构，由县级以上地方人民政府司法行政部门提出意见，按照规定的权限和程序审批。社区矫正日常工作由县级社区矫正机构具体承担；未设置县级社区矫正机构的，由上一级社区矫正机构具体承担。省、市两级社区矫正机构主要负责监督指导、跨区域执法的组织协调以及与同级社区矫正决定机关对接的案件办理工作。

第十条 司法所根据社区矫正机构的委托，承担社区矫正相关工作。

第十一条 社区矫正机构依法加强信息化建设，运用现代信息技术开展监督管理和教育帮扶。

社区矫正工作相关部门之间依法进行信息共享，人民法院、人民检察院、公安机关、司法行政机关依法建立完善社区矫正信息交换平台，实现业务协同、互联互通，运用现代信息技术及时准确传输交换有关法律文书，根据需要实时查询社区矫正对象交付接收、监督管理、教育帮扶、脱离监管、被治安管理处罚、被采取强制措施、变更刑事执行、办理再犯罪案件等情况，共享社区矫正工作动态信息，提高社区矫正信息化水平。

第十二条 对拟适用社区矫正的，社区矫正决定机关应当核实社区矫正对象的居住地。社区矫正对象在多个地方居住的，可以确定经常居住地为执行地。没有居住地，居住地、经常居住地无法确定或者不适宜执行社区矫正的，应当根据有利于社区矫正对象接受矫正、更好地融入社会的原则，确定社区矫正执行地。被确定为执行地的社区矫正机构应当及时接收。

社区矫正对象的居住地是指其实际居住的县（市、区）。社区矫正对象的经常居住地是指其经常居住的，有固定住所、固定生活来源的县（市、区）。

社区矫正对象应如实提供其居住、户籍等情况，并提供必要的证明材料。

第十三条 社区矫正决定机关对拟适用社区矫正的被告人、罪犯，需要调查其社会危险性和对所居住社区影响的，可以委托拟确定为执行地的社区矫正机构或者有关社会组织进行调查评估。社区矫正机构或者有关社会组织收到委托文书后应当及时通知执行地县级人民检察院。

第十四条 社区矫正机构、有关社会组织接受委托后，应当对被告人或者罪犯的居所情况、家庭和社会关系、犯罪行为的后果和影响、居住地村（居）民委员会和被害人意见、拟禁止的事项、社会危险性、对所居住社区的影响等情况进行调查了解，形成调查评估意见，与相关材料一起提交委托机关。调查评估时，相关单位、部门、村（居）民委员会等组织、个人应当依法为调查评估提供必要的协助。

社区矫正机构、有关社会组织应当自收到调查评估委托函及所附材料之日起十个工作日内完成调查评估，提交评估意见。对于适用刑事案件速裁程序的，应当在五个工作日内完成调查评估，提交评估意见。评估意见同时抄送执行地县级人民检察院。需要延长调查评估时限的，社区矫正机构、有关社会组织应当与委托机关协商，并在协商确定的期限内完成调查评估。因被告人或者罪犯的姓名、居住地不真实、身份不明等原因，社区矫正机构、有关社会组织无法进行调查评估的，应当及时向委托机关说明情况。社区矫正决定机关对调查评估意见的采信情况，应当在相关法律文书中说明。

对调查评估意见以及调查中涉及的国家秘密、商业秘密、个人隐私等信息，应当保密，不得泄露。

第十五条 社区矫正决定机关应当对社区矫正对象进行教育。书面告知其到执行地县级社区矫正机构报到的时间期限以及逾期报到或者未报到的后果，责令其按时报到。

第十六条 社区矫正决定机关应当自判决、裁定或者决定生效之日起五日内通知执行地县级社区矫正机构，并在十日内将判决书、裁定书、决定书、执行通知书等法律文书送达执行地县级社区矫正机构，同时抄送人民检察院。收到法律文书后，社区矫正机构应当在五日内送达回执。

社区矫正对象前来报到时，执行地县级社区矫正机构未收到法律文书或者法律文书不齐全，应当先记录在案，为其办理登记接收手续，并通知社区矫正决定机关在五日内送达或者补齐法律文书。

第十七条 被判处管制、宣告缓刑、裁定假释的社区矫正对象到执行地县级社区矫正机构报到时，社区矫正机构应当核对法律文书、核实身份，办理登记接收手续。对社区矫正对象存在因行动不便、自行报到确有困难等特殊情况的，社区矫正机构可以派员到其居住地等场所办理登记接收手续。

暂予监外执行的社区矫正对象，由公安机关、监狱或者看守所依法移送至执行地县级社区矫正机构，办理交付接收手续。罪犯原服刑地与居住地不在同一省、自治区、直辖市，需要回居住地暂予监外执行的，原服刑地的省级以上监狱管理机关或者设区的市一级以上公安机关应当书面通知罪犯居住地的监狱管理机关、公安机关，由其指定一所监狱、看守所接收社区矫正对象档案，负责办理其收监、刑满释放等手续。对看守所留所服刑罪犯暂予监外执行，原服刑地与居住地在同一省、自治区、直辖市的，可以不移交档案。

第十八条 执行地县级社区矫正机构接收社区矫正对象后，应当建立社区矫正档案，包括以下内容：

（一）适用社区矫正的法律文书；

（二）接收、监管审批、奖惩、收监执行、解除矫正、终止矫正等有关社区矫正执行活动的法律文书；

（三）进行社区矫正的工作记录；

（四）社区矫正对象接受社区矫正的其他相关材料。

接受委托对社区矫正对象进行日常管理的司法所应当建立工作档案。

第十九条 执行地县级社区矫正机构、受委托的司法所应当为社区矫正对象确定矫正小组，与矫正小组签订矫正责任书，明确矫正小组成员的责任和义务，负责落实矫正方案。

矫正小组主要开展下列工作：

（一）按照矫正方案，开展个案矫正工作；

（二）督促社区矫正对象遵纪守法，遵守社区矫正规定；

（三）参与对社区矫正对象的考核评议和教育活动；

（四）对社区矫正对象走访谈话，了解其思想、工作和生活情况，及时向社区矫正机构或者司法所报告；

（五）协助对社区矫正对象进行监督管理和教育帮扶；

（六）协助社区矫正机构或者司法所开展其他工作。

第二十条 执行地县级社区矫正机构接收社区矫正对象后，应当组织或者委托司法所组织入矫宣告。

入矫宣告包括以下内容：

（一）判决书、裁定书、决定书、执行通知书等有关法律文书的主要内容；

（二）社区矫正期限；

（三）社区矫正对象应当遵守的规定、被剥夺或者限制行使的权利、被禁止的事项以及违反规定的法律后果；

（四）社区矫正对象依法享有的权利；

（五）矫正小组人员组成及职责；

（六）其他有关事项。

宣告由社区矫正机构或者司法所的工作人员主持，矫正小组成员及其他相关人员到场，按照规定程序进行。宣告后，社区矫正对象应当在书面材料上签字，确认已经了解所宣告的内容。

第二十一条 社区矫正机构应当根据社区矫正对象被判处管制、宣告缓刑、假释和暂予监外执行的不同裁判内容和犯罪类型、矫正阶段、再犯罪风险等情况，进行综合评估，划分不同类别，实施分类管理。

社区矫正机构应当把社区矫正对象的考核结果和奖惩情况作为分类管理的依据。

社区矫正机构对不同类别的社区矫正对象，在矫正措施和方法上应当有所区别，有针对性地开展监督管理和教育帮扶工作。

第二十二条 执行地县级社区矫正机构、受委托的司法所要根据社区矫正对象的性别、年龄、心理特点、健康状况、犯罪原因、悔罪表现等具体情况，制定矫正方案，有针对性地消除社区矫正对象可能重新犯罪的因素，帮助其成为守法公民。

矫正方案应当包括社区矫正对象基本情况、对社区矫正对象的综合评估结果、对社区矫正对象的心理状态和其他特殊情况的分析、拟采取的监督管理、教育帮扶措施等内容。

矫正方案应当根据分类管理的要求、实施效果以及社区矫正对象的表现等情况，相应调整。

第二十三条 执行地县级社区矫正机构、受委托的司法所应当根据社区矫正对象的个人生活、工作及所处社区的实际情况，有针对性地采取通信联络、信息化核查、实地查访等措施，了解掌握社区矫正对象的活动情况和行为表现。

第二十四条 社区矫正对象应当按照有关规定和社区矫正机构的要求，定期报告遵纪守法、接受监督管理、参加教育学习、公益活动和社会活动等情况。发生居所变化、工作变动、家庭重大变故以及接触对其矫正可能产生不利影响人员等情况时，应当及时报告。被宣告禁止令的社区矫正对象应当定期报告遵守禁止令的情况。

暂予监外执行的社区矫正对象应当每个月报告本人身体情况。保外就医的，应当到省级人民政府指定的医院检查，每三个月向执行地县级社区矫正机构、受委托的司法所提交病情复查情况。执行地县级社区矫正机构根据社区矫正对象的病情及保证人等情况，可以调整报告身体情况和提交复查情况的期限。延长一个月至三个月以下的，报上一级社区矫正机构批准；延长三个月以上的，逐级上报省级社区矫正机构批准。批准延长的，执行地县级社区矫正机构应当及时通报同级人民检察院。

社区矫正机构根据工作需要，可以协调对暂予监外执行的社区矫正对象进行病情诊断、妊娠检查或者生活不能自理的鉴别。

第二十五条 未经执行地县级社区矫正机构批准，社区矫正对象不得接触其犯罪案件中的被害人、控告人、举报人，不得接触同案犯等可能诱发其再犯罪的人。

第二十六条 社区矫正对象未经批准不得离开所居住市、县。确有正当理由需要离开的，应当经执行地县级社区矫正机构或者受委托的司法所批准。

社区矫正对象外出的正当理由是指就医、就学、参与诉讼、处理家庭或者工作重要事务等。

前款规定的市是指直辖市的城市市区、设区的市的城市市区和县级市的辖区。在设区的同一市内跨区活动的，不属于离开所居住的市、县。

第二十七条 社区矫正对象确需离开所居住的市、县的，一般应当提前三日提交书面申请，并如实提供诊断证明、单位证明、入学证明、法律文书等材料。

申请外出时间在七日内的，经执行地县级社区矫正机构委托，可以由司法所批准，并报执行地县级社区矫正机构备案；超过七日的，由执行地县级社区矫正机构批准。执行地县级社区矫正机构每次批准外出的时间不超过三十日。

因特殊情况确需外出超过三十日的，或者两个月内外出时间累计超过三十日的，应报上一级社区矫正机构审批。上一级社区矫正机构批准社区矫正对象外出的，执行地县级社区矫正机构应当及时通报同级人民检察院。

第二十八条 在社区矫正对象外出期间，执行地县级社区矫正机构、受委托的司法所应当通过电话通讯、实时视频等方式实施监督管理。

执行地县级社区矫正机构根据需要，可以协商外出目的地社区矫正机构协助监督管理，并要求社区矫正对象在到达和离开时向当地社区矫正机构报告，接受监督管理。外出目的地社区矫正机构在社区矫正对象报告后，可以通过电话通讯、实地查访等方式协助监督管理。

社区矫正对象应在外出期限届满前返回居住地，并向执行地县级社区矫正机构或者司法所报告，办理手续。因特殊原因无法按期返回的，应及时向社区矫正机构或者司法所报告情况。发现社区矫正对象违反外出管理规定的，社区矫正机构应当责令其立即返回，并视情节依法予以处理。

第二十九条 社区矫正对象确因正常工作和生活需要经常性跨市、县活动的，应当由本人提出书面申请，写明理由、经常性去往市县名称、时间、频次等，同时提供相应证明，由执行地县级社区矫正机构批准，批准一次的有效期为六个月。在批准的期限内，社区矫正对象到批准市、县活动的，可以通过电话、微信等方式报告活动情况。到期后，社区矫正对象仍需要经常性跨市、县活动的，应当重新提出申请。

第三十条 社区矫正对象因工作、居所变化等原因需要变更执行地的，一般应当提前一个月提出书面申请，并提供相应证明材料，由受委托的司法所签署意见后报执行地县级社区矫正机构审批。

执行地县级社区矫正机构收到申请后，应当在五日内书面征求新执行地县级社区矫正机构的意见。新执行地县级社区矫正机构接到征求意见函后，应当在五日内核实有关情况，作出是否同意接收的意见并书面回复。执行地县级社区矫正机构根据回复意见，作出决定。执行地县级社区矫正机构对新执行地县级社区矫正机构的回复意见有异议的，可以报上一级社区矫正机构协调解决。

经审核，执行地县级社区矫正机构不同意变更执行地的，应在决定作出之日起五日内告知社区矫正对象。同意变更执行地的，应对社区矫正对象进行教育，书面告知其到新执行地县级社区矫正机构报到的时间期限以及逾期报到或者未报到的后果，责令其按时报到。

第三十一条 同意变更执行地的，原执行地县级社区矫正机构应当在作出决定之日起五日内，将有关法律文书和档案材料移交新执行地县级社区矫正机构，并将有关法律文书抄送社区矫正决定机关和原执行地县级人民检察院、公安机关。新执行地县级社区矫正机构收到法律文书和档案材料后，在五日内送达回执，并将有关法律文书抄送所在地县级人民检察院、公安机关。

同意变更执行地的，社区矫正对象应当自收到变更执行地决定之日起七日内，到新执行地县级社区矫正机构报到。新执行地县级社区矫正机构应当核实身份、办理登记接收手续。发现社区矫正对象未按规定时间报到的，新执行地县级社区矫正机构应当立即通知原执行地县级社区矫正机构，由原执行地县级社区矫正机构组织查找。未及时办理交付接收，造成社区矫正对象脱管漏管的，原执行地社区矫正机构会同新执行地社区矫正机构妥善处置。

对公安机关、监狱管理机关批准暂予监外执行的社区矫正对象变更执行地的，公安机关、监狱管理机关在收到社区矫正机构送达的法律文书后，应与新执行地同级公安机关、监狱管理机关办理交接。新执行地的公安机关、监狱管理机关应指定一所看守所、监狱接收社区矫正对象档案，负责办理其收监、刑满释放等手续。看守所、监狱在接收档案之日起五日内，应当将有关情况通报新执行地县级社区矫正机构。对公安机关批准暂予监外执行的社区矫正对象在同一省、自治区、直辖市变更执行地的，可以不移交档案。

第三十二条 社区矫正机构应当根据有关法律法规、部门规章和其他规范性文件，建立内容全面、程序合理、易于操作的社区矫正对象考核奖惩制度。

社区矫正机构、受委托的司法所应当根据社区矫正对象认罪悔罪、遵守有关规定、服从监督管理、接受教育等情况，定期对其考核。对于符合表扬条件、具备训诫、警告情形的社区矫正对象，经执行地县级社区矫正机构决定，可以给予其相应奖励或者处罚，作出书面决定。对于涉嫌违反治安管理行为的社区矫正对象，执行地县级社区矫正机构可以向同级公安机关提出建议。社区矫正机构奖励或者处罚的书面决定应当抄送人民检察院。

社区矫正对象的考核结果与奖惩应当书面通知其本人，定期公示，记入档案，做到准确及时、公开公平。社区矫正对象对考核奖惩提出异议的，执行地县级社区矫正机构应当及时处理，并将处理结果告知社区矫正对象。社区矫正对象对处理结果仍有异议的，可以向人民检察院提出。

第三十三条 社区矫正对象认罪悔罪、遵守法律法规、服从监督管理、接受教育表现突出的，应当给予表扬。

社区矫正对象接受社区矫正六个月以上并且同时符合下列条件的，执行地县级社区矫正机构可以给予表扬：

（一）服从人民法院判决，认罪悔罪；

（二）遵守法律法规；

（三）遵守关于报告、会客、外出、迁居等规定，服从社区矫正机构的管理；

（四）积极参加教育学习等活动，接受教育矫正的。

社区矫正对象接受社区矫正期间，有见义勇为、抢险救灾等突出表现，或者帮助他人、服务社会等突出事迹的，执行地县级社区矫正机构可以给予表扬。对于符合法定减刑条件的，由执行地县级社区矫正机构依照本办法第四十二条的规定，提出减刑建议。

第三十四条 社区矫正对象具有下列情形之一的，执行地县级社区矫正机构应当给予训诫：

（一）不按规定时间报到或者接受社区矫正期间脱离监管，未超过十日的；

（二）违反关于报告、会客、外出、迁居等规定，情节轻微的；

（三）不按规定参加教育学习等活动，经教育仍不改正的；

（四）其他违反监督管理规定，情节轻微的。

第三十五条 社区矫正对象具有下列情形之一的，执行地县级社区矫正机构应当给予警告：

（一）违反人民法院禁止令，情节轻微的；

（二）不按规定时间报到或者接受社区矫正期间脱离监管，超过十日的；

（三）违反关于报告、会客、外出、迁居等规定，情节较重的；

（四）保外就医的社区矫正对象无正当理由不按时提交病情复查情况，经教育仍不改正的；

（五）受到社区矫正机构两次训诫，仍不改正的；

（六）其他违反监督管理规定，情节较重的。

第三十六条 社区矫正对象违反监督管理规定或者人民法院禁止令，依法应予治安管理处罚的，执行地县级社区矫正机构应当及时提请同级公安机关依法给予处罚，并向执行地同级人民检察院抄送治安管理处罚建议书副本，及时通知处理结果。

第三十七条 电子定位装置是指运用卫星等定位技术，能对社区矫正对象进行定位等监管，并具有防拆、防爆、防水等性能的专门的电子设备，如电子定位腕带等，但不包括手机等设备。

对社区矫正对象采取电子定位装置进行监督管理的，应当告知社区矫正对象监管的期限、要求以及违反监管规定的后果。

第三十八条 发现社区矫正对象失去联系的，社区矫正机构应当立即组织查找，可以采取通信联络、信息化核查、实地查访等方式查找，查找时要做好记录，固定证据。查找不到的，社区矫正机构应当及时通知公安机关，公安机关应当协助查找。社区矫正机构应当及时将组织查找的情况通报人民检察院。

查找到社区矫正对象后，社区矫正机构应当根据其脱离监管的情形，给予相应处置。虽能查找到社区矫正对象下落但其拒绝接受监督管理的，社区矫正机构应当视情节依法提请公安机关予以治安管理处罚，或者依法提请撤销缓刑、撤销假释、对暂予监外执行的收监执行。

第三十九条 社区矫正机构根据执行禁止

令的需要，可以协调有关的部门、单位、场所、个人协助配合执行禁止令。

对禁止令确定需经批准才能进入的特定区域或者场所，社区矫正对象确需进入的，应当经执行地县级社区矫正机构批准，并通知原审人民法院和执行地县级人民检察院。

第四十条 发现社区矫正对象有违反监督管理规定或者人民法院禁止令等违法情形的，执行地县级社区矫正机构应当调查核实情况，收集有关证据材料，提出处理意见。

社区矫正机构发现社区矫正对象有撤销缓刑、撤销假释或者暂予监外执行收监执行的法定情形的，应当组织开展调查取证工作，依法向社区矫正决定机关提出撤销缓刑、撤销假释或者暂予监外执行收监执行建议，并将建议书抄送同级人民检察院。

第四十一条 社区矫正对象被依法决定行政拘留、司法拘留、强制隔离戒毒等或者因涉嫌犯新罪、发现判决宣告前还有其他罪没有判决被采取强制措施的，决定机关应当自作出决定之日起三日内将有关情况通知执行地县级社区矫正机构和执行地县级人民检察院。

第四十二条 社区矫正对象符合法定减刑条件的，由执行地县级社区矫正机构提出减刑建议书并附相关证据材料，报经地（市）社区矫正机构审核同意后，由地（市）社区矫正机构提请执行地的中级人民法院裁定。

依法应由高级人民法院裁定的减刑案件，由执行地县级社区矫正机构提出减刑建议书并附相关证据材料，逐级上报省级社区矫正机构审核同意后，由省级社区矫正机构提请执行地的高级人民法院裁定。

人民法院应当自收到减刑建议书和相关证据材料之日起三十日内依法裁定。

社区矫正机构减刑建议书和人民法院减刑裁定书副本，应当同时抄送社区矫正执行地同级人民检察院、公安机关及罪犯原服刑或者接收其档案的监狱。

第四十三条 社区矫正机构、受委托的司法所应当充分利用地方人民政府及其有关部门提供的教育帮扶场所和有关条件，按照因人施教的原则，有针对性地对社区矫正对象开展教育矫正活动。

社区矫正机构、司法所应当根据社区矫正对象的矫正阶段、犯罪类型、现实表现等实际情况，对其实施分类教育；应当结合社区矫正对象的个体特征、日常表现等具体情况，进行个别教育。

社区矫正机构、司法所根据需要可以采用集中教育、网上培训、实地参观等多种形式开展集体教育；组织社区矫正对象参加法治、道德等方面的教育活动；根据社区矫正对象的心理健康状况，对其开展心理健康教育、实施心理辅导。

社区矫正机构、司法所可以通过公开择优购买服务或者委托社会组织执行项目等方式，对社区矫正对象开展教育活动。

第四十四条 执行地县级社区矫正机构、受委托的司法所按照符合社会公共利益的原则，可以根据社区矫正对象的劳动能力、健康状况等情况，组织社区矫正对象参加公益活动。

第四十五条 执行地县级社区矫正机构、受委托的司法所依法协调有关部门和单位，根据职责分工，对遇到暂时生活困难的社区矫正对象提供临时救助；对就业困难的社区矫正对象提供职业技能培训和就业指导；帮助符合条件的社区矫正对象落实社会保障措施；协助在就学、法律援助等方面遇到困难的社区矫正对象解决问题。

第四十六条 社区矫正对象在缓刑考验期内，有下列情形之一的，由执行地同级社区矫正机构提出撤销缓刑建议：

（一）违反禁止令，情节严重的；

（二）无正当理由不按规定时间报到或者接受社区矫正期间脱离监管，超过一个月的；

（三）因违反监督管理规定受到治安管理处罚，仍不改正的；

（四）受到社区矫正机构两次警告，仍不改正的；

（五）其他违反有关法律、行政法规和监督管理规定，情节严重的情形。

社区矫正机构一般向原审人民法院提出撤销缓刑建议。如果原审人民法院与执行地同级社区矫正机构不在同一省、自治区、直辖市的，可以向执行地人民法院提出建议，执行地人民法院作出裁定的，裁定书同时抄送原审人民法院。

社区矫正机构撤销缓刑建议书和人民法院的裁定书副本同时抄送社区矫正执行地同级人民检察院。

第四十七条 社区矫正对象在假释考验期内，有下列情形之一的，由执行地同级社区矫正机构提出撤销假释建议：

（一）无正当理由不按规定时间报到或者接受社区矫正期间脱离监管，超过一个月的；

（二）受到社区矫正机构两次警告，仍不改正的；

（三）其他违反有关法律、行政法规和监督管理规定，尚未构成新的犯罪的。

社区矫正机构一般向原审人民法院提出撤销假释建议。如果原审人民法院与执行地同级社区矫正机构不在同一省、自治区、直辖市的，可以向执行地人民法院提出建议，执行地人民法院作出裁定的，裁定书同时抄送原审人民法院。

社区矫正机构撤销假释的建议书和人民法院的裁定书副本同时抄送社区矫正执行地同级人民检察院、公安机关、罪犯原服刑或者接收其档案的监狱。

第四十八条 被提请撤销缓刑、撤销假释的社区矫正对象具备下列情形之一的，社区矫正机构在提出撤销缓刑、撤销假释建议书的同时，提请人民法院决定对其予以逮捕：

（一）可能逃跑的；

（二）具有危害国家安全、公共安全、社会秩序或者他人人身安全现实危险的；

（三）可能对被害人、举报人、控告人或者社区矫正机构工作人员等实施报复行为的；

（四）可能实施新的犯罪的。

社区矫正机构提请人民法院决定逮捕社区矫正对象时，应当提供相应证据，移送人民法院审查决定。

社区矫正机构提请逮捕、人民法院作出是否逮捕决定的法律文书，应当同时抄送执行地县级人民检察院。

第四十九条 暂予监外执行的社区矫正对象有下列情形之一的，由执行地县级社区矫正机构提出收监执行建议：

（一）不符合暂予监外执行条件的；

（二）未经社区矫正机构批准擅自离开居住的市、县，经警告拒不改正，或者拒不报告行踪，脱离监管的；

（三）因违反监督管理规定受到治安管理处罚，仍不改正的；

（四）受到社区矫正机构两次警告的；

（五）保外就医期间不按规定提交病情复查情况，经警告拒不改正的；

（六）暂予监外执行的情形消失后，刑期未满的；

（七）保证人丧失保证条件或者因不履行义务被取消保证人资格，不能在规定期限内提出新的保证人的；

（八）其他违反有关法律、行政法规和监督管理规定，情节严重的情形。

社区矫正机构一般向执行地社区矫正决定机关提出收监执行建议。如果原社区矫正决定机关与执行地县级社区矫正机构在同一省、自治区、直辖市的，可以向原社区矫正决定机关提出建议。

社区矫正机构的收监执行建议书和决定机关的决定书，应当同时抄送执行地县级人民检察院。

第五十条 人民法院裁定撤销缓刑、撤销假释或者决定暂予监外执行收监执行的，由执行地县级公安机关本着就近、便利、安全的原则，送交社区矫正对象执行地所属的省、自治区、直辖市管辖范围内的看守所或者监狱执行刑罚。

公安机关决定暂予监外执行收监执行的，

由执行地县级公安机关送交存放或者接收罪犯档案的看守所收监执行。

监狱管理机关决定暂予监外执行收监执行的，由存放或者接收罪犯档案的监狱收监执行。

第五十一条 撤销缓刑、撤销假释的裁定和收监执行的决定生效后，社区矫正对象下落不明的，应当认定为在逃。

被裁定撤销缓刑、撤销假释和被决定收监执行的社区矫正对象在逃的，由执行地县级公安机关负责追捕。撤销缓刑、撤销假释裁定书和对暂予监外执行罪犯收监执行决定书，可以作为公安机关追逃依据。

第五十二条 社区矫正机构应当建立突发事件处置机制，发现社区矫正对象非正常死亡、涉嫌实施犯罪、参与群体性事件的，应当立即与公安机关等有关部门协调联动、妥善处置，并将有关情况及时报告上一级社区矫正机构，同时通报执行地人民检察院。

第五十三条 社区矫正对象矫正期限届满，且在社区矫正期间没有应当撤销缓刑、撤销假释或者暂予监外执行收监执行情形的，社区矫正机构依法办理解除矫正手续。

社区矫正对象一般应当在社区矫正期满三十日前，作出个人总结，执行地县级社区矫正机构应当根据其在接受社区矫正期间的表现等情况作出书面鉴定，与安置帮教工作部门做好衔接工作。

执行地县级社区矫正机构应当向社区矫正对象发放解除社区矫正证明书，并书面通知社区矫正决定机关，同时抄送执行地县级人民检察院和公安机关。

公安机关、监狱管理机关决定暂予监外执行的社区矫正对象刑期届满的，由看守所、监狱依法为其办理刑满释放手续。

社区矫正对象被赦免的，社区矫正机构应当向社区矫正对象发放解除社区矫正证明书，依法办理解除矫正手续。

第五十四条 社区矫正对象矫正期满，执行地县级社区矫正机构或者受委托的司法所可以组织解除矫正宣告。

解矫宣告包括以下内容：

（一）宣读对社区矫正对象的鉴定意见；

（二）宣布社区矫正期限届满，依法解除社区矫正；

（三）对判处管制的，宣布执行期满，解除管制；对宣告缓刑的，宣布缓刑考验期满，原判刑罚不再执行；对裁定假释的，宣布考验期满，原判刑罚执行完毕。

宣告由社区矫正机构或者司法所工作人员主持，矫正小组成员及其他相关人员到场，按照规定程序进行。

第五十五条 社区矫正机构、受委托的司法所应当根据未成年社区矫正对象的年龄、心理特点、发育需要、成长经历、犯罪原因、家庭监护教育条件等情况，制定适应未成年人特点的矫正方案，采取有益于其身心健康发展、融入正常社会生活的矫正措施。

社区矫正机构、司法所对未成年社区矫正对象的相关信息应当保密。对未成年社区矫正对象的考核奖惩和宣告不公开进行。对未成年社区矫正对象进行宣告或者处罚时，应通知其监护人到场。

社区矫正机构、司法所应当选任熟悉未成年人身心特点，具有法律、教育、心理等专业知识的人员负责未成年人社区矫正工作，并通过加强培训、管理，提高专业化水平。

第五十六条 社区矫正工作人员的人身安全和职业尊严受法律保护。

对任何干涉社区矫正工作人员执法的行为，社区矫正工作人员有权拒绝，并按照规定如实记录和报告。对于侵犯社区矫正工作人员权利的行为，社区矫正工作人员有权提出控告。

社区矫正工作人员因依法履行职责遭受不实举报、诬告陷害、侮辱诽谤，致使名誉受到损害的，有关部门或者个人应当及时澄清事实，消除不良影响，并依法追究相关单位或者个人的责任。

对社区矫正工作人员追究法律责任，应当根据其行为的危害程度、造成的后果、以及责任大小予以确定，实事求是，过罚相当。社区矫正工作人员依法履职的，不能仅因社区矫正对象再犯罪而追究其法律责任。

第五十七条 有关单位对人民检察院的书面纠正意见在规定的期限内没有回复纠正情况的，人民检察院应当督促回复。经督促被监督单位仍不回复或者没有正当理由不纠正的，人民检察院应当向上一级人民检察院报告。

有关单位对人民检察院的检察建议在规定的期限内经督促无正当理由不予整改或者整改不到位的，检察机关可以将相关情况报告上级人民检察院，通报被建议单位的上级机关、行政主管部门或者行业自律组织等，必要时可以报告同级党委、人大，通报同级政府、纪检监察机关。

第五十八条 本办法所称“以上”“内”，包括本数；“以下”“超过”，不包括本数。

第五十九条 本办法自2020年7月1日起施行。最高人民法院、最高人民检察院、公安部、司法部2012年1月10日印发的《社区矫正实施办法》(司发通〔2012〕12号)同时废止。

最高人民法院 最高人民检察院 公安部 司法部
关于对因犯罪在大陆受审的台湾居民依法适用缓刑实行社区矫正有关问题的意见

(法发〔2016〕33号)

为维护因犯罪在大陆受审的台湾居民的合法权益，保障缓刑的依法适用和执行，根据《中华人民共和国刑法》《中华人民共和国刑事诉讼法》和《社区矫正实施办法》等有关规定，结合工作实际，制定本意见。

第一条 对因犯罪被判处拘役、三年以下有期徒刑的台湾居民，如果其犯罪情节较轻、有悔罪表现、没有再犯罪的危险且宣告缓刑对所居住社区没有重大不良影响的，人民法院可以宣告缓刑，对其中不满十八周岁的人、怀孕的妇女和已满七十五周岁的人，应当宣告缓刑。

第二条 人民检察院建议对被告人宣告缓刑的，应当说明依据和理由。

被告人及其法定代理人、辩护人提出宣告缓刑的请求，应当说明理由，必要时需提交经过台湾地区公证机关公证的被告人在台湾地区无犯罪记录证明等相关材料。

第三条 公安机关、人民检察院、人民法院需要委托司法行政机关调查评估宣告缓刑对社区影响的，可以委托犯罪嫌疑人、被告人在大陆居住地的县级司法行政机关，也可以委托适合协助社区矫正的下列单位或者人员所在地的县级司法行政机关：

(一)犯罪嫌疑人、被告人在大陆的工作单位或者就读学校；

(二)台湾同胞投资企业协会、台湾同胞投资企业；

(三)其他愿意且有能力协助社区矫正的单位或者人员。

已经建立涉台社区矫正专门机构的地方，可以委托该机构所在地的县级司法行政机关调查评估。

根据前两款规定仍无法确定接受委托的调查评估机关的，可以委托办理案件的公安机关、人民检察院、人民法院所在地的县级司法行政机关。

第四条 司法行政机关收到委托后，一般应当在十个工作日内向委托机关提交调查评估报告；对提交调查评估报告的时间另有规定的，从其规定。

司法行政机关开展调查评估，可以请当地台湾同胞投资企业协会、台湾同胞投资企业以及犯罪嫌疑人、被告人在大陆的监护人、亲友等协助提供有关材料。

第五条 人民法院对被告人宣告缓刑时，应当核实其居住地或者本意见第三条规定的有关单位、人员所在地,书面告知被告人应当自判决、裁定生效后十日内到社区矫正执行地的县级司法行政机关报到,以及逾期报到的法律后果。

缓刑判决、裁定生效后,人民法院应当在十日内将判决书、裁定书、执行通知书等法律文书送达社区矫正执行地的县级司法行政机关,同时抄送该地县级人民检察院和公安机关。

第六条 对被告人宣告缓刑的,人民法院应当及时作出不准出境决定书,同时依照有关规定办理边控手续。

实施边控的期限为缓刑考验期限。

第七条 对缓刑犯的社区矫正,由其在大陆居住地的司法行政机关负责指导管理、组织实施;在大陆没有居住地的,由本意见第三条规定的有关司法行政机关负责。

第八条 为缓刑犯确定的社区矫正小组可以吸收下列人员参与:

(一)当地台湾同胞投资企业协会、台湾同胞投资企业的代表;

(二)在大陆居住或者工作的台湾同胞;

(三)缓刑犯在大陆的亲友;

(四)其他愿意且有能力参与社区矫正工作的人员。

第九条 根据社区矫正需要,司法行政机关可以会同相关部门,协调台湾同胞投资企业协会、台湾同胞投资企业等,为缓刑犯提供工作岗位、技能培训等帮助。

第十条 对于符合条件的缓刑犯,可以依据《海峡两岸共同打击犯罪及司法互助协议》,移交台湾地区执行。

第十一条 对因犯罪在大陆受审、执行刑罚的台湾居民判处管制、裁定假释、决定或者批准暂予监外执行,实行社区矫正的,可以参照适用本意见的有关规定。

第十二条 本意见自 2017 年 1 月 1 日起施行。

最高人民法院
最高人民检察院
公安部
司法部
2016 年 7 月 26 日

六、特别程序

人民检察院强制医疗决定程序监督工作规定

(2018 年 2 月 1 日最高人民检察院印发 高检发诉字〔2018〕1 号)

第一条 为了规范人民检察院强制医疗决定程序监督工作,维护公共安全,维护诉讼参与人的合法权利,保障强制医疗程序的正确实施,根据《中华人民共和国刑法》《中华人民共和国刑事诉讼法》等规定,结合检察工作实际,制定本规定。

第二条 强制医疗决定程序的监督,由人民检察院公诉部门负责。涉及未成年人的,由未成年人检察部门负责。

第三条 人民检察院办理公安机关移送的强制医疗案件,应当审查公安机关移送的强制医疗意见书,以及鉴定意见等证据材料,并注意发现和纠正以下违法情形:

(一)对涉案精神病人的鉴定程序违反法律规定的;

(二)对涉案精神病人采取临时保护性约束措施不当的;

(三)其他违反法律规定的情形。

第四条 人民检察院办理公安机关移送的强制医疗案件,可以会见涉案精神病人,询问办案人员、鉴定人,听取涉案精神病人法定代理人、诉讼代理人意见,向涉案精神病人的主治医生、近亲属、邻居、其他知情人员或者基层组织等了解情况,向被害人及其法定代理人、近亲属等了解情况,就有关专门性技术问题委托具有法定资质的鉴定机构、鉴定人进行鉴定,开展相关调查。

相关调查情况应当记录并附卷。

第五条 人民检察院发现公安机关应当启动强制医疗程序而不启动的,可以要求公安机关在七日以内书面说明不启动的理由。

经审查,认为公安机关不启动理由不能成立的,应当通知公安机关启动强制医疗程序。

公安机关收到启动强制医疗程序通知书后,未按要求启动强制医疗程序的,人民检察院应当向公安机关提出纠正意见。

第六条 人民检察院办理公安机关移送的强制医疗案件,发现公安机关对涉案精神病人进行鉴定的程序有下列情形之一的,应当依法提出纠正意见:

(一)鉴定机构不具备法定资质,或者精神病鉴定超出鉴定机构业务范围、技术条件的;

(二)鉴定人不具备法定资质,精神病鉴定超出鉴定人业务范围,或者违反回避规定的;

(三)鉴定程序违反法律、有关规定,鉴定的过程和方法违反相关专业的规范要求的;

(四)鉴定文书不符合法定形式要件的;

(五)鉴定意见没有依法及时告知相关人员的;

(六)鉴定人故意作虚假鉴定的;

(七)其他违反法律规定的情形。

人民检察院对精神病鉴定程序进行监督,可以要求公安机关补充鉴定或者重新鉴定,必要时,可以询问鉴定人并制作笔录,或者委托具有法定资质的鉴定机构进行补充鉴定或者重新鉴定。

第七条 人民检察院发现公安机关对涉案精神病人采取临时保护性约束措施,有下列情形之一的,应当依法提出纠正意见:

(一)不应当采取而采取临时保护性约束措施的;

(二)采取临时保护性约束措施的方式、方法和力度不当,超过避免和防止危害他人和精神病人自身安全的必要限度的;

（三）对已无继续危害社会可能，解除约束措施后不致发生社会危害性的涉案精神病人，未及时解除保护性约束措施的；

（四）其他违反法律规定的情形。

人民检察院认为公安机关有必要采取临时保护性约束措施而公安机关尚未采取的，可以建议公安机关采取临时保护性约束措施。

第八条 人民检察院对人民法院强制医疗案件审理活动实行监督，主要发现和纠正以下违法情形：

（一）未通知被申请人或者被告人的法定代理人到场的；

（二）被申请人或者被告人没有委托诉讼代理人，未通知法律援助机构指派律师为其提供法律帮助的；

（三）未组成合议庭或者合议庭组成人员不合法的；

（四）未经被申请人、被告人的法定代理人请求直接作出不开庭审理决定的；

（五）未会见被申请人的；

（六）被申请人、被告人要求出庭且具备出庭条件，未准许其出庭的；

（七）违反法定审理期限的；

（八）收到人民检察院对强制医疗决定不当的书面纠正意见后，未另行组成合议庭审理或者未在一个月以内作出复议决定的；

（九）人民法院作出的强制医疗决定或者驳回强制医疗申请决定不当的；

（十）其他违反法律规定的情形。

人民检察院发现人民法院强制医疗案件审理活动有前款规定的违法情形的，应当依法提出纠正意见。

第九条 人民法院对强制医疗案件开庭审理的，人民检察院应当派员出席法庭，审查人民法院作出的强制医疗决定、驳回强制医疗申请的决定、宣告被告人依法不负刑事责任的判决是否符合法律规定。

第十条 人民检察院对人民法院强制医疗案件审理活动实行监督，可以参照本规定第四条规定的方式开展调查。相关调查情况应当记录并附卷。

第十一条 出席法庭的检察人员发现人民法院审理强制医疗案件违反法律规定的诉讼程序，应当记录在案，并在休庭后及时向检察长报告，由人民检察院在庭审后向人民法院提出纠正意见。

第十二条 人民法院拟不开庭审理的强制医疗案件，人民检察院认为开庭审理更为适宜的，可以建议人民法院开庭审理。

第十三条 人民检察院认为被申请人的身体和精神状况适宜到庭，且到庭更有利于查明案件事实的，可以建议人民法院准许其到庭。

第十四条 人民检察院审查同级人民法院强制医疗决定书或者驳回强制医疗申请决定书，可以听取被害人及其法定代理人、近亲属的意见并记录附卷。

第十五条 人民检察院发现人民法院作出的强制医疗的决定或者驳回强制医疗申请的决定，有下列情形之一的，应当在收到决定书副本后二十日以内向人民法院提出书面纠正意见：

（一）据以作出决定的事实不清或者确有错误的；

（二）据以作出决定的证据不确实、不充分的；

（三）据以作出决定的证据依法应当予以排除的；

（四）据以作出决定的主要证据之间存在矛盾的；

（五）有确实、充分的证据证明应当决定强制医疗而予以驳回的，或者不应当决定强制医疗而决定强制医疗的；

（六）审理过程中严重违反法定诉讼程序，可能影响公正审理和决定的。

第十六条 对于人民检察院提起公诉的案件，人民法院在审理案件过程中发现被告人可能符合强制医疗条件，决定依法适用强制医疗程序进行审理的，人民检察院应当在庭审中发表意见。

对人民法院作出的宣告被告人无罪或者不负刑事责任的判决、强制医疗决定，人民检察院应当进行审查。对判决确有错误的,应当依法提出抗诉,对强制医疗决定或者未作出强制医疗的决定不当的,应当提出书面纠正意见。

人民法院未适用强制医疗程序对案件进行审理,或者未判决宣告被告人不负刑事责任,直接作出强制医疗决定的,人民检察院应当提出书面纠正意见。

第十七条 在强制医疗执行过程中发现强制医疗决定确有错误的,由作出决定的人民法院的同级人民检察院向人民法院提出书面纠正意见。

前款规定的工作由人民检察院公诉部门办理。

第十八条 人民法院收到被决定强制医疗的人、被害人及其法定代理人、近亲属复议申请后,未组成合议庭审理,或者未在一个月内作出复议决定,或者有其他违法行为的,由收到复议决定的人民法院的同级人民检察院向人民法院提出书面纠正意见。

第十九条 人民检察院在办理强制医疗案件中发现公安机关的违法情形,对于情节较轻的,可以由检察人员以口头方式向侦查人员或者公安机关负责人提出纠正意见,并及时向本部门负责人汇报;必要的时候,由部门负责人提出。对于情节较重的违法情形,应当报请检察长批准后,向公安机关发出纠正违法通知书。构成犯罪的,移送有关部门依法追究刑事责任。

人民检察院在办理强制医疗案件中发现人民法院的违法情形,参照前款规定执行。

人民检察院在强制医疗执行监督中发现被强制医疗的人不符合强制医疗条件或者需要依法追究刑事责任,将有关材料转交作出强制医疗决定的人民法院的同级人民检察院的,收到材料的人民检察院公诉部门应当在二十日以内进行审查,并将审查情况和处理意见反馈负责强制医疗执行监督的人民检察院。

第二十条 公安机关、人民法院对纠正意见申请复查的,人民检察院应当在七日以内进行复查,并将复查结果及时通知申请复查机关。经过复查,认为纠正意见正确的,应当及时向上一级人民检察院报告;认为纠正意见错误的,应当及时予以撤销。

上一级人民检察院经审查,认为下级人民检察院纠正意见正确的,应当及时通知同级人民法院、公安机关督促下级人民法院、公安机关根据纠正意见进行纠正;认为下级人民检察院纠正意见不正确的,应当书面通知下级人民检察院予以撤销,下级人民检察院应当执行,并及时向人民法院、公安机关及有关人员说明情况。有申诉人、控告人的,应当将处理结果及时回复申诉人、控告人。

第二十一条 人民检察院应当及时了解公安机关、人民法院对纠正意见的执行情况。

人民检察院提出的纠正意见,公安机关和人民法院没有正当理由不纠正的,应当向上一级人民检察院报告。上级人民检察院认为下级人民检察院意见正确的,应当及时通知同级公安机关、人民法院督促下级公安机关、人民法院纠正;上级人民检察院认为下级人民检察院纠正违法的意见错误的,应当通知下级人民检察院撤销书面纠正意见,并通知同级公安机关、人民法院。

第二十二条 各省、自治区、直辖市人民检察院可以结合本地实际,对实施强制医疗决定程序监督的检察官权力清单作出规定。

第二十三条 本规定由最高人民检察院负责解释。

第二十四条 本规定自印发之日起施行。

七、刑事诉讼法律监督

人民检察院刑事抗诉工作指引

（2018年2月14日最高人民检察院印发　高检发诉字〔2018〕2号）

第一章　总　　则

第一条　刑事抗诉是法律赋予检察机关的重要职权。通过刑事抗诉纠正确有错误的裁判，是人民检察院履行法律监督职能的重要体现。加强刑事抗诉工作，对于维护司法公正，保护诉讼当事人合法权益，实现社会公平正义，促进社会和谐稳定，树立和维护法治权威具有重要意义。为规范刑事抗诉工作，强化法律监督，根据法律规定，结合检察工作实际，制定本指引。

第二条　人民检察院办理刑事抗诉案件适用本指引。

第三条　办理刑事抗诉案件，应当坚持依法、准确、及时、有效的基本要求。提出或者支持抗诉的案件，应当充分考虑抗诉的必要性。

涉及未成年人的，应当将成年人侵害未成年人人身权利的案件作为抗诉重点。

第四条　办理刑事抗诉案件，按照司法责任制改革确定的办案、审批机制运行。

第二章　刑事抗诉案件的启动

第五条　人民检察院通过审查人民法院的判决或裁定、受理申诉等活动，监督人民法院的判决、裁定是否正确。地方各级人民检察院认为本级人民法院第一审的判决、裁定确有错误的时候，应当向上一级人民法院提出抗诉。最高人民检察院对各级人民法院已经发生法律效力的判决和裁定，上级人民检察院对下级人民法院已经发生法律效力的判决和裁定，如果发现确有错误，有权按照审判监督程序向同级人民法院提出抗诉。

当事人及其法定代理人、近亲属认为人民法院已经发生法律效力的判决、裁定确有错误，向人民检察院申诉的，适用《最高人民检察院关于办理不服人民法院生效刑事裁判申诉案件若干问题的规定》和《人民检察院复查刑事申诉案件的规定》等规定。

第六条　人民检察院可以通过以下途径发现尚未生效判决、裁定的错误：

（一）收到人民法院第一审判决书、裁定书后，人民检察院通过指定专人审查发现错误；

（二）被害人及其法定代理人不服人民法院第一审判决，在收到判决书后五日以内请求人民检察院提出抗诉的，人民检察院应当立即进行审查，在法定抗诉期限内提出是否抗诉的意见；

（三）职务犯罪案件第一审判决，由上下两级人民检察院同步审查。作出一审判决人民法院的同级人民检察院是同步审查的主要责任主体，上一级人民检察院负督促和制约的责任；

（四）其他途径。

第七条　上一级人民检察院在抗诉期限内，发现下级人民检察院应当提出抗诉而没有提出抗诉的案件，可以指令下级人民检察院依法提出抗诉。下级人民检察院在抗诉期限内未能及时提出抗诉的，应当在判决、裁定生效后提请上一级人民检察院按照审判监督程序提出抗诉。

第八条　人民检察院可以通过以下途径发现生效判决、裁定的错误：

（一）收到人民法院生效判决书、裁定书后，人民检察院通过指定专人审查发现错误；

（二）当事人及其法定代理人、近亲属不服

人民法院生效刑事判决、裁定提出申诉，刑事申诉检察部门经复查发现错误；

（三）根据社会各界和有关部门转送的材料和反映的意见，对人民法院已生效判决、裁定审查后发现错误；

（四）在办案质量检查和案件复查等工作中，发现人民法院已生效判决、裁定确有错误；

（五）出现新的证据，发现人民法院已生效判决、裁定错误；

（六）办理案件过程中发现其他案件已生效判决、裁定确有错误；

（七）其他途径。

人民检察院对同级人民法院已经发生法律效力的刑事判决、裁定，发现确有错误的，应当提请上一级人民检察院抗诉。上级人民检察院发现下级人民法院已经发生法律效力的判决或裁定确有错误的，可以直接向同级人民法院提出抗诉，或者指令作出生效判决、裁定人民法院的上一级人民检察院向同级人民法院提出抗诉。

第三章　抗诉情形与不抗诉情形

第九条　人民法院的判决、裁定有下列情形之一的，应当提出抗诉：

（一）原审判决或裁定认定事实确有错误，导致定罪或者量刑明显不当的：

1. 刑事判决、裁定认定的事实与证据证明的事实不一致的；

2. 认定的事实与裁判结论有矛盾的；

3. 有新的证据证明原判决、裁定认定的事实确有错误的。

（二）原审判决或裁定采信证据确有错误，导致定罪或者量刑明显不当的：

1. 刑事判决、裁定据以认定案件事实的证据不确实的；

2. 据以定案的证据不足以认定案件事实，或者所证明的案件事实与裁判结论之间缺乏必然联系的；

3. 据以定案的证据依法应当作为非法证据予以排除而未被排除的；

4. 不应当排除的证据作为非法证据被排除或者不予采信的；

5. 据以定案的主要证据之间存在矛盾，无法排除合理怀疑的；

6. 因被告人翻供、证人改变证言而不采纳依法收集并经庭审质证为合法、有效的其他证据，判决无罪或者改变事实认定的；

7. 犯罪事实清楚，证据确实、充分，但人民法院以证据不足为由判决无罪或者改变事实认定的。

（三）原审判决或裁定适用法律确有错误的：

1. 定罪错误，即对案件事实进行评判时发生错误：

（1）有罪判无罪，无罪判有罪的；

（2）混淆此罪与彼罪、一罪与数罪的界限，造成罪刑不相适应，或者在司法实践中产生重大不良影响的。

2. 量刑错误，即适用刑罚与犯罪的事实、性质、情节和社会危害程度不相适应，重罪轻判或者轻罪重判，导致量刑明显不当：

（1）不具有法定量刑情节而超出法定刑幅度量刑的；

（2）认定或者适用法定量刑情节错误，导致未在法定刑幅度内量刑或者量刑明显不当的；

（3）共同犯罪案件中各被告人量刑与其在共同犯罪中的地位、作用明显不相适应或者不均衡的；

（4）适用主刑刑种错误的；

（5）适用附加刑错误的；

（6）适用免予刑事处罚、缓刑错误的；

（7）适用刑事禁止令、限制减刑错误的。

（四）人民法院在审判过程中有下列严重违反法定诉讼程序情形之一，可能影响公正裁判的：

1. 违反有关公开审判规定的；

2. 违反有关回避规定的；

3. 剥夺或者限制当事人法定诉讼权利的；

4. 审判组织的组成不合法的；

5. 除另有规定的以外，证据材料未经庭审质证直接采纳作为定案根据，或者人民法院依申请收集、调取的证据材料和合议庭休庭后自行调查取得的证据材料没有经过庭审质证而直接采纳作为定案根据的；

6. 由合议庭进行审判的案件未经过合议庭评议直接宣判的；

7. 违反审判管辖规定的；

8. 其他严重违反法定诉讼程序情形的。

（五）刑事附带民事诉讼部分所作判决、裁定明显不当的。

（六）人民法院适用犯罪嫌疑人、被告人逃匿、死亡案件违法所得的没收程序所作的裁定确有错误的。

（七）审判人员在审理案件的时候，有贪污受贿、徇私舞弊或者枉法裁判行为，影响公正审判的。

第十条 下列案件一般不提出抗诉：

（一）原审判决或裁定认定事实、采信证据有下列情形之一的：

1. 被告人提出罪轻、无罪辩解或者翻供后，认定犯罪性质、情节或者有罪的证据之间的矛盾无法排除，导致人民法院未认定起诉指控罪名或者相关犯罪事实的；

2. 刑事判决改变起诉指控罪名，导致量刑差异较大，但没有足够证据或者法律依据证明人民法院改变罪名错误的；

3. 案件定罪事实清楚，因有关量刑情节难以查清，人民法院在法定刑幅度内从轻处罚的；

4. 依法排除非法证据后，证明部分或者全部案件事实的证据达不到确实、充分的标准，人民法院不予认定该部分案件事实或者判决无罪的。

（二）原审判决或裁定适用法律有下列情形之一的：

1. 法律规定不明确、存有争议，抗诉的法律依据不充分的；

2. 具有法定从轻或者减轻处罚情节，量刑偏轻的；

3. 被告人系患有严重疾病、生活不能自理的人，怀孕或者正在哺乳自己婴儿的妇女，生活不能自理的人的唯一扶养人，量刑偏轻的；

4. 被告人认罪并积极赔偿损失，取得被害方谅解，量刑偏轻的。

（三）人民法院审判活动违反法定诉讼程序，其严重程度不足以影响公正裁判，或者判决书、裁定书存在技术性差错，不影响案件实质性结论的，一般不提出抗诉。必要时以纠正审理违法意见书形式监督人民法院纠正审判活动中的违法情形，或者以检察建议书等形式要求人民法院更正法律文书中的差错。

（四）人民法院判处被告人死刑缓期二年执行的案件，具有下列情形之一，除原判决认定事实、适用法律有严重错误或者社会反响强烈的以外，一般不提出判处死刑立即执行的抗诉：

1. 被告人有自首、立功等法定从轻、减轻处罚情节的；

2. 定罪的证据确实、充分，但影响量刑的主要证据存有疑问的；

3. 因婚姻家庭、邻里纠纷等民间矛盾激化引发的案件，因被害方的过错行为引起的案件，案发后被告人真诚悔罪、积极赔偿被害方经济损失并取得被害方谅解的；

4. 罪犯被送交监狱执行刑罚后，认罪服法，狱中表现较好，且死缓考验期限将满的。

（五）原审判决或裁定适用的刑罚虽与法律规定有偏差，但符合罪刑相适应原则和社会认同的。

（六）未成年人轻微刑事犯罪案件量刑偏轻的。

第四章 刑事抗诉案件的审查

第十一条 审查刑事抗诉案件，应当坚持全案审查和重点审查相结合原则，并充分听取辩护人的意见。重点审查抗诉主张在事实、法律上的依据以及支持抗诉主张的证据是否具有合法性、客观性和关联性。

第十二条 办理刑事抗诉案件，应当严格按照刑法、刑事诉讼法、相关司法解释和规范性文件的要求，全面、细致地审查案件事实、证据、法律适用以及诉讼程序，综合考虑犯罪性质、情节和社会危害程度等因素，准确分析认定人民法院原审裁判是否确有错误，根据错误的性质和程度，决定是否提出(请)抗诉。

(一)对刑事抗诉案件的事实，应当重点审查以下内容：

1. 犯罪动机、目的是否明确；

2. 犯罪手段是否清楚；

3. 与定罪量刑有关的事实、情节是否查明；

4. 犯罪的危害后果是否查明；

5. 行为和结果之间是否存在刑法上的因果关系。

(二)对刑事抗诉案件的证据，应当重点审查以下内容：

1. 认定犯罪主体的证据是否确实、充分；

2. 认定犯罪事实的证据是否确实、充分；

3. 涉及犯罪性质、认定罪名的证据是否确实、充分；

4. 涉及量刑情节的证据是否确实、充分；

5. 提出抗诉的刑事案件，支持抗诉意见的证据是否具备合法性、客观性和关联性；

6. 抗诉证据之间、抗诉意见与抗诉证据之间是否存在矛盾；

7. 抗诉证据是否确实、充分。

(三)对刑事抗诉案件的法律适用，应当重点审查以下内容：

1. 适用法律和引用法律条文是否正确；

2. 罪与非罪、此罪与彼罪、一罪与数罪的认定是否正确；

3. 具有法定从重、从轻、减轻或者免除处罚情节的，适用法律是否正确；

4. 适用刑种和量刑幅度是否正确；

5. 刑事附带民事诉讼判决、裁定，犯罪嫌疑人、被告人逃匿、死亡案件违法所得没收程序的裁定是否符合法律规定。

第十三条 审查抗诉案件一般按照下列步骤进行：

(一)认真研究抗诉书或提请抗诉报告书，熟悉案件的基本情况、重点了解不同诉讼阶段认定案件事实的差异，公诉意见、历次判决或裁定结论有何差异，将判决或裁定理由与抗诉理由或提请抗诉的理由进行对比，初步分析案件分歧的焦点所在；

(二)审阅起诉书、判决书或裁定书，核对抗诉书或提请抗诉报告书所列举的公诉意见、判决或裁定结论、判决或裁定理由等内容是否存在错误；

(三)审阅卷中证据材料。在全面审阅的基础上，重点审查判决、裁定认定案件事实所采信的证据，下一级人民检察院提出抗诉或提请抗诉所认定的证据，特别是对认定事实有分歧的，应当仔细审查各分歧意见所认定、采信的证据；

(四)根据卷中证据情况，提出对案件事实的初步认定意见，注意与判决、裁定的认定意见有无不同；

(五)初步列出案件分歧的焦点问题，包括事实认定、证据采信以及法律适用方面的分歧意见等；

(六)分析判决、裁定是否存在错误，提出抗诉或提请抗诉的理由是否成立以及是否存在疏漏，研判是否支持抗诉或决定抗诉；

(七)根据案件具体情况，必要时可以到案发地复核主要证据，对尚不清楚的事实和情节提取新的证据；

(八)根据复核证据的情况，进一步提出认定事实、采信证据和适用法律的意见，分析判决、裁定是否确有错误，抗诉理由是否充分，最后提出是否支持抗诉或者决定抗诉的审查意见。

第十四条 办理刑事抗诉案件，应当讯问原审被告人，并根据案件需要复核或者补充相关证据。

需要原侦查机关补充收集证据的，可以要求原侦查机关补充收集。被告人、辩护人提出自首、立功等可能影响定罪量刑的材料和线索的，人民检察院可以依照管辖规定交侦查机关调查核实，也可以自行调查核实。发现遗漏罪行或者同案犯罪嫌疑人的，应当建议侦查机关侦查。

根据案件具体情况，可以向侦查人员调查了解原案的发破案、侦查取证活动等情况。

在对涉及专门技术问题的证据材料进行审查时，可以委托检察技术人员或者其他具有专门知识的人员进行文证审查，或者请其提供咨询意见。检察技术人员、具有专门知识的人员出具的审查意见或者咨询意见应当附卷，并在案件审查报告中说明。

第十五条 人民检察院办理死刑抗诉案件，除依照本指引第十三条、第十四条规定审查外，还应当重点开展下列工作：

（一）讯问原审被告人，听取原审被告人的辩解；

（二）必要时听取辩护人的意见；

（三）复核主要证据，必要时询问证人；

（四）必要时补充收集证据；

（五）对鉴定意见有疑问的，可以重新鉴定或者补充鉴定；

（六）根据案件情况，可以听取被害人的意见。

第十六条 人民检察院在办理刑事抗诉案件过程中发现职务犯罪线索的，应当对案件线索逐件登记、审查，经检察长批准，及时移送有管辖权的单位办理。

第十七条 承办人审查后，应当制作刑事抗诉案件审查报告，阐明是否提出抗诉或者是否支持抗诉的意见。

刑事抗诉案件审查报告应当符合最高人民检察院规定的格式，并重点把握以下要求：

（一）充分认识审查报告制作质量直接影响对案件的审核和检察长或者检察委员会作出处理决定；

（二）承办人制作审查报告，可以根据案件汇报的需要及案件本身的特点作适当的调整；

（三）事实叙写应当清晰、完整、客观，不遗漏关键的事实、情节；

（四）证据摘录一般按照先客观性证据后主观性证据的顺序进行列举，以客观性证据为基础构建证据体系，对客观性证据优先审查、充分挖掘、科学解释、全面验证；同时，要防止唯客观性证据论的倾向，防止忽视口供，对口供在做到依法审查、客观验证基础上充分合理使用；

（五）引用判决或裁定的理由和结论应当全面客观，分析判决或裁定是否错误应当有理有据；

（六）审查意见应当注重层次性、针对性、逻辑性和说理性；

（七）对存在舆情等风险的案件，应当提出风险评估和预案处置意见。

第五章 按照第二审程序抗诉

第十八条 人民检察院应当严格落实对人民法院判决、裁定逐案审查工作机制。对提起公诉的案件，在收到人民法院第一审判决书或者裁定书后，应当及时审查，承办检察官应当填写刑事判决、裁定审查表，提出处理意见。

对于下级人民检察院在办理抗诉案件中遇到干扰的，上级人民检察院应当根据实际情况开展协调和排除干扰工作，以保证抗诉工作顺利开展。

第十九条 人民检察院对同级人民法院第一审判决的抗诉，应当在接到判决书的第二日起十日以内提出；对裁定的抗诉，应当在接到裁定书后的第二日起五日以内提出。提出抗诉应当以抗诉书送达同级人民法院为准，不得采取口头通知抗诉的方式。

第二十条 被害人及其法定代理人不服人民法院第一审判决，在收到判决书后五日以内请求人民检察院提出抗诉的，人民检察院应当立即进行审查，作出是否抗诉的决定，并制作抗诉请求答复书，在收到请求后五日以内答复请求人。

被害人及其法定代理人在收到人民法院判决书五日以后请求人民检察院提出抗诉的，由人民检察院决定是否受理。

第二十一条 办理职务犯罪抗诉案件，应当认真落实最高人民检察院公诉厅《关于加强对职务犯罪案件第一审判决法律监督的若干规定（试行）》和《关于对职务犯罪案件第一审判决进一步加强同步审查监督工作的通知》等要求,重点解决职务犯罪案件重罪轻判问题。

下级人民检察院审查职务犯罪案件第一审判决,认为应当抗诉的,应当在法定时限内依法提出抗诉,并且报告上一级人民检察院。

下级人民检察院收到人民法院第一审判决书后,应当在二日以内报送上一级人民检察院。上一级人民检察院认为应当抗诉的,应当及时通知下级人民检察院。下级人民检察院审查后认为不应当抗诉的,应当将不抗诉的意见报上一级人民检察院公诉部门。上一级人民检察院公诉部门不同意下级人民检察院不抗诉意见的,应当根据案件情况决定是否调卷审查。上一级人民检察院公诉部门经调卷审查认为确有抗诉必要的,应当报检察长决定或者检察委员会讨论决定。上一级人民检察院作出的抗诉决定,下级人民检察院应当执行。

上下两级人民检察院对人民法院作出的职务犯罪案件第一审判决已经同步审查的,上一级人民法院针对同一案件作出的第二审裁判,收到第二审裁判书的同级人民检察院依法按照审判监督程序及时审查,一般不再报其上一级人民检察院同步审查。

第二十二条 决定抗诉的案件应当制作刑事抗诉书。刑事抗诉书应当包括下列内容:

(一)原判决、裁定情况;

(二)审查意见;

(三)抗诉理由。

刑事抗诉书应当充分阐述抗诉理由。

第二十三条 按照第二审程序提出抗诉的人民检察院,应当及时将刑事抗诉书和检察卷报送上一级人民检察院。经本院检察委员会讨论决定的,应当一并报送本院检察委员会会议纪要。

第二十四条 上一级人民检察院支持或者部分支持抗诉意见的,可以变更、补充抗诉理由,及时制作支持刑事抗诉意见书,阐明支持或者部分支持抗诉的意见和理由,在同级人民法院开庭之前送达人民法院,同时通知提出抗诉的人民检察院。

第二十五条 上一级人民检察院不支持抗诉的,承办部门应当制作撤回抗诉决定书,在同级人民法院开庭之前送达人民法院,同时通知提出抗诉的人民检察院,并向提出抗诉的人民检察院书面说明撤回抗诉理由。

第二十六条 下级人民检察院如果认为上一级人民检察院撤回抗诉不当的,可以提请复议。上一级人民检察院应当复议,并另行指派专人进行审查,提出意见报告检察长或者检察委员会同意后,将复议结果书面通知下级人民检察院。

第二十七条 第二审人民法院发回原审人民法院重新按照第一审程序审判的案件,如果人民检察院认为重新审判的判决、裁定确有错误的,可以按照第二审程序提出抗诉。

第六章 按照审判监督程序抗诉

第二十八条 按照审判监督程序重新审判的案件,适用行为时的法律。

第二十九条 人民法院已经发生法律效力的刑事判决和裁定包括:

(一)已过法定期限没有上诉、抗诉的判决和裁定;

(二)终审的判决和裁定;

(三)最高人民法院核准的死刑的判决和高级人民法院核准的死刑缓期二年执行的判决。

第三十条 提请上级人民检察院按照审判监督程序抗诉的案件,原则上应当自人民法院作出裁判之日起二个月以内作出决定;需要复核主要证据的,可以延长一个月。属于冤错可能等事实证据有重大变化的案件,可以不受上述期限限制。

对于高级人民法院判处死刑缓期二年执行的案件,省级人民检察院认为确有错误提请抗诉的,一般应当在收到生效判决、裁定后三个月以内提出,至迟不得超过六个月。

对于人民法院第一审宣判后人民检察院在法定期限内未提出抗诉,或者判决、裁定发生法律效力后六个月内未提出抗诉的案件,没有发现新的事实或者证据的,一般不得为加重被告人刑罚而依照审判监督程序提出抗诉，但被害人提出申诉或上级人民检察院指令抗诉的除外。

第三十一条 提请上一级人民检察院按照审判监督程序抗诉的案件，应当制作提请抗诉报告书。提请抗诉报告书应当依次写明原审被告人基本情况，诉讼经过，审查认定后的犯罪事实，一审人民法院、二审人民法院的审判情况，判决、裁定错误之处，提请抗诉的理由和法律依据，本院检察委员会讨论情况等。

第三十二条 提请抗诉的人民检察院应当及时将提请抗诉报告书一式十份和侦查卷、检察卷、人民法院审判卷报送上一级人民检察院。经本院检察委员会讨论决定的，应当一并报送本院检察委员会会议纪要。

调阅人民法院的案卷，依据《最高人民法院办公厅、最高人民检察院办公厅关于调阅诉讼卷宗有关问题的通知》有关规定执行。

第三十三条 上级人民检察院审查审判监督程序抗诉案件，原则上应当自收案之日起一个半月以内作出决定；需要复核主要证据或者侦查卷宗在十五册以上的，可以延长一个月；需要征求其他单位意见或者召开专家论证会的，可以再延长半个月。

上级人民检察院审查下一级人民检察院提请抗诉的刑事申诉案件，应当自收案之日起三个月以内作出决定。

属于冤错可能等事实证据有重大变化的案件，可以不受上述期限限制。

有条件的地方，应当再自行缩短办案期限；对原判死缓而抗诉要求改判死刑立即执行的案件，原则上不得延长期限。

第三十四条 上一级人民检察院决定抗诉后，应当制作刑事抗诉书，向同级人民法院提出抗诉。以有新的证据证明原判决、裁定认定事实确有错误为由提出的抗诉，提出抗诉时应向人民法院移送新证据。

人民检察院按照审判监督程序向人民法院提出抗诉的，应当将抗诉书副本报送上一级人民检察院。

第三十五条 人民检察院依照刑事审判监督程序提出抗诉的案件，需要对原审被告人采取强制措施的，由人民检察院依法决定。

第三十六条 上级人民检察院决定不抗诉的，应当向提请抗诉的人民检察院做好不抗诉理由的解释说明工作，一般采用书面方式。

上级人民检察院对下一级人民检察院提请抗诉的刑事申诉案件作出决定后，应当制作审查提请抗诉通知书，通知提请抗诉的人民检察院。

第七章 出席刑事抗诉案件法庭

第三十七条 对提出抗诉的案件，同级人民检察院应当派员出席法庭。人民法院决定召开庭前会议的，同级人民检察院应当派员参加，依法履行职责。

第三十八条 检察员出席刑事抗诉法庭的任务是：

（一）支持抗诉，对原审人民法院作出的错误判决或者裁定提出纠正意见；

（二）维护诉讼参与人的合法权利；

（三）对法庭审理案件有无违反法律规定的诉讼程序的情况进行监督；

（四）依法从事其他诉讼活动。

第三十九条 收到刑事抗诉案件开庭通知书后，出席法庭的检察员应当做好以下准备工作：

（一）熟悉案情和证据情况，了解证人证言、被告人供述等证据材料是否发生变化；

（二）深入研究与本案有关的法律、政策问题，掌握相关的专业知识；

（三）制作出庭预案；

（四）上级人民检察院对下级人民检察院按照第二审程序提出抗诉的案件决定支持抗诉的，应当制作支持抗诉意见书，并在开庭前送达同级人民法院。

第四十条 出庭预案一般应当包括：

（一）讯问原审被告人提纲；

（二）询问证人、被害人、鉴定人、有专门知识的人、侦查人员提纲；

（三）出示物证，宣读书证、证人证言、被害人陈述、被告人供述、勘验检查笔录、辨认笔录、侦查实验笔录，播放视听资料、电子数据的举证和质证方案；

（四）支持抗诉的事实、证据和法律意见；

（五）对原审被告人、辩护人辩护内容的预测和答辩要点；

（六）对庭审中可能出现的其他情况的预测和相应的对策。

第四十一条 庭审开始前，出席法庭的检察员应当做好以下预备工作：

（一）了解被告人及其辩护人，附带民事诉讼的原告人及其诉讼代理人，以及其他应当到庭的诉讼参与人是否已经到庭；

（二）审查合议庭的组成是否合法；刑事抗诉书副本等诉讼文书的送达期限是否符合法律规定；被告人是盲、聋、哑、未成年人或者可能被判处死刑而没有委托辩护人的，人民法院是否指定律师为其提供辩护；

（三）审查到庭被告人的身份材料与刑事抗诉书中原审被告人的情况是否相符；审判长告知诉讼参与人的诉讼权利是否清楚、完整；审判长对回避申请的处理是否正确、合法。法庭准备工作结束，审判长征求检察员对法庭准备工作有无意见时，出庭的检察员应当就存在的问题提出意见，请审判长予以纠正，或者表明没有意见。

第四十二条 审判长或者审判员宣读原审判决书或者裁定书后，由检察员宣读刑事抗诉书。宣读刑事抗诉书时应当起立，文号及正文括号内的内容不宣读，结尾读至“此致某某人民法院”止。

按照第二审程序提出抗诉的案件，出庭检察员应当在宣读刑事抗诉书后宣读支持抗诉意见书，引导法庭调查围绕抗诉重点进行。

第四十三条 检察员在审判长的主持下讯问被告人。讯问应当围绕抗诉理由以及对原审判决、裁定认定事实有争议的部分进行，对没有异议的事实不再全面讯问。

讯问时应当先就原审被告人过去所作的供述和辩解是否属实进行讯问。如果被告人回答不属实，应当讯问哪些不属实。针对翻供，可以讯问翻供理由，利用被告人供述的前后矛盾进行讯问，或者适时举出相关证据予以反驳。

讯问时应当注意方式、方法，讲究技巧和策略。对被告人供述和辩解不清、不全、前后矛盾，或者供述和辩解明显不合情理，或者供述和辩解与已查证属实的证据相矛盾的问题，应当讯问。与案件无关、被告人已经供述清楚或者无争议的问题，不再讯问。

讯问被告人应当有针对性，语言准确、简练、严密。

对辩护人已经发问而被告人作出客观回答的问题，一般不进行重复讯问。辩护人发问后，被告人翻供或者回答含糊不清的，如果涉及案件事实、性质的认定或者影响量刑的，检察员必须有针对性再讯问。辩护人发问的内容与案件无关，或者采取不适当的发问语言和态度的，检察员应当及时请求合议庭予以制止。

在法庭调查结束前，检察员可以根据辩护人、诉讼代理人、审判长（审判员）发问的情况，进行补充讯问。

第四十四条 证人、鉴定人、有专门知识的人需要出庭的，人民检察院应当申请人民法院通知并安排出庭作证。

对于经人民法院通知而未到庭的证人或者出庭后拒绝作证的证人的证言笔录，检察员应当当庭宣读。对于经人民法院通知而未到庭的证人的证言笔录存在疑问、确实需要证人出庭作证，且可以强制其到庭的，检察员应当建议人民法院强制证人到庭作证和接受质证。

向证人发问，应当先由提请通知的一方进行；发问时可以要求证人就其所了解的与案件有关的事实进行陈述，也可以直接发问。发问完毕后，经审判长准许，对方也可以发问。

检察员对证人发问，应当针对证言中有遗漏、矛盾、模糊不清和有争议的内容，并着重围绕与定罪量刑紧密相关的事实进行。发问应当采取一问一答的形式，做到简洁清楚。

证人进行虚假陈述的，应当通过发问澄清

事实，必要时还应当出示、宣读证据配合发问。

询问鉴定人、有专门知识的人参照询问证人的规定进行。

第四十五条 需要出示、宣读、播放原审期间已移交人民法院的证据的，出庭的检察员可以申请法庭出示、宣读、播放。

需要移送证据材料的，在审判长宣布休庭后，检察员应当与审判人员办理交接手续。无法当庭移交的，应当在休庭后三日以内移交。

第四十六条 审判人员通过调查核实取得并当庭出示的新证据，检察员应当进行质证。

第四十七条 检察员对辩护人在法庭上出示的证据材料，应当积极参与质证。质证时既要对辩护人所出示证据材料的真实性发表意见，也要注意辩护人的举证意图。如果辩护人运用该证据材料所说明的观点不能成立，应当及时予以反驳。对辩护人、当事人、原审被告人出示的新的证据材料，检察员认为必要时，可以进行讯问、质证，并就该证据材料的合法性、证明力提出意见。

第四十八条 审判长宣布法庭调查结束，开始进行法庭辩论时，检察员应当发表抗诉案件出庭检察员意见书，主要包括以下内容：

（一）论证本案犯罪事实清楚，证据确实充分，或者原审人民法院认定事实、证据错误之处；

（二）指明被告人犯罪行为性质、严重程度，评析抗诉理由；

（三）论证原审判决书适用法律、定罪量刑是否正确，有误的，应提出改判的建议。

第四十九条 检察员对原审被告人、辩护人提出的观点，认为需要答辩的，应当在法庭上进行答辩。答辩应当抓住重点，主次分明。与案件无关或者已经辩论过的观点和内容，不再答辩。

第五十条 对按照审判监督程序提出抗诉的案件，人民检察院认为人民法院作出的判决、裁定仍然确有错误的，如果案件是依照第一审程序审判的，同级人民检察院应当向上一级人民法院提出抗诉，如果案件是依照第二审程序审判的，上一级人民检察院应当按照审判监督程序向同级人民法院提出抗诉。

对按照审判监督程序提出抗诉的申诉案件，人民检察院认为人民法院作出的判决、裁定仍然确有错误的，由派员出席法庭的人民检察院刑事申诉检察部门适用本条第一款的规定办理。

第八章　刑事抗诉工作机制

第五十一条 下级人民检察院对于拟抗诉的重大案件，应当在决定抗诉前向上级人民检察院汇报。上级人民检察院要结合本地区工作实际，组织开展工作情况通报、工作经验推广、案件剖析评查、优秀案件评选、典型案例评析、业务研讨培训、庭审观摩交流等活动，推动刑事抗诉工作发展。

第五十二条 上级人民检察院要加强刑事抗诉个案和类案专项指导，主动帮助下级人民检察院解决办案中遇到的问题，排除阻力和干扰。对于重大普通刑事案件、重大职务犯罪案件、疑难复杂案件、人民群众对司法不公反映强烈的案件以及其他有重大影响的重要抗诉案件，上级人民检察院要加强抗诉前工作指导，必要时可以同步审查，确保抗诉质量。

第五十三条 认真执行最高人民法院、最高人民检察院《关于人民检察院检察长列席人民法院审判委员会会议的实施意见》的相关规定，人民法院审判委员会讨论人民检察院提出的刑事抗诉案件时，同级人民检察院检察长或者受检察长委托的副检察长应当依法列席。列席人员应当在会前熟悉案情、准备意见和预案，在会上充分阐述人民检察院的抗诉意见和理由。承办检察官应当按照列席要求，为检察长或者受委托的副检察长做好准备工作。

第五十四条 各级人民检察院要与同级人民法院有关审判庭加强经常性的工作联系，就办理抗诉案件中认识分歧、法律政策适用等问题充分沟通交流。

第五十五条 各级人民检察院对于引起媒

体关注的敏感刑事抗诉案件，应当建立快速反应工作机制，依法查明事实真相，适时公开相关信息，及时回应社会关切，主动接受舆论监督，树立人民检察院维护司法公正的良好形象。

第九章　附　　则

第五十六条　本指引由最高人民检察院负责解释，自下发之日起执行。

人民检察院办理死刑第二审案件和复核监督工作指引（试行）

（2018年3月31日发布　高检发诉二字〔2018〕1号）

第一章　一般规定

第一条　**【目的和依据】**为了规范人民检察院死刑第二审案件办理以及死刑复核监督工作，根据《中华人民共和国刑事诉讼法》和《人民检察院刑事诉讼规则（试行）》等相关规定，结合检察工作实际，制定本指引。

第二条　**【案件与工作范围】**本指引所称死刑第二审案件，是指因上诉或者抗诉而进入第二审程序的下列案件：

第一审被告人被判处死刑立即执行的；

第一审被告人被判处死刑缓期二年执行，人民法院决定开庭审理的；

人民检察院认为第一审被告人应当被判处死刑立即执行或者死刑缓期二年执行而提出抗诉的。

本指引所称死刑复核监督工作，是指下列工作：

最高人民检察院对最高人民法院复核死刑案件的监督；

省级人民检察院对高级人民法院复核未上诉且未抗诉的死刑立即执行案件的监督；

省级人民检察院对高级人民法院复核死刑缓期二年执行案件的监督。

第三条　**【刑事政策】**人民检察院办理死刑第二审案件和复核监督工作应当贯彻宽严相济刑事政策，坚持保留死刑，严格控制和慎重适用死刑政策，严格把握刑法规定的死刑适用条件，确保死刑只适用于极少数罪行极其严重的犯罪分子。

第四条　**【原则】**人民检察院办理死刑第二审案件和开展复核监督工作，应当遵循惩罚犯罪与保障人权相结合、程序公正与实体公正并重以及证据裁判原则。

第五条　**【职责】**人民检察院办理死刑第二审案件和开展死刑复核监督工作应当依法履行法律监督职责，确保死刑的公正、统一、正确适用。

第六条　**【工作要求】**办理死刑第二审案件和开展复核监督工作，应当坚持最严格的证明标准、最规范的办案程序、最审慎的工作态度。

第二章　死刑第二审案件审查与决定

第一节　案件审查

第七条　**【收案】**检察人员接收案件后，应当规范使用统一业务应用系统，在案件审查、决定、审结、出庭、裁判等环节及时填录案卡，制作文书。

第八条　**【审查的主要内容】**检察人员应当客观全面审查在案证据材料，并重点审查以下内容：

第一审判决认定事实是否清楚，证据是否确实、充分；

适用法律是否正确，对有关量刑情节的认定是否准确，量刑是否适当；

被判处死刑的被告人是否罪行极其严重，是否必须立即执行；

被告人被判处死刑缓期二年执行的，决定限制减刑或者终身监禁是否适当；

抗诉、上诉意见与第一审判决存在的分歧，抗诉、上诉理由是否正确、充分；

抗诉、上诉中是否提出或者第一审判决后是否出现了可能影响定罪量刑的新事实、新证据；

有无遗漏罪行或者其他应当追究刑事责任的人；

涉案财物处理是否妥当；

诉讼活动是否存在影响公正判决的违法情形；

被告方与被害方是否达成赔偿谅解；

是否有涉检信访或者重大舆情等风险；

其他可能影响定罪量刑的内容。

第九条　【审查方式】检察人员审查案件，应当就第一审判决认定的案件事实和适用法律进行全面审查，重点围绕抗诉、上诉理由开展下列工作：

复核主要证据，必要时到案发现场调查；

讯问被告人，听取被告人的上诉理由或者辩解；

必要时听取辩护人、被害人及其法定代理人或者近亲属的意见；

必要时询问证人；

对证据合法性有疑问的，应当进行调查核实；

对鉴定意见有疑问的，可以重新鉴定或者补充鉴定；

需要侦查机关补充调取和完善的证据，可以要求侦查机关提供，必要时可以自行调查核实，补充收集相关证据；

应当开展的其他工作。

第十条　【核查证据】对于影响定罪或者量刑的主要证据应当进行复核，重点核查证据是否客观、真实，取证程序是否合法以及证据之间是否存在矛盾。

第十一条　【对物证、书证等证据的审查】加强对物证、书证等证据的审查。物证、书证的收集、送检、保管等不符合法定程序，可能严重影响司法公正的，应当要求侦查机关予以补正或者作出合理解释；不能补正或者无法作出合理解释的，应当予以排除，不能作为定案的根据。

第十二条　【对鉴定意见的审查】对鉴定意见应当重点审查以下内容：

鉴定机构和鉴定人是否具有法定资质，鉴定人是否存在应当回避的情形；

检材的收集、取得、保管、送检是否符合法律及有关规定，与相关提取笔录、扣押物品清单等记载的内容是否相符，检材是否充足、可靠；

鉴定程序是否符合法律及有关规定，鉴定的过程和方法是否符合相关专业的规范要求，鉴定意见是否告知被告人和被害人及其法定代理人或者近亲属；

鉴定意见形式要件是否完备，鉴定意见是否明确，鉴定意见与案件待证事实有无关联，鉴定意见与勘验、检查笔录及相关照片等其他证据是否矛盾，鉴定意见是否存在无法排除的合理怀疑，检验分析是否科学、全面；

有利于被告人和不利于被告人的鉴定意见是否移送。

第十三条　【对勘验、检查笔录的审查】对勘验、检查笔录应当重点审查以下内容：

勘验、检查是否依法进行，笔录的制作是否符合法律及有关规定，勘验、检查人员和见证人是否签名或者盖章；

勘验、检查笔录的内容是否全面、详细、准确、规范，文字记载与实物或者绘图、录像、照片是否相符，固定证据的形式、方法是否科学、规范，现场、物品、痕迹等是否被破坏或者伪造，人身特征、伤害情况、生理状况有无伪装或者变化；

补充进行勘验、检查的，前后勘验、检查的情况是否有矛盾，是否说明了再次勘验、检查的理由；

勘验、检查笔录中记载的情况与被告人供述、被害人陈述、鉴定意见等其他证据能否印证，有无矛盾。

第十四条　【讯问被告人】讯问被告人应当按照以下要求进行：

讯问应当由两名以上检察人员进行；

讯问前认真制作讯问提纲，明确讯问目的，拟定重点解决的问题；

核对被告人的基本情况，告知诉讼权利和义务；

听取被告人的上诉理由、辩解和供述，核查是否有新证据、是否有自首和立功等情节、是否有刑讯逼供等非法取证情况，以及其他需要核实的问题；

规范制作讯问笔录，笔录首部内容应当填写完整，讯问人员应当在讯问笔录上签名；

远程视频提讯的，应当制作同步录音录像。

对讯问过程中出现翻供或者在一审阶段曾经翻供的，应当详细讯问翻供的原因和理由，并重点讯问作案动机、目的、手段、工具以及与犯罪有关的时间、地点、人员等细节。

第十五条　【对技术侦查措施收集证据的审查】侦查机关采取技术侦查措施收集的物证、书证、电子数据等证据材料没有移送，影响定罪量刑的，检察人员可以要求侦查机关将相关证据材料连同批准采取技侦措施的法律文书一并移送，必要时可以到侦查机关技术侦查部门核查原始证据。

第十六条　【调查核实证据合法性】经审查，发现侦查人员以非法方法收集证据的，或者被告人及其辩护人申请排除非法证据，并提供相关线索或者材料的，应当依照相关规定，及时进行调查核实。

调查核实证据合法性可以采取以下方式：

讯问被告人；

询问办案人员；

询问在场人员及证人；

听取辩护律师意见；

调取讯问笔录、讯问录音录像；

调取、查询被告人出入看守所的身体检查记录及相关材料；

调取、查询驻看守所检察人员在侦查终结前的核查材料；

调取、查阅、复制相关法律文书或者案件材料；

进行伤情、病情检查或者鉴定；

其他调查核实方式。

第十七条　【审查同步录音录像的一般规定】检察人员对取证合法性产生疑问的，可以审查相关的录音录像，对于重大、疑难、复杂的案件，必要时可以审查全部录音录像。

第十八条　【审查同步录音录像的主要内容】对同步录音录像应当重点审查以下内容：

是否全程、连续、同步，有无选择性录制，有无剪接、删改；

是否与讯问笔录记载的起止时间一致；

与讯问笔录记载的内容是否存在差异；

是否存在刑讯逼供、诱供等违法行为。

讯问录音录像存在选择性录制、剪接、删改等情形，或者与讯问笔录存在实质性差异，不能排除以非法方法收集证据情形的，对相关证据应当予以排除。

第十九条　【非法证据排除】对采用下列非法方法收集的被告人供述，应当提出依法排除的意见：

采取殴打、违法使用戒具等暴力方法或者变相肉刑的恶劣手段，使被告人遭受难以忍受的痛苦而违背意愿作出的供述；

采用以暴力或者严重损害本人及其近亲属合法权益等进行威胁的方法，使被告人遭受难以忍受的痛苦而违背意愿作出的供述；

采用非法拘禁等非法限制人身自由的方法收集的供述。

采用暴力、威胁以及非法限制人身自由等非法方法收集的证人证言、被害人陈述，应当予以排除。

第二十条　【重复自白的排除及除外情形】采用刑讯逼供方法使被告人作出供述，之后被告人受该刑讯逼供行为影响而作出的与该供述相同的重复性供述，应当提出依法排除的意见，但下列情形除外：

侦查期间，根据控告、举报或者自己发现等，侦查机关确认或者不能排除以非法方法收集证据而更换侦查人员，其他侦查人员再次讯问时告知诉讼权利和认罪的法律后果，犯罪嫌疑人自愿供述的；

审查逮捕、审查起诉和审判期间，检察人员、审判人员讯问时告知诉讼权利和认罪的法律后果，犯罪嫌疑人、被告人自愿供述的。

第二十一条 【对自首、立功等可能影响定罪量刑的材料和线索的审查】被告人、辩护人提出被告人自首、立功或者受到刑讯逼供等可能影响定罪量刑的材料和线索的，人民检察院可以依照管辖规定交侦查机关调查核实，也可以自行调查核实。发现遗漏罪行或者同案犯罪嫌疑人的，应当建议侦查机关侦查。

第二十二条 【案件线索来源存疑、侦破过程不清楚的案件的审查】对于案件线索来源存疑、侦破过程不清楚的，应当要求侦查机关提供相关法律文书或者作出详细的情况说明。

第二十三条 【补充收集证据的一般规定】对死刑第二审案件自行补充收集证据的，应当由两名以上检察人员进行，可以要求侦查机关提供协助，也可以申请本院司法警察协助。上级人民检察院通过下级人民检察院通知侦查机关补充收集证据的，下级人民检察院应当提供协助。

第二十四条 【自行补充收集证据的情形】死刑第二审案件具有下列情形之一的，可以自行补充收集证据：

侦查机关以刑讯逼供等非法方法收集的被告人供述和采用暴力、威胁等非法手段取得的被害人陈述、证人证言，被依法排除后，侦查机关未另行指派侦查人员重新调查取证的；

被告人作出无罪辩解或者辩护人提出无罪辩护意见，经审查后，认为侦查机关取得的言词证据不全面或者有遗漏，或者经审查后认为存在疑问的；

案件在定罪量刑方面存在明显分歧或者较大争议，需要补充关键性言词证据，特别是影响案件定罪量刑的被告人供述、证人证言、被害人陈述等言词类证据的；

认为需要补充收集的事项，侦查机关未补充收集或者补充收集后未达到要求，且自行补充收集具有可行性的；

案件主要事实清楚，主要证据确实、充分，尚需要查明个别事实、情节或者补充个别证据材料的；

其他需要自行补充收集证据的情形。

第二十五条 【保障律师执业权利】检察人员应当依法保障律师的执业权利。

辩护律师要求听取其意见的，应当及时安排在工作时间、工作场所接待，并由两名以上检察人员听取意见、制作笔录。

辩护律师提出的书面意见，或者提交的无罪、罪轻或者减轻、免除刑事责任的证据材料应当附卷，并在审查报告中说明是否采纳及理由。

第二十六条 【保障被害人权益】检察人员应当依法保障被害人及其法定代理人或者近亲属的合法权益。涉及影响案件定罪量刑、社会稳定、司法救助等情况的，应当主动听取被害人及其法定代理人或者近亲属的意见。

第二十七条 【审查报告的内容】死刑第二审案件审查报告一般包括：

被告人及被害人基本情况；

案件诉讼经过；

第一审判决认定的事实及裁判结果、理由；

抗诉或者上诉理由；

辩护人的意见；

审查认定的事实及对证据的综合分析；

对上诉、抗诉理由的分析与意见；

需要说明的问题；

审查意见和理由。

第二十八条 【上诉案件的处理意见】对于上诉案件，审查后视情形提出以下处理意见：

原判决认定事实清楚，证据确实、充分，适用法律正确，量刑适当，审判程序合法的，应当提出建议维持原判的意见；

原判决在事实认定、证据采信、综合评判等方面存在不当之处，但不影响定罪量刑的，可以建议第二审人民法院在依法纠正后维持原判；

原判决认定事实没有错误，但适用法律错误，导致定罪错误或者量刑不当的，应当提出建议改判的意见，但不得违反上诉不加刑原则；

原判决认定事实不清或者证据不足的，可以在查清事实后提出建议改判的意见，也可以提出建议发回重审的意见；

第一审人民法院违反法律规定的诉讼程

序，可能影响公正审判的，应当提出建议发回重审的意见。

第二十九条 【抗诉案件的处理意见】对于抗诉案件，审查后视情形提出以下处理意见：

具有《人民检察院刑事诉讼规则（试行）》第五百八十四条规定的情形，原判决确有错误，抗诉意见正确的，应当提出支持抗诉的意见；

原判决确有错误，抗诉意见部分正确的，可以变更、补充抗诉理由，提出部分支持抗诉的意见；

原判决并无不当，抗诉意见不当的，应当提出撤回抗诉的意见。

第三十条 【阅卷时间】人民检察院应当在接到人民法院决定开庭、查阅案卷通知之日起一个月以内阅卷完毕。在一个月以内无法完成的，可以商请人民法院延期审理。

第二节 案件决定

第三十一条 【提请检察官联席会议或者检察委员会讨论的情形】检察人员可以对下列死刑案件提请公诉部门负责人召集检察官联席会议进行讨论，为案件处理提供参考意见。需要提请检察委员会讨论的，应当报检察长决定：

抗诉案件；

在事实认定、证据采信、法律适用等方面存在较大分歧的；

在全国或者当地有重大社会影响的；

当事人或者其近亲属反应强烈，可能引发社会矛盾的；

其他重大、疑难、复杂的死刑案件。

第三十二条 【案件决定】检察长不同意检察人员处理意见，可以要求检察人员复核或者提请检察委员会讨论决定，也可以直接作出决定。要求复核的意见、决定，应当以书面形式作出，并归入案件卷宗。

第三十三条 【检察人员意见与决定不一致的处理】检察人员执行检察长决定时，认为决定错误的，可以提出异议；检察长不改变该决定，或者要求立即执行的，检察人员应当执行。

第三章 死刑第二审案件出席法庭

第一节 出席法庭准备

第三十四条 【确定出席法庭人员和制作相关文书】收到人民法院出席法庭通知书后，人民检察院应当及时确定出席法庭履行职务的检察人员，并制作派员出席法庭通知书送达人民法院。

第三十五条 【出席法庭准备工作】检察人员应当做好以下出席法庭准备工作：

进一步熟悉案情和主要证据，及时了解证据的变化情况和辩护人向法庭提供的新证据，确定需要在法庭上出示的证据，研究与本案有关的法律政策问题以及审判中可能涉及的专业知识；

拟定出庭预案，包括讯问提纲、询问提纲、举证质证提纲、答辩提纲和出庭检察员意见书。重大、疑难、复杂的案件可以制作多媒体示证资料；

在开庭前将需要通知到庭的证人、侦查人员、鉴定人、有专门知识的人的名单以及拟在法庭审理中出示的新证据提交人民法院，并与审判人员做好沟通；

需要对出庭证人等诉讼参与人提供保护的，及时向人民法院提出建议，做好相关工作；

对于重大、疑难、复杂和社会高度关注的案件，应当制作临庭处置方案，应对可能出现的各种复杂情况。

第三十六条 【出庭预案】出庭预案应当重点围绕抗诉、上诉理由，针对需要查证的、与定罪量刑有关的事实进行准备，根据具体案件情况，突出针对性和预见性。对于重大、疑难、复杂和社会高度关注的案件，可以召集检察官联席会议对出庭预案进行讨论。

第三十七条 【出庭检察员意见书】出庭检察员意见书的主要内容包括对第一审判决的全面评价、对抗诉理由的分析或者对上诉理由的评析、对辩解理由和辩护意见的评析等。

出庭检察员意见书应当表明建议法庭维持原判、依法改判或者发回重审的意见。

第三十八条 【与侦查人员、侦查活动相关的庭前准备工作】检察人员认为有必要由侦查人员或者其他人员出席法庭说明情况的，应当通知侦查机关及有关人员做好出席法庭准备；检察人员认为有必要当庭播放侦查活动的相关录音、录像，但录音、录像中有涉及国家秘密、商业秘密、个人隐私或者其他不宜公开的内容的，应当提前做好技术处理。

第二节 参加庭前会议

第三十九条 【参加庭前会议的人员及建议召开庭前会议的情形】人民法院通知人民检察院派员参加庭前会议的，由拟出席法庭的检察人员参加，检察长认为有必要的也可以参加。

对于证据材料较多，案情疑难复杂，社会影响重大等情形，人民法院未召开庭前会议的，可以建议召开庭前会议。

被告人及其辩护人在开庭审理前申请排除非法证据，并依照法律规定提供相关线索或者材料，人民法院未召开庭前会议的，应当建议人民法院召开庭前会议。第一审期间已进行非法证据调查，被告人及其辩护人没有新的线索或者材料，以相同理由再次提出申请的除外。

第四十条 【庭前会议的准备】参加庭前会议前，检察人员应当准备拟提出的问题及意见，预测辩护方可能提出的问题，制定应对方案。

第四十一条 【庭前会议的内容】在庭前会议中，检察人员可以对案件管辖、回避、出庭证人、鉴定人、有专门知识的人的名单、辩护人提供的无罪证据、非法证据排除、不公开审理、延期审理、庭审方案等与审判相关的问题提出和交换意见，了解辩护人收集的证据等情况。

对辩护人收集的证据有异议的，应当提出。

第四十二条 【申请证人、鉴定人、侦查人员、有专门知识的人出席法庭的情形】具有下列情形，检察人员可以在庭前会议中申请人民法院通知证人、鉴定人、侦查人员、有专门知识的人出席法庭：

对证人证言有异议，且该证人证言对案件定罪量刑有重大影响的；

对鉴定意见有异议的；

需要侦查人员就相关证据材料的合法性说明情况的；

需要有专门知识的人就鉴定意见或者专门性问题提出意见的。

第四十三条 【对非法证据进行说明】被告人及其辩护人在庭前会议中提出证据系非法取得，人民法院认为可能存在以非法方法收集证据情形的，检察人员应当通过出示有关证据材料等方式，有针对性地对证据收集的合法性作出说明。

第四十四条 【庭前会议的效力】对于人民法院已在庭前会议中对可能导致法庭审理中断的程序性事项作出处理决定的，被告人及其辩护人没有新的理由，在法庭审理中再次提出有关申请或者异议的，检察人员应当建议法庭予以驳回。

第三节 出席法庭

第四十五条 【主要任务】检察人员出席死刑第二审法庭的主要任务是：

（一）支持抗诉或者听取上诉意见，对原审人民法院作出的错误判决或者裁定提出纠正意见；

（二）维护原审人民法院正确的判决或者裁定，建议法庭维持原判；

（三）维护诉讼参与人的合法权利；

（四）对法庭审判活动是否合法进行监督；

（五）依法从事其他诉讼活动。

第四十六条 【对法庭准备工作的监督】在法庭审理开始前，检察人员应当注意发现和纠正以下违法行为：

不公开审理的案件允许旁听；

辩护人没有到庭；

应当配备翻译人员没有配备；

证人、鉴定人、有专门知识的人在旁听席就坐等情形。

检察人员在审判长征求对法庭准备工作的意见时应当表明意见。

第四十七条 【对申请检察人员回避的处理】当事人及其法定代理人、辩护人、诉讼代理人申请检察人员回避的，对符合刑事诉讼法第二十八条、第二十九条规定情形的回避申请，应当在人民法院决定休庭后，由人民检察院作出是否回避的决定。对不符合刑事诉讼法第二十八条、第二十九条规定情形的回避申请，检察人员应当建议法庭继续开庭审理。

第四十八条 【对开庭后宣告裁判前申请撤回上诉的处理】被判处死刑立即执行的上诉人，在第二审开庭后宣告裁判前申请撤回上诉的，检察人员应当建议人民法院不予准许撤回上诉，继续按照上诉案件审理。

第四十九条 【对审判长概括内容的意见】审判长就抗诉、上诉未涉及的事实归纳总结后，检察人员认为该部分事实清楚、证据确实充分的，应当表示无异议，当庭予以确认；认为有异议的，应当指出，并提请法庭进行调查。

对于审判长概括的审理重点和焦点问题，检察人员认为需要补充的，应当及时提出。

第五十条 【对已认定为非法证据的处理】人民检察院认定的非法证据，应当予以排除。被排除的非法证据应当随案移送，并写明为依法排除的证据。

第五十一条 【对当事人在法庭审理中申请排除非法证据的处理】被告人及其辩护人在开庭审理前未申请排除非法证据，在法庭审理过程中提出申请的，检察人员应当建议法庭要求其说明理由。

第五十二条 【建议驳回排除非法证据申请的情形】对于被告人及其辩护人法庭审理中申请排除非法证据，但没有提供相关线索或者材料的，或者申请排除的理由明显不符合法律规定的，检察人员可以建议法庭当庭驳回申请。

第五十三条 【建议对排除非法证据申请进行审查的情形】被告人及其辩护人在法庭审理期间发现相关线索或者材料，在法庭审理中申请排除非法证据的，检察人员可以建议合议庭对相关证据的合法性进行审查。

第五十四条 【检察人员对证据合法性的证明方式】对于被告人及其辩护人在法庭审理期间申请排除非法证据，法庭决定进行调查的，检察人员可以出示讯问笔录、提讯登记、体检记录、采取强制措施或者侦查措施的法律文书、侦查终结前对讯问合法性的核查材料等证据材料，有针对性地播放讯问录音录像，提请法庭通知侦查人员或者其他人员出席法庭说明情况。

第五十五条 【法庭审理阶段讯问被告人】检察人员讯问被告人应当根据法庭确定的审理重点和焦点问题，围绕抗诉、上诉理由以及对原审判决、裁定认定事实有争议的部分进行，对没有异议的事实不再全面讯问。上诉案件先由辩护人发问，抗诉案件以及既有上诉又有抗诉的案件先由检察人员讯问。讯问应当注意以下方面：

被告人当庭辩解之前所作的供述不属实的，应当就其提出的不属实部分和翻供理由，进行有针对性的讯问，翻供理由不成立的，应当结合相关证据当庭指出；

被告人供述不清楚、不全面、不合理，或者与案件第一审判决查证属实的证据相矛盾的，应当进行讯问，与案件抗诉、上诉部分的犯罪事实无关的问题可以不讯问；

对于辩护人已经发问而被告人作出客观回答的问题，不进行重复讯问，但是被告人供述矛盾、含糊不清或者翻供，影响对案件事实、性质的认定或者量刑的，应当有针对性地进行讯问；

在法庭调查结束前，可以根据辩护人或者诉讼代理人发问、审判长（审判员）讯问的情况，进行补充讯问。

讯问共同犯罪案件的被告人应当个别进行，讯问中应当注意讯问被告人在共同犯罪中的地位、作用。被告人对同一事实的供述存在矛盾的，检察人员可以建议法庭传唤有关被告人到庭对质。

第五十六条 【禁止诱导性及不当的讯问、发问】检察人员讯问被告人，应当避免可能影响陈述客观真实的诱导性讯问或者其他不当讯问。

辩护人采用诱导性发问或者其他不当发问

可能影响陈述的客观真实的，检察人员应当提请审判长予以制止或者要求对该项发问所获得的当庭供述不予采信。

第五十七条 【举证质证的一般规定】检察人员举证质证应当围绕对抗诉、上诉意见及理由具有重要影响的关键事实和证据进行。上诉案件先由被告人及其辩护人举证；抗诉案件以及既有上诉又有抗诉的案件，先由检察人员举证。

第五十八条 【举证】检察人员举证应当注意以下方面：

对于原判决已经确认的证据，如果检察人员、被告人及其辩护人均无异议，可以概括说明证据的名称和证明事项；

对于有争议且影响定罪量刑的证据，应当重新举证；

对于新收集的与定罪量刑有关的证据，应当当庭举证。

第五十九条 【质证】检察人员质证应当注意以下方面：

对于诉讼参与人提交的新证据和原审法院未经质证而采信的证据，应当要求当庭质证；

发表质证意见、答辩意见应当简洁、精练，一般应当围绕证据的合法性、客观性、关联性进行；

对于被告人及其辩护人提出的与证据证明无关的质证意见，可以说明理由不予答辩，并提请法庭不予采纳；

被告人及其辩护人对证人证言、被害人陈述提出质疑的，应当根据证言、陈述情况，针对证言、陈述中有争议的内容重点答辩；

被告人及其辩护人对物证、书证、勘验检查笔录、鉴定意见提出质疑的，应当从证据是否客观、取证程序是否合法等方面有针对性地予以答辩。

第六十条 【举证质证应当采取保护措施的情形】采取技术侦查措施收集的物证、书证及其他证据材料，如果可能危及特定人员的人身安全、涉及国家秘密，或者公开后可能暴露侦查秘密或者严重损害商业秘密、个人隐私的，检察人员应当采取或者建议法庭采取避免暴露有关人员身份、技术方法等保护措施。在必要的时候，可以建议不在法庭上质证，由审判人员在庭外对证据进行核实。

第六十一条 【询问证人】检察人员应当按照审判长确定的顺序询问证人。询问时应当围绕与定罪量刑紧密相关的事实进行，对证人证言中有虚假、遗漏、矛盾、模糊不清、有争议的内容，应当重点询问，必要时宣读证人在侦查、审查起诉阶段提供的证言笔录或者出示、宣读其他证据。

询问证人应当避免可能影响证言客观真实的诱导性询问以及其他不当询问。

第六十二条 【侦查人员出庭作证】对于侦查人员就其执行职务过程中目击的犯罪情况出庭作证的，检察人员可以参照证人出庭有关规定进行询问；侦查人员为证明证据收集的合法性出庭作证的，检察人员应当主要围绕证人证言、被告人供述、被害人陈述的取得，物证、书证的收集、保管及送检等程序、方式是否符合法律及有关规定进行询问。

第六十三条 【鉴定人出庭作证】对于鉴定人出庭作证的，检察人员应当重点围绕下列问题发问：

鉴定人所属鉴定机构的资质情况，包括核准机关、业务范围、有效期限等；

鉴定人的资质情况，包括执业范围、执业证使用期限、专业技术职称、执业经历等；

委托鉴定的机关、时间以及事项，鉴定对象的基本情况，鉴定时间，鉴定程序等；

鉴定意见及依据。

第六十四条 【有专门知识的人出庭作证】有专门知识的人出庭对鉴定意见发表意见的，检察人员应当重点询问鉴定的程序、方法、分析过程是否符合本专业的检验鉴定规程和技术方法要求，鉴定意见是否科学等内容。

第六十五条 【法庭辩论】法庭辩论阶段，检察人员应当在法庭调查的基础上，围绕控辩双方在案件事实、证据、法律适用和量刑方面的争议焦点，依据事实和法律，客观公正地发表出庭意见。

第六十六条 【答辩】对于被告人、辩护人提出的意见可能影响被告人的定罪或者量刑的，检察人员应当答辩。答辩应当观点明确、重点突出、主次分明、有理有据。对于与案件无关或者已经发表意见的问题，可以不再答辩。

第六十七条 【建议延期审理的情形】法庭审理过程中遇有下列情形之一的，检察人员可以建议法庭延期审理：

发现事实不清、证据不足，或者遗漏罪行、遗漏同案犯罪嫌疑人，需要补充侦查或者补充提供证据的；

被告人揭发他人犯罪行为或者提供重要线索，需要查证的；

需要申请人民法院通知证人、鉴定人出庭作证或者有专门知识的人出庭提出意见的；

需要调取新的证据，重新鉴定或者勘验的；

被告人、辩护人向法庭出示检察人员还未掌握的与定罪量刑有关的证据，需要调查核实的；

不能当庭证明证据收集的合法性，需要调查核实的。

第六十八条 【开庭后证据出现新情况的处理】第二审开庭后宣告裁判前，检察人员发现被告人有立功情节、与被害方达成赔偿协议、取得谅解等情形，或者案件证据发生重大变化的，应当及时调查核实，并将有关材料移送人民法院。

上述情形经查证，可能对被告人定罪量刑有影响，可以补充举证质证；也可以变更处理意见，报请检察长审批后，书面送达人民法院。

第四章 死刑案件诉讼监督

第六十九条 【侦查活动监督】对于侦查活动中的违法情形，由检察人员依法提出纠正意见。对于情节较重的违法情形，应当报请检察长或者检察委员会决定后，发出纠正违法通知书。

第七十条 【审判活动监督】人民检察院在审判活动监督中，如果发现人民法院或者审判人员审理案件违反法律规定的诉讼程序的，应当向人民法院提出纠正意见。

出席法庭的检察人员发现法庭审判违反法律规定的诉讼程序的，应当在休庭后及时向检察长报告。需要提出纠正意见的，应当在法庭审理后提出。

第七十一条 【监督意见落实】检察人员对于提出的监督意见，应当逐件跟踪，督促纠正。对于侦查、审判活动中普遍存在的问题，应当归纳、分析并及时提出监督意见。

对于经督促仍不纠正的，可以通过上级人民检察院向被监督单位的上级机关通报，必要时可以向同级人民代表大会常务委员会报告。

第七十二条 【列席审判委员会会议】对于可能判处被告人死刑立即执行或者可能改判无罪的案件以及人民检察院提出抗诉的案件，检察长或者受检察长委托的副检察长可以列席同级人民法院审判委员会会议，发表监督意见。

第七十三条 【对第二审裁判文书的审查】检察人员应当及时了解第二审裁判的情况，督促人民法院依法送达裁判文书。

检察人员应当在收到死刑第二审裁判文书后及时进行审查，对第二审裁判认定事实、适用法律和量刑等提出明确审查意见，并填制二审判决、裁定审查表；省级人民检察院对确有错误的判决、裁定，应当依法及时提请最高人民检察院抗诉或者监督。

审查完毕后，检察人员应当及时在统一业务应用系统点击“流程结束”，以便死刑复核监督阶段查阅。

第七十四条 【对司法工作人员违法犯罪的监督】人民检察院公诉部门在诉讼监督活动中，应当注意发现可能影响案件公正处理的司法工作人员违法犯罪问题，加强与相关部门的沟通配合与衔接，形成监督合力。

第五章 死刑复核监督

第七十五条 【死刑复核监督案件范围】人民检察院承办下列死刑复核监督案件：

人民法院通报的死刑复核案件；

死刑复核期间下级人民检察院提请监督或者报告重大情况的案件；

死刑复核期间当事人及其近亲属或者受委托的律师向人民检察院申请监督的案件；

人民检察院认为应当监督的其他死刑复核案件。

第七十六条 【死刑复核监督的主要任务】人民检察院办理死刑复核监督案件的主要任务是：

审查人民法院的死刑适用是否适当，根据案件事实、法律及刑事政策提出监督意见；

审查下级人民检察院的监督意见和重大情况报告，以及当事人及其近亲属或者受委托的律师申请监督的理由；

对人民法院死刑复核活动是否合法进行监督；

发现和纠正侦查、审查起诉和第一审、第二审审判活动中的违法行为；

维护诉讼参与人的合法权益，依法保障人权。

第七十七条 【最高人民法院通报案件受理和审查】最高人民法院向最高人民检察院通报的死刑复核案件，由办理死刑复核案件的公诉部门直接受理、审查。

第七十八条 【提请抗诉与监督】对于高级人民法院第二审判处被告人死刑缓期二年执行的案件，省级人民检察院审查后认为被告人罪行极其严重，应当判处死刑立即执行或者第二审裁判认定事实、适用法律严重错误，应当及时向最高人民检察院提请抗诉。

对于高级人民法院第二审判处死刑立即执行或者维持死刑立即执行判决，且已报最高人民法院复核的案件，省级人民检察院审查后认为不应判处死刑立即执行的，应当及时向最高人民检察院提请监督。

第七十九条 【提请监督、报告重大情况的受理和审查】省级人民检察院对死刑复核案件提请监督或者报告重大情况，由本院案件管理部门报送。最高人民检察院案件管理部门经审查认为案件材料齐全的，移送办理死刑复核案件的公诉部门审查。

第八十条 【申请监督案件的受理和审查】当事人及其近亲属或者受委托的律师向最高人民检察院申请监督的死刑复核案件，由最高人民检察院控告检察部门受理。对于有明确请求和具体理由的，移送办理死刑复核案件的公诉部门审查。

第八十一条 【提请监督的情形】省级人民检察院对高级人民法院死刑第二审裁判进行审查后，发现有下列情形之一的，应当及时向最高人民检察院提请监督：

案件事实不清、证据不足，依法应当发回重新审判或者改判，高级人民法院第二审判处死刑或者维持死刑判决的；

被告人具有从宽处罚情节，依法不应当判处死刑，高级人民法院第二审判处死刑或者维持死刑判决的；

适用法律错误，高级人民法院第二审判处死刑或者维持死刑判决的；

违反法律规定的诉讼程序，可能影响公正审判的；

其他应当提请监督的情形。

第八十二条 【报告重大情况的情形】省级人民检察院发现进入死刑复核程序的被告人有立功、怀孕或者达成赔偿协议、被害方谅解等新的重大情况，可能影响死刑适用的，应当及时向最高人民检察院报告。

第八十三条 【提请监督、报告重大情况的要求】省级人民检察院提请监督或者报告重大情况，应当制作死刑复核案件提请监督意见书或者重大情况报告，加盖印章，连同该案第一审和第二审裁判文书，第二审案件审查报告及新的证据材料等报送最高人民检察院。

第八十四条 【报送备案的要求】对于适用死刑存在较大分歧或者在全国有重大影响的死刑第二审案件，省级人民检察院公诉部门在收到第二审裁判文书后，应当制作死刑复核案件备案函，说明备案理由，加盖印章，连同起诉书、上诉状、抗诉书、第一审和第二审裁判文书、第二审案件审查报告等及时报最高人民检察院公诉部门备案。

第八十五条 【分、州、市级院向省级院提请监督、报告重大情况、备案的程序】在高级人民法院死刑复核期间，分、州、市人民检察院向省级人民检察院提请监督、报告重大情况、备案等程序，参照本指引第七十九条至第八十四条的相关规定办理。

第八十六条 【死刑复核监督案件的审查内容】办理死刑复核监督案件，应当重点审查以下内容：

据以定罪量刑的事实是否清楚，证据是否确实、充分；

人民法院适用死刑的理由、下级人民检察院提请监督的理由、当事人及其近亲属或者受委托的律师申请监督的理由是否正确、充分；

适用法律是否正确；

是否必须判处死刑；

程序是否合法；

其他应当审查的内容。

第八十七条 【死刑复核监督案件的审查方式】对死刑复核监督案件可以采取以下方式进行审查：

书面审查人民法院移送的材料、下级人民检察院报送的相关案件材料、当事人及其近亲属或者受委托的律师提交的申诉材料；

向下级人民检察院调取案件审查报告、出庭检察员意见书等材料，了解案件相关情况；

向人民法院调阅或者查阅案件材料；

核实或者委托核实主要证据，就有关技术性问题向专门机构或者专家咨询，或者委托其进行证据审查；

讯问被告人或者听取受委托的律师的意见；

需要采取的其他方式。

第八十八条 【听取下级院意见的情形】审查死刑复核监督案件，具有下列情形之一的，应当听取下级人民检察院的意见：

对案件主要事实、证据有疑问的；

对适用死刑存在较大争议的；

可能引起司法办案重大风险的；

其他应当听取意见的情形。

第八十九条 【死刑复核监督案件审查报告的内容】死刑复核监督案件审查报告，应当重点对案件焦点问题进行分析，提出明确的处理意见，并阐明理由和依据。

第九十条 【提交检察官联席会议讨论的情形】下列死刑复核监督案件应当提交检察官联席会议讨论：

在全国或者当地有重大社会影响的；

案件重大、疑难、复杂，存在较大争议的；

拟向人民法院提出检察意见的；

其他应当讨论的情形。

讨论死刑复核监督案件，可以通知有关下级人民检察院公诉部门派员参加。

第九十一条 【提出检察意见的情形】死刑复核监督案件具有下列情形之一的，人民检察院应当向人民法院提出检察意见：

认为死刑适用确有错误的；

发现新情况、新证据，可能影响被告人定罪量刑的；

严重违反法律规定的诉讼程序，可能影响公正审判的；

司法工作人员在办理案件中，有贪污受贿、徇私舞弊、枉法裁判等行为的；

其他应当提出意见的情形。

第九十二条 【提出检察意见的程序】拟对死刑复核监督案件提出检察意见的，应当提请检察长或者检察委员会决定。

第六章 死刑案件办理指导

第九十三条 【工作指导的要求】上级人民检察院应当加强对死刑案件提前介入侦查、审查起诉、出席第一审法庭、第二审法庭和死刑复核监督工作的指导。

省级人民检察院对可能判处死刑的重大、疑难、复杂案件，应当加强审查起诉和出席第一审法庭的指导工作。对特别重大、疑难、复杂的死刑第二审案件，最高人民检察院应当派员进行指导。

第九十四条 【同步指导】对于下级人民

检察院提前介入侦查活动的可能判处死刑的案件以及下级人民检察院办理的其他死刑案件，上级人民检察院在必要时可以进行同步指导。

第九十五条 【向上级院报告重大事项】对于具有重大社会影响可能判处死刑的案件，下级人民检察院公诉部门应当将案件基本情况和出现的重大情况，及时向上一级人民检察院公诉部门书面报告，必要时层报最高人民检察院公诉部门。

第九十六条 【对改变起诉指控事实、罪名的判决的审查】对于人民法院第一审判决改变起诉指控事实、罪名的死刑案件，人民检察院应当在收到判决书后三日以内，将审查报告、起诉书和判决书等案件材料报送上一级人民检察院备案审查。

上级人民检察院收到备案材料后，应当及时审查。认为应当抗诉的，应当及时通知下级人民检察院依法提出抗诉；对于判决有错误但无抗诉必要的，应当及时通知下级人民检察院依法提出纠正意见；对于具有被告人上诉等其他情形的，应当提前做好相应准备工作。

第九十七条 【死刑案件数据统计、分析及报送】人民检察院公诉部门应当做好死刑案件的数据统计、分析工作；省级人民检察院应当在每年3月15日前，将上一年度死刑案件综合分析报告报送最高人民检察院，并严格做好保密工作。

第七章　附　　则

第九十八条 【参照执行的案件类型】对于人民法院按照第二审程序提审或者重新开庭审理的其他死刑案件，人民检察院出席第二审法庭的，参照本指引执行。

第九十九条 【效力】最高人民检察院原有的相关规定与本指引不一致的，以本指引为准。

第一百条 【解释权及生效时间】本指引由最高人民检察院负责解释，自下发之日起试行。

八、刑事赔偿

（一）综 合

最高人民法院
关于印发《人民法院落实〈保护司法人员依法履行法定职责规定〉的实施办法》的通知

（法发〔2017〕4号）

各省、自治区、直辖市高级人民法院，解放军军事法院，新疆维吾尔自治区高级人民法院生产建设兵团分院：

经中央领导同志同意，现将《人民法院落实〈保护司法人员依法履行法定职责规定〉的实施办法》印发给你们，请结合实际认真贯彻执行。实施中有何问题和建议，请及时报告最高人民法院。

最高人民法院
2017年2月7日

人民法院落实《保护司法人员依法履行法定职责规定》的实施办法

为落实中共中央办公厅、国务院办公厅印发的《保护司法人员依法履行法定职责规定》，健全完善法官、审判辅助人员依法履行法定职责保护机制，确保人民法院依法独立公正行使审判权，结合法院工作实际，制定本办法。

第一条 法官依法办理案件不受行政机关、社会团体和个人的干涉，有权拒绝执行任何单位、个人违反法定职责或者法定程序、有碍司法公正的要求。对于任何单位、个人在诉讼程序之外递转的涉及具体案件的函文、信件或者口头意见，法官应当按照《领导干部干预司法活动、插手具体案件处理的记录、通报和责任追究规定》《司法机关内部人员过问案件的记录和责任追究规定》及其实施办法予以记录。

第二条 对于任何单位、个人安排法官从事招商引资、行政执法、治安巡逻、交通疏导、卫生整治、行风评议等超出法定职责范围事务的要求，人民法院应当拒绝，并不得以任何名义安排法官从事上述活动。

严禁人民法院工作人员参与地方招商、联合执法，严禁提前介入土地征收、房屋拆迁等具体行政管理活动，杜绝参加地方牵头组织的各类“拆迁领导小组”“项目指挥部”等临时机构。

第三条 法官依法履行法定职责受法律保护，有权就参与审理案件的证据采信、事实认定、法律适用、裁判结果、诉讼程序等问题独立发表意见。

除参加专业法官会议外，法官有权拒绝就尚未进入诉讼程序的案件或者本人未参与审理的案件发表意见。

第四条 法官履行法定职责的行为，非经法官惩戒委员会听证和审议，不受错案责任追究。涉及错案责任的认定标准、追究范围、承担方式和惩戒程序等内容，由最高人民法院根据《关于完善人民法院司法责任制的若干意见》《关于建立法官、检察官惩戒制度的意见（试行）》及相关工作办法另行规定。

非因法定事由，非经法定程序，不得将法官调离、免职、辞退或者作出降级、撤职等处分，也不得以办案数量排名、末位淘汰等方式和接待信访不力等理由调整法官工作岗位。法官非因法定事由，非经法定程序被调离、免职、辞退或者受到降级、撤职等处分的，其所在人民法院应当及时予以纠正，或者建议有关机关予以纠正；

有关机关不予纠正的，应当报告上一级人民法院商请有关机关纠正。

第五条 法官惩戒委员会的审查意见应当送达当事法官和有关人民法院。对法官作出调离、免职、辞退等处理，或者给予降级、撤职等处分的，应当按照法定程序进行。处理、处分决定应当以书面形式通知当事法官，并列明理由和依据。

法官对涉及本人的惩戒意见不服的，可以向作出审查意见的法官惩戒委员会提出异议，申请复核；对涉及本人的处理、处分决定不服的，自收到处理、处分决定之日起三十日内可以向作出决定的人民法院申请复议，并有权向上一级人民法院申诉。法官不因申请复核、复议或者提出申诉而被加重处罚。

法官惩戒委员会应当对当事法官提出的异议及其理由进行审查，作出决定，并书面回复当事法官。受理复议、申诉的人民法院应当全面听取当事法官的陈述、辩解；原处理、处分确有错误的，应当及时予以纠正。

第六条 对法官作出错误处理、处分决定的，在错误被纠正后，当事法官所在人民法院应当及时恢复其职务、岗位、等级和薪酬待遇，积极为其恢复名誉、消除不良影响，视情对造成的经济损失给予赔偿或者补偿，并商请有关机关依法追究诬告陷害者或者滥用职权者的责任。

法官因接受调查暂缓等级晋升，后经有关部门认定不应当追究法律和纪律责任的，其等级晋升时间自暂缓之日起计算。

第七条 国家机关及其工作人员有下列行为之一的，法官有权提出控告：

（一）干预司法活动，妨碍公正司法的；

（二）要求法官从事超出法定职责范围事务的；

（三）限制或者压制法官独立、充分表达对参与审理案件的意见的；

（四）超越职权或者滥用职权，将法官调离、免职、辞退或者作出降级、撤职等处分的；

（五）对法官的依法履职保障诉求敷衍推诿、故意拖延不作为的；

（六）玩忽职守，处置不力，导致依法履职的法官或其近亲属的人身、财产权益受到侵害的；

（七）侵犯法官的休息权、休假权的；

（八）侵犯法官控告、申诉权利的；

（九）其他侵犯法官法定权利的行为。

人民法院及其工作人员侵犯法官法定权利，法官向所在人民法院或者上级人民法院提出控告的，接受控告的人民法院应当在其权限范围内及时作出处理，并将处理结果以书面形式通知本人；超出职责权限的，应当及时移送有关国家机关处理。

人民法院以外的国家机关及其工作人员侵犯法官法定权利的，法官可以向国家权力机关、行政机关、监察机关、检察机关提出控告，其所在人民法院有协助控告及提供帮助的义务，并应当派员向有关机关反映情况、提出意见。

第八条 各级人民法院应当健全完善法官考评委员会工作机制，由法官考评委员会组织、领导对法官的考核、评议工作。法官考评委员会由本院院长、相关院领导、相关部门负责人和若干法官代表组成。主任由院长担任，法官代表由全体法官推选产生。

对法官审判绩效的考核、评价，必须由法官考评委员会作出，考核结果应当公示。法官对考核结果如有异议，可以申请复议。

对法官审判绩效的考核办法和评价标准，应当合理设置权重比例，注重审判工作实绩，充分考虑地域、审级、专业、部门、岗位之间的差异，但不能超出法官的法定职责和职业伦理。考核结果和业绩评价应当作为法官等级晋升、岗位调整和绩效考核奖金分配的重要依据。

上述考核的指导意见由最高人民法院统一制定，各级人民法院结合辖区实际进一步细化，并报上一级人民法院备案。

第九条 各级人民法院应当设立法官权益保障委员会。法官权益保障委员会由本院院长、相关院领导、相关部门负责人和若干法官代表组成。主任由院长担任，法官代表由全体法官推选产生。法官权益保障委员会的职能是：

（一）集中受理法官与依法履职保护相关

的诉求和控告；

（二）组织对法官或其近亲属可能面临的侵害风险进行评估，并采取相应措施；

（三）组织对本人或其近亲属的人身、财产、住所安全受到威胁的法官提供援助；

（四）组织对本人或其近亲属的人身、财产权益受到侵害的法官给予救助；

（五）帮助法官依法追究侵犯其法定权利者的责任；

（六）统筹安排为受到错误处理、处分的法官恢复名誉、消除不良影响、给予赔偿或者补偿；

（七）指导法官正确有效维护自身合法权益，组织开展相关培训和心理疏导工作；

（八）督促对本院安全检查设施、防护隔离系统、安全保障设备、安全保卫机制建设情况开展检查；

（九）统筹指导本院司法警察部门、机关安全保卫部门做好庭审秩序维护、机关安全保卫、法官人身保护和各类应急处置工作；

（十）与公安机关、新闻主管、网络监管等部门建立与法官依法履职保护相关的预警、应急和联动机制；

（十一）其他与法官和审判辅助人员依法履职保护相关的事务。

各级人民法院法官权益保障委员会的具体工作由本院人事管理部门承担。

上级人民法院法官权益保障委员会监督指导辖区内人民法院法官权益保障委员会的工作。本级人民法院法官权益保障委员会对法官依法履职保障不力的，法官可以向上一级人民法院法官权益保障委员会提出控告。

第十条　各级人民法院的立案信访、诉讼服务、审判区域应当与法官办公区域相对隔离，并配备一键报警装置，便于及时处置突发事件。

各级人民法院应当严格执行《人民法院安全保卫工作人员和装备配置标准》和《人民法院司法警察不同执勤岗位警用装备配备标准》，普遍设立安全检查岗，配备相应安全设备，强化安全检查人员的责任意识、规范意识和操作水平。

人民法院应当为法官、审判辅助人员配备具有录音功能的办公电话和具有录像功能的记录设备，方便及时记录、存储具有干预、过问、威胁、侮辱等性质的信息。

人民法院应当为法官、审判辅助人员提供配备录音录像设施的专门会见、接待场所。法官在审判法庭外会见、接待当事人及其代理人的，可以要求在专门场所进行，并有权拒绝当事人及其代理人单方面会见、接待的要求。

第十一条　各级人民法院应当依法维护庭审秩序。对于实施违反法庭规则行为，扰乱法庭秩序的人，根据情节轻重，依法采取警告制止、训诫、责令具结悔过、责令退出法庭、强行带出法庭、罚款、拘留等措施；对于严重扰乱法庭秩序，构成扰乱法庭秩序罪等犯罪的，依法追究刑事责任。

对于在审判法庭之外的人民法院其他区域，有下列行为之一的人，应当及时采取训诫、制止、控制、带离现场等处置措施，收缴、保存相关证据，及时移送公安机关处理；构成非法携带枪支、弹药、管制刀具、危险物品危及公共安全罪、妨害公务罪、寻衅滋事罪、故意毁坏财物罪等犯罪的，依法追究刑事责任：

（一）非法携带管制器具或者危险物质，逃避、抗拒安全检查的；

（二）未经允许，强行进入法官办公区域或者审判区域的；

（三）大声喧哗、哄闹，不听劝阻，严重扰乱办公秩序的；

（四）侮辱、诽谤、威胁、殴打人民法院工作人员或者诉讼参与人的；

（五）损毁法院建筑、办公设施或者车辆的；

（六）抢夺、损毁诉讼文书、证据的；

（七）工作时间之外滞留，不听劝阻，拒绝离开的；

（八）故意将年老、年幼、体弱、患有严重疾病、肢体残疾等生活不能自理的人弃留的；

（九）以自杀、自残等方式威胁人民法院工作人员的；

（十）其他危害人民法院机关安全或者扰乱办公秩序的行为。

对于在人民法院周边实施静坐围堵、散发材料、呼喊口号、打立横幅等行为的人，人民法院应当商请公安机关依法处理；对危害人民法院工作人员人身安全的，可以由机关安全保卫部门会同司法警察做好相关应急处置工作，并及时商请公安机关依法处理；构成聚众冲击国家机关罪、聚众扰乱社会秩序罪、聚众扰乱交通秩序罪、聚众扰乱公共场所秩序罪、妨害公务罪等犯罪的，依法追究刑事责任。

第十二条 对于泄露、传播依法不应当公开的法官或其近亲属信息，以及偷窥、偷拍、窃听、散布法官或其近亲属隐私的行为人，人民法院应当商请公安机关依法处理；构成侵犯公民个人信息罪等犯罪的，依法追究刑事责任。

人民法院应当充分发挥诉讼服务中心、12368诉讼服务平台和诉讼服务网站等平台查询信息、答复咨询、联系法官的作用，避免因信息过度公开影响法官的审判工作和日常生活。通过审判流程信息公开平台对外公开法官姓名、照片、职务、等级、办公电话和工作邮箱之外信息的，应当征得法官本人同意。

第十三条 法官因依法履职遭受不实举报、诬告陷害，或者被利用信息网络等方式实施侮辱诽谤，致使名誉受到损害的，其所在人民法院应当通过官方网站、微博、微信公众号或者新闻发布会等形式及时澄清事实，消除不良影响，维护法官良好声誉，并会同有关部门依法追究相关单位或者个人的责任。

第十四条 人民法院对于干扰阻碍司法活动，恐吓威胁、报复陷害、侮辱诽谤、暴力侵害法官及其近亲属的违法犯罪行为，应当依法从严惩处。

法官因依法履行法定职责，本人或其近亲属遭遇恐吓威胁、滋事骚扰、跟踪尾随，或者人身、财产、住所受到侵害、毁损的，其所在人民法院应当及时采取保护措施，并商请公安机关依法处理；对构成故意杀人罪、故意伤害罪、寻衅滋事罪、故意毁坏财物罪、非法侵入住宅罪等犯罪的，依法追究刑事责任；行为人是精神病人的，依法决定强制医疗。

第十五条 人民法院审理恐怖活动犯罪、黑社会性质组织犯罪、重大毒品犯罪、邪教组织犯罪等危险性高的案件，应当对法官及其近亲属采取出庭保护、禁止特定人员接触和其他必要保护措施。对法官近亲属还可以采取隐匿身份的保护措施。办理危险性较高的其他案件，经法官本人申请，应当对法官及其近亲属采取上述保护措施。

第十六条 各级人民法院应当配合有关部门，按时足额发放法官的基本工资、津贴补贴。绩效考核奖金的发放，应当遵循审判实绩导向，坚持公开、公平、公正的原则，不得与法官等级、行政职级挂钩，注重向一线人员倾斜。

第十七条 各级人民法院应当为法官提供心理咨询和疏导服务，普遍建立和认真落实法官年度体检制度，保证法官每年接受一次全面身体检查，配合有关部门完善法官的医疗保障制度和抚恤优待办法，为法官的人身、财产、医疗等权益提供与其职业风险相匹配的保障。

第十八条 各级人民法院应当围绕审判工作需要，综合采取集中脱产培训、网络视频教学、巡回授课等方式，保障全体法官定期参加各类业务培训，着力提升其庭审驾驭能力、法律适用能力、裁判文书制作能力和信息化应用能力。每名法官每年至少应当参加一次脱产业务培训。

第十九条 各级人民法院应当依法保障法官的休息权和休假权，认真落实年度休假等制度，切实保障法官必要的休假时间，并将法官休假落实情况纳入各部门绩效考评范围，不得以任何方式变相阻碍法官休假。

各级人民法院应当根据审判规律和法院实际，合理测算法官工作饱和度，科学确定法官工作量，适时调整法官员额配置或者增补审判辅助人员，不得强制要求法官在法定工作日之外加班。

第二十条 上级人民法院从下级人民法院遴选法官的，应当配合有关部门健全完善配套保障措施，确保异地遴选的法官能够安心履职。

第二十一条 对审判辅助人员依法履行法定职责的保护，参照适用本办法。

第二十二条 军事法院法官依法履行法定职责的保护，军事法规有规定的，从其规定。

第二十三条 本办法由最高人民法院负责解释。

第二十四条 本办法自发布之日起施行。

最高人民法院
关于完善人民法院司法责任制的若干意见

（2015年9月21日发布 法发〔2015〕13号）

为贯彻中央关于深化司法体制改革的总体部署，优化审判资源配置，明确审判组织权限，完善人民法院的司法责任制，建立健全符合司法规律的审判权力运行机制，增强法官审理案件的亲历性，确保法官依法独立公正履行审判职责，根据有关法律和人民法院工作实际，制定本意见。

一、目 标 原 则

1. 完善人民法院的司法责任制，必须以严格的审判责任制为核心，以科学的审判权力运行机制为前提，以明晰的审判组织权限和审判人员职责为基础，以有效的审判管理和监督制度为保障，让审理者裁判、由裁判者负责，确保人民法院依法独立公正行使审判权。

2. 推进审判责任制改革，人民法院应当坚持以下基本原则：

（1）坚持党的领导，坚持走中国特色社会主义法治道路；

（2）依照宪法和法律独立行使审判权；

（3）遵循司法权运行规律，体现审判权的判断权和裁决权属性，突出法官办案主体地位；

（4）以审判权为核心，以审判监督权和审判管理权为保障；

（5）权责明晰、权责统一、监督有序、制约有效；

（6）主观过错与客观行为相结合，责任与保障相结合。

3. 法官依法履行审判职责受法律保护。法官有权对案件事实认定和法律适用独立发表意见。非因法定事由，非经法定程序，法官依法履职行为不受追究。

二、改革审判权力运行机制

（一）独任制与合议庭运行机制

4. 基层、中级人民法院可以组建由一名法官与法官助理、书记员以及其他必要的辅助人员组成的审判团队，依法独任审理适用简易程序的案件和法律规定的其他案件。

人民法院可以按照受理案件的类别，通过随机产生的方式，组建由法官或者法官与人民陪审员组成的合议庭，审理适用普通程序和依法由合议庭审理的简易程序的案件。案件数量较多的基层人民法院，可以组建相对固定的审判团队，实行扁平化的管理模式。

人民法院应当结合职能定位和审级情况，为法官合理配置一定数量的法官助理、书记员和其他审判辅助人员。

5. 在加强审判专业化建设基础上，实行随机分案为主、指定分案为辅的案件分配制度。按照审判领域类别，随机确定案件的承办法官。因特殊情况需要对随机分案结果进行调整的，应当将调整理由及结果在法院工作平台上公示。

6. 独任法官审理案件形成的裁判文书，由独任法官直接签署。合议庭审理案件形成的裁判文书，由承办法官、合议庭其他成员、审判长依次签署；审判长作为承办法官的，由审判长最后签署。审判组织的法官依次签署完毕后，裁判文书即可印发。除审判委员会讨论决定的案件以外,院长、副院长、庭长对其未直接参加审理案件的裁判文书不再进行审核签发。

合议庭评议和表决规则,适用人民法院组织法、诉讼法以及《最高人民法院关于人民法院合议庭工作的若干规定》《最高人民法院关于进一步加强合议庭职责的若干规定》。

7. 进入法官员额的院长、副院长、审判委员会专职委员、庭长、副庭长应当办理案件。院长、副院长、审判委员会专职委员每年办案数量应当参照全院法官人均办案数量,根据其承担的审判管理监督事务和行政事务工作量合理确定。庭长每年办案数量参照本庭法官人均办案数量确定。对于重大、疑难、复杂的案件,可以直接由院长、副院长、审判委员会委员组成合议庭进行审理。

按照审判权与行政管理权相分离的原则,试点法院可以探索实行人事、经费、政务等行政事务集中管理制度,必要时可以指定一名副院长专门协助院长管理行政事务。

8. 人民法院可以分别建立由民事、刑事、行政等审判领域法官组成的专业法官会议,为合议庭正确理解和适用法律提供咨询意见。合议庭认为所审理的案件因重大、疑难、复杂而存在法律适用标准不统一的,可以将法律适用问题提交专业法官会议研究讨论。专业法官会议的讨论意见供合议庭复议时参考,采纳与否由合议庭决定,讨论记录应当入卷备查。

建立审判业务法律研讨机制,通过类案参考、案例评析等方式统一裁判尺度。

(二)审判委员会运行机制

9. 明确审判委员会统一本院裁判标准的职能,依法合理确定审判委员会讨论案件的范围。审判委员会只讨论涉及国家外交、安全和社会稳定的重大复杂案件,以及重大、疑难、复杂案件的法律适用问题。强化审判委员会总结审判经验、讨论决定审判工作重大事项的宏观指导职能。

10. 合议庭认为案件需要提交审判委员会讨论决定的,应当提出并列明需要审判委员会讨论决定的法律适用问题,并归纳不同的意见和理由。

合议庭提交审判委员会讨论案件的条件和程序,适用人民法院组织法、诉讼法以及《最高人民法院关于人民法院合议庭工作的若干规定》《最高人民法院关于改革和完善人民法院审判委员会制度的实施意见》。

11. 案件需要提交审判委员会讨论决定的,审判委员会委员应当事先审阅合议庭提请讨论的材料,了解合议庭对法律适用问题的不同意见和理由,根据需要调阅庭审音频视频或者查阅案卷。

审判委员会委员讨论案件时应当充分发表意见,按照法官等级由低到高确定表决顺序,主持人最后表决。审判委员会评议实行全程留痕,录音、录像,作出会议记录。审判委员会的决定,合议庭应当执行。所有参加讨论和表决的委员应当在审判委员会会议记录上签名。

建立审判委员会委员履职考评和内部公示机制。建立审判委员会决议事项的督办、回复和公示制度。

(三)审判管理和监督

12. 建立符合司法规律的案件质量评估体系和评价机制。审判管理和审判监督机构应当定期分析审判质量运行态势,通过常规抽查、重点评查、专项评查等方式对案件质量进行专业评价。

13. 各级人民法院应当成立法官考评委员会,建立法官业绩评价体系和业绩档案。业绩档案应当以法官个人日常履职情况、办案数量、审判质量、司法技能、廉洁自律、外部评价等为主要内容。法官业绩评价应当作为法官任职、评先评优和晋职晋级的重要依据。

14. 各级人民法院应当依托信息技术,构建开放动态透明便民的阳光司法机制,建立健全审判流程公开、裁判文书公开和执行信息公开三大平台,广泛接受社会监督。探索建立法院以外的第三方评价机制,强化对审判权力运行机制的法律监督、社会监督和舆论监督。

三、明确司法人员职责和权限

(一)独任庭和合议庭司法人员职责

15. 法官独任审理案件时,应当履行以下审判职责:

(1)主持或者指导法官助理做好庭前会议、庭前调解、证据交换等庭前准备工作及其他审判辅助工作;

(2)主持案件开庭、调解,依法作出裁判,制作裁判文书或者指导法官助理起草裁判文书,并直接签发裁判文书;

(3)依法决定案件审理中的程序性事项;

(4)依法行使其他审判权力。

16. 合议庭审理案件时,承办法官应当履行以下审判职责:

(1)主持或者指导法官助理做好庭前会议、庭前调解、证据交换等庭前准备工作及其他审判辅助工作;

(2)就当事人提出的管辖权异议及保全、司法鉴定、非法证据排除申请等提请合议庭评议;

(3)对当事人提交的证据进行全面审核,提出审查意见;

(4)拟定庭审提纲,制作阅卷笔录;

(5)自己担任审判长时,主持、指挥庭审活动;不担任审判长时,协助审判长开展庭审活动;

(6)参与案件评议,并先行提出处理意见;

(7)根据合议庭评议意见制作裁判文书或者指导法官助理起草裁判文书;

(8)依法行使其他审判权力。

17. 合议庭审理案件时,合议庭其他法官应当认真履行审判职责,共同参与阅卷、庭审、评议等审判活动,独立发表意见,复核并在裁判文书上签名。

18. 合议庭审理案件时,审判长除承担由合议庭成员共同承担的审判职责外,还应当履行以下审判职责:

(1)确定案件审理方案、庭审提纲、协调合议庭成员庭审分工以及指导做好其他必要的庭审准备工作;

(2)主持、指挥庭审活动;

(3)主持合议庭评议;

(4)依照有关规定和程序将合议庭处理意见分歧较大的案件提交专业法官会议讨论,或者按程序建议将案件提交审判委员会讨论决定;

(5)依法行使其他审判权力。

审判长自己承办案件时,应当同时履行承办法官的职责。

19. 法官助理在法官的指导下履行以下职责:

(1)审查诉讼材料,协助法官组织庭前证据交换;

(2)协助法官组织庭前调解,草拟调解文书;

(3)受法官委托或者协助法官依法办理财产保全和证据保全措施等;

(4)受法官指派,办理委托鉴定、评估等工作;

(5)根据法官的要求,准备与案件审理相关的参考资料,研究案件涉及的相关法律问题;

(6)在法官的指导下草拟裁判文书;

(7)完成法官交办的其他审判辅助性工作。

20. 书记员在法官的指导下,按照有关规定履行以下职责:

(1)负责庭前准备的事务性工作;

(2)检查开庭时诉讼参与人的出庭情况,宣布法庭纪律;

(3)负责案件审理中的记录工作;

(4)整理、装订、归档案卷材料;

(5)完成法官交办的其他事务性工作。

(二)院长庭长管理监督职责

21. 院长除依照法律规定履行相关审判职责外,还应当从宏观上指导法院各项审判工作,组织研究相关重大问题和制定相关管理制度,综合负责审判管理工作,主持审判委员会讨论审判工作中的重大事项,依法主持法官考评委员会对法官进行评鉴,以及履行其他必要的审判管理和监督职责。

副院长、审判委员会专职委员受院长委托，可以依照前款规定履行部分审判管理和监督职责。

22. 庭长除依照法律规定履行相关审判职责外，还应当从宏观上指导本庭审判工作，研究制定各合议庭和审判团队之间、内部成员之间的职责分工，负责随机分案后因特殊情况需要调整分案的事宜，定期对本庭审判质量情况进行监督，以及履行其他必要的审判管理和监督职责。

23. 院长、副院长、庭长的审判管理和监督活动应当严格控制在职责和权限的范围内，并在工作平台上公开进行。院长、副院长、庭长除参加审判委员会、专业法官会议外不得对其没有参加审理的案件发表倾向性意见。

24. 对于有下列情形之一的案件，院长、副院长、庭长有权要求独任法官或者合议庭报告案件进展和评议结果：

（1）涉及群体性纠纷，可能影响社会稳定的；

（2）疑难、复杂且在社会上有重大影响的；

（3）与本院或者上级法院的类案判决可能发生冲突的；

（4）有关单位或者个人反映法官有违法审判行为的。

院长、副院长、庭长对上述案件的审理过程或者评议结果有异议的，不得直接改变合议庭的意见，但可以决定将案件提交专业法官会议、审判委员会进行讨论。院长、副院长、庭长针对上述案件监督建议的时间、内容、处理结果等应当在案卷和办公平台上全程留痕。

四、审判责任的认定和追究

（一）审判责任范围

25. 法官应当对其履行审判职责的行为承担责任，在职责范围内对办案质量终身负责。

法官在审判工作中，故意违反法律法规的，或者因重大过失导致裁判错误并造成严重后果的，依法应当承担违法审判责任。

法官有违反职业道德准则和纪律规定，接受案件当事人及相关人员的请客送礼、与律师进行不正当交往等违纪违法行为，依照法律及有关纪律规定另行处理。

26. 有下列情形之一的，应当依纪依法追究相关人员的违法审判责任：

（1）审理案件时有贪污受贿、徇私舞弊、枉法裁判行为的；

（2）违反规定私自办案或者制造虚假案件的；

（3）涂改、隐匿、伪造、偷换和故意损毁证据材料的，或者因重大过失丢失、损毁证据材料并造成严重后果的；

（4）向合议庭、审判委员会汇报案情时隐瞒主要证据、重要情节和故意提供虚假材料的，或者因重大过失遗漏主要证据、重要情节导致裁判错误并造成严重后果的；

（5）制作诉讼文书时，故意违背合议庭评议结果、审判委员会决定的，或者因重大过失导致裁判文书主文错误并造成严重后果的；

（6）违反法律规定，对不符合减刑、假释条件的罪犯裁定减刑、假释的，或者因重大过失对不符合减刑、假释条件的罪犯裁定减刑、假释并造成严重后果的；

（7）其他故意违背法定程序、证据规则和法律明确规定违法审判的，或者因重大过失导致裁判结果错误并造成严重后果的。

27. 负有监督管理职责的人员等因故意或者重大过失，怠于行使或者不当行使审判监督权和审判管理权导致裁判错误并造成严重后果的，依照有关规定应当承担监督管理责任。追究其监督管理责任的，依照干部管理有关规定和程序办理。

28. 因下列情形之一，导致案件按照审判监督程序提起再审后被改判的，不得作为错案进行责任追究：

（1）对法律、法规、规章、司法解释具体条文的理解和认识不一致，在专业认知范围内能够予以合理说明的；

（2）对案件基本事实的判断存在争议或者疑问，根据证据规则能够予以合理说明的；

(3)当事人放弃或者部分放弃权利主张的;

(4)因当事人过错或者客观原因致使案件事实认定发生变化的;

(5)因出现新证据而改变裁判的;

(6)法律修订或者政策调整的;

(7)裁判所依据的其他法律文书被撤销或者变更的;

(8)其他依法履行审判职责不应当承担责任的情形。

(二)审判责任承担

29. 独任制审理的案件,由独任法官对案件的事实认定和法律适用承担全部责任。

30. 合议庭审理的案件,合议庭成员对案件的事实认定和法律适用共同承担责任。

进行违法审判责任追究时,根据合议庭成员是否存在违法审判行为、情节、合议庭成员发表意见的情况和过错程度合理确定各自责任。

31. 审判委员会讨论案件时,合议庭对其汇报的事实负责,审判委员会委员对其本人发表的意见及最终表决负责。

案件经审判委员会讨论的,构成违法审判责任追究情形时,根据审判委员会委员是否故意曲解法律发表意见的情况,合理确定委员责任。审判委员会改变合议庭意见导致裁判错误的,由持多数意见的委员共同承担责任,合议庭不承担责任。审判委员会维持合议庭意见导致裁判错误的,由合议庭和持多数意见的委员共同承担责任。

合议庭汇报案件时,故意隐瞒主要证据或者重要情节,或者故意提供虚假情况,导致审判委员会作出错误决定的,由合议庭成员承担责任,审判委员会委员根据具体情况承担部分责任或者不承担责任。

审判委员会讨论案件违反民主集中制原则,导致审判委员会决定错误的,主持人应当承担主要责任。

32. 审判辅助人员根据职责权限和分工承担与其职责相对应的责任。法官负有审核把关职责的,法官也应当承担相应责任。

33. 法官受领导干部干预导致裁判错误的,且法官不记录或者不如实记录,应当排除干预而没有排除的,承担违法审判责任。

(三)违法审判责任追究程序

34. 需要追究违法审判责任的,一般由院长、审判监督部门或者审判管理部门提出初步意见,由院长委托审判监督部门审查或者提请审判委员会进行讨论,经审查初步认定有关人员具有本意见所列违法审判责任追究情形的,人民法院监察部门应当启动违法审判责任追究程序。

各级人民法院应当依法自觉接受人大、政协、媒体和社会监督,依法受理对法官违法审判行为的举报、投诉,并认真进行调查核实。

35. 人民法院监察部门应当对法官是否存在违法审判行为进行调查,并采取必要、合理的保护措施。在调查过程中,当事法官享有知情、辩解和举证的权利,监察部门应当对当事法官的意见、辩解和举证如实记录,并在调查报告中对是否采纳作出说明。

36. 人民法院监察部门经调查后,认为应当追究法官违法审判责任的,应当报请院长决定,并报送省(区、市)法官惩戒委员会审议。

高级人民法院监察部门应当派员向法官惩戒委员会通报当事法官的违法审判事实及拟处理建议、依据,并就其违法审判行为和主观过错进行举证。当事法官有权进行陈述、举证、辩解、申请复议和申诉。

法官惩戒委员会根据查明的事实和法律规定作出无责、免责或者给予惩戒处分的建议。

法官惩戒委员会工作章程和惩戒程序另行制定。

37. 对应当追究违法审判责任的相关责任人,根据其应负责任依照《中华人民共和国法官法》等有关规定处理:

(1)应当给予停职、延期晋升、退出法官员额或者免职、责令辞职、辞退等处理的,由组织人事部门按照干部管理权限和程序依法办理;

(2)应当给予纪律处分的,由纪检监察部门依照有关规定和程序依法办理;

(3)涉嫌犯罪的,由纪检监察部门将违法线索移送有关司法机关依法处理。

免除法官职务,必须按法定程序由人民代表大会罢免或者提请人大常委会作出决定。

五、加强法官的履职保障

38. 在案件审理的各个阶段,除非确有证据证明法官存在贪污受贿、徇私舞弊、枉法裁判等严重违法审判行为外,法官依法履职的行为不得暂停或者终止。

39. 法官依法审判不受行政机关、社会团体和个人的干涉。任何组织和个人违法干预司法活动、过问和插手具体案件处理的,应当依照规定予以记录、通报和追究责任。

领导干部干预司法活动、插手具体案件和司法机关内部人员过问案件的,分别按照《领导干部干预司法活动、插手具体案件处理的记录、通报和责任追究规定》和《司法机关内部人员过问案件的记录和责任追究规定》及其实施办法处理。

40. 法官因依法履职遭受不实举报、诬告陷害,致使名誉受到损害的,或者经法官惩戒委员会等组织认定不应追究法律和纪律责任的,人民法院监察部门、新闻宣传部门应当在适当范围以适当形式及时澄清事实,消除不良影响,维护法官良好声誉。

41. 人民法院或者相关部门对法官作出错误处理的,应当赔礼道歉、恢复职务和名誉、消除影响,对造成经济损失的依法给予赔偿。

42. 法官因接受调查暂缓等级晋升的,后经有关部门认定不构成违法审判责任,或者法官惩戒委员会作出无责或者免责建议的,其等级晋升时间从暂缓之日起连续计算。

43. 依法及时惩治当庭损毁证据材料、庭审记录、法律文书和法庭设施等妨碍诉讼活动或者严重藐视法庭权威的行为。依法保护法官及其近亲属的人身和财产安全,依法及时惩治在法庭内外恐吓、威胁、侮辱、跟踪、骚扰、伤害法官及其近亲属等违法犯罪行为。

侵犯法官人格尊严,或者泄露依法不能公开的法官及其亲属隐私,干扰法官依法履职的,依法追究有关人员责任。

44. 加大对妨碍法官依法行使审判权、诬告陷害法官、藐视法庭权威、严重扰乱审判秩序等违法犯罪行为的惩罚力度,研究完善配套制度,推动相关法律的修改完善。

六、附　　则

45. 本意见所称法官是指经法官遴选委员会遴选后进入法官员额的法官。

46. 本意见关于审判责任的认定和追究适用于人民法院的法官、副庭长、庭长、审判委员会专职委员、副院长和院长。执行员、法官助理、书记员、司法警察等审判辅助人员的责任认定和追究参照执行。

技术调查官等其他审判辅助人员的职责另行规定。

人民陪审员制度改革试点地区法院人民陪审案件中的审判责任根据《人民陪审员制度改革试点方案》另行规定。

47. 本意见由最高人民法院负责解释。

48. 本意见适用于中央确定的司法体制改革试点法院和最高人民法院确定的审判权力运行机制改革试点法院。

最高人民法院
关于加强各级人民法院院庭长办理案件工作的意见(试行)

(2017年4月10日发布　法发〔2017〕10号)

为全面贯彻落实司法责任制,优化审判资源配置,充分发挥各级人民法院院庭长对审判工作的示范、引领和指导作用,根据《中央政法委关于严格执行法官、检察官遴选标准和程序的通知》《最高人民法院关于完善人民法院司法责任制的若干意见》等有关规定,结合审判工作实际,就加强院庭长办理案件工作提出如下意见:

一、各级人民法院院庭长入额后应当办理案件,包括独任审理案件、参加合议庭作为承办法官审理案件、参加合议庭担任审判长或作为合议庭成员参与审理案件,禁止入额后不办案、委托办案、挂名办案,不得以听取汇报、书面审查、审批案件等方式代替办案。

二、各级人民法院院庭长应当根据分管的审判工作,结合专业背景和个人专长办理案件,重点审理重大、疑难、复杂、新类型和在法律适用方面具有普遍指导意义的案件。

三、各级人民法院院庭长应当作为承办法官办理一定数量的案件。主持或参加专业法官会议、审判委员会、协调督办重大敏感案件、接待来访、指挥执行等事务应当计入工作量,纳入岗位绩效考核,但不能以此充抵办案数量。

四、基层、中级人民法院的庭长每年办案量应当达到本部门法官平均办案量的50%－70%。

基层人民法院院长办案量应当达到本院法官平均办案量的5%－10%,其他入额院领导应当达到本院法官平均办案量的30%－40%。

中级人民法院院长办案量应当达到本院法官平均办案量的5%,其他入额院领导应当达到本院法官平均办案量的20%－30%。

基层、中级人民法院可以根据本院的收结案情况,结合完成审判工作任务的需要,在本意见规定的最低标准基础上,适当提高本院院庭长独立承办和参与审理的案件数量。

高级人民法院和最高人民法院院庭长办案数量的最低标准,分别由高级人民法院和最高人民法院规定。

各级人民法院应当综合考虑法院审级、领导职务、分管领域、所承担的审判管理监督事务和行政事务工作量等因素,综合运用案件权重系数等方法测算平均办案量,合理确定院庭长每年独立承办和参与审理案件的数量要求,并在办公办案系统公开。办案数量的最低标准应当根据审判工作任务、法官员额编制、辅助人员配置变化情况及时调整。

五、各级人民法院应当建立保障院庭长办案的工作机制。实行审判团队改革的基层人民法院,庭长、副庭长应当直接编入审判团队,承担相关案件的审判和监督职责;探索将院长、副院长和其他入额院领导编入相应的审判团队审理案件。

各级人民法院应当结合实际,为院庭长配备必要的法官助理和书记员,让院庭长能够集中精力投入开庭审理、评议案件、撰写文书等办案核心事务。

各级人民法院应当严格执行《关于保护司法人员依法履行法定职责规定》及其实施办法,积极争取地方党委政府支持,进一步精简会议文件,压缩管理流程,确保院庭长有更多时间和精力投入办案工作。

六、院庭长分案应当以指定分案为主。各级人民法院应当健全立案环节的甄别分流机制,推动将重大、疑难、复杂、新类型和在法律适用方面具有普遍意义的案件优先分配给院庭长审理。对于特别重大、疑难、复杂的案件,可以依法由院长、副院长、审判委员会委员组成合议庭审理。

七、各级人民法院院庭长办理案件,应当起到示范、引领和指导作用。鼓励院庭长开示范庭,加大院庭长办案的庭审直播工作力度。院庭长办理案件应当同时注意总结审判工作经验,统一裁判尺度,规范指导审判工作。

八、各级人民法院院庭长办案任务完成情况应当公开接受监督。各高级人民法院审判管理部门负责每年度辖区各法院院庭长办案量的测算核定,逐月通报辖区各级人民法院院长、副院长、审判委员会专职委员、其他入额院领导的办案任务完成情况,包括办案数量、案件类型、审判程序、参与方式、开庭数量、审判质量等。各院审判管理部门负责本院庭长、副庭长办案量的测算核定和定期通报。

上级人民法院应当定期对下级人民法院院

庭长办案情况开展督察，对办案不达标的要进行通报，存在委托办案、挂名办案等问题的，一经发现，严肃问责。

九、各级人民法院院庭长办案绩效应当纳入对其工作的考评和监督范围。院庭长年度办案绩效达不到考核标准的，应当退出员额。院庭长因承担重要专项工作、协调督办重大敏感案件等原因，需要酌情核减年度办案任务的，应当报上一级人民法院审批备案。

十、本意见所称院庭长，除特别列明的以外，包括进入法官员额的院长、副院长、审判委员会专职委员、其他入额的院领导、庭长、副庭长和其他有审判职称的审判（执行）业务部门负责人。

十一、本意见由最高人民法院负责解释。

十二、本意见自2017年5月1日起试行。最高人民法院此前发布的规范性文件与本意见不一致的，不再适用。

最高人民法院
关于落实司法责任制完善审判监督管理机制的意见（试行）

（2017年4月12日发布　法发〔2017〕11号）

为全面落实司法责任制改革，正确处理充分放权与有效监管的关系，规范人民法院院庭长审判监督管理职责，切实解决不愿放权、不敢监督、不善管理等问题，根据最高人民法院《关于完善人民法院司法责任制的若干意见》等规定，就完善人民法院审判监督管理机制提出如下意见：

一、各级人民法院在法官员额制改革完成后，必须严格落实司法责任制改革要求，确保“让审理者裁判，由裁判者负责”。除审判委员会讨论决定的案件外，院庭长对其未直接参加审理案件的裁判文书不再进行审核签发，也不得以口头指示、旁听合议、文书送阅等方式变相审批案件。

二、各级人民法院应当逐步完善院庭长审判监督管理权力清单。院庭长审判监督管理职责主要体现为对程序事项的审核批准、对审判工作的综合指导、对裁判标准的督促统一、对审判质效的全程监管和排除案外因素对审判活动的干扰等方面。

院庭长可以根据职责权限，对审判流程运行情况进行查看、操作和监控，分析审判运行态势，提示纠正不当行为，督促案件审理进度，统筹安排整改措施。院庭长行使审判监督管理职责的时间、内容、节点、处理结果等，应当在办公办案平台上全程留痕、永久保存。

三、各级人民法院应当健全随机分案为主、指定分案为辅的案件分配机制。根据审判领域类别和繁简分流安排，随机确定案件承办法官。已组建专业化合议庭或者专业审判团队的，在合议庭或者审判团队内部随机分案。承办法官一经确定，不得擅自变更。因存在回避情形或者工作调动、身体健康、廉政风险等事由确需调整承办法官的，应当由院庭长按权限审批决定，调整理由及结果应当及时通知当事人并在办公办案平台公示。

有下列情形之一的，可以指定分案：(1)重大、疑难、复杂或者新类型案件，有必要由院庭长承办的；(2)原告或者被告相同、案由相同、同一批次受理的2件以上的批量案件或者关联案件；(3)本院提审的案件；(4)院庭长根据个案监督工作需要，提出分案建议的；(5)其他不适宜随机分案的案件。指定分案情况，应当在办公办案平台上全程留痕。

四、依法由合议庭审理的案件，合议庭原则上应当随机产生。因专业化审判需要组建的相对固定的审判团队和合议庭，人员应当定期交流调整，期限一般不应超过两年。

各级人民法院可以根据本院员额法官和案件数量情况，由院庭长按权限指定合议庭中资历较深、庭审驾驭能力较强的法官担任审判长,或者探索实行由承办法官担任审判长。院庭长参加合议庭审判案件的时候,自己担任审判长。

五、对于符合最高人民法院《关于完善人民法院司法责任制的若干意见》第24条规定情形之一的案件,院庭长有权要求独任法官或者合议庭报告案件进展和评议结果。院庭长对相关案件审理过程或者评议结果有异议的,不得直接改变合议庭的意见,可以决定将案件提请专业法官会议、审判委员会进行讨论。

独任法官或者合议庭在案件审理过程中,发现符合上述个案监督情形的,应当主动按程序向院庭长报告,并在办公办案平台全程留痕。符合特定类型个案监督情形的案件,原则上应当适用普通程序审理。

六、各级人民法院应当充分发挥专业法官会议、审判委员会总结审判经验、统一裁判标准的作用,在完善类案参考、裁判指引等工作机制基础上,建立类案及关联案件强制检索机制,确保类案裁判标准统一、法律适用统一。

院庭长应当通过特定类型个案监督、参加专业法官会议或者审判委员会、查看案件评查结果、分析改判发回案件、听取辖区法院意见、处理各类信访投诉等方式,及时发现并处理裁判标准、法律适用等方面不统一的问题。

七、各级人民法院应当强化信息平台应用,切实推进电子卷宗同步录入、同步生成、同步归档,并与办公办案平台深度融合,实现对已完成事项的记录跟踪、待完成事项的提示催办、即将到期事项的定时预警、禁止操作事项的及时冻结等自动化监管功能。

八、各级人民法院应当认真落实党风廉政建设主体责任和监督责任,自觉接受权力机关法律监督、人民政协民主监督、检察监督、舆论监督和社会监督,不断提高公正裁判水平。组织人事、纪检监察、审判管理部门与审判业务部门应当加强协调配合,形成内部监督合力,坚持失责必问、问责必严。

九、院庭长收到涉及审判人员的投诉举报或者情况反映的,应当按照规定调查核实。对不实举报应当及时了结澄清,对不如实说明情况或者查证属实的依纪依法处理。所涉案件尚未审结执结的,院庭长可以依法督办,并按程序规定调整承办法官、合议庭组成人员或者审判辅助人员;案件已经审结的,按照诉讼法的相关规定处理。

十、本意见自2017年5月1日起试行。

最高人民检察院

关于检察机关贯彻执行《领导干部干预司法活动、插手具体案件处理的记录、通报和责任追究规定》和《司法机关内部人员过问案件的记录和责任追究规定》的实施办法(试行)

(2015年5月15日)

为认真贯彻执行《领导干部干预司法活动、插手具体案件处理的记录、通报和责任追究规定》(中办发〔2015〕23号)和《司法机关内部人员过问案件的记录和责任追究规定》(中政委〔2015〕10号)(以下称“两个规定”),防止领导干部干预司法活动、插手具体案件处理,防止司法机关内部人员违反规定过问案件,确保检察机关依法独立公正行使检察权,结合检察机关实际,制定本实施办法。

一、深刻领会、准确把握贯彻落实“两个规定”的基本要求

1. 充分认识重大意义。“两个规定”是落实党的十八届三中、四中全会精神,全面推进依法治国的重大举措,是防止干预、插手司法活动的“防火墙”和违反规定过问案件的“高压线”,对于排除领导干部和司法机关内部人员对检察权行使的违法干预和影响,确保检察机关公正司法,维护检察机关司法公信力具有重大意义,各级检察机关和全体检察人员要切实抓好贯彻落实。

2. 准确把握适用范围。各级党的机关、人大机关、行政机关、政协机关、审判机关、检察机关、军事机关以及公司、企业、事业单位、社会团体中具有国家工作人员身份的领导干部干预、插手检察机关办案活动的,适用领导干部干预司法办案活动规定。法院、检察院、公安机关、国家安全机关、司法行政机关工作人员违反规定过问案件的,适用司法机关内部人员过问案件规定。司法机关离退休人员违反规定过问案件的,适用司法机关内部人员过问案件规定。检察机关领导干部干预、插手、违反规定过问司法办案活动的,同时适用"两个规定"。

3. 准确把握职责内容。检察机关遇有领导干部干预司法办案活动、插手具体案件处理的,应当做好记录和报告;遇有检察人员过问检察机关案件的,应当做好记录、报告、处置、通报和责任追究;遇有检察人员过问其他司法机关案件的,检察机关应当认真调查核实,做好通报、责任追究和结果反馈;遇有其他司法机关工作人员过问检察机关案件的,应当做好记录,并移送过问人所在单位的纪检监察机构。

4. 严格落实记录、通报与责任追究制度。所有领导干部干预检察机关司法办案活动、插手具体案件处理的行为,所有司法机关内部人员过问检察机关司法办案活动的行为,都应当记录并报告(告知)。属于违法干预、违反规定过问检察机关司法办案活动的,要进行通报。违法干预、违反规定过问检察机关司法办案活动造成后果的,要进行责任追究。

5. 严格规范司法行为。检察人员应当严格遵守办案规矩、纪律和法律,不得利用上下级领导、同事、熟人等关系,过问和干预其他人员正在办理的案件,不得违反规定为案件当事人打探案情、转递涉案材料、说情、施加压力,非法干预、阻碍办案,或者提出不符合办案规定的其他行为。检察人员对个人收到的举报、控告、申诉等来信来件,应当严格按照有关规定和程序转交职能部门办理,不得在来信来件上提出倾向性意见。

6. 依法履行诉讼监督职责。检察人员应当严格依照刑事诉讼法、民事诉讼法、行政诉讼法以及刑事诉讼规则、民事诉讼监督规则等法律和规定,依法履行诉讼监督职责,严禁借诉讼监督之名,过问、干预其他司法机关刑事立案、侦查、审判、刑罚执行和民事、行政诉讼等司法办案活动。

7. 强化责任担当。检察人员应当恪守法律,坚持原则,公正司法,不徇私情,不得执行任何领导干部违反法定职责或法定程序、有碍司法公正的要求;对检察机关内部人员干预、说情或者打探案情,应当予以拒绝;对于不依正当程序转递涉案材料或者提出其他要求的,应当告知依照程序办理。

二、认真做好干预、过问检察机关司法办案活动记录

8. 坚持全面、如实记录。对领导干部干预检察机关司法办案活动、插手具体案件处理,以及司法机关内部人员过问检察机关办理案件的,检察人员应当全面、如实记录,做到全程留痕,有据可查。

9. 明确记录事项。检察人员遇有干预、插手、过问司法办案情形的,应当依照规定及时记录。记录应当包括以下事项:干预、过问人姓名,所在单位与职务,干预、过问的时间与地点、方式与内容,记录人姓名,以及其他相关材料。记录内容应当实事求是。

10. 如实记录领导干部干预司法办案活动情况。对领导干部以组织名义向检察机关发文发函,对案件处理提出要求,或者领导干部身边工作人员、亲属干预司法活动、插手具体案件处理的,检察人员应当如实记录并留存相关材料。

11. 如实记录检察机关领导干部和上级检察机关过问案件情况。检察机关领导干部和上级检察机关检察人员因履行领导、监督职责,需要对正在办理的案件提出指导性意见的,应当依据程序以书面形式提出,口头提出的,检察人员应当记录在案。

12. 规范领导干部干预司法活动线索的报告程序。检察人员对所记录的领导干部干预、插手司法办案活动的线索，应当及时向部门负责人报告，部门负责人应当及时向分管院领导和所在单位纪检监察机构报告。纪检监察机构应当定期对领导干部干预、插手司法办案活动线索进行梳理、汇总，经单位主要负责人审定后，按季度分别报送同级党委政法委和上级检察机关。对于情节严重，或者重大干预、插手线索，可能影响案件公正办理的，坚持一事一报。

13. 规范检察人员过问案件线索的报告程序。检察人员对所记录的检察系统内部人员过问案件线索，应当及时向部门负责人报告，部门负责人应当及时向分管院领导和所在单位纪检监察机构报告。部门负责人或者院领导对所记录的检察系统内部人员过问案件线索，应当及时移交所在单位纪检监察机构。所在单位纪检监察机构应当按照干部管理权限，及时处理，或者向有处理权限的纪检监察机构层报。

14. 规范其他司法机关工作人员过问案件线索的告知程序。检察人员对所记录的其他司法机关工作人员过问案件线索，应当及时向部门负责人报告，部门负责人应当及时向分管院领导和所在单位纪检监察机构报告。所在单位纪检监察机构应当及时将过问案件线索告知过问人所在单位的纪检监察机构，同时移交相应记录材料，并积极协助调查。

15. 加强对记录人员的保护。检察人员如实记录领导干部干预司法活动、插手具体案件处理情况的，如实记录司法机关内部人员过问案件情况的，受法律和组织保护。任何人不得对记录人员进行打击报复。检察人员非因法定事由，非经法定程序，不得被免职、调离、辞退或者给予降级、撤职、开除等处分。健全检察人员合法权益因履行职务受到侵害的保障救济机制。

三、及时对干预、过问检察机关司法办案活动线索处置

16. 严格检察人员过问本系统案件线索的处置。检察机关纪检监察机构收到检察人员违反规定过问检察机关案件线索的，应当按照干部管理权限，及时调查处理，并将调查处理结果分别向记录人和过问人所在单位或部门反馈，同时报上一级检察机关纪检监察机构。

17. 严格检察人员过问其他司法机关案件线索的处置。检察机关各级纪检监察机构收到检察人员违反规定过问其他司法机关案件线索的，应当按照干部管理权限，及时调查核实，并将结果及时反馈相应司法机关的纪检监察机构。

18. 澄清对检察人员过问案件的不实记录。准确把握和区分检察人员依法正常履行职责和违反规定过问案件行为的界限。检察机关纪检监察机构应当及时调查核实或配合调查核实收到的反映检察人员违反规定过问案件的报告（告知），属于不实记录或虚假记录的，应当纠正并及时为被记录人澄清事实。

四、严格规范干预、过问检察机关司法办案活动的通报

19. 明确通报情形。检察人员有下列违反规定过问案件情形的应当通报：在线索核查、立案、侦查、审查起诉、审判、执行等环节为案件当事人请托说情的；邀请办案人员私下会见案件当事人或其辩护人、诉讼代理人、近亲属以及其他与案件有利害关系人的；违反规定为案件当事人或其辩护人、诉讼代理人、亲属转递涉案材料的；违反规定为案件当事人或其辩护人、诉讼代理人、亲属打探案情、通风报信的；其他影响司法人员依法公正处理案件的行为。

20. 规范通报程序。检察机关纪检监察机构应当按照调查处理权限，对属于本级纪检监察机构处理的过问案件，经调查核实，属于违反规定过问案件的，应当按照程序报经批准后，予以通报，并将结果报上一级检察机关纪检监察机构。上级检察机关纪检监察机构对下级检察机关纪检监察机构应当通报而未通报的，应当监督纠正。对检察人员违反规定过问其他司法机关案件的，应当将通报结果反馈所过问案件办理单位的纪检监察机构。

21. 规范通报方式。检察机关各级纪检监察机构应当定期对检察人员违反规定过问案件情况进行通报，对情节严重，影响恶劣的，坚持一案一通报。

五、严肃追究干预、过问检察机关司法办案活动相关人员责任

22. 对违反规定过问人的责任追究。检察人员违反规定过问案件，情节较轻的，给予提醒或者诫勉谈话；有本办法第19条所列情形之一，构成违纪的，依照《中国共产党纪律处分条例》、《检察人员纪律处分条例(试行)》等规定，给予纪律处分；造成严重后果，构成犯罪的，依法追究刑事责任。

23. 对不如实记录人的责任追究。检察人员对领导干部干预、插手办案，司法机关内部人员过问案件，不记录或者不如实记录的，予以警告、通报批评；两次以上不记录或者不如实记录的，依据《中国共产党纪律处分条例》、《检察人员纪律处分条例(试行)》等规定给予纪律处分。主管领导授意不记录或者不如实记录的，依法依纪追究主管领导责任。

24. 对打击报复人的责任追究。检察人员对如实记录过问案件情况的办案人员进行打击报复的，依照《中国共产党纪律处分条例》、《检察人员纪律处分条例(试行)》等规定，给予纪律处分；构成犯罪的，依法追究刑事责任。

六、健全落实“两个规定”的工作机制

25. 加强组织领导与协作配合。各级检察机关要把落实“两个规定”纳入重要议事日程，加强领导，强化措施，抓好落实。检察机关各司法办案部门、办公厅(室)、政工部门、案件管理部门、纪检监察机构要加强沟通联系和工作衔接，健全干预、插手、过问案件的记录、通报和责任追究的协作配合机制，切实推动“两个规定”落实。

26. 加强指导和监督检查。上级检察机关应当通过调研、巡视、检务督察、执法监察和案件查办等多种方式，加强对落实“两个规定”的指导和监督检查，及时发现和解决工作中存在的问题，提出指导性意见。要注重总结各地好的经验做法，并加以推广。

27. 与落实“两个责任”相衔接。把检察人员违反规定过问司法办案活动纳入党风廉政建设责任制考核评价体系，作为检察人员是否遵守法律、依法办事、廉洁自律的重要依据。对检察人员违反规定过问案件，情节严重的，既要追究过问人的责任，又要倒查追究相关人员的领导责任和监督责任。

28. 注重宣传和舆论引导。充分发挥主流媒体主力军和新媒体生力军作用，运用报刊、门户网站、微博、微信等媒体，及时宣传检察机关在落实“两个规定”方面的思路、举措和成效。加强舆论引导，及时回应社会各界对落实“两个规定”的关切，及时稳妥应对处置相关负面舆情。

本办法自发布之日起施行。最高人民检察院此前印发的有关规定与本办法不一致的，适用本办法。本办法由最高人民检察院负责解释，各省、自治区、直辖市人民检察院可以结合实际，制定实施细则。

《最高人民法院关于案例指导工作的规定》实施细则

(2015年5月13日印发 法〔2015〕130号)

第一条 为了具体实施《最高人民法院关于案例指导工作的规定》，加强、规范和促进案例指导工作，充分发挥指导性案例对审判工作的指导作用，统一法律适用标准，维护司法公正，制定本实施细则。

第二条 指导性案例应当是裁判已经发生法律效力，认定事实清楚，适用法律正确，裁判说理充分，法律效果和社会效果良好，对审理类似案件具有普遍指导意义的案例。

第三条 指导性案例由标题、关键词、裁判要点、相关法条、基本案情、裁判结果、裁判理由以及包括生效裁判审判人员姓名的附注等组成。指导性案例体例的具体要求另行规定。

第四条 最高人民法院案例指导工作办公

室(以下简称案例指导办公室)负责指导性案例的征集、遴选、审查、发布、研究和编纂,以及对全国法院案例指导工作的协调和指导等工作。

最高人民法院各审判业务单位负责指导性案例的推荐、审查等工作,并指定专人负责联络工作。

各高级人民法院负责辖区内指导性案例的推荐、调研、监督等工作。各高级人民法院向最高人民法院推荐的备选指导性案例,应当经审判委员会讨论决定或经审判委员会过半数委员审核同意。

中级人民法院、基层人民法院应当通过高级人民法院推荐备选指导性案例,并指定专人负责案例指导工作。

第五条 人大代表、政协委员、人民陪审员、专家学者、律师,以及其他关心人民法院审判、执行工作的社会各界人士,对于符合指导性案例条件的案例,可以向作出生效裁判的原审人民法院推荐,也可以向案例指导办公室提出推荐建议。

案例指导工作专家委员会委员对于符合指导性案例条件的案例,可以向案例指导办公室提出推荐建议。

第六条 最高人民法院各审判业务单位、高级人民法院向案例指导办公室推荐备选指导性案例,应当提交下列材料:

(一)《指导性案例推荐表》;

(二)按照规定体例编写的案例文本及其编选说明;

(三)相关裁判文书。

以上材料需要纸质版一式三份,并附电子版。

推荐法院可以提交案件审理报告、相关新闻报道及研究资料等。

第七条 案例指导办公室认为有必要进一步研究的备选指导性案例,可以征求相关国家机关、部门、社会组织以及案例指导工作专家委员会委员、专家学者的意见。

第八条 备选指导性案例由案例指导办公室按照程序报送审核。经最高人民法院审判委员会讨论通过的指导性案例,印发各高级人民法院,并在《最高人民法院公报》《人民法院报》和最高人民法院网站上公布。

第九条 各级人民法院正在审理的案件,在基本案情和法律适用方面,与最高人民法院发布的指导性案例相类似的,应当参照相关指导性案例的裁判要点作出裁判。

第十条 各级人民法院审理类似案件参照指导性案例的,应当将指导性案例作为裁判理由引述,但不作为裁判依据引用。

第十一条 在办理案件过程中,案件承办人员应当查询相关指导性案例。在裁判文书中引述相关指导性案例的,应在裁判理由部分引述指导性案例的编号和裁判要点。

公诉机关、案件当事人及其辩护人、诉讼代理人引述指导性案例作为控(诉)辩理由的,案件承办人员应当在裁判理由中回应是否参照了该指导性案例并说明理由。

第十二条 指导性案例有下列情形之一的,不再具有指导作用:

(一)与新的法律、行政法规或者司法解释相冲突的;

(二)为新的指导性案例所取代的。

第十三条 最高人民法院建立指导性案例纸质档案与电子信息库,为指导性案例的参照适用、查询、检索和编纂提供保障。

第十四条 各级人民法院对于案例指导工作中做出突出成绩的单位和个人,应当依照《中华人民共和国法官法》等规定给予奖励。

第十五条 本实施细则自印发之日起施行。

(二)国家赔偿

最高人民法院
关于国家赔偿监督程序若干问题的规定

(2017年2月27日最高人民法院审判委员会第1711次会议审议通过 2017年4月20日公布 法释〔2017〕9号 自2017年5月1日起施行)

为了保障赔偿请求人和赔偿义务机关的申诉权,规范国家赔偿监督程序,根据《中华人民共和国国家赔偿法》及有关法律规定,结合国家赔偿工作实际,制定本规定。

第一条 依照国家赔偿法第三十条的规定,有下列情形之一的,适用本规定予以处理:

(一)赔偿请求人或者赔偿义务机关认为赔偿委员会生效决定确有错误,向上一级人民法院赔偿委员会提出申诉的;

(二)赔偿委员会生效决定违反国家赔偿法规定,经本院院长决定或者上级人民法院指令重新审理,以及上级人民法院决定直接审理的;

(三)最高人民检察院对各级人民法院赔偿委员会生效决定,上级人民检察院对下级人民法院赔偿委员会生效决定,发现违反国家赔偿法规定,向同级人民法院赔偿委员会提出重新审查意见的。

行政赔偿案件的审判监督依照行政诉讼法的相关规定执行。

第二条 赔偿请求人或者赔偿义务机关对赔偿委员会生效决定,认为确有错误的,可以向上一级人民法院赔偿委员会提出申诉。申诉审查期间,不停止生效决定的执行。

第三条 赔偿委员会决定生效后,赔偿请求人死亡或者其主体资格终止的,其权利义务承继者可以依法提出申诉。

赔偿请求人死亡,依法享有继承权的同一顺序继承人有数人时,其中一人或者部分人申诉的,申诉效力及于全体;但是申请撤回申诉或者放弃赔偿请求的,效力不及于未明确表示撤回申诉或者放弃赔偿请求的其他继承人。

赔偿义务机关被撤销或者职权变更的,继续行使其职权的机关可以依法提出申诉。

第四条 赔偿请求人、法定代理人可以委托一至二人作为代理人代为申诉。申诉代理人的范围包括:

(一)律师、基层法律服务工作者;

(二)赔偿请求人的近亲属或者工作人员;

(三)赔偿请求人所在社区、单位以及有关社会团体推荐的公民。

赔偿义务机关可以委托本机关工作人员、法律顾问、律师一至二人代为申诉。

第五条 赔偿请求人或者赔偿义务机关申诉,应当提交以下材料:

(一)申诉状。申诉状应当写明申诉人和被申诉人的基本信息,申诉的法定事由,以及具体的请求、事实和理由;书写申诉状确有困难的,可以口头申诉,由人民法院记入笔录。

(二)身份证明及授权文书。赔偿请求人申诉的,自然人应当提交身份证明,法人或者其他组织应当提交营业执照、组织机构代码证书、法定代表人或者主要负责人身份证明;赔偿义务机关申诉的,应当提交法定代表人或者主要负责人身份证明;委托他人申诉的,应当提交授权委托书和代理人身份证明。

(三)法律文书。即赔偿义务机关、复议机关及赔偿委员会作出的决定书等法律文书。

(四)其他相关材料。以有新的证据证明原决定认定的事实确有错误为由提出申诉的,应当同时提交相关证据材料。

申诉材料不符合前款规定的,人民法院应当一次性告知申诉人需要补正的全部内容及补正期限。补正期限一般为十五日,最长不超过一个月。申诉人对必要材料拒绝补正或者未能在规定期限内补正的,不予审查。收到申诉材料的时间自人民法院收到补正后的材料之日起计算。

第六条 申诉符合下列条件的,人民法院应当在收到申诉材料之日起七日内予以立案:

(一)申诉人具备本规定的主体资格;

(二)受理申诉的人民法院是作出生效决定的人民法院的上一级人民法院;

(三)提交的材料符合本规定第五条的要求。

申诉不符合上述规定的,人民法院不予受理并应当及时告知申诉人。

第七条 赔偿请求人或者赔偿义务机关申诉,有下列情形之一的,人民法院不予受理:

(一)赔偿委员会驳回申诉后,申诉人再次提出申诉的;

(二)赔偿请求人对作为赔偿义务机关的人民法院作出的决定不服,未在法定期限内向其上一级人民法院赔偿委员会申请作出赔偿决定,在赔偿义务机关的决定发生法律效力后直接向人民法院赔偿委员会提出申诉的;

(三)赔偿请求人、赔偿义务机关对最高人民法院赔偿委员会作出的决定不服提出申诉的;

(四)赔偿请求人对行使侦查、检察职权的机关以及看守所主管机关、监狱管理机关作出的决定,未在法定期限内向其上一级机关申请复议,或者申请复议后复议机关逾期未作出决定或者复议机关已作出复议决定,但赔偿请求人未在法定期限内向复议机关所在地的同级人民法院赔偿委员会申请作出赔偿决定,在赔偿义务机关、复议机关的相关决定生效后直接向人民法院赔偿委员会申诉的。

第八条 赔偿委员会对于立案受理的申诉案件,应当着重围绕申诉人的申诉事由进行审查。必要时,应当对原决定认定的事实、证据和适用法律进行全面审查。

第九条 赔偿委员会审查申诉案件采取书面审查的方式,根据需要可以听取申诉人和被申诉人的陈述和申辩。

第十条 赔偿委员会审查申诉案件,一般应当在三个月内作出处理,至迟不得超过六个月。有特殊情况需要延长的,由本院院长批准。

第十一条 有下列情形之一的,应当决定重新审理:

(一)有新的证据,足以推翻原决定的;

(二)原决定认定的基本事实缺乏证据证明的;

(三)原决定认定事实的主要证据是伪造的;

(四)原决定适用法律确有错误的;

(五)原决定遗漏赔偿请求,且确实违反国家赔偿法规定的;

(六)据以作出原决定的法律文书被撤销或者变更的;

(七)审判人员在审理该案时有贪污受贿、徇私舞弊、枉法裁判行为的;

(八)原审理程序违反法律规定,可能影响公正审理的。

第十二条 申诉人在申诉阶段提供新的证据,应当说明逾期提供的理由。

申诉人提供的新的证据,能够证明原决定认定的基本事实或者处理结果错误的,应当认定为本规定第十一条第一项规定的情形。

第十三条 赔偿委员会经审查,对申诉人的申诉按照下列情形分别处理:

(一)申诉人主张的重新审理事由成立,且符合国家赔偿法和本规定的申诉条件的,决定重新审理。重新审理包括上级人民法院赔偿委员会直接审理或者指令原审人民法院赔偿委员会重新审理。

(二)申诉人主张的重新审理事由不成立,或者不符合国家赔偿法和本规定的申诉条件的,书面驳回申诉。

(三)原决定不予受理或者驳回赔偿申请错误的,撤销原决定,指令原审人民法院赔偿委员会依法审理。

第十四条 人民法院院长发现本院赔偿委员会生效决定违反国家赔偿法规定,认为需要重新审理的，应当提交审判委员会讨论决定。

最高人民法院对各级人民法院赔偿委员会生效决定，上级人民法院对下级人民法院赔偿委员会生效决定，发现违反国家赔偿法规定的，有权决定直接审理或者指令下级人民法院赔偿委员会重新审理。

第十五条　最高人民检察院对各级人民法院赔偿委员会生效决定，上级人民检察院对下级人民法院赔偿委员会生效决定，向同级人民法院赔偿委员会提出重新审查意见的，同级人民法院赔偿委员会应当决定直接审理，并将决定书送达提出意见的人民检察院。

第十六条　赔偿委员会重新审理案件，适用国家赔偿法和相关司法解释关于赔偿委员会审理程序的规定；本规定依据国家赔偿法和相关法律对重新审理程序有特别规定的，适用本规定。

原审人民法院赔偿委员会重新审理案件，应当另行指定审判人员。

第十七条　决定重新审理的案件，可以根据案件情形中止原决定的执行。

第十八条　赔偿委员会重新审理案件，采取书面审理的方式，必要时可以向有关单位和人员调查情况、收集证据，听取申诉人、被申诉人或者赔偿请求人、赔偿义务机关的陈述和申辩。有本规定第十一条第一项、第三项情形，或者赔偿委员会认为确有必要的，可以组织申诉人、被申诉人或者赔偿请求人、赔偿义务机关公开质证。

对于人民检察院提出意见的案件，赔偿委员会组织质证时应当通知提出意见的人民检察院派员出席。

第十九条　赔偿委员会重新审理案件，应当对原决定认定的事实、证据和适用法律进行全面审理。

第二十条　赔偿委员会重新审理的案件，应当在两个月内依法作出决定。

第二十一条　案件经重新审理后，应当根据下列情形分别处理：

（一）原决定认定事实清楚、适用法律正确的，应当维持原决定；

（二）原决定认定事实、适用法律虽有瑕疵，但决定结果正确的，应当在决定中纠正瑕疵后予以维持；

（三）原决定认定事实、适用法律错误，导致决定结果错误的，应当撤销、变更、重新作出决定；

（四）原决定违反国家赔偿法规定，对不符合案件受理条件的赔偿申请进行实体处理的，应当撤销原决定，驳回赔偿申请；

（五）申诉人、被申诉人或者赔偿请求人、赔偿义务机关经协商达成协议的，赔偿委员会依法审查并确认后，应当撤销原决定，根据协议作出新决定。

第二十二条　赔偿委员会重新审理后作出的决定，应当及时送达申诉人、被申诉人或者赔偿请求人、赔偿义务机关和提出意见的人民检察院。

第二十三条　在申诉审查或者重新审理期间，有下列情形之一的，赔偿委员会应当决定中止审查或者审理：

（一）申诉人、被申诉人或者原赔偿请求人、原赔偿义务机关死亡或者终止，尚未确定权利义务承继者的；

（二）申诉人、被申诉人或者赔偿请求人丧失行为能力，尚未确定法定代理人的；

（三）宣告无罪的案件，人民法院决定再审或者人民检察院按照审判监督程序提出抗诉的；

（四）申诉人、被申诉人或者赔偿请求人、赔偿义务机关因不可抗拒的事由，在法定审限内不能参加案件处理的；

（五）其他应当中止的情形。

中止的原因消除后，赔偿委员会应当及时恢复审查或者审理，并通知申诉人、被申诉人或者赔偿请求人、赔偿义务机关和提出意见的人民检察院。

第二十四条　在申诉审查期间，有下列情形之一的，赔偿委员会应当决定终结审查：

（一）申诉人死亡或者终止，无权利义务承继者或者权利义务承继者声明放弃申诉的；

（二）据以申请赔偿的撤销案件决定、不起诉决定或者无罪判决被撤销的；

（三）其他应当终结的情形。

在重新审理期间，有上述情形或者人民检察院撤回意见的，赔偿委员会应当决定终结审理。

第二十五条 申诉人在申诉审查或者重新审理期间申请撤回申诉的，赔偿委员会应当依法审查并作出是否准许的决定。

赔偿委员会准许撤回申诉后，申诉人又重复申诉的，不予受理，但有本规定第十一条第一项、第三项、第六项、第七项规定情形，自知道或者应当知道该情形之日起六个月内提出的除外。

第二十六条 赔偿请求人在重新审理期间申请撤回赔偿申请的，赔偿委员会应当依法审查并作出是否准许的决定。准许撤回赔偿申请的，应当一并撤销原决定。

赔偿委员会准许撤回赔偿申请的决定送达后，赔偿请求人又重复申请国家赔偿的，不予受理。

第二十七条 本规定自2017年5月1日起施行。最高人民法院以前发布的司法解释和规范性文件，与本规定不一致的，以本规定为准。

（三）司法救助

最高人民法院
关于加强和规范人民法院国家司法救助工作的意见

（2016年7月1日发布 法发〔2016〕16号）

为加强和规范审判、执行中困难群众的国家司法救助工作，维护当事人合法权益，促进社会和谐稳定，根据中共中央政法委员会、财政部、最高人民法院、最高人民检察院、公安部、司法部《关于建立完善国家司法救助制度的意见（试行）》，结合人民法院工作实际，提出如下意见。

第一条 人民法院在审判、执行工作中，对权利受到侵害无法获得有效赔偿的当事人，符合本意见规定情形的，可以采取一次性辅助救济措施，以解决其生活面临的急迫困难。

第二条 国家司法救助工作应当遵循公正、公开、及时原则，严格把握救助标准和条件。

对同一案件的同一救助申请人只进行一次性国家司法救助。对于能够通过诉讼获得赔偿、补偿的，一般应当通过诉讼途径解决。

人民法院对符合救助条件的救助申请人，无论其户籍所在地是否属于受案人民法院辖区范围，均由案件管辖法院负责救助。在管辖地有重大影响且救助金额较大的国家司法救助案件，上下级人民法院可以进行联动救助。

第三条 当事人因生活面临急迫困难提出国家司法救助申请，符合下列情形之一的，应当予以救助：

（一）刑事案件被害人受到犯罪侵害，造成重伤或者严重残疾，因加害人死亡或者没有赔偿能力，无法通过诉讼获得赔偿，陷入生活困难的；

（二）刑事案件被害人受到犯罪侵害危及生命，急需救治，无力承担医疗救治费用的；

（三）刑事案件被害人受到犯罪侵害而死亡，因加害人死亡或者没有赔偿能力，依靠被害人收入为主要生活来源的近亲属无法通过诉讼获得赔偿，陷入生活困难的；

（四）刑事案件被害人受到犯罪侵害，致使其财产遭受重大损失，因加害人死亡或者没有赔偿能力，无法通过诉讼获得赔偿，陷入生活困难的；

（五）举报人、证人、鉴定人因举报、作证、鉴定受到打击报复，致使其人身受到伤害或财产受到重大损失，无法通过诉讼获得赔偿，陷入生活困难的；

（六）追索赡养费、扶养费、抚育费等，因被执行人没有履行能力，申请执行人陷入生活困难的；

（七）因道路交通事故等民事侵权行为造成人身伤害，无法通过诉讼获得赔偿，受害人陷入生活困难的；

（八）人民法院根据实际情况，认为需要救助的其他人员。

涉诉信访人，其诉求具有一定合理性，但通过法律途径难以解决，且生活困难，愿意接受国家司法救助后息诉息访的，可以参照本意见予以救助。

第四条 救助申请人具有以下情形之一的，一般不予救助：

（一）对案件发生有重大过错的；

（二）无正当理由，拒绝配合查明案件事实的；

（三）故意作虚伪陈述或者伪造证据，妨害诉讼的；

（四）在审判、执行中主动放弃民事赔偿请求或者拒绝侵权责任人及其近亲属赔偿的；

（五）生活困难非案件原因所导致的；

（六）已经通过社会救助措施，得到合理补偿、救助的；

（七）法人、其他组织提出的救助申请；

（八）不应给予救助的其他情形。

第五条 国家司法救助以支付救助金为主要方式，并与思想疏导相结合，与法律援助、诉讼救济相配套，与其他社会救助相衔接。

第六条 救助金以案件管辖法院所在省、自治区、直辖市上一年度职工月平均工资为基准确定，一般不超过三十六个月的月平均工资总额。

损失特别重大、生活特别困难，需适当突破救助限额的，应当严格审核控制，救助金额不得超过人民法院依法应当判决给付或者虽已判决但未执行到位的标的数额。

第七条 救助金具体数额，应当综合以下因素确定：

（一）救助申请人实际遭受的损失；

（二）救助申请人本人有无过错以及过错程度；

（三）救助申请人及其家庭的经济状况；

（四）救助申请人维持其住所地基本生活水平所必需的最低支出；

（五）赔偿义务人实际赔偿情况。

第八条 人民法院审判、执行部门认为案件当事人符合救助条件的，应当告知其有权提出国家司法救助申请。当事人提出申请的，审判、执行部门应当将相关材料及时移送立案部门。

当事人直接向人民法院立案部门提出国家司法救助申请，经审查确认符合救助申请条件的，应当予以立案。

第九条 国家司法救助申请应当以书面形式提出；救助申请人书面申请确有困难的，可以口头提出，人民法院应当制作笔录。

救助申请人提出国家司法救助申请，一般应当提交以下材料：

（一）救助申请书，救助申请书应当载明申请救助的数额及理由；

（二）救助申请人的身份证明；

（三）实际损失的证明；

（四）救助申请人及其家庭成员生活困难的证明；

（五）是否获得其他赔偿、救助等相关证明；

（六）其他能够证明救助申请人需要救助的材料。

救助申请人确实不能提供完整材料的，应当说明理由。

第十条 救助申请人生活困难证明，主要是指救助申请人户籍所在地或者经常居住地村（居）民委员会或者所在单位出具的有关救助申请人的家庭人口、劳动能力、就业状况、家庭收入等情况的证明。

第十一条 人民法院成立由立案、刑事审判、民事审判、行政审判、审判监督、执行、国家赔偿及财务等部门组成的司法救助委员会，负责人民法院国家司法救助工作。司法救助委员会下设办公室，由人民法院赔偿委员会办公室行使其职能。

人民法院赔偿委员会办公室作为司法救助

委员会的日常工作部门,负责牵头、协调和处理国家司法救助日常事务,执行司法救助委员会决议及办理国家司法救助案件。

基层人民法院由负责国家赔偿工作的职能机构承担司法救助委员会办公室工作职责。

第十二条 救助决定应当自立案之日起十个工作日内作出。案情复杂的救助案件,经院领导批准,可以适当延长。

办理救助案件应当制作国家司法救助决定书,加盖人民法院印章。国家司法救助决定书应当及时送达。

不符合救助条件或者具有不予救助情形的,应当将不予救助的决定及时告知救助申请人,并做好解释说明工作。

第十三条 决定救助的,应当在七个工作日内按照相关财务规定办理手续。在收到财政部门拨付的救助金后,应当在二个工作日内通知救助申请人领取救助金。

对具有急需医疗救治等特殊情况的救助申请人,可以依据救助标准,先行垫付救助金,救助后及时补办审批手续。

第十四条 救助金一般应当一次性发放。情况特殊的,可以分批发放。

发放救助金时,应当向救助申请人释明救助金的性质、准予救助的理由、骗取救助金的法律后果,同时制作笔录并由救助申请人签字。必要时,可以邀请救助申请人户籍所在地或者经常居住地村(居)民委员会或者所在单位的工作人员到场见证救助金发放过程。

人民法院可以根据救助申请人的具体情况,委托民政部门、乡镇人民政府或者街道办事处、村(居)民委员会、救助申请人所在单位等组织发放救助金。

第十五条 各级人民法院应当积极协调财政部门将国家司法救助资金列入预算,并会同财政部门建立国家司法救助资金动态调整机制。

对公民、法人和其他组织捐助的国家司法救助资金,人民法院应当严格、规范使用,及时公布救助的具体对象,并告知捐助人救助情况,确保救助资金使用的透明度和公正性。

第十六条 人民法院司法救助委员会应当在年度终了一个月内就本院上一年度司法救助情况提交书面报告,接受纪检、监察、审计部门和上级人民法院的监督,确保专款专用。

第十七条 人民法院应当加强国家司法救助工作信息化建设,将国家司法救助案件纳入审判管理信息系统,及时录入案件信息,实现四级法院信息共享,并积极探索建立与社会保障机构、其他相关救助机构的救助信息共享机制。

上级法院应当对下级法院的国家司法救助工作予以指导和监督,防止救助失衡和重复救助。

第十八条 人民法院工作人员有下列行为之一的,应当予以批评教育;构成违纪的,应当根据相关规定予以纪律处分;构成犯罪的,应当依法追究刑事责任:

(一)滥用职权,对明显不符合条件的救助申请人决定给予救助的;

(二)虚报、克扣救助申请人救助金的;

(三)贪污、挪用救助资金的;

(四)对符合救助条件的救助申请人不及时办理救助手续,造成严重后果的;

(五)违反本意见的其他行为。

第十九条 救助申请人所在单位或者基层组织等相关单位出具虚假证明,使不符合救助条件的救助申请人获得救助的,人民法院应当建议相关单位或者其上级主管机关依法依纪对相关责任人予以处理。

第二十条 救助申请人获得救助后,人民法院从被执行人处执行到赔偿款或者其他应当给付的执行款的,应当将已发放的救助金从执行款中扣除。

救助申请人通过提供虚假材料等手段骗取救助金的,人民法院应当予以追回;构成犯罪的,应当依法追究刑事责任。

涉诉信访救助申请人领取救助金后,违背息诉息访承诺的,人民法院应当将救助金予以追回。

第二十一条 对未纳入国家司法救助范围

或者获得国家司法救助后仍面临生活困难的救助申请人，符合社会救助条件的，人民法院通过国家司法救助与社会救助衔接机制，协调有关部门将其纳入社会救助范围。

人民检察院国家司法救助工作细则（试行）

（2016年8月16日最高人民检察院发布　高检发刑申字〔2016〕1号）

第一章　总　　则

第一条　为了进一步加强和规范人民检察院国家司法救助工作，根据《关于建立完善国家司法救助制度的意见（试行）》，结合检察工作实际，制定本细则。

第二条　人民检察院国家司法救助工作，是人民检察院在办理案件过程中，对遭受犯罪侵害或者民事侵权，无法通过诉讼获得有效赔偿，生活面临急迫困难的当事人采取的辅助性救济措施。

第三条　人民检察院开展国家司法救助工作，应当遵循以下原则：

（一）辅助性救助。对同一案件的同一当事人只救助一次，其他办案机关已经予以救助的，人民检察院不再救助。对于通过诉讼能够获得赔偿、补偿的，应当通过诉讼途径解决。

（二）公正救助。严格把握救助标准和条件，兼顾当事人实际情况和同类案件救助数额，做到公平、公正、合理救助。

（三）及时救助。对符合救助条件的当事人，应当根据当事人申请或者依据职权及时提供救助。

（四）属地救助。对符合救助条件的当事人，应当由办理案件的人民检察院负责救助。

第四条　人民检察院办案部门承担下列国家司法救助工作职责：

（一）主动了解当事人受不法侵害造成损失的情况及生活困难情况，对符合救助条件的当事人告知其可以提出救助申请；

（二）根据刑事申诉检察部门审查国家司法救助申请的需要，提供案件有关情况及案件材料；

（三）将本院作出的国家司法救助决定书随案卷移送其他办案机关。

第五条　人民检察院刑事申诉检察部门承担下列国家司法救助工作职责：

（一）受理、审查国家司法救助申请；

（二）提出国家司法救助审查意见并报请审批；

（三）发放救助金；

（四）国家司法救助的其他相关工作。

第六条　人民检察院计划财务装备部门承担下列国家司法救助工作职责：

（一）编制和上报本院国家司法救助资金年度预算；

（二）向财政部门申请核拨国家司法救助金；

（三）监督国家司法救助资金的使用；

（四）协同刑事申诉检察部门发放救助金。

第二章　对象和范围

第七条　救助申请人符合下列情形之一的，人民检察院应当予以救助：

（一）刑事案件被害人受到犯罪侵害致重伤或者严重残疾，因加害人死亡或者没有赔偿能力，无法通过诉讼获得赔偿，造成生活困难的；

（二）刑事案件被害人受到犯罪侵害危及生命，急需救治，无力承担医疗救治费用的；

（三）刑事案件被害人受到犯罪侵害致死，依靠其收入为主要生活来源的近亲属或者其赡养、扶养、抚养的其他人，因加害人死亡或者没有赔偿能力，无法通过诉讼获得赔偿，造成生活困难的；

（四）刑事案件被害人受到犯罪侵害，致使

财产遭受重大损失，因加害人死亡或者没有赔偿能力，无法通过诉讼获得赔偿，造成生活困难的；

（五）举报人、证人、鉴定人因向检察机关举报、作证或者接受检察机关委托进行司法鉴定而受到打击报复，致使人身受到伤害或者财产受到重大损失，无法通过诉讼获得赔偿，造成生活困难的；

（六）因道路交通事故等民事侵权行为造成人身伤害，无法通过诉讼获得赔偿，造成生活困难的；

（七）人民检察院根据实际情况，认为需要救助的其他情形。

第八条 救助申请人具有下列情形之一的，一般不予救助：

（一）对案件发生有重大过错的；

（二）无正当理由，拒绝配合查明案件事实的；

（三）故意作虚伪陈述或者伪造证据，妨害诉讼的；

（四）在诉讼中主动放弃民事赔偿请求或者拒绝加害责任人及其近亲属赔偿的；

（五）生活困难非案件原因所导致的；

（六）通过社会救助等措施已经得到合理补偿、救助的。

第三章 方式和标准

第九条 国家司法救助以支付救助金为主要方式，并与思想疏导、宣传教育相结合，与法律援助、诉讼救济相配套，与其他社会救助相衔接。

第十条 救助金以办理案件的人民检察院所在省、自治区、直辖市上一年度职工月平均工资为基准确定，一般不超过三十六个月的工资总额。损失特别重大、生活特别困难，需要适当突破救助限额的，应当严格审核控制，依照相关规定报批，总额不得超过人民法院依法应当判决的赔偿数额。

各省、自治区、直辖市上一年度职工月平均工资，根据已经公布的各省、自治区、直辖市上一年度职工年平均工资计算。上一年度职工年平均工资尚未公布的，以公布的最近年度职工年平均工资为准。

第十一条 确定救助金具体数额，应当综合考虑以下因素：

（一）救助申请人实际遭受的损失；

（二）救助申请人本人有无过错以及过错程度；

（三）救助申请人及其家庭的经济状况；

（四）救助申请人维持基本生活所必需的最低支出；

（五）赔偿义务人实际赔偿情况；

（六）其他应当考虑的因素。

第十二条 救助申请人接受国家司法救助后仍然生活困难的，人民检察院应当建议有关部门依法予以社会救助。

办理案件的人民检察院所在地与救助申请人户籍所在地不一致的，办理案件的人民检察院应当将有关案件情况、给予国家司法救助的情况、予以社会救助的建议等书面材料，移送救助申请人户籍所在地的人民检察院。申请人户籍所在地的人民检察院应当及时建议当地有关部门予以社会救助。

第四章 工作程序

第一节 救助申请的受理

第十三条 救助申请应当由救助申请人向办理案件的人民检察院提出。无行为能力或者限制行为能力的救助申请人，可以由其法定代理人代为申请。

第十四条 人民检察院办案部门在办理案件过程中，对于符合本细则第七条规定的人员，应当告知其可以向本院申请国家司法救助。

刑事案件被害人受到犯罪侵害危及生命，急需救治，无力承担医疗救治费用的，办案部门应当立即告知刑事申诉检察部门。刑事申诉检察部门应当立即审查并报经分管检察长批准，依据救助标准先行救助，救助后应当及时补办相关手续。

第十五条 救助申请一般应当以书面方式

提出。救助申请人确有困难不能提供书面申请的,可以口头方式提出。口头申请的,检察人员应当制作笔录。

救助申请人系受犯罪侵害死亡的刑事被害人的近亲属或者其赡养、扶养、抚养的其他人,以及法定代理人代为提出申请的,需要提供与被害人的社会关系证明;委托代理人代为提出申请的,需要提供救助申请人的授权委托书。

第十六条 向人民检察院申请国家司法救助,应当提交下列材料:

(一)国家司法救助申请书;

(二)救助申请人的有效身份证明;

(三)实际损害结果证明,包括被害人伤情鉴定意见、医疗诊断结论及医疗费用单据或者死亡证明,受不法侵害所致财产损失情况;

(四)救助申请人及其家庭成员生活困难情况的证明;

(五)是否获得赔偿、救助等的情况说明或者证明材料;

(六)其他有关证明材料。

第十七条 救助申请人确因特殊困难不能取得相关证明的,可以申请人民检察院调取。

第十八条 救助申请人生活困难证明,应当由救助申请人户籍所在地或者经常居住地村(居)民委员会、所在单位,或者民政部门出具。生活困难证明应当写明有关救助申请人的家庭成员、劳动能力、就业状况、家庭收入等情况。

第十九条 救助申请人或者其代理人当面递交申请书和其他申请材料的,受理的检察人员应当当场出具收取申请材料清单,加盖本院专用印章并注明收讫日期。

检察人员认为救助申请人提交的申请材料不齐全或者不符合要求,需要补充或者补正的,应当当场或者在五个工作日内,告知救助申请人在三十日内提交补充、补正材料。期满未补充、补正的,视为放弃申请。

第二十条 救助申请人提交的国家司法救助申请书和相关材料齐备后,刑事申诉检察部门应当填写《受理国家司法救助申请登记表》。

第二节 救助申请的审查与决定

第二十一条 人民检察院受理救助申请后,刑事申诉检察部门应当立即指定检察人员办理。承办人员应当及时审查有关材料,必要时进行调查核实,并制作《国家司法救助申请审查报告》,全面反映审查情况,提出是否予以救助的意见及理由。

第二十二条 审查国家司法救助申请的人民检察院需要向外地调查、核实有关情况的,可以委托有关人民检察院代为进行,并将救助申请人情况、简要案情、需要调查核实的内容等材料,一并提供受委托的人民检察院。受委托的人民检察院应当及时办理并反馈情况。

第二十三条 刑事申诉检察部门经审查,认为救助申请符合救助条件的,应当提出给予救助和具体救助金额的审核意见,报分管检察长审批决定。认为不符合救助条件或者具有不予救助的情形的,应当将不予救助的决定告知救助申请人,并做好解释说明工作。

第二十四条 刑事申诉检察部门提出予以救助的审核意见,应当填写《国家司法救助审批表》,并附相关申请材料及调查、核实材料。

经审批同意救助的,应当制作《国家司法救助决定书》,及时送达救助申请人。

第二十五条 人民检察院应当自受理救助申请之日起十个工作日内作出是否予以救助和具体救助金额的决定。

人民检察院要求救助申请人补充、补正申请材料,或者根据救助申请人请求调取相关证明的,审查办理期限自申请材料齐备之日起开始计算。

委托其他人民检察院调查、核实的时间,不计入审批期限。

第三节 救助金的发放

第二十六条 人民检察院决定救助的,刑事申诉检察部门应当将《国家司法救助决定书》送本院计划财务装备部门。计划财务装备部门应当依照预算管理权限,及时向财政部门提出核拨救助金申请。

第二十七条 计划财务装备部门收到财政部门拨付的救助金后，应当及时通知刑事申诉检察部门。刑事申诉检察部门应当在二个工作日内通知救助申请人领取救助金。

第二十八条 救助申请人领取救助金时，刑事申诉检察部门应当填写《国家司法救助金发放登记表》，协助计划财务装备部门，按照有关规定办理领款手续。

第二十九条 救助金一般以银行转账方式发放，刑事申诉检察部门也可以与救助申请人商定发放方式。

第三十条 救助金应当一次性发放，情况特殊的，经分管检察长批准，可以分期发放。分期发放救助金，应当事先一次性确定批次、各批次时间、各批次金额以及承办人员等。

第三十一条 人民检察院办理的案件依照诉讼程序需要移送其他办案机关的，刑事申诉检察部门应当将国家司法救助的有关材料复印件移送本院办案部门，由办案部门随案卷一并移送。尚未完成的国家司法救助工作应当继续完成。

第五章 救助资金保障和管理

第三十二条 各级人民检察院应当积极协调政府财政部门将国家司法救助资金列入预算，并建立动态调整机制。

第三十三条 各级人民检察院计划财务装备部门应当建立国家司法救助资金财务管理制度，强化监督措施。

第三十四条 国家司法救助资金实行专款专用，不得挪作他用。

第三十五条 刑事申诉检察部门应当在年度届满后一个月内，将本院上一年度国家司法救助工作情况形成书面报告，并附救助资金发放情况明细表，按照规定报送有关部门和上一级人民检察院，接受监督。

第六章 责任追究

第三十六条 检察人员在国家司法救助工作中具有下列情形之一的，应当依法依纪追究责任，并追回已经发放或者非法占有的救助资金：

（一）截留、侵占、私分或者挪用国家司法救助资金的；

（二）利用职务或者工作便利收受他人财物的；

（三）违反规定发放救助资金造成重大损失的；

（四）弄虚作假为不符合救助条件的人员提供救助的。

第三十七条 救助申请人通过提供虚假材料、隐瞒真相等欺骗手段获得国家司法救助金的，应当追回救助金；涉嫌犯罪的，依法追究刑事责任。

第三十八条 救助申请人所在单位或者基层组织出具虚假证明，使不符合救助条件的救助申请人获得救助的，人民检察院应当建议相关单位或者主管机关依法依纪对相关责任人予以处理，并追回救助金。

第七章 附 则

第三十九条 本细则由最高人民检察院负责解释。

第四十条 本细则自发布之日起试行。

最高人民检察院
关于全面加强未成年人国家司法救助工作的意见

（2018年2月27日印发 高检发刑申字〔2018〕1号）

为进一步加强未成年人司法保护，深入推进检察机关国家司法救助工作，根据《中华人民共和国未成年人保护法》和中央政法委、财政部、最高人民法院、最高人民检察院、公安部、司法部《关于建立完善国家司法救助制度的意见（试行）》《最高人民检察院关于贯彻实施〈关于建立完善国家司法救助制度的意见（试行）〉的若干意见》《人民检察院国家司法救助工作细则（试行）》，结合检察工作实际，现就全面加强未成年人国家司法救助工作，提出如下意见。

一、充分认识未成年人国家司法救助工作的重要意义

未成年人是祖国的未来，未成年人的健康成长直接关系到亿万家庭对美好生活的向往，关系到国家的富强和民族的复兴，关系到新时代社会主义现代化强国的全面建成。保护未成年人，既是全社会的共同责任，也是检察机关的重要职责。近年来，对未成年人的司法保护取得长足进展，但未成年人及其家庭因案返贫致困情况仍然存在，甚至出现生活无着、学业难继等问题，严重损害了未成年人合法权益，妨害了未成年人健康成长。对此，各地检察机关积极开展国家司法救助工作，及时帮扶司法过程中陷入困境的未成年人，取得明显成效，收到良好效果。各级检察机关要充分总结经验，进一步提高认识，切实增强开展未成年人国家司法救助工作的责任感和自觉性，以救助工作精细化、救助对象精准化、救助效果最优化为目标，突出未成年人保护重点，全面履行办案机关的司法责任，采取更加有力的措施，不断提升未成年人国家司法救助工作水平，在司法工作中充分反映党和政府的民生关怀，切实体现人民司法的温度、温情和温暖，帮助未成年人走出生活困境，迈上健康快乐成长的人生道路。

二、牢固树立特殊保护、及时救助的理念

未成年人身心未臻成熟，个体应变能力和心理承受能力较弱，容易受到不法侵害且往往造成严重后果。检察机关办理案件时，对特定案件中符合条件的未成年人，应当依职权及时开展国家司法救助工作，根据未成年人身心特点和未来发展需要，给予特殊、优先和全面保护。既立足于帮助未成年人尽快摆脱当前生活困境，也应着力改善未成年人的身心状况、家庭教养和社会环境，促进未成年人健康成长。既立足于帮助未成年人恢复正常生活学习，也应尊重未成年人的人格尊严、名誉权和隐私权等合法权利，避免造成“二次伤害”。既立足于发挥检察机关自身职能作用，也应充分连通其他相关部门和组织，调动社会各方面积极性，形成未成年人社会保护工作合力。

三、明确救助对象，实现救助范围全覆盖

对下列未成年人，案件管辖地检察机关应当给予救助：

（一）受到犯罪侵害致使身体出现伤残或者心理遭受严重创伤，因不能及时获得有效赔偿，造成生活困难的。

（二）受到犯罪侵害急需救治，其家庭无力承担医疗救治费用的。

（三）抚养人受到犯罪侵害致死，因不能及时获得有效赔偿，造成生活困难的。

（四）家庭财产受到犯罪侵害遭受重大损失，因不能及时获得有效赔偿，且未获得合理补偿、救助，造成生活困难的。

（五）因举报、作证受到打击报复，致使身体受到伤害或者家庭财产遭受重大损失，因不能及时获得有效赔偿，造成生活困难的。

（六）追索抚育费，因被执行人没有履行能力，造成生活困难的。

（七）因道路交通事故等民事侵权行为造成人身伤害，无法通过诉讼获得有效赔偿，造成生活困难的。

（八）其他因案件造成生活困难，认为需要救助的。

四、合理确定救助标准，确保救助金专款专用

检察机关决定对未成年人支付救助金的，应当根据未成年人家庭的经济状况，综合考虑其学习成长所需的合理费用，以案件管辖地所在省、自治区、直辖市上一年度职工月平均工资为基准确定救助金，一般不超过三十六个月的工资总额。对身体重伤或者严重残疾、家庭生活特别困难的未成年人，以及需要长期进行心理治疗或者身体康复的未成年人，可以突破救助限额，并依照有关规定报批。相关法律文书需要向社会公开的，应当隐去未成年人及其法定代理人、监护人的身份信息。

要加强对救助金使用情况的监督，必要时可以采用分期发放、第三方代管等救助金使用监管模式，确保救助金用作未成年人必需的合理支出。对截留、侵占、私分或者挪用救助金的单位和个人，严格依纪依法追究责任，并追回救助金。

五、积极开展多元方式救助，提升救助工作实效

未成年人健康快乐成长，既需要物质帮助，也需要精神抚慰和心理疏导；既需要解决生活面临的急迫困难，也需要安排好未来学习成长。检察机关在开展未成年人国家司法救助工作中，要增强对未成年人的特殊、优先保护意识，避免"给钱了事"的简单化做法，针对未成年人的具体情况，依托有关单位，借助专业力量，因人施策，精准帮扶，切实突出长远救助效果。

对下列因案件陷入困境的未成年人，检察机关可以给予相应方式帮助：

（一）对遭受性侵害、监护侵害以及其他身体伤害的，进行心理安抚和疏导；对出现心理创伤或者精神损害的，实施心理治疗。

（二）对没有监护人、监护人没有监护能力或者原监护人被撤销资格的，协助开展生活安置、提供临时照料、指定监护人等相关工作。

（三）对未完成义务教育而失学辍学的，帮助重返学校；对因经济困难可能导致失学辍学的，推动落实相关学生资助政策；对需要转学的，协调办理相关手续。

（四）对因身体伤残出现就医、康复困难的，帮助落实医疗、康复机构，促进身体康复。

（五）对因身体伤害或者财产损失提起附带民事诉讼的，帮助获得法律援助；对单独提起民事诉讼的，协调减免相关诉讼费用。

（六）对适龄未成年人有劳动、创业等意愿但缺乏必要技能的，协调有关部门提供技能培训等帮助。

（七）对符合社会救助条件的，给予政策咨询、帮扶转介，帮助协调其户籍所在地有关部门按规定纳入相关社会救助范围。

（八）认为合理、有效的其他方式。

六、主动开展救助工作，落实内部职责分工

国家司法救助工作是检察机关的重要职能，对未成年人进行司法保护是检察机关的应尽职责，开展好未成年人国家司法救助工作，需要各级检察机关、检察机关各相关职能部门和广大检察人员积极参与，群策群力，有效合作，共同推进。

刑事申诉检察部门负责受理、审查救助申请、提出救助审查意见和发放救助金等有关工作，未成年人检察工作部门负责给予其他方式救助等有关工作。侦查监督、公诉、刑事执行检察、民事行政检察、控告检察等办案部门要增强依职权主动救助意识，全面掌握未成年人受害情况和生活困难情况，对需要支付救助金的，及时交由刑事申诉检察部门按规定办理；对需要给予其他方式帮助的，及时交由未成年人检察工作部门按规定办理，或者通知未成年人检察工作部门介入。

刑事申诉检察部门和未成年人检察工作部门要注意加强沟通联系和协作配合，保障相关救助措施尽快落实到位。

七、积极调动各方力量，构建外部合作机制

检察机关开展未成年人国家司法救助工作，要坚持党委政法委统一领导，加强与法院、公安、司法行政部门的衔接，争取教育、民政、财政、人力资源和社会保障、卫计委等部门支持，对接共青团、妇联、关工委、工会、律协等群团组织和学校、医院、社区等相关单位，引导社会组织尤其是未成年人保护组织、公益慈善组织、社会工作服务机构、志愿者队伍等社会力量，搭建形成党委领导、政府支持、各有关方面积极参与的未成年人国家司法救助支持体系。

要主动运用相关公益项目和利用公共志愿服务平台，充分发挥其资源丰富、方法灵活、形式多样的优势，进一步拓展未成年人国家司法救助工作的深度和广度。

要坚持政府主导、社会广泛参与的救助资金筹措方式，不断加大筹措力度，拓宽来源渠道，积极鼓励爱心企业、爱心人士捐助救助资金。接受、使用捐助资金，应当向捐助人反馈救助的具体对象和救助金额，确保资金使用的透明度和公正性。

八、加强组织领导，健康有序推进救助工作

各级检察机关要以高度的政治责任感，加强和改善对未成年人国家司法救助工作的领导，精心组织、周密部署、抓好落实，努力形成各相关部门分工明确、衔接有序、紧密配合、协同推进的工作格局。上级检察机关要切实履行对本地区未成年人国家司法救助工作的组织、指导职责，加强对下级检察机关开展救助工作的督导，全面掌握救助工作进展情况，及时解决问题，总结推广经验，着力提升本地区未成年人国家司法救助工作水平。要加强宣传引导，展示典型案例和积极成效，努力创造全社会关注、关心和关爱未成年人国家司法救助工作的良好氛围。

最高人民检察院　国务院扶贫开发领导小组办公室
关于检察机关国家司法救助工作支持脱贫攻坚的实施意见

（2019年2月25日印发）

第一条　为了深入贯彻党的十九大和十九届二中、三中全会精神，全面落实《中共中央、国务院关于打赢脱贫攻坚战三年行动的指导意见》，充分履行检察职能，加大司法过程中对贫困当事人的救助工作力度，助力打赢脱贫攻坚战，现根据中央政法委、财政部、最高人民法院、最高人民检察院、公安部、司法部《关于建立完善国家司法救助制度的意见（试行）》等有关规定，就检察机关国家司法救助工作支持脱贫攻坚，制定本意见。

第二条　本意见所称贫困当事人，是指人民检察院在办理案件过程中，发现的符合下列情形之一，且属于建档立卡贫困人口的当事人：

（一）刑事案件被害人受到犯罪侵害致重伤或者严重残疾，因加害人死亡或者没有赔偿能力，无法通过诉讼获得赔偿，造成生活困难的；

（二）刑事案件被害人受到犯罪侵害危及生命，急需救治，无力承担医疗救治费用的；

（三）刑事案件被害人受到犯罪侵害致死，依靠其收入为主要生活来源的近亲属或者其赡养、扶养、抚养的其他人，因加害人死亡或者没有赔偿能力，无法通过诉讼获得赔偿，造成生活困难的；

（四）刑事案件被害人受到犯罪侵害，致使财产遭受重大损失，因加害人死亡或者没有赔偿能力，无法通过诉讼获得赔偿，造成生活困难的；

（五）举报人、证人、鉴定人因向检察机关举报、作证或者接受检察机关委托进行司法鉴定而受到打击报复，致使人身受到伤害或者财产受到重大损失，无法通过诉讼获得赔偿，造成生活困难的；

（六）因道路交通事故等民事侵权行为造成人身伤害，无法通过诉讼获得赔偿，造成生活困难的；

（七）人民检察院根据实际情况，认为需要救助的其他情形。

第三条　人民检察院在办案过程中应当注重发挥司法人文关怀作用，依法开展对贫困当事人的国家司法救助工作，主动帮助其解决生活面临的急迫困难，改善生活环境。

扶贫部门在脱贫攻坚工作中应当将贫困当事人列为重点对象，突出问题导向，优化政策供给，实施精准扶贫、精准脱贫。

第四条　人民检察院和扶贫部门坚持应救尽救、分类施策、精准发力、合力攻坚原则，依托国家司法救助工作帮助贫困当事人尽快摆脱生活困境,协同相关部门全面落实扶贫脱贫措施,提高救助效果和脱贫攻坚成果的可持续性。

第五条 人民检察院在办理案件过程中发现贫困当事人的,应当立即启动国家司法救助工作程序,指定检察人员优先办理,并在办结后五个工作日内将有关案件情况、给予救助情况、扶贫脱贫措施建议等书面材料移送扶贫部门。

人民检察院发现被救助人可能属于贫困人口但未建档立卡的,应当在办结后五个工作日内向扶贫部门提出进行贫困识别的书面建议,并同时移送有关材料。

第六条 对人民检察院移送的可能属于贫困人口线索,扶贫部门通过全国扶贫开发信息系统进行比对核实,属于建档立卡贫困人口的,应当进一步加大脱贫攻坚力度,细化实化帮扶措施,保障各项扶贫政策精确落实和相关工作精准到位,并及时向人民检察院反馈有关情况。

可能属于贫困人口但未建档立卡的,扶贫部门应当按照建档立卡标准和规定程序进行贫困识别,识别为建档立卡贫困人口的,依照前款规定落实脱贫攻坚责任,并及时向人民检察院反馈有关情况。

第七条 扶贫部门在脱贫攻坚工作中发现贫困当事人的,应当作为国家司法救助案件线索,在五个工作日内移送人民检察院。

对受到犯罪侵害危及生命,或者因道路交通事故等民事侵权行为造成严重人身伤害,急需救治,无力承担医疗救治费用的贫困当事人,扶贫部门应当立即告知人民检察院,人民检察院可以先行救助,救助后及时补办相关手续。

第八条 人民检察院对扶贫部门移送的国家司法救助案件线索,应当立即启动救助工作程序,指定检察人员优先办理,并在办结后五个工作日内向扶贫部门反馈案件办理情况。

第九条 人民检察院发现扶贫部门移送的国家司法救助案件线索不属于本院管辖的,应当在三个工作日内移送有管辖权的人民检察院,并告知扶贫部门;由本院负责救助对贫困当事人更为适宜的,可以由本院管辖。

人民检察院认为扶贫部门移送的国家司法救助案件线索,由其他政法单位负责救助对贫困当事人更为适宜的,可以移送其他政法单位,并告知扶贫部门。

第十条 人民检察院在党委政法委领导下,争取政府财政部门支持,用好中央财政通过政法转移支付的补助资金,进一步拓宽国家司法救助资金来源渠道,提高救助金发放效率,完善救助金发放方式,增强救助实效。

第十一条 人民检察院和扶贫部门应当加强国家司法救助工作与扶贫脱贫措施的衔接融合,主动对接定点扶贫单位和责任部门,引导鼓励社会各方面力量,帮助贫困当事人通过产业扶持、转移就业、易地搬迁、教育支持、医疗救助等措施实现脱贫。对无法依靠产业扶持等措施实现脱贫的贫困当事人,帮助实行政策性保障兜底脱贫。

第十二条 办理国家司法救助案件的人民检察院所在地与当事人户籍所在地不一致的,救助案件办结后,办理案件的人民检察院应当在五个工作日内将有关案件情况、给予救助情况等材料,移送当事人户籍所在地人民检察院。

当事人户籍所在地人民检察院和扶贫部门参照本意见第五条、第六条进行办理。

第十三条 对获得国家司法救助的贫困当事人,人民检察院应当联合扶贫部门进行回访,掌握其脱贫及相关政策措施惠及情况,强化脱贫光荣导向,培养贫困当事人依靠自力更生实现脱贫致富的意识,提高其自我发展能力。

第十四条 人民检察院和扶贫部门应当分别确定相关内设机构具体负责国家司法救助工作支持脱贫攻坚的日常事务,并建立联席会议制度,定期召开例会。根据工作需要,可以召开临时联席会议。

第十五条 联席会议的主要任务是:

(一)通报工作情况,交换、共享工作信息;

(二)总结工作经验,梳理、解决突出问题;

(三)讨论重点、特殊贫困当事人的救助帮扶措施;

(四)研究出台本地区相关工作规范性文件;

（五）会商其他相关工作事宜。

第十六条 联席会议议定的事项，人民检察院和扶贫部门应当积极落实，并及时向对方反馈落实情况。

第十七条 上级人民检察院和扶贫部门应当加强组织指导和业务督导，抓好统筹协调，健全工作机制，总结推广经验，营造良好氛围，推动国家司法救助工作更加有效助力脱贫攻坚。

第十八条 人民检察院会同扶贫部门建立对贫困当事人的观察台账，动态跟踪记录救助和扶贫脱贫情况，并健全国家司法救助工作支持脱贫攻坚档案制度。

第十九条 人民检察院和扶贫部门在每年一月份，经联席会议讨论通过，向上一级人民检察院及同级扶贫开发领导小组报送上年度国家司法救助工作支持脱贫攻坚情况报告。

第二十条 本意见由最高人民检察院和国务院扶贫开发领导小组办公室共同解释。执行中遇有具体应用问题，分别向最高人民检察院和国务院扶贫开发领导小组办公室报告。

第二十一条 本意见自发布之日起施行。

（四）公益诉讼

最高人民法院　最高人民检察院
关于人民检察院提起刑事附带民事公益诉讼应否履行诉前公告程序问题的批复

（2019年9月9日最高人民法院审判委员会第1776次会议、2019年9月12日最高人民检察院第十三届检察委员会第二十四次会议通过　2019年11月25日公布　法释〔2019〕18号　自2019年12月6日起施行）

各省、自治区、直辖市高级人民法院、人民检察院，解放军军事法院、军事检察院，新疆维吾尔自治区高级人民法院生产建设兵团分院、新疆生产建设兵团人民检察院：

近来，部分高级人民法院、省级人民检察院就人民检察院提起刑事附带民事公益诉讼应否履行诉前公告程序的问题提出请示。经研究，批复如下：

人民检察院提起刑事附带民事公益诉讼，应履行诉前公告程序。对于未履行诉前公告程序的，人民法院应当进行释明，告知人民检察院公告后再行提起诉讼。

因人民检察院履行诉前公告程序，可能影响相关刑事案件审理期限的，人民检察院可以另行提起民事公益诉讼。

此复。

刑事政策

充分发挥审判职能作用　切实加强未成年人权益司法保护

（2014年1月20日）

□黄尔梅

同志们：

大家上午好！非常高兴受邀参加今天的研讨会，借此机会谈一谈人民法院在未成年人司法保护方面取得的成就、存在的问题和今后的工作方向。

1984年10月，上海市长宁区法院正式成立未成年人刑事案件合议庭。2006年以来最高人民法院在49个中级人民法院试点开展未成年人案件综合审判庭工作，少年法庭受理案件的范围从单纯刑事案件发展到同时受理涉及未成年人权益保护的民事、行政案件。截至目前，全国法院共设有各种类型的少年法庭2 300余个，有专职或兼职少年法庭法官7 400余人。少年法庭工作被人民群众称赞为"特殊的希望工程"，为树立人民法院公正高效权威的司法形象，为树立我国司法保障人权的良好国际形象，发挥了积极的作用。

人民法院少年审判工作取得令人瞩目的成就。多年来，人民法院依法公正高效地审判了大量未成年人刑事案件和涉及未成年人权益保护的民事、行政案件，教育挽救了一大批失足未成年人，有力保障了涉案未成年人的合法权益。经过少年法庭教育矫治的未成年罪犯绝大多数都能悔罪服判、积极改造，重返社会后多数都成为自食其力的守法公民。在社会各界的共同努力下，未成年人犯罪预防和教育、感化、挽救工作取得明显成效。据统计，2008年至2013年，未成年犯罪人数连续下降，在犯罪总人数中所占比例也连续下降。2002年至2013年间，未成年罪犯的重新犯罪率基本控制在2%左右，大大低于整体的重新犯罪率。

人民法院积极探索适合未成年人案件特点的审理、执行方式，健全完善少年审判工作制度和机制。2012年修订的刑事诉讼法第一次专章规定了未成年人刑事案件诉讼程序，最高人民法院司法解释对法律条文进行了细化，增强了具体性、可操作性。2010年7月最高人民法院出台《关于进一步加强少年法庭工作的意见》，对少年法庭工作进行全面总结、推进。

刑事审判方面，坚持"寓教于审"制度，注重对未成年被告人的法庭教育；实行社会调查报告制度，对未成年被告人进行庭前社会调查，使少年审判工作更具针对性和科学性；推行"圆桌审判"方式，营造宽松的庭审氛围，使未成年被告人更容易接受裁判惩处；引入"心理干预机制"，加强对未成年当事人的心理矫正和疏导，为法院裁判提供科学参考，为判后有针对性地矫治提供客观依据；落实"宽严相济"刑事政策，积极探索"刑事和解"的途径，对符合适用非监禁刑条件的，依法适用非监禁刑；建立健全帮教工作机制，协助未成年犯管教所和社区矫正部门做好帮教工作。

民事、行政审判方面，拓展未成年人民事和行政案件审判途径，创造性地提出"积极、优先、亲和、关怀"的司法理念，在审判方式上引入、创建"社会观护员"和"诉讼教育引导"等制度，由社会观护员庭前对未成年人情况进行调查，形成报告提交法庭，庭后对判决执行进行跟踪监督，对权益受到侵害的未成年人提供必要帮助；设立未成年人民事案件立案、审理、执行相互衔接的"绿色通道”,促使未成年人尽快回归正常生活。

未成年被害人司法保护进一步强化。近年来,我国保护未成年人权益的法律体系日益健全,司法保护力度不断增强,未成年人权益保护工作取得积极进展。但是,未成年人身心发育尚不成熟,没有自我保护能力,易受犯罪侵害,特别是遭受性侵害的现象时有发生,给未成年人身心健康造成严重伤害,在社会上造成了极为恶劣的影响,人民群众反映强烈。

最高人民法院将依法从严惩治性侵害未成年人犯罪作为专项工作,充分发挥刑事审判职能,切实强化对未成年人的司法保护力度。通过研究制定司法政策文件、举办业务培训等多种形式,指导各级人民法院深入贯彻依法严惩犯罪和保护未成年人合法权益的刑事政策。例如,2010 年最高人民法院与最高人民检察院、公安部、司法部联合发布《关于依法惩治拐卖妇女儿童犯罪的意见》,去年 10 月又联合发布《关于依法惩治性侵害未成年人犯罪的意见》,对办理此类案件提出了明确、具体的指导意见,积极回应了人民群众的关切,受到社会好评。

在今后的工作中,最高人民法院希望与中央综治委、全国人大法工委、团中央和在座的各家单位,共同推动以下几个方面的工作。

一是完善未成年刑事被害人救助制度。2009 年,中央八部委联合下发《关于开展刑事被害人救助工作的若干意见》,几年来,刑事被害人救助工作取得了良好的成效。司法实践中,未成年被害人作为更为弱势的一个群体,正处于生长发育、学习知识、走向成熟的关键阶段,如果在遭受犯罪行为侵害后不能及时得到物质补偿、精神安抚和妥善安置,生活学习上更容易陷入困境,其未来的人生也容易受到严重不良影响。因此,对他们的救助尤为重要,尤为迫切。希望中央综治委协调各有关部门特别是政府部门,在推动完善刑事被害人救助制度的基础上,争取做到未成年被害人的及时救助、优先救助,适当提高救助标准,促进未成年被害人尽快回归正常的生活学习。

二是推动失足未成年人帮教基地工作开展。随着城市化进程的加速发展,一些大中城市外来务工人员子女犯罪率居高不下,但由于外地户籍未成年人往往缺乏帮教和监管条件,对他们适用非监禁刑的比例较低,有时会出现“同案不同判”的现象,不利于他们的教育改造。为解决这一难题,许多地方积极探索了建立非监禁刑未成年人帮教基地,为缺乏监护条件的未成年犯提供帮教和监护的条件,取得了明显成效。最高人民法院少年法庭指导小组调研了部分省市失足未成年人帮教基地的工作情况,认为失足未成年人帮教工作有利于促进失足未成年人顺利回归社会,是一件很有意义的事情,也是一项社会系统工程,需要各有关单位和团体组织的积极参与。希望由中央综治委预防青少年违法犯罪专项组牵头,联合公检法司、关工委、妇联等单位和团体组织,共同推动这项工作的开展。

三是构建未成年人监护行政监督与司法裁判对接机制。近期发生的监护人严重侵害未成年人权益的热点事件,如南京饿死女童案件,广州亲生母亲长达七八年虐待亲生女儿致死案件等,都说明我国未成年人保护工作特别是监护监督方面,存在较为严重的缺失。为加强困境未成年人的权益保障,民政部已会同最高人民法院、公安部进行了调研和论证,拟于今年出台指导性意见,建立未成年人监护行政监督干预与司法裁判衔接工作机制。希望立法机关和大家给予我们更多的支持和帮助。在诉讼程序上也存在需要研究的问题,被害人是未成年人,侵害行为尚未造成特别严重后果的,是否只能作为自诉案件;如果侵害者又是未成年人的法定代理人或者近亲属的,由谁来提起诉讼,谁来保护未成年人的合法权益,在这个问题上是有空缺的,应当进一步调查研究。

四是当前惩治性侵害未成年人犯罪工作还存在一些亟待我们正视的问题。集中体现在:性侵害未成年人犯罪社会关注度高,易成为影响社会稳定的敏感案件。近几年,发生和曝光了一系列性侵害未成年人的恶性犯罪。鉴于未成年人几乎没有自我保护的意识和能力,以及性犯罪具有高度的隐蔽性,此类犯罪应引起有关职能部门高度重视,有关惩治性侵害犯罪与保护未成年人权益的法律法规还存在不够明确、可操作性不强等问题。此外,性侵害未成年人犯罪成因复杂,有效治理涉及教育、预防、打击、矫治、保护、宣传等诸多方面的工作,而我国目前在一些治理环节上仍存在短板。例如,家庭、学校、社会对未成年人的保护网络尚存在真空地带,对特殊性侵人员进行身心矫治、刑满释放后予以重点管控等预防、监督机制不够健全;保护未成年人权益的职责分散在不同政府部门,缺少强有力的专门性未成年人保护行政机构来推动综合治理性侵害的举措得到落实,等等。

未成年人保护工作应当切实并始终贯彻特殊、优先保护理念,统筹考虑涉及未成年人权益保护的法律法规,对一些滞后于当前实际的相关法律规定及时进行修改完善;从长远考虑,设立统一、专门的未成年人保护机构,以此建立起以行政保护为主导并能够与家庭、学校、社会和司法保护相衔接的未成年权益保护机制,切实有效防范和制止包括性侵害在内的一切侵犯未成年人权益犯罪,形成保护未成年人权益的合力。

赴澳大利亚考察家庭暴力司法应对机制的报告

□最高人民法院刑一庭课题组*

作为2013年度“中澳人权合作”项目之一，应澳大利亚人权委员会的邀请，最高人民法院“涉家庭暴力刑事司法改革”课题组及有关人员于2013年2月25日至3月4日赴澳大利亚，对澳大利亚关于家庭暴力的司法应对机制进行了考察，形成此报告。

一、总体情况

在澳大利亚人权委员会的精心安排、澳方各相关部门的共同努力与配合下，考察团对澳大利亚政府及社会预防、制止、治理家暴问题有了全面深入的了解。

考察组首先听取了澳大利亚人权委员会对澳洲法律体系及澳洲开展反对家暴的原因、历史及现状的介绍。之后对新南威尔士州（以下简称新州）律政部、警察厅及维多利亚州（以下简称维州）的法律改革委员会、警察厅、裁判法院、维州妇女法律服务中心等8个反家暴的司法机构、社会组织等进行了考察。

在澳大利亚，预防与遏制家暴，不仅是整个政府的责任，同时也是全社会的责任。国家对家暴采取了预防、早期干预与积极回应相结合的模式：通过教育来改变家庭成员之间的态度和行为，宣扬互相尊敬的、无暴力的关系；辨别并确定那些处于最危险情况中的妇女、儿童；对有可能实施暴力的人进行早期干预；对已经发生的暴力，通过一种综合性的机制作出回应；向受害的妇女、儿童提供一致、协调及快速的援助，并要求施暴人对其行为负责。

通过考察，考察团感受到，澳大利亚政府对家暴问题相当重视，投入了大量人力和物力，从宣传、预防、干预与惩治，司法处置与裁判，对家暴受害人的援助、救济及对施暴人的行为矫正等都有明确的机构设置、职能划分和一套成熟且运行有效的机制。

二、澳大利亚反家暴的法律体系

（一）反家暴的法律框架

澳大利亚属于普通法国家，上级法院的判例对下级法院有约束力，在相同情况下应当作出相同的判决。故判例构成了澳大利亚反家暴法律框架中的重要组成部分。除了判例法外，制定法是澳大利亚反家暴法律框架中另一重要组成部分，且制定法可以推翻判例。根据澳大利亚宪法，关于人权事务的立法权归属于州政府，所以，反家暴方面法律由各州制定。新州、维州等8个州分别制定了《家庭暴力保护法》《阻止跟踪法案》等专门的反家暴法律，上述法律体现了在家暴问题上，澳大利亚是将民事保护与刑事惩戒紧密结合的。此外，新州、维州政府还制定了《家庭暴力行动计划》、《预防对妇女儿童施暴的行动计划（2012—2015）》等反家暴的政策文件。

---

* 课题组成员：薛淑兰、冉容、唐俊杰。冉容、唐俊杰执笔。

（二）反家暴的司法运行机制

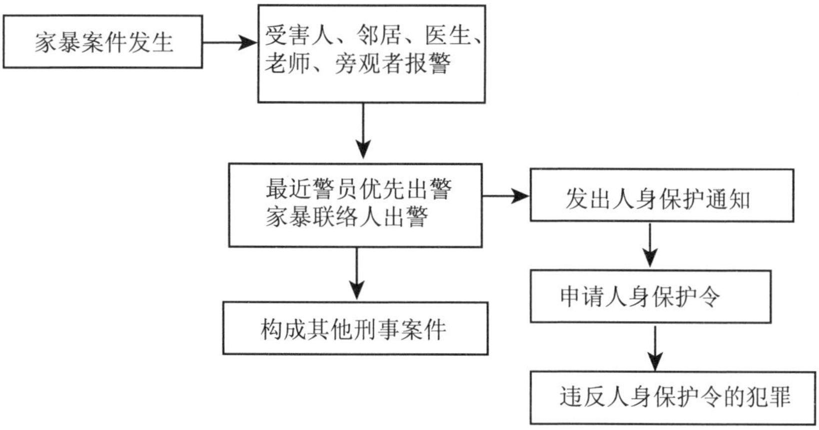

（三）对家庭暴力的法律界定

澳大利亚法律界普遍认为，家庭暴力是指通过肉体或非肉体的伤害的方式，达到对家庭成员的控制。家庭成员是指有以下关系之一的人：（1）结婚或同居伴侣；（2）居住在同一住宅内；（3）长期、有价或无偿看护、照顾关系；（4）同一个部族的原住民及托勒斯群岛岛民或有亲戚关系的人。

家庭暴力的表现形式包括身体伤害、性暴力、跟踪、恐吓、责骂、情感暴力（冷暴力）以及经济支配等。家庭暴力并不以经常、反复发生为限，即使只有一次暴力发生，也构成家庭暴力。家庭暴力的受害人一般是妇女和儿童，施暴人一般是男性，也可能发生在同性之间。

同我国一样，澳大利亚没有单独的家庭暴力犯罪这一罪名，根据家庭暴力的具体情节分别定罪，如谋杀、侵害、性犯罪、恐吓、违反家暴保护令等罪名。

（四）澳大利亚反家暴的司法机构及相关组织

1. 新州律政部家庭暴力组

新州律政部的职责是为新州政府、议会、司法机关以及社区提供法律服务。其家庭暴力组是新州律政部下属的小组单位之一，主要职责是制定与实施家暴相关的政策，如制定与实施新州家庭暴力司法策略、管理家庭暴力法庭的干预模式、引入男性施暴人行为改变项目的最低标准等，以提高刑事司法系统对家暴的应对能力。该小组同时也负责出版各种刊物，使家暴受害人能更容易地通过法律途径获得帮助。

2. 新州警察厅家庭暴力组

该家庭暴力组隶属新州警察厅总部，主要职责是：与政府其他部门合作，共同研究、制定、支持及实施关于家庭暴力的项目与政策；向家庭暴力联络员提供策略支持，以减少家庭暴力的产生；向家庭暴力联络员提供专业培训，提高他们的工作能力，以满足这一服务的特殊工作性质；在政策、立法及一些特殊问题上，向警察部长提供相关意见等。

3. 新州原住民妇女法律服务中心、维州妇女法律服务中心和维州妇女家暴危机服务处

这三个机构主要是向家暴受害妇女提供法律和其他方面的援助服务，包括代表受害人出庭、电话法律咨询和转介、法律教育等，所提供的援助均是免费的。这些机构还积极参与有关妇女权益方面的法律改革项目。

4. 维州法律改革委员会

维州法律改革委员会是由州政府拨款的独立运作机构，成员包括大学学者、律师和法官等，

主要职责是对州的法律进行研究、审查并提出改进意见。

5. 维州人文服务部妇女事务办公室

妇女事务办公室隶属维州人文服务部,主要职责是:对影响维州妇女的重大问题,向妇女事务部长及维州政府提供意见,并确保妇女事务政策和服务项目在各政府部门中能够有效传达,预防对妇女的施暴事件、家庭暴力风险评估和风险管理框架培训等。

6. 维州警察厅家庭暴力协调处及公共起诉部

维州家庭暴力协调处隶属维州警察厅下的犯罪局,主要职责是向所有警员提供家暴方面的援助与建议。警局中设立了家暴联络员这一职位,其职责主要是对受害人提供帮助,对前线警员第一时间提供支持,并在受害人、警察和法院之间进行联络。一旦有家暴案件发生,受暴人及知情人均可直接拨打警局电话,警局最近派员优先解决家暴案件,如果出警人员对家暴案件不具备经验,警局将指定具有丰富经验的家暴联络员直接出警或者给出警人员电话现场指导,告知其处理家暴案件的程序、法律等问题。警察赶到现场后,一旦认为有家暴发生,可以当场向施暴人发出临时限制令,限制令的内容包括责令施暴人停止暴力,离开家庭或施暴场所,不得接近被害人及其工作、学习的场所等。警察当场作出的限制令时效一般为7天到50天不等,其间,警察部的公共起诉部再据此向法院申请对被害人的人身保护令。

7. 维州裁判法院

法院是反家暴组织框架中的核心机构。维州裁判法院是维州最繁忙的法院,90%的案件都在这一级法院进行审理。维州的53个裁判法院内均设有家庭暴力法庭,专门负责审理家庭暴力案件。法院内设有专门接待家暴案件受害人的休息室,并将之与普通刑事案件及家暴被告人及其律师的接待室分离,避免家暴受害人开庭前再受施暴人的精神胁迫或身体暴力。法院每周定期一天专门审理家暴案件,并由专门的家暴法官进行审理。法院立案部门长期聘请心理专家为到法院起诉的家暴受害人提供心理辅导,聘请专门的法律工作人员为受害人提供法律咨询服务。为保护受害人或证人的权益和身心健康,在开庭审理中,受害人与证人可以不直接出庭而通过法院内部的视频设备与庭审直接相连,这样,避免被告人看见被害人或证人。法院受理家暴案件后一般应尽快结案。对于违反因家暴而被警察出具限制保护令者,一旦被起诉,法院即予定罪,不再需对被告人是否实施家暴以及家暴行为达到什么程度进行查证。在家暴刑事案件中,判处最多的罪名是伤人,其次是违反保护令。2011年度至2012年度,维州裁判法院共作出了8 634份违反保护令的刑事判决。触犯这一罪名的被告人,最高可以判处2年有期徒刑或26 000澳元的罚款,同时可以吊销武器执照,或是命令被告人参加男性行为矫正项目学习。

8. 其他组织机构

澳大利亚法对家暴问题的重视,从其广泛的社会机构参与的状况可见一斑:

1. 医院。卫生行政管理部门规定,如果医生在治疗病人时,发现伤情有可能是家暴导致的,则医生必须向警察报告。

2. 社区服务部门。如果社区服务部门发现社区内发生家暴案件,也可以报案。

3. 援助机构。众多援助机构为家暴受害人提供各种援助服务,其中最主要的是法律援助,其次还有经济援助、心理辅导、行为矫正、提供安全住宿等。这些援助机构不仅是在帮助家暴受害人,还大大加快了警察和法院处理家暴案件的速度,因而起着催化剂和润滑剂的作用。

(1)众多的援助机构。虽然我们只考察了新州原住民妇女法律服务中心、维州妇女法律服务中心和维州妇女家暴危机服务处三个援助机构。但在考察过程中,这些机构的工作人员都多次提到,类似的援助机构和组织还有很多,如维州法律援助中心、受害人支持局、维州纠纷调解中心等。还有对外保密、专门为受害妇女提供避难的专门住所等。

(2)多重的援助方式。其中最多的是法律援助,包括法律咨询、申请保护令、与施暴人律师谈判、代为出庭参加听审程序、帮助申请犯罪受害人经济援助等。此外,还为受害人提供住宿、心理辅导、行为矫正、医疗方面的援助,几乎覆盖了家暴问题的各个方面。

(3)优质的援助服务。为了保证援助真正具有价值而不只是象征意义,政府和社团组织都在创造条件来提升援助服务的优质性。例如,维州妇女法律服务中心共有 18 名全职值班律师,全部由政府发给薪水。每个工作日,均有 1 至 2 名律师派驻在裁判法院,随时为家暴受害人提供法律援助。值班律师不允许再接其他案件,而提供的法律援助全部是免费的。在新州原住民妇女法律服务中心,不但设立有热线电话,考虑到原住民一般住在较为偏僻的地方,交通不便,通常情况下是妇女法律中心的工作人员开车到原住民家中,上门提供服务。

(4)广泛的援助对象和范围。家暴受害人受援助的对象包括:①直接受害人,即因家暴直接受伤或死亡的人;②间接受害人,指处在家暴现场并目睹暴力行为的未成年人;③关联受害人,指直接受害人的近亲或具有抚养/赡养关系的人。经济援助的范围,包括因家暴而支出的律师费、医疗费、为了获得安全住所的租房费、丧葬费、误工费,甚至是家暴损坏衣物的费用等。

(5)充分的援助金额。一般情况下,直接受害人的援助金额不超过 60 000 澳元,间接受害人和关联受害人不超过 50 000 澳元,如果上述援助不够,法院还将根据实际情况调整。受害人如果想要获得经济援助,需要向犯罪被害人经济援助仲裁庭(与家庭暴力法庭一样设在裁判法院)提交一份申请,法官会主持一个听证程序,调查、收集或要求受害人提供有助于法官作出决定的任何材料,然后再作出裁决。

三、总结和设想

通过考察发现,澳大利亚和中国在家暴问题上有诸多相似之处,如两国都存在着比较严重的家庭暴力,都因为家庭暴力产生系列社会问题,都希望通过各种渠道的努力来维护家庭的和睦,减少社会问题乃至犯罪的发生。澳大利亚经过十余年的发展与积淀,已经形成了一个机构完善、运行有效的司法应对机制。但我国在这方面才刚起步,无论是公众对家暴问题的认识、社会对家暴问题的关注,还是政府对家暴问题的重视、职能部门对家暴问题的处置技术等方面都存在着较大差距。有些差距,因经济社会条件所限,一时难以赶上,如澳大利亚对家暴被害人的高标准经济援助,以我国国情,目前难以做到。但澳大利亚很多理念、做法,值得我们结合国情学习、借鉴。

(一)关于家暴的零容忍理念

澳大利亚政府认为,无论什么原因、什么形式,对妇女、儿童施以暴力都是不可以容忍的。在政府自上而下的强力推动下,经过不懈宣传和教育,现在,澳大利亚民众普遍接受了家暴零容忍的理念。但零容忍理念的形成并非一蹴而就。十余年前,澳大利亚政府对家暴问题也很漠视,司法不能为受害人提供有效的保护。一些妇女儿童权益保护组织,通过科学、全面、准确、客观的数据计算出政府每年花费 130 多亿澳元为家暴问题埋单,包括因家暴引起的医疗、培训、教育、司法调查、审判、监禁、受害人经济援助、施暴人行为矫正等方面的支出;全国有 1/3 的妇女遭受过家暴;在 15 岁以上女性中,有 1/5 遭受过家暴性侵犯;妇女死亡的案件中,家暴是最主要的原因;儿童目睹家暴之后会代际传递,引发少年儿童犯罪等问题。这些数据使政府意识到家暴问题的严重性,从而切实采取行动反对家暴,最终形成了政府与民众对家暴零容忍的理念。

而在我国,政府与民众普遍认为,"清官难断家务事","家丑不可外扬",不希望政府与他人过多干预。所以,一般都是不告不理,告了一般也是先调解,一次调不成再次调,这往往使施暴人更加肆无忌惮,受害人因此失去对政府和司法的信任,无奈之下往往不得不"以暴制暴"。目前,我国无相关机构或组织对家暴问题进行深入调查研究，也无政府为家暴问题埋单的数据统计，所以家暴问题一直没有引起社会、政府足够的关注。近年来，全国妇联和一些社团组织对家暴情况及危害后果进行了一些调查统计，但因各种原因还不能完全反映出我国家暴问题的严重性。因此，考察组认为，可以借鉴澳大利亚计算为家暴问题埋单的做法，结合我国国情，对1至2个省的人民法院刑事生效判决中因为家庭暴力引发的刑事案件的数字进行调查，以及上述辖区内因家庭暴力的代际传递而导致青少年犯罪的原因调查，可以计算出该省为家暴问题埋单的大致花销，推算出我国政府在此问题上的支出，从而引起政府的关注，提高对反家暴的投入，促进家暴零容忍理念的树立。

（二）关于司法机关的参与

在澳大利亚，司法机关是反家暴的主要力量，司法资源被有效调动。警察对家暴案件有优先出警义务，并且需深入调查，可以对施暴人实施逮捕、提起指控，为受害人提供支援；法院应以最快的速度处理家暴案件并发出保护令，施暴人一旦违反保护令，哪怕只有一次违反，法院也可因此对其定罪处刑。

警察的重要性尤其需要强调。在家暴案件中，警察承担着五项职能：(1)发现案件。大多数受害人打电话报警，警察在第一时间知道案件发生并出警，这意味着案件开始进入司法程序。没有警察的回应，司法就不可能对家暴进行干预。(2)早期干预。如果警察发现受害人仍有可能遭受家暴，则可以发出安全通知书，及时保护受害人的安全。(3)收集证据。这些证据将成为申请保护令或提出刑事指控的依据。(4)向法院申请保护令。(5)对家暴刑事案件提出指控。可见，如果没有警察的参与，司法机关不大可能对家暴做出有效的应对。

在我国，司法对于家暴的干预十分有限。警察虽然经常接到家暴受害人报警，但如果家暴还没有达到刑事犯罪的程度，警察除了劝解之外，大多不会采取更多的行动，因为没有相应的行动手册来告诉他们要做什么，该如何做。大量的家暴案件就此终止，无法进入司法程序，受害人的权利得不到司法的保护。

产生这种情况的原因，并非因为司法机关的懈怠，而主要是由于缺乏明确的法律规定赋予司法机关相应的职权。因此，应当通过整体性的制度设计，确立警察、检察机关、法院在家暴案件中各自的职能和应当采取的具体行动，并保证司法机关各自行动的协调一致。

（三）三位一体的递进保护

在澳大利亚，警察发出的安全通知书、法官发出的保护令和对违反保护令的刑事制裁，构成了对家暴受害人权利三位一体的递进式保护。

在我国，警察没有发出安全通知书的权力。家暴民事案件和刑事案件由不同的法庭审理。如果是民事案件，保护令制度已经在一些家暴试点法院实施，但真正发出的保护令数量并不多（截至2012年4月全国共发出300份）。而且，对于违反保护令的行为，尚没有定罪判刑的先例，这使得保护令的效果大打折扣，也表明我国对于受害人权利的保护还很不完善。

《涉及家庭暴力婚姻案件审理指南》第二十六条规定："人身安全保护裁定是一种民事强制措施，是人民法院为了保护家庭暴力受害人及其子女和特定亲属的人身安全、确保民事诉讼程序的正常进行而做出的裁定。人民法院做出的人身安全保护裁定，以民事诉讼法第140条第1款第11项规定等为法律依据。"所以从理论上讲，保护令属于法院的民事裁定并无疑问。刑法第三百一十三条"拒不执行判决、裁定罪"规定，对人民法院的判决、裁定有能力执行而拒不执行，情节严重的，处三年以下有期徒刑、拘役或者罚金。基于该条规定，对违反保护令的行为是否可以适用拒不执行裁定罪予以规制，是值得探讨的。

（四）相关配套制度

1. 家暴风险评估表制度

在澳大利亚，警察从开始介入家暴案件时，就被要求进行家暴风险评估，记录受害人面临的各种风险因素，判断是否属于家暴以及家暴是否可能再次发生。风险评估表对于警察、法官和受害人都具有积极意义。对于警察来说，通过与受害人问答，可以获得更多关于家暴的信息，据此决定采取最有利于保护受害人的措施，是将受害人带离现场，还是发出安全通知书，或是向法官申请保护令。对于法官来说，风险评估表是决定是否发出保护令的依据。对于受害人来说，在与警察交流的过程中会感到更加安全，并树立起对司法的信心。

我国目前还没有类似制度，可以考虑借鉴该制度。要求警察在处理家暴案件时，应当对受害人面临的风险进行评估，并作为后续一系列行动的依据。

2. 驱逐令制度

在澳大利亚，家暴发生后，受害人可能继续留在自己的住所，也可能逃到亲属家中或妇女庇护所寻求庇护。保护令只会命令施暴人不能接近受害人生活和工作的场所。但是，为什么受害人遭受了家暴，还要被迫离开自己的住所，而施暴人却可以在家中享受？这不公平。因此，法官通常在向受害人发出保护令的同时，也会向施暴人发出驱逐令，命令施暴人离开住所并不得接近，受害人可以回到住所生活。驱逐令与保护令的时效相同，互为补充。

我国正在试行保护令制度，但驱逐令制度还没有建立。从驱逐令的性质来看，基本上相当于民事责任上停止侵害的预防性措施。法院发出驱逐令，可以从民法通则等基本法律中找到依据。这一制度亦可借鉴。

3. 正当防卫的辩护理由

如前所述，在澳大利亚，正当防卫的时效性要件，已经从“即时发生的攻击”放宽到“不可避免的攻击”。这样的规定，对于那些“以暴制暴”杀死施暴人的妇女来说，无疑是最大的法律保护。一旦正当防卫的辩护理由成立，被告人就可以获得无罪释放。

在我国，刑法规定正当防卫成立的时效性要件，必须是不法侵害正在进行。现实中发生的大部分“以暴制暴”的杀人案件，却是在家暴停止之后，受害人趁施暴人不备而将其杀死，故并不符合正当防卫的要件。当然，对这类案件，法院一般会根据具体案情，认定施暴人存在过错，或是案发起因属于家庭纠纷等情节，对被告人给予从轻处罚。但是，这种酌情从轻处理，始终不如认定为正当防卫带来的无罪释放来得彻底。因此，在这类案件中，正当防卫是否应当有适用的空间，是否可以建议对正当防卫的要件进行立法修改，都是需要认真研究的问题。

（作者单位：最高人民法院刑一庭）

受虐儿童司法保护的现状、困境与出路

□赵彩艳　卢安林

2012 年 3 月，刑事诉讼法的修改通过，将人权保障推上了中国法治进程的又一新高度，其中对未成年人案件设置独立的审判程序，彰显了国家对未成年人权益保护的力度和决心。然而，同样需要特殊关爱的未成年受害人却很少受到关注，有时甚至被遗忘。对于家暴中受虐儿童的保护，无论是宏大叙事性的立法规制，还是裹足不前的司法实践，都无法给公众一张满意答卷。这也是我国受虐儿童致死、致残频频见诸报端而屡禁不止的重要因素。我国作为《儿童权利公约》

《儿童权利宣言》《为罪行和滥用权利行为受害者取得公理的基本原则宣言》的签约国，如何在最大范围内保障受虐儿童的合法权益，防止"恶逆变"现象的出现，实现在司法机制内对受虐儿童作为受害人进行平等的人权保护应是未成年人司法制度改革与完善的方向之一。

一、厘清与解读：当前我国受虐儿童司法保护缺失的现状

随着虐童案频频见诸报端，引发了一轮轮舆论风暴，但纵然舆论一片哗然、怒潮四起，却无法改变虐童案接二连三发生的悲惨事实。（见表1）

表1　2012年家暴虐童事件不完全盘点

时间	地点	媒体相关事件表述
2月14日	福建	因炒股失意，父亲将12岁女儿脚底烫伤并强迫喝臭水沟里的水
3月9日	云南	因未写作业，父亲将6岁儿子活埋致死
4月19日	广东	与丈夫不和，将出生40天儿子溺死
5月24日	河南	为讨情人欢心，将刚出生儿子卖掉
5月27日	深圳	不慎摔倒，被父亲的情人打了两耳光，致使颅脑严重损伤死亡
6月26日	四川	因上网，遭母亲毒打致死
9月23日	湖北	因产下女婴导致家庭态度剧变，欲闷死女儿，后经抢救孩子脱离危险
10月27日	贵州	父亲故意用开水将女儿头顶烫伤，导致女儿头顶大面积头发掉落
11月1日	深圳	母亲多次殴打8岁孩子，生病后强灌拌有感冒药的洗碗水，后导致死亡，其母燃烧被褥，造成被烧假象
11月30日	深圳	因不肯吃饭，遭母亲推倒，颅脑重度损伤
12月28日	深圳	父亲用皮带抽打6岁孩子，后导致吐血身亡

儿童①身心发展尚未成熟，本应受到监护人关心与照顾，但在上述事件中我们只看到了暴力与冷血、残酷与无情。"家"，一度被认为是最温暖的港湾，然而，就是在这港湾中，却上演了一幕幕人间悲剧。事实上，见诸报端的只是冰山一角。依据我国现有的法律规定，以上家暴案例在非伤即死之前就已经违反了我国刑法的相关规定，构成虐待罪。但是受我国传统文化的影响，父母对孩子的"棍棒教育"观念深入骨髓，轻微伤也已经被列入"防火墙"内，压缩成"隐私包"，外人无从"解压"。加之我国对受虐儿童的人权保障意识的缺乏以及现行司法保护机制上的严重不足，受虐儿童的保护现状不尽如人意，亟须深入探讨。

（一）宏大叙事的立法规制

纵然我国涉及对受虐儿童保护的法律法规不少，但大都停留在宏大叙事性的宣讲层面，而没有深入实践维度解析。当然立法关注"宏大叙事"本身无可厚非，在某种意义上对于法治进程亦不可或缺，如宪法、民法通则等非专门性法律的"宣讲式"述理方式往往能够为专门法律提供法理依据。但对于专门性法律而言，立法任务应当更为注重"穿针引线"的功夫，而我国虐童相关立法却本末倒置，将精力过于集中于宣讲式的立法重申中，从而忽视了法律的现实指引功能。② 例如

① 在本文中，儿童是指年龄不满14周岁的未成年人，与我国刑法上所规定的儿童年龄保持一致。

② 谢晖：《法理学：从宏大叙事到微观论证》，载《文史哲》2003年第4期。

何为虐待,立法并未给出理性评判标准,微观论证的欠缺导致司法实践中困境重重。

表 2　部分虐待儿童相关法律条文梳理

颁布时间	名称	条　　款
2004 年修正	宪法	第四十九条第四款
2009 年修正	民法通则	第一百零四条第一款
2001 年修正	婚姻法	第三条第二款、第二十七条第一款
2011 年修正	刑法	第二百六十条
2012 年修正	治安管理处罚法	第四十五条第一项
2006 年修正	义务教育法	第二十九条第二款
2012 年修正	未成年人保护法	第六条第二款、第十条第二款、第二十一条、第四十一条第一款、第四十三条第三款、第五十三条、第六十二条、第六十三条第二款

宏大叙事性的立法规制的另一弊端是,由于法律疏漏而导致司法部门在虐童案应对过程中无法紧凑衔接。例如,虽然未成年人保护法运用空白叙述方式引用刑法第二百六十条虐待罪条款,但由于罪名本身设置不合理,导致衔接出现空当,无法达到全面保护受虐儿童目的。在"番禺虐童案"①中,即使社会许多热心人士提出收养受虐儿童,但根据收养法第四条的规定,被害人却不属于收养的对象。即使符合送养条件,根据该法第十条及第十三条规定,也须征得有抚养义务的人同意,否则,受虐儿童只有继续留在施虐家庭中。至于寄养,根据 2014 年民政部公布的《家庭寄养管理办法》的规定,寄养儿童须是不满 18 周岁的孤儿,并且是查不到生父母的弃婴和儿童,受虐儿童也没有被纳入寄养对象中。

(二)困境重重的司法实践

随着虐童事件频出,公众关注度亦一路飙升,舆论的甚嚣尘上不断拷问司法公信力。据统计,在美国每年遭受父母或家庭成员虐待的儿童就达到650 万名,英国国家保护儿童协会发现每年约有近 6 万名儿童遭遇家庭暴力的袭击。② 在我国,由于多重因素,虐童案件无法准确统计,但据一项统计数据显示,2008 年 1 月至 2012 年 6 月见诸媒体的报道就有 429 例。③ 因此,如何最大限度地保护受虐儿童的利益成了司法实践中刻不容缓的问题。笔者采取查阅卷宗材料和访谈相结合的方式,了解了儿童虐待案件的一些基本情况。

调查时间:2012 年 4 月

调查地点:湖南省娄底市 5 个基层人民法院④

---

① 佚名:《"番禺虐童"尘埃落定　事件拷问社会管理之缺》,载 http://www.kelamayi.com.cn/news/2011-07/14/content_873360.htm,2012 年 6 月 15 日访问。

② 肖敏:《和谐社会语境中的家庭暴力问题研究——以虐待儿童行为为视角》,载《青少年犯罪问题》2007 年第 3 期,第 26 页。

③ 张雪梅:《别让孩子在家暴的阴影下成长——未成年人遭受家庭暴力案件调查分析与研究报告》,载 http://www.chinachild.org/b/yi/4227.html,2013 年 9 月 5 日访问。

④ 因为自诉案件每年在每个基层法院不是很多,虐待案件更少,而且上诉到中级法院的近 5 年几乎没有,于是笔者将娄底市 5 个基层法院案件集中作了统计,这 5 个法院包括:娄星区法院、双峰县法院、涟源市法院、冷水江市法院、新化法院。

调查对象:2007 年至 2011 年审结的所有涉及儿童被虐待的刑事案件

调查方式:查阅卷宗材料和法官访谈

2007 年至 2011 年全市基层法院共受理刑事自诉案件 194 件,其中涉及虐待儿童的案件是 5 件。由于案件比较少,我们对这些案件也进行了比较认真的询问。

表 3　娄底市基层法院刑事自诉案件中虐待罪案件的受理情况

年份	自诉案件	虐待罪(件)	处理结果	有无代理律师
2007	52	0	—	—
2008	48	1	调解	无
2009	31	1	撤诉	无
2010	20	2	调解、无罪判决	有
2011	43	1	调解	无

表 4　娄底市基层法院刑事公诉案件中关于虐待罪和其他侵害儿童案件的情况

公诉案件中虐待儿童案件			
年份	案件数	案由	判决结果
2007	0	—	—
2008	1	强奸罪	十一年有期徒刑
2009	0	—	—
2010	1	虐待罪	有期徒刑一年,缓刑一年
2011	1	虐待罪	管制一年

我们询问的是一位有过 20 年办案经验并承办多起虐待案件的基层刑庭法官。在交谈中,我们深感到这位老法官对此类案件的尴尬与无奈。据这位老法官介绍,办理虐待案件尤其是虐童案,司法实践中面临“三难”困境:

首先是立案难。公安机关对施虐主体进行治安处罚前须进行必要调查,以明确虐童行为存在。然而事实上,虐童案件的证据往往难以收集,在性虐待的案件中,甚至有儿童根本不知道自己受到了伤害,于是很多受虐儿童都被挡在了冰冷的程序前,造成无法挽回的后果。刑法规定虐待罪为亲告罪,由于缺乏未成年人独立代理人制度,实践中告诉情况较为少见。据一项调查显示,近年来虽然虐童案频繁发生,但囿于能力所限和亲情影响,报案比例却不足 2%。① 公诉案件中虐待儿童案只有 3 件,而这显然与实际虐童数量相距甚远。

其次是庭审难。一是庭审中证据认定难。囿于法律规定,公安机关对自诉案件证据收集较难介入,而自诉人证据收集能力薄弱,导致庭审中证据提交困难。二是证人证言缺失。我国证人出庭作证率低已成为社会共识,在家庭矛盾案件中更为突出。而受虐儿童心智受阻,表达能力有限,无法翔实表述的情况屡见不鲜,无疑影响了犯罪事实查明;再加上施暴者趋利避害式的行为

① 张雪梅:《别让孩子在家暴的阴影下成长——未成年人遭受家庭暴力案件调查分析与研究报告》,载 http://www.chinachild.org/b/yj/4227.html,2013 年 9 月 5 日访问。

模式选择,使案件事实更加扑朔迷离。三是告诉人心理矛盾也是造成庭审难的重要因素。虐童案中双方均为家庭成员,即使一时愤怒而起诉,但最终目的却不是使被告获刑,而是希望被告能停止虐待行为,因此告诉人往往在庭审过程中态度反复,进而影响案件查明。四是缺乏有效的法律援助。虐童案有相当高的比例发生于农村,囿于较为薄弱的文化素质及困难的生活环境,告诉人往往没有必要的法律知识及精力来应对烦琐的诉讼程序,因此也加大了庭审的难度。

最后是判决难。如表3所示,2007年至2011年间虐童案仅5件,而且多以调解、撤诉结案,这与以上所列举的立案难、庭审难密切相关。事实上,法官往往面临两难境地:如果剥夺施虐主体监护权往往导致受虐儿童基本生活无法保证,如果任由儿童生活在原有家庭则面临的是进一步的受侵害,因此法官无论如何权衡总是无法达到双赢的目标。另外,在量刑方面,刑法赋予法官一定的自由裁量权,在限定范围之内,出于和谐安定的考虑,在没有造成致残、死亡等十分严重的后果时,法官一般倾向于从轻判决。但是,虐童暴力行为具有反复性和隐蔽性、持续性及后果严重性,如果没有严厉的惩罚,很难取得相应的效果。

(三)裹足不前的救助体系

第一,专门机构职能的功能异化。新闻报道所称道的往往是设立了多少个未成年人权益保护机构,但事实上,绝大部分虐童案件中未发现这些机构参与,形同虚设的司法救助仅仅停留在宏观口号层面。不可否认,专门机构对相关数据的统计与分析极具意义,但毕竟只有深入到虐童案件中去才能获得第一手资料。因此,专门机构职能应向微观倾斜,向案件倾斜。专门机构功能异化的另一表现在于各部门之间缺乏联动,各自为政式的工作方式使资源无法有效整合,单兵作战式的工作方式给公众的印象是机构臃肿。

第二,缺乏受虐儿童国家救济制度。在转型的中国语境下,虐童案进入司法程序并非最优选择,受虐儿童更有可能因此而丧失生活基础,这也是在一起强奸儿童案件中,受害人一直忍受自己的亲爷爷长达10年的性侵犯而不敢报警的原因。① 尽管中央政法委等八部委下发了《关于开展刑事被害人救助工作的若干意见》,但是其中没有明确对未成年被害人的救济责任、条件及标准,而且受制于各地的经济水平及司法资源,实践操作的标准及成效也相差甚远,大部分地区只有民政部门进行适当的救济。此外,救济方式也比较单一,除了经济救济,缺乏心理救助、法律援助及心理治疗等途径多管齐下。

二、探求与反思:建立我国受虐儿童司法保护机制的基本法理依据

对受虐儿童给予更多制度倾斜与关爱,不仅仅是悲悯幼小的人性使然,更是对未成年人司法制度的扩展与完善,从宏观层面而言,更是我国未成年人司法保护理念不断更新的内在要求。

(一)被害人人权保障的客观需求

传统刑法以犯罪人为逻辑起点,围绕罪犯人权保障逐步延展,以求在国家与犯罪人对抗的"二元模式中"达到平衡。但随着刑事实证学派的研究不断推进,德国犯罪学家汉斯提出了被害人在犯罪学研究中的应有地位,认为"在犯罪过程中,受害者不再是被动的客体,而是主动的主体。不能只强调罪犯的人权,而要更充分的肯定和坚决保护被害人的人权。"②由此掀起了国际范围内对被害人学研究的浪潮。我国也从不同层面接受了这一理论,并从程序正义和实质正义

---

① 佚名:《从8岁到18岁 禽兽爷爷竟霸占亲孙女达10年》,载 http://www.nen.com.cn/72343475651084288/20070125/2139279.shtml,2012年6月20日访问。

② [德]汉斯·约阿希姆·施奈德:《国际范围内的被害人》,许章润等译,中国人民公安大学出版社1992年版,第419页。

二维层面以及利益衡平的角度加以拓展和完善。受虐儿童作为处于弱势中的群体,更加值得被关心和关注,这也是现代司法理念发展的客观要求。

(二)恢复性司法的价值诠释

心理学家、教育学家及精神病学家对虐童案进行的调查分析表明,许多加害人都曾在人格方面有过创伤经历,有些甚至就是之前的受虐者。由于创伤没有得到很好的修复,导致这一恶行在忽视中传承。美国犯罪学家约翰·R. 戈姆曾说过:"犯罪不过是世界失去平衡的产物,要从根本上避免犯罪和预防犯罪,只有修复被损害的社会关系,重新恢复原有的平衡。"①在研究如何妥善处理犯罪纠纷和关注被损害者的利益方面,其提出了"恢复正义理论"、"平衡理论"和"叙说理论"相结合的复合型理念,并成为当前刑事司法重点研究的方向。

"恢复正义理论"强调犯罪不仅是对法律的违反、对政府权威的侵犯,更是对被害人、社会甚至犯罪人自己的伤害,所以提倡在刑事司法程序中被害人和社会对司法的参与权利,从而平衡加害人、被害人和社会之间的利益。② 这一理论为受虐儿童参与刑事诉讼提供了最直接的理论依据。

"平衡理论"强调被害人在任何情形之下都对何为公平、何为正义有自己的合理期待这一相对直白、朴素的观念。③ 在虐待案件中,受害儿童明显的弱势地位,使其在司法中处于一种失衡状态,当平等和公正的游戏规则被打破时,则需要司法介入,修正倾斜的天平。

"叙说理论"强调给予被害人向突然介入其述说过程的人讲述其被害经历的机会,促使叙说成为其精神和心理治疗的手段,并满足恢复心理创伤之期待。④ 这一点在《为罪行的儿童被害人和证人取得公理的准则》第八条有所强调:"每个儿童都应该有权利以自己的语言自由地对所有事项表达其观点、见解、信念,特别是对影响其生活的决定提出意见,包括对任何司法过程中做出的决定,并要求将这些意见考虑在内。"它要求司法工作人员在处理受虐儿童的案件中一定要充分保障受虐儿童的参与诉讼权、独立表达意愿权,并使这些意愿在司法程序中得到体现。

在这种复合型理念中体现的是以自然主义人性论为基础的人道主义精神,提倡平等、博爱、善待每一个人,并尊重每一个人的权利和尊严。落实到本文所关注的受虐儿童中,则强调对于儿童最大利益的保护。这也体现了现在社会刑法所具有的公正、谦抑、人道三大价值目标。

(三)国家亲权学说的合理期待

传统大陆法系国家注重公益与私益二元体系划分,前者以保护公益为目的,后者则以保护特定私人利益为目的。一般情况下,公益需要国家主动介入保护。随着"国家亲权学说"逐步成为各国少年司法制度的理论依据之一,传统公私益二元体系划分有所缓和与松动,国家被认为是儿童的最高监护人,有责任也有权利保护儿童利益不受侵犯;即使是在私益领域,在我国签署的《儿童权利公约》《儿童权利宣言》《为罪行和滥用权利行为受害者取得公理的基本原则宣言》等国际条约中也突出了对儿童最大利益的保护。因此,对未成年被害人,国家有权对犯罪人进行惩罚以保护他们的合法权益,有义务创造舒适安心的司法环境来恢复他们所受的伤害,更有责任像父亲一样保护儿童免受伤害。因此,国家应该在司法活动中积极主动介入到案件中来,预防和制止虐童案的发生。

---

① 韩锋:《检察视野下刑事和解制度的探索》,载《法学考育》2011 年第 5 期,第 36 页。

② 王杨:《刑事和解的价值冲突与制度构建》,西南政法大学 2008 年硕士学位论文,第 17 页。

③ 刘方权、陈晓云:《西方刑事和解理论基础介评》,载《云南大学学报(法学版)》2003 年第 1 期。

④ 马静华:《刑事和解的理论基础及其在我国的制度构想》,载《法律科学》2003 年第 4 期。

三、参考与借鉴:域外经验的中国式解读

域外在虐童案处置程序中积累了大量的先进经验与做法,对我国加快受虐儿童司法保护机制构建具有借鉴意义。

(一)域外立法对受虐儿童权益司法保护机制的规定

1. 明确虐待含义。世界卫生组织认为虐待儿童包括在一种责任、信任或有影响力的亲密关系中的各种身体和(或)情感虐待、性虐待、忽视、疏忽、商业或其他剥削。对此,域外多以此为标准,在立法中明确虐待儿童的含义。如英国 1989 年的《儿童法》规定虐待儿童包括忽视、身体伤害、性虐待和情感虐待,并明确每一行为构成虐待的评判标准。① 日本也有类似规定,且更为翔实,可操作性更强,并在 2009 年修订的《儿童福利法》中将虐待场所进一步拓宽至儿童保护设施内。②

2. 强制报告制度。我国未成年人保护法第六条第二款规定,对未成年人权益所受侵害,任何人都有权检举、控告;而域外则赋予一些主体强制报告义务,如美国规定医师、教师、警察、商业摄影、社会工作者等主体负有报告义务,而且对此类案件报告可不受特殊职业道德约束。对负有报告义务但选择拒绝报告的主体,约有 90% 以上的州规定了处罚机制。③ 日本《儿童虐待防止法》第五条同样规定,教师、医师、护士、律师及与儿童福利具有职务牵连之人负有强制报告义务。④此外,英国、我国香港特区等地也有类似规定。

3. 诉讼代理人制度。父母与孩子利益大多情形下是一致的,但并不能因此而忽视两者利益背离的情形,尤其是在离婚或虐待、遗弃案件中,此时,如何确保孩子意思不受父母拘束成为关键。为此,澳大利亚设置了儿童独立代表人制度。在与父母利益面临冲突时,独立代表儿童利益与父母对抗,从而保护儿童利益最大化。⑤ 美国、英国亦有类似制度保障儿童在与父母利益不一致时的权益。

4. 司法审理程序。我国对虐童案的司法处置机制与成年人犯罪案件处理机制并无二致,即使是公众不断重申虐童案件的特殊性,但司法实践中尚未探索出一条合理路径。而美国却对此进行了深入研究。一般而言,美国司法审理程序分为四个环节,分别为可能性原因审理、诉因审理、永久性计划审理、终止父母的权利。并且随着四个环节之更替,证明标准越来越高:在可能性原因审理过程中只要具有怀疑可能性即可,但是在终止父母权利的审理程序中却需进行实质判断,以确定是否最有利于孩子成长。⑥

5. 刑法对虐童案之规制。日本刑法并没有专门针对虐童案而设立虐童罪,而是散见于其他罪名,如刑法典第 176 条强制猥亵罪、第 181 条强制猥亵致死伤罪、第 204 条伤害罪、第 205 条伤

---

① 吴允锋:《英国:防止虐童立法完备、高效》,载《法制日报》2012 年 11 月 27 日第 10 版。

② 王玉珏:《日本:建立多领域参与防虐童机制》,载《法制日报》2012 年 11 月 27 日第 10 版。

③ 胡巧绒:《美国儿童虐待法律保护体系介绍及对我国的启示》,载《青少年犯罪问题研究》2011 年第 5 期。

④ 于改之:《儿童虐待的法律规制——以日本法为视角的分析》,载《法律科学》2013 年第 3 期。

⑤ 谈婷:《澳大利亚儿童权利保护的立法与司法研究——以家庭法为视角》,西南政法大学 2006 年硕士学位论文。

⑥ 可能性原因审理又称 72 小时审理,其目的主要是考量是否存在其他方式替代将儿童从家庭迁走这一最终方式。诉因审理即如果在可能性原因审理过程中法官不同意儿童继续与父母生活,则在将儿童迁出后 30 天至 40 天后,父母可争取儿童回到监护之下。父母此时通常会与社会服务机构合作,以此换取法院斟酌。永久性计划审理是指若父母未能够满足社区机构要求,则儿童可能脱离监护一年,一年过后社会机构可以视情况让儿童回家或者延长临时脱离监护时间或选择终止父母监护权。终止父母的权利是指为儿童利益之考虑,有时不得不终止父母对子女的监护权,将孩子永久性的从家庭迁出。

害致死罪、第208条暴行罪、第217条遗弃罪和第218条遗弃致死罪。德国为遏制虐童现象，在刑法典第171条设立了专门针对受害人为未满16周岁的未成人的违背监护或教养义务罪。英国亦规定虐待未满16周岁的未成年人构成轻罪，可判处十年以下有期刑或监禁六个月。

（二）域外立法对我国之启示

综观域外对受虐儿童权益司法保护立法规定，虽然不尽相同，却存有共通之处，为我国立法规制提供了一条合理路径。

1. 立法干预从简单走向多元。随着虐童案越来越为公众所关注，域外立法亦逐步走向多元化、体系化。一般而言，对虐童案件规制有补偿性质的民事法律、惩罚性质的刑事法律和行政法律、保护性质的专门性条例，各类型法律在分工规制某一领域虐童案件的同时衔接也越发紧凑，共同为儿童权益构建了立体、全方位的保护平台。例如，美国相继颁布了《儿童虐待预防和处理法案》《收养与家庭安全法案》《儿童保护法案》。英国颁布了《子女法》《猥亵少年儿童法》《收养照管法》等。

2. 多领域共筑防虐机制。儿童权益保护并非政府能单独完成，而是必须依靠全社会力量共同组建防虐机制。域外形成了政府主导、社会多方力量整合参与机制。例如美国设置了专门寄养家庭负责收养受虐儿童，弥补政府力量的不足；日本民间成立的"儿童虐待思考协会"不断强化社会对虐童案的关注与防治，为政府提供决策参考；中国香港社会组织更是提供了约4/5的社会福利服务，政府只提供剩下的1/5。①

3. 从后期治疗到预防为主。从早期的被动发现到如今的注重宣传、教育，国家在虐童领域历经了从被动应对走向主动干预的过程。学校不仅开设了反虐、防虐课程，帮助、引领学生正确识别、应对，而且国家日益注重虐童问题专门人才培养，建立人才数据库，重视对虐童数据的统计与分析，并在注重保护儿童权益时，兼顾施虐家庭帮助，以期从源头减少虐童案。

四、回应与出路：受虐儿童权益司法保护机制的优化

受虐儿童的生存状况以及刑事司法发展步伐已不允许我国在对受虐儿童的司法保护方面停滞不前，而应积极借鉴国外的成熟经验及实践做法，构筑一道坚实的司法"防火墙"，以保障儿童健康成长。

（一）加强专门立法，坚持"儿童最大利益"原则

法律既有惩治功能，亦有预防功能。联合国1989年通过的《儿童权利公约》要求，父母或者其他的照料者，要保护儿童免受任何形式的躯体或精神伤害，并应采取预防措施防止这一现象的出现。我国虽然签署了《联合国儿童权利公约》，但到目前为止，还没有专门针对儿童受虐保护方面的法律。因此，笔者建议在保护受虐儿童方面，应该借鉴国外先进的立法与司法理念，专门针对受虐儿童进行立法保护，对儿童虐待的定义、界限、具体的处置、专门机构、社会保护、司法机构参与程序、刑事处罚力度、强制报告制度等作出具体规定。

（二）创设儿童虐待案件的司法审理程序

虐童案之特殊性决定了司法处置过程的特殊性，因此固守司法干预的被动性原则不足以全面保护受虐儿童合法利益。而英国《儿童法》确立的"儿童福利原则"、"不得迟延原则"和"无法

---

① 王玉珏：《香港：防虐童法律干预从简单到多元》，载《法制日报》2012年11月27日第10版。

令原则”三大原则值得参考借鉴。①

第一，建立积极灵活的立案处理机制。首先，降低立案门槛。司法机关接到虐童的举报、控告或者起诉后，在排除了明显的诬告情况下，只要有理由怀疑虐待行为存在，司法机关就应当无条件立案。立案后，要将虐童案与其他案件分开处理，如设立专门的办案机构或者配备专门办案人员。在这一处理机制上可以直接借鉴已经探索多年的少年法庭模式，更好地保护受虐儿童的权益。其次，要立即启动调查取证程序。由法院委托公安机关调查取证，强调公权在虐童案件中的介入。如在调查过程中发现受虐儿童继续留在加害人身边，会造成不可挽回的后果，则要暂时将受虐儿童带离原来的生活环境，由法院从近亲属中指定临时监护人或为受虐儿童提供紧急安置场所。当然，这一决定的作出需要进行严格的司法审查，迅速而非迟疑地作出决定，除存在其他方式替代将儿童从家庭迁走这一最终方式外，一般应准予。

第二，建立特殊的取证程序。这一程序主要是针对受虐儿童的证言采集而设立的。在调查取证过程中应考虑受虐儿童心理特殊性，尊重其人格，尽量避免造成受虐儿童再次受伤，因此公安机关在接到法院委托调查法令后应毫不迟疑地进行独立、公正、客观调查，运用“家居环境下的调查访问制度”及“一站式调查取证方法”，②并为受虐儿童出庭作证提供心理支持，必要时可陪伴作证，代理作证，从而最大限度上保护受虐儿童。

第三，完善审判组织形式。受虐儿童在家庭中已经长期受到虐待，其身心受到了重创，但是作为案件的受害人，其证言是法官对案件事实判断的重要依据，因此办理此类案件应该选择非常有耐心、责任心并且有相当生活经验的法官，同时庭审中应该邀请一些心理医生、妇联工作人员及孩子非常信赖的亲属等参与，必要时可以由他们来进行询问，以此来消除或缓解受虐儿童的恐惧和疑虑。在审判方式上，严格贯彻不公开审判原则，最大限度地保护受虐儿童隐私。

第四，革新作证形式及方法。受虐儿童作为案件可能的唯一证人，其证言对于整个案件事实的查清非常重要。因此，对此类案件应该保障受虐儿童的证人资格。同时，在作证的方法上，要为受虐儿童提供良好的环境，缓解他们作证的压力，可以利用之前调查取证的方法，采用“一次成像”的固定技术，或者允许使用闭路电视、同步直播等高新技术作证。硬件设施比较差的地方，可以在法庭上设遮挡物（如图1所示）或者要求被告回避等方式来避免儿童与被害人直接接触，以见影响作证的效果。

---

① “儿童福利原则”，指法院在解决儿童问题时，首要考虑儿童之利益。“无法令原则”，指对法令发生应保持克制，只有必要且无其他方式时得为之。“不得迟延原则”，指迅速合理处理儿童问题。参见余真：《如何完善对虐待儿童行为的司法干预机制——以英国1989年儿童法为例》，载《法制与经济》2009年第5期。

② “家居录影室”主要指通过营造安全舒适亲切的氛围，使受虐儿童能够相对轻松地述说被害过程。“一站式调查取证方法”指通过检查次数减至最少，并毫不迟疑地进行，一般为24小时，尽量避免再次使受虐儿童受伤害。参见马忠红：《香港警方办理未成年人遭受性侵害案件的做法及启示》，载《中国青年研究》2006年第9期。

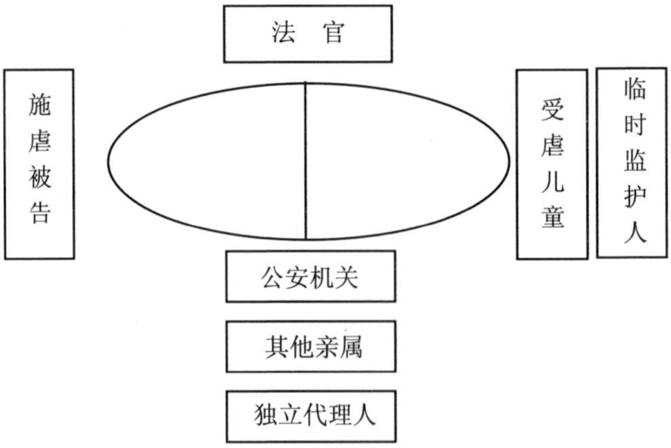

图1 虐童案审判组织结构图

（三）完善司法救助保障机制

第一，整合儿童虐待处理机构。受虐儿童的保护与虐童案件的处置是一项动用资源很多，专业性很强，意义也非常重要的工作。这需要方方面面的配合与合作才能达到一定的效果。20世纪60年代以来，各国相继成立了专门预防和处理儿童虐待的机构与组织，一般由国家和各地方政府部门组成，也有非政府组织。我国在这方面的投入和研究比较晚，但是也开始有了一些尝试。如2006年西安建立了全国首家儿童虐待救助机构——西安博爱儿童虐待预防与救助中心。① 杭州市政府妇女儿童工作委员会也启动了“社区儿童保护服务体系与网络建设”项目。② 笔者认为，这一经验应在全国范围内推广，由政府牵头组建，整合共青团、妇联、关工委等多个社团组织，成立专门预防和处理儿童虐待的机构，为受虐儿童提供另外一个“家”。

第二，建立受虐儿童国家救助机制。建立受虐儿童救助基金，由受虐儿童专业机构委托基金公司运转，在确保基金不缩水的同时实现增值。改变民政部门单一救助体系，强化与司法部门联动，及时掌握虐童信息。运用社会调查、风险评估等方式，综合考量受虐儿童心理状态，划分初步创伤、中度创伤及深度创伤三个层次，并对不同创伤采取不同强度心理干预，帮助受虐儿童走出心理阴影。

第三，借鉴域外立法经验，设立代表受虐儿童利益的“诉讼代理人制度”。③ 在诉讼过程中，人民法院应当为受虐儿童参与诉讼案件提供保障，让“诉讼代理人”全面介入诉讼案件，调查收集有利于保护受虐儿童利益的证据，协助受虐儿童与刑事司法机关的沟通，维护其合法权利，促进刑事诉讼程序的正当化，并向法官提出有利于维护儿童最大利益的司法建议。法官对于受虐儿童的诉讼代理人提出的证据和建议应予充分考虑。在制度上，可将“诉讼代理人”制度纳入我国程序性立法，规定儿童虐待案件获得诉讼代理人的权利及适用范围。对于符合法定情形的案件，人民法院在审判时应为其指定承担法律援助义务的律师为诉讼代理人，以保障受虐儿童诉权的

① 佚名：《虐待儿童：被低估的迫害》，载 http://www.zhiyin.cn/boxuan/2010/0526/article_8419_4.html，2012年6月15日访问。

② 该项目是联合国儿童基金会与我国政府合作，通过在全国几个主要城市选择有代表性的社区，建立多方合作的儿童保护工作网络。兰苑社区和新浦社区是杭州首批试点社区。据介绍，兰苑社区将成立“社区 CPU”（社区儿童保护办公室），如居民发现有儿童受虐等现象，可以向社区 CPU 举报，工作人员会上门与该儿童的家长沟通，提供相关的心理咨询等服务。

③ 夏吟兰：《离婚亲子关系立法趋势之研究》，载《吉林大学社会科学学报》2007年第4期。

行使。

五、结语

在保护生命、尊重人权的法治社会,受虐儿童的权益保护已经成为人们不愿去想,但不得不去想的一个问题。当暴行披上“家庭”“亲权”的外衣后,一切丑陋的事实都被挡在了家门之内。受虐儿童作为弱势群体中的弱势,只能默默承受,在黑暗中哭泣,并极有可能成为下一个施虐者,使暴行陷入无限往复循环的境地。仅仅认识到虐童问题的严重性,停留在纸面上的口诛笔伐远远不够,我们亟须更全面、更深刻的研究并立刻采取行动。

(作者单位:湖南省娄底市中级人民法院
湖南省岳阳市中级人民法院)

让热点案件的判决书制作成为典范

□于同志*

近年来，重大、热点刑事案件受到人民群众的高度关注，人民群众不仅关注案件的裁判结果，也关心案件的裁判过程。裁判文书是案件审判过程及结果的记载，是“把动态的刑事司法过程转化为静态的书面文字”，①是人民群众了解司法案件各方面信息的主要窗口，必然要承担起“回应人民群众关切”的重要使命。这就对裁判文书的制作提出了更高要求。于欢故意伤害案二审改判获得广泛认同，其判决书被媒体誉为“法与情的完美结合”“有情感的判决”等，由此也为热点刑事案件制作裁判文书提供可资参考的范例。

一、全面反映诉讼参与各方的意见

于欢案二审判决书用了相当的篇幅、较详细地表述参加诉讼的各方主体，包括提出上诉的被害人杜某的亲属及其诉讼代理人、被告人于欢及其辩护人、出庭检察员以及被害人郭某、严某及其诉讼代理人的意见。相关内容，既包括上诉状、辩护词、代理词、出庭意见书等书面材料记载的意见，也包括各方当庭口述发表的意见。而且，判决书对各方的意见均作了精准概括，虽然本案诉讼参与人数量多、各自所提意见涉及多方面，但由于判决书制作者对此精心归纳、提炼，表达上做到了层次清晰、布局合理、内容清楚，丝毫不显凌乱。

一般来说，诉讼参与各方发表意见的途径主要有两种：一是向法庭提供书面材料；二是当庭发表意见。制作裁判文书时表述诉讼参与各方的意见，是依据书面材料还是当庭意见，值得关注。从实践来看，向法庭提交书面材料反映意见，有的在开庭前提交，有的在庭审宣读后直接交予法庭，个别的是在庭审后经修改完善后再提交法庭。在文书制作时，有的法官基于操作便利等考虑，往往直接摘录、概括书面材料的观点。这样做的一个直接后果就是不能全面反映各方的意见和观点。因为，相对于控辩激烈交锋下的极为丰富的庭审信息，事先所准备的书面材料的内容往往是固定的，也通常是不全面的。特别是有的诉讼参与人还会根据庭审情况调整自己发言的具体内容，事先准备的意见未必当庭提出，事前未提及的观点可能随即迸发。简单地依据书面材料概括、提炼相关诉辩意见、观点，既不够全面也不够稳妥，还不利于回应人民群众的关切。

按照庭审实质化的要求，“诉讼证据出示在法庭，案件事实查明在法庭，诉辩意见发表在法庭，裁判结果形成在法庭”，②所以，对于开庭审理的案件，诉讼参与各方的意见向法庭提交的法定渠道应是“庭审”，且应当以口述的言词方式当庭提出，这样才有助于相对方提出答辩意见，才有利于法庭贯彻控辩对抗、裁判中立的理念。与此相对应的是，裁判文书所反映的诉讼参与方的意见应当是各自当庭发表、经过辩论的意见（而不能局限于上诉状、辩护词、代理词、出庭意见书等书面材料）。并且，判决书应当全面反映各方的意见，避免遗漏。当然，全面反映不是照搬照抄，应当加以概括、提炼，对一些似是而非的内容要作出修饰、调整，完全不合理的还可以“适当取

---

* 法学博士，《刑事审判参考》执行编辑。

① 李谦：《以释法说理的裁判文书引领社会风尚》，载《人民法院报》2017 年 8 月 6 日。

② 沈德咏：《加快推进以审判为中心的刑事诉讼制度改革》，载《人民法院报》2017 年 3 月 8 日。

舍”。但在总体上应力求表述完整、准确、精练。在此方面，于欢案的二审判决书可供借鉴。

二、严格依据证据认定案件事实

重大、热点刑事案件在庭审中往往会呈现多方面的“事实”，其中既有检察机关指控的“事实”，也有被告人及其辩护人主张的“事实”，在有被害人出庭的案件以及刑事附带民事诉讼案件中，还会存在被害方陈述的“事实”等。这些“事实”既有客观属实的，也有与实际出入很大甚至完全虚构的；彼此之间既可能比较接近，也可能大相径庭，等等。这就要求法庭在认定案件事实时必须牢固坚持证据裁判的立场，“一切靠证据说话”。

1. 基于证据认定案件事实

党的十八届四中全会在论及以审判为中心诉讼制度改革时，明确要求坚持证据裁判原则。证据裁判，也是刑事诉讼中的一项基本原则，它要求“事实认定必须依据有关证据作出，没证据不得认定事实”。于欢案的二审注重贯彻证据裁判原则，判决书立足于经庭审举证、质证的被害人陈述、被告人供述和辩解，证人证言，视频资料、现场勘验、检查笔录、鉴定意见和有关书证材料，医疗证明和医生的证言以及检察机关补充提取的证据五个方面的证据，客观地还原了本案的全部案情，既揭示出案件事实的基本脉络，也展示了人民群众关注的相关细节，通过“让证据说话”，澄清了网传的一些失实的事实、情节，稳妥且有效地回应了社会的关切。

2. 无证据支持以及与在案证据不符、无关的事实主张不予认定

在于欢故意伤害案二审中，上诉人于欢及其辩护人提出“被害人杜某伤后自行驾车前往冠县人民医院，而未去距离更近的冠县中医院，且到医院后还与门卫发生冲突，延误救治，导致失血过多死亡”“被害人有亲属在当地检察机关、政府部门任职，可能干预审判”等主张，被害人郭某、杨某及其诉讼代理人提出于欢在案发前已准备了管制刀具、案发时“拉开衣服拉链从身上拿出刀具”等主张，出庭检察员提出被告人父母存在计划外生育、因不正常上班被免职等主张。对诉讼参与各方的上述事实主张，二审法院立足于在卷证据材料逐一进行了审查、回应，对其中没有证据证明的、与已经查明事实明显不符的以及与本案定罪量刑没有关联的，果断不予支持、不作案件事实认定。

3. 坚持对案件事实全面认定、表述

定罪量刑必须以事实为根据。这里的事实既包括直接关乎案件定性的关键事实、核心事实，也包括可能影响量刑的案件前因后果等方面的关联事实、边际事实，只有把涉及案件定罪量刑的事实全面发掘出来，才能够客观、准确地认定案件性质并适当量刑。同时也有助于澄清网传不实事实、情节，回应人民群众的关切，并实现司法的公开透明。于欢案一审判决之所以引发社会广泛关注和炒作，也与其未能查明和完整表述案件全部事实有直接关系。

二审判决书中明确指出，认定事实不全面是原审判决存在的突出问题之一。原判仅仅认定了案发当天被告人于欢故意伤害他人的事实经过，但未能查清也未能明确认定、表述引起该案发生的“前因”及相关背景因素。事实上，案发前被害人杜某等人在吴某、赵某纠集下多次实施骚扰于欢之母苏某的正常生活、干扰源大公司生产经营等逼债行为。苏某一方也曾拨打“110”“市长热线”等求助，但吴某、杜某等人的行为未能受到有效制约并变本加厉，以致最终引发此案。该事实、情节不仅是认定被害人存在严重过错的事实基础，也是判断于欢的行为是否具有防卫性质进而对其准确地定罪量刑的客观依据。针对原判认定、表述事实不够全面的问题，二审判决重点叙述了被害人杜某一方“辱母”的具体言行、于欢持刀捅刺四被害人的详细经过和杜某被救治的具体情况等社会关注的重要事实，并全面认定了双方高息借贷经过、案发前被害人杜某等在吴某、赵某纠集下多次实施的逼债行为等事实、情节。全面认定和表述案件事实，不仅最大限度地回应

了人民群众的关切，也为判决书说理评判和裁判奠定了坚实基础。

三、认真梳理证据实现精准表达

于欢案发生时，现场人员较多，侦查机关调取数十位证人的证言、多名被害人的陈述，加之视频资料、现场勘验、检查笔录、鉴定意见、被害人入院救治方面的证据等，案件证据材料较多。在案件二审期间，出庭检察员又当庭宣读、出示了新收集、调取的证人证言、侦查实验笔录及行驶路线图、手机通话记录和原证人、被害人、被告人的补充证言、陈述和供述等23份证据材料，辩护人则当庭出示了讨债人员驾驶无牌或套牌车辆的现场监控录像截图、被害人亲属系冠县人民检察院工作人员的网页截图、驾车从现场分别到冠县人民医院和冠县中医院的导航路线截图3份证据材料，这使得二审法庭面对的案件证据材料更加丰富、庞杂。对这些证据材料。一方面，需要法庭经过开庭审理，双方举证、质证，对证据材料作出认证、取舍；另一方面，对经过认证、作为定案依据的证据要进行梳理，做好证据的摘录和列举。

二审判决在对各方意见评判中指出："辩护人当庭提交的3份新证据材料，出庭检察员当庭提交的有关苏某计划外生育被罚款的收费收据、于欢父亲于某某身份信息的新证据材料，或者不具有客观性，或者与案件无关联性，本院不予采信"，但基于事实认定需要，采纳了检察机关补充提交的聊城市人民检察院提取的银行转账凭证证明、通话清单证明以及冠县公安局制作的侦查实验笔录证明3份证据，体现了对证据裁判原则的严格坚持，也由此划定了本案定案证据的具体范围。

鉴于据以定案的证据种类繁多、内容庞杂，二审判决紧扣裁判认定的事实，从证据摘录与证据列举两个环节对相关证据作了精心梳理。在证据摘录上，遵循准确、客观、中立、全面、匹配事实、详略得当等的要求，着重从六个方面对在案证据进行整理：第一，根据裁判认定事实摘录证据具体内容，重点关注直接关乎定罪量刑的关键性信息。第二，对被告人有利和不利的证据内容全面反映。第三，大幅归纳、合并内容重复的证人证言、被害人陈述等证据。第四，妥善处理证据摘录上的详略关系，对重要信息引用原话、详加表述，不重要的证据信息一笔带过，无关的信息坚决不列。第五，重视书证、视频资料、现场勘验、检查笔录、鉴定意见等客观证据，对相关证据内容详细摘录，注重发挥客观证据的证明作用。第六，不忽略证据的附随信息，列明证据的来源和取证机关等。

在证据列举上，重点做了以下工作：第一，按照"被害人陈述、被告人供述和辩解""证人证言""视频资料、现场勘验、检查笔录、鉴定意见和有关书证材料""医疗证明和医生的证言"和"检察机关补充提取的证据"五个板块列举证据，重视各类证据在证明体系上的内在逻辑性和形式排列上的条理性。第二，贯彻中立裁判立场，平等对待控辩证据，将各自的相关证据交替罗列。比如，将被害人陈述与被告人供述和辩解放在一起表述；在证人证言部分，先列举在现场的证人证言，再列举其他证人证言。列出于欢之母苏某的证言后，随之表述被害一方的相关证人证言等。第三，突出对新证据的认证。将采纳的检察机关补充提交的3份新证据单独列出，并较为具体地表述其证据内容，积极展示庭审实质化的改革成果。

于欢案二审判决书处理证据的上述做法具有重要参考价值。从审判实践来看，目前裁判文书在证据摘录和列举中存在的突出问题是：(1)证据摘录不全，遗漏关键性信息、证据来源及特征等；(2)证据摘录不中立，容易忽视一些有利于被告人的信息；(3)证据与事实脱节，与裁判认定的案件事实不匹配、不一致，量刑事实时常被忽略；(4)罗列的证据与案件事实之间缺乏相关性，或者为明显多余的证据材料；(5)在对具体证据的内容摘录和全案证据的整体处理上，均存在繁简不分的问题；(6)定案的证据未经庭审出示、质证，未经庭审举证、质证的可能是单个证据，也可能是该证据的某些重要信息;(7)证据列举随意、混乱、无序;(8)对证据内容的语言表达不清晰、不规范、不准确等。如何恰当地表述证据,直接关乎裁判文书的制作质量,于欢案二审判决书无疑提供了一个重要范本。

四、围绕争点对各方意见公正评判

刑事裁判文书制作中,法庭不仅要对其所认定的事实加以全面论证,还要对诉讼参与各方所提的证据及事实主张、法律适用意见等是否采纳予以全面、充分的评析、判定,作出确定性的裁判结论。最高人民法院在相关司法文件中也反复强调,要"加强对质证中有争议证据的分析、认证,增强判决的说理性"。这是提高裁判文书制作质量和水平的重要方面。

于欢案二审判决书,从以下六个方面强化了说理评判:第一,归纳诉讼参与各方的争议焦点。将各方的意见概括为"事实和证据""法律适用""刑罚裁量""诉讼程序"四个方面,将控辩对抗的庭审特质充分展示出来,文书评判和说理更有针对性,也更加条理清晰、层次感强。特别是,这几方面也是人民群众关注和热议的焦点。通过概括归纳案件的争点、疑点,也有利于直面矛盾问题,回应社会关切。第二,坚持中立裁判立场,加强回应性说理。在提出每个问题后,首先摆出各方的争执性意见,然后进行评判,指明各自存在的问题,最后给出是否采纳的确定性的评判意见。第三,评判各方意见时,紧密结合案件事实、证据、程序、法律、情理、逻辑等展开,抽丝剥茧,层层剖析,辨法析理,以理服人。第四,列出专题探讨本案的事实、证据问题,重视对双方质证中有争议的证据的分析、认证。第五,针对各方在量刑上的不同诉求,并考虑人民群众对量刑的高度关注,专门阐述刑罚裁量的具体依据。二审判决书综合分析了于欢行为的危害后果、于欢当庭不认罪、无悔罪表示和杜某侮辱行为及其对于欢情绪的影响、被害方过错、于欢归案后如实供述等法定、酌定从重、从宽量刑情节,十分清晰地释明了对于欢防卫过当行为予以显著减轻处罚、判处五年实刑的缘由。第六,针对各方争议的焦点,敢于审查,勇于发声,表明立场,突出地表现在对诉讼程序的审查和判断上。二审判决书把程序审查作为一个专门问题,对被告人及其辩护人提出的被害人亲属在检察机关、政府部门任职,可能干扰案件查办,应当排除相关证据,对案件移送或指定管辖等意见,进行认真审查并立足于事实和证据进行评判。这种对聚焦案件疑点、争点与难点注重回应性说理的做法对裁判文书制作尤其是社会关注度高、控辩双方争议大的刑事热点案件的文书制作,具有重要借鉴意义。

从审判实践来看,虽然目前刑事法官对裁判文书说理的重要性都有所认识,但不知如何评判说理的问题仍比较突出。主要表现有:一是对争议焦点不归纳、梳理,在评判时针对性不强,分析过于简单,不深入、不充分,浅尝辄止,流于形式化、公式化,空话、套话多,千人一面。诸如"被告人及其辩护人的相关辩解、辩护意见不能成立,不予采纳""被告人及其辩护人的意见缺乏事实和法律依据,不予采纳"等类似表述充斥于很多刑事裁判文书中。二是流于"单方评价"或"自说自话"。有的仅摆出一方的意见,根本不提及相对方的意见,单方评说;有的不针对控辩双方的意见评判,自言自语,明显不符合"控辩对抗、居中裁判"的诉讼理念和要求。三是随意取舍,甚至断章取义,不能客观、全面地反映诉讼参与各方的意见本意,说理也是以偏概全,让人读后感到片面甚至偏袒。四是模糊争议焦点,说理轻描淡写、大而化之,或含糊其词、遮遮掩掩,不能针对各方主张逐一评判。特别是对程序性事项,有的不能直面问题、勇于回应。五是重视采纳、评判控方意见,对被告人及其辩护人的意见回应不够,偏离了中立裁判立场。六是分析、评判逻辑混乱,缺层次、无条理,语言不平实,有的过于学术化,让人看不明、读不懂等。

裁判,顾名思义,要在全面倾听双方意见的基础上中立地作出抉择。所以,裁判文书的说理评判,一要有明确的对象;二要有双方的意见;三要有充分的评判依据;四要有确定的裁判结论。

无对象的评判类似于隔空放炮，只有单方的意见就容易沦为自言自语，无依据、不说理的评判无异于妄断，不给出确定性的结论就谈不上裁判。这些做法自然难以让人从心理层面认同和接受判决结论，难以让人信服，司法权威也就难以在人民群众心中树立。所以，刑事案件裁判文书的制作，不仅要重视评判说理，还要关注评判说理的具体方式方法。

五、严格依法并充分考虑情理裁判

党的十八届四中全会审议通过的《中共中央关于全面推进依法治国若干重大问题的决定》中明确规定“加强法律文书释法说理”。对于社会公众广泛关注的“热点”案件来说，强化裁判释法说理有助于回应社会关切，提升司法权威与公信。从实际来看，有两种类型的裁判文书，尤其难以让人民群众信任：一种是对案件事实不惜篇幅详加陈述，对裁判结果却轻描淡写，让公众无法知悉裁判所包含的逻辑和规则，不能获得一个满意的“说法”；另一种是置一般法理于不顾，在裁判文书中以裁判结果代替逻辑说理，以因为果，令人无法信服并最终损害了司法权威。①所以，裁判文书说理问题，直接关乎刑事司法公正与公信。

于欢二审判决书非常注重说理，强调以理服人。一是重事理，注重从生活经验逻辑出发作出评判。例如，从案发时于欢可透过接待室玻璃清晰看见停在院内的警车警灯闪烁，认定于欢“应当知道民警并未离开”；从于欢的姑母证言所说“见对方一人捂着肚子说‘没事没事，来真的了’”，认定“于欢面临的不法侵害并不紧迫和严重”；从被害人郭某系被背后捅伤等方面，认定于欢的防卫行为明显超过必要限度造成重大损害；从本案发生于“冠县这个不大的县城”，系熟人社会里发生的民间纠纷，认定其“与陌生人之间实施的类似行为的危险性和危害性显有不同”，等等。这种基于生活本身的逻辑和理性的推论，容易让当事人和人民群众信服。二是重法理。对本案认定于欢防卫过当、构成故意伤害罪涉及的不法侵害、防卫行为、特殊防卫、防卫限度等相关法律问题详加阐释、论证。三是重学理。在分析于欢行为性质时既紧扣法律条文规定，又充分吸收了学术界关于正当防卫的最新研究成果，将学理融合于其中，并力求丰富发展正当防卫的学术理论。四是重情理。站在人民群众的立场上，将心比心、换位思考，对于欢及杜某等人的行为进行深入分析、客观评定，既从法律上判断，也从常识常情及伦理道德上分析。

从于欢案舆情发展来看，最初引起社会关注的是“辱母”情节。在本案中，被害方实施的侮辱行为主要是针对于欢以外的第三人，即他的母亲。母子之情是诸多人类情感中最神圣、最纯真的，“辱母”对一个人的伤害甚至超过对自己侮辱所带来的伤害。如果侮辱他人母亲的行为得不到法律的惩罚，维护自己母亲人格尊严的行为得不到法律的认可，必将引起人神共愤。一审判决恰恰未对此情节充分顾及、恰当评判，因此导致了社会不良情绪的“井喷”。二审判决基于维护天理人伦、顺应民意的考虑，明确指出：被害人杜某当着于欢之面公然以裸露下体的方式侮辱其母亲，虽然距于欢实施防卫行为已间隔约20分钟，但于欢捅刺杜某等人时难免不带有报复杜某“辱母”的情绪，此情节“在刑罚裁量上应当作为对于欢有利的情节重点考虑”，由此获得社会公众的广泛认可。

可见，于欢案二审判决在坚持严格依法裁判的同时，高度关注社情民意，在评判说理中将案件置于天理、国法、人情之中综合考量，强调裁判既不能背离法律，也不能违背文化传统、常情常理以及人民群众的公平正义观念。有学者指出：“从价值上说，现代法治应当是人性之治，良心之治，常识、常理、常情之治，现代法治中的法律规范，只能是反映人类人性、个人良心共性的社会常

① 袁博：《从张船山判词看刑事裁判文书的说理》，载《人民法院报》2017年7月7日。

识、常理、常情的具体化、规则化。”①法治要讲常识、常理、常情,法官办案也要讲常识、常理、常情。事实上,我国是有着数千年文化传统的国家,天理、国法、人情是深深扎根人们心中的正义观念。法院裁判必须尊重人民群众的朴素情感和基本的道德诉求,自觉维护我国传统文化和社会主义核心价值观所倡导的道德伦理,做到遵循法度、顺应天理、合乎人情,实现法理情的有机结合。

六、积极回应关切打造大众化判决

本案发生背后有着复杂的社会背景,一审宣判后人民群众通过网络、纸媒等渠道也传达了多方面的诉求,除了呼吁司法机关明确正当防卫及防卫过当的法律边界、充分考虑被害人实施的侮辱行为外,也希冀司法机关对高利贷与非法催收行为说“不”,并明确警察执法是否存在失职渎职等。这些诉求有的属于承办法院的管辖范畴,有的则不属于。对此,裁判文书如何作出恰当的回应需要认真对待,既要依法积极作为,又不能擅自盲目乱为,要全面客观分析情况、依法审慎判断。

于欢案二审判决书制作之所以受到广泛肯定与好评,就在于始终坚持将实现“三个效果”作为工作目标。从法律效果来看,本案一审判处无期徒刑,二审在基本事实出入不大的情况下,改判无罪或缓刑不仅有违刑法规定及精神,也将可能对司法公信造成消极影响,并无助于类案的量刑平衡。而判处五年实刑的法律效果最好。从社会效果来看,引发本案有深层次的社会因素,其中高利贷、非法逼催债是一个重要方面,也是一审宣判后舆论的炒点之一,反映了人民群众对此类行为的痛恨。但是在国家立法未作出正式回应之前,司法如何作为需要考量。二审判决把通过侮辱进行催收定性为“严重违法、手段恶劣”,认为这种行为应当受到惩罚和谴责,则鲜明表达了法院对此类行为的否定态度。从政治效果来看,在法治社会中,应当鼓励和引导人民群众通过合法途径来保护自己的权利。在有合法救济程序的情况下,如果纵容当事人采取非法的手段保护自己的权利,就是把私力救济凌驾于国家权力之上,其结果很可能导致社会的混乱。所以,本案的裁判必须平衡国家管理与私力救济之间的关系,引导公民走正常渠道救济权利,以维护社会稳定与和谐。可以说,从落实法律效果、社会效果和政治效果的考虑,二审判决书对相关问题都作了积极回应和妥当处理。

此外,让人民群众理解、认同判决,还要考虑判决书的表达形式。判决书既是法院对特定个案裁判活动的书面记载,也是一种社会公共产品,其价值不在于高深的理论,而在于蕴含其中的能为人们感受到的裁判规则和基本道理。判决书要为人民群众所接受,首先必须容易让人读得懂、看得明白,领会其中传达的道理。综观于欢案二审判决书,从文书结构到文字表述,从逻辑顺序到理据分析,都精心打磨,力求用通俗易懂、平实准确的语言,用人民群众易于接受的表达方式,说清裁判的依据和思路,讲明裁判的道理和规则。在裁判说理上讲究充分、透彻,在语言表述上力求准确、妥帖。例如,在评判“辱母”情节时,使用了“严重违法、亵渎人伦,应当受到惩罚与谴责”的表述,用语鲜明,语气强烈;对被害人亲属所提偿付死亡赔偿金、被抚养人生活费的诉求依法不予支持,但考虑到被害人杜某某的四名未成年子女的实际生活困难,又提出“可依法救济”,爱憎分明,既较好地贯彻了平等保护理念,也充分体现了司法的善意和温情。“判决有情感、有温度”,就容易引人共鸣,由此也会提升裁判的权威性和公信力。可以说,于欢案二审判决书的相关表述是字斟句酌、反复推敲的结果,其出发点就是打造一份让人们能理解、能接受、能认可的“大众化判决书”。这对妥善处置人民群众高度关注的热点刑事案件来说,是极其重要的。

---

① 宣海林:《法应当向民众认同的常识、常理、常情靠拢——访十一届全国人大代表、重庆大学法学院院长陈忠林教授》,载《中国审判》2011年第11期。

任润厚贪污、受贿、巨额财产来源不明违法所得没收裁定书评析

□刘晓虎　张　宇

山西省原副省长任润厚违法所得没收申请案，是我国第一起因犯罪嫌疑人死亡而进入诉讼程序的省（部）级领导干部职务犯罪案件，也是《最高人民法院、最高人民检察院关于适用犯罪嫌疑人、被告人逃匿、死亡案件违法所得没收程序若干问题的规定》（以下简称《追赃规定》）实施后第一起没收违法所得申请案件。由于违法所得没收程序在我国是一项全新的制度设计，该案各个审理环节，包括没收申请的提出、立案审查、公告发布、开庭审理、宣判执行以及各个法律文书制作，都是一种全新的司法审判实践。裁判文书既是司法审判活动的终极载体，也是司法审判活动接受法律、世人和历史检验的重要材料。扬州市中级人民法院坚持从实际出发，立足于全面真实展现审判活动和丰富裁判说理内容，精心制作了任润厚贪污、受贿、巨额财产来源不明违法所得没收裁定书。该裁定书既保留了普通刑事案件裁判文书的主体框架和合理元素，又结合违法所得没收程序特点在内容和结构上进行了创新，对违法所得没收制度的发展以及司法机关办理同类案件具有重要示范引领意义。主要体现在以下方面：

一、精心安排结构并设置标题，逻辑严谨层次清晰

该裁定书既沿用了普通刑事诉讼裁判文书的主体框架，又结合法律及《追赃规定》对违法所得没收程序在立案条件、审理流程、证明标准等方面的特殊规定，精心设计裁定书结构，分类载明立案阶段和审理阶段查明的事实和证据。为避免分类载明事实导致逻辑结构松散可能带来的理解上的模糊，该裁定书有序运用各级标题，巧妙编排序号，既全面真实地呈现了审判活动的全过程，又清晰地展现了结构层次。

（一）精心构思事实证据结构层次

违法所得没收程序虽然借鉴吸收了许多民事诉讼理念，但主要是依托刑事诉讼程序而构建的一种特别没收程序。虽然人民法院裁定没收违法所得无须对犯罪嫌疑人、被告人定罪，但必须以认定犯罪嫌疑人、被告人实施犯罪为前提。该裁定书准确把握了违法所得没收程序的本质特征，沿用普通刑事案件裁判文书的主体框架，将结构分为“首部”“事实证据”“控辩焦点评判”“本院认为”“判决主项”“尾部”六个并列部分。在此基础上，该裁定书根据法律及《追赃规定》相关条款的规定，对人民法院查明的事实和确认的证据进一步分类为立案阶段查明的事实、证据和审理阶段查明的事实、证据。这种结构安排，既最大限度遵循了刑事裁判文书传统规范，又充分兼顾了没收违法所得申请案件在认定事实和证据方面的不同要求。

（二）精心设置标题和编排证据序列

在普通刑事诉讼案件中，人民法院仅存在审理查明的事实，而在没收违法所得申请案件中，人民法院查明的事实包括立案审查查明的事实和开庭审理查明的事实。如果完全按照并列结构，分别载明上述事实，可能给人以突兀感，甚至造成误导。该裁定书在主体结构上坚持检察机关查明的事实与人民法院查明的事实并列安排，同时合理运用一级标题，将立案审查查明的事实与公开开庭审理查明的事实并列分开。在总的结构安排下，该裁定书运用二级标题将立案审查查明的事实中犯罪嫌疑人实施的不同犯罪事实和综合事实并列分开，再运用三级标题将综合事实中主体身份事实与扣押、冻结财产事实并列分开。对于公开开庭审理查明的事实，该裁定书根据犯罪嫌疑人所实施的不同犯罪进行了分类，并通过设置二级标题，体现申请没收的财产与犯罪嫌疑人实施犯罪之间的关联性。通过精准概括和合理设置标题，使裁定书的层次结构更加严谨

清晰,不但有效避免了内容重复、结构混乱等问题,而且使人能够对裁判文书结构一目了然并在较短时间内准确把握各个环节主要内容。

该裁定书对证据的引述也是一个亮点。该裁定书按照证据所证明内容对杂乱的证据进行分组,并力求通过设置三级小标题概括体现每组证据证明内容,有效避免了简单堆砌证据导致的逻辑混乱,让人感觉环环相扣,层层叠加证明。同时,为进一步强化结构层次,该裁定书对证明同一起事实的证据采用连续编排序号的方式,凸显了事实与证据的对应关系,确保了结构严谨,层次清晰。

二、全面准确概括事实和证据,主次清晰详略得当

按照不同的标准可以对没收违法所得申请案件中的事实进行不同分类。按照审查主体不同,可以分类为检察机关审查的事实和人民法院审查的事实;按照证明内容不同,可以分类为犯罪嫌疑人、被告人实施犯罪的事实和申请没收的财产与实施犯罪相关联的事实;按照审理阶段不同,可以分类为立案阶段审查的事实和开庭审理查明的事实;按照证明内容的单一性与否,可以分类为单一内容的犯罪事实和综合事实,后者一般包括主体身份事实和查封、扣押、冻结财产以及追缴、退缴财产情况等。该裁定书根据法律及《追赃规定》相关条款,既全面概括了上述各类事实,又对不同事实作了准确归类;既严格将事实、证据一一对应,又根据证据证明内容不同,避免正在进行或者即将进行的刑事侦查活动受到影响,对证明实施犯罪的事实采取简要引述,对证明关联性的事实采取详细引述。

(一)准确概括没收违法所得申请书内容,确保行文简洁风格统一

本案涉及多个实施犯罪的罪名,同一罪名又涉及多起犯罪事实,没收违法所得申请书载明的相关犯罪事实内容篇幅较长,如果在裁定书中直接大段引述没收违法所得申请书原文,必然造成与立案审查查明的事实、开庭审理查明的事实之间的重复。同时考虑到《追赃规定》关于违法所得没收程序操作规范的设计突破了之前《最高人民法院关于适用〈中华人民共和国刑事诉讼法〉的解释》的规定,而本案检察机关提起没收违法所得申请时《追赃规定》尚未公布,故本案没收违法所得申请书的部分表述与《追赃规定》不符。扬州市中级人民法院立足于更高的标准、更严的要求,在未改变没收违法所得申请书原意的前提下,对申请书载明的事实和申请内容进行了高度概括,并对相关表述进行了修改和完善,保证了裁定书行文简洁凝练,风格统一。

(二)准确概括立案审查查明的事实和开庭审理查明的事实,清晰展现事实全貌

在没收违法所得申请案件中,因犯罪嫌疑人、被告人逃匿、死亡,开庭审理过程中难以真正对犯罪事实证据部分进行示证、质证、认证,《追赃规定》明确将犯罪嫌疑人、被告人实施犯罪事实的认定前移至立案审查阶段,这是《追赃规定》对违法所得没收程序最大的创新设计之一。人民法院对实施犯罪事实的审查虽然不开庭,但应当组成合议庭,严格把好证据关、事实关。违法所得没收程序本质上是一种财产权利确认之诉,重点是审查申请没收的财产是否属于违法所得及其他涉案财产,然而,对财产进行确认的前提是犯罪嫌疑人、被告人实施了犯罪,且实施的是特定范围的犯罪。如果不能认定犯罪嫌疑人、被告人实施了犯罪,则不可能提出没收申请。因此,对犯罪嫌疑人、被告人实施犯罪事实的审查依然必不可少。

在开庭审理阶段,人民法院仅就申请没收的财产是否属于违法所得及其他涉案财产等相关事实进行审理。属于违法所得及其他涉案财产的,予以没收;不属于违法所得及其他涉案财产的,解除查封、扣押、冻结。因此,开庭审理查明的事实是裁定结果的直接前提,备受被告人、辩护人、利害关系人关注,人民法院应当严把证据关、定罪关、法律关,综合庭审示证、质证、认证情况,按照此类案件中适用的高度盖然性证据证明标准,准确认定相关事实。该裁定书既客观、全面又

准确地载明开庭审理查明的相关事实，且紧紧围绕申请没收的财产属于违法所得及其他涉案财产这条主线展开论述，并在二级标题中直接体现证明要点。例如，裁定书在载明公开开庭审理查明的第一项事实时，二级标题的表述是“申请没收的财产中，有30万元属于犯罪嫌疑人任润厚实施受贿犯罪所得”。该标题既体现了受贿30万元属于违法所得，又体现了30万元包含在申请没收的财产中。如果仅仅体现其中一方面，就不完全符合没收的条件。在撰写裁定书过程中，扬州市中级人民法院对此标题的表述存在不同意见：第一种意见认为，应当表述为“犯罪嫌疑人任润厚受贿的30万元属于违法所得”，主要理由是，这样表述更简洁明了；第二种意见认为，应当表述为“犯罪嫌疑人任润厚实施受贿犯罪所得30万元转变、转化为查封、扣押、冻结的财产”，主要理由是，这样表述既能表述30万元属于违法所得，又能体现30万元包含在申请没收的财产中；第三种意见认为，应当表述为“申请没收的财产中，有30万元属于犯罪嫌疑人任润厚实施受贿犯罪所得”。第一种表述有同义重复之嫌，受贿所得自然是违法所得，且未能体现受贿所得与申请没收财产之间的关联性。第二种表述注意到了实施受贿所得与申请没收财产之间的关联性，但不能紧扣裁判理由，未能直接体现刑事诉讼法第二百八十二条明确的“查证属于违法所得及其他涉案财产”的内容，故该裁定书最终采纳了第三种表述。

（三）准确概括实施犯罪事实的证据、关联性事实的证据以及综合事实的证据，把握引述详略尺度

在没收违法所得申请案件中，犯罪嫌疑人、被告人未到案，如果犯罪嫌疑人、被告人到案，则要终止审理。这一特征，决定了对立案审查查明事实所确认的证据和开庭审理查明事实所确认的证据在公开尺度的把握上应当有所区别。如果将立案阶段查明的犯罪嫌疑人、被告人实施犯罪的证据完全公布于众，就可能妨碍正在进行或者即将进行的刑事侦查，犯罪嫌疑人、被告人在未到案的情况下完全有可能有针对性地破坏、毁灭相关证据，或者订立攻守同盟。该裁定书基于上述考虑，对立案阶段查明的犯罪嫌疑人、被告人实施犯罪的证据，采取简略表述，仅列明了证据名称，未对证据内容详细展开，这样既确保了载明的证据能够形成证据链，又确保了所列证据不对刑事侦查工作造成任何妨碍。

对于证明申请没收财产属于违法所得及其他涉案财产等相关事实的证据，除少数证据外，一般仅直接体现犯罪嫌疑人、被告人实施了犯罪事实的结论，不涉及具体实施犯罪的过程，因此不会对正在进行或者将来进行的侦查造成妨碍。加上利害关系人对此类证据依法可以查阅、复制，并当庭举证或者质证，在裁判文书中引述相关证据内容不会对侦查造成不利影响；且此类证据直接关系到检察机关与利害关系人的主张能否成立，故裁定书中应当详细载明示证、质证、认证过程。正是基于上述理由，该裁定书对庭审查明的事实进行详细载明。同时，该裁定书对于证人证言中比较繁杂冗长的表述，进行了书面简要提炼，克服了许多裁判文书中对证人证言原版照抄的弊病，既准确表达了客观事实，又很好地把握了详略尺度，实现了该详的详，该略的略。

（四）准确概括查封、扣押、冻结财产情况，精准体现申请没收财产范围

在没收违法所得申请案件中，一个比较显著的特点是，申请没收的财产一般限于已被发现的与犯罪嫌疑人、被告人实施犯罪相关联的财产。实践中为防止财产被转移、隐匿，一般对此类财产采取查封、扣押、冻结措施，因此申请没收的财产一般限于查封、扣押、冻结的财产范围。由于违法所得没收程序本质上是对与实施犯罪有关的财产的确认，而不包含罚金、退赔等处理，故对超过违法所得及其他涉案财产范围之外的合法财产不应查封、扣押、冻结。为防止对超过违法所得及其他涉案财产范围之外的合法财产采取查封、扣押、冻结措施，侵害犯罪嫌疑人、被告人或者第三人的合法财产权利，《追赃规定》要求申请书载明申请没收的财产范围，查封、扣押、冻结财产

的情况以及相关法律手续。例如,《追赃规定》第十一条明确,没收违法所得申请案件应当在公告中载明已查封、扣押、冻结财产的清单和相关法律手续。因此,对于查封、扣押、冻结在案财产情况的审查,应当在立案阶段进行。基于上述考虑,该裁定书在立案审查查明事实中载明申请没收的财产范围以及查封、扣押、冻结财产的相关情况。同时,裁定书在此部分引列了相关证据,为开庭审理过程中查明申请没收财产情况提供了基础事实依据。

三、释法析理精练透彻,深度回应争议焦点

争议焦点评判是检验案件是否公正审判以及犯罪嫌疑人、被告人、利害关系人是否服判息讼的重要依据。对争议焦点是否评判透彻,直接关涉裁判文书的质量。

(一)将争议焦点评判上升为并列框架主体之一,凸显释法析理的重要地位和意义

本案是《追赃规定》实施后第一起没收违法所得申请案件,又是第一起因犯罪嫌疑人死亡而启动违法所得没收程序的省(部)级领导干部职务犯罪案件,对争议焦点的评判无疑是社会各界关注的焦点。本案体现了对腐败分子贪污受贿所得一追到底的坚强决心和鲜明态度,避免出现因腐败分子死亡而对腐败犯罪所得放任不管的现象,同时对"牺牲一人幸福全家"的潜在侥幸心理造成有力震慑。但在贯彻落实上述政策的同时,如何把握追赃尺度,如何保障犯罪嫌疑人、被告人的合法财产权利,需要通过裁判说理来体现。该裁定书将对争议焦点的评判内容与"首部""事实证据""本院认为""判决主项""尾部"并列,强调"对争议焦点的评判"的独立性,凸显释法析理的重要地位和意义,避免在"本院认为"部分一笔带过。

(二)逐一深度回应争议焦点,体现人民法院不偏不倚依法行使裁判权

如何在犯罪嫌疑人、被告人死亡的情况下清晰界分违法所得和合法财产,如何既确保对违法所得追缴到位又兼顾合法财产的保护,如何在犯罪嫌疑人、被告人死亡案件中认定巨额财产"不能说明来源",既是检验裁判是否正确的重点,也是增进社会各界对裁判的理解、支持的关键。本案不但在利害关系人未提出异议的情况下,依法驳回检察机关对犯罪嫌疑人实施贪污受贿犯罪所得中已灭失部分财产的没收申请,而且既依法采纳了利害关系人的部分意见又驳回了部分意见。该裁定书不回避任何争议焦点,对驳回和采纳意见的理由逐一进行了详细阐述,体现了人民法院居中裁判的角色,不偏不倚依法行使裁判权。

四、遵循裁判文书技术规范,注意关键细节表述

违法所得没收裁定书属于裁判文书的一种,既要体现裁判文书的共性,又要体现其个性。该裁定书严格遵循裁判的一般技术规范,同时结合违法所得没收程序特征和个案案情,注意关键细节表述,做到事实证据排列有序、用语准确规范、语言简洁凝练。

(一)按照一般技术规范标准,做到事实证据有序排列

该裁定书严格按照刑事裁判文书的一般表述规范对犯罪嫌疑人实施的多起犯罪事实及相关证据进行了有序排列。例如,在事实排列方面,该裁定书根据犯罪事实的性质、情节以及对社会的危害程度,按照先重罪名后轻罪名的排列原则,依次载明犯罪嫌疑人任润厚实施的受贿犯罪、贪污犯罪、巨额财产来源不明犯罪事实;在此基础上,按照时间先后顺序,依次载明任润厚实施的多起受贿犯罪事实,确保裁定书重点突出、逻辑清晰。又如,在引用证据方面,该裁定书改变了检察机关没收违法所得申请书对证据的排列顺序,对证明申请没收财产属于违法所得及其他涉案财产的证据采取分组排列方式,同一组证据中,又遵循先客观后主观的排列原则,参照刑事诉讼法关于物证、书证、鉴定意见、证人证言、利害关系人陈述等证据分类的顺序依次排列,突出了客观证据证明效力,证明指向清晰,排列逻辑严谨。

（二）针对不同审理阶段查明证据的特点，分别采用不同的引述导语

该裁定书在引述立案审查查明事实部分证据时，考虑到相关证据均系检察机关提供，且未经当庭举证质证，由合议庭进行书面审查，故采用"证明此节事实的证据有"的表述作为引述证据导语。这样表述更加简洁凝练，体现出人民法院审查后对犯罪嫌疑人实施犯罪事实及证据的确信。在引述开庭审理查明事实部分的证据时，鉴于检察机关、利害关系人开庭审理过程中分别出示了证据，并进行了质证，该裁定书以"检察机关（利害关系人）为证明此节事实（其主张），当庭出示了下列证据"作为引述导语，对检察机关、利害关系人提交证据分类引用，并在引述证据尾部分别作出对相关证据是否采信的评判，体现了法庭居中裁判的地位和角色。同时，这种引述方式能够更加全面真实地反映提供证据的主体、提供证据和最终确认证据、未确认证据的情况，更加容易形成与控辩焦点评判部分的对应，更加有利于裁定书接受法律、世人和历史的检验。

（三）根据证据的实际证明力度，准确使用"具有高度可能"证据证明标准的表述

《追赃规定》第十七条规定，申请没收的财产具有高度可能属于违法所得及其他涉案财产的，应当认定为"申请没收的财产属于违法所得及其他涉案财产"。"具有高度可能"是司法解释为认定申请没收的财产是否属于违法所得及其他涉案财产设定的最低证明标准，即认定的最低门槛。然而，在具体案件中，检察机关收集的申请没收的财产与违法所得及其他涉案财产的关联性证据可能已达到排除合理怀疑的标准，远远高于高度盖然性证据证明标准。在此情况下，如果在表述证据证明内容时仍然坚持使用"具有高度可能"的表述，可能会降低证据本身的证明力度，引起社会公众对裁判正当性的质疑。出于上述考虑，根据本案实际，该裁定书仅在援引《追赃规定》条款时使用了"具有高度可能"的表述，对于其他事实清楚，证据确实、充分的部分，未使用"具有高度可能"的表述方式。

（四）结合违法所得没收程序特点，使用更加准确的法言法语

如在载明犯罪嫌疑人任润厚实施犯罪事实部分，该裁定书严格采用客观表述，避免在定性前对行为采用定性评价用语。同时，考虑到违法所得没收程序本质上是非定罪没收程序，为避免在表述上引发对任润厚作出定罪处罚的误导，裁定书在载明相关犯罪事实部分，严格依照《追赃规定》的相关条款，使用了"实施犯罪"的表述，而尽量杜绝使用"犯罪"的表述。

此外，该裁定书对普通刑事案件裁判文书中常见的表述问题进行了修正。如对犯罪嫌疑人死亡后的户籍地采用了"生前户籍地"表述，对普通刑事案件裁判文书中"住"的表述修正为"居住地"，使表述更加切合刑事诉讼法原意。

（五）用语简洁凝练，避免表达烦冗复杂

该裁定书通篇做到语言简洁凝练，不拖泥带水、避免表达含混不清。如在载明犯罪嫌疑人任润厚实施受贿犯罪事实部分，对于实施的多起受贿犯罪均以"任润厚利用担任……职务上的便利，为……提供帮助"的表述方式，载明任润厚任职情况及谋利事项，并在此基础上补充收受贿赂时间、金额等信息，做到所载明的事实紧扣法律条文，去除了冗余的无用信息，保持了裁定书简洁凝练的语言风格。

当然，本案是第一个将《追赃规定》具体适用到司法实践的案件，由于缺乏实践经验指引，本案的各个审理环节，包括提出申请、立案审查、发布公告、开庭审理、宣判执行以及如何制作法律文书，都是"摸着石头过河"。因此，本案审判活动以及裁定书内容和形式均难免存在不足之处，希望通过今后的实践不断加以完善。

（审核：王晓东）

顾雏军案再审改判的法治理念体现

□王秀梅*

2019年4月10日,最高人民法院对顾雏军案作出了再审判决,本案历时14年,终于尘埃落定。再审审理秉持实事求是、依法纠错、不搞"一风吹"的理念,在很大程度上对一审、二审进行了纠正,同时引导企业家在创业、经营过程中严格遵守法律制度,做到遵纪守法、坚守底线。再审对顾案的改判,体现了现代法治理念的要求,笔者对其颇为赞同。本案作为涉民营企业产权问题的典型案例,毫无疑问将成为民营经济发展的转折点,必将因其在全面推进依法治国战略中的重要意义而载入史册。

一、本案再审改判坚持了用发展的观点看问题

习近平总书记在2018年11月1日召开的民营企业座谈会上指出:"对一些民营企业历史上曾经有过的一些不规范行为,要以发展的眼光看问题,按照罪刑法定、疑罪从无的原则处理,让企业家卸下思想包袱,轻装前进。"这就要求司法机关在办理有关企业产权案件时,要坚持以发展的眼光看问题。

发展的观点要求立法应顺应经济发展的需要作出适当调整。很多行为尤其是行政犯所涉及的行为,其社会危害性会随着经济基础的改变而改变,这一方面与经济发展的实际需求有关;另一方面与经济发展的过程中社会对某一行为的认知逐渐趋于理性有关,人们对某一行为的社会危害性评价不会一直保持不变。此时就需要立法及时介入,法律应当为经济的发展保驾护航。此时刑法虽然需保持谦抑性,但是并不等于缺席,而应认真考量"罪之谦抑"和"刑之谦抑",做到或入罪或出罪,或加刑或出刑。虚报注册资本罪作为典型的行政犯,更是与经济发展息息相关。实践证明,随着改革开放的深入推进,公司法一再修改公司资本制度,降低虚报注册资本行为的违法性;相关立法、司法解释也在追随公司法的变化,相应地提高了虚报注册资本罪的入罪门槛。例如,最高人民检察院、公安部联合出台的《关于严格依法办理虚报注册资本和虚假出资抽逃出资刑事案件的通知》规定,除依法实行注册资本实缴登记制的公司以外,对申请公司登记的单位和个人不再以虚报注册资本罪追究刑事责任。

发展的观点要求司法应摒除旧的思想观念,推陈出新、勇于探索、勇于改正,在实践中取得看得见的进步。此次顾雏军案的再审判决即是着眼于企业家权益的维护,坚持了司法为民和公正司法的理念,坚持了实事求是、依法纠错和罪刑法定的原则。再审纠正了顾雏军案中存在的一些事实认定错误、法律适用错误,最终实现了对顾雏军等人所实施行为的准确定性。

本案具有的重要发展观价值还在于其是由个案正义到实现普遍正义的又一次重大迈进。本案再审,必将增强未来对民营企业产权保护和民营企业家司法保护的力度,深刻体现了"促进经济社会和人全面发展"的观点。

二、本案再审改判体现了公开、公平和公正的原则

首先,本案再审审理中,最高人民法院首次采用了"旁听+融传媒"的方式实现司法公开,例如,通过官方微博、中国法院网、最高人民法院网站、中国庭审公开网等多种途径对庭审的相关内容进行预告、直播,全方位地将案件审判的具体细节呈现给广大的人民群众,最大限度地满足了

---

* 北京师范大学法学院教授,博士生导师。

人民群众的知情权、监督权,以让人民群众看得见的方式实现了法律的正义价值,彰显出公正司法、阳光司法的法治精神。

其次,在本案再审的过程中,从程序到实体,从控方到辩方,各项权利都受到了法庭的尊重和保障。顾雏军案的再审体现了审判活动由“侦查中心主义”向“审判中心主义”的转变,彻底实现了庭审的实质化。公平公正不是以当事人的诉求是否得到完全满足来衡量的,也不是用此案与彼案的横向比较结果来衡量的,而是就案件本身适用的法律标准和社会标准进行合理评价,不仅让“让人民群众在每一个司法案件中感受到公平正义”,而且让人民群众看见正义实现的过程。

再次,本案的再审贯彻了刑法谦抑性的要求,体现了司法公正。刑法作为一切法律的后盾法,只有在其他法律无法规制的情况下才会介入,此时意味着行为具有严重的社会危害性,具有不可避免的刑事可罚性,这就要求刑法必须谨慎、克制。本案所涉及的行为都属于经济违法犯罪行为,尤其是虚报注册资本行为,更多的由行政法进行规制更为公正、合理。而且在目前市场经济的快速发展时期,会出现各种新事物、新行为,此时刑法不宜贸然介入,否则容易干扰市场经济的健康发展。

最后,坚持实事求是、依法纠错,不搞“一风吹”,彰显了司法公正。一是顾雏军案再审过程中坚持实事求是,依法纠错。本案再审适用从旧兼从轻原则,重新评价顾雏军等人虚报注册资本行为的违法性和社会危害性,撤销了其所涉的虚报注册资本罪的定罪;以原审适用罪名不当,危害结果证据不足,撤销了其违规披露、不披露重要信息罪的定罪;以有从轻情节,减轻了其挪用资金罪的刑罚。判决做到了“全部错全部纠、部分错部分纠”,最大限度地实现了司法公正。二是不搞“一风吹”。顾雏军案历经14年,受到了社会的广泛关注,其中不乏顾雏军完全无罪的声音,这对再审既是压力也是动力。为还原事实真相,回应社会质疑,维护法律权威,最高人民法院的再审力求实事求是,撤销了顾雏军两项罪名,同时支持了原审认定的挪用资金罪,且指出撤销的两项罪名所涉行为虽然不具有刑事可罚性,但是绝不意味着其不需承担任何法律责任,而仍然要受到相应的行政处罚。再审改判实事求是,一方面保护了民营企业的产权,维护了民营企业家的切身利益,对未来非公有制经济的平稳发展具有不可估量的作用;另一方面也起到了警示、引导、教育民营企业的作用,通过对顾雏军等人的行为进行事实认定和法律认定,警示民营企业“可为”与“不可为”的界限,教育、引导民营企业合规、合法地健康发展。

三、本案再审改判体现了对非公有制经济主体的产权平等保护的精神

不可否认,一直以来我国都存在“重国有、轻民营”的观念,但是事实证明,改革开放40多年间,民营企业为我国的经济发展作出了不逊于国有企业的贡献。而与此同时,法律带给民营企业的枷锁,使民营企业一开始就带有“原罪”,其突出表现在民营企业的产权保护问题上,这令民营企业的发展处处受到掣肘,从而不可避免地影响整个市场经济的健康发展。中西方的先哲们对此早有明言,孟子曾说:“有恒产者有恒心,无恒产者无恒心”;有现代经济学之父之称的亚当·斯密主张:“经济自由应由市场决定经济,而产权则是市场交易的基础”。

市场经济发展初期,我国法律对民营企业的产权限制带有不可忽视的计划经济色彩,一方面市场准入的门槛过高;另一方面市场运作的过程中处处艰难。这在市场经济迅猛发展的过程中很快暴露出弊端,产权平等保护的呼声越来越强烈。

顾雏军案的再审,正是坚持及贯彻产权平等保护理念的具体体现。随着经济的发展,产权平等理念已经逐渐融入人们的思想认识之中,例如再审适用的2005年公司法就是顺势而为降低了公司的注册门槛,改革了公司资本制度。虽然本案所涉的虚报注册资本罪的刑法条文未进行过修改,但是刑法是行政法的补充法,并且该罪的适用需援引前置的行政法规范,因此在适用刑法的过程中理应与行政法做到价值衡量和理念上的一致,这也符合法律体系协调性的要求。故而再审中,刑法的适用坚持了和行政法一样的产权平等理念,从而作出了符合产权平等保护要求的判决。此次改判有力地贯彻与落实了党中央全面依法治国的战略,极大地增强了企业家创业、管理经营过程中的安全感,在产权保护方面具有的重要价值,也对今后此类案件的审理具有示范效应。

值得欣慰的是,近年来,一系列关于产权平等保护的法律文件相继出台:公司法分别于2013年和2018年又进行了两次修改,进一步改革了公司资本制度。2014年12月底,最高人民法院发布了《关于依法平等保护非公有制经济促进非公有制经济健康发展的意见》,明确了非公有制经济主体的合法权益将依法受到保护,其中强调"最大限度减少对涉案非公有制经济主体正常生产经营活动的影响"。2016年11月4日,中共中央、国务院发布了《关于完善产权保护制度依法保护产权的意见》,其中指出:"加强产权保护,根本之策是全面推进依法治国。"2018年1月2日,最高人民法院出台的《关于充分发挥审判职能作用为企业家创新创业营造良好法治环境的通知》强调,对企业家在生产、经营、融资活动中的创新行为,只要不违反刑事法律的规定,不得以犯罪论处;对于在合同签订、履行过程中产生的民事争议,如无确实充分的证据证明符合犯罪构成要件的,不得作为刑事案件处理。显而易见,推动我国产权平等保护是大势所趋,且正逐渐趋于制度化、法治化。

四、本案再审改判遵循了良法善治要求,实现了法律效果和社会效果双赢

法治是法律之治、良法之治。十九大报告强调,"以良法促进发展、保障善治"实现"良法善治"。简单而言,良法善治的最终要求即是达到法律效果和社会效果的双赢。良法是法治的理性追求,是善治的前提和保障;善治是法治理想的实现,是良法的具体运作。因此,最终的社会效果和社会效果的实现离不开良法善治。

首先,以良法为依据。本案再审正确适用法律,依法改判,体现了良法的作用。例如,顾雏军等人实施了虚报注册资本的行为,公司法的修改,降低了这一行为的违法性和社会危害性,这是顺应经济发展需要、符合市场经济发展规律、体现广大人民意志而作出修正的良法。

其次,善治的实施。对顾雏军案的纠错判决严格遵守了从旧兼从轻、罪刑法定、法不溯及既往等重要的法律原则,体现了办案的法律效果。该案也具有司法指导案例的作用,能够统一裁判尺度,有助于民营企业涉产权案件错案冤案甄别机制的建立。2018年11月1日,习近平总书记在民营企业座谈会上强调,"要甄别纠正一批侵害企业产权的错案冤案"。此次对顾雏军案的再审,正起到了卸下企业家的包袱、纠正冤假错案的重要作用。该再审判决不仅具有很强的个案针对性,而且具有较强的社会示范效果,一方面体现了对非公有制经济主体的平等保护;另一方面也警示企业家增强法律意识、加强企业合规文化建设,增强企业的社会责任,引导民营企业的健康发展。

具有重大历史意义的死刑核准制度改革

□陈光中*

十年前的2007年,死刑案件核准权收归最高人民法院统一行使,这是一次意义重大、影响深

* 中国政法大学终身教授。

远的司法改革。

一、死刑核准制度的演变

中华人民共和国成立以来,死刑裁判和核准制度屡经变迁。1979 年颁布的第一部刑事诉讼法、刑法和修改后的人民法院组织法,均明确规定了死刑核准权由最高人民法院统一行使。但三法颁布不久,鉴于当时严峻的社会治安形势,全国人大常委会就决定,对部分严重危害社会治安的现行刑事犯罪分子判处死刑的核准权由最高人民法院授权省一级高级人民法院行使;1983 年,随着“严打”的开展,全国人大常委会进一步对人民法院组织法作出修改,规定:“死刑案件除由最高人民法院判决的以外,应当报请最高人民法院核准。杀人、强奸、抢劫、爆炸以及其他严重危害公共安全和社会治安判处死刑的案件的核准权,最高人民法院在必要的时候,得授权省、自治区、直辖市的高级人民法院行使。”此后,相当一部分死刑案件的核准权长期由省一级人民法院行使。但是,1996 年修改的刑事诉讼法与 1997 年修改的刑法对死刑核准权归属仍保留原来的规定,这表明了死刑核准权的下放只是保障社会治安、维护社会秩序的权宜举措而非根本转向。

随着社会治安形势的好转以及对死刑核准权下放以后利弊的总结,中央决定收回死刑核准权归最高人民法院统一行使。2006 年 10 月 31 日第四届全国人民代表大会常务委员会第二十四次会议作出决定,对人民法院组织法进行回归性修改,规定:“死刑除依法由最高人民法院判决的以外,应当报请最高人民法院核准。”该决定于 2007 年 1 月 1 日生效,从而结束了死刑案件核准权长期由地方法院行使的局面,使刑法和刑事诉讼法的死刑核准规定得以真正实施,翻开了推进依法治国的新篇章。

从历史角度来看,我国古代的统治者也很重视死刑的控制,认识到“人命至重”,不能错杀滥杀,必须严控死刑核准权。自隋唐以来,死刑核准权一直掌握在中央司法机关手中,并由皇帝亲自勾决,特别是在唐代,在死刑核准以后执行以前,还要报皇帝三复奏、五复奏。最高人民法院回收死刑核准权也体现了传承古代慎用死刑的优良司法传统。

二、死刑核准制度改革的重大历史意义

死刑核准制度改革的重大历史意义,首先在于能保证党和国家“保留死刑,严格控制和慎重适用死刑”政策的贯彻实施。一方面,根据我国国情,当今我们不应跟随西方国家废除死刑。对于极少数罪行极其严重的暴力恐怖、颠覆国家政权、严重危害社会治安的犯罪分子必须予以严惩,坚决判处死刑,以维护政权稳固、社会安定,保障人民人身安全、安居乐业。但另一方面,对死刑必须严格限制,慎重适用,对可杀可不杀的坚决不杀,对符合宽大条件的就应当敢于从宽处理,这样才能够减少社会的对立面,促进社会和谐,有利于国家的长治久安。

死刑核准权收回十年来,严格贯彻死刑政策,并在实体法上减少适用死刑的罪名、限缩死刑适用的对象与主体,从而使我国死刑的数量总体呈下降趋势,而且这种下降并未对社会治安发生消极影响。十年来,杀人、伤害、放火等八类严重暴力犯罪立案数量下降了一半,特别是命案,发案数连续多年保持在十万分之一以下。

其次,十年来,死刑复核程序有了显著的改善,逐步实现从行政性书面审核向诉讼化方式改变,加强了被告人的人权司法保障。其表现为:第一,死刑核准的合议庭应当当面讯问被告人,即被告人具有当面陈述权。第二,在死刑核准过程中,被告人委托的辩护律师提出申请的,应当当面听取辩护律师的意见,其若提出书面意见的,应当附卷;被告人若未委托辩护律师,加强死刑复核案件被告人的法律援助。第三,加强了检察机关对死刑复核程序的监督权。第四,被判处死刑立即执行的被告人,在被执行死刑前,应当保证其与家属的会见权。

最后,死刑核准制度改革以来,在证据上坚持最严格的要求,严把证据关、事实关,坚决贯彻证据裁判原则、非法证据排除规则、疑罪从无原则,最大限度来保证死刑案件的事实认定符合客观真相,经得起社会与历史的检验。正因为程序上的诉讼化、证据上的最严格要求,使得十年来最高人民法院所判的案件至今没有发现一起冤案、错案。

三、死刑核准制度改革的未来期待

回顾过去十年,死刑复核制度改革成绩可圈可点,展望未来,我们仍然有所期待。

首先,进一步大力推进以审判为中心的诉讼制度改革,对于可能判处死刑的案件,要保证从侦查阶段开始的案件质量。从审判角度来说,一审程序要实行庭审实质化,完善证人、鉴定人出庭制度,同时尽可能加强一审的公开性、透明度。二审程序要确保死刑案件的开庭审理,避免二审暗箱操作。

其次,进一步完善死刑案件的辩护制度。由于人死不可复生,死刑案件错不起。辩护律师的参与是保证死刑案件不发生冤案、错案的重要保障,因此,我们应当建立死刑案件从侦查到死刑复核的全过程的法律援助制度。而且参与死刑复核的辩护律师应当具有较高的职业素质、专业水平,以保证案件的有效辩护。

最后,进一步贯彻好严格控制、慎重适用死刑的政策。这十年来,由于死刑核准权收归最高人民法院,核准程序越来越严格,再加上实体法的修改,死刑适用得到严格控制,这既符合世界潮流,也同我国的社会治安状况相适应。今后我们办理死刑案件,应当稳中求进、稳中求少。

从死刑核准制度改革看我国人权事业发展

□樊崇义*

2007年1月1日,根据《全国人大常委会关于修改〈中华人民共和国人民法院组织法〉的决定》,死刑案件核准权收归最高人民法院统一行使,结束了部分死刑案件核准权下放26年的历史。这是强化死刑程序控制、加强人权司法保障的重大举措,在我国人权事业发展史上具有里程碑的意义。十年来,死刑复核工作规范有序开展,死刑适用尺度更加统一、适用标准更加严格、诉讼程序更加严密,"保留死刑,严格控制和慎重适用死刑"政策得以切实贯彻,改革取得了预期成效,促进了人权司法保障的巨大进步,还发挥了改革辐射效应,推动了刑事司法理念和诉讼制度的科学发展,取得了举世瞩目的成就。

死刑核准制度改革,是我国人权事业发展的巨大进步。"尊重和保障人权"是我国的一项基本国策,是我国民主法治建设进程中秉持的一项重要理念。2004年全国人大常委会通过的《中华人民共和国宪法修正案》,将"国家尊重和保障人权"写入宪法。生命权是公民最基本的人权,中国古话说得好,"人命关天",生命权是人的最高权利,必须得到最大的保障。死刑直接关乎公民生命权的剥夺,"生杀予夺",必须慎之又慎,通过严格、统一的法律标准、政策标准、证据标准和诉讼程序予以控制和适用。十年间,最高人民法院通过个案复核和宏观指导,发布典型案例,出台指导意见,如《关于贯彻宽严相济刑事政策的若干意见》《关于办理死刑案件审查判断证据若干问题的规定》《关于办理刑事案件排除非法证据若干问题的规定》等,从实体、程序、证据多个方面严格规范死刑的适用标准,确保死刑只适用于罪行极其严重、罪证确实充分的犯罪分子。在强化死

---

* 中国政法大学诉讼法学研究院名誉院长、教授。

刑司法控制方面,向前迈出了大大的一步,加强了司法领域的人权保障,引导社会对生命权利的尊重敬畏,控制死刑和慎用死刑观念深入人心,成绩有目共睹。

逐步减少死刑并控制死刑的适用,符合国情实际,也是大势所趋。真正减少死刑,不仅要通过实体控制,即立法控制,通过减少死刑罪名,从立法层面、从源头上控制死刑,还要加强程序控制,也就是司法控制,从司法层面、从适用上控制死刑。从立法层面看,刑法原有68个死刑罪名,通过刑法修正案(八)、刑法修正案(九),已减少22个罪名,还有46个罪名。其中,实践中常用的罪名,也就故意杀人罪、贩卖毒品罪等五六个罪名,无论是数量还是比例,目前来看缩减空间并不大。所以,就当前而言,控制死刑适用,应当更多地关注死刑的程序控制、司法控制。应在减少死刑罪名的基础上,加强程序控制、司法控制,严把事实证据关、政策适用关,真正落实刑法第四十八条关于"死刑只适用于罪行极其严重的犯罪分子"的规定。"罪行极其严重"指的是特别严重的危害国家安全犯罪、特别严重的危害公共安全犯罪、特别严重的侵害公民人身权利的暴力犯罪、特别严重的毒品犯罪以及手段特别残忍、情节特别恶劣、后果特别严重的其他犯罪。

加强死刑司法控制,要坚持以审判为中心的改革方向,把握好相关诉讼程序的定位。我们说,一审是基础,二审是关键,而死刑复核是被告人最后一道权利救济屏障,至关重要。要在实体、程序、证据上坚持高标准、严要求,坚持罪刑法定、疑罪从无、证据裁判等基本原则,确保每一起死刑案件经得起法律和历史的考验。死刑复核程序的定位"去行政化",是下一步改革方向。"去行政化",不是要实行"三审终审",一律开庭审理,而是要强化死刑复核程序的司法属性,形成审判中立裁决、控辩平等参与的诉讼结构。改革十年来,逐步建立了死刑复核接受检察监督制度和听取辩护律师意见、提讯听取被告人最后陈述等机制,最高人民法院中立听审渠道逐步健全,但控辩参与,特别是辩护律师参与死刑复核程序,包括复核阶段法律援助律师保障,还有待改进完善。在拓宽律师参与渠道的同时,也要把好准入关口,建立死刑辩护的资格准入制度,确保死刑被告人获得专业有效的律师帮助。这是下一阶段深化死刑核准制度改革、强化人权司法保障值得关注的问题。

死刑司法改革成绩斐然的十年

□赵秉志*

根据中央的部署和国家有关立法的修改,最高人民法院于2007年1月1日统一收回了之前下放给地方高级人民法院和军事法院行使多年的死刑案件核准权。时光流逝,转眼迄今已经十年。十年来,最高人民法院以统一收回死刑案件核准权为契机,大力推进死刑司法改革,成效显著,并与死刑立法改革良性互动,推动了刑法修正案(八)、刑法修正案(九)的死刑立法改革。可以说,过去的十年,我国死刑司法制度进一步健全和完善,死刑适用的标准得到统一和提升,严格控制死刑的观念日益深入人心,死刑司法改革十年的成绩斐然。

一、深入贯彻严格控制死刑的政策

死刑政策是死刑立法和司法的指引。最高人民法院统一收回死刑案件核准权之后,严格控制死刑是过去十年间我国死刑司法改革的基本政策,并且得到了进一步明确和积极贯彻。这体现在以下两个方面:

---

* 中国刑法学研究会会长,北京师范大学刑事法律科学研究院院长、教授。

第一，进一步明确严格控制死刑的政策。过去十年间，最高人民法院多次重申了严格控制死刑的政策。2007 年《最高人民法院关于进一步加强刑事审判工作的决定》第四十五条就明确提出要贯彻执行“保留死刑，严格控制死刑”的刑事政策；2010 年《最高人民法院关于贯彻宽严相济刑事政策的若干意见》第二十九条则进一步提出要严格执行“保留死刑，严格控制和慎重适用死刑”的政策，在“严格控制死刑”的基础上进一步提出要“慎重适用死刑”，体现了对死刑适用的审慎态度。该政策也成为我国死刑司法改革的基本政策指引。

第二，积极贯彻严格控制死刑的政策。“严格控制和慎重适用死刑”要求司法工作者在审理案件过程中综合考虑犯罪性质、犯罪情节、犯罪结果及犯罪分子的人身危险性等因素，尽量少用死刑，在死刑作为选择刑种之一出现时，慎用死刑，同时严格执行非法证据排除规则和死刑复核程序。基于此，最高人民法院从保留、严格控制和慎重适用的角度作了进一步细化。2010 年《最高人民法院关于贯彻宽严相济刑事政策的若干意见》第二十九条规定：“对于罪行极其严重的犯罪分子，论罪应当判处死刑的，要坚决依法判处死刑。要依法严格控制死刑的适用，统一死刑案件的裁判标准，确保死刑只适用于极少数罪行极其严重的犯罪分子。拟判处死刑的具体案件定罪或者量刑的证据必须确实、充分，得出唯一结论。对于罪行极其严重，但只要是依法可不立即执行的，就不应当判处死刑立即执行。”该规定明确提出要从死刑的裁判标准、证据标准和执行标准三个方面严格控制死刑，是对死刑政策的具体贯彻，成为指引我国严格控制死刑适用的重要依据。

二、不断严格控制死刑的适用范围

死刑适用的范围包括死刑适用的条件、罪种、对象等方面。过去十年间，最高人民法院对死刑适用的范围作了如下三个方面的严格限制：

第一，严格掌握死刑适用的条件。刑法第四十八条将死刑适用的条件规定为“罪行极其严重”。最高人民法院从严格限制死刑适用的角度，对“罪行极其严重”作了最为严格的把握，不仅要求行为的社会危害性和行为人的主观恶性极其严重，而且要求行为人的人身危险性极其严重。如 2015 年最高人民法院发布的《全国法院毒品犯罪审判工作座谈会纪要》明确将犯罪的社会危害性、犯罪人的人身危险性、当地的禁毒形势等因素纳入严重毒品犯罪死刑适用的条件范围。

第二，严格控制死刑适用的罪种范围。我国 1997 年刑法规定了 68 种死刑罪名，经刑法修正案（八）和刑法修正案（九）两次成规模成批量地削减，目前仍有 46 种死刑罪名，涉及的罪种既有暴力犯罪，也有非暴力犯罪。对于死刑适用的主要罪种范围，2010 年《最高人民法院关于贯彻宽严相济刑事政策的若干意见》第七条明确提到了三类犯罪，即“严重危害国家政权稳固和社会治安的犯罪”“严重暴力犯罪和严重影响人民群众安全感的犯罪”“毒害人民健康的犯罪”。而司法实践表明，我国对这三类犯罪的死刑适用还作了更进一步的严格区分和控制。过去十年间，我国死刑司法适用的罪种主要限于致命性暴力犯罪（包括故意杀人罪、抢劫罪、绑架罪和强奸罪）和少数危害特别严重的非暴力犯罪（如走私罪，贩卖、制造毒品罪），绝大多数在立法上还保留死刑的经济性、非暴力犯罪（包括运输毒品罪）都极少适用死刑。大量死刑罪名都是备而不用、备而少用，这既严格控制了死刑适用，也为我国在立法上逐步取消死刑罪名提供了重要的实践基础。

第三，严格限制死刑适用的对象范围。1997 年刑法禁止对犯罪时不满 18 周岁的未成年人和审判时怀孕的妇女适用死刑，刑法修正案（八）又原则上禁止对审判时已满 75 周岁的老年人适用死刑（但以特别残忍的手段致人死亡的除外），死刑适用的对象范围从立法上得到进一步限缩。并且，刑法规定对限制刑事责任能力的精神病人、又聋又哑的人、盲人犯罪从宽，客观上限制了这些人犯罪的死刑适用。实践中，我国司法机关对老年人等特殊群体犯罪的从宽制度由来已久且得到长期坚持。同时,我国司法实践中,对新生儿母亲、精神障碍人、残疾人等特殊群体犯罪之处理都体现了从宽处罚,对这些特殊群体适用死刑的判决极为罕见。

三、注重加强死刑适用的程序改革

实体正义与程序正义是司法公正不可或缺的两个方面。实体与程序并重是我国死刑司法改革的重要内容。过去十年来,我国主要从以下四个方面加强了死刑司法程序的改革,并取得了积极成效:

第一,严格规范死刑案件的审理程序。最高人民法院统一行使死刑案件核准权是我国死刑案件审理程序改革的重要体现;除此之外,过去十年间,我国死刑案件的审理程序改革还体现在死刑案件一、二审的程序改革方面。2006 年最高人民法院、最高人民检察院发布了《关于死刑第二审案件开庭审理若干问题的规定(试行)》(已失效),要求死刑案件二审必须采取开庭审理的方式。在此基础上,最高人民法院还通过司法解释的方式,对死刑案件被告人上诉问题作了多方面有利于查明案件事实和正确适用法律的规定。通过一系列相关的程序性改革,我国死刑案件的审理程序更加公正,积极地发挥了严格控制死刑适用的作用。

第二,严格把握死刑案件的证据标准。过去十年间,我国不断提高对死刑案件的证据要求。2010 年最高人民法院、最高人民检察院、公安部、国家安全部、司法部发布的《关于办理死刑案件审查判断证据若干问题的规定》对死刑案件的证据采信和证明标准提出了较一般案件更高的要求。在此基础上,2012 年全国人大修改的《中华人民共和国刑事诉讼法》和同年最高人民法院发布的《关于适用〈中华人民共和国刑事诉讼法〉的解释》,对包括死刑案件证据在内的证据标准和证据审查问题作了更为严格的规定,进一步严格了死刑案件证据标准,提升了死刑案件的审判质量。

第三,严格保障死刑案件的律师参与权。为更好发挥律师在死刑案件审理中的作用,最高人民法院先后出台了多个专门针对死刑案件听取辩护律师意见的规定,包括 2008 年最高人民法院、司法部印发的《关于充分保障律师依法履行辩护职责确保死刑案件办理质量的若干规定》,2014 年最高人民法院印发的《关于办理死刑复核案件听取辩护律师意见的办法》等。这些规定强化了律师对死刑案件审理的参与,更好地保障了律师在死刑案件中的辩护权,促进了法官在死刑案件审理中更好地做到"兼听则明"。

第四,严格掌握死刑的执行程序。这主要体现在两个方面:一是加强了死刑执行方式的改革,大量采取以注射的方法执行死刑,提高了死刑执行的人道性;二是进一步完善了停止执行死刑程序。2008 年最高人民法院发布的《关于适用停止执行死刑程序有关问题的规定》(已失效),对停止执行死刑的条件和程序作了十分明确、细致、严格的规定。在此基础上,2012 年最高人民法院发布的《关于适用〈中华人民共和国刑事诉讼法〉的解释》对死刑执行程序的相关规定予以了进一步完善。这有助于避免死刑执行的错误,提高死刑案件的审理质量。

四、严格控制死刑的适用数量

死刑适用数量的下降是死刑改革的重要评价指标。根据最高人民法院工作报告等有关资料,过去十年间,死刑案件质量得到了较好的保证,死刑适用的数量也得到了有效控制。实践中,相当一部分原本可能判处死刑的案件因为证据达不到死刑案件标准而被改判无期,或者基于严格控制死刑的政策和法定、酌定从宽情节而由死刑立即执行被改判死缓,从而大大降低了死刑立即执行的适用率。这是我国死刑司法改革取得重大成效的重要体现。

总之,过去十年间,我国进一步统一了死刑案件的适用标准,提高了死刑案件的审判质量,减少了死刑案件的数量。最高人民法院收回死刑案件核准权所欲达到的目标已然实现。当然,成绩仅仅属于过去。展望未来,我国死刑改革的道路依然还很漫长。从进一步推进死刑司法改革的角度,我国有必要进一步完善死刑改革的政策内容,明确将“减少死刑”纳入政策的表述,进一步严格死刑的司法适用,包括死刑适用的具体条件、罪种范围、对象范围等,并严格控制死刑适用数量。只有这样,我们才能不断推进死刑司法改革的深入并进而带动死刑立法的全面改革。

死刑核准权收回十周年
——回顾与展望

□陈卫东*

2006年10月,全国人大常委会决定,修改《中华人民共和国人民法院组织法》,自2007年起最高人民法院收回死刑核准权。此前20余年,处在改革开放转型期的社会环境下,为了维护治安稳定,部分死刑立即执行案件的核准权下放地方高级法院行使,以缓解大量案件压力。特殊历史时期之后,党中央作出将死刑核准权收归最高人民法院的重大决策。

死刑核准权的收回有着复杂的时代背景。首先,我国政治、经济、社会的全面发展对司法公正、保障人权提出了新的要求。党的十四大、十五大报告中提出了司法改革,党的十六大报告中司法体制改革、科学发展观、执政为民、以人为本、构建社会主义和谐社会等一系列符合时代发展要求的执政理念相继提出,依法治国基本方略与“国家尊重和保障人权”条款被写入宪法,贯彻“少杀、慎杀”理念是法治文明进步的必然要求。其次,减少和控制死刑适用是当下世界各国刑事司法的发展趋势,也是衡量一国人权水平的重要指针。

在收回死刑核准权的讨论之初,专家学者认为其所要达到的预期目的有四项:防止错杀,即通过死刑复核程序发现错案或者死刑适用不当的案件;减少、控制死刑适用;统一死刑适用标准;宣言功能,即由最高司法机关决定死刑以体现对人权的尊重,体现对人权入宪的贯彻。死刑核准权收回十年以来,在最高人民法院的严格把关下,至今还未发现一起错杀案件,死刑适用得到严格控制。更为重要的是,司法实践表明,在严格限制死刑适用的大背景下,并未出现部分实务人士担忧的由于死刑威慑的降低而造成严重犯罪增加的情况,这是新中国刑事司法历史上的一个重大成就。

回顾死刑核准权收回的十年历史,我国死刑案件的质量得到了明显提高,死刑数量也得以显著降低,深入贯彻了“少杀、慎杀”的原则,具有很大的进步意义。死刑核准权收回之后,最高人民法院严格卡住死刑标准,也促使各级法院在死刑判决时更加慎重。从死刑目前的适用情况来看,对于应当判处死刑的案件,其审判与复核皆更为谨慎。不仅如此,一方面,死刑核准权收回最高人民法院,恢复了死刑核准制度的常态,这对于宣示人权保障、贯彻死刑政策、统一死刑标准起到了重要作用;另一方面,收回死刑核准权后,死刑核准制度建设也得到了进一步法治化的完善——审查模式的逐步诉讼化、律师介入和参与的逐渐加深——对于公平正义的实现以及人权保障的加强都有着重要作用。

死刑核准权的收回对统一死刑案件标准起到了重要作用。由于我国地区间经济社会发展存在相当的差距,在死刑核准权没有收回之前,各地的死刑标准有的存在一定差异,这集中体现在数额犯的量刑中。而死刑核准权收回以后,由最高人民法院统一复核死刑案件,死刑标准更加规

---

* 中国人民大学诉讼制度及司法改革研究中心主任、教授。

范、统一,对各地的死刑判决起到了指导作用,也促使各地死刑判决的标准趋向一致。但是,死刑标准还有待进一步细化、统一,应对各类案件的死刑标准予以规则化,避免同案不同判的情况发生。

死刑核准权收回之后,律师参与死刑复核辩护的空间也越来越大。尤其在2012年刑事诉讼法修改后,明确了律师参与死刑复核程序的方式与程序。此后,最高人民法院又在2014年印发《关于办理死刑复核案件听取辩护律师意见的办法》,再次细化了刑事诉讼法关于听取辩护律师意见的内容,死刑复核辩护更加有章可循、有法可依。目前来看,死刑案件辩护的问题主要还是存在于辩护的有效性上,我国大量的死刑案件都由法律援助律师办理,即使在死刑复核阶段也是如此,从确保辩护质量考虑,未来应有所调整。

死刑核准权收回之后,以往行政性的审批模式已逐渐开始向诉讼化的方向发展。但是,死刑复核过程中,书面化、内部性的办案方式仍未彻底得到改变。作为审判程序的死刑复核,其构造应当是控辩审的三角关系,这在实体与程序方面都有重要意义。未来,对于死刑复核程序的完善,可将其打造成一种"第三审"程序,但是在合宪性与具体的程序设计方面则需进一步研究。

迈向更加文明的刑事司法

□林　维*

十年前,对于死刑核准权应当收归最高人民法院这一问题,学界普遍期待、呼吁但公众却又疑虑重重。这样一种巨大反差可以清晰地说明最高人民法院当时的这一果断决定所反映出来的政治担当。十年来,死刑核准制度改革的巨大意义,不仅仅体现在死刑制度本身。诚然,死刑核准制度改革使死刑这一最严厉的刑罚措施的适用得到了一定程度的缓和,通过更大限度地严格限制适用死刑,从而使死刑的合理控制成为可能。最高人民法院的这一举措,可以被认为是现代司法史上人权保障的巨大进步,成为中国司法文明发展的里程碑之一。但是我们绝不能单纯地将这一改革的意义局限于此。由于死刑核准制度改革所要处理的生死问题极其敏感复杂而重大,因此在无形之间逼迫我们或主动或被动地重塑我们的刑事司法理念,重构相关的具体刑事司法制度,重新合理认识刑罚在整个社会治理体系中的作用和地位。死刑司法制度的改革,产生巨大的涟漪效应,牵一发而动全身,其理念的革新进一步辐射、扩及刑事司法整体,带动其他刑事司法制度产生相应同步的变革。毋庸置疑的是,宽严相济政策、非法证据排除、庭审实质化等理念的提出和制度的设计,都与死刑案件的审理经验和教训直接相关,并因此与死刑制度改革之间发生千丝万缕的关联和呼应。忽略死刑制度改革对于刑事司法整体所带来的震动,忽略死刑制度改革和刑事立法之间的互动,忽略这一制度对于司法文明的推动,就会使我们无法在十年之后正确全面地认识这一改革的巨大成功。不仅如此,死刑核准制度改革还能够缓慢而坚定地、不断地改变公众的死刑观念乃至刑罚观念,从而形成更加文明的法治观,为司法不断迈向更加文明奠定了更好的民意基础。

通过晚近的刑事立法,刑法典中的死刑罪名已经从68个降为46个,废除死刑的罪名几乎都是实践中死刑适用数量极少或者多年来鲜有适用死刑的罪名。除去危害国家安全罪和危害国防利益罪中的19个死刑罪名,剩余的27个罪名中,死刑适用数量最多的压倒性地集中于其中8个

* 中国社会科学院大学副校长、教授。

罪名。因此，通过立法减少死刑罪名从而实现死刑的严格、限制适用，当然仍然存有可能。但是考虑到其中某些罪名，如贪污受贿罪，尽管死刑适用量已经极少，但是从政策意义上仍然具有保留的意义，因此在立法上试图取消一个死刑罪名，恐怕都将存在不少难度。通过立法减少死刑适用的数量在最近一个阶段将会进入一个慢速通道，因此，在很长一段时间内，通过审慎适用死刑以加强死刑控制将成为最高人民法院的主要政治责任。按照目前的态势，针对非暴力、未致人伤亡的案件，如毒品犯罪，如何切实控制死刑，是一个迫在眉睫的问题。

死刑案件的复杂敏感性对法官的法律素养和事实认定、政策把握能力提出了最高要求，死刑的严厉性要求法官担当最高的司法责任。十年间，最高人民法院克服诸多困难，通过坚持不懈的努力，保证了死刑政策能够自觉、坚决、稳定地贯彻实施，死刑裁量标准得到有效规范和明确，死刑案件质量稳步、显著提升。在这一过程中，最高人民法院的法官作为死刑案件的最终把关者，付出了巨大努力，起到了至关重要的作用。但确实不能忽视的是，聂树斌案、呼格吉勒图案等错案，以另一种方式提出令人心惊胆战的警示：它们打破了“零”的分界，揭开了我们原来有意无意忽略而不愿面对的真相：死刑执行存在错案。令人更为心惊胆战的预警是：除了聂案、呼案，司法体制过去还有类似的案件吗？司法体制还会继续以这样的方式杀错人吗？我们是否能够保证除了这些案件以外，就没有其他已经被执行死刑的错案？没有人能够作出这样的保证，事实上，只要是人的而非神的审判，就意味着包括死刑执行错案在内的冤假错案存在现实可能性。它既可能发生在基层法院，也完全有可能发生在最高人民法院，既可能发生在一般案件中，也可能发生在死刑案件中，它们正在伺机吞噬我们对司法正义所持的信心和信赖。

目前我们比较庆幸的是，迄今发现的死刑执行错案都非最高人民法院所核准，这充分说明了死刑核准制度改革十年的成效。但是不核准的案件仍然占据一定比例，尤其是仍然存在一些基于事实、证据而非政策把握而不予核准死刑的案件，说明死刑案件的一、二审质量仍然有待进一步提高。在死刑核准权统一由最高人民法院行使之后，最高人民法院成为重重审判关卡之后保证死刑司法正当性的最后一道屏障，最高人民法院的审判责任也就更加重大。司法权力的集中同样意味着错案发生概率的集中，这就意味着死刑错案发生的可能性由过去的分散存在，转变成为统一的存在，核准权的收回并不意味死刑错案就会绝对消除。因此，对于正在行使死刑核准权的最高人民法院而言，压力一方面来源于如何能够做到严格控制死刑适用，另一方面则来源于随时可能出现的具有现实可能性的误判在何时转变成为现实的误判。此时，最高人民法院就不是纠错者，而是犯错者，最高人民法院在执行死刑案件中的此种误判，对公众对于司法权威的信赖的冲击显然要远远大于高级人民法院的死刑执行错案的冲击。如果说严格执行死刑政策是一个更为宏观、难以具体测算的标准，因此不宜成为评判最高人民法院死刑核准工作成绩的一个指标，但是死刑执行错案零的突破是一个更为具体、显见的事实，将直接影响对最高人民法院死刑核准工作的评判。

因此，改革十年之后，最高人民法院更加需要继续坚持慎用死刑、控制死刑的理念，以迎接更加文明的司法时代的到来。死刑适用的标准仍然需要进一步加以明确，应当更大限度地发挥司法解释、指导案例等方式的作用，适当地扩大核准或不核准死刑的典型案件裁判文书的公开范围，尤其应当就核准或不核准案件中的典型问题建立参考案例汇编的数据库，避免死刑适用标准横向、纵向的不平衡以及无原则、无规律地变动，以此引导死刑的裁判，从而逐步控制、减少死刑。同时，必须更加坚定不移地贯彻罪刑法定、疑罪从无、证据裁判等原则，切实避免冤错案件的发生。

死刑核准权收回最高人民法院以来发生的变化

□张学兵*

最高人民法院统一行使死刑核准权十年以来，执行严格的证据标准和死刑适用条件，充分尊重和保障公民的生命权；死刑复核程序日益完善，全面保障了被告人的辩护权利，有力维护和促进了程序正义；统一了死刑适用标准，确保了死刑案件的审判质量，至今未发生冤杀错杀案件，司法公正在个案中、在具体被告人身上获得充分体现；尤其是给律师辩护工作带来崭新变化，律师成为法官之外参与死刑复核程序的重要角色和力量，发挥着越来越重要的职能作用。具体体现在以下方面：

一、死刑复核法律法规日趋完备

刑事诉讼法的修改，《关于办理死刑案件审查判断证据若干问题的规定》《关于办理刑事案件排除非法证据若干问题的规定》《关于办理死刑复核案件听取辩护律师意见的办法》《关于充分保障律师依法履行辩护职责确保死刑案件办理质量的若干规定》等规范性文件的出台，在程序法上为律师参与死刑复核程序提供了依据和保障，上述规定的重要特征就是突出辩护律师的作用，重视辩护律师的意见，保障辩护律师充分履行辩护职责。律师辩护权来源于被告人委托，律师辩护维护的是被告人的合法权益，所以死刑复核程序对律师权利的保障，归根结底是对被告人辩护权和人权的保障。在死刑复核程序中，律师既可以提交书面辩护意见，也可以约见法官当面发表意见，这都使律师辩护权得以充分行使，有力地维护了程序正义和实体正义，是确保死刑复核案件质量、防止冤假错案的基础。

二、律师代理死刑复核案件的积极性不断提高

在全国刑事犯罪辩护率相对偏低、有待进一步提升的大背景下，律师参与死刑复核辩护工作的人数和比例均明显提高，死刑复核案件成为律师新的刑辩业务板块，有的律师逐渐发展到以死刑复核案件作为主要专业方向，这对律师行业提高辩护工作质量和专业化水平，都有非常积极的意义。律师代理死刑复核案件积极性提高的原因在于：死刑标准越来越透明、统一，规则明确，具有可操作性，与法官沟通顺畅、规范，律师充分享有辩护权利和职业尊严，职业成就感和人权使命感能够获得实现。近年来，最高人民法院依法不核准了吴英集资诈骗案等一批死刑案件，受到社会广泛好评。

三、对全国死刑案件审判工作发挥了示范和指引作用

最高人民法院收回死刑核准权，统一执行死刑证据和量刑标准，十年来积累了大量判例，对中级人民法院、高级人民法院的刑事法官和辩护律师而言，越来越发挥明晰的示范和指引作用。一审、二审法院逐步向最高人民法院的裁判标准靠拢，在一审、二审阶段严格执行证据采信、定罪量刑标准，严格控制死刑立即执行的适用，从而将罪犯人权保护观念和措施推行到基层，使慎杀、少杀刑事政策深入人心；使律师对案件的裁判结果有更多预期和判断依据，不断提高代理案件的积极性和辩护质量；严格实行死刑案件二审开庭审理，律师意见和作用在二审法院得到重视，杜绝了二审走过场、程序不透明等现象，使被告人的辩护权全程序得到充分保障，也使辩护律师在死刑案件中的作用得到全面发挥。

---

* 中华全国律师协会副会长。

死刑核准权收回最高人民法院十年来,取得了有目共睹的成绩。同时,被告人的人权保护是一项持久和存在巨大提升空间的伟大事业。我们希望最高人民法院能继续坚决贯彻无罪推定原则,加强对高级人民法院死刑缓期执行案件复核工作的指导监督,避免在死刑复核环节和死刑缓期执行复核环节重新出现疑死从缓的现象,证据不足的案件应该坚决依法改判无罪,而不是以死缓判决代替,杜绝在保障被告人生命权的同时侵犯其自由权的做法。

我们有理由相信,通过总结死刑核准权收回最高人民法院十年以来的成绩和经验,未来死刑复核工作会得到进一步完善,对司法文明和人权进步会发挥更大作用。

跨国犯罪中境外证据的审查与认定

□裴显鼎*

跨国有组织犯罪因其特有的组织结构、犯罪方式和社会危害,被公认为犯罪的最高形态,被列为“世界三大灾难”之一,对国际社会的安全与发展造成了严重威胁。随着经济的发展、科技的进步,跨国有组织犯罪呈现出新的特点:一是犯罪主体的跨国流动日趋自由化。高速、便利的交通设施,高度发达的通信技术,相对开放的进出境政策使违法犯罪行径有可能隐藏在正常的国际交往与社会流动中,犯罪分子在世界范围内自由流动,大肆跨国作案,并且利用各国法律制度的不同、司法合作的不完善来逃避法律制裁。二是犯罪行为的跨国分工日趋精细化。经对近期有组织贩运人口犯罪进行分析,我们发现犯罪集团内部分工明确:有人负责在中国境内物色人员具体实施拐卖、拐骗行为,有人专门负责组织办理证件、偷越国境,有人则负责在境外接收、控制被拐卖人员并实施强迫卖淫、强制劳动等行为,分工严密,环环相扣。三是犯罪手段日趋智能化。从近年来审理的跨国电信诈骗案分析,犯罪集团采取公司化模式经营,全程利用互联网、通信技术、移动支付中的漏洞实施犯罪,对抗监管、逃避侦查。四是犯罪收益的跨国转移日趋现代化。犯罪集团的最终目的都是获取巨额利益,因而有组织犯罪必然千方百计地利用先进的国际金融手段跨国转移资金,使犯罪利益合法化。

跨国有组织犯罪的上述特点给国际刑事司法合作带来了新的挑战。证据是刑事审判的基石,没有证据就没有诉讼,没有证据就没有公正。为了更有效地打击犯罪,保障人权,探讨一条行之有效的证据交换之路是切实而必要的。

一、对境外证据的程序审查和认定

我国刑事诉讼法第五十条第一款规定:“可以用于证明案件事实的材料,都是证据。”我们认为,来自境外的证据,只要能够证明案件的真实情况且符合证据法定要求的,就应当作为证据在审理刑事案件中使用。根据提供证据主体的不同,审查方式也有所不同。一是对司法机关通过刑事司法协助途径获取的境外证据的审查。我国刑事诉讼法第十八条规定:“根据中华人民共和国缔结或者参加的国际条约,或者按照互惠原则,我国司法机关和外国司法机关可以相互请求刑事司法协助。”我国相关法规规定了侦查机关在调取境外证据时应当履行严格的程序,人民法院在审理案件时则需要审查侦查机关是否按照法定程序请求国际刑事司法协助。《最高人民法院、最高人民检察院、公安部关于办理电信网络诈骗等刑事案件适用法律若干问题的意见》中规定:“依照国际条约、刑事司法协助、互助协议或平等互助原则,请求证据材料所在地司法机关收集,

---

* 最高人民法院审判委员会副部级专职委员、二级大法官。

或通过国际警务合作机制、国际刑警组织启动合作取证程序收集的境外证据材料，经查证属实，可以作为定案的依据。公安机关应对其来源、提取人、提取时间或者提供人、提供时间以及保管移交的过程等作出说明。"法院在审理其他案件时也遵循这样的规则，境外证据如果符合程序规定，即取得与境内证据同等的效力。二是对当事人、辩护人、诉讼代理人提供的境外证据的审查。我国法律规定，当事人及其辩护人、诉讼代理人提供来自境外的证据材料的，该证据材料应当经所在国公证机关证明，由所在国中央外交主管机关或者其授权机关认证，并经我国驻该国使、领馆认证。在审理案件时，对于此类材料，法院在程序上需要审查是否经过了相关公证、认证手续。

二、对境外证据的实质审查和认定

我国刑事诉讼法第五十条第三款规定："证据必须经过查证属实，才能作为定案的根据。"经过上述程序审查后，境外证据则具备了相应的证据资格，至于该证据的证明内容是否被采纳，需要法院对证据进行实质审查。通常，法院从证据的"三性"，即客观性、关联性和合法性进行审查、判断。所谓客观性，强调为了确保证据的真实而进行审查，例如，对物证、书证需要审查是否为原物、原件等，确有不便搬运、不宜保存等情形的，应当制作足以反映原物、原件全部特征的复制品。需要指出的是，我国刑事诉讼法在2012年修改时增加规定了电子数据作为证据的类型之一。电子证据的出现让境外证据交换变得便捷、迅速，甚至使侦查机关在取得授权后可以进行远程取证，但也更容易存在剪切、拼凑、篡改、添加等伪造、变造的情形。2016年，最高人民法院、最高人民检察院、公安部联合发布了《关于办理刑事案件收集提取和审查判断电子数据若干问题的规定》，确立了电子证据的收集程序、规则，法院也据此审查电子证据的来源、完整性，以确保其客观、真实地反映案件事实。所谓关联性，是要求证据必须与案件有关联，当单一证据无法反映完整事实时，应当与其他证据相互印证，形成完整的证据体系，共同反映案件事实，证据之间应当没有矛盾。例如，最高人民法院、最高人民检察院、公安部、司法部联合发布的《关于依法惩治拐卖妇女儿童犯罪的意见》规定，对于拐卖妇女儿童犯罪，"要特别重视收集、固定买卖妇女、儿童犯罪行为交易环节中钱款的存取证明、犯罪嫌疑人的通话清单、乘坐交通工具往来有关地方的票证、被拐卖儿童的DNA鉴定结论、有关监控录像、电子信息等客观性证据"。所谓合法性，强调对证据的收集应当依照法定程序进行。我国刑事诉讼法第五十二条明确规定，"严禁刑讯逼供和以威胁、引诱、欺骗以及其他非法方法收集证据，不得强迫任何人证实自己有罪"，并且设立了非法证据排除规则。由于不同国家之间取证程序存在差别，对境外证据的合法性需要结合案件的具体情况加以认定。

三、对境外证据的庭审质证

我国法律规定，证据未经当庭出示、辨认、质证等法庭调查程序查证属实，不得作为定案的根据。境外证据也必须经过庭审质证。这里主要涉及两个问题：一是境外证据的转化问题。对于境外单位（含境外司法机构、政府机构和国际组织）或者个人提供的证据，境外提供者没有特殊限定的，可以直接作为证据使用。如果境外证据提供者对证据的使用有特殊要求的，应当由侦查机关针对境外原始证据的限定条件和特殊要求，将境外原始证据的取证过程和具体内容转化为工作说明的形式，并在庭审中质证。二是相关人员的出庭问题。共同作案人、警察、证人、鉴定人、翻译人等出庭作证对于确保庭审实质化和公正审判有重要的意义。由于不同国家的法律对作证资格，作证人员的权利、义务，知情人的豁免承诺、保护措施等所做的规定不同，跨国作证也一直是实践中的难点。司法实践中，法院也在逐步认可、推广证人视频作证的形式。网络传输技术使证人无须亲临法庭现场，免除后顾之忧，简易、快速地完成庭审调查和质证。我们相信互联网时代的信息化建设完全可以让法院产生正义的方式更加高效，让人们实现正义的途径更加便捷。

跨境人口贩运犯罪的新特征及刑事司法对策*

□卢上需**

跨境人口贩运是最为严重的跨国犯罪之一,它直接侵犯人权,给国际社会秩序安全与发展造成了严重威胁,却有一个市值超过1 500亿美元的全球市场。解决这一问题,既需要不断完善打击犯罪的国内法治体系,又需要积极开展国际合作,落实《联合国打击跨国有组织犯罪公约关于预防、禁止和惩治贩运人口特别是妇女和儿童行为的补充议定书》(《巴勒莫议定书》)等国际条约。本文将结合广西法院审理相关案件的情况,分析从境外贩运外国籍公民入境中国的犯罪新特征,提出审理该类犯罪和保护被贩运者权利的一些经验对策。

一、我国反跨境人口贩运的法律体系

我国政府一贯高度重视打击人口贩运犯罪和保护妇女儿童权益,建立起了以刑法为主体,相关法律法规、司法解释、国际条约相配套的反跨境人口贩运法律体系。

在国际法中,除《巴勒莫议定书》外,我国目前签署加入的涉及反跨境人口贩运的国际条约有近20部,包括《世界人权宣言》《打击跨国有组织犯罪公约》《废除强迫劳动公约》《儿童权利公约》《禁止和立即行动消除最恶劣形式的童工劳动公约》《消除对妇女一切形式歧视公约》《湄公河次区域合作反对拐卖人口进程联合宣言》《大湄公河次区域反拐行动计划》等。

在国内法中,依据宪法,继刑法、国际刑事司法协助法、治安管理处罚法、妇女权益保障法、预防未成年人犯罪法、未成年人保护法、婚姻法等法律之后,又陆续出台了众多具有针对性的法律性文件、司法解释,包括国务院制定的《中国反对拐卖人口行动计划(2013—2020年)》,最高人民法院制定的《关于审理拐卖妇女儿童犯罪案件具体应用法律若干问题的解释》《关于办理组织、强迫、引诱、容留、介绍卖淫刑事案件适用法律若干问题的解释》等。这些文件和司法解释都为严厉打击跨境人口贩运犯罪、保护受害人的合法权益提供了有力的法律保障。

刑法是打击跨境人口贩运犯罪最主要的法律依据。参照《巴勒莫议定书》第三条对“人口贩运”的定义,即“以剥削为目的,通过暴力威胁或使用暴力手段,或通过其他形式的胁迫、诱拐、欺诈、欺骗、滥用权力或滥用脆弱境况,或通过接受酬金或利益取得对另一人有控制权的某人的同意等手段招募、运送、转移、窝藏或接收人员。剥削应至少包括利用他人卖淫进行剥削或其他形式的性剥削、强迫劳动或服务、奴役或类似奴役的做法、劳役或切除器官”。我国刑法有关人口贩运犯罪的专门条款是第二百四十条拐卖妇女、儿童罪和第二百四十一条收买被拐卖的妇女、儿童罪。有关强制劳动犯罪的罪名包括:强迫劳动罪、雇用童工从事危重劳动罪,组织残疾人、儿童乞讨罪和组织未成年人进行违反治安管理活动罪。其他有关跨境人口贩运犯罪的罪名包括:涉及人体器官贩运的故意伤害罪、组织出卖人体器官罪和盗窃、侮辱尸体罪,非法拘禁罪,组织、强迫卖淫罪,引诱、容留、介绍卖淫罪。外国籍公民、无国籍人有上述犯罪行为的,亦应依法追究刑事责任。此外,刑法还对国家机关工作人员在反跨境人口贩运中滥用职权或者玩忽职守的罪行和刑罚做了规定,包括不解救被拐卖、绑架妇女、儿童罪,阻碍解救被拐卖、绑架妇女、儿童罪,放行偷越国(边)境人员罪等。因此,我国刑法从多角度、多环节全面打击跨境人口贩运和非法强制劳

---

* 本文系作者出席2018年10月25日第五届中英司法圆桌会议时就“打击跨境人口贩运和非法强制劳工”议题所做发言,发表时略做修改。

** 广西壮族自治区高级人民法院副院长,二级高级法官。

工的犯罪行为，形成了完善的刑事法律制度。

二、中越边境跨境人口贩运犯罪新特征

广西地处中越边境，有百色、防城港、崇左3个设区的市所辖靖西、东兴、凭祥等8个边境县级行政区与越南的广宁、凉山、高平3个边境省毗邻，陆地边界线1 020千米；另有钦州、北海、防城港3个设区的市所辖海域与越南邻接。

2014年至2018年9月，广西法院审理的从境外贩运外国籍公民入境中国的犯罪有47件，其中：(1)拐卖妇女、儿童案15件，判处被告人49名；解救受害人42名，分别为女性20名、儿童22名。(2)组织、强迫他人卖淫案9件，判处被告人17名；解救受害人17名(均为女性)。(3)引诱、容留、介绍卖淫案23件，判处被告人27名；解救被害人68名(均为女性)。通过分析这些案件，跨境人口贩运犯罪呈现出以下新特征：

一是犯罪主体的跨国性和有组织性。在上述案件中，有组织犯罪占70%左右，多数犯罪集团或团伙由境内外人员共同组成，超越了传统的成员结构单一的组织形态。犯罪组织内部分工明确，内外呼应，有人在境外以介绍到中国工作、结婚为诱饵，通过招募、引诱等方式组织被贩运者非法入境中国，有人在中国境内约定地点接送、中转被贩运者，有人负责控制被贩运者，并实施贩卖、组织或强迫卖淫等行为，形成了相对紧扣的拐、运、贩的产业化犯罪链条。从贩运线路来看，目前尚无一起案件经海上贩运人口，涉案人员主要从北仑河乘船或者经陆地边境小道步行入境中国。

二是犯罪手段的多样性。新信息技术与传统犯罪方法的结合，为跨境人口贩运犯罪提供了日益多样的犯罪手段，产生了线上线下深度融合的犯罪新模式。在境外招募中，脸书(Facebook)、推特(Twitter)等社交网络已成为犯罪分子引诱被贩运者的重要工具。在贩运过程中，犯罪分子利用互联网通信技术建立起隐蔽的单线联系，并通过移动支付等互联网金融手段转移资金，以逃避监管和侦查，获取巨额非法利益。在组织被贩运者越境时，犯罪分子又会采取零散分批、打手势、对暗语等原始方式，避开警方的技术侦查。在入境中国后，犯罪分子还利用互联网组织或者强迫妇女提供色情、卖淫服务，或者买卖被贩运的妇女、儿童。

三是犯罪对象与目的的特定性。在上述案件中，超过82%的人口贩运受害者是妇女，她们来自越南、老挝等东南亚国家的经济欠发达地区，有的妇女甚至被跨多国贩运。在被贩运至中国后，由于环境不熟、语言不通，在意识到自己被拐骗后，外国籍妇女亦难以抗争，只能服从贩运者或者买家的安排。有68%的人口贩运案件涉及性交易，说明多数妇女被强迫或者自愿从事性服务，而少数妇女则以3万元至10万元价格被卖给他人做妻子。在贩运儿童的犯罪中，被贩运的儿童基本上是2岁以下的婴幼儿。有的犯罪团伙还组织外国籍孕妇到中国待产，生产后直接将婴儿贩卖。这些儿童被中国家庭收买后得到了较好的照顾，尚未发现涉及被贩运儿童的其他犯罪。

三、广西法院审判跨境人口贩运犯罪的经验对策

法律是现代国家和国际合作治理跨境人口贩运犯罪的主要依据。我国已经建立起较为完善的反跨境人口贩运犯罪的法律体系，正在深入推进的司法体制综合配套改革，为人民法院依法严厉打击该类犯罪，保护当事人的合法权利，预防和遏制相关犯罪的发生提供了重要的保证。通过审理跨境人口贩运案件，广西法院形成了以下经验做法：

(一)严惩跨境人口贩运犯罪与保护被告人权利并重

广西法院认真贯彻落实宽严相济的刑事政策，坚持罪刑法定和罪刑相适应原则，始终保持从严打击跨境人口贩运犯罪的高压态势，注重严厉打击有组织人口贩运犯罪中的首要分子、组织者等主观恶性深、罪行严重的犯罪分子，该判处重刑的坚决依法判处。在上述案件中，对拐卖妇女、儿童以及组织、强迫卖淫的犯罪分子,重刑率分别为42.85%和58.82%。2016年8月16日,经最高人民法院核准,依法对“6·8”特大跨国拐卖儿童案外籍主犯黄清恒执行死刑。

由于跨境人口贩运犯罪往往涉及外国籍被告人,依据刑事诉讼法及相关司法解释,广西壮族自治区高级人民法院制定了《关于涉外刑事案件内部通报的规定》,进一步细化了涉外刑事案件的审理程序,明确了受理案件的法院在立案、开庭、宣判等诉讼阶段所需层报上级法院的具体事项、期限、方式及文书格式,由高级法院通知同级人民政府外事主管部门,并通报有关国家驻华使、领馆,以保障领事探视权及监护人、近亲属的会见权。为规范法庭翻译工作,又制定了《涉外刑事案件翻译工作规则(试行)》,明确翻译人员资质、权利及义务、翻译方式与范围、当事人拒绝翻译的处理方式等内容。此外,对没有委托辩护人的外国籍被告人,广西法院会通知法律援助机构为其指派律师提供辩护,实现了涉外刑事案件律师辩护的全覆盖,充分保障了其辩护权。

(二)保障受害人权利并协助其重返家园

跨境人口贩运犯罪严重侵犯人权,因此对被贩运的受害者必须给予特别关照,帮助其恢复尊严和权利。对于外国籍受害者,广西法院受理案件后会及时通报受害者国籍国驻华使、领馆,协助领事探视和家属会见。为避免受害人受到歧视及其他二次伤害,对于涉及个人隐私的案件,广西法院采取了不公开开庭审理、裁判文书隐去受害人姓名等措施。若被贩运者因人身权利受到犯罪侵犯,或者财物被犯罪分子毁坏而遭受物质损失的,会告知其有权在刑事诉讼中提起附带民事诉讼。

在审判工作中,注重与其他国家机关、社会团体的协同合作,帮助受害者康复和有尊严地回归家园。为确保受害者得到体面的对待,并以儿童的最大利益为首要考虑,对被贩运的妇女、儿童,广西法院协同案件受理地的民政、妇联等部门,提供安全可靠的临时食宿,帮助受害者稳定情绪,给予必要的医疗、护理、咨询和法律援助,并联系受害者国籍国执法机构,协助其回国。目前,民政部门照顾的受害儿童时间最长的已达8年。

(三)强化跨国刑事司法全方位合作

在广西,跨国刑事司法合作已涵盖警务、检察、法院领域,三者之间形成了互相配合、良性互动的格局。首先,有效的跨国警务合作是预防和发现跨境人口贩运案件、及时完整搜集证据、保证司法公正审判的基础。2000年,在公安部和联合国妇女儿童基金会的指导下,广西东兴市公安局成立了中越警方打击跨国拐卖妇女儿童执法合作联络办公室。2016年,中越两国在南宁召开了第一次执法合作会议,建立了中国广西与越南北方四省执法合作机制,对跨境人口贩运等犯罪开展联合行动,交流案件情报线索,核查人员身份,协助调查取证和抓捕嫌疑人,相互移交涉案人员和证据材料。其次,紧密的跨国检务合作是凝聚合力打击跨境人口贩运的关键。广西壮族自治区人民检察院与越南等东南亚国家已建立定期会晤和直接司法协助工作机制,搭建了中国—东盟成员国总检察长会议官方网站、中国—东盟成员国检察官交流培训基地和自治区检察院涉东盟司法事务办公室。最后,务实的跨国法院合作是遏制跨境人口贩运的根本。2008年以来,在最高人民法院指导支持下,广西壮族自治区高级人民法院发挥中国司法面向东盟合作“桥头堡”的作用,成功主办或承办了中国—东盟自由贸易区地方法官研讨会等四次交流活动,为中国与东盟各国的司法合作提供了全方位的平台。2014年、2017年,最高人民法院在广西南宁先后主办两届“中国—东盟大法官论坛”,发布《南宁宣言》,建立了中国—东盟国家法官交流培训基地和中国—东盟国家法律与司法信息中心。借助这些平台,中国与东盟国家的法官对跨境人口贩运等犯罪进行了多次经验交流和理论研讨。

在全球化、信息化背景下,新型跨境犯罪,尤其是跨国有组织犯罪、贩毒犯罪、贩卖人口犯罪、计算机网络犯罪等跨境犯罪增多是我国审判工作面临的严峻挑战。我们将认真学习贯彻习近平新时代中国特色社会主义思想,牢固树立总体国家安全观,在最高人民法院指导下,深入研究跨境犯罪新情况、新问题,不断总结经验,进一步提高依法打击跨境犯罪的司法能力水平,为维护国家政治安全,巩固广西边疆安全、社会稳定作出积极贡献。

刑事司法协助中证据审查与调查取证制度的完善*

□黄祥青** 秦现峰***

2013年12月2日,中英在北京签署了《中华人民共和国和大不列颠及北爱尔兰联合王国关于刑事司法协助的条约》(以下简称《中英刑事司法协助条约》)。2014年11月,英国完成了国内批准程序。2015年8月29日,全国人大常委会也批准了该条约。本文结合中国司法实践情况,就中英刑事司法协助中的证据审查和调查取证制度的进一步完善问题,谈几点个人看法,期待共同研讨。

一、刑事司法协助取得证据的审查

(一)审查模式

在我国司法实践中,对于刑事司法协助所取得证据的审查模式,主要有两种观点:

第一种观点认为,刑事司法协助取得的证据在刑事案件中可以直接作为证据使用,无须审查。如果司法机关对此类证据进行审查后予以排除或者不予采信,不仅会不利于合作打击跨国有组织犯罪,而且会影响司法协助双方的合作关系。

第二种观点认为,对于刑事司法协助获得的证据应当在个案中予以审查,只有符合我国刑事诉讼法规定的,才可以作为证据使用。

我们认为,个案审查模式符合我国的法律规定,也相对更为合理。主要理由在于:

第一,在个案中对刑事司法协助取得的证据进行审查符合我国法律及司法解释的规定。《最高人民法院关于适用〈中华人民共和国刑事诉讼法〉的解释》(以下简称《刑诉法解释》)第四百零五条第一款规定,对来自境外的证据材料,人民法院应当对材料来源、提供人、提供时间以及提取人、提取时间等进行审查。根据这一规定,人民法院应当在个案中对来源于境外的证据进行审查,即使是通过刑事司法协助方式获取的证据,也不例外。

第二,取证地国家亦对证据进行审查。即使在美国、英国等法治发达国家,法官也是在个案中对警方搜集、获得的证据进行审查。如果警方的取证行为有违反非法证据排除规则等情形的,将不予采纳,所以,证据使用地国家也应当在个案中对来源于境外的证据进行审查。

(二)审查依据

对于通过刑事司法协助所取得证据的审查依据,实践中有两种观点:

第一种观点认为,证据来源于境外,调查取证多以被请求国的法律为依据,因此对证据的审查也应当以被请求国法律为判断依据。这种模式反映的是国际法传统观点,请求国既然依循司法互助渠道委托被请求国协助调查取证,请求国审判法院原则上应接受其结果,不宜径行依据请

* 本文系作者出席2018年10月25日第五届中英司法圆桌会议时就“打击跨境人口贩运和非法强制劳工”议题所做发言,发表时略做修改。

** 上海市第一中级人民法院院长。

*** 上海市第一中级人民法院刑二庭法官。

求国的相关法律自行审查是否有违法取证的情形,否则可能破坏国际刑事司法互助的基本精神。

第二种观点认为,虽然证据来源于境外,但是证据的使用在请求国,应当根据证据使用地即请求国的法律进行相应审查。

我们认为第二种观点更具有合理性,对于司法协助所获取证据进行审查的准据法,应当是请求国法律。主要理由如下:

第一,以请求国法律对司法协助所获证据进行审查,是国家主权和司法自主权的体现。跨国证据的取证、移送、审查等不仅涉及国际法,还涉及国内法。证据的域外取证、国家间的证据移送等属于国际法的范畴,应当遵循国际法的基本原则和条约,充分体现互相尊重国家主权的原则。但是,证据进入请求国的刑事诉讼程序后,必须符合请求国国内法律的规定,以体现请求国的司法主权。

第二,以请求国法律对司法协助所获证据进行审查,体现了法律面前人人平等原则的要求。每个被告人无论案件是否包含涉外因素等,其在同一国家内受到司法审判都应当被同等对待。对于类似或者相同类型的案件,对证据的评判标准都应该是同一的,否则便会产生同案异判的结果,这对被告人是实质的不公正。

第三,以请求国法律对司法协助所获证据进行审查,符合我国法律及司法解释的规定。我国《刑诉法解释》第四百零五条第一款规定,"对来自境外的证据材料……经审查,能够证明案件事实且符合刑事诉讼法规定的,可以作为证据使用,但提供人或者我国与有关国家签订的双边条约对材料的使用范围有明确限制的除外"。这一规定中的"符合刑事诉讼法规定的",应当明确是指中国的刑事诉讼法律。

二、中英刑事司法协助中调查取证制度的完善

(一)关于调取证据请求的执行方式

被请求国以本国法律执行请求为原则,以请求国要求的方式协助执行为例外,这是刑事司法协助请求执行的惯例,体现的是对被请求国国家主权的尊重。在这一惯例之下,不同国家间的协助模式也有所不同:

一是被请求国权利选择模式,中英等国家间的刑事司法协助即是如此。例如,《中英刑事司法协助条约》第六条规定:被请求方应当按照本国法律执行协助请求;被请求方在不违背本国法律的范围内,可以按照请求方要求的方式和形式执行协助请求。

二是被请求国义务执行模式,中法、中美等国家间的刑事司法协助则是其适例。例如,《中华人民共和国和加拿大关于刑事司法协助的条约》(以下简称《中加刑事司法协助条约》)第四条规定:被请求方应按照其本国法律提供协助;在被请求方法律未予禁止的范围内,应按请求方要求的方式执行请求。

在对刑事司法协助获取证据不审查或者以被请求国法律为依据审查等传统观点下,上述两种请求的执行模式对请求国国内的诉讼并无本质影响,也不会影响合作打击跨国有组织犯罪,但在对刑事司法协助获取证据依请求国法律进行个案审查的模式下,将会产生不同的结果。一方面,在被请求国义务执行模式下,刑事司法协助取得的证据大多符合请求国的法律规定,请求国司法机关审查后通常可以作为证据使用。另一方面,在被请求国权利选择模式下,因无国际条约义务的强制性要求,被请求国人员由于国家间法律规定不同、更熟悉国内法规定等原因,更容易倾向于按照本国法执行协助请求,所取得的证据经请求国司法机关审查后可能被排除,或者无法作为定案的根据。

上述第二种情形不仅可能浪费请求国和被请求国大量的司法资源,而且不利于合作打击跨国有组织犯罪。因此,在时机成熟之际可以考虑从被请求国权利选择模式转换至被请求国义务执行模式。

(二)关于派员参与调查取证

根据被请求国积极程度及请求国参与度,可以将国际刑事司法协助分为积极协助、相对消极协助和消极协助。

在积极的司法协助中,被请求国以自己积极的作为向请求国提供便利、帮助或合作,这是国际刑事司法协助的常态。在调取证据的协助中,证据由被请求国调取,请求国仅需接受被请求国移送的证据即可。

在消极的司法协助中,被请求国以消极的不作为或者容忍的态度向请求国提供帮助。在调取证据的协助中,请求国可以在被请求国不反对的情况下自行调取证据,如《中加刑事司法协助条约》第十八条规定:一方可以通过其派驻在另一方的外交或领事官员向在该另一方境内的本国国民送达文书和调查取证,但不得违反驻在国法律,并不得采取任何强制措施。

在相对消极的司法协助中,被请求国以半积极、半容忍的态度向请求国提供帮助。在调取证据的协助中,请求国可以在被请求国同意的情形下,部分参与在被请求国境内的调查取证行为,如《中华人民共和国政府和美利坚合众国政府关于刑事司法协助的协定》(以下简称《中美刑事司法协助协定》)第九条第三款规定:在不违背被请求方境内的法律的前提下,被请求方应允许请求中指明的人在执行请求过程中到场,并允许其按照被请求方同意的方式提出问题和进行逐字记录。

中英在派员参与调查取证方面的协助更具积极协助的性质。《中英刑事司法协助条约》第十一条规定:被请求方在不违背本国法律的情况下,应当同意请求中指明的人员在执行请求时到场,并可以为这些人员的参与提供便利,包括允许这些人员通过被请求方主管机关人员向被取证人员提问。这种协助方式符合传统的刑事司法协助惯例,体现了请求国对被请求国国家司法主权的尊重。但是,从加强打击跨国有组织犯罪合作的视角来看,我们认为,中英双方还可以进一步研讨磋商,吸纳消极协助和相对消极协助的合理之处。

第一,消极协助或者相对消极协助有利于发挥请求国的能动性。因请求国人员对案情更为了解,请求国的参与能够有效地提高调查取证活动的针对性和有效性,从而有利于侦查活动的迅速推进。

第二,消极协助或者相对消极协助中,请求国主管机关人员在一定程度上介入调查活动,有利于使有关的调查过程和结果尽可能地符合请求国刑事诉讼的需要和程序性要求,以避免司法协助获取的证据陷入被排除或者不能作为定案根据等尴尬境地,可以更好地实现打击跨国有组织犯罪等的合作目的。

第三,消极协助或者相对消极协助并不会损害被请求国的司法主权。在相对消极的司法协助中,被请求国主管机关人员的参与可以保证调查取证活动符合被请求国的法律规定。即使在消极的协助中,请求国和被请求国也可以以事先在条约中前置条件的方式保证调查取证活动符合被请求国的法律规定,如《中加刑事司法协助条约》中即前置了消极协助中请求国调查取证的条件,即不得违反驻在国法律,并不得采取任何强制措施。

(三)关于移管在押人员作证

在电信诈骗等跨国有组织犯罪中,涉及犯罪集团和犯罪团伙较多,集团和团伙多组织严密、分工协作,共同实施跨国犯罪,很多共同犯罪行为人之间都是单线联络,所以共同犯罪行为人的证言或供述对于案件的侦查和审理十分重要。因此,《联合国打击跨国有组织犯罪公约》等国际性条约及诸多刑事司法协助条约都对移管在押人员作证这种协助方式做了规定。例如,《中美刑事司法协助协定》第一条第二款第九项规定:移送在押人员以便作证或协助调查。中国与保加利亚、希腊等国家签订的刑事司法协助条约也有类似的规定。

《中英刑事司法协助条约》第一条第二款第七项规定了安排有关人员作证或者协助调查,遗憾的是未对移管在押人员作证予以明确规定。中英双方加强在移管在押人员作证方面的合作,对中英刑事诉讼的开展具有显著的意义:一方面,移管在押人员作证有利于英国传闻证据规则的落实。根据传闻证据规则,庭外陈述的传闻证据不能作为诉讼证据。换言之,只有在法庭上经过宣誓和交叉询问的证人证言,才能作为定案的证据。移管在押人员出庭作证可以使相关人员当庭宣誓并接受交叉询问,从而使其证言可以作为诉讼证据。否则,相关人员无法出庭作证,其证言将极可能作为传闻证据被排除。另一方面,移管在押人员作证符合中国推进以审判为中心刑事诉讼制度改革的实际需要。中国刑事诉讼法(2012 年)第一百八十七条第一款规定,公诉人、当事人或者辩护人、诉讼代理人对证人证言有异议,且该证人证言对案件定罪量刑有重大影响,人民法院认为证人有必要出庭作证的,证人应当出庭作证。最高人民法院、最高人民检察院、公安部、国家安全部、司法部共同发布的《关于推进以审判为中心的刑事诉讼制度改革的意见》第十二条规定:完善对证人、鉴定人的法庭质证规则。落实证人、鉴定人、侦查人员出庭作证制度,提高出庭作证率。公诉人、当事人或者辩护人、诉讼代理人对证人证言有异议,人民法院认为该证人证言对案件定罪量刑有重大影响的,证人应当出庭作证。

在跨国有组织犯罪等案件中,同案关系人的证言或者供述通常对定罪量刑有重大影响,所以加强移管在押人员作证方面的合作,也符合我国法律规定的精神和推进以审判为中心刑事诉讼制度改革的方向。

刑民交叉案件程序与实体处理规则

□陈兴良*

刑民交叉案件无论对于刑事司法还是民事司法来说,都是相当疑难的一类案件。这种疑难性表现为刑事法律关系和民事法律关系相互交织,因而容易发生错误判断,即将民事性质的案件错误认定为刑事犯罪,或者相反,将刑事犯罪错误认定为民事行为(包括合法的民事行为和民事不法行为),其结果是导致罪与非罪界限的混淆。因此,正确区分刑事法律关系和民事法律关系,对于刑民交叉案件的司法处理具有重要意义。以下,笔者从程序和实体两个方面对刑民交叉案件的司法处理进行分析:

一、刑民交叉案件的程序处理

刑民交叉案件涉及程序和实体两个维度。从诉讼法的角度来说,刑民交叉案件的处理主要是指案件的管辖问题。

1. 先刑后民原则的反思。最高人民法院、最高人民检察院、公安部于 1985 年 8 月 19 日联合发出的《关于及时查处在经济纠纷案件中发现的经济犯罪的通知》(已失效)指出:"各级人民法院在审理经济纠纷案件中,如发现有经济犯罪,应按照 1979 年 12 月 15 日最高人民法院、最高人民检察院、公安部《关于执行刑事诉讼法规定的案件管辖范围的通知》,将经济犯罪的有关材料分

---

* 北京大学法学院教授。

别移送给有管辖权的公安机关或检察机关侦查、起诉,公安机关或检察机关均应及时予以受理。”这个规定确立了所谓先刑后民原则,对于解决刑民交叉案件的管辖问题具有指导意义。然而,在司法实践中出现对此的反向适用,这就是对于人民法院正在审理的民事案件,公安机关或者其他侦查机关以涉嫌犯罪为由,要求人民法院移送,中止民事案件的审理。应当说,这种做法本身没有错,问题在于:如果滥用先刑后民原则,就会为侦查机关,主要是指公安机关插手经济纠纷提供便利。目前在我国司法实践中,先刑后民原则被滥用的乱象确实存在。这些司法乱象的发生,除了司法机关的地方保护主义观念以外,还与当事人对司法权的恶意利用有着重大关系。对于那些本来应当通过民事程序解决的经济纠纷,当事人放弃民事诉权,而要求公安机关插手经济纠纷,以维护自己利益的最大化。这些都是法治社会不可接受的。因此,对于先刑后民原则应当严格限制适用,不可滥用。

2. 刑民并列原则的补充。在司法实践中,不能将先刑后民原则绝对化。笔者认为,只有刑事法律关系和民事法律关系存在竞合的案件中,才能适用先刑后民原则。如果刑事法律关系和民事法律关系存在牵连关系的,则不能适用先刑后民原则,而是刑民并立,各自进行审理。对此,1998 年 4 月 21 日《最高人民法院关于在审理经济纠纷案件中涉及经济犯罪嫌疑若干问题的规定》第十条规定:“人民法院在审理经济纠纷案件中,发现与本案有牵连,但与本案不是同一法律关系的经济犯罪嫌疑线索、材料,应将犯罪嫌疑线索、材料移送有关公安机关或检察机关查处,经济纠纷案件继续审理。”这一司法解释明确了处理刑民交叉案件须区分同一法律关系和不同法律关系这两种情形。所谓同一法律关系,是指竞合关系。在这种案件中,刑民难以两立:如果构成犯罪,则否定民事法律关系;如果成立民事法律关系,则否定犯罪。对于此类案件,应当采用先刑后民原则。所谓不同法律关系,是指牵连关系。在存在牵连关系的刑民交叉案件中,刑事犯罪与民事法律关系并行不悖,同时成立。对此,不能采用先刑后民原则,而是将刑事法律关系与民事法律关系进行剥离,分别处理。从某种意义上说,刑民并列原则是对先刑后民原则的必要补充。

二、刑民交叉案件的实体认定

刑民交叉案件在实体性质上的认定,属于刑法范畴。如果说,刑民交叉案件的程序问题主要涉及司法管辖问题,那么,刑民交叉案件的实体问题涉及罪与非罪的区分,直接关系当事人的各种权利,因而更为重要也更为复杂。

1. 假性竞合。在刑民交叉案件中,存在某种假性竞合的案件类型。这里所谓假性竞合,是指从形式上看,似乎存在民事法律关系,但实质上是以民事法律关系掩盖犯罪,因此应当排除民事法律关系而构成犯罪。这种情形,最为典型的是“套路贷”案件。就“套路贷”的实质来说,是贷款陷阱,即以民间借贷的名义骗取他人财物,因而“套路贷”的主罪是诈骗罪(主要是合同诈骗罪),而为非法占有他人财物,其手段行为涉及其他罪名。2019 年 4 月 9 日最高人民法院、最高人民检察院、公安部、司法部发布《关于办理“套路贷”刑事案件若干问题的意见》,该司法解释明确揭示了“套路贷”的特征:(1)制造民间借贷假象;(2)制造资金走账流水等虚假给付事实;(3)故意制造违约或者肆意认定违约;(4)恶意垒高借款金额;(5)软硬兼施“索债”。根据司法解释规定,对于“套路贷”案件一般以诈骗罪定罪处罚;对于在实施“套路贷”过程中多种手段并用,构成诈骗、敲诈勒索、非法拘禁、虚假诉讼、寻衅滋事、强迫交易、抢劫、绑架等多种犯罪的,应当根据具体案件事实,区分不同情况,依照《刑法》及有关司法解释的规定数罪并罚或者择一重处。笔者认为,凡是构成“套路贷”的案件,必然首先构成诈骗罪,至于其他伴随的犯罪则可有可无、可多可少。在“套路贷”案件中,从表面上看,似乎是借贷关系,行为人往往利用民间借贷以掩盖诈骗犯罪的实质。对“套路贷”案件的处理,必须揭开民间借贷的假性面纱,还其诈骗罪的实质。

2. 真实竞合。在刑民交叉案件中,存在真实竞合案件。在真实竞合的情况下,到底是认定为犯罪还是认定为民事法律关系,这是一个较为疑难的法理问题。例如,在非法转让、倒卖土地使用权案件中,公司股东采取转让股权的方式转让土地使用权的,是否构成本罪,这是在司法实践中长期存在争议的一个问题。从形式上看,由于股权的转让,公司股东发生变更,土地利益随之发生变化。因此,土地使用权似乎发生了转移。这种转让公司股权的行为,在《公司法》上是完全合法的,如果在《刑法》上认定为犯罪,就会导致刑民之间的对立。笔者认为,对于这种通过转让公司股权的方式实质上转让土地使用权的行为,不能刺破股权转让的面纱而认定为非法转让、倒卖土地使用权罪。因为在通过转让公司股权的方式实质上转让土地使用权的情况下,虽然从经济上发生了土地使用权利益的流转,但法律上发生流转的是公司的股权,而土地使用权并未变更,土地使用权仍然归属于同一公司所有。公司股东转让股权的行为,在《公司法》上是完全合法的。如果把这种在民事上是合法的行为认定为刑事犯罪,必然造成各个部门法之间的矛盾和冲突。这里涉及刑法教义学中的法秩序统一原理。所谓法秩序统一原理,是指各个部门法在合法化事由上具有统一的根据。在一个部门法中合法的行为,不得在另一个部门法中认定为违法。否则,就会造成法秩序内部的逻辑混乱。我们必须认识到,入罪须有法律规定,出罪无须法律规定,这是完全符合罪刑法定原则的。因为罪刑法定原则是限制入罪,但并不限制出罪。在法秩序统一原理的指引下,处理刑民关系的时候,要看某一行为在民事上是否合法。如果民事上是合法的,则可以排除犯罪的成立。

刑民交叉案件的诉讼问题

□纪格非*

对于刑民交叉案件的诉讼问题,笔者认为主要涉及两个方面:一是刑事判决在民事诉讼中的效力问题;二是刑民交叉案件的审理顺序问题。这两个问题是密切相关的。其中,第一个问题是解决第二个问题的前提和基础。

一、刑事判决在民事诉讼中的效力

近年来,刑事判决在民事诉讼中预决力的问题受到了司法界的关注。究其原因,主要在于现有规则的固有不足及理论研究的滞后,导致无法应对实践中出现的日益繁杂的问题。对刑事判决证明标准的不精确理解、对判决统一性的过度追求及司法人员的风险规避意识、当事人推翻生效刑事判决的事实认定结论的可能性较低、民事案件的审理法院对先前生效刑事判决的事实认定结论的正确性进行审查的途径与手段相对匮乏等原因综合导致了我国刑事判决预决力的扩张。针对由此造成的判决效力作用的主体范围无限扩大、刑事判决在民事诉讼中的优越地位不断强化等现实问题,可尝试通过完善我国刑事判决在民事诉讼中预决力规则予以解决。

(一)区分判决主文与判决理由效力

赋予刑事判决主文的绝对效力。刑事判决的主文是对被告人是否犯有某种罪行以及应当承担何种刑事责任的认定,是法院对刑事案件进行审理后得出的结论性判定,也是刑事判决书中最重要的部分。因此,对于判决书的主文所认定的定罪与量刑的事实,应当受到所有人的尊重,赋

---

* 中国政法大学教授。

予其对世效力。从比较法的角度看,对于刑事判决的定罪事实或其他重要事实赋予较高程度的拘束力也是多数国家通常的做法。对于判决主文中认定的事实的效力,还有必要将这些事实区分为确定性事实和非确定性事实。在民事诉讼中,具有既判力的刑事裁判中认定的事实必须是经我国法院制作的生效的刑事判决书中认定的、确定性的、必要的、具有刑事性质的事实。在判决理由中,作为定罪基础的事实对参与刑事诉讼程序的当事人具有绝对的法律效力,刑事诉讼程序的当事人不得在后诉的程序中主张相反的事实。所谓基础性事实,是指对于审理刑事案件的法官判断是否构成犯罪以及所涉罪名具有决定性影响的事实。此类事实一般指犯罪构成的要件事实。基础性事实作为定罪依据,其证明标准较高,因此证明结果的可靠性比较有保障,而且,定罪事实直接关系被告人是否有罪以及涉及的罪名,其稳定性必须有所保障。对于刑事判决理由中认定的非基础性事实,由于此类事实的认定标准无法达到"排除合理怀疑"的程度,因此此类事实不应当被赋予免证的法律效力。由于不具有免证的效力,所以民事案件中对此类事实的证明责任并不会因为该事实经过刑事判决认定而发生转移,当事人仍应对该事实的存在承担证明责任。当然,也允许民事诉讼中的当事人将刑事判决书对于该事实的认定作为一种"有说服力"的证据使用,以证明其主张。

(二)限缩刑事判决预决力的主体范围

刑事判决的主文对于罪名和刑罚的确定具有对世效力,任何人不能作出矛盾的主张。对于判决理由部分涉及基础事实的内容,按照程序公正的一般理论,判决应当对参与程序的当事人发生拘束力。因此,参与程序的当事人不得在事后提出与前诉事实认定结论矛盾的主张。在刑事诉讼中,参与过程序的主体,包括人民检察院、被告人、自诉人及被害人应当受到刑事判决事实认定结论的拘束。不得在后诉中提出与前诉判决事实认定结论矛盾的主张,没有参与刑事诉讼程序的民事诉讼的当事人则无须受到先前判决的拘束。

(三)维护民事审判之独立性与专业性

维护民事审判权的独立性,充分尊重民事法律规范的专业性,应当成为我们设计刑事判决预决力规则时充分考量的问题。一般而言,在以下几种情况下,应当允许审理民事案件的法官对刑事判决中认定的事实作出重新评估与认定:其一,刑事立法与民事立法对某些事实评价的标准及法律术语的含义不同。在这种情况下,应当充分尊重民事法律的独立性以及民事审判机关的独立性。其二,审理民事案件的法官在重新评估被害人的过错的基础上,确定侵权人的责任大小与范围。被害人过错是民事诉讼中必须查明的核心事实,对于最终的判决结果至关重要,不仅如此,审理民事案件的法官还需要对被害人的过错与损害的发生、损害的范围之间的因果关系作出比较精确的评估,从而确定加害人的责任程度与责任范围。因此,对于刑事判决中的受害人过错,应当允许审理民事案件的法官在民事诉讼中重新予以认定。其三,审理民事案件的法官在特定情况下对侵权行为的损害结果与因果关系重新作出认定。原因在于刑法与民法对于因果关系的关注重点与界定方法存在许多差异,刑事判决与民事判决中对因果关系和损害结果的认定有可能出现不一致的情况。

二、刑民交叉案件的审理顺序

在清楚地界定了刑事判决在民事诉讼中的效力后,刑民交叉案件的审理顺序问题的解决思路也将变得清晰。《民事诉讼法》关于诉讼中止的规定已经提示了刑事案件优先审理的根本性条件——刑事案件有优先审理的"必要"。如果使刑民案件发生关联的事实属于必须通过刑事诉讼程序认定的基础性事实,通常是指犯罪主体的事实、关于犯罪构成要件的事实时,刑事案件就具备优先审理的必要。相反,刑事案件就不具有优先审理的必要。所谓"必要性",主要有以下三种情形。

第一,权利请求上的必要性。即如果民事案件当事人以刑事犯罪事实作为支持其诉讼请求所依据的事实,此时,是否存在犯罪事实只能由刑事司法机关通过刑事诉讼程序认定,这多发生在受犯罪行为侵害的被害人要求加害人给予物质赔偿的情况下。在不属于被害人要求刑事被告人给予物质赔偿的民事案件中,也可能存在民事请求权以确定犯罪事实为基础的情况,如《继承法》第七条、《保险法》第四十五条所规定的情形。

第二,民事案件涉及的责任人或责任方式需要经过刑事诉讼程序确定的,在此种情形下,应当采用刑事优先的审理方式。比如,根据《侵权责任法》第五十二条的规定,因盗窃、抢劫、抢夺机动车发生交通事故时,盗窃人、抢劫人或者抢夺人是责任主体。盗窃、抢劫、抢夺事实是否存在,涉及行为人的刑事责任,必须通过刑事诉讼程序加以认定。因此,对于此种类型的案件,刑事程序应优先进行。

第三,证据方面的必要。在刑民交叉案件中,某些证据可能同时被用于民事诉讼程序和刑事诉讼程序。由于侦查和审查起诉程序中证据不公开,因此可能会出现在民事案件的审理过程中,法院认定案件事实所需要的证据同时是刑事案件中的证据,且在侦查或公诉机关的掌握下,后者基于保密的要求,不能将证据提交民事诉讼程序。此时,如依据举证责任分配规则要求当事人承担败诉风险,显然有失公允。因此,民事审判部门可以裁定中止民事诉讼程序,待刑事案件审结后再启动民事案件的审理。

刑民交叉案件的范围、类型及处理原则

□黄祥青*

刑民交叉案件的法律适用问题,是司法实践中长期关注、迄今仍需深入研讨的议题。推进此项适法统一,既要清晰树立不同部门法之间整体协调裁判的司法理念,也要潜心研究实际问题,摒弃仅以观念思辨代替务实研讨的清谈之气,以切实解决现实争议问题。

一、刑民交叉案件的定义和范围

研讨问题,首先应当界定讨论范围。如果各自针对不同对象展开议论,势必各说各话,难以达成研讨目的和共识。关于刑民交叉案件的定义和范围,目前的主流观点认为:刑事、民事案件涉及"同一事实"的,属于刑民交叉案件,原则上应当纳入刑事诉讼程序一并处理。所谓"同一事实",是指行为主体、行为客体或对象,以及行为表现三者均相同的情形;如果其中之一发生变化的,则属于"不同事实",应当分别作为刑事案件与民事案件独立审判。

从实际情况看,刑事与民事案件并非只有"事实完全竞合"一种交叉形态。在事实部分竞合,或者彼此存在主从、隶属等牵连关系时,同样产生刑民法律关系需要整体考量、刑民诉讼程序需要协调推进的必要性。典型适例如行为人诱骗他人担保实施贷款诈骗罪的情况,尽管行为对象分别为银行和担保人,行为表现是骗取担保和诈骗贷款两种不同内容的欺诈,但两个行为之间呈现犯罪手段与目的的关系,共同造成银行钱款被非法占有的危害结果,前后构成一个完整的犯罪行为过程。倘若人为地将银行与保证人之间的所谓"担保行为"从贷款诈骗的基本事实中分离出来,单纯作为一般的民事案件进行审理与裁判,可能产生的事实偏差或归责欠当,则是不难想象

---

* 上海市第一中级人民法院院长。

的。即令在一人犯数罪的场合,如果有的罪行涉及人身损害赔偿等民事诉讼,一般也倾向于刑事、民事案件协调推进,尽力达成"以刑促民"或"以民济刑"的综合审判效果。一言以蔽之,在刑事、民事案件并非"同一事实"的特定场合,整体协调裁判仍然十分必要。

在司法实践中,也有人对刑民交叉案件作广义的理解,即将经济纠纷涉嫌刑事犯罪如何准确区分、妥善处理问题一并纳入研讨范围。严格来说,这一议题并不涉及刑民两种法律事实交叉并存、如何避免矛盾或冲突裁判的问题;其实质是如何准确掌握经济犯罪的界限,重点在于切实贯彻刑法谦抑原则,审慎把握涉民间借贷、合同股权纠纷、非法经营等案件的犯罪构成要件及成罪标准,以及从严掌握相应的证据规格。前者关注犯罪构成要件及证据的正当、充实性,后者重视刑民两种法律事实、规范在裁判上的协调一致性。二者各有侧重,适宜分别研究。倘若杂糅一团,笼统讨论"先刑后民"或"先民后刑"的合理性,结论很可能是南辕北辙,因为原本就不是一类争议问题。本文立足于狭义范畴展开相关讨论。

基于此,刑民交叉案件,是指一个完整的案件事实过程所包含的当事人合法权益,通常需要经由分别提起刑事和民事两种诉讼才能给予充分保护或救济的案件。具体包括三个要点:

其一,刑民交叉案件通常形成于一个案件的完整事实过程之中,包括案件发生、发展、结果及其后续处置的全程。一个案件既可以是单一犯罪,也可能是数罪合并追诉的情况,如数个盗窃或故意伤害罪一并追究,均涉及财物损失的赔偿问题就是适例。其中的多个法律事实之间或同根并生,或因果相连,或后续延展,但都是一个完整案件事实不可或缺的组成部分,也是刑民交叉案件发生的范围所在。

其二,刑事与民事两种法律事实交叉并存、紧密关联。刑民法律事实既可因行为主体多元而形成,如不负刑事责任的未成年人参与共同伤害犯罪,其监护人代为承担民事赔偿责任就是其中的典型案例;也可因复合行为而产生,如行为人以高息揽存等方式诱骗他人赴指定银行存款,在开户过程中利用存款人的轻信,钻银行工作人员审核把关不严的空子,擅自开通网上电子银行业务并截留数码介质"U盾",嗣后使用"U盾"盗划他人存款资金的行为即是适例;还可因犯罪行为而引发,如行为人犯交通肇事罪而触发保险公司对被害人的人身伤亡理赔责任等。可见,刑民法律事实发生的成因具有多样复杂性,但交叉并存于一个自然的案件事实过程之中,乃是基本特征。

其三,刑事与民事两种法律责任具有交互性和整体性,共同构成一个完整案件法律责任大小的评判依据。尽管刑事责任居于主导地位,但民事责任具有补充、调节作用,二者并非完全独立。于是,刑民诉讼程序的启动、推进也相应具有关联性,需要彼此协调、相互照应,唯有如此才能达成既充分保护救济合法权益,又依法合理追究法律责任的司法目的。

二、刑民交叉案件的类型与规范目的

合理分类是有效规制的重要方法。问题越是复杂,越需要找准分类标准,适时条分缕析,以利透视问题本质,提出有针对性的解决办法。梳理典型争议案件,切入因果关系视角检视,刑民交叉案件大致可以分为三种类型:

一是一个行为造成两种以上的损害结果,分别需要提起刑事和民事两种诉讼予以保护救济。例如,一个故意伤害犯罪,既造成他人人身伤害后果,又导致被害人因治疗等事由产生财物损失,通常需要提起刑事附带民事诉讼或单独提起民事诉讼一并实施刑民两种救济,此乃事实竞合或"一因多果"的典型。

二是多个行为或事由共同酿成一个损害结果,但行为人之间并无共犯关系,而是应当分别承担相应的刑事与民事责任。譬如,单位职员利用职务或工作条件上的便利,或者冒用单位名义实施个人诈骗犯罪，所属单位因存在管理疏漏等过错而承担替代赔偿责任；以及学生在校期间遭到不法侵害，学校因未尽到管理责任而承担补充赔偿责任等，均属事实牵连或“多因一果”的适例。

三是犯罪行为或其后续处置行为直接引发民事纠纷，使刑事、民事诉讼相继发生。如犯罪人将违法犯罪所得（如赃款赃物等）用于消费挥霍或归还债务，进而引发财物所有人与实际占有人之间的善意取得之争，以及前述交通肇事犯罪引起保险理赔之诉等，皆可视为事实延展或“因犯罪而继发民事诉讼”的类型。

就一般经验而言，在案件数量上，“一因多果”与“多因一果”类案件占据刑民交叉案件的绝大部分，“因犯罪而继发民事诉讼”类案件相对较少。在刑民关系上，“一因多果”类案件多属侵犯人身犯罪一并引发财物损失，此时，民事诉讼具有衍生性和附带性。“多因一果”类案件大多属于侵财犯罪，刑事犯罪往往是主因，民事案件多因牵涉次因或条件而产生，具有补充性或依附性。在法律责任上，“一因多果”类案件的责任主体比较单一（当然不排除复杂的共犯情形），民事责任上的争议主要在于合适范围，如人身侵害犯罪中是否应当判决伤残赔偿金或死亡赔偿金等。“多因一果”类案件大多只造成财产损害，犯罪作为主因理当承担退赔主责，次因或条件按常规只能依过错大小承担补充责任。但有无例外替代承担主责或连带责任的情形？正是由于责任主体的多元性和责任类型的多样性，导致此类案件成为实践中争议多发的地带。相形之下，“因犯罪而继发民事诉讼”类案件的民事责任具有一定的独立性，其与具体的犯罪构成事实没有太大的关联度，故单独评价多无大碍。

究竟各类刑民交叉案件如何妥处？尽管道理并非深奥，但多年以来，刑事或民事裁判的习惯思维或惯性不时显现巨大魔力，以致各家只顾规则自洽，彼此强调多有龃龉。因此，专门明确解决刑民交叉案件的靶向目标依然十分必要。

法谚云：“有损害必有救济。”将充分救济受损法益作为司法裁判的优先选项，应该无甚异议。与此相对应，对于被告人的科刑追责，应当做到依法有据、责罚相当，这也是司法公正的题中之义。再者，实体裁判必须依据程序法有序展开，当属法治要义。因此，刑民诉讼理当适时跟进，既防冒进也忌延宕，以达成最佳救济效果。确定以上三维目标指向，立足三类案情表现，具体处理方法则如六辔在手，余下当可轻车便行。

三、刑民交叉案件的处理原则

依据法律价值的统一性和司法裁判的目的性，审判刑民交叉案件，有必要遵循三项处理原则：

1. 整体协调裁判原则。即“有关联就须讲协调”。无论是事实认定，还是法律归责，均应将刑民两个部分作为整体观察考量，作出相互照应、彼此相宜的认定与裁判。

从实际情况看，由于缺失整体协调裁判观念，在事实认定方面，刑民法律事实很容易发生以下三方面的问题：

一是形式与实质认定明显冲突背离。即当行为人以合法的经济活动之名行侵财犯罪之实时，倘若民事诉讼仅就作为犯罪手段的所谓“经济活动纠纷”进行审理，则极易产生案情表象与事实真相的严重背反。如前述刑事判决认定担保和贷款两份合同都是行为人诈骗银行钱款的“犯罪工具或手段”，而单独进行的民事诉讼却判决两份合同或其中的担保合同仍然合法有效，应当继续履行，此乃刑民判决就同一事实作出冲突裁判的典型例子。

二是事实认定止于表浅或失于片面。即在有些新类型、疑难复杂犯罪中，离开了刑事诉讼对于案件事实的完整查证，相关民事诉讼很难查清案件事实与法律责任。如前述以高息揽存为诱饵盗划被害人银行账户内钱款的案件，刑事判决通常会详细查证诈骗犯是仅冒充银行工作人员利用客户接待室实施骗术，还是银行柜台工作人员也存在审核把关不严的过错等作案细节，细节不同，银行与存款人各自的过错程度也不同。但在民事诉讼中，被害人大多只描述自己的钱款存入银行却莫名遭遇损害的简单过程，对于诈骗犯如何施展骗术或银行工作人员如何陷入过失等案件详情，要么一概不知，要么刻意回避，以免言语之间暴露自身的轻率或疏失。很显见，仅仅依据原被告双方的陈述和举证，民事判决对于两造之间的债权债务纠纷及其法律责任大小，很难作出完整、准确的认定。

三是对于同一事实各依所持作出不同认定。即由于刑事与民事证明标准的不同，对于同一事实可能很自然地出现两种裁判结论。如在不少经济犯罪案件中，刑事判决可能因为证据充实性的原因而扣减部分犯罪数额；而在被害人另行起诉被告人所在单位代位承担赔偿责任的民事诉讼中，相关损失数额则有可能获得支持或认可。

至此，不难看出，刑民法律事实可由多种原因形成认定上的脱节或抵牾。但比较而言，刑事认定通常更能接近事实本真或实质正义。树立整体协调裁判观念，确定相关民事认定应以刑事判决为依据或相衔接的一般原则，上述三方面的问题即可迎刃而解。

在法律归责方面，实践中暴露的主要问题是刑事与民事责任的分裂脱节问题。例如，刑事附带民事判决故意杀人案中的死亡赔偿金不属于物质损失范畴而不予支持，而另行起诉的民事判决却全额支持被害人家属的相关诉请；以及刑事案件已经在进行追赃挽损，民事诉讼又就同一损害结果另行判决全额赔偿。诸如此类情形，或许单就刑事或民事一角来看，均可谓言之有理、持之有据，但就整个案件的裁判结果来说，不仅凸显刑民法律责任的直观冲突，有损司法的严肃性和权威性，而且造成司法过度保护或苛责被告的明显不公，亦背离司法的公正性和目的性。

无论是“一因多果”还是“多因一果”类案件，均涉及法律责任的适当分配，可以是刑民法律责任之间的有效互动，如被告人积极赔偿取得被害人谅解而可适度减轻刑事责任；也可以是民事责任在各个责任主体之间的合理分担，如民事责任可能表现为连带责任、按份责任或补充责任等不同形态。但归根结底，刑民法律责任既要从个体上体现原因力大小与责任轻重的匹配性，也要从整体上体现法律责任与损害结果的均衡性。唯有整体协调，刑民法律责任才能相得益彰、落地生根。

2. 充分合理救济原则。即对于当事人遭遇损害的合法权益，既要依法给予充分保护或救济，又要慎守畛域、遵循填平和过错责任原则，保持合理限度。对此，实践中经常关注三个问题：

其一，对于涉犯罪的合同，如何处理其效力？实践中不少同志主张“合同并不当然无效”，主要基于两条理由：一是为了充分保护守约方的合法权益，可将涉犯罪的合同认定为可撤销合同，是否撤销作有效或无效处理，交由守约方在规定期限内自主决定，以保证其充分行使选择权，实现守信重诺的可期待利益。二是刑事判决只能追偿被害人的财产本金损失，只有确认合同效力，才能让被告人承担赔偿违约金等合同责任。

这里相应涉及两个问题：一是追究被告人侵财犯罪的刑事责任，能否保护被害人的合法财产权利？二是是否只有通过认定合同有效，才能最大限度地保护被害人的财产利益？

从实践情况看，既然行为人涉嫌合同诈骗等犯罪已经受到刑事追究，被害人受损的财产权益就必然经由刑事追赃、责令退赔等强制措施得到国家强制力的有力保护，并不存在刑法只保护国家和社会公共利益的问题。刑法作为保障法，无疑已将国家、社会和公民的合法权益完整纳入保护范围，实施更为严格的保护。那么，是否存在刑法仍有保护不足，需要通过确认合同有效、经由民事诉讼予以进一步救济？这里不妨设想两种情形：

如果刑事被告人与民事被告同一，刑事追赃不足，民事救济难道还有其他发挥空间？假如被告人具有退赔能力，通过刑罚推动被告人积极退赔、取得被害人谅解之道，同样可以达到让被害人受损权益得到更好修复的“双赢”目的，也就是说，在诉讼对象相同的场合，民事诉讼就没有展开的余地。

如果被害人另辟蹊径、针对担保人等非共犯主体提起民事诉讼，在法律上完全可行，但此时必须解决与刑事追赃就同一损害结果进行重复保护和过度救济的问题。因为侵权、违约责任的基本遵循都是填平原则，重复保护和过度救济显然均不足取。况且，在前述利用担保人实施的贷款诈骗案件中，担保人与被害人同处受骗被害人的地位，都有责任依过错程度分担财产损失。倘若在两个平等主体之间，径直判决一方对另一方承担全部赔偿责任，则意味着对另一方实施特别保护，其事实依据何在？次因或条件能够承担主责或全责？显然在法律上值得深入思考、审慎斟酌。

事实上，对于刑事追赃不足的部分，完全可以由被害人就实际损失对担保人提起损害赔偿之诉，如此既可对被害人体现填平原则，不致重复过度保护；又可切实追究担保人在“多因一果”的侵权损害中理应承担的过错责任，实现法律的公平公正性。换言之，认定涉犯罪的合同仍然合法有效，既有法律逻辑上的悖论，也有实际操作中的困扰，其并无必要。

其二，在刑民交叉案件中，如何掌握民事诉讼的合理范围？从现行法律规定看，《刑事诉讼法》及相关司法解释从案件类型和财物损失范围两个维度，对附带民事诉讼的审理范围作了明确限定，即被害人因人身权利受到犯罪侵犯或者财物被犯罪分子毁坏而遭受物质损失的，有权提起刑事附带民事诉讼。从法律解释论上说，一般认为犯罪给被害人造成的财产性利益损害是多方面的，但基于现实考量，相关法律只支持被告人赔偿“直接损失”。从司法实践情况看，在总体遵循现行法律规定的前提下，也有适度扩大民事诉讼审判范围的呼声及个案裁判，如有的判决将伤残赔偿金、死亡赔偿金纳入侵犯人身犯罪的民事赔偿范围；有的判决支持强奸案件的被害人提起精神损害赔偿之诉等。

归纳各方考量，主要强调的理由有三点：一是尽管刑事诉讼已经对于被告人的犯罪行为判处刑罚，但不能以此代替对于被害人遭受实际损害的民事权利进行充分救济。二是受刑被告人大多不具有巨额赔偿能力，仅仅基于被害人需求下判可能造成普遍执行困难，失去政策层面的平衡。三是刑事附带民事诉讼不宜纳入繁复的民事救济内容，否则势必拖累刑事诉讼进程，有悖程序设计的初衷。

毋庸赘言，上述意见取向不尽相同，但皆有合理可取之处。重点在于如何缩短、平衡应然方向与实然条件之间的差距。此外，还有一点应予特别关注：任何人不能因为违法犯罪行为而获利的至理铁律。以往较多的是从违法犯罪者角度予以阐释，其实于被害人角度亦当如是。否则，不足以防范故意制造犯罪陷阱而使自己从中获利的法律漏洞。无论是侵权法律责任坚持填平原则，还是刑事司法惯例追究直接损失，应该都可在此找到注脚。有鉴于此，可否按如下思路界定刑附民以及单独提起民事诉讼的审理范围：

对于严重侵犯他人人身权利的犯罪，可依判处刑罚的轻重决定相关民事诉讼的范围。具体来说，对于被判处无期徒刑以上刑罚的侵犯人身权利犯罪，基于惩罚的相当性和实操的可能性，不宜再行支持伤残赔偿金或死亡赔偿金的诉请。而对于判处有期徒刑及其以下刑罚的同类犯罪，则以裁判支持为宜，以满足公民观念上对于付出身体伤残或生命代价的公平心理需求。至于轻罪支持“两金”赔偿而重罪相反的“倒挂现象”，可由刑事与民事法律责任的整体协调性予以周延诠释。

对于利用经济合同等方式实施的侵财犯罪，不宜将违约金等合同项下的可期待利益纳入民事诉讼范围。就常识而言,合法利益应当源于正当行为。在侵权犯罪中主张合法的经营利益或利润,难免本质上有违事理,且有陷入“不排除犯罪中也有利可图”的道德旋涡或行为导向风险。从客观事实看,对于绝大多数经济犯罪,被害人能够全身而退已实属不易。倘若设定获利预期,可能只会落得重温古训:行有不得,反求诸己。

对于其他犯罪涉及的民事诉讼,宜严格按照“直接损失”掌握审理范围。其中不妨把握三个要点:首先是合法性,即作为司法保护的对象,直接损失一定要具有合法属性。其次是因果性,即被害人的财产利益损失,必须是侵权行为造成的,具有直接的因果关系(当然不排除多因一果的情形)。最后是实然性或必然性,即财物损失必须是已然或必然会发生的。举一例说明:被害人在一娱乐场所从事异性陪侍服务,其间遭遇多次强迫卖淫。其能否提起附带民事诉讼要求赔偿误工损失等费用?很显见,要求赔偿误工损失费应以已经从事正当合法职业为前提,如果只是或然性或可能性,则因不具实然性而难以认定为直接损失。

其三,对于犯罪人将赃款赃物用于还债、转让的,能否继续予以追缴?近年来,有关司法解释性文件以第三人是否“善意取得”为标准,规定了刑事追赃的限度。实践中不少案件的刑事追赃进程,也因第三人主张系善意取得而被迫止步。我们认为,只要赃款赃物去向明确、脉络清晰的,原则上应当一追到底。简要理由有三点:第一,债权人主张债权,不能以损害他人的合法财产权利为代价。第二,继续追缴赃款赃物,并不影响债权人行使债权。第三,对于刑事被害人的财产权利给予一定程度的特别保护,既可避免其二度受伤,同时也是刑法作为保障法彰显其权威性的必要或必须措施。至于规范性文件所规定的“善意取得”情形,应当进行严格界定。只有确实经过公开、透明的市场交易程序完成的买卖行为,才能认定为“除外情形”,可以阻却刑事追赃,以保证市场交易秩序的安全性和稳定性。

3. 诉讼经济便民原则。即刑事、民事诉讼程序的启动与推进,既要瞄准实现司法目的,也要贯彻诉讼经济、便民原则,尽力使用最少的司法资源,达到最佳的保护救济效果。根据司法实践经验及上述案件分类情况,有关刑民诉讼程序可分如下三种情况处理:

第一,对于一个行为造成多个损害结果的,可以同时或相继启动刑事与民事诉讼;但具体民事责任大小,一般还是有赖于刑事诉讼先行查明的案件事实。但是,如果犯罪嫌疑人潜逃致使刑事诉讼程序中止的,或者被害人急需医疗救治等费用,民事诉讼的被告承担连带赔偿责任的,可以先行推进民事诉讼,以充分保障被害人的合法权益得到及时救济。至于犯罪嫌疑人在民事诉讼中享有的举证权与答辩权等,皆可因其逃逸行为而被视为放弃;共同侵权人先行承担连带责任后的责任分担问题,可在刑事诉讼查明各自行为及其责任后,作为内部问题另行解决。

第二,对于多个行为造成一个损害结果的,原则上只能启动一个诉讼程序予以救济,不宜针对不同对象同时推进刑事与民事诉讼,进行并行救济。如前述诱骗担保诈骗案,只有银行财产被骗一个损害结果,在已经展开刑事追诉的情况下,就没有必要同时推进民事诉讼。只有针对刑事救济的不足部分,适宜推进民事诉讼、展开补充救济,以避免重复过度救济的弊端。但是,如果被害人认为有必要针对侵权行为关联人先行提起民事诉讼、仅仅申请财产保全的,应当予以准许。待刑事诉讼查明案件基本事实及其责任以后,再行推进相关民事诉讼。

第三,对于“因犯罪而继发民事诉讼”类案件,可以并行或先行推进民事诉讼。因此类民事诉讼仅以犯罪结果事实为归责依据,对于犯罪行为事实具有相对的独立性,故及时推进有利于维护当事人权益。综上所述,对于刑民交叉案件,相关诉讼程序的启动与推进应以“先刑后民”为原则,以“刑民并行”或“先民后刑”为补充或例外。

完善刑民交叉案件办理机制的思考

□于同志*

在刑民交叉案件的实际办理中，疑难争议问题较多。但概括起来看，有两大基本问题：一是刑事程序和民事程序的操作顺序如何把握，两者孰先孰后，能否并行不悖；二是刑事或者民事判决作出后的既判力问题，也即先行作出的刑事判决或民事判决，对民事部分或刑事部分处理的效力。就此谈一些个人认识。

一、关于刑民程序孰先孰后问题

从现行有关司法文件规定，刑民交叉案件的办理采取“先刑后民”是一个大原则。这个原则早在20世纪80年代便基本确立。例如，1985年最高人民法院、最高人民检察院、公安部发布的《关于及时查处在经济纠纷案件中发现的经济犯罪的通知》（已失效）、1985年最高人民法院发布的《关于审理经济纠纷案件必须严肃执法的通知》以及1987年最高人民法院、最高人民检察院、公安部发布的《关于在审理经济纠纷案件中发现经济犯罪必须及时移送的通知》（已失效）等文件，均采取了“先刑后民”的立场。在其后的司法文件中，除个别认为“可视案件实际情况刑民并行”外，绝大多数是在强调“先刑后民”。在2019年7月召开的全国法院民商事审判工作会议上，刘贵祥专委的总结讲话也明确指出：“刑民交叉案件的一个基本规则是：刑事案件与民事案件涉及‘同一事实’的，原则上应通过刑事诉讼方式解决。”

值得注意的是，在“先刑后民”机制之下，有关司法文件对民事案件处理方式的规定，前后并不完全一致。1998年最高人民法院的《关于在审理经济纠纷案件中涉及经济犯罪嫌疑若干问题的规定》、2014年最高人民法院、最高人民检察院、公安部发布的《关于办理非法集资刑事案件适用法律若干问题的意见》、2015年最高人民法院发布的《关于审理民间借贷案件适用法律若干问题的规定》等规定的处理方式是“驳回起诉或者不予受理”，而1997年最高人民法院发布的《关于审理存单纠纷案件的若干规定》规定的是“中止审理”。刘贵祥专委在全国法院民商事审判工作会议上的讲话中认为：“人民法院在审理民商事案件过程中，发现民商事案件涉及的事实同时涉及刑事犯罪的，应当及时将犯罪线索和有关材料移送侦查机关，侦查机关作出立案决定的，应当裁定驳回起诉；侦查机关不及时立案的，应当及时报请当地党委政法委协调处理。”由此，这里就有了几种不同的处理方式：（1）驳回起诉；（2）不予受理；（3）中止审理等。从司法实践看，个案的处理也很不一致，而上述处理方式之间的差异性在法律上还是很大的。

不仅针对民事案件的处理方式不统一，在“刑民交叉”案件的判断标准上彼此也有差异。《关于在审理经济纠纷案件中涉及经济犯罪嫌疑若干问题的规定》是以“同一法律事实”“同一法律关系”作为区分标准。而《关于办理非法集资刑事案件适用法律若干问题的意见》《关于审理民间借贷案件适用法律若干问题的规定》采取的是“同一事实”的判断标准。刘贵祥专委的讲话也是明确支持“同一事实”标准，并提出：“鉴于民事诉讼与刑事诉讼具有不同的职能与程序，分开审理是基本原则，因此要从行为主体、相对人以及行为本身三个方面认定是否属于‘同一事实’”。具体来说，从行为实施主体的角度看，“同一事实”指的是同一主体实施的行为，不同主体实施的行为不属于同一事实；从法律关系的角度看，刑事案件的受害人同时也是民事法律关系的相对人

---

* 最高人民法院刑二庭审判长。

的,可以认定为"同一事实";从要件事实的角度看,只有民事案件争议的事实,同时也是构成刑事犯罪的要件事实的情况下,才属于"同一事实"。上述判断标准比较清晰,易于操作。但同时也应当看到,按照上述标准把握,"刑民交叉"案件的范围又是比较狭窄的。从实践看,刑民交叉案件范围如何把握其实是一个有较大认识分歧的问题,而这又是合理建构刑民交叉案件办理机制的一个至关重要的问题。

除了上述的"同一事实""同一法律事实""同一法律关系"等含义不尽相同的认定标准外,在"刑民交叉"的判断上,《关于审理存单纠纷案件的若干规定》还提出了"民事案件是否必须以刑事案件的审理为前提"的标准。但在总体上看,"先刑后民"是一个大原则,"同一事实"是一个原则性的判断标准。从实际看,"先刑后民"确实有其简便、易操作的优势,因为在刑事优先的情况下,可以借助国家公权力机关强大的事实调查能力,来弥补一些当事人自行诉讼时在举证能力方面的不足,从而更好地查清案件事实,推动案件客观公正的处理。但是,我们也应当看到,既然"先刑后民"只是一个原则性的法则,就不能过于机械地、绝对地理解,否则就容易出现问题。事实上,"先刑后民"的程序便利性也并非绝对的,一些情况下,"先刑后民"也可能造成一种程序上的非便利和不公正。比如,在犯罪嫌疑人潜逃而长期无法归案时,如果刑事案件的处理迟迟不能有结果,那么受害人的权利就会因为"先刑后民"原则而无法得到及时救济。此外,"先刑后民"还可能被某些人恶意利用,成为干涉民事案件或者寻求自身不法利益的"挡箭牌"。比如,利用"先刑后民"原则将正在进行的民事或经济纠纷案件中止,已成为地方保护主义干预经济纠纷的一个重要借口。

从我们办理的经济犯罪案件看,即便是"同一事实",在发生刑民交叉的情况下,也不宜搞"一刀切"。比如,对于违反市场准入型的犯罪,典型的是非法经营行为,行为人的市场准入资格有问题,可能涉及非法经营犯罪,但因此产生的相关民事行为并不必然是非法的、无效的,如果同时存在民事诉讼和刑事追诉的话,"民刑并行"甚至"先民后刑",并不是完全不可行,这样也有利于在打击犯罪的同时,及时维护民事相对人的合理权利、利益。但对于涉及诈骗、侵占类犯罪,按照举重明轻的原理,相关民事侵权、欺诈的理解和判断,可能要充分考虑刑事的认定,故此类案件按照"先刑后民"的思路处理更合理。

所以,笔者认为,无论是执法办案还是制定司法文件,都不宜不分情况地搞"一刀切"。在处理刑民交叉案件时,我们必须明确一个基本立场,那就是要选择更利于保护当事人合法权利、更为公正有效解决问题的思路与机制。与其在"同一事实"的判断上纠缠不清,进而在决定是否适用"先刑后民"机制上举棋不定,不如立足于更佳保护当事人利益的立场,按照实事求是的原则来处理刑民交叉案件。

具体来说,就是按照《民事诉讼法》第一百五十条第一款第五项关于"本案必须以另一案的审理结果为依据,而另一案尚未审结的,应该中止审理"的规定,根据刑民交叉案件中刑、民诉讼发生的时间顺序,以及两者之间的审理是否存在依存关系,来确定刑事诉讼和民事诉讼的受理和审理:(1)当刑民交叉案件引起的民事诉讼与刑事诉讼的处理不会产生矛盾,两者也不存在相互依赖关系的,可以"刑民并行",各自分别进行或者并案审理。(2)当刑民交叉案件引发的民事诉讼和刑事诉讼可能发生冲突,民事诉讼的进行需要以刑事诉讼的结果为前提时,应当"先刑后民"。(3)当刑民交叉案件引发的刑事诉讼需要以民事诉讼的结果为前提时,则应当"先民后刑"。

笔者认为,上述办理机制,相较于机械地坚持"先刑后民"原则,更能兼顾实践的复杂情况,更有利于案件及时、公平地处理。令人欣喜的是,最新的司法文件已在作出调整。例如,《全国法院民商事审判工作会议纪要》第一百二十一条规定,同一当事人因不同事实分别发生民商事纠纷和涉及刑事犯罪，或者涉及刑事犯罪的事实与民商事案件虽有关联但不是同一事实的，民商事案件与刑事案件应当分别审理。有下列情形之一的，应当分别审理：(1)主合同的债务人涉及刑事犯罪或者生效裁判认定其构成犯罪，债权人请求担保人承担民事责任的；(2)以法人、非法人组织或者他人名义订立合同的行为涉及刑事犯罪或者刑事裁判认定行为人构成犯罪，合同相对人请求该法人、非法人组织或者他人承受合同后果的；(3)法人或者非法人组织的法定代表人、负责人或者其他工作人员的职务行为涉及刑事犯罪或者刑事裁判认定其构成犯罪，受害人请求该法人或者非法人组织承担民事责任的；(4)侵权行为人涉及刑事犯罪或者刑事裁判认定行为人构成犯罪，被保险人、受益人或者其他赔偿权利人请求保险人支付保险金的；(5)受害人(当事人)请求涉及刑事犯罪的行为人之外的其他主体承担民事责任的。

二、关于在先判决的既判力问题

在处理刑民交叉案件上，应当明确一个基本立场：刑事诉讼和民事诉讼的差异性是天然的，但是一旦刑事或者民事判决作出来，我们应当充分尊重判决结果，不能轻易地以刑事否定民事或者以民事否定刑事。事实上，刑事判决和民事判决之间也不存在法律地位及效力孰高孰低的问题，都是人民法院作出的判决，都应当予以尊重、一体执行。在先判决的既判力方面涉及不少具体问题，在此主要谈谈受害人经济损失的救济问题。

根据1998年《最高人民法院关于在审理经济纠纷案件中涉及经济犯罪嫌疑若干问题的规定》第八条的规定，涉嫌经济犯罪案件受害人要想维护自己民事权利，可以选择提起刑事附带民事诉讼，或者待刑事诉讼处理以后单独进行民事诉讼。但根据其后颁行的《最高人民法院关于刑事附带民事诉讼范围问题的规定》(已失效)的规定，因人身权利受到犯罪侵害而遭受物质损失或者财物被犯罪分子毁坏而遭受物质损失的，可以提起附带民事诉讼。而对于经济犯罪引起的损害赔偿问题，则不能通过刑事附带民事诉讼受偿，而只能由受害人在人民法院依法追缴或责令退赔，且仍不能弥补损失的情况下，才能另行提起民事诉讼。在相关规定不尽一致的情况下，这里有以下两个问题需要重点关注：

1. 民事判决已经判处赔偿损失，但尚未执行或执行不能，刑事案件要不要再判被告人退赔？

实践中，有观点认为，因为民事判决没有得到执行，所以在刑事诉讼时不应考虑民事案件的处理情况，而应一并就查明的刑事涉案金额作出退赔或追缴处理。这实际上就用刑事判决来替代民事判决，按照前述所明确的司法立场，此做法需要反思。赔偿损失的民事判决已经作出，意味着受害人的诉求已经得到了司法救济，应无须再予刑事判决退缴。至于民事判决的执行问题，只是实际操作层面的问题，要受到很多客观因素的制约，但不会改变受害人的财产损失已经得到法院生效判决保障的事实。更何况，即便刑事判决退赔或追缴，一样可能存在执行不能的问题。

笔者认为，在实际操作中，对受害人关于诉讼方式的选择权应给予尊重，一旦其选择通过民事诉讼解决，则刑事诉讼应慎重启动。这也是避免一些民事当事人滥用刑事诉讼、“以刑促民”等的有力举措。一些人可能担心民事判决不当问题，这个问题其实在刑事判决中同样存在；并且，当事人权利的实现包括民事判决和执行两个环节，对判决中的一些问题，还可以通过执行领域中的裁判来调控。

2. 刑事判决追缴或退赔后是否还能提起民事诉讼？

按照2000年《最高人民法院关于刑事附带民事诉讼范围问题的规定》(已失效)的规定，被害人在人民法院依法追缴或者责令退赔仍不能弥补损失的，是可以另行提起民事诉讼的。但从实际看，刑事判决涉及追缴或退赔的，整体的执行情况还不够理想(这里有多方面的原因)。故有观点认为，在刑事判决虽然涉及追赃但受害人未获全部退赔的情况下，应当允许受害人另行提起民事诉讼。某些地方人民法院在实践中，为让受害人能顺利进行民事立案还推出了给其开具未获全部退赃证明的做法。如果按照前述的司法立场，笔者理解原则上不应当再允许当事人另行提起民事诉讼。特别是，对于刑事判决中有明确的退赔数额及退赔责任主体、权利主体的情况下，如果仅因为被告人没有偿付能力而无法执行，此时受害人应当直接向法院申请强制执行，而不应当允许其就同一损失再向法院提起民事诉讼，因为就该损失主张，人民法院已经作出了司法确认、保障，再行起诉只会浪费司法资源和当事人成本。当然，执行部门要重视对刑事判决的执行，不应在刑事执行与民事执行上搞“区别对待”，尤其不能故意设置门槛将一些刑事判项的执行人为地排除在外。

笔者认为，刑民交叉案件的办理机制是一个颇具实务性的话题，实际办案中应当注意树立三个观念：一是整体的观念，要全面地看待案件事实，特别是对同时涉及刑事诉讼和民事诉讼的案件，应当整体地看问题，不能各扫门前雪，就事论事，片面处理。二是融合的观念，民事和刑事之间要多交流，善于互借思路，比如对直接涉及合同效力的问题，刑事法官要多倾听民事法官的意见，而对于犯罪与否的问题，民事法官则要多倾听刑事法官的意见。三是协调的观念，刑事诉讼与民事诉讼之间的差异性天然存在，在目前的制度框架下两者很难达成完全一致，但应当强调在原则性问题上的协调统一，不能彼此之间南辕北辙、相互否定。比如，不能刑事上已认定为犯罪了，民事上仍然认定相关合同有效。

刑民交叉案件的有关疑难问题探讨

□梁　健*

刑民交叉案件的问题很多，也很复杂。结合司法实践中存在的刑民交叉案件的难点问题，本文主要谈三个问题：

一、民事法官在审理民事案件中发现犯罪线索难的问题

民事法官和刑事法官办案的很多理念不一样，民事法官审查案件重视形式证据，刑事法官审查案件重视实质，在办理刑民交叉案件过程中，形式证据往往完备无缺，因此民事法官要主动发现涉嫌犯罪难。如果能够在民刑交叉案件的相关规定中就发现涉嫌犯罪的路径，作一个提示性的规定可能会起到实质性的指引作用。

1. 民事法官要重视实质审查。从刑事司法实践看，民刑交叉案件主要集中在套路贷、虚假诉讼、非法吸存、集资诈骗、高利转贷以及人身伤害引发的刑事附带民事案件中。这些领域是刑民交叉案件高发地带。涉及刑事犯罪的案件，在民事案件的审理过程中，往往以民间借贷纠纷表现出来的，原告手中都有借贷合同或借据，从形式上审查发现问题难。但被告往往会提出抗辩，称贷款合同或者借条虚假或者借条系被胁迫情况下出具，或者借条上的借款已经部分或者全部归还。基于实践中的复杂情况，我们就要提示民事法官在审理民间借贷纠纷案件时，对借贷合同、借据等的审查不能仅仅限于形式审查，还要进行实质审查，要加强对借贷合同、借据形成原因，包括借款时间、地点、借贷资金来源、借款用途、出借目的及相关证人证言等进行认真核查，仔细调查借贷合同是否真实以及是否存在与以合同形式掩盖非法目的等涉嫌犯罪的问题。

---

* 浙江省高级人民法院刑一庭副庭长。

2. 发现涉案犯罪线索，及时移送公安机关处理。如果我们审查发现了相关犯罪的线索，就应当就相关犯罪线索移交公安机关处理。如果该相关犯罪的线索与正在审理的民事案件存在紧密关联的，那么人民法院应当驳回起诉或者中止审理。目前就浙江情况来看，很多基层法院在这一方面做得很好，审理法院对于借贷纠纷是否涉嫌"套路贷"等相关犯罪警觉心已经非常高了，由于民事法官对审理借贷纠纷中原告是否涉嫌犯罪以及执行法官在民事执行过程中对申请执行人是否存在诉讼过程中涉嫌犯罪的警觉心高，一旦发现犯罪线索就马上移送公安机关处理，因此一批"套路贷"相关犯罪得以查处，民间借贷趋向正常，随之而来相关法院民间借贷案件呈现断崖式下降。

3. 总结经验，作出指引。有的基层人民法院总结了一套发现涉嫌犯罪线索的办法，就如何从看案卷、听诉辩、重调查着手，就犯罪线索的判断、发现、移送及与公安机关的衔接等进行了很好的经验总结。有些法院、检察院已经从大数据统计着手，建立了职业借贷人名录、诉讼失信人名录，对借贷案件的当事人进行大数据检索，统计在法院作为原告提起诉讼的案件数量、案由等数据，从而发现了一些民事案件的当事人涉嫌犯罪的情况。虽然《民事诉讼法》及相关司法解释也规定应该怎么做，但是相关规定过于抽象，民事法官很难操作，因此如果能在刑民交叉案件的规定中作出相关的提示，一定会大有裨益。

二、违法犯罪所得的界定问题

违法犯罪所得与传统的赃款赃物的概念不完全一致。传统的赃款赃物通常指直接通过违法犯罪手段获得的款物。违法犯罪所得不一定都通过违法犯罪手段获得，如黑社会性质组织通过形式上合法的手段获取的钱财也属于违法所得。笔者认为，违法犯罪所得应该与赃款赃物的概念相一致。但即使理解上不完全一致，也没有大的关系，关键是违法犯罪所得应该如何界定的问题。

首先，要从理论上厘清，不能把将违法犯罪所得局限于通过违法犯罪手段获取的传统上属于赃款赃物的概念，应该并且必须作一个合理的扩张性解释。2018 年《关于办理黑恶势力犯罪案件若干问题的指导意见》（以下简称《指导意见》）第七条规定，在组织的形成、发展过程中通过有组织地以投资、控股、参股、合伙等合法的生产、经营活动获取经济利益的，应当认定为有组织地通过违法犯罪活动或者其他手段获取经济利益。实践中，黑社会性质组织往往通过开办公司企业等方式"以商养黑""以黑护商"，无论其财产是通过非法手段聚敛，还是通过合法的方式获取，只要将其中部分或全部用于违法犯罪活动或者维系犯罪组织的生存、发展，即可认定其财产为违法所得，即违法所得不限于行为特征中的违法犯罪以及不正当行为直接获取的财产。黑恶势力不仅会通过违法犯罪活动攫取经济利益，而且往往通过开办公司企业等表面"合法"的方式获取经济利益。在认定涉案企业的资产属性时不能被表面现象所迷惑，不能简单地认为这些企业资产是合法财产，而必须揭开公司面纱予以认真审查甄别。

其次，在违法所得的证明标准上，采用"高度盖然性"作为违法所得的证明标准，而不宜适用"证据确实、充分"的证明标准。第一，认定涉案财产系违法所得还是合法所得，通常情况下并不会对被告人的量刑发生实质性影响，而只是针对被告人因犯罪行为而获取的财产的处理，本质上是对财产所有权的确认。故违法所得的证明标准无须采用"证据确实、充分"的证明标准。第二，采用"高度盖然性"标准更能解决实际问题。在判断涉案财物到底是违法所得还是合法财产时，如果采用"证据确实、充分"的证明标准，有时无法得出确切结论，涉案财产难以处置；如果采用"高度盖然性"的证明标准就能得出明确结论，对涉案财产就能作出处置。第三，采用"高度盖然性"的证明标准有相关依据。《指导意见》第三十条规定，黑社会性质组织犯罪嫌疑人、被告人逃匿，在通缉一年后不能到案，或者犯罪嫌疑人、被告人死亡的，应当依照法定程序没收其违法所得。《关于被告人逃匿、死亡案件违法所得没收程序若干问题的规定》第十七条规定，申请没收的财产具有高度可能属于违法所得及其他涉案财产的，应当认定为违法所得及其他涉案财产。因此，在黑恶势力犯罪案件违法所得的证明标准上只要达到"高度可能"即可，而无须达到"证据确实、充分"的证明标准。第四，"高度盖然性"的证明标准并不低。很多国家将违法所得没收规定为民事诉讼程序。其中，对于证明没收的财产与犯罪事实的关联性，美国、英国、加拿大、澳大利亚等国家均采用"优势证据"的证明标准。这些国家用自身的经验和做法证明了优势证据标准用于违法所得界定的可行性和合理性，也为我们认定违法所得采用"高度盖然性"证明标准提供了参考经验。事实上，"高度盖然性"的证明标准比"优势证据"的证明标准要高。

三、违法所得认定程序路径问题

首先，要构建相对独立的资产调查程序。《最高人民法院关于适用〈中华人民共和国刑事诉讼法〉的解释》第三百六十四条规定，法庭审理过程中，对查封、扣押、冻结的财物及其孳息，应当调查其权属情况。为此，侦查机关应当全面调查黑恶案件资产状况，为检察机关就涉案资产提出具体的处理意见打牢基础。司法实践中，特别要注意对代持股份的调查和审计评估。侦查前期就要对各个涉案或关联企业的股东出资、来源、分红等情况进行专项审计，及时固定证据。对涉案资产要进行审计评估，方能确定资产来源、性质、权属以及价值大小。对于黑恶案件已经审结但资产没有调查清楚的，侦查机关或者资产处置小组必须补充调查清楚。

其次，要构建相对独立的举证质证程序。《关于办理黑恶势力刑事案件中财产处置若干问题的意见》第十一条、第十三条规定，人民检察院在提起公诉时，对涉案资产的相关证据应当列出清单，特别是证明涉案财物系违法所得或犯罪工具的证据材料要一并移送法院，对采取措施的涉案财产提出处理意见建议，在法庭审理时应当对证明黑恶势力犯罪涉案财产情况进行举证质证。否则，被告人或者辩护人因事先不知道处理意见而无法进行针对性的辩护和提出意见。对于已经审结的黑恶案件，侦查机关或者资产处置小组对涉案财产查证后，检察机关应当将涉案资产查证情况和处置意见告知被告人及其委托的代理人，听取意见。

最后，要经过充分的辩论程序。法庭或者资产处置小组应当保持中立，在充分听取检察机关和被告人、辩护人、代理人的意见后，依法作出裁判和决定。涉案财产处置事关被告人以及其他相关人合法权益，因此，法庭应保持中立，听取各方意见。法庭在刑事判决中应对涉案财产作出处理并阐明理由。资产处置小组提请法庭对涉案财产作出裁定时，法庭作出的裁定应当阐明详细的处置理由。

对我国违法所得没收程序中若干问题的思考

□韩晋萍

近年来,我国职务犯罪、经济犯罪等案件中犯罪嫌疑人、被告人通过自杀或逃匿逃避刑事追究的情形时有发生,逃往境外的现象更是呈持续高发态势。由于上述人员在出逃前后将大量的犯罪所得转移或携带出境,我国现已成为贪污、受贿、诈骗等犯罪资金的主要流出国之一。对于外逃犯罪分子及其转移资金的数额,虽然至今有关部门未公布权威的统计数据,但从已披露的一些数据看,仍是触目惊心,而且非法外流资金通常与犯罪相关联。

通过引渡、遣返、司法协助、警务合作等国际执法合作的方式,我国已陆续成功地将一批逃往境外的犯罪分子缉捕归案,但成功实现境外追赃的案例却乏善可陈。其中重要的原因之一就是我国没有缺席审判和专门针对违法所得作出判决的制度,检察机关对于在逃的或者失踪的犯罪嫌疑人不能提起公诉,法院更不可能直接针对在逃或失踪人员的财产作出没收的裁决,这直接导致许多案件中在与外国司法机关进行犯罪所得没收和返还事宜上的合作搁浅。在各有关部门的呼吁和推动下,全国人大法工委在2012年修改刑事诉讼法时借鉴了《联合国反腐败公约》及其他国家的相关法律规定,设置了犯罪嫌疑人、被告人隐匿、死亡案件违法所得的没收程序(以下简称违法所得没收程序)。但是立法机关考虑到我国采用没收程序缺少实践经验、被告人缺席更需注重程序的正当性等因素①,设置的程序条款过于原则和粗糙,对于诸如证据规则等多项重要但有争议的内容未予明确,导致了学界和实务界的诸多分歧。笔者通过考察国际公约及其他国家的立法例,结合法院在审理我国没收违法所得第一案李华波案②中暴露出的问题,对违法所得没收程序中的一些制度设计进行探讨和阐述。

一、违法所得没收程序的适用范围

刑事诉讼法第二百八十条第一款规定,对于贪污贿赂犯罪、恐怖活动犯罪等重大犯罪案件,犯罪嫌疑人、被告人逃匿,在通缉一年后不能到案,或者犯罪嫌疑人、被告人死亡,依照刑法规定应当追缴其违法所得及其他涉案财产的,人民检察院可以向人民法院提出没收违法所得的申请。根据上述规定,违法所得没收程序适用于“贪污贿赂犯罪、恐怖活动犯罪等重大犯罪案件”。李华波案中,侦查机关查明其涉嫌贪污犯罪,加之其贪污数额特别巨大而且举家外逃,在国内外造成重大影响,因此该案符合违法所得没收程序的适用范围并无争议。但由于实践中案件情况复杂,对于如何理解上述规定存在以下两方面问题:

---

① 全国人大常委会法制工作委员会刑法室编:《关于〈修改刑事诉讼法的决定〉解释与适用》,人民法院出版社2012年版,第289页。

② 李华波系江西省鄱阳县财政局经济建设股股长,涉嫌侵吞本单位公款人民币9 400余万元,并将其中2 000余万元转往新加坡,李华波于2011年1月逃往新加坡。同年2月,国际刑警组织对李华波发布了红色通缉令。新加坡扣押了李华波转至新加坡的部分赃款并于2012年4月对其以洗钱等罪名判处有期徒刑十五个月。为通过请求新加坡提供刑事法协助将李华波转移至新加坡的赃款尽快追缴回国,江西省上饶市人民检察院于2013年3月向上饶市中级人民法院提出了没收李华波违法所得申请。

其一,违法所得没收程序的适用是否仅限于贪污贿赂和恐怖活动两类犯罪。从文义解释看,两类犯罪后的“等”字是一种立法技巧,表明列举未尽,该两类犯罪只是起到列举作用,所有“重大犯罪案件”都可适用违法所得没收程序。但从立法机关所阐述的立法目的以及发表的对条款的解释与适用意见看,设置该程序就是“为严厉打击腐败犯罪、恐怖活动犯罪,对犯罪所得及时采取冻结追缴措施,并与我国已加入的联合国反腐败公约及有关反恐怖问题的决议的要求相衔接”①,解释与适用意见还强调,目前没收违法所得程序应当仅适用于贪污贿赂犯罪、恐怖活动犯罪这两类,不宜扩大到其他犯罪案件②。

我们认为,违法所得没收程序的适用范围不宜局限于以上两类犯罪,否则,将导致适用范围过窄进而严重削弱该程序打击犯罪、追缴赃款的功能。首先,从法条表述看,违法所得没收程序的适用范围远大于以上两类犯罪是法律规定的应有之义。其次,从立法背景和本意看,设置该程序是为了解决犯罪违法所得的追缴和没收问题,实践中除了贪污贿赂和恐怖活动犯罪外,还有大量犯罪如金融诈骗犯罪、非法集资犯罪、走私犯罪、毒品犯罪、黑社会性质犯罪、有组织犯罪等都可能产生巨额违法所得,如果将违法所得没收程序的适用范围仅限于贪污贿赂犯罪和恐怖活动犯罪,将导致大量案件的赃款赃物追缴问题仍然无法解决,这显然既不能满足实际需要,亦不符合立法本意。最后,上述犯罪都直接或间接以非法获利作为犯罪目的,或者以非法获利作为其实施犯罪的经济基础,很多情况下,其社会危害性并不亚于贪污贿赂和恐怖活动犯罪,适用违法所得没收程序并不违背刑法谦抑性原则。考虑到我国初设没收程序,适用范围确实不宜过大,但目前至少应将国际公约明确规定适用财产没收程序的有组织犯罪、毒品犯罪、洗钱犯罪等包含在内,根据实际情况,待时机成熟后进一步扩大适用范围。

其二,如何理解“重大犯罪案件”,“重大犯罪”并非界限明确清晰的法律用语,仅从字面看很难区分所谓“重大”针对的是法益性质、社会危害范围,还是对犯罪人判处的结果。《最高人民法院关于适用〈中华人民共和国刑事诉讼法〉的解释》(以下简称《刑事诉讼法解释》)第五百零八条规定,“重大犯罪案件”是指具有下列情形之一的案件:犯罪嫌疑人、被告人可能被判处无期徒刑以上刑罚的;案件在本省、自治区、直辖市或者全国范围内有较大影响的;其他重大犯罪案件。从上述规定看,司法解释对“重大犯罪案件”作出界定,明确以犯罪嫌疑人、被告人可能判处的刑罚和案件的社会影响作为确定“重大犯罪案件”的主要标准,同时附设的兜底条款又赋予司法机关自由裁量权,即司法机关对于具体案件是否可适用违法所得没收程序进行灵活掌握。

刑事诉讼法将适用违法所得没收程序的案件限定于“重大犯罪案件”,主要是出于功利方面的考虑,否则对于违法所得数额不大的案件轻易启动违法所得没收程序,可能造成司法资源的支出与所获严重不成比例。考察其他国家的立法例,设置违法所得没收程序的国家,对于其适用范围可能限定于某些类型犯罪,但目前尚未发现将该程序限于重大犯罪案件的先例。我们赞成从诉讼经济的原则出发对没收程序的适用范围加以限定,但同时认为,结合设置违法所得没收程序就是为尽可能追缴违法所得或涉案财物的立法本意,判断是否属重大犯罪案件,应当更侧重于从犯罪数额是否巨大、给国家或他人造成的损失是否重大等角度去判断,而不宜将被告人可能被判处的刑罚以及案件的社会影响作为主要衡量标准。否则,如洗钱、巨额财产来源不明、私分国有

---

① 全国人大常委会副委员长王兆国在第十一届全国人民代表大会第五次会议所做的《关于中华人民共和国刑事诉讼法修正案(草案)的说明》,载中国政府网,http:www.gov.cn/2012lh/content - 2086875.htm,2013年4月18日访问。

② 全国人大常委会法制工作委员会刑法室编:《关于〈修改刑事诉讼法的决定〉解释与适用》,人民法院出版社2012年版,第290页。

资产等犯罪案件中犯罪嫌疑人、被告人获取的犯罪所得数额可能特别巨大,动辄上亿,但往往是办案机关在查办贪污贿赂案件中附带牵连出来的,通常不会引起太多的社会关注,其法定最高刑也都是有期徒刑,不属于司法解释规定的前两类"重大犯罪案件",如果司法机关对相关案件启动违法所得没收程序,则只能适用司法解释第三项的兜底条款。根据笔者在所参与的境外缉捕工作中掌握的情况,目前有大量类似的案件面临追赃工作的国际合作,这样就造成实践中大量案件需要适用兜底条款才能启动程序。不仅有违立法的初衷,而且会导致对该程序的适用随意性过大。

为了消除通过国际合作实现境外追赃的法律障碍,最大限度地维护国家利益,保护被害人的合法权益,应当确立这样一个原则:对于获得非法收益或者涉及财产的犯罪,确有必要适用没收程序的,都不应排除在该条款的适用范围之外。应在相关司法解释中明确违法所得没收程序的适用不局限于贪污贿赂犯罪和恐怖活动犯罪,将可能存在巨额违法所得的犯罪,如有组织犯罪、洗钱犯罪、毒品犯罪等都包含在内;此外将违法所得数额作为认定"重大犯罪案件"的主要衡量标准,对犯罪嫌疑人、被告人可能判处的刑罚及案件的社会影响等作为辅助性衡量标准。在时机成熟的时候,可考虑将适用范围扩大到所有犯罪所得或涉案财产达到一定数额的犯罪。

二、违法所得没收程序中的证据规则

证据规则是所有诉讼制度中的核心问题之一,在诉讼程序设计之初即应予解决,但我国刑事诉讼法对于违法所得没收程序中诸如举证责任、证明标准等重要证据规则并未作出明确规定,实践中产生很多分歧意见。

(一)我国违法所得没收程序的性质

不同的诉讼性质决定不同的证据规则,因此要探讨违法所得没收程序中的证据规则,首先需对该程序的性质加以明确。关于我国违法所得没收程序的性质,学界争论很大。有观点认为,立法者将没收程序作为刑事诉讼中的特别程序予以规定,而且由检察机关提出申请,该程序当然应当属于刑事诉讼程序。① 我们认为,通过分析该程序的客体、标的、救济措施等,违法所得没收程序实质上与民事诉讼程序更为类似。主要理由:第一,是否在刑事诉讼法中规定不能作为判断某一程序性质的主要标准,例如,刑事诉讼法中规定的刑事附带民事诉讼程序,即无可争议地被认定为民事诉讼程序;同理,由谁提起诉讼亦不能决定程序的性质,根据修改后的民事诉讼法,环境污染等公益诉讼亦通常由检察机关提起,但并不能因此就改变对公益诉讼民事诉讼性质的认定。第二,刑事诉讼是对人诉讼,诉讼标的是被告人的刑事责任问题,即定罪与量刑;②而违法所得没收程序是一种对物的诉讼,诉讼标的是涉案财产的权利归属问题,不以认定被告人的刑事责任为前提,而且一旦原判决有误还有相应的救济手段恢复相关人的权利。相比较而言,没收程序与刑事诉讼的客体、标的等截然不同,而与民事诉讼相类似。第三,刑事诉讼法规定,对于法院作出的没收申请,犯罪嫌疑人、被告人的近亲属和其他利害关系人可以提出上诉,该规定亦明显突破了刑事诉讼中当事人的近亲属的诉讼权利范围,更接近于民事诉讼中当事人权利的范畴。第四,从比较法的角度看,我国的违法所得没收程序与美国、澳大利亚等英美法系国家采用的民事没收程序相类似,而与德国、法国等大陆法系国家采用的刑事没收程序有明显不同③。

① 陈卫东:《构建中国特色刑事特别程序》,载《中国法学》2011 年第 6 期。

② 万毅:《独立没收程序的证据法难题及其破解》,载《法学》2012 年第 4 期。

③ 大陆法系国家秉持直接审理原则,未经刑事审判一般不得对犯罪嫌疑人、被告人的财产进行实体处分,例外情况是以保安处分为目的,在法律有明确规定的情形下单独作出没收命令。

（二）违法所得没收程序的证明标准

对违法所得没收程序性质的争议，直接导致学界对该程序中证明标准产生分歧。主张违法所得没收程序属刑事诉讼程序的观点认为，该程序中应当实行“排除合理怀疑”的证明标准，《刑事诉讼法解释》第五百一十六条规定：“对申请没收违法所得的案件，人民法院审理后，应当按照下列情形分别处理：（一）案件事实清楚，证据确实、充分，申请没收的财产确属违法所得及其他涉案财产的，除依法返还被害人的以外，应当裁定没收……”可见，最高人民法院亦通过司法解释明确规定了对申请没收违法所得的案件适用“事实清楚，证据确实、充分”的证明标准。笔者对此持不同意见，认为基于违法所得没收程序类似于民事诉讼程序的前提，适用“优势证据”的证明标准更为适宜。主要基于以下考虑：

1. 证明标准的配置取决于诉讼程序所影响的法益的重要性，刑事诉讼程序的结果所涉及的是被告人的生命权和人身自由权等重要法益，事实认定一旦有错将使被告人的基本人权受损且无法补救，因此应当实行“排除合理怀疑”的最高证明标准；而违法所得没收程序不涉及上述重要法益，仅涉及对涉案财产的处分，即使裁定财产权属错误，也可通过救济程序予以有效补救，因此无须采用“排除合理怀疑”证明标准，实行“优势证据”证明标准即可。

2. 口供素来被称为“证据之王”，在现代证据规则中尽管口供作为证据的重要作用受到一些限制，但其在证明案件事实上仍具有独特的证据价值，特别是对于贿赂等作案手段隐蔽、知情面小的犯罪，口供在证明事实上更是发挥着重要的作用。然而，在目前侦查机关取证能力普遍不高的情况下，如果缺少犯罪嫌疑人、被告人的口供，试想能有多少案件能够达到“证据确实、充分”的程度？因此在违法所得没收程序中要求“证据确实、充分”，实践中亦难以实现。

3. 司法解释明确规定，在违法所得没收程序中证据要达到“事实清楚，证据确实、充分”的证明标准，而刑事诉讼法第五十三条对“证据确实、充分”所需符合的条件作出了阐释，从法条表述看，此处的“证据确实、充分”所针对的是以定罪量刑为核心的事实，而没收程序中并不涉及定罪量刑，仅涉及涉案财产的归属问题，因此适用“证据确实、充分”证明标准需要作出合理的解读，特别是在类似李华波案这样需要境外取证的案件中，如果不加区别，简单苛求“证据确实、充分”，那么通过违法所得没收程序推动境外追赃工作的预期恐难以实现。

（三）关于举证责任

根据刑事诉讼法规定，提出没收违法所得申请的检察机关应当就申请没收的财产是涉案财产，以及涉案财产与犯罪行为之间存在实质联系承担举证责任；若举证不力，将承担申请被驳回的后果。但是法律对于利害关系人对拟没收财物主张合法所有权时，举证责任由谁承担未予明确，实践中势必会引起分歧。笔者认为，基于之前对没收程序民事诉讼程序性质的认定，通常情况下应根据“谁主张，谁举证”的举证责任分配原则，即检察机关就涉案财产与犯罪行为之间存在实质联系承担举证责任；利害关系人对没收申请提出抗辩，主张对涉案财产所有权的，应当承担举证责任。对于利害关系人的举证责任，《刑事诉讼法》解释规定，犯罪嫌疑人、被告人的近亲属应当提供其与犯罪嫌疑人、被告人关系的证明材料，其他利害关系人应当提供申请没收的财产系其所有的证据材料。

有人提出，由于检察机关和利害关系人的诉讼地位与实力严重不对等，适用上述举证责任分摊制，不利于保障利害关系人的合法权益。① 诚然，在多数情况下，利害关系人收集证据和自我保护的能力与检察机关相比是非常有限的，但需要注意的是，在某些特定情况下，检察机关同样也

① 毛兴勤：《构建证明标准的背景与思路：以违法所得没收程序为中心》，载《法学论坛》2013年第2期。

面临举证困难的困境。例如,在办理毒品、涉黑、贿赂、恐怖活动犯罪等隐蔽性较高的案件时,侦查机关查清部分犯罪,同时起获了远高于已查清犯罪违法所得数额的非正当来源财物,高度怀疑该部分财物是犯罪所得,但在犯罪嫌疑人死亡或逃匿的情况下,很难查清所有犯罪事实及可疑财产的确切来源,这样检察机关几乎不可能证明可疑财产与犯罪行为之间的实质联系,也就无法启动违法所得没收程序。为充分实现没收程序在追缴赃款赃物中的价值功能,借鉴国际公约及其他国家对特殊案件的没收程序采用的违法所得推定制度,①我国可考虑在违法所得没收程序中针对特殊类型的案件设置特殊的证明机制,即在毒品、黑社会、恐怖活动犯罪等特定类型案件中,只要检察机关能够证明相关财产来源不明且高度可疑的,实行违法所得推定制度,将证明该财产系合法所得的证明责任转由被告一方承担,从而减轻检察机关的举证难度。

三、违法所得没收程序中对被告人相关权利的保护

根据刑事诉讼法及相关司法解释,违法所得没收程序中,法院应当将公告的内容告知犯罪嫌疑人、被告人的近亲属和其他利害关系人,上述人员有权申请参加诉讼,但对于犯罪嫌疑人、被告人本人是否享有提出异议并申请参加诉讼的权利,法律和司法解释均未做规定。经向立法机关了解,当初设置该程序时所针对的就是犯罪嫌疑人、被告人下落不明或者死亡的情形,而未考虑到犯罪嫌疑人、被告人逃往境外,我国有关部门已掌握其具体住所,只是无法将其引渡或遣返回国的情形,因此在条款中没有设置犯罪嫌疑人、被告人的诉讼地位并赋予其参加诉讼的权利。考察其他国家的法律规定并结合李华波案的具体情况不难发现,上述立法时的考虑不周给申请其他国家协助执行我国法院作出的违法所得没收裁定并返还赃款造成很大障碍。

根据《联合国反腐败公约》及美国、加拿大、新加坡等诸多国家的法律规定,请求国向被请求国要求返还被没收财产时需提供请求国法院的生效判决,被请求国根据国内法对请求国的生效判决进行程序审查;如果请求国所做的判决不符合被请求国法律的程序要求,被请求国将不予协助执行。例如,根据美国、新加坡等国家的法律规定,法院作出没收裁定时必须保障犯罪嫌疑人、被告人及其利害关系人提出抗辩的权利,而如前所述,我国法律在违法所得没收程序中并未规定嫌疑人、被告人的诉讼地位和参与诉讼、提出异议的权利。因此在需要境外追赃的案件中,为使外国协助执行我国法院的没收裁定返还赃款时没有法律障碍,我国的法院需将公告内容通知相关被告人或者犯罪嫌疑人,但其一旦提出委托诉讼代理人参与诉讼,法院是否准许就面临两难局面:如果不同意,将来外国很可能以此为由拒绝协助执行我国法院的没收裁定;但如果同意则于法无据,而且对于庭审中如何确定其诉讼地位、其诉讼代理人以何种方式参加诉讼、相关意见在裁判文书中如何体现等具体问题均需进一步探讨。

对此,为使我国法院作出的违法所得没收裁定在其他国家得以顺利协助执行,以实现境外追赃,我国没收程序中应针对有明确下落的被告人增加设置通知公告内容,并赋予其通过一定方式主张权利、参与诉讼的权利。

四、结语

修改后的刑事诉讼法设置的违法所得没收程序对于推动境外追赃,促进我国与其他国家开展国际刑事司法合作,有力打击贪污贿赂、恐怖活动等犯罪具有重大的积极意义。立法者和司法者基于慎重的考虑,对于该程序适用范围、证据规则等方面的设计均显得略为保守。司法机关已

① 如英国2002年制定的《犯罪所得法》规定,被告人在一定时间内取得的财产及花费,除非被告人能够举出反证推翻,否则都将被推定为被告人的犯罪所得予以没收;《联合国打击跨国有组织犯罪公约》规定,"缔约国可考虑要求由犯罪人证明应予没收的涉嫌犯罪所得或其他财产的合法来源";等等。

启动了没收违法所得第一案，通过具体案件的检验，结合境外追赃工作的实际需要，目前我国违法所得没收程序的设计与诉讼目的并不协调一致。随着实践经验的增多，有关部门需通过修改法律或者司法解释对该程序中的具体制度进一步完善，以真正实现违法所得没收程序的价值功能。

（作者单位：最高人民法院刑二庭）

以程序正义保护合法产权

□陈光中*

2017年12月28日，最高人民法院发布消息，对张文中案、顾雏军案和李美兰案三起重大涉产权案件依法启动再审，其中前两起刑事案件由最高人民法院直接提审，另一起民事案件由江苏省高级人民法院指定南京市中级人民法院重审。

人民法院能够对这些社会反响较为强烈的涉产权案件启动再审，而且其中的两起刑事案件还是由最高人民法院直接提审，这无疑让人们强烈地感受到党和国家越来越重视依法保护产权、切实加大民营企业合法权益保护力度的坚定决心，推动构建更为公正昌明的法治环境，促进涉产权案件得到公平公正处理，极大地树立了企业家发展创业的信心，推动了经济社会健康有序地向前发展。

常言道，有恒产者有恒心，保护产权也是保障人权。产权制度是社会主义市场经济的基石，保护产权是坚持社会主义基本经济制度的必然要求。产权是否得到切实保护，直接关系到人民群众的财富安全感，关系到投资者投资信心及社会经济的平稳发展。改革开放以来，我国不断加大产权保护的力度，但由于各种原因，仍然存在公民产权受到不当侵害的现象。

党的十八大以来，以习近平同志为核心的党中央高度重视产权保护工作。党的十八届三中、四中、五中全会明确提出，国家保护各种所有制经济产权和合法利益，强调要健全以公平为核心原则的产权保护制度，推进产权保护法治化。2016年11月，中共中央、国务院发布《关于完善产权保护制度依法保护产权的意见》，对完善产权保护制度、推进产权保护法治化有关工作进行了全面部署。党的十九大报告对于产权保护进一步提出了明确具体要求。

人民法院依法决定再审三起与民营企业有关的重大涉产权案件，是全面贯彻落实中央关于依法保护产权决策部署的重要体现。当前，我国仍然处于社会主义初级阶段这一历史判断没有改变。在中国特色社会主义经济制度下，所有制形式是多元的而非单一的，非公有制经济不仅是必要的而且是不可缺少的。这就要求我们对于不同形式的所有制的经济主体及其财产权利，都要给予同等的保护。无论制定发展政策、调整产业结构还是进行相关行政、司法保护，都必须体现对各类市场主体平等保护的原则，使各种所有制经济权利平等、机会平等、规则平等，确保公有制经济和非公有制经济财产权都不受非法侵犯，让财富拥有者感到安心、安定、安全。

历史形成的涉产权案件，往往时间跨度较长、形成原因复杂。妥善处理此类案件，既有严格的法律性，又有严肃的政策性；既要取得好的法律效果，又要取得好的社会效果和政治效果，这对人民法院的审判工作来说是一项重大挑战。

---

* 中国政法大学教授，博士生导师。

对这些案件的再审,一方面应当坚持实事求是、依法纠错原则,以事实为根据,以法律为准绳,尊重历史,准确把握立法精神,用发展的眼光客观看待和依法妥善处理改革开放以来各类企业特别是民营企业经营过程中存在的不规范问题,结合各个时期经济发展的形势和政策,认真研究把握,严格公正司法。另一方面要维护程序正义,对符合再审条件的申诉案件,依法启动再审程序,对其中确有错误的生效裁判,坚决予以纠正,从程序上保障合法产权,强化审判监督的司法救济功能,充分体现法律和政策导向功能。为此,笔者认为:

一是要充分保障当事人的诉讼权利。充分尊重、依法保障当事人的申请权、申诉权、知情权、陈述权、辩护辩论权和处分权等权利,畅通申诉渠道,做好诉讼服务。

二是要强化程序监督。对涉产权申诉案件,要加强审级监督,上级法院可以提审和改判的,不宜指定再审和发回重审,强化对下级法院办理涉产权案件的监督和指导,防止程序空转,同时要注重发挥检察监督的作用。

三是要严守法定的诉讼程序。要充分听取申诉人的意见。突出以审判为中心,发挥庭审功能,注重裁判说理,强化司法公开。加强司法救助与法律援助,为确有困难的涉诉民营企业及投资人减轻负担。

总之,在经济社会不断发展,法治中国建设大力推进的新时代,既要高度重视对公民人身自由权利的保护,也要高度重视对社会主体财产权利的保护,坚持人身权和财产权的保护二者并重,实现既不断增强人民群众的人身安全感,又切实做到保障公民法人的财富安全感。我甚至认为,从一定意义上来看,对这三起案件决定再审,其重大意义或许不亚于最高人民法院决定再审聂树斌故意杀人、强奸妇女案等普通刑事错案,这是努力让人民群众在每一个司法案件中感受到公平正义的应有之义,必将在全面推进依法治国和促进公正司法的大道上留下精彩的一笔。

守住产权保护的最后关卡　再审程序大有可为

□樊崇义*

2017 年 12 月 28 日,最高人民法院发布消息:人民法院依法再审三起重大涉产权案件,其中,张文中一案由最高人民法院直接提审,顾雏军一案由最高人民法院第一巡回法庭提审,李美兰一案则指定江苏省南京市中级人民法院重审。虽然,再审程序的启动并不意味着审判结论的尘埃落定,但对这三起在社会上有巨大反响的涉产权案件再审的决定本身就彰显了国家保护产权、贯彻尊重和保障人权原则和平等原则、畅通权利救济渠道的决心与魄力。

产权保护制度是社会主义市场经济的基石,是坚持社会主义基本经济制度的必然要求。在过去的三十多年里,我国一直在推进产权保护,但在转型时期,由于法律法规的不完善、实践操作过程中对政策的曲解等众多原因,在产权保护方面还是出现了一些问题,由此导致一些企业家和企业如履薄冰,以至于企业投资意愿不足、投资力度不够,甚至出现了企业家转移资产的现象。有鉴于此,我国近年来在法律政策方面大刀阔斧地出台了一系列的产权保障规定:宪法重申了非公有制经济在社会主义市场经济中的地位以及对公民合法私有财产的保护;物权法则不仅明文规定了对公民私有财产的平等保护和公民合法私有财产不受侵犯,还针对历史和现实中严重侵犯公民私有财产的违法行为,创设了各种法律对策;2016 年 11 月,中共中央、国务院发布的《关于

---

* 中国政法大学法学教授,博士生导师,中国政法大学国家法律援助研究院名誉院长,北京师范大学特聘京师首席专家。

完善产权保护制度依法保护产权的意见》则进一步指出，要妥善处理历史形成的产权案件，坚持有错必纠，抓紧甄别纠正一批社会反映强烈的产权纠纷申诉案件，剖析一批侵害产权的案例。

最高人民法院此次对三起重大涉产权案件再审，正是人民法院对国家立法和政策精神的贯彻和践行。正如中央领导同志所指出的那样，一个案例的影响力可能丝毫不亚于一沓文件，甄别、纠正产权纠纷案件具有重要意义！具体而言，案件再审过程本身就是对法治理念、法律规则的生动阐释。如果案件确有错误，人民法院秉持依法纠错原则，对案件判决坚决依法予以纠正，可以彰显国家保护产权的决心与魄力，能够给予民众尤其是企业家以信心与安全感，给恒产者以恒心；如果此前法院判决确无错误，再审法院则在事实调查和法律解释清楚的前提下，坚决依法维护司法的既判力，既能消除当事人的不满与社会上的疑问，又能宣传法律政策规定，提升司法公信和司法权威。

此外，此次涉产权案件的再审彰显了尊重和保障人权原则和平等保护原则。宪法和刑事诉讼法均规定了尊重和保障人权原则。刑事诉讼法是一部规范公权力运行，保障私权利的法律。在刑事诉讼过程中加强对私权的保护，不仅体现在要保护犯罪嫌疑人、被告人、被害人等诉讼参与人的辩护权、诉权等诉讼权利上，还体现在保护公有制经济和非公有制经济主体的财产权方面。在当前依法治国的大环境中，非公有制经济的保护已经提到了议事日程，在此背景下，尤其要强调、突出对非公有制经济发展的保护。如果说刑法在保护市场经济方面所担负的责任是在认定罪与非罪时严格遵循罪刑法定原则，摒除“公”“私”偏见，并以谦抑性的精神处理民刑交叉案件的话，那么刑事诉讼法在处理涉产权案件中，则发挥着规范涉案人员的强制措施、涉案财产处置、涉案企业的处理等方面的作用。具体而言，在决定是否对涉案人员采取强制措施以及采取何种强制措施时，要严格依法进行，进一步细化涉嫌违法的企业和人员财产处置规则，依法慎重决定是否采取相关强制措施。可采取、可不采取的强制措施坚决不采取；如果必须采取的，尽量为企业预留必要的流动资金和往来账户，让资金链尽量不断裂，最大限度地降低对企业正常生产经营活动的不利影响。企业家涉及刑事案件的，区别民营企业家的合法财产和非法财产，不能罚没个人合法财产；划清民营企业家的个人财产和企业法人财产，个人涉案时不能殃及企业财产，企业涉案时不殃及股东个人财产；要区分企业家个人财产和其家庭成员的个人财产。人民法院在办理涉产权案件时，尤其是在办理涉及非公有制企业的案件时，应当坚决防止发生不讲方式方法、随意性司法、选择性司法等问题；应当认真听取非公有制企业对法律服务的意见，依法打击诈骗、盗窃、职务侵占等破坏非公有制企业生产经营的犯罪，应当敢于纠正一些公权力机关违法插手经济纠纷的做法，坚决惩治国家工作人员利用市场监管、社会管理和公共服务等职务之便侵害非公有制企业合法权益的职务犯罪案件；在当事人申诉时，应当畅通申诉案件的立案渠道，规范适用再审审理程序，通过对一些重大涉产权案件的再审宣示国家对非公有制经济的平等保护和重视。从这个角度来说，人民法院在保障市场经济健康良好发展方面大有可为！各级法院还应当通过案件审判，包括再审，落实平等保护的要求，营造出一个公平公正的法治环境。在审判过程中，应当更加注重落实以公平为核心的产权保护制度，确保不同产权主体的诉讼地位平等、诉讼权利平等和法律适用平等，毫不动摇地巩固和发展公有制经济，同时毫不动摇地鼓励、支持、引导非公有制经济发展。

最后，此次涉产权案件再审的意义不只在于个案得到公正审判，更在于通过再审程序倒逼此类案件依法审判，统一司法适用的标准和防范冤假错案的发生。《中共中央关于全面推进依法治国若干重大问题的决定》指出：推进依法治国，必须“保证公正司法，提高司法公信力”，“落实终审和诉讼终结制度，实行诉访分离，保障当事人依法行使申诉权利”。我国长期存在再审程序启动难的问题,2013 年,全国所有的法院刑事再审案件的总数只有 2 785 件,再审率只有 0.29%。此次最高人民法院一次性决定三起案件的再审,显示了我国法律保障公民诉讼权利,畅通申诉渠道,充分尊重和依法保障当事人的申请权、申诉权、知情权、陈述权、辩护辩论权和处分权的决心。此外,这三起案件中的两起由最高人民法院提审,显示了最高人民法院在依法纠正涉产权案件过程中的敢于担当精神,这一做法也给予以后的再审案件一个重要的启示,即案件可以由上级法院提审的,上级法院应当主动作为,依法提审,不要再像过去那样,再审往往都发回下级法院重审。最高人民法院对刑事再审案件从过去的发回重审到现在越来越多地直接提审,充分体现了最高人民法院司法改革的不断深化,也充分说明最高人民法院通过个案审判监督指导下级法院公正司法的导向。这种做法对于最高人民法院强化对下级法院办理产权案件的监督和指导,依法及时审结再审案件,加强人权法治保障,减轻当事人的讼累和节约司法资源,都具有标志性意义。

顾雏军案再审开庭审理十大亮点

□司　楠*

2018 年 6 月 13 日至 14 日,最高人民法院在第一巡回法庭大法庭公开开庭审理了顾雏军等虚报注册资本,违规披露、不披露重要信息,挪用资金再审一案,该案由最高人民法院审判委员会专职委员、第一巡回法庭庭长裴显鼎大法官担任审判长,第一巡回法庭副庭长张勇健和主审法官罗智勇、司明灯、刘艾涛为合议庭组成人员,石冰、罗灿担任法官助理,书记员张燕清担任法庭记录。笔者有幸全程参与旁听该案审理,亲身感受了一场紧张有序、充实精彩的高水平刑事庭审。回顾此案的再审庭审过程,可谓精彩频出,亮点多多,主要概括为以下十个方面:

一、充分保障辩护权行使

辩护权是法律赋予刑事案件当事人的基本诉讼权利,辩护权的充分行使不仅有利于查明事实真相,更有利于刑事人权司法保障。在本次庭审中,合议庭充分保障原审被告人及其辩护人的辩护权行使,主要表现在两个层面:一是充分保障了当事人本人的辩护权行使。在本案的庭审过程中,对于 7 位原审被告人,法庭并未因为原审被告人人数众多而缩减其辩护权行使的机会,而是给予每一位原审被告人充分表达表达自己意见的机会,使每一位原审被告人对案件事实的认定、是否应承担刑事责任以及本案的法律适用等问题进行充分阐述。二是充分保障辩护律师依法行使辩护权。本案的 7 位原审被告人中除有 2 位未聘请律师外,其余 5 位原审被告人均聘请了 1 名至 2 名律师,这些辩护律师无论在法庭调查过程中针对相关证据质证所进行的论辩,还是在法庭辩论阶段进行的全面意见阐述,法庭原则上都不予打断。

6 月 14 日的庭审,实际上全天都是进行法庭辩论。从上午 8 时 30 分开始,一直持续到下午 6 时 30 分,整整 9 个小时的法庭辩论中,绝大部分时间都是由被告人及其辩护人在发表辩护意见,辩方第一轮发言历时 6 小时,其中一位辩护人的第一轮发言便用了近一个半小时。如此充分保障当事人及其辩护人的辩护权行使,体现了最高人民法院对当事人申诉权利的高度重视,不仅受到原审被告人及其辩护人的好评,而且受到旁听该案的全国人大代表、全国政协委员、刑事法学专家及有关方面代表的高度赞赏。

二、及时依法妥善处理当事人回避申请

在顾案再审开庭审理过程中,一开始,原审被告人顾雏军便提出要求最高人民检察院指派的

---

* 中国人民大学诉讼制度与司法改革研究中心研究员。

2位检察人员回避。在刑事案件审理中,法律赋予当事人及其辩护人申请回避权,目的是保障参与案件审理的相关司法人员都与案件无利益牵涉,从而确保案件得到公正处理。然而,当事人行使回避权,不能随意而为,必须具有法律规定的理由。

本案当事人提出了回避申请,既涉及当事人的权利行使,又关系着庭审活动能否持续顺利进行,且在最高人民法院直接审理的刑事案件中尚属首次,必须依法妥善处理。虽然本案举行庭前会议时合议庭已明确强调,有关回避等程序性事项应在庭前会议时提出,否则便视为无异议,原审被告人在庭前会议时并未提出过申请,但其在庭审时提出要求2位出庭检察人员回避后,审判长裴显鼎并未简单地对此以其未在庭前会议时提出为由而置之不理,而是认真询问了其申请回避的具体理由。经询问了解到,其申请理由为:2位出庭检察员因履行职务需要将收集到的一份证据送交最高人民检察院司法鉴定中心进行审查,由有关专家出具了一份《技术性审查意见书》,顾雏军因对该证据及《技术性审查意见书》有不同看法,认为系伪证,2位检察人员参与了制造伪证,从而提出回避申请。从其申请回避的理由看,明显不符合我国2012年刑事诉讼法第二十八条、第二十九条规定的申请事由,因此,审判长裴显鼎在征询辩护人及检察员意见后,依法当庭驳回,既认真妥善地回应当事人的回避申请,又保障庭审活动的持续顺利进行。

第二天法庭辩论环节开始前,顾雏军又以同样理由提出回避申请,审判长裴显鼎当机立断,再次当庭予以驳回。

三、对原判列举的检辩双方有争议的证据进行充分质证

再审案件的审理不同于一、二审案件的审理,应以已有生效裁判为基础,审理活动要解决的主要问题就是已有生效裁判是否正确。所以,再审案件开庭审理,在审理模式上也必须根据再审程序自身的特点,不能完全套用一、二审模式。本案的再审,既充分考虑检辩双方对于原判列举证据存在重大争议的基本现实,又照顾到本案系按照再审程序进行审理的特点,对于原审判决认定事实及列举的证据的审理,极具典范意义,具体表现为:

一是按照庭审实质化及"三项规程"的要求,充分发挥庭前会议的作用。通过庭前会议不仅处理好相关程序性问题,而且对相关事实及证据的主要争议点进行具体、全面地梳理,确定关于原判证据的争议焦点,从而为庭审奠定基础。本案庭前会议报告显示,在对原判列举证据进行梳理时,辩方分别对原判第一个罪名列举的59项证据中的24项、第二个罪名列举的71项证据中的66项、第三个罪名列举的49项证据中的34项证据提出异议,检方只对上述列举证据中的2项证据有不同意见。因此合议庭决定,法庭调查时只对上述有争议的证据进行再质证,对于无争议的证据不再进行质证。

二是为提高庭审效率,按照不同罪名,对同类证据分组进行质证。对于原判列举的证据,毕竟在原审时已进行过质证,庭前会议时也已初步听取过检辩双方的意见,再一项一项进行质证,既无必要,也会耗费太多时间,因此合议庭根据不同罪名,按内容进行分组,对虚报注册资本罪的59项争议性证据分5组,对违规披露、不披露重要信息罪的66项争议性证据分6组,对挪用资金罪的34项争议性证据分为7组进行质证,既有效保证了审理的集中性,提升了庭审效率,又切实保障了当事人及辩护人的质证权,对于回应争议、查明事实起到了非常良好的作用,为再审的法庭调查树立了典范。

四、高度重视检辩双方提交的新证据

在本案的再审程序中,除了对原审裁定中的证据进行审理,原审被告人与检方均提供了新证据,针对检辩双方所提交的新证据,合议庭在庭前会议中组织双方进行了查阅,并在庭审中重点进行举证质证。

关于新证据，从法律规定来看，更侧重于原审被告人。我国刑事诉讼法不仅规定申诉人“有新的证据证明原判决、裁定认定的事实确有错误，可能影响定罪量刑的”应当启动再审，而且规定在案件审理过程中，当事人有权向人民法院提供新的证据。本案再审过程中，原审被告人顾雏军和张宏均向法庭提交了新证据材料，检察机关为核实相关证据也收集到了一些新证据材料，这些再审过程中提交的新证据材料，经庭前会议听取检辩双方意见后，对其中确属新证据的材料，确定纳入法庭调查，有针对性地进行举证、质证。这在一定程度上充实了本案的证据体系，为接下来合议庭对于事实的认定提供了更为全面的参考。

五、根据当事人申请调取相关新证据

在本案的再审过程中，原审被告人顾雏军申请最高人民法院向有关部门调取其依个人能力无法收集的证据。合议庭对此高度重视，依法向广东省科技厅、中国证监会、毕马威华振会计师事务所等单位发出调取证据通知，调取广东省科技厅 2002 年至 2004 年向顺德格林柯尔颁发《高新技术企业认定证书》情况、中国证监会 2005 年 5 月对科龙电器立案调查情况以及毕马威华振会计师事务所关于科龙电器现金流向的调查情况。庭审前，组织检辩双方对广东省科技厅〔2018〕749 号复函、《中国证监会关于提供顾雏军案相关材料的复函》及毕马威华振会计师事务所《关于科龙电器现金流向调查报告》进行查阅，并根据庭前会议中检辩双方的意见，将从广东省科技厅及中国证监会调取的材料纳入法庭调查，进行重点质证。此举不仅有利于合议庭全面掌握证据材料，有效查明案件真相，而且在一定程度上弥补当事人在取证方面存在的天然不足，有利于实现刑事诉讼中检辩双方的基本平衡。

六、依法通知证人出庭作证

证人出庭作证是刑事诉讼法中所规定的了解案件情况公民所应该履行的义务。申请证人出庭作证，是法律赋予当事人的诉讼权利。然而，在司法实践中，证人出庭的现状却并不乐观。在本案的再审程序中，原审被告人共申请 5 位证人出庭，最高人民法院经听取被申请人意见并根据案件办理需要，通知了 2 位证人到庭：一位是时任科龙电器营销人员的魏五洲，另一位是时任全国工商联副主席的谢伯阳（副部级）。二人就其了解的相关情况进行了陈述，并接受了检辩双方的询问。这在刑事案件审理中是不常见的，在最高人民法院审理的刑事案件中更是少之又少。此举的意义不仅仅限于该案的公正审理，更为未来我国刑事案件的审理树立了榜样。

此外，还有一个颇受关注的焦点，就是原审被告人顾雏军申请最高人民检察院原检察长贾春旺作为证人出庭作证。因贾春旺并非相关事实的亲历人，不属于法定证人的范围，故法庭并未通知其到庭，对此合议庭在庭前会议报告中作出了说明，检方也在庭审中给予了正面回应，从而处理得于法有据，合情合理。

七、依法通知有专门知识的人出庭提供意见

根据刑事诉讼法及相关司法解释，在涉及专业性问题时，可以申请有专门知识的人出庭提供意见。由于这是 2012 年刑事诉讼法修改所作出的新规定，实践中使用得并不太多。本案中，对于一份重要证据的真伪，检辩双方存在巨大争议，对此，检方申请最高人民检察院司法鉴定中心一名专业人员出庭提供意见，得到了法庭许可。

针对有专门知识的人出庭提供的意见，检辩双方展开了激烈的争论。合议庭对此给出了明确释明，即有专门知识的人不同于鉴定人，其参加庭审活动所发表的意见并非法定证据形式，只是在客观上对相关专业领域问题进行解释。

八、有效发挥法官助理在庭审中的作用

员额制改革是本轮司法改革中的一大亮点，随着员额制改革，审判人员分为员额法官与法官助理。按照相关规定,在庭审中,法官助理是不能直接参与案件讨论的,那么,法官助理参与庭审时,其职责和分工如何界定,目前在整个司法界尚规定不明,各级法院的做法也不尽相同。此次庭审,对于法官助理的职责安排可谓恰到好处,法官助理不仅承担了庭前诉讼参与人身份核实、法庭纪律宣告等工作,而且负责通过 PPT 形式提示庭审流程环节、统一集中展示检辩双方视频证据等工作。此举不仅妥善减轻了庭审中书记员的工作负担,保障了书记员全身心投入庭审记录,提高了记录质量,而且解决了此前存在的法官助理参与庭审无事可做的问题,对于法官助理参与庭审的职责和分工进行了可贵的探索。通过法官助理借助视频提供的环节流程显示、检辩双方证据展示等,无论是诉讼参与人还是旁听人员,均可明了法庭审理的进程、质证证据的内容,从而极大地提升了法庭审理的质效,对于保障庭审顺利、高效、有序进行起到了良好的促进作用。

九、借助信息技术实现融媒体全程直播

顾雏军再审案备受社会关注,最高人民法院决定庭审活动全公开、全透明,然而由于旁听席位有限,通过多样化方式来保障审判的公开、透明就成为努力的目标。此次庭审采取了"旁听 + 融传媒"的方式,形成了法庭内外的两大公开场域。庭审通过中国法院网、庭审直播网、最高人民法院官网及官方微博进行全程图文直播。直播不仅包含了庭审的全部内容,更将庭审中的诸多细节,如被告人哽咽、审判人员维持法庭秩序等囊括其中,使得即使不在庭审现场的公众,也有身临其境之感。十几万字的庭审实录直观、全面、生动地展示了庭审实况。截至 2018 年 6 月 14 日晚 12 时,最高人民法院新浪官方微博设置的"顾雏军案再审"话题阅读量达 1 908.2 万,最高人民法院头条号的浏览量突破了 500 万,最高人民法院官方网站的直播页面浏览量达到 276 万。融媒体方式最大限度地满足了社会公众的知情权,充分实现了阳光司法,取得了良好的社会效果,社会公众普遍为之点赞。

十、全面体现人文关怀

此次庭审,不仅是对相关事实和证据的调查和辩论,更包含着合议庭的人文关怀。这种人文关怀在法庭内外的诸多细节中都得到了体现,既讲究公正和效率,同时体现了对人权的尊重与保障。法庭第一天的庭审从早上 8 时 30 分一直持续到晚上 11 时 30 分,在长达 15 个小时的庭审中,原审被告人及其辩护人充分表达了自己的观点,审判长裴显鼎及审判员对相关诉讼参与人表现出极大的尊重和包容,最大限度地保障其畅所欲言。在决定当晚是否继续开庭时,对于年纪相对较大、身体状况不是很好的原审被告人,审判长裴显鼎多次询问其身体是否适合继续庭审,如有身体不适,一定要及时举手示意。整个庭审过程,法庭外都安排了急救车以备不时之需。庭审中,审判人员始终坚持不喝水,全程集中精神,端坐细听,不曾离席,但对于原审被告人上洗手间的要求,均予以满足。为节省时间,避免因休庭时间过长而耽误庭审,法庭还特意为所有诉讼参与人及旁听人员提供了精心制作的盒饭及水果,确保中、晚餐可在休庭不超过 1 小时中解决,以便接下来可以继续开庭。

总之,这次参与顾雏军再审案的庭审旁听,我深切感受到了最高人民法院依法审理刑事案件的典范作用以及案件合议庭在诸多方面作出的有益尝试,亮点纷呈。特别是该案根据刑事再审案件特殊性所开展的程序上的改革,更是为未来刑事再审案件办理、涉产权案件的审理树立了高效、有序并有温度的"典范模式",为庭审中心主义的纵深推进,确保刑事再审案件的公平公正审理,作出了平实而成效显著的努力。

坚持实事求是，依法复查纠正涉产权错案

□刘静坤*

2019年4月10日，最高人民法院对顾雏军等人虚报注册资本，违规披露、不披露重要信息，挪用资金再审一案进行公开宣判，依法作出改判。综观该案再审程序和判决结果，最高人民法院坚持实事求是、依法纠错，准确把握再审改判的证据标准、法律标准和政策标准，严格落实罪刑法定、证据裁判、程序公正、疑罪从无等法律原则，确保案件经得起法律和历史的检验。这起重大涉产权案件的再审改判，对于贯彻中央关于产权保护的政策，完善刑事再审程序，优化最高人民法院职能，深化司法体制改革，具有里程碑式的历史意义和重要的现实意义。

一、加强产权司法保护，健全市场主体合法合规制度

产权制度是社会主义市场经济的基石。习近平总书记指出，必须加强产权保护，健全现代产权制度，增强人民群众财产安全感。产权保护是一项系统工程，司法保护是其中的关键环节。最高人民法院对顾雏军案等重大涉产权再审案件所作的判决，作为国家司法政策的风向标，对加强产权司法保护具有重要的引领和表率作用。

案例是行动中的法律，是看得见的正义。在顾雏军等再审一案中，最高人民法院针对市场主体在登记（虚报注册资本）、经营（违规披露、不披露重要信息）和管理（挪用资金）等环节常见多发的违法犯罪，准确划定涉产权案件罪与非罪的法律界限，积极回应社会各界对产权保护制度的特殊关切，是加强产权司法保护的重大举措和生动实践。实践证明，唯有加强人权、产权司法保护，坚守严格公正司法底线，才能真正发挥司法保障权利、维护秩序、稳定民心的制度功能，让民营企业及民营企业家等市场主体切实感受到有温暖、高质量、可预期的司法保障。

司法是国家经济运行状况的晴雨表和诊断仪。顾雏军案等涉产权再审案件暴露的市场主体违法犯罪风险，显然并非个别现象，而是冰山一角，折射出弥漫经济领域的共性问题。合法合规是市场主体最佳的自我保护。毋庸讳言，一些市场主体法治观念淡漠，企业治理欠缺法治支撑，现已逐渐成为制约市场经济健康发展，乃至影响中国企业走向世界的瓶颈。顾雏军等人实施的虚报注册资本，违规披露、不披露重要信息等违法行为，虽最终未予定罪处罚，但其警示意义不容忽视。须知，司法对产权的保护及其对市场的规范，始终是相辅相成、相向而行的。公正的司法，既要保障无罪的人不受法律追究，合法产权不受随意侵犯；也要防止不法分子规避法律制裁，通过违法犯罪牟取非法利益。最高人民法院通过依法纠正顾雏军案等重大涉产权错案，坚持全部错误全部纠正，部分错误部分纠正，不仅释放出加强人权、产权司法保护的积极信号，更是为了从根本上完善市场主体合法合规制度，健全市场主体风险防控机制和内部治理结构，促使市场经济在法治框架内健康发展。

二、坚持实事求是原则，发挥刑事再审的特别救济功能

涉产权案件再审，要妥善处理政策法律变动性与司法裁判稳定性的紧张关系，是政治性、政策性和法律性很强的工作。面对国家政策和法律制度的动态变化，司法机关唯有坚持实事求是、依法纠错，才能最大限度地凝聚司法共识，体现刑事再审应有的客观、理性和审慎。顾雏军等再审一案，最高人民法院该改判的改判，该维持的维持，既不回避争议，也不“一风吹”，这对规范涉

---

* 中国政法大学教授。

产权错案的甄别纠正，引导当事人形成理性预期，发挥刑事再审的特别救济功能，具有很好的示范效应。

坚持实事求是，要努力探究案件事实真相。唯有彻查事实，再审结论才能站得稳、立得住，经得起推敲。对争议各方提出的主张和意见，司法机关不能偏听偏信，更不能照单全收，而是要直面疑问、核查到底。如果经核查发现，案件事实认定确有错误偏差，就应当坚决依法纠正。顾雏军等再审一案，最高人民法院恪守证据裁判原则，通过精细的法庭调查核实原判认定事实，严格依照证据规则审查已有证据和新证据，重视案件事实的证据链条分析，由此得出了更加客观、准确、可信的事实认定结论。例如，最高人民法院基于在案证据认定，科龙电器在2002年至2004年间实施了虚增利润并将其编入财务会计报告予以披露的行为，同时认定，原审认定该行为严重损害股东或者其他人利益的事实不清，证据不足，进而基于疑罪从无原则对该起事实作出无罪处理，这种有理有据的重审结论无疑是令人信服的。

坚持实事求是，要旗帜鲜明贯彻罪刑法定等原则。涉产权案件再审，牵涉刑事、行政、民事、商事等复杂法律关系，要准确把握犯罪的基本特征，准确把握犯罪构成要件，准确把握罪与非罪界限，准确把握从旧兼从轻等法律原则。关于顾雏军等人的虚报注册资本行为，最高人民法院认为，虚报注册资本罪的认定需要以公司法等法律法规为依据，本案侦查期间，法律对无形资产在注册资本中所占比例的限制性规定已经发生重大改变，此时应当适用从旧兼从轻原则对行为的社会危害性重新进行评价。与普通案件相比，涉产权案件直接影响营商环境与市场主体预期，应当审慎启动司法程序，审慎采取强制措施，审慎进行司法裁量，侧重体现刑法的谦抑性和宽容性，不能动辄采取刑事制裁。

坚持实事求是，要树立历史辩证的政策观。一些涉产权案件，因涉及时代背景、地方政策、监管模式等历史因素，应当立足特定历史背景考察当时的惯例做法，以历史的、发展的眼光看问题，辩证分析案件的成因和危害，不宜机械照搬法条简单处理。例如，顾雏军等人实施置换注册资本的行为，与当地政府支持顺德格林柯尔违规设立登记有关，最高人民法院正视这一特殊历史因素，据此对该行为的社会危害性作出理性评价，是值得肯定的。

三、聚焦裁判规则生成，优化最高人民法院职能

最高人民法院巡回法庭是“家门口的最高人民法院”，更是“勇立改革潮头的最高审判机关”。与地方法院相比，最高人民法院巡回法庭不能满足于案结事了，更不能简单就案办案，而是应当着眼于制定裁判规则，统一全国法院的司法裁判标准。这意味着，最高人民法院应当将更多精力放到更高层次的立政策、立规则、立标准上来，通过审理重大案件总结审判方法，并推动解决特定领域的体制机制问题。

涉产权案件多为重大疑难复杂案件，极具挑战性，考验着司法机关的审判能力和办案素养。最高人民法院巡回法庭办理涉产权再审案件，提炼审判规律和裁判方法，对指导司法机关严格公正司法具有重要意义。顾雏军等再审一案，最高人民法院巡回法庭在事实认定、法律适用、程序规范等方面开拓创新，如犯罪构成要件事实的识别和解析方法，关键证据的实质性审查方法，刑事法律原则的解释方法，刑事程序改革举措的适用方法，都值得认真研究、总结和推广。

重大案件是推动制度改革的引擎。最高人民法院巡回法庭再审改判顾雏军案，不单是为了纠正个案的司法错误，更是为了引导和促使社会各界关注现代产权制度。以此为契机，我们应当更加关注改善企业创新创业的营商环境，更加关注完善产权司法保护的法律体系，更加关注防范企业法律风险的合法合规制度，更加关注涉产权错案的甄别纠正机制，从而以点带面地推动产权法律制度的系统性改革。从这个意义上讲，顾雏军案再审改判，不仅是产权司法保护的阶段性成果,也开启了产权法律制度改革的新篇章。

四、检验司法改革成效,深入推进以审判为中心的刑事诉讼制度改革

司法改革贵在知行合一。近年来,中央深入推进以审判为中心的刑事诉讼制度改革,顾雏军案再审是检验改革成效的重要标尺。该案虽系再审案件,但从庭前准备到法庭审理再到公开宣判,向当事人和社会公众展现了一场生动的庭审、讲理的庭审、实质化的庭审,真正做到了通过法庭审判的程序公正实现案件裁判的实体公正。

法庭是摆事实、讲道理的地方。最高人民法院巡回法庭更是如此。顾雏军案再审过程中,各名被告人和辩护人的辩护权得到了充分保障,无论是庭前会议还是开庭审理环节,法庭都认真听取辩解理由和辩护意见,给予每个人充分表达意见的机会。长达9个小时的法庭辩论,绝大多数时间都是辩护时间,这就是实实在在的法治进步。如果所有重大疑难复杂案件都能达到这一标准,司法公平正义必将不折不扣地实现。

诉讼以审判为中心,审判以庭审为中心,是公正审判的核心要求。顾雏军案再审,是推进以审判为中心的刑事诉讼制度改革的经典范例。根据庭审实质化"三项规程"的要求,最高人民法院巡回法庭召开庭前会议,妥善处理程序性事项,归纳争议焦点;重视庭审驾驭和指挥,依法通知有关证人和有专门知识的人出庭,依法调取核查新证据,并对争议证据充分质证;严格执行证据排除规则,坚持疑罪从无;采取"旁听+融传媒"方式公开审判过程,最大限度地满足公众的知情权。展望未来,当示范庭审成为司法习惯,当公正审判成为司法共识,推进以审判为中心的刑事诉讼制度改革终将落到实处。

涉产权案件再审应当坚持实事求是的原则

□司　楠*

一段时间以来,人民法院切实贯彻落实中共中央、国务院发布的《关于完善产权保护制度依法保护产权的意见》的精神,进一步加大民营企业及民营企业家产权司法保护力度,启动了包括张文中案、顾雏军案、李美兰案等在内的一大批涉产权案件的再审。其中,有刑事案件,也有民事、行政案件;有由地方人民法院再审的案件,也有由最高人民法院直接提审的案件。有的案件已经依法审结并作出改判,有的案件尚在加紧审理过程中。这些案件的依法再审,更好地保护了民营企业及民营企业家的合法权益,明显振奋了企业家精神,有效彰显了依法治国基本方略,进一步提升了民众对于建立法治国家的信心。

众所周知,产权制度是社会主义市场经济的基石,保护产权是坚持社会主义基本经济制度的必然要求,也是维护国家长治久安的重要举措。正所谓"有恒产者有恒心",经济主体财产权的有效保障和实现,是我国经济社会持续健康发展的基础。依法有效保护各种所有制经济组织和公民的财产权,有利于增强人民群众的财产财富安全感,增强社会信心,形成社会的良好稳定预期,增强各类经济主体的创业创新动力,维护社会公平正义,保证经济社会健康持续发展。需要指出的是,加强产权司法保护,既要平等保护,也要全面保护,更要依法保护。在当前,加强产权司法保护,重点是要加强对民营企业和民营企业家的平等保护,营造良好营商环境和法治环境,增强人民群众的获得感、幸福感、安全感。

---

* 中国人民大学诉讼制度与司法改革研究中心研究员。

从已启动再审的这些具有一定典型意义的涉产权案件来看,大都是非常复杂的经济类案件,不仅法律关系复杂交织,涵盖的专业知识范围极广,涉及公司的登记运营、资本运作、改制收购、营销模式、财务会计、资金流转、信息披露、股东权益、政府监管等诸多领域,而且在法律规范之外,还不能忽略当时的时代背景、社会状况、经济政策、发展变迁等历史性因素。因此,对这些案件的处理,都不可能是一个简单的过程,需要在程序上严格循法而行,尽可能做到公开透明,充分保障当事人的各项诉讼权利,在实体上进行客观理性与专业审慎的分析判断,立足于事实和法律,在维护公共利益与保护合法权益之间寻找到最佳的平衡点。这对于相关司法部门和司法人员而言,既是一种新的重大挑战和考验,也是一次展示司法能力和司法水平的良好机会。通过对这些案件的依法公正审理,能够充分显示出司法机关为民司法、公正司法、依法纠错的坚定信心和坚强决心。

不言而喻,在相关涉产权案件启动再审之后,无论是案件当事人,还是社会公众,都对案件的处理结果充满期待。但是,有必要明确的一点是,对案件启动再审,并不意味着必然将原生效裁判都彻底推翻。这些依法启动再审的案件,当然可能在实体或者程序上存在一定的问题,有的案件甚至原判完全错误,但是,案件与案件不会完全一样,存在的问题也会有大有小。正如“保护产权并非仅仅给企业家‘摘帽’”一样,只有在人民法院依法对案件进行认真全面审理之后,根据再审查明的事实,正确适用法律,实事求是地作出最终的公正裁判,才是正确的选择。唯有如此,才能符合产权保护的初衷及法治建设之真谛,真正为社会公众所认可和信服。

笔者认为,在对历史形成的各类涉产权案件进行再审时,总的来讲,必须坚持实事求是的原则,切实做到依法纠错,既不能消极应付,有错不纠,也不能不顾事实和法律,搞“一边倒”“一风吹”。具体而言,应当着重注意以下几个方面:

第一,要充分认识到这些案件自身的特点和复杂性。与一审、二审案件相比,再审案件本来就有其自身的特点,同时,作为涉产权案件,往往发生于社会主义市场经济的发育、成长时期,大都融刑事、民事、商事、行政等诸多法律关系于一体,需要在审查分析中以高度负责的精神及认真审慎的态度,对各种法律关系条分缕析,认真梳理,仔细辨别,全面查明原判认定的事实是否清楚,依据的证据是否充分,适用的法律是否正确,裁判的结果是否公正。

第二,要充分尊重历史并同时着眼长远。在立足于案件的事实证据以及当时法律规定的基础上,综合考量当时的社会背景、政策法规、发展阶段、行业状况等因素,充分尊重历史,客观看待和依法妥善评价改革开放以来,各类企业特别是民营企业在经营过程中存在的不规范问题,着眼于我国不断改革发展、多种经济形式共存共荣的大局,认真判别各种财产权益的实际形成过程和应然归属,以发展的眼光看问题,公平对待,平等保护,切忌理念固旧,思维简单,机械办案。

第三,要精准把握经济违法行为的入刑标准。对于涉产权刑事案件,要从犯罪的基本特征,即行为的社会危害性、刑事违法性、应受刑罚惩罚性三方面进行深刻分析,围绕犯罪构成的四个要件进行认真审查,正确区分违规、违法与犯罪之间的界限,把握经济纠纷与经济犯罪的性质,分清经济违法行为的不同法律责任,严格执行罪刑法定、疑罪从无原则。对于企业家在生产、经营及融资活动中的创新创业行为并不违反刑事法律规定的,绝不能以犯罪论处;对于虽有轻微违法或违规情形,但无须动用刑事手段予以惩处的,也不应追究其刑事责任。

第四,要根据查明的情况严格依法裁判。2014 年 1 月,习近平总书记明确告诫广大政法干警:“不要说有了冤假错案,我们现在纠错会给我们带来什么伤害和冲击,而要看到我们已经给人家带来了什么样的伤害和影响,对我们整个的执法公信力带来什么样的伤害和影响。我们做纠错的工作,就是亡羊补牢的工作。”因此,对于涉产权案件,在经过再审之后,如果发现原判决确有错误的，应当旗帜鲜明地坚决予以纠正，不能打半点折扣。同时，涉产权案件再审，也必须实事求是，依法纠错，坚守底线。全案错误的，全案予以纠正；部分错误的，部分予以纠正。如果根据再审查明的事实，原判并无错误的，则应当依法予以维持。绝不能走极端，为了纠错而纠错，导致再审纠错的形式主义和片面主义。只有这样，才能实现法律效果和社会效果的统一，符合法治建设的根本要求，得到社会公众的真心认可，经得起历史的长久检验。

顾雏军再审案：一个案例胜过一沓文件

□仇晓敏*

备受瞩目的原审被告人顾雏军虚报注册资本，违规披露、不披露重要信息，挪用资金再审一案在开庭近一年后终于尘埃落定，于 2019 年 4 月 10 日在最高人民法院第一巡回法庭公开宣判，宣告顾雏军不构成虚报注册资本罪，违规披露、不披露重要信息罪，挪用资金部分事实不构成犯罪，多名原审同案被告人被宣告无罪。

顾雏军一案涉及重大产权处置，原审被告人曾经是知名的民营企业家，多年前就引起社会的极大关注。该案的公开宣判，是习近平总书记在民营企业座谈会讲话后的第一个标志性案例，是贯彻落实党中央依法甄别和纠正一批涉产权冤案错案重大部署的又一典型，充分体现了以习近平同志为核心的党中央对依法治国和平等保护产权的高度重视，充分表明了党中央坚持“两个毫不动摇”“两个不可侵犯”“三个没有变”的坚定态度，也充分彰显了人民法院实事求是，依法纠错，对事实负责、对法律负责、对历史负责的责任担当。“一个案例胜过一沓文件”。以顾雏军案、张文中案为代表的涉产权案件的依法甄别和纠正，对于营造公平、公正、透明、稳定的法治环境和营商环境，切实增强人民群众的财产安全感，强化社会信心和良好预期，促进经济社会持续健康发展和国家长治久安具有重要意义，必将极大增强民营企业家投资创业和投身改革的信心，增强人民群众对党和政府的信心、增强全国人民实现“两个一百年”奋斗目标和中华民族伟大复兴梦的信心。

党的十八大以来，人民法院通过审判监督程序依法纠正 48 件重大冤假错案，宣判 96 名原审被告人无罪，捍卫了法律尊严，伸张了社会正义，社会反响强烈。这些纠正的重大冤假错案，均属原审被告人因涉及“命案”被判处死刑、死缓或无期徒刑的暴力型案件，所涉罪名多为抢劫、故意杀人、强奸，错误原因多为事实证据问题。与传统的冤错案件不同，以张文中案、顾雏军案为代表的涉产权案件，往往涉及公司股权、市场准入、经营创新、融资投资、财务会计、税费征管等领域，涉及罪与非罪、此罪与彼罪、一罪与数罪等定性问题，法律适用极为复杂。此类案件往往跨越数年，甚至数十年，其间法律政策多有变迁，办理难度极大，稍有不慎，极易引起争议。顾雏军案的再审改判过程，合议庭始终坚持罪刑法定、证据裁判、审判公开等基本法律原则，始终坚持以事实为根据，以法律为准绳的法治底线，始终坚持实事求是，全面、平等保护的基本要求，严格依照刑法第十三条“但书”条款撤销虚报注册资本罪的认定，以危害后果未达到事实清楚、证据确实充分为由撤销违规披露、不披露重要信息罪的认定，以部分事实不清、证据不足为由撤销挪用资金罪的部分认定。再审判决既不固守原判有错误拒不纠正，也不放弃原则不顾事实一边倒地为“摘帽”而“摘帽”，有效坚持了保障人权和打击犯罪的有机统一，展现了良好的司法能力和高超的司

* 最高人民法院审监庭审判员。

法智慧。

2018年11月1日，习近平总书记在民营企业座谈会上指出：稳定预期，弘扬企业家精神，安全是基本保障。对一些民营企业历史上曾经有过的一些不规范行为，要以发展的眼光看问题，按照罪刑法定、疑罪从无的原则处理，让企业家卸下思想的包袱，轻装前进。我国宪法和法律对产权平等保护已有明确规定，但由于产权制度不够完善，落实平等保护不够到位，历史形成的侵害民营企业产权的案件还在一定范围内存在。下一步，人民法院要进一步尊重历史，实事求是，正确认识我国经济社会发展的阶段性和法律体系形成完善的渐进性，建立健全涉企业错案依法甄别纠正的常态化机制；坚持以事实为根据，以法律为准绳，坚持罪刑法定和疑罪从无，对符合再审条件的历史形成的涉产权冤案错案，依法启动再审程序，对确有错误的涉产权生效裁判，坚决予以纠正。同时，也要通过对涉产权错案冤案的甄别和纠正，强化审判监督倒逼防错、统一法律适用和司法救济功能，健全以公平为核心原则的产权保护制度，研究完善产权司法保护政策，坚决防止将经济纠纷当作犯罪处理，坚决防止将民事责任变为刑事责任，从源头上预防错案冤案的发生。

习近平总书记提出要努力让人民群众在每一起司法案件中感受到公平正义。新时代人民群众对公平正义的感受和要求越来更高，这些都要求我们在办理案件时，要正确处理好形式合法性与实质合理性的关系，不能只作非黑即白、非此即彼的简单推演，还要综合考虑案发的背景、法律政策变迁、社会发展阶段、行业惯例、人民群众的感受，围绕犯罪构成充分考虑案件的社会危害性、刑事违法性和应受刑罚惩罚性，在做事实判断的同时，一并做好价值考量和利益平衡，真正做到合法性、合理性和合目的性，情、理、法的有机统一。

保障公民参审权利　有效推进司法民主

——人民陪审员法重点解读

□林文学　姚宝华

2018年4月27日，第十三届全国人民代表大会常务委员会第二次会议审议通过《中华人民共和国人民陪审员法》（以下简称人民陪审员法），并于同日公布施行。人民陪审员法的出台是中国特色社会主义法治建设的一件大事，也是保障公民民主权利、推进司法民主建设新的里程碑。为深入贯彻落实人民陪审员法，在人民法院审判工作中更好实现人民陪审员制度的功能效果，现就人民陪审员法作如下重点解读。

一、立法背景和起草过程

党的十九大报告强调，要健全人民当家做主制度体系，发展社会主义民主政治。人民陪审员制度是社会主义民主政治的重要内容，是中国特色社会主义司法制度的重要组成部分，也是人民民主在司法领域的重要体现。制定一部专门的人民陪审员法，有利于扩大司法领域的人民民主，切实保障人民群众对审判工作的知情权、参与权、监督权，更好地体现人民当家做主；有利于弘扬社会主义核心价值观和法治精神，促进全民守法、营造依法治国的浓厚氛围；有利于架起人民法院与人民群众的沟通桥梁，形成法官和人民陪审员的优势互补，实现司法专业化判断与群众对公正认知的有机统一，让人民群众在每一个司法案件中感受到公平正义。

人民陪审员法出台之前，我国的人民陪审员制度，是以全国人大常委会2004年审议通过的《关于完善人民陪审员制度的决定》（以下简称《决定》）为核心，包括人民法院组织法以及民事、刑事、行政诉讼法相关法律规定、司法解释、政策文件所构成的制度体系。长期以来，人民陪审员制度在推进司法民主、促进司法公正、提高司法公信等方面一直发挥着重要作用，但仍存在一些需要改进和完善的地方，如人民陪审员的广泛性和代表性不足，“驻庭陪审、编外法官”“陪而不审、审而不议”现象仍然存在，管理机制不健全，履职保障机制不完善等。党的十八届三中全会决定指出，要广泛实行人民陪审员制度，拓宽人民群众有序参与司法的渠道。党的十八届四中全会决定进一步提出，要保障人民群众参与司法，完善人民陪审员制度，扩大参审范围，保障公民陪审权利，完善随机抽选方式，提高人民陪审制度公信度，逐步实行人民陪审员不再审理法律适用问题，只参与审理事实认定问题。这些都为人民陪审员制度改革提出了明确方向和政策要求。

根据中央深改组通过的《人民陪审员制度改革试点方案》（以下简称《试点方案》）和《全国人民代表大会常务委员会关于授权在部分地区开展人民陪审员制度改革试点工作的决定》，2015 年 5 月，最高人民法院和司法部联合发布《人民陪审员制度改革试点工作实施办法》（以下简称《试点办法》），开始了新一轮人民陪审员制度改革试点。为进一步研究解决改革试点中的难点问题，2017 年 4 月，全国人大常委会决定，试点期限延长一年。三年间，各试点法院认真落实党中央决策部署，积极扩大选任范围、完善参审机制、合理区分事实审和法律审、健全保障机制，试点工作成效显著。在试点过程中，有不少人大代表、政协委员、专家学者建议在总结改革试点经验的基础上，制定一部专门的人民陪审员法。在试点过程中，各地法院已经探索出许多可复制、可推广的经验做法，其中所涉主要问题也基本形成共识，特别是试点延期一年的实践中，最高人民法院坚持问题导向，组织试点法院对人民陪审员制度改革中的重点难点问题进行攻关，及时总结经验，适当调整政策，为立法积累了有益经验，立法条件已经具备。基于上述情况，全国人大常委会及时调整立法规划，将制定人民陪审员法提上议事日程。

最高人民法院在总结人民陪审员制度改革试点经验的基础上，深入调查研究，以 2004 年《决定》为蓝本，全面梳理人民陪审员制度的基本规定和实践经验，拟定了《中华人民共和国人民陪审员法（草案）》，于 2017 年 12 月提交第十二届全国人大常委会第三十一次会议初次审议。2018 年 4 月 27 日，《中华人民共和国人民陪审员法（草案）》经第十三届全国人大常委会第二次会议二次审议后通过，并于通过之日起公布实施。

二、立法的基本原则

（一）充分保障人民群众参与司法的民主权利

宪法规定，人民依照法律规定，通过各种途径和形式，管理国家事务，管理经济和文化事业，管理社会事务。党的十九大报告强调，要体现人民意志、保障人民权益，激发人民创造活力，用制度体系保证人民当家做主。经过法定的选任条件和程序，担任人民陪审员参与司法事务的管理是公民的一项重要民主权利，人民陪审员法从不同角度对公民的该项权利给予充分保障。人民陪审员法第二条规定，公民有依法担任人民陪审员的权利和义务；人民陪审员依照本法产生，依法参加人民法院的审判活动，除法律另有规定外，同法官有同等权利。第三条规定，人民陪审员依法享有参加审判活动、独立发表意见、获得履职保障等权利。第四条规定，人民法院应当依法保障人民陪审员履行审判职责；人民陪审员所在单位、户籍所在地或者经常居住地的基层群众性自治组织应当依法保障人民陪审员参加审判活动。

（二）坚持人民陪审员选任的广泛性和代表性

人民陪审员的选任应当注意吸收普通群众，兼顾社会各阶层人员的结构比例，注意吸收社会不同行业、职业、年龄、民族、性别的人员，实现人民陪审员的广泛性和代表性。按照《试点方案》

的要求，推行人民陪审员选任的“一升一降”（提升年龄、降低学历）和“三次随机”（随机抽选人民陪审员候选人、随机抽选确定人民陪审员人选、随机抽取人民陪审员审理具体案件），主要就是为了体现人民陪审员选任的广泛性和代表性，并已取得预期效果。因此，人民陪审员法将这些要求予以明确规定，但考虑到部分地方选任上的实际困难，仍然保留一定比例的个人申请和组织推荐产生人民陪审员的方式。

（三）强调充分发挥人民陪审员的参审作用

人民陪审员法以解决“陪而不审、审而不议”问题，充分发挥人民陪审员的实质参审作用为导向，合理界定人民陪审员参审范围，明确人民陪审员参与案件审理的程序和要求；妥善区分事实审和法律审，在七人合议庭中，实行人民陪审员不再审理法律适用问题，只参与审理事实认定问题；同时加大审判长对人民陪审员的指引、提示力度，强调法官对人民陪审员行使权利的保障义务，但不得影响人民陪审员的独立判断。

三、主要内容

（一）改革和完善选任制度

一是放宽选任入口。人民陪审员法在总结改革试点经验的基础上，将学历要求从原有的大专以上降低到一般具有高中以上文化程度，让更大范围的群众有机会选任为人民陪审员。同时，法官员额制改革后，实践中担任员额法官的年龄一般需要28周岁以上（本科毕业23岁左右，从事法律工作5年以上），并考虑到提高年龄要求有利于更好地发挥人民陪审员富有社会阅历、了解社情民意的优势，将担任人民陪审员的年龄从23周岁提高到28周岁。

二是改革选任机关。《试点方案》和《试点办法》要求人民法院会同同级司法行政机关开展人民陪审员选任工作。试点过程中，法院内外均有同志提出，为了实现选用分离，确保选任的随机性和公正性，建议将人民陪审员选任工作交由司法行政机关负责。立法机关综合各方意见，对此项内容作出较大调整，将选任工作交由司法行政机关牵头负责，建立司法行政机关选荐、人大任命、法院使用的工作机制。人民陪审员法第九条规定，司法行政机关会同基层人民法院、公安机关，从辖区内符合条件的常住居民名单中随机抽选拟任命人民陪审员数五倍以上的人员作为人民陪审员候选人，对人民陪审员候选人进行资格审查，征求候选人意见。

三是改革选任方式。《试点方案》和《试点办法》要求陪审员全部随机抽选产生，在实践中产生了不少争议。部分全国人大代表和不少地方法院都主张保留个人申请和组织推荐方式。立法机关采纳该意见，在人民陪审员法第十一条规定，因审判活动需要，可以通过个人申请和所在单位、户籍所在地或者经常居住地的基层群众自治性组织、人民团体推荐的方式产生人民陪审员候选人，经司法行政机关会同基层人民法院、公安机关进行资格审查，确定人民陪审员人选，但该部分人民陪审员不得超过人民陪审员名额数的五分之一。

（二）合理界定并适当扩大案件参审范围

通过合理界定人民陪审员参审案件的范围，既要让陪审制度在国家治理和司法体系中发挥应有作用，又要解决实践中长期存在的“陪而不审、审而不议”等问题。

1. 细化并扩大案件参审范围

人民陪审员法第十五条为参审范围的一般规定，即涉及群体利益、公共利益，人民群众广泛关注或者其他社会影响较大，案情复杂或者有其他情形，需要由人民陪审员参加审判的第一审刑事、民事、行政案件，均应当适用陪审制，但法律规定由法官独任审理或者由法官组成合议庭审理的除外。其中，“涉及群体利益、公共利益”和“人民群众广泛关注或者其他社会影响较大”是对2004年《决定》第二条第一项“社会影响较大的刑事、民事、行政案件”的进一步细化，使审判实践中的可操作性大大增强；“案情复杂或者有其他情形，需要由人民陪审员参加审判的”，是新增加的内容，主要是针对未成年人犯罪、民间纠纷、婚姻家庭纠纷等案件，因案情复杂，或者涉及当地习俗、熟人纷争、矛盾比较尖锐，人民陪审员参与进来，利用其了解社情民意、富有社会阅历，擅长事实认定、善于调处矛盾的优势，可以尽快查清事实，有效化解矛盾，提高法院裁判的公信力。

2. 明确七人合议庭的案件参审范围

人民陪审员法第十六条将部分案件类型从第十五条中分离出来，明确为七人合议庭的案件参审范围。

第一类是社会影响重大的可能判处十年以上有期徒刑、无期徒刑、死刑的刑事案件。与《试点方案》和《试点办法》相比，社会影响重大的死刑案件列入了参审范围，是人民陪审员法的一大亮点，对于促进死刑制度的进步具有重要意义。但是，那种认为根据2004年《决定》或者《试点办法》，人民陪审员原来都不能参与死刑案件审理的认识是不全面的，2004年《决定》仅是明确社会影响较大的案件应当适用陪审制。原来的实践中，社会影响较大的死刑案件是适用陪审制的，只不过一般是由一名陪审员或两名陪审员与法官组成三人合议庭审理。试点过程中，考虑到死刑案件的特殊性，《试点办法》没有规定死刑案件必须适用陪审制审理，但是，只要案件属于“涉及群体利益、社会公共利益，人民群众广泛关注或者其他社会影响较大的”范畴，有可能判处死刑的，也可以适用陪审制。因此，人民陪审员法不是增加了死刑案件的适用，而是进一步明确了适用七人合议庭审理死刑案件的范围。根据人民陪审员法，如果属于社会影响重大的死刑案件应当组成七人合议庭审理，如果是社会影响较大的属于第十五条规定的案件类型，则应当适用三人合议庭审理。

第二类是根据行政诉讼法和民事诉讼法提起的公益诉讼案件。据此，今后人民检察院、法律规定的机关和有关组织提起的公益诉讼，都必须适用七人合议庭审理。在人民陪审员法起草过程中，有意见认为，根据民事诉讼法和行政诉讼法提起的公益诉讼并不都是社会影响重大的案件，为了节省陪审资源，不宜都适用陪审制。公益诉讼就是对损害社会公众利益或者国家利益提起的民事或行政诉讼，特别是检察公益诉讼，在民事领域是相关组织不起诉的情况下，才由检察机关提起的，且一般都由中级人民法院一审；在行政领域是在立案调查、发出检察建议后，相关行政机关仍不纠正的情况下，才提起的诉讼。这些案件的社会影响重大，尤其是人民检察院提起的行政公益诉讼，涉及群体性利益和行政机关的规范执法等问题，让人民陪审员参与案件审理，有利于督促行政机关更好地依法行政，也有利于提高司法公信力。况且，这类公益诉讼的数量还相对有限。据初步统计，2015年7月1日至2017年6月30日试点结束，全国法院共受理检察机关提起的公益诉讼案件1 126件，审结938件。民事诉讼法和行政诉讼法修改后，2017年7月1日至2017年12月31日，全国法院共受理检察机关提起的公益诉讼案件257件，审结53件。显然，这类案件的数量并不大，且没有逐步增加的趋势。

第三类是涉及征地拆迁、环境保护、食品药品安全的社会影响重大的案件。近些年来，随着我国市场经济的发展，城市规模不断扩大，引发了一些社会影响重大的拆迁纠纷，对于这类案件，让陪审员和法官组成七人合议庭审理，有利于促进司法公开、增强司法公信，也有利于矛盾纠纷的化解。生态环境问题是指人类为其自身生存和发展，在利用和改造自然的过程中，对自然环境破坏和污染所产生的危害人类生存的各种负反馈效应。我国环境保护法从法学角度对环境下了定义：“本法所称环境，是指影响人类生存和发展的各种天然的和经过人工改造的自然因素的总体，包括大气、水、海洋、土地、矿藏、森林、草原、野生生物、自然遗迹，人文遗迹、风景名胜区、城市和乡村等。”“生态环境”的范畴确定以后，对于何谓涉及生态环境保护的社会影响重大案件，也就比较好判断了。这里需要注意的是,此类案件有可能也属于本条第二项规定的公益诉讼案件。食品和药品安全是涉及国计民生的大事,近些年人民群众饮食用药安全越来越引起全社会的重视,一些重大的食品药品安全案件,如世纪之交的龙胆泻肝丸事件,2008 年举世震惊的三鹿奶粉案等,在一定程度上促进了食品和药品安全立法进程。2015 年国家对药品管理法进行修改,对食品安全法进行了重大修订,重典治乱,强化了责任追究。同样,涉及食品药品安全的社会影响重大案件与公益诉讼案件有重合问题,但这并不影响人民法院依法组成合议庭对案件进行审理。

第四类是其他社会影响重大的案件。这是一个兜底条款,前三项没有穷尽列举时,新出现的案件类型可以通过此项涵盖。实践中新出现其他类型的社会影响重大案件,人民法院可以直接适用该项进行审理,最高人民法院也将在调研的基础上适时通过司法解释予以规范。这里需要强调的是,公众舆论和舆情炒作不是社会影响较大和社会影响重大的判断标准,社会舆情不能影响司法公正,法官也有义务不受社会舆情的左右。合议庭组成是人民法院依职权的行为,社会影响重大的标准应由人民法院作出认定。

除了上述规定,参审范围还包括当事人申请适用的案件。

(三)增设七人合议庭,事实审和法律审适当分离

为了贯彻党的十八届四中全会逐步探索实行人民陪审员不再审理法律适用问题,只参与审理事实认定问题的精神,人民陪审员法规定人民陪审员参加的合议庭组成采用两种模式:一是原有的三人合议庭继续保留,二是增设七人合议庭。之所以没有选择五人或九人及以上的合议庭组成模式,主要是考虑到在区分事实审和法律审的前提下,采用五人合议庭,法官人数至少要保证三人,人民陪审员则仅有两人,在合议庭内人数较少,难以发挥有效、实质参审的应有作用。采用七人合议庭,一方面七人合议庭已能满足审理重大案件的需要,法庭设施也不需要大规模改造;另一方面七人合议庭中人民陪审员四人和法官三人,数量配比相对平衡。如果合议庭人数为九人及以上,既会加剧人民法院"案多人少"的矛盾,加大陪审成本,又会影响审判活动的效率。

在三人合议庭中,以不区分事实审与法律审为宜,人民陪审员与法官有同等权利;对一些社会影响重大的案件,由三名法官和四名人民陪审员组成七人合议庭,人民陪审员在法官的指引下只参与审理事实认定问题,不审理法律适用问题。因此,人民陪审员法第二十一条、第二十二条对三人合议庭与七人合议庭的评议规则分别作出规定,三人合议庭不区分事实审和法律审,七人合议庭审判案件时,人民陪审员只参与审理事实认定问题,不参与审理法律适用问题。

在人民陪审员法的起草过程中,有意见对三人合议庭不区分事实审和法律审,而七人合议庭区分事实审和法律审提出质疑,认为三人合议庭中人民陪审员能审理法律适用问题,七人合议庭中不能审理法律适用问题,法理不通,且有违人民陪审员与法官有同等权利的规定。笔者认为,这种认识看似有一定道理,但没有真正理解该制度设计的内涵。人民陪审员法在合理界定参审范围的前提下,有些案件的法律适用问题相对简单,甚至事实问题确定了法律适用问题也就解决了,人民陪审员既可以有效地确定事实问题,也可以有效地确定法律适用问题,此时,人民陪审员一人或二人与法官组成三人合议庭,以不区分事实审与法律审为宜,人民陪审员与法官有同等权利。比如,民间借贷案件,如果借贷事实能够成立,归还本金及利息的法律适用问题也就自然解决;物权返还纠纷,物权的权属确定了,物权返还的法律请求自然成立。也就是说,此类案件,人民陪审员不需要具备特定的法律知识,基于普通人对生活实际的理解、法律的理解,对法律问题的判断与法律规定及法官的职业判断是一致的,此时,法理与情理是完全一致的。而有些社会影响重大的案件疑难复杂,人民陪审员在法官的指引下有能力确定事实认定问题,但法律适用问题是其能力所不及的,此时组成人民陪审员占多数的七人合议庭,对事实审与法律审加以区分更为

合适。例如,社会影响重大的团伙犯罪案件,人民陪审员对具体的犯罪事实可以作出认定,但对于主犯从犯之间的关系,各自所应当承担的责任,可能无从发表意见。七人合议庭与三人合议庭看似有区别,本质上都体现了人民陪审员参与司法的有效性。

(四)完善参审和评议程序

一是明确了法官的指引、提示义务。人民陪审员法第二十条规定,审判长应当履行与案件审判相关的指引、提示义务,但不得妨碍人民陪审员对案件的独立判断。合议庭评议案件,审判长应当对本案中涉及的事实认定、证据规则、法律规定等事项及应当注意的问题,向人民陪审员进行必要的解释和说明。至此,我国法官对人民陪审员的指引制度正式确立。指引、提示义务主要体现在案件审理过程中,而在案件评议过程中,审判长则负有解释、说明义务。实践中,案件开庭前,审判长可以将庭前准备程序的有关情况整理成书面指引提纲,提纲内容包括原告方的起诉要点和被告方的答辩要点、初步的争议焦点,以便人民陪审员从参与之时就明确其需要作出事实认定判断的范围,有针对性地阅卷、准备庭审提问等。合议庭评议时,审判长应当对本案中涉及的事实认定、证据规则、法律规定等事项及应当注意的问题,向人民陪审员进行必要的解释和说明,必要时可以书面形式列出案件事实问题清单。

二是明确了合议庭成员分歧时的处理规则。人民陪审员法第二十三条规定,合议庭评议案件,实行少数服从多数原则;人民陪审员同合议庭其他成员意见分歧的,应当将其意见写入笔录;合议庭组成人员意见有重大分歧的,人民陪审员或者法官可以要求合议庭将案件提请院长决定是否提交审判委员会讨论决定。这一规定赋予了法官和人民陪审员对等的审判权力,同时又可以最大限度保证案件审理的质量和效率。

(五)加强履职保障

一是建立人民陪审员宣誓制度。为推进司法民主,增强人民陪审员履行职务的使命感、责任感和荣誉感,人民陪审员法在第十二条就人民陪审员的宣誓作出特别规定。人民陪审员宣誓制度的建立是对宪法权威、民主意识、契约精神的推崇,更能彰显我国人民陪审员制度的民意基础,但这里要注意将其与宪法宣誓相区别。宪法宣誓制度是指经人大及其常委会选举或者决定任命的国家工作人员正式就职时应当公开向宪法宣誓。人民陪审员虽然经人大常委会任命,但不属于国家工作人员,为避免产生歧义,根据人民陪审员制度特点将宣誓明确为"就职宣誓"。

二是完善了人民陪审员任期的规定。人民陪审员法第十三条规定,人民陪审员的任期为五年,一般不得连任。之所以规定"一般不得连任",是为了使更多的公民有机会成为人民陪审员参与到司法事务中来。同时,"一般不得连任"是指大多数情况下不得连任,特殊情况下是可以连任的,例如,通过随机抽取再次被选中,个人申请和组织推荐的人民陪审员再次提出申请或者被推荐,或是随机抽取的人民陪审员通过个人申请或组织推荐再次成为人民陪审员。另外,一般情况下,间隔一段时间后再担任人民陪审员是可以的,但是间隔时间太短,比如间隔半年或一年又再次被选任为人民陪审员的,形成了实质上的连任,这与"一般不得连任"的精神是不一致的。

三是设立参审案件数量上限。为了有效防止"驻庭陪审员""编外法官"的出现,设定每位人民陪审员的年度参审案件数量上限是有必要的。因此,人民陪审员法第二十四条还规定,人民法院应当结合本辖区实际情况,合理确定每名人民陪审员年度参加审判案件的数量上限,并向社会公告。本条执行过程中,应当落实好广泛参审和均衡参审要求,结合本地区人民陪审员人数、陪审制合议庭组成模式、辖区面积等因素科学合理测定案件数量的上限,并及时以适当形式向社会公告,接受全社会的监督。

四是完善退出和惩戒机制。人民陪审员法第二十七条基本保留了《决定》第十七条的规定,列明免除人民陪审员职务的情形,对本人申请辞去职务情形限定为“因正当理由”,同时参考《试点办法》相关内容,规定人民陪审员有该条第一款第三项、第四项所列行为,可以采取通知其所在单位、户籍所在地或者经常居住地的基层群众性自治组织、人民团体,在辖区范围内公开通报等措施进行惩戒,构成犯罪的,依法追究刑事责任。

五是加强人民陪审员的人身安全和住所安全保护。解决人民陪审员履职的后顾之忧,建立起对人民陪审员包括人身、住所安全保障在内的一系列履职保障制度,是吸引更广大的人民群众参与到司法审判,树立起人民陪审员对这一制度信心的重要方面。为此,人民陪审员法在第二十八条明确规定,人民陪审员的人身和住所安全受法律保护;任何单位和个人不得对人民陪审员及其近亲属打击报复;对报复陷害、侮辱诽谤、暴力侵害人民陪审员及其近亲属的,依法追究法律责任。

六是明确人民陪审员所在单位的保障责任。通过立法形式对人民陪审员的履职过程给予保障,能够为解决工审矛盾提供法律制度层面的支持,确保人民陪审员的参审积极性。人民陪审员法第二十九条规定,人民陪审员参加审判活动期间,所在单位不得克扣或者变相克扣其工资、奖金及其他福利待遇。同时明确“人民陪审员所在单位违反前款规定的,基层人民法院应当及时向人民陪审员所在单位或者所在单位的主管部门、上级部门提出纠正意见”。实践中,如人民陪审员认为其所在单位出现违反本条第一款规定的行为时,应当首先向所在基层人民法院提出,并提供必要的证据予以佐证。人民法院应当对相关情况进行审查核实后,通过发出司法建议等方式向人民陪审员所在单位或者主管部门、上级部门提出纠正意见。

七是统一了参审补助标准。人民陪审员法对人民陪审员的参审补助作出重大调整,不再区分有无固定收入,统一了参审补助标准。人民陪审员法在第三十条第一款明确“人民陪审员参加审判活动期间,由人民法院依照有关规定按实际工作日给予补助”。从理论上来讲,陪审员参加审判是履行公民义务,身份上既不是国家公务员,也没有与人民法院建立雇佣或劳动关系,其获得的补助不是工资性收入,性质上属于劳务费,是劳务报酬的一种。本法规定了陪审员参加陪审案件数量的年度上限,以后一个陪审员每年参加审理的案件数量不会太多,也不存在劳务取酬过多的问题。最高人民法院、财政部、司法部将尽快出台文件进一步明确具体的补助标准。

(六)新旧法律的衔接

人民陪审员法自2018年4月27日公布之日起施行,2004年《决定》同时废止,这就带来新旧法律的衔接问题。实践中需要注意以下两个方面。

第一,人民陪审员法仅适用于法律施行后受理的第一审刑事、民事、行政案件,人民陪审员法施行前受理的第一审刑事、民事、行政案件,人民陪审员参加的审判活动继续有效。例如,公益诉讼案件,根据2004年《决定》和相关司法解释,可以适用陪审制审理,也可以不适用陪审制审理,但根据新法都应当适用陪审制七人合议庭审理,因此,对于新法施行前已经受理的案件,可以由已经组成的合议庭继续审理,人民陪审员参与的活动继续有效。

第二,关于原有人民陪审员的去留问题。为确保审判活动的正常进行,人民陪审员法施行前已经任命的人民陪审员继续任职,任期届满后自动免除职务。对不符合人民陪审员法规定的选任条件的人民陪审员,应当提请同级人民代表大会常务委员会免除其人民陪审员职务。这里说的不符合选任条件,主要是指人民陪审员法第六条和第七条规定的不能和不得担任人民陪审员的情形,其中主要是与2004年《决定》相比增加的限制条件,比如,是监察委员会的工作人员,正在担任公证员、仲裁员、基层法律服务工作者的,被开除公职的,被吊销律师、公证员执业证书的,被纳入失信被执行人名单的,有其他严重违法行为可能影响司法公信的。对于根据2004年《决定》选任的二十三周岁以上,现在仍未满二十八周岁的人民陪审员,应当允许其继续任职到五年期满。另外,在本法实施后中级人民法院不再单独选任人民陪审员,此前根据2015年《试点办法》或者工作需要选任的人民陪审员可以继续任职,参加审理中级人民法院的案件,在任期届满后职务自动免除。中级人民法院审理第一审案件,需要人民陪审员参与审理的,可以在原选任的人民陪审员名单中随机抽取,也可以根据工作需要在辖区基层人民法院人民陪审员名单中随机抽取。

(作者单位:最高人民法院)

人民陪审员法第十六条第一项理解之我见

□姚宝华

2018年4月27日,人民陪审员法经第十三届全国人大常委会第二次会议审议通过并公布施行。人民陪审员法第十六条第一项规定,可能判处十年以上有期徒刑、无期徒刑、死刑,社会影响重大的第一审刑事案件,由人民陪审员四人和法官三人组成七人合议庭进行。司法实践中,对于该项的理解产生较大分歧,有的认为,只要可能判处十年以上有期徒刑、无期徒刑、死刑的案件都必须适用七人合议庭审理;有的认为,只要所涉罪名法定刑在十年以上的,都应当适用七人合议庭审理;还有的认为,只要当事人或律师认为案件社会影响重大,且可能判处十年以上刑罚,人民法院就应当适用七人合议庭审理。笔者认为,根据立法原意,正确理解适用该条款要从以下几个方面把握:

一、适用该项的案件必须是第一审刑事案件

人民陪审员法第十五条、第十六条均明确,由人民陪审员和法官组成合议庭审判的案件范围限于第一审刑事、民事、行政案件,二审案件均不适用陪审制。受理一审刑事案件的法院,既可以是基层人民法院,也可以是中级人民法院或高级人民法院。根据最新修改的刑事诉讼法,最高人民法院审判第一审案件,由审判员组成合议庭。可能有人会有疑问,为什么只有一审案件适用陪审制?因为人民陪审员参加一审案件的审判,主要是发挥其熟悉社情民意、富有社会阅历,长于事实认定的优势,二审案件、再审案件以及发回一审重审案件,都不是第一次审理的案件,很多事实和法律问题已经固定,且交织在一起,已经变得较为复杂,对于人民陪审员这些非法律专业人士来说,很难充分发挥实质参审作用。因此,为了稳妥起见,也为了合理利用有限的陪审资源,原则上只有新受理的一审案件适用陪审制,二审案件、再审案件、发回一审法院重新审理的案件不适用陪审制。

二、必须是"社会影响重大"的可能判处十年以上有期徒刑、无期徒刑、死刑的案件,才可以适用七人合议庭审理

认为只要"可能判处十年以上有期徒刑、无期徒刑、死刑"的案件都应适用七人合议庭审理的观点是不准确的。陪审制的运行成本本身就很高,组成七人合议庭相应的成本更高,应保证把这部分陪审力量用到与广大人民利益息息相关,对社会影响重大的案件中去。因此,全国人大常委会在起草该条款时,将这几类案件限定为"社会影响重大"加以控制,以合理限定七人合议庭的适用范围。由全国人大常委会部分参与立法的同志撰写的《中华人民共和国人民陪审员法释义》一书认为,"社会影响重大"的认定要与特定案件涉及人数的多少、人民群众是不是广泛关注,是不是影响到国计民生、社会稳定、公共安全或社会特定群体的利益等因素密切相关。是否具有重大的社会影响,由人民法院根据具体案件进行判断,如食物中毒事件,如果发生在学校,涉及的人数众多,就应当认定为具有重大的社会影响;但若发生在自己家里,只涉及几个人,且没有造成什么身体损害,就不能认定为具有重大社会影响。这里还要强调一点,即公众舆论和舆情炒作不是社会影响重大与否的判断标准,社会舆情不能影响司法公正,是否属于"社会影响重大",应由人民法院作出认定,这也是法院依法独立行使审判权的重要内容。

三、关于"可能判处十年以上有期徒刑、无期徒刑、死刑"的认定和把握

"可能判处十年以上有期徒刑、无期徒刑、死刑"要根据人民检察院起诉书并综合案件实际情况,由人民法院作出判断。一般情况下,中级法院、高级法院审理的一审刑事案件属于可能判处无期徒刑、死刑的案件,如果同时"社会影响重大",应当组成七人合议庭审理。对于有些案件即使人民检察院认为可能被判处十年以上有徒刑,如果基层法院认为有法定和酌定情形,可能不会被判处十年以上有期徒刑,可以决定不组成七人合议庭审理。这里需要特别注意的是,可能判处十年以上有期徒刑、无期徒刑、死刑,是指实际结果上有可能被判处十年以上有期徒刑、无期徒刑、死刑,不是指公诉到法院时涉案罪名可能判处十年以上有期徒刑、无期徒刑、死刑。当然,这些案件,不适用七人合议庭审理,如果符合人民陪审员法第十五条的条件,可以由人民陪审员和法官组成三人合议庭审理。

四、要强调合议庭组成属于人民法院依职权决定的事项

人民法院根据法律规定组成合议庭属于人民法院职权范畴,是人民法院独立行使审判权的原则之一。一个案件是否应当适用陪审制由人民法院决定,人民法院决定适用陪审制后,是组成三人合议庭,还是组成七人合议庭审理,依然由人民法院依职权决定,当事人无权就合议庭组成本身要求复议,或提起上诉;当然对于合议庭的具体成员,包括法官和人民陪审员,当事人有提出回避的权利。如果实践中有当事人或律师提出,案件不应由三人合议庭而应当由七人合议庭审理,因不属于回避权利的行使,无须提请院长决定,主持庭审的审判长可以直接决定是否驳回当事人的申请。有观点认为,如果当事人认为合议庭组成不合法,可以提出上诉。笔者认为,审判组织不合法,主要指人民陪审员独任审理,应当组成合议庭审理的案件采用独任制审理,变更合议庭组成未通知当事人等情形;也就是说,合议庭组成违反了法律的明确规定,才构成合议庭组成不合法。可能判决十年以上有期徒刑、无期徒刑、死刑并且社会影响重大,这两方面的内容都不能完全具体量化,这实质上有赖于法官的内心判断,因此就给予了人民法院一定范围内的自由裁量权。由此,笔者认为,在一般情况下,一审中当事人不得就陪审制中应当组成三人合议庭还是七人合议庭提出异议,即使提出上诉,二审法院也不应支持。

(作者单位:最高人民法院)

刑事案件息诉服判五步工作法

□邱学锋* 张 晶**

定分止争、服判息诉,是人民法院工作的重要目标和价值追求,同时也是发挥司法功能、提高裁判公信力的必然要求。刑事司法实践中,适用刑事简易程序、速裁程序的案件,被告人大多认罪认罚,通过庭审法律释明、文书裁判析理,基本上能够达到一审服判息诉效果。目前刑事二审案件中,以一审量刑重、从轻量刑情节未考虑、未适用缓刑等为由提起上诉的案件约占到30%的

---

* 江苏省徐州市中级人民法院审判委员会专职委员。
** 江苏省徐州市中级人民法院刑二庭法官助理。

比例，[①]此类案件在二审阶段撤回上诉或被维持原判比例也很高。在繁简分流的大趋势下，如何进一步提升刑事案件质量、提高刑事司法效率，笔者建议在庭前、庭中、庭后，综合运用“五步工作法”，以期能够实现更多的一审刑事案件息诉服判效果。

第一步：重视庭前沟通、取得信任。

第一印象往往起着先入为主的首因效应，进而形成光环效应。刑事法官应当重视与被告人的首次接触、第一次面对面交流。刑事法官展现出谦抑、审慎、中立、庄重，更容易让被告人信赖法官，产生法官是公正的认知效果，进而认可最终的裁判结果。

刑事立案后，主审法官接触被告人的第一步应是送达起诉书副本，但当前司法实践中，送达起诉书副本往往安排书记员或法官助理进行，且多是交代立案时间、告知准备开庭时间、询问是否聘请辩护人或法律援助等，而对于案件审理中各项程序、被告人的权利义务以及案件实体等方面几乎不涉及。被告人在开庭前没有机会和主审法官交流，想问、想说的事情也会被审判辅助人员告知在庭审中向法官阐述。被告人往往抱着忐忑的心情等待庭审，对法官的第一印象是严肃认真、正襟危坐的“法官大人”，不容易产生心理依赖。

为增强信任感，主审法官在案件立案后，有必要快速阅卷、判断案件繁简程度，对于一审服判息诉把握不大的案件，主审法官有必要规范着装，直接参与起诉书副本的送达，做好与被告人的第一次沟通工作，注意从中立角度出发，遵循无罪推定原则，体现人文关怀，尊重被告人人格。具体而言，一是送达时的言行举止要展现出法官的良好修养，向被告人讲明《刑事诉讼法》规定的基本程序、告知被告人依法享有的诉讼权利及需要履行的义务，针对被告人提出的案件事实认定和法律适用等实体方面的问题、辩解，必须耐心认真、客观记录，并根据阅卷的情况能够作出简单法律释明的，则及时给予解答，暂时不能够作出法律释明的，可以告知会认真研究。二是深入细致阅卷，针对送达时被告人所提辩解情况，主审法官可以在开庭前提审被告人或召开庭前会议，进一步了解情况、听取意见，强化庭前法律释明工作，根据阅卷情况对被告人反映的实体方面的问题答疑解惑，以此让被告人端正心态，对即将到来的庭审和裁判结果有正确预期。总之，主审法官要充分利用送达、提审、庭前会议等法定程序，重视庭前沟通工作，让被告人真诚感受到法官的秉公执法、无私无偏，从心理上取得认同感、破除对立情绪，为顺利庭审打好基础。

第二步：重视庭审、居中指挥。

刑事开庭审理对于被告人而言，是最为重要的刑事诉讼程序，这是公开体现对被告人公平审理、并给予充分发言辩护的时机，有助于被告人在庭审中感受到公平正义。具体而言，一是庭审时审判长要公开表明“根据《刑事诉讼法》第十二条规定，未经人民法院依法判决，对任何人都不得确定有罪”。宣布庭审的主要任务是“通过公开公正的审判，作到诉讼证据质证在法庭、案件事实查明在法庭、诉辩意见发表在法庭、裁判理由形成在法庭。确保无罪的人不受刑事追究，有罪的人受到公正惩罚”。二是在公诉人举证前，审判长要强调表达对本案的审理“重证据不轻信口供”，并提醒强调“法庭会高度重视当庭辩解、质证意见”。三是在举证环节，法庭应当提醒被告人、辩护人“是否有证明无罪、罪轻的证据或者线索向法庭提交或申请调取”，以表明法庭重视对被告人有利的证据。针对被告人和辩护人提出异议的事实，重点引导、组织举证质证，并注意详略得当。四是要用被告人听得懂的语言展开诉讼活动，并适时体现人文关怀：(1)宣读起诉书后，让被告人坐下，告知“如果感觉身体不适，可以向法庭示意”等；(2)中午休庭时，提醒“请法警安排好被告人的饮食、休息和安全”；(3)庭审小结时，告知被告人“耐心等待、服从看守所管理，注

① 该数据系江苏省徐州市中级人民法院对2017年1月至2019年6月刑事二审上诉案件的统计。

意身体”。庭审中,要认真耐心听取被告人发言、辩护人辩护,并注意打断、制止的时机、效果。五是在查明事实的基础上,应充分利用庭审小结,明确合议庭在庭后评议时审查判断的重点、焦点,表明态度“合议庭本着对事实负责、对法律负责、对被告人负责、合议庭终身负责的态度,做到不枉不纵、罚当其罪”。

第三步:重视庭后评议、文书说理。

作为对社会公开的裁判文书,应当全面、准确叙述案件事实,并对所述事实精准引用证据证实,作出令人信服的说理。特别在量刑方面,被告人往往将量刑结果与个人心理预期对比以及与同类犯罪量刑情况横向对比,若达不到心理预期、找不出与同类犯罪量刑差异的原因,往往会不接受判决结果,达不到息诉服判效果。因此,首先要充分重视庭后评议工作,按照《最高人民法院关于人民法院合议庭工作的若干规定》的要求,通过集体商讨、决议,汇聚合议庭各成员的智慧,作出公正合理的裁判。具体而言,一是评议要涵盖证据采信、定罪事实与量刑事实的认定、辩解辩护意见的采驳、赃款赃物的追赃与处置、定罪量刑及案件程序等各方面内容。二是评议要有一定顺序,一般而言,主审法官就案件先发表评议意见,最后发言的是审判长,并需要根据评议的情况作出总结、定结论。三是评议要独立发表意见,合议庭成员应当本着认真负责的态度,就自己的观点进行论证分析,提出如此判定的依据,独立进行表决,不能以简单同意其他法官看法的表态代替个人独立的意见,必要时审判长应当要求合议庭成员提交书面意见,一并附内卷归档。四是要坚决避免合而不议、议而不透、陪而不审、合议庭独任化、书记员自行编写合议庭笔录、从审查报告中复制粘贴合议庭笔录内容、判决后补记合议庭笔录入卷等不规范甚至违法现象。

在认真细致评议的基础上,主审法官要进一步重视裁判文书的草拟。最高人民法院印发了《关于加强和规范裁判文书释法说理的指导意见》,提出了裁判文书方面的要求,具体而言,要阐明事理、释明法理、讲明情理和讲究文理,强调法院应当以案件的裁判形成过程以及裁判结果的正当性理由为中心,特别是驳斥辩解、辩护意见的理由要充分、到位、精准,不断增强裁判文书释法说理的厚度、温度、尺度,从情理法相融合的角度,从三个效果统一的要求,不断增强判决的可接受度,努力实现案结事了、定分止争。

第四步:重视公开宣判、答疑析理。

作为刑事司法制度中的一项重要原则,刑事诉讼法明确规定公开审判包括公开审理和公开宣判两个程序。公开宣判是公开审理的继续,是法院将依法认定的事实、证据及适用的法律依据清楚告知当事人,并宣布裁判结果的活动,是严格执行程序公正原则、树立公正司法形象、履行法制宣传教育职责的必然要求。与此同时,宣判活动对于被告人而言,也是其参加诉讼活动过程后所盼望的最后结果,其程序意义对于被告人而言绝不逊色于开庭审理。然而,刑事实践中,对公开宣判的这一法定规定动作缺失严重,往往由书记员或法官助理到看守所送达判决书,代替公开宣判。简单化和随意性的不良做法,容易导致被告人对裁判结果的不理解、不相信、不认同,损害司法权威、影响法院公正形象,也不利于息诉服判工作的开展。具体而言,要准确、全面落实好公开宣判的制度要求,一是要重视公开宣判的程序,司法仪式感不可或缺。明确所有案件都一律开庭公开宣判,各方当事人均应传唤、通知到庭,由审判长或主审法官宣布裁判结果,一审宣判后被告人的诉讼权利。二是将公开宣判与判后答疑有机结合起来。判决书的文字表达更多体现司法的庄重、凝练,有时不能够详尽裁判背后的说理,特别是量刑过程、形成步骤很难反映在文书中,这就需要主审法官做好判后答疑解惑释明工作,促使当事人的不良情绪得以消减,转化为理解,最终理智地对待裁判。因此,要善于设身处地、换位思考,要耐心引导被告人说出对判决的顾虑和疑惑。三是要有针对性地让被告人找到平衡点,尤其是量刑轻重问题,可以让被告人对照事实和法律自我评估、预期，并说明理由依据，主审法官重点向其阐明据以量刑的主要事实、证据采信的原因、量刑情节，以及相应的法律依据、量刑规范化步骤等，并引导被告人明白尽早服刑有利于减刑、假释，有利于早日回归社会、正常生活等，让被告人切身感受到判决的公正、法官的正直、司法的关怀，彻底从心理上打消疑虑，服从一审判决。

第五步：重视协调配合、借助外力。

看守所作为是临时羁押场所，衔接着侦查、审查起诉、审判等刑事诉讼全过程，负责看管依法被逮捕、刑事拘留的犯罪嫌疑人、被告人及余刑在三个月以下的犯人。为了保证安全监管，要对被看管人员进行必要的思想教育和法治教育，使其能够配合刑事诉讼活动的进行，而被告人服判息诉，看守所亦能够尽快将其投牢，减轻看守所羁押看管的压力。刑事审判庭应当与看守所加强协调、达成共识、形成合力。具体而言，一是主动与管教人员沟通案件，利用思想教育和法治教育的契机，引导被告人端正思想态度、正确面对法院的审判；二是法院可以把被告人在看守所的日常行为表现纳入量刑时酌情考虑的因素，以获得看守所的认同、配合；三是在案件宣判后、上诉期内，协调管教人员帮助做好被告人认罪服判工作。

在当前法律援助全覆盖的形势下，辩护人已成为刑事司法活动不可或缺的组成部分。辩护人作为为社会提供法律服务的执业人员，在审判阶段要根据事实和法律，提交并提出证明被告人无罪、罪轻或者减轻、免除其刑事责任的材料和意见。刑事法官要正确认识辩护人在刑事诉讼活动中的地位和作用，改善目前辩护人提出意见水平不高、审判人员对待辩护人意见不重视的现状。具体而言，一是要加强和辩护人的庭前沟通，听取辩护人对本案在实体和程序方面的意见和建议，并及时通过电话、约见或庭前会议交流意见，通过沟通将辩护人提出的主要问题作为庭审重点查明、论证的事项；二是要重视保护庭审中辩护人的各项权利，耐心听取辩护人的辩护意见，有礼有理有据有节制止其不当发问、发言，引导辩护人与公诉人进行充分辩论；三是要加强与辩护人的判后沟通，针对辩护人对判决书提出异议的部分进行有效沟通，借助辩护人对判决的认可，进而帮助被告人全面客观地分析判决书的事实认定、量刑结果和上诉改判的可能性，引导被告人正确对待一审判决。

当前不稳定因素多发、刑事案件仍居高不下、案多人少矛盾日益加剧，刑事审判法官必须把服判息诉工作摆在更加突出的位置，增强服判息诉意识，强化服判息诉责任，不断探索总结有效工作方法，切实做到简案快审、繁案精审、快慢分道、轻重分离，始终坚持打击与保护并重、程序与实体并重、定罪与量刑并重，确保无罪的人不受刑事追究，有罪的人受到公正惩罚，努力让人民群众在每一个司法案件中感受到公平正义。

疑案争鸣

郭正冬故意伤害案*

——在被害人死亡的情形下，被害人的诉讼地位可否及于被害人近亲属

一、据以探讨的案例

被告人郭正冬与被害人李大益均系三亚金盾小区工地建筑工，住同一宿舍，曾因打麻将时输赢200元发生纠纷。2013年1月10日上午8时30分许，工地发工资后，郭正冬叫李大益把打麻将时赢的200元钱还给自己，李大益不肯还钱并说没有欠钱。郭正冬很生气意图教训李大益，从衣服口袋里拿出随身携带的水果刀往李大益的臀部处捅，连续捅了几下。李大益被捅后转过身来还手时，郭正冬又持水果刀捅中李大益的上腹部，后被同宿舍工友劝开。郭正冬见李大益大量流血，就走出宿舍扔掉水果刀逃跑。李大益经抢救无效于当晚死亡，经鉴定系生前上腹部、左臀部被锐器刺伤造成肝脏穿通伤、左髂外动脉裂伤致失血性休克死亡。次日，郭正冬得知李大益死亡的消息后主动到公安机关投案。

二、分歧意见

本案在审理过程中，法院通知被害人李大益之妻有权提起附带民事诉讼。被害人之妻及其诉讼代理人表示已单独对被告人郭正冬提起民事诉讼，要求作为被害人参与刑事诉讼。对此是否准许，有两种不同意见：

一种意见认为，被害人之妻在刑事诉讼意义上属于被害人近亲属，刑事诉讼法只规定被害人是案件当事人，没有“被害人近亲属”作为当事人的规定，因此被害人之妻如不提起附带民事诉讼，则不能参与刑事诉讼。理由如下：

1. 刑事诉讼法对“被害人”和“被害人近亲属”多是区别使用的，特别是从刑事诉讼法第一百零六条的规定来看，有的提到了被害人近亲属，如第五项有关“诉讼代理人”的规定；有的没有，如第二项关于“当事人”的规定。司法解释也未明确在被害人死亡的情况下，可以对“当事人”作扩大解释。因此，认为在被害人死亡的情况下，其当事人地位由其近亲属继受没有法律依据。

2. 公诉案件由人民检察院代表国家出庭追诉犯罪，就是为了维护被害人，包括已经死亡被害人的权益；且被害人近亲属还可以委托专业律师作为诉讼代理人出庭，故被害人近亲属不出庭并不会损害已死亡被害人及其本人的权利。

另一种意见认为，被害人被侵害致死，其近亲属的权利也因此受到侵害，属于广义上的被害人，有权作为独立的诉讼主体参与刑事诉讼。理由如下：

1. 刑事诉讼法虽未明确规定在被害人死亡的情形下其近亲属属于刑事诉讼当事人，但相关条文赋予了被害人近亲属当事人地位。刑事诉讼法第一百零六条第二项规定：“当事人”是指被害人、自诉人、犯罪嫌疑人、被告人、附带民事诉讼的原告人和被告人。这是明确的列举式规定，从字面上看，“当事人”不包括被害人近亲属。但该条第五项和第四十四条第一款均规定，被害人近亲属有权委托诉讼代理人代为参加刑事诉讼。被害人近亲属既然有权委托诉讼代理人代表自

---

* 本文由海南省三亚市中级人民法院杨安豪供稿。

己参加刑事诉讼，那么其本身就应该具有刑事诉讼当事人资格。

2. 在被害人死亡的情形下，赋予其近亲属当事人地位既是诉讼法理论的要求，也是实践所需。从诉讼法理论来说，诉权来源于实体权利，实体权利受到侵害必然会产生诉权。被害人虽然死亡，但其实体权利受到侵害是既成事实，其因权利能力和行为能力全部终止而不能成为权利主体，但其权利不会消灭，而是由其近亲属继受，其近亲属继受实体权利后必然产生诉权。既然被害人在受到较轻的损害没有死亡的情况下有权参与追究犯罪，那么，举轻以明重，在被害人遭受严重侵害致死后，为保护被害人的合法权益，继受被害人权利的近亲属也当然应当有权参与刑事诉讼，追究犯罪。从实践要求来看，刑事诉讼法在各程序中规定了被害人广泛的参与权，离开被害人的参与，刑事诉讼将难以开展。同样，将遭受严重犯罪侵害致死的被害人的近亲属排除在外而进行刑事诉讼，是不可想象的，诉讼是进行不下去的。实践中，公安、检察、法院在很多程序中已经把已死亡被害人的近亲属当作当事人开展诉讼活动，如告知尸体鉴定意见、告知 DNA 鉴定意见等。刑事诉讼法第二百七十七条规定，部分轻刑犯罪案件和过失犯罪案件的犯罪嫌疑人、被告人可以通过赔偿损失、赔礼道歉等方式与被害人和解。《最高人民法院关于适用〈中华人民共和国刑事诉讼法〉的解释》第四百九十七条则规定，被害人死亡的，其近亲属可以和被告人和解。这意味着以司法解释的形式确认被害人近亲属有权作为当事人参与刑事诉讼程序之一的刑事和解程序。